Le Routard

Grèce continentale

Directeur de collection et auteur
Philippe GLOAGUEN

Cofondateurs
Philippe GLOAGUEN
et Michel DUVAL

Rédacteur en chef
Pierre JOSSE

Rédacteurs en chef adjoints
Amanda KERAVEL
et Benoît LUCCHINI

Directrice de la coordination
Florence CHARMETANT

Directrice administrative
Bénédicte GLOAGUEN

Direction éditoriale
Catherine JULHE

Rédaction
Isabelle AL SUBAIHI
Mathilde de BOISGROLLIER
Thierry BROUARD
Marie BURIN des ROZIERS
Véronique de CHARDON
Gavin's CLEMENTE-RUÏZ
Fiona DEBRABANDER
Anne-Caroline DUMAS
Géraldine LEMAUF-BEAUVOIS
Olivier PAGE
Alain PALLIER
Anne POINSOT
André PONCELET

Administration
Carole BORDES
Éléonore FRIESS

2015

hachett

Remarque importante aux hôteliers et restaurateurs

Les enquêteurs du *Routard* travaillent dans le plus strict anonymat. Aucune réduction, aucun avantage quelconque, aucune rétribution n'est jamais demandé en contrepartie. Face aux aigrefins, la loi autorise les hôteliers et restaurateurs à porter plainte.

Avis aux lecteurs

Le Routard, ce n'est pas comme le bon vin, il vieillit mal. On ne veut pas pousser à la consommation, mais évitez de partir avec une édition ancienne. Les modifications sont souvent importantes.
Les réductions accordées à nos lecteurs ne sont jamais demandées par nos rédacteurs afin de préserver leur indépendance. Les hôteliers et restaurateurs sont sollicités par une société de mailing, totalement indépendante de la rédaction, qui reste donc libre de ses choix. De même pour les autocollants et plaques émaillées.

Avec routard.com, choisissez, organisez, réservez et partagez vos voyages !

- ✓ Rejoignez la plus grande communauté francophone de voyageurs : plus de **2 millions** de visiteurs !
- ✓ Échangez avec les routarnautes : forums, photos, avis d'hôtels.
- ✓ Retrouvez aussi toutes les informations actualisées pour choisir et préparer vos voyages : plus de 200 fiches pays, une centaine de dossiers pratiques et un magazine en ligne pour découvrir tous les secrets de votre destination.
- ✓ Enfin, comparez les offres pour organiser et réserver votre voyage au meilleur prix.

Pictogrammes du *Routard*

Établissements

- Hôtel, auberge, chambres d'hôtes
- Camping
- Restaurant
- Boulangerie, sandwicherie
- Glacier
- Café, salon de thé
- Café, bar
- Bar musical
- Club, boîte de nuit
- Salle de spectacle
- Office de tourisme
- Poste
- Boutique, magasin, marché
- Accès internet
- Hôpital, urgences

Sites

- Plage
- Site de plongée
- Piste cyclable, parcours à vélo

Transports

- Aéroport
- Gare ferroviaire
- Gare routière, arrêt de bus
- Station de métro
- Station de tramway
- Parking
- Taxi
- Taxi collectif
- Bateau
- Bateau fluvial

Attraits et équipements

- Présente un intérêt touristique
- Recommandé pour les enfants
- Adapté aux personnes handicapées
- Ordinateur à disposition
- Connexion wifi
- Inscrit au Patrimoine mondial de l'Unesco

Le *Routard* est imprimé sur un papier issu de forêts gérées.

I.S.B.N. 978-2-01-002748-2

TABLE DES MATIÈRES

▸ Attention ! Les îles grecques et la Crète font l'objet de guides à part.

COMMENT Y ALLER ?

QUITTER LA GRÈCE

GRÈCE CONTINENTALE UTILE

HOMMES, CULTURE, ENVIRONNEMENT

ATHÈNES ET L'ATTIQUE

LE PÉLOPONNÈSE

L'ÉPIRE, LA THESSALIE ET LE CENTRE

L'ÉPIRE CÔTIÈRE

L'ÉPIRE INTÉRIEURE

LA THESSALIE

Le Pélion

IMPORTANT : DERNIÈRE MINUTE

Sauf rare exception, le *Routard* bénéficie d'une parution annuelle à date fixe. Entre deux dates, des événements fortuits (formalités, taux de change, catastrophes naturelles, conditions d'accès aux sites, fermetures inopinées, etc.) peuvent intervenir et modifier vos projets de voyage. Pour éviter les déconvenues, nous vous recommandons de consulter la rubrique « Guide » par pays de notre site • ***routard.com*** • et plus particulièrement les dernières ***Actus voyageurs.***

Recommandation à ceux qui souhaitent profiter des réductions et avantages proposés dans le *Routard* par les hôteliers et les restaurateurs.

À l'hôtel, pensez à les demander au moment de la réservation ou si vous n'avez pas réservé **à l'arrivée.** Ils ne sont valables que pour les réservations en direct et non cumulables avec d'autres offres promotionnelles (notamment sur Internet). Au restaurant, parlez-en **au moment** de la commande et surtout **avant** que l'addition soit établie. Poser votre *Routard* sur la table ne suffit pas : le personnel de salle n'est pas toujours au courant et une fois le ticket de caisse imprimé, il est souvent difficile de modifier le total. En cas de doute, montrez la notice relative à l'établissement dans le *Routard* de l'année, bien sûr, et ne manquez pas de nous faire part de toute difficulté rencontrée.

NOS NOUVEAUTÉS

CANARIES (paru)

Un air de perpétuel printemps, du sable blond et des criques anthracite, quatre parcs nationaux somptueux... Voici à peine les hors-d'œuvre qu'offrent les sept îles des Canaries. Du soleil (même en hiver) et, bien plus encore, une riche palette de couleurs, d'odeurs et de paysages, née de l'activité volcanique. La nature se pare ici de tous les visages : aridité sauvage et dunes solaires de Fuerteventura, forêts humides alimentées par les alizés sur La Palma et La Gomera, majestueux sommet du Teide à Ténérife, côtes déchiquetées et profonds ravins à Gran Canaria, délires de couleurs sur El Hierro... La main de l'homme a parsemé le tout de multiples sentiers, de villes coloniales et d'églises baroques. Sans compter les étonnantes fantaisies architecturales de César Manrique à Lanzarote. Loin des clichés et si proche de nous, un univers à part entière, à la croisée de l'Europe et de l'Afrique, où le farniente se savoure entre randonnées et plongées.

MADÈRE (mai 2015)

Madère réunit, au milieu de l'océan, un climat à la douceur légendaire et une flore exubérante – bougainvillées, mimosas, amaryllis, oiseaux de paradis (symboles de l'île), flamboyants, jacarandas – qui lui vaut son surnom bien mérité d'« île aux fleurs ». Et aussi des montagnes volcaniques déchirées par l'érosion et de vertigineux à-pics. Le paradis des randonneurs, le long de l'ingénieux système d'irrigation des *levadas,* ces canaux récupérant les eaux de pluie. L'île de Madère est une citadelle entaillée de toutes parts, avec ses parcelles de vigne indomptables accrochées aux pentes et travaillées à la main. À Funchal, capitale anglophile, on se rue dans les églises et les musées, entre deux arrivées de paquebots venus goûter aux tropiques et aux barriques. Au-delà des vagues s'ancre le reste de l'archipel : la petite Porto Santo, réputée pour sa longue plage de sable clair. L'avènement du tourisme, puis l'entrée du Portugal dans l'Union européenne ont toutefois modifié bien des choses et, surtout, inversé la tendance à l'émigration. On vient désormais de toute l'Europe à la recherche d'une vie aussi douce que l'air.

??? LES QUESTIONS QU'ON SE POSE LE PLUS SOUVENT

Quel est le décalage horaire ?
Une heure de plus toute l'année. Athènes est à 3h15 de vol de Paris.

Quelle est la meilleure période pour voyager en Grèce ?
Les mois de mai et juin : il fait bon, mais la chaleur n'est pas écrasante, les paysages sont encore verts. Inconvénient : début mai, tout n'est pas encore forcément ouvert. Septembre est un bon choix également.

Si l'on ne peut éviter les mois d'été pour partir, quel mois choisir ?
Le mois de juillet, incontestablement : les Grecs partent massivement en août, et les prix des hôtels et des chambres augmentent beaucoup après le 15 juillet, et restent élevés jusqu'au 20 août à peu près.

Doit-on redouter les fortes chaleurs ?
Si vous aimez la fraîcheur, l'Irlande vous tend les bras ! En Grèce, dès le printemps, l'été s'installe brutalement, plus ou moins vite selon les régions. À noter : il fait plus chaud en Grèce continentale que sur les îles, généralement ventées en été.

Quel est le meilleur moyen pour aller en Grèce ?
Tout dépend si vous voulez avoir votre véhicule ou non. Les ferries au départ de l'Italie sont nombreux et proposent des tarifs compétitifs. Sinon l'avion, avec des billets qui, si l'on s'y prend suffisamment tôt, peuvent s'acheter à bon prix.

La Grèce est-elle un pays cher ?
Petit à petit, et notamment pour les tarifs hôteliers, la Grèce a fini par se rapprocher des autres pays européens, mais la crise sévère que connaît le pays a stoppé net cette tendance inflationniste. Les prix sont même nettement repartis à la baisse ! Les variations de prix sont très importantes d'une région à l'autre, selon que l'on est sur la côte ou non et selon la période choisie.

Comment dormir pour pas (trop) cher en Grèce ?
Les chambres et appartements chez l'habitant, très nombreux, restent la solution la plus économique, parfois pas beaucoup plus chère que le camping.

Peut-on facilement se déplacer dans le pays sans moyen de transport personnel ?
Oui, sans grand problème, car les bus sont nombreux. Ils sillonnent le pays et restent un moyen de transport très utilisé. Mais il peut arriver que certaines régions soient mal desservies. Quant aux trains, ils ne couvrent qu'une partie du territoire.

Est-il facile de faire une escapade sur une île ?
Oui, on peut toujours trouver une île proche du continent même si l'on a prévu de visiter, pour l'essentiel, la Grèce continentale. Ce guide traite d'ailleurs d'une dizaine d'îles faciles d'accès.

Dans quelle langue communique-t-on avec les Grecs ?
Le plus souvent en anglais, bien que pas mal de Grecs travaillant dans le tourisme se débrouillent en français. Mais rien que pour se repérer en ville ou sur les routes, savoir déchiffrer l'alphabet grec est vraiment très utile.

LES COUPS DE CŒUR DU ROUTARD

- Une visite au **Musée archéologique national d'Athènes** permet de découvrir l'incroyable richesse artistique de plus de 2 000 années d'hellénisme .... p. 146
- **Les halles d'Athènes,** le matin, avec leurs incroyables étals de viande et de poisson, offrent une plongée dans la Grèce populaire, animée et commerçante.. p. 150
- Pour admirer **le plus beau coucher de soleil sur Athènes,** monter sur la colline du **monument de Philoppapou** : d'un côté l'Acropole, pour une fois vue de haut, à l'opposé les rues rectilignes jusqu'à la mer, et tout autour les montagnes qui encerclent la capitale grecque ..... p. 156
- Toujours à Athènes, le **musée de l'Acropole** est indispensable pour comprendre le site. Spacieux, moderne, ce musée présente lui aussi une concentration remarquable de chefs-d'œuvre .... p. 156
- La perfection du **théâtre d'Épidaure** n'a cessé d'être vantée (et à juste titre) pour la végétation qui l'entoure, la sérénité du lieu, la construction des gradins selon le nombre d'or et l'émotion qui s'en dégage .... p. 189
- **Joyau des îles Saroniques, Hydra,** avec son port majestueux entouré de splendides maisons de pierre, respire une opulence ancienne avec laquelle peu d'autres îles grecques peuvent rivaliser .... p. 198
- Une flânerie dans les ruelles de la **cité médiévale de Monemvassia** est un réel bonheur. Monter tout en haut de la citadelle à l'abandon demande un effort plus soutenu, mais le site est très émouvant .... p. 231
- La petite **île d'Élafonissos,** toute proche du continent, possède une plage étonnante avec des eaux turquoise évoquant les tropiques .... p. 238
- Au printemps, les **ruines de Mystra,** autre cité médiévale, sont habillées par la végétation, qui donne au site un supplément de beauté rappelant la grandeur de l'Empire byzantin .... p. 248
- Dans cette pointe de l'extrême Sud du Péloponnèse qu'est le **Magne** plane une étrange atmosphère. Chaque village ou hameau possède au moins une maison-tour fortifiée : on imagine les hommes guettant l'ennemi derrière les meurtrières .... p. 259
- **Les villages de montagne du Pélion** ont longtemps vu leurs habitants partir et les maisons traditionnelles tomber en ruine. Aujourd'hui, les villages revivent et ces maisons superbement restaurées, les *arkhondika,* accueillent les voyageurs .... p. 433
- **La vieille ville de Corfou** évoque davantage le Sud de l'Italie que la Grèce : on aime y déambuler, le nez en l'air, et s'y perdre... p. 318
- **À Delphes,** remonter la Voie sacrée en direction du temple d'Apollon, où officiait la célèbre pythie que les Grecs de l'Antiquité venaient consulter .... p. 491
- Les 12 dieux y vivaient, nous dit la mythologie... À défaut d'entreprendre l'ascension du **mont Olympe,** réservée aux alpinistes (2 917 m tout de même !), on peut y faire de superbes randonnées...................... p. 505

Remerciements

– Fabrice Delrot, Jacques Delorme, Jean-Claude Faynot, Olivier Delorme, Karine Wiechert, Lise Rapir, Peggy Balitsari, ainsi que Gabriela Scheiner ;
– Aurélie, fidèle routarde qui continue à découvrir l'ici et l'ailleurs avec moi.

Nous tenons à remercier tout particulièrement Loup-Maëlle Besançon, Thierry Bessou, Gérard Bouchu, François Chauvin, Grégory Dalex, Stéphanie Déro, Fabrice Doumergue, Cédric Fischer, Carole Fouque, Michelle Georget, David Giason, Claude Hervé-Bazin, Emmanuel Juste, Dimitri Lefèvre, Fabrice de Lestang, Romain Meynier, Éric Milet, Pierre Mitrano, Jean-Sébastien Petitdemange, Thomas Rivallain et Dominique Roland pour leur collaboration régulière.

Emmanuelle Bauquis
Mathilde Blanchard
Jean-Jacques Bordier-Chêne
Michèle Boucher
Mathilde Bouron
Sophie Cachard
Jeanne Cochin
Agnès Debiage
Jérôme Denoix
Joséphine Desfougères
Tovi et Ahmet Diler
Clélie Dudon
Sophie Duval
Alain Fisch
Cécile Gastaldo
Bérénice Glanger
Adrien et Clément Gloaguen
Bernard Hilaire
Sébastien Jauffret
Blanche-Flore Laize
Virginie Leibel
Jacques Lemoine
Julien Léopold
Jacques Muller
Caroline Ollion
Martine Partrat
Odile Paugam et Didier Jehanno
Julia Pouyet
Émile Pujol
Maud Régent
Anaïs Rougale
Prakit Saiporn
Jean-Luc et Antigone Schilling
Alicia Tawil
Caroline Vallano
Juliana Verdier

Direction : Nathalie Bloch-Pujo
Contrôle de gestion : Jérôme Boulingre et Alexis Bonnefond
Secrétariat : Catherine Maîtrepierre
Direction éditoriale : Catherine Julhe
Édition : Matthieu Devaux, Géraldine Péron, Olga Krokhina, Gia-Quy Tran, Julie Dupré, Pauline Fiot, Camille Loiseau, Béatrice Macé de Lépinay, Emmanuelle Michon, Martine Schmitt et Marion Sergent
Préparation-lecture : Brigitte De Vaulx
Cartographie : Frédéric Clémençon et Aurélie Huot
Fabrication : Nathalie Lautout et Audrey Detournay
Relations presse France : COM'PROD, Fred Papet. ☎ 01-70-69-04-69. • *info@comprod.fr* •
Direction marketing : Adrien de Bizemont, Lydie Firmin et Laure Illand
Contacts partenariats : André Magniez (EMD). • *andremagniez@gmail.com* •
Édition des partenariats : Élise Ernest
Informatique éditoriale : Lionel Barth
Couverture : Clément Gloaguen et Seenk
Maquette intérieure : le-bureau-des-affaires-graphiques.com, Thibault Reumaux et npeg.fr
Relations presse : Martine Levens (Belgique) et Maureen Browne (Suisse)
Régie publicitaire : Florence Brunel-Jars

ITINÉRAIRES CONSEILLÉS

UNE SEMAINE

➢ ***Athènes*** *(3 j.)* **:** l'Acropole, l'Agora, le Musée archéologique national, le Musée byzantin, le musée Bénaki, le musée des Cyclades et de l'Art grec ancien, le musée des Instruments de musique populaire grecque. Visite des quartiers : Plaka, Psiri (voir les halles et les puces).
➢ ***Les îles Argo-Saroniques*** *(2 à 3 j.)* **:** Hydra et/ou Spetsès.
➢ ***Delphes*** *(1 à 2 j.)* **:** visite du site et du musée.

DEUX SEMAINES

➢ ***Athènes*** *(3 j.)* **:** voir plus haut.
➢ ***Les îles Argo-Saroniques*** *(2 à 3 j.)* **:** Hydra et/ou Spetsès.
➢ ***Delphes*** *(1 à 2 j.)* **:** visite du site et du musée.
➢ ***Le Péloponnèse*** *(1 sem)* **:** Corinthe, Épidaure, Nauplie, Mycènes, Monemvassia, Mystra, le Magne, Koroni (ou Méthoni), Olympie.

TROIS SEMAINES

➢ ***Athènes*** *(3 j.)* **:** voir plus haut.
➢ ***Le Péloponnèse*** *(env 1 sem)* **:** voir plus haut.
➢ ***Delphes, l'Épire*** *(Parga, Ioannina)* ***et les Météores*** *(5 j.).*
➢ ***La Thessalie*** *(5 j.)* **:** Volos et le Pélion.

SI VOUS ÊTES...

... plutôt archéologie : le Péloponnèse s'impose, avec les sites majeurs d'***Épidaure, Mycènes, Olympie,*** sans oublier de nombreux autres « petits » sites ***(Tirynthe, Ithomi, Pylos, Bassae...)*** moins visités mais tout aussi intéressants. Le site de ***Delphes*** peut se combiner à un tour du Péloponnèse avant un retour sur ***Athènes,*** autre moment fort.
... plutôt fan de Grèce byzantine et médiévale : là encore, le Péloponnèse est un bon choix, avec ***Monemvassia*** et ***Mystra.*** Bien entendu, les monastères des ***Météores,*** celui d'***Ossios Loukas,*** près de Delphes et l'ensemble monastique du ***mont Athos,*** en Grèce du Nord, sont également des sites importants.
... plutôt montagne : vous apprécierez l'***Épire*** sauvage, le Péloponnèse encore ***(mont Parnonas, mont Taygète),*** le ***Pélion*** et bien entendu le ***mont Olympe,*** en Grèce du Nord.
... plutôt plage : le choix est vaste. Sur la façade ouest, toutes les ***îles Ioniennes*** disposent de belles plages de sable clair, régulièrement désignées comme les plus belles plages de Grèce continentale ; le ***Péloponnèse*** compte d'innombrables plages et le ***Pélion*** de magnifiques criques.
... plutôt séjour en amoureux : nous recommandons l'île (chic) d'***Hydra,*** la ville de ***Nauplie*** au charme italien, la vieille ville de ***Monemvassia*** ou un ***petit village du Pélion*** dans un hôtel traditionnel de charme.

COMMENT Y ALLER ?

EN AVION

De France

▲ **AIR FRANCE**
Rens et résas au ☎ 36-54 (0,34 €/mn – tlj 6h30-22h), sur ● airfrance.fr ●, dans les agences Air France et dans ttes les agences de voyages. Fermées dim.
➢ Air France dessert l'aéroport international d'Athènes (Spata) avec 6 vols directs/j. en été et 2 vols/j. en hiver au départ de Roissy-Charles-de-Gaulle, aérogare 2, hall D. Également des vols directs en saison au départ de Marseille, Nice et Toulouse.
Air France propose à tous des tarifs attractifs toute l'année. Vous avez la possibilité de consulter les meilleurs tarifs du moment sur Internet, directement sur la page « Meilleures offres ET promotions ».
Le programme de fidélisation Air France-KLM permet de cumuler des *miles* à son rythme et de profiter d'un large choix de primes. Avec votre carte *Flying Blue,* vous êtes immédiatement identifié comme client privilégié lorsque vous voyagez avec tous les partenaires.
Air France propose également des réductions Jeunes. La carte *Flying Blue Jeune* est réservée aux jeunes âgés de 2 à 24 ans résidant en France métropolitaine, dans les départements d'outre-mer, au Maroc, en Tunisie ou en Algérie. Avec plus de 1 000 destinations, et plus de 100 partenaires, *Flying Blue Jeune* offre autant d'occasions de cumuler des *miles* partout dans le monde.

▲ **AEGEAN AIRLINES**
Rens et résas : ☎ 01-70-03-13-23. ● fr.aegeanair.com ●
➢ Dessert Athènes 2 à 3 fois/j. au départ de Roissy-Charles-de-Gaulle. D'avr à oct, vols directs également pour Athènes au départ de Lyon, Nantes, Marseille et Toulouse.
➢ Dessert aussi Thessalonique, avec 2 vols/sem d'avr à oct, Corfou avec 2 vols/sem de mi-avr à fin oct, et Kalamata avec 1 vol/sem de mi-juin à début sept.
La compagnie grecque de référence, élue en 2011, 2012, 2013 et 2014, meilleure compagnie aérienne régionale d'Europe, dessert également, en correspondance, via Athènes, 34 destinations domestiques en Grèce.

▲ **LUFTHANSA**
Rens et résas : ☎ 0826-10-33-34 (nº Indigo, 0,15 €/mn ; tlj 8h-17h). ● lufthansa.fr ●
➢ Lufthansa dessert quotidiennement Athènes via Francfort ou Munich au départ de Roissy-Charles-de-Gaulle. Également des départs depuis Lyon, Nice, Marseille, Toulouse, Bordeaux et Strasbourg.

Les compagnies low-cost

Ce sont des compagnies dites « à bas prix ». Elles desservent les capitales européennes ainsi que de nombreuses villes de province. Plus vous réserverez vos billets à l'avance, plus vous aurez de chances d'avoir des tarifs avantageux, mais il ne faut pas trop espérer trouver facilement des billets à prix plancher lors des périodes les plus fréquentées (vacances scolaires, week-ends...). N'hésitez pas à combiner les offres, d'autant plus que les compagnies *low-cost* permettent des vols simples.

La résa se fait souvent par Internet et parfois par téléphone (pas d'agence, juste un numéro de réservation et un billet à imprimer soi-même). Des frais de dossier ainsi que des frais pour le paiement par carte bancaire peuvent vous être facturés. En outre, les pénalités en cas de changement d'horaires sont assez importantes. Afin de réduire les files d'attente dans les aéroports, certaines font même payer l'enregistrement aux comptoirs d'aéroport. Pour l'éviter, vous avez intérêt à vous enregistrer directement sur Internet, où le service est gratuit. Il faut aussi rappeler que plusieurs compagnies facturent maintenant les bagages en soute ou limitent leur poids. En cabine également, le nombre de bagages est strictement limité (attention, même le plus petit sac à main est compté comme un bagage à part entière).
À bord, c'est service minimum et tous les services sont payants (boissons, journaux...). Ne pas oublier non plus d'ajouter le prix du bus pour se rendre à ces aéroports, souvent assez éloignés du centre-ville ou dans des aéroports secondaires quand il s'agit des capitales. Attention également au moment de la résa par Internet à décocher certaines options qui sont automatiquement sélectionnées (assurances, etc.). Au final, même si les prix de base restent très attractifs, il convient de prendre en compte tous ces frais annexes pour calculer le plus justement son budget.

▲ **TRANSAVIA**
Rens et résas : ☎ 0892-058-888 (0,34 €/mn). • transavia.com •
➢ Transavia, la compagnie *low-cost* du groupe Air France-KLM, dessert de nombreuses destinations vers l'Europe et le Bassin méditerranéen, de Paris-Orly Sud, Nantes, Lyon et Strasbourg. Pour la Grèce, départs d'Orly-Sud pour Athènes 5 à 7 fois/sem d'avr à oct. Départ également de Nantes et de Lyon pour Athènes 2 fois/sem d'avr à oct.

▲ **EASYJET**
• easyjet.fr •
➢ Dessert Athènes avec 1 vol/j. depuis Paris-Orly. Également des vols saisonniers Paris CDG-Corfou.

▲ **RYANAIR**
Rens et résas : ☎ 0892-562-150 (0,34 €/mn ; lun-ven 9h-18h, sam 10h-17h, dim 11h-17h). • ryanair.com • Accueil en anglais, mais ttes les infos sont disponibles en français. Les meilleurs tarifs sont accessibles slt sur Internet (promos ponctuelles).
➢ Dessert Thessalonique au départ de Paris-Beauvais.

De Belgique

▲ **BRUSSELS AIRLINES**
Rens : ☎ 0902-51-600 (en Belgique ; 0,75 €/mn) ou ☎ 0892-640-030 (depuis la France ; 0,34 €/mn). • brusselsairlines.com •
➢ Propose 2 vols directs/j. Bruxelles-Athènes. Également des vols saisonniers pour Corfou.

▲ **AEGEAN AIRLINES**
Rens et résas : ☎ (02) 75-34-710. • fr.aegeanair.com •
➢ Propose 2 vols directs/j. Bruxelles-Athènes. Dessert également Corfou et Thessalonique en vols directs saisonniers.

▲ **JET AIR FLY**
Rens : ☎ (32) 70-275-025 (appels de Belgique ; 0,30 €/mn) et ☎ 0892-390-144 (appels de France ; 0,34 €/mn). • jetairfly.com •
➢ Propose des vols Bruxelles (Charleroi)-Athènes ainsi que des vols à destination de Corfou et Zante.

De Suisse

▲ **SWISS**
Rens : ☎ 0848-700-700 (en Suisse) ou ☎ 0892-232-501 (depuis la France ; 0,34 €/mn). • swiss.com •
➢ Propose 1 ou 2 vols/j. Genève-Athènes et 2-3 vols/j. Zurich-Athènes, ainsi que 1 vol/j. Zurich-Thessalonique. Au départ de Paris, Lyon et Nice, Swiss propose en correspondance 1 vol/j. Genève-Athènes et 3 vols/j. Zurich-Athènes, ainsi que 1 vol/j. Zurich-Thessalonique.

▲ **EASY JET**
• easyjet.fr •
➢ Propose des vols Genève-Athènes et Bâle-Mulhouse-Thessalonique.

▲ **AEGEAN AIRLINES**
Rens : ☎ 044-286-99-48. • fr.aegeanair.com •
➢ Propose 4 à 5 vols/sem Genève-Athènes et 1 vol/j. Zurich-Athènes.

LES ORGANISMES DE VOYAGES

– Ne pas croire que les vols à tarif réduit sont tous au même prix pour une même destination à une même époque : loin de là. On a déjà vu, dans un même avion partagé par deux organismes, des passagers qui avaient payé 40 % plus cher que les autres. De plus, une agence bon marché ne l'est pas forcément toute l'année (elle peut n'être compétitive qu'à certaines dates bien précises). Donc, contactez tous les organismes et jugez par vous-même.
– Les organismes cités sont classés par ordre alphabétique, pour éviter les jalousies et les grincements de dents.

EN FRANCE

▲ **ALLIBERT**
– Paris : 37, bd Beaumarchais, 75003. ☎ 01-44-59-35-35. • allibert-trekking.com • Ⓜ Chemin-Vert ou Bastille. Lun-ven 9h-19h, sam 10h-18h.
– Agences également à Chamonix, Nice, Chapareillan et Toulouse.
Née en 1975 d'une passion commune entre 3 guides de montagne, Allibert propose aujourd'hui 1 100 voyages aux quatre coins du monde tout en restant une entreprise familiale. Découvrir de nouveaux itinéraires en respectant la nature et les cultures des régions traversées reste leur priorité. Pour chaque pays, différents niveaux de difficulté. Allibert est le premier tour-opérateur certifié tourisme responsable par ATR.

▲ **COMPTOIR DE LA GRÈCE**
• comptoir.fr •
– Paris : 10, rue Saint-Victor, 75005. ☎ 0892-230-467 (0,34 €/mn). Ⓜ Cardinal-Lemoine. Lun-ven 9h30-18h30, sam 10h-18h30.
– Toulouse : 43, rue Peyrolières, 31000. ☎ 0892-232-236 (0,34 €/mn). Ⓜ Esquirol. Lun-sam 9h30-18h30.
– Lyon : 10, quai Tilsitt, 69002. ☎ 0892-230-465 (0,34 €/mn). Ⓜ Bellecour. Lun-sam 9h30-18h30.
– Marseille : 12, rue Breteuil, 13001. ☎ 0892-236-636 (0,34 €/mn). Ⓜ Estrangin. Lun-sam 9h30-18h30.
Pour votre voyage en Grèce, le Comptoir vous propose un vaste choix de week-ends, d'autotours à travers la Grèce classique, d'itinéraires ou de séjours de charme dans les îles grecques. L'idéal pour apprécier les traditions et la douceur de vivre méditerranéenne ! Quelles que soient vos envies, une équipe de spécialistes de la Grèce sera à votre écoute pour créer votre voyage sur mesure.

▲ **EVANEOS.COM**
☎ 01-84-17-73-35. Lun-ven 8h-12h et 13h30-17h30. • evaneos.com •
Evaneos.com permet d'entrer directement en contact avec des agences de voyages locales, en Grèce et partout dans le monde. Vous échangez en direct sur Internet avec un agent local, véritable spécialiste de son pays qui construira avec vous un voyage unique. Evaneos.com apporte une proximité, une expertise et une liberté nouvelle dans l'organisation du voyage. Vous avec un accès direct à une agence locale (mettre le pays concerné) sélectionnée par Evaneos.com et la possibilité de faire établir un devis. Les bénéfices sont immédiats : un prix sans intermédiaires, une prestation sur mesure de qualité. Personnel, respectueux et serein : ces valeurs de voyage sont au cœur de l'activité d'Evaneos.com depuis 2009.

▲ **HÉLIADES**
– Paris : 9, rue de l'Échelle, 75001. Ⓜ Pyramides.
Rens et résas : ☎ 0892-23-15-23 (0,34 €/mn). • heliades.fr • Ou dans les agences de voyages, lun-ven 9h-19h, sam 9h-18h.
Spécialiste de la Grèce depuis plus de 30 ans, Héliades élargit sa programmation à l'Italie et à la Sicile. Héliades propose une large gamme d'hébergements et pour la découverte, une palette de séjours, circuits et autotours, à choisir sur leur site internet ou dans

leur brochure spécialement dédiée à la destination. Héliades programme également le Brésil, le Cap-Vert, Sao Tomé et des nouveautés : les Antilles, la Réunion, l'île Maurice et la République dominicaine.

▲ HUWANS - CLUB AVENTURE

☎ 04-96-15-10-20 (0,15 €/mn). • huwans-clubaventure.fr •
- Lyon : 38, quai Arloing, 69009. ☎ 04-96-15-10-52. Ⓜ Bellecour ou Ampère. Mar-ven 9h30-13h, 14h-18h30 ; sam 10h-13h, 14h-18h.
- Marseille : Bureau des guides Huwans en Provence, RN 8 - La Petite Bastide - Village Oxylane, 13320 Bouc-Bel-Air. ☎ 04-88-66-48-93. Lun-sam 9h-19h.
- Paris : 18, rue Séguier, 75006. ☎ 01-44-32-09-30. Ⓜ Saint-Michel ou Odéon. Lun-sam 10h-19h.

Spécialiste du voyage d'aventure, ce tour-opérateur privilégie la randonnée en petits groupes, en famille ou entre amis pour parcourir le monde hors des sentiers battus. Leur site offre 1 000 voyages dans 90 pays différents, à pied, en pirogue ou à dos de chameau. Ces voyages sont encadrés par des guides locaux et professionnels.

▲ MARMARA

Rens et résas au ☎ 0899-650-580 (1,35 €/appel + 0,34 €/min), sur • marmara.com • et dans les agences de voyages, agences Marmara et Nouvelles Frontières.

Formules claires, départs de toute la France, offres incontournables et budget maîtrisé : tous les ingrédients pour des vacances réussies. Une collection de Clubs Marmara idéalement situés « les pieds dans l'eau » avec une animation 100 % francophone et des activités sans cesse renouvelées, en formule « tout compris ». Marmara, c'est aussi une gamme de produits exclusifs et internationaux pour vivre de nouvelles expériences de vacances : les *SplashWorld*, des hôtels avec parc aquatique intégré, les *SuneoClub*, pour des vacances pleines de couleurs, les *Club Magic Life*, des séjours pas comme les autres et la collection Couples, des hôtels à vivre à deux. Également des circuits et des croisières pour faire le plein de découvertes.

▲ NOMADE AVENTURE

☎ 0825-701-702 (0,15 €/mn). • nomade-aventure.com •
- Paris : 40, rue de la Montagne-Sainte-Geneviève, 75005. ☎ 01-43-54-78-12. Ⓜ Maubert-Mutualité. Lun-sam 9h30-18h30.
- Lyon : 10, quai Tilsitt, 69002. ☎ 04-72-44-13-59. Lun-sam 9h30-18h30.
- Marseille : 12, rue Breteuil, 13001. ☎ 04-91-33-22-13. Lun-sam 9h30-18h30.
- Toulouse : 43, rue Peyrolières, 31000. ☎ 05-62-30-10-80. Lun-sam 9h30-18h30.

Nomade Aventure propose des circuits inédits partout dans le monde à réaliser en famille, entre amis, avec ou sans guide. Également hors de groupes constitués, ils organisent des séjours libres en toute autonomie et sur mesure. Spécialiste de l'aventure avec plus de 600 itinéraires (de niveau tranquille, dynamique, sportif ou sportif +) faits d'échanges et de rencontres avec des hébergements chez l'habitant, Nomade Aventure donne la priorité aux expériences authentiques à pied, à VTT, à cheval, à dos de chameau, en bateau...

▲ NOUVELLES FRONTIÈRES

Rens et résas au ☎ 0825-000-747 (0,15€/mn), sur • nouvelles-frontieres.fr •, dans les agences de voyages, et agences Nouvelles Frontières et Marmara.

Depuis plus de 45 ans, Nouvelles Frontières fait découvrir le monde au plus grand nombre au travers de séjours aussi merveilleux qu'insoupçonnés, à la découverte de nouveaux paysages et de nouveaux visages et de rencontres riches en émotions. Selon votre budget ou vos désirs, plus de 100 destinations à choisir parmi 240 circuits ou bien en séjours et voyages à la carte à personnaliser selon vos envies. Rendez-vous sur le Web ou en agence, où les conseillers Nouvelles Frontières seront à votre écoute pour mettre le voyage d'exception à votre portée et composer votre voyage selon vos souhaits.

▲ PARTIRSEUL.COM

- Le Perreux-sur-Marne : 71, quai de l'Artois, 94170. ☎ 09-51-77-39-94.

06-86-56-75-98. • partirseul.com •
Partirseul.com est un concept de voyage original qui s'adresse à toute personne seule désirant voyager collectivement dans un cadre amical. Ces voyages, souvent thématiques, ne sont pas réservés qu'aux célibataires mais à tous ceux qui se retrouvent dans l'impossibilité d'être accompagnés. Des voyages en petits groupes, avec un guide depuis la France, à la découverte d'un pays de façon ludique, sportive ou plus traditionnelle. À noter, pas de supplément chambre individuelle. Catalogue sur Internet exclusivement.

▲ TERRES D'AVENTURE

☎ 0825-700-825 (0,15 €/mn). • terdav.com •
– Paris : 30, rue Saint-Augustin, 75002. Ⓜ Opéra ou Quatre-Septembre. Lun-sam 9h30-19h.
– Agences également à Bordeaux, Chamonix, Grenoble, Lille, Lyon, Marseille, Nantes, Rennes, Rouen, Strasbourg et Toulouse.
Depuis 1976, Terres d'Aventure, spécialiste du voyage à pied, propose aux voyageurs passionnés de marche et de rencontres des randonnées hors des sentiers battus à la découverte des grands espaces de notre planète. Voyages à pied, à cheval, en bateau, en raquettes..., sur tous les continents, des aventures en petits groupes ou en individuel encadrées par des professionnels expérimentés. Les hébergements dépendent des sites explorés : camps d'altitude, bivouac, refuge ou petits hôtels. Les voyages sont conçus par niveaux de difficulté : de la simple balade en plaine à l'expédition sportive en passant par la course en haute montagne.
En province, certaines de leurs agences sont de véritables *Cités des Voyageurs* dédiées au voyage : librairies spécialisées, boutiques d'accessoires de voyage, expositions-ventes d'artisanat et cocktails-conférences. Consultez le programme des manifestations sur leur site internet.

▲ VOYAGES-SNCF.COM

Infos et résas depuis la France : • voyages-sncf.com • et sur tablette et mobile avec les applis V. (trains) et V. Hôtel (hôtels).
– Réserver un vol, un hôtel, une voiture : ☎ 0899-500-500 (1,35 € l'appel, puis 0,34 €/mn).
– Une question ? Rubrique Contact ou au ☎ 09-70-60-99-60 (n° non surtaxé).
Voyages-sncf.com, distributeur de voyages en ligne de la SNCF, vous propose ses meilleurs prix de train, d'avion, d'hôtel et de location de voitures en France et en Europe. Accédez aussi à ses services exclusifs : billets à domicile (en France), Alerte Résa, calendrier des prix, offres de dernière minute...

▲ VOYAGEURS DU MONDE

• voyageursdumonde.fr •
– Paris : La Cité des Voyageurs, 55, rue Sainte-Anne, 75002. ☎ 01-42-86-16-00. Voyageurs en Grèce et en Croatie (Athènes, Crète, Croatie, îles grecques, Péloponnèse) : ☎ 01-42-86-17-20. Ⓜ Opéra ou Pyramides. Lun-sam 9h30-19h. Avec une librairie spécialisée sur les voyages.
– Également des agences à Bordeaux, Grenoble, Lille, Lyon, Marseille, Montpellier, Nantes, Nice, Rennes, Rouen, Strasbourg et Toulouse, ainsi qu'à Bruxelles et Genève.
Le spécialiste du voyage en individuel sur mesure. Parce que chaque voyageur est différent, que chacun a ses rêves et ses idées pour les réaliser, Voyageurs du Monde conçoit, depuis plus de 30 ans, des projets sur mesure. Les séjours proposés sur 120 destinations sont élaborés par leurs 180 conseillers voyageurs. Spécialistes par pays et même par région, ils vous aideront à personnaliser les voyages présentés à travers une trentaine de brochures d'un nouveau type et sur le site internet où vous pourrez également découvrir les hébergements exclusifs et consulter votre espace personnalisé. Au cours de votre séjour, vous bénéficiez des services personnalisés Voyageurs du Monde, dont la possibilité de modifier à tout moment votre voyage, l'assistance d'un concierge local, la mise en place de rencontres et de visites privées et l'accès à votre carnet de voyage via une application iPhone et Androïd.
Chacune des 15 Cités des Voyageurs est une invitation au voyage : accessoires de voyage, expositions-ventes

d'artisanat et conférences. Voyageurs du Monde est membre de l'association ATR (Agir pour un tourisme responsable) et a obtenu sa certification Tourisme responsable AFAQ AFNOR.

Comment aller à Roissy et à Orly ?

Bon à savoir :
– le ***pass Navigo*** est valable pour Roissy-Rail (RER B, zones 1-5) et Orly-Rail (RER C, zones 1-4). Les week-ends et j. fériés, le *pass Navigo* est dézoné, ce qui permet à ceux qui n'ont que les zones 1 à 3 d'aller tout de même jusqu'aux aéroports sans frais supplémentaires ;
– le ***billet Orly-Rail*** permet d'accéder sans supplément aux réseaux métro et RER.

> Conservez dans votre bagage cabine vos médicaments, vos divers chargeurs et appareils ainsi que vos objets de valeur (clés et bijoux). Et on ne sait jamais, ajoutez-y de quoi vous changer si vos bagages n'arrivaient pas à bon port avec vous.

À Roissy-Charles-de-Gaulle 1, 2 et 3

Attention : si vous partez de Roissy, pensez à vérifier de quelle aérogare votre avion décolle, car la durée du trajet peut considérablement varier en fonction de cette donnée.

En transports collectifs

Les cars Air France : ☎ *0892-350-820 (0,34 €/mn).* • *lescarsairfrance.com* • *Paiement par CB possible à bord.*
Le site internet diffuse les informations essentielles sur le réseau (lignes, horaires, tarifs...) permettant de connaître en temps réel le trafic afin de mieux planifier son départ. Il permet d'acheter et d'imprimer les billets électroniques pour accéder aux bus.
➢ *Paris-Roissy :* départ pl. de l'Étoile (1, av. Carnot), avec un arrêt pl. de la Porte-Maillot (bd Gouvion-Saint-Cyr). Départs ttes les 30 mn, 5h45-23h. Durée du trajet : env 1h. Tarifs : 17 € l'aller simple, 29 € l'A/R ; réduc enfants 2-11 ans.
Autres départs depuis la gare Montparnasse (arrêt rue du Commandant-Mouchotte, face à l'hôtel *Pullman*), ttes les 30 mn, 6h-22h, avec un arrêt gare de Lyon (20 bis, bd Diderot). Tarifs : 17 € l'aller simple, 28,50 € l'A/R ; réduc enfants 2-11 ans.
➢ *Roissy-Paris :* les cars *Air France* desservent la pl. de la Porte-Maillot, avec un arrêt bd Gouvion-Saint-Cyr, et se rendent ensuite au terminus de l'av. Carnot. Départs ttes les 20-30 mn, 5h45-23h, des terminaux 2A et 2C (porte C2), 2E et 2F (niveau « Arrivées », porte 3 de la galerie), 2B et 2D (porte B1), et du terminal 1 (porte 34, niveau « Arrivées »).
À destination de la gare de Lyon et de la gare Montparnasse, départs ttes les 30 mn, 6h-22h, des mêmes terminaux. Durée du trajet : env 1h15.

Roissybus : ☎ *32-46 (0,34 €/mn).* • *ratp.fr* • Départs de la pl. de l'Opéra (angle rues Scribe et Auber) ttes les 15 mn (20 mn à partir de 20h, 30 mn à partir de 22h), 5h15-00h30. Durée du trajet : 1h. De Roissy, départs 6h-00h30 des terminaux 1, 2A, 2B, 2C, 2D et 2F, et à la sortie du hall d'arrivée du terminal 3. Tarif : 10,50 €.

Bus RATP n° 351 : de la pl. de la Nation, 5h35-20h20. Solution la moins chère mais la plus lente. Compter 3 tickets ou 5,70 € et 1h40 de trajet. Ou ***bus n° 350,*** de la gare de l'Est (1h15 de trajet). Arrivée Roissypôle-gare RER.

RER ligne B + navette : ☎ *32-46 (0,34 €/mn).* Départs ttes les 15 mn, 4h53-0h20 depuis la gare du Nord et à partir de 5h26 depuis Châtelet. À Roissy-Charles-de-Gaulle, descendre à la station (il y en a 2) qui dessert le bon terminal. De là, prendre la navette adéquate. Compter 50 mn de la gare du Nord à l'aéroport (navette comprise), mais mieux vaut prendre de la marge. Tarif : 10,90 €. *Pass Navigo* valable sans frais supplémentaires pour les aéroports.

NOUVEAUTÉ

LA LOIRE À VÉLO (février 2015)

Eh oui, 800 km de voies aménagées pour les vélos de la région Centre à la côte Atlantique ; l'occasion de pédaler le long des berges d'un fleuve encore sauvage, au rythme de la petite reine. Découvrez, le nez au vent, les richesses des régions Centre et Pays de la Loire : lavoirs anciens, îles éphémères, villages troglodytiques, châteaux Renaissance, mais aussi réserves naturelles abritant toute une faune et une flore spécifiquement ligériennes. Le fleuve royal ne ménage pas ses effets pour vous séduire d'étapes en étapes. Un trajet qui serpente aussi à travers des vignobles réputés et permet ainsi de goûter aux richesses d'un terroir béni des dieux.

Un guide pratique : à chaque étape sa carte en couleurs et les sites à visiter. Accompagné d'un carnet d'adresses pour se loger, se restaurer, louer des vélos et bichonner sa monture à deux-roues.

– Si vous venez du Nord, de l'Ouest ou du Sud de la France en train, vous pouvez rejoindre les aéroports de Roissy sans passer par Paris, la gare SNCF Paris-Charles-de-Gaulle étant reliée aux réseaux TGV.

En taxi

Pensez aussi aux nouveaux services de transport qui se développent dans la capitale, et qui pourraient être adaptés à vos besoins :

– ***WeCab :*** ☎ *01-41-27-66-77.* • *wecab.com* • *Remise de 10 % pour nos lecteurs avec le code « routard2015 » au paiement.* Une formule de taxi partagé (avoir un peu de souplesse horaire donc, max 2 arrêts), fonctionnant entre les aéroports parisiens et Paris, ainsi qu'une quarantaine de villes en Île-de-France, tarifs forfaitaires (paiement à l'avance en ligne).

– ***LeCab :*** ☎ *01-76-49-76-49.* • *lecab.fr* • Tarifs forfaitaires (paiement à l'avance en ligne), pas de facturation des bagages, réservation gratuite sur Internet, payante par téléphone. Le chauffeur vient vous chercher dans l'aéroport...

En voiture

Chaque terminal a son propre parking. Compter 36 € par tranche de 24h. Également des parkings longue durée (PR et PX), plus éloignés des terminaux, qui proposent des tarifs plus avantageux (forfait 24h 26 €, forfait 7 j. 158 €). Possibilité de réserver sa place de parking via le site • *aeroportsdeparis.fr* • Stationnement au parking Vacances (longue durée) dans le P3 Résa (terminaux 1 et 3) situé à 2 mn du terminal 3 à pied, ou dans le PAB (terminal 2). Formules de stationnement 1-30 j. (115-230 €) pour le P3 Résa. Résa w-e 4 j. au PAB : 49 €. Réservation sur Internet uniquement. Les P1, PAB et PEF accueillent les deux-roues : 15 € pour 24h.

Comment se déplacer entre Roissy-Charles-de-Gaulle 1, 2 et 3 ?

Les rames du CDG-VAL font le lien entre les 3 terminaux en 8 mn. Fonctionne tlj, 24h/24. Gratuit. Accessible aux personnes à mobilité réduite. Départs ttes les 4 mn, et ttes les 20 mn minuit-4h. Desserte gratuite vers certains hôtels, parkings, gares RER et gares TGV. *Infos au* ☎ *39-50.*

À Orly-Sud et Orly-Ouest

En transports collectifs

Les cars Air France : ☎ *0892-350-820 (0,34 €/mn).* • *lescarsairfrance.com* • *Tarifs : 12,50 € l'aller simple, 21 € l'A/R ; réduc 2-11 ans. Paiement par CB possible dans le bus.*

➢ *Paris-Orly :* départs de l'Étoile, 1, av. Carnot, ttes les 30 mn, 5h-22h40. Arrêts au terminal des Invalides, rue Esnault-Pelterie (Ⓜ Invalides), gare Montparnasse (rue du Commandant-Mouchotte, face à l'hôtel *Pullman ;* Ⓜ Montparnasse-Bienvenüe, sortie « Gare SNCF ») et porte d'Orléans (arrêt facultatif uniquement dans le sens Orly-Paris). Compter env 1h.

➢ *Orly-Paris :* départs ttes les 20 mn, 6h30-23h40, d'Orly-Sud, porte L, et d'Orly-Ouest, porte H, niveau « Arrivées ».

RER C + navette : ☎ *01-60-11-46-20.* • *transdev-idf.com* • Prendre le RER C jusqu'à Pont-de-Rungis (un RER ttes les 15-30 mn). Compter 25 mn depuis la gare d'Austerlitz. Ensuite, navette pdt 15-20 mn pour Orly-Sud et Orly-Ouest. Compter 6,65 €. Très recommandé les jours où l'on piétine sur l'autoroute du Sud (w-e et jours de grands départs) : on ne sera jamais en retard. Pour le retour, départs de la navette ttes les 15 mn depuis la porte G à Orly-Ouest (5h40-23h14) et la porte F à Orly-Sud (4h45-0h55).

Orlybus : • *ratp.fr* •
Compter 20-30 mn pour rejoindre Orly (Ouest ou Sud) et 7,50 € l'aller simple.

➢ *Paris-Orly :* départs ttes les 15-20 mn de la pl. Denfert-Rochereau. Orlybus fonctionne tlj 5h35-23h, jusqu'à minuit ven, sam et veilles de fêtes.

➢ *Orly-Paris :* départ d'Orly-Sud, porte H, quai 4, ou d'Orly-Ouest, porte J, niveau « Arrivées ». Fonctionne tlj 6h-23h20, jusqu'à 0h20 ven, sam et veilles de fêtes. Compter 7,50 € l'aller simple.

Orlyval : ☎ *32-46 (0,34 €/mn).* • *ratp.fr* • Compter 11,65 € l'aller simple entre Orly et Paris. La jonction se fait à Antony (ligne B du RER) sans aucune attente. Permet d'aller d'Orly à Châtelet et vice versa en 40 mn env, sans se soucier de la densité de la circulation automobile.

➢ *Paris-Orly :* départs pour Orly-Sud et Ouest ttes les 6-8 mn, 6h-23h.

➢ *Orly-Paris :* départs d'Orly-Sud, porte K, zone livraison des bagages, ou d'Orly-Ouest, porte A, niveau 1.

En taxi

Pensez aussi aux nouveaux services de transport de personnes qui se développent dans la capitale et pourraient être adaptés à vos besoins (voir plus haut les solutions en taxi proposées pour se rendre à Roissy).

En voiture

– **Parkings aéroports :** à proximité d'Orly-Ouest, parkings P0 et P2. À proximité d'Orly-Sud, P1, P2 et P3 (à 50 m du terminal, accessible par tapis roulant). Compter 28,50 € pour 24h de stationnement. Les parkings P0 et P2 (Orly-Ouest) ainsi que P6 (Orly-Sud), à proximité immédiate des terminaux, proposent des forfaits intéressants, dont le « Week-end ». Forfaits disponibles aussi pour les P4 et P5 (éloignés) : 24-27 € pour 24h. Il existe des forfaits « Vacances » intéressants à partir de 6 j. et jusqu'à 45 j. (100-300 €) aux P2 et P6.

Les P4, P7 (en extérieur) et P5 (couvert) sont des parkings longue durée, plus excentrés, reliés en 10 mn par navettes gratuites aux terminaux. *Rens :* ☎ *01-49-75-56-50.* Comme à Roissy, possibilité de réserver en ligne sa place de parking (P0 et P7) sur • *aeroportsdeparis.fr* • Les frais de résa (en sus du parking) sont de 8 € pour 1 j., de 12 € pour 2-3 j. et de 20 € pour 4-10 j. de stationnement pour le P0. Les parkings P0-P2 à Orly-Ouest et P1-P3 à Orly-Sud accueillent les deux-roues : 6,20 € pour 24h.

– À proximité, **Econopark** : possibilité de laisser sa voiture à Chilly-Mazarin *(13, rue Denis-Papin, ZA La Vigne-aux-Loups, 91380 ; à env 10 mn d'Orly ; proche A6 et A10).* De 1 à 28 j., compter 30-166 €. Trajet A/R vers Orly en minibus (sans supplément). Option parking couvert possible. Réservation et paiement en ligne • *econopark.fr* • ou ☎ *01-60-14-85-62.*

Liaisons entre Orly et Roissy-Charles-de-Gaulle

Les cars Air France : ☎ *0892-350-820 (0,34 €/mn).* • *lescarsairfrance.com* • Départs de Roissy-Charles-de-Gaulle depuis les terminaux 1 (porte 32), 2A et 2C, 2B et 2D, 2E et 2F (galerie de liaison entre les terminaux 2E et 2F) vers Orly 5h55-22h30. Départs d'Orly-Sud (porte K) et d'Orly-Ouest (porte H) vers Roissy-Charles-de-Gaulle 6h30 (7h le w-e)-22h30. Ttes les 30-45 mn (dans les 2 sens). Durée du trajet : env 1h30. Tarif : 21 €, 35,50 € A/R ; réduc.

RER B + Orlyval : ☎ *32-46 (0,34 €/mn).* Depuis Roissy, navette puis RER B jusqu'à Antony et enfin Orlyval entre Antony et Orly, 6h-22h15. Tarif : 19,50 €.

EN BELGIQUE

▲ **CONNECTIONS**
Rens et résas : ☎ *070-233-313.* • *connections.be* • *Lun-ven 9h-19h, sam 10h-17h.*
Fort d'une expérience de plus de 20 ans dans le domaine du voyage, Connections dispose d'un réseau de 30 *travel shops,* dont un à Brussels Airport. Connections propose des vols dans le monde entier à des tarifs avantageux et des voyages destinés à des voyageurs désireux de découvrir la planète de façon autonome et de vivre des expériences uniques. Connections propose une gamme complète de produits : vols, hébergements, locations de voitures, autotours, vacances sportives, excursions, assurances « protections »...

▲ **HUWANS – CLUB AVENTURE**
– Bruxelles : Nomades Voyages, pl. Saint-Job, 27, 1180. • *huwans-clubaventure.fr* •
Voir texte dans la partie « En France ».

▲ **NOUVELLES FRONTIÈRES**
• nouvelles-frontieres.be •
– Nombreuses agences dans le pays, dont Bruxelles, Charleroi, Liège, Mons, Namur, Waterloo, Wavre, et au Luxembourg.
Voir texte dans la partie « En France ».

▲ **SERVICE VOYAGES ULB**
• servicevoyages.be • 25 agences, dont 12 à Bruxelles.
– Bruxelles : campus ULB, av. Paul-Héger, 22, CP 166, 1000. ☎ 02-650-40-20.
– Bruxelles : pl. Saint-Lambert, 1200. ☎ 02-742-28-80.
– Bruxelles : chaussée d'Alsemberg, 815, 1180. ☎ 02-332-29-60.
Service Voyages ULB, c'est le voyage à l'université. Billets d'avion sur vols charters et sur compagnies régulières à des prix compétitifs.

▲ **TERRES D'AVENTURE**
– Bruxelles : chaussée de Charleroi, 23, 1060. ☎ 02-543-95-60. • terdav.com • Lun-sam 10h-19h.
Voir texte dans la partie « En France ».

▲ **VOYAGEURS DU MONDE**
– Bruxelles : chaussée de Charleroi, 23, 1060. ☎ 02-543-95-50. • voyageurs dumonde.com •
Voir texte dans la partie « En France ».

EN SUISSE

▲ **HUWANS – CLUB AVENTURE**
– Genève : rue Prévost-Martin, 51, 121. • huwans-clubaventure.fr •
Voir texte dans la partie « En France ».

▲ **STA TRAVEL**
☎ 058-450-49-49. • statravel.ch •
– Fribourg : rue de Lausanne, 24, 1701. ☎ 058-450-49-80.
– Genève : rue de Rive, 10, 1204. ☎ 058-450-48-00.
– Genève : rue Vignier, 3, 1205. ☎ 058-450-48-30.
– Lausanne : bd de Grancy, 20, 1006. ☎ 058-450-48-50.
– Lausanne : à l'université, Anthropole, 1015. ☎ 058-450-49-20.
Agences spécialisées notamment dans les voyages pour jeunes et étudiants. 150 bureaux STA et plus de 700 agents du même groupe répartis dans le monde entier sont là pour donner un coup de main *(Travel Help)*.
STA propose des tarifs avantageux : vols secs *(Blue Ticket)*, hôtels, écoles de langue, *work & travel*, circuits d'aventure, voitures de location, etc. Délivre la carte internationale d'étudiant et la carte Jeune.

▲ **TERRES D'AVENTURE**
– Genève : Neos Voyages, rue des Bains, 50, 1205. ☎ 022-320-66-35. • geneve@neos.ch •
– Lausanne : Neos Voyages, rue Simplon, 11, 1006. ☎ 021-612-66-00. • lausanne@neos.ch •
Voir texte dans la partie « En France ».

▲ **TUI – NOUVELLES FRONTIÈRES**
– Genève : rue Chantepoulet, 25, 1201. ☎ 022-716-15-70.
– Lausanne : bd de Grancy, 19, 1006. ☎ 021-616-88-91.
Voir texte dans la partie « En France ».

▲ **VOYAGES ARTISANS AUX PIEDS NUS**
– Carouge : rue de Saint-Victor, 3, 1227. ☎ 022-301-01-50. • apnvoyages.ch • Lun-ven, sur rdv.
Voyages APN propose des destinations hors des sentiers battus, particulièrement en Europe (Grèce, Italie et pays du Nord), avec un contact direct avec les prestataires, notamment dans le cadre des agritourismes. Certains programmes sont particulièrement adaptés aux familles. L'accent est mis sur le tourisme responsable et durable. Dans ce cadre, une sélection de destinations telles que la Bolivie ou le Bénin est proposée.

AU QUÉBEC

▲ **CLUB AVENTURE VOYAGES**
– Montréal (Québec) : 759, av. Mont-Royal, H2J 1W8. • clubaventure.qc.ca •
Club Aventure développe une façon de voyager qui lui est propre : petits groupes, contact avec les populations visitées, utilisation des ressources humaines locales, visite des grands monuments, mais aussi et surtout ouverture de routes parallèles. Ces circuits ont reçu la griffe du temps et de l'expérience ; ils sont devenus les « circuits griffés » du Club Aventure.

▲ **EXOTIK TOURS**
Rens sur • exotiktours.com • ou auprès de votre agence de voyages.
Exotik Tours offre une importante programmation en été comme en hiver sur la Méditerranée et l'Europe. Ses circuits estivaux se partagent notamment entre la France, l'Autriche, la Grèce, la Turquie, l'Italie, la Croatie, le Maroc, la Tunisie, la République tchèque, la Russie, la Thaïlande, le Vietnam, la Chine... L'hiver, des séjours sont proposés dans le Bassin méditerranéen et en Asie (Thaïlande et Bali). Durant cette saison, on peut également opter pour des combinés plage + circuit. Dans la rubrique « Grands voyages », le voyagiste suggère des périples en petits groupes ou en individuel. Au choix : l'Amérique du Sud, le Pacifique sud, l'Afrique (Afrique du Sud, Kenya, Tanzanie), l'Inde et le Népal. Le voyagiste a par ailleurs créé une nouvelle division : Carte Postale Tours (circuits en autocar au Canada et aux États-Unis).

▲ **TRANSAT DÉCOUVERTES**
• transatdecouvertes.com •
Ce voyagiste propose quelque 25 destinations à la carte ou en circuits organisés, de l'Inde à la Thaïlande en passant par le Vietnam, la Chine, Bali, l'Europe centrale, la Russie, la Grèce, la Turquie, l'Italie, la Croatie, le Maroc, l'Espagne, le Portugal, la Tunisie ou l'Égypte. Également des programmes en Scandinavie, l'Italie en circuit, ou Israël en combiné avec l'Égypte.

▲ **TOURS CHANTECLERC**
• tourschanteclerc.com •
Tours Chanteclerc est un tour-opérateur qui publie différentes brochures de voyage : Europe, Amérique du Nord, Amérique du Sud, Asie et Pacifique sud, Afrique et le Bassin méditerranéen en circuits ou en séjours. Il s'adresse aux voyageurs indépendants qui réservent un billet d'avion, un hébergement (dans toute l'Europe), des excursions ou une voiture de location. Également spécialiste de Paris, le tour-opérateur offre une vaste sélection d'hôtels et d'appartements dans la Ville lumière.

▲ **VACANCES AIR CANADA**
• vacancesaircanada.com •
Vacances Air Canada propose des forfaits loisirs (golf, croisières, voyages d'aventure, ski, et excursions diverses) flexibles vers les destinations les plus populaires des Antilles, de l'Amérique centrale et du Sud, de l'Asie, de l'Europe, et des États-Unis. Vaste sélection de forfaits incluant vol aller-retour et hébergement. Également des forfaits vol + hôtel et vol + voiture.

▲ **VOYAGES CAMPUS / TRAVEL CUTS**
• voyagescampus.com •
Voyages Campus / Travel Cuts est un réseau national d'agences de voyages spécialisées pour les étudiants et les voyageurs qui disposent de petits budgets. Le réseau existe depuis 40 ans et compte plus de 50 agences, dont 6 au Québec. Voyages Campus propose des produits exclusifs comme l'assurance « Bon voyage », le programme de Vacances-Travail (SWAP), la carte d'étudiant internationale (ISIC) et plus. Ils peuvent aider à planifier un séjour autant à l'étranger qu'au Canada, et même au Québec.

EN TRAIN

Au départ de Paris-gare de Lyon

➢ Un train de nuit pour Milan, puis direction Ancône, Bari ou Brindisi. Traversée en bateau entre Ancône, Bari ou Brindisi vers Patras, puis correspondance en bus de Patras à Athènes (jusqu'à nouvel ordre, plus de train entre Patras et Athènes). Les compagnies maritimes assurant le transport des *InterRailers* entre l'Italie et la Grèce sont *Superfast Ferries* et *Blue Star Ferries*, au départ d'Ancône ou Bari. On peut également envisager un Paris-Venise suivi d'une traversée Venise-Patras. Dans tous les cas, c'est long...

Pour préparer votre voyage

– ***e-billet :*** réservez, achetez et imprimez votre e-billet sur Internet.
– ***m-billet :*** plus besoin de support

papier, vous pouvez télécharger le code-barres de votre voyage correspondant à votre réservation directement dans votre smartphone, à l'aide de l'application *SNCF Direct*.

– ***Billet à domicile :*** commandez votre billet par Internet ou par téléphone au ☎ *36-35 (0,34 €/mn, hors surcoût éventuel de votre opérateur)* ; la SNCF vous l'envoie gratuitement à domicile sous 48h, en France.

Vous voyagez au-delà de la France ?

Avec les ***Pass InterRail,*** les résidents européens peuvent voyager dans 30 pays d'Europe, dont la Grèce. Plusieurs formules et autant de tarifs en fonction de la destination et de l'âge. À noter que le *Pass InterRail* n'est pas valable dans votre pays de résidence (cependant, l'*InterRail Global Pass* offre une réduction de 50 % de votre point de départ jusqu'au point frontière en France.)

– Pour les grands voyageurs, l'***InterRail Global Pass,*** valable dans l'ensemble des 30 pays concernés, est intéressant si vous comptez parcourir plusieurs pays au cours du même périple.

Il se présente sous cinq formules au choix. Deux formules flexibles : utilisable 5 j. sur une période de validité de 10 j. (281 € pour les plus de 25 ans, 184 € pour les 12-25 ans), ou 10 j. sur une période de validité de 22 j. (respectivement 399 € et 269 €). Trois formules « continues » : *pass* 15 j. (442 € pour les plus de 25 ans, 312 € pour les 12-25 ans), *pass* 22 jours (517 € pour les plus de 25 ans, 345 € pour les 12-25 ans), *pass* 1 mois (respectivement 668 € et 442 €). Ces formules existent aussi en version 1re classe !

Les voyageurs de plus de 60 ans bénéficient d'une réduction de 10 % sur le tarif de l'*InterRail Global Pass* en 1re et 2de classes (tarif senior).

– Si vous ne parcourez que la Grèce, le ***One Country Pass*** vous suffira. D'une période de validité de 1 mois et utilisable, selon les formules, 3, 4, 6 ou 8 j. en discontinu (à vous de calculer avant votre départ le nombre de jours que vous passerez sur les rails) : 3 j. (82 € pour les plus de 25 ans, 54 € pour les moins de 25 ans, 41 € pour les 4-11 ans), 4 j. (respectivement 100 €, 65 € et 50 €), 6 j. (133 €, 88 € et 67 €) ou 8 j. (157 €, 102 € et 79 €). Là encore, ces formules existent en version 1re classe (mais ce n'est pas le même prix, bien entendu). Ces tarifs ne comprennent pas la traversée en ferry entre l'Italie et la Grèce. Il existe une autre tarification traversée incluse.

InterRail vous offre également la possibilité d'obtenir des réductions ou avantages à travers toute l'Europe avec ses partenaires bonus (musées, chemins de fer privés, hôtels, etc.).

Pour plus de renseignements, adressez-vous à la gare ou à la boutique SNCF la plus proche.

Pour voyager au meilleur prix

La SNCF propose des tarifs adaptés à chacun de vos voyages.

➢ ***Prem's :*** des petits prix disponibles toute l'année, jusqu'à 90 jours avant le départ. Billets non échangeables et non remboursables (offres soumises à conditions). Impossible de poser des options de réservation sur ces billets : il faut les payer immédiatement.

➢ ***Les tarifs Loisirs***

Une offre pour programmer votre voyage tout en gardant des billets modifiables : ils sont échangeables et remboursables. Pour bénéficier des meilleures réductions, pensez à réserver vos billets à l'avance (les réservations sont ouvertes jusqu'à 90 jours avant le départ) ou à voyager en période de faible affluence.

➢ ***Les cartes de réduction***

Pour ceux qui voyagent régulièrement, profitez de réductions garanties tout le temps avec les cartes Enfant +, Jeune 12-17, Jeune 18-27, Week-end ou Senior + (valables 1 an).

Renseignements et réservations

– ***Internet :*** • *voyages-sncf.com* •

– ***Téléphone :*** ☎ *36-35 (0,34 € TTC/mn).*

– Également dans les gares, les boutiques SNCF et les agences de voyages agréées.

EN VOITURE

➢ ***Paris-Rome-Brindisi-Igouménitsa ou Patras :*** route intéressante mais longue. Total : 2 096 km (jusqu'à Brindisi). Variante possible par Milan, Bologne puis la côte Adriatique (1 805 km seulement). Partir de ***Bari*** ne fait gagner que 115 km par rapport au trajet Paris-Brindisi. On peut aussi s'arrêter prendre le ferry à ***Ancône*** (Paris-Ancône : 1 215 km), ce qui économise beaucoup de kilomètres et beaucoup de fatigue. Et si vraiment vous n'aimez que modérément la voiture, pourquoi ne pas gagner ***Venise*** ? Il est également possible de passer par la Serbie, mais on ne le conseille pas : c'est très long et les autorités serbes sont plutôt tatillonnes.

EN BATEAU

Remarque : si vous partez en voiture, n'oubliez pas de réserver, si possible 2 mois à l'avance.

▲ **CAP MER**
Paris : 4, rue de Clichy, 75009. ☎ 01-42-80-94-87. • viamare.fr • ou • navifrance.net • Ⓜ Trinité-d'Estienne-d'Orves ou Saint-Lazare.
Cette agence de voyages spécialisée dans les traversées maritimes propose un éventail complet de ferries opérant entre l'Italie et la Grèce, ainsi que vers les Cyclades et la Crète. Représentation générale de *Superfast Ferries, Anek Lines, Ventouris* et de *Blue Star Ferries.*

▲ **EURO-MER**
Central de résas France (ligne directe la Grèce et ses îles) : ☎ 04-67-65-95-14. Résas online pour les traversées (Grèce/Italie) et pour l'hébergement (hôtels toutes catégories) : • euromer.com •
Spécialiste depuis 15 ans des traversées maritimes (ferries rapides ou classiques), *Euro-Mer* est également le représentant d'*Anek Lines, Blue Star Ferries, Minoan Lines, Superfast Ferries, Ventouris Ferries* et *Endeavor Lines.*
Un conseil : pour les îles comme pour la Grèce, lors de la période estivale, s'y prendre tôt à l'avance (dès janvier-février) afin d'être certain d'avoir de la place et des tarifs attractifs. Le plus *Euro-Mer* : remises pour les groupes, camping-caristes, familles, étudiants... Également un tarif « passage pont » pour les camping-cars et caravanes voyageant en camping à bord.

Au départ de Trieste

▲ **MINOAN LINES**
Représenté par *Cap Mer* et *Euro-Mer* (voir coordonnées plus haut).
➢ Liaison Trieste-Patras via Ancône et Igouménitsa 3 fois/sem. Trajet : 33h30.

Au départ d'Ancône

▲ **ANEK LINES – SUPERFAST FERRIES**
Représenté par *Cap Mer* et *Euro-Mer* (voir coordonnées plus haut).
➢ Assure des départs pour Igouménitsa ou Patras (ces deux ports d'arrivée sont aux mêmes tarifs). Trajet : 24h. Correspondances en autocar de Patras à Athènes. Nombreuses réductions proposées.

▲ **BLUE STAR FERRIES**
Représenté par *Cap Mer* et *Euro-Mer* (voir coordonnées plus haut).
➢ Liaison Ancône-Igouménitsa-Patras 6 fois/sem, sur 2 bateaux récents. Trajet : 24h.

▲ **MINOAN LINES**
Représenté par *Cap Mer* et *Euro-Mer* (voir coordonnées plus haut).
➢ Départ quotidien d'Ancône à Patras, en luxueux ferries. Trajet : 24h.

Au départ de Bari

▲ **MARLINES**
Représenté par *Euro-Mer* (voir coordonnées plus haut).
➢ Plusieurs liaisons par semaine pour Igouménitsa.

▲ **SUPERFAST FERRIES**
Représenté par *Cap Mer* et *Euro-Mer* (voir coordonnées plus haut).
➢ Liaisons quotidiennes Bari-Corfou-Igouménitsa-Patras. Trajet : 15h30.

▲ **VENTOURIS FERRIES**
Représenté par *Cap Mer* et *Euro-Mer*

(voir coordonnées plus haut).
➢ Nombreuses liaisons Bari-Corfou-Igouménitsa.

Au départ de Brindisi

▲ **AGOUDIMOS FERRIES**
Représenté par *Euro-Mer* (voir coordonnées plus haut).
➢ Liaisons quotidiennes Brindisi-Corfou-Igouménitsa sur le *F/B Ionian Sky.* Camping à bord.

▲ **ENDEAVOR LINES**
Représenté par *Euro-Mer* (voir coordonnées plus haut).
➢ Traversées Brindisi-Igouménitsa-Patras (certains jours, arrêt à Corfou ou à Céphalonie).

Au départ de Venise

▲ **ANEK LINES**
Représenté par *Cap Mer* et *Euro-Mer* (voir coordonnées plus haut).
➢ Liaison Venise-Corfou-Igouménitsa-Patras 4 fois/sem.

UNITAID

UNITAID a été créé pour lutter contre le VIH/sida, le paludisme et la tuberculose, les trois principales maladies meurtrières dans les pays en développement. UNITAID intervient dans 94 pays en facilitant l'accès aux médicaments et aux diagnostics, et en en baissant les prix, dans les pays en développement. Le financement d'UNITAID provient principalement d'une contribution de solidarité sur les billets d'avion mise en place par six pays membres dont la France. Les financements d'UNITAID ont permis à près d'un million de personnes atteintes du VIH/sida de bénéficier d'un traitement et de délivrer plus de 19 millions de traitements contre le paludisme. Moins de 5 % des fonds sont utilisés pour le fonctionnement du programme, 95 % sont utilisés directement pour les médicaments et les tests. Pour en savoir plus : • *unitaid.eu* •

QUITTER LA GRÈCE

EN AVION

➢ Départs d'***Athènes*** ou de ***Thessalonique.*** Vols internationaux depuis quelques aéroports régionaux également (dont Corfou, Volos, Skiathos).
Voir le chapitre « Comment y aller ? » ainsi que « Arrivée à l'aéroport » dans le chapitre « Athènes ».

EN TRAIN

➢ Pour ceux qui sont venus par l'***Italie*** et ont ensuite pris un ferry, même itinéraire qu'à l'aller (voir « Comment y aller ? »).
➢ Pour ceux qui voudraient continuer en direction de la ***Turquie,*** ou de la ***Roumanie,*** il n'y a plus de liaisons internationales directes au départ de la Grèce, et ce depuis 2011. En revanche, pour la ***Bulgarie*** et la ***Serbie,*** les liaisons ont été remises en service au printemps 2014. En principe, un train par jour pour Sofia et Belgrade (et possibilité de rejoindre Istanbul ou Bucarest depuis Sofia).

PAR VOIE MARITIME ET TERRESTRE

➢ ***Liaison Grèce-Italie :*** voir les rubriques « Arriver – Quitter » de Patras, Corfou et Igouménitsa. Puis par la route.
➢ Pour ceux qui souhaitent continuer le voyage vers la ***Turquie,*** au départ des ports de Chios, Samos et Lesbos, voir la rubrique « Quitter la Grèce » dans le *Routard Îles grecques et Athènes.*
Il est également possible de rejoindre Istanbul en bus au départ de Thessalonique. Départs du 8 odos Anagnostaki, à l'angle d'odos Konstantinoupoléos (pas dans le centre, au nord-ouest de la gare ferroviaire, face à la gare routière de Macédoine). Renseignements et billets chez *Crazy Holidays,* 10 platia Aristotelous, au 1er étage *(☎ 23-10-24-15-45 ; • crazy-holidays.gr •).* Cette agence, en coopération avec la compagnie turque *Metro Turizm,* propose 3 départs/j. en principe (compter 45 € l'aller, 80 € l'A/R). Environ 10h de trajet. Possibilité de partir d'Athènes également (1 bus/j., même compagnie), depuis le 222 léoforos Athinon (au pont de Kifissou).
Bus également pour la Bulgarie (Sofia), la Roumanie (Bucarest) et la Serbie (Belgrade), toujours au départ de Thessalonique.

GRÈCE CONTINENTALE UTILE

ABC DE LA GRÈCE

- *Superficie :* 131 944 km² (et 14 854 km de côtes).
- *Population :* 10 815 200 hab. (recensement 2011).
- *Capitale :* Athènes.
- *Langue officielle :* le grec moderne.
- *Monnaie :* l'euro (prononcé en grec *evro*), qui a succédé à la drachme millénaire.
- *Régime politique :* république parlementaire.
- *Chef de l'État :* Karolos Papoulias, depuis février 2005.
- *Chef du gouvernement :* Antonis Samaras, depuis juin 2012.
- *Religion :* orthodoxe à 98 %.

AVANT LE DÉPART

Adresses utiles

En France

- ***Office de tourisme :*** *3, av. de l'Opéra, 75001 Paris. ☎ 01-42-60-65-75. • info@ot-grece.fr • Ⓜ Palais-Royal-Musée-du-Louvre. Lun-jeu 10h-17h, ven 10h-16h.*
- ***Ambassade de Grèce :*** *17, rue Auguste-Vacquerie, 75016 Paris. ☎ 01-47-23-72-28. • amb-grece.fr • Ⓜ Kléber.*
- ***Consulat général de Grèce :*** *54, rue Jean-Mermoz, 13008 Marseille. ☎ 04-91-33-08-69. • mfa.gr/marseille • Lun-ven 9h-13h. Consulats honoraires à Ajaccio, Bordeaux, Calais, Cherbourg, Grenoble, Le Havre, Lille, Lyon, Nantes, Nice, Saint-Étienne, Strasbourg et Principauté de Monaco.*
- ***Institut d'études néohelléniques :*** *19 bis, rue Fontaine, 75009 Paris. ☎ 01-48-74-09-56. • ienh.org • Ⓜ Pigalle.* Propose, entre autres, des cours d'initiation au grec moderne.
- ***Librairie hellénique Desmos :*** *14, rue Vandamme, 75014 Paris. ☎ 01-43-20-84-04. • desmos-grece.com • Ⓜ Gaîté ou Edgar-Quinet. Mar-sam 12h-19h.* Toute la littérature grecque, antique et moderne, à votre portée. Des cours de grec moderne sont également proposés.

En Belgique

- ***Office du tourisme hellénique :*** *rue des Petits-Carmes, 6, Bruxelles 1050. ☎ 02-647-57-70. • gnto@skynet.be • Lun-ven 9h-17h (16h30 mer et ven).*

■ **Ambassade de Grèce :** *rue des Petits-Carmes, 10, Bruxelles 1000. ☎ 02-545-55-00. • mfa.gr/belgium •*
■ **Consulat de Grèce :** *rue des Petits-Carmes, 6, Bruxelles 1000. ☎ 02-545-55-10.*

En Suisse

■ **Ambassade de Grèce :** *Wellpoststrasse 4, Postfach 72, 3015 Berne. ☎ 031-356-14-14. • mfa.gr/bern •*
■ **Consulat général de Grèce :** *rue Pedro-Meylan, 1, 1208 Genève. ☎ 022-735-73-90. • mfa.gr/geneva •*

Au Canada

■ **Ambassade de Grèce :** *80 Mc Laren St, Ottawa (Ontario) K2P 0K6. ☎ (613) 238-6271. • mfa.gr/ottawa •*
■ **Consulat général de Grèce :** *1002 Sherbrooke West, suite 2 620, Montréal (Québec) H3A 3L6. ☎ (514) 875-2119. • mfa.gr/montreal • Lun-ven 9h-13h (sur rdv). Également 2 autres consulats généraux, à Toronto et Vancouver.*

Papiers nécessaires

– *Passeport* ou *carte nationale d'identité* (en cours de validité). Attention : l'autorisation de sortie du territoire pour mineurs, qui permettait à un enfant de circuler dans certains pays sans être accompagné de ses parents, est supprimée depuis le 1er janvier 2013. Désormais, l'enfant – qu'il soit accompagné ou non – peut voyager à l'étranger avec : soit sa carte nationale d'identité seulement (notamment pour les pays de l'Union européenne, de l'espace Schengen et la Suisse) ; soit son passeport ; soit son passeport avec un visa.
– *Carte d'étudiant :* pour les ressortissants de l'Union européenne, elle donne droit à la gratuité dans de nombreux sites et musées.
– *Permis de conduire, carte verte.*
– *Chasse sous-marine :* les adeptes de ce sport doivent présenter un permis délivré par la police maritime locale.

Pensez à scanner passeport, visa, carte de paiement, billets d'avion et vouchers d'hôtel. Ensuite, adressez-les-vous par e-mail, en pièces jointes. En cas de perte ou de vol, rien de plus facile pour les récupérer dans un cybercafé. Les démarches administratives en seront bien plus rapides. Merci tonton *Routard* !

Vaccinations, santé

– Aucun vaccin n'est obligatoire.
– *La carte européenne d'assurance maladie :* pour un séjour temporaire en Grèce, pensez à vous procurer la carte européenne d'assurance maladie. Il vous suffit d'appeler votre centre de Sécurité sociale (ou de vous connecter au site internet de votre centre) qui vous l'enverra sous 15 jours. Cette carte fonctionne avec tous les pays membres de l'Union européenne, ainsi qu'en Islande, au Liechtenstein, en Norvège et en Suisse. C'est une carte plastifiée bleue du même format que la carte Vitale. Elle est valable 1 an, est gratuite et personnelle (chaque membre de la famille doit avoir la sienne, y compris les enfants). Attention, la carte n'est pas valable pour les soins délivrés dans les établissements privés.
En cas de pépin, rendez-vous dans les centres médicaux prévus à cet effet, où les premiers soins vous seront dispensés gratuitement. Votre hôtel vous indiquera l'adresse de celui dont il dépend. Cela dit, vous devrez supporter une certaine participation pour les médicaments, les prothèses et les traitements supplémentaires. De plus, sur certaines îles, il n'y a pas de centre IKA (équivalent de notre

Sécurité sociale). En cas de problèmes graves, il est souhaitable de ne pas se faire soigner dans les îles (du moins les petites, dépourvues de moyens) et de rentrer illico presto à Athènes. Dans ce cas, il est souvent préférable de se rendre dans les hôpitaux privés (où le matériel est plus performant et l'hygiène mieux surveillée), voire de se faire rapatrier.

Assurances voyage

■ ***Routard Assurance*** *(c/o AVI International) : 40-44, rue Washington, 75008 Paris.* ☎ *01-44-63-51-00.* • *avi-international.com* • Ⓜ *George-V.* Depuis 20 ans, *Routard Assurance* en collaboration avec *AVI International,* spécialiste de l'assurance voyage, propose aux voyageurs un contrat d'assurance complet à la semaine qui inclut le rapatriement, l'hospitalisation, les frais médicaux, le retour anticipé et les bagages. Ce contrat se décline en différentes formules : individuel, senior, famille, light et annulation. Pour les séjours longs (2 mois à 1 an), consultez le site. L'inscription se fait en ligne et vous recevrez dès la souscription tous vos documents d'assurance par e-mail.

■ ***AVA :*** *25, rue de Maubeuge, 75009 Paris.* ☎ *01-53-20-44-20.* • *ava.fr* • Ⓜ *Cadet.* Un autre courtier fiable pour ceux qui souhaitent s'assurer en cas de décès-invalidité-accident lors d'un voyage à l'étranger, mais surtout pour bénéficier d'une assistance rapatriement, perte de bagages et annulation. Attention, franchises pour leurs contrats d'assurance voyage.

■ ***Pixel Assur :*** *18, rue des Plantes, BP 35, 78600 Maisons-Laffitte.* ☎ *01-39-62-28-63.* • *pixel-assur.com* • *RER A : Maisons-Laffitte.* Assurance de matériel photo et vidéo tous risques dans le monde entier. Devis basé sur le prix d'achat de votre matériel. Avantage : garantie à l'année.

Numéro d'urgence européen

☎ ***112 :*** c'est le numéro d'urgence commun à la France et à tous les pays de l'UE, à composer en cas d'accident, agression ou détresse. Il permet de se faire localiser et aider en français, tout en améliorant les délais d'intervention des services de secours.

Carte internationale d'étudiant (carte ISIC)

Elle prouve le statut d'étudiant dans le monde entier et permet de bénéficier de tous les avantages, services et réductions dans les domaines du transport, de l'hébergement, de la culture, des loisirs, du shopping... C'est la clé de la mobilité étudiante !

La carte ISIC permet aussi d'accéder à des avantages exclusifs sur le voyage (billets d'avion spécial étudiants, hôtels et auberges de jeunesse, assurances, cartes SIM internationales, location de voiture, navette aéroport...).

Pour l'obtenir en France

– ***Commandez-la en ligne :*** • *isic.fr* •
– ***Rendez-vous dans la boutique ISIC*** *(2, rue de Cicé, 75006 Paris ;* ☎ *01-40-49-01-01)* muni de votre certificat de scolarité, d'une photo d'identité et de 13 € (12 € + 1 € de frais de traitement).

Émission immédiate sur place ou envoi à domicile le jour même de la commande en ligne.

En Belgique

Elle coûte 12 € (+ 1 € de frais d'envoi) et s'obtient sur présentation de la carte d'identité, et de la carte d'étudiant auprès de l'agence ***Connections*** : *rens au* ☎ *070-23-33-13 ou en ligne* • *isic.be* •

En Suisse

Dans toutes les agences ***S.T.A. Travel*** *(☎ 058-450-40-00 ou 49-49),* sur présentation de la carte d'étudiant, d'une photo et de 20 Fs. Commande de la carte en ligne : • isic.ch • statravel.ch •

Au Canada

La carte coûte 20 $Ca (+1,50 $Ca de frais d'envoi). Disponible dans les agences ***Travel Cuts/Voyages Campus,*** mais aussi dans les bureaux d'associations étudiantes. Pour plus d'infos : • *voyages campus.com* •

Carte d'adhésion internationale aux auberges de jeunesse (carte FUAJ)

Cette carte vous ouvre les portes des 4 000 auberges de jeunesse du réseau HI-Hostelling International en France et dans le monde. Vous pouvez ainsi parcourir 90 pays à des prix avantageux et bénéficier de tarifs préférentiels avec les partenaires des auberges de jeunesse HI. Enfin, vous intégrez une communauté mondiale de voyageurs partageant les mêmes valeurs : plaisir de la rencontre, respect des différences et échange dans un esprit convivial. Il n'y a pas de limite d'âge pour séjourner en auberge de jeunesse. Il faut simplement être adhérent.

Pour l'obtenir en France

– ***En ligne,*** avec un paiement sécurisé, sur le site • *hifrance.org* •
– ***Dans toutes les auberges de jeunesse,*** points d'informations et de réservations en France. Liste des AJ sur • *hifrance.org* •
– ***Par correspondance*** auprès de l'antenne nationale *(27, rue Pajol, 75018 Paris ; ☎ 01-44-89-87-27),* en envoyant une photocopie d'une pièce d'identité et un chèque à l'ordre de la FUAJ du montant correspondant à l'adhésion. Ajoutez 2 € pour les frais d'envoi. Vous recevrez votre carte sous 15 j.

Les tarifs de l'adhésion 2015

– ***Carte internationale individuelle FUAJ - de 26 ans :*** 7 €. Pour les personnes de 16 à 25 ans (veille des 26 ans) – Français ou étrangers résidant en France depuis plus de 12 mois –, les étudiants français et les demandeurs d'emploi sur présentation d'un justificatif. Pour les mineurs, une autorisation parentale et la carte d'identité du parent tuteur sont nécessaires pour l'inscription.
– ***Carte internationale individuelle FUAJ + de 26 ans :*** 11 €.
– ***Carte internationale FUAJ Famille :*** 20 €. Pour les familles ayant un ou plusieurs enfants de moins de 16 ans. Les enfants de plus de 16 ans devront acquérir une carte individuelle FUAJ.
– ***Carte internationale FUAJ partenaire :*** gratuite. Réservée aux personnes licenciées, aux adhérents d'une association ou fédération sportive partenaire de la FUAJ, sur présentation de leur licence.
Liste complète des associations et fédérations sportives sur • *hifrance.org* •, rubrique « Partenaires ».

En Belgique

Réservée aux personnes résidant en Belgique. La carte d'adhésion est obligatoire. Son prix varie selon l'âge : entre 3 et 15 ans, 4 € ; entre 16 et 25 ans, 10 € ; après 25 ans, 16 €.
Votre carte de membre vous permet d'obtenir de 3 à 20 € de réduction sur votre première nuit dans les réseaux LAJ, VJH et CAJL (Luxembourg), ainsi que des réductions auprès de nombreux partenaires en Belgique.

Renseignements et inscriptions

■ ***À Bruxelles :*** *LAJ, rue de la Sablonnière, 28, 1000. ☎ 02-219-56-76.* • *lesaubergesdejeunesse.be* •

En Suisse (SJH)

Réservée aux personnes résidant en Suisse. Le prix de la carte dépend de l'âge : 22 Fs pour les - de 18 ans, 33 Fs pour les adultes et 44 Fs pour une famille avec des enfants de - de 18 ans.

Renseignements et inscriptions

■ ***Schweizer Jugendherbergen (SJH) :*** *service des membres, Schaffhauserstr. 14, 8006 Zurich. ☎ 044-360-14-14. • youthhostel.ch •*

Au Canada

Elle coûte 35 $Ca pour une durée de 16 à 28 mois et 175 $Ca pour une carte valable à vie (tarifs hors taxes). Gratuit pour les enfants de - de 18 ans.

■ ***Auberges de jeunesse du Saint-Laurent / St Laurent Youth Hostels :*** *3514, av. Lacombe, Montréal (Québec) H3T 1M1. ☎ 514-731-1015. N° gratuit (au Canada) : ☎ 1-800-663-5777.*

■ ***Canadian Hostelling Association :*** *301-20 James St, Ottawa (Ontario) K2P 0T6. ☎ 613-237-7884. • hihostels.ca •*

Pour réserver votre séjour en auberge de jeunesse HI

– ***En France :*** *• hifrance.org •* Réservez vos séjours dans 120 auberges de jeunesse. Accès aux offres spéciales et dernières minutes.

– ***En France et dans le monde :*** *• hihostels.com •* Si vous prévoyez un séjour itinérant, vous pouvez réserver plusieurs auberges en une seule fois !

ARGENT, BANQUES, CHANGE

Monnaie

L'euro (en grec, *evro*), depuis janvier 2002.

Banques

Pour les ressortissants hors Zone euro, les commissions pratiquées pour les chèques de voyage sont très variables. ATTENTION, dans toute la Grèce, les banques ne sont généralement ouvertes que de 8h à 13h30-14h. Elles sont fermées les week-ends et jours fériés.

Change

Pour nos lecteurs hors Zone euro, évitez de changer de l'argent dans les *tourist offices*. Ils prennent une commission très élevée.

Bureaux de change dans les villes, ouverts pour la plupart tous les jours et assez tard le soir. Taux équivalent à celui des banques, mais commission plus élevée.

Cartes de paiement

Quelle que soit la carte que vous possédez, chaque banque gère elle-même le processus d'opposition et le numéro de téléphone correspondant ! Avant de partir, notez donc bien le numéro d'opposition propre à votre banque (il figure sur votre contrat, au dos des tickets de retrait ou à côté des distributeurs de billets), ainsi que le numéro à 16 chiffres de votre carte. Bien entendu, conservez ces informations en lieu sûr, et séparément de votre carte. Par ailleurs, l'assistance médicale se limite aux 90 premiers jours du voyage et l'assistance véhicule aux cartes haut de gamme, à condition d'avoir payé votre location avec ladite carte (renseignez-vous auprès de votre banque). N'oubliez pas aussi de **vérifier la date d'expiration de votre carte bancaire** avant votre départ !

– ***Carte bleue Visa :*** *assistance médicale incluse ; numéro d'urgence (Europ Assistance), ☎ (00-33) 1-41-85-85-85. • visa.fr • Pour faire opposition, contactez le numéro communiqué par votre banque.*

– ***Carte MasterCard :*** *numéro d'urgence assistance médicale, ☎ (00-33) 1-45-16-65-65. • mastercardfrance.com • En cas de perte ou de vol, composez le numéro communiqué par votre banque.*

– ***Carte American Express :*** *en cas de pépin, téléphonez au ☎ (00-33) 1-47-77-72-00 ; numéro accessible tlj, 24h/24. PCV accepté en cas de perte ou de vol. • americanexpress.fr •*

– Pour toutes les cartes émises par ***La Banque Postale*** : *composez le ☎ 0825-809-803 (0,15 €/mn) ; pour les DOM-TOM ou depuis l'étranger, le ☎ (00-33) 5-55-42-51-96.*

En Grèce, le refus des cartes de paiement est presque un sport national... Combien de fois, dans des boutiques ou des hôtels affichant l'écusson *Visa, MasterCard* et/ou *American Express* s'entend-on dire : « La machine est en panne » ? Dans les endroits les plus touristiques, c'est un peu moins difficile. Mais dans les villages et les pensions, c'est presque impossible... Alors, prévoyez d'avoir toujours sur vous de l'argent liquide (et, éventuellement, des chèques de voyage, même s'ils ne sont plus si simples à changer). En tout cas, les commerçants ne vous accorderont aucune réduction si vous payez par carte et généralement l'inverse : bien souvent, les banques grecques prélèvent 3-4 % de commission sur les transactions.

Petite mesure de précaution : si vous retirez de l'argent dans un distributeur, utilisez de préférence les distributeurs attenants à une agence bancaire. En cas de pépin avec votre carte (carte avalée, erreur de code...), vous aurez un interlocuteur dans l'agence, pendant les heures ouvrables du moins.

Western Union Money Transfer

En cas de besoin urgent d'argent liquide (perte ou vol de billets, chèques de voyage, carte de paiement), vous pouvez être dépanné en quelques minutes grâce au système *Western Union Money Transfer.* Pour cela, demandez à quelqu'un de vous déposer de l'argent en euros dans l'un des bureaux *Western Union ;* les correspondants en France de *Western Union* sont *La Banque Postale* *(fermée sam ap-m, n'oubliez pas ! ☎ 0825-00-98-98 ; 0,15 €/mn)* et *Travelex* en collaboration avec la *Société financière de paiements* *(SFDP, ☎ 0825-825-8420 ; 0,15 €/mn).* L'argent vous est transféré en moins d'un quart d'heure. La commission, assez élevée, est payée par l'expéditeur. Possibilité d'effectuer un transfert en ligne 24h/24 par carte de paiement (*Visa* ou *MasterCard,* émise en France). • *westernunion.com* •

ACHATS

En règle générale, les souvenirs sont relativement chers, car ils sont fabriqués principalement pour les touristes. Il faut faire attention au prix des articles dans certains magasins.

– ***Objets d'artisanat :*** tapis, sacs tissés à la main, poteries et céramiques, étoffes, bijoux en argent (spécialité de Ioannina).

– ***Komboloï :*** peut-être le plus vieux gadget au monde. Sorte de chapelet que l'on égrène pour occuper les doigts. On peut l'acheter dans certains kiosques à journaux et de nombreux magasins pour touristes. Les *komboloï* classiques sont en ambre, en bois d'olivier ou de caroubier.

PORTE-BONHEUR

Les Grecs sont superstitieux, surtout les commerçants. Pour beaucoup d'entre eux, le premier client du jour doit être traité avec soin et considération. Surtout s'il entre du pied droit dans l'échoppe. Sachez-le !

– ***Huile d'olive :*** en bidon de 1 l, 2 l ou 4 l. Il y aurait 140 millions d'oliviers en Grèce... Chaque coin de Grèce se dispute l'honneur d'avoir la meilleure huile. On peut aussi rapporter du savon à l'huile d'olive fabriqué localement.

– ***Spécialités locales :*** un peu partout, on trouve à acheter des « douceurs », des loukoums et des petits fruits dans une sorte de sirop (en grec *glyka koutaliou*) que les Grecs servent avec le café. Se vendent en petits pots comme de la confiture. Parmi les musts : *vyssino* (griotte), *nérantzi* (orange amère), *kydoni* (coing) et *milo* (pomme, souvent parfumée d'un clou de girofle). Les boutiques spécialisées proposent toutes sortes de conserves : câpres, olives, confiture de tomate, aromates,

etc. Et si vous n'avez pas peur de son fumet, rapportez du fromage...
– Et, bien entendu, le ***vin*** (le *retsina* notamment), l'***ouzo*** et le ***tsipouro.***
Attention toutefois, si vous n'avez pas enregistré de bagages en soute, rapporter ce type de souvenir (en bouteille, en bidon...) est tout simplement impossible, car il sera systématiquement prélevé lors du contrôle sécurité.

AVENTURE, SPORT, NATURE

La Grèce ne se résume pas au tourisme de la sacro-sainte trinité *Sea-Sand-Sun,* ni aux vieilles pierres. La nature a pourvu le territoire des dieux de richesses naturelles à explorer hors des sentiers battus. Et si vous aimez les activités de plein air et la nature, vous aurez tout le loisir de laisser libre cours à votre esprit d'aventure et de découverte dans un pays dont 70 % du territoire est couvert de montagnes. Trekking, randonnées, escalade, descente en rappel, canyoning, rafting, VTT sont autant d'activités praticables tout au long de l'année en Grèce.

■ ***Trekking Hellas :*** *10, odos Saripolou, 106 82 Athènes.* ☎ *21-03-31-03-23.* • *trekking.gr* •

■ ***Alpin Club :*** *9, odos Angélopoulou, 115 25 Néo Psychiko (banlieue d'Athènes).* ☎ *21-06-75-35-14.* • *alpinclub.gr* •

■ ***Hellenic Federation of Mountaineering and Climbing :*** *5, odos Milioni, Kolonaki, 106 73 Athènes.* ☎ *21-03-64-59-04.* • *eooa.gr* • Elle peut aussi fournir des renseignements, comme la liste des refuges de montagne, ainsi que des cartes de randonnée.

BUDGET

La Grèce est relativement bon marché. Cependant, tout dépend de la manière dont vous l'abordez et de la période de votre voyage. Sac au dos, en bus et en stop, en dormant sur les plages (attention, on ne le conseille pas : le camping sauvage est interdit, il arrive que les contrevenants se fassent déloger lors d'opérations « coup de poing »), en se lavant dans les toilettes des tavernes et en se contentant de *souvlaki* et de *gyros,* le voyage ne reviendra pas trop cher ! Vous pouvez aussi mixer votre mode de voyage : alterner le camping avec le confort des pensions, le stop (ou le bus pour les longs trajets) avec la location d'un scooter pour découvrir l'intérieur du pays. Cette solution d'alternance, entre le voyage routard pur et dur et un petit confort, nous semble être un bon compromis. En effet, dans certains coins, il est inutile de perdre 4h à attendre un bus pour aller voir un monastère ou une plage éloignés de 20 km ! La location d'un scooter ou d'une voiture pour 4 personnes pour une journée n'est pas si élevée. De plus, en pension comme chez l'habitant, de nombreuses chambres-studio sont équipées d'une petite cuisine, de quoi faire d'avantageuses économies en préparant soi-même son frichti. À vos calculettes !
Ces dernières années, les prix en Grèce tendaient petit à petit à rejoindre ceux pratiqués dans le reste de l'Europe, surtout depuis l'augmentation de la TVA en 2010. Mais avec la crise, les tarifs sont redevenus plus raisonnables. Pour l'alimentation, les prix au détail sont très variables ; les restos populaires restent encore abordables. En revanche, l'essence est devenue une des plus chères d'Europe, et les transports en commun (bus, train, bateau), en raison des tarifs élevés des carburants, augmentent chaque année un peu plus.

TRAPEZA

Ce mot signifie « table ». C'est aussi le comptoir des banques, ce qui tombe bien quand on constate les acrobaties périlleuses de bien des Grecs pour obtenir un découvert ou un crédit.

Recommandation à ceux qui souhaitent profiter des réductions et avantages proposés dans le *Routard* par les hôteliers et les restaurateurs.

À l'hôtel, pensez à les demander au moment de la réservation ou si vous n'avez pas réservé **à l'arrivée.** Ils ne sont valables que pour les réservations en direct et non cumulables avec d'autres offres promotionnelles (notamment sur Internet). Au restaurant, parlez-en **au moment** de la commande et surtout **avant** que l'addition soit établie. Poser votre *Routard* sur la table ne suffit pas : le personnel de salle n'est pas toujours au courant et une fois le ticket de caisse imprimé, il est souvent difficile de modifier le total. En cas de doute, montrez la notice relative à l'établissement dans le *Routard* de l'année, bien sûr, et ne manquez pas de nous faire part de toute difficulté rencontrée.

Hébergement

Les hôtels

En Grèce, tout fluctue... Les prix surtout, qui varient incroyablement d'une période de l'année à l'autre. En haute saison, les prix sont souvent le triple de la basse saison... Une chambre de pension bon marché à 20-30 € en mai (ça existe) peut ainsi atteindre 60-70 € au mois d'août ! Évitez autant que possible, de ce point de vue, la période de la Pâque grecque (c'est-à-dire le grand week-end autour du dimanche de Pâques) et le cœur de l'été, entre la mi-juillet et la 3e semaine d'août. Dans les coins les plus touristiques, les prix restent élevés de juin à septembre. À Athènes, bien plus chère que le reste du pays, la haute saison commence même dès avril et s'achève fin octobre. Toutefois, la crise a entraîné une baisse générale des prix dans l'hôtellerie qui compense quelque peu les augmentations excessives enregistrées ces dernières années.
Nos indications tarifaires sont sur la base d'une chambre double, sans le petit déj (sauf indication contraire). Une chambre dans un village peu touristique et la même chambre dans une île hyper fréquentée auront un prix très différent, à qualité égale. Théoriquement, les prix doivent être affichés sur la porte de chaque chambre. Il s'agit des tarifs les plus élevés, rarement de ceux qui sont appliqués dans la réalité – sauf en *peak season.* Au quotidien, tout se discute en fonction de l'offre et de la demande. La saison démarre mal ? Les prix baissent. Vous restez plus de 3 nuits ? Ils baissent encore. Vous payez en liquide ? C'est moins cher. Avec la crise, nombreux sont ceux qui proposent des offres très intéressantes en basse et demi-saison. Ce qui explique que vous puissiez avoir l'impression que les prix sont à la tête du client...
ATTENTION, cette échelle indicative de prix ne vaut pas pour Athènes ni pour certaines îles « chic » (comme Hydra).
– ***Bon marché :*** de 20 à 40 € la chambre double. Catégorie qui correspond généralement à une chambre spartiate avec salle de bains privée (parfois sans) chez des particuliers ou dans une « pension » (petit établissement familial). Parfois, la chambre sera même équipée d'un frigo et/ou d'une cuisine, voire de la clim.
– ***Prix moyens :*** de 40 à 65 € la chambre double. Catégorie qui correspond à une chambre avec salle de bains, quelquefois très simple mais souvent confortable. La plupart, désormais, sont très bien équipées : TV (parfois avec chaînes étrangères), air conditionné, frigo et/ou coin cuisine et, de plus en plus souvent, sèche-cheveux et coffre (même dans certaines pensions).
– ***Plus chic :*** de 65 à 100 € la chambre double. Dans cette catégorie, on gagne plus en décor qu'en confort proprement dit, avec généralement une meilleure localisation (belle vue) et des équipements collectifs (piscine, jacuzzi, etc.).

– ***Encore plus chic :*** au-delà de 100 € la chambre double. Ce sont des hôtels (en principe) tout confort.
Ces dernières années se sont multipliés dans certaines régions (pas les plus touristiques) les hôtels traditionnels (*xénonès,* pluriel de *xénonas,* ce qui les différencie en principe des simples hôtels, appelés en grec *xénodochia*), correspondant à nos hôtels de charme : vieilles demeures rénovées, avec un ameublement traditionnel. On les trouve principalement dans les régions qui ont un riche passé et un patrimoine architectural remarquable comme l'Épire, le Pélion et le Magne. Plutôt cher, mais beaucoup de ces établissements ont leur haute saison en hiver, montagne oblige, et pratiquent des tarifs plus doux en été.

Le logement chez l'habitant

Meilleur marché que l'hôtel. Toutes les chambres doivent être déclarées à l'EOT (office du tourisme hellénique), et les prix doivent être affichés, derrière la porte de la chambre, comme dans les hôtels. Trois catégories : A, B et C. En principe, une chambre de catégorie A ne devrait pas coûter beaucoup plus cher qu'une chambre d'hôtel de catégorie C. Mais là encore, les prix sont très variables, et il n'y a pas grand-chose de commun entre la petite chambre que la vieille grand-mère vous loue dans sa maison et l'immeuble flambant neuf loué en studios ou en appartements. Autour de 25 €, hors saison, on doit pouvoir commencer à trouver une chambre basique mais correcte pour deux, à condition d'être dans un endroit pas trop touristique. Les tarifs doublent (au moins) en saison. La formule devient souvent plus intéressante avec les petits appartements pour 4 ou 5 personnes, moins chers que 2 chambres d'hôtel. L'intérêt est aussi de bénéficier d'une cuisine où l'on peut se faire à manger. En revanche, on ne vous accueillera pas à bras ouverts si vous annoncez à votre arrivée votre intention de ne rester qu'une seule nuit (il arrive même qu'on refuse de louer pour une si courte durée ; si on vous accepte, vous paierez le tarif maximal).

Le camping

Un rappel : le camping sauvage est interdit.
Les campings sont relativement chers pour les prestations offertes (et les tarifs, là encore, sont rarement affichés à l'extérieur...). Compter de 15 à 26 € pour deux avec une voiture et une tente, la moyenne s'établissant autour de 22 €. Ne pas hésiter à faire jouer les réductions que proposent les principales chaînes de camping, *Sunshine* et *Harmonie,* sur présentation du dépliant de la chaîne (disponible dans les campings ; voir plus loin, rubrique « Hébergement »). Leur programme de « fidélisation » inclut aussi des réductions sur certaines lignes de ferries entre l'Italie et la Grèce. Sauf exception, la plupart des campings sont ouverts d'avril ou mai à octobre.

Nourriture

Là encore, votre budget ne sera pas le même si vous dégustez du poisson grillé tous les soirs sur le port ou si vous recherchez les tavernes populaires, où l'on mange les plats « à la casserole », nettement plus abordables.
– ***Bon marché :*** env 10 €.
– ***Prix moyens :*** 10-20 €.
– ***Plus chic :*** 20-40 €.
– ***Très très chic :*** + de 40 €.
– Le poisson est vendu au kilo et il est cher. Les meilleurs, à griller, sont vendus de 30 à 60-65 € le kilo. La friture est plus abordable : environ 15-20 € le kilo. En général, on va en cuisine choisir son poisson et le faire peser. Ainsi, pas de surprise.
– En Grèce, on compose son repas à la carte le plus souvent, mais quelques menus bon marché et basiques sont parfois proposés dans les sites les plus touristiques.

- Dans une taverne, compter 6-9 € pour un plat cuisiné typique et populaire (genre moussaka ou *pastitsio*) et de 7 à 10 € pour une grillade (grand *souvlaki*, par exemple).
- Compter entre 12 et 15 € pour un repas complet (un peu moins dans les tavernes les plus simples), genre salade grecque à partager, grillade ou plat cuisiné. Cela dit, les assiettes étant généralement très copieuses, on peut parfaitement se contenter d'un plat principal. Souvent, un petit dessert est offert : part de melon ou de pastèque, halva ou toute autre petite pâtisserie. Là encore, grosses variations selon les endroits. À Athènes, tout est facilement plus cher.
- Les restaurateurs facturent le pain (on vous demandera d'ailleurs sans doute si vous en voulez). Compter un supplément de 0,50 à 2 € par personne.
- Le service est compris, mais il est de coutume de laisser un petit quelque chose si vous êtes satisfait (du simple arrondi à 5 ou 10 %).

Le juste prix

En dehors des villes, il n'existe pas encore trop de supermarchés à l'occidentale. Dans les endroits touristiques, on trouve surtout des minimarkets qui n'écrasent pas particulièrement les prix.
Voici quelques exemples de prix moyens de produits courants, relevés en 2014 (compter avec 4-5 % d'inflation par an ; néanmoins, les prix peuvent fortement varier d'une région non touristique à une région touristique) :
- un *koulouri* (sorte de petite couronne au sésame) : 0,40 à 0,60 € ;
- une *tyropitta* (chausson à la feta) : environ 1,50 à 2 € ;
- un petit *souvlaki* (à manger à la main) : 1,20-1,50 € ;
- un *gyros* avec *pita* : environ 2-2,50 € ;
- un soda (50 cl) dans une boutique : environ 1 € ;
- un soda (50 cl) dans un café : environ 2,50 € ;
- une bière grecque Mythos (50 cl) dans un café standard : 2 à 3 € ;
- un café frappé dans un café standard en province : en moyenne 2,50 € ; il peut monter facilement jusqu'à 4 € à Athènes (par exemple), voire un peu plus ;
- une grande bouteille (1,5 l) d'eau minérale : 0,50 à 1,50 € selon l'endroit où vous l'achetez ;
- un litre de lait : à partir de 1,30 € ;
- un yaourt (200 g) vendu à l'unité : 1 à 1,50 € ; comme tous les laitages en Grèce, c'est cher ;
- un litre de super sans plomb 95 : environ 1,60-1,70 € selon les endroits ; encore un peu plus cher dans les îles ; le diesel coûte 30 à 35 centimes de moins que le super sans plomb 95 ;
- 100 km en bus *KTEL* (liaisons continentales) : 8 € environ ;
- 1h de trajet en ferry (classe pont) : environ 8 € ; compter le double, voire un peu plus, en *Flying Dolphin* ou en *Catamaran*.

CLIMAT

La Grèce jouit d'un climat méditerranéen qui varie en fonction de l'altitude, mais également de la latitude, avec des hivers doux et pluvieux et des étés chauds et très secs.
Le printemps est assez court. L'été arrive brusquement et brûle tout ; pendant les mois torrides, certaines régions supportent des températures de 36, 38, 40, voire 45 °C. En juillet et août, il arrive qu'aucune goutte de pluie de tombe, sauf en cas d'orage (et là, ça tombe !). Sur la terre

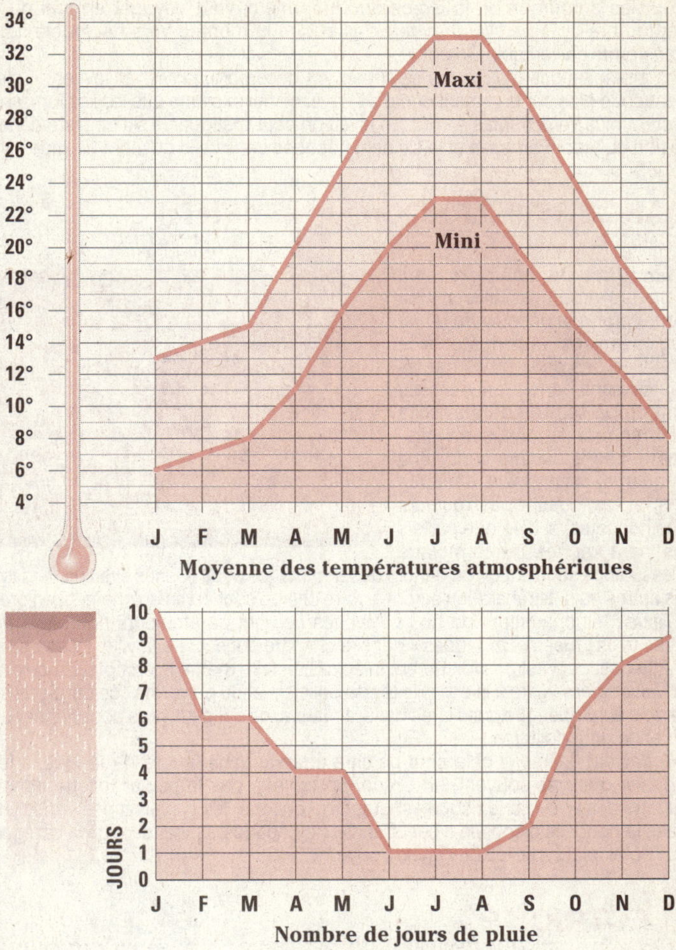

GRÈCE (Athènes)

surchauffée, soufflent alors de puissants vents thermiques qui saupoudrent les arbres de poussière, rendant le pâle feuillage de l'olivier plus terne. En été, le puissant vent thermique des îles, le *meltémi,* peut rendre la mer dangereuse ou, sur les îles, donner une impression de fraîcheur, notamment en soirée. Ces vents de nord-est ou nord/nord-est, appelés vents étésiens, soufflent en deux temps. D'abord sur une courte période fin mai-début juin, puis de fin juillet à début octobre. Ils concernent surtout la mer Égée, donc les Cyclades, et ça décoiffe (jusqu'à 8-9 Beaufort, soit environ 90 à 120 km/h sur Andros ou Tinos, par exemple) ; en revanche, les îles Ioniennes sont épargnées.

Pour les amoureux de la Grèce antique, mieux vaut voyager en mai ou en septembre-octobre. Vous éviterez ainsi que la montée vers l'Acropole ne se transforme en véritable Golgotha.
Les précipitations maximales se situent en décembre, janvier et février : il pleut beaucoup plus sur le versant ouest du pays, ce qui explique que les îles Ioniennes restent plus verdoyantes en été. En hiver, on peut pratiquer le ski de piste dans la région du mont Parnasse et le ski de randonnée dans celle du mont Olympe.

DANGERS ET ENQUIQUINEMENTS

– ***Location de scooters :*** s'il demeure un moyen très sympa pour partir à la découverte d'une région, mieux vaut maîtriser la conduite des deux-roues car les routes sont parfois en mauvais état ou parsemées de gravillons qui rendent la chaussée glissante. Les accidents sont donc fréquents, notamment dans les îles, et les loueurs pas toujours très honnêtes, si bien que parfois les paragraphes du formulaire d'assurance stipulant qu'en dehors des dommages occasionnés avec un tiers tous les autres frais de réparation seront à votre charge sont écrits uniquement en grec !

KAMAKI

Il s'agit du harpon utilisé par Poséidon pour attraper les poissons. Par extension, on utilise ce terme pour évoquer la drague des Grecs vis-à-vis des femmes, et tout particulièrement des touristes. Les phrases flatteuses adressées aux femmes sont souvent humoristiques, soutenues, mais rarement blessantes.

– ***Taxis :*** les chauffeurs de taxi à Athènes ne sont pas toujours honnêtes. Voir « Les taxis : ruses et arnaques » dans le chapitre consacré à la ville. Et en dehors d'Athènes, ce n'est pas forcément mieux. Bien faire mettre le compteur à zéro.
– ***Plaisanciers :*** gare à la complicité des policiers et du pompiste ; ce dernier laisse parfois échapper quelques litres dans la marina, ce qui peut vous occasionner une amende pour pollution !
– ***Toilettes :*** même si cela peut paraître étrange dans une telle rubrique, il faut signaler que très souvent, en Grèce, on ne jette pas le papier toilette dans la cuvette des w-c, car le risque est grand de boucher les canalisations ; on le jette dans la poubelle disposée à cet effet. Ça ne dépend pas vraiment de la catégorie de l'hôtel, plutôt du lieu où l'on se trouve.

ÉLECTRICITÉ

Le réseau électrique grec fonctionne en 220 volts et les prises sont compatibles avec les appareils français.

FÊTES ET JOURS FÉRIÉS

Fêtes nationales

Les Grecs ont eu l'excellente idée de se programmer deux fêtes nationales :
– ***le 25 mars :*** en commémoration de la révolution de 1821, qui libéra la Grèce de l'occupant turc (en réalité, le début du soulèvement eut lieu un peu avant) ;
– ***le 28 octobre :*** pour célébrer le refus de l'ultimatum italien en 1940. Défilés religieux et militaires à peu près partout.
– À retenir également : le ***1er mai,*** fête du Travail.

Fêtes religieuses

– L'***Épiphanie*** (le 6 janvier) est marquée par la bénédiction des eaux ; il n'est pas rare de voir de jeunes hommes plonger dans les eaux souvent frisquettes pour récupérer la croix que le pope a lancée.
– Première au hit-parade, en Grèce la Semaine sainte est traditionnellement plus importante que Noël. En 2015, la ***Pâque grecque*** *(to Paskha)* tombe le 12 avril dans le calendrier orthodoxe. Se renseigner si l'on veut visiter des musées ou autres sites touristiques, car ils sont soit fermés, soit ils fonctionnent au ralenti du jeudi de la Semaine sainte au lundi de Pâques inclus. Les hôtels sont alors bien souvent pris d'assaut et pratiquent des tarifs dignes du plein été, voire pire. Les temps forts de cette semaine sont la procession de l'*épitafios* (symbolisant le linceul du Christ) le vendredi soir, la messe du samedi soir qui se termine aux cris de « *Christos anesti* » (« Christ est ressuscité ») et qui est suivie d'un repas commençant par la *mayiritsa,* une soupe d'abats d'agneau et d'œufs battus, et, enfin, le repas dominical (agneau à la broche pour tout le monde).
– ***Le lundi de Pentecôte orthodoxe*** (50 jours après Pâques, donc le 1er juin 2015). Attention encore, ce jour-là, tout est fermé. Le ***jeudi de l'Ascension*** (21 mai en 2015) est aussi l'occasion d'un pont.
– ***Le 15 août*** constitue l'autre grande célébration religieuse. En Grèce, on parle de la ***Dormition*** *(Kimissis)* de la Vierge, et non de l'Assomption.
– Certaines fêtes religieuses sont célébrées avec plus d'insistance dans divers endroits : la *Saint-Spyridon* en août à Corfou, le *carnaval de Patras* de mi-janvier jusqu'au carême, la *Saint-Dimitri* (26 octobre) à Thessalonique...

CHAUD DESSOUS !

À l'occasion des Anasténaria, les 21 et 22 mai, les habitants de Langadas, au nord de la Grèce, dansent pieds nus sur des charbons ardents en portant les icônes de saint Constantin et de sainte Hélène. La coutume remonterait aux temps païens et aux célébrations dionysiaques. Atmosphère chaleureuse !

Fêtes locales

En se baladant de village en village, l'été, on est à peu près sûr de tomber un soir ou l'autre sur un *panigyri* (fête locale, au singulier ; *panigyria* au pluriel), donné à date fixe en l'honneur du saint patron du patelin. Ceux qui sont friands de ces festivités, en général pas frelatées, peuvent s'amuser à repérer les noms des saints des églises et à chercher quand tombe la fête. On commence bien sagement par une cérémonie religieuse et on finit, en général, au petit matin de manière beaucoup moins pieuse. Quelques exemples (liste non exhaustive, loin de là) :
– ***le 24 juin :*** *Agios Ioannis* (la Saint-Jean) ;
– ***le 1er juillet :*** *Agii Anargyrii* (les saints Indigents) ;
– ***le 7 juillet :*** *Agia Kyriaki* (Sainte-Dominique) ;
– ***le 17 juillet :*** *Agia Marina ;*
– ***le 20 juillet :*** *Profitis Ilias* (le prophète Élie) ;
– ***le 26 juillet :*** *Agia Paraskévi ;*
– ***le 27 juillet :*** *Agios Pandéléimon ;*
– ***le 2 août :*** *Agios Stéfanos ;*
– ***le 12 août :*** *Agios Matthéos* (Saint-Matthieu) ;
– ***le 2 septembre :*** *Agios Mamas ;*
– ***le 15 septembre :*** *Agios Nikitas.*
Les étrangers sont toujours bien accueillis en pareille occasion. Couche-tôt s'abstenir (car vous ne pourriez apprécier l'extraordinaire endurance des Grecs) ! Les dates peuvent éventuellement être décalées d'un jour, pour profiter d'un week-end.

Festivals

Qui a dit qu'on venait bronzer idiot en Grèce ? Pas mal de grandes villes grecques proposent un festival théâtral en été (Athènes, Ioannina, Héraklion...), sans compter ceux qui ont lieu dans des sites antiques (Épidaure, Dodone). Concerts, ballets, opéras sont aussi au programme (le festival international de danse de Kalamata, en juillet, est particulièrement réputé). À noter que le Festival de Thessalonique (les *Dimitria*) se déroule de septembre à novembre, et que le Festival international du cinéma dans la même ville se tient durant la seconde quinzaine de novembre.

HÉBERGEMENT

Les auberges de jeunesse

La Grèce ne compte qu'une dizaine d'auberges affiliées au réseau *HI-Hostelling International,* dont quatre à Athènes et une à Corfou. En outre, quelques auberges de jeunesse non affiliées au réseau sont regroupées dans la Fédération nationale grecque d'auberges de jeunesse *(Greek Youth Hostel Organization)* : deux sont en Grèce continentale (Athènes et Patras) ; liste sur • *athensyhostel.com* •

Les hôtels

Pas mal d'hôtels grecs, bâtis dans les années 1970 et 1980, époque du premier boom touristique, ont vieilli. Et, toujours, en parallèle, les sempiternelles pensions au mobilier en bois rustique, toutes plus ou moins semblables les unes aux autres.

Le logement chez l'habitant

Souvent assez bon marché et intéressant pour les contacts humains. Cependant, il faut avoir l'œil : dans certains coins, les *rooms to rent* sont devenues une véritable industrie (on se fait construire un immeuble de quatre étages et on rentabilise de manière forcenée pendant la saison). Préférez donc les maisons à l'allure plus modeste, au moins pour l'accueil. Les prix sont loin d'être toujours affichés dans les chambres, comme ce devrait être le cas. N'hésitez pas à marchander ou à faire jouer la concurrence. Attention, on vous fera parfois la tête si vous annoncez que vous passez une seule nuit.

Les hébergements de charme

Une initiative intéressante a vu le jour en 2003 : le premier réseau d'hébergements de charme en Grèce, en milieu rural. Créé par une petite équipe franco-grecque, membre d'*Eurogites, Guest Inn* a pour but de faire connaître la Grèce profonde (les destinations considérées comme moins « touristiques » ont été privilégiées), avec un choix d'hébergements de petite capacité, sélectionnés pour leur caractère et la qualité de l'accueil. Fin 2014, le réseau était riche d'environ 280 adresses. *Guest Inn* propose les services d'un central de réservation, servant alors d'intermédiaire avec les propriétaires, qui ne parlent parfois que le grec et dont certains hébergements peuvent être réservés en ligne.

■ ***Guest Inn :*** *34, odos Kefallinias, 165 61 Glyfada (banlieue sud d'Athènes).* ☎ *21-09-60-71-00.* • *guestinn.com* • Le site est également de grande qualité et constitue une bonne source d'informations générales.

Le camping

La Grèce compte environ 200 terrains de camping. La majorité n'est pas extraordinaire : on s'y entasse beaucoup en été, l'intimité est rarement garantie et l'ombre fluctuante. Un petit nombre d'entre eux seulement disposent d'une piscine (souvent ceux situés à proximité des grands sites archéologiques). Les campings grecs acceptent les gens sans tente, ce qui n'est pas le cas en France. Certains en louent

(déjà montées), ainsi que des sacs de couchage, ce qui permet de ne pas trop se charger, surtout si l'on envisage de ne camper que quelques nuits. On trouve aussi parfois des sortes d'abris sommaires, quelquefois avec lits en dur à l'intérieur, loués à peine plus cher que le prix du camping en tente pour deux. Sinon, prévoir des piquets solides : le sol grec est dur ! Et n'oubliez pas le sac de couchage dans les îles : les nuits y sont plus fraîches, notamment quand le *meltémi* souffle fort.
Deux chaînes se livrent une rude concurrence : *Sunshine,* qui regroupe une trentaine de campings, propose 10 % de réduction en juillet et août et 20 % hors saison. Son concurrent, *Harmonie,* propose des réductions similaires. Pour en savoir plus, consultez leurs sites respectifs • *sunshinecamping.gr* • et • *greekcamping.gr* • ou encore • *camping.gr* • Prévoyez d'emporter deux pièces d'identité, car les campings en gardent parfois une jusqu'à votre départ. Attention, certaines îles n'ont pas de camping, comme Égine, Hydra, Spetsès, Paxos. Il existe également des campings qui ne sont pas officiellement répertoriés : ils sont juste tolérés localement. Sommairement équipés, ils sont chers pour ce qu'ils proposent. Pour consulter la liste officielle : • *greececamping.gr* •
– Le camping sauvage est interdit. ATTENTION, la police ne rigole pas !

Pour les réservations de chambres d'hôtel, de bungalows ou de résidences hôtelières, on peut demander des renseignements par écrit, longtemps à l'avance, à :
■ ***Hellenic Chamber of Hotels :*** *24, odos Stadiou, 105 64 Athènes. ☎ 21-32-16-99-00.* • *grhotels.gr* •

HORAIRES

Il y a 1h de décalage horaire entre la France et la Grèce ; quand il est 12h à Paris, il est 13h à Athènes.
– ***Les horaires des magasins*** ne sont pas toujours faciles à suivre. Dans les îles, et les lieux fortement touristiques en général, on ferme peu, car il y a toujours de l'affluence. En ville, les commerces suivent une savante alternance : en gros, les lundi, mercredi et samedi de 8h30 à 14h30 et les mardi, jeudi et vendredi de 8h30 à 14h et de 17h à 20h30.
– ***Les horaires des administrations ou des banques :*** la Grèce est depuis longtemps passée à la journée continue, qui s'achève en réalité en début d'après-midi. Passé 14h, les guichets sont hermétiquement fermés, sauf à de rares exceptions (notamment les postes, dans les grandes villes, ouvertes jusqu'à 19h ou 20h).

LANGUE

En arrivant en Grèce, vous aurez certainement le sentiment d'être doublement à l'étranger. Tout d'abord, il est difficile d'y reconnaître grand-chose à l'oreille. Dans *L'Été grec,* Jacques Lacarrière, nourri de grec ancien, dit combien il s'est senti perdu à l'écoute des premiers mots de grec moderne. Seconde barrière : un alphabet bien différent de notre alphabet latin !
Cette langue, vieille de 3 000 ans et même un peu plus, est plus ancienne que la nôtre. Elle a survécu aux dominations étrangères, romaine et turque en particulier.

MAIS QUI SONT CES « BARBARES »?

Pour les Grecs de l'Antiquité, les peuples qui ne parlaient pas leur langue étaient nommés « barbares ». Puis les Romains, qui connurent plusieurs invasions étrangères, appelèrent « barbares » tous les peuples ennemis de leur empire. Bien plus tard, la signification évolua encore puisque les habitants d'Afrique du Nord furent nommés « Berbères ». Aujourd'hui, il s'agit uniquement de populations du Maghreb qui ne sont pas d'origine arabe.

Bien entendu, le grec a évolué au cours des siècles. C'est ce que n'ont pas voulu comprendre les puristes qui ont imposé comme langue officielle, au moment de l'indépendance en 1830, la *katharévoussa,* autrement dit une langue « purifiée », en partie calquée sur le grec ancien et bien différente de la langue parlée par la population. Ce n'était sans doute pas sans arrière-pensées : les détenteurs du pouvoir économique et politique avaient tout intérêt à ce que cette langue de lettrés soit en vigueur, puisqu'elle excluait de la vie politique ceux qui ne la maîtrisaient pas, autrement dit le peuple.

Le mouvement en faveur de la langue démotique (du grec *dimotiki,* « populaire »), à la grammaire beaucoup plus facile, s'est développé tout au long du XIXe s. En 1903 et 1911, on s'est même battu entre partisans des deux langues, et le démotique a eu ses martyrs. Le débat s'est vite déplacé autour d'une ligne de partage gauche/droite, les partisans de la *dimotiki* étant évidemment tous des communistes... Il a fallu attendre la chute de la dictature des colonels pour que la *katharévoussa* soit rangée au magasin des antiquités (quoique... les textes officiels, une certaine presse et de manière générale l'écrit peuvent encore plus ou moins l'employer) et que soit enfin reconnue une évidence : les langues, même vieilles de plus de 3 000 ans, évoluent. Un exemple pour illustrer cette opposition *katharévoussa/dimotiki* : lorsque vous commandez du vin blanc en grec, vous demandez, en langue démotique, de l'*aspro krassi* (*aspros,* « blanc »), mais la bouteille portera la mention, en *katharévoussa, oinos leukos* (prononcer *inos lefkos*). Sacrément différent...

POLITIQUE RÉTROGRADE

En 2007, le gouvernement a décidé de remplacer dans les lycées 1h de seconde langue (français ou allemand) par 1h de grec ancien. Mauvais présage...

L'alphabet grec

Le grec actuel a conservé l'alphabet ancien, dont certains signes ou groupes de signes ont pris au cours des siècles des valeurs différentes :

Majuscules	***Minuscules***	***Prononciation***
Α	α	*a* (ouvert)
Β	β	(initial) *v*
Γ	γ	*g* aspiré devant les sons *a, o, u* et les consonnes (voir allemand *g* ou arabe *gh*); *y* devant les sons *i, e*
Δ	δ	*th* anglais doux *(they)*
Ε	ε	*è* (ouvert)
Ζ	ζ	*z*
Η	η	*i*
Θ	θ	*th* anglais dur *(think)*
Ι	ι	*i*
Κ	κ	*k*
Λ	λ	*l*
Μ	μ	*m*
Ν	ν	*n*
Ξ	ξ	*ks* (*gz* après *n*)
Ο	ο	*o* (ouvert)
Π	π	*p*
Ρ	ρ	*r* (roulé)
Σ	σ (ς)	*s* (*z* devant consonnes sonores)
Τ	τ	*t*
Υ	υ	*i*

Φ	φ	*f*
Χ	χ	*ch* allemand dur devant les consonnes et les sons *a, o, u, ch* allemand doux devant les sons *i, e*
Ψ	ψ	*ps* (*bz* après *n et m*)
Ω	ω	*o* (fermé)

De même que le Français a bien du mal à prononcer certains sons grecs (le *gamma, γ,* et le *ch,* en particulier), le Grec n'a pas la partie facile avec le son *j,* inexistant dans sa langue. Amusez-vous un jour à faire dire à un Grec le prénom Georges : ça donnera « Zorz ».
Le *d* dur n'ayant pas de lettre correspondante, on a recours au groupement de deux lettres : *NT (ντ) ;* exemple : *NTONAΛNT* (Donald en majuscules). Même procédé pour le *b,* rendu par *ΜΠ,* exemple : *ΜΠΑΡ* (bar en majuscules). *ΓΚ* correspond enfin au son *g* dur. Enfin, il y a pas mal d'autres subtilités de prononciation ou de transcription qui demanderaient de longues explications.
C'est bien plus simple pour les voyelles : trois d'entre elles (*ι, η* et *υ*) se prononcent *i,* de même que les groupes de voyelles *ει* et *οι.* Pas de son *u.*
Petite complication supplémentaire, le grec est une langue à déclinaisons. Tous les noms (y compris les noms propres) et adjectifs se déclinent. Ne vous étonnez donc pas si vous constatez ce qui apparaît comme un certain « flottement » au niveau des terminaisons des mots. Ainsi, on dira : *I Delfi inè makria ?* (Delphes est loin ?) ; *Pame stous Delfous* (Nous allons à Delphes) ; *To Moussio ton Delfon inè klisto* (Le musée de Delphes est fermé).
La langue grecque dispose de quatre « cas » correspondant à différentes fonctions dans la phrase (cas nominatif, accusatif, génitif et, plus rare, le vocatif pour interpeller). Tous les noms, même les noms propres, sont précédés d'un déterminant (article) : *O Nikolaos* (Nicolas), *I Katerina* (Catherine).
Enfin, même la ponctuation est en partie différente de la nôtre : le point d'interrogation se note par un point-virgule.
Malgré ces petites difficultés qui font du grec moderne une langue pas très facile, on recommande plus que vivement au touriste intelligent (ça va, vous vous reconnaissez ?) d'essayer de retenir un maximum du minimum de vocabulaire grec vital. Primo, parce que les Grecs sont toujours heureux de se trouver face à quelqu'un qui baragouine leur langue, ne serait-ce que quelques mots ; secundo, parce que c'est aussi une marque de respect pour une langue millénaire à laquelle on doit beaucoup. Et qu'est-ce que c'est, quelques minutes, voire quelques (petites) heures, à lire et relire le lexique ci-dessus, à côté de quelques millénaires ? Si vous n'êtes pas encore convaincu, un dernier argument : la double signalisation des panneaux routiers (caractères grecs et latins) n'est pas effective partout, et plus d'une fois, en pleine cambrousse ou au beau milieu d'une ville, il pourra vous être utile de savoir déchiffrer une indication et ainsi éviter de vous perdre.

Vocabulaire

Les Grecs, méditerranéens par excellence, peuvent se contenter de gestes pour dire « oui » et « non ». Dans le premier cas, ils inclinent légèrement la tête sur le côté ; dans le second, ils lèvent la tête en arrière en faisant une sorte de moue.

ÈFKHARISTO

Ce mot est sûrement le plus utilisé en grec. Signifiant « de bonne grâce » (donc « merci »), il fait référence aux Trois Grâces de la mythologie. Ces filles de Zeus symbolisent la beauté et le bonheur de vivre.

Pour vous aider à communiquer, n'oubliez pas notre ***Guide de conversation du routard en grec.***

Mots et phrases de base

oui	*né*
non	*ochi*
moi, je	*ego*
je suis	*imé*
tu, toi	*essi*
parlez-vous français ?	*milátè ghaliká ?*
parlez-vous anglais ?	*milátè angliká ?*
je ne comprends pas le grec	*then katalavéno ta ellinika*
je suis français/française	*imé ghalos/ghalida*

Politesse

bonjour	*kalimèra*
bonsoir	*kalispèra*
bonne nuit	*kalinikhta*
salut	*yássou, yássas* (si l'on s'adresse à plusieurs interlocuteurs), souvent abrégé en « *ya* »
au revoir	*adio, yássou, yássas*
s'il vous plaît, je vous en prie	*parakalo*
merci	*èfkharisto*
pardon	*signomi*
d'accord	*daxi*

Le temps

maintenant	*tora*
aujourd'hui	*siméra*
ce soir	*apopsé*
demain	*avrio*
hier	*rhtès*
lundi	*theftèra*
mardi	*triti*
mercredi	*tètarti*
jeudi	*pempti*
vendredi	*paraskévi*
samedi	*sávato*
dimanche	*kiriaki*
quelle heure est-il ?	*ti ora inè ?*

Questions de base

où ?	*pou ?*
où se trouve... ?	*pou inè ?*
pourquoi ?	*yiati ?*
comment allez-vous ?	*ti kanété ?*
avez-vous... ?	*échété... ?*
combien ?	*pósso ?*
combien ça coûte ?	*posso kani ?*

En ville

hôtel	*hotel ou xènodhokio*
chambre	*dhomatio*
bus	*léoforío*
bateau	*karavi, vapori, plio*

port	*limani*
plage	*paralía, amoudia,* ou même *plaz*
poste	*tachidromio*

À table

eau	*néro*
bouteille	*boukali*
carafe	*kanata*
vin	*krassi*
café	*café*
lait	*ghála*
pain	*psomi*
bière	*bira*
poisson	*psari*
viande	*kreas*

Adjectifs utiles (et quelques adverbes)

Les adjectifs se déclinent, nous les indiquons ici au neutre. Pour dire « C'est... », ajouter devant l'adjectif : « Iné... ».

bon	*kalo*
bien	*kala*
mauvais	*kako*
grand	*méghalo*
petit	*micro*
plus	*pío*
beaucoup/très	*poli*

Compter

Attention, certains nombres se déclinent.

1	*éna*	20	*ikosi*
2	*thio*	30	*trianda*
3	*tria*	40	*saranda*
4	*téssèra*	50	*pèninda*
5	*pendè*	60	*èksinda*
6	*èksi*	70	*èvthominda*
7	*èfta*	80	*oghthonda*
8	*okhto*	90	*ènèninda*
9	*ènia*	100	*èkato*
10	*thèka*	1 000	*chilia*

Quelques phrases utiles

Est-ce la route de Sparte ?	*Inè aftos o dhromos ya(ti) Sparti ?*
Quelle est la meilleure route pour... ?	*Pios inè o kalitéros dhromos ya... ?*
Où est la gare des bus interurbains ?	*Pou inè o stathmos ton iperastikon léoforion ?*
Quand part le bus pour Athènes ?	*Poté fevghi to léoforio ya tin Athina ?*
Je cherche un médecin	*Psachno éna yiatro*
J'ai mal à la tête (à l'estomac...)	*Me ponaï to kéfali (to stomachi...)*
J'ai (il/elle a) de la fièvre	*Écho (échi) piréto*
Avez-vous une chambre libre ?	*Mipos échété éna dhomatio éleftéro ?*
Nous avons réservé (nous voulons réserver) une chambre	*Échoumé klissi (théloumé na klissoumé) éna dhomatio*

LIVRES DE ROUTE

Littérature grecque

- ***L'Odyssée,*** d'Homère (LGF, coll. « Le Livre de Poche » n° 602, VIIIe s av. J.-C.). Ce texte, fondateur d'un imaginaire grec qui a survécu jusqu'à nous, dessine un espace maritime profondément méditerranéen. À ce titre, il accompagne merveilleusement toute croisière dans les îles grecques.
- ***Le Banquet,*** de Platon (Flammarion, coll. « GF » n° 987, 2001). Tout ce que vous voulez peut-être savoir sur l'amour grec antique. Discours entre hommes uniquement, sur l'amour entre hommes uniquement, considéré par ces messieurs comme supérieur à celui entre homme et femme. Certains ont changé d'avis depuis lors. Chacun appréciera selon ses goûts.
- ***Lettre au Gréco,*** de Nikos Kazantzakis (Presses-Pocket n° 2141, 1961). Autobiographie et testament spirituel du grand écrivain grec. L'âme grecque dans toutes ses profondeurs, ses passions et son rayonnement. Cela touche et réchauffe. Spiritualité dense et lumineuse. Tremplin vers l'universel. On en émerge avec un « supplément d'âme ». Splendide.
- ***Z,*** de Vassilis Vassilikos (Gallimard, coll. « Folio » n° 111, 1967). *Z* (pour *Zei,* « il vit ») est un roman-documentaire qui raconte l'assassinat, en mai 1963, de Grigorios Lambrakis, député de la gauche démocratique, et le travail obstiné d'un petit juge cherchant à trouver les commanditaires de l'assassinat. Le film de Costa-Gavras, avec Yves Montand et Jean-Louis Trintignant, a fait de l'ombre au livre. Du même auteur, ***K*** (Le Seuil, 1994), qui plonge le lecteur dans le monde trouble de la finance et de la politique des années 1980 en Grèce, autour de la figure de K (comprendre Georges Koskotas, un escroc bien réel), employé de banque et devenu patron de celle-ci avant de connaître la chute.
- ***Récit des temps perdus,*** d'Aris Fakinos (Le Seuil, coll. « Points » n° 214, 1982). La vie extraordinaire d'un couple improbable, formé de Vanguélis, petit paysan, et de Sophia, fille de propriétaire terrien en Attique, de la fin du XIXe s jusqu'aux années 1960. Du même auteur, ***L'Aïeul*** (Le Seuil, coll. « Points » n° 496, 1985), « suite » du précédent, remontant dans le temps jusqu'au milieu du XIXe s.
- ***La Langue maternelle,*** de Vassilis Alexakis (Fayard ; « Folio » n° 4580, prix Médicis 1995). Un dessinateur humoristique grec vivant à Paris depuis plusieurs années revient à Athènes après la mort de sa mère. Il redécouvre la vie quotidienne et les Grecs actuels en même temps qu'il se réapproprie son passé, son héritage culturel, sa langue. Un roman subtil, largement autobiographique. Du même auteur, ***Le Cœur de Marguerite*** (Stock ; LGF, coll. « Le Livre de Poche » n° 15322, 1999), non moins subtil, ou encore ***Paris-Athènes*** (Stock 2006 ; « Folio » n° 4581) et ***Ap. J.-C.*** (Stock 2007 ; « Folio » n° 4921) consacré au mont Athos et récompensé en 2007 par le Grand Prix du roman de l'Académie française.

Romans sur l'Antiquité écrits par des auteurs contemporains

- ***L'Œil de Cybèle,*** de Daniel Chavarria (1993 ; Rivages/Noir n° 378, 2001). Uruguayen installé à Cuba, Daniel Chavarria a imaginé, à partir d'une note trouvée dans un livre sur l'Antiquité, une intrigue se déroulant à Athènes, en plein siècle de Périclès. Parmi les personnages, Périclès, Alcibiade et Socrate, rien que ça ! Également Lysis, la courtisane « aux belles fesses », et tout cela autour d'une histoire d'améthyste volée sur une statue de déesse. Pas toujours facile à suivre, le récit a le mérite de vous plonger dans la vie quotidienne à Athènes il y a quelque 25 siècles.
- ***Aristote détective,*** de Margaret Doody (1978 ; 10/18 n° 2695, 1996 ; réédition 2003). À la suite de l'assassinat d'un notable athénien, le jeune Stéphanos se retrouve avec la lourde tâche de devoir défendre son cousin Philémon, accusé du

meurtre. On est en 322 av. J.-C. Heureusement, Aristote est là pour lui donner un coup de main dans sa contre-enquête. Pas transcendant, mais une façon originale de plonger dans l'ambiance de l'Athènes hellénistique. Du même auteur : ***Aristote et l'oracle de Delphes, Aristote et les secrets de la vie, Aristote et les belles d'Athènes*** (tous publiés chez 10/18).

- ***La Mort sans visage,*** de Paul Doherty (2001 ; 10/18 n° 3738, 2004). Télamon, médecin et ami d'enfance d'Alexandre le Grand, est appelé auprès de ce dernier au moment où le stratège lance son expédition contre la Perse. On meurt beaucoup, en effet, dans l'entourage du monarque, il faut sans tarder démasquer le traître... Roman historique captivant qui parvient à restituer toute la complexité d'Alexandre. Du même auteur, sont également parus dans la même collection : ***L'Homme sans dieux*** (n° 3739) et ***Le Manuscrit de Pythias*** (n° 3860), qui, tous les deux, constituent une sorte de suite (chaque volume peut cependant se lire indépendamment).
- ***La Caverne des idées,*** de José Carlos Somoza (2000 ; Actes Sud, coll. « Babel », 2003). Des meurtres mystérieux se produisent à Athènes, impliquant élèves et professeurs de l'école platonicienne de l'Académie. C'est encore un philosophe, Héraclius Pontor, fictif celui-là, qui se coltine la quête de la vérité. À cette trame policière vient s'ajouter un autre mystère, celui qu'entretient le traducteur du manuscrit grec.

Récits, essais, commentaires

- ***L'Été grec,*** de Jacques Lacarrière (Plon, coll. « Terre Humaine », 1975 ; l'édition Presses-Pocket n° 3018, 1984, inclut une postface : *Retours en Grèce,* 1976-1982). Du mont Athos à la Crète en passant par les plus reculées des Cyclades, c'est en vrai routard que Jacques Lacarrière, mort en septembre 2005, a arpenté la Grèce de 1947 à 1966. Nourri de culture classique, il était aussi un incomparable connaisseur de la Grèce contemporaine et de ses habitants. Une lecture indispensable.
- ***Dictionnaire amoureux de la Grèce,*** de Jacques Lacarrière (Plon, 2001). Qui connaissait mieux la Grèce que Jacques Lacarrière, qui l'a fréquentée pendant plus de 50 ans ? Les 500 pages de ce dictionnaire à la fois subjectif (c'est le regard d'un « amoureux » comme l'indique le titre) et quasi encyclopédique, englobant les principaux aspects de la Grèce, de l'Antiquité à la période contemporaine, sont un indépassable passeport pour partir à la connaissance du pays.
- ***Le Colosse de Maroussi,*** d'Henry Miller (LGF, coll. « Biblio-poche » n° 3029, 1941). Invité par le romancier Lawrence Durrell, Henry Miller débarque en Grèce en 1939 : c'est aussitôt le coup de foudre et quelques mois de bonheur au contact de la Grèce millénaire en compagnie d'un formidable conteur, Katsimbalis, alias le « colosse de Maroussi ».
- ***Pages grecques,*** de Michel Déon (Gallimard, coll. « Folio » n° 3080, 1993). Sous ce titre sont réunis *Le Balcon de Spétsai* (1960) et *Le Rendez-vous de Patmos* (1965). Séduit par l'île de Spétsai (Spetsès), Michel Déon y a jeté l'ancre à la fin des années 1950. *Le Balcon* est la chronique de ses années heureuses passées au contact de la population de l'île, alors que *Le Rendez-vous* emmène le lecteur à travers la mer Égée, dans les îles, ces perles de lumière que sont Corfou, Rhodes, Lesbos, les Cyclades, à la rencontre de personnages hauts en couleur, riches d'histoires du passé et du présent.
- ***La Bouboulina,*** de Michel de Grèce (Presses-Pocket n° 4187, 1993). Héroïne de la libération des Grecs contre l'oppresseur turc (fin XVIIIe-début XIXe s), la Bouboulina fut une aventurière, amoureuse de la mer, voyageuse, et aussi redoutable femme d'affaires collectionnant navires et amants. Et des armes, du sang et des larmes.
- ***Onassis et la Callas,*** de Nicholas Gage (Robert Laffont, J'ai Lu n° 6226, 2000). Une radiographie très fouillée et très éclairante d'une des grandes histoires d'amour du XXe s, réunissant deux monstres sacrés, dans tous les sens du terme...
- ***Mani,*** de Patrick Leigh Fermor (édition originale 1958 ; Payot, coll. « Voyageurs », 1999). Installé en Grèce, l'écrivain-voyageur britannique (1915-2011), grand ami de Bruce Chatwin, a arpenté dans les années 1950 les routes et les chemins

du Magne (en grec *Mani*), cette région mystérieuse du sud du Péloponnèse. S'appuyant sur une connaissance sans faille de l'Hellade antique comme de la Grèce contemporaine, il nous livre, en témoin fasciné autant qu'en ethnologue érudit, un portrait du Magne profond et de quelques-uns de ses secrets.

- ***Géopolitique de la Grèce,*** de Georges Prévélakis (éd. Complexe, 1997). Un tour d'horizon complet, intelligent, pédagogique, peut-être un peu ardu mais pas indigeste, de la géopolitique du pays au fil des temps, qui débouche sur une analyse fine de la situation actuelle.
- ***La Grèce de A à Z,*** de Constantin Prévélakis (éd. André Versaille, 2011). Une radioscopie du pays sans tabous, abordant de nombreux sujets d'actualités brûlants, dans une Grèce plongée dans une crise profonde.

Histoire, mythologie, art grec

- ***La Grèce et les Balkans, du Ve siècle à nos jours,*** d'Olivier Delorme (Gallimard, coll. « Folio histoire », 2013 n° 200-222). Écrite par un historien, par ailleurs romancier, qui sait maintenir l'intérêt du lecteur, cette somme en 3 volumes (2 300 pages !) livre les clés d'un pays parfois déconcertant, permettant de comprendre comment s'est faite la Grèce d'aujourd'hui. Le 3e volume, d'une brûlante actualité, s'achève sur la crise grecque et livre des analyses sans concession et d'une grande pertinence sur ce malaise que connaît le pays.
- ***La Grèce au siècle de Périclès,*** de Robert Flacelière (Hachette Littératures, coll. « La Vie quotidienne », 1959 ; réédition 1996). Le siècle de Périclès, c'est celui de l'Acropole, de Sophocle ou de Socrate, celui du plus grand rayonnement grec, lorsque les cités-États, jusqu'alors indépendantes, s'unirent à l'instigation d'Athènes pour repousser victorieusement l'envahisseur perse.
- ***L'Homme grec,*** sous la direction de Jean-Pierre Vernant (Le Seuil, coll. « Points-histoire » n° 267, 1994). Un recueil de courts articles ou essais, écrits par divers spécialistes européens qui donnent une vision assez complète de ce qu'a pu être, dans l'Antiquité, l'« homme grec » (au sens le plus large). Et justement, l'homme grec, paraît-il, était multiple et ne se réduisait pas à une simple étiquette...
- ***L'Art grec,*** de Jean-Jacques Maffre (PUF, coll. « Que sais-je ? » n° 2278, 1986). Un petit bouquin rapide sur l'évolution de l'art grec. Les grandes étapes sont précisément définies, et l'évolution d'ensemble bien analysée (de 3000 à 30 av. J.-C.). Quelques schémas et reproductions (trop peu, hélas !) illustrent utilement le tout.
- ***Pourquoi la Grèce ?*** de Jacqueline de Romilly (LGF, coll. « Le Livre de Poche » n° 13549, 1992). Cette grande helléniste de l'Académie française parle de notre héritage grec à partir de la mythologie, du théâtre, de la poésie, de l'histoire, etc. de la Grèce antique. Fouillé. Destiné de préférence à ceux qui sont déjà familiarisés à la littérature grecque de l'Antiquité. Du même auteur, ***Alcibiade*** (éd. De Fallois, 1995), une passionnante biographie très accessible du filleul de Périclès, prototype de l'homme politique dévoré par l'ambition.
- ***Regards sur la « crise » grecque :*** collectif (L'Harmattan, 2013). Autour de Joelle Dalègre, maître de conférence à l'Inalco (Institut des langues orientales), une dizaine d'auteurs décryptent la crise grecque dans son contexte européen et livrent des éléments d'analyse particulièrement éclairants, ignorés par les « grands » médias. Sur la même thématique, lire aussi l'indispensable ***La Grèce fantôme, voyage au bout de la crise – 2010-2013*** (Fayard 2013), de l'historien et ethnologue Panagiotis Grigoriou.

Beaux livres

- ***La Grèce des 4 saisons,*** photographies de Laurent Fabre, textes de Maud Vidal-Naquet (Aubanel, 2007). La Grèce, ce n'est pas qu'une maison blanche face à la mer sous un soleil de plomb. Ce livre de photos vient opportunément rappeler qu'on peut – et qu'on doit – voir la Grèce 12 mois sur 12, et que le regard qu'on pose sur ce pays varie autant de fois qu'il y a de jours dans l'année.

– ***Le Mont Athos,*** de Jacques Lacarrière et Carlos Freire (Imprimerie nationale, 2002). Un très beau texte de Jacques Lacarrière sur cette curieuse principauté théocratique du nord de la Grèce, illustré par le grand photographe brésilien Carlos Freire.

MUSÉES ET SITES ARCHÉOLOGIQUES

La plupart des sites et musées sont gratuits pour les étudiants de l'Union européenne, sur présentation de la carte internationale d'étudiant (à défaut, ça marche souvent avec la carte nationale), pour les jeunes de moins de 18 ans et pour les professeurs d'études classiques, d'archéologie et d'histoire de l'Union européenne, également sur justification de leur profession. Attention, les fonctionnaires du ministère de la Culture qui vendent les billets ne sont pas toujours bien disposés à vous accorder les réductions auxquelles vous avez en principe droit, surtout si la file d'attente aux guichets est importante. Il semblerait aussi que tous les sites n'appliquent pas ces réductions de manière uniforme. Selon l'importance du site, le billet (tarif plein) coûte de 2 à 12 €.

MOSAÏQUES

À l'origine, le terme signifiait « grotte des muses ». On ornait de céramiques multicolores ces endroits qui abritaient les statues vénérées par les Grecs et les Romains. Aujourd'hui, ce mot ne rappelle que l'assemblage décoratif. Le terme « musée » a la même origine étymologique.

Hors saison, on peut bénéficier de la gratuité pour tous les musées et sites :
- le premier dimanche des mois de novembre à mars ;
- les 25 mars et 28 octobre (fêtes nationales) ;
- le 6 mars (en mémoire de Mélina Mercouri) ;
- le 18 avril (Journée internationale des monuments) ;
- le 18 mai (Journée internationale des musées) ;
- le 5 juin (Journée de l'environnement) ;
- le dernier week-end de septembre (Journées européennes du patrimoine).

Les horaires sont susceptibles de varier assez souvent. Tout dépend des crédits de fonctionnement, et donc du nombre de personnel, que le ministère de la Culture affecte à la direction des musées. En principe, les grands sites et les musées devraient ouvrir jusqu'à 19h ou 20h en haute saison, mais ces dernières années, crise oblige, il a fallu attendre début juin pour que les horaires d'été soient officiellement annoncés – et encore, ils ne ressemblaient pas partout à des horaires d'été... Difficile donc d'être toujours bien précis, vous nous pardonnerez. **Les horaires indiqués dans ce guide, sur la base de ceux existant en 2013, ne sont donc qu'indicatifs.** Hors saison (de novembre à fin mars, voire avril ou mai...), l'horaire applicable s'étend généralement de 8h à 15h.

Méfiez-vous de la Pâque orthodoxe (en 2015, la Pâque grecque tombe le 12 avril) : le dimanche, tous les sites sont fermés. Autres jours de fermeture : le 1er janvier, le 25 mars, le dimanche de Pâques, le 1er mai, les 25 et 26 décembre. Le vendredi de Pâques, les sites ne sont généralement ouverts que l'après-midi. Le 6 janvier (Épiphanie), le jour des Cendres, les samedi et lundi de Pâques, le lundi de Pentecôte, le 15 août et le 28 octobre, sites et musées devraient en principe être ouverts, mais moins longtemps qu'un jour ouvrable normal. Le 2 janvier, le dernier samedi du Carnaval, le jeudi de Pâques, les veilles de Noël et du

PORTES CLOSES

Les fonctionnaires grecs prennent souvent du rab question congés. Souvent, les administrations ferment à midi la veille des jours fériés. Mieux vaut le savoir...

1er janvier, sites et musées ne sont ouverts que le matin (8h30-12h30). Le plus prudent est de vérifier sur place, le ministère pouvant accorder à la dernière minute des journées ou des demi-journées de congé supplémentaires.

PLAGES

À moins d'être un « archéomaniaque » qui dédaigne l'élément marin, on peut supposer que vous mettrez plus d'une fois les pieds sur les plages grecques. Normal, il n'y a pas si longtemps le slogan de l'office national de tourisme était : « La mer a un pays, la Grèce ». Difficile d'émettre un jugement général sur les plages tellement il en existe de différentes, de la plage de sable noir (volcanique) à la plage de sable fin en passant par les galets. Question propreté, il y a des progrès, mais à côté des plages équipées en poubelles, combien en manquent encore cruellement ? Il n'est parfois pas inutile, sur des criques peu fréquentées, d'arriver avec son sac-poubelle...
Officiellement, en 2014, la quasi-totalité des eaux de baignade étaient propres. Au total, 408 plages grecques se sont ainsi vu décerner le fameux pavillon bleu (*galazio siméo* en grec), ce qui constitue presque un cinquième de l'ensemble des plages d'Europe récompensées, de la Finlande à la Turquie ! Ces plages se répartissent de manière très inégale (il y en a assez peu dans les Cyclades, par exemple) et il semble que dans certains coins, on ne fasse pas les démarches (ou les efforts) nécessaires pour l'obtention de ce pavillon. Voir la liste complète sur ● *eepf.gr* ●
À noter que, pour rembourser sa dette, l'État grec n'a pas trouvé mieux que de mettre en vente une centaine de plages et îlots. Techniquement, il s'agit de concessions de 50 ou 99 ans, mais cela laissera le temps aux investisseurs de faire des dégâts irréversibles, protestent les opposants qui considèrent cela comme une braderie du patrimoine national.

POLICE TOURISTIQUE

En arrivant à l'endroit de vos rêves, s'il n'y a pas d'office de tourisme ni d'association des propriétaires de chambres à louer pour vous renseigner, vous pouvez essayer de vous adresser à la police touristique locale. Elle siège souvent dans les bureaux de la police, tout simplement... Qualité de l'accueil (et des renseignements donnés) très variable...
Un numéro utile : ☎ *1571*. Ce numéro fonctionne 24h/24 sur l'ensemble du pays, pendant la saison touristique, et donne des infos touristiques, en cinq langues dont le français. Il est également possible de déposer des plaintes concernant hôtels, restos, taxis, etc.

POSTE

La plupart des bureaux de poste ont un horaire facile à retenir, de 7h30 à 14h du lundi au vendredi. Il n'y a que dans les grandes villes qu'on peut espérer trouver des guichets ouverts après 14h (jusqu'à 20h, en principe). Prix d'un timbre pour un pays de l'Union européenne : 0,90 € (tarif 2014). Quand les postes sont fermées, on peut facilement en acheter dans les kiosques ou les boutiques de souvenirs.

SE HÂTER LENTEMENT

Le logo de la poste arbore le dieu Hermès, le messager des dieux. Donc, le symbole de rapidité. La réalité est plus dure et le courrier prend parfois plus de temps que prévu pour être délivré. N'oublions pas qu'Hermès est aussi le dieu des Voleurs... et des Menteurs.

ROUTES

Les cartes grecques étaient en général assez peu fiables. Pour faire mentir cette réputation, plusieurs éditeurs ont décidé de publier de bonnes cartes : tout d'abord *Road Editions* puis *Anavassi* et, plus récemment, *Orama, Terrain* et *Skai.* Grèce continentale et îles sont couvertes. On trouve ces cartes dans de nombreux points de vente en Grèce.
Attention : la carte *IGN* au 1/750 000 (collection « Marco Polo ») est juste correcte, la transcription des noms grecs ayant de quoi surprendre les francophones (elle est faite pour des utilisateurs allemands).

La question de la sécurité

La Grèce est un pays caractérisé par l'insécurité routière. Le taux de mortalité sur les routes est l'un des plus élevés pour un pays de la Communauté. Il y aurait pourtant une évolution dans le bon sens, mais il reste du chemin à parcourir... Le pourcentage de conducteurs de deux-roues portant un casque reste encore faible. Vous remarquerez aussi sur le bord des routes de très nombreuses chapelles miniatures ou petits oratoires avec la bougie allumée en mémoire des victimes des accidents. Les Grecs (enfin, surtout les Grecques) se signent en passant devant. Rassurez-vous, tous ces ex-voto n'ont pas forcément été construits à la suite d'un accident mortel : on peut même en faire édifier un pour remercier Dieu ou un saint d'avoir évité le pire.

L'état des routes

La qualité du réseau routier s'est améliorée ces dernières années, surtout sur le réseau secondaire, souvent bien asphalté désormais. Ne pas s'attendre tout de même à l'équivalent des routes « européennes ». Deux exceptions : l'autoroute *Egnatia Odos,* longue de 680 km, reliant Igouménitsa à la Turquie, et, pour traverser le Péloponnèse du nord au sud, l'autoroute *Moréas* (Corinthe-Tripoli-Kalamata). L'axe autoroutier Thessalonique-Athènes a bien progressé (notamment dans le secteur critique des 80 km autour de Lamia, passé en quatre-voies désormais ; en 2014, il restait une vingtaine de kilomètres à terminer à l'est de Lamia (fin des travaux en 2015 en principe), mais Athènes-Patras reste un axe très dangereux. À terme, les routes nationales à péage doivent toutes être des quatre-voies, avec séparateur central et droit de péage à la hausse. Les conducteurs grecs qui ne roulent pas vite ont l'habitude de rouler à cheval sur la bande d'arrêt d'urgence et sur la voie normale, cela pour se faire doubler plus facilement (sinon, un grand coup de klaxon ou un appel de phares les rappellent à l'ordre). Évidemment, c'est plutôt gênant lorsqu'il y a un véhicule arrêté sur cette bande d'arrêt d'urgence...
En ce qui concerne les autoroutes, les tarifs des péages n'ont rien à voir avec ceux de chez nous, mais les autoroutes non plus ! Le plus souvent, pas ou peu d'aires d'arrêt et de services. On paie de petites sommes (2 à 4 € le plus souvent), forfaitairement. Mais, comme les péages reviennent assez fréquemment, du moins sur le trajet Athènes-Thessalonique, l'addition finit quand même par monter !
Les panneaux sont en caractères grecs et latins, sur les grands axes du moins. Il peut être plus difficile de s'y retrouver au fin fond de la campagne (raison de plus pour apprendre l'alphabet grec !). La signalisation dans les villes est rarement satisfaisante. Pas mal de pistes encore, surtout pour atteindre certaines plages moins fréquentées ou certains villages en bout de route. Attention à la conduite de nuit, en particulier.

En cas d'accident

Attention, le constat à l'amiable n'existe que depuis peu de temps, et un pourcentage important de véhicules n'étant pas assuré, nous vous conseillons de vous renseigner auprès de votre assurance. Théoriquement, il n'est pas nécessaire

d'appeler la police (☎ 100) lorsqu'il n'y a pas de dommages corporels, mais c'est indispensable si l'autre conducteur n'est pas assuré ! Dans tous les cas, prenez le numéro d'immatriculation, le nom de l'assurance, de même que le numéro de contrat (en haut du pare-brise avant) et les coordonnées de l'automobiliste. En règle générale, en cas de litige, les témoins sont très coopératifs et offrent spontanément leurs coordonnées.
Pour les scooters (sachez d'ailleurs que le permis de conduire est nécessaire pour louer scooters et mobylettes), en cas d'accident sans tiers (on se prend un arbre, on se retrouve dans le fossé), le pilote paie la casse au loueur (conservez la facture des réparations pour vous faire rembourser en France si vous êtes assuré).

■ ***Assistance routière :*** ***ELPA,*** *☎ 10400 ;* ***Express Service,*** *☎ 1154 ;* ***Hellas Service,*** *☎ 1057.*

SANTÉ

Le système de santé publique grec pourrait être de meilleure qualité, c'est peu dire, et la crise a entraîné de terribles conséquences dans ce domaine pour les Grecs. On conseille assez généralement de consulter à Athènes si possible. En cas de problème sérieux, se diriger ou se faire conduire vers l'hôpital le plus proche. En dehors des villes, il existe dans les chefs-lieux de canton des centres de santé *(Kentro Hygheias/Health Center)* qui sont des petits dispensaires. Dans les gros villages, vous trouverez un *Agrotiko latrio,* c'est-à-dire un cabinet médical de campagne.
Les produits et matériels utiles aux voyageurs, assez difficiles à trouver, peuvent être achetés par correspondance sur le site de santé-voyages • *astrium.com* • Infos complètes au ☎ *01-45-86-41-91 (lun-ven 14h-19h).*
– Important à savoir : le paludisme a fait sa réapparition (limitée) en 2012, en particulier dans le delta de l'Evrotas, au sud de Sparte (Péloponnèse), ainsi qu'en Attique.

Numéros de téléphone utiles

■ ***SOS Médecins :*** ☎ *1016.*
■ ***Médecins hospitaliers de garde :*** ☎ *1434.*
■ ***Secours d'urgence (ambulances) :*** ☎ *166* (numéro valable sur tout le territoire – informe aussi sur les pharmacies ouvertes la nuit). En grec, SAMU se dit « EKAV ».

SITES INTERNET

• ***routard.com*** • Rejoignez la plus grande communauté francophone de voyageurs ! Échangez avec les routarnautes : forums, photos, avis d'hôtels. Retrouvez aussi toutes les informations actualisées pour choisir et préparer vos voyages : plus de 200 fiches pays, une centaine de dossiers pratiques et un magazine en ligne pour découvrir tous les secrets de votre destination. Enfin, comparez les offres pour organiser et réserver votre voyage au meilleur prix. Routard.com : le voyage à portée de clics !
Et puis voici quelques sites grecs, le plus souvent en anglais, pour préparer votre voyage :
• ***visitgreece.gr*** • Le site international (en anglais) de l'office national du tourisme hellénique. À compléter par • ***discovergreece.com*** • En cinq langues, dont le français.
• ***diaspora-grecque.com*** • Ce site permet de se tenir informé, entre autres, des activités des associations franco-grecques. Le site de l'Institut d'études néohelléniques propose un annuaire grec et de nombreux liens : • ***ienh.org*** •
• ***dir.forthnet.gr*** • Puissante base de données sur la Grèce dans tous les domaines. En anglais. Également • ***greeklinks.de*** •

• ***gogreece.com*** • En anglais. Une vraie mine d'informations sur la Grèce. À noter, une petite revue de presse quotidienne pour se tenir au courant de l'actu et des liens avec plusieurs quotidiens grecs.
• ***odysseus.culture.gr*** • Site du ministère de la Culture. Présentation très complète de chaque site et musée (en anglais). Malheureusement pas toujours bien à jour. On peut compléter par • ***greekmuseums.gr*** •
• ***gtp.gr*** • Le site de *Greek Travel Pages,* utile pour toute personne qui voyage en Grèce. Donne toutes les liaisons maritimes intérieures. Également (avec en plus les tarifs) : • ***openseas.gr*** •
• ***xo.gr*** • Le site des pages jaunes grecques.
• ***hellada.free.fr*** • et • ***peripatoi.chez.com*** • Vous n'avez qu'un lointain souvenir des cours d'histoire en 6e sur la Grèce antique ? Ce site est là pour vous rafraîchir la mémoire.
Même si vous ne vous expatriez pas en Grèce, • ***livingingreece.gr*** • est un site qui aborde nombre de questions pratiques et peut vous être utile (en anglais).
• ***grecomania.net*** • Site d'un Belge passionné par la Grèce.
• ***greekcrisis.fr*** • Le site de Panagiotis Grigoriou, historien et anthropologue, figure centrale du film *Khaos, les visages humains de la crise grecque,* aux analyses sans concession. En français.
• ***greece.greekreporter.com*** • Site d'infos intéressant.

TÉLÉCOMMUNICATIONS

☎ **112 :** c'est le numéro d'urgence commun à la France et à tous les pays de l'UE, à composer en cas d'accident, agression ou détresse. Il permet de se faire localiser et aider en français, tout en améliorant les délais d'intervention des services de secours.

Téléphone

Les cabines téléphoniques fonctionnent avec des télécartes, que l'on peut acheter dans les bureaux de l'OTE, à la poste et dans les kiosques ou les minimarkets. Malheureusement, elles sont de moins en moins nombreuses.
– Il est possible de téléphoner des nombreux kiosques à journaux à Athènes et dans tout le pays, ainsi que des nombreuses boutiques qui ont des téléphones à compteur *(tiléfono me métriti).*
– Chaque camping met un téléphone à compteur à votre disposition.
– Téléphoner des hôtels revient cher.
– Les téléphones portables : très bon réseau, et avec l'abonnement Europe, les portables français fonctionnent très bien, même dans les toutes petites îles. Trois Grecs sur quatre ont un portable.
– ***Grèce → France :*** 00 + 33 + numéro du correspondant, sans le 0 initial.
– ***France → Grèce :*** 00 + 30 + numéro du correspondant, avec le 2 initial. On compose donc 14 chiffres au total.
– ***Autres indicatifs :*** 32 (Belgique), 352 (Luxembourg), 41 (Suisse), 1 (Canada).

Le téléphone portable en voyage

Le routard peut utiliser son propre téléphone portable en Grèce avec l'option « Europe » ou « Monde ».
– ***À savoir :*** un téléphone tri-bande ou quadri-bande est nécessaire pour les USA et le Canada. C'est également le cas dans plusieurs pays d'Amérique latine, mais aussi au Japon, où seuls les mobiles 3G/4G fonctionnent. Pour être sûr que votre appareil est compatible avec votre destination, renseignez-vous auprès de votre opérateur.

– ***Activer l'option « international » :*** pour les abonnés récents, elle est en général activée par défaut. En revanche, si vous avez souscrit à un contrat depuis plus de 3 ans, pensez à contacter votre opérateur pour souscrire à l'option (gratuite). Attention toutefois à le faire au moins 48 heures avant le départ.
– ***Le « roaming » :*** c'est un système d'accords internationaux entre opérateurs. Concrètement, cela signifie que lorsque vous arrivez dans un pays, au bout de quelques minutes, le nouveau réseau s'affiche automatiquement sur l'écran de votre téléphone.
– Vous recevez rapidement un SMS de votre opérateur qui propose un ***pack voyageurs*** plus ou moins avantageux, incluant un forfait limité de consommations téléphoniques et de connexion internet. À vous de voir...
– ***Tarifs :*** ils sont propres à chaque opérateur et varient en fonction des pays (le globe est découpé en plusieurs zones tarifaires). N'oubliez pas qu'à l'international, vous êtes facturé aussi bien pour les appels sortants que les appels entrants. Ne papotez donc pas des heures en imaginant que c'est votre interlocuteur qui paiera !
– ***Internet mobile :*** si vous utilisez le réseau 3G/4G (et non le wifi), les connexions à l'étranger ne sont pas facturées selon le temps de connexion, mais en fonction de la quantité de données échangées... Il peut suffire de quelques clics sur sa boîte mail et d'un peu de surf pour faire exploser les compteurs, avec au retour de voyage des factures de plusieurs centaines d'euros ! Le plus sage consiste à ***désactiver la connexion 3G/4G*** dès que vous passez les frontières. En effet, certains mobiles se connectent d'eux-mêmes sur Internet à intervalles réguliers afin d'effectuer des mises à jour (c'est le cas des *Blackberry* par exemple). Résultat, même sans surfer, vous êtes connecté... et vous payez ! Il faut également penser à ***supprimer la mise à jour automatique de votre messagerie*** qui consomme elle aussi des octets sans vous avertir (option « Push mail »). Opter pour le mode manuel.

Bons plans pour utiliser son téléphone à l'étranger

– ***Acheter une carte SIM/puce sur place :*** c'est une option très avantageuse pour certaines destinations. Il suffit d'acheter à l'arrivée une carte SIM locale prépayée chez l'un des nombreux opérateurs *(Vodafone, Wind...)*, représentés dans les boutiques de téléphonie mobile des principales villes du pays et souvent à l'aéroport. On vous attribue alors un numéro de téléphone local et un petit crédit de communication. Avant de signer le contrat et de payer, essayez donc, si possible, la carte SIM du vendeur dans votre téléphone – préalablement débloqué – afin de vérifier si celui-ci est compatible. Ensuite, les cartes permettant de recharger votre crédit de communication s'achètent facilement dans ces mêmes boutiques. C'est toujours plus pratique pour trouver son chemin vers un *B & B* paumé, réserver un hôtel, un resto ou une visite guidée, et bien moins cher que si vous appeliez avec votre carte SIM personnelle.
– ***Se brancher sur les réseaux wifi*** est le meilleur moyen de se connecter au web gratuitement ou à moindre coût. De plus en plus d'hôtels, restos et bars disposent d'un réseau, payant ou non. Une fois connecté grâce au wifi, à vous les joies de la ***téléphonie par Internet*** ! Le logiciel ***Skype,*** le plus répandu, vous permet d'appeler vos correspondants gratuitement s'ils sont eux aussi connectés, ou à coût très réduit si vous voulez les joindre sur leur téléphone. Autre application qui connaît un succès grandissant, ***Viber*** permet d'appeler et d'envoyer des SMS, des photos et des vidéos aux quatre coins de la planète, sans frais. Il suffit de télécharger – gratuitement – l'appli sur votre smartphone, celle-ci se synchronise avec votre liste de contacts et détecte automatiquement ceux qui ont *Viber.* Même principe, mais sans la possibilité de passer de coups de fil, ***Whatsapp Messenger*** est une messagerie pour smartphone qui permet de recevoir ou envoyer des messages photos, notes vocales et vidéos. La première année d'utilisation est gratuite, ensuite elle coûte 0,99 US$/an.

De plus en plus de fournisseurs de téléphonie mobile offrent des journées incluses dans votre forfait, avec appels téléphoniques, SMS, voire MMS et même connexion Internet en 3G limitée pour communiquer de l'étranger vers la France. Il s'agit de l'offre *Origami Play* et *Origami Jet* chez Orange, des *Forfaits Sensation* 3Go, 8Go, 16Go ou encore du *Pack Destination* chez Free. Les destinations incluses dans votre forfait évoluant sans cesse, ne manquez pas de consulter le site de votre fournisseur.

Urgence : en cas de perte ou de vol de votre téléphone portable

Suspendre aussitôt sa ligne permet d'éviter de douloureuses surprises au retour du voyage ! Voici les numéros des quatre opérateurs français, accessibles depuis la France et l'étranger :
- ***SFR :*** *depuis la France, ☎ 1023 ; depuis l'étranger, 📱 + 33-6-1000-1023.*
- ***Bouygues Télécom :*** *depuis la France comme depuis l'étranger, ☎ 0-800-29-1000 ; depuis l'étranger, ☎ + 33-1-46-10-86-86.*
- ***Orange :*** *depuis la France comme depuis l'étranger, 📱 + 33-6-07-62-64-64.*
- ***Free :*** *depuis la France, ☎ 3244 ; depuis l'étranger, ☎ + 33-1-78-56-95-60.*

Vous pouvez aussi demander la suspension de votre ligne depuis le site internet de votre opérateur.

Cybercafés

On en trouve principalement dans les villes et les villages touristiques, même s'ils se raréfient. En revanche, certains lieux publics, dont de nombreux bars, et les hébergements offrent souvent une connexion wifi gratuite.

TRANSPORTS INTÉRIEURS

▸ Pour la carte des liaisons routières et maritimes et celle des réseaux aérien et ferroviaire, se reporter au cahier couleur.

Le stop

Le stop est particulièrement difficile sur certaines routes, où les voitures sont rares. N'espérez pas non plus faire du stop de Thessalonique à la frontière turque, c'est du rêve ou du sport... En revanche, Thessalonique-Athènes ou l'inverse est parfaitement réalisable (ce qui ne signifie pas que c'est facile, loin de là, la difficulté étant de trouver un endroit à la sortie de ces villes où l'attente ne soit pas trop désagréable).

LA PAUME DE DISCORDE

Si l'on tend vers vous la paume de la main agressivement, les cinq doigts bien écartés, c'est que vous avez dû commettre quelque chose de suffisamment grave pour qu'on vous maudisse pendant quelques siècles. Ce geste (en grec mountza*) est une des pires insultes qu'on puisse imaginer en Grèce. Alors, si vous faites du stop, tendez bien le pouce et refermez bien les autres doigts sur votre paume, on n'est jamais trop prudent...*

Le train

La Grèce n'est pas le pays des trains et les possesseurs de la carte *InterRail* ne seront pas à la fête. L'ensemble du réseau ferroviaire compte un peu moins de 1 500 km. Le Nord et le Nord-Est de la Grèce sont les mieux desservis. Le Péloponnèse ne l'est plus du tout, sauf Corinthe au départ d'Athènes.

Les trains sont plutôt bon marché, mais lents et peu confortables, à l'exception des *InterCity.* Pas toujours de places assises ; il vaut mieux réserver. En théorie, les détenteurs de la carte *InterRail* peuvent réserver (gratuitement) des places assises, mais de la théorie à la pratique...
Comme il y a peu de trains en Grèce, on arrive à faire tenir tous les horaires sur de grandes affiches que l'on trouve dans les halls de gare (une brochure existe aussi). Pour préparer votre voyage, consultez ● *trainose.gr* ● Réductions intéressantes si l'on prend un billet aller-retour. À noter : le 1er mai étant la fête du Travail, comme en France, peu de trains circulent ce jour-là.
Une privatisation des chemins de fer helléniques étant à l'ordre du jour, il faut s'attendre à de nombreux changements.

L'autocar

Le moyen de transport en commun le plus utilisé par les Grecs. Les compagnies d'autocars interurbains *KTEL,* gérées au niveau départemental, couvrent l'ensemble du territoire, îles incluses. Le bus est un des meilleurs moyens pour établir le contact avec la Grèce profonde : on n'est jamais seul (les bus sont même souvent bondés). La fréquence des liaisons n'est pas liée à la fréquentation touristique. Dans le Péloponnèse, par exemple, Tripoli, en plein centre (non traitée dans ce guide), est la plaque tournante des autocars... Attention, il existe parfois plusieurs gares routières, pas toujours proches les unes des autres (même si on les regroupe de plus en plus), à la périphérie des villes. Bien se faire préciser celle où vous débarquerez. Les autocars sont généralement ponctuels.
Les tarifs ne sont pas très élevés, il faut compter en moyenne 8 € pour 100 km : par exemple, un aller Athènes-Nauplie (150 km, 2h30 de trajet) coûtait, en 2014, 13,10 € ; Athènes-Delphes (200 km, 3h de trajet) 15,10 € ; Athènes-Olympie (5h30 de trajet) 29,80 €. Attention : les fréquences et horaires que nous signalons en début ou en fin des textes consacrés aux villes sont donnés à titre indicatif, sur la base de ce que nous avons relevé en 2014.

La location de voitures

Les tarifs varient assez largement en fonction de la saison (en particulier sur les îles, où les grandes compagnies sont souvent plus chères). En général, les tarifs des petites compagnies locales sont souvent meilleur marché que ceux des grands loueurs – en tout cas, hors juillet-août, où tout est souvent réservé. Cependant, leurs véhicules sont (très) souvent en moins bon état et, en cas de souci (accident, panne, etc.), vos garanties ne sont pas les mêmes... On nous signale régulièrement des arnaques, avec débit de la carte de crédit à posteriori, pour des dommages imaginaires. Alors, méfiez-vous et faites-vous bien expliquer ce que comprennent les différents tarifs, avec ou sans assurance tous risques. On vous proposera généralement le rachat de franchise en cas de collision (un supplément journalier appelé « CDW »), utile en cas de problème. À la journée, la fourchette de prix pour les plus petits modèles va de 30 à 50 € selon les loueurs, la période ou les endroits. Limite d'âge : 21 ans (parfois même 23). Le loueur doit avoir son permis depuis 1 an minimum. Carte bancaire exigée lors de la prise en charge du véhicule.

■ ***Auto Escape :*** *☎ 0892-46-46-10 (0,34 €/mn).* ● *autoescape.com* ● *Vous trouverez également les services d'Auto Escape sur* ● *routard.com* ● *Auto Escape offre 5 % de remise sur la location de voiture aux lecteurs du Routard pour toute réservation par Internet avec le code de réduction « GDR15 ». Résa à l'avance conseillée.* L'agence *Auto Escape* réserve auprès des loueurs de véhicules de gros volumes d'affaires, ce qui garantit des tarifs très compétitifs.

■ ***BSP Auto :*** *☎ 01-43-46-20-74 (tlj 9h-21h30).* ● *bsp-auto.com* ● Les prix proposés sont attractifs et comprennent

Distances entre les villes (en km)	ATHÈNES	CORINTHE	DELPHES	IOANNINA	KALAMATA	MÉTÉORES	MYSTRA	NAUPLIE	OLYMPIE	PATRAS	THESSALONIQUE
ATHÈNES		85	170	475	285	350	260	150	325	215	510
CORINTHE	85		205	355	200	375	175	60	210	135	555
DELPHES	170	205		370	460	225	400	330	275	155	395
IOANNINA	475	355	370		455	130	470	405	375	235	355
KALAMATA	285	200	460	455		575	65	125	185	220	705
MÉTÉORES	350	375	225	130	575		555	440	435	320	235
MYSTRA	260	175	400	470	65	555		125	180	230	715
NAUPLIE	150	60	330	405	125	440	125		195	185	600
OLYMPIE	325	210	275	375	185	435	180	195		115	800
PATRAS	215	135	155	235	220	320	230	185	115		490
THESSALONIQUE	510	555	396	355	705	235	715	600	800	490	

le kilométrage illimité et les assurances. *BSP Auto* vous propose exclusivement les grandes compagnies de location sur place, vous assurant un très bon niveau de services. Le plus : vous ne payez votre location que 5 jours avant le départ. Réduction spéciale aux lecteurs de ce guide avec le code « routard ».

■ ***Hertz :*** *central de résas au ☎ 801-11-100-100 (appels passés depuis la Grèce) ou 21-06-26-44-44.* • *hertz.gr* • Une centaine d'agences dans tout le pays.

■ ***Avis :*** *central de résas au ☎ 21-06-87-96-00.* • *avis.gr* •

■ ***Budget :*** *central de résas au ☎ 21-08-98-14-44.* • *budget-athens.gr* •

Voir également les loueurs proposés dans les « Adresses utiles » à Athènes.

La location de motos et de scooters

D'apparence idéal dans les îles, le scooter est, lui aussi, théoriquement interdit aux moins de 21 ans (quoique...). Si vous parvenez quand même à en louer un, l'assurance ne marchera pas en cas de sinistre. En tout cas, pensez à emporter votre permis de conduire, il vous sera demandé pour louer la moindre pétrolette ! Certains loueurs sérieux, qui ont vu trop de leurs clients se planter au coin de la rue, demandent aux touristes de montrer qu'ils savent piloter ces engins avant de les louer.

Avant de partir, vérifiez l'état des pneus et la jauge à essence : on vous loue souvent le véhicule avec un réservoir vide, juste de quoi rouler jusqu'à la prochaine station ; à vous de le rendre dans le même état. Pour les scooters, le port du casque est obligatoire, quand bien même les Grecs roulent sans. La conduite d'un deux-roues est particulièrement dangereuse pour qui ne maîtrise pas ce type de véhicule.

L'avion

■ ***Aegean Airlines :*** *☎ 21-06-26-10-00.* • *aegeanair.com* • Considérée comme excellente, *Aegean* est membre du réseau *Star Alliance* et dessert de nombreuses destinations en Grèce et en Europe (dont Paris et Bruxelles). Parmi les destinations nationales : Corfou, Héraklion, Kalamata, Kos, La Canée, Mykonos, Mytilène, Rhodes, Skyros, Santorin, Thessalonique.

■ ***Olympic Air :*** *☎ 21-03-55-05-00.* • *olympicair.com* • Assure une partie des liaisons aériennes à l'intérieur de la Grèce.

■ ***Sky Express :*** *☎ 28-10-22-38-00.* • *skyexpress.gr* • Petite compagnie crétoise qui assure des liaisons intérieures, dont la desserte de certaines îles Ioniennes (de Corfou à Cythère, en passant par Prévéza, Céphalonie et Zante) ainsi que Thessalonique-Skiathos-Skyros.

■ ***Astra Airlines :*** *☎ 23-10-48-93-90.* • *astra-airlines.gr* • Petite compagnie assurant des liaisons entre Thessalonique et quelques îles (Rhodes, Chios, Samos, La Canée, Mykonos, Zante, Corfou, Cythère, Céphalonie, Santorin, Karpathos) ainsi que Thessalonique-Kalamata, et Athènes-Sitia.

Le bateau

Nombreuses liaisons en ferry entre les îles. Pas trop cher pour les passagers sur le pont, mais ça monte dès qu'on fait passer un véhicule. Le site • *gtp.gr* • renseigne sur toutes les liaisons possibles, avec les horaires pour chaque période. Indispensable si l'on veut planifier son périple à l'avance. Malheureusement, on ne peut s'y fier totalement et, chaque année, les horaires d'été ne sont disponibles qu'assez tardivement. On peut aussi consulter • *openseas.gr* • et • *danae.gr* • Pour les hydrofoils et catamarans, consulter • *hellenicseaways.gr* •

Les *Flying Dolphins*, *Fly Cats* et autres *High Speed* (catamarans récents et confortables) sont en gros deux fois plus rapides et deux fois plus chers que les ferries – d'autant que de fortes augmentations ont été enregistrées ces dernières années. Ils desservent de plus en plus de destinations, mais pas toutes. Les ferries peuvent prendre la mer même avec un vent de force 7 ou 8, ce qui n'est pas le cas de tous les bateaux rapides.

Les horaires varient largement selon les années et selon les saisons (des compagnies disparaissent ou sont rachetées, des lignes sont ouvertes ou supprimées). Les changements de dernière minute, les grèves et les pannes sont toujours possibles. Pas toujours facile, donc, de préparer son itinéraire. Outre les sites mentionnés ci-dessus et les agences de voyages locales, toujours bien présentes sur les ports, on peut s'adresser aux commissariats maritimes pour obtenir les infos.

Les horaires et fréquences de haute saison s'appliquent grosso modo du 15 juin au 10 septembre. La date peut varier de quelques jours d'une année sur l'autre ou selon les compagnies. En dehors de cette période, il y a moins de bateaux, sauf à Pâques, qui voit de nombreux Grecs retourner dans leur île d'origine. Là, attention : il n'y a plus de place nulle part et presque aucun bateau au moment des célébrations religieuses proprement dites.

Quelques exemples de prix passagers (billets les moins chers – classe économique (pont) – en 2014) :

➢ *Le Pirée-Égine :* 10 € en ferry et 13,50 € en *Flying Dolphin.*
➢ *Le Pirée-Poros :* 13 € en ferry et 22,50 € en *Flying Dolphin.*
➢ *Le Pirée-Hydra :* 25,50 € en *Flying Dolphin.*
➢ *Le Pirée-Spetsès :* 35 € en *Flying Dolphin.*
➢ *Kyllini-Poros (Céphalonie) :* environ 10 € en ferry.
➢ *Patras-Sami (Céphalonie) :* 18,20 €.
➢ *Volos (ou Agios Konstantinos)-Skopélos ou Alonissos :* 27,50 € en ferry et 48 € en bateau rapide.

Pour un véhicule (voiture de moins de 4,25 m), multiplier le prix par 2 à 3 environ.

– *Attention :* les fréquences et horaires que nous signalons en début ou en fin des passages consacrés aux îles sont donnés à titre indicatif, sur la base de ce que nous avons relevé en 2014. Et chaque année, quand les nouveaux horaires sortent, il y a des surprises... Les prix peuvent également avoir (encore) évolué.

Le taxi

On en dénombrerait pas moins de 14 000 à Athènes. Il arrive qu'on le pratique collectivement : le chauffeur peut prendre un passager s'il reste de la place, c'est tout bénef pour lui. Le problème, c'est de réussir à ne pas se faire arnaquer...

Des taxis de couleur grise, nommés *agoréon,* permettent d'accomplir des trajets de ville à ville ou de village à village, et on en voit pas mal dans les campagnes. Dans certains lieux, les tarifs sont fixes.

HOMMES, CULTURE, ENVIRONNEMENT

« **Assurément, un dieu se trouve là.** »

Homère, *L'Odyssée*

La Grèce n'est pas qu'un conservatoire de ruines antiques, si belles soient-elles, et ne se limite pas à son passé prestigieux. Elle a beaucoup à proposer à qui sait sortir des sentiers battus. Le dépaysement se trouve en fait là où, à priori, il n'y a rien à voir. C'est dans les endroits perdus que l'on a encore la chance d'être accueilli dans le respect de la *philoxénia,* l'« hospitalité » traditionnelle des Grecs, qui a malheureusement tendance à disparaître dans les endroits touristiques. Alors, laissez-vous conduire au hasard des chemins, et fiez-vous à votre flair.
La Grèce des monuments et des îles (mais pas toutes) constitue donc la Grèce la plus touristique. Pendant longtemps, les touristes grecs ont boudé leur propre pays, mais ils se sont rattrapés... Bien entendu, les tragédies nationales que furent les incendies meurtriers des années 2007 et 2009 sont encore dans toutes les mémoires. Mais à ces drames est venue s'ajouter la crise économique – et morale – que subit la Grèce depuis 2009...

ARCHÉOLOGIE

La mer et le soleil qui constituent généralement les prétextes pour venir découvrir la Grèce ne sont en rien contradictoires avec les vieilles pierres, bien au contraire. D'ailleurs, les Grecs de l'Antiquité seraient sans doute les premiers surpris de l'engouement manifesté par les touristes envers tant de blocs de marbre blanchis sous le soleil... Rien d'étonnant à cela quand on sait que notre fascination pour les ruines est née à l'époque où des auteurs romantiques comme Chateaubriand tombèrent en pâmoison en visitant Athènes ! Si nous avions sous les yeux les temples tels qu'ils étaient dans l'Antiquité, c'est-à-dire peints de couleurs criardes, à tout le moins chamarrés, rien ne dit que nous aimerions !

LES BRITANNIQUES RESTENT DE MARBRE

L'archéologie peut parfois compliquer les relations entre États. Depuis que Mélina Mercouri, alors ministre grecque de la Culture, a officiellement demandé la restitution des marbres du Parthénon, « prélevés » par lord Elgin au début du XXe s et exposés depuis au British Museum de Londres, les Britanniques restent sourds aux appels et pétitions. Il est vrai que si un pays accédait à ce genre de demande, beaucoup de grands musées risqueraient de se vider... et sans doute « notre » Vénus de Milo déménagerait-elle à son tour !

Quand la Grèce devient indépendante, à la fin des années 1820, la France est le premier pays à envoyer sur place une mission dite « scientifique », chargée de parcourir la Morée (Péloponnèse) à la recherche des sites antiques. La plupart sont dans un triste état, les habitants du coin et les divers envahisseurs ayant pris l'habitude d'y prélever des matériaux de construction – et ce dès la fin de l'Antiquité. Certains sites sont même totalement tombés dans l'oubli et recouverts par la végétation. Pendant une quarantaine d'années, les Français conservent le monopole de la recherche archéologique en Grèce, avec l'École française d'Athènes, créée en 1846. Au début des années 1870, les Allemands s'intéressent à leur tour au pays et créent l'Institut allemand d'Athènes.
Les sites sont « partagés » : la France se voit octroyer des permis de fouiller à Délos (Cyclades), Delphes, puis Argos, mais abandonne Olympie aux Allemands. Mycènes revient aussi d'une certaine manière à l'Allemagne, avec le génial découvreur Heinrich Schliemann – marié à une Grecque –, même s'il est devenu citoyen américain et joue surtout pour son propre compte. Knossos revient à l'Angleterre (Arthur Evans), de même que Sparte, et les Américains reçoivent Corinthe et l'Agora d'Athènes. Les Grecs n'ont au début que des miettes, mais ils collaborent avec de nombreuses équipes étrangères et se rattraperont au XXe s (fouilles de Santorin, de Vergina en Macédoine...). Ces fouilles ne sont pas toujours de tout repos. Les Français demandent que le village construit sur le site même de Delphes soit déplacé – le gouvernement français finançant lui-même sa reconstruction. Mais les habitants, mécontents d'avoir été délogés, accueillent les archéologues avec des jets de pierre lorsqu'ils commencent leurs fouilles en 1892 !
Au total, une quinzaine de pays ont aujourd'hui une ou plusieurs équipes travaillant en Grèce. L'archéologie scientifique règne et les laboratoires de recherche des missions se sont dotés de moyens à la hauteur. L'École française d'Athènes a ainsi mis en place une bibliothèque numérique de premier plan, ouvrant au public, sur Internet, 150 ans de publications, consultables sur le site ● *cefael.efa.gr* ●

BOISSONS

Même si les Français – tous fins palais, c'est bien connu – font parfois les dégoûtés à leur première gorgée de résiné *(retsina)*, n'oubliez pas que cela a longtemps été le ***vin*** de table le plus typiquement grec et incontestablement le meilleur marché. Dans l'Antiquité, on enduisait de résine de pin les amphores afin d'en améliorer l'étanchéité. Le vin en prenait le goût. On a gardé cette habitude, en ajoutant aujourd'hui au moût des morceaux de résine de pin d'Alep. Mais tout Grec bien né vous dira qu'il ne boit plus de *retsina*, bien sûr, car ce vin est généralement de piètre qualité et ne correspond plus aux goûts actuels...
On trouve donc de plus en plus de vins non résinés, et on aurait tort de les mépriser : la Grèce est un « jeune » pays en matière vinicole, mais des progrès constants ont été accomplis ces 20 dernières années, qui ont permis d'obtenir des vins de qualité (vins du Péloponnèse, comme les vins du domaine Paraskévopoulos dans le coin de Némée, en Argolide, ceux du domaine Mercouri en Élide, les vins macédoniens de Naoussa des producteurs Boutaris et Tsantalis).
On trouve aussi, dans un tout autre registre, des vins doux très renommés, comme le *samos* (meilleur sur place que celui qu'on trouve en France, souvent coupé d'eau) ou le *mavrodaphni*. Selon les régions, enfin, des vins locaux typiques : le *robola* à Céphalonie ; des vins secs et doux produits sur des terres volcaniques à Santorin, en partie obtenus par passerillage (le raisin est laissé à sécher au soleil 2 semaines avant d'être pressé) ; un vin de Lesbos, le *méthymnéos*, également produit sur des terres volcaniques ; le *zitsa*, blanc sec et pétillant d'Épire. ATTENTION, le vin (même le blanc) est souvent servi à température ambiante !
Et l'***ouzo***, là-dedans ? C'est le pastis local, pour aller vite. On l'obtient à partir de marc aromatisé à l'anis. On le sert au verre ou en petite bouteille *(karafaki)*,

accompagné de *mézédès.* Ne pas confondre avec le *tsipouro,* qui s'apparente au *raki* crétois ou à la *grappa* italienne, c'est-à-dire une eau-de-vie de raisin non anisée. Le meilleur ouzo viendrait de Plomari, à Lesbos. À Corfou, vous goûterez au *koum-kouat,* liqueur de petites oranges amères.

LE BON USAGE

L'ouzo, sans lequel on n'imagine pas la Grèce, n'est pas une boisson bien ancienne, puisqu'on l'a « inventé » à la fin du XIXe s seulement. Le mot qui le désigne n'est pas d'origine grecque, mais italienne : à l'époque, sur les caisses de produits destinés à l'exportation, on écrivait « Uso... » (à l'usage de...) suivi du nom de la ville d'expédition. Le nouveau breuvage aurait été ainsi baptisé et écrit à la grecque.

Remarques en vrac

– ***Café*** = café turc (avec le marc). Attention, si vous désirez du café bien de chez nous, le mot utilisé là-bas est *nescafé.* Mais ça ne vaudra jamais un café turc. Évitez surtout de dire café « turc », vous risqueriez d'être mal vu. On demande un café « grec » *(éna helliniko, parakalo !) ;* ou, si vous préférez un café filtre, *éna kafé filtrou* ou *éna kafé galliko.* Goûtez aussi au café glacé, bien rafraîchissant, que l'on appelle *frappé.* C'est excellent. Comme le café grec, on le commande très sucré *(glyko),* moyennement sucré *(métrio),* sec *(skéto)* ou avec du lait *(mé gala).* Le *freddoccino* ou le *frapuccino,* ces dernières années, concurrencent fortement le *frappé.* Le café devrait toujours être servi avec un verre d'eau (pratique qui tend malheureusement à disparaître ou qui, parfois, est facturée à part).

– ATTENTION, lorsque vous commandez un ***jus d'orange,*** précisez un *chimo portokaliou* (oranges pressées) ; sinon, on vous apportera une boisson gazeuse à l'orange *(portokalada).* Si vous avez des doutes, précisez encore que vous le voulez *fresko.* On peut juste regretter que ce soit devenu une boisson très chère dans un pays qui produit autant d'oranges !

– Dans les cafés, on peut rester autant de temps qu'on le désire après avoir pris une consommation. C'est ce qui expliquerait que le café frappé soit aussi cher...

CUISINE

Les restaurants

Les Grecs, dans leur majorité, ne vont pas au resto dans un but gastronomique, mais pour s'y sentir bien et passer un moment en bonne compagnie. Le standing est donc une notion qui ne s'applique pas vraiment aux restos grecs : nappes en papier la plupart du temps et aucun souci de service ou de présentation... Pire, on facture même le pain et les couverts ! Et, bien souvent, on vous apporte les plats tous en même temps ou dans un ordre qui semble défier toute logique... On vous conseille de vous convertir aux us locaux, en commandant plusieurs plats à dévorer à plusieurs. Ce qui compte, c'est qu'on mange bien, varié, bon marché et plutôt copieusement dans la plupart des tavernes. Fuyez les endroits où se concentrent tous les touristes et rien qu'eux. Le racolage y règne en maître... Fuyez aussi, dans les endroits les plus touristiques, les restos où l'on vous annonce un menu complet (bonjour les plats réchauffés au micro-ondes !). Normalement, il n'y a pas de menu tout fait, mais une carte, et, s'il n'y en a pas ou si elle n'est pas traduite en anglais, on vous invite à aller dans la cuisine montrer du doigt les plats désirés. Faites-vous évidemment préciser les prix, s'ils ne sont pas affichés, pour éviter les arnaques.

En théorie, il y a une différence entre la taverne et le restaurant *(estiatorio).* La première est plus conviviale que le second. Dans la pratique, l'appellation restaurant

« fait mieux » aux yeux de certains, mais ce n'est pas forcément aussi net. Une troisième appellation vient parfois recouvrir les deux précédentes : *psistaria* (= grill), à ne pas confondre avec *pitsaria,* la pizzeria locale. Enfin, la *psarotaverna* (taverne de poisson) est théoriquement un endroit où l'on ne mange que du poisson ; mais, bien souvent, comme le poisson est plutôt cher, on y trouve aussi quelques plats de viande. Les meilleurs restaurants traditionnels portent souvent le nom d'*ouzéria* (pluriel d'*ouzéri*), *mézédopolia* ou encore *ouzadika.* Les *mézédès* (appelés *pikiliès,* lorsqu'ils sont plus consistants) qui accompagnent l'ouzo peuvent y constituer un vrai repas. Pour le dessert, pensez aux *zakharoplastia,* les pâtisseries.
Une coutume sympa en Grèce : au resto, si vous sentez que le courant passe avec les gens d'une autre table, appelez le patron et faites-leur servir une bouteille. Rapprochement garanti, et vous perdrez un peu l'étiquette de touriste.
À noter qu'une loi antitabagisme est entrée en vigueur en juillet 2009 pour les établissements de moins de 70 m². Son application, dans un pays où les fumeurs tiennent le haut du pavé, s'annonçait difficile... Et, en effet, plus d'un an plus tard, devant l'échec de cette loi, le nouveau gouvernement a décidé, le 1er septembre 2010, d'en promulguer une nouvelle, plus sévère, bannissant totalement le tabac des lieux publics. Que les fumeurs se rassurent cependant : la plupart du temps, on mange en terrasse, où fumer ne pose aucun souci.

Quelques plats grecs

Les Grecs n'ont pas été sous domination turque pour rien : c'est dans la cuisine que l'influence orientale se fait le plus sentir... Que d'huile ! À noter que la plupart des tavernes ne servent pas de dessert, sauf, dans le meilleur des cas, du *karpouzi* (pastèque), du *peponi* (melon), du *yaourti mé méli* (yaourt au miel), du halva ou toute autre pâtisserie. Dans les endroits touristiques, comme on se plie au désir des clients, on peut avoir son petit fruit ou une pâtisserie.
Sur les menus, on croise deux mots essentiels : *ντοπιος (dopios),* qui veut dire « de pays »; et *κατεψυγμενος (katépsigménos),* qui veut dire « congelé », souvent abrégé *κατ.*
Ci-après, quelques entrées et plats typiques... parmi des dizaines d'autres, et ce sans compter les spécialités locales ! Quand on vous dit que c'est varié...

Entrées

– *Salade grecque* (*khoriatiki,* littéralement « salade paysanne ») : tomates, concombre, poivron vert, olives et feta, sans oublier l'oignon, avec plus ou moins d'huile d'olive. L'entrée presque incontournable, qui reste bon marché et dans laquelle on pioche à plusieurs (inutile d'en commander une par personne). On trouve de plus en plus d'autres salades (crétoise, *mermizéli* – cette dernière originaire de Kalymnos –, etc.) avec d'autres fromages, ou avec de la roquette, des câpres...
– *Mélitzanosalata :* salade d'aubergines (un léger goût de brûlé indique qu'elle n'est pas industrielle).
– *Tzatziki :* yaourt, concombre et ail pilé avec de l'huile d'olive et de la menthe.
– Beaucoup d'autres petites entrées comme la *skordalia* (ail-pommes de terre), la *tyrokaftéri* (avec du fromage pimenté), la *khtypiti* (variante du *tzatziki,* avec du poivron grillé), ou encore la *fava* (purée de gesses, des sortes de lentilles).

L'OLIVIER ? PREMIÈRE CATASTROPHE ÉCOLOGIQUE

Dès l'Antiquité, les Grecs privilégièrent cet arbre aux dépens des autres cultures. L'olivier a l'inconvénient de posséder une grosse racine qui s'enfonce profondément, mais qui ne retient pas la terre arable. Le sol fertile disparaît sous l'effet des pluies et de l'érosion.

– *Feta :* le célèbre fromage grec (le mot signifie « tranche »), qu'on fabriquait un peu partout en Europe sous ce nom, ne peut plus l'être désormais qu'en Grèce, suite à un arrêté de la Cour européenne de justice en octobre 2005. Encore heureux ! La feta ne se mange pas qu'en salade, mais peut aussi se déguster frite *(feta saganaki),* enrobée de graines de sésame et servie avec du miel. Il existe beaucoup d'autres fromages *(tyria),* comme la *mizithra,* le *kéfalotyri,* ou le *mastelo* de Chios (qui se mange grillé comme le *haloumi* d'origine libanaise ou chypriote).
– *Poulpe* (*khtapodhi* en grec, *octopus* en anglais) *:* se mange sous diverses formes, par exemple en amuse-gueule *(mézédès)* au début du repas, comme les moules *(mydhia).* Dans les ports, on voit souvent les poulpes en train de sécher au soleil (ou de décongeler !). Le poulpe est un délice, soit froid et vinaigré *(xydato),* soit chaud, cuit sur le gril *(psito).* On trouve, mais assez rarement, des boulettes où le poulpe remplace la viande *(khtapodokeftédès).*
– *Calamars (kalamaria) :* frits (le plus souvent) ou grillés, les portions en sont généralement plus copieuses que celles du poulpe et moins chères. Les calamars frais *(freska)* sont désormais assez rares. Plus rarement, on trouve sur la carte le *thrapsalo,* gros calamar entier, parfois farci (appelé également *kalamari yémisto*).

Plats cuisinés

– La célèbre *moussaka* : viande hachée disposée en couche avec des aubergines, le tout recouvert d'une béchamel ! Cuit au four comme un hachis parmentier. Les pommes de terre ne sont pas nécessaires. Parfois servie dans une terrine.
– *Pastitsio :* on remplace les aubergines par des macaronis, et le tour est joué. Assez bourratif quand même.
– *Mélitzanès papoutsakia :* aubergines farcies à la viande et gratinées.
– *Kolokithia tiganita :* courgettes coupées en petites tranches et frites.
– *Domatés* ou *pipériés (yémista) :* tomate et/ou poivron farcis au riz. Le plus souvent, on sert un poivron et une tomate.
– *Dolmadès :* feuilles de vigne farcies. Elles ne sont fraîches qu'en saison (début de l'été) ; sinon, on en trouve facilement en conserve, c'est alors une entrée froide. Beaucoup plus rarement, on tombe sur des feuilles de vigne plus grosses, chaudes, farcies à la viande hachée et recouvertes d'une sauce citronnée aux œufs *(avgholémono).*
– *Chorta* (prononcer « horta », presque « rhorta ») et autres *vlita* : herbes cuites de la montagne. On propose aussi dans certaines régions (Pélion, Sporades, Macédoine) le *tsitsiravla,* autre bonne verdure (herbes cuites relevées d'ail et de vinaigre).

Viande

Il peut être utile de connaître les termes indiquant comment la viande est préparée : *vrasto* (bouilli), *psito* (rôti), *sti skara* (sur le gril), *sti souvla* (à la broche), *sta karvouna* (barbecue au charbon de bois), *tiganito* (frit). Voici les principales viandes qui vous seront proposées.
– *Le souvlaki,* dont la réputation n'est plus à faire : le plus souvent sous la forme d'une grande brochette de porc ou de bœuf (dans les restaurants, les petits *souvlakia,* bien meilleur marché, sont assez rarement proposés).
– *Brizola :* côte de porc ou de bœuf.
– *Païdakia :* côtelettes d'agneau (parfois au kilo).
– *Bifteki* (faux ami) *:* c'est bien de la viande, mais pas du bifteck, sauf que ça ressemble au hamburger, en meilleur, car le plus souvent parfumé avec des herbes.
– *Keftédès :* parfumées à la menthe et à l'origan, elles sont aussi à base de viande hachée, mais sous forme de boulettes. Le mode de cuisson est différent : les *keftédès* cuisent au four ou dans une casserole, le *bifteki* est un plat *tis oras* (à la minute) qui est préparé sur le gril.
– *Soutzoukakia :* des cousines des *keftédès,* en principe en forme allongée de saucisses. Plat originaire d'Asie Mineure, les *soutzoukakia smyrnéïka* (de Smyrne) se doivent d'être parfumées au cumin.

– *Kokoretsi :* du foie et parfois des abats cuits à la broche, spécialité de la Grèce continentale. Hmm !
– *Spetsofaï :* saucisses de pays (épicées) en morceaux et aux poivrons. Plat régional, spécialité du Pélion.
– *Stifado :* ragoût de viande (lapin ou veau) aux oignons. Le terme est aussi utilisé pour des ragoûts de poisson ou de fruits de mer.
– *Sofrito :* viande de bœuf ou de veau préparée dans une sauce à l'ail. Spécialité de Corfou.
– *Bekri mezze :* le *mezze* du buveur ! Des morceaux de viande de porc dans une sauce au vin.

Poisson

Le poisson, à l'exception du *gavros,* des *gopès* et autres *atherina,* tous mangés en friture, n'est pas du tout bon marché, contrairement à ce que l'on pourrait croire. Ou alors, il faut l'acheter sur le port au petit matin et le cuisiner soi-même. Voici quelques poissons avec leur nom en anglais, qui figure souvent sur la carte.
– *Glossa :* sole.
– *Barbounia (red mullet) :* rouget ou mulet barbu.
– *Tsipourès (mullet/gilthead) :* sorte de daurade.
– *Xifias (sword fish) :* espadon, excellent en steak ou en brochettes.
– *Lavraki (bass) :* bar.
– *Garidès (shrimp) :* crevettes.
– *Kolios :* maquereau.
– *Sardella :* sardine.
– *Lithrinia (mullet) :* mulet.
Malheureusement, le « vrai » poisson se fait rare : des poissons d'élevage, notamment les daurades grises *(tsipourès),* risquent de vous être proposées – et ce n'est qu'au goût que vous vous en rendrez compte ! Quant aux crevettes, calamars et poulpes, il doit être spécifié sur le menu s'ils sont congelés ou frais.

Plats végétariens

– *Briam :* sorte de ratatouille (pommes de terre, courgettes, poivrons et tomates).
– *Imam baïldi :* un plat d'origine turque, comme tant d'autres (aubergine farcie d'oignons, de tomates et d'herbes).
– *Yémista (orphana) :* lorsque la tomate et le poivron sont farcis mais sans viande (avec du riz), on les appelle avec humour *orphana* (les orphelins).

Pâtisseries

Les pâtisseries qu'on appelle « orientales » par chez nous sont omniprésentes en Grèce, héritage turc oblige *(baklava, kadaifi...).* Pour le reste, vous croiserez surtout *rizogalo* (riz au lait saupoudré de cannelle), *halva* (crème de sésame), *galaktobouréko* (feuilleté fourré d'une sorte de semoule), *revani* (ou *ravani ;* un gâteau de semoule bien spongieux), et *bougatsa,* que l'on coupe en petits morceaux saupoudrés de cannelle. Pas mauvais non plus, l'*amigdaloto* (pâte d'amandes et de sucre), spécialité de plusieurs îles.

On mange sur le pouce pour pas cher

On trouve partout le (petit) *souvlaki* que l'on mange avec un morceau de pain, ou, plus nourrissant, le *yiros (gyros) me pita* (viande de porc, parfois de poulet, cuite à la broche et découpée, avec de l'oignon et d'autres choses, dans une sorte de galette). Tout cela est bien meilleur que les hamburgers ou autres pizzas industrielles. Le *kebab* se trouve également de plus en plus. Félicitations si vous réussissez à manger de la *patsas,* une sorte de ragoût de tripes, spécialité des gargotes du marché d'Athènes (où les restos sont ouverts 24h/24). N'oubliez pas

non plus la *tiropita,* feuilleté au fromage, ou encore la *spanakopita,* où des épinards remplacent la feta. On les trouve dans les boulangeries ou pâtisseries.
Pour le reste, on trouve de plus en plus de produits européens dans les magasins, et particulièrement dans les *AB, Spar, Marinopoulos* (les laitages restent chers).
On trouve évidemment tous les fruits méditerranéens. Le fruit du pauvre, qu'on vend par camions entiers dans les villes : le *karpouzi* (pastèque), pas toujours facile à trimbaler dans le sac à dos. Le *péponi,* le melon grec à l'intérieur vert, est déjà beaucoup plus facile à caser. Pas de figues pour les pauvres juilletistes...

ÉCONOMIE

Depuis quelques années, nous écrivions pudiquement que l'économie grecque était une sorte de « mystère ». Officiellement, la Grèce avait réussi, à la fin des années 1990, à satisfaire aux fameux critères de convergence du traité de Maastricht, ce qui lui avait permis d'adopter l'euro début 2002. Mais en septembre 2004, après un changement de majorité, les statisticiens d'*Eurostat* ont révélé qu'en réalité la Grèce transgressait les règles du fameux pacte de stabilité... Déficit record (7,9 % du PIB l'année des J.O.) et dette au-delà des 100 % du PIB. Des chiffres erronés avaient été communiqués par le gouvernement précédent... Le gouvernement Karamanlis (2004-2009) a assuré avoir réduit ce déficit, mais la crise internationale est arrivée...
Affichant un niveau de vie inférieur de 10 % à la moyenne de l'Union européenne, la Grèce était en première ligne, devant l'Italie, pour la part occupée par l'économie souterraine (au moins 30 %)... Fin 2006, le gouvernement grec a révisé d'un seul coup de 25 % son PIB à la hausse, afin de prendre en compte cette économie parallèle et d'« alléger », un peu artificiellement, son taux d'endettement. Mais l'office des statistiques de l'Union européenne *(Eurostat)* a retoqué la manip'... Quoi qu'il en soit, même avec un taux de chômage déjà relativement élevé, les Grecs ne semblaient pas vivre si mal après tout... La Grèce, il est vrai, se plaçait, avec l'Irlande, parmi les tout premiers pays bénéficiant des subsides de Bruxelles (45 milliards d'euros accordés pour la période 2000-2006). Sauf que, derrière cette façade, se cachait une tout autre réalité...

Une économie poussive... et grise

Depuis des années, on sait que les fondamentaux de l'économie grecque ne sont pas brillants. Seuls deux secteurs s'en sortent bien. Le tourisme, pour commencer, compte pour 18 % du PIB. Certains vivent plutôt bien de ce que leur rapporte la fréquentation touristique des 3-4 mois d'été. La Grèce a aussi pour elle sa marine marchande : elle est officiellement la première du monde (17 % de la flotte mondiale), et il faut y ajouter deux fois plus de navires immatriculés sous pavillon de complaisance. D'ailleurs, une bonne partie des marchandises chinoises voguent sur des bateaux grecs...

UNE ÉGLISE FORTUNÉE

Aucun armateur grec ne dispose de la fortune de l'Église orthodoxe. On l'estime à 15 milliards d'euros, exonérée d'impôts. Elle est le plus grand propriétaire foncier du pays : terrains, forêts, immeubles... y compris des milliers d'hectares en Israël, sans compter la propriété de la Knesset et du palais de la présidence israélienne. De plus, les popes étant fonctionnaires, leur salaire est réglé par l'État.

Derrière ces deux « poids lourds », le reste de l'économie grecque n'est guère connu pour ses performances. Principal handicap, un secteur public pléthorique et jugé peu efficace. Les Grecs ont ainsi massivement recours au secteur privé dans les domaines de l'éducation et de la santé, par exemple. Près de 800 000 fonctionnaires ont été recensés en juillet 2010, résultat d'un clientélisme traditionnel (« tu fais embaucher mon gendre, je vote pour toi ») qui coûte cher. Quant aux dépenses militaires, gonflées par un voisinage tendu avec la Turquie, elles comptent parmi les plus élevées d'Europe.

La Grèce cumule un fort déficit budgétaire et un fort endettement. Faute de leviers pour agir sur sa politique économique (pas de dévaluation possible depuis l'adoption de l'euro), le pays n'a cessé, ces dernières années, de perdre de sa compétitivité, qui n'avait jamais été extraordinaire. La faiblesse des exportations et un PIB représentant seulement 3 % du PIB de la Zone euro ne lui permettent pas de jouer à armes égales avec les « grands ».

Un des principaux problèmes de l'État grec est aussi la difficulté à faire rentrer les recettes. On a beaucoup parlé de ces médecins de Kolonaki (quartier huppé d'Athènes) qui, dans une belle unité, déclaraient des revenus dérisoires par rapport à ce qu'ils gagnaient réellement. La fraude fiscale, présentée comme un « sport national », est pratiquée au plus haut niveau, et l'évasion fiscale n'est pas en reste. La priorité gouvernementale affichée dans la lutte contre ces dérives n'y fait rien pour l'instant... Reste que si l'on quitte les hautes sphères pour les campagnes grecques, on y croisera plus d'habitants vivant de leur potager que d'évasion fiscale... Ramenée au niveau de vie, la Grèce n'est ni la France, ni l'Allemagne, ni même l'Italie. Et, chez nous aussi, ne fermons pas les yeux, le travail au noir est largement répandu. On parle également beaucoup de corruption au quotidien. On donne une « enveloppe » au médecin pour qu'il s'intéresse à votre cas prioritairement, au fonctionnaire du fisc pour qu'il vous laisse tranquille... et parfois même à quelqu'un placé devant vous dans une salle d'attente, pour passer devant lui ! Beaucoup d'argent circule en Grèce, mais pas en direction des services de l'État.

Des causes historiques expliquent cette défiance envers l'État. Lorsque le pays est devenu indépendant vers 1830, il s'est vu imposer des têtes couronnées de dynasties européennes étrangères qui ne se sont jamais vraiment acclimatées, puis des gouvernements sans grand pouvoir qui ont toujours préféré le clientélisme à l'établissement d'un État-providence. Bref, la Grèce n'a guère connu, à l'exception de Vénizélos, de chefs de gouvernement ayant une vision du pays. On a gouverné à courte vue, sans poser de bases solides. Un seul exemple en dit long : la constitution d'un cadastre n'a commencé qu'en 1995 et elle n'est toujours pas achevée...

UN CADASTRE SANS CADRE

La Grèce est pratiquement le seul pays européen à n'avoir pas réussi à se doter d'un cadastre vraiment efficace. Les conséquences sont terribles : impôts fonciers ridicules, constructions sans permis, contestation des actes de propriété, absence de plans d'urbanisme...

Le feuilleton de la crise

Fin 2009, les « vrais » chiffres de l'économie sortent : la dette publique atteint environ 120 % de la richesse nationale et le déficit du PIB est de 12,7 %. Début 2010, Papandréou annonce un premier train de mesures, un classique plan de rigueur devant permettre de réduire le déficit à 3 % en 2012. Le problème est que la Grèce a rapidement besoin de se financer et des doutes apparaissent déjà sur sa capacité à y parvenir. Il apparaît rapidement que des fonds spéculatifs parient sur une explosion du prix des contrats d'assurance censés prémunir les acheteurs d'emprunts d'État contre le défaut de paiement de ce dernier. Et la machine infernale s'emballe. On commence alors à parler de risques de faillite de l'État grec.

Les leaders européens sont désunis et l'absence de mécanisme européen d'entraide complique la situation. L'Allemagne, en particulier, rechigne à approuver un plan européen d'aide à la Grèce, car l'opinion publique outre-Rhin est remontée contre ces « cigales » d'Européens du Sud qui mettent en péril le travail industrieux des « fourmis »... La valse-hésitation dure deux bons mois. Les agences de notation en rajoutent une couche en dégradant la note de la Grèce et de leurs banques, rendant encore plus difficile leur situation sur les marchés... Bref, même si les finances du pays sont largement dans le rouge, c'est par le jeu des marchés, des agences de notations et des spéculateurs que les taux d'intérêt (non fixes donc) explosent et placent le pays au bord de la faillite. Les taux deviennent carrément prohibitifs, le pays ne peut plus emprunter, alors que se rapproche inexorablement la date butoir du 19 mai, à laquelle il doit pouvoir honorer d'importantes créances, faute de quoi il sera déclaré en défaut de paiement.

Fin avril 2010, Papandréou est contraint de faire officiellement appel à l'aide de l'Europe. Le plan d'aide à la Grèce (ou de sauvetage) prend la forme d'un prêt de 110 milliards d'euros sur 3 ans, le FMI y contribuant à hauteur de 30 milliards. En échange, on demande de nouveaux sacrifices à la Grèce, en lui fixant comme objectif de réduire ses dépenses de 30 milliards d'euros sur la période 2011-2013... après 4,8 milliards pour la seule année 2010. Les membres de la « troïka » UE-FMI-BCE viendront régulièrement ausculter le malade et déterminer, avant d'ouvrir le porte-monnaie, si la potion amère est suffisante ou s'il faut encore alourdir le traitement. À ce prix, on pense avoir pu éviter la « contagion ».

EMPRUNTER AUX DIEUX

Pour financer ses guerres, Périclès eut l'idée de récupérer les pièces et objets précieux offerts aux dieux, notamment à Athéna. Une fois la paix revenue et les caisses de l'État renflouées, les prêts étaient remboursés aux temples, rubis sur l'ongle.

Pour les Grecs, le choc est immense. Un double sentiment de colère et d'humiliation est partagé par une grande partie de la population – qui se demande comment le pays a pu en arriver là, tout en sachant confusément pourquoi. S'en mêle un sentiment de culpabilité collective et de fatalisme. Les Grecs ont la gueule de bois : pendant des années, ils ont pu profiter des taux très bas des banques qui leur prêtaient à tout va, l'endettement privé venant s'ajouter à l'endettement public. Le pays a vécu au-dessus de ses moyens, le retour de bâton est violent.

Pour réduire le déficit à marche forcée, tout l'arsenal des mesures classiques s'applique : réforme des retraites, baisse des salaires, hausse de la fiscalité (TVA, impôt sur le revenu et autres taxes) suppression des 13e et 14e mois chez les fonctionnaires – qui étaient des compensations à la faiblesse des salaires. Le coup social est énorme et injustement réparti : ceux qui voient leurs revenus amputés d'un pourcentage non négligeable ne sont pas les plus riches du pays, loin de là. La réduction, voire la suppression des fameuses « primes », combinée avec la hausse de la TVA, passée à 23 %, touche directement le pouvoir d'achat des classes populaires, mais aussi des classes moyennes, avec comme conséquence logique une contraction de la consommation et la récession.

Tire-t-on sur une ambulance ?

Si certains des particularismes de l'économie grecque sont indéfendables, accabler la Grèce de tous les maux est injuste et cruel. L'économie du pays est aussi, dans une certaine mesure, victime des dérives du libéralisme, des failles de la construction

FAKELAKI

Le mot signifie « petite enveloppe », celle que l'on offre en douce, en guise de corruption. Tous les secteurs sont touchés : santé, éducation, justice, police, urbanisme... Ici, le fisc est le moteur de la fraude car « en Grèce, payer ses impôts, c'est être un con », dit-on. Résultat, l'État est pauvre.

européenne et d'une politique monétaire faite par et pour l'Allemagne. Ce pays a été le premier à condamner les Grecs, vus comme des fainéants corrompus et fraudeurs par essence. Mais faut-il rappeler qu'un des plus gros scandales politico-économiques de ces dernières années en Grèce (2007) a été l'affaire Siemens ? Le groupe allemand versait d'énormes pots-de-vin à des hommes politiques grecs... Quand il y a des corrompus, il y a aussi des corrupteurs, qui se soucient assez peu de l'éthique, tant que leurs affaires marchent... Quant aux pays qui ont fait la morale à la Grèce au sujet de ses dépenses inconsidérées, notamment en matière militaire, il en est qui, en même temps, la poussaient à leur acheter des équipements lourds, genre frégates ou avions de combat, parce que ces ventes font tourner les économies des pays concernés.

Un an après

Pendant l'été 2010, dans les cercles officiels, l'optimisme est de mise. Mais il suffit d'aligner les chiffres pour s'inquiéter. On estime alors à environ 315 milliards d'euros les besoins du pays en emprunts pour la seule période 2011-2015. Le prêt UE-FMI, s'étalant sur 3 ans, ne couvre « que » 110 milliards... et la dette souveraine atteint les 350 milliards d'euros. Autant dire qu'en 2015, malgré ses efforts, la Grèce sera encore plus endettée qu'en 2009 !

Dès le printemps 2011, le scénario le plus pessimiste prend corps : les recettes fiscales n'étant toujours pas à la hauteur espérée, le déficit budgétaire s'est encore creusé. La machine infernale s'emballe à nouveau. Tergiversations des Européens, rumeurs sur une sortie de la Grèce de la Zone euro... Un nouveau plan d'aide, d'un montant similaire au premier, s'avère nécessaire. Et, avec lui, de nouvelles mesures d'économies. Mais, entre-temps, l'opinion publique grecque a eu le temps de réaliser les ravages causés par les mesures précédentes. La perspective de voir brader le pays par des privatisations nombreuses à hauteur de 50 milliards d'euros (loterie, poste, ports, électricité, gaz, aéroports, chemins de fer, banques...) provoque une défiance profonde à l'égard du personnel politique, tous partis confondus, ce qui a nourri le mouvement des Indignés qui, en mai 2011, ont occupé la place du Parlement. N'empêche, fin juin, alors qu'une grève générale paralyse le pays, autour du Parlement où les forces de l'ordre affrontent manifestants et cocktails Molotov, les députés votent un nouveau plan d'économies pluriannuel de 28,4 milliards, couvrant la période 2012-2015, presque barricadés dans l'hémicycle. L'illusion démocratique est maintenue et les mesures d'austérité renforcées : abaissement du seuil d'imposition, augmentation des taxes, nouvelles réductions des salaires et des retraites du secteur public... Le « défaut » de paiement – autrement dit, la faillite du pays – est évité pour un temps. En revanche, le divorce entre la société et la classe politique semble total.

Une fois l'automne arrivé, sans surprise, le gouvernement grec annonce des chiffres décevants : déficit budgétaire à nouveau supérieur à celui estimé, récession également plus importante, production industrielle en chute libre (moins 17,5 % sur 2 ans). La troïka menace de ne pas verser la tranche suivante de l'aide financière. Le gouvernement grec encaisse humiliation sur humiliation avec parfois quelques velléités de réaction, bien rares et tardives.

En octobre, changement de discours, du moins en partie. On découvre alors que la stratégie adoptée ne mène qu'à l'appauvrissement durable du pays (et à la mise en péril de la zone euro) et qu'il faut donc envisager ce qui, jusqu'alors, était rejeté : un défaut de paiement partiel, dont il reste à fixer la hauteur ; ce sera 50 % de décote de la dette souscrite auprès d'investisseurs privés (en clair, le tiers de la dette totale du pays, environ 350 milliards d'euros, sera effacé, les prêteurs, banques et fonds d'assurance, perdant la moitié de leurs créances, soit 100 milliards). Autre problème : cette faillite « contrôlée » qui ne dit pas son nom, arrivant après des mesures ayant rendu le pays exsangue, annonçait une année 2012 terrible pour les Grecs.

2012-2014

Et, comme attendu, 2012 confirma les craintes : économie toujours plus sinistrée (taux de chômage atteignant 25,1 % à la mi-2012), récession accrue (- 7 % en 2012), réformes structurelles exigées restant à venir (la Grèce a connu plus de 6 mois de gouvernement « technique » pendant lesquels tout processus a été plus ou moins gelé)... Le nouveau gouvernement formé en juin 2012 se retrouvait sommé, dès l'été, de mettre en œuvre un énième plan d'économies de 11,6 milliards d'euros, qui allait se traduire, une fois de plus, par de nouvelles coupes dans les salaires et les retraites... Refrain connu, jusqu'à l'absurde... En 5 ans, l'économie grecque s'est contractée de 25 % et la baisse des salaires de 2009 à fin 2012 a été de 30 %. Enfin, fin octobre, l'étau a été (un peu) desserré, la Grèce obtenant 2 ans supplémentaires pour satisfaire aux exigences de ses créanciers : la réduction du déficit à 3 % pourra ainsi attendre 2016.

DETTE EN L'AIR

L'Allemagne, aujourd'hui si dure avec la Grèce, n'a jamais remboursé un prêt forcé de 476 millions de reichsmarks contracté auprès de la Grèce en 1941 au titre de l'occupation... Cet emprunt avait été en effet « oublié » par l'accord de Londres en 1948, car on souhaitait éviter de répéter l'humiliation subie par l'Allemagne après la Première Guerre mondiale en chargeant trop la barque. Sans compter les intérêts, cette somme correspond à 14 milliards de dollars...

Pourtant, malgré les propos rassurants (« le plus dur est derrière nous... »), le vote par le Parlement, en avril 2013, d'une nouvelle baisse du salaire minimum pour les jeunes (490 € désormais, contre 586 € pour les adultes) en dit plus que les propos officiels. Le chômage, lui, a atteint un maximum de 28 %, et s'il est désormais stabilisé, on peut difficilement se réjouir de pareils chiffres. Quelques chiffres encore : 240 000 des 780 000 PME grecques ont mis la clé sous la porte, et 200 000 postes de fonctionnaires ont disparu entre 2010 et 2014.

Le décalage entre la parole officielle et les réalités vécues par les Grecs continue à être important : le message officiellement martelé (« la Grèce va mieux ») ne correspond pas au quotidien. Le pays a opéré son « grand retour » sur les marchés et dégagé un « excédent primaire » ; quant à la croissance, elle revient... du moins, c'est ce que le Premier ministre, Antonios Samaras, a annoncé en septembre 2014, pour la fin de la même année. Il a même prédit que la viabilité de la dette du pays, qui s'élève désormais à 318 milliards d'euros (175,1 % du PIB), serait démontrée... En principe, au 31 décembre 2014, le programme d'aide de la Troïka est arrivé à son terme. La bonne santé économique de la Grèce reste à prouver dans les faits en 2015...

Et demain ?

Quelles que soient les mesures imposées par les bailleurs de fonds, tout le monde s'accorde à penser que la moralisation de la vie publique grecque suppose de nombreux changements radicaux de l'ensemble de la société – et pas seulement au niveau du personnel politique. Le manque de confiance patent envers les élites ruine cependant tout espoir de sursaut civique à court terme. D'un autre côté, la Grèce, bien malgré elle, est devenue une sorte de laboratoire européen du surendettement, comme jadis nombre de pays du tiers-monde. Que le FMI soit partie prenante du processus, lui qui, par le passé, a si souvent sévi en imposant des « ajustements structurels » et autres contraintes désastreux pour le tissu social, n'a pas de quoi rassurer... Surtout quand le chef économiste du FMI, Olivier Blanchard, avoue, au printemps 2013, s'être trompé sur « l'élaboration des multiplicateurs budgétaires » mesurant l'impact des programmes d'austérité sur la croissance. Aveu assez incroyable quand on pense aux conséquences humaines...

ENVIRONNEMENT

Les écologistes, en Grèce, n'ont jamais vraiment décollé aux élections (aux législatives de juin 2012, ils ont même touché le fond). Une prise de conscience dans ce domaine ne serait pourtant pas superflue...

Au début des années 2000, la Grèce comptait quelque 3 000 décharges plus ou moins sauvages. Récemment, il n'en restait officiellement plus que 417, mais l'affaire de Kératéa, en Attique, a montré que le sujet était très sensible : la population s'est soulevée contre le projet d'ouverture d'une immense décharge où devraient être enfouis les déchets d'une grande partie des habitants de l'Attique... À plusieurs reprises, la Grèce a d'ailleurs été condamnée par l'Union européenne à payer de lourdes amendes pour manquement « à l'obligation d'éliminer les déchets sans mettre en danger la santé de l'homme »...

La politique grecque vis-à-vis des espèces animales protégées est également souvent montrée du doigt : les tortues *Caretta caretta* sont censées être protégées depuis la création d'un parc national marin à Zante, mais elles ont la mauvaise idée de fréquenter les plages couvertes de transats et de parasols... La crise économique, qui a eu pour effet, entre autres, de diminuer les crédits affectés aux ONG environnementales, n'a pas vraiment aidé et la protection des tortues est, chaque année, remise en cause. Dans de telles conditions, on ne s'étonnera pas que les associations grecques de défense de l'environnement ne se sentent pas vraiment soutenues... L'ironie de l'histoire est que le commissaire européen à l'Environnement, de 2004 à 2009, n'était autre qu'un... Grec, Stavros Dimas, qui ne pouvait que constater la liste des infractions dont son pays se rendait coupable...

PROSTASIA

C'est le nom officiel du ministère de l'Environnement. Même étymologie que... prostate : qui se tient en avant, et aussi qui a un but de protection.

Pourtant, de nombreuses associations œuvrent pour défendre les richesses naturelles et les animaux. Il y en a pour tous les goûts :

- **Hellenic Society for the Protection of Nature :** *20, odos Nikis, 105 57 Athènes.* • *eepf.gr* •
- **WWF Hellas :** *21, odos Lébessi, 117 43 Athènes.* • *wwf.gr* •
- **Elliniki Ornithologiki Etairia :** *80, odos Thémistokléous, 106 81 Athènes. Et, pour la Grèce du Nord : 23, odos Komninon, 546 24 Thessalonique.* • *ornithologiki.gr* • L'équivalent de notre Ligue pour la protection des oiseaux.
- **Archelon :** *57, odos Solomou, 104 32 Athènes.* • *archelon.gr* • Se consacre à la protection des tortues marines. Centre de soins pour tortues à Glyfada, et actions en de nombreux endroits, notamment à Zante (Zakynthos), en Crète et dans le sud du Péloponnèse (près de Kyparissia).
- **MOm** *(société pour l'étude et la protection du phoque méditerranéen)* **:** *18, odos Solomou, 106 82 Athènes.* • *mom.gr* • La Grèce est le pays qui compte la plus grande colonie de phoques moines de Méditerranée *(Monachus monachus)*, mais cette espèce est en voie d'extinction, sa population ne dépassant pas 200 à 250 individus. L'activité du MOm est essentiellement centrée sur le parc national marin des Sporades du Nord, basé à Alonissos, mais il intervient aussi sur d'autres îles où ont été recensés des phoques (Kimolos, Fourni, Karpathos, ainsi que dans les îles Ioniennes).
- **Arcturos :** *3, odos Rogkoti, 546 24 Thessalonique.* • *arcturos.gr* • S'occupe de la protection de l'*Ursus arctos*, autrement dit l'ours brun (région de Florina), et également des loups.

GÉOGRAPHIE

Le territoire grec est avant tout marqué par la montagne : elle occupe plus des deux tiers du pays. Les géographes font ensuite la distinction entre reliefs montagneux (45 %) et semi-montagneux (23 %). Les massifs grecs appartiennent aux Alpes dinariques, qui s'étirent depuis la Slovénie, en parcourant toute l'ex-Yougoslavie et l'Albanie dans un axe nord-ouest/sud-est, pour s'achever en Crète, via l'Épire et le Péloponnèse. Une autre chaîne, subdivision orientale de la précédente, couvre la Macédoine et s'incline vers le sud (massifs de l'Olympe et du Pélion). Pas de sommet de plus de 3 000 m (l'Olympe ne fait « que » 2 917 m), mais 120 sommets dépassent tout de même les 2 000 m.
Tout cela ne laisse pas beaucoup de place aux plaines : environ 30 % du territoire national, le plus souvent à l'intérieur du pays (Thessalie, Macédoine centrale), ainsi que dans la Messara, en Crète. Les plaines littorales, comme l'Achaïe et l'Élide dans le Péloponnèse, sont plus rares. La mer n'est jamais très loin : aucun point du pays n'est à plus de 100 km à vol d'oiseau des côtes.
Les ressources hydrographiques sont globalement suffisantes en Grèce, grâce aux nombreuses montagnes, mais leur répartition est très inégale. Athènes, mégalopole concentrant avec sa banlieue autour de 35 % de la population du pays, souffre particulièrement d'un manque d'eau. C'est aussi le cas de nombreuses îles qui doivent être ravitaillées par bateaux-citernes.

HABITAT

Les Grecs ont depuis toujours vécu sous la menace des pirates ou des envahisseurs, ce qui explique la position dominante des villages traditionnels. Les champs s'étendent aux portes des bourgs – souvent en terrasses –, parfois plus loin, en particulier sur les îles les plus accidentées. D'une région à l'autre, les maisons se font tantôt cubiques, avec terrasse, tantôt coiffées d'un toit de tuiles rouges. La vie se concentre sur la place, près de l'église, à l'ombre des platanes ; de là grimpent les ruelles empierrées, étroites, assombries par les balcons et les auvents. Dans le dédale des venelles et des escaliers, le vent se perd, comme jadis les ennemis. Dans les îles, l'habitat est encore plus ramassé.

PAUVRES PROPRIÉTAIRES

Plus des trois quarts des Grecs sont propriétaires, et souvent de plusieurs biens : il faut bien ça, quand on sait que traditionnellement, la dot de chaque fille se compose au moins d'une maison. On comprend l'affolement quand l'impôt foncier a été « inventé » en Grèce... en 2013 ! Certains ont dû revendre faute de pouvoir payer leurs impôts...

L'architecture néoclassique

À la suite de l'indépendance, la Grèce voulut effacer le témoignage de quatre siècles de domination ottomane. Dès son intronisation, Othon Ier entreprit de grands travaux de reconstruction. On détruisit alors les rues tortueuses, centrées sur la mosquée, le bazar et le hammam, pour adopter un urbanisme plus rigoureux (plan en damier), que l'on voulait rattacher à une tradition antique, celle d'Hippodamos de Milet. Ce qui est à la fois paradoxal et surprenant, c'est que ce style néoclassique a été importé en Grèce par des architectes étrangers. Il est vrai que, depuis un demi-siècle, les Européens cultivaient le goût de l'Antique, entre autres au travers des cités grecques mises au jour en Italie du Sud. Plusieurs spécialistes, dont les Allemands Schaubert et von Klenze, le Danois Hansen, le Français

Boulanger et les Grecs Kléanthis et Kaftanzoglou, furent chargés d'élever les édifices de prestige qui devaient incarner le nouvel État. Les éléments architecturaux caractéristiques de ce nouveau style se composaient de colonnes ou de pilastres surmontés du classique fronton triangulaire, coiffé d'acrotères, que l'on remarque encore sur le Parthénon. La nouvelle esthétique fut vite adoptée par les architectes des bâtiments privés de la capitale et de la province – même à Thessalonique, qui ne devint pourtant officiellement grecque qu'au début du XXe s !

Les spéculations immobilières des années 1960 ont malheureusement détruit cette belle harmonie architecturale. À Athènes, seuls aujourd'hui le quartier de Plaka, le Palais royal sur Syndagma, l'université rue Panépistimiou, le Musée byzantin et quelques rares autres demeures témoignent encore de cette période. Toutefois, les autorités ont pris conscience de la nécessité de sauvegarder les derniers bâtiments, et leur réhabilitation a fait partie des projets d'aménagement urbain d'Athènes en 2004. Des milliers d'immeubles ont ainsi été ravalés pour les Jeux olympiques. En dehors de la capitale, il ne subsiste guère, dans ce style, que le charmant village de Galaxidi, près de Delphes, et celui d'Hermoupolis, chef-lieu de Syros (Cyclades).

La Grèce du Nord, en particulier la Macédoine, compte encore dans plusieurs villes de beaux quartiers anciens rappelant la période ottomane.

HISTOIRE

Une vocation universelle

Pour mieux cerner l'histoire de l'Antiquité grecque, du moins jusqu'au règne de Philippe II de Macédoine, père d'Alexandre, il faut savoir avant tout que les Grecs ne furent jamais unis politiquement ou territorialement. Si « Hellas » désigne aujourd'hui un pays, les anciens Hellènes ne partageaient guère que le sentiment d'appartenir à une même communauté ethnique, linguistique et religieuse, distincte des « barbares » (tous ceux qui ne parlaient pas le grec...). Ce sont les Romains qui nommèrent les Hellènes « Grecs » *(Graeci),* du nom d'une obscure tribu.

Les âges reculés

Les premières traces de présence humaine sur le sol grec remontent à 40 000 ans. Le Néolithique (6000-3000 av. J.-C.) voit se développer les premiers villages agricoles, à l'origine des premiers foyers de civilisation, sous l'influence des Indo-Européens venus d'Asie Mineure. Dès le début de l'âge du bronze (3000-1200 av. J.-C.) se développe dans les îles une civilisation dite « cycladique », tandis qu'en Crète une civilisation encore plus brillante s'épanouit. Vers 2000 av. J.-C. arrivent des « barbares » venus du Nord qu'on appellera les *Achéens.* Les nouveaux venus s'installent dans toute la péninsule et assimilent les populations autochtones.

La civilisation mycénienne

La mayonnaise prend tellement bien que la civilisation dite « mycénienne » (1700-1100 av. J.-C.) s'impose, atteignant son apogée du XIVe au XIIIe s av. J.-C., à la suite de l'effondrement de l'Empire crétois. L'influence de la culture crétoise est d'ailleurs certaine : l'écriture syllabique, dite « linéaire B », qui succède à une écriture hiéroglyphique, le « linéaire A », non déchiffrée à ce jour, vient de Crète et se répand en Grèce continentale. Mais l'Empire crétois s'effondre et les cités comme Mycènes, Tirynthe et Pylos deviennent autant de puissances régionales qui se distinguent par leur richesse : dès le début, quelques tombes royales apparaissent, puis on y construit des palais somptueux. La guerre de Troie, en partie légendaire, montre en action les chefs de guerre qui sont à la tête de ces cités. Les Mycéniens ne font pas que se battre, ils nouent des rapports avec l'Orient, diffusent leur culture, poussant l'exploration jusqu'aux limites du monde connu.

L'Iliade et L'Odyssée

Les Grecs, à quelques exceptions près, considèrent *L'Iliade* et *L'Odyssée* comme l'œuvre d'un seul poète, Homère. La première œuvre raconte le déroulement de la guerre de Troie, et la seconde le difficile retour d'Ulysse (*Odysséus* en grec) après la victoire des Grecs contre les Troyens. Nul ne sait à coup sûr où et quand Homère vécut (sans doute vers 750 av. J.-C.). La « biographie » établie par Hérodote fut écrite 300 ans après la mort d'Homère, tout comme l'œuvre de ce dernier fut composée un demi-millénaire après les événements qu'elle raconte. Les savants modernes sont divisés sur la question de déterminer si ces deux poèmes furent composés par le même auteur, ainsi que sur leur ancienneté. Mais derrière les poèmes homériques s'étendent des siècles de traditions orales transmises par des bardes professionnels, les aèdes. Dans les deux œuvres, la population, hormis les héros nobles, est une masse vague dont le statut exact est tout à fait obscur. Les poèmes homériques restent le seul regard « vivant » que nous ayons sur le somptueux âge du bronze mycénien qui s'écroula tout au long du XIIe s av. J.-C.
Les âges sombres qui suivirent sont des siècles de pauvreté et de désordre. C'est durant cette période que *Zeus* s'imposa davantage encore comme le dieu de la Souveraineté, conséquence bien naturelle dans un monde où le pouvoir est vacillant et contesté ! De nouvelles divinités originaires d'Asie s'introduisent dans le panthéon : *Aphrodite* – une Sémite que les Grecs ont empruntée à Chypre – ainsi qu'*Apollon*. Mais peu à peu, vers l'an 800 av. J.-C., se reconstituent des collectivités organisées, et le monde hellénique connaît alors un second apogée... qui commence avec la période dite « archaïque ».
Cette époque s'achève par un progrès déterminant : l'écriture syllabique est remplacée par un véritable alphabet, emprunté aux Phéniciens. Cette nouvelle langue écrite est accessible à tous et non plus réservée aux scribes. Elle favorise le développement des cités-États, dont Athènes et Sparte, qui évoluent dans deux directions différentes. Sparte se caractérise par son organisation militaire alors qu'Athènes, après une période marquée par la tyrannie, se dirige vers un type d'organisation qu'il fallait inventer, la démocratie.

L'expansionnisme grec

De 775 à 550 av. J.-C., des colons quittent la Grèce continentale pour s'installer sur tout le pourtour méditerranéen, de l'Espagne à l'Asie Mineure et à la mer Noire, avec une forte concentration en Sicile et en Italie du Sud, qu'on va appeler Grande-Grèce. Il s'agit en fait d'émigrants pauvres que les cités ne pouvaient plus nourrir : ils vont faire rayonner l'hellénisme bien au-delà de la péninsule grecque. Ainsi Thalès, originaire d'Asie Mineure, une sorte d'ingénieur et de marchand bourlingueur (Afrique, Arabie, Babylone : pas mal pour l'époque), fit progresser les connaissances en astronomie et en géométrie. Il savait calculer la hauteur d'une pyramide d'après la longueur de son ombre : la science était en marche. Dans la foulée, Pythagore (569-506 av. J.-C.), originaire de Samos et émigré en Grande-Grèce, nous légua son fameux théorème : « Dans un triangle rectangle, le carré de l'hypoténuse est égal à la somme des carrés des deux autres côtés. » Interro écrite demain !

La démocratie athénienne

C'est en Attique, la région d'Athènes, que naît la démocratie, littéralement pouvoir *(kratos)* du peuple *(démos)*. Les réformes de Solon (594-593 av. J.-C.) amènent la création de quatre classes censitaires, fondées sur les revenus et non sur les origines sociales. Les réformes de Clisthène, presque un siècle plus tard, mettent en place le cadre juridique de la future démocratie : l'Attique est découpée en dèmes et en 10 tribus, chaque tribu fournissant par tirage au sort 50 citoyens siégeant à la *boulê,* assemblée dotée de larges pouvoirs législatifs, exécutifs et judiciaires. Mais c'est l'assemblée du peuple *(ecclésia),* où tous les citoyens du dème pouvaient siéger, qui discutait des projets qui lui étaient soumis par la *boulê.* Autre institution importante, l'Héliée, tribunal populaire de 6 000 membres qui a supplanté, petit à petit, l'Aréopage, organe judiciaire remontant à la royauté. La magistrature la plus haute (la *Stratégie*) était élective (on votait à main levée) : chaque année, 10 stratèges étaient ainsi désignés (Périclès le fut 15 fois) pour diriger la démocratie. À la fin de leur charge, les élus devaient rendre des comptes. Mais cette démocratie directe avait ses limites : ni les femmes, ni les métèques, ni les esclaves n'étaient des citoyens et ils ne pouvaient donc pas prendre part aux décisions.

DES DÉLATEURS PROFESSIONNELS

Honnie par nos démocraties, la délation était très organisée sous l'Antiquité grecque. Les sycophantes (terme désignant ceux qui ont montré les figues dérobées par un voleur), ou délateurs professionnels, dénonçaient les abus des puissants. Ils touchaient une part des amendes, mais étaient lourdement condamnés s'ils n'obtenaient pas 1/5 des voix des juges. Enfin, la dénonciation n'était jamais anonyme.

On estime donc qu'ils n'étaient, à l'époque classique, guère plus de 30 000 ou 40 000, soit moins de 10 % sans doute de la population athénienne, à posséder la citoyenneté, sans que les exclus du système politique se sentent pour autant rejetés de la vie athénienne (les esclaves, par exemple, n'étaient pas tous « esclaves » au sens que le mot a pris). Athènes n'était qu'une cité parmi 700 autres, sans aucun doute la plus brillante en raison de l'importance qu'y a prise la culture (qu'on songe seulement que le théâtre ne s'est guère développé qu'en Attique), et la démocratie n'a concerné que quelques-unes de ces cités, les autres connaissant souvent la tyrannie. Et n'oublions pas non plus que la démocratie athénienne a été combattue par ses adversaires, partisans de l'oligarchie (littéralement : le commandement de quelques-uns), cette dernière s'imposant même, certes pour de courtes périodes, lors de révolutions antidémocratiques en 411-410 et 404-403 av. J.-C. Pour Aristote, la démocratie n'était pas respectueuse de la liberté de chacun ! C'était une sorte de dictature exercée par la masse...

Les citoyens athéniens se réunissaient donc en assemblée sur la colline de la Pnyx pour voter. Mais les abstentions devinrent de plus en plus nombreuses. Vint un temps où l'on dut user d'un procédé qui s'apparente à la « rafle » pour réunir 5 000 assistants, quorum légal pour certaines séances. C'est ainsi que les citoyens étaient littéralement poussés par les archers qui tendaient, en travers de l'agora et des rues voisines, des cordeaux teints en rouge ; ceux qui s'étaient laissé marquer de rouge ne touchaient pas l'indemnité accordée aux participants à l'assemblée.

Les Athéniens inventèrent aussi l'ostracisme, gardien de la démocratie. Pénalité unique en son genre, l'ostracisme était un véritable rempart contre la tyrannie. Un citoyen menaçant le pouvoir du peuple par ses ambitions et ses actes était banni pour 10 ans par l'assemblée, à condition tout de même que 6 000 votants se prononcent contre lui, en écrivant son nom sur un tesson *(ostrakon).* Cette mesure ne punissait pas obligatoirement un acte commis, mais visait à prévenir toute ambition dictatoriale. L'ostracisé n'était alors pas dépossédé de ses biens et avait 10 jours pour préparer son départ...

Le siècle de Périclès (Ve s av. J.-C.)

À cette époque, la Grèce connaît donc une première forme de démocratie. Mais cet élan progressiste va se heurter à une redoutable épreuve extérieure :

les attaques des grands rois de Perse, facilitées par la rivalité chronique entre les cités grecques. Après ces guerres médiques, les cités grecques insulaires ou d'Asie Mineure créent la ligue de Délos, sous l'égide d'Athènes. Cette dernière touche une large partie du tribut versé par ces cités en échange de l'assurance d'être défendues si les Perses les attaquaient à nouveau. Mais Athènes, d'hégémonique, devient impérialiste : c'est du moins ce qu'on lui reproche. Les membres de la ligue qui tentent de s'affranchir de sa tutelle (par exemple Samos ou Milos) sont sévèrement réprimés, sans la moindre pitié.

LA MAÎTRESSE DE PÉRICLÈS

L'homme le plus puissant et le plus célèbre d'Athènes tomba amoureux d'Aspasie, prostituée de haut vol. Très cultivée, elle tenait un bordel fréquenté par l'élite, comme Sophocle et Socrate. Périclès divorcera pour elle.

L'argent pris aux cités finance directement la vie démocratique athénienne (indemnités versées aux citoyens qui participent à la vie politique) comme la vie culturelle (la construction de l'Acropole, on l'imagine, a demandé beaucoup d'argent). Le siècle de Périclès (Ve s av. J.-C.), véritable apogée de la civilisation grecque, se termine pourtant mal. Athènes indispose jusqu'à ses alliés. La guerre du Péloponnèse (431-404 av. J.-C.), opposant Sparte et Athènes et toutes les autres cités qui ont pris parti pour l'une ou l'autre, affaiblit les deux cités (qui passeront sous domination macédonienne au siècle suivant). La déconfiture est terrible pour Athènes, qui doit toujours trouver plus d'argent pour faire face aux dépenses militaires et décide de conquérir la riche Sicile en 415 : l'expédition tourne au désastre et le régime démocratique athénien vacille. Après cette défaite, rien ne sera plus comme avant à Athènes.

Alexandre le Grand

Plus aucune cité ne parvient à imposer son hégémonie : Sparte profite peu de temps de l'affaiblissement d'Athènes, puis c'est au tour de Thèbes de dominer ses rivales avant d'être vaincue. Au milieu du IVe s, une nouvelle puissance régionale fait son apparition : la Macédoine. Philippe II (382-336 av. J.-C.) va réussir à lui donner le rôle moteur qu'avaient eu avant elle Sparte et Athènes.
Et avec son fils, Alexandre, non seulement la réunification des cités-États va se concrétiser, mais le monde hellénique va connaître une expansion sans précédent à la surface du globe. Fils de Philippe et d'Olympias – une princesse d'Épire –, Alexandre naît à Pella en 356 av. J.-C. Il grandit entre une mère étrange, aux pouvoirs visionnaires, et les idées de gloire qui animent la cour, avec Aristote pour précepteur, s'il vous plaît ! Personnage haut en couleur, à la destinée exceptionnelle, il bouleverse le monde connu d'alors, poussant ses conquêtes des bords du Danube à l'Inde en passant par l'Égypte.
Beau, courageux, puissant, il donna au monde occidental une image idéale du monarque. Mais il fut aussi le premier des conquérants possédés par la folie des grandeurs. Sa volonté de faire la synthèse de la civilisation hellénique et des cultures de l'Orient en a fasciné plus d'un, mais n'oublions pas que, avec son comportement de despote, il a aussi enterré la démocratie à la grecque !

Sous l'Empire romain

À la mort prématurée d'Alexandre, ses successeurs avaient de belles parts de gâteau à se partager. Mais un tel empire, même morcelé, était difficile à maintenir, d'autant que les Romains commencèrent à s'intéresser à la Grèce. Ainsi, 150 ans après sa mort, la Grèce tomba définitivement entre les mains des Romains. Les anciens « colonisés » de la fin de l'époque archaïque devinrent alors colonisateurs de leurs propres colonisateurs tout en se refaisant coloniser, du moins culturellement parlant. État de fait qui n'aurait certainement pas déplu à Socrate ! En effet, l'Empire romain fut partiellement bâti sur les acquis du monde hellénique... De plus, les Romains diffusèrent cette culture à travers leurs propres conquêtes.

Byzance

Quand les difficultés se firent de plus en plus pressantes autour des empereurs romains, on décida de déplacer le centre de gravité de l'empire vers l'est : au IVe s de notre ère, le pouvoir s'installe à Byzance, où l'empereur Constantin crée une nouvelle Rome : Constantinople. Revanche de l'Orient sur l'Occident. Le nouvel empire est fortement hellénisé, mais cet hellénisme est lui aussi fortement orientalisé. À la mort de Théodose (395), l'empire est officiellement partagé en deux États distincts. Bonne pioche pour qui reçoit celui d'Orient, car celui d'Occident ne résiste pas longtemps sous les coups de boutoir des Barbares (Vandales et Ostrogoths). Et pendant plus de 1 000 ans va se maintenir un État immense, qui connaîtra des hauts et des bas. Des hauts, quand Justinien (527-565) réussit à reconquérir une partie de l'Occident ; des bas, quand l'empire se réduit en raison de l'expansion arabe, perdant ses possessions africaines et proche-orientales. Mais, plus concentré territorialement, l'empire peut alors se concentrer sur lui-même, développer les arts (l'art religieux en particulier). On date le début de son déclin au milieu du XIe s : Byzance perd l'Italie du Sud, qui passe aux mains des Normands, et la menace ottomane, remplaçant celle des Arabes, devient préoccupante, les Turcs lançant leurs cavaliers à l'assaut des frontières orientales de l'empire.

Il y a aussi la crise religieuse avec l'Occident, qui se déclare de manière aiguë avec le schisme de 1054, séparant définitivement les Églises chrétiennes d'Orient et d'Occident (qui ne sont toujours pas vraiment raccommodées aujourd'hui). Un premier coup très dur est porté en 1204 avec la prise (et le pillage) de Constantinople par les croisés : partis libérer les Lieux saints, les Occidentaux s'égarent, oublient leur objectif initial et commettent des actes barbares inexcusables. Cet épisode est vécu par les Byzantins comme une véritable trahison (et est toujours, 800 ans plus tard, considéré comme un souvenir douloureux chez les Grecs). La conséquence en est le démembrement de l'empire : pour ne parler que de la Grèce, elle est découpée en petits morceaux (le royaume de Thessalonique, le duché d'Athènes, le despotat de Morée, c'est-à-dire le Péloponnèse, qui passent aux Francs, les îles qui reviennent aux Italiens, Vénitiens ou Génois...). Il ne reste aux Byzantins que le despotat d'Épire et, plus à l'est, les Empires byzantins de Trébizonde et de Nicée. Il y a bien un empereur valeureux, Michel VIII Paléologue, qui entreprend la reconquête sur les Francs et qui parvient à reprendre Constantinople (1261), mais la désagrégation interne de l'empire se poursuit. Bientôt, l'Empire byzantin se réduit à sa capitale, assiégée par les Ottomans. L'Occident tergiverse : certes, le conflit religieux semble pratiquement aplani depuis le concile de Florence (1438-1439), mais les Byzantins sont rancuniers, et d'ailleurs, peut-on faire confiance à ces catholiques ? Parmi les Byzantins, un fort courant estimait qu'il était préférable de voir régner le turban turc plutôt que la tiare latine, et ce sont d'ailleurs des Génois venus au secours de Constantinople assiégée qui trahiront et hâteront la prise de la ville en 1453. Les Occidentaux, eux, répandront la légende

SUPERSTITION

Konstantin Karamanlis, à la chute des Colonels (1974), rentra aussitôt de son exil parisien. Enfin presque : son avion devait décoller un mardi. Or, un Grec n'entreprend pas quelque chose d'important un mardi, jour qui porte malheur depuis la chute de Constantinople (le mardi 29 mai 1453). Il retarda donc son retour au pays de 24 heures...

que les Byzantins discutaient du sexe des anges plutôt que de mener la lutte contre les Turcs... Malentendu historique que regrettèrent ensuite les Occidentaux, eux-mêmes menacés à leur tour par la poussée ottomane.

Sous la férule turque

Quoi qu'il en soit, la Grèce entre alors dans ce qu'on appelle la « Turcocratie », qui va durer près de quatre siècles. Le principe musulman qui faisait coïncider religion et nation va alors s'appliquer, et le patriarche de Constantinople reste à son poste, devenant ainsi chef religieux et chef national.

Pendant cette « Turcocratie », le destin des Grecs a été contrasté : les classes dominantes se sont plutôt bien accommodées de la domination turque puisque le clergé a gardé ses privilèges, certains gros propriétaires ont prospéré et une petite aristocratie grecque, à Constantinople, a pu accéder à de hauts postes de l'Empire ottoman. En revanche, le petit peuple, plutôt épargné au début par les taxes et impôts, a vu sa situation se détériorer au cours des décennies, jusqu'à faire naître l'exaspération contre les Turcs.

Plusieurs facteurs expliquent le soulèvement de 1821, qui conduisit à l'indépendance nationale : l'essor commercial dû à la diaspora grecque établie en Europe, l'intérêt naissant (et pas désintéressé) des puissances européennes pour la Grèce et une renaissance de la conscience nationale ou hellénisme, sentiment qui est resté chevillé au corps des Grecs.

À cette époque naît également en Europe de l'Ouest le philhellénisme, qui se traduit par l'engagement, soit à distance, soit sur le terrain, d'un certain nombre de figures de la communauté intellectuelle européenne. Delacroix, Hugo expriment dans leurs œuvres le courant de sympathie existant pour la cause grecque. Un grand nom du romantisme, l'Anglais lord Byron (1788-1824), s'engage personnellement et y laisse même la vie : il meurt à Missolonghi, de la malaria.

UN TAGUEUR NOMMÉ BYRON

Le pilastre d'angle (celui de droite) du temple de Poséidon au Cap Sounion est couvert de graffitis, dont celui de lord Byron, qui passa dans le coin en 1810 et voulut laisser sa trace. Comme quoi, on peut être poète et vandale à la fois ! Il n'était ni le premier ni le dernier...

La Grèce, de l'indépendance à la Communauté européenne

Après le soulèvement contre les Turcs de 1821, la Grèce a peiné pour devenir un véritable État. Premier problème : c'est grâce au bon vouloir des grandes puissances européennes qu'elle s'est débarrassée des Turcs, sur une petite partie de son territoire seulement, il faut donc trouver un terrain d'entente pour installer un nouveau pouvoir. C'est d'abord Capodistria, l'homme des Russes, qui est désigné gouverneur de 1827 à 1831, année de son assassinat ; puis, en 1833, une sorte de fantoche, Othon Ier de Bavière, qui ne comprend rien à ce pays où on l'a parachuté. Lui et sa cour (tous des Bavarois) se mettent vite à dos les anciens combattants de la révolution de 1821. Au bout de 11 ans, on lui impose une Constitution *(syndagma)* qui ne suffit pas à donner l'impression que le pays est véritablement indépendant. Alors on le renvoie en 1862 pour confier le sort du pays à un nouveau roi qui arrive tout droit du Danemark et qui est le candidat des Anglais : ce sera Georges Ier.

Petit à petit, le pays se dote, sous la conduite de Premiers ministres énergiques, Trikoupis puis Vénizélos, des outils nécessaires pour devenir un État moderne. Ce dernier grossit, le pays s'agrandit, plusieurs provinces étant restituées à l'État hellénique : une nouvelle Constitution est promulguée en 1911. Mais le spectre de la guerre se profile à l'horizon. Guerres balkaniques (déjà !) de 1912-1913, Première

Guerre mondiale avec un roi, Constantin Ier, germanophile et un Premier ministre, Vénizélos, favorable à l'Entente : le premier abdique en 1917 et la Grèce entre finalement en guerre du côté des futurs vainqueurs, ce qui lui permet de prétendre à une extension territoriale vers l'est.

Ensuite, la situation se gâte : des politiciens aux courtes vues croient réalisable « la Grande Idée » qui consiste à réunir les Grecs dans un seul et même État, même ceux (et ils sont nombreux) qui vivent en Asie Mineure. L'expédition militaire de 1921-1922 tourne à la catastrophe : l'armée grecque est mise en déroute par celle de Kemal Ataturk, 1,5 million de Grecs d'Asie Mineure sont brutalement chassés de ce qu'ils considéraient comme leur pays, et 2 500 ans de présence hellénique de l'autre côté de la mer Égée sont annulés. Après un tel traumatisme, rien d'étonnant à ce que la situation politique, devenue instable, le reste jusqu'à la Seconde Guerre mondiale. Métaxas, un dictateur inspiré par Mussolini, finit par prendre le pouvoir en 1936, mais il sauve l'honneur en refusant en 1940 le diktat de l'Italie fasciste. Voilà la Grèce dans la tourmente : les Italiens, vite chassés, sont remplacés par les Allemands, qui opèrent comme dans le reste de l'Europe jusqu'en octobre 1944. À l'heure de la libération, pourtant, tout recommence : une guerre civile particulièrement cruelle va opposer, jusqu'en 1949, résistants communistes et forces gouvernementales royalistes. Les communistes sont finalement défaits.

TERRIBLE MORSURE

En 1920, le jeune roi Alexandre Ier fut mordu par un singe. Septicémie et décès. La succession fut tellement confuse que son père (!) lui succéda sur le trône. Cette vacance du pouvoir fut terrible pour l'issue de la guerre avec la Turquie, dès 1921. Au total, 1,5 million de Grecs seront chassés de Smyrne et d'Asie Mineure, sans compter des milliers de morts.

On ne sort pas de près de 10 ans de conflits sans conséquences : la Grèce est redevenue une sorte de protectorat (les États-Unis sont cette fois le grand frère qui fait la pluie et le beau temps), et quand un gouvernement de centre-gauche réussit à s'imposer aux élections, il est vite condamné : Georges Papandréou doit démissionner en 1965. La dictature n'est jamais loin et les sinistres colonels prennent le pouvoir en 1967 pour sept longues années où la torture, la déportation et les procès politiques sont monnaie courante. Ces colonels sont violemment anticommunistes, et bénéficient donc du soutien des États-Unis... C'est un nouveau drame pour l'hellénisme qui cause leur chute : l'armée turque s'empare du Nord de Chypre en 1974, et les colonels laissent la place à la démocratie, incarnée par le conservateur Constantin Karamanlis, par ailleurs plusieurs fois Premier ministre dans les années 1950. Le processus d'intégration de la Grèce dans la Communauté européenne commence alors (c'est Valéry Giscard d'Estaing qui force la main à ses partenaires européens pour l'ancrer définitivement au navire européen). Une nouvelle page s'ouvre en 1981 avec l'arrivée au pouvoir d'Andréas Papandréou, fils de Georges, figure charismatique de la gauche, fortement anti-américain et populiste : le PASOK (parti socialiste grec) va régner sans partage avant que l'alternance ne ramène, pour de courtes périodes, la droite au pouvoir. Sociologiquement parlant, la Grèce est un pays qui a le cœur à gauche. Toutefois, la droite, avec à sa tête Kostas Karamanlis, gagne les élections de 2004.

Parenthèse à droite

De juin à fin août 2007, la Grèce subit, quasi impuissante, trois vagues d'incendies. Une grande partie de la forêt du mont Parnès en Attique (à une trentaine de kilomètres au nord d'Athènes), le Nord et l'Ouest du Péloponnèse, ainsi que le Grammos, une montagne proche de l'Albanie, partent en fumée. À l'heure du bilan, on dénombre 65 morts et de nombreux blessés, 350 000 ha de surfaces brûlées, au moins 300 000 animaux d'élevage tués, 15 000 ruches anéanties et 4 millions d'oliviers réduits en cendres (ce qui va entraîner une réduction de 10 % de la production nationale d'huile d'olive). Le Péloponnèse concentre à lui seul la moitié des surfaces incendiées.

En décembre 2008, la mort d'un jeune, tué par un policier dans le quartier d'Exarchia, près de la place Omonia, enflamme le pays. Des émeutes touchent les centres des grandes villes : attaques de banques, de magasins, incendies de voitures, autant de manifestations d'un dégoût et d'un rejet de la jeunesse grecque vis-à-vis des institutions. Le gouvernement, incapable d'apporter des réponses, fait le gros dos... Cette crise révèle un profond malaise dans la société grecque, marquée par une paupérisation des jeunes de la « génération des 600 euros ». La population générale a elle-même semblé approuver, au moins en partie, et dans un premier temps, l'expression du mal-être de la jeunesse. Fin août 2009, de nouveaux incendies, heureusement moins graves que ceux de 2007, portent le coup de grâce au gouvernement Karamanlis. Les législatives anticipées, en octobre, se terminent sur un résultat sans ambiguïté : distancée de plus de 10 points par le PASOK, la Nouvelle Démocratie paie sa mauvaise gestion des crises à répétition qui ont secoué la Grèce depuis 3 ans.

De crise en crise...

Georges Papandréou (fils d'Andréas et petit-fils de... Georges, Premiers ministres en leur temps) devient Premier ministre. Élu sur un programme de relance dite « verte », Papandréou forme un gouvernement composé pour l'essentiel de technocrates plutôt jeunes, sortis de grandes écoles internationales, quasi inconnus de la population. Assez rapidement, il apparaît que la situation du pays est grave (voir la rubrique « Économie ») et qu'il faut agir sans tarder. Si la crise grecque devient vite un sujet international à rebondissements, sur le plan politique intérieur, tout se déroule très classiquement, avec l'opposition frontale des deux partis de gouvernement, PASOK et Nouvelle Démocratie. Cette dernière, accusée d'être à l'origine de la situation, fait profil bas. Ironie de l'histoire, c'est le PASOK qui se retrouve contraint d'appliquer un plan d'austérité sous la pression des milieux d'affaires et de Bruxelles, plan typique du libéralisme que l'on aurait davantage imaginé dans le programme d'un parti de droite...

DANS LES POCHES D'HADÈS

Après enquête, l'administration grecque s'est rendu compte qu'elle versait une retraite à plus de 9 000 morts. On savait que les Grecs vivaient vieux, mais en poussant plus loin son étude, elle s'est aperçue que 4 500 fonctionnaires décédés continuaient à percevoir leur pension, et pour certains, bien longtemps après avoir passé l'arme à gauche ! Cette bagatelle aurait coûté pas moins de 16 millions d'euros par an à l'État grec !

Manifestations et grèves générales ont beau se succéder à un rythme rapide, les réformes passent aisément à l'Assemblée nationale, les élus du PASOK faisant corps pour voter les projets de lois du gouvernement. Le remodelage du territoire administratif réduit le nombre de municipalités d'environ 1 000 à 350, les préfectures passant dans le même temps de 57 à 13 et les régions de 13 à 7. Sur certaines îles, on ne compte désormais plus qu'un seul maire pour tout le territoire... Quel beau gain démocratique ! Les élections locales de l'automne 2010 confirment le rejet de la classe politique traditionnelle. L'abstention atteint un niveau record (en Grèce, le vote est théoriquement obligatoire) : au second tour, 53 à 60 % des électeurs (selon le type de scrutin) ne se déplacent pas.

En 2011, avec l'aggravation de la crise économique, le désaveu vis-à-vis de la classe politique monte encore d'un cran. Le mouvement des Indignés espagnols trouve vite son équivalent grec en mai-juin. La place du Parlement se transforme en une agora où s'imagine, se débat un autre monde. Un remaniement ministériel redonne ensuite un peu d'air au Premier ministre. Evangélos Vénizélos, un cacique du PASOK, héraut de la vieille garde et adversaire de Papandréou au sein du parti, est nommé ministre des Finances. Sa promotion est interprétée comme le signe d'un retour en grâce du « vieux PASOK » qui s'était vu préférer jusque-là des technocrates, plus jeunes et moins marqués politiquement. Le gouvernement compte sur lui pour convaincre les syndicats de la nécessité de nouvelles mesures de rigueur. Raté. Fin juin, la rue crie son opposition. Athènes essuie plusieurs jours d'émeutes.

À la surprise générale, fin octobre 2011, Papandréou annonce l'organisation d'un référendum sur le plan de « sortie de crise ». En fait, son gouvernement est « lessivé », la population n'a plus aucune confiance dans ses élites qui ne cessent de vouloir lui faire avaler de nouvelles couleuvres. Mais les dirigeants européens tordent alors le bras à Papandréou pour qu'il revienne en arrière : cela le conduit rapidement à sa démission, et des élections législatives anticipées sont annoncées. Papandréou s'efface, Vénizélos prend la tête du parti et pendant qu'un banquier, Loukas Papadimos, est chargé de conduire un gouvernement technique, les partis fourbissent leurs armes en vue de législatives qui s'annoncent très ouvertes. Et le 6 mai 2012, les résultats des urnes sont en effet étonnants : le PASOK ne recueille plus que 13 % des voix, devancé par la Nouvelle Démocratie (18,85 %) et l'alliance Syriza (16,78 %), parti de la gauche radicale mené par le jeune Alexis Tsipras, qui refuse les plans d'austérité imposés par la communauté internationale. Suivent cinq autres partis obtenant des sièges à l'assemblée, dont Aube Dorée, une formation d'extrême droite fascisante. Aucun des trois partis arrivés en tête n'obtenant la majorité, pendant 2 semaines, on va tenter, sans succès, de former une coalition. Il faut donc retourner aux urnes à la mi-juin. La nouvelle campagne, dramatisée à l'extrême, s'apparente à un référendum : pour ou contre l'Europe ? Même si le Syriza ne demande pas, dans son programme, la sortie de la Grèce de la Zone euro, c'est bien sur la peur de l'inconnu que table la Nouvelle Démocratie, et cela marche : si le Syriza gagne 10 % de suffrages par rapport à mai, la Nouvelle Démocratie, elle, en gagne près de 11, ce qui ne lui permet pas encore d'atteindre les 151 sièges, mais de s'en rapprocher. Et le PASOK, tombé à 12,28 %, en compagnie d'un petit parti de gauche modérée (DIMAR) n'hésite pas à passer un accord avec Antonis Samaras, le leader de la Nouvelle Démocratie, pour former un gouvernement dirigé par ce dernier. Fin du psychodrame, du moins pour l'instant. Mais dès l'été 2012, face aux nouvelles exigences formulées par la troïka, l'attelage tanguait déjà... tout en réussissant à s'entendre sur de nouvelles mesures d'austérité renforcée. Nouvelle crise en 2013, quand Samaras décide de fermer le groupe de télévision et de radio publiques (ERT) sans consulter ses alliés... Le DIMAR quitte alors la coalition, ce qui renforce le poids du PASOK dans le gouvernement.

À l'automne, à la suite de l'assassinat d'un rappeur antifasciste par un des membres d'Aube Dorée, ce mouvement néo-nazi qui bénéficiait jusqu'alors d'une quasi impunité lorsqu'il s'attaquait aux immigrants, le gouvernement se décide enfin à agir : plusieurs dirigeants, dont son leader et d'autres députés, sont interpellés et le parti est accusé d'être une « organisation criminelle ». La levée de l'immunité parlementaire de 6 des 18 députés a été votée en octobre 2013. Cela n'a pas empêché Aube Dorée de poursuivre sa progression en 2014 (9,44 % des suffrages aux Européennes, 16,12 % aux municipales à Athènes).

Fin 2014, la majorité gouvernementale restait fragile et l'opposition réclamait des élections anticipées, qui pourraient se tenir début 2015. Syriza est en effet arrivé en tête aux Européennes de mai 2014, même si les résultats – 26,41 % des suffrages contre 22,72 % au parti du Premier ministre – ont été inférieurs à ce qui était espéré par ses partisans. Son succès aux élections locales, couplées aux Européennes, a été plus relatif, l'Attique étant la seule région du pays à lui revenir, la mairie d'Athènes lui échappant de très peu.

Une scène cocasse (ou tragi-comique ?) a eu lieu le 29 août : le porte-parole d'Aube Dorée, en détention provisoire, a été extrait de sa cellule pour venir prêter serment en tant que conseiller municipal d'Athènes, avant d'y être reconduit. Le procès des élus d'Aube Dorée pour appartenance à une « organisation criminelle » devait se tenir pendant l'hiver 2014-2015.

Principales dates historiques

Avant Jésus-Christ

- ***2200-1450 :*** civilisation minoenne (Crète).
- ***1700-1100 :*** période mycénienne.
- ***Début XIe s :*** arrivée des Doriens.
- ***XIe-VIIIe s :*** colonisation des Cyclades et de l'Asie Mineure. Développement des cités-États (Athènes, Sparte, Corinthe...).
- ***VIIIe-VIe s :*** colonisation du pourtour de la Méditerranée et de la mer Noire. En 776, les Jeux olympiques sont institués.
- ***490-479 :*** les guerres médiques. Les Perses envahissent la Grèce mais sont vaincus à Marathon (490), Salamine (480) et Platées (479).
- ***495-429 :*** « siècle de Périclès ». C'est l'époque de Phidias (l'Acropole), d'Hérodote et de Sophocle. Apogée économique d'Athènes.
- ***431-404 :*** guerre du Péloponnèse (victoire de Sparte sur Athènes).
- ***338 :*** Philippe II de Macédoine bat, à Chéronée, Athéniens et Thébains. La Grèce passe sous domination macédonienne.
- ***336-323 :*** Alexandre le Grand conquiert l'Orient. Il meurt à 33 ans.
- ***IIIe-Ier s :*** conquête romaine (annexion de la Macédoine et de la Grèce continentale en 146, prise et sac d'Athènes en 86).

Après Jésus-Christ

- ***395 :*** la Grèce est rattachée à l'Empire byzantin ; elle subira de nombreuses agressions : Huns, Slaves, Bulgares, Normands et croisés.
- ***1204 :*** prise de Constantinople par les croisés. Les Francs se partagent la Grèce.
- ***1453 :*** Constantinople tombe aux mains des Turcs, qui vont déferler sur la Grèce. Vénitiens et Génois résistent et défendent leurs possessions dans le Péloponnèse et dans les îles.
- ***XVe-XVIIIe s :*** la Grèce passe sous domination turque.
- ***XVIIIe-début XIXe s :*** renaissance de la conscience nationale, lorsque les Turcs achèvent la conquête de la Grèce avec la prise du Péloponnèse (1715).
- ***25 mars 1821 :*** début de la « révolution ». Soulèvement contre les Turcs.
- ***1821-1830 :*** lutte pour l'indépendance. Fort sentiment philhellène en Europe.
- ***1830 :*** la Grèce (c'est-à-dire le Péloponnèse, l'Attique, la Béotie et c'est tout !) est indépendante. Elle devient une monarchie avec pour roi Othon de Bavière (1833).
- ***1862 :*** révoltes contre Othon. Monarchie démocratique. Le prince Georges de Danemark devient roi de Grèce sous le nom de Georges Ier (encore un parachuté !). Rattachement des îles Ioniennes.
- ***1881 :*** la Thessalie et une petite partie de l'Épire rejoignent l'État grec.
- ***1912-1913 :*** guerres balkaniques. Les Turcs sont délestés de la Macédoine et du reste de l'Épire. La Crète, autonome depuis 1898, est rattachée à la Grèce.
- ***1922 :*** guerre gréco-turque. C'est la « catastrophe de l'Asie Mineure ». La Grèce perd Smyrne et la Thrace orientale. 1,5 million de Grecs de Turquie, chassés de chez eux, émigrent en Grèce.
- ***1924 :*** la république est proclamée, Georges II part en exil. En fait, ce sera une succession de coups d'État militaires (à l'exception du gouvernement Vénizélos : 1928-1932).
- ***1935 :*** rétablissement de la monarchie à la suite d'un plébiscite arrangé. Georges II rentre en Grèce.
- ***1936 :*** coup d'État de Métaxas, qui instaure une dictature.
- ***28 octobre 1940 :*** agression italienne. Les Italiens sont assez vite

renvoyés d'où ils viennent (guerre d'Albanie, motif de fierté nationale, l'armée grecque, très inférieure en nombre, prenant le dessus sur les soldats de Mussolini), mais l'offensive allemande qui suit contraint les Grecs à capituler (avril 1941). De nombreux juifs, notamment ceux de Thessalonique, sont déportés dans les camps d'extermination en 1943. Occupation du pays jusqu'en octobre 1944.

– ***1946-1949 :*** guerre civile entre les forces de gauche (issues de la résistance communiste) et les forces royalistes gouvernementales soutenues par les Britanniques (à Yalta, la Grèce a été « donnée » à Churchill). Les « rebelles » sont écrasés et les survivants doivent s'enfuir dans les pays de l'Est.

– ***1955-1963 :*** gouvernements Karamanlis (droite).

– ***1963-1965 :*** victoire électorale de l'Union du centre. Gouvernement Papandréou (Georges, le père d'Andréas). Pendant la campagne électorale, en mai 1963, mort de Grigorios Lambrakis à la fin d'un meeting (événement qui est à la base du film *Z*, de Costa-Gavras).

– ***21 avril 1967 :*** coup d'État militaire et dictature sous l'autorité de Papadopoulos (puis de Pattakos). C'est le gouvernement dit « des colonels », soutenus par la CIA, avec pratique avérée de la torture, déportations, etc.

– ***1969 :*** le Conseil de l'Europe condamne le régime.

– ***1972-1973 :*** nombreuses manifestations durement réprimées, dont, en novembre 1973, l'occupation de l'École polytechnique par les étudiants.

– ***1974 :*** chute des colonels, à la suite de la crise de Chypre. Karamanlis est rappelé d'exil. La république est restaurée.

– ***1981 :*** admission dans la Communauté économique européenne (CEE), victoire du parti socialiste et de son leader, Andréas Papandréou.

– ***1988 :*** le plan d'austérité mis en place par le gouvernement Papandréou, dont l'objectif est de ramener, avant la fin 1988, l'inflation à moins de 10 %, provoque une vague de grèves dans tous les secteurs de l'économie. Visite historique du Premier ministre turc à Athènes.

– ***1989 et 1990 :*** élections ; la droite, menée par Constantinos Mitsotakis, l'emporte chaque fois, mais toujours sans la majorité absolue. La gauche est empêtrée dans un scandale politico-financier (affaire Koskotas).

– ***1993 :*** aux élections législatives, victoire du PASOK, la gauche revient au pouvoir. Andréas Papandréou est de nouveau Premier ministre.

– ***1996 :*** fin janvier, démission d'Andréas Papandréou. Le nouveau Premier ministre, également issu du PASOK mais d'un courant opposé tant sur le fond que sur la forme à Papandréou, est Kostas Simitis. Il conduit une politique résolument pro-européenne afin de rattraper le retard économique du pays.

– ***Juin 1996 :*** mort à 77 ans d'Andréas Papandréou, leader charismatique du socialisme grec.

– ***Septembre 1996 :*** victoire du PASOK aux législatives anticipées.

– ***Août-septembre 1999 :*** réchauffement des relations gréco-turques à la suite de l'aide apportée par la Grèce après le tremblement de terre à Izmit.

– ***Avril 2000 :*** courte victoire du PASOK aux élections législatives anticipées.

– ***Juillet-août 2002 :*** démantèlement du groupe terroriste *17-Novembre,* actif depuis 1975.

– ***Printemps 2004 :*** élections législatives, victoire de la Nouvelle Démocratie, Kostas Karamanlis est Premier ministre.

– ***Août 2004 :*** Jeux olympiques d'Athènes.

– ***Été 2007 :*** trois vagues d'incendies, la plus meurtrière étant la troisième, fin août, ravagent le pays.

– ***Décembre 2008 :*** violentes émeutes à Athènes suite à la mort d'un adolescent, abattu par les forces de police.

– ***Octobre 2009 :*** élections législatives anticipées, victoire du PASOK. Georgios Papandréou nommé Premier ministre.

– ***2010-2012 :*** une crise économique sans précédent rend nécessaire l'intervention de l'Union européenne et du FMI. Le pays s'enfonce dans la récession.

– ***2013 :*** le gouvernement s'attaque au parti d'extrême-droite, *Aube Dorée,* accusé d'être une organisation criminelle.
– ***2014 :*** le gouvernement grec annonce que la fin du tunnel est proche...

UNE JOURNÉE À LA GRECQUE

Le rythme de la journée d'un Grec est celui de tout bon Méditerranéen qui se respecte. Ça commence très tôt, à la fraîche, vers 7h, avec une longue matinée qui se termine par le *messiméri* (midi), notion assez vague (13h-15h) qui sert à prendre un repas assez léger ; puis c'est la sieste (facilement jusqu'à 17h-17h30 ; silence dans les rangs !), qui précède l'après-midi *(apoghevma),* période où l'activité reprend (en gros jusqu'à 20h). Le « petit soir » *(vradaki)* est consacré à la *volta,* la promenade sur le port ou sur la place ; c'est l'heure des civilités, et surtout pas l'heure de manger. Ensuite, la soirée peut commencer, le repas ne débutant pas avant 22h le plus souvent. C'est pratique, car dans les lieux touristiques, c'est souvent à cette heure que les vacanciers non grecs quittent les restos...

KARAGHIOZIS

Si vous tombez, par chance, sur un spectacle de théâtre d'ombres, appelé *Karaghiozis* (« Yeux noirs ») du nom de son (anti-)héros, ne rebroussez pas chemin, même si l'obstacle de la langue est un problème. Ce spectacle populaire est né en Chine, dit-on, et a traversé toute l'Asie jusqu'en Turquie, où les Grecs se le sont approprié (la première mention de ce spectacle en Grèce remonte à 1841, à Nauplie), d'où un certain émoi lorsque la Turquie a demandé, en juillet 2010, que Karaghiozis soit classé au Patrimoine mondial immatériel de l'humanité, pour la Turquie. Les figurines articulées (en peau de veau transparent) sont animées par un « montreur d'ombres » qui les fait bouger devant un écran blanc éclairé (les spectacles sont le plus souvent nocturnes).
Karaghiozis est un Grec toujours affamé, vivant misérablement dans sa cahute, avec une ribambelle de gamins turbulents, alors que le pacha (turc évidemment) a un sérail luxueux. Heureusement, Karaghiozis est ingénieux... D'autres personnages gravitent autour de lui : Barba Yorghos, un solide montagnard, Nionios, un lettré caricaturé pour sa préciosité, Morfionos le bellâtre, et même Alexandre le Grand... Un univers bien masculin.
Même si ce spectacle fait profondément partie de la culture grecque et réjouit les adultes tout autant que les enfants, les autorités culturelles ne font rien pour le sauver. Peu de jeunes sont formés, les anciens disparaissent. Un beau film, *Le Montreur d'ombres,* de Xanthopoulos (1996), a d'ailleurs raconté la lutte, forcément inégale, entre un *karaghiozopaikhtis* (joueur de Karaghiozis) et le cinéma qui l'a définitivement supplanté dans les années 1960-1970. Il existe encore quelques professionnels ambulants ainsi que quelques lieux athéniens, sans parler du musée qui est consacré à cet art à Maroussi (voir « Dans les environs d'Athènes. Les musées »). En principe, un festival Karaghiozis a lieu tous les ans en juin à Athènes, dans le parc de Stréfi. Une jeune maison d'édition suisse a publié en 2005 une traduction de *Farces et facéties de Karaghiozis* (éd. Zoé, coll. « Les Classiques du Monde »).

MÉDIAS

Votre TV en français : TV5MONDE partout avec vous

TV5MONDE est reçue partout dans le monde par câble, satellite et sur IPTV. Dépaysement assuré aux pays de la francophonie avec du cinéma, du divertissement, du sport, des informations internationales et du documentaire.

En voyage ou au retour, restez connecté ! Le site internet • *tv5monde.com* • et son application iPhone, sa déclinaison mobile *(• m.tv5monde.com •)*, offrent de nombreux services pratiques pour préparer son séjour, le vivre intensément et le prolonger à travers des blogs et des visites multimédia.
Demandez à votre hôtel le canal de diffusion de TV5MONDE et n'hésitez pas à faire part de vos remarques sur le site • *tv5monde.com/contact* •

Presse

La presse écrite grecque se fait facilement remarquer : les kiosquiers ont l'habitude de suspendre les journaux à un fil à linge, et chacun peut venir lire les gros titres de la une. Les quotidiens nationaux sont bien plus nombreux qu'en France, ce qui ne signifie pas qu'ils soient forcément beaucoup lus. Ils couvrent tout l'échiquier politique. *Ethnos* et *Elefthérotypia* sont des quotidiens de gauche, alors que *Kathimérini* (qui contient un supplément en anglais) représente les positions conservatrices. *To Vima* tient, grosso modo, la place du *Monde* en France. La plupart des journaux grecs accordent l'essentiel de leur attention à la politique intérieure, affichant le plus souvent des opinions très partisanes, qui s'expriment par des titres incendiaires. L'actualité internationale n'y occupe qu'une très petite place. Les quotidiens paraissent même le dimanche, avec un numéro spécial aux suppléments particulièrement épais.

Télévision

Le paysage audiovisuel grec n'a pas grand-chose d'original : depuis novembre 1989, les chaînes privées ont le droit d'émettre et ce n'est pas une grande surprise si ces chaînes sont celles qui font le plus d'audience, les quatre principales étant *Méga, Antenna, Star* et *Alpha*. Même si, en quelques années, les trois chaînes publiques de l'ERT ont perdu d'importantes parts de marché, la décision du gouvernement, en juin 2013, de supprimer, par décret, l'ensemble du groupe de télé et radiodiffusion a été un choc. Une nouvelle entité, parapublique, a pris la suite de l'ERT, mais avec des effectifs allégés.
Beaucoup de séries étrangères (qui livrent une rude concurrence aux séries grecques) et des films le plus souvent sous-titrés (une chance si vous allumez la télévision et qu'on y diffuse un film français, car c'est beaucoup plus rare qu'en anglais). Quant aux chaînes privées régionales ou thématiques, on en compte près de 110.
Si vous voulez vous informer sur ce qu'il se passe dans le pays et ailleurs, sachez que les informations du soir sont diffusées assez tôt, pour la Grèce du moins (20h), et durent longtemps (1h), bien souvent pour pas grand-chose. On délaie beaucoup...

Radio

Si vous voulez écouter des infos en français, rendez-vous sur *Radio internationale* (104.4 FM) de 17h à 17h40 (au total, des programmes en 12 langues).

MUSIQUE, DANSE

En raison peut-être de leur expérience touristique, les principales villes grecques, et tout particulièrement Athènes, disposent d'une infrastructure importante et très complète pour ce qui est de la vie nocturne.
– Les *discothèques* connaissent les ambiances les plus cool qui soient. Les orchestres de danse traditionnelle font vivre intensément les tavernes jusqu'à l'aube, et les fêtes et festivals en tout genre prolifèrent. Dans les discothèques, les consommations sont servies à des tarifs un rien moins élevés que chez nous. Ne vous étonnez pas

que, parfois, on interdise l'entrée des boîtes de nuit aux garçons « non accompagnés » : c'est la règle. Elle a été instaurée afin d'éviter un déséquilibre trop flagrant entre le nombre de filles et de garçons, à la suite de l'intérêt un peu trop vif montré par les *teenagers* grecs envers les midinettes suédoises ou françaises en goguette.
- Certaines *tavernes*, qu'on appelle *bouzoukia*, sont des lieux où l'on danse, chante, boit, et casse des assiettes (« coutume » grecque qui, malheureusement, coûte de plus en plus cher ; ah ! tout fout le camp...). Mais dites-vous bien que la plupart n'ont plus grand-chose d'authentique. Souvent, on vous imposera de commander une assiette de fruits (trois quartiers d'orange et une demi-banane) pour avoir droit à quelques gouttes d'ouzo dans un dé à coudre. L'idéal est, bien sûr, de vous faire accompagner par un ami grec qui vous mènera dans les vieilles tavernes fréquentées par les Grecs.
Quant à la musique enregistrée, elle ne se limite pas aux CD ou cassettes que l'on voit dans Plaka et dont la pochette est en anglais (« Greece is... » : à fuir !). Entrez plutôt chez un vrai disquaire à la recherche de disques de musique populaire.
- Le *rébétiko* est le blues grec (voir plus bas). Ces chansons de mauvais garçons des faubourgs, à la voix rauque, sont devenues à la mode dans les années 1950-1960. Théodorakis et Hadjidakis sont ainsi devenus des classiques populaires. Pour le premier, préférez les disques de sa grande période militante, années 1960-1970, chantés par Pétros Pandis et Maria Farandouri, ou l'oratorio *Axion Esti* sur des poèmes d'Odysséas Elytis.
- La plus belle voix masculine aujourd'hui est sans aucun doute celle de Yorghos Dalaras, dont le répertoire va de la chanson sucrée (à la Iglésias) à la chanson d'auteur. Chez les chanteuses, Haris Alexiou, Alkistis Protopsalti, Elefteria Arvanitaki, Dimitra Galani, Rita Sakellariou, Glykéria, sans oublier « notre » Angélique Ionatos, installée en France. Quelques autres noms chez les hommes : Dionysios Savvopoulos, grand chanteur satirique (un peu institutionnalisé maintenant : il a été le directeur musical des J.O. de 2004) ; Vassilis Papakonstantinou, rockeur grec toujours vert...

Le *rébétiko*

L'historique

Né en Asie Mineure, le *rébétiko* est arrivé en Grèce avec les réfugiés de Smyrne, après 1922, même s'il en existait déjà aussi au Pirée. D'origine très populaire, il a parfois été chanté clandestinement.
Dans sa forme originelle, c'est typiquement une musique pour raconter de courtes histoires et exprimer des sentiments. Les premières chansons étaient souvent une manière satirique de relater les histoires tristes tirées de la vie des chanteurs, d'où l'appellation de « blues grec ». De nombreuses chansons font référence à la drogue et à l'univers carcéral.
Le *rébétiko* populaire est assez différent de celui issu de Smyrne, qui prévalait au début des années 1900. Il introduit l'instrument et le chanteur solo, alors que celui de Smyrne était plus un travail de groupe. Le chanteur (le *rébétis*) est un homme à la voix rude, jamais douce ni lascive (à Smyrne, des femmes chantaient aussi le *rébétiko*). Le classique commence par un *taximi* (improvisation) joué par le *bouzouki* en guise de prélude.
Les années héroïques du *rébétiko* sont la période 1920-1940. Le genre évolue en se débarrassant progressivement de ses éléments les plus orientalisants. En 1936, pendant la dictature de Métaxas, certains *rébétès* sont pourchassés, et leurs chansons, jugées décadentes, interdites. Après guerre, Vassilis Tsitsanis et Markos Vamvakaris réussirent à sortir le *rébétiko* de ses stigmates sociaux et de son association avec la prison et la drogue, le popularisant et créant un genre musical grec moderne. Une conférence de Manos Hadjidakis, en 1949, aide également ce genre à sortir de son ghetto. Cette popularisation signera également sa fin...

Son déclin commença, en effet, dans les années 1960, quand il devient à la mode dans les milieux bourgeois et qu'émerge une nouvelle musique grecque, créée par des compositeurs tels que Manos Hadjidakis, Mikis Théodorakis et Stavros Xarhakos. Pourtant, tous ont incorporé le *rébétiko* dans leurs œuvres et, de ce fait, ont contribué à le faire connaître plus largement.
Pour en savoir plus, on ne peut que conseiller le site d'Éléni Cohen : ● *rebetikobiblio.blogspot.com* ● (Éléni Cohen est, par ailleurs, l'auteur de *Rébétiko, un chant grec,* paru en 2008 aux éditions Pirot Christian).

Les instruments

Le *bouzouki* appartient à la famille des luths. Il a le plus souvent huit cordes métalliques montées par paires. Des instruments de forme similaire se retrouvent dans les civilisations antiques (hellénique, égyptienne, assyrienne, chinoise et indienne). En Grèce antique existait depuis le IVe s av. J.-C. un instrument appelé *pandoura,* dont « descend » le bouzouki.
Le *baghlamas* est un petit bouzouki, pas plus grand que 35 ou 40 cm. Il était l'instrument préféré des prisonniers, qui pouvaient le cacher. Dans le *rébétiko* originel, on utilise d'autres instruments tels que le violon, l'*outi* (luth à manche court, correspondant à l'oud), le *sandouri* (instrument à cordes en forme de trapèze isocèle, instrument fétiche de Zorba le Grec !) et le *toumbeliki* (tambour).

Les danses

On en compte trois principales.
Le *zeibékiko,* considéré comme LA danse du *rébétiko.* Il est dansé par un homme seul, qui exécute des figures acrobatiques circulaires qui se compliquent au fur et à mesure.
Le *hassapikos,* dont le nom d'origine turque signifie « boucher ». Les bouchers de Constantinople étaient souvent grecs et exécutaient cette danse lors des festivités de leur corporation. Il est habituellement dansé par trois hommes, qui se tiennent par l'épaule.
Le *tsiftétéli* : dansé par une femme, il ressemble à la danse du ventre.

MYTHOLOGIE

La mythologie expliquée aux routards

La mythologie n'était pas pour les Grecs quelque chose de figé : elle expliquait le monde, à la fois ses origines (la ***cosmogonie***) et son déroulement quotidien, les dieux intervenant quasi constamment dans la vie des humains, selon les Grecs. La place des dieux a pu aussi évoluer selon l'importance du culte qu'on leur vouait, certains d'entre eux ne prenant leur essor qu'assez tardivement, d'autres étant de moins en moins célébrés.
Au commencement était ***Chaos,*** une sorte de vide, opaque, inorganisé, suivi de près par son contraire ***Gaïa,*** la Terre (et mère) universelle. Gaïa, toute seule comme une grande, donna naissance au flot marin, ***Pontos,*** et à ***Ouranos,*** le Ciel. Mais ce dernier, fils ingrat, n'arrêtait pas d'embêter sa mère : d'abord, il vivait vautré sur elle (et, étant de même dimension, ça ne laissait aucun espace de liberté pour Gaïa) ; ensuite, il la couvrait dans le second sens du terme, son unique activité étant le coït... Petit problème : les enfants qu'il n'arrêtait pas de lui faire n'avaient pas la place de voir le jour ! Gaïa inspira donc à son petit dernier, ***Cronos,*** une idée décisive... et incisive : avec une serpe fabriquée par maman, il tranche les parties génitales de papa. Sous le coup de la douleur, Ouranos « décolle » et va se fixer tout là-haut, en lançant des imprécations sur sa descendance. Le membre tranché, lui, va finir sa course dans la mer où il donnera naissance à ***Aphrodite.***

Ce coup de force donne un coup d'accélérateur : le Temps, jusqu'alors bloqué par Cronos, est mis en marche et l'histoire peut commencer.
Mais Cronos n'est pas des plus sympathique. Il a mis au pas ses frères et sœurs, Titans et Titanes, et s'il s'accouple avec Rhéa (sa sœur, au passage), ce n'est pas pour le plaisir de fonder une famille : il dévore, en effet, chacun de leurs enfants par peur d'être détrôné un jour... Rhéa parvient à en sauver un en mettant une pierre dans les langes de l'enfant, que Cronos avale consciencieusement.
Quand il se rend compte de la supercherie, le petit ***Zeus*** est bien à l'abri, en Crète. Va alors commencer la lutte, forcément titanesque, entre Zeus et Cronos. D'un côté les Olympiens, de l'autre les Titans. Grâce à des ralliements (dont Prométhée, fils de Titan, et les Cyclopes), le camp emmené par Zeus s'imposera au terme d'une longue lutte. Les forces du passé sont réduites à l'immobilité, renvoyées au fond du Tartare.
Avec le règne de Zeus et de sa petite famille, un nouveau monde, pacifié au moins pour un temps, voit le jour. Aux commandes, la première génération des Olympiens. Zeus et ses frères et sœurs : ***Poséidon,*** maître des Mers, ***Hadès,*** qui, depuis les Enfers, règne sur les morts ; ***Héra,*** sœur et épouse de Zeus, la jalousie incarnée (et elle en avait des raisons d'être jalouse !), ***Hestia,*** déesse (mineure) du Foyer, et ***Déméter,*** déesse de la Fertilité, dont ***Perséphone,*** la fille qu'elle avait eue de Zeus, son frère, a été enlevée par... tonton Hadès qui en a fait sa femme ! Vous suivez toujours ?

ATTENTION À LA CONFUSION

Les dieux grecs se nourrissaient exclusivement d'ambroisie, ce nectar sacré bien plus doux que le miel et euphorisant (on rajoutait un peu de champignons hallucinogènes quand les dieux avaient été gentils). Donc rien à voir avec cette mauvaise herbe qui envahit nos campagnes et qui provoque des allergies graves.

Pour compléter la tribu, d'autres dieux, nés d'unions illégitimes de Zeus, grand cavaleur devant l'Éternel ! ***Apollon,*** fils de Zeus et de Léto, qui naquit, selon la tradition, à Délos. Il tua le serpent Python et s'appropria l'oracle de Delphes. Bourreau des cœurs, mais aussi amateur de sang, il présidait à la fondation des villes. On cherchait à s'attirer ses bonnes grâces, sachant que ses flèches empoisonnées pouvaient aussi semer la désolation.
Artémis, sa sœur jumelle, elle aussi habile du carquois, était surtout vénérée comme déesse de la Chasse (mais pas de la Pêche ni des Traditions). Prompte à la colère, c'est elle qui demanda le sacrifice d'Iphigénie, la fille d'Agamemnon, afin d'obtenir des vents favorables pour la flotte grecque en partance vers Troie.
Athéna, fille de Zeus et de Métis (la ruse), naquit tout armée de la tête de son père. Elle était vénérée comme la déesse de la Pensée, des Arts et de l'Industrie. Son portefeuille contenait aussi la Guerre (pour la ruse) et la Sagesse, comme quoi...
Dionysos, fils de Zeus et de Sémélé, est carrément né de la cuisse de Zeus, lui ! Dieu du Vin et de l'Ivresse... Figure d'abord secondaire, il devint l'un des dieux les plus populaires. On lui rendait un culte volontiers orgiaque, les Bacchanales, qui étaient à l'origine une occasion de célébrer la nature au printemps. ***Hermès,*** fils de Zeus et de Maïa, possédait des attributions très diverses et était notamment le dieu du Commerce et des Voleurs (aucun rapport, bien entendu), de l'Éloquence, le messager des dieux, le protecteur des voyageurs, donc des routards... Un vrai représentant multicarte.
Ajoutons quelques autres figures, comme ***Arès,*** dieu de la Guerre, fils légitime, et ***Héphaïstos,*** le dieu boiteux, maître du feu, marié à Aphrodite qui le trompa avec Arès, justement !
Leur interaction avec les humains a donné naissance à de grands cycles, dont celui d'***Héraclès,*** celui de la guerre de Troie, celui de ***Thésée*** et celui d'***Œdipe,*** pour ne citer que les plus connus. Les récits mythologiques, au-delà de leur

apparent simplisme, sont d'une grande complexité et une source inépuisable de réflexion.

– Pour en savoir plus, on ne peut que conseiller de lire le livre de Jean-Pierre Vernant, ***L'Univers, les dieux, les hommes*** (Le Seuil, 1999, coll. « Points »), qui décrypte les significations cachées des mythes des origines, ou encore celui de Jacques Lacarrière, ***Au cœur des mythologies, en suivant les dieux*** (Gallimard, coll. « Folio », 2002).

PANIQUE À BORD !

Dans l'Antiquité, Pan était la divinité qui ressemblait à un bouc. Sa violence et son agressivité étaient légendaires, notamment quand il tombait amoureux de nymphes ou de jeunes bergers. La terreur qui en résultait est à l'origine du mot « panique ».

Pourquoi la mythologie grecque a-t-elle fait un tel tabac ?

Des mots issus des grands mythes grecs (labyrinthe, cyclope, titan, méduse, aphrodisiaque, herculéen) sont passés dans notre vocabulaire courant, de même que des expressions comme « le fil d'Ariane » et jusqu'à des marques commerciales comme Ajax... La mythologie grecque est connue du monde entier. À priori, rien d'étonnant, vu l'importance de la colonisation grecque. Les Grecs sont allés partout (jusqu'en Inde grâce à Alexandre le Grand), imposant à la fois leur puissance et... leurs dieux.

Il faut d'abord souligner le caractère merveilleux des dieux grecs... Ce sont des héros doués de pouvoirs extraordinaires. Ils font rêver. Hermès est capable de voler grâce à ses sandales ailées. Aphrodite avec son superbe corps n'a rien à envier aux divas de Hollywood. Zeus commande au tonnerre. La mer obéit à Poséidon.

Et pourtant, tous ces dieux sont particulièrement humains. Comme nous, ils sont capables de mensonges, de cruauté ou de tromperie. Ils s'affrontent puis se réconcilient. Tout ce beau monde est, comme celui d'ici-bas, agité par la passion et les intérêts. Leurs faiblesses et leurs défauts les rendent attachants et proches des hommes. Le peuple grec pouvait s'y reconnaître. À y regarder de près, ces dieux avaient un côté libertaire, donc subversif. Ils ne pensaient qu'aux choses de l'amour. Bref, ils ne connaissaient pas la morale, au sens judéo-chrétien (normal, elle n'avait pas encore été inventée !). Ils étaient complexes, multiples, paradoxaux.

De plus, ces dieux, pour les Grecs, intervenaient dans le monde profane : on essayait d'influer sur eux par une prière (une demande précise), un sacrifice ou en consultant un oracle. Pendant quelques siècles, ces cultes païens rendus aux dieux grecs ont tant bien que mal cohabité avec la religion chrétienne. Mais la concurrence était trop dure pour « la » religion. Les dieux étaient trop proches des hommes. Pour avoir une bonne récolte, du soleil ou de la pluie, il suffisait de le demander au dieu concerné. Pour cela, on donnait au dieu ce dont il avait envie : un animal en sacrifice. Il fallait donc interdire tous ces dieux pour le Dieu unique. C'est ce que fit un édit de l'empereur Justinien Ier, au VIe s. L'empire était devenu chrétien. Pourtant, lorsque quelqu'un est mourant, les Grecs disent toujours couramment : *charopalévi* (littéralement, « il lutte contre Charon », le passeur qui faisait traverser aux esprits le fleuve des morts). Une eau minérale se nomme *Ivi,* transcription d'Hébé, déesse de la Jeunesse. Et l'on pourrait multiplier les exemples...

PERSONNAGES

– ***Théo Angelopoulos*** *(1935-2012)* **:** le plus représentatif des réalisateurs du nouveau cinéma grec. Il cherche dans la mémoire collective de son peuple un message politique et social. On lui doit, entre autres, *Paysage dans le brouillard* (1988), l'admirable voyage initiatique et poétique de deux enfants, et *Le Pas suspendu de la cigogne* (1991), avec Jeanne Moreau et Marcello Mastroianni. *Le Regard d'Ulysse* (1995) retrace le voyage de Harvey Keitel jusqu'à Sarajevo, à la recherche d'un film mythique du début du XXe s. La Palme d'or du festival de Cannes lui a été décernée en mai 1998 pour *L'Éternité et un jour.* Il est mort pendant un tournage, renversé par une moto.

– ***Aristote*** *(384-322 av. J.-C.)* **:** né à Stagire (Grèce du Nord), près du mont Athos, disciple de Platon (mais lui, pas le moins du monde idéaliste) et précepteur d'Alexandre le Grand, il est considéré comme le père de la logique. C'est l'encyclopédiste de l'Antiquité, avec à son actif la bagatelle de 150 ouvrages (6 000 pages !) couvrant tous les domaines de connaissance de son époque. Son œuvre, même si une partie a été perdue, a eu une influence importante, jusqu'au Moyen Âge notamment. Il fonda à Athènes une école appelée... *Lycée !*

– ***Michael Cacoyannis*** *(1922-2011)* **:** le cinéaste de la Grèce par excellence. Il permit à Mélina Mercouri de faire ses débuts à l'écran dans un rôle de femme libre avec *Stella* (1955). Mais on se souvient surtout d'Anthony Quinn, Irène Papas et Alan Bates dans *Zorba le Grec* (1964), transportés par la musique de Théodorakis.

– ***Maria Callas*** *(1923-1977)* **:** « Elle est comme l'Acropole, encore plus belle depuis qu'elle est en ruine. » En effet, grâce à une voix incomparable (et un régime qui aurait fait rougir de jalousie Demis Roussos), le vilain petit canard qui pesait 110 kg à 25 ans s'est un jour métamorphosé en une exceptionnelle diva. Généreuse et enflammée, Maria Callas a immortalisé les rôles de *Norma* et de *Tosca* et révolutionné l'art lyrique. Sa vie même eut un parfum de scandale quand elle quitta son Pygmalion et mari, Carlo Meneghini, pour le ténébreux (et sulfureux) Onassis. Évincée par la belle Jackie, la voix prématurément brisée, elle mourut à Paris en véritable héroïne tragique et devint un réel mythe. *« Like a candle in the wind... »*

– ***Costa-Gavras*** *(né en 1933)* **:** cinéaste d'origine grecque, naturalisé français. Assistant de René Clair et de Jacques Demy, il connaît un véritable triomphe avec *Z* (1969), qui dénonce la dictature militaire au pouvoir à l'époque. Un cinéma engagé également à l'image de son acteur, Yves Montand, qu'il dirigea aussi dans *L'Aveu* (1970), pour dénoncer les purges du régime communiste en Tchécoslovaquie. Avec *Missing* (1982), violente critique de la politique américaine en Amérique latine, il remporte la Palme d'or et fait scandale outre-Atlantique. En 2002, *Amen,* avec Mathieu Kassovitz, s'attaque au silence du Vatican face à la Shoah. En 2005, *Le Couperet,* avec José Garcia, interroge la concurrence entre les travailleurs. En 2009, *Éden à l'ouest* dénonce la condition des sans-papiers... Présente sur tous les fronts, son œuvre est le fidèle reflet de son combat politique, excepté quelques films, comme *Conseil de famille* (1986).

– ***Odysséas Elytis*** *(1911-1996)* **:** prix Nobel de littérature 1979. Né en Crète dans une famille originaire de Mytilène (Lesbos), il a introduit le surréalisme dans la littérature grecque. Ami d'Éluard, de Picasso, très influencé par la France où il a séjourné de 1948 à 1951 et de 1969 à 1971. Son œuvre majeure est *To Axion Esti* (1959), un recueil de poèmes conçu comme un tout, nourri de son expérience personnelle et de la culture hellénique millénaire, et popularisé par Théodorakis qui l'a mis en musique. Il en existe une traduction en français, parue chez Gallimard.

– ***Épicure*** *(341-270 av. J.-C.)* **:** il enseignait que chaque homme avait droit au bonheur ; mais associer la pensée d'Épicure à la satisfaction effrénée des plaisirs serait une erreur. Pour lui, le bonheur réside dans la maîtrise des désirs qui culmine dans l'absence de trouble et de passion (ataraxie). Pour lui le plus grand plaisir est... l'absence de douleur ! Jefferson a eu l'idée de citer ce grand homme dans la déclaration d'Indépendance des États-Unis.

– ***Nikos Kazantzakis*** *(1885-1957)* **:** celui qui se disait « d'abord Crétois et ensuite Grec » est né dans une Crète qui faisait encore partie de l'Empire ottoman et a connu, tout enfant, les insurrections crétoises (infructueuses) de 1889 et de 1897-1899. Après avoir commencé ses études à Naxos, dans un établissement religieux tenu par des pères français, il fait son droit à Athènes et part ensuite à l'étranger, en Allemagne et à Paris. Cet intellectuel de grande envergure a connu, pendant toute son existence, un déchirement entre le corps et l'esprit (chez les Grecs, on parle de dualité entre l'esprit dionysiaque et l'esprit apollinien, bien sûr). Il a cru dans l'action, en s'enthousiasmant pour la révolution russe (il visitera d'ailleurs l'URSS avec son copain roumain, Panaït Istrati, grand routard devant l'Éternel, et en reviendra déçu), en se laissant également tenter par une éphémère carrière politique après la Seconde Guerre mondiale, et ce n'est qu'une fois revenu de pas mal d'illusions, installé à Antibes, qu'il se lancera dans l'écriture romanesque, à 70 ans passés. Une demi-douzaine de romans vont le rendre célèbre (*Alexis Zorba,* bien entendu, *Les Frères ennemis, Le Christ recrucifié, La Liberté ou la Mort,* mais aussi *La Dernière Tentation,* que Scorsese adaptera au cinéma bien plus tard). Sa dernière œuvre sera une sorte d'autobiographie spirituelle, la *Lettre au Greco,* qui constitue un beau témoignage sur la vie intellectuelle d'un des grands esprits du XXe s.

– ***Mélina Mercouri*** *(1920-1994)* **:** une des figures majeures de la culture et de la démocratie grecques contemporaines. Issue d'une famille de politiciens, elle poursuit d'abord des études d'art dramatique et devient une actrice reconnue. Dirigée par son mari, Jules Dassin, elle réussit brillamment son passage au grand écran en recevant le Prix d'interprétation à Cannes pour son rôle dans *Jamais le dimanche* (1960). Parallèlement à sa carrière artistique, elle milite activement au sein de la gauche et subit de nombreuses pressions en s'opposant à la dictature qui s'installe en 1967. Elle raconte sa carrière artistique et son combat politique dans un livre à recommander : *Je suis née grecque* (malheureusement épuisé). En 1979, elle reçoit la médaille de la Paix aux côtés de Papandréou et devient ministre de la Culture après la victoire électorale du PASOK. Elle le restera jusqu'à sa mort, créant le titre de Capitale culturelle de l'Europe (Athènes sera la pionnière en 1985) et ravivant la campagne pour le retour des marbres du Parthénon, exposés au British Museum à Londres. À Athènes, allez voir le *Café Mélina,* un lieu surprenant, entièrement dédié à sa mémoire (voir « Où boire un verre ?»).

– ***Nana Mouskouri*** *(née en 1937)* **:** plus facile de se remémorer ses lunettes carrées que l'air de ses vieux tubes. Pourtant, avec son look d'intello pas très glamour, Nana est l'une des rares chanteuses grecques à connaître une carrière internationale... et à oser chanter en japonais. À son palmarès, un mandat de député européen et la reprise du combat de Mélina Mercouri pour la restitution des marbres du Parthénon. Elle a fait ses adieux à la scène en juillet 2008.

– ***Aristotelis Onassis*** *(1906-1975)* **:** le chouchou de la presse people des années 1960 et 1970. Cet armateur milliardaire, originaire de Smyrne (Izmir en Turquie), a fondé la compagnie aérienne *Olympic Airways* (nationalisée par la suite), mais a connu la notoriété par ses conquêtes féminines. Marié à une fille d'armateur, il connaît une liaison tumultueuse avec Maria Callas, qu'il abandonne cavalièrement pour épouser Jacqueline, la jeune et jolie veuve de J.-F.K. Son yacht était aussi célèbre que sa résidence d'été, l'île privée de Skorpios près de Leucade.

LA FORTUNE D'ONASSIS

Comme beaucoup de Grecs de Smyrne, Onassis fut chassé par les Turcs en 1922, et très vite il émigra en Argentine. Là, il se lança dans une manufacture de tabac. Il fut repéré par Carlos Gardel, l'inventeur du tango, qui appréciait particulièrement le tabac turc qu'Onassis faisait venir. Au bout de 5 années en Amérique du Sud, il gagnait 1 million de dollars par an...

– ***Andréas G. Papandréou*** *(1919-1996)* **:** Premier ministre de 1981 à 1989 et de 1993 à 1996, élu vice-président de l'Internationale socialiste en 1992. Il a connu un parcours politique original : citoyen américain (il a enseigné l'économie dans une université américaine), il entre en politique quand son père devient... Premier ministre au milieu des années 1960. Exilé aux États-Unis dès le coup d'État des colonels en 1967, il lutte activement pour la restauration de la démocratie en Grèce. Après la chute de la dictature, il crée le PASOK (mouvement panhellénique socialiste), qui s'affirme comme l'un des principaux partis d'opposition. Il devient Premier ministre en 1981, après un confortable succès électoral. Fervent défenseur d'une politique tiers-mondiste, il donne à la Grèce une place singulière dans la Communauté européenne. Militant du désarmement nucléaire, il a œuvré pour la paix et la coopération internationales. Populiste et nationaliste, et à ce titre héraut de l'hellénisme moderne, il a vu sa position s'affaiblir à la suite de scandales politico-financiers (affaire Koskotas qui l'a mené devant une cour spéciale qui n'a rien pu prouver contre lui, mais la suspicion s'est installée). Il a aussi défrayé la chronique en raison d'une vie sentimentale agitée (remariage, à 70 ans, avec une jeune ex-hôtesse de l'air dont la presse montrait régulièrement des photos dénudées). Son fils, Georges, est devenu Premier ministre en octobre 2009 et a démissionné en novembre 2011.

– ***Platon*** *(429-347 av. J.-C.)* **:** élève de Socrate, il consacra une partie de son œuvre à transcrire pour la postérité ses conversations avec son maître, qui, lui, ne laissa rien. Obnubilé par la perfection que seule l'intelligence, selon lui, peut faire entrevoir, Platon décrivit sa conception de l'État idéal dans le plus connu de ses écrits : *La République*.

– ***Georges Séféris*** *(1900-1971)* **:** prix Nobel de littérature 1963. Diplomate de carrière, né à Smyrne (Izmir en Turquie) et resté attaché à son Asie Mineure, « perdue » après 1922. Ses poèmes, d'une grande richesse, mêlent l'héritage culturel de la Grèce et les préoccupations contemporaines, liées à l'évolution de son pays dont il était un acteur en tant que consul puis ambassadeur. Ses obsèques ont été l'occasion de défiler silencieusement contre la junte des colonels. Une grande partie de son œuvre a été traduite par Jacques Lacarrière.

– ***Socrate*** *(469-399 av. J.-C.)* **:** un sacré numéro. Fils de sage-femme, il inventa la maïeutique, l'art d'accoucher les esprits en pratiquant un questionnement serré de son interlocuteur, ainsi que la dialectique. Il n'a pas écrit une ligne (c'est Platon qui s'est chargé de le faire passer à la postérité), mais son influence a été énorme. Il s'attaquait aux préjugés, sapait les certitudes toutes faites, du moins est-ce ce qui lui a été reproché. Pas étonnant que, dans une Athènes en crise, on l'ait accusé d'être impie et de corrompre la jeunesse. Il fut condamné à mort et dut boire la ciguë.

« SOCRATE EST ACQUITTÉ, IL PEUT RENTRER CHEZ LUI »

C'est par ces mots que la présidente du tribunal chargé de rejuger Socrate en appel a clos les débats 2 500 ans après sa condamnation pour impiété. C'était à Athènes en... mai 2012. Et pourtant, 5 des 10 juges professionnels avaient confirmé la peine prononcée en 399 av. J.-C. ! Aujourd'hui, Socrate s'en serait donc sorti, de justesse... Parallèlement, un jury populaire a, lui, acquitté le philosophe à une large majorité. Ouf !

– ***Mikis Théodorakis*** *(né en 1925)* **:** un autre grand artiste engagé. Il entre dans la résistance à 17 ans ; il est plus tard poursuivi pour son engagement à gauche (il sera déporté sur l'île de Makronissos). Il s'installe ensuite à Paris et s'inscrit au Conservatoire national de musique, où il acquiert rapidement une réputation mondiale. À nouveau arrêté et déporté après le coup d'État des colonels, il est libéré en avril 1970 et devient le symbole vivant de la résistance à la dictature. Mais son retour triomphal en Grèce en 1974 sera de courte durée, puisqu'il s'oppose cette fois-ci à la gauche en prônant un retour en douceur à la démocratie. Élu au Parlement grec, il va s'éloigner progressivement du parti communiste et de la gauche pour finir par siéger sur les bancs de la droite, au sein de la Nouvelle Démocratie ! Il abandonne alors son mandat pour se consacrer à la musique. Aujourd'hui, il semble avoir retrouvé sa famille politique. Parallèlement à ses œuvres classiques, il écrit pour le cinéma, notamment pour *Zorba le Grec* (1964) et *Z* (1969), et contribue au renouveau de la musique populaire grecque.

PLONGÉE SOUS-MARINE

Jetez-vous à l'eau...

Pourquoi ne pas profiter de ces régions où la mer est souvent calme, chaude, accueillante, et les fonds riches, pour vous initier à la plongée sous-marine ? Faites le saut, plongez ! La plongée est plus un loisir grand public qu'un sport, et c'est une activité fantastique. Entrez dans un autre élément, où vous pouvez voler au-dessus d'un nid de poissons-clowns, dialoguer longuement avec des mérous curieux et attentifs, jouer sur un nuage inquiet d'anthias vaporisés sur une « patate » de corail, planer et rêver sur une épave, vous balancer avec les gorgones en éventail, découvrir un poisson-picasso... Les poissons sont les animaux les plus chatoyants de notre planète ! Certes, un type de corail brûle, quelques poissons piquent, on parle (trop) des requins... Mais la crainte des non-plongeurs est disproportionnée par rapport aux dangers de ce milieu. Des règles de sécurité, que l'on vous expliquera au fur et à mesure, sont bien sûr à respecter, comme pour tout sport ou loisir.

Si, c'est facile !

Pour réussir vos premières bulles, pas besoin d'être sportif, ni bon nageur. Il suffit d'avoir plus de 6 ans et d'être en bonne santé. Sauf pour un baptême, un certificat médical vous sera demandé, et c'est dans votre intérêt. Les enfants peuvent être initiés à tout âge à condition d'avoir un encadrement qualifié dans un environnement adapté (eau chaude, sans courant, matériel adapté). Non, la plongée ne fait pas mal aux oreilles, il suffit de souffler en se bouchant le nez. Non, il ne faut pas forcer pour inspirer dans cet étrange « détendeur » qu'on met dans la bouche, au contraire. Et le fait d'avoir une expiration active est décontractant, puisque c'est la base de toute relaxation. Être dans l'eau modifie l'état de conscience car les paramètres du temps et de l'espace sont changés, on se sent (à juste titre) « ailleurs ». En vacances, c'est le moment ou jamais de vous jeter à l'eau.

Les centres de plongée

Tous les clubs sont affiliés selon leur zone d'influence à un organisme international, dont voici les trois plus importants : CMAS, Confédération mondiale des activités subaquatiques (d'origine française), PADI, Professional Association of Diving Instructors (d'origine américaine), NAUI, National Association of Underwater Instructors (américaine). Chacun délivre ses formations et ses diplômes, valables dans le monde entier, mais n'accepte pas forcément des équivalences avec les autres organismes. Dans les régions influencées, des clubs plongent à l'américaine ; la durée et la profondeur des plongées sont alors très calibrées. La progression du plongeur amateur se fait en quatre échelons. Si le club ne reconnaît pas votre brevet, il vous demandera une « plongée-test » pour vérifier votre niveau. En cas de demande d'un certificat médical, le club pourra vous conseiller un médecin dans le coin. Tous les clubs délivrent un « carnet de plongée » qui, d'une part, retracera votre expérience et, d'autre part, réveillera vos bons souvenirs. Gardez-le et pensez toujours à emporter ce « passeport » en voyage.
Un bon centre de plongée respecte toutes les règles de sécurité, sans négliger le plaisir. Méfiez-vous d'un club qui vous embarque sans aucune question préalable sur votre niveau ; il n'est pas « sympa », mais dangereux. Regardez si le centre est apparemment bien entretenu (rouille, propreté, etc.), si le matériel de sécurité

(oxygène, trousse de secours, radio, etc.) est à bord, si le bateau est équipé d'une protection contre le soleil, si vous n'avez pas trop à transporter l'équipement, s'il n'y a pas trop de plongeurs par palanquée (six maximum, est-ce un rêve ?)... N'hésitez pas à vous renseigner, car vous payez pour plonger : en échange, vous devez obtenir les meilleures prestations. Enfin, à vous de voir si vous préférez un club genre « usine bien huilée » ou une petite structure souple.
– Attention, pensez à respecter un intervalle de 12 à 24h avant de prendre l'avion ou d'aller en altitude, afin de ne pas modifier le déroulement de la désaturation.

C'est la première fois ?

Alors l'histoire commence par un baptême (une petite demi-heure généralement). Le moniteur devrait se consacrer à vous seul. Il s'occupe de tout, vous tient par la main. Laissez-vous aller au plaisir. Cela peut même se faire tranquillement en piscine. Même si vous vous sentez harnaché comme un sapin de Noël déraciné hors saison, tout cet équipement s'oublie complètement une fois dans l'eau. Vous ne devriez pas descendre au-delà de 5 m. Pour votre confort, sachez que la combinaison doit être le plus ajustée possible afin d'éviter les poches d'eau qui vous refroidissent. Puis l'expérience commence par un apprentissage progressif (de 3 à 5 jours) jusqu'au premier niveau, qui permet de descendre à 20 m. Éblouissez-vous, plongez !

Plonger en Grèce

Jusqu'à il y a peu de temps, la plongée avec bouteilles était officiellement interdite en Grèce, du moins pour ceux qui auraient voulu se passer de l'encadrement d'un club de plongée. On craignait que des plongeurs ne découvrent des trésors archéologiques sous-marins qui seraient passés sous le nez des autorités grecques. Une liste de sites autorisés, assez importante, était publiée par le ministère de la Culture, correspondant aux sites déjà connus et bien fouillés. La loi a changé : c'est maintenant l'inverse, les sites antiques sont interdits et tous les autres sont autorisés. Il est de toute façon conseillé de passer par un centre de plongée, qui vous donnera les renseignements les plus précis sur la zone où vous vous trouvez. Un site à consulter : ● *chez.com/fani* ●

POLITIQUE

C'est entendu, les Grecs sont des bêtes politiques : normal pour les inventeurs de la démocratie. Pourtant, la politique ne leur a pas fait que du bien : la guerre civile de 1944-1949, opposant les combattants communistes issus de la résistance au nazisme et soutenus par la Yougoslavie et l'URSS aux forces royalistes soutenues, elles, par les Britanniques, a été à l'origine d'importants traumatismes dans la société grecque. Un million de personnes ont alors été « déplacées » dans le Nord du pays, 46 000 morts ont été dénombrés dans les deux camps. Pendant des années, la gauche a été plus ou moins bannie de la vie politique, et il a fallu attendre son arrivée au pouvoir, en 1981, pour que soient autorisés à rentrer en Grèce ceux qui avaient combattu du « mauvais côté », c'est-à-dire les communistes (ils étaient environ 80 000 à

LE SECRET DE LA DÉMOCRATIE

Le système ne fonctionne que si le camp battu respecte le résultat. D'où la nécessité d'une armée puissante qui garantisse le scrutin. Risque évident : un chef militaire prend le pouvoir (c'est arrivé bien souvent).

s'être réfugiés dans les pays de l'Est). La sombre période des colonels, de 1967 à 1974, a été aussi officiellement justifiée par une « menace communiste » pesant sur le pays. On sait aujourd'hui que les Américains n'étaient pas étrangers au coup d'État qui a plongé la Grèce sous la chape de plomb de la dictature, ce qui explique sans doute la vague anti-américaine qu'a connue la Grèce dans les années 1980-1990.
La crise économique, mais aussi morale, que connaît la Grèce depuis 2009, n'est pas sans conséquence dans ce pays longtemps marqué par le bipartisme : ni le parti socialiste (PASOK) ni la Nouvelle Démocratie ne semblent plus capables de susciter l'adhésion. Les slogans des Indignés (« Oust », « Qu'ils s'en aillent ») sont d'ailleurs sans ambiguïté. Les élections de 2012 ont confirmé ce profond désarroi des électeurs, qui sont allés jusqu'à apporter 8 % des suffrages exprimés à un parti ouvertement fasciste qui a ainsi fait son entrée au parlement avec 18 sièges... Confirmation aux élections européennes de 2014, à 9,40 % et trois euro-députés.

POPULATION

Les Grecs sont très fiers de descendre en droite ligne des Grecs de l'Antiquité. En fait, « en droite ligne » est quelque peu exagéré. La Grèce a vu se succéder au cours des siècles une foule d'envahisseurs, mais aussi de nombreux groupes d'immigrants pacifiques, qui se sont presque tous fondus dans le creuset grec. L'*hellénisme* reste la valeur sûre d'un pays qui ne doute guère dans ce domaine.

AKI EST CE NOM ?

En Grèce, chaque région se caractérise par un suffixe sur les patronymes. Dans le Péloponnèse, -poulos *(le fils de) marque la filialité,* -akos *singularise le Magne,* -ellis *et* -atos *les îles de Lesvos et Céphalonie, etc. Moins sympa, pour rabaisser les Crétois, les envahisseurs turcs les obligèrent à affubler leurs noms du suffixe* -aki *ou* -akis *(qui signifie petit). C'était petit de leur part !*

Les Grecs sont attachés à l'orthodoxie, qui leur sert de rempart contre les influences extérieures : le catholicisme à l'ouest, incarné par le pape et perçu comme un ennemi ; l'islam à l'est, avec le puissant voisin turc qui cherche, pensent les Grecs, à les contourner par le flanc nord-ouest, à savoir par l'Albanie majoritairement musulmane. Viscéralement attachés à leur langue vieille de 3 000 ans, les Grecs se sentent un peu à part dans l'Union européenne. Avec 10 815 200 habitants (recensement 2011), soit une population en baisse, il est difficile de peser lourd dans la communauté internationale, et ça ne va pas s'arranger : l'indicateur de fécondité est particulièrement faible (1,40 enfant par femme). À ce rythme, en 2050, 41 % des Grecs auront plus de 60 ans ! Aux Grecs « nationaux » s'ajoute une diaspora de 5 ou 6 millions de personnes (dont 3,4 millions aux États-Unis, au Canada et en Amérique du Sud, 700 000 en Australie et 140 000 en Afrique). Parmi eux, quelques célébrités font la fierté des Grecs, comme les tennismen Sampras et Philippoussis, respectivement Américain et Australien, et l'actrice américaine Jennifer Aniston.
La ***communauté juive*** a joué un rôle très important pendant des siècles. À la fin du XIXe s, la ville de Thessalonique était majoritairement peuplée de juifs séfarades, installés là depuis le milieu du XVIe s, suite à l'expulsion de la communauté juive d'Espagne en 1492. Les juifs de Thessalonique parlaient le *djidio,* ou judéo-espagnol. D'autres îles comptaient également une communauté juive, comme Corfou, où naquit le grand écrivain de langue française Albert Cohen. Aujourd'hui, cette communauté ne dépasse pas les 6 000 membres. À la veille de la Seconde Guerre mondiale, elle en comptait environ 80 000.

De l'émigration à l'immigration

Pays d'émigration, la Grèce, postée à la frontière orientale de l'Union européenne, se retrouve désormais, sans y être préparée, pays d'immigration. Beaucoup arrivent clandestinement d'Asie, via la Turquie. D'autres sont venus d'Albanie (où l'on trouve une communauté grécophone) et d'Europe de l'Est (beaucoup de Bulgares et de Polonais). L'immigration clandestine est régulièrement accusée de nourrir la criminalité. 146 000 immigrants ont été arrêtés en 2008, soit un quart des arrestations dans l'Union européenne (chiffre à relativiser lorsqu'on sait que 90 % des immigrés clandestins tentant de pénétrer en Europe passent par la Grèce). De plus, si un immigré clandestin entré en Europe via la Grèce est arrêté dans un autre pays de l'Union, les lois européennes permettent au pays en question de renvoyer la personne... en Grèce. Traditionnellement hospitaliers, les Grecs se découvrent ainsi de plus en plus xénophobes, sauf, bien entendu, les gros propriétaires agricoles qui exploitent cette main-d'œuvre sans droits et donc corvéable à merci. Les prévisionnistes de l'ONU annoncent, pour 2015, 3,5 millions d'immigrés en Grèce pour une population d'environ 14,2 millions d'habitants...

RELATIONS GRÉCO-TURQUES

Ce n'est une découverte pour personne, Grecs et Turcs ne sont pas les meilleurs amis du monde. Un lourd contentieux historique existe entre les deux pays depuis la fin de l'Empire byzantin (1453) avec la prise de Constantinople, un souvenir douloureux comme si c'était hier – vous n'entendrez jamais un Grec parler d'Istanbul, c'est encore et toujours pour lui Konstantinoupolis ! Plus près de nous, la malheureuse « catastrophe d'Asie Mineure » en 1922 (voir plus haut la rubrique « Histoire »), qui voit des siècles de présence grecque en Asie Mineure balayés en quelques semaines. Et encore plus près, Chypre, en partie envahie en 1974 par les Turcs sans qu'aucune solution diplomatique n'ait été trouvée jusqu'à aujourd'hui.

LA CULTURE DE LA FRAUDE

La domination musulmane régna 400 ans. Les abominations étaient nombreuses. On enlevait les enfants pour en faire des soldats (les janissaires) aux ordres du sultan. Le grec était enseigné en secret. Le peuple croulait sous les impôts. La fraude devint obligatoire pour survivre. L'habitude est restée.

Pendant longtemps a prévalu une situation de guerre froide. Grèce et Turquie étant tous les deux membres de l'Otan, les relations très tendues entre les deux pays avaient quelque chose d'encore plus curieux... Les États-Unis avaient besoin de la Turquie, frontalière de l'URSS, ainsi que de la Grèce, frontalière d'autres pays du bloc communiste. Mais pour les faire s'entendre, Clinton dut, en 1996, calmer les esprits quand Grecs et Turcs étaient prêts à en découdre pour le contrôle d'un îlot désertique en mer Égée...

Petit à petit, les choses ont évolué, certains intellectuels accomplissant au cours des années 1980 des gestes symboliques (Théodorakis est ainsi allé chanter en Turquie) ouvrant la voie à la diplomatie. En 1999, un double événement imprévu a permis de briser la glace : peu après le terrible tremblement de terre qui ravagea l'ouest de la Turquie, la Grèce proposa son aide, et, quelques semaines plus tard, quand un séisme, moins meurtrier, frappa Athènes et sa région, la Turquie s'empressa de faire de même. Dans la foulée, la diplomatie des deux pays a fait des efforts pour trouver des terrains d'entente. On a alors parlé de dégel des relations.

Aujourd'hui, le rapprochement a clairement montré ses limites. Certes, des associations gréco-turques se sont créées ; on a même réalisé des jumelages pionniers entre villages grecs et villages turcs, sous la bénédiction conjointe de popes et d'imams, ce qui aurait été impensable il y a quelques années. Certes, le tourisme entre les deux pays se développe. Certes, le Premier ministre turc invite comme témoin au mariage de l'un de ses enfants son homologue grec. Mais à part ces réalisations citoyennes ou ces symboles, le blocage persiste sur les sujets importants. La résolution de la question chypriote a fait de grands progrès début 2003, avant de marquer un nouveau temps d'arrêt. Et pendant ce temps, l'armée de l'air turque continue ses provocations en violant quotidiennement l'espace aérien grec (un pilote grec est mort au printemps 2006 à la suite d'un « incident » entre deux avions grec et turc). Cela n'a pas empêché, en septembre 2006, le premier exercice militaire commun gréco-turc... Il existe aussi un gazoduc gréco-turc... Mais le gouvernement grec semble las de ce qu'il juge comme de la mauvaise volonté turque, et la politique des bras ouverts pourrait bien laisser la place à une attitude moins compréhensive.

RELIGIONS ET CROYANCES

La Grèce est officiellement un pays quasi homogène sur le plan religieux : le pays est ***orthodoxe*** à 98 %. Les 50 000 ***catholiques*** sont disséminés dans les Cyclades, principalement à Tinos et à Syros, ainsi que dans les îles Ioniennes, et sont bien souvent des descendants d'Italiens (Venise a eu pendant longtemps la mainmise sur de nombreuses îles). Les ***protestants*** sont encore moins nombreux (20 000). Quant aux 100 000 à 150 000 ***musulmans*** habitant dans le Nord du pays, en Thrace, ils ont l'impression d'être considérés comme des citoyens de seconde zone, eux aussi en butte à l'hostilité de l'administration et de l'Église orthodoxe. Ce sont des Turcs qui n'ont pas participé aux échanges de population dans le premier quart du XXe s et qui sont aujourd'hui citoyens grecs (jusqu'en 1991, l'égalité à part entière avec le reste des Grecs n'était pas reconnue). On dénombre aussi 35 000 ***Pomaks,*** des Slaves islamisés, qui vivent à la frontière avec la Bulgarie.

PROSFORO

Il s'agit du pain levé pour dire la messe. Les catholiques utilisent de la farine sans levain pour les hosties. Cette différence fut l'une des grandes bagarres à l'origine du schisme entre orthodoxes et catholiques...

Il est facile de s'en rendre compte dès que l'on met le pied en Grèce : la religion orthodoxe est partout. Vous croisez un pope *(pappas)* en train de faire ses courses ou attablé à la terrasse d'un café, vous tombez, dans un petit village, sur une église flambant neuve (alors qu'à quelques mètres l'école publique fait pitié...), vous voyez les passagers d'un car se signer au franchissement d'un virage. Autant de signes de l'omniprésence de l'Église et de la religion, dans les faits comme dans les mentalités.

L'idée d'une séparation de l'Église et de l'État est proprement impensable en Grèce : la Constitution de 1975, révisée en 1986, a réaffirmé avec force la place de l'Église au sein de l'État. Les popes sont donc fonctionnaires : ils sont environ 10 000, en comptant large, et coûtent annuellement 220 millions d'euros à l'État. Le mariage civil, institué en 1983, n'a pas eu grand succès, et quand le gouvernement, au printemps 2000, a enfin décidé, sous la pression de l'Union européenne, de supprimer la mention de la religion sur les cartes d'identité, la levée de boucliers a été immédiate. Le clergé a mobilisé ses troupes, mais le gouvernement a tenu bon. En 2008, celui-ci a aussi implicitement supprimé l'obligation des cours de religion orthodoxe, en accordant la possibilité, aux parents qui en feraient

la demande, d'obtenir une dispense sans avoir à fournir de motif. Là encore, la décision n'était pas sans rapport avec une décision de la Cour européenne des Droits de l'homme...
Le sentiment d'appartenance à une communauté orthodoxe qui dépasse les frontières a joué un rôle particulièrement fort lors de la crise yougoslave. On a été ouvertement proserbe en Grèce, au nom d'une solidarité orthodoxe et d'un fort sentiment antimusulman. L'orthodoxie, parfois très agressive, nourrit d'ailleurs ses propres extrémismes et les minorités religieuses nationales – catholiques, protestants et musulmans – en font les frais.
Mais au fait, savez-vous seulement pourquoi, depuis 1054, l'Église d'Occident (catholique) et l'Église d'Orient (orthodoxe) sont en bisbille (ce qui s'appelle officiellement un schisme) ? Il y a, bien entendu, le rôle du pape (sa primauté et son infaillibilité ne sont pas reconnues par les orthodoxes). Quant à la notion de purgatoire, les orthodoxes n'en veulent pas. Ils considèrent, évidemment, que ce sont les catholiques qui se sont écartés du dogme. Mais outre les questions de dogme, il existe aussi une kyrielle de sujets de discorde, exposés très solennellement à Jean-Paul II quand celui-ci est venu en Grèce en mai 2001. Le pillage de Constantinople (souvenez-vous, c'était en 1204...), l'insensibilité de Rome face aux tragédies grecques (1453, prise de Constantinople par les Ottomans ; 1974, agression turque contre Chypre) et bien d'autres faits encore ont été reprochés au pape, qui a demandé solennellement pardon pour les torts du catholicisme romain.
Cela dit, si vous avez l'occasion d'aller visiter la Mecque des orthodoxes, autrement dit le mont Athos, véritable musée vivant de l'orthodoxie, ne la manquez pas. À cela près que la visite est réservée aux seuls hommes...

VADE RETRO, SATANAS !

L'Église orthodoxe met une énorme pression à propos des cartes d'identité informatisées. Elle exige que nulle part n'apparaisse le chiffre 666, l'autre dénomination du diable, de l'Antéchrist. La sorcellerie n'est pas loin, Harry Potter non plus.

SAVOIR-VIVRE ET COUTUMES

Les codes culturels en Grèce, ceux du moins auxquels vous aurez affaire en tant que touriste, ne sont pas très nombreux. Pour toute visite de lieux religieux (monastères, églises), il est évidemment recommandé de se vêtir décemment. Cela semble aller de soi... mais combien de monastères sont situés à proximité de la plage ? Tentant d'y aller en petite tenue ! Eh bien non, un peu de respect, que diable ! Rassurez-vous tout de même, à l'entrée de la plupart des monastères se trouvent à disposition des vêtements permettant de couvrir les parties de votre corps dont l'exposition pourrait déplaire. On a déjà vu, aussi, des touristes se faire chapitrer parce qu'ils étaient torse nu dans un bus. Il n'en coûte qu'un T-shirt et un peu de décence... Enfin, n'oubliez pas que dans le Sud de l'Europe, pour dire non de la tête, on lève légèrement celle-ci en faisant une sorte de moue alors que pour signifier oui, on l'incline tout aussi légèrement sur le côté.
Vous l'avez compris, des siècles de christianisme orthodoxe sont passés par là. Aujourd'hui, l'homosexualité est plus ou moins taboue dans une bonne partie de la société grecque. Dans l'Antiquité, au contraire, l'homosexualité occupait une grande place dans la vie privée et sociale. L'amour entre un adulte *(éraste)* et un jeune garçon de 12 à 18 ans *(éromène)* était

loin d'être anormal, et une telle relation était socialement reconnue et même valorisée, comme il y avait des lois qui protégeaient les jeunes gens de tout abus ou de viol. En résumé, la femme était là pour la reproduction et les garçons pour le plaisir. Et les femmes, sauf à Sparte où elles étaient particulièrement libres et où une sorte d'adultère légal était toléré, restaient à l'écart de la vie publique masculine.

LA MORT

Pour les Grecs, elle fait partie de la vie quotidienne et n'est donc pas effrayante. Partout, sur les murs, on aperçoit des affiches bordées de noir pour annoncer des funérailles ou pour rappeler une date anniversaire de décès.

L'*éraste* devait donner l'exemple moral, transmettre les valeurs humaines à l'*éromène,* et la forme la plus élevée de cet amour restait chaste (ou platonique : Platon, dans *Le Banquet,* fait longuement discourir Socrate, entre autres, à ce sujet, et l'on voit que Socrate entretenait de telles relations avec ses disciples). Les liens amoureux entre soldats étaient considérés comme une garantie de bravoure au combat. Éros patronnait plus particulièrement les relations entre un homme et un garçon, Aphrodite se réservant les relations hétérosexuelles. L'« amour passion » était considéré comme une maladie, une chose terrible qu'on ne souhaitait pas à son pire ennemi.

SITES INSCRITS AU PATRIMOINE MONDIAL DE L'UNESCO

Organisation des Nations Unies pour l'éducation, la science et la culture

En coopération avec le centre du patrimoine mondial de l'UNESCO

Pour figurer sur la liste du Patrimoine mondial, les sites doivent avoir une valeur universelle exceptionnelle et satisfaire à au moins un des 10 critères de sélection. La protection, la gestion, l'authenticité et l'intégrité des biens sont également des considérations importantes.

Le patrimoine est l'héritage du passé dont nous profitons aujourd'hui et que nous transmettons aux générations à venir. Nos patrimoines culturel et naturel sont deux sources irremplaçables de vie et d'inspiration. Ces sites appartiennent à tous les peuples du monde, sans tenir compte du territoire sur lequel ils sont situés. Pour plus d'informations : ● *whc.unesco.org* ●

En Grèce continentale et dans les îles traitées dans ce guide, les sites inscrits sont les suivants : le ***temple d'Apollon Épikourios*** à Bassae (Vassès), les ***monastères d'Ossios Loukas et de Dafni,*** le ***site archéologique de Delphes,*** l'***Acropole d'Athènes,*** le ***mont Athos,*** les ***Météores,*** les ***monuments paléochrétiens et byzantins de Thessalonique,*** le ***site archéologique d'Épidaure,*** le ***site archéologique d'Olympie,*** la ***ville médiévale de Mystra,*** le ***site archéologique de Vergina,*** les ***sites archéologiques de Mycènes et Tirynthe*** et la ***ville de Corfou.***

THÉÂTRE ANTIQUE

Si l'on a un peu trop tendance à dire qu'on n'a rien inventé depuis les Grecs, c'est en tout cas certainement vrai pour le théâtre. Les tragédies reprenaient les récits de la mythologie. On les jouait dans d'immenses théâtres en plein air, capables d'accueillir jusqu'à 14 000 spectateurs. Parmi les grands auteurs, le premier, fondateur de la tragédie, est Eschyle, dont il ne reste que sept pièces. Ses héros se débattent dans un monde violent, aux prises avec la justice divine, implacable. Sophocle, qui écrit quand Athènes est à son apogée, replace l'homme au centre et montre des personnages en lutte avec leur destin, ainsi que les conséquences de leurs choix. Ici, la grandeur tragique trouve toute son expression. Euripide, dont 18 tragédies sont conservées, renouvela le genre et s'attacha à l'analyse psychologique des personnages, au rajeunissement des mythes grecs et à la contestation de la tradition, allant même jusqu'à l'irrespect envers les dieux !

TRAGIQUE DESTIN DES TRAGÉDIES GRECQUES

Le terme vient de tragos *(bouc, animal associé à Dionysos) et d'*oidé *(chant). Loin de notre vision moderne, la tragédie grecque n'avait rien de « tragique » et pouvait même avoir son* happy end. *Elle mettait en scène des personnages face à leur destin, qui dépend moins d'eux-mêmes que des dieux. On sait que des milliers de tragédies se jouaient dans la Grèce antique. Seules 32 d'entre elles nous sont parvenues... Bilan tragiquement faible !*

ATHÈNES ET L'ATTIQUE

ATHÈNES (ΑΘΗΝΑ)

▸ Pour les plans d'Athènes et de ses environs, se reporter au cahier couleur et au plan détachable.

Malgré les célèbres monuments et les vieilles pierres qui y pullulent, Athènes est tout sauf une ville morte. C'est, bien au contraire, une capitale fort vivante... Mais la chaleur étouffante en été et ses immeubles tristounets peuvent décevoir le voyageur qui ne prend pas toujours le temps d'y rester. Vous nous avez compris, Athènes n'a rien de dépaysant, mais ne ressemble en rien au reste de la Grèce.

UN PEU D'HISTOIRE

Athènes est bien évidemment une ville à l'histoire tumultueuse. En fait, une grosse cinquantaine d'années particulièrement glorieuses lui auront suffi pour s'assurer une renommée éternelle. À l'origine, ce n'était qu'une cité comme les autres, ou presque, puisqu'elle bénéficiait tout de même de la protection d'Athéna, fille de Zeus. La mythologie raconte qu'Athéna et Poséidon s'étaient disputé la ville, la déesse l'emportant après avoir fait jaillir sur l'Acropole un olivier, resté sacré, ce qui fait d'elle la divinité poliade (protectrice) de la ville. Pendant la période mycénienne (1500-1200 av. J.-C.), on se souvient surtout du héros légendaire Thésée, célébrissime pour avoir vaincu le Minotaure et parricide involontaire à son retour de Crète (il avait, le malheureux, oublié de hisser la voile blanche qui devait signifier son succès, et son paternel, le père Égée, croyant son fils mort, se jeta dans le vide). C'est ce même Thésée qui passait pour être le fondateur du *synoikismos,* communauté d'une vingtaine de villages attiques s'étendant d'Éleusis, à l'ouest, à Marathon, à l'est. Athènes en constituait le centre économique et administratif. Comme dans la plupart des cités grecques, le régime évolua graduellement vers

SÉVÈRE, LE DRACON !

Draconien vient de Dracon, ce législateur athénien du VIIe s av. J.-C. Ses lois étaient particulièrement rudes puisque la seule punition qu'il préconisait pour expier les fautes était... la mort. Une telle sévérité ne le rendit pas particulièrement populaire. On rapporte qu'il dut fuir devant la colère du peuple...

un pouvoir aristocratique avant que le peuple puisse se faire entendre. Des réformes, instituées par Dracon, puis par Solon, un sage, et enfin par Clisthène, préparèrent en un siècle et demi (environ 650-500 av. J.-C.) l'avènement de la démocratie athénienne. Là, des facteurs extérieurs sont venus donner un coup de pouce. La victoire sur les Perses, repoussés en 490 à Marathon puis battus à Salamine en 480 à l'occasion d'une bataille navale mémorable, va auréoler Athènes d'un prestige considérable.

Débarrassés pour quelques années de toute menace extérieure, les Athéniens vont alors pouvoir se consacrer pleinement au rayonnement culturel de leur cité, sous la houlette de Périclès. C'est l'époque glorieuse que l'on connaît sous le nom de « siècle de Périclès », symbolisé par le Parthénon. Mais ce siècle ne dure en fait qu'une cinquantaine d'années, de 480 à 430 environ. Les Athéniens pèchent alors par orgueil : organisateurs d'une confédération basée à Délos (Cyclades), ils sont accusés de s'accaparer le trésor de guerre constitué pour se défendre contre l'Empire perse, et les autres cités grincent des dents devant cet « impérialisme », même si des historiens contemporains relativisent cette notion, parlant plutôt, comme Hélène Ahrweiler, d'« alliance défensive ».

Mais l'orgueil est bel et bien le talon d'Achille des Athéniens, qui se considèrent comme les meilleurs parmi les meilleurs dans le monde grec. Sparte déclenche les hostilités en 431 et la guerre civile va enflammer le Péloponnèse et l'Attique pendant près de 30 ans, jusqu'à la reddition d'Athènes en 404, après des épreuves terribles (peste qui décime un tiers de la population, famine...). Jamais Athènes ne retrouvera son importance politique. Elle restera, en revanche, notamment sous l'Empire romain, une capitale culturelle. Les empereurs Hadrien et Marc Aurèle feront beaucoup pour lui redonner un peu de sa splendeur passée.

LE SECRET DE LA DÉMOCRATIE ATHÉNIENNE

Athènes était riche grâce à ses mines d'argent situées à Laurion, au nord du cap Sounion. Avec sa monnaie solide, la cité put financer ses armées contre les Perses. Idem contre Sparte. Elle construisit aussi 360 navires et remporta la victoire de Salamine.

Après la mémorable période antique, on s'est acharné sur Athènes. Les Francs s'en emparent après 1204 puis c'est au tour des Catalans et des Florentins de se la disputer ensuite, et avant que les Ottomans, en 1456, 3 ans après la prise de Constantinople, n'en prennent le contrôle. Transformé en temple de la Vierge à l'époque byzantine, le Parthénon devient une mosquée. Les Vénitiens assiègent Athènes à la fin du XVIIe s et donnent le coup de grâce : la ville, ou plutôt ce qu'il en reste, ressemble à un champ de ruines.

Dans les années 1820-1830, le jeune État grec acquiert son indépendance sur une infime part du territoire national, mais c'est la petite cité de Nauplie, dans le Péloponnèse, qui est tout d'abord choisie comme capitale, et non Athènes, trop délabrée. Celle-ci n'est alors peuplée que de 4 000 à 5 000 habitants... Pour accueillir Othon Ier, le nouveau roi arrivé de Bavière, il faut construire une nouvelle Athènes. Des architectes européens débarquent, souvent allemands. Ils modèlent un centre néoclassique presque géométrique (Acropole-Syndagma-Omonia). À partir de ce moment, la ville a progressivement pris de l'embonpoint jusqu'à envahir presque toute la région environnante : l'Attique. Le développement a été anarchique, subissant les afflux de population, notamment après 1922, quand les réfugiés d'Asie Mineure sont arrivés en masse : la ville, qui comptait 450 000 habitants, en reçoit tout d'un coup 150 000 supplémentaires. Athènes est définitivement redevenue une mégalopole.

UNE VILLE TRANSFORMÉE POUR LES JEUX OLYMPIQUES

Cette mégalopole tentaculaire, les Athéniens l'appellent *tsimendoupoli* (la ville de ciment) et dès qu'ils le peuvent, ils la fuient, créant un véritable exode, notamment fin juillet-début août !

Près d'un tiers des Grecs vivent à Athènes et en Attique (alors que la moyenne des capitales européennes est de 11 % de la population du pays) ! Les derniers chiffres indiquent que 3 750 000 Grecs vivent en Attique (et seulement 664 000 dans les limites de la municipalité d'Athènes). La moitié de l'industrie grecque étant concentrée au Pirée et dans la région d'Éleusis, il s'ensuit une forte pollution. Athènes est en effet une cuvette, d'où une situation privilégiée (microclimat) à l'origine.
Et pourtant, c'est bien cette ville qui a été désignée pour accueillir les Jeux olympiques de 2004 ! De 1999 à 2004, Athènes s'est transformée en un vaste chantier et le résultat a stupéfié jusqu'aux plus sceptiques. Construction de nouvelles lignes de métro et de tramway, pour réduire la circulation automobile, création d'un vaste plateau piéton permettant d'aller d'un site archéologique à un autre, et d'un nouvel aéroport en Attique, à Spata, avec un vrai périphérique pour contourner Athènes et y accéder plus rapidement ; c'est fou ce qui a changé à Athènes en 6 ans ! Même si ces grands travaux ont causé bien des difficultés au quotidien, les Athéniens et les visiteurs de passage apprécient que la vie quotidienne soit facilitée par ce nouveau réseau de transports en commun performant.

Arrivée à l'aéroport

✈ ***L'aéroport Élefthérios Vénizélos*** (hommage au grand homme politique grec de la première moitié du XXe s) est situé à ***Spata,*** à une vingtaine de kilomètres à l'est du centre d'Athènes *(plan Les environs d'Athènes).* En partent les vols intérieurs et les vols internationaux.
■ ***Service information :*** *☎ 21-03-53-00-00.* • *aia.gr* •
✉ **Bureau de poste :** *hall des arrivées. Tlj 7h-21h.*
@ **Internet :** *des bornes, la plupart situées dans le hall des départs, permettent d'accéder gratuitement au Web pendant 15 mn.*
■ ***Consigne à bagages (Bagage Storage Pacific) :*** *hall des arrivées, tt au fond (porte 1). ☎ 21-03-53-03-52. Tlj, 24h/24. Compter 3-7 € pour 6h et près du double pour 24h selon taille du bagage. CB acceptées.*
■ ***Bureaux de change, banques et distributeurs :*** *hall des arrivées et hall des départs.*
■ ***Location de voitures :*** *au hall des arrivées,* ***Budget*** *(☎ 21-03-53-05-53),* ***Avis*** *(☎ 21-03-53-05-78/79),* ***Hertz*** *(☎ 21-03-53-33-58),* ***National/Alamo*** *(☎ 21-03-53-33-23) et* ***Sixt*** *(☎ 21-03-53-05-56).*

Compagnies aériennes

■ ***Air France :*** *☎ 21-03-53-03-80 ou 21-09-98-03-33.*
■ ***Swiss International Airlines :*** *☎ 21-03-53-03-82/84.*
■ ***Aegean Airlines :*** *☎ 21-03-53-01-01.*
■ ***Olympic Air :*** *☎ 21-03-55-05-00.*
■ ***Alitalia :*** *☎ 21-03-53-42-84/85.*
■ ***Lufthansa :*** *☎ 21-06-17-52-00.*
■ ***EasyJet :*** *☎ 21-03-53-03-00.*
■ ***Brussels Airlines :*** *☎ 21-06-17-52-80.*
■ ***Air Canada :*** *☎ 21-03-53-04-18.*

Pour rejoindre le centre-ville

➢ ***Le métro :*** le moyen le plus rapide et le plus simple de se rendre au centre-ville. Pour gagner la station, sortir porte 3 et monter les escaliers face au *Sofitel,* puis emprunter la passerelle. C'est la ligne 3, qui arrive directement pl. Syndagma ou à Monastiraki. Env 40-45 mn de trajet. Départs ttes les 30 mn environ, 6h30-23h30 (5h38-23h04 de Monastiraki). Coût du billet (tarif 2014) : 8 €. Il existe aussi des billets collectifs (14 € pour 2 par exemple) ainsi que la possibilité d'acheter un billet A/R pour 14 € (mais le retour doit se faire dans les 48h).
➢ ***Le bus :*** la *ligne X95* va de l'aéroport (sortie 5) au centre-ville (pl. Syndagma, tt près de la station de métro du même nom). Elle fonctionne 24h/24, avec un départ ttes les 10-20 mn selon la tranche horaire. Le prix d'un aller simple est de 5 € (tarif 2014). Si, pour

rejoindre votre hôtel, une fois descendu du bus, vous devez prendre le métro, il vous faudra acheter un ticket à 1,20 €. Compter 1h de trajet (si le trafic est normal).

On peut aussi prendre le *bus express X94* (sortie 5, même tarif) qui vous emmène jusqu'à la station de métro Ethniki Amyna. De là, prendre la ligne 3 de métro en direction du centre (stations Syndagma ou Monastiraki). L'avantage, outre que les rotations sont plus fréquentes, est d'arriver plus vite par le métro au centre-ville si celui-ci est encombré, ce qui est généralement le cas.

➢ ***Le train urbain*** (*suburban rail, proastiakos* en grec) **:** relie l'aéroport à la gare centrale, à proximité du centre d'Athènes. Pour gagner la gare, sortir porte 3 et monter les escaliers face au *Sofitel,* puis emprunter la passerelle jusqu'à la gare. Le billet coûte 8 € (tarif 2014). Il est possible de faire de petites économies en prenant un billet pour 2 (en grec : *omadiko issitirio*). Réduc également sur les billets A/R. Dans les 2 cas, compter 14 €. Env 40-50 mn de trajet. Départ ttes les 15 mn. Pas de train entre 20h et 6h. Attention, ces trains ne sont pas directs pour le centre-ville : il faut changer à Ano Liossia. Une fois à Ano Liossia, on rejoint le centre-ville en métro ou trolley. Autre option, descendre du train à la station Neratziotissa et prendre la ligne 1 de métro direction Piraeus (en choisissant cette option, on met env 50 mn pour rejoindre Omonia). Bien moins pratique que le métro donc.

➢ ***Le taxi* :** prévoir env 35-40 € pour le centre-ville (tarif de jour, 5h-minuit). Ajouter 50 % entre minuit et 5h du mat. Les tarifs sont affichés à la sortie, porte 3, mais faites tout de même attention aux arnaques (voir plus loin « Les taxis : ruses et arnaques »).

Pour rejoindre les gares routières

➢ ***Le bus X93* :** départ entre les sorties 5 et 6. Ce bus conduit à la gare routière terminal A (100, odos Kifissou) via la seconde gare routière terminal B (odos Liossion) et évite de passer par le centre d'Athènes. Pratique si vous n'avez pas à séjourner dans la capitale. Mêmes tarifs et conditions d'utilisation que pour les lignes X94 et X95. Prévoir entre 1h et 1h30 de trajet selon la densité du trafic. Pour les destinations desservies, voir plus loin la rubrique « Quitter Athènes ». Compter un départ ttes les 25-40 mn (selon la tranche horaire), 24h/24.

Pour rejoindre Le Pirée

➢ ***Le bus X96*** (*ligne Spata-Koropi-Vari-Voula-Glyfada-Le Pirée*) **:** fonctionne 24h/24. Mêmes tarifs et conditions d'utilisation que les précédents. De la sortie 5, un départ ttes les 20-40 mn. Compter 1h-1h30 de trajet.

➢ On peut aussi faire ce trajet en train urbain, qui relie l'aéroport et Le Pirée via la gare centrale (voir plus haut) ; c'est confortable et assez rapide. C'est également possible en métro : ligne 3 jusqu'à Monastiraki puis ligne 1 jusqu'au Pirée. Compter 1h20 de trajet. Sinon, il reste le taxi : compter 47-50 € (63,50-72 € en tarif de nuit selon itinéraire).

Pour rejoindre Rafina

➢ Une ligne express du *KTEL* de l'Attique (bus blanc et orange) dessert le port de Rafina, via Loutsa. 1 bus/h env. Départs en face du *Sofitel.* Prix du billet : 3 €. Prévoir 30 mn de trajet. En taxi, compter env 35 € (50 € en tarif de nuit).

Pour rejoindre Lavrio

➢ Départs en face du *Sofitel* (bus blanc et orange). Changement de bus à Markopoulos. 1 bus/h env, 6h30-22h. Prix du billet : 4 €. Prévoir 40 mn de trajet.

Quitter l'aéroport en voiture

➢ ***Pour le centre-ville* :** rejoindre la route à péage (Attiki Odos) et suivre la direction Élefsina. 16 km après le départ de l'aéroport, on conseille la sortie 16K qui conduit au périphérique de l'Hymette (Imittos Ring). C'est un peu plus long en km que le trajet direct, via l'av. Messogion, que l'on accomplit en prenant, juste après, la sortie 15. Le périphérique est relativement rapide et agréable. Le quitter direction « Athina Center », descendre l'av. Katéchaki au bas de laquelle on retrouve l'av. Messogion et continuer à gauche ; le centre n'est plus très loin. Au total, 33 km entre l'aéroport et le centre-ville.

➢ ***Pour Le Pirée :*** prendre la quatre-voies, mais ne pas se diriger vers la section à péage, continuer tout droit.

➢ ***Pour le Péloponnèse :*** une fois sur Attiki Odos (péage), toujours suivre la direction Élefsina. On évite ainsi Athènes.

➢ ***Pour la Grèce du Nord :*** sur Attiki Odos, continuer en direction d'Élefsina jusqu'au panneau pour Lamia-Thessalonique et suivre cette direction vers le nord.

Transports urbains à Athènes et en Attique

Les lignes de bus et de métro figurent sur le plan d'Athènes, très bien fait, distribué à l'office de tourisme. On peut se procurer à l'aéroport la *Pocket Map* des transports publics, qui couvre tout Athènes.

Il existe une carte mensuelle, vendue 30 € (tarif 2014), valable sur tous les transports en commun à Athènes SAUF sur les lignes pour (ou de) l'aéroport, dont la tarification est spéciale. Intéressant pour un long séjour. Il existe aussi un *3 days tourist ticket* à 20 € (qui inclut, lui, le ticket aller-retour de/vers l'aéroport). On peut enfin acheter un billet à la journée (4 €), utilisable dans tous les transports en commun (valable 24h à partir du moment où il est émis) ou un billet valable 5 j. (10 €). Attention, ils ne peuvent pas non plus être utilisés pour se rendre à l'aéroport.

Métro *(ilektrikos)*

Pendant des décennies, le métro athénien n'a eu qu'une seule ligne, longue de 25 km, entre Le Pirée et Kifissia, une banlieue résidentielle du nord-est : il était impossible de s'y perdre. Mais après des années de travaux, commencés en 1992 (et qui ont, par ailleurs, permis d'incroyables découvertes archéologiques), deux nouvelles lignes ont ouvert fin 1999. Elles ont changé la vie des Athéniens, qui ont découvert un moyen de transport rapide et sûr. Très pratique, en particulier quand on va, depuis le centre d'Athènes, prendre un ferry pour les îles (malheureusement, sur la ligne 1 qui va au Pirée, on emprunte encore l'ancienne ligne qui n'a rien à voir avec les nouvelles, même si certaines rames climatisées ont été mises en service).

Acheter son ticket, à l'unité ou par 10, au guichet ou au distributeur. Tarifs (2014) sur toutes les lignes : 1,20 € l'unité pour 1 ou 2 zones de la ligne 1, par exemple pour aller du centre-ville au Pirée ; tarif réduit : 0,60 €. Si l'on se rend à l'aéroport (ou pour tout trajet sur la ligne 3 au-delà de la station Ethniki Amyna), bien penser à acheter le ticket à 8 €. Les enfants de moins de 6 ans ne paient pas. Les tickets sont valables 70 mn.

Les métros circulent de 5h (ligne 1) ou 5h30 (lignes 2 et 3) à 0h15 en semaine, et jusqu'à 2h les vendredi et samedi. Renseignements au ☎ *185* (service d'information de l'OASA, l'Agence des transports publics à Athènes), sur • *stasy.gr* • et • *ametro.gr* •

Le métro relie les points les plus importants pour les voyageurs :

Ligne 1 (Le Pirée-Kifissia)

– Station *Piréas* : Le Pirée, à 200 m des bateaux qui desservent les îles.

– Station *Thissio* : à 10 mn de marche de l'Acropole, près de l'ancienne agora.

– Station *Monastiraki* : à 10 mn de marche de l'Acropole ; marché aux puces et Plaka. Reliée à Syndagma, directement par la ligne 3 dont Monastiraki est pour l'instant le terminus.

– Station *Omonia* : pl. Omonia. La ligne 2 passe également par Omonia.

– Station *Victoria* : à 5 mn de la gare ferroviaire.

– Station *Kato Patissia* : à 10-15 mn de marche du terminal de bus B (gares routières liaisons interurbaines).

ATHÈNES

Ligne 2 (Anthoupoli-Elliniko)

- Station *Syndagma* : la plus centrale qui soit. Remarquez les vitrines permettant de voir quelques-unes des découvertes archéologiques faites pendant les travaux.

En allant vers le nord :

- Station de *Larissa* (en grec, *Stathmos Larissis*) : dessert la gare ferroviaire.
- Station d'*Attiki* : correspondance avec la ligne 1 (pratique si l'on a oublié de changer à Omonia ou si l'on veut éviter de le faire à cette station).

En allant vers le sud :

- Station *Akropoli* : proche de Plaka et de l'Acropole.
- Station *Agios Dimitrios.*

Depuis 2013, la ligne est complétée vers le nord (stations de *Péristéri* et *Anthoupoli*) et vers le sud jusqu'à *Elliniko,* à proximité de la côte.

Ligne 3 (Agia Marina-Aéroport)

- Stations *Évangélismos* et *Ambélokipi* : desservent les principaux hôpitaux d'Athènes.
- Station *Ethniki Amyna* : départ du bus express *X94* pour l'aéroport.
- Station *Doukissis Plakentias* (à Stavros). Le train urbain arrivant de la gare de Larissa y passe également.
- Station *Kéramikos* : pour se rendre dans le quartier branché de Gazi.

La ligne 3 est en cours de prolongement entre Agia Marina et Le Pirée (ouverture en 2017).

AVERTISSEMENT : attention aux bandes organisées de pickpockets qui sévissent dans le métro, en particulier à Omonia et Monastiraki ou sur le trajet vers Le Pirée. Nette recrudescence de ces vols depuis quelques années. Ne pas tenter le diable en exposant sacs ou bananes à portée de main.

Bus et trolleys

Les bus urbains gérés par l'*ETHEL* fonctionnent de 5h à 23h30. On les appelle les « bus bleus » (même si les bus les plus récents sont davantage blancs et ne comportent que quelques bandes bleues). Acheter les tickets dans les cabines jaunes, bleues ou blanches. Coût d'un ticket (2014) : 1,20 €. Attention, les contrôles sont fréquents ! Bon à savoir : le même ticket est valable 1h30 et peut être utilisé dans d'autres bus de la compagnie.

Il existe aussi une vingtaine de lignes de trolleybus, gérées par l'*ILPAP,* fonctionnant de 5h à minuit (même prix). Les vieux trolleys soviétiques ont tous été remplacés par des véhicules beaucoup plus modernes.

Tramway

Un tramway a été mis en service en juillet 2004, avec deux lignes, l'une reliant le centre d'Athènes (départ léoforos Amalias, au sud du Jardin national) et Glyfada (sur la côte, au sud du Pirée) ou Néo Faliro (quartier sud du Pirée), l'autre partant de Néo Faliro et longeant la côte pour rejoindre Glyfada et Voula (terminus). Ce moyen de transport, qui fonctionne du lundi au jeudi 5h-minuit et du vendredi au dimanche 24h/24, aura connu bien des vicissitudes et n'a pas vraiment suscité l'adhésion populaire. Il faut dire qu'il est un peu lent. Acheter son billet aux stations (pas de vente possible dans le tram). Prix du billet (2014) : 1,20 €. Compter autour de 45 mn pour Néo Faliro au départ de la place Syndagma, environ 1h de Syndagma à Voula, et autour de 40 mn entre Néo Faliro et Voula. Intéressant, si l'on séjourne quelques jours à Athènes, et si l'on n'est pas trop pressé, pour sortir de la fournaise athénienne et aller prendre l'air de la mer sans être bloqué dans les embouteillages. Les lignes doivent être étendues : celle de Néo Faliro rejoindra Le Pirée (pour plus d'infos, consulter • *tramsa.gr* •).

Voiture

Circuler dans Athènes est un véritable sport (olympique ?). La plupart des rues sont à sens unique et, en dehors des grands axes, plutôt étroites, d'autant que les Grecs aiment se garer en double file. Attention aux taxis, qui s'approprient la file de droite et s'arrêtent sans prévenir. Les deux-roues casse-cou vous apporteront leur lot de sueurs froides. Bref, on n'arrive pas forcément où l'on veut une fois que l'on est embarqué dans le mouvement perpétuel de la circulation athénienne...

Pour le stationnement, en revanche,

ce n'est pas trop difficile. Nombreux parkings, même dans d'étroites rues de Plaka (où l'on doit parfois laisser ses clés, car les véhicules étant serrés le plus possible, il faut pouvoir dégager l'accès à la sortie d'une voiture garée au fond...), dans des cours où l'on entasse les véhicules (forfait à la demi-journée ; tarifs 8-10 € selon « standing » du parking, voire davantage, ou moins, crise oblige) ou dans les parkings souterrains. Il en existe un, par exemple, place Klafthmonos *(zoom détachable, D3-4)* ou sous le marché, à côté des halles (entrée par odos Sokratous ; *zoom détachable, C3*). Cher. Également deux parkings *Polis Park,* platia Kaningos *(plan d'ensemble détachable, D2)* et platia Égyptou (*plan d'ensemble détachable, D1 ;* 5 € pour 1h, 16 € pour 24h). Attention au stationnement illégal, les contractuels sont nombreux ! Les plaques sont d'ailleurs enlevées pour être certain que les amendes sont bien payées. Récupération au commissariat... le lendemain. Avoir, par précaution, une photocopie de la carte grise. Si le stationnement est particulièrement gênant (angle d'une rue), la fourrière intervient très rapidement ! À bon entendeur, salut !

Vous pouvez aussi vous garer sur des places de parking payantes. Vous devez alors acheter, au kiosque ou dans le petit magasin de quartier qu'on vous indiquera, les cartes où vous précisez votre heure d'arrivée à placer bien en évidence. Compter 2 €/h.

Ne laissez rien d'apparent dans la voiture quand vous la quittez.

Les taxis : ruses et arnaques

On a rencontré des taxis honnêtes, même à Athènes. Cela dit, voici quelques tuyaux bien utiles à connaître.

Tout d'abord, la règle du jeu : doivent être affichés sur le tableau de bord les tarifs, en grec et en anglais. Ces tarifs sont également consultables à l'aéroport. Ils indiquent, dans l'ordre : le coût de la prise en charge, celui du kilomètre (environ 0,50 €, presque le double hors des limites de la cité), les surtaxes (départs de l'aéroport ou d'une gare routière ou portuaire), le tarif de nuit (presque le double du tarif diurne, et normalement exigible de minuit à 5h du matin seulement) et ce qu'on vous fait payer pour les bagages de plus de 10 kg (mais on n'a évidemment pas de balance à disposition...). Sans oublier le péage sur le trajet aéroport/centre-ville. Quelques exemples de prix : 35-40 € pour un trajet aéroport-Athènes centre (tarif désormais fixe), 47-50 € pour un trajet aéroport-Le Pirée, 10-12 € pour Le Pirée-Athènes centre. Pour une toute petite course en ville : environ 5 €. Ajouter 3 € en cas d'appel passé à un taxi depuis votre hôtel.

Le chauffeur a le droit de prendre d'autres passagers allant dans la même direction. Cela ne signifie pas que le prix de la course va être divisé par le nombre de passagers : le chauffeur, lui, encaisse simplement davantage. Bien entendu, cela complique un peu plus les choses puisqu'un taxi transportant un passager peut être pourtant « libre ». Les Grecs excellent dans ce sport national qu'est l'interception de taxi : aux carrefours, au niveau des feux, ils crient le nom du quartier où ils souhaitent se rendre et le chauffeur s'arrête... ou pas.

Si le compteur n'est pas branché, demandez au chauffeur de le mettre en route *(« Put the meter, please »).* Évidemment, n'écoutez jamais les propos de chauffeurs malhonnêtes qui vous baratineraient en racontant que votre hôtel est complet ou mal situé... et qu'ils en connaissent un meilleur !

Adresses utiles

Informations touristiques

ℹ ***Office de tourisme*** *(bureau d'information ; zoom détachable, D5)* **:** *18-20, Dionissiou Aréopagitou.* ☎ *21-03-31-07-16 ou 21-03-31-03-93. Lun-ven 9h-20h, w-e et j. fériés 10h-16h.*

ℹ ***Office de tourisme*** *(siège ; hors plan d'ensemble détachable par G4)* **:** *7, odos Tsokha.* ☎ *21-08-70-70-00.*

ATHÈNES

• visitgreece.gr • Ⓜ Ambélokipi. Lun-ven 8h-15h.

Agences de voyages et compagnies maritimes

■ ***Profil Voyages*** *(zoom détachable, D4,* ***23****) :* *36, odos Mitropoléos. ☎ 21-03-23-94-82. • profilvoyages.gr •* Agence de voyages dirigée par Françoise Deschamps, une Française installée depuis longtemps en Grèce, qui en connaît tous les recoins et organise des voyages sur mesure.

■ ***Superfast*** *et* ***Blue Star Ferries*** *(hors plan d'ensemble détachable par C6,* ***5****) :* *123-125, léoforos Syngrou. ☎ 21-08-91-98-00. • superfast.com • Lun-ven 8h30-20h, sam 8h30-16h.*

■ ***Anek Lines*** *(zoom détachable, D5) :* *48, léoforos Amalias. ☎ 21-03-23-34-81. • pr-ath@anek.gr • Lun-ven 8h30-20h, sam 9h30-14h30.*

■ ***Minoan Lines*** *(zoom détachable, D3,* ***17****) :* *59, E. Vénizélou (angle de E. Bénaki). ☎ 21-03-37-69-10. • athens@minoan.gr • Ⓜ Omonia. Lun-sam 10h-18h.*

Poste et télécommunications

✉ ***Bureaux de poste :*** en grec, la poste se prononce *tachidhromio*. Les bureaux *(lun-ven 7h30-14h30)* dans le centre d'Athènes sont relativement nombreux. Les bureaux ci-dessous ont des horaires élargis :

– Pl. Syndagma (zoom détachable, E4) : lun-ven 7h30-20h30, sam 7h30-14h30, dim 9h-13h30. On peut s'y faire adresser du courrier en poste restante : 103 00 Syndagma, Athens, Greece.

– 60, odos Mitropoléos (zoom détachable, D4) : lun-ven 7h30-20h30, sam 7h30-14h30.

– 100, odos Éolou (zoom détachable, D3) : près de la pl. Omonia ; lun-sam 7h30-20h.

– Petit bureau en face du guichet de vente des billets pour l'Acropole : lun-sam 8h30-15h30, dim 9h-13h30.

Représentations diplomatiques

■ ***Ambassade de France*** *(zoom détachable, E4,* ***12****) :* *7, odos Vassilissis Sofias. ☎ 21-03-39-10-00. Fax : 21-03-39-10-09. • ambafrance-gr.org •*

■ ***Section consulaire*** *(zoom détachable, E4,* ***13****) :* *6, odos Akadimias (1er étage). ☎ 21-03-39-12-00. Fax : 21-03-39-12-09. • ambafrance-gr.org • Ⓜ Syndagma ou Évangélismos. Ouv au public lun-ven 8h30-13h30. Permanence lun-ven 15h-18h pour les Français en difficulté (pour les urgences slt, appeler le 📱 69-32-40-13-43 en dehors des heures d'ouverture ou de permanence).* Si vous avez perdu vos papiers, munissez-vous d'une déclaration de perte ou de vol établie dans le bureau de police le plus proche du lieu où les faits se sont produits, et de 2 photos. Vous aurez un laissez-passer (en cas d'absence totale de papier d'identité), après vérification en France, qui vous permettra de quitter le territoire grec. Ces démarches ne sont possibles qu'entre 8h-13h. Prévoir 23 €.

■ ***Consulat de Belgique*** *(plan d'ensemble détachable, F4) :* *3, odos Sékéri. ☎ 21-03-61-78-87. • diplomatie.be/athensfr • Ⓜ Syndagma. Lun-ven 8h-14h.*

■ ***Consulat de Suisse*** *(plan d'ensemble détachable, G4) :* *2, odos lassiou. ☎ 21-07-23-03-64. 📱 69-44-91-19-19 (urgences slt). • eda.admin.ch • Ⓜ Évangélismos. À côté de l'hôpital Évangélismos. Lun-ven 10h-12h.*

■ ***Ambassade et consulat du Canada*** *(plan d'ensemble détachable, G4) :* *4, odos Ioanou Gennadiou. ☎ 21-07-27-34-00. • athns@international.gc.ca • Ⓜ Évangélismos. À côté de l'hôpital Évangélismos. Lun-ven 8h-16h.*

Urgences, santé

■ ***Secours d'urgence (EKAV) :*** *☎ 166.*

■ ***Police :*** *☎ 100.*

■ ***Pompiers :*** *☎ 199.*

■ ***Police touristique :*** *☎ 171.*

■ ***Pharmacies ouvertes 24h/24 :*** *☎ 107 (Athènes) et ☎ 102 (banlieue). Les horaires estivaux des pharmacies sont les suivants : lun et mer 8h-14h30 ; mar, jeu et ven 8h-14h, 17h-20h. Certaines pharmacies sont ouvertes le sam* *(journée continue : 8h-23h). Fermé dim. En dehors de ces horaires, téléphoner au ☎ 149-44 pour connaître les pharmacies de garde ou consulter la devanture des pharmacies.*

■ ***SOS Médecins :*** *☎ 1016. Tlj, 24h/24.*

■ ***Centre antipoison :*** *☎ 21-07-79-37-77.*

■ ***Soins médicaux :*** pour consulter un médecin français ou francophone, s'adresser au consulat.

■ ***En cas d'urgence, pour avoir un hôpital :*** *☎ 1434.* Liste complète des hôpitaux et cliniques sur le site de l'ambassade de France.

✚ ***Hôpital public Évangélismos*** *(plan d'ensemble détachable, G4)* ***:*** *45-47, odos Ipsilantou. ☎ 21-32-04-10-00. Ⓜ Évangélismos. À Kolonaki.*

✚ ***Hôpital public Ippocration*** *(hors plan d'ensemble détachable par G4)* ***:*** *114, léoforos Vassilissis Sofias. ☎ 21-07-48-37-70. Dans le quartier d'Ambélokipi.*

✚ ***Croix-Rouge*** *(Érythros Stavros)* ***:*** *1, odos Érythrou Stavrou et 1, odos Athanassaki. ☎ 21-06-41-40-00. Quartier d'Ambélokipi.*

✚ ***Hôpital privé Iatrico Kentro Athinon :*** *57, odos Distomou, à Maroussi (banlieue chic du Nord d'Athènes). ☎ 21-06-19-81-15. Établissement agréé* Intermutuelle Assistance.

Culture

■ ***Institut français d'Athènes*** *(zoom détachable, F3,* ***14****)* ***:*** *31, odos Sina. ☎ 21-03-39-86-00. • ifa.gr •* L'institut est la vitrine culturelle de la France : programmation très intéressante de spectacles et de conférences (relâche en août). Riche médiathèque *(lun-ven 10h-20h, sam 9h-14h ; en été, lun-ven 10h-16h)* ; bistrot français, le *Paris-Athènes* ; accès Internet *(lun-ven 8h30-21h ; en été, 9h-16h).*

■ ***Librairie électronique française*** *(zoom détachable, F3,* ***18****)* ***:*** *60, odos Sina. ☎ 21-10-12-05-47. Lun et mer 9h30-17h, mar, jeu, ven 9h30-20h, sam 9h30-15h.* Librairie francophone bien fournie.

■ ***Librairie Le Livre Ouvert*** *(zoom détachable, E3,* ***15****)* ***:*** *77, odos Solonos. ☎ 21-03-82-97-03. Lun et mer 9h-17h ; mar, jeu et ven 9h-21h ; sam 10h-16h.* Excellente librairie francophone. Littérature, art, B.D., etc. On y trouve aussi des journaux et des périodiques français.

■ ***Anavassi*** *(zoom détachable, D4,* ***25****)* ***:*** *32, odos Voulis (à l'angle d'odos Apollonos). Lun et mer 9h30-17h30 ; mar, jeu et ven 9h30-20h30 ; sam 10h-16h30.* La librairie de l'éditeur des cartes *Anavassi*. Également des livres sur la Grèce.

■ ***Presse internationale :*** *dans ts les kiosques situés dans les quartiers touristiques.*

ATHÈNES

Divers

■ ***Consignes à bagages*** *(zoom détachable, E4,* ***22****)* ***:*** *Pacific Ltd, 26, odos Nikis. ☎ 21-03-24-10-07. Dans le centre, à proximité de la pl. Syndagma, dans une agence de voyages. Lun-sam 9h-18h, dim 9h-14h. Également présent à l'aéroport. Tarif : 3 €/j. par bagage ; tarif dégressif pour 1 sem ou plus.* Utile pour ceux qui veulent passer quelques jours dans les îles sans être trop chargés. Juste à côté, l'agence *ATI* propose le même service *(lun-ven 9h-19h, w-e 9h-14h).* La plupart des (petits) hôtels font aussi *left luggage*. On trouve également des consignes dans certaines stations de métro (Syndagma, Monastiraki, Omonia et au Pirée).

🚕 ***Radio-taxis :*** ***Énotita,*** *☎ 21-06-45-90-00 ;* ***Ermis,*** *☎ 21-04-11-52-00 ;* ***Express,*** *☎ 21-09-94-30-00 ;* ***Piréas 1,*** *☎ 21-04-18-23-33.*

Location autos-motos

L'avenue Andrea Syngrou *(plan d'ensemble détachable, D6)* regorge d'agences de location de voitures : au moins une vingtaine. Comme celles-ci sont proches les unes des autres, il est facile d'en faire plusieurs pour comparer les tarifs proposés.

■ ***Capital Rent a Car*** *(plan d'ensemble détachable, D6,* ***4****)* ***:*** *14, av. Andrea Syngrou. ☎ 21-09-21-88-30. • capitalrent.gr • Tlj 8h-21h. Sur présentation de ce guide au début de la loc, 5 % de réduc (10 % hors saison).* Mise à disposition de la voiture à l'aéroport d'Athènes (avec un supplément), au port du Pirée, en ville à l'hôtel, à Thessalonique et en Crète. Cartes routières gratuites. Excellent accueil (en français) de Vassilis Vrochidis et de son équipe. Tarifs intéressants et grande qualité des services.

■ ***Motorent*** *(plan d'ensemble détachable, C6,* ***6****) : 4, odos Kavalloti.* *☎ 21-09-23-49-39. • motorent.gr • À 200 m au sud de l'Acropole. Lun-ven 9h-18h, sam 10h-16h.* Compagnie de location de scooters et de motos.

Banques, change

Les banques n'ouvrent que de 8h à 14h (13h30 le vendredi) et sont fermées le week-end. Les bureaux de change indépendants, pour nos lecteurs hors zone euro, sont nombreux ; on en trouve un peu partout, autour des places Syndagma et Omonia, ou même dans Plaka, comme ***Change Star*** *(tlj 9h-21h30).* À noter, sur la place Syndagma et dans tous les endroits où passent les touristes, un nombre incalculable de distributeurs.

■ ***American Express :*** *280, léoforos Kifissias, Halandri (banlieue d'Athènes). ☎ 21-06-87-91-00. • americanexpress.com/greece •* Pas d'agence dans le centre d'Athènes...

■ ***Eurochange*** *(zoom détachable, E4,* ***16****) : 4, Karageorgi Servias. Tlj 8h-21h.* Change et chèques de voyage. Également un bureau place Monastiraki, sous la mosquée.

Commerces

Deux principales chaînes de petites supérettes *(ouv lun-sam 8h-20h ou 21h)* se partagent le... marché ! Pratique pour l'alimentaire ou pour acheter les petites choses oubliées au pays et qui manquent parfois cruellement. Pour trouver des hypermarchés, il faut sortir du centre.

Marinopoulos : *au début d'odos Athinas (zoom détachable, D3), presque sur la pl. Omonia ; odos Kanari (zoom détachable, E-F3), pas loin de la pl. Syndagma, en montant vers Kolonaki.*

Véropoulos-Spar : *odos Iraklidon (plan d'ensemble détachable, B4 ; quartier Thissio) ; odos Falirou et odos Parthénonos (plan d'ensemble détachable, D6 ; quartier Makrygianni) ; odos Stournari (plan d'ensemble détachable, D2).*

Internet

En général, compter autour de 2-3 € pour 1h de connexion.

@ ***Bit @ Bytes*** *(zoom détachable, D4,* ***19****) : 19, odos Kapnikaréas, en plein Plaka. • bnb.gr • Ouv 24h/24.* Nombreux ordis. Très central.

@ ***Bit @ Bytes*** *(zoom détachable, E3,* ***20****) : 78, odos Akadimia, près d'Omonia. Ouv 24h/24.*

– Ne pas oublier non plus le sympathique café Internet de l'Institut français d'Athènes (voir plus haut dans la rubrique « Culture »). Bon à savoir aussi : la plupart des auberges de jeunesse ont leur cyber.

Où dormir ?

Les hôtels pour routards, ancien style, sont de moins en moins nombreux à Athènes. On les trouve principalement dans le quartier de la gare ferroviaire, autour de la place Omonia, quartier « chaud ».

Les années précédant la crise, les tarifs avaient énormément augmenté, et même si la qualité des prestations proposées avait, elle aussi, progressé, les prix s'alignaient petit à petit sur ceux pratiqués dans les autres capitales européennes. D'autant plus que la haute saison dure en général de début avril, voire du 15 mars, à fin octobre... La crise est passée par là et les prix ont baissé, ces deux dernières années, de façon assez spectaculaire. De nombreux hôtels naguère officiellement à 140-150 € proposent désormais des tarifs autour de 90-100 € (voir leurs promos sur Internet). Il y a aussi une poignée d'AJ correctes et pas chères. Bien évidemment, tous les guides les recommandent et il faut parfois se battre pour trouver de la place.

Vigilance enfin si vous avez réservé une chambre d'hôtel (et c'est plus que conseillé) : des lecteurs se plaignent chaque année d'avoir été « sacrifiés » parce que, entre le moment où ils avaient réservé et le jour où ils se sont présentés à l'hôtel, un groupe a effectué une réservation. Il manque une chambre pour caser tout le monde ? Ce sont les touristes « individuels » qui trinquent... Téléphonez la veille ou le matin même de votre arrivée pour vous assurer que votre réservation tient toujours. Ça ne vous coûtera pas grand-chose et vous économisera peut-être pas mal de soucis... Et faites-vous envoyer un fax de confirmation de réservation avant votre départ si vous avez réservé de France en versant des arrhes. Ça peut toujours être utile en cas de litige.

Nous vous rappelons que les prix indiqués s'entendent pour une chambre double. Autre rappel : les prix, dans un certain nombre de cas, sont à géométrie variable... Il arrive qu'ils varient selon la personne interrogée, dans une même journée. Un couple de lecteurs a même fait un test amusant : quand c'était la femme qui appelait pour avoir un prix, celui-ci était moins élevé que quand c'était l'homme ! Prix officiels (« prix de la porte »), prix réellement pratiqués, remises spontanées selon l'inspiration du moment (et le taux de remplissage de l'établissement), tout n'est pas d'une transparence absolue. Raison de plus pour essayer de négocier, habilement bien sûr. Un certain nombre d'hôtels font des remises sur présentation de ce guide, prévenez-nous si ces remises ne sont pas respectées.

Entre Omonia et la gare

C'est le quartier où l'on trouve les hôtels les moins chers d'Athènes. Quartier malheureusement peu recommandable en raison de l'insécurité qui y règne. Une règle : toujours demander à voir les chambres pour éviter les mauvaises surprises. Voici quelques adresses fréquentables.

Bon marché

■ ***Youth Hostel Victor Hugo*** *(plan d'ensemble détachable, C2,* ***30****)* **:** *16, odos Victoros Ougo, 104 38. ☎ 21-05-23-25-40. 📱 69-77-42-79-53. • athens-international.com • Entre les stations de métro Omonia et Métaxourgio, un peu plus proche de cette dernière (ligne 2). Prévoir 8-9 €/pers en dortoir ou en quadruple ; double 24 €, petit déj non compris.* 💻 📶 Auberge de jeunesse affiliée à la Fédération internationale. Dispose d'environ 150 lits en doubles (une dizaine seulement) et en dortoirs pour 4 ou 6 personnes, plutôt calmes (double vitrage), avec salle de bains privée, AC et petit balcon. Les draps sont fournis, mais pas les serviettes. Propreté parfois relative. Armoires cadenassées et coffre gratuit à l'accueil. Laverie. Consigne gratuite. Pas de cuisine, mais service de petit déj. Accueil sympathique. On y parle le français. Très correct pour le prix, mais ne pas s'attendre au grand luxe (toutefois le 6e étage a été rénové).

Plus chic

■ ***Novus City Hotel*** *(plan d'ensemble détachable, C2,* ***34****)* **:** *23 odos Karolou (juste à côté de la place Karaïskaki). ☎ 21-11-05-30-00. • novushotel.gr • Ⓜ Métaxourgio. Doubles env 50-100 € selon saison, petit déj buffet compris.* 💻 📶 Si l'édifice est banal, l'atmosphère de l'hôtel, chambres et parties communes, le place dans la catégorie des *design hotels,* avec cette dose de modernité et de décontraction très en vogue dans les grandes capitales. Pas mal de couleurs, un service de qualité, de jolies chambres soigneusement équipées, et surtout, sur la terrasse supérieure, une petite piscine chic comme tout, entourée de transats et d'un bar, fort bienvenue en fin d'après-midi après les visites sous le cagnard.

Dans le quartier de Kypséli

Prix moyens

■ ***Nicola Hotel*** *(hors plan d'ensemble détachable par G1,* ***52****)* **:** *14, odos Olénou, 113 62. ☎ 21-08-83-79-11. • nicolahotel.gr • À proximité immédiate du parc d'Arès (Pédion Aréos) :*

ATHÈNES

de Syndagma, trolley nº 15. Tte l'année. Double 48 €, petit déj compris. Parking gratuit. Réduc de 10 % sur présentation de ce guide (pour les résas en direct). Petit hôtel d'une trentaine de chambres simples (TV, AC), toutes avec balcon. Bon petit déj. Le patron, Kostas Kallyvis, est sympathique et on ne peut plus serviable. Quartier très calme – et pour cause, le principal tribunal d'Athènes est en face et la police rôde dans les parages !

Dans le quartier d'Omonia

Avertissement : Omonia est devenu un quartier peu engageant. Même si, côté sécurité, l'amélioration est nette, si vous êtes d'un naturel inquiet, évitez d'y dormir. On trouve à Omonia une grande concentration d'hôtels aux tarifs attractifs... mais la ville est grande, il y a du choix et on peut loger ailleurs que dans ce quartier...

Dans le quartier d'Exarchia

De prix moyens à plus chic

Orion et **Dryadès Hotels** *(plan d'ensemble détachable, E2, **43**) : 105, odos E. Bénaki, et 4, odos Dryadon, 114 73. ☎ 21-03-30-23-87 et 88. • orion-dryades.com • Juste à la hauteur du parc de Stréfi, dans le quartier étudiant. Ne pas y aller à pied avec ses bagages, ça grimpe sec. Bus nº 230 depuis Syndagma ou nº 813 depuis Omonia (arrêt « Kallidromiou »). Selon saison, standing et vue, doubles 30-65 € (les plus chères avec balcon et vue sur l'Acropole), quadruples 60-85 €. Petit déj 7 €. CB acceptées. Réduc de 5 % sur présentation de ce guide à partir de 2 nuits (pour des résas en direct sur le site de l'hôtel).* 2 hôtels très proches appartenant au même proprio. La clientèle y est plutôt lookée, l'hôtel *Dryadès* étant réputé pour recevoir des mannequins venant des quatre coins du monde. Ambiance jeune et agréable. L'autre intérêt essentiel réside dans la vue exceptionnelle sur l'Acropole (pour les chambres les plus chères). Beau *roof garden* où est installée la cuisine commune et où est servi le petit déj. Chambres de qualité supérieure dans l'hôtel *Dryadès,* avec terrasse, TV et AC, boiseries au plafond et belle salle de bains. Choisir de préférence une chambre au 1er étage avec balcon et vue sur l'Acropole. À l'*Orion,* confort correct également (les chambres ont été rénovées en 2013 et 2014). Également des *family rooms* à tarif intéressant.

Chic

Best Western Museum Hotel *(plan d'ensemble détachable, E2, **45**) : 16, odos Bouboulinas, 106 82. ☎ 21-03-80-56-11 à 13. • museumhotel.gr • Derrière le Musée national. Doubles env 65-80 €, avec petit déj (correspond au tarif réduit sur présentation de ce guide) ; familiales et suites à tarifs intéressants ; quadruples 100-125 €.* Une soixantaine de chambres confortables (AC, TV) dans un immeuble récemment remis à neuf. Bien placé (pas trop loin d'Omonia et du métro sans en avoir les inconvénients, Musée national et Exarchia à deux pas). À ces prix-là, cet établissement vaut bien mieux que certains hôtels médiocres et chers de Plaka.

Dans le quartier de Kéramikos

Plus chic

Jason Inn Hotel *(zoom détachable, B-C4, **54**) : 12, odos Assomaton, 105 53. ☎ 21-03-25-11-06 ou 21-05-20-24-91. • douros-hotels.com • Ⓜ Thissio. Selon saison, doubles 55-65 €, petit déj compris.* Chambres standard (AC, TV) sans charme, qui ne se distinguent guère de celles d'autres hôtels de même catégorie, mais le plus est dans l'emplacement : quartier peu touristique, à deux pas de l'Agora et à l'écart du passage (même si les voitures remontent odos Assomaton, peu de commerces dans la rue), avec des facilités pour se garer si l'on a une voiture. On prend le petit déj sur une terrasse avec vue sur l'Acropole.

Dans les quartiers de Monastiraki et des halles

De bon marché à prix moyens

Zeus Hostel *(zoom détachable, D3,* **60***) : 27, odos Sofokléous, 105 52. ☎ 21-03-21-15-51. • zeushostel.com • Ⓜ Omonia, mais il faut marcher un peu ensuite. Dortoir 9 €/pers ; double 28 €.* Une AJ privée très centrale, tenue par un Londonien. Simple et assez calme. Chambres doubles basiques ou dortoirs de 4 lits avec lavabo (clim en option). Salles de bains dans le couloir. Plutôt propre. Draps et serviettes fournis. Bar sur le toit. Un endroit très correct pour dormir en centre-ville à prix riquiqui.

De prix moyens à plus chic

Tempi Hotel *(zoom détachable, D4,* **67***) : 29, odos Éolou, 105 51. ☎ 21-03-21-31-75. • tempihotel.gr • Ⓜ Monastiraki. Selon saison, doubles env 38-55 € sans ou avec sdb.* Situé dans une rue piétonne, un modeste hôtel à l'atmosphère chaleureuse. Chambres simples, bien tenues, avec AC et TV. Certaines disposent d'un balcon. Une petite cuisine a été aménagée au 1er étage pour la préparation du petit déj ou d'un repas. Consigne gratuite pour les clients.

Hotel Carolina *(zoom détachable, D4,* **62***) : 55, odos Kolokotroni, 105 60. ☎ 21-03-24-35-51 ou 52. • hotelcarolina.gr • À proximité de Monastiraki. Double env 75 € en hte saison, petit déj compris.* Dans un immeuble ancien classique, où l'on a gardé un vieil ascenseur assez folklorique, hôtel complètement rénové en 2004. Chambres très agréables, joliment arrangées et bien équipées : AC, TV, frigo et double vitrage... Rue commerçante très active le jour mais calme la nuit. Bonne ambiance, patron sympathique et jovial.

Hotel Évripidès *(zoom détachable, C3,* **63***) : 79, odos Évripidou, 105 53. ☎ 21-03-21-23-01. • evripideshotel.gr • De la pl. Monastiraki, suivre odos Miaquli, puis odos Aristophanous. Doubles 40-55 € selon saison (tarif incluant 15 % de réduc sur présentation de ce guide), petit déj compris ; triples 55-70 €.* Moderne, sans charme particulier, mais assez bien tenu. Une soixantaine de chambres agréables, récemment rénovées, avec frigo et petit coffre. La patronne parle le français. Petit déj servi sur la terrasse panoramique, au 7e étage.

Plus chic

Attalos Hotel *(zoom détachable, C4,* **64***) : 29, odos Athinas, 105 54. ☎ 21-03-21-28-01 à 03. • attaloshotel.com • Ⓜ Monastiraki. Doubles 48-94 € selon saison et confort, petit déj 8 €.* Un hôtel de 78 chambres (dont des triples et quadruples à prix intéressant), rénovées récemment, propres, avec salle de bains, AC et TV. L'intérêt de l'établissement réside surtout dans son *roof garden* confortable, qui offre une vue panoramique sur Athènes. Certaines chambres sur rue (double vitrage) donnent sur l'Acropole.

Cecil Hotel *(zoom détachable, C3-4,* **65***) : 39, odos Athinas, 105 54. ☎ 21-03-21-70-79. • cecilhotel.gr • Ⓜ Monastiraki. Selon saison, doubles et twin 55-85 €, petit déj en sus.* Dans un bâtiment néoclassique (classé), une quarantaine de chambres plus ou moins spacieuses et confortables, hautes de plafond et claires. Salle de bains, AC et TV. Quelques grandes chambres pour 3 personnes. Quartier très animé à toute heure, essayez d'avoir une chambre qui donne sur l'arrière. Cet hôtel possède vraiment un charme en plus par rapport à ses concurrents.

Encore plus chic

Athens Center Square Hotel *(zoom détachable, C3,* **61***) : 15, Aristogitonos, 105 52. ☎ 21-03-22-27-06 (résas) ou 21-03-21-17-70 (hôtel). • athenscentersquarehotel.gr • À égale distance entre Ⓜ Omonia et Ⓜ Monastiraki. Doubles 95-125 €*

selon saison, petit déj-buffet compris. À côté des halles, donnant sur un marché vivant et coloré, ce nouvel hôtel abrite une bonne cinquantaine de chambres design d'un excellent niveau de confort (TV satellite, minibar, coffre, salle de bains rutilante...), réalisées dans des couleurs vives et estivales. Certaines, aux étages supérieurs, ont vue sur l'Acropole. Accueil courtois. Un bon choix dans cette catégorie, même si l'environnement, on l'a dit, laisse à désirer.

Fresh Hotel *(zoom détachable, D3, **74**) : 26, odos Sofokléous (à l'angle d'odos Klisthénous), 105 52. ☎ 21-05-24-85-11. • freshhotel.gr • Ⓜ Omonia. Doubles standard 88-113 €, petit déj compris ; promos intéressantes si résa par Internet.* Au cœur de l'Athènes industrieuse du quartier des halles, voici un établissement des plus tendance, design des pieds à la tête. Dès la réception, le ton est donné : le rose vinyle vous invite à oublier une ville aux couleurs souvent ternes. Chambres hyper confortables et claires (blanc zen, avec quelques touches de couleur), tout ce qu'il y a de plus branché, dans un style évoquant autant les années 1970 que le début du nouveau millénaire. Piscine sur la terrasse, au 9e étage, pas chauffée, et tant mieux, vraiment rafraîchissante ! Flanqué d'un bar vraiment agréable (et d'un resto chic), le tout offrant une vue sensationnelle sur la ville. Excellent petit déj.

Dans le quartier de Psiri

De bon marché à prix moyens

City Circus *(zoom détachable, C3, **56**) : 16, odos Sarri. ☎ 21-30-23-72-44. • citycircus.gr • Tte l'année. Dortoirs 4-6 lits 16-30 € selon saison. Doubles 45-90 €.* En bordure de Psiri, très bien située, une belle adresse typique des nouvelles AJ tendance, qui a rapidement et justement rencontré le succès (elle a ouvert en 2012). Déco originale, mais jamais lourde, sur le thème du cirque, meubles de seconde main ou faits maison. Petits dortoirs ou chambres privées et une belle salle commune pour se rencontrer et partager. Terrasse avec vue sur l'Acropole. L'adresse s'est très récemment agrandie par l'acquisition de la maison d'à côté, avec 9 nouvelles chambres s'ajoutant aux 11 initiales. Location de vélos. De plus, Nondas, le patron, est d'excellents conseils.

AthenStyle *(zoom détachable, C4, **55**) : 10, Agias Théklas, 105 54. ☎ 21-03-22-50-10. • athenstyle.com • Ⓜ Monastiraki. Juin-sept, dortoirs 18-26 €/pers (petit déj léger compris), doubles 70-84 €.* Hall d'entrée avec une balancelle et des tables et chaises dépareillées, un petit bar et quelques livres. Propose des dortoirs de 4 et 6 lits, avec casiers et sanitaires, ainsi qu'une dizaine de chambres privées, assez chères, certes, mais tout confort (TV écran plat, kitchenette, coffre, etc.) et avec balcon donnant sur... l'Acropole. Sinon, bar-resto sur le toit (là encore avec vue !) très sympa et où règne une bonne ambiance. Billard, bornes Internet et projection de films en sous-sol, cuisine et machines à laver. Consigne à bagages avec casiers. La gérante, Sophie, se débrouille bien en français.

Encore plus chic

Arion Hotel *(zoom détachable, C3, **75**) : 18, odos Agiou Dimitriou, 105 54. ☎ 21-03-24-04-15 ou 21-03-21-67-77 (résas). • arionhotel.gr • Ⓜ Monastiraki. Doubles 126-166 €, petit déj compris.* Fraîchement remis à neuf, chambres stylées à la déco moderne, genre *design hotel.* Rue plutôt calme dans ce quartier animé, très près de Monastiraki. Belle terrasse sur le toit, sans ombre (dommage, le petit déj ici ne serait pas si mal), mais avec la vue dégagée sur l'Acropole.

Ochre and Brown Boutique Hotel *(zoom détachable, C4, **77**) : 7, odos Leokoriou. ☎ 21-03-31-29-40. • oandbhotel.com • Tte l'année. Doubles standard 170-200 € env ; surveiller les offres sur Internet. Menu 28 €.* À l'arrivée, plus d'un client se sera demandé si le chauffeur du taxi ne s'est pas trompé de rue... Eh bien non ! L'*O&B* (pour les intimes) se cache bien dans cette rue sans grâce (euphémisme) typique de Psiri, au milieu des boutiques ou ateliers plus ou moins fermés. Chambres plus ou moins grandes (leur taille augmente quand on monte les étages, les tarifs aussi !), à la déco impeccable. Confort comme attendu dans un boutique-hôtel qui n'usurpe pas son appellation. Et, comme il se doit aussi, service au top. Restaurant de qualité.

Dans les quartiers de Plaka et Syndagma

De bon marché à prix moyens

The Student's and Traveller's Inn *(zoom détachable, D5,* ***66****)* **:** *16, odos Kidathinéon, 105 58. ☎ 21-03-24-48-08 et 88-02. • studenttravellersinn.com • Ⓜ Akropolis. Tte l'année, tlj, 24h/24. Même proprio qu'à l'*Hostel Victor Hugo *(AJ également affiliée à la Fédération internationale, mais carte de membre non exigée). Selon saison, compter 13-16 € en dortoir 8 lits, 15-25 € en quadruples avec sdb commune ou privée ; doubles avec ou sans sdb env 30-50 €/pers. CB acceptées pour 2 nuits min.* Dans une vieille demeure en plein cœur de Plaka, ce qui se paie. Endroit connu, donc assez bondé mais plutôt bien tenu. Pièces très petites. Lavabo et AC dans chaque chambre. Également des chambres triples. Certaines possèdent un grand balcon agréable. Cuisine et salle de petit déj toute neuves, ainsi qu'un bar dans une courette ventilée. Salle de fitness. Vente d'excursions ou de tickets de ferry. Bien à l'abri du boucan du quartier grâce au double vitrage.

Hotel Phaédra *(zoom détachable, D5,* ***68****)* **:** *16, odos Chéréfondos (à l'angle d'Adrianou et Lyssikratous), 105 58. ☎ 21-03-23-84-61. • hotelphaedra.com • Ⓜ Akropolis. En hte saison, doubles env 55-65 € avec sdb (privée) de l'autre côté du couloir (ou avec sdb dans la chambre, mais sans vue ni balcon) et env 75 € avec sdb dans la chambre.* Une vingtaine de chambres sur 3 niveaux, récemment refaites. Literie correcte, déco très sobre. La superficie des chambres est variable. Outre sa situation très pratique, le plus de cet hôtel est sa terrasse, face à l'Acropole, où l'on peut prendre le petit déj (mais il faut aller chercher son plateau en bas).

Plus chic

Hotel Adonis *(zoom détachable, D5,* ***70****)* **:** *3, odos Kodrou, 105 58. ☎ 21-03-24-97-37. • hotel-adonis.gr • Entre Ⓜ Syndagma et Ⓜ Akropolis. En hte saison, double 80 €, petit déj compris.* Très bien situé, dans une rue piétonne de Plaka. Chambres avec douche, balcon ou terrasse et téléphone. Peinture récente et mobilier très correct, mais salles de bains moyennes. Petit déj servi dans une salle à moitié en terrasse avec vue superbe sur l'Acropole et le Lycabette.

Encore plus chic

Amazon Hotel *(zoom détachable, D4,* ***73****)* **:** *19, odos Mitropoléos et 7, odos Pentelis, 105 57. ☎ 21-03-23-40-02 à 05. • amazonhotel.gr • Ⓜ Syndagma. Doubles 100-112 € selon saison, petit déj inclus.* Un hôtel tout beau, tout frais et idéalement placé (Syndagma est à deux pas). Une cinquantaine de chambres confortables (AC, TV), refaites à neuf, aux couleurs pastel. Déco soignée. Double vitrage. Bon petit déj servi dans une salle claire.

Adrian Hotel *(zoom détachable, D4,* ***76****)* **:** *74, odos Adrianou. ☎ 21-03-22-15-53. • douros-hotels.com • Tte l'année. Avr-oct, double standard 115 € (130 € pour les supérieures), petit déj compris.* Le mérite principal de cet hôtel très classique est de se trouver au cœur de Plaka (et son animation). Les chambres n'offrent pas plus de surprise que la façade avec ses petits balcons alignés. De mai à octobre, petit déjeuner pris sur la terrasse, avec vue sur l'Acropole.

Hotel Plaka *(zoom détachable, D4,* ***72****)* **:** *7, odos Kapnikaréas et Mitropoléos, 105 56. ☎ 21-03-22-20-96. Résas : ☎ 21-03-22-27-06. • plakahotel.gr • Ⓜ Monastiraki. Selon* *saison, doubles env 90-145 €, petit déj compris.* Bien situé et d'un confort sans faille. Dispose de 67 chambres agréables avec salle de bains, AC, téléphone, TV, frigo et sèche-cheveux. Seulement 8 chambres avec vue, à réserver bien à l'avance. Très propre. *Roof garden* avec superbe panorama sur Plaka et l'Acropole. Même direction à l'**Hermes Hotel** *(19, odos Apollonos ; zoom détachable, D4 ; ☎ 21-03-23-55-14 ; mêmes tarifs).*

Au sud de l'Acropole (quartier de Koukaki/ Makrygianni)

De bon marché à prix moyens

Athens Backpackers *(plan d'ensemble détachable, D6,* ***33****) : 12, odos Makri, 117 41. ☎ 21-09-22-40-44. • backpackers.gr • Ⓜ Akropolis. Ouv tte l'année, 24h/24. Compter 14,50-25 €/pers en dortoir 6 lits et 16-27 € en chambre 3-4 lits, petit déj inclus.* Une AJ privée sur 5 niveaux (ascenseur). Dortoirs climatisés. Il existe aussi de nouveaux dortoirs « de luxe » avec cuisine et salle de bains intérieure pour le même prix. Hyper propre. Très bien placé (Plaka à deux pas) et pourtant au calme. Bar et terrasse sur le toit. Organise des tours guidés. Adresse très courue chez les Anglo-Saxons (le manager vient d'Australie), conviviale et d'un rapport qualité-prix difficile à battre : selon nous, c'est la plus confortable des AJ de la ville. Cette AJ gère également l'adresse suivante :

Athens Studios *(plan d'ensemble détachable, D6,* ***31****) : 3A, odos Veikou. ☎ 21-09-23-58-11. • athens studios.gr • Tte l'année. Selon standing et saison, apparts pour 2 pers 60-95 €, 4 pers 70-120 € et 6 pers 80-140 €.* Rapport qualité-prix inouï pour ces appartements récents et climatisés pouvant loger jusqu'à 6 personnes. Salon avec TV, salle de bains et cuisine. Laverie automatique sur place.

Prix moyens

Marble House Pension *(plan d'ensemble détachable, C6,* ***47****) : à la hauteur du 35, odos Zinni, 117 41. ☎ 21-09-23-40-58. • marblehouse.gr • Ⓜ Syngrou-Fix. Fermé janv-fév. En hte saison, doubles 40-45 € (tarifs incluant la remise faite sur présentation de ce guide). L'hiver, on peut louer au mois ; tarifs à négocier.* Au fond d'une impasse calme et bordée de clémentiniers, dans une maison particulière qui a gardé un certain cachet, 16 chambres à prix très raisonnables. Quartier calme, à 10-15 mn seulement de l'Acropole. AC dans toutes les chambres depuis 2014 *(supplément 5 €).* Une bonne petite adresse, certes modeste, mais offrant un honnête rapport qualité-prix. Chambres triples ou quadruples à prix intéressants.

Plus chic

Art Gallery Hotel *(plan d'ensemble détachable, C6,* ***49****) : 5, odos Érechthiou, 117 42. ☎ 21-09-23-83-76. • artgalleryhotel.gr • Ⓜ Akropolis ou Syngrou-Fix. Doubles 50-80 €. Remise de 5 % sur présentation de ce guide.* Dans une maison de famille bourgeoise (l'adorable propriétaire y est née), décorée de nombreux tableaux, ce petit hôtel d'une vingtaine de chambres possède une touche artistique indéniable et une ambiance qu'on n'a trouvée nulle part ailleurs à Athènes. Chambres plutôt spacieuses, avec AC et TV, certaines avec vue sur l'Acropole. Petit déj servi au 4e étage dans la *gallery*, ancien atelier où travaillait la tante de la proprio, peintre de son état.

Encore plus chic

Acropolis Hill *(plan d'ensemble détachable, C6,* ***32****) : 7, odos Mousson, 117 42. ☎ 21-03-21-67-77 (central de résa) ou ☎ 21-09-23-51-51. • acropolishill.gr • Ⓜ Syngrou-Fix, puis remonter odos Drakou. Doubles 90-120 €.* Perché sur le flanc de la colline de Philopappou, au bord d'un quartier résidentiel, cet hôtel moderne propose des chambres design et tout confort (clim, coffre...) malgré leurs salles de bains étroites. Toutes s'ouvrent sur un balcon et, bien sûr, plus on grimpe dans les étages, meilleure est la vue. Sur le toit, terrasse panoramique, un œil sur la mer, l'autre sur la pinède de Philopappou.

Philippos Hotel *(plan d'ensemble détachable, D6,* ***50****) : 3, odos Mitséon, 117 42. ☎ 21-09-22-36-11. • philipposhotel.gr • Ⓜ Akropolis. Selon saison, doubles 75-130 €, petit déj compris. Réduc de 10 % sur présentation de ce guide (pour les résas en direct).* Dans un quartier plutôt agréable, un hôtel de 50 chambres à la décoration austère, sans charme aucun. AC, TV, frigo et sèche-cheveux. Très propre. Certaines chambres ont vue sur l'Acropole. Petit patio où sont disposées quelques tables. Ceux qui trouveraient que l'hôtel n'est pas assez chic pourront aller à l'hôtel ***Hérodion*** *(4, odos R. Galli, en remontant la rue Mitséon ; ☎ 21-09-23-68-32 ; doubles 90-160 €, petit déj compris).* Même gestion, mais prestations et tarification supérieures.

Parthenon Hotel *(plan d'ensemble détachable, D5,* ***48****) : 6, odos Makri, 117 42. ☎ 21-09-23-45-94. • airotel.gr • Ⓜ Akropolis. Doubles env 78-122 € selon saison, petit déj compris.* Un hôtel classique, idéalement placé à deux pas du nouveau musée de l'Acropole et de Plaka. Chambres pas forcément très grandes mais confortables (AC, TV, frigo). Tarifs intéressants pour les chambres familiales. 2 autres hôtels (*Stratos Vassilikos* et *Alexandros,* tous deux pas loin du Megaron Moussikis), appartiennent à la même chaîne et sont un peu plus chers.

Dans le quartier de Pangrati

Bon marché

Youth Hostel Pangrati *(plan d'ensemble détachable, G6,* ***51****) : 75, odos Damareos ; 116 33. ☎ 21-07-51-95-30. • athensyhostel.com • Au sud-est du stade olympique, entre les rues Pyrrou et Frinis. À 1,6 km de Syndagma ; bus nos 209 et 210, arrêt « Filolaou » ; trolleys nos 2 et 11. Entrée indiquée par un discret autocollant de la* Greek Youth Hostel Organization, *non affiliée à la Fédération internationale. Ouv tte l'année. Compter 10-12 €/pers selon saison ; draps fournis, mais pas les serviettes. Réduc de 5 % sur présentation de ce guide.* Accueil très sympa de Yannis Triandafyllou, qui parle 6 langues (mais pas le français). Capacité de 80 personnes environ, en dortoirs de 5 à 9 lits. L'ensemble est plutôt spartiate et on s'y entasse un peu les uns sur les autres, mais ça reste un bon port d'attache pour les fauchés. Sanitaires propres. Salle TV. Pas de petit déj, mais cuisine mise à disposition. Machine à laver.

Où camper dans les environs ?

Pas de camping central à Athènes. En plus des 2 indiqués ci-dessous, il en existe quelques autres en Attique, plus éloignés : à Péristéri, sur la route de Corinthe (*Athens Camping,* 198, léoforos Athinon), à Rafina (voir le passage consacré à cette ville), après Marathon (*Ramnous Camping,* sans aucun doute le plus agréable) et vers le cap Sounion, le *camping Bacchus* (voir plus loin « Dans les environs d'Athènes »).

Camping Néa Kifissia : *60, odos Aigiou Potamou et Dimitsanis, à Adamès, quartier de* ***Néa Kifissia,*** *145 64. ☎ 21-08-07-55-79. • campingneakifissia.gr • Accès depuis le métro (ligne 1, terminus nord) ; ensuite, de la station, prendre le bus n° 522 (ou le 523) et demander l'arrêt au chauffeur. En voiture, compter 16 km du centre d'Athènes ; accès depuis la route nationale pour Lamia-Thessalonique ; sortir à Kifissia, faire demi-tour au rond-point pour repasser sous la nationale et c'est tt droit (fléché). Tte l'année. Env 26 € pour 2 avec tente et voiture. CB refusées.* Sans aucun doute le meilleur des campings dans les environs d'Athènes. Situé pas loin de Kifissia, le quartier résidentiel d'Athènes, dans un environnement verdoyant. Peu de monde (seulement 66 emplacements), propre et paisible. Bien équipé, avec piscine et jacuzzi. Il arrive qu'il soit fréquenté par des groupes (pas spécialement calmes quand il s'agit, par exemple, de jeunes dont c'est le dernier soir en Grèce), mais ces groupes sont alors installés dans un coin à part du camping. Accueil en français.

⛺ ***Camping Dionissotis :*** *Néa Kifissia (145 64), dans les environs de l'échangeur de Varibobi.* ☎ *21-08-00-15-12.* • *campingdionissotis.gr* • *On peut s'y rendre en métro depuis le centre d'Athènes : à l'arrêt Kifissia, prendre le bus n° 560. En voiture, c'est à 18 km du centre ; sur la route nationale (Ethniki Odos), sortir au pont ou échangeur de Varibobi (c'est indiqué). Tte l'année. Env 23 € pour 2 avec tente et voiture. Wi-fi Sur présentation de ce guide, réduc de 10 % à partir de 3 j.* Bon équipement, sanitaires correctement entretenus. Ombre généreuse donnée par de grands pins. Taverne, piscine. Choisissez les emplacements les plus éloignés de la route.

Où manger ?

On vous propose ici une sélection de *tavernès, psistariès* (restos spécialisés dans les grillades) ou *mézédopolia* (spécialisés, eux, dans les *mezze* dont on peut faire un repas complet). Certaines adresses de notre rubrique « Où boire un verre ? » proposent également à manger.

Il est évidemment possible de manger sur le pouce un *gyros* ou un kebab, vous en trouverez à peu près partout. Sont réputés deux enseignes sans rapport l'une avec l'autre mais portant le nom : ***Kostas*** *(zoom détachable, D4), 2, odos Agias Irinis, lun-ven 9h-17h.* Et donc ***Kostas*** *(zoom détachable, D4), odos Pentelis, juste à côté de l'*Amazon Hotel, *lun-sam 9h-15h.*

Si vous préférez acheter de quoi vous préparer un repas, il existe plusieurs supermarchés (voir les « Adresses utiles » plus haut), pas dans l'hypercentre touristique, mais à proximité. Quelques commerces de détail également dans Plaka, mais plus chers.

Les bonnes boulangeries existent aussi, par exemple sous l'Acropole, ***O Takis,*** à l'angle des rues Zitrou et Missaraliotou *(plan d'ensemble détachable, D6).* Grand choix, le matin, de gâteaux (goûtez le cake cappuccino), de *pittès,* de petits sandwichs (excellents !), de pains fantaisie, etc. Autres boulangeries : ***Vénétis,*** *13, odos Sarri, à l'angle avec Ag. Anargyron, à l'extrémité de Psiri (zoom détachable, C3),* ou ***Vénéti Food Hall,*** *33, odos Athinas (zoom détachable, C4).* On peut aussi composer son sandwich à la pâtisserie-boulangerie ***Athinaïkon,*** *30, odos Voulis (zoom détachable, D4)* et trouver au même endroit un bon choix de *pittès* diverses. Dans la même rue, au 10, ***Ariston*** *(zoom détachable, E4)* avec un grand choix sucré-salé.

Pour changer du régime grec et manger des *bagels* sur le pouce ou d'autres petites choses sucrées, rendez-vous chez ***Amandine (Bagels & Gourmandise),*** *13, odos Nikis, à deux pas de Syndagma (zoom détachable, E4 ; lun-ven 8h30-19h30, sam 8h30-18h),* tenu par une jeune Française installée depuis quelques années à Athènes, sympathique et pas avare en renseignements...

Bon à savoir, les cartes de paiement sont le plus souvent refusées.

Dans Plaka

Ça va du pire au meilleur. De l'usine à touristes, capable d'enfourner cinq groupes, jusqu'à la petite gargote, servant le populaire *souvlaki.* Entre les deux, tout établissement distillant du *bouzouki,* avec danseurs une table entre les dents, peut être considéré comme aussi typique que les restos de la place du Tertre à Montmartre. Votre choix s'effectuera donc selon vos propres critères et selon votre flair pour humer l'arnaque possible. Il reste cependant quelques tavernes qui conservent quelque chose de naturel, de sympa, et qui ne font pas systématiquement la guerre aux voisins pour se voler les clients. Comme on peut s'en douter, elles ne sont pas situées dans les rues les plus passantes ; elles auraient même tendance à chercher les coins à l'écart. Certains de ces restos sont fermés en août.

De bon marché à prix moyens

|●| ***Paradosiako Oinomageirio*** *(zoom détachable, D4-5,* ***93****) :* *44A, odos Voulis.* ☎ *21-03-21-41-21. Repas 10-15 €.* Le genre de petit resto tout simple, à l'ancienne. Une poignée de tables dans une minisalle climatisée ou sur le trottoir, sous des arcades. Nourriture pas chère du tout. Service aimable et naturel. Les mêmes proprios possèdent une annexe joliment décorée et située un peu plus haut, à l'angle d'Apollonos et de Skoufou.

|●| ***Scholarchio Ouzeri Kouklis*** *(zoom détachable, D5,* ***111****) :* *14, odos Tripodon.* ☎ *21-03-24-76-05. Tlj 11h-2h. Env 14 €/pers.* On vous apporte un grand plateau avec une quinzaine de plats (entrées froides et plats de résistance) et vous composez vous-même votre repas. Très touristique mais pas désagréable. Beaucoup d'animation, les plateaux passent et repassent... Préférable d'arriver tard, à l'heure où se pointent les Grecs.

|●| ***To Kafenio*** *(zoom détachable, D5,* ***110****) :* *1, odos Epicharmou.* ☎ *21-03-24-69-16. Midi et soir, tlj. Compter 12-15 €.* En plein quartier touristique, une adresse dont la toute petite terrasse suit la pente mais qui dispose aussi d'une belle salle pour la mi-saison ou pour quand l'orage gronde. La *sfoliata* (feta au miel), les petits *keftedès* de veau, la *fava tou Nikola,* et plein d'autres *mezze,* tout est très bon et se mange sans effort, sans trop alourdir l'addition. Bon accueil.

De prix moyens à plus chic

|●| ***Palia Taverna tou Psara*** *(zoom détachable, D5,* ***114****) :* *16, odos Érechthéos et Érotokritou.* ☎ *21-03-21-87-33. Tlj 12h-1h. Repas env 15-25 €.* Taverne fondée en 1898, une des plus anciennes de Plaka. Plusieurs terrasses dans les coins et recoins, et plusieurs salles (l'établissement a racheté le voisin !). Cuisine traditionnelle avec tous les grands classiques grecs et grillades. Beau choix de vins grecs. Dommage, en haute saison, qualité et service se ressentent de l'affluence.

À Monastiraki et Psiri

Entre la place Monastiraki et la rue Mitropoléos *(zoom détachable, C-D4),* c'est le coin des *souvlakia* et des kebabs. Chez ***Thanassis*** (« Mac Thanassis » pour les Athéniens), contentez-vous d'un *sis kebab.* En fait, Monastiraki étant hyper touristique, difficile d'espérer y trouver une cantine agréable. En revanche, Psiri, un ancien quartier d'artisans à 5 mn de Monastiraki, est devenu en quelques années un des endroits les plus fréquentés d'Athènes pour ses restos, presque tous des *mézédopolia.* On les compte par dizaines. Ces restos ne sont pas forcément plus chers que ceux de Plaka, et ils offrent souvent des plats plus originaux. De plus, leurs décors rivalisent d'imagination : on se croirait parfois dans un parc d'attractions. Pour manger sur le pouce, bons *souvlakia* chez **Nikitas** (odos Agion Anargyron ; *zoom détachable, C4*). Possibilité également d'y manger assis.

Prix moyens

|●| ***Ivis*** *(zoom détachable, C4,* ***95****) :* *19, odos Apostoli, à l'angle d'odos Ivis.* ☎ *21-03-23-25-54. Slt le soir en sem, midi et soir le w-e. Env 10-15 €.* On aime bien ce troquet aux petites tables carrées et chaises en bois débordant sur le trottoir ou installées dans une petite salle ornée de bric et de broc. Pas de carte, la serveuse annonce oralement le menu, qui se réduit à de fort bons *mezze* genre calamars grillés, purée de fèves, anchois, pommes de terre au yaourt, ou encore la *lebaneziki,* une salade onctueuse de tomate et fromage mélangés, un petit délice !

Ambiance très relax.

Oréa Pendeli *(zoom détachable, C4, **94**) : sur la pl. Iroon, à l'angle d'Aeschylou et Aristofanous. ☎ 21-03-21-86-27. Repas 12-20 €.* Un vieil établissement qui officie depuis 1830, quand les artisans du coin venaient s'y restaurer. Le roi Othon Ier y aurait même eu ses habitudes (oui, il semble qu'il ait aimé la compagnie du peuple, même s'il préférait rester incognito !). Aujourd'hui, ça pourrait être un piège à touristes dans les règles, mais force est de constater qu'on y mange bien et pour vraiment pas trop cher. Nombreux *mezze*, et une liste de suggestions du jour parmi lesquelles des mets rarement proposés ailleurs. Et pour une fois, les plats de poisson sont plus qu'abordables. Belle petite carte des vins pour couronner le tout.

Kalipatira *(zoom détachable, C4, **115**) : 8, odos Astingos. ☎ 21-03-21-41-52. Tlj lun midi et jeu midi. Env 12-15 €/pers.* Grande variété de *mezze* avec ouzo et de plats typiques bien préparés. *Bifteki* servi avec une crème mélangeant plusieurs fromages, bon *bekri-mezze*. Service très rapide. Parfois des musiciens live (discrets). Terrasse sur une rue pavée jouxtant des ruines malheureusement mal mises en valeur.

Mama Roux *(zoom détachable, D4, **106**) : 48-50, odos Éolou 48-50. ☎ 21-30-04-83-82. Compter 10-12 €/pers. Fermé le soir. Congés : août. CB refusées.* Pour changer un peu de la cuisine grecque, quelques échappées sur des saveurs orientales ou mexicaines. Terrasse à l'écart du passage incessant de la rue piétonne Eolou (on est tout près du marché). Sert également les petits déj *(10h-12h30)*. Ambiance sympa, bonne musique et parfois des concerts.

Evcharis *(zoom détachable, C4, **117**) : 49A, odos Adrianou. ☎ 21-03-22-63-30. Env 12-15 €/pers.* Dans cette rue où les tavernes se succèdent, *Evcharis* est la dernière en allant vers l'Acropole et le quartier de Monastiraki. Service gentil et des portions très copieuses, notamment plusieurs *pikiliès* (grandes assiettes variées), dont la *pikilia* de poissons, impressionnante et d'une grande fraîcheur.

To Krassopoulio tou Kokkora *(zoom détachable, C4, **119**) : 4, odos Ésopou. ☎ 21-03-21-15-56-14. Fermé en août. Formule à 10 € ; sinon env 12-15 €/pers.* On mange en terrasse (rue piétonne) ou en salle. La déco de la salle mérite un coup d'œil (vieilles gravures de mode, appareils photo ou horloges en provenance des puces de Monastiraki). Côté assiette, quelques plats qui lorgnent vers l'Asie Mineure *(soutzoukakia smyrnéika, kebab anatolis yiaourtlou)* et de nombreux *mezze*. Bon accueil.

Dia Tafta *(enseigne en grec : Δια Ταύτα ; zoom détachable, C4, **113**) : 37, odos Adrianou. ☎ 21-03-21-23-47. Face à l'Agora. Compter 15-20 €/pers.* Dans ce coin hyper touristique où se succèdent les terrasses, un *mézédopolio* honnête proposant des plats comme la *tigania* (poêlée de porc), la *formaella* (fromage servi chaud) ou les classiques *biftekia*, ainsi que quelques plats du jour. Grande salle pour se mettre à l'écart du passage. En saison, musique le soir *(jeu-sam)*.

Plus chic

Gastronomy Museum Restaurant *(zoom détachable, C4, **118**) : 13, odos Agiou Dimitriou. ☎ 21-03-21-13-11. • gastronomymuseum.gr • Fermé lun. Menu fixe (4 plats) 20 €.* Une initiative récente (2014), animée par 4 jeunes Grecs enthousiastes qui cherchent à faire connaître une autre cuisine grecque que celle généralement proposée. Le menu, de bonne tenue, s'inspire d'une tradition ancienne et sérieuse, loin des facilités mercantiles. Bâtiment néoclassique rénové pour l'occasion, avec une expo temporaire dans les pièces du rez-de-chaussée (entrée libre). À l'étage, vente de (bons) produits. On mange soit en salle soit dans une petite cour intérieure. Cours de cuisine également et d'autres initiatives sont annoncées.

Dans le quartier de Thissio

De prix moyens à plus chic

To Stéki tou Ilia *(plan d'ensemble détachable, B4, **91**) : 5, odos*

Eptachalkou. ☎ 21-03-45-80-52. Dans une rue tranquille en surplomb de la ligne de métro, près de la station Thissio. Le soir slt, tlj sf dim. Env 12-15 €/pers. On mange désormais dans un « jardin », à l'écart de la rue, qui jouxte une curieuse chapelle posée sur un rocher. Clientèle de fidèles qui viennent les yeux fermés dans cette taverne-*psistaria* spécialisée dans les côtelettes d'agneau *(païdakia)* au kilo. C'est d'ailleurs pour cela qu'on y va, même si d'autres grillades sont proposées. Si c'est fermé, continuez la rue sur 400 m jusqu'à ce qu'elle devienne odos Thessalonikis ; au n° 7, vous tomberez sur l'établissement jumeau, portant le même nom *(☎ 21-03-42-24-07 ; fermé lun).*

|●| ***Philistron*** *(plan d'ensemble détachable, B5,* ***92****) : 23, odos Apostolou Pavlou et odos Pnikos. ☎ 21-03-42-28-97. Tte l'année, midi et soir, sf lun juin-fin août. Env 25 €/pers.* Rafraîchissant et bien situé. Belle terrasse bien fleurie à l'étage *(roof garden),* avec vue imprenable sur l'Acropole. Cuisine de qualité (de nombreux *mezze*) et originale (on ne trouvera pas ici le sempiternel *souvlaki*). Bons desserts. Très bon service.

Dans le quartier de Gazi

Gazi, quartier de l'ancienne usine à gaz transformée en lieu de culture et rebaptisée *Technopolis,* est en train de devenir un haut lieu de la branchitude, faisant une concurrence effrénée à Psiri. Accès facile en métro (ligne 3) depuis l'ouverture de la station Kéramikos ; sinon, bus n°s 811, 838, 914 et G18 au départ d'Omonia. Bars tendance et boîtes pullulent sur la grande place. Chacun s'efforce d'être le plus design, le plus à la mode possible : du coup, ça finit par manquer cruellement d'originalité ! Beaucoup d'ambiance le soir (le midi, c'est quasi désert), mais les restos sont réservés à ceux qui en ont les moyens.

De bon marché à plus chic

|●| ***Kandavlos*** *(plan d'ensemble détachable, A4,* ***104****) : 49, odos Perséphonis. ☎ 21-03-42-47-25. Tlj. Moins de 10 €.* Virevoltant de table en table sous les lampions pendus aux arbres, les serveurs en tablier distribuent à la chaîne *souvlakia, gyros* et salades ultra-copieux. Sympa pour caler un creux, entre 2 cocktails sirotés dans un des nombreux bars de l'autre côté du square.

|●| ***Sardellès*** *(plan d'ensemble détachable, A4,* ***101****) : 15, odos Perséphonis. ☎ 21-03-47-80-50. Tlj midi et soir. Env 20-25 €/pers.* Déco blanc crème, sur le thème de la mer, omniprésent jusqu'aux toilettes. En guise de nappe, du papier à emballer le poisson ! *Sardellès,* en grec, ce sont les sardines et le resto en propose bien sûr, comme de l'excellent calamar grillé *(thrapsalo).* Pour les mangeurs de viande, *The Butcher,* juste à côté : c'est la même maison !

|●| ***Kanella*** *(plan d'ensemble détachable, A3,* ***123****) : 70, odos Konstantinoupoléos, à l'angle d'odos Evmolpidon. ☎ 21-03-47-63-20. Tlj midi et soir. Compter 15 €/pers.* Dans ce quartier de Gazi où fourmillent les adresses, *Kanella* se distingue par sa devanture (des bouteilles colorées trônant dans la vitrine), mais aussi et surtout par la variété des plats proposés sortant des sentiers battus : salade méditerranéenne, *pligourosalata* (avec du boulgour et des oranges), *dolmadès* à la crétoise, petits foies, etc. Dans tous les cas, parts généreuses. Excellent accueil.

|●| ***Seychelles*** *(zoom détachable, C3,* ***116****) : 49, odos Keramikou. ☎ 21-18-83-47-89. Tlj midi et soir. Compter 12-15 €/pers.* Dans un quartier un peu au-delà de Psiri, qui dispose pas mal d'adresses intéressantes, ces Seychelles-là proposent une belle carte de *mezze.* Cuisine ouverte, ambiance rendez-vous d'amis, clientèle trentenaire, Quelques tables à l'extérieur mais le spectacle est plutôt à l'intérieur. Parts copieuses (*mezze,* viandes surtout), rapport qualité-prix remarquable. Musique le dimanche.

Autour des halles

Les halles d'Athènes vivent comme au temps de celles de Paris avant qu'elles n'émigrent à Rungis. Les artisans et commerçants du coin y travaillent, y habitent et... y mangent ! On y trouve quelques restos vraiment populaires, où les seuls étrangers qui s'y aventurent sont ceux qui ont les mêmes mauvaises lectures que vous. Certaines zones sont toutefois à éviter le soir, on est ici tout près d'Omonia qui, comme on a dit plus haut (voir « Où dormir ? »), est un quartier franchement malfamé.

De bon marché à prix moyens

I●I *I Ipiros* *(zoom détachable, D3, **121**) : 4, odos Filopiménos ; à l'intérieur des halles. ☎ 21-03-24-07-73. Sur odos Éolou, entrer à gauche dans les halles à hauteur du n° 81. Lun-sam 24h/24, dim fermé 6h-18h ; juil-oct, fermé 20h-10h du mat. Compter 12-15 €. CB refusées.* Situé juste à côté des étals de nourriture... cœurs sensibles, s'abstenir, car l'odeur de bidoche pourra donner la nausée à plus d'un... Quelques plats vraiment goûteux, entre autres l'*arni* (agneau) en fricassée et, évidemment, la spécialité des halles, la *patsas* (soupe aux morceaux de viande).

I●I *Klimataria* *(zoom détachable, C3, **120**) : 2, pl. Théatrou, à l'autre bout de la rue (odos Théatrou) qu'il faut continuer en venant du marché, car elle tourne à angle droit sur la gauche. ☎ 21-03-21-66-29. Midi et soir, tlj sf dim. Env 10-15 €/pers.* Une taverne véritablement traditionnelle, qui date de 1927 ! Lieu rare à Athènes... Difficile, en tout cas, de trouver accueil plus souriant et cadre plus chaleureux : plantes qui pendouillent au plafond, tonneaux sagement rangés contre les murs de pierre, couleurs vives, voilà pour le décor. La cuisine est de type familial, simple et pas cher. Le tout baigne dans une ambiance musicale de bon aloi, avec, de temps à autre, des groupes qui viennent jouer dans un coin de la salle. Chouette endroit.

I●I *Ston Meïdani* *(zoom détachable, C3, **122**) : 3, odos Sokratous. ☎ 21-03-24-90-73. Tlj sf dim, jusqu'à 19h. Env 10-12 €/pers. CB refusées.* Un petit resto de quartier, où viennent les commerçants des halles. Propre et accueillant (clim de rigueur : on mange en salle). On y propose une longue carte classique avec, en plus, un bon choix de plats du jour où l'on pêche de très bonnes choses. Service rapide.

Près de Syndagma

De prix moyens à plus chic

I●I *Fasoli-Olymbos Naoussa* *(zoom détachable, D4, **126**) : 32, odos Perikléous. ☎ 21-03-23-73-61. Tlj sf dim, 12h-18h. Env 10-15 €/pers.* Espace ouvert et agréable, avec des tables débordant sur la rue sous un grand auvent blanc. La cuisine est intégrée à la salle et les suggestions du jour sont exposées derrière un comptoir vitré, ce qui facilite d'autant plus le choix. Sinon, il y a la carte avec des salades peu chères et des plats tels que les pâtes au fromage chypriote, le poulet au cognac, les *schnitzels* géants... Tout cela est bien bon et, en plus, l'accueil est jeune et sympa !

I●I *O Tzitzikas kai o Mermygas* *(zoom détachable, E4, **112**) : 12-14, odos Mitropoléos. ☎ 21-03-24-76-07. À deux pas de la pl. Syndagma. Tlj sf dim. Compter 15-25 €/pers.* Un resto récemment implanté dans le centre (après avoir rodé la formule dans des quartiers périphériques d'Athènes). Plein de bonnes choses dans l'assiette : la carte, originale, change assez souvent, mais quelques constantes s'y retrouvent, comme les plats de viande (excellents *keftédès*). Sortez des sentiers battus et goûtez par exemple la *pougakia* (*pita* au fromage, crevettes et aneth) ou le millefeuille de légumes. Excellents desserts.

Près d'Omonia

Prix moyens

I●I *Athinaïkon* *(zoom détachable, D3, **124**) : 2, odos Thémistokléous (et Panépistimiou). ☎ 21-03-83-84-85. Service 11h30-minuit, tlj sf dim. Fermé en août. Repas 15-20 €. CB refusées.*

Ancienne taverne populaire, qui n'a pas changé de cadre depuis 1932, sauf l'AC bien entendu, qui n'est pas d'origine. Salle avec mezzanine. Excellente atmosphère. Réputé pour ses *mezze*, brochettes d'agneau, foies de veau, *souvlakia* d'espadon, calamars, cuisinés avec un savoir-faire indéniable. A récemment eu la bonne idée d'ouvrir une seconde adresse plus centrale, *34, odos Mitropoléos (zoom détachable, D4 ; tlj sf dim soir).*

Autour d'Exarchia

De bon marché à prix moyens

|●| ***Kimatothrafstis*** *(zoom détachable, E2,* ***105****) : 49, odos Harilaou Trikoupi (à l'angle de odos Valtetsiou). ☎ 21-30-30-82-74. Tlj à partir de 13h. Compter 3,50 ou 7 €/pers selon l'appétit.* Un nom compliqué (« brise-lames »), mais un concept simplissime : 2 prix pour 2 tailles d'assiettes, que l'on fait garnir au choix (et à ras bord) parmi la ribambelle d'entrées froides, de plats cuisinés et de grillades du jour (poisson, dinde, cochon de lait)... Très bonne cuisine, inventive, et sympathique ambiance de cantine sur les grandes tables en bois que l'on partage avec ses voisins, sur le trottoir. Une vraie adresse pour routards, pratique pour goûter un peu de tout. Dommage tout de même pour l'exposition aux gaz d'échappement...

|●| ***O Barba Yannis*** *(plan d'ensemble détachable, E2,* ***99****) : 94, odos E. Bénaki. ☎ 21-03-82-41-38. Tlj, midi et soir. Moins de 10 € le repas. CB refusées.* Un resto familial tout simple, servant une bonne cuisine à la hauteur de ce que l'on attend dans ce genre d'adresse. Très bon marché. On choisit un plat du jour dans la vitrine et on s'installe à l'intérieur ou en terrasse, dans une rue tranquille. Excellentes boulettes à la chypriote, *pastitsio*, etc.

|●| ***Psistaria Achilléas*** *(enseigne « Vergina » ; plan d'ensemble détachable, E2,* ***97****) : 62, odos Valtetsiou. ☎ 21-03-60-79-92. Tlj, midi et soir. Moins de 2 € pour une pita ; repas env 10-12 €/pers.* Une des adresses les plus recommandables pour la viande grillée, dans ce quartier bondé où l'on n'est pas toujours très honnête sur la qualité de la brochette... Terrasse dans la rue piétonne (peu de tables). Très fréquenté pour ses *gyros* et *souvlakia*, mais aussi pour sa bonne cuisine de taverne, et ses plats à emporter. Clientèle principalement grecque.

|●| ***Taverna Rozalia*** *(plan d'ensemble détachable, E2,* ***97****) : 58, odos Valtetsiou. ☎ 21-03-30-11-36. Tlj, midi et soir. Repas env 12-15 €.* Dans cette rue piétonne qui monte à partir de la place, grande terrasse ombragée sous une tonnelle : très agréable. Grand choix d'entrées. Les plats sont copieux et le service efficace. On vous conseille les boulettes de viande et les grillades. Une bonne adresse (très fréquentée) et un bon rapport qualité-prix.

ATHÈNES

Plus chic

|●| ***Yiantès*** *(plan d'ensemble détachable, E2,* ***98****) : 44, odos Valtetsiou. ☎ 21-03-30-13-69. Tlj à partir de 12h. Repas env 20-25 €.* Ce resto propose une cuisine un peu plus élaborée que la moyenne du quartier, avec d'intéressants mélanges de saveurs. Choix appréciable de légumes (poêlés) et de salades. Cadre atypique : cour arborée accueillant une trentaine de tables, chaises en moleskine, murs peinturlurés de couleurs vives. Ambiance musicale genre *Buena Vista Social Club*.

|●| ***Kallisti Gefsis*** *(plan d'ensemble détachable, F2,* ***100****) : 137, odos Asklipiou. ☎ 21-06-45-31-79. Oct-mai slt, tlj sf lun, le soir ainsi que dim midi. Repas env 22-30 €. Parking gratuit.* Pour ceux qui ont la chance de séjourner hors saison, voici une adresse hors pair. Dans une maison néoclassique, *Kallisti* propose une cuisine créative parfaitement fine en s'inspirant des différents types de cuisine des Grecs vivant à l'étranger et dans les îles. Produits biologiques. Vins de toute la Grèce, et en particulier ceux de petits producteurs. Préférer la salle du 1er étage. Accueil sympathique. Vraiment une très bonne adresse ! Propose aussi des soirées à thème et des séminaires de cuisine.

Au sud de l'Acropole

Bon marché

|●| ***Duo Dékarès ki Oka*** *(plan d'ensemble détachable, C6,* ***47****)* **:** *29-31, odos Zinni (à l'angle d'odos Dimitrakopoulou). Tlj midi et soir. Compter 10 €/pers.* Petite adresse de quartier, sans prétention mais sincère. Si on loge dans le coin et qu'on a la flemme de rejoindre les quartiers touristiques, c'est une bonne option : plats cuisinés préparés, service rapide et sans chichis et un patron de bonne humeur et serviable. Quelques plats du Magne également (le patron vient de Gythion).

Plus chic

|●| ***Mani Mani*** *(plan d'ensemble détachable, D6,* ***96****)* **:** *10, odos Falirou. ☎ 21-09-21-81-80. Tlj 14h-1h du mat. Congés : août. Résa conseillée le soir. Compter 22 €/pers (jusqu'à 18h, sf dim, ½ portions à moitié prix).* Proche du musée de l'Acropole, ce restaurant discret (on peut rater l'enseigne en passant devant) propose une cuisine revisitée du Magne (*Mani* en grec), cette région à forte identité du Sud du Péloponnèse, mais pas seulement. Pas de terrasse, on mange à l'étage, dans 2 salles à la déco minimaliste. Plats de viande principalement, salades originales, excellents fromages. Bon choix de desserts (ce qui n'est pas si fréquent, même à Athènes) et de vins également. Service attentif.

|●| ***Strofi*** *(plan d'ensemble détachable, C5-6,* ***103****)* **:** *25, odos R. Galli. ☎ 21-09-21-41-30. Fermé lun. Compter 25 €/pers. Terrasse au 2e étage (résa indispensable) avec magnifique vue sur l'Acropole.* La terrasse est l'atout majeur de l'établissement (elle peut être utilisée toute l'année). Tarifs restant raisonnables pour le standing de l'établissement. Cuisine classique, déclinant tout (ou presque) ce que la cuisine grecque a de mieux à proposer, sans éclats ni grande originalité, mais de qualité régulière, avec un service attentif et un peu guindé.

Dans les quartiers sud

|●| ***Karavitis*** *(plan d'ensemble détachable, F5,* ***132****)* **:** *4, odos Pafsaniou (et Arktinou). ☎ 21-07-21-51-55. Pas loin du stade, dans le quartier de Pangrati. Tlj à partir de 20h. Fermé env 15 j. en août. Env 12-15 €/pers.* Une des plus anciennes tavernes de la ville, très prisée des Athéniens. Elle a déménagé et traversé la rue pour s'installer dans un jardin, du moins quand il fait beau (sinon, l'établissement « historique » existe toujours, juste en face, avec les énormes tonneaux de *retsina*). Goûter aux réputés *kéftédès* maison (parfumés au cumin), au *stamnaki* (veau à la tomate cuit en pot de terre) ou au *bekri-mezze* (ragoût de viande au vin et à la cannelle).

Où manger dans les environs ?

Tout au long de la côte d'Apollon, qui s'étend du Sud du Pirée au cap Sounion, d'innombrables tavernes et restos, généralement spécialisés dans le poisson.

|●| ***Mouragio*** **:** *au niveau de la 4e marina de* ***Glyfada*** *(en grec, marina : Δ), à 15 km du centre d'Athènes. ☎ 21-08-94-24-37. Compter 15-20 €/pers.* Adresse sans prétention mais bien connue pour la qualité du poisson qui y est cuisiné et, plus globalement, pour tous les produits de la mer.

|●| ***Aperanto Galazio*** **:** ***Varkiza,*** *à 25 km au sud d'Athènes sur la route du Cap Sounion. ☎ 21-09-65-59-51. Sur la plage (repérer le* Yabanaki Club*, c'est juste après). Ts les soirs. Compter env 15 €.* Le resto appartient au Cercle nautique local et, sans surprise, on y viendra pour les produits de la mer, frais et à tarif raisonnable. On y mange les pieds dans l'eau, ou plus précisément dans le sable. Ambiance décontractée.

|●| ***O Ilias*** **:** ***plage de Sounion,*** *à près de 70 km d'Athènes. ☎ 22-92-03-91-14. Au niveau du cap Sounion, prendre à droite la route qui descend à*

la plage. Env 15-20 €/pers. Presque les pieds dans l'eau, une taverne de poisson avec vue imprenable sur le temple de Poséidon. Service efficace. Sa voisine, la taverne ***Akrogiali,*** est très correcte et on y est encore plus proche de l'eau. Prix comparables.

Où manger une bonne pâtisserie ? Où déguster une glace ?

Pagoto Mania *(zoom détachable, C4,* ***192****)* ***:*** *à Psiri, à l'angle d'odos Taki et d'odos Ésopou. Env 2 € la boule.* Un grand choix de glaces (plus de 30 parfums) présentées sous forme de pyramides appétissantes. On peut s'asseoir. Une seconde adresse à la même enseigne a ouvert dans le bas de Monastiraki *(en léger retrait d'odos Adrianou, près du café* Kali Zoï ; *zoom détachable, C4).*

Krinos *(zoom détachable, D3,* ***191****)* ***:*** *87, odos Éolou. À deux pas du marché. Lun, mer et sam 8h-17h ; mar, jeu et ven 8h-21h.* On peut s'asseoir (commander au fond de la salle). Belles *bougatsès* (chaussons fourrés à la crème pâtissière et saupoudrés de cannelle) à prix raisonnables, glaces et divers snacks.

Ta Serbetia stou Psiri *(zoom détachable, C3-4,* ***190****)* ***:*** *3, odos Aeschylou (face au resto* Taverne de Psiri*). Fermé en août.* Un café-pâtisserie avec des gâteaux orientaux, des sorbets et des yaourts. Cher, mais parts généreuses.

To Serbetospito *(zoom détachable, C4,* ***193****)* ***:*** *angle pl. Iroon et odos Karaïskaki. Baklava, revani, kiounefe* (gâteau chypriote) et autres pâtisseries orientales. Moins chers que l'autre pâtisserie du quartier *(ta Serbetia tou Psyri),* mais les parts sont moindres.

Amalthia *(zoom détachable, D5,* ***111****)* ***:*** *16, odos Tripodon. Dans Plaka, à côté du resto* Scholarchio Yérani. *Fermé en août.* De bons yaourts et des pâtisseries tout aussi bonnes, ainsi que des crêpes salées ou sucrées. Patron francophone.

I Thessaloniki stou Psiri *(zoom détachable, C4,* ***193****)* ***:*** *platia Iroon. Sur une place au centre de Psiri.* Spécialité de *bougatsa* à la crème ou au fromage qui cale bien au petit déjeuner (enfin, pas seulement, puisque ce *bougatsadiko* est ouvert 24h/24). Beau décor, mélange de pierre, bois et fer forgé.

Où boire un verre ?

Place Exarchia

Une place en triangle derrière l'École polytechnique. C'est le Quartier latin d'Athènes, dit-on, le quartier favori des étudiants et des marginaux de tout poil. Toujours très animé, avec souvent des concerts dans les bars le week-end. Historiquement, il s'agit d'un bastion anar ; d'ailleurs, c'est d'ici que sont parties les émeutes de décembre 2008, suite au meurtre d'un jeune par un policier. Ça a pas mal chauffé, les jeunes prenant la rue d'assaut et les vieux... jetant des pots de fleurs sur la police depuis leur balcon ! L'ambiance peut donc être électrique à l'occasion, mais d'ordinaire elle est plutôt bon enfant. Ce quartier a toutefois tendance à s'embourgeoiser : les bars *lounge* et bistrots *fashion* remplacent peu à peu les lieux interlopes.

Dans le quartier de Thissio

Un des quartiers branchés de la ville. Succession de bars au décor sophistiqué, clientèle jeune, exclusivement grecque, qui piaille bruyamment en terrasse : on se croirait dans une volière. Concentration incroyable de cafés et de bars entre les rues Amphiktyonos, Niléos et Iraklidon. Ambiance assurée en soirée : on est sûr de se tenir chaud ! On ne vous en indique pas un en particulier ; en fonction de vos goûts, faites votre choix.

À Monastiraki et Plaka

🍷 ***Kafenéion I Oraia Ellas*** *(zoom détachable, D4,* ***161****) : 59, odos Mitropoléos ou 36, odos Pandrossou. Tlj sf lun, jusqu'à 18h.* En plein cœur de Monastiraki, au 1er étage d'un centre d'artisanat traditionnel hellénique et d'expo-vente. Déco de vieilles affiches et cartes postales d'Athènes. Pas trop touristique, étonnant vu le quartier. Musique en fin de semaine d'octobre à mai.

🍷 ***Café Mélina*** *(zoom détachable, D5,* ***162****) : 22, odos Lissiou. Tlj 10h-2h.* Cadre original, à la déco plutôt baroque, et omniprésence de Mélina Mercouri (nombreuses photos sur les murs). Très cosy. Un peu cher. Plats d'*ouzéri*, yaourts, pâtisseries. On peut y manger (bonnes salades copieuses). Jolie terrasse en pente.

🍷 ***Klepsidra*** *(zoom détachable, D5,* ***169****) : 9, odos Thrassyvoulou. ☎ 21-03-21-24-93. Tlj 10h-2h. Moins de 20 € pour un repas complet avec vin, eau et café.* Petite terrasse très sympa, dans une rue relativement peu fréquentée sur les hauteurs de Plaka, au-dessus de la tour des Vents. Propose également des gâteaux et une petite restauration. Carte courte d'entrées froides, salades et quelques plats chauds. Personnel très attentionné.

🍷 ***Café Yiasemi*** *(zoom détachable, D5,* ***172****) : 23, odos Mnisikléous. ☎ 21-30-41-79-37.* Dans une agréable ruelle en escalier qui croise odos Lissiou. On s'installe soit dehors autour des tables toute simples disposées sur les marches, parmi un peu de verdure, soit dans cette charmante petite maison plakiote laissée quasi en l'état. Pâtisseries maison, petits plats, petit déj. Service sympa.

🍷 ***Diogénis*** *(zoom détachable, D5,* ***164****) : platia Lyssikratous. ☎ 21-03-22-48-45. Tt près de l'église Sainte-Catherine, au cœur de Plaka.* Sur cette place fleurie et ombragée, où se dresse le monument de Lysicrate, *Diogénis* offre une terrasse idéale pour boire un verre en fin d'après-midi. Très fréquenté par les Grecs toute l'année, mais beaucoup de touristes en été. Excellents cappuccinos et cafés frappés. Restauration assez chère.

🍷 ***O Glykys*** *(zoom détachable, D5,* ***171****) : 2, odos A. Géronda.* Petit café très fréquenté par les Grecs dans une rue pas trop passante. Grand choix de *mezze* (possibilité de manger à toute heure ; prix moyens). Clientèle 20-30 ans, avec pas mal d'étudiants.

🍷 ***Kali Zoï*** *(zoom détachable, C4,* ***163****) : odos Thissiou, derrière le petit square situé en fin d'Adrianou, à deux pas de la station de métro Thissio.* Café « de village », en plein centre-ville, pas branché pour un sou. Chaises en bois peintes, musique traditionnelle en sourdine, et des consos légèrement moins chères qu'en plein Plaka. Reposant.

🍷 ***Booze Cooperativa*** *(zoom détachable, D4,* ***165****) : 57, odos Kolokotronis. ☎ 21-55-50-88-34. Tlj à partir de 11h.* Un des nombreux lieux alternatifs de l'Athènes branchée. Une véritable ruche avec une multitude d'espaces imbriqués. Ici on joue aux échecs, là on bosse sur son ordi, ailleurs on boit tout simplement un verre. C'est aussi le lieu de rencontre d'artistes, de performances. Beaucoup d'animation donc...

🍷 ♪ ***Kapnikaréa*** *(zoom détachable, D4,* ***170****) : 2, odos Christopoulou, une ruelle piétonne prenant sur Ermou, tt près de l'église de Kapnikaréa.* Café proposant également des pâtisseries grecques. L'après-midi, en principe, des musiciens s'y produisent, dans un coin de la petite terrasse (horaires variables selon les jours). On peut aussi y manger (prix moyens).

À Psiri

Un nombre incroyable de bars qui bougent jusque tard dans la nuit. Paradoxalement, l'été, c'est plus calme (beaucoup de Grecs sont partis ou vont s'amuser sur la côte, au sud du Pirée), mais en mai ou octobre, l'ambiance est très chaude ! Dans la rue Miaouli noire de monde, on peut assister au défilé permanent d'une jeunesse grecque victime de la mode.

🍷 ***Minibar*** *(zoom détachable, C4,* ***153****) : 16, odos Apostoli. Tlj sf lun, dès 19h30.* Juste en face de *Ivi* (voir « Où manger ? »), un tout petit bar où l'on peut à peine s'asseoir et qui ne sert que des liqueurs fortes (et une bière allemande), dans des minibouteilles (près de 300 !) exposées derrière le comptoir. Vraiment mignon ! Certains des alcools sont assez rares, comme le *Pinky,* une vodka suédoise à la rose, le *Captain Morgan,* un rhum portoricain à la vanille, ou encore le *Yamasaki,* un whisky nippon ! La patronne, Dimitra, nous a assuré qu'elle ne connaissait pas d'autres bars de ce type dans le monde et, à la vérité, nous non plus. Pas très bon marché, cela dit.

À Gazi

Entre des murs couverts de graffitis et un faux air de friche industrielle, le quartier de l'ancienne usine à gaz s'est transformé en haut lieu de la branchitude athénienne, à l'occasion de la reconversion de l'usine en lieu culturel. Faut dire que le site a de l'allure. Hautes cheminées et hangars de brique accueillent des expos, et la cour des spectacles. Derrière, concentrés autour de la station de métro Kéramikos et d'un square temple du skate, restos et bars presque mimétiques se répartissent le terrain de façon exemplaire. D'un côté, *odos Persephonis* et ses restos plus ou moins chic (lire plus haut « Où manger ? »). De l'autre, *odos Voutadon* et sa rangée de bars-clubs aux cheveux bien laqués, bercés d'électro-lounge-afro-beat-machin distillé par des DJs parfois juchés sur des toits-terrasses reconvertis en *dancefloors,* comme au ***Tramp*** ou au ***Hive.*** Bref, Gazi rythme les nuits de la jeunesse bien sapée. Le jour, c'est mort. Pour y aller, métro jusqu'à Kéramikos ou à pied, en descendant odos Ermou depuis Monastiraki. La dernière portion de la rue est piétonne.

🍷 ***Gazarte*** *(plan d'ensemble détachable, A4,* ***154****)* **:** *odos Voutadon. Tlj jusqu'à 2h (3h30 ven-sam).* Immeuble rouge sang percé de larges baies vitrées, qui se la joue à la fois librairie, salle de spectacles et de concerts et, surtout, bar à cocktails (chers...), à siroter posté sur le toit, avec vue sur l'Acropole illuminée s'il vous plaît. On peut y grignoter quelque chose.

Vers l'Acropole

🍷 ***I Dioskouri*** *(zoom détachable, C5,* ***166****)* **:** *dans les escaliers d'odos Dioskouron, en bordure de l'Agora, juste sous l'Acropole. Tlj jusqu'à minuit.* Tables dispersées sur les volées de marches, sous les frondaisons, contre le grillage qui donne sur l'Agora. Un joli coin, en particulier au coucher du soleil. Le soir, on y croise plus de Grecs que de touristes.

Près de la place Syndagma

🍷 ***Café du Musée numismatique*** *(zoom détachable, E4,* ***167****)* **:** *12, Panépistimiou. Tlj jusqu'à 23h (20h dim).* Une grande cour-jardin qu'on ne s'attendrait pas à trouver tant le trafic des grandes artères environnantes semble empêcher toute respiration dans ce coin de la ville. Et pourtant, une fois installé, on oublierait presque la ville tout autour. Quant à la grande maison *(Iliou Melathron)* où se situe le musée, ce fut celle d'Heinrich Schliemann, l'archéologue découvreur de Troie.

Dans le Jardin national

🍷 ***Kafenio O Kipos*** *(zoom détachable, F4,* ***168****)* **:** *dans le Jardin national même, près de l'entrée sur odos Irodou Attikou. Ouv aux heures d'ouverture (7h-coucher du soleil) du parc.* Plutôt cher, mais pas de concurrence dans les proches environs, sauf le *café du Zappio,* au sud du jardin.

À Kolonaki

Nos lecteurs les plus snobs apprécieront les grandes terrasses de la ***place Filikis Étérias.*** C'est le point d'arrimage de toute la jeunesse dorée de Kolonaki. Pour voir et être vu. Le problème, c'est de réussir à trouver une place à « l'heure de pointe » : quasiment impossible et, à se retrouver à touche-touche comme des sardines, tout le plaisir est gâché. Dans un autre genre, bien plus calme et plus simple, la ***place Déxaméni,*** quelques dizaines de mètres plus haut. Cette place tire son nom de la citerne qui était, au siècle dernier, le réservoir d'eau de la ville d'Athènes (d'où l'on distribuait l'eau en voitures-citernes).

Quartier de Koukaki-Makrygianni

🍷 ***To Pagaki*** *(hors plan d'ensemble détachable par C6,* ***152****)* **:** *17-19, odos Olimbiou.* ☎ *21-30-00-99-27.* Ⓜ *Syngrou-Fix. De la station, continuer l'av. en direction du Pirée, et après 200 m guetter à droite cette rue piétonne ombragée. Tlj 11h-2h.* Petit *kafeneio* ouvert à l'initiative d'un collectif de chômeuses décidées à travailler différemment, en coopérative, tout en créant un espace convivial. Le voisinage, à tendance étudiant-alternatif, y vient pour discuter calmement, autour d'un verre et de *mézédès.* Carte typique (excellent *rakomélo*) et tarifs absolument minimaux, conformément à l'esprit du lieu...

Où danser ?

En été, la plupart des boîtes athéniennes se déplacent en bord de mer, vers Glyfada, entre Alimos et Voula, ou carrément dans les îles comme Mykonos. Tout en sachant que les modes changent rapidement, vous pouvez vous risquer aux adresses qui suivent. Le week-end, compter environ 15 € l'entrée (donnant droit à une boisson) ; moins cher en semaine, mais plus cher quand les *guest* DJs qui officient sont de grosses pointures. À noter que la plupart des discos font aussi resto. On peut se rendre du centre d'Athènes à Glyfada en tramway (et rentrer par le même moyen de transport puisque le tram fonctionne 24h/24). La ligne Athènes-Glyfada a été prolongée jusqu'à Voula.

Sur la côte au sud du Pirée

♫ ***Bebek Bar-club :*** *3, av. Posidonos,* ***Kalamaki*** *(marina d'Alimos).* ☎ *21-09-81-39-50. Lun-sam. Mainstream.*

♫ ***Akrotiri Lounge :*** *5B, av. Vassiliou Georgiou,* ***Agios Kosmas*** *(face à l'ancien aéroport d'Elliniko).* ☎ *21-09-85-91-47.* Bar et disco avec piscine et vue panoramique. Chicos. Une valeur sûre de la nuit athénienne (DJs résidents). Bon resto également, catégorie chic (chef français).

♫ ***Babae (ex-Balux) :*** *88, av. Posidonos,* ***Glyfada,*** *plage d'Astéria.* ☎ *21-08-94-16-20. Mer-dim.* Bar-café avec piscine en journée *(10 €),* club le soir *(15 €).* Une des adresses les plus branchées depuis ces dernières années. *Mainstream, dance.*

Au sud de l'Acropole

Pour nos lecteurs homos, il existe pas mal de clubs dans le quartier de Makrygianni mais ce dernier a été détrôné par celui de Gazi *(hors plan d'ensemble détachable par A4)* où de nombreux clubs gays se sont ouverts (par exemple l'***Alexander Sauna :*** *134, odos Megalou Alexandrou,* • *alexandersauna.com* •).

Cinémas en plein air

Athènes et sa banlieue comptent au total une vingtaine de cinémas en plein air fonctionnant l'été (de manière plus générale, Athènes est la quatrième ville européenne pour le nombre de sièges de cinéma par habitant). Les films sont toujours en v.o. La place se vend environ 8 €. Voici quelques adresses :

■ ***Cine Paris*** *(zoom détachable, D5)* **:** *22, Kidathinéon.* ☎ *21-03-22-20-71.* Le grand ciné de Plaka.

■ ***Riviera*** *(plan d'ensemble détachable, E2)* **:** *46, odos Valtetsiou ; à côté du resto Yiantès.* ☎ *21-03-83-77-16.* Programmation art et essai.

■ ***Thission*** *(plan d'ensemble détachable, B5)* **:** *7, Apostolou Pavlou (sur la promenade piétonne face à l'Acropole).* ☎ *21-03-47-09-80.* Joli cadre.

■ ***Aigli :*** *à côté du Zappion (Jardin national, plan d'ensemble détachable,*

B5). ☎ *21-03-36-93-69.*
■ **Ciné-Psirri** *(zoom détachable, C3) : 40, odos Sarri ; à hauteur du n° 35.* ☎ *21-03-24-72-34.*

Où sortir ?

Où écouter du *rébétiko* ?

Voir dans le chapitre « Hommes, culture, environnement », plus haut, la rubrique « Musique, danse ». Les établissements cités ci-dessous ferment pendant l'été, c'est-à-dire dès début juin.

Stoa Athanaton *(zoom détachable, D3) : 19, odos Sofokléous ; dans les halles.* ☎ *21-03-21-43-62. Tlj sf dim. Résa obligatoire.* Un des lieux les plus célèbres du *rébétiko.* Spectacle à 23h avec consommation ou dîner. Musiciens très réputés. Clientèle grecque.

Astrofengia *(hors plan d'ensemble détachable par E1) : 294, odos Patission (et Kontou), Agios Loukas, quartier de Patissia (au nord du parc Aréos).* ☎ *21-02-01-01-60. Jeu-sam.* On y mange aussi.

Kavouras *(plan d'ensemble détachable, E2) : 64, odos Thémistokléous.* ☎ *21-03-81-02-02. Près de la pl. d'Exarchia. Tlj sf dim.*

Rébétiki Istoria *(plan d'ensemble détachable, G2) : 181, odos Ippokratous, quartier d'Exarchia.* ☎ *21-06-42-49-37. Tlj sf dim.*

– En hiver, jusqu'à Pâques, on peut aussi en entendre à la taverne ***Di Porto,*** à l'angle d'odos Theatrou et d'odos Sokratous, derrière les halles. Taverne en sous-sol, sans enseigne. Le café *Kapnikaréa* accueille fréquemment des joueurs de rébétiko (voir « Où boire un verre ? ») comme le restaurant Seychellès (Voir « Où manger dans le quartier de Gazi et de Keramikos ? »).

Où écouter du *bouzouki* actuel ?

Spectacle en plusieurs parties autour d'un chanteur-vedette. De manière générale, il débute par des chansons populaires connues de tous (du moins en Grèce), interprétées par les choristes de la vedette et entonnées par toute la salle. Puis, en seconde partie, apparaît la vedette, qui propose un type de chansons situées entre la pop et la musique orientale, entre les effets spéciaux et les instruments anciens comme le *bouzouki.* Ensuite, la star s'éclipse, abandonnant la scène à ses choristes et au public. Ambiance assurée ! Le spectacle commence à 23h, avec différents prix d'entrée, selon que l'on dîne, que l'on consomme assis boissons, fruits et cacahuètes, ou que l'on reste debout ! Les boîtes sont généralement fermées en juillet et août, ou bien émigrent sur la côte, au sud du Pirée (Kalamaki, Elliniko, Glyfada). Hors saison, les établissements réintègrent le centre : renseignez-vous dans les journaux ou en traînant vos guêtres derrière le cimetière du Céramique *(plan d'ensemble détachable, B3-4),* à l'angle de Iera Odos et de l'avenue Piréos.

Divers

***Danses traditionnelles au théâtre* Dora Stratou** *(plan d'ensemble détachable, B6) : sur la colline de Philopappou.* ☎ *21-03-24-43-95 (bureaux, 8, odos Scholiou, Plaka, 9h-16h) ou 21-09-21-46-50 (au théâtre à partir de 19h30). • grdance.org • Ⓜ Acropolis ou Thissio. Prendre le chemin du petit bois à l'angle de Dionissiou Aréopagitou et d'Apostolou Pavlou, puis tourner à gauche après l'église Agios Démétrios. 27 mai-20 sept, mer, jeu et ven, spectacle à 21h30 ; sam et dim, spectacle à 20h15. Fermé 12-16 août. Entrée : 15 € ; réduc pour groupes, enfants et étudiants.* C'est un spectacle de qualité, où les danses grecques sont fidèlement exécutées par une troupe de 75 danseurs et musiciens. L'association a pour but depuis 1953 de préserver le patrimoine chorégraphique de la Grèce : elle a patiemment reconstitué les costumes que portaient il y a encore une cinquantaine d'années les insulaires, lors des cérémonies de mariage ou des fêtes. Les parures avaient alors une signification à la fois sociale et culturelle. Chaque détail d'une broderie ou d'un corsage pouvait indiquer le lieu d'origine de la jeune femme, si elle était mariée, quel était le métier du mari, si elle avait des enfants... La compagnie possède ainsi 2 500 costumes et parures (visite guidée et gratuite du vestiaire le matin). Une institution unique en Europe, qui propose également des cours et ateliers de danse.

Achats

Nombreux marchands d'antiquités (plus ou moins récentes) et de souvenirs divers dans Plaka. Surtout, n'hésitez pas à marchander.

Merveilles de gueule : ***Matsouka,*** *3, odos K. Servias (près de Syndagma ; zoom détachable, E4 ; tlj 8h-22h),* est excellent pour les « sucreries » genre loukoums, *pastelli* (barre au sésame) et autres *kourabiédès* (gâteaux aux amandes enrobés de sucre glace). Également 2 boutiques spécialisées en produits insulaires, respectivement de Chios et Lesbos : ***Mastichashop,*** *à l'angle de Vénizélou et Kriézotou (près de Syndagma ; zoom détachable, E4),* et ***Pantopolio Peri Lesvou,*** *27, odos Athinas (près de Monastiraki ; zoom détachable, C4).*

***Stavros Melissinos** (zoom détachable, C4)* **:** *2, odos Agias Théklas (près de la station de métro Monastiraki, côté Psiri). ☎ 21-03-21-92-47. • melissinos-art.com • Tlj 10h-18h.* Stavros a confectionné des sandales pour la veuve d'Onassis, Georges Bush (père) et les Beatles ! Et, plus près de nous, celles des prêtresses d'Apollon pendant les J.O. de 2004, lors de la reconstitution des jeux antiques à Olympie. Aujourd'hui, Pandélis, le fils, a repris la tradition. Prévoir un peu de temps (on vous prend vos mesures).

Musique : les passionnés d'instruments iront traîner chez ***Samouélian,*** *36, odos Ifestou, en plein Monastiraki (zoom détachable, C4 ; ☎ 22-03-21-24-33).* Un bon fabricant également dans Psiri : ***Karellas,*** *14, odos Louka Nika (zoom détachable, C4 ; ☎ 21-03-22-59-63 ; • karellas.gr •).* Pas mal de disquaires du côté d'odos Astingos et d'odos Léokariou, son prolongement de l'autre côté d'Ermou.

Bijoux : pour celles qui rêvent de porter les bijoux d'Antigone et de la Belle Hélène ! Les bijoutiers grecs se sont en effet spécialisés dans la reproduction de bijoux antiques ou byzantins, en or (14 et 18 carats) ou en argent, mais avec une facture plus moderne. Voici quelques adresses :

– ***Léondarakis :*** *6, odos Skoufou, près de Syndagma.*
– ***Fanourakis :*** *23, odos Patriarchou Ioakim, à Kolonaki.*
– ***Zolotas :*** *10, Panepistémiou, près de Syndagma.* Très cher. Il a le privilège d'être habilité à copier les bijoux du Musée archéologique national.
– ***Lalaounis :*** *6, Panepistémiou, près de Syndagma.* Très cher. Pour savoir qui est *Lalaounis,* voir plus loin la partie « Les musées » de la rubrique « À voir ».

À voir

– Pour s'assurer sur place des ***heures d'ouverture des sites et musées,*** s'adresser à l'office de tourisme (qui publie une liste en principe à jour des sites à Athènes et en Attique). Les horaires ne sont pas toujours reconduits tels quels d'une année sur l'autre : les plaques indiquant ces horaires à l'extérieur des sites et des musées ne sont pas non plus forcément à jour et peuvent donc vous piéger. En 2014, la norme était de 8h30-15h et, pour les grands sites et musées, 8h-20h d'avril à octobre, les horaires estivaux ayant été annoncés le 26 mars pour le 1er avril ! Mais, certaines années, en raison de contraintes budgétaires, les horaires d'été ne prennent effet que vers la fin mai, voire début juin ! Gratuité pour les étudiants de l'Union européenne (mais nos amis suisses ou canadiens paieront demi-tarif) et pour les moins de 18 ans. Quant à la gratuité pour tous des sites et musées le dimanche, elle n'est effective que de novembre à mars.

Pour les jours de fermeture, en général des jours fériés, reportez-vous à la rubrique « Musées et sites archéologiques » du chapitre « Grèce continentale utile », plus haut.
– Athènes est presque devenue agréable à visiter à pied grâce à l'unification des sites archéologiques qui permet de relier les sites athéniens les plus importants par une large voie pédestre partant du cimetière du Céramique *(plan d'ensemble détachable, B4)*, odos Ermou, jusqu'à l'Olympiéion *(zoom détachable, E5)*, en suivant les rues Apostolou Pavlou et Dionissiou Aréopagitou, devenues très fréquentables (et très fréquentées, on y fait « volta » à la fraîche). Les quatre sites concernés au premier plan sont le Céramique, l'Agora, l'Acropole et l'Olympiéion.
Pour ceux qui ne souhaitent pas ou ne peuvent faire cette visite à pied, il existe à Athènes plusieurs ***petits trains*** qui proposent le tour du centre historique *(tlj mai-fin oct ; ttes les heures env en saison, jusqu'à minuit ; en sem, pas de départ 14h30-17h ; tarif 2014 : 5-6 €, réduc)*. Départ à l'angle d'Éolou et Adrianou (Plaka), ou encore en bas de la place Syndagma, au début d'odos Ermou. Circuit prévu (compter 40-50 mn) : Monastiraki-Thissio-Ancien théâtre d'Hérode Atticus-Stade olympique (1896)-Plaka. On peut, bien entendu, s'arrêter en cours de route et reprendre le train suivant.
Enfin, Athènes a également ses ***bus à impériale*** (trois en 2014) qui font le tour de la ville à partir de la place Syndagma (départ devant la poste). Avec *City Sight Seeing (☎ 21-09-22-06-04 ; • citysightseeing.gr •)*, il en coûte 18 € par adulte pour un tour de 1h30. Départ de 9h à 21h d'avril à octobre, jusqu'à 18h30 le reste de l'année. Avec *Athens Open Tour (☎ 21-08-81-52-07 ; • athensopentour.com • ; même tarif)*, un départ par heure de la même place, de 9h à 19h (et même plus tard en juillet-août). Enfin, *Sights of Athens (☎ 21-04-17-61-44 ; • sightsofathens.gr •)*, moins cher car proposant moins d'arrêts : 13 €. Système « Hop-on hop off » valable 24h permettant de monter et descendre à sa volonté. Réductions pour les réservations sur Internet. Tous proposent un combiné Athènes-Le Pirée, plus cher.
À tout seigneur, tout honneur : commençons par le site le plus visité, celui de l'Acropole. Le rocher domine l'Agora, dont la visite peut être faite dans la foulée.

Le quartier de l'Acropole *(zoom détachable, C-D5)*

L'Acropole *(zoom détachable, C-D5)* **:** Ⓜ *Akropoli*. Si possible, allez-y à l'ouverture pour ne pas trop vous dessécher au soleil et éviter de vous payer 100 m de queue pour avoir le billet. En effet, assez vite, les cars débarquent. Consigne à bagages un peu plus bas que le guichet où l'on achète son billet (attention, vérifiez les horaires, elle ferme un peu plus tôt que le site).

Horaires et tarifs
☎ 21-03-21-02-19. En hte saison (avr-oct), en principe, tlj 8h-20h ; le reste de l'année, tlj 8h30-15h. Entrée : 12 € ; ½ tarif pour les étudiants hors UE et pour les plus de 65 ans ; en principe, gratuit pour les étudiants de l'UE ; gratuit pour ts les dim nov-mars et le 1er dim du mois avr-juin. Accès pour les personnes à mobilité réduite par le côté nord du site (un ascenseur, genre monte-charge, permet d'accéder au site, se renseigner aux guichets). Cher, vous l'avez compris... Bon, d'accord, ce billet groupé, valable 4 jours, donne aussi accès à l'ancienne Agora, à l'Agora romaine, au cimetière du Céramique, à la bibliothèque d'Hadrien et à l'Olympiéion, ainsi qu'au théâtre de Dionysos, mais qu'est-ce qui a été prévu pour le visiteur de passage pour une courte durée qui n'a le temps (ou l'envie) de visiter que l'Acropole ? Rien, sinon payer 12 € !

Accès au site
Le plus simple, si vous êtes logé loin du centre, est de prendre le métro (ligne 1) et de descendre à la station Thissio, à l'ouest de l'Acropole, un peu plus bas que l'entrée du site ; on y accède alors par un chemin dallé, à la rencontre des avenues Dionissiou Aréopagitou et Apostolou Pavlou *(zoom détachable, C5)*. Autre

possibilité : la ligne 2 ; descendre alors à la station Akropolis (quelle surprise !), cette fois au sud-est du site ; de là, remonter Dionissiou Aréopagitou ou, pour les plus courageux, grimper l'odos Thrassilou (ça monte sec), contourner par l'est et en profiter pour traverser le joli quartier d'Anafiotika en haut de Plaka, avant de rejoindre l'entrée.

Pour ceux qui viennent de Plaka, le plus court pour se rendre à l'Acropole est l'accès nord par les petites ruelles (Dioskouron ou Mnissikléous, par exemple) et les escaliers du vieux Plaka. Une entrée secondaire *(zoom couleur détachable, C5)* existe, sur le flanc nord du site, d'où l'on rejoint par un chemin l'accès principal, du côté des Propylées. Un conseil, venez plutôt l'après-midi, même s'il fait chaud, car le matin, c'est l'arrivée en masse des groupes, donc encore plus de monde.

Il est également possible d'accéder à l'Acropole par l'entrée du théâtre de Dionysos *(zoom détachable, D5),* donc presque en face du musée de l'Acropole. Le billet à 12 € est en vente au guichet. On longe ensuite le temple d'Asklépios, collé sous la roche, avant de monter vers la partie haute du site en passant derrière l'odéon d'Hérode Atticus.

Un peu d'histoire

Initialement, l'Acropole (la ville haute, culminant à 156 m) n'était que la forteresse du seigneur local. Plus tard, le roi d'Athènes fut à la fois chef politique et religieux. On décida de consacrer l'Acropole, le rocher sacré, à la déesse Athéna. Puis le pouvoir passa entre les mains de propriétaires terriens appelés *aristoi* (« les meilleurs »). Ensuite, la démocratie athénienne prit la relève, mais elle fut durement battue par les Perses en 480 av. J.-C. Ceux-ci détruisirent tous les temples de l'Acropole, ceux de la première génération. Les statues et ex-voto restants furent cachés par les Grecs dans des cavités du rocher. Une chance pour les archéologues qui les ont découverts au XIXe s.

Contre les Perses, les cités grecques s'unirent dans « l'Alliance ». Gardienne du trésor de guerre de cette Alliance, Athènes connut alors une puissance et un rayonnement sans précédent. Périclès profita de cette abondance financière pour reconstruire totalement les temples de l'Acropole. Le chantier dura plus de 40 ans (de 447 à 406 ou 405 av. J.-C.). Les travaux furent supervisés par Phidias, le plus grand sculpteur de l'Antiquité. Ce sont les vestiges de son architecture que l'on admire aujourd'hui. Ils ne donnent pas forcément une bonne idée de ce qu'était le site une fois terminé : si l'on avait sous les yeux cet ensemble de temples, polychrome (eh oui, les Grecs connaissaient la couleur), on le trouverait certainement surchargé, clinquant, parce que l'image que nous avons de ces ruines nues (« un squelette de pierre et de marbre, blanchi par les sables du temps comme les ossements du désert », a écrit Jacques Lacarrière) nous a habitués à une certaine idée de dépouillement.

En 86 av. J.-C., Rome envahit la Grèce, pillant et dévastant les villes. En revanche, on ne touchera pas à l'Acropole. Au Ve s, les chrétiens de Byzance emporteront la célèbre statue d'Athéna, dite « chryséléphantine » (recouverte de plaques d'ivoire et de feuilles d'or), qui, de ses 10 m de haut (12 m en comptant la base), siégeait au Parthénon. Elle disparaîtra à jamais, sans que l'on sache ce qu'elle est devenue. Il en reste juste une réplique de 95 cm au Musée national. Le temple fut transformé en église, orthodoxe tout d'abord, puis catholique !

En 1456, les Turcs transformèrent le sanctuaire en place forte. Ils installèrent une mosquée, un entrepôt de poudre et une résidence pour le gardien du harem.

Dernier préjudice subi, le pillage organisé à partir de 1801 par un Anglais, lord Elgin, ambassadeur de Grande-Bretagne à Constantinople, qui pilla, avec l'accord écrit du sultan, les plus belles pièces du Parthénon pour les emporter au British Museum (pour plus de détails, voir plus loin le texte consacré au musée de l'Acropole). Les Anglais ne veulent pas les rendre à la Grèce, malgré les appels répétés, entre autres, de Mélina Mercouri puis de Nana Mouskouri. Les Grecs continuent à mettre la pression sur le gouvernement anglais et avaient espéré que

tout serait réglé pour l'ouverture du nouveau musée de l'Acropole. Un des arguments des Britanniques était en effet que les Grecs ne disposaient pas d'un musée digne de ce nom pour accueillir tant de pièces... Depuis l'ouverture du nouveau musée, en 2009, cet argument est tombé... mais les frises ne sont pas pour autant près de revenir au bercail.
Quant aux échafaudages visibles sur l'Acropole, ils n'en finissent pas d'attendre d'être démontés, parfois pour être remontés ensuite. La restauration « intégrale » du site est annoncée pour... 2020 ! Le travail est immense, car il s'agit de défaire ce que les précédentes restaurations ont fait, et donc de remettre à la bonne place les éléments mal disposés. Consulter, pour une belle visite virtuelle du site, ● *acropolis-virtualtour.gr* ●

ET QUE ÇA SAUTE !

Lors du siège d'Athènes mené par les Vénitiens, en 1687, le général Morosini n'hésita pas à bombarder l'Acropole : un obus fit exploser la poudrière et détruisit toit, murs, et un certain nombre de colonnes du Parthénon. Tout cela pour rien, puisque les Turcs gardèrent la ville et que Morosini rentra chez lui, tout penaud !

Les monuments les plus importants du site

– ***La porte Beulé :*** l'entrée actuelle du site porte le nom de l'archéologue français qui la restaura après l'avoir découverte en 1853 sous des fortifications turques. Construite par les Romains au IIIe s ap. J.-C., elle n'existait donc pas à l'époque classique.

– ***Les Propylées :*** escalier monumental composé d'un porche à colonnes, combinant les ordres dorique et ionique, qui donnaient accès au sanctuaire véritable. Précédée d'une rampe d'accès et flanquée de terrasses avec foule de statues (divinités, héros, hommes politiques), dont celle d'Athéna Promachos (9 m), en armes, une statue sculptée par Phidias emmenée à l'hippodrome de Constantinople et détruit lors du siège de la ville par les Latins en 1203. Cette entrée, pourtant inachevée, comportait cinq portes et impressionnait vivement les visiteurs. Ce n'est qu'après l'inauguration du Parthénon, en 438 av. J.-C., que les travaux des Propylées commencèrent, définitivement interrompus par la guerre du Péloponnèse.

– ***Le temple d'Athéna Nikê :*** gracieux petit temple d'ordre ionique, sur la droite au-dessus d'une muraille. Édifié de 424 à 418 av. J.-C. Démonté en 2003 (pour être restauré) et intégralement remonté, bloc par bloc, depuis 2010, avec des ajouts d'éléments modernes (on parle alors d'*anastylose*). À l'intérieur du temple se dressait une statue d'Athéna Nikè, la « victorieuse ». On voit de jolis reliefs provenant de ce temple au musée de l'Acropole (notamment *Nikê* déliant sa sandale). À l'opposé de ce temple, le monument d'Agrippa, une sorte de socle sur lequel on avait placé la statue du gouverneur romain du même nom.

– ***Le Parthénon*** *(zoom détachable, C-D5)* **:** chronologiquement, la première des constructions lancées par Périclès, datant de 447 à 438 av. J.-C., sur la partie la plus élevée du rocher. Il est bâti sur un soubassement qui est plus grand que la longueur du temple. En effet, c'est le soubassement du temple précédent qui fut détruit par les Perses en 480.
Que n'a-t-on pas écrit sur cette merveille des merveilles ! Il a fallu une dizaine d'années pour le

LE NOMBRE D'OR

Cette proportion idéale à l'œil entre la hauteur et la largeur d'un monument est connue depuis la haute Antiquité. On la retrouve au Parthénon, à Épidaure (fraction des 34 gradins inférieurs par les 21 gradins supérieurs), en Égypte (pyramide de Khéops), dans les cathédrales. Ce rapport admirable d'esthétisme a été repris par des architectes comme Le Corbusier. On vous laisse résoudre son équation : $x^2 = x + 1$*... (réponse : 1,61803).*

construire : 20 000 blocs de marbre du mont Pentélique ont été apportés sur le rocher sacré. Il est l'œuvre de l'architecte en chef Ictinos, sous la « surveillance » de Phidias. Il faut remarquer que l'assise du Parthénon n'est pas horizontale mais légèrement bombée, afin de rendre plus élancé l'ensemble des colonnades. En effet, les axes verticaux des colonnes ont été inclinés vers l'intérieur pour donner plus de robustesse à l'édifice, certes, mais aussi pour éviter que ces colonnes ne donnent l'illusion de « pousser au vide ». Apprenez encore qu'elles sont galbées afin de ne pas paraître étranglées en leur milieu et que les colonnes d'angle qui, autrement, sembleraient plus menues que les autres en raison de leur isolement, ont un diamètre légèrement renforcé.
Dans l'Antiquité, l'aspect de ce monument (qui a la forme d'un temple mais n'en est pas un) n'avait pas grand-chose de comparable à celui d'aujourd'hui : la partie intérieure, le *naos,* était fermée par un mur et abritait la fameuse statue d'Athéna. Ce « trésor » (terme donné à un bâtiment abritant une précieuse offrande), malgré sa splendeur, n'était pas, pour les Grecs de l'époque classique, le monument le plus important du site, contrairement à l'Érechthéion (voir ci-après).
La renommée du Parthénon vient aussi de la grande richesse sculpturale du monument, et pourtant, on n'a conservé qu'une petite partie de la magnifique frise de style ionique qui était longue de 160 m (et, on le sait, il faut aller au British Museum de Londres pour voir la plus grande partie de ce qui a été conservé).
Là aussi, on se livre actuellement à de grands travaux, nécessitant des échafaudages, pour tenter de redonner au temple l'allure qu'il avait avant l'explosion de 1687. Il y en a encore pour quelques années...
– ***L'Érechthéion*** *(zoom détachable, C-D5)* **:** temple sur la gauche en se dirigeant vers le Parthénon, le plus complexe des monuments du rocher sacré et le dernier à avoir été construit, entre 420 et 405 av. J.-C. sans doute. On aperçoit tout d'abord un petit sanctuaire avec les célèbres caryatides (colonnes en forme de femmes), correspondant au temple de Cécrops, une des divinités liées à la fondation d'Athènes. À cause de la pollution, elles ont été remplacées en 1979 par des moulages. Cinq des six originales sont visibles au nouveau musée de l'Acropole (la sixième a été emportée par Elgin et se trouve au British Museum).
L'Érechthéion était, pour les Grecs, l'endroit le plus sacré de l'Acropole (car, selon la tradition, c'est là que Poséidon avait planté son trident lors de sa dispute avec Athéna et que cette dernière avait répliqué en faisant apparaître un olivier), et il avait à leurs yeux beaucoup plus d'importance que le Parthénon, qui n'était pas un lieu de culte. Il était destiné à Athéna Polias, la protectrice d'Athènes, et à Poséidon, le dieu de la Mer, auquel on avait fini par identifier Érechthée, un héros mythique de la ville d'Athènes. Les Athéniens y vénéraient particulièrement le *xoanon,* la petite statue d'Athéna Polias, sculptée dans du bois d'olivier et, selon la tradition, tombée du ciel. Juste à côté était situé un bâtiment, le *Pandroseion,* où l'on conservait l'olivier sacré d'Athéna.
On peut compléter la visite en allant jusqu'à l'extrémité du site, là où flotte le drapeau grec. Le 30 mai 1941, deux jeunes résistants grecs, Manolis Glézos et Apostolos Sandas, enlevèrent le drapeau nazi que l'occupant avait installé.
– Sous l'Acropole, versant sud, on peut voir le ***théâtre de Dionysos*** *(zoom détachable, D5),* malheureusement très mal conservé, où l'on donna les chefs-d'œuvre d'Eschyle, de Sophocle, d'Euripide et d'Aristophane (plus exactement, on les représenta

ATTENTION, FAUX AMI !

Le chemin qui fait le tour de l'Acropole est le péripatos, ce qui signifie « promenade » en grec. On imagine bien quelle activité pratiquaient les péripatéticiennes qui attendaient le client sur le parcours de cette promenade. À ne pas confondre en revanche avec les péripatétitiens, au masculin, qui étaient les disciples d'Aristote, ainsi dénommés parce qu'ils causaient philo en se promenant dans les jardins du Lycée, l'école d'Aristote.

sur un théâtre en bois qui s'effondra et fut remplacé par le théâtre en pierre que l'on connaît, construit au IVe s av. J.-C. et modifié plus tard par Néron). Il pouvait accueillir environ 17 000 spectateurs. Le billet à 12 € permet de le visiter. De l'Acropole, il est possible de rejoindre ce théâtre en prenant un chemin, un peu plus bas que les Propylées, sur la gauche. On passe alors au-dessus de l'***odéon d'Hérode Atticus*** *(Irodion, en grec ; zoom détachable, C5),* d'époque romaine, qui est toujours utilisé pour les spectacles du Festival d'Athènes. Entre les deux l'***Asklipion,*** tout près du rocher, un sanctuaire dont le fonctionnement était similaire à celui d'Épidaure (les pèlerins venaient chercher la guérison).

➢ Sans sortir de l'Acropole, il est possible d'en faire tout le tour par le *péripatos.* Sur ce flanc nord de l'Acropole se cachent plusieurs grottes sacrées ; la source de Klepsydra, elle, se trouve à la jonction du Péripatos et du chemin des Panathénées, par où passaient les grandes processions. On rejoint alors l'entrée (ou la sortie) qui se trouve tout en haut de Plaka.
Quant au ***musée de l'Acropole,*** il est situé au sud, à environ 400 m du site : accès par la voie piétonne Dionissiou Aréopagitou. Il est traité plus loin (voir « Au sud de l'Acropole »).

L'Agora *(zoom détachable, C4)* **:** *entrée principale 24, odos Adrianou (une entrée également côté Acropole ; la partie haute du site, sous l'Aréopage, qu'on atteint de ce côté, est gratuite). ☎ 21-03-21-01-85. Ⓜ Monastiraki ou Thissio. Tlj avr-oct 8h-20h ; nov-mars tlj 8h-15h. Entrée : 4 € ; réduc. Fait partie du billet groupé à 12 € (voir plus haut le texte sur l'Acropole).*
Situé au pied de l'Acropole, c'était le centre de la vie publique de la cité antique. On venait à l'Agora pour faire des affaires commerciales, mais aussi pour échanger les nouvelles, commenter l'actualité politique. On y trouvait tout ou presque : services publics, sièges de l'administration de la cité antique, sanctuaires publics. À l'ouest de la voie des Panathénées qui traversait le *Bouleutérion* (salle de Conseil ou *Boulê*) dont les 500 membres préparaient le travail de l'Assemblée, l'*ecclésia,* qui, elle, se tenait sur la colline de la *Pnyx.*
Dans le bâtiment circulaire voisin, appelé *tholos,* siégeaient (et mangeaient) les 50 prytanes, en charge de l'administration : choisis parmi les membres de la *Boulê,* pour une période de 36 jours seulement (ils désignaient chaque jour, pour 24h, un des leurs comme chef de l'État athénien). C'est également là que brûlait le foyer d'Athènes. Ne pas manquer le *portique des Géants,* ainsi que le *temple dorique d'Héphaïstos* (bien conservé et caisson visible), appelé aussi *Théséion (Thissio)* en raison des frises (métopes nord et sud) représentant les exploits de Thésée alors que d'autres (façade) illustrent les travaux d'Héraclès (Hercule). Du temple, jolie vue sur le reste du site. Sur le chemin menant à ce temple, voir les bases des colossales statues du porche de l'odéon d'Agrippa.

LA GUERRE DU SEXE

Il y a 2 600 ans, Athènes et Sparte sont encore en guerre. Dans une comédie d'Aristophane, Lysistrata, une Athénienne aussi jolie que maligne, réussit à convaincre les femmes grecques de faire la grève du sexe tant que leurs maris ou leurs amants ne feront pas la paix. Et elle obtint gain de cause !

Le grand bâtiment, tout neuf ou presque, est la reconstitution, datant des années 1950, du *Stoa d'Attalos* (ou portique d'Attale) qui abrite un important ***musée.*** Il présente des œuvres ou objets liés à la démocratie athénienne, comme cette machine, le *klirotério,* qui servait à tirer au sort les citoyens pour les jurys, ou ces *ostraka,* sortes de jetons sur lesquels on inscrivait le nom de l'homme politique qu'on voulait bannir. Voir également la pièce de monnaie, un tétradrachme datant de l'époque classique, repris sur les pièces grecques d'un euro. À l'étage, grande galerie avec notamment des maquettes du site et de nombreux *hermès,* ces stèles

surmontées d'une tête d'Hermès avec les attributs virils, placées aux carrefours, ou à des endroits significatifs, afin de conjurer le mauvais sort.
Enfin, l'Agora était traversée par le chemin des Panathénées, la grande fête de la cité qui se déroulait tous les 4 ans en l'honneur d'Athéna, et dont le moment fort était la grande procession qui se dirigeait vers l'Acropole par ce chemin.
Attention à ne pas confondre avec l'***Agora romaine*** – ou *Forum* –, largement postérieure *(entrée au niveau de la tour des Vents, dans Plaka ; zoom détachable, C-D4 ; tlj 8h-15h ; entrée : 2 € ; fait partie du billet groupé à 12 € – voir plus haut le texte sur l'Acropole).* À l'époque romaine, cette sorte d'extension de l'Agora grecque remplaça progressivement cette dernière. Le principal intérêt aujourd'hui en est l'horloge de Kyrristos, connue sous le nom de ***tour des Vents,*** qu'on voit assez bien de l'extérieur. C'était à la fois un cadran solaire et une horloge hydraulique (voir les styles sous chaque vent).
Voir aussi la ***mosquée Fethiyé,*** construite en l'honneur de Mehmet le Conquérant (le sultan qui prit Constantinople aux Byzantins).

Le quartier de Thissio (plan d'ensemble détachable, A-B4-5)

Dans une rue où se succèdent les bars branchés, un petit musée original :

🏛 ***Le musée Hérakléidon*** *(plan d'ensemble détachable, B4)* **:** *16, odos Iraklidon. ☎ 210-346-19-81. • herakleidon-art.gr • Ⓜ Thissio. Ven 13h-21h ; sam-dim 11h-19h. Fermé lun-jeu ainsi qu'une quinzaine en août. Entrée : 6 € ; réduc.* Ce musée consacré à l'artiste néerlandais M. C. Escher (fonds permanent) accueille chaque année une ou deux expositions temporaires (consulter le site). Magnifique demeure et belle muséographie.

🏛 ***Melina Cultural Center*** *(plan d'ensemble détachable, A4)* **:** *66, odos Iraklidon, à l'angle d'odos Thessalonikis. ☎ 21-03-45-21-50. Mar-sam 10h-20h, dim 10h-14h. GRATUIT.* À deux pas de Gazi, le rez-de-chaussée de cette ancienne usine de chapeaux est consacré à l'art du théâtre d'ombres grec, le *Karaghiozis,* à travers le matériel des Charidimos, une famille d'artistes qui, d'abord au Pirée puis à Athènes, a entretenu la flamme de cet art populaire pendant des années. À l'étage, reconstitution d'une rue de l'Athènes d'autrefois.

Le quartier du Céramique (Kéramikos ; plan d'ensemble détachable, B3-4)

Ce petit quartier, pas loin de la station de métro Thissio, a gagné de l'intérêt depuis l'achèvement de l'unification des sites archéologiques.

🏛🏛 ***Le cimetière du Céramique*** *(plan d'ensemble détachable, B4)* **:** *148, odos Ermou. ☎ 21-03-46-35-52. Ⓜ Thissio. Avr-oct, tlj 8h-20h ; musée : mêmes horaires ; 8h-15h hors saison. Entrée : 2 € ; gratuit pour les étudiants de l'UE et les enfants. Fait partie du billet groupé à 12 € (voir plus haut le texte sur l'Acropole).* Dans un site envahi par la végétation, que traversaient autrefois la Voie Sacrée et la rivière Eridanos, on se balade parmi les pierres tombales de riches citoyens athéniens de l'Antiquité. Une manière pour les familles de continuer à rivaliser par l'intermédiaire de leurs morts. Consacrez votre visite essentiellement aux stèles, c'est-à-dire à gauche en entrant ; le reste du site est moins intéressant. Ne manquez toutefois pas le musée, enrichi par de nouvelles découvertes (sphinx, kouros) faites à l'occasion des travaux du métro. Belles pièces (de l'époque géométrique notamment), poteries, lécythes (vases à fond blanc), ainsi qu'un beau *kouros* archaïque, dit « de la

Porte Sacrée », découvert en 2002. Voir aussi les découvertes faites dans une fosse commune dont on pense qu'elle a accueilli les corps des victimes de la peste qui a sévit vers 430 av J.-C.

Le musée de la Poterie traditionnelle *(plan d'ensemble détachable, B4)* **:** *4-6, odos Mélidoni. ☎ 21-03-31-84-91. • potterymuseum.gr • Ⓜ Thissio. Près du cimetière du Céramique et face à la synagogue. Lun-ven 9h-15h ; dim sur rdv. Fermé sam. GRATUIT.* Installé dans une belle demeure bourgeoise du XIXe s, ce modeste musée présente le travail des potiers dans la Grèce des XIXe et XXe s. Matériel, techniques, coutumes et usages relatifs aux cruches, aux amphores, aux vases plutôt bien expliqués (grec et anglais). Petite cafétéria, boutique.

TOUT UN SYMBOLE !

Chez les Grecs anciens, le sumbolon est un fragment de poterie cassé en deux et donné à des personnes différentes. Pour conclure un accord, on faisait la preuve de son identité en rassemblant les deux morceaux. Un symbole est aujourd'hui un dessin ou un objet qui possède un second sens caché.

Le musée Bénaki d'Art islamique *(zoom détachable, C3)* **:** *22, odos Agion Assomaton et 12, odos Dipylou. ☎ 21-03-25-13-11. Ⓜ Thissio. Jeu-dim 9h-17h. Entrée : 7 € ; réduc.* Après avoir passé plusieurs années dans les réserves, les collections d'Antonis Bénakis ont été rendues au public en 2004, une fois achevée la réhabilitation d'une belle demeure néoclassique qui les accueille désormais. Sur quatre niveaux, dans un ordre chronologique vous amenant du VIIe au XIXe s, un joli parcours permettant d'admirer de nombreuses pièces (remarquables céramiques d'Iran). À noter, au 2e étage, la reconstitution de la salle de réception d'une riche maison du Caire, faisant écho à celles présentées (Grèce du Nord) au musée Bénaki d'odos Koumbari (voir plus bas).

Le quartier de Gazi *(plan d'ensemble détachable, A4)*

Gazi est devenu un quartier à la mode, où paradent artistes et intellos branchés, ainsi qu'une faune nocturne assez aisée. Depuis l'ouverture de la station de métro Kéramikos, le quartier est facilement accessible. Sinon, bus no 049 au départ d'Omonia. Si vous y allez à pied, descendez l'avenue Piréos depuis Omonia ou, plus agréable, descendez de Plaka vers le quartier Thissio et, de là, passez devant le cimetière du Céramique par le bas d'odos Ermou, rue piétonne à cet endroit.
Le quartier tient son nom de l'usine à gaz réhabilitée et rebaptisée ***Technopolis.*** Chaque année, fin mai, s'y déroule le ***Festival de jazz d'Athènes,*** organisé par les ambassades européennes, suivi par le ***Festival international de danse.*** L'animation du quartier est assurée par les nombreux cafés, restos et boîtes qui ont ouvert odos Perséphonis, odos Voutadon (à la sortie de métro) ou sur Iéra Odos, ainsi que de l'autre côté de Piréos, sur odos Iérofandon et Iraklidon. Souvent bien chers et éminemment branchouilles...

Le musée Bénaki – Annexe *(centre culturel ; hors plan d'ensemble détachable par A4)* **:** *138, odos Piréos et Andronikou. ☎ 21-03-45-31-11. • benaki.gr • De Technopolis, continuer à descendre Piréos. Jeu et dim 10h-18h ; ven et sam 10h-22h ; horaires et prix des billets variant selon expos. Fermé en août. Entrée : 4-6 €.* Le musée Bénaki a ouvert en 2004 cette annexe (dans ce qui était une immense concession automobile) où sont organisées des expositions, très diverses, d'artistes contemporains. Belle cafétéria (avec des ordinateurs à disposition, accès Internet).

➢ En remontant vers le centre par odos Ermou, on arrive à Psiri.

Le quartier de Psiri *(plan d'ensemble détachable, C3-4 et zoom, C3-4)*

Psiri était un vieux quartier populaire autour des rues Miaouli et Évripidou, centre de tous les artisanats et petits commerces. Ce quartier est, lui aussi, devenu à la mode depuis quelques années : il s'y concentre un grand nombre de restos, souvent des *mézédopolia* ou *ouzéria* qui donnent un tout autre cachet au quartier le soir, quand les artisans ont fermé boutique. Plusieurs brocanteurs et antiquaires se sont également installés dans Psiri.

KOULOURI

Ce petit pain en forme de roue et recouvert de sésame symbolise la Grèce. À l'origine, on sortait des églises pour grignoter quand les offices étaient trop longs. Demandez-le malako, *si vous le souhaitez tendre et frais. On peut l'acheter de bon matin, dans le quartier de Psiri, à la sortie du four, après une nuit rude et arrosée.*

Le quartier Omonia *(plan d'ensemble détachable, C-D-E2-3 et zoom, C-D-E2-3)*

Ce quartier, dénué de tout centre d'intérêt touristique, ne mérite pas de visite en particulier. Mais on peut être amené à y dormir, on y passe assez souvent à pied ou en métro, notamment si l'on souhaite visiter l'incontournable Musée archéologique. Pour vous y rendre depuis Omonia si vous y êtes descendu en métro, plutôt que de prendre odos 28-Oktovriou, vous pouvez passer par odos Thémistokléous qui mène au ***quartier d'Exarchia,*** avec sa place, haut lieu de contestation, d'où vous pouvez descendre vers le Musée archéologique national.

★★★ ***Le Musée archéologique national*** *(plan d'ensemble détachable, D-E2)* **:** *44, odos Patission. ☎ 21-08-21-77-24. • namuseum.gr • Ⓜ Omonia ou Victoria. En 2014, les horaires d'été du musée étaient les suivants : avr-oct tlj 8h-20h ; le reste de l'année : lun 13h-20h, mar-dim 8h-15h. Entrée : 7 € ; réduc ; gratuit pour les moins de 19 ans et les étudiants de l'UE munis de leur carte ; gratuit pour ts ts les dim nov-mars et 1er dim avr-juin et oct. Billet groupé à 12 € avec le Musée byzantin et chrétien, le Musée numismatique et le Musée épigraphique. Photographies avec flash interdites. Visite guidée possible (anglais et français) ; rens sur place.*

Rez-de-chaussée

1	Entrée principale
2	Hall d'entrée (billetterie, boutique, etc.)
3 et 4	Salle mycénienne
5	Salle néolithique
6	Civilisation cycladique
7 à 13	Sculpture d'époque archaïque
14 et 15	Sculpture du début du Ve s av. J.-C.
16 à 20	Monuments funéraires
Jardin	Sarcophages, statues colossales, etc.
21	Hall du Diadumène (copies romaines d'œuvres classiques, le Jockey, etc.)
22	Salle d'Épidaure (sculptures du IVe s av. J.-C.)
25 à 26	Reliefs votifs du IVe s av. J.-C.
27	Derniers monuments funéraires attiques et sculpture du IVe s av. J.-C.
29 et 30	Sculpture hellénistique
31 et 32	Sculpture de la période romaine
33	Pièces datant de l'Antiquité tardive
36 à 39	Bronzes
40 et 41	Collections égyptiennes
42	Collection Stathatos

Étage

48	Akrotiri (Santorin)
49 à 59	Poteries, bronzes
60 et 61	Collection Vlastos-Serpieris
62	Orfèvrerie
63	Verres
64	Antiquités chypriotes

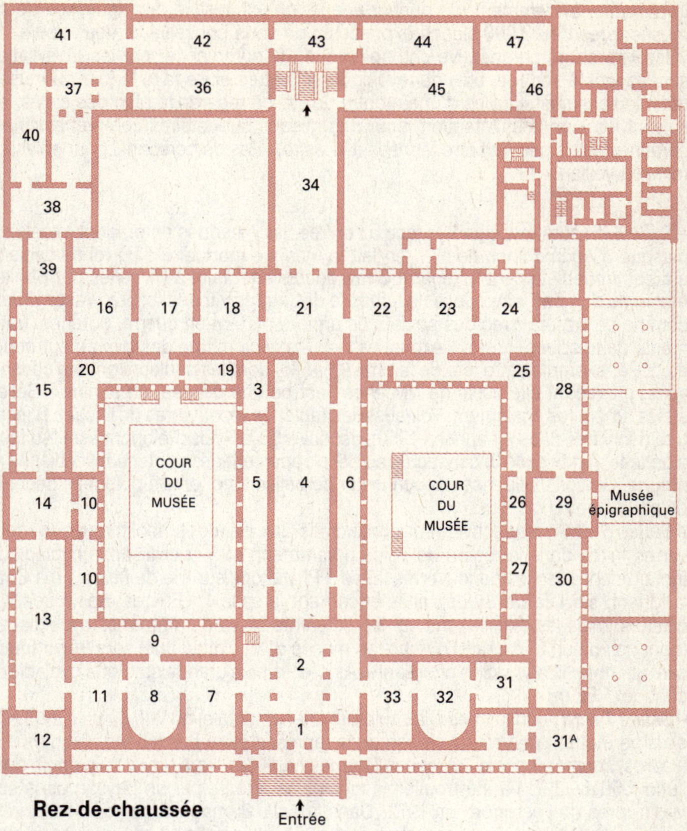

Rez-de-chaussée

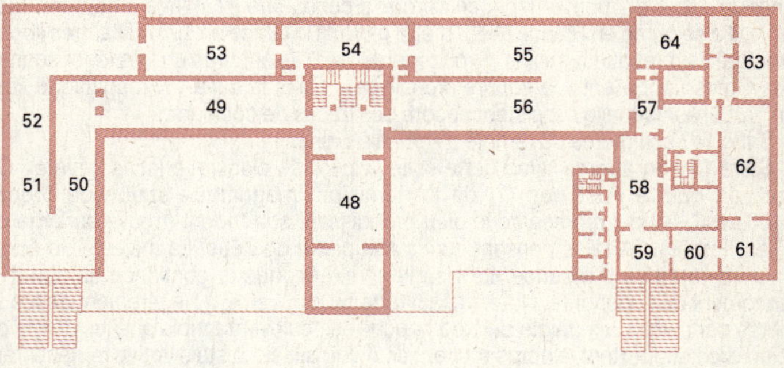

1er étage

ATHÈNES – LE MUSÉE ARCHÉOLOGIQUE

Impossible, évidemment, de donner une vision exhaustive des richesses de ce musée (près de 12 000 pièces exposées) : on vous conseille, si vous voulez le visiter dans une perspective chronologique, de commencer par les trois salles situées face à l'entrée, puis de revenir dans l'entrée et de faire le tour du musée dans le sens des aiguilles d'une montre quand on regarde le plan des salles, en suivant les numéros. Attention, pour des raisons budgétaires compréhensibles, certaines salles peuvent être fermées à la visite... Pas de personnel pour en assurer la surveillance !

Rez-de-chaussée

– ***Salle 4*** (trésors mycéniens) **:** face à l'entrée, les masques en or, dont le célèbre *masque d'Agamemnon* (le n° 1, en fait le masque mortuaire d'un roi mycénien), attirent immédiatement le regard. Cette découverte, faite à Mycènes par Schliemann, ne doit pas faire oublier la richesse des autres vitrines (bijoux, vases rituels comme ce cratère avec des soldats en armure partant en guerre, poteries, fragments de fresques, objets « exotiques » en ivoire ou même des œufs d'autruche, etc.). Par exemple cette tête de femme (n° 4575) dont les couleurs ont été conservées, provenant elle aussi de Mycènes : est-ce une déesse, un sphinx ? Belles stèles funéraires également. Voir aussi les tablettes recouvertes de linéaire B (écriture déchiffrée dans les années 1950), découvertes à Pylos (Péloponnèse). Au fond à gauche, petite ***salle 3,*** consacrée au développement de la poterie mycénienne et attique. On voit l'influence minoenne sur de belles amphores à poignées décorée de poulpes ou d'oiseaux.

– ***Salles 5 et 6 :*** respectivement consacrées aux périodes néolithiques (découvertes faites dans la région de Volos notamment) et à la civilisation cycladique (notamment avec les découvertes faites à Phylakopi, sur l'île de Milos, ou à Chalandriani, sur l'île de Syros), elles encadrent la salle 4. Œuvres moins spectaculaires, mais les explications sur les différents types de statuettes cycladiques (dont on voit un plus grand nombre au musée d'Art cycladique) sont très intéressantes : noter la stylisation croissante. À noter, la plus grande statuette cycladique connue (1,52 m).

– ***Salles 7 à 13 :*** consacrées à la sculpture (monumentale) du VIIIe au VIe s av. J.-C., elles permettent de voir l'évolution de la représentation des jeunes hommes nus (*kouros, kouroi* au pluriel) et jeunes femmes habillées (*korê, korai* au pluriel), dont l'une (550 av. J.-C.) a été trouvée, imaginez sa tête (!), par un paysan dans son jardin, près de l'aéroport, en 1972. Dans la ***salle 8,*** magnifique *kouros* trouvé à Sounion (n° 2720), à comparer avec le n° 3851 de la ***salle 13,*** réalisé 70 ans plus tard. Air volontaire, pied gauche un peu avancé (pour rompre la symétrie et entamer un début de mouvement), ce dernier a connu une existence mouvementée : volé, il a séjourné en France avant d'être rendu à la Grèce en 1937. D'autres *kouroi* sont frêles, presque féminins. Si on regarde bien, ils ont tous un très léger sourire, les Grecs l'appellent « le sourire archaïque ». Dans la ***salle 11,*** magnifique *korê* (n° 4889) sur laquelle subsistent encore des traces de couleurs.

– ***Salle 14 :*** sculptures du temple d'Aphéa à Égine.

– ***Salle 15 :*** on aborde avec cette salle la période classique (style sévère). On ne voit que le *Poséidon* (?) de l'Artémision, magnifique statue de bronze (460 av. J.-C.) qui représente le dieu brandissant son trident (trouvé au large de l'île d'Eubée). Certains pensent qu'il s'agit plutôt de Zeus. La majesté du corps montre toute sa puissance. Le visage serein évoque la confiance en soi et le sentiment de supériorité. Noter l'exactitude du mouvement : légèrement déséquilibrés par l'effort, les doigts du pied gauche se soulèvent tandis que les doigts du pied droit supportent le corps tout entier. À voir aussi : la stèle votive représentant Déméter, Perséphone et Triptolème, évocation des mystères d'Éleusis (vers 440-430 av. J.-C.).

– ***Salles 16 et 18 :*** monuments funéraires (nombreux *lécythes* de grande taille, dont le n° 4485 représentant Hermès qui conduit dans l'Hadès – les Enfers – une jeune morte ; stèles figurant le plus souvent deux personnages, l'un assis, l'autre

debout, exprimant leur chagrin). La ***salle 17*** présente des pièces provenant de l'Héraion d'Argos, comme ce bel *amphiglyphon* (à vos souhaits !), stèle sculptée sur deux faces.
– ***Salle 21 :*** le cheval et le jockey de l'Artémision. Superbe œuvre en bronze. L'enfant semble petit sur le cheval gigantesque, impression renforcée dans cette immense salle. Sur son visage, on décèle la tension due à l'effort. La tête de l'animal est, elle aussi, particulièrement réaliste. Ne pas manquer non plus le *Diadumène* (copie romaine) trouvé à Délos : il s'agit d'un athlète qui ceint son front du bandeau de la victoire. L'original en bronze, sculpté par Polyclète, est perdu.
– ***Salle 22 :*** éléments en provenance de l'Asklépion d'Épidaure.
– ***Salle 28 :*** deux chefs-d'œuvre voisins. La statue en bronze, de petit format, d'un éphèbe, trouvée au large de Marathon et attribuée à Praxitèle (vers 340-330 av. J.-C.), et celle de Persée (ou Pâris), trouvée dans un bateau naufragé au large d'Anticythère. D'autres pièces provenant de ce même bateau sont visibles ***salle 29*** (voir en particulier la tête de philosophe, très expressive).
– ***Salle 30 :*** on arrive à la période hellénistique. Au fond, gigantesque tête de Zeus avec, à côté, un bras. Par la taille de ces fragments, on estime que la statue mesurait plus de 7 m.
– ***Les salles 31 à 33*** (période romaine) amènent tranquillement à la fin du monde antique.
– Accessibles par la salle 16, les ***salles 36 à 39*** présentent un très bel ensemble de bronzes (certains provenant de Dodone, en Épire), et le *mécanisme d'Anticythère,* trouvé au fonds des eaux en 1901 (un mécanisme à engrenages, que certains n'hésitent pas à appeler le premier ordinateur de l'humanité), qui laisse penser que les Grecs en savaient plus qu'on ne le pense en matière d'astronomie.
– À côté, la ***salle 42*** : la collection Stathatos. Très intéressante là encore, avec toutes sortes d'objets délicats du IIIe millénaire av. J.-C. au XIXe s (œuf en terre cuite, colliers de perles tubulaires, icônes miniatures, etc.).
– Accessibles par la salle 42, les ***salles 40 et 41*** contiennent une superbe collection égyptienne : papyrus, instruments de musique, statuettes, bijoux, jeux et, bien sûr, des sarcophages.

1er étage
– Ne surtout pas manquer la ***salle 48,*** consacrée aux découvertes faites à Akrotiri, à Santorin. On y voit, tout au fond de la salle, trois des fresques trouvées sur le site (les autres ont été rapatriées sur l'île de Santorin), les *Antilopes,* les *Boxeurs* et le *Printemps,* cette dernière, la plus belle, couvrant trois murs. Très incomplètes et abîmées, elles n'en sont pas moins un magnifique témoignage de la civilisation minoenne (Santorin était un comptoir crétois).
– Au même étage, dans les ***salles 49 à 56,*** magnifiques poteries (collection de vases attiques et surtout innombrables amphores de la période géométrique). L'amphore (n° 1002) sur la panse de laquelle est représenté Persée coupant la tête de Gorgone (Méduse), lui-même poursuivi par les deux sœurs de Méduse, est remarquable : voir aussi, sur le col, Héraklès luttant contre le centaure Nessos. Voir en particulier les deux squelettes entourés de poteries, remarquablement conservés, retrouvés dans une tombe du cimetière du Céramique.
– Enfin, dans le petit groupe de salles accessibles depuis la salle 56 (les ***salles 57 à 64***), d'autres figurines en terre cuite, à fonction décorative, religieuse ou ludique

TRÈS FORT, L'AMPHORE !

Ce vase qui transportait l'huile, le vin ou les grains fut à l'origine de la prospérité grecque dans l'Antiquité. Les deux anses permettaient de la porter facilement à deux. La céramique favorisait l'excellent état de conservation. La forme oblongue facilitait le rangement tête-bêche, sans espace perdu. La pointe permettait de les bloquer dans des râteliers à trous, pendant le transport. Enfin, c'était une unité de mesure.

(jouets d'enfants), comme celles représentant des acteurs, tous très typés ; la collection de *Vlastos-Serpieris* (d'autres poteries), la collection de verres (urnes cinéraires, fioles, lampes) et, surtout, le magnifique ensemble d'objets et de bijoux d'or et d'argent de l'époque géométrique à l'époque romaine (couronnes de laurier en or, pendentifs, bagues, colliers, etc.). Pour terminer ***(salle 64)***, des antiquités chypriotes (depuis l'âge du bronze), notamment des poteries de style « libre » et des sculptures monumentales, représentant des humains au corps assez grossier mais au visage très fin.

Boutique où l'on peut acheter des moulages et des copies d'œuvres provenant de tous les musées de Grèce, ainsi que des copies de fresques et d'icônes. Également une agréable cafétéria donnant sur un jardin intérieur.

➢ Retour sur Omonia, d'où une rue rectiligne (odos Athinas) conduit à Monastiraki en passant par les halles, un endroit haut en couleur.

Les halles *(zoom détachable, D3)* **:** *av. Athinas (entre la pl. Omonia et la rue Ermou).* Ⓜ *Monastiraki.* Sous une gigantesque construction s'étendent la halle au poisson et la halle à la viande ; un étalage fellinien très pittoresque. On se demande d'ailleurs comment la viande reste consommable après être restée toute la journée dehors, sous une chaleur accablante. Les centaines d'ampoules électriques accentuent le côté féerique. Y aller le matin pour l'ambiance, quand les clients crient et que les commerçants s'invectivent. Plus on avance dans la journée, plus les odeurs deviennent insistantes ! Le marché aux poissons est situé au milieu *(ferme à 15h lun-jeu et à 18h ven-sam).* Le marché aux fruits qui se trouve de l'autre côté de la rue est le moins cher d'Athènes *(ts les mat sf dim).*

Le quartier autour des halles mérite aussi un peu d'attention. Pas tellement du côté odos Éolou, rue piétonne très animée où les magasins modernes gagnent du terrain (voir quand même ces incroyables kiosques religieux face à l'église Agiou Markou). Cependant, il faut descendre odos Évripidou *(zoom détachable, C-D3)* en milieu de matinée (la même rue n'a guère d'intérêt l'après-midi, on ne voit plus alors que les hôtels borgnes !) pour ses odeurs mélangées, ses populations de toutes origines (nombreuses enseignes en hindi et en chinois, à certaines heures on se croirait en Asie), son animation intense... Côté odos Sokratous, perpendiculaire, les magasins en gros d'huile d'olive ou de fruits secs valent le coup d'œil et laissent dans les narines d'impérissables senteurs. Plus bas sur Évripidou, de quoi casser la croûte pour pas bien cher dans le centre d'Athènes (*tyropittès*, *pittès* aux légumes) et, pour les narines encore, un magasin d'épices, *Élixirion,* au n° 41, et d'autres vendant plantes et herbes.

PERIPTERO

Partout à Athènes, on aperçoit ces kiosques qui vendent bien d'autres choses que des journaux. Ce sont parfois de petits supermarchés. Le terme, qui signifie à l'origine tout l'espace, pris par les colonnades autour d'un temple leur a été attribué tellement ils grignotent de place sur la rue. On comprend mieux.

En remontant odos Athinas, vers le marché aux fruits, beaucoup de misère : alignement de femmes des pays de l'Est vendant cigarettes de contrebande et mouchoirs en papier, immigrés attendant des jours meilleurs...

Monastiraki *(plan d'ensemble détachable, C-D4 et zoom détachable, C-D4)* **:** autour de la station de métro, le bazar d'Athènes, prolongement de Plaka. Par définition, on y trouve tout et n'importe quoi. Attention, les pickpockets y sévissent...

Les puces d'Athènes *(zoom détachable, C4)* **:** *pl. Avyssinias et autour de l'église Agios Philippos. Entre les stations de métro Thissio et Monastiraki, quand on descend odos Ermou sur la gauche. De l'aube jusqu'à midi (grosse activité le dim).*
Ici, les Grecs s'activent et gèrent leurs affaires, comme au temps de l'ancienne agora, au même endroit où se tenaient, dans l'Antiquité, les petits commerces.

Même si, depuis des lustres, les bidons d'huile d'olive ont remplacé les amphores, l'agitation collective, les odeurs, le langage de Socrate sont toujours aussi vivaces. À deux pas de Monastiraki, c'était le rendez-vous des revendeurs, des Tsiganes, colporteurs, brocanteurs, avec les « rabatteurs », ceux qui quadrillent chaque jour la ville, la banlieue et les provinces, dans leurs *métaforas* (triporteurs à moteur). Aujourd'hui, il ne s'y passe plus grand-chose d'intéressant pour les vrais amateurs.
Le dimanche matin (et dans une moindre mesure le samedi matin), les trottoirs des rues environnant Monastiraki (Adrianou, Ifestou) et les abords de la station de métro Thissio sont envahis par les revendeurs de petites bricoles.

La mosquée Tsizdaraki *(collection Kyriazopoulos ; zoom détachable, C4)* **:** *pl. Monastiraki. ☎ 21-03-24-20-66. Ⓜ Monastiraki. Tlj sf mar 8h-15h. Entrée : 2 € (en principe, on peut acheter un billet commun avec le musée d'Art populaire - voir plus loin - à condition de faire la visite le même j.).* Dans une vieille mosquée (1759), joliment restaurée face à la station de métro de Monastiraki. Pour les amateurs de céramiques. Œuvres de grands artistes du XXe s et poteries traditionnelles (Grèce continentale et îles) se côtoient sur deux niveaux.

ATHÈNES

La bibliothèque d'Hadrien *(zoom détachable, C4)* **:** *juste à côté de la mosquée Tsizdaraki, en allant vers l'Agora romaine. Tlj sf mar 8h-20h ; hors saison, tlj sf mar 8h-15h. Entrée : 2 € ; fait partie du billet groupé à 12 € - voir plus haut le texte sur l'Acropole.* La salle tout au fond contenait probablement 17 000 « livres » (faits de rouleaux de papyrus). Mais l'intérêt principal de ce site secondaire est sans doute la statue de Nikè (la Victoire), portant un bouclier et touchant terre : elle n'a été découverte qu'en 1988. Elle est à l'abri dans une pièce, sur la gauche après l'entrée.

➢ Monastiraki n'est guère plus grand que la place du même nom et les rues alentour : si l'on remonte vers la place Syndagma, on est tout de suite dans Plaka.

Le quartier de Plaka *(zoom détachable, D4-5)*

Plaka est l'endroit le plus animé d'Athènes. Visite presque obligatoire, le soir de préférence ou alors le matin. Mais ne croyez surtout pas que c'est le petit coin ultra-typique « où l'on voit vraiment vivre les Athéniens ». Il y a là certainement plus d'étrangers que de Grecs. Bien sûr, dans certaines tavernes, des danseurs appointés exécutent le *sirtaki,* cette danse qui n'a jamais appartenu au folklore traditionnel grec... Mais Plaka est encore, par endroits, ce petit village planté comme ci comme ça. Chaque époque a apporté ses fantaisies de pierre et de brique, sans trop se soucier de conformité. Chaque provincial ou émigré a apporté ses goûts, son architecture. C'est un merveilleux creuset de styles ! Se balader dans Plaka en pensant que la ville est tout autour, ça donne envie de siffloter. En l'air, c'est le ciel bleu, et, de temps en temps, au hasard d'une ruelle, le Parthénon.
On peut arbitrairement diviser Plaka en deux. Le *bas,* en gros autour des rues Kydathinéon et Adrianou qui traversent tout le quartier, qui serait le produit monstrueux des amours de Pigalle et du Quartier latin complètement défiguré par les « marchands du temple » et le tourisme agressif. Le *haut,* autour des rues Tripodon, Épiménidou ou Bacchou, au-dessus des derniers restos installés sur la pente, qui prend le soir des teintes extraordinaires et qui a un charme... On n'en dit pas plus, ça prendrait trois pages ! Signalons tout de même l'existence d'un quartier dans le quartier, à savoir celui d'***Anafiotika*** *(zoom détachable, D5),* construit au XIXe s par des maçons de l'île d'Anafi : murs passés à la chaux, géraniums, ruelles étroites, on se croirait presque dans les îles !
Dans les escaliers de la rue Lissiou, vous pourrez rencontrer un maximum de jeunes (et de touristes !). En flânant, à l'extrémité de Plaka côté sud, vous tomberez immanquablement sur le *monument de Lysicrate,* appelé aussi par les Grecs la *lanterne de Diogène* (*zoom détachable, D5* ; près de la rue du même nom),

riche citoyen qui fêta ainsi sa victoire aux concours théâtraux de 335 av. J.-C. Le monument a appartenu à la France (acquisition faite en 1669). À côté se trouvait un couvent de capucins où lord Byron vint mettre un peu d'animation en 1810-1811. La visite de Plaka dans la fraîcheur du matin, vers 7h ou 8h, quand les lampions sont éteints, vous livrera un autre aspect enchanteur. Un certain nombre de maisons de style néoclassique sont en réfection ou ont déjà été rénovées : voir par exemple, au 18 de la rue Thrasyllou, la magnifique demeure à la façade ocre et à l'escalier en marbre appartenant au ministère de la Culture grec. Il y en a bien d'autres...
Plusieurs musées dans Plaka, qu'on aborde d'ouest en est, en remontant vers Syndagma.

Les bains d'Aéridon *(zoom détachable, D5)* **:** *8, odos Kyrristou, près de la tour des Vents.* ☎ *21-03-24-43-40.* Ⓜ *Monastiraki. Tlj sf mar 8h-15h. Entrée : 2 € (billet commun avec le musée d'Art populaire ; voir plus loin).* Ces anciens bains publics turcs sont les seuls à Athènes à avoir été sauvés et (joliment) restaurés. Rien de très extraordinaire, mais un lieu agréable (et frais) où est plutôt bien expliquée, en grec et en anglais, l'importance qu'avaient les bains autrefois, pendant la période d'occupation ottomane. Petite salle vidéo et audioguides en location.

Le musée des Instruments de musique populaire grecque *(zoom détachable, D4)* **:** *1-3, odos Diogénous, pl. Aéridès.* ☎ *21-03-25-01-98.* • *instruments-museum.gr* • Ⓜ *Monastriraki. Près de la tour des Vents. Tlj sf lun 10h-14h (12h-18h mer). GRATUIT. Boutique.* Cet intéressant petit musée présente, sur trois niveaux, les quatre grandes familles d'instruments de la musique traditionnelle grecque. Il s'agit de la collection d'un chercheur, Fivos Anoyanakis. On peut écouter le son des instruments grâce à des casques disposés près des vitrines d'exposition. *Gaïdas* et *tsambounés* vous feront immanquablement penser aux binious et cornemuses bretons, les *zournadès* sont d'intéressants représentants de la famille des hautbois, au son très aigu. À l'étage, belle collection de « chordophones », du *baglamas* au *bouzouki* en passant par la *lyra* crétoise (est exposée celle de Nikos Xylouris, grand chanteur et instrumentiste crétois) et leurs nombreuses déclinaisons, sans oublier leurs cousins orientaux *(oud, saz).*
– Le musée organise des concerts (en principe en juillet ; renseignements au ☎ *21-02-02-97-37*) et des cours d'instruments traditionnels.

Le musée grec d'Art populaire *(Greek Folk Art Museum ; zoom détachable, D-E5)* **:** *17, odos Kidathinéon.* ☎ *21-03-21-30-18.* • *melt.gr* • Ⓜ *Syndagma. Tlj sf lun 9h-15h30. Entrée : 2 € ; réduc. Billet commun avec les bains d'Aéridon.* Un musée devant lequel on ne fait le plus souvent que passer, à tort. Il est plus intéressant que ne le laisse penser le rez-de-chaussée, qui n'a que de grandes pièces de broderie à présenter. Au 1er étage, intéressantes sections sur le théâtre d'ombres *(Karaghiozis)* et sur les déguisements de carnaval, héritiers de cultes dionysiaques. Également une expo sur le village d'Olymbos (Karpathos) et une chambre peinte à Lesbos par Théophilos (peintre naïf), datant des années 1924-1930 et sauvée de la destruction par un « déménagement » opportun de toute la pièce ! Au 2e étage, le travail de l'argent est mis en valeur. Au 3e, riche collection de costumes traditionnels (mise en évidence des différences par régions, groupes d'îles, etc.).

Le musée Frissiras *(zoom détachable, D5)* **:** *3-7, odos Monis Astériou.* ☎ *21-03-23-46-78.* • *frissirasmuseum.com* • Ⓜ *Syndagma. Mer-ven 10h-17h, sam-dim 11h-17h. Entrée : 6 € ; réduc.* Dans deux bâtiments joliment rénovés, ce musée présente des expositions tournantes de son fonds riche de plus de 3 500 œuvres (la collection de son fondateur, Vlassis Frissiras, un avocat passionné d'art), montrant essentiellement – de manière figurative – la silhouette et le corps de l'être humain. C'est en fait le seul musée d'art contemporain européen de Grèce. Également des expos temporaires.
Également dans Plaka, mais sur les hauteurs, au pied de l'Acropole :

Le musée Kanellopoulos (zoom détachable, C5) **:** *12, odos Théorias et Panos. ☎ 21-03-21-23-13. Tlj sf lun 9h-16h. GRATUIT.* Un petit musée privé, vite parcouru mais gratuit, et climatisé. Pas mal pour prendre le frais en descendant de l'Acropole... D'un côté, œuvres et objets usuels antiques couvrant les périodes classiques (riche collection de cratères, bijoux en or, statuettes, bronzes...), avec un coup d'œil au passage sur les modestes fondations d'une maison byzantine. Dans l'autre partie, nombreuses croix et icônes byzantines, dont une belle mise au tombeau de Tzanès. École crétoise bien représentée. Calices, triptyques.

La place Syndagma (zoom détachable, E4)

La place Syndagma (la constitution, en grec) est la grande place d'Athènes, située sous le Parlement. En grec, s'écrit Syntagma mais se prononce plutôt « Syndagma ». Au passage, vous ne manquerez pas de voir le Vieux Palais, construit pour le premier roi de Grèce, Othon, dans les années 1830, et les *evzones* de la garde, ces populaires soldats « à la belle ceinture » (traduction littérale), portant fièrement leur fustanelle et régulièrement relevés. La nuit, en rentrant de Plaka, allez voir la relève de la garde, à 2h ou 3h : ambiance un peu irréelle (d'autres relèves ont lieu en journée, en principe toutes les heures).

LE PAS DE L'OIE

Les evzones avancent les jambes bien raides. Ce pas de l'oie rappelle ces volatiles gardiens du Capitole, qui caquetaient dès que l'ennemi approchait. Dommage que cette marche militaire évoque aussi les nazis qui torturèrent tant de Grecs.

Le Jardin national (zoom détachable, E-F4-5) **:** *entrée principale léoforos Amalias, près de la pl. Syndagma. Tlj 7h-coucher du soleil.* Une oasis de fraîcheur, une débauche de plantes luxuriantes sur 158 000 m². Pour se reposer. Malheureusement, on ne peut pas rester longtemps allongé sur les gazons moquettes. Dans le parc, un petit jardin botanique et un minizoo. On y trouve aussi un café, très discret, situé le long de la rue Irodou Attikou, où se trouve le bâtiment de la présidence grecque.

Notez, de l'autre côté de l'avenue Vassiléos Konstandinou en vous éloignant du Jardin national, le ***stade*** en forme de U *(plan d'ensemble détachable, F6),* construit pour les premiers Jeux olympiques organisés par Pierre de Coubertin en 1896. L'arrivée du marathon des Jeux de 2004 s'y est déroulée. On peut l'admirer de l'extérieur *(pour y entrer, 8h-17h en hiver et 8h-19h en été, il en coûte 3 €, audioguide compris).*
Plusieurs musées importants sont situés sur léoforos Vassilissis Sofias qui constitue la limite sud du quartier de Kolonaki :

Le musée Bénaki (zoom détachable, F4) **:** *1, odos Koumbari ; à l'angle de Vassilissis Sofias. ☎ 21-03-67-10-00. • benaki.gr • Ⓜ Syndagma. Mer et ven 9h-17h, jeu et sam 9h-minuit, dim 9h-15h. Fermé lun et mar. Entrée : 7 € ; réduc ; gratuit jeu (collection permanente slt) ainsi que pour les moins de 22 ans.*
Installé dans un ancien hôtel particulier ayant appartenu à Antonis Bénakis, un riche Cairote d'origine grecque qui passa une grande partie de sa vie à collectionner les œuvres d'art et fit don de sa collection à l'État grec. Il existe aujourd'hui trois principaux musées Bénaki, sans compter les petites annexes : le premier, celui d'odos Koumbari, est aussi le plus important ; le deuxième est consacré à l'art islamique (voir plus haut « Le quartier du Céramique ») et le troisième accueille des expositions temporaires d'art moderne (voir plus haut « Gazi »). Le bâtiment d'odos Koumbari, typique de l'architecture néoclassique athénienne, propose un vaste panorama de l'hellénisme depuis les origines jusqu'à la Grèce contemporaine.

– *Rez-de-chaussée :* armes en bronze, bijoux, poterie « géométrique », délicats petits bronzes, rares casques de la période archaïque (VIe s av. J.-C.), figurines de terre cuite, remarquables bijoux en or (IIIe s av. J.-C.), notamment les couronnes de laurier et ceintures, d'une grande finesse d'exécution. Admirables tissus coptes (du VIIe s av. J.-C. au VIIIe s apr. J.-C.) préservés grâce au climat sec de l'Égypte. Noter en particulier le geste gracieux de la femme se regardant dans un miroir. Peignes en ivoire, peintures funéraires du Fayoum, meubles sculptés, icônes, très belle porte sculptée de sanctuaire venant d'Épire et figurant l'Annonciation (prodigieux travail de ciselage).
– *La nouvelle aile* abrite les œuvres de la période chrétienne et byzantine, dont une mosaïque représentant la Vierge (seul fragment sauvé des décorations murales d'un monastère de Constantinople), datant du Xe s, de nombreuses icônes de l'École crétoise et deux œuvres de jeunesse du Greco (*Saint-Luc peignant la Vierge* et *L'Adoration des Mages*).
– *1er étage :* essentiellement consacré à la Grèce sous l'occupation turque ou vénitienne. L'art religieux est encore fortement présent, mais également l'art profane, avec de nombreux vêtements (habits de mariée, broderies...), représentant toutes les régions de Grèce. Ne pas manquer le *sperveri,* tissu brodé en provenance de Rhodes, destiné à éviter que des regards indiscrets ne s'égarent vers le lit de la mariée... Deux somptueuses salles de réception provenant de maisons seigneuriales de Kozani (en Macédoine) et datant du XVIIIe s ont été reconstituées. Nombreuses aquarelles représentant des vues d'Athènes par des artistes étrangers.
– *2e et 3e étages :* consacrés à la Grèce soulevée contre les Turcs (portraits des généraux insurgés, fusils, sabres...), puis devenue indépendante. Nombreux objets ayant appartenu à des combattants (pour l'essentiel des armes, dont les pistolets de Byron !). Photo de Vénizélos avec un général français en 1918 et caricature du même Vénizélos, en fustanelle, terrassant le tigre bulgare ! Des documents concernant de grandes figures de la littérature grecque contemporaine (Séféris, Élytis) complètent le panorama en le prolongeant jusqu'au XXe s.

Museum Resto : *ouv aux horaires du musée (à noter, jeu un buffet copieux, 20h30-minuit).* Clientèle pas vraiment routarde, mais la terrasse est sympa et les prix pas excessifs pour la qualité.

Le musée d'Art cycladique *(Fondation Goulandris ; plan d'ensemble détachable, F4)* **:** *4, odos Néofitou Douka ; autre entrée sur Vassilissis Sofias. ☎ 21-07-22-83-21. • cycladic.gr • Ⓜ Syndagma. Lun, mer, ven et sam 10h-17h, jeu 10h-20h, dim 11h-17h. Entrée : 7 € ; 3,50 € lun ; réduc.*
Remarquable musée né de la passion du couple Goulandris. Indispensable complément au musée Bénaki. Demander le petit fascicule en français (à côté des vitrines, certaines explications sont également traduites en français).
– *Rez-de-chaussée :* introduction à l'art cycladique au IIIe millénaire av. J.-C., période particulièrement riche et féconde sur le plan artistique. En effet, les Cyclades représentaient à l'époque, de par leur situation géographique, un pont naturel pour les courants d'influences évoluant d'est en ouest.
– *1er étage :* l'étage phare du musée, avec la collection cycladique riche de 230 œuvres (on ne dénombre au total que 1 600 figurines connues). Dans une douce pénombre, objets superbement mis en valeur. Les sculptures des Cyclades (Syros, Amorgos et les Petites Cyclades), un peu abusivement appelées « idoles », présentent des formes modernes étonnantes. Ceux qui pensaient qu'il s'agissait toujours d'œuvres de dimensions réduites seront surpris de voir une pièce de 1,40 m de haut (un peu moins grande que celle du Musée national, haute de 1,52 m, elle) ! On pense à Brancusi... Les œuvres correspondent à trois périodes : les figures dites « schématiques » (corps humain au modelé très rudimentaire), les figurines féminines en forme de « violon », enfin celles dites « type de Plastiras ». Ces dernières restent pour beaucoup un mystère. Retrouvées en grande majorité dans des tombes (donc couchées), elles devaient avoir une fonction spécifiquement funéraire, selon les conclusions des archéologues. Cependant,

certains fragments ont aussi été découverts dans des habitations. De même, pas de réponse à la symbolique des « bras croisés » : prudence technique, méthode d'exécution simplificatrice ou signification religieuse ? Et pourquoi n'a-t-on pas représenté les oreilles sur la majorité des statues ? Quant aux statuettes elles-mêmes, étaient-elles des représentations d'ancêtres vénérés, des concubines destinées à satisfaire le trépassé pendant son voyage, des substituts de sacrifices humains ? Les hypothèses sont variées.
Nombreuses poteries et lames en bronze. Plats et vaisselle là aussi étonnamment design ! Voir en particulier cette étonnante pièce en marbre, d'un seul bloc, comportant une rangée de pigeons.
– *2e étage :* un panorama en concentré de l'art grec ancien, de l'âge de bronze à la période romaine. Bas-reliefs figurant des banquets, verrerie phénicienne (IIIe s av. J.-C.), ravissants tanagras, vaisselle de table en bronze d'Askos (IIe s av. J.-C.), amphores et cratères décorés, objets en bronze du Luristan (où c'est, ça ?), etc. On vous laisse chercher le satyre ! Quelques vidéos pour expliquer certaines techniques (poterie, soufflage du verre...).
– *3e étage (salle Levendi) :* collection d'art chypriote.
– *4e étage :* autour d'objets anciens, reconstitution de scènes de la vie quotidienne dans l'Antiquité : on suit, dans les vitrines, un fil conducteur, un jeune Grec, Léon, dont les étapes de la vie sont restituées. Muséographie plutôt réussie et très pédagogique. Petits films également, reprenant le fil conducteur.
– Le *palais Stathatos,* un bel exemple d'architecture néoclassique (1895) reliée au bâtiment principal par une galerie intérieure, accueille les expos temporaires.

★★★ *Le Musée byzantin et chrétien* *(plan d'ensemble détachable, F-G4) : 22, léoforos Vassilissis Sofias. ☎ 21-32-13-95-00. • byzantinemuseum.gr • ♿ Ⓜ Évangélismos. Tlj sf lun : en été 8h-20h ; hors saison 8h-15h. Entrée : 4 € ; réduc ; gratuit pour les moins de 18 ans.*
Le musée a été entièrement refait et a abandonné la villa réalisée dans les années 1840 pour Sophie de Marbois-Lebru (la duchesse de Plaisance) pour un nouveau bâtiment à la muséographie remarquable dans lequel on découvre le monde byzantin, de ses origines (il est issu de la culture gréco-romaine) à sa fin (chute de Constantinople en 1453), sans oublier ses marges (section sur les coptes d'Égypte). De magnifiques pièces comme ce chrysobulle (document garantissant des privilèges) de l'empereur Andronikos II, de nombreuses icônes anciennes (certaines doubles ou en relief), bijoux. Superbes fresques murales *(Dormition de la Vierge),* bols en terre cuite vernissés, mosaïques, éléments architecturaux, petits bronzes, icônes en argent repoussé ou en vermeil. Même les mécréants seront sensibles à cette splendeur...
Un théâtre de plein air (150 places) a été construit, ainsi qu'une boutique et un café-resto. Le projet a été complété en juin 2014 avec l'ouverture au public *(accès libre tlj 8h-20h)* du site archéologique du ***Lykeion*** *(Lycée),* là où enseignait Aristote. Accès possible par l'odos Rigillis, sans passer par le musée.

➢ Il est possible de compléter la visite en montant dans le quartier chic de Kolonaki, au pied du Lycabette.

La colline du Lycabette
(Likavitos ; plan d'ensemble détachable, F-G2-3)

☎ 21-07-22-70-65. Bus no 60 d'odos Akadimias ou de la pl. Kolonaki ; à l'arrêt Likavitos, odos Kléoménous, monter les quelques marches qui restent et prendre le funiculaire souterrain pour le sommet ; il fonctionne de 9h à 3h du mat en été, tlj (départ ttes les 30 mn) ; entrée odos Aristippou, en face du no 18. Tarif A/R : 7 €. Les courageux monteront à pied (env 15 mn) : départ 100 m à gauche du téléphérique.

Hyper touristique, mais belle vue jusqu'à la mer. Ne pas manquer d'y grimper, si possible le matin ou la nuit. On découvre tout Athènes illuminé : c'est magnifique. Le Lycabette en lui-même est en revanche décevant. Le restaurant au sommet est très cher. On peut redescendre à pied dans le quartier chic de ***Kolonaki*** *(plan d'ensemble détachable, F-G3-4),* et flâner devant ses boutiques de luxe et ses galeries d'art. On peut y voir aussi de belles maisons néoclassiques comme celle du 3 de l'odos Alopékis qui accueille une galerie *(Stavros Mihalarias Art).*

Au sud de l'Acropole

Au sud-ouest de l'Acropole *(plan d'ensemble détachable, B-C5-6),* vous pouvez toujours monter sur la **colline de Philopappou** (moins pour le monument funéraire de ce prince syrien que pour la vue). À 147 m d'altitude, cette colline offre en effet une vue panoramique et permet de découvrir une bonne partie de l'Attique, jusqu'au Pirée, sans parler de la vue qu'elle offre sur l'Acropole. En redescendant par le côté ouest, vous apercevrez des vestiges d'habitations. Enfin, de l'autre côté de la rue pavée, après la chouette église *Agios Dimitrios Lombardiaris* qui rappelle les églises de montagne, se trouve la **colline des Nymphes** avec l'observatoire de la **Pnyx** (lieu de réunion de l'Assemblée du peuple, l'*ecclésia,* du VIe au IVe s av. J.-C.). Vous pourrez finir votre balade par l'***Aréopage*** *(zoom détachable, C5),* juste en face de l'Acropole, où se réunissait le tribunal qui jugea, entre autres, Oreste. Attention, ça glisse (l'accès est désormais facilité par un escalier métallique, mais une fois en haut, se méfier). Accès libre à tous ces sites.

Le musée de l'Acropole *(plan d'ensemble détachable, D6)* **:** *2-4, Makrygianni. ☎ 210-9000-900. • theacropolismuseum.gr • Ⓜ Akropoli. Attention, l'entrée ne se fait pas sur odos Makrygianni (où l'on arrive en sortant de la station de métro Akropoli), mais par odos Dionissiou Aréopagitou (la rue piétonne qui contourne l'Acropole). 1er avr-31 oct, lun 8h-16h, mar-dim 8h-20h (dernière entrée 19h30) ; le ven, ouv jusqu'à 22h. 1er nov-31 mars, mar-jeu 9h-17h, ven 9h-22h, w-e 9h-20h. Entrée : 5 € ; réduc ; gratuit pour les moins de 18 ans et les étudiants de l'Union européenne. Flash interdit.*

Dessiné par l'architecte franco-suisse Bernard Tschumi et son collègue grec Michel Photiadis, c'est un trapèze de verre de 25 000 m^2, dont une salle de 3 200 m^2 consacrée au seul Parthénon. Peut-être surdimensionné (en tout cas tant que les fameuses frises du Parthénon réclamées au British Museum ne quittent pas l'Angleterre pour rentrer au bercail – et rien n'indique que ce soit demain la veille), ce musée des superlatifs aura coûté 130 millions d'euros. Conçu pour résister à un tremblement de terre de 10 degrés sur l'échelle de Richter, il est en quelque sorte sur « pilotis » (94 colonnes hyper résistantes le relient au sol et permettent aux sites découverts pendant les travaux, entre 1997 et 2004, de rester visibles sous la masse énorme de la construction).

La visite débute par la découverte des pentes de l'Acropole *(The Slopes of Acropolis)* : une large galerie, constituée d'un large plan incliné avec des vitrines sur chaque côté, permet d'accéder au ***1er niveau.*** Sorte de mise en bouche avant les chefs-d'œuvre qui vous attendent plus haut, cet espace est consacré aux découvertes faites dans différents sanctuaires, longtemps restées ignorées dans les réserves de différents musées. Ces sanctuaires, situés sur les pentes de la colline, constituaient une sorte de transition entre la ville et le rocher sacré. Ils n'étaient évidemment pas inconnus des spécialistes, mais le grand public en ignorait la richesse : il suffit de penser que deux de ces sanctuaires, découverts, il y a 50 ans, au niveau du théâtre d'Hérode Atticus et de celui de Dionysos, ont fourni à eux seuls la bagatelle de 690 pièces qui sont exposées pour la première fois dans les vitrines. Belle section sur les mariages, dont on apprend qu'ils se déroulaient entre fin janvier et mi-février, avec amphores et *loutrophoroi* (de grandes jarres utilisées pour le bain nuptial). Explication des rituels ; bas-reliefs issus du sanctuaire

d'Asklépios ou ce « trésor »... du sanctuaire d'Aphrodite Ourania (IVe s), un gros bloc de marbre avec une cavité creusée dans lequel on déposait un drachme pour que le mariage soit heureux...
En haut des escaliers, à l'arrivée au ***1er étage,*** plongée dans la période archaïque : fragments de frontons monumentaux appartenant à un temple antérieur à l'Acropole classique (l'*Hékatompédon*), témoignant d'une imagination plus débridée – parmi les êtres monstrueux et serpents, on voit notamment Héraclès combattant Triton. En se retournant, magnifique disque en bronze avec une gorgone. Après cette transition, on est prêt à affronter le nombre ahurissant de chefs-d'œuvre du VIe s av. J.-C. concentrés dans le grand espace parmi les énormes piliers de béton, à la droite des escaliers : une « forêt de statues », dit-on...
Impossible de mentionner toutes les pièces : citons juste le *Moschophoros* (570 av. J.-C.), jeune homme portant sur ses épaules un veau qu'il va sacrifier à Athéna, le sourire aux lèvres, les innombrables *korai* en marbre de Paros, toutes plus belles les unes que les autres, certaines gardant des traces de polychromie (*korê d'Anténor,* monumentale, grave, presque austère, *korê de Chios,* comme en tenue de soirée, avec ses mèches et ses boucles d'oreille, ou la *Péplophore,* au visage rayonnant et au modelé d'une rare finesse), de magnifiques chevaux, un chien de chasse qui ne l'est pas moins... et tant d'autres belles œuvres.
En se rapprochant du fond de la salle, voici un magnifique relief : *Athéna pensive,* la tête appuyée contre sa lance, influencée par le style dit sévère. Est-elle accablée ? Prépare-t-elle un bon tour à jouer à son rival Poséidon ? La première hypothèse tient la corde (selon certains, elle lirait sur la stèle devant elle la liste des Athéniens morts au combat contre les Perses...).
Vers le fond de la salle, explications très complètes sur les temples d'Athéna *Nikè* (Athéna victorieuse), l'*Érechthéion* et les *Propylées.* Si quatre parties de la frise du temple d'Athéna manquent – elles sont au British Museum –, ne pas manquer la magnifique *Nikè à la sandale* (qui fait partie d'une étonnante série appartenant au « parapet », sorte de protection du temple, orné de reliefs), avec le mouvement inimitable que fait la déesse pour dénouer sa sandale, qui amène son chiton et son manteau à s'orner de plis donnant vie à la statue...
Enfin, si on n'est pas allé les voir avant, derrière l'escalier mais accessibles en passant par les galeries, les cinq *caryatides* (la sixième est au British Museum, *of course*), vêtues du *péplos* dorique et d'un *himation* – sans doute des *choéphores* (porteuses de libations) qui honoraient le roi mythique Kékrops. La position de leurs bras n'est connue que par des copies romaines. Ici, contrairement à ce qu'il en était dans l'ancien musée, on peut tourner autour du groupe, les voir chacune de dos, ce qui permet de comparer leurs chevelures, toutes différentes.

LES CARYATIDES

On nommait ainsi les habitantes de la ville antique de Carya, près de Sparte. Au cours d'une guerre punitive, on enleva les femmes de la cité. Les sculpteurs évoquèrent leur souvenir en les représentant sur des colonnes. La tradition est restée, en revanche l'origine a été oubliée.

Le ***3e niveau*** est entièrement consacré au Parthénon et à ses ornements. Ne pas manquer la vidéo (environ 15 mn ; grec/anglais en alternance), qui apporte des compléments d'information utiles à la visite. Ce 3e étage déconcerte : difficile de ne pas ressentir une étrange impression devant ces moulages parmi lesquels surnagent quelques originaux, un peu perdus. Bien entendu, c'est aussi le but : faire toucher de l'esprit l'immense perte pour la Grèce qu'est l'absence de ces marbres uniques, dont une grande partie se trouve à Londres, au British Museum.
Petit rappel : lord Elgin, ambassadeur de Grande-Bretagne auprès de l'Empire ottoman, avait obtenu des autorités turques l'autorisation de prélever des pièces sur l'Acropole. Le sultan était au plus mal avec la France de Bonaparte (qui avait lancé l'expédition d'Égypte quelque temps auparavant) et n'avait rien à refuser à

son allié, l'Empire britannique. Il semble qu'il y ait eu deux firmans (décrets émanant du sultan), le second, dont il ne subsiste qu'une traduction en italien, lui permettant de faire effectuer le prélèvement de « quelques morceaux de pierre ». On connaît le résultat : 12 statues de frontons, 156 éléments de la frise du Parthénon, 15 métopes, une caryatide et la frise du temple d'Athéna Nikè atterrirent dans 200 caisses qui prirent, non sans mal, la direction de l'Angleterre. Le Parthénon était déjà en partie ruiné, cet acte de vandalisme, dénoncé en son temps, fut le coup de grâce...

BIEN MAL ACQUIS...

Thomas Bruce, septième lord Elgin, ne l'emporta pas au paradis : son vol ne lui apporta pas la richesse escomptée, et les ennuis se succédèrent. Son bateau, chargé de 14 caisses de pièces pillées, fit naufrage à Cythère. Sa femme, rentrée plus tôt que lui en Angleterre, le trompa avec un proche, ce qui causa leur divorce. Arrivé en France, il fut empêché de rentrer dans son pays, et libéré à condition de faire allégeance à Napoléon. Un comble pour un Anglais ! À son retour, sa carrière diplomatique était terminée... Quasi en faillite, il mit longtemps à vendre ces pièces, que le British Museum lui acheta en 1816, pour à peine 35 000 £.

Pour bien comprendre ce qui a été perdu, il faut se souvenir que Périclès voulait que le Parthénon fût sans égal dans le monde connu de l'époque : il mit donc à la disposition de Phidias de gros moyens pour lui permettre de décorer les 92 métopes de reliefs (les métopes sont des panneaux rectangulaires entre lesquels s'intercalent des triglyphes ; aucun autre temple de l'époque n'avait l'ensemble des métopes ainsi décoré). Les sujets en sont divers, le plus souvent des thèmes mythologiques ou légendes attiques (par exemple une *gigantomachie*, ou combat des dieux contre les géants, ou la lutte de Thésée contre les Amazones). Mais il y a encore plus fort : plus haut que ces métopes, éléments classiques de style dorique, par définition limités, une frise continue de style ionique, longue de 160 m et haute d'un peu plus de 1 m, va faire le tour du Parthénon. À travers cette œuvre à part entière, Phidias peut donner libre cours à la fois à son imagination et à son souci du réalisme. Cette frise est donc l'innovation du Parthénon ; autre nouveauté, elle traite sans doute d'un sujet contemporain (et non mythologique), les Grandes Panathénées, procession sacrée qui se déroulait tous les 4 ans avec ce cortège en mouvement rendant compte de l'atmosphère de fête. Malheureusement, cette frise est très abîmée, les éléments restés en possession de la Grèce sont peu nombreux, et il faut faire un certain effort d'imagination pour se représenter l'ensemble. Voir, en particulier, la plaque avec les jeunes gens menant les bœufs au sacrifice (côté nord de la frise), attribuée à Phidias, les porteurs d'amphores (trois jeunes gens tenant une amphore sur l'épaule, suivis par un quatrième qui se penche pour soulever la sienne) ou les trois dieux, Poséidon, Apollon et Artémis, assis. Abîmés également et très incomplets, les frontons est et ouest.

|●| 🍷 On a ensuite bien mérité de descendre au ***café-resto*** et sa grande terrasse, au 2e étage, flanqué de la boutique : les tarifs des consommations et des plats sont démocratiques et on ne s'en plaindra pas *(ouv jusqu'à minuit le ven).*

🎭🎭 ***Le musée des Bijoux Ilias-Lalaounis*** *(zoom détachable, D5) : 4A, odos Karyatidon. ☎ 21-09-22-10-44. • lalaounis-jewelrymuseum.gr • ♿ Ⓜ Akropoli. Mer, jeu, ven et sam 9h-15h, dim 11h-16h. Fermé le dernier dim du mois (ouv le mar de la même sem en remplacement). Entrée : 5 € ; réduc ; gratuit sam.*

Musée original, ouvert en 1994, exposant des créations d'un orfèvre contemporain qui s'est inspiré de l'art grec ancien et de 12 autres civilisations, depuis la préhistoire. Il comprend, sur trois niveaux, 3 000 bijoux et microsculptures regroupés en 45 collections.

Ne manquez pas, au 1er étage, le « trésor de Priam », inspiré par la découverte de Schliemann sur le site de Troie. Le vrai trésor avait disparu du musée de Berlin

durant la Seconde Guerre mondiale. Dix ans avant qu'on ne le retrouve au musée Pouchkine de Moscou, Lalaounis s'inspira des croquis de Schliemann pour créer cette collection ! Mais les autres collections ne sont pas moins intéressantes (art pariétal, art cycladique, etc.). Lalaounis a puisé son inspiration un peu partout, en Grèce avant tout, mais aussi chez les Celtes ou les Amérindiens, et également dans la nature (collection Mikrokosmos, et surprenante collection ADN, la plus récente, qu'il a réalisée à l'âge de 80 ans).
Dans le hall, possibilité de voir travailler un orfèvre. Au 1er étage, salle de vidéo en français (à demander par interphone). Petite cafétéria dans un patio et boutique, évidemment !

La porte d'Hadrien et l'Olympiéion (zoom détachable, E5) **:** *en bas d'Amalias, à l'angle d'Olgas. ☎ 21-09-22-63-30. Ⓜ Akropoli. Tlj 8h-16h45. Entrée : 2 €. Fait partie du billet groupé à 12 € (voir plus haut le texte sur l'Acropole).* La porte date du IIe s ; elle séparait la ville grecque de la ville romaine. L'Olympiéion était un temple monumental (diamètre des colonnes : 2,38 m !), dédié à Zeus, dont il ne subsiste qu'un alignement impeccable de 15 colonnes sur les 104 que comptait le temple complet, chacune atteignant la hauteur respectable de 17,25 m. Commencés en 515 av. J.-C., les travaux s'achevèrent en 131 apr. J.-C. sous la direction d'Hadrien. Comme beaucoup de monuments de ce type, l'Olympiéion servit de carrière au Moyen Âge.

Festivals

– **Festival d'Athènes à l'odéon d'Hérode Atticus** (zoom détachable, C5) **:** *au pied de l'Acropole ; entrée sur Dionissiou Aréopagitou, à droite du chemin qui mène à l'Acropole. ☎ 21-03-27-20-00. • greekfestival.gr • Juin-août. Vente sur place le j. même 9h-14h et 18h-21h. Ou à la billetterie centrale de l'*Athens Festival, *39, odos Panepistimiou, passage Pesmazoglou (lun-ven 9h-17h, sam 9h-15h). Achat possible en ligne. Billets à tarifs variables selon spectacle : env 15-50 €.* Tragédies grecques, concerts classiques, jazz, ballets, opéras, avec des artistes internationaux. L'odéon n'accueille en fait qu'une partie des spectacles qui sont représentés en différents lieux à Athènes (et aussi à Épidaure).
– **Festival de jazz :** *fin mai, à Technopolis (plan d'ensemble détachable, A4), quartier de Gazi, 100, odos Piréos. Rens sur le site de la marie d'Athènes (• cityofathens.gr •) ou à l'*IFA. Ambassades eurpéennes et instituts culturels s'associent à l'organisation. Concerts gratuits sur 5 jours. Le même lieu accueille aussi (la première quinzaine de juillet) le ***Festival international de danse.***

DANS LES ENVIRONS D'ATHÈNES

Le monastère de Kaissariani (Μονη Καισαριανης) **:** *à 10 km à l'est d'Athènes, dans un vallon boisé du mont Hymette. ☎ 21-07-23-66-19. Bus no 224 sur l'av. Vassilissis Sofias ou, à Athènes encore, sortir par la rue Filolaou (plan d'ensemble détachable, G6). Après le terminus au rond-point, grimper à pied 2 km. Tlj sf lun 8h30-15h. Entrée : 2 € ; réduc. Le parc autour du monastère est en accès libre.* Les Athéniens viennent au monastère pour remplir leurs bidons à la fontaine qui est, paraît-il, curative ; autrefois, on croyait même qu'elle apportait la fécondité. On la trouve à l'extérieur du monastère, sur le mur d'enceinte à l'opposé de l'entrée. Le contraste entre le versant côté Athènes, urbanisé à l'infini, et le versant opposé, côté campagne, est étonnant. Le programme de reforestation de ce coin d'Attique est une réussite ; respectez bien cet espace vert, rare dans le secteur. Éviter d'y aller le dimanche, beaucoup d'Athéniens viennent pique-niquer dans le bois à côté, d'où embouteillages, etc. 800 m plus haut que le monastère, petit café de style montagnard.

Musée

Le musée Spathario du théâtre d'ombres : *odos Vassilissis Sofias et Dimitriou Ralli, pl. Kastalias, en plein centre de* ***Maroussi.*** *☎ 21-06-12-72-45. • karagiozis museum.gr • Lun-ven 9h-14h, ainsi que mer 18h-20h, dim 10h-13h. Préférable de téléphoner avt, les horaires peuvent varier. GRATUIT.* Evgénios Spatharis (1924-2009) a été l'un des plus grands animateurs du théâtre d'ombres, le *Karaghiozis,* du nom de son principal héros, sorte de guignol grec qui, durant tout le XXe s, a fait rire des générations d'enfants (et d'adultes). C'est sa fille qui s'occupe de ce musée où sont exposés les figurines (incroyable, le nombre de personnages créés – même Hitler et Mussolini ont été passés à la moulinette *Karaghiozis*) et tout le matériel utilisé par Spatharis durant sa longue carrière. Si vous passez en même temps que des scolaires, vous pourrez mesurer à quel point Karaghiozis et ses compères sont populaires auprès des jeunes enfants grecs.

Les sites archéologiques

Attention : les horaires sont toujours susceptibles de modifications...

Élefsina *(Ελευσινα ; Éleusis en grec ancien)* **:** *1, Iéra Odos. ☎ 21-05-54-34-70. C'est à 23 km à l'ouest d'Athènes si l'on prend la route de Corinthe depuis le centre d'Athènes (on peut aussi s'y rendre par le nouveau périphérique contournant la capitale et rejoignant la côte à Éleusis). Bus no A16 depuis la pl. Éleftherias (appelée aussi Koumoundourou ; zoom détachable, C3). Tlj sf lun 8h-14h30. Entrée (site et musée) : 3 € ; réduc.*

Au cœur de la ville subsistent les vastes vestiges du *sanctuaire des mystères d'Éleusis.* Haut lieu religieux de l'Antiquité, du VIIIe s av. J.-C. au IIe s apr. J.-C. L'origine de ce culte remonte à l'histoire de Déméter partie chercher sa fille Coré (Perséphone), enlevée par Hadès, le dieu des Enfers. À travers cette légende évoquant les cycles de la végétation était symboliquement abordée la problématique de la mort et de la renaissance. L'initiation, ouverte à tous (esclaves et femmes compris), consistait à mettre en action cette légende, afin de provoquer un sentiment de terreur, suivi par l'apaisement procuré par le salut et la renaissance. Ces mystères sont toutefois restés assez... mystérieux, les historiens manquant de textes suffisamment précis. On sait qu'ils se déroulaient sur 9 jours à l'automne, la procession partant du quartier du Céramique à Athènes et arrivant à Éleusis après 19 km de marche sur la Voie sacrée (Iéra Odos).

On conseille la visite du musée en premier, histoire de se familiariser avec la géographie des lieux, notamment grâce aux maquettes. À voir : les vestiges de la ville qui était entourée d'un mur d'enceinte, les grands et petits propylées, les ruines d'un arc de triomphe, du grand *télestérion* (salle d'initiation, en fait une sorte de temple au milieu duquel, dans l'*anaktoron,* trônait le *hiérophante,* prêtre des mystères : les initiés se tenaient autour et assistaient aux mystères).

Vravrona *(Βραυρωνα ; Brauron en grec ancien)* **:** *à 35 km à l'est d'Athènes. ☎ 22-99-02-70-20. Prendre la route de Rafina et descendre au sud de Loutsa. Situé à l'ouest de Néo Vravrona, à 1 km des habitations. Bus no A5 depuis l'av. Akadimias (correspondance à la sortie de la station de métro Ethniki Amyna avec le bus no 304), mais il faudra marcher pour accéder à l'entrée. Tlj sf lun 8h-14h45. Entrée : 3 € ; réduc.* Petit site sympathique, perdu au milieu des collines couvertes de vignes. Il faut dire qu'il est plutôt mal indiqué : on passe devant sans s'apercevoir de son existence ! C'est un des plus vénérables lieux de culte d'Artémis en Attique, datant de l'époque archaïque, et où, selon la légende, Iphigénie – au lieu d'être sacrifiée – aurait fini ses jours comme prêtresse ! Deux animaux sacrés étaient associés à Artémis : la biche et l'ours. C'est ce dernier animal qui était célébré dans ce sanctuaire où les jeunes filles athéniennes, avant leur mariage, venaient suivre une initiation. À voir : portique, fondations d'un temple (en rénovation) et d'un sanctuaire, chapelle du XVe s. Petit musée intéressant à 1,5 km.

Amphiaraio (Αμφιαραιο) : *à 42 km au nord d'Athènes. ☎ 22-95-06-21-44. Prendre la route nationale (Ethniki Odos) en direction de Lamia, puis sortir à Markopoulo. Pas vraiment bien indiqué. On peut aussi y aller depuis Marathon en remontant vers le nord via Grammatiko et Kalamos. Accès en bus depuis le parc Aréos (ligne d'Oropos). Tlj sf lun 8h30-15h. Entrée : 2 € ; réduc.* Joli petit site au fond d'un vallon boisé, « comme un Épidaure en réduction », a écrit Jacques Lacarrière. C'est le sanctuaire d'Amphiaraios, un des sept chefs qui assiégèrent Thèbes. Au IVe s av. J.-C., le culte de ce héros aux pouvoirs divinatoires s'installa ici, auprès d'une source réputée pour ses vertus curatives, lui octroyant la fonction de dieu guérisseur. À voir : vestiges de temple dorique, autel, installations pour la cure (portique à incubation où les « consultants » passaient la nuit afin d'être visités pendant leur sommeil par les rêves qui leur apporteraient des révélations sur leurs maladies), théâtre avec fauteuils d'orchestre étonnamment bien conservés, thermes.

Le tumulus de Marathon (Μαραθωνας) : *à 42 km au nord-est d'Athènes (évidemment), un lieu historique présentant assez peu d'intérêt (on ne voit guère qu'un monticule). ☎ 22-94-05-51-55. Accès en bus depuis le parc Aréos (bus orange du KTEL de l'Attique). Tlj sf lun 8h-15h. Entrée : 3 € ; réduc.* En 490 av. J.-C., 10 000 Athéniens l'emportèrent sur 30 000 Perses, ne laissant sur le champ de bataille (dans les marais d'alors, derrière la plage de Schinias) que 192 morts enterrés sous le tumulus. Pour annoncer la victoire, un soldat courut à Athènes si vite qu'il en mourut (c'est du moins ce que rapporte la tradition). La ligne bleue visible sur l'asphalte représente le parcours de l'épreuve du marathon moderne. Bref, si vous êtes perdu et que vous regagnez Athènes, respirez et... courez ! Toutefois, le peu à voir est visible de l'extérieur ! Le billet donne accès au musée situé, pour simplifier, à quelques kilomètres, au lieu-dit Vranas (bien indiqué). Mêmes horaires. Là aussi très peu à voir.

SOYONS PRÉCIS

Si le marathon se court sur 42,195 km très exactement, c'est pour une raison qui n'a rien à voir avec la Grèce : en 1908, aux Jeux de Londres, cette distance correspondait au trajet parcouru entre le château de Windsor et la loge royale, au stade de White City. Elle fut par la suite officialisée au cours des années 1920.

Ramnous (ou Rhamnonte – Ραμνους) : *à 50 km au nord-est d'Athènes. ☎ 22-94-06-34-77. Prendre la route de Marathon, c'est 10 km plus loin, direction Kato Souli (bien fléché à partir de ce village). Pas desservi par bus (se rendre en bus jusqu'à Marathon, puis prendre un taxi). Tlj 8h30-14h45. Entrée : 2 €.* Petit site hors des sentiers battus, sur un plateau dominant la mer. Très belle situation et balade sympa à faire sur le sentier reliant les temples à la ville antique. À voir : belle forteresse du Ve s av. J.-C., bien conservée, voie sacrée bordée de tombeaux, fondations des temples du sanctuaire de Némésis (avant la construction de la forteresse, le site était voué à la déesse de la Vengeance) et du temple de Thémis (représentant l'ordre et la justice).

Le cap Sounion (Σουνιο) : *☎ 22-92-03-93-63. À env 65 km au sud-est d'Athènes. Les bus orange du KTEL de l'Attique partent de la pl. Égyptou, parc Aréos (Pédios Aréos en grec), près du Musée national (plan d'ensemble détachable, D-E1-2). Env 10-12 bus/j., 6h30-19h30. Retour 7h30-20h ttes les heures env, soit par la côte ouest, soit par l'intérieur. Site ouv tlj 8h-20h (17h l'hiver). Entrée : 4 € ; réduc.*

Le ***temple de Poséidon*** (Ve s av. J.-C.), se dresse majestueusement à l'extrême pointe du cap. Il vaut surtout pour son emplacement exceptionnel,

en surplomb de la mer. De là, merveilleux coucher de soleil. On observe que les colonnes sont plus fines en haut qu'en bas (0,79 m de diamètre en haut pour 1 m en bas). Cette technique permet d'accentuer l'effet de perspective et de les voir plus hautes qu'elles ne sont (en fait, elles ne mesurent que 6,10 m de haut).
Hors saison, la cafétéria près du site est l'endroit le plus agréable pour admirer le temple : terrasse ombragée, vue imprenable et prix élevés. Mieux vaut manger au bord de plage, en contrebas du site : il y a deux restos abordables et bien situés (voir « Où manger dans les environs ?» plus haut). Si l'on veut absolument rester dans le coin, possibilité d'aller planter la tente :

Camping Bacchus : *à 5 km au sud-est du site archéologique, dans la direction de Lavrio. ☎ 22-92-03-95-72. • campingbacchus.gr • Tte l'année. Compter 20-26 € pour 2 avec tente et voiture. Réduc de 10-20 % selon saison sur présentation du dépliant de la chaîne* Sunshine, *dont le camping fait partie.* Ambiance conviviale. Plage à 250 m. Emplacements ombragés, confort correct. Snack-bar sur place.

Les plages

Est-ce bien utile de vouloir aller à la plage en Attique ? Les plages aménagées sont payantes pour la plupart (prévoir 4-5 € minimum), bondées et, en prime, embouteillages à prévoir...
Si vous êtes tenté, rendez-vous sur la côte au sud du Pirée, à *Voula, Vouliagméni* (bus A2, au départ de Syndagma) ou *Varkiza* (quelques criques sympas après la ville, appelées *Limanakia*). Accès possible en tramway jusqu'à Voula depuis Athènes (départ léoforos Amalias, tout près de la place Syndagma). Mais loin du centre, et gratuite, la plage d'*Edem* à *Paléo Faliro* (descendre du tramway à la station Mousson).
Sur la côte est de l'Attique, vous pouvez essayer du côté de *Loutsa,* près de Rafina, ou de *Schinias,* près de Marathon. Cette dernière, appelée aussi plage de Marathon, bordée de pins, vaut le coup si l'on aime la planche à voile ou si l'on plante la tente au *camping Ramnous (☎ 22-94-05-58-55 ; • ramnous.gr • ; avr-oct ; env 20,50 € pour 2 avec tente et voiture ; réduc de 10-20 % sur présentation du dépliant de la chaîne* Sunshine, *dont le camping fait partie).* Vaste camping en bord de mer (sable fin), avec des emplacements ombragés. Dommage, il est moyennement entretenu.

QUITTER ATHÈNES

En voiture

➢ ***Vers le nord :*** du centre (place Omonia), pour gagner la route nationale de Lamia-Thessalonique, remonter sur plusieurs kilomètres l'odos Acharnon. De l'aéroport, beaucoup plus simple puisqu'il suffit de suivre l'Attiki Odos, la quatre-voies qui contourne Athènes, et de prendre la direction Lamia-Thessalonique.
➢ ***Vers le sud :*** du centre, pour rejoindre la nationale vers Corinthe, prendre l'odos Athinon, également depuis Omonia. De l'aéroport, prendre Attiki Odos (à péage), c'est tout simple. Continuer vers le Péloponnèse, via Élefsina.

Transports en commun pour l'aéroport

Pour les détails, voir au début du chapitre « Athènes » la rubrique « Transports urbains à Athènes et en Attique ».

➢ ***Bus X95 de la place Syndagma :*** départ sur l'av. Amalias, à côté du Jardin national *(plan d'ensemble détachable, E4-5).* Prix du billet : 5 €.

Fonctionne jour et nuit ; départs ttes les 10-20 mn selon l'heure. Compter 50 mn de trajet s'il n'y a pas d'embouteillages (rare !), et jusqu'au double en cas de gros trafic.

➢ ***Bus X94 de la station de métro Ethniki Amyna*** *(plan couleur d'ensemble).* Prix du billet : 5 €. Départs ttes les 10-20 mn, 24h/24. Compter une grosse demi-heure de trajet si le trafic est fluide. Évidemment, ajouter le temps nécessaire pour rejoindre cette station de métro sur la ligne 3.

➢ ***En métro :*** de n'importe quelle station. Il suffit de rejoindre la ligne 3, par exemple à Monastiraki, et prendre le métro jusqu'au terminus. Attention : une rame ttes les 30 mn slt pour l'aéroport (les autres s'arrêtent avant). Prix du billet : 8 €. Compter env 45 mn depuis la station Monastiraki.

En bus interurbain

– Rens (enregistrés) : ☎ 1440. On peut se procurer à l'office de tourisme d'Athènes les listes avec les horaires détaillés de bus pour toutes les destinations.
Entre les gares routières A et B, de nombreux taxis proposent le trajet pour un prix encore raisonnable.

Terminal A *(plan couleur d'ensemble)* **:** *100, odos Kifissou. ☎ 21-05-12-49-10 à 14. Pour atteindre cette gare routière, prendre le bus n° 051 à l'angle des rues Ménandrou et Zinonos, près de la pl. Omonia (ttes les 15 mn 5h-minuit) ; descendre au terminus. Les tickets peuvent s'acheter au 59, odos Sokratous (Omonia). ☎ 21-05-23-78-89. Lun-ven 7h-17h, sam 7h30-15h30.* La plus agréable des 2 gares routières (salle climatisée, cafétérias), bien que située dans un quartier peu engageant.

➢ Départs ***pour le Péloponnèse*** (Corinthe, Patras, Pyrgos, Olympie, Nauplie, Épidaure, Kalamata, Tripoli, Sparte), ***les îles Ioniennes*** (Céphalonie, Zakinthos, Corfou, Lefkada), ***l'Épire*** (Igouménitsa, Ioannina, Parga), ***la Grèce du Nord*** (Thessalonique, Kavala).

Terminal B *(plan couleur d'ensemble)* **:** *260, odos Liossion (en face ; la station est dans une rue qui prend à hauteur du 260, odos Liossion). ☎ 21-08-31-71-86. Pour rejoindre cette gare routière, métro jusqu'à la station Attiki, puis bus 024 jusqu'à l'arrêt Praktoria (possible aussi à pied : 15 mn de marche).*

➢ Départs ***pour la Grèce centrale*** (Delphes, Galaxidi, Trikala – les Météores –, Thèbes, Livadia, Agios Konstandinos, Larissa), ***Eubée*** (Halkida et Kimi), ***Volos*** et la région du ***mont Olympe*** (Katérini).

Bus du KTEL de l'Attique *(bus orange)* **:** *28, odos Mavromatéon ; près de Pédios Aréos (ou Parc Aréos ; plan d'ensemble couleur détachable, E-F1). ☎ 21-08-80-80-80. • ktelattikis.gr • Du centre d'Athènes, ligne 1 du métro direction Kifissia, arrêt Victoria, ou trolleybus jaunes n°s 2, 4 ou 9.*

➢ Nombreux bus ***pour le cap Sounion*** (soit par la côte, en 1h30, soit par les terres, en 2h), ***Marathon, Rafina*** (le port qui dessert Andros et Tinos ; compter plus de 1h de trajet), ***Skala Oropou, Lavrio,*** ainsi que pour ***Thessalonique*** (pour cette dernière destination, bureau odos Mavromateon et Ioulianou, ☎ 21-08-22-63-45 ; 11 bus/j. en sem et 9 bus/j. le w-e, 8h-22h30).

Fréquence des bus

En train

– Rens : ☎ 1110 ou 21-05-29-77-77. • trainose.gr • Les horaires sont disponibles au bureau d'OSE (les chemins de fer helléniques), 6, odos Sina (plan d'ensemble détachable, E3). ☎ 21-03-62-44-06. Lun-ven 8h-15h30. On peut y faire les résas.

Athens Central Railway Station *(plan d'ensemble détachable, C1)* **:** *☎ 21-08-21-75-34. Trolley n° 1, sur odos Panépistimiou, ttes les 10 mn env, 5h-minuit. Également bus n° B5 de léoforos Alexandras ou métro ligne 2 (descendre à la station « Stathmos Larissis »).*

➢ ***De/vers Halkida (Eubée) :*** 20 trains/j., 4h-23h env. Trajet : 1h30.

➢ ***De/vers Volos :*** 1 train direct/j. Env 4h30 de trajet. Sinon, changer à Larissa (nombreuses

Au départ d'Athènes	Terminal	Fréquence journalière	Durée	Prix 2014
CÉPHALONIE (Argostoli)	A	2 à 3	7 h	41 €
CORFOU (Kerkyra)	A	3	9 h 30	44,30 €
CORINTHE (Korinthos)	A	20	1 h 30	8 €
DELPHES	B	4/5	2 h 30	15,10 €
ÉPIDAURE (Épidavros)	A	2 à 3	2 h 30	12,50 €
GYTHION	A	5	4 h 30	23,80 €
IGOUMÉNITSA	A	4	7 h 30	44,50 €
IOANNINA	A	6 à 7	7 h	39 €
KALAMATA	A	11 à 12	3 h 30-4 h	22,20 €
KIMI (Eubée)	B	7	3 h 30	15,30 €
MONEMVASSIA	A	3 à 4	6 h	29,60 €
MYCÈNES (Mikinai)	A	15	2 h 30	10,80 €
NAUPLIE	A	15	2 h 30	13,10 €
OLYMPIE	A	2	5 h 30	29,80 €
PATRAS	A	30	3 h	18,30 €
PRÉVÉZA	A	5	6 h	37,30 €
PYLOS METHONY	A	2	5 h 30	27,30 €
SPARTE	A	9	4 h	19,50 €
THESSALONIQUE	A	11	6 h 30	39 €
TRIKALA	B	7 à 8	4 h 30	28 €
TRIPOLI	A	14	2 h 15	15 €
PYRGOS	A	10	5 h	27,70 €
VOLOS	B	10	4 h 30	27,40 €
ZANTE	A	2/3	6 h	26,10 €

correspondances pour Volos).

➢ ***De/vers Thessalonique :*** env 15 trains/j., 7h-minuit env. Trajet : env 4h en *InterCity Express,* 5h en *InterCity,* 6-7h en train classique.

➢ ***De/vers Kalambaka et les Météores :*** 1 train direct/j. Trajet : 4h30. Sinon, prendre le train pour Thessalonique et changer à Paléofarsalos.

➢ Plus de trains en direction du Péloponnèse, sauf pour ***Corinthe.*** Attention : pour Corinthe, le trajet se fait en *proastiakos,* dont le départ se fait de l'aéroport (une quinzaine d'A/R par jour). Pour rejoindre cette ligne depuis le centre-ville d'Athènes, prendre le métro en direction de l'aéroport (ligne 3) jusqu'à la station « Doukissis Plakentias » et récupérer le *proastiakos* venant de l'aéroport. Trajet : un peu plus de 1h.

En bateau

➢ ***Depuis Le Pirée :*** voir plus loin la rubrique « Quitter Le Pirée ».

➢ ***Depuis Rafina :*** voir le texte consacré à Rafina.

RAFINA (ΡΑΦΗΝΑ) (190 90) 13 000 hab.

Petite ville à 28 km à l'est d'Athènes, très fréquentée l'été (résidences secondaires des Athéniens). Rafina est un petit port à taille humaine (rien à voir avec Le Pirée), mais avec l'ouverture du nouvel aéroport à Spata, Rafina est devenue stratégiquement intéressante, du moins pour atteindre certaines Cyclades ou pour passer en Eubée.

Arriver – Quitter

➢ ***En bus*** depuis Athènes, sur odos Mavromatéon en face du nº 29 *(plan d'ensemble détachable, D-E1)*, près de la place Égyptou (bus blanc et orange du *KTEL* de l'Attique). De et vers l'aéroport également, bus réguliers jusqu'à env 21h.

➢ ***En voiture*** d'Athènes, compter au moins 1h à cause des embouteillages.

➢ ***Bateaux*** pour certaines îles des Cyclades ainsi que pour l'île d'Eubée (sur Marmari).

Adresses utiles

Capitainerie du port : ☎ *22-94-28-88-88.* Une bonne dizaine de liaisons journalières vers les Cyclades (pour les détails, se reporter au *Routard Îles grecques)* et 6 à 8 vers l'île d'Eubée (Évia), ce qui économise de la route si l'on souhaite aller dans le Sud d'Eubée.

■ ***Billets de bateau :*** nombreuses agences autour de l'embarcadère.

@ ***Café Internet :*** *dans odos Koupron, la ruelle qui longe l'hôtel* Corali. Très moderne.

Où dormir ?

On ne dort à Rafina que si l'on a un bateau pour les Cyclades à 7h30 du matin. Les hôtels de Rafina sont donc traités dans le *Routard Îles grecques.* Voici néanmoins un camping :

Camping Kokkino Limanaki : *à 1,5 km du centre-ville de Rafina, sur la route côtière entre Rafina et Mati, au-dessus d'une jolie plage aux falaises ocre.* ☎ *22-94-03-16-04. Résas :* ☎ *21-03-60-22-94. • athenscampings.com • Mai-fin sept. Prévoir 17 € pour 2 avec petite tente et voiture.* Environ 65 emplacements. Ombragé et surplombant la mer. Propreté correcte. Un point noir : le camping est très fréquenté et bruyant (le resto, *Balkoni,* est ouvert aux clients venant de l'extérieur, et ce jusqu'à 2h du mat...). Location de « huts » (sommaires) également. Le patron, accueillant et disponible, parle le français. Plage agréable et ventée, ce qui rend les grosses chaleurs plus supportables. Minibus pour le port de Rafina 5 fois par jour.

LE PIRÉE (PIRÉAS ; ΠΕΙΡΑΙΑΣ)

190 000 hab.

◗ Pour la carte du Pirée, se reporter au plan détachable.

Port d'Athènes d'où partent la majorité des bateaux qui desservent les îles. Le Pirée se divise en deux parties d'importance inégale : le premier port (proche du terminus de métro, accès facilité par une passerelle) se subdivise en plusieurs quais (*akti* en grec). En sortant du métro, on a devant soi, légèrement sur la droite, l'akti Kondyli ; en prenant à gauche, c'est l'akti Posidonos ; et, en continuant, on arrive sur l'akti Miaouli. On peut avoir à marcher un peu (ou, pire, à courir si le bateau est sur le point de partir) pour rejoindre son bateau, donc ne pas arriver au dernier moment. Un nouveau quai, extension du port principal, a été aménagé (akti Vassiliadi), tout au bout sur la droite, à un bon kilomètre du métro. Un bus gratuit fait la navette. Le second port – la marina Zéa –, d'où ne part aucun bateau pour les îles, semble à l'opposé du premier : bordé de cafés et de restos, très animés le soir, où la jeunesse grecque se retrouve. Dans la marina sont amarrés les yachts des

fameux armateurs grecs. Pour aller à la marina Zéa, bus n° 904 (en face de la station de métro) ou trolleybus jaune n° 20 (près de la station de métro). À pied, compter 20-25 mn. Citons également Microlimano, une minimarina située à l'est du Pirée et bordée de restos chic.

Comment y aller ?

➢ Métro (ligne 1) de la place Omonia, de Monastiraki, de Victoria ou de Thissio, ttes les 10 mn 5h-minuit. C'est le plus simple. Prévoir 20 mn depuis Omonia.

➢ De Syndagma, bus n° 40, 5h-minuit également, et d'Omonia bus n° 49.

➢ De l'aéroport, bus X96. Arrêt « Harbour ». Trajet 45 mn-1h30 selon circulation.

Adresses utiles

✉ ***Bureau de poste :*** *à l'angle des rues Filonos et Tsamadou. Lun-ven 7h30-20h, sam 7h30-14h.*

■ Nombreuses ***banques*** avec distributeurs, regroupées, pour la plupart, sur l'akti Miaouli *(lun-jeu 8h-14h, ven 8h-13h30).*

■ ***Presse internationale*** *(plan détachable Le Pirée,* ***1****) :* ***librairie Telstar****, 57, akti Miaouli (sur le port).* Journaux et magazines français. De nombreux kiosques également sur les quais.

Où dormir ?

La plupart des ferries et catamarans partent entre 7h et 8h, ou l'après-midi après 16h. Faute d'adresses bon marché ou à prix moyens correctes, il n'est pas absolument nécessaire de dormir au Pirée, puisque le métro fonctionne le matin dès 5h30 (sur le port, on est à 30 mn du centre d'Athènes). Et même quand le métro est fermé (après minuit), le taxi pour le centre d'Athènes ne coûte pas bien cher. Les bateaux pour les îles Saroniques partent, quant à eux, régulièrement tout au long de la journée.

🏠 ***Piraeus Dream City Hotel*** *(plan détachable Le Pirée,* ***11****) : 79-81, odos Filonos (près de l'angle avec Notara), 185 35. ☎ 21-04-11-05-55. • piraeus dream.gr • Hors saison, doubles standard env 54-68 €, en saison 70-80 €. 💻 📶 Remise de 10 % sur présentation de ce guide.* Rien à redire sur ce petit hôtel tout neuf, frais et impeccable. Chambres au design étudié, dotées de tout le confort et d'une terrasse en prime. Bien situé, et en plus, on y est chaleureusement accueilli. Notre meilleure adresse au Pirée.

🏠 ***Lilia Hotel*** *(plan détachable Le Pirée,* ***12****) : 131, odos Zéas, 185 34. ☎ 21-04-17-91-08. • liliahotel.gr • Selon saison, doubles 50-58 € et familiales 80-90 €, petit déj compris. 💻 📶 Réduc de 5 % sur présentation de ce guide (si paiement en espèces).* Dans un quartier discret du Pirée, à 50 m de la marina Zéa (c'est la rue qui monte depuis la platia Kanari) mais à 1 km du quai d'embarquement des ferries. Petit et familial, l'hôtel comprend 20 chambres joliment décorées, avec TV et salle de bains ancienne mais tout à fait correcte et propre. Terrasse pour chacune. Belle vue depuis les derniers étages.

🏠 ***Hotel Anemoni*** *(plan détachable Le Pirée,* ***13****) : 65-67, odos Évripidou, 185 32. ☎ 21-04-11-17-68. • anemoni.gr • Dans une rue perpendiculaire à Dimokratias. Tte l'année. Double env 60 € avec petit déj (prix tenant compte d'une réduc de 30 % sur présentation de ce guide). Parking souterrain. 📶* Assez proche du port, mais sans les nuisances. Un hôtel pas tout récent mais plutôt bien entretenu. Une cinquantaine de chambres confortables, avec AC et TV. Bon rapport qualité-prix et accueil agréable.

Où manger ?

Quelques gargotes autour du port, ça va de soi. Sinon, les tavernes de la marina Zéa. Choisir suivant son intuition. Les restos de Microlimano, situés au bord de l'eau, sont assez snob et vous facturent de nombreux suppléments : l'ambiance petit port de plaisance se paie comptant !

|●| ***Café-restaurant + Ousia*** *(plan détachable Le Pirée,* ***22****) : 5, odos Paléologlou (pl. Terpsithéas). ☎ 21-04-22-20-05. Remonter la rue Mérarchias qui part du port en face de la porte E. Fermé dim et lun soir. Env 15 €.* Sous ce nom mystérieux se cache un petit restaurant crétois qui propose nombre de spécialités de la grande île. C'est la cantine de pas mal d'employés du coin. Terrasse sur estrade. Service rapide.

|●| ***Les restos de poisson de la marina Microlimano*** *(hors plan détachable Le Pirée,* ***23****) : on peut s'y rendre par le bus n° 20. À pied, pas évident : il faut suivre Dimokratias jusqu'au bout (ça grimpe dur !), redescendre, puis longer la marina vers la gauche. Prévoir au moins 25-30 € le repas complet sans les boissons.* Toute une brochette de restos chic le long de la mer, sur des terrasses couvertes. Rien de génial à notre goût, et en plus, les serveurs racolent sans vergogne dans la rue. Cela dit, le cadre est extrêmement appréciable, il faut bien l'avouer.

À voir

👁👁 ***Le Musée archéologique :*** *31, Har. Trikoupi. ☎ 21-04-52-15-98. Tlj sf lun 8h30-14h30. Entrée : 3 € ; réduc.* Quelques très belles pièces de statuaire. Le clou du musée, ces quatre grandes statues de bronze découvertes au beau milieu du Pirée en 1959. Deux d'entre elles, représentant Apollon et Artémis, frôlent les 2 m de hauteur, et celle d'Athéna, la plus majestueuse de toutes, atteint les 2,35 m. Au rez-de-chaussée, colossal mausolée du IVe s av. J.-C. Au 1er étage, poteries d'une grande finesse artistique et jolis bas-reliefs. Dans la cour, un petit amphithéâtre entouré de nombreuses stèles funéraires, sarcophages et urnes.

QUITTER LE PIRÉE

En bateau

En principe, cela devrait être la seule raison ou presque de venir au Pirée... Si possible, en été, éviter les vendredi et samedi soir, et en particulier les week-ends de fin juillet ou début août : c'est de la pure folie, on a l'impression que tout Athènes embarque pour les îles. Pour les îles Argo-Saroniques, les départs se font tout au long de la journée depuis la Gate E8, proche de la place Karaïskaki.

Le ***port principal*** *(plan détachable Le Pirée)* est gigantesque, et ses différents quais se trouvent autour de la platia Karaïskaki (à 200 m à gauche en sortant de la station de métro). N'y arrivez pas à la dernière minute, en particulier si vous êtes à pied. Trouver le bon bateau et y accéder peut prendre un peu de temps. Heureusement, il existe une navette gratuite pour les quais les plus éloignés. Munissez-vous du plan d'Athènes et du Pirée offert par l'office de tourisme ; il permet de mieux visualiser cette multitude de quais d'embarquement. Le port du Pirée a également édité un plan bien fait (on le trouve sur place). Les agences qui vendent les billets sont toutes à proximité de la station de métro ; des guérites sont également disposées sur les quais d'embarquement.

➢ ***Pour se rendre en voiture au port principal :*** depuis le centre d'Athènes, rejoignez l'avenue Syngrou, continuez tout droit, direction « Central port, station »; arrivé au port, repérez-vous en fonction de votre île de destination (les départs sont regroupés par portes d'embarquement). Il existe un parking couvert proche des quais, pour ceux qui souhaitent laisser leur voiture au Pirée : le ***parking Acropole,*** ouvert 24h/24, accessible par les rues Aristidou et Gounari *(plan détachable Le Pirée).* Attention, il est particulièrement difficile de circuler et de se garer en ville.

Renseignements

– ***Port du Pirée :*** *☎ 14-541 (0,89 €/ appel) ou 21-04-55-00-00.*

– Tous les départs du jour et du lendemain sont indiqués dans le supplément *(Kathimérini)* du *Herald Tribune.* Infos également à l'office de tourisme d'Athènes et là, c'est gratuit.

– Agences et compagnies maritimes : inutile de se fatiguer, toutes les agences pratiquent les mêmes prix pour les ferries. Mieux vaut tout de même passer par les agences centrales.

En bus

➢ ***Pour l'aéroport de Spata :*** bus X96 qui part du port.

➢ ***Pour rejoindre les gares routières à Athènes :*** prendre le bus n° 420 près de l'agence *Hellenic Seaways* (acheter son ticket dans un kiosque).

ÉGINE (ΑΙΓΙΝΑ) (18010) 13 000 hab.

Égine est l'île la plus proche d'Athènes. L'unique attraction touristique est le temple d'Aphéa, mais ceux qui ont du mal à supporter la fournaise de la capitale pourront aussi y dormir et profiter de son charme lié à son insularité et à son histoire, dont il reste maintes traces. Néanmoins, c'est une des îles les plus fréquentées, principalement par les Athéniens... Et comme elle est déjà plus peuplée que la moyenne (presque 12 000 habitants pour 100 km²), vous ne serez pas tout seul.

Sachez aussi qu'Égine est la capitale grecque de la pistache. Dommage qu'elle soit vendue à des tarifs élevés (ça fait cher l'apéro !).

UN PEU D'HISTOIRE

Dans l'Antiquité, Égine fut la grande rivale d'Athènes. On y frappa les premières monnaies grecques. Sa flotte était puissante. Égine s'allia aux Perses et vainquit Athènes. Plus tard, elle s'unit avec Sparte, mais Athènes sortit victorieuse. Les habitants de l'île furent alors déportés et remplacés par des colons athéniens.

Arriver – Quitter

➢ ***Du/vers Le Pirée :*** les départs (fréquents) se font de la *Gate E8,* à côté du débarcadère des ferries pour les Cyclades (E7) et de l'arrêt du bus X96 qui relie Le Pirée à l'aéroport. Retour au même endroit. Malheureusement, il faut repasser par Le Pirée pour aller d'Égine vers les autres îles Saroniques.

– *En ferry :* le trajet dure env 1h30 pour le port d'Égine (1h10 pour Souvala). Pour Souvala et Agia Marina, une demi-douzaine de rotations/j. en été, avec *Saronic Ferries* par exemple *(● saronicferries.gr ●).*

– *En bateau rapide :* un peu plus chers mais plus rapides, les *Flying Dolphins* *(☎ 21-04-19-92-00)* naviguent tlj, tte l'année, sf grosses intempéries. De juin à sept, env 1 départ/h, 7h-20h. Trajet : 40 mn.

LE PORT D'ÉGINE

Pas la peine de chercher midi à quatorze heures, le port d'Égine est l'un des endroits les plus agréables de l'île. Ne pas manquer l'adorable chapelle *(Agios Nikolaos)* construite au bout du quai.

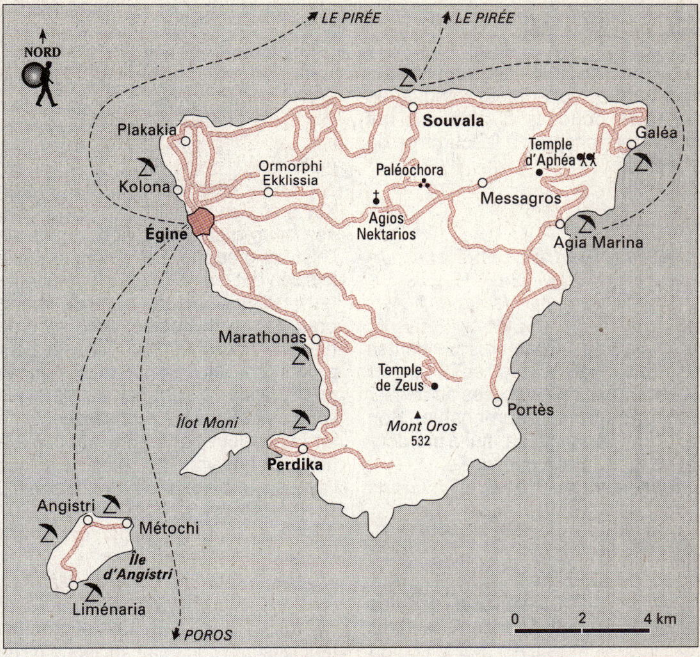

L'ÎLE D'ÉGINE

Évitez de vous baigner sur la petite plage près du port. Coin plus sympa au nord du port, après le Musée archéologique, dans la jolie baie ombragée de pins qui se trouve 500 m plus loin en contrebas de la route qui longe la mer. Plage vraiment plus calme, à défaut d'être très propre.

Adresses utiles

Police touristique : *odos Léonardos Lada (rue du snack* Tropics *qui donne sur le port), au fond d'une cour, à gauche. ☎ 22-97-02-77-77.*

Poste : *à gauche du débarcadère, sur la pl. Ethnégersias (arrêt des bus). Lun-ven 7h30-14h.*

Banques : *sur le port. Lun-ven 8h-14h.* Change et distributeur automatique de billets dans chacune d'elles

Dispensaire *(Kentro Ygias)* **:** *☎ 22-97-02-22-22. Assez excentré ; prendre la direction du Musée archéologique, puis suivre les indications.*

Hôpital : *☎ 22-97-02-22-09 ou 51. Remonter odos Sokratou (rue avt l'église sur le port), puis odos Mitropoléos ; l'hôpital est sur la droite.*

Location de voitures et de deux-roues : *prévoir env 15-20 €/j. pour un scooter.* Nombreux loueurs sur le port et dans la ruelle parallèle au quai. Tous pratiquent les mêmes tarifs. Comparer la qualité du matériel, très variable, et faites jouer la concurrence.

Départ des bus : *sur la pl. Ethnégersias (à gauche du débarcadère des Flying Dolphins).* Plusieurs lignes : liaisons 7-8 fois/j. avec Perdika, Souvala et Agia Marina (via le temple d'Aphéa).

Où dormir ?

Éviter, si possible, les week-ends, ainsi que le mois d'août lorsque les rues sont bondées d'Athéniens qui souhaitent échapper à la fournaise de la capitale.

Prix moyens

Pension Électra : *25, odos Léonardos Lada. ☎ 22-97-02-67-15. 📱 69-38-72-64-41. • aegina-electra.gr • Avr-oct. Compter env 45-50 € selon saison. CB refusées.* Chambres pimpantes avec balconnet, AC, frigo et TV. Vue sur la mer depuis celles situées au dernier étage. Propreté irréprochable. Bon accueil du propriétaire, qui aime donner de bons tuyaux sur son île.

Marmarinos Hotel : *24, odos Léonardos Lada (la rue de la tourist police). ☎ 22-97-02-35-10. • hotel marmarinos.gr • Tte l'année. En hte saison, doubles env 35-45 € avec AC. CB refusées.* Calme car à l'écart de l'agitation du port. Grandes chambres très simples, mais avec tout le confort (TV, AC et frigo) et balconnet pour la plupart. Celles du 2e étage ont évidemment la plus belle vue. Parking et jardin de l'hôtel, juste en face.

Plus chic

Aeginitiko Archontiko : *1, odos Thomaïdou et Agiou Nikolaou. ☎ 22-97-02-49-68. • fotisvoulga rakis@yahoo.gr • En retrait du port, près de la tour de Marcellus (du quai, remonter l'odos Aiakou, qui part de la Port Authority), c'est la maison rouge foncé. Tte l'année. En hte saison, doubles env 60-70 € avec petit déj. Sur présentation de ce guide, la 4e nuit est offerte.* Le bâtiment date du début du XIXe s et s'enorgueillit d'avoir eu dans ses murs quelques grands noms de l'histoire grecque. Les peintures dans le salon ont été réalisées par des artistes vénitiens. Une douzaine de chambres claires et propres, avec salle de bains, parfois un balcon. Terrasse pour profiter du soleil et courette intimiste pour prendre le petit déj, à moins que vous ne préfériez le *roof garden.* On a un faible pour cette adresse, car elle possède une vraie personnalité et que l'accueil y est extrêmement chaleureux.

Hotel Brown : *sur le port. ☎ 22-97-02-22-71. • hotelbrown.gr • Du débarcadère, aller vers la droite, env 150 m après l'église. Mai-oct. Doubles 55-65 €, triples 65-75 €. Petit déj-buffet 5 €.* Bel hôtel confortable installé dans une ancienne usine d'éponges du port (chaux blanche, pierre apparente et huisseries bleues) reconnaissable par son blason sculpté sur la façade, un hippocampe. Une petite trentaine de chambres, confortables et bien équipées. Une douzaine sont situées dans des bungalows donnant sur le jardin charmant et calme à l'arrière de l'hôtel, d'où l'on oublie rapidement que l'on est en plein centre. Un bon compromis pour sillonner l'île. Bon accueil.

Où manger ?

Bon marché

Boulangerie : *sur les quais, au sud du port, face à la mer. À 50 m au sud du marché aux poissons. Ouv en principe 7h-14h, 18h-22h.* Pain excellent, surtout quand il sort tout chaud du four. Goûter à la *tiropita* (chausson au fromage). Également rue Aphaias : grand choix de biscuits maison.

Épiceries : plusieurs épiceries en ville, ainsi que le *supermarché Kritikos,* sur la route d'Agia Marina, après la chapelle et le stade.

– En revanche, éviter les ***marchés aux fruits*** présentés sur les bateaux à quai, où les produits sont beaux, mais plus chers que partout ailleurs.

Snack Tropics : *face au débarcadère des Flying Dolphins.* Super sandwichs chauds ou froids, pas chers. Également des pâtisseries, jus de fruits pressés, yaourts grecs glacés et milk-shakes.

Prix moyens

Giladakis : *juste derrière le marché aux poissons. ☎ 22-97-02-73-08. Tlj. Repas env 10-15 €.* Gargote du marché, populaire et familiale où se mêlent autochtones et touristes. Poulpes et crevettes grillés, sardines... Que du frais, accompagné de délicieux légumes à déguster sur la terrasse dans la ruelle ou dans la petite salle. Très bon rapport qualité-prix et service sympa, bien que l'endroit soit devenu assez touristique.

Gramma Mézédopolio : *pl. Ethnégersias (celle des bus et de la poste). ☎ 22-97-02-62-77. Pâques-fin oct. Tlj, le soir slt. Repas env 10-15 €.* Dans une maison discrètement nichée derrière un muret, à l'ombre des pistachiers, dans le petit jardin clos. On a plus l'impression d'être invité chez des hôtes que d'aller au resto. Petit choix de plats fins et de *mezze* goûteux à picorer entre 2 verres d'ouzo. Tout est franchement délicieux. Accueil très attentionné de la patronne suédoise. Certains soirs, musique grecque acoustique, chantée par des artistes locaux, sur la petite estrade du jardin, auxquels le patron se joint parfois.

Restos de poisson en bord de mer : *au nord de l'embarcadère. Repas env 15-20 €.* Une demi-douzaine alignés côte à côte. Tous pratiquent à peu près les mêmes tarifs, pour une qualité similaire.

Maridaki : *sur le port, avt l'église. Repas env 15 € ; plus cher si l'on prend du poisson.* Bonne cuisine familiale et traditionnelle proposant, entre autres, un grand choix de poisson (rouget, mulet, petite friture), comme partout un peu cher. Mais également nombreux *mezze* délicieux, légumes frits pas gras, tarama, *tzatziki*...

SOUVALA (ΣΟΥΒΑΛΑ)

Port à une dizaine de kilomètres au nord-est du port d'Égine. Suivre la route côtière.

Où dormir ?

Éphi Hotel : *en venant du port d'Égine, au début du village juste avt le port sur la gauche. ☎ 22-97-02-55-93. • hotelephi.gr • Avr-oct. Doubles 35-50 € avec petit déj.* Chambres assez spacieuses, avec AC, TV, réfrigérateur, salle de bains et balcon pour la plupart. 6 d'entre elles ont vue sur la mer. Calme. On apprécie le petit effort de déco.

PERDIKA (ΠΕΡΔΙΚΑ)

Au sud-ouest de l'île, à 11 km d'Égine. Dans un cul-de-sac, ce port avec ses tavernes au bord de l'eau est le deuxième site le plus sympa de l'île, loin des lieux à visiter mais beaucoup plus tranquille qu'Égine. Possibilité de faire ses courses dans les quelques supérettes du village (et supermarché un peu plus important face à l'hôtel *Venetia*). Face au village, une petite île avec paons et cerfs (on peut demander à s'y faire conduire par un pêcheur).

Où dormir ? Où manger ?

Studios Venetia : *un peu avt d'arriver sur le port, sur la droite. ☎ 22-97-06-12-19 ou 22-97-06-13-41. • venetia.gr • Tte l'année. Pour tt rens, s'adresser à l'hôtel* Venetia, *un peu plus loin, ou auprès de la taverne* Antonis, *sur le port. Studios 2 pers 40-50 € selon saison.* Studios tout équipés (AC, kitchenette, salle de bains petite et terrasse) dans une imposante maison jaune aux volets verts, au bord de la route. Intérieur propre, en excellent état et très confortable. Dommage que l'environnement ne soit pas plus sympa. Les locataires des studios peuvent accéder gratuitement à la piscine de l'hôtel du même nom (un peu plus cher – 55-60 € avec petit déj – et assez impersonnel).

Une petite dizaine de tavernes surplombant le port sur la droite, toutes avec la même vue et le même genre de carte... On a bien aimé ***To Proréon*** (☎ *22-97-06-15-77 ; ouv tte l'année ; repas env 15 €).* Propose les classiques à des prix très raisonnables et de bons plats de poisson frais, mais beaucoup plus chers.

À voir. À faire sur l'île d'Égine

Louer un vélo ou un scooter pour visiter l'île. Location à l'heure ou, plus avantageux, à la journée. Il faut généralement rendre l'engin à 18h. Le plus simple est de partir du port vers le nord, de longer la mer jusqu'à Souvala et de poursuivre jusqu'au temple d'Aphéa, puis de descendre jusqu'à Agia Marina. De là, emprunter la route qui s'enfonce dans les terres pour rejoindre le port d'Égine. En saison, bus fréquents pour les flemmards.

Avant d'arriver à Perdika, passer par le petit village de ***Marathonas,*** à 5 km d'Égine. Jolies plages de sable tout le long de la baie. Bonnes tavernes sous les tamaris, les pieds dans l'eau.

Le temple d'Aphéa *(Αφαια ; prononcer « Aféa ») : au nord-est de l'île, à 13 km d'Égine et 1,5 km avt d'arriver à Agia Marina ; le bus Égine-Agia Marina s'y arrête.* ☎ *22-97-03-23-98. Tlj 8h-17h en été, 8h-15h hors saison. Entrée : 4 € ; réduc.*
Construit en 448 av. J.-C., il est de style dorique. Perché sur une colline et isolé, il offre un joli panorama sur la mer en contrebas. Ce temple faisait partie du « triangle sacré », avec le Parthénon et le cap Sounion. Ce triangle, composé de monuments proches de la perfection architecturale, était particulièrement vénéré dans l'Antiquité. Avec 24 colonnes sur 34 encore debout, le temple est plutôt bien conservé. Musée archéologique sur le site même, mais ouvert seulement de 10h30 à 13h30... Possibilité de rejoindre la plage en traversant la pinède.
– Sur la route, ne pas rater le ***monastère Agios Nektarios*** (Saint-Nectaire !), situé au bord de la route entre Égine et Aphéa. Construit au début du XXe s, il a été joliment restauré, presque trop. En revanche, sur le flanc de la colline derrière (direction Souvala), beaucoup plus discrètes sont les ruines qu'on pourrait ne pas voir tant elles se confondent avec la roche : il s'agit d'un ancien village, ***Paléochora,*** capitale de l'île du IXe au XIXe s et dont ne subsistent qu'une vingtaine d'églises et de chapelles ruinées sur un total de, paraît-il, plus de 100... L'emplacement du village permettait d'échapper aux raids des pirates. De la route, un chemin mène aux ruines. À faire tôt le matin, quand le versant de la colline est encore à l'ombre.

Le Musée archéologique : *à la sortie d'Égine-ville, lieu-dit Kolona.* ☎ *22-97-02-22-48. Tlj sf lun 8h30-15h. Entrée : 3 €.* Les amateurs de vieilles pierres pourront y contempler les trouvailles découvertes lors des fouilles archéologiques menées sur le site, ainsi que les vestiges des anciens murs de l'acropole et la colonne grecque qui domine la colline, unique survivante d'un temple dorique dédié à Apollon.

Le musée Christos-Kapralos : *à env 3 km d'Égine, en suivant la route côtière en direction de Souvala, à la hauteur de la grande statue de femme, devant la mer.* ☎ *22-97-02-20-01 ou 22-97-05-36-67. Juin-oct, tlj sf lun 10h-14h, 18h-20h ; nov-mai, slt ven, sam et dim 10h-14h. GRATUIT.* Exposition de céramiques et de sculptures sur marbre et bois (certaines très belles) réalisées par l'artiste Christos Kapralos (1909-1993) durant ses étés à Égine entre 1963 et 1993.

Agia Marina : *sur la côte est. Des bateaux partent directement du Pirée ou du port d'Égine. Également un bus Égine-Agia Marina.* Lieu de prédilection des agences de voyages scandinaves. La rue principale regorge de bars, de restos et magasins en tous genres, quand les boutiques ne sont pas à l'abandon. Usine à touristes et rente pluriannuelle des bétonneurs, qui offre à l'œil un grand nombre de constructions abandonnées en béton, à flanc de colline, qui gâchent gravement le paysage ! Dommage, car la plage, sans son alignement de transats et de chair à rôtir, et le paysage ont dû être plutôt jolis... Inutile de perdre du temps ici, si vous passez rapidement dans l'île !

LE PÉLOPONNÈSE (Η ΠΕΛΟΠΟΝΝΗΣΟΣ)

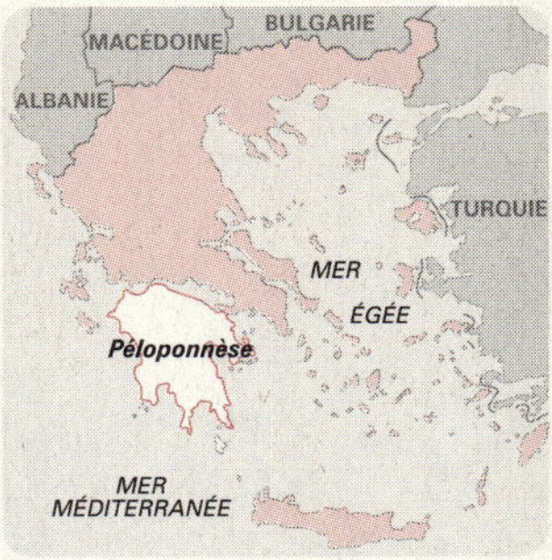

Presqu'île ainsi nommée en l'honneur de Pélops, un roi légendaire, elle devient « île » (à moins de 25 m du continent !) en 1893, une fois le canal de Corinthe achevé. Le Péloponnèse se caractérise par un relief tourmenté, des golfes profonds, de rares plaines et des montagnes sauvages qui furent témoins d'une grande partie de l'histoire grecque. La plupart des sites antiques les plus visités, à l'exception de Delphes, s'y concentrent. C'est aussi du Péloponnèse que nos lointains compatriotes, les Francs, s'emparèrent au Moyen Âge, prenant ainsi le titre de princes de Morée (ancien nom de la région). Évidemment, les Turcs et les Vénitiens ne furent pas en reste. Mais pour les Grecs, le Péloponnèse demeure la région qui se souleva la première contre l'occupant turc en 1821 (plusieurs villes se disputent d'ailleurs l'honneur d'avoir lancé le soulèvement).

On s'est amusé (enfin, pas nous) à y dénombrer 40 millions d'oliviers et 9 millions d'orangers : à comparer avec le 1,2 million de Grecs qui y vivent !

Le Péloponnèse n'est guère plus étendu que trois gros départements français. Mais le relief étant extrêmement montagneux, les moyennes kilométriques n'atteignent pas des sommets... Au programme, dans le sens des aiguilles d'une montre, sept départements (ou *nomes* en grec) : la *Corinthie* tout d'abord, ensuite l'*Argolide* (des quatre « pis » qui figurent une sorte de mamelle de vache, c'est le plus oriental) avec Mycènes et Épidaure. Au sud de Nauplie, la côte jusqu'à Léonidion fait partie de l'*Arcadie,* puis on passe en *Laconie* avec ses deux « pis » plutôt sauvages (Monemvassia et le Magne). On poursuit vers l'ouest et la *Messénie,* quatrième et dernier « pis », avant de remonter, soit par la côte, soit par un crochet dans l'ouest de l'Arcadie montagneuse, sur l'*Élide,* autour d'Olympie, et enfin l'*Achaïe* (Patras).

Si les paysages et les villages sont généralement superbes, les grandes villes comme Patras, Kalamata et Tripoli sont avant tout des carrefours pour les routards et ne présentent que peu d'intérêt.

Plusieurs îles sont facilement accessibles depuis le Péloponnèse (donc traitées dans ce chapitre) : les *îles Saroniques,* soit *Poros, Hydra* et *Spetsès* (Égine étant rattachée au chapitre « Athènes », plus haut), que l'on peut visiter dans la journée. Plein sud, la toute petite *Élafonissos* et, plus éloignée, *Cythère,* pour laquelle on embarque généralement du port de Néapoli. Tout à l'ouest enfin, *Zante* et *Céphalonie,* accessibles (en ferry) depuis Kyllini ou Patras.

CORINTHE (ΚΟΡΙΝΘΟΣ)

(201 00) 38 200 hab.

Venant d'Athènes, après 80 km d'autoroute sans grand intérêt, votre première étape. Hum ! ce ne sera probablement pas la plus transcendante... On peut se laisser impressionner quelques minutes par le canal et les ruines du temple de Poséidon, au moment de franchir l'isthme, essuyer quelques larmes sur ce qui reste de l'antique Corinthe (notamment la fontaine Pirène, la mieux conservée du monde grec), dominée par la montagne de l'Acrocorinthe... Toutes ces attractions se trouvent néanmoins à l'écart de la ville moderne, qui, elle, n'a aucun charme. Établissez plutôt le camp vers Épidaure (voir plus loin).

Arriver – Quitter

En voiture

➢ ***De/vers Athènes :*** env 100 km d'autoroute E94 (à 6 voies) via Mégara, sortie au niveau d'Isthmia.

➢ Si vous filez de Corinthe à ***Patras,*** évitez la fastidieuse petite route qui longe le littoral pour emprunter la route nationale, en retrait de la côte, pompeusement appelée « autoroute A5 » (gratuite). Mais attention, cette route, en partie en travaux, parallèle aux voies d'autoroute en construction (pour encore de longues années), est l'une des plus dangereuses de Grèce, les véhicules utilisant sur certains tronçons la bande d'arrêt d'urgence comme une seconde voie de circulation ! Beaucoup de camions et de bus, peu de stations-services et aucun refuge pour faire une pause. Compter 2h pour environ 140 km. Bon courage !

➢ Pour gagner la route de ***l'Argolide*** à partir de Corinthe, reprendre tout d'abord la direction Athènes, puis, à Isthmia, la direction Épidavros (Épidaure).

En bus

Corinthe compte 2 gares de bus, l'une au centre-ville et l'autre à Isthmos, à 8 km, proche du canal. Si l'on vient d'Athènes, Nauplie, Kalamata ou Gythion et si l'on ne veut pas faire étape à Corinthe, on transitera donc par cette dernière. Idéal aussi pour jeter un œil sur ledit canal au passage et reprendre ensuite ses pérégrinations.

Gare routière Isthmos : *à 500 m du canal et à 8 km au nord-est du centre-ville. ☎ 27-41-08-30-00. Horaires et infos sur • ktelkorinthias.gr • (en français).*

➢ ***De/vers Athènes :*** bus ttes les heures (6h10-22h10 depuis Athènes ; 4h50-21h30 depuis Corinthe). Trajet : 1h env.

➢ ***De/vers Archéa Épidavros :*** 2 bus/j. 10h30-17h20.

➢ ***De/vers Nauplie :*** bus ttes les heures 7h (8h30 dim)-20h30.

➢ ***De/vers Kalamata :*** 8 bus/j. 7h15-22h20.

➢ ***De/vers Sparte et Gythion :*** 7 bus/j. 8h-19h15.

➢ ***De/vers l'ancienne Corinthe :*** prendre un bus pour le centre-ville (ligne Corinthe-Loutraki, ttes les 30 mn, 5h30-21h30 ; ttes les heures le w-e), puis un autre pour l'ancienne Corinthe (ttes les heures, 7h05-21h05 ; dernier à 14h le samedi, aucun le dim).

Gare routière du centre-ville : *4, odos Dimokratias. ☎ 27-41-07-54-10. Face à l'ancienne gare ferroviaire, dans un coin du port, à droite au bout de l'axe central Ethnikis Antistassis.*

➢ ***De/vers la gare routière Isthmos :*** ttes les 30 mn 5h30-21h30, ttes les heures le w-e. Le bus continue sa route jusqu'à Loutraki.

➢ ***De/vers Athènes :*** bus ttes les heures. Tous passent par la gare routière Isthmos (voir plus haut).

➢ ***De/vers Némée :*** 6 bus/j. 7h-21h20 (3 slt le w-e).

➢ ***De/vers l'ancienne Corinthe :***

Prévéza
Vonitsa
Amfilochia
Frangista
Karpenissi
Platystomon
Makrakomi
Lamia
Hypati
Stylida
Molos
Thermopyles
Leucade
Mitikas
Stratos
Vardousia
Agrinion
Giona
Gravia
Polydrosos
Astakos
Thermon
Terpsithéa
Amfissa
Delphes
Ithaque
Katochi
Aitolikon
Missolonghi
Naupacte
Efpalion
Agios Nikolaos
Arachova
Itéa
Andikira
Galaxidi
Andirhion
Rhion
Eratini
Patras
Golfe de Corinthe
Céphalonie
Eghion
Diakofto
Kalogria
Kato Achaïa
Akrata
Xylokastron
Kalavryta
Méga Spiléon
Kiato
Agia Lavra
Kastria
Trikala
Sicyone
Kyllini
Kastro
Léchaina
Andravida
Tripotama
Loutra Kyllinis
Zante (Zakinthos)
Amaliada
Lac de Stymphale
Néméa
Mycènes
Orchomène
Pyrgos
Vytina
Levidi
Katakolon
Olympie
Langadia
Argos
Mantinée
Dimitsana
Stemnitsa
Lerne
Tripoli
Andritséna
Karyténa
Lac de Kaïafas
Zaharo
Phigalie
Mégalopolis
Bassae
Tholo
Platania
Astros
Agios Pétros
Kalo Néro
Kyparissia
Zevgolation
MER
Filiatra
Christianou
Ithomi
Kosmas
Chora
Messini
Kalamata
Mystra
Sparte
IONIENNE
Palais de Nestor
Géraki
Lagune de Yalova
Pétalidi
Kardamyli
Krokées
Pylos (Navarin)
Stoupa
Méthoni
Koroni
Skala
Finikounda
Agios Nikolaos
Vassilitsi
Cap Akritas
Nomitsis
Gythion
Skoutari
Aréopolis
Pyrgos Dirou
Kotronas
Magne
Géroliménas
Sites inscrits au Patrimoine mondial de l'Unesco

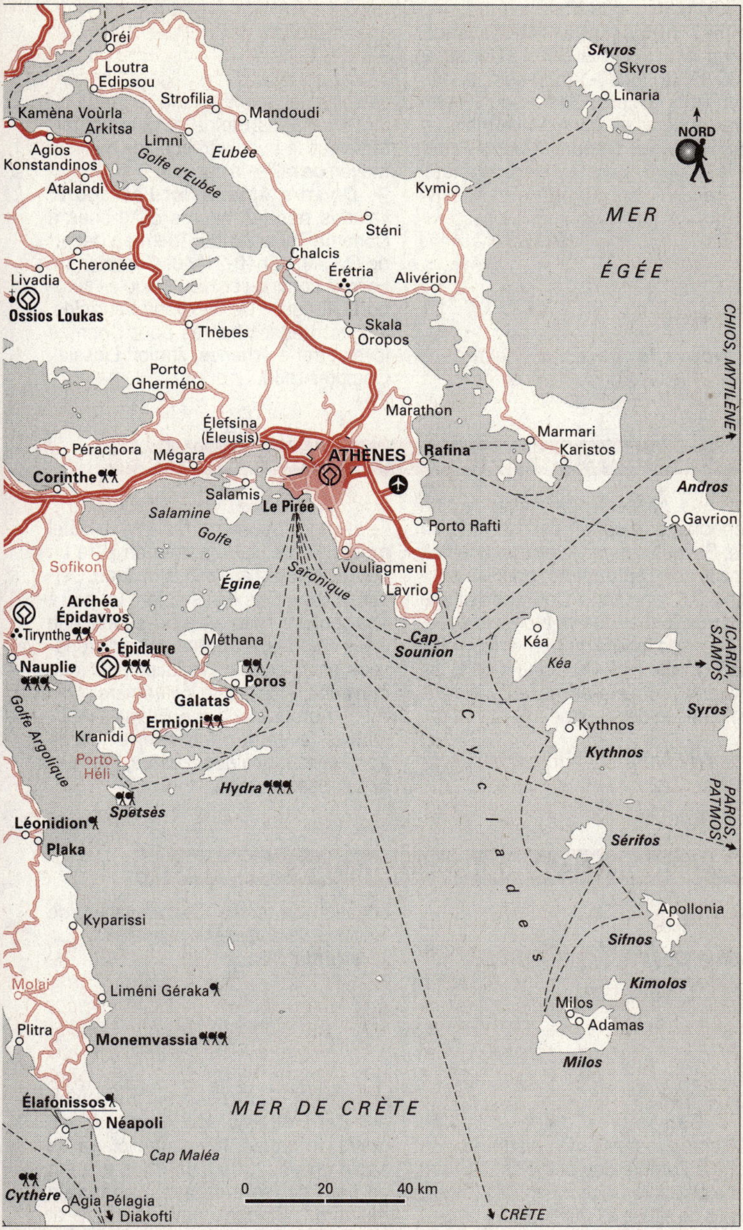

LE PÉLOPONNÈSE

de Corinthe, bus ttes les heures, 7h05-21h05 (8h05-14h05 sam, aucun dim) ; de l'ancienne Corinthe, 7h30-19h30 (8h30-14h30 sam, aucun dim). Pour éviter d'aller jusqu'à cette gare routière, en centre-ville mais un brin excentrée, prendre le bus à l'arrêt de la rue principale au pied de l'hôtel *Éphira (38, odos Ethnikis Antistassis, ticket à vendre dans le café-pâtisserie qui fait l'angle des rues Ethnikis Antistassis et Apatou).*

En train

Nouvelle gare : *à l'extérieur de la ville, à 2 km de la place centrale. ☎ 21-05-27-20-00. Du centre, remonter Ethnikis Antistassis et continuer tt droit, la gare flambant neuf est à droite. Pas de bus, prendre un taxi (compter 10 € pour la gare routière d'Isthmos et 4,50 € pour le centre-ville ; tarif fixe).* Plus rapide et plus confortable que le bus, le train est le meilleur moyen de rallier la capitale.

➢ ***De/vers Athènes et l'aéroport :*** liaisons ttes les heures d'Athènes à Corinthe 7h05-23h05 ; idem au départ de Corinthe 5h40-21h40. Compter 1h. Le train continue ensuite jusqu'à l'aéroport, pratique ! De l'aéroport Vénizélos, 1 direct ttes les heures pour Corinthe (avec arrêt à Athènes, station Liossia). Compter 1h30.

Où dormir ? Où manger ? Où boire un verre ?

On vous conseille de visiter le site archéologique sans poser le pied en ville. Si vous souhaitez passer une nuit dans le coin, optez plutôt pour les pensions de l'ancienne Corinthe (village construit autour du site archéologique, à l'ouest de la ville moderne ; voir plus bas « Où dormir ? Où manger dans les environs ? »). Une adresse centrale à Corinthe, en dépannage :

Hotel Éphira : *52, odos Ethnikis Antistassis. ☎ 27-41-02-40-21 et 27-41-02-24-34. • ephirahotel.gr • Avt la place centrale, sur l'axe principal qui descend vers le port. Doubles env 50-60 €.* Hôtel moderne. Le hall d'entrée en jette un peu, le reste est assez quelconque. Certaines chambres ressemblent un peu à des couloirs, mais elles possèdent une literie confortable. Salles de bains rénovées, écran plat, AC. Isolation phonique moyenne. Plus calme sur l'arrière.

Autour de la rue Ethnikis Antistassis (avenue principale) et sur le front de mer, quelques ***restos, cafés*** et ***pubs*** assez animés.

Où dormir ? Où manger dans les environs ?

Campings

Blue Dolphin : *☎ 27-41-02-57-66. • camping-blue-dolphin.gr • À 6 km à l'ouest de Corinthe ; bien fléché depuis l'ancienne route de Patras. Sinon, bus ttes les 30 mn en sem et ttes les 1h30 le w-e. Avr-oct. Env 15 € pour 2 avec tente et voiture. Selon saison, réduc de 10-20 %.* Camping à taille humaine (100 emplacements). On plante sa guitoune à l'ombre des pergolas, au bord d'une plaisante plage de gravier. Certes, une usine située à 500 m balafre un peu le paysage, mais rassurez-vous, elle n'est ni polluante ni bruyante. Accueil francophone très sympa. Épicerie, taverne, laverie et cuisine. Aire de jeux sur la plage. Location de tentes, de caravanes, de (petites) chambres et de bungalows.

Isthmia Beach : *☎ 27-41-03-74-47 ou 77-20. • campingisthmia.gr • À 15 km au sud-est de Corinthe ; sur la route d'Épidaure, fléché à gauche 3 km env après Isthmia. D'avr à mi-oct. Compter 19 € pour 2 avec tente et voiture.* Pas folichon, mais bien entretenu et ombragé, le long d'une grève de galets. Il y a une plage de sable un peu plus loin, mais elle est en bord de route et face à un terrain militaire... Épicerie, laverie, resto et tennis. En été, possibilités d'excursions à la journée, notamment en bateau. Dommage qu'il y ait cette grosse raffinerie en face !

Prix moyens

Dans l'ancienne Corinthe (Archéa Korinthos)

Jo Marinis Rooms : *à l'entrée du village, à droite, face à l'arrêt de bus. ☎ 27-41-03-14-81. 69-50-55-90-38. • jorooms.com.gr • Doubles avec sdb 45-55 €, petit déj inclus. CB refusées.* Cette grande bâtisse recèle 8 chambres de bon confort, simples mais impeccables, avec joli mobilier, clim, frigo et de gentilles attentions pour l'accueil comme des serviettes au pliage bien pensé, agrémentées de bonbons. La plupart donnent sur un calme jardin, bordé d'une oliveraie. Bon petit déj (produits maison) et accueil dévoué de la dynamique Joanna.

Taverne Tasos : *dans le village. Doubles 30-35 €. Plats 6-10 €.* On ne peut pas rater cette taverne, posée à droite de la route en entrant dans le centre du village. L'accueil indolent donne un côté presque cocasse au lieu où l'on pourra, au choix, manger pour des prix moyens une pitance moyenne et dormir dans de petites chambres sans décoration réelle, correctement équipées (AC, TV) et orientées vers le golfe de Corinthe (petits balcons).

Marinos Rooms : *à l'entrée du village, fléchage discret à gauche, vers une rue qui monte. ☎ 27-41-03-10-04 ou 27-41-03-11-80. • marinos-rooms.com • Double avec sdb env 50 €, petit déj inclus. Menu complet env 17 €. CB refusées.* Grosse bâtisse, style chalet de montagne au milieu des pins, comptant une vingtaine de chambres correctes, et un petit salon convivial à l'étage. Bon resto traditionnel proposant un menu complet, vin inclus, à avaler dans la cour sous les arbres. Accueil au minimum syndical.

À voir dans les proches environs

Le canal : *à 6 km à l'est de la ville neuve. Quand on arrive d'Athènes, quitter l'autoroute à Loutraki après Aghi Théodori (et non juste avt le canal, sinon on ne peut pas s'arrêter).* Le canal est long de plus de 6 km et large de 24,6 m. La colline semble avoir été taillée au rasoir sur une hauteur de 80 m. Dans l'Antiquité, on transportait les bateaux sur des chariots du golfe de Corinthe au golfe Saronique. On aperçoit encore des traces du *diolkos,* ce chemin pavé sur lequel on hissait les bateaux, à l'embouchure ouest du canal. Comme ce n'était pas pratique, Néron, après beaucoup d'autres, pensa qu'il fallait creuser un canal. Il fit même donner le premier coup de pioche, en 67, avec une pelle en or (dont le manche était peut-être en os de chrétien !), et 6 000 esclaves envoyés de Judée vinrent prêter main-forte. Stoppé par la mort de Néron, le projet fit long feu. Il fallut attendre 1893 pour que le canal soit inauguré. Lors de notre passage en 2014, le canal n'était plus en fonctionnement. Ceux qui veulent voir le spectacle d'un gros bateau de croisière tiré par un remorqueur devront se contenter des cartes postales en vente dans le secteur !

UNE ENTREPRISE FRANÇAISE

En 1882, la Société internationale du canal maritime de Corinthe commença le creusement, 18 siècles après la décision prise par Néron. Elle fit faillite suite au scandale du canal de Panamá (argent détourné). C'est donc une société grecque qui termina le travail en 1893.

L'ancienne Corinthe (Archéa Korinthos) **:** *à 7 km au sud-ouest de la ville moderne. ☎ 27-41-03-12-07. Pour y aller en bus, voir la rubrique « Arriver – Quitter » plus haut. Site en principe ouv tlj 8h-20h (15h hors saison). Entrée : 6 € ; réduc sénior ; gratuit pour les moins de 18 ans et les étudiants de l'UE.*

Le village est assez touristique et les marchands du temple sont légion. Mais les vestiges de la ville gréco-romaine valent le détour. Les livres en vente au guichet permettent d'ailleurs de mieux comprendre le site et ses ruines.

La grande agora est le centre névralgique du site. Autour sont disséminés de petits temples romains, de longs portiques, la rue commerçante et ses boutiques, les toilettes publiques, et la superbe *fontaine Pirène,* très joliment conservée. La ruine la plus imposante reste le *temple d'Apollon,* de style dorique archaïque (milieu du VIe s av. J.-C.). En revanche, le musée (situé sur le site) est moyennement intéressant. Corinthe, qui s'allia avec Sparte pour vaincre Athènes lors de la guerre du Péloponnèse (V^e s av. J.-C.), était à cette époque une ville riche, car elle contrôlait l'isthme séparant le Péloponnèse du reste de la Grèce. Qui dit richesse dit évidemment péché, et la cité avait acquis la réputation d'une ville de débauche. Ce n'est pas étonnant que Saint-Paul se soit arrêté à Corinthe pour essayer de remettre les habitants sur le droit chemin. On ne l'écouta pas très attentivement, du reste.

L'Acrocorinthe : *avr-oct tlj 8h-20h (15h hors saison). GRATUIT.* La route asphaltée de 3 km y conduisant débute près du site de l'ancienne Corinthe : et ça grimpe fort puisque l'Acrocorinthe se trouve à 575 m d'altitude. Prévoir de bonnes chaussures pour la raide visite de la citadelle (on gravit un sol pavé qu'on redescend plus vite qu'on ne l'a monté !). Le site, assez peu fréquenté, surplombe le village de l'ancienne Corinthe : magnifique panorama sur l'isthme et le golfe. Ces vestiges d'une forteresse, très style *Désert des Tartares,* sont pour la plupart à moitié enterrés sous les coquelicots et les graminées. On peut encore voir les fortifications, trois portes de styles ottoman, franc et byzantin, la chapelle d'Agios Dimitrios avec des linteaux sculptés (à gauche, passé la troisième porte). Tout en haut se dressait à l'origine un temple voué au culte d'Aphrodite : là, jusqu'à mille prêtresses entourées de danseuses se livraient à la prostitution sacrée. Au Moyen Âge, nos amis les Francs assiégèrent évidemment la citadelle. Et quand la partie fut perdue pour les Grecs, en 1210, leur chef, Léon Sgouros, se donna la mort en se jetant dans le vide à cheval !

DANS LES ENVIRONS DE CORINTHE

Au nord

Loutraki (*Λουτρακι*) **:** *à 5 km du canal de Corinthe et à 8 km de Corinthe. En venant d'Athènes, prendre la sortie Loutraki. Bus ttes les 30 mn (ttes les heures le w-e), 5h30-21h30, depuis le centre de Corinthe ou la gare routière Isthmos.* Moderne et très bétonnée, cette ville thermale désuète, très fréquentée par les Grecs, ne présente guère d'intérêt excepté pour sa longue et étroite plage de graviers (bordée d'immeubles et d'hôtels !).

L'Héraion de Pérachora : *juste avt l'entrée de Pérachora, un village très typique en terrasses à 10 km au nord de Loutraki, prendre la nouvelle route sur la gauche (le site n'est pas indiqué à cet endroit), puis continuer vers les ruines d'un sanctuaire consacré à Héra, l'Héraion, une douzaine de km plus loin.* Site au bout du monde, avec une minuscule crique, autrefois port antique, dominé par une petite église qui a brûlé. Le lac de Vouliagméni *(limni Vouliagménis),* sur le chemin, est original : en fait, il s'agit d'eau de mer, le lac n'étant pas complètement fermé. Amusant de se baigner dans le chenal. Petites plages. Quelques tavernes, les pieds dans l'eau.

➢ Plusieurs pistes vers le nord du cap, notamment la *baie de Milokopis* (accès par piste). Paysages de toute beauté.

➢ Possibilité de rentrer sur l'Attique et Athènes en suivant la côte nord, par Schinos, Psatha et Porto Germéno, puis, dans les terres, Vilia, d'où l'on peut continuer sur Thèbes (Thiva) ou Élefsina (Éleusis). Paysages superbes (forêts de pins) en particulier à Porto Germéno (où se trouve le site antique d'Égosthène). Grande plage tranquille à Psatha. ***Vilia,*** dans les terres, mérite une halte pour dîner si jamais vous passez par là aux bonnes heures.

Au sud-ouest

Le lac de Stymphale (Στυμφαλια) **:** *de Corinthe, continuer la nationale en direction de Kiato et la quitter à hauteur du panneau pour Souli.* En passant, on peut s'arrêter au *musée de Sicyone,* où sont exposées les nombreuses découvertes faites sur le site antique du même nom. Stymphale, environ 25 km plus loin, est un lac entouré de montagnes boisées, recouvert de grands roseaux qui bruissent au moindre souffle d'air. Site Natura 2000. Le lieu était réputé dans la Grèce antique : Héraclès y a accompli un de ses 12 travaux, en effrayant, au moyen de castagnettes de bronze, des oiseaux carnivores. Aujourd'hui, au printemps, des oiseaux (pas carnivores !) se font entendre par centaines et le lieu est magique. Quelques ruines (accès pédestre par des sentiers balisés). La meilleure vue sur le lac s'obtient de la route qui longe la rive ouest (remonter tout au nord du lac pour prendre cet axe). Un musée de l'Environnement de Stymphale a ouvert ses portes *(☎ 27-47-02-22-96 ; tlj sf mar 10h-17h ou 18h selon saison ; entrée : 3 €, réduc).* Belle présentation de l'écosystème local.

ARCHÉA ÉPIDAVROS (ΑΡΧΑΙΑ ΕΠΙΔΑΥΡΟΣ) (210 54)

Bienvenue en Argolide. La région d'Épidaure constitue la première étape importante dans le Péloponnèse. Plus de raffinerie à l'horizon, des zones moins urbanisées, et à la place, la bonne odeur des pinèdes. Du nord au sud, ébouriffés comme un épi d'or, on trouve sur la côte la ville nouvelle, *Néa Épidavros* ; puis, 6 km plus au sud son ancêtre, *Archéa Épidavros* (« l'ancienne Épidaure »), dont l'architecture n'a rien d'ancien, d'ailleurs (ah, la Grèce et ses paradoxes !) ; enfin, 12 km dans les terres, le fameux théâtre (vous êtes là pour ça, non ?) sur le territoire du village de Ligourio.
Néa Épidavros est une modeste station balnéaire peu emballante et colonisée en fin de semaine par les Athéniens. Elle est dotée d'un petit port et d'une plage mi-sable mi-galets moyennement entretenue. Le village de Néa Épidavros, à 2 km de la route, sur les hauteurs, n'a guère d'intérêt non plus. Certes, c'est ici que se tint la première assemblée des chefs de l'insurrection contre les Turcs, en décembre 1821.
Archéa Épidavros, en revanche, est un mignon petit port avec de bonnes infrastructures touristiques : c'est une excellente base pour explorer les environs, notamment le fameux théâtre, bien sûr, mais aussi le reste de l'Argolide. Une demi-douzaine de plages toutes différentes permettent de se relaxer après la visite des sites.

Arriver – Quitter

– Pour circuler en bus à travers tout le département, ***KTEL Argolis :*** *8, odos Sigrou, à Nauplie. ☎ 27-52-02-74-23.* • *ktel-argolidas.gr* •

En bus

Arrêt de bus : sur la place du minuscule hôtel de ville, face à la poste, à 100 m du port. Les tickets s'achètent directement auprès du chauffeur.

➢ ***De/vers Corinthe (station Isthmos) et Athènes :*** 3 bus/j. 6h30-18h30. 2 bus slt le w-e, 12h-18h30 (le dernier départ se fait du *Café Stork,* au-dessus du port). Compter 1h15 pour Corinthe et 2h15 pour Athènes. D'Athènes, 2 départs tlj 9h30-16h20.

➢ ***Pour le théâtre d'Épidaure et Nauplie :*** 2 bus/j. (en principe 1 slt le w-e) desservant Ligourio. Le 1er bus, à

LE PÉLOPONNÈSE

7h20, est le seul moyen en saison de visiter le site à peu près tranquillement. Le suivant (s'il est maintenu !) n'est qu'à 11h15. En été, bus spéciaux ven et sam pour le spectacle au *théâtre d'Épidaure* (départ à 20h). On peut aussi visiter le site en taxi (compter env 15 € le trajet ou 40 € A/R avec 1h d'attente sur place).

➢ ***De/vers Galatas-Poros :*** 1-2 bus/j. en sem (via le théâtre et Ligourio). L'arrêt se trouve sous le pont à 2 km au sud.

Adresses utiles

✉ **Poste** *(plan A2)* **:** *rue principale. Lun-ven 7h30-14h.*

■ **Presse internationale** *(plan B1,* ***1****)* **:** *dans le magasin* Souvenir Épidavros, *sur la gauche après la supérette, avant le port.*

■ **Distributeurs :** *sur le port, kiosque près des taxis.*

Où dormir ?

Sur le port d'Archéa Épidavros

De bon marché à prix moyens

⌂ ***Christina Hotel*** *(plan B2,* ***13****)* **:** *sur le port. ☎ 27-53-04-14-51. • christinahotel.gr • Avr-oct. Doubles 40-50 € selon saison et jour. Petits déj 7-9 €.* Tenu par 2 frères, dont l'un parle le français. Des chambres simples et sans fioritures mais entretenues avec sérieux et toutes avec balcon ; 4 d'entre elles donnent directement sur la mer. Snack-bar avec terrasse sur le port. Accueil vraiment super.

⌂ |●| ***Maik Hotel*** *(plan B2,* ***14****)* **:** *sur le port, à côté de* Posidon Hotel. *☎ 27-53-04-12-13. • mike-epidavros.com • Tte l'année. Selon saison, doubles 45-50 €, quadruples 70-80 €, petit déj inclus. Repas env 13-15 €. Menus 12-15 €. Remise de 10 % et réduc au resto sur présentation de ce guide.* Grand bâtiment blanc et bleu indiqué *Mike Hotel.* Chambres sans prétention, mais propres et correctement équipées, dont certaines ont une vue plongeante sur la mer. Un peu genre pension de famille à l'accueil un peu froid au premier contact. Fait aussi resto à toute heure, avec une cuisine copieuse et pas chère servie sur le quai.

⌂ |●| ***Posidon Hotel*** *(plan B2,* ***15****)* **:** *sur le port. ☎ 27-53-04-12-11. • pitsaaff@otenet.gr • Mars-début nov. Doubles 35-50 € selon saison ; petit déj 5 €. Repas env 15-20 €.* Une douzaine de chambres impersonnelles et pas immenses mais claires, propres et bien équipées. AC, TV, frigo et petits balcons avec vue sur mer ou donnant sur la place. Parfois bruyant au gros de l'été. Fait aussi resto (terrasse sur le quai).

⌂ ***Aktis Hotel*** *(plan B2,* ***16****)* **:** *sur le port. ☎ 27-53-04-14-07. • info@hotelaktis.gr • Avr-oct. Doubles 35-45 € selon saison, petit déj 5 €.* Chambres à la belle déco contemporaine, avec plafonnier surprenant, salles de bains en pierre et ambiance lumineuse soft. Petit balcon, AC. Également 2 suites communicantes. Fait glacier et restauration rapide en terrasse. Dommage que l'accueil y soit si variable.

De prix moyens à plus chic

⌂ |●| ***Hotel-appartements Marialena*** *(plan B1,* ***11****)* **:** *en entrant dans le village par le nord. ☎ 27-53-04-10-90. 📱 69-36-95-52-32 (Éléna). • hotel-marialena.gr • Mars-oct. Selon saison, 55-70 € pour 2, 59-85 € pour 3, 69-128 € pour 4-6 pers (tarif sur présentation de ce guide). Petits déj 5-10 €. CB refusées.* La formidable Éléna propose 8 appartements de 55 m² et 2 de 75 m², tous très confortables, au calme, avec chambre(s), salon-cuisine, salle de bains, AC et terrasse donnant, à l'arrière, sur une

LE PÉLOPONNÈSE

L'ARGOLIDE ET LE GOLFE ARGO-SARONIQUE

orangeraie et la mer ; à l'avant, sur la route. Petit déj simple ou très copieux sur demande, avec jus d'orange frais et gâteaux maison. Accueil vraiment très chaleureux.

Hotel Saronis (plan B2, **12**) : *dans une ruelle perpendiculaire au port. ☎ 27-53-04-15-14. • saronis-hotel.com • D'avr à mi-oct. Doubles 50-75 € selon saison et jour, petit déj inclus.* Ce moderne et accueillant petit hôtel, malgré son absence de vue direct sur la mer, est notre adresse préférée dans ce coin. Fort bien situé, équipé et décoré, il garde la tête froide côté prix. Chaque chambre bénéficie d'un balcon à l'ombre d'un store. Mais ce qui prime ici, c'est l'accueil féminin de Katerina et de ses 3 filles, dont la serviabilité est une règle d'or.

Près des plages d'Archéa Épidavros

À 2-3 km au sud du port, vers la droite quand on regarde la mer. Prendre la direction « Yialassi ». Plusieurs bons campings coexistent dans le secteur.

Campings

⛺ ***Camping Nicolas I*** *(plan B3, **17**) : le plus proche du port (indiqué depuis la route de Nauplie), au niveau de la plage Spilia.* ☎ *27-53-04-12-97.* • *nicolasgikas.gr* • *Avr-oct. Selon saison, 19,50-22,50 € pour 2 avec tente et voiture. Réduc de 10-20 % selon saison sur présentation du dépliant* Sunshine *ou 10 % sur présentation de ce guide.* La meilleure option pour les lecteurs non motorisés (accès facile à 700 m du centre du village). Camping bien géré et ombragé, en bordure de plage. Cadre naturel, sans béton à l'horizon. Beau carré de pelouse avec palmiers et bananiers. Un peu entassé en saison, cela dit. Machines à laver, supérette et resto-bar. Taverne voisine, mais cuisine moyenne. Accueil agréable. Également des chambres et des studios.

⛺ ***Camping Nicolas II*** *(hors plan par A3, **18**) : situé plus loin sur la plage de Yialassi, à env 3 km du port.* ☎ *27-53-04-14-45.* • *nicolasgikas.gr* • *Avr-oct. Prix et réduc similaires au précédent (même direction).* Plus vaste que le *Nicolas I*, ordonné, bien équipé, propre, bien ombragé et tranquille. Piscine. Emplacements en terrasses qui s'étagent gentiment jusqu'à la très agréable plage de galets... Les pieds dans l'eau pour les emplacements de devant.

⛺ ***Camping Békas*** *(hors plan par A3, **18**) : plage de Yialassi.* ☎ *27-53-09-99-30.* • *bekas.gr* • *Avr-oct. Selon saison 18-21 € pour 2 avec tente et voiture.* 💻 📶 Terrasses aux murs chaulés, ombragées et fleuries. Accès direct à la mer et belle vue depuis certains emplacements. Bien équipé, avec minimarket, machines à laver, gril, resto. Sanitaires très bien tenus. Également des appartements à louer (voir le site • *yialasi.com* •). Oranges à volonté en mai-juin, il n'y a qu'à tendre le bras ! Piscine au café *Aristotélis*, à côté. Accueil moyen.

⛺ ***Camping Verdelis*** *(hors plan par A3, **18**) : plage de Yialassi, à côté du* Camping Békas. ☎ *27-53-04-14-25.* • *campingverdelis.gr* • *Avr-oct. Selon saison, 17-20 € pour 2 avec tente et voiture.* Pas notre préféré : moins grand, moins ombragé, en un mot moins sympa, et les sanitaires sont un peu justes. Côté équipement : épicerie, resto, machines à laver, et aire de jeux accessible gratuitement aux hôtels *Hellas* et *Apollon* voisins. Accueil avenant.

Bon marché

🏠 ***Sokratès Domatia*** *(hors plan par A3, **19**) : à côté du* Camping Nicolas II, *au-dessus de la plage de Yialassi.* ☎ *27-53-04-17-06.* • *terienergize@gmail.com* • *Avr-oct. Compter 35-40 € pour 2-4 pers selon saison, sans petit déj.* Grande maison de 9 chambres aménagées pour 4 personnes (lit double et lits superposés). Salle de bains, clim, kitchenette et balcon avec un panorama merveilleux sur la mer. La maison est plantée dans un beau jardin qui donne directement sur la plage (transats gratuits à dispo). Une adresse modeste, vraiment familiale, où l'on est accueilli chaleureusement. Possibilité de sortie pêche avec le papa, qui parle un peu le français.

Où manger ?

🍴 Pour manger sur le pouce et pas cher, bonnes portions de *gyros* au ***Marine Gyros*** *(plan B2, **31**)*, juste avant l'entrée du port. *Ouv midi et soir.*

🍴 ***Cantine Eco-Farm du Sunken city*** *(hors plan par B3, **30**) : en dehors de la ville, au bout de la route après le* Camping Nicolas I, *face à la cité engloutie.* 📱 *96-72-03-56-91. Avr-oct. Tlj à midi, plus le soir juil-août. Plats ou poissons 7-10 €.* Une agréable taverne les pieds dans l'eau, proposant de bons poissons frais, selon la pêche du jour, présentés sur un plateau et vendus à prix d'ami. Idéal pour les enfants qui pourront faire trempette pendant que les parents traînent à table, puis dans un transat sur la plage. Bon accueil de Dimitris, qui vend également ses produits bio (huile et olives).

🍴 ***To Périvoli*** *(plan A2, **32**) : sur la rue intérieure.* ☎ *27-53-04-15-00.*

LE PÉLOPONNÈSE

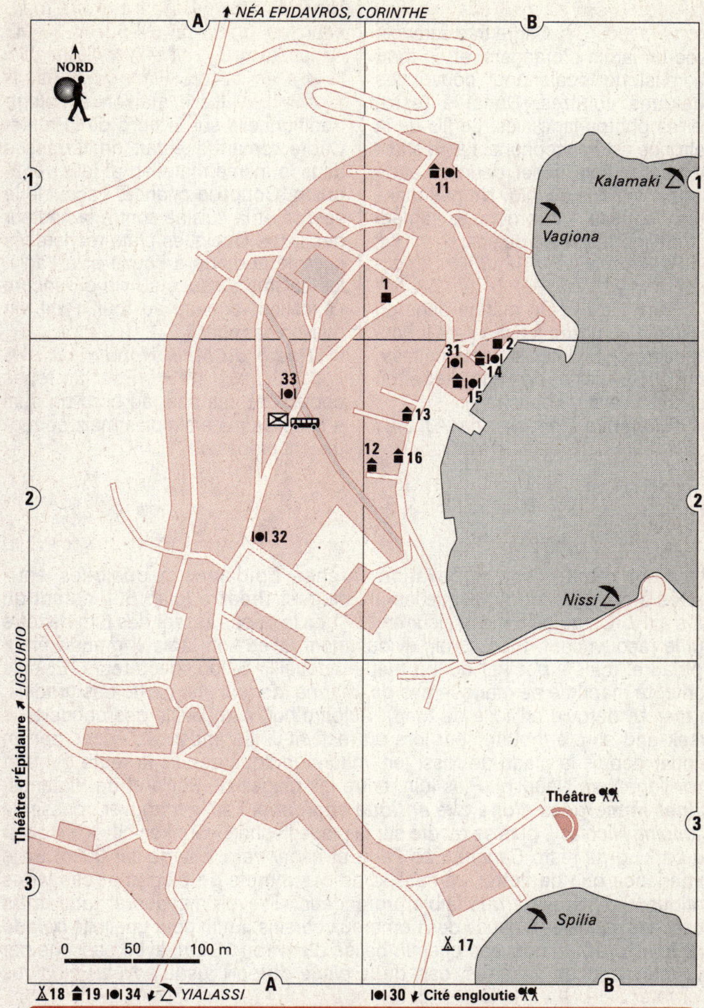

ARCHÉA ÉPIDAVROS

Adresses utiles

1 Presse internationale
2 Epidive (club de plongée)

Où dormir ?

11 Hotel-appartements Marialena
12 Hotel Saronis
13 Christina Hotel
14 Maik Hotel
15 Posidon Hotel
16 Aktis Hotel
17 Camping Nicolas I
18 Campings Nicolas II, Békas et Verdelis
19 Sokratès Domatia

Où manger ?

30 Cantine Eco-Farm du Sunken city
31 Marine Gyros
32 To Périvoli
33 To Pétrino
34 Kalogeriko

Mai-sept, le soir slt, plus dim midi juil-août. Plats 8-13 €. Cadre très agréable avec un jardin d'orangers, et un fond de musique locale pour couvrir les quelques voitures. Dans le resto, vieilles photos familiales. Le fils de la patronne est francophone. Large choix de poisson frais (mulet, daurade) et de viande, vendus au kilo. Ne pas manquer l'agneau à la broche le samedi soir. Le meilleur resto du coin !

I●I ***To Pétrino*** *(plan A2, **33**) : derrière la poste. ☎ 27-53-04-10-50. Le soir slt. Plats 7-13 €.* On mange dans un joli jardin au gazon fraîchement tondu. Un cadre plutôt intimiste pour ce resto familial. Spécialités de viande (le patron est copain avec le boucher !).

I●I ***Kalogeriko*** *(hors plan par A3, **34**) : sur la route de la plage Yialassi, 500 m avt le Camping Békas à droite (panneau en grec). ☎ 27-53-04-20-90. Pâques-oct. Ouv slt le soir, plus le midi le w-e en saison. Plats ou poissons env 9-15 €.* Belle maison en pierre traditionnelle sur le bord de la route. Cadre romantique fait de terrasses dans le même matériau et jolie végétation. Coup de chance, l'accueil, le service et la cuisine sont à la hauteur des lieux. Quelques plats recherchés comme la dinde à l'ouzo et à l'anis, les calamars sauce au vin ou encore l'excellent agneau au four. Petit vin maison pas cher.

I●I ***Resto du Maik Hotel :*** *voir plus haut. Menus 12-15 €.* Pour un repas copieux et pas cher au bord du quai à base de plats simples mais correctement préparés.

À voir

👁👁 Pour mériter son appellation, Archéa Épidavros a quelques antiquités à montrer, parmi lesquelles un joli petit ***théâtre*** *(plan B3),* datant du IVe s av. J.-C., qu'on a mis au jour en 1971 en le débarrassant des 6 m de terre qui le recouvraient. Rien à voir, évidemment, avec son fameux grand frère à Épidaure, mais il pouvait quand même accueillir 5 000 spectateurs. Et puis son côté maritime ne manque pas de charme (depuis une partie des gradins, la mer se déroule en toile de fond). Aujourd'hui, il accueille des concerts le week-end en été (notamment lors du festival Juillet musical). Accès par un sentier depuis la plage de Nissi (en voiture, indiqué depuis la route qui sort du village vers Nauplie). Plus loin, entre les plages de Spilia et de Platanos, ***ruines immergées d'une cité antique engloutie.*** Facile à trouver : passer le *Camping Nicolas I*, puis se rendre sur la plage fléchée « Sunken city », se garer au parking du resto *Cantine Eco-Farm* et nager vers le large sur 30 m. Belle expérience que de flotter au-dessus de ces murets de pierres et ces jarres antiques, immergés à très faible profondeur... Prévoir masque et tuba, mais aussi des sandales à cause des nombreux oursins. Enfin pour une jolie ***balade sur le littoral,*** un nouveau chemin balisé d'environ 10 km, avec passage par plusieurs criques désertes, part de la plage du port jusqu'à *Néa Épidavros (compter 3h A/R).*

Baignades

Archéa Épidavros offre un grand choix de plages. Quand on est face à la mer, à gauche de la jetée après l'église Agios Nikolaos, ***plage de Vagiona,*** quelconque. Plus loin, une crique, la ***plage de Kalamaki,*** sympa sans plus (on peut encore continuer pour trouver des criques plus tranquilles). À droite, ***plage de Nissi.*** De l'autre côté de la péninsule rocheuse, grande ***baie d'Agios Vlassis,*** riche en plages qui se succèdent, de ***Spilia*** à celle de ***Yialassi*** *(Golden Beach)* et ses campings. Tout au bout de la route à travers les plantations d'orangers finissant par un chemin cabossé, la crique de ***Panaghista*** et sa petite église. D'une manière générale, la propreté laisse à désirer en saison, dommage !

Plongée

■ ***Epidive*** *(International Dive Center ; plan B1-2,* ***2****)* **:** *à côté de l'hôtel Maik, sur le front de mer. ☎ 27-53-04-12-36. 📱 69-76-50-95-63 (Pascal). ● epidive.com ● CB refusées. Pour un baptême, compter env 60 €. Sur présentation de ce guide, 5 % de réduc.* Seul centre de plongée en Grèce agréé « École de plongée française à l'étranger ». Plongées dans les environs d'Épidaure (de -5 à -120 m) accompagnées de Pascal et son équipe, dans une eau limpide comme de l'eau de roche ! À découvrir, les vestiges de la cité engloutie, ainsi que de nombreux sites archéologiques sous-marins, la grotte de Sofikou (qui compte parfois un squatter inattendu, un phoque moine), de vertigineux tombants au gré des coulées de lave du volcan de Méthana... Formations (du débutant au plongeur professionnel) PADI, CMAS, FFESSM et FSGT. Snorkelling, recycleur, plongée Trimix et Nitrox. Tout pour buller heureux !

LIGOURIO (ΛΥΓΟΥΡΙΟ)

(210 52) 2 500 hab.

Petit village sans charme, à 2,5 km du site archéologique. Quelques hôtels bon marché pratiques quand on n'a pas de voiture, car les bus passent par ici. Pour info, on a rebaptisé (une manie dans le coin) Ligourio en Asklipio (Ασκληπιο) en mémoire d'Asklipios (voir plus loin le théâtre d'Épidaure).

Arriver – Quitter

En bus

🚌 Les bus comme les tickets se prennent au *Café-ouzéri Katsaros* dans la rue principale, à deux maisons de la *Taverna Léonidas.*

➢ ***De/vers Corinthe (station d'Isthmos) et Athènes :*** 3 bus/j. 6h25-18h10.

➢ ***De/vers Nauplie :*** 5 bus/j. 6h25-18h10 ; 3 le sam 7h10-18h10, 1 slt le dim 18h10. A/R donc possible dans la journée. Attention certains ne passent pas au centre-ville mais à la station-service *Elin,* à 1,5 km du site, sur l'embranchement pour Porto-Héli, presqu'en face de l'*Hotel Avaton.*

➢ ***Pour le théâtre d'Épidaure :*** mieux vaut y aller en taxi (5 km).

LE PÉLOPONNÈSE

Où dormir ?

🏠 ***Hotel Avaton :*** *à mi-chemin entre la ville et le site, à la bifurcation pour Porto-Héli. ☎ 27-53-02-21-78 ou 27-53-02-20-59. ● avaton.com.gr ● Tte l'année. Doubles 35-50 € selon saison, petit déj compris.* 📶 Motel sans charme particulier mais confortable. Son nom est de bon augure puisqu'il fait référence au « dortoir sacré » *(Avaton)* du sanctuaire d'Asklipios. Une quinzaine de chambres modernes, propres et bien insonorisées, équipées de clim, frigo et TV. Belle et grande pelouse pour se rafraîchir un peu. Minibus gratuit pour aller sur les sites environnants.

🏠 ***Hotel Athena :*** *à env 2 km avt l'entrée de la ville, à gauche (fléché). ☎ 27-53-02-30-81. ● hotelathena.gr ● ♿ Tte l'année. Résa conseillée. Doubles 40-60 € selon saison, petit déj compris.* 📶 Charmant hôtel moderne à la façade ocre et jaune, au calme dans la campagne, avec jolie vue sur le village de Ligourio. Chambres neuves et très confortables avec TV, clim et balcon donnant sur le jardin. Salle de petit déj à la déco colorée de style contemporain, avec cheminée. Gentil accueil familial.

Où manger ? Où boire un verre ?

O Moustakias : *rue principale, à gauche après la poste. ☎ 27-53-02-28-94. Ouv midi et soir. Plats 6-9 €.* La bonne auberge de village, sans chichis, avec le tournebroche à l'entrée et la petite terrasse sans fioritures. Ici, on va voir les plats en cuisine. Agneau à la broche, poulet grillé, moussaka, aubergines farcies, *bamiès*, etc. Nourriture roborative, abondante et vraiment maison, même si elle est un peu grasse. Accueil sympa et authentique.

Taverna Léonidas : *rue principale, à droite après la poste, en venant du site. ☎ 27-53-02-21-15. Fermé à midi hors saison. Env 15 € le repas.* Derrière une façade où l'enseigne en grec se noie dans la végétation, belle salle rustique remplie de vieilles photos du théâtre, avec cheminée et jolies poutres. Quelques personnalités sont passées par ici. Plats classiques mais de bonne qualité. Accueil aimable.

Kafénéion : *en fait pas de nom ; façade en briquette rouge. Café situé sur la place centrale au début de la ruelle qui monte. Fermé pour la sieste.* Le vieux café typique de la Grèce des années 1960, avant le développement touristique. Balance sur le comptoir, vieux poster de gratte-ciel et de montagnes, tables bistrot, etc. C'est le rendez-vous des joueurs de cartes, là où les chapelets tournent et retournent machinalement dans des mains expertes. Idéal pour déguster l'ouzo le soir, accompagné de petites douceurs et de gâteaux, ou pour prendre un petit déj.

LE SITE ARCHÉOLOGIQUE D'ÉPIDAURE (ΕΠΙΔΑΥΡΟΣ)

À 5 km de Ligourio. C'est un lieu grandiose et magique, mais aussi l'un des sites les plus visités de Grèce (voir le parking géant devant le site). Malgré la foule, le théâtre vaut vraiment le détour, tout comme l'exceptionnelle douceur de la nature. Est-ce un hasard si Asklipios, dieu de la Médecine, y ouvrit son premier cabinet de consultation ? Quelque chose nous dit que non...

Arriver – Quitter

En bus

➢ ***De/vers Ligourio :*** 5 bus/j. (3 le sam, 1 slt le dim), sinon prenez un taxi.

➢ ***De/vers Archéa Épidavros :*** en principe 2 bus/j. Le 1er bus en sem est à 7h20 (se renseigner pour le w-e) d'Archéa Épidavros, c'est le meilleur moyen en saison de visiter le site à peu près tranquillement. Dans le sens retour 2 bus/j. en sem 13h-15h15 (slt à 13h le sam, aucun dim). Pour visiter le site en taxi depuis Archéa Épidavros, compter env 40 € A/R avec 1h d'attente sur place.

➢ ***De/vers Nauplie :*** 5 bus/j (3 sam, 1 seul dim).

➢ ***En été, bus spéciaux ven et sam pour le spectacle :*** départ à 20h d'Archéa Épidavros, 19h30 de Nauplie, 19h de Tolo, 19h d'Argos et 17h d'Athènes (gare de bus de Kifissos). Retour après le spectacle.

À voir. À faire

Le site : *☎ 27-53-02-20-09. Site et musée tlj 8h-20h d'avr à oct, 8h-15h nov-déc et 8h-17h janv-mars. Entrée : 6 € ; réduc ; gratuit pour les moins de*

18 ans et les étudiants ressortissants de l'UE. Un conseil valable pour tous les sites archéologiques : pointez-vous tôt pour éviter le rush (enfin presque, car vous n'êtes pas seul à voyager avec le *Routard* sous le bras...). Impression grandiose que de se balader tranquille dans un site exceptionnel, au milieu d'une nature qui s'éveille. Privilège éphémère, brisé par l'arrivée des premiers cars de tourisme. Amis routards, vous pouvez laisser vos sacs à dos gratuitement aux guichets.

Le théâtre : magnifique. Rien d'autre à dire (superbe, grandiose, fantastique, colossal, iraient bien aussi !). Pratiquement intact, il s'ouvre sur un paysage superbe. En 1829, les membres français de l'expédition scientifique de Morée, chargés d'inventorier le patrimoine archéologique grec, ont retrouvé ce théâtre qui avait presque totalement disparu sous une couverture de pins et d'oliviers ! C'est sans aucun doute cette protection naturelle qui lui a permis de se conserver aussi bien. Considéré comme le plus parfait de l'Antiquité, il présente une harmonie architecturale sans pareille et une acoustique extraordinaire. Et pourtant, il a été construit en deux temps, à deux siècles d'intervalle. Premier acte, par Polyclète le Jeune au IVe s av. J.-C. Second acte, les 21 rangées supérieures ont été ajoutées à la période hellénistique, doublant ainsi la capacité pour atteindre 12 000 places. Les guides demandent généralement à leurs ouailles de se disperser sur les gradins et font leur blabla d'un point situé au centre même de la scène. À n'importe quel endroit, jusqu'en haut du théâtre, la voix parvient avec une clarté stupéfiante. Belle réussite d'une construction à l'acoustique parfaite, alliée à un esthétisme fort bien pensé.

FRANCHIR LE MURMURE DU SON

Phénoménale acoustique que celle des théâtres grecs, et pourtant si simple ! Les gradins laissent le son se propager en droite ligne de la scène vers chaque spectateur, sans source de réverbération (d'où la limpidité des voix) et en atténuant les basses fréquences audibles (le bruissement des arbres ou le brouhaha des spectateurs). Des cavités (amphores vides) placées sous les sièges réamplifient un son forcément atténué par la démesure du lieu. Le seul écho est une sorte de « retour son », renvoyé par les gradins vers la scène.

Les théâtres grecs se divisaient en trois parties : d'abord les gradins *(cavea)* ; ensuite, une surface circulaire *(orchestra)* où se tenait le chœur ; enfin, une troisième partie dont on n'aperçoit que les fondations : le *proskénion,* bâtiment rectangulaire derrière l'aire circulaire et face aux gradins. C'est sur celui-ci que jouaient les acteurs, du moins à l'origine, car ensuite on sait qu'ils se mêlaient au chœur.

Les représentations antiques étaient bien différentes du théâtre actuel : le chœur avait une place prépondérante par rapport aux acteurs (un ou deux seulement). Au cours des siècles, l'importance du chœur diminua peu à peu. Les artistes étaient tous masculins ; aucune femme sur scène. Le spectacle était payant, mais une indemnité spéciale était versée aux plus pauvres pour qu'ils puissent venir. Et ledit spectacle n'était pas du vol : on enchaînait allégrement trois tragédies et un drame satyrique, le tout durant pas moins de 6h ! Depuis 1954, la scène vibre de nouveau aux accents de représentations lyriques. La Callas y brilla comme une étoile inégalée.

LES CHORÈGES

Dans l'Antiquité, ces citoyens riches étaient choisis pour financer les représentations théâtrales. Cette distraction était tellement importante que ces dons permettaient aux gens modestes d'en profiter gratuitement. Les plus pauvres recevaient même de l'argent en compensation de leurs journées non travaillées.

Le sanctuaire d'Asklépios : à 500 m du théâtre. On se précipite sur le théâtre, et on risque de passer à côté de ces ruines. Très étendues et historiquement de toute première importance, il faut avouer que les vestiges ne sont pas très parlants, car le site est vraiment dévasté (tout le monde s'est servi en blocs de marbre pendant des siècles...). Par les deux bras de la Vénus de Milo, il faut soit beaucoup d'imagination, soit de solides connaissances pour reconstituer cet immense jeu de Lego. Rien moins que le premier « hôpital » de l'Antiquité.

Selon la légende, Asklépios (Esculape), fils d'Apollon et de Coronis, est né sur les hauteurs du mont Kynortion. Élevé par le centaure Chiron, il hérita de lui la connaissance des plantes médicinales. Il acquit même le pouvoir de ressusciter les humains. Pas très satisfait de voir un homme concurrencer les dieux, Hadès, le dieu des Enfers, souffla à Zeus l'idée d'éliminer Asklépios, ce qui fut fait en un éclair. Une fois foudroyé, Asklépios n'en continua pas moins d'attirer du monde, cette fois des vivants.

LE CADUCÉE FAIT DES PETITS

Le bâton entrelacé de deux serpents était le sceptre d'Asklépios, dieu de la Médecine. Ce caducée, adopté par les médecins, inspira leur symbole aux pharmaciens : un serpent entourant la coupe d'Hygie, fille d'Asklépios, déesse de la Santé (et de l'Hygiène, of course). Quant aux sages-femmes, elles ont accouché d'un ovoïde (symbole utérin) percé d'un serpent (symbole phallique ?).

On soignait d'une façon bien particulière. D'abord, on égorgeait des animaux en sacrifice aux dieux. Les malades s'assoupissaient dans le dortoir sacré *(avaton)* peuplé de serpents inoffensifs, en s'enroulant dans la peau de l'animal sacrifié. Là, Asklépios leur apparaissait en songe sous les traits du serpent sacré (personnification du dieu), et leur indiquait, sous forme cryptée, le traitement à suivre, ce que les prêtres traduisaient ensuite en une sorte de prescription. Les plus chanceux étaient, paraît-il, guéris dès leur réveil (on n'a donc rien inventé à Lourdes !). Malgré les efforts de Théodose Ier au IVe s apr. J.-C. pour mettre un terme à ces pratiques, le culte n'a jamais vraiment disparu. Trois bâtiments du sanctuaire font l'objet d'anastyloses (reconstitutions partielles), l'*avaton,* la *tholos,* bâtiment circulaire, et un complexe appelé *hestiatorion,* où l'on a retrouvé des résidus de repas et qui incluait aussi un *odéon.* À voir aussi : le stade, en contrebas.

Le musée : attention, fermé lun jusqu'à 12h nov-mars. Petit, mais il abrite quelques pièces dignes d'intérêt. À l'entrée, une vitrine renferme quelques instruments chirurgicaux. Des inscriptions sur des tables en pierre décrivent les cures et les remèdes miraculeux d'Asklépios. Sur les étagères en hauteur, des palmettes, acrotères et autres pièces destinées à la décoration des toitures des temples, qui ont la particularité d'avoir conservé leur peinture d'origine et donnent une petite idée de ce à quoi pouvait ressembler un temple à l'époque. Les élévations des propylées (entrée monumentale), de styles corinthien et ionique, et d'un temple de style dorique au fond du musée, ainsi que les intéressantes reconstitutions de dallage et d'un plafond à caissons (souvent repris en France dans le style Renaissance) compléteront ce tour de l'architecture grecque. Plusieurs statues, notamment le célèbre « caducée » (voir encadré).

Le Festival de théâtre : *slt en juil-août, ven et sam à 21h. Des bus partent ces soirs-là de différentes villes (voir la rubrique « Arriver – Quitter » plus haut) ; retour après le spectacle. Résa à Athènes : Athens Festival Box Office, 39, odos Panépistimiou, lun-ven 9h-17h, sam 9h-15h (☎ 21-03-27-20-00 ; ● greekfestival.gr ●). Résa à l'entrée du site slt de mi-juin à fin août, lun-jeu 9h-19h et ven-sam 9h-21h. Selon place et spectacle 20-45 € ; ½ tarif pour les étudiants (mais ce ne sont pas les meilleures places).* Représentations de pièces antiques (une dizaine au total) vraiment étonnantes, pas toujours faciles à comprendre, même si c'est un jeu de mime. Attention, renseignez-vous, car on y donne aussi des pièces modernes et des ballets.

GALATAS (ΓΑΛΑΤΑΣ)

(180 20)

Sur la route côtière en corniche venant d'Épidaure, quelques superbes points de vue sur les îles du golfe Saronique depuis Dryopi. La route, sinueuse, dévale ensuite vers la mer et la rejoint à Galatas. Ce petit village portuaire sans charme particulier fait face à l'île de Poros, accessible grâce à de nombreux caïques. Il peut constituer une alternative bon marché aux logements de Poros.

Arriver – Quitter

En bus

Station de bus : *entre une taverne et un café en face de l'embarcadère pour Poros. ☎ 22-98-04-24-80.*

➢ ***De/vers Athènes, via Corinthe (gare routière d'Isthmos) :*** 3 bus/j., lun-ven ; 1 bus/j. le w-e.

➢ ***De/vers Nauplie, via Épidaure*** *(théâtre)* **:** 2 bus/j. (aucun le w-e).

➢ ***De/vers Méthana :*** 2 bus/j. (aucun le w-e).

En bateau

Navettes pour Poros : ttes les 30 mn, 7h-21h30 (6h30-22h30 en été ; ttes les 10 mn en cas de forte affluence) ; dim, ttes les heures 7h-9h, puis ttes les 30 mn. Prévoir 6 €/voiture avec le chauffeur, 0,90 €/passager.

Où dormir ? Où manger ?

Kyrielle de chambres à louer, restos et cafés sur le port. Voici un hôtel fort simple, tenu par de vieux Grecs paisibles et sympathiques.

Hotel Galatia : *sur le quai. ☎ 22-98-04-22-27. Doubles 40-60 € selon saison ; petit déj en plus. CB refusées.* Style années 1950 : plutôt désuet, mais confortable. Chambres avec AC, TV, et une belle vue sur le port et l'île de Poros. Fait aussi resto.

Poussez plus loin sur le quai, vers le supermarché, pour de bons *souvlakia* et du cochon grillé. Sinon, des tavernes sur le port.

DANS LES ENVIRONS DE GALATAS

Trézène *(Τροιζηνα)* **:** *à moins de 10 km de Galatas, à proximité du village moderne de Trizina. Accès libre.* Un petit site antique où survit, pour les hellénistes distingués, le souvenir de Phèdre et d'Hippolyte. Rien de spectaculaire, mais les paysages alentour sont beaux et très sauvages. Balade à faire en direction de petites gorges et d'un pont naturel appelé le « pont du Diable ».

La presqu'île de Méthana *(Μεθανα)* **:** *à 15 km à l'ouest de Galatas, par la route d'Épidaure.* Principale curiosité, un volcan. Pour se rendre dans le cratère, renseignez-vous au village de Méthana, petit port aux eaux turquoise mais aux odeurs fortement soufrées ! Panneau « Vulcano » dans le village. Si vous prenez cette route sur environ 5 km, vous tomberez sur le village typique de *Mégalochori*, pas désagréable.

POROS (ΠΟΡΟΣ)

(18020) 4 000 hab.

Poros, une des îles Saroniques, peut aisément se programmer en extra quand on fait le tour du Péloponnèse. Elle se compose de deux îles (une toute petite, *Sphèria,* presque entièrement occupée par Poros-ville, et *Kalavria,* plus grande, au nord) reliées entre elles par un minuscule pont. Elle n'est située qu'à une centaine de mètres du Péloponnèse (navettes fréquentes en caïque depuis Galatas). Le village est étagé au-dessus du port, avec ses maisons blanches entre mer et ciel.
En définitive, l'île de Poros, très touristique, n'offre au visiteur que son charme insulaire et de jolies balades dans l'amalgame des architectures cycladique et néoclassique. Mais, beaucoup plus authentique que ses voisines, elle est agréablement verte et boisée, et sa petite taille permettra aux plus courageux de ne s'y déplacer qu'à pied. Quant à ses plages, sympas mais étroites et peu nombreuses, elles tendent à être prises d'assaut en été.

Arriver – Quitter

En bateau

➢ ***Du/vers Le Pirée :*** 1 à plusieurs ferries/j ; selon saison. Durée : 2h30. Les *Flying Dolphins* ou *Flying Cats,* beaucoup plus rapides, effectuent également en été 4-5 traversées dans la journée. Trajet : 1h. Ils continuent sur ***Hydra et Spetsès.***
➢ ***De/vers Galatas :*** le bac qui relie Galatas à Poros part ttes les 30 mn env, 7h-22h env (tarif passager : env 1 € l'aller ; compter env 5 € pour une petite voiture). Embarcadère sur le port, face à l'hôtel *Dionysos.* Des sortes de bateaux-taxis, situés sur le port juste à côté de l'embarcadère des *Flying Dolphins,* font également la navette ttes les 10 mn env en été pour le même prix (min 4 pers).

En bus

Départ des quais, sur le port, près du *Porto Café.* Deux lignes : l'une dessert les arrêts entre Poros et Néorio, et l'autre entre Poros, Askéli et le monastère. Départ ttes les heures, env 8h-23h.

Adresses utiles

🛈 ***Police touristique :*** *odos Agiou Nikolaou.* ☎ *22-98-02-22-56. À droite de l'embarcadère des bacs pour Galatas, prendre la ruelle à gauche derrière la* Taverna Poseidon.
✉ ***Poste :*** *derrière l'*Alpha Bank *et l'*Emporiki Bank, *à côté de l'*Hotel 7 Brothers. *Lun-ven 7h30-14h.*
■ ***Agence de voyages et infos touristiques : Marinos Tours,*** *sur le port, à côté du* Porto Cafe. ☎ *22-98-02-34-23 ou 22-98-02-29-77.* • *mfdpop@ath.forthnet.gr* • *7h-21h en été, 7h-18h l'hiver.* Efficace. Représente les *Flying Dolphins,* entre autres. Infos en anglais.
■ ***Banques :*** *plusieurs distributeurs sur le port (*Alpha Bank *et* Emporiki Bank*).*
■ ***Presse étrangère :*** *sur le port, à gauche du débarcadère, en allant vers le nouveau port.*
■ ***Laverie : Suzi's Laundrette,*** *juste avt la* National Bank, *petite impasse sur la droite.* ☎ *22-98-02-54-35. Tlj.*
■ ***Location de vélos et de scooters : Chez Kostas,*** ☎ *22-98-02-35-65 ; en allant vers Néorio, traverser le pont et prendre à gauche juste après, c'est à droite un peu après l'*hôtel Theano. Un peu loin, mais le moins cher et le plus honnête. Sans oublier la gentillesse de Kostas qui prend le temps de vous expliquer le fonctionnement de ses machines. Matériel en bon état et entretenu.

Où dormir à Poros-ville ?

Pour ceux qui ne trouveraient aucun logement disponible, un petit guichet d'infos et de réservation (chambres et appartements) sur le port, face à l'hôtel *Saron*. Pas toujours grand monde dedans, cela dit, même quand le téléphone sonne...

Chambres Georgia Mellou : *10, odos Kolokotronis. ☎ 22-98-02-23-09. 📱 69-37-85-07-05. • g.mellou@gmail.com • Sur les hauteurs, remonter la ruelle qui passe devant la poste ; la maison se trouve près de la place de l'église Agios Georgios, à côté de la taverne* The Garden. *Ouv en principe avr-oct, mais les proprios vivent là tte l'année, on peut donc tenter sa chance en hiver ! Selon saison, doubles env 30-45 €, triples env 40-55 € ; tarif dégressif hors saison pour plusieurs nuits. CB refusées.* Au cœur du village. Seulement 4 chambres, dont une familiale pour 3 personnes et 2 chambres dont une toute petite ! Toutes avec douche/w-c, AC et TV, elles disposent d'un balcon donnant soit sur la ruelle, soit sur le port. Celles sur la gauche en haut de l'escalier possèdent une magnifique vue sur le port. Dans le couloir, frigo à disposition des locataires. Propriétaires adorables qui se débrouillent avec quelques mots d'anglais. Bon rapport qualité-prix.

Hotel 7 Brothers : *Poros-port. ☎ 22-98-02-34-12. • 7brothers.gr • Tte l'année. Situé sur le port derrière l'Alpha Bank, à côté de la poste. Doubles 45-75 €.* Un véritable petit hôtel entièrement rénové avec des chambres tout confort (TV, AC, bouilloire...). Certaines chambres ont un balcon avec vue sur le port et Galatas (celles du 2e étage), d'autres sur la petite rue à l'arrière (pas de vue). Excellent accueil d'une jeune femme qui parle bien l'anglais. Pas de petit déj, mais il y a tout ce qu'il faut à proximité sur le port. La maman du propriétaire a eu 7 fils, d'où le nom de l'hôtel !

Hotel Dionysos : *78, odos Papadopoulou, sur le nouveau port. ☎ 22-98-02-25-30 ou 22-98-02-35-11. • hoteldionysos.eu • Tte l'année. Selon vue, doubles 50-70 €, petit déj compris.* Cet hôtel est une bonne alternative, si l'on ne veut pas être directement dans le centre, et il a l'avantage d'être ouvert toute l'année. Une douzaine de chambres spacieuses dans une grande maison néoclassique restaurée. Tout le confort et bien meublées, la plupart avec balcon ou accès à une terrasse commune. Le petit déj est servi dans le bar-taverne de l'hôtel (très fréquentée par les Grecs) qui se trouve au rez-de-chaussée, en bas des escaliers face au nouveau port.

Où dormir sur l'île de Kalavria ?

Vers Askéli, à droite du pont

Si vous êtes chargé, la solution du taxi pour rejoindre votre hébergement peut s'avérer très pratique et pas chère.

Villa Mimosa : *7, odos Monastririou. ☎ 22-98-02-46-59. Hors saison, à Athènes : ☎ 21-06-72-43-64. • villaporos@yahoo.com • Peu après le pont, le cimetière et le magasin de réparation de vélos, scooters et motos, c'est la maison nº 7 sur la droite (dont on n'aperçoit que le toit un peu étrange). Mai-fin sept. Env 50 € pour 2 et 80 € pour 4 pers. Pas de petit déj. CB refusées. Réduc de 10 % sur présentation de ce guide.* Notre adresse préférée : une très belle villa typique de l'architecture des Cyclades (forme carrée toute blanche), avec un beau jardin superbement fleuri et un accès direct à la plage de Kanali. Les propriétaires y résident en été et louent 3 spacieux studios et 3 appartements (2 chambres) avec AC. Simples mais très agréables. Priorité donnée aux séjours un peu prolongés. Très bon accueil de la famille Lykiardopoulos. La proprio parle le français. Une adresse vraiment originale et à l'accueil excellent.

Où manger à Poros-ville ?

Vlachos : *le long du port. 7h30-minuit l'été, 22h l'hiver.* Pâtisserie tenue par Yannis et sa femme Véronique (française). Bonnes pâtisseries grecques (*amygdalota*, riz au lait, *galaktobouréko, tyropita* sont très bons...).

Taverna Apagio : *au bout du front de mer, à 1,5 km du débarcadère à droite (après le Poros Museum). ☎ 22-98-02-62-19. Tte l'année. Repas 12-15 €. CB refusées.* La taverne est tenue par Liz (une Franco-Anglaise à qui sa mère normande a appris la cuisine) et Spiros, son Grec de mari, guitariste et peintre à ses heures, qui fait le service. Les poissons et fruits de mer (daurade, poulpe, calamar...) ne sont pas trop trop chers et bien cuisinés. Également de succulentes entrées à base de légumes, des plats délicieux comme l'agneau rôti au citron et à l'ail, et du vin local bon marché. Une excellente adresse, d'autant que l'accueil de Liz et Spiros est vraiment chaleureux.

Taverna Karavolos : *dans une charmante ruelle perpendiculaire au port (prendre au niveau du cinéma et monter). ☎ 22-98-02-61-58. Le soir slt. Repas env 10-15 €.* Petite terrasse tranquille dans la ruelle charmante. Spécialité de la maison : les escargots, d'où l'enseigne. Ils viennent de Crète mais surtout, ne vous forcez pas ! Sinon, on retrouve les classiques, et tant mieux (*tzatziki*, aubergines, moussaka et quelques grillades accompagnées de frites maison – corvée de patates dans la journée !), qui sont tout à fait délicieux. Accueil sympathique d'un couple supporter du club de foot de l'Olympiakos. D'ailleurs, le resto est fermé les soirs de match !

Taverna Spiros : *sur Kalavria, pour changer des tavernes du port ; après le pont, prendre à gauche, c'est la 2e taverne (env 300 m), juste avt Kostas, le loueur de scooters. ☎ 22-98-02-45-08. Compter 10-15 € max.* Service gentil et cadre presque bucolique avec cette petite terrasse sur l'eau, les petites barques de pêcheurs devant et la vue imprenable sur Poros-port, les pieds quasiment dans l'eau ! Cuisine simple, carte classique des tavernes grecques, mais c'est bon et pas cher.

À voir. À faire

Balade sur les hauteurs de la ville : que ce soit autour du clocher-horloge, au-dessus du port, ou depuis le petit chemin qui serpente dans la pinède jusqu'au bout de l'îlot, vers la petite église, superbe vue sur l'une des attractions locales, « la belle endormie de Poros ». En effet, si l'on regarde vers l'ouest, un enchaînement de monts et de plateaux divers forme la silhouette d'une femme allongée sur le dos ! Lors de l'implantation des éoliennes qui, désormais, lui chatouillent le ventre, les débats ont dû être passionnés !

Le monastère de Zoodochos Pigis : *sur l'île de Kalavria, à 30 mn à pied de la plage d'Askéli (suivre la route goudronnée, qui se termine au monastère). Accès en bus, à pied pour les plus courageux (à une petite heure de Poros-ville), à vélo ou à moto. Ouv du lever au coucher du soleil ; fermé 13h-17h en été.* Dans un joli site au milieu des arbres, il domine la mer. Les shorts sont interdits pour les hommes, ainsi que les pantalons pour les femmes. Cela dit, les imprévoyantes emprunteront sur place un paréo.

Plage de galets accessible au pied du monastère, avec transats, parasols et petites tavernes. Idéale pour se baigner le matin, quand il n'y a personne.

Le temple de Poséidon : situé dans la montagne, largement à 5 km du port, il n'est plus que ruines. Comme souvent, on est venu, de la ville ou même d'Hydra, se servir en marbre, et ce, pendant des siècles... Entrée libre. C'est ici que Démosthène, le célèbre orateur athénien (auteur des *Philippiques*), fuyant les Macédoniens qu'il combattait depuis des années par ses discours véhéments, se réfugia.

Rattrapé, il s'empoisonna. Les amateurs iront voir le résultat des fouilles au ***Musée archéologique de Poros*** *(sur le port ; tlj sf lun 8h-15h ; GRATUIT).*

Néorio et ses environs : *à env 3 km du port, à gauche en sortant du débarcadère.* Après le hameau de Néorio et l'hôtel *Poros*, tout d'abord, la plage de *Mégalo Néorio* ; pas trop de monde (ni matelas ni musique), grande mais pas très belle. Ensuite, la plage de *Love Bay* en contrebas de la route, ombragée, jolie, mais envahie par les transats, les parasols et la musique à fond ! En poursuivant, une autre anse, là aussi jolie, mais tout aussi envahie... Plus loin encore, pour les plus courageux ou ceux qui sont motorisés, une succession de cinq ou six criques adorables, lovées dans les rochers et où l'on accède en descendant à pied par de petits chemins de terre. Là, plus trop de monde. Prévoir eau et provisions. Après, la route continue ; il n'y a plus de plages mais des élevages de poissons. La route fait le tour de l'île par le nord-ouest au milieu des pins et rejoint Poros-ville.

Vagonia Bay : *à env 7 km du port, par la très jolie route qui va au temple de Poséidon.* Jolie plage, mais l'eau n'y est pas très propre. En revanche, c'est un bon endroit pour la plongée avec masque et tuba ! Petite taverne sur place.

DE GALATAS À ERMIONI

Après Galatas, la jolie petite route, belle et sauvage, sans doute tracée en suivant le pas d'un âne ivre, s'éloigne de la mer pour finalement la retrouver rapidement sur la côte sud. Petites plages très chouettes en contrebas de la route avant Métochi. À Thermissia, un camping :

Camping Hydra's Wave : *☎ 27-54-04-10-95. ● hydraswave.gr ● Tt près de la mer, à 7 km d'Ermioni (bien signalé). De mi-avr à mi-oct. Compter 17 € pour 2 avec tente et voiture.* Très calme et bien joli. Emplacements moyennement ombragés. Plage avec un *beach-bar.* Machines à laver, épicerie et petit bar-resto.

ERMIONI (ΕΡΜΙΟΝΗ) (21051) 3 050 hab.

Adorable port de pêche qui occupe un promontoire terminé par une pinède. Les grands hôtels sont situés à une distance respectable et Ermioni a su rester elle-même. Beaucoup de charme au soleil couchant, en se baladant parmi les maisons pastel. Jamais trop de monde par ici, même l'été. Pas vraiment de plage près du port, mais baignade extra depuis les rochers sur la presqu'île au sud du village. Belles plages au sud-ouest *(Sendoni, Pétrothalassa).* Le village possède deux ports, de chaque côté de la presqu'île : Limani et Mandrakia, le premier plus populaire, le second un poil plus huppé. Ermioni est aussi le berceau familial de Mélina Mercouri. Le dimanche de Pâques, danses folkloriques et feu d'artifice sur le port.

Arriver – Quitter

En bus

Les bus s'arrêtent sur la place du monument aux morts de Limani. Aucun bus direct ni pour Athènes ni pour Nauplie ; il faut changer à Kranidi (prévoir 1-2h d'attente, sf pour le 1er bus du mat au départ d'Ermioni).

➢ ***De/vers Kranidi :*** 4 bus/j. en sem 5h-13h40 d'Ermioni, 1 slt à 6h sam, aucun dim.

➢ ***De/vers Athènes, via Kranidi :*** 3 bus/j. en sem dont 1 via Nauplie (1 bus slt le sam à 5h via Nauplie). Sinon, d'Ermioni, se rendre en taxi à Kranidi (7 km) pour prendre le bus quotidien de 17h30. Trajet : 4h. Passe par Corinthe (station d'Isthmos), Néa Épidavros et Ligourio.

➢ ***De/vers Nauplie, via Kranidi :*** 3 bus/j. en sem, 1 le sam. Sinon, se rendre en taxi à Kranidi pour prendre le bus quotidien de 17h30.

En bateau

Hellenic Seaways : *tickets pour les* Flying Dolphins *(hydroglisseurs) vendus par l'agence* Fun in the Sun. *☎ 27-54-03-24-08.*

➢ ***Du/vers Le Pirée :*** de mi-mai à début sept, 3-4 liaisons tlj. Env 2h-2h30 de traversée. Compter 30 €.

➢ ***De/vers Hydra, Spetsès et Poros :*** en été, 3-4 liaisons tlj. Durée : 20 mn et env 7,50 € pour Hydra et Spetsès. Jusqu'à Poros, 1h et env 15 €.

Adresses et info utiles

✉ ***Poste :*** *rue principale, sur la droite en venant d'Épidaure. Lun-ven 8h-14h30.*

■ ***Banques avec distributeur :*** ***Trapéza Pirreos,*** *après le monument aux morts, sur le quai ;* ***National Bank of Greece,*** *face au débarcadère.*

■ ***Agence Fun in the Sun :*** *sur le port, face au monument aux morts. ☎ 27-54-03-15-14 et 27-54-03-18-80. • ermionifuninthesun.gr • L'été, 8h30-22h ; l'hiver, 8h30-13h30, 17h-20h.* Location de voitures, vente de billets de bateau, horaires de bus et plein d'informations touristiques (en français si vous êtes sage !).

@ ***Internet :*** ***Click Games Café*** *à côté de la station-service, face au supermarché, à 150 m du port, direction Kranidi.*

– ***Marché :*** *sur le port, jeu 7h30-13h env.*

Où dormir ?

Hotel Akti : *au sud du port (Limani), donnant sur le quai. ☎ 27-54-03-12-41. • hotelakti@yahoo.com • Doubles 35-45 €. Sur présentation de ce guide, réduc sur les prix affichés dans les chambres.* Bâtisse typiquement grecque, avec balcon. Très calme et à proximité de jolis lieux de baignade. Le patron, Kostas, toujours aussi aimable et dynamique, a fait de l'accueil des touristes une véritable religion. Un must, il parle vraiment bien le français. Le matin, on prend le petit déj sur une table face à la mer. Les fauchés peuvent dormir sur la terrasse à meilleur prix, comme au bon vieux temps. Kostas vous renseignera sur les plages et sur tout ce qu'il y a à faire à Ermioni. Derrière, il possède une petite maison avec quelques chambres meublées de bric et de broc (mais ça donne un côté chaleureux) et une cuisine ; on mange dans un petit jardin sous la treille. Évitez d'y arriver entre 15h et 17h : cela dérange la sieste de Kostas, qui ensuite a du mal à se rendormir !

Pension Zoe : *dans une ruelle parallèle au port (Limani), prendre l'escalier avt l'*Hotel Akti *puis la ruelle à droite. ☎ 27-54-02-95-65. • zoepension.gr • Doubles 40-50 € selon saison, petit déj inclus.* Noyée dans le paisible entrelacs de ruelles d'Ermioni (on se gare à 50 m, sur le quai), une petite pension de famille tenue par un jeune couple et ses enfants. Les chambres, simples et pas immenses, sont entretenues *con brio*. Le petit déj se prend en terrasse dans la ruelle, mais rien ne vous empêche de monter sur celle du toit qui offre une vue sur l'anse d'Ermioni. Une adresse résolument souriante.

Où manger ?

Bisti : *à 100 m au-delà de l'*Hotel Akti, *après le virage. ☎ 27-54-03-18-08. Juin-fin sept. Plats env 6-8 €.* Idéal le midi, car proche de la plage. On mange dehors en lisière de pinède. Un peu isolé, donc très calme. Tenu par une mère de famille. Choix limité, mais cuisine honorable à prix très doux. On peut voir les plats en salle et choisir directement.

Kavos : *après le Bisti, sur la corniche vers le port de Mandrakia. ☎ 27-54-03-21-52. Plats env 6-10 €, poissons 15-18 €.* Posée sur un piton rocheux surplombant la mer, une jolie taverne à la déco romantique à souhait. Dans l'assiette, d'excellents *mezze* et des produits d'une fraîcheur exemplaire, notamment les poissons qui sortent de l'eau ! Bonne cuisine, service sympathique et prix raisonnables, que peux-ton rêver de mieux ? Ah si, un petit escalier descend sous le resto pour faire trempette...

O Michalis : *sur le port de Mandrakia. ☎ 27-54-03-15-51. Plats env 6-12 €.* Une « taverne du pêcheur » (c'est écrit sur l'enseigne !) qui sert des plats classiques assez réussis : moussaka, poulpe, boulettes, steak, fromage frit, etc. Une bonne adresse tenue par un patron attentionné. Terrasse sur le quai, les pieds dans l'eau.

Paradosiako : *sur le port (Limani), devant les bateaux. ☎ 27-54-03-22-77. Plats env 7-8 €.* Populaire pour ses *souvlakia* et viandes grillées à la braise. En revanche, la moussaka est un peu quelconque. Jolie salle et terrasse sur le quai pour cette adresse très touristique.

Sto Dromo ton Agion : *en dehors de la ville, plage d'Agion Anargyron. ☎ 27-54-03-21-45. Depuis le port de Mandrakia, longer la mer ; au croisement en T, tourner à gauche ; c'est sur la droite, à env 2,5 km. Ts les soirs, plus le midi en été. Repas env 10-15 €.* Sans doute la meilleure table du secteur. Taverne familiale très appréciée des gens du cru pour la qualité et la fraîcheur de sa cuisine traditionnelle. Essayer les *kératakia* ou *brinia* (poivrons farcis au fromage), les aubergines au four *(mélitzanès sto fourno)* ou encore les succulents calamars et poulpes. Cuisine d'excellente qualité. Extra pour un petit festin le soir, malgré l'éloignement relatif.

Où manger une bonne pâtisserie ?

Café-pâtisserie Érodios : *sur le port de Mandrakia, à côté de O Michalis. ☎ 27-54-03-13-11. Un bon café frappé et un ravani pour env 7 €.* Sert des petits déj, les pieds sur le quai et les yeux dans le grand bleu.

Où boire un verre ?

Mylos : *depuis le port (Limani), c'est le moulin qui chapeaute la colline, de l'autre côté de la baie.* Pour écouter de la musique au coucher du soleil en sirotant un ouzo, vraiment extra. Terrasse dominant tout Ermioni, les collines et la mer.

Sinon, pour les djeun's qui veulent boire des coups jusqu'à pas d'heure et s'en mettre plein les oreilles de musique boum-boum, il y a bien 2-3 ***bars sympas sur le port de Mandrakia.***

LE PÉLOPONNÈSE

À voir. À faire

Le Musée ethnographique : *tt en haut du village, à côté de l'église principale. Accès par les ruelles qui grimpent à partir de la place du monument aux morts ; c'est fléché. 19h-21h en été, irrégulièrement le reste de l'année (rens : ☎ 27-54-03-22-09). GRATUIT.* Une modeste collection de vieux objets du quotidien, costumes folkloriques et broderies. Ça ne coûte rien d'y jeter un œil et ça permet de découvrir la partie ancienne du village. De plus, la bâtisse qui abrite le musée est jolie et historique : elle servit de lieu de réunion à la troisième

Assemblée nationale en 1827, sous l'impulsion de Kolokotronis. À proximité, à côté de l'église Panagia, le ***musée du Jouet ancien*** vient d'ouvrir *(tlj 19h-21h en été ; GRATUIT)*, avis aux nostalgiques...

■ ***Kallianos Diving Center :*** *installé sur l'îlot en face d'Ermioni, pas de bureau au port, téléphoner pour rens et résas, 69-36-80-50-54 ou 69-74-80-59-01. • kallianosdivingcenter.com • De juin à mi-sept. Compter env 55 € pour un baptême, 30-45 € pour les initiés (sans ou avec équipement).* 2 instructeurs PADI francophones encadrent des plongées près de l'îlot Kapari, à 20 mn en bateau du port.

DANS LES ENVIRONS D'ERMIONI

Pétrothalassa : agréable petite plage de sable et de cailloux à 8 km d'Ermioni. Depuis le port de Mandrakia, longer la mer (tourner à gauche au carrefour en T, dépasser la chapelle et le resto *Sto Dromo ton Agion*) jusqu'à la direction « Ermioni Club Hotel » ; à la patte-d'oie, tourner à droite et, juste avant l'ancienne station-service (devenue taverne !), tourner à gauche et descendre jusqu'à la mer sur 1 km.

➢ Le tour complet de la presqu'île par Porto-Héli n'est pas indispensable. Jolie baie, mais beaucoup de monde (nombreux plaisanciers qui débarquent le soir), de grands hôtels et du bruit en prime. Les infrastructures plutôt bonnes peuvent cependant y intéresser les amateurs de sports nautiques. L'embarcadère pour Spetsès se trouve à Kosta, à 3 km de Porto-Héli et à 30 mn de route d'Ermioni *(env 4 ferries/j. et 4 € l'A/R ; possibilité de* taxi-boat *pour 20 €).* Pour remonter, on peut passer par Kranidi, le chef-lieu du canton.

Kilada (Κοιλαδα) **:** *à 3 km au nord-ouest de Kranidi.* Ce village de pêcheurs sans hôtel foisonne de *psarotavernès,* où l'on peut se faire péter la sous-ventrière de poisson et crustacés fraîchement pêchés. Très sympa vers la mi-août (fête du Poisson). En arrivant, sur la gauche, l'un des derniers chantiers navals artisanaux de Grèce. Quelques plages en direction du cap Thyni, à l'ouest de Kilada. Le trou béant dans la roche en face de Kilada est l'entrée de la *grotte de Franchthi,* où l'on a exhumé parmi les plus vieilles traces d'activité humaine en Grèce. Du parking en bord de mer, un sentier y mène en 20 mn. Les fouilles ont fait apparaître des morceaux d'obsidienne taillée, venant de l'île de Milos notamment. Ce site a servi d'habitation pendant près de 30 000 ans quasiment sans discontinuer.

HYDRA (ΥΔΡΑ) (18040) 1 970 hab.

Un des plus beaux ports de toutes les îles grecques, mais aussi un des plus fréquentés. Les hôtels sont souvent pleins, même en basse saison, et l'accueil est plutôt mercantile... Aucune voiture sur l'île, aucun scooter (à part le camion de poubelles, seules les charrettes à bras sont autorisées), ce qui n'empêche pas Hydra d'être inondée de touristes en été. Mélange de Saint-Trop' et de Portofino, mais un sacré charme quand même, surtout le soir, quand les touristes venus dans la journée sont repartis et que l'atmosphère devient romantique sans aucun bruit de moteur !

Cet ancien repaire de corsaires est devenu une station balnéaire à la mode. Et s'il est vrai que son port revêt un charme typiquement méditerranéen, on remarquera que les maisons sont plus hautes et plus belles que sur les autres îles grecques, l'île ayant un riche passé dans tous les

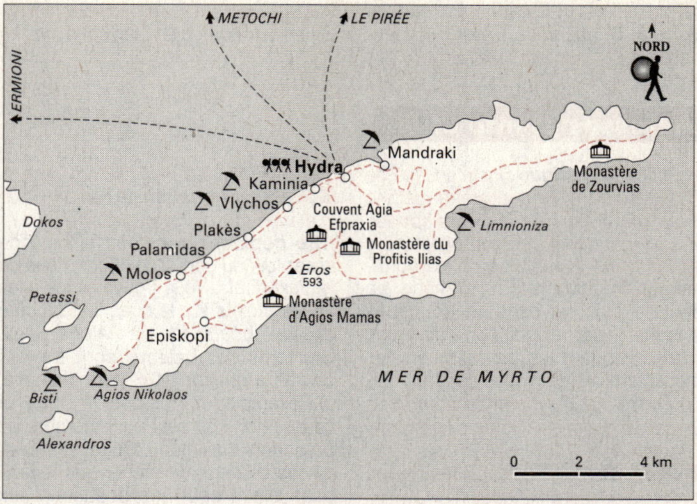

L'ÎLE D'HYDRA

sens de l'adjectif. Évidemment, Hydra compte parmi les destinations les plus chères pour l'hébergement.

Pour les Grecs, cette île est, avec Spetsès, liée à leur histoire contemporaine : les Hydriotes, pendant l'occupation turque, avaient développé une flotte marchande importante qui avait enrichi quelques familles d'armateurs, d'origine albanaise (l'île s'était dépeuplée au Moyen Âge et des Albanais orthodoxes, fuyant la conquête ottomane, étaient venus s'y installer). Quand l'heure de la guerre d'indépendance sonna, ces mêmes armateurs se lancèrent dans la bataille, armant de nombreux vaisseaux sur leurs fonds propres. Leurs buts n'étaient pas uniquement désintéressés ou patriotiques, ils espéraient bien en retirer quelques miettes de pouvoir... Qu'importe, ils ont contribué à la libération de la Grèce et les noms de Miaoulis, Koundouriotis ou Tobazis sont encore très connus aujourd'hui en Grèce. Leurs demeures ont en général été restaurées et ne figurent pas parmi les plus modestes de l'île...

À cette époque glorieuse, Hydra a compté plus de 20 000 habitants et l'île avait de l'eau (d'où son nom). Aujourd'hui, les nombreux puits que l'on peut voir sont asséchés, et l'eau doit être apportée de l'extérieur en bateau-citerne. D'ailleurs, le ravitaillement du matin est l'occasion d'un étonnant spectacle : des tonnes de vivres sont déchargées des bateaux et réparties sur des mulets, avant d'être acheminées, entre autres, vers les hôtels et restaurants. C'est plutôt anachronique de voir ainsi les baudets chargés de caisses de bière, de papier toilette ou de téléviseurs...

Arriver – Quitter

➢ ***Du/vers Le Pirée :*** en bateau rapide, 4 à 6 départs/j., 8h-19h30 l'été. En moyenne 1h30 de trajet. Pas de ferry, slt des *Flying Dolphins* et *Flying Cats.*

➢ ***De/vers Ermioni :*** env 3 départs/j. en saison avec les *Flying Dolphins.* Env 30 mn de trajet. Il existe aussi des liaisons en *taxi-boat,* mais hors de prix !

➢ ***De/vers Métochi :*** à une douzaine

de km à l'est d'Ermioni. En saison, jusqu'à 5-6 liaisons/j. sur un petit bateau *(12 mn de traversée slt ; 69-47-32-52-63 ; • hydralines.gr •).* Ou en *taxi-boat,* bien plus cher.

Adresses et info utiles

Police touristique : *juste en face de l'OTE ; sur le quai, prendre la ruelle à droite de l'église avec la grosse horloge et suivre la direction de la pharmacie.* ☎ *22-98-05-22-05.* Rien d'extraordinaire à en attendre. En revanche, on peut se procurer dans les boutiques la revue *Hydraview,* où l'on trouve une carte indiquant les balades vers les monastères et les églises de l'île.

Poste : *pl. du marché ; prendre la 2e ruelle à droite de l'*Hellenic Postbank. *Lun-ven 7h30-14h.*

Banques : *sur le quai, plusieurs avec distributeurs automatiques.*

Billets de bateaux : *au début de la ruelle à droite de l'*Alpha Bank, *une agence* (Hydreoniki Travel) *vend les tickets* Hellenic Seaways. ☎ *22-98-05-40-07. 6h30-20h30. CB refusées.*

Presse internationale : *au début de la rue à droite de l'horloge. 9h-18h.*

– **Se déplacer sur l'île :** si on loge assez loin du port, 2 solutions, l'âne ou les *taxi-boats.* Vous trouverez les ânes ou les mulets sur le quai, juste à côté des *taxi-boats,* face à l'*Alpha Bank.* Les tarifs des bateaux sont élevés : course à environ 10 € pour Kaminia, par exemple, et 15 € pour Vlychos, et ce que l'on soit seul ou 8 (nombre de passagers maximum). Quant au mulet, il vous coûtera aussi cher que le *taxi-boat,* plaira peut-être beaucoup aux enfants et vous déchargera de vos sacs (c'est lui le baudet, plus vous !), mais il est beaucoup moins rapide que le bateau (et que vous sans vos sacs !).

Où dormir ?

HYDRA

Le camping sauvage est strictement interdit et il n'y a pas de camping sur l'île. On ne vous le répétera pas deux fois. À vos risques et périls...

Les pensions abondent mais sont souvent complètes : en saison, mieux vaut réserver. Consulter le site • *hydradirect.com* • Attention, Hydra se paie cher, plus cher en tout cas que les autres îles Saroniques.

De prix moyens à plus chic

Toutes les adresses ci-après se trouvent un peu à l'écart du port mais assez peu éloignées du débarcadère. Si ces dernières sont complètes, remonter la rue à gauche de la grosse horloge sur le port, et vous trouverez là encore quelques pensions très agréables.

Alkionidès Pension : ☎ *22-98-05-40-55. 69-77-41-04-60. • alkionidespension.com • Du port, remonter la 1re ruelle à droite de l'*Hellenic Postbank, *jusqu'à ce qu'une maison en pierre avec volets blancs vous « bloque » (la vilaine !) ; la pension est dans l'impasse juste à gauche. Tte l'année sf Noël. Doubles env 60-80 € ; studios 70-100 €. CB refusées.* Belles chambres sobres et propres avec salle de bains, AC et frigo ; certaines sont assez petites, mais toutes très bien entretenues. Également un studio avec cuisine, plus cher, et des triples. Délicieuse courette fleurie. Accueil plutôt impersonnel.

Pension Érofili : ☎ *22-98-05-40-49. 69-77-68-84-87. • pensionerofili.gr • Du port, remonter la rue à gauche de l'*Alpha Bank *; à la fourche, prendre à droite, puis à gauche à l'hôtel* Amarillis, *continuer tt droit jusqu'à la placette avec le buste ; c'est dans la ruelle juste en face. Tte l'année. Double 50 € et studios 80-90 € ; petit déj en plus. CB refusées. Remise de 15 % sur présentation de ce guide sf w-e et à Pâques (pour les résas faites en direct avec la pension).* Une douzaine de chambres, plutôt grandes, avec AC, frigo, TV et salle de bains, ainsi qu'un studio. Agréable et très propre, mais très mal insonorisé ! Petit patio fleuri et ombragé par des vignes, propice au farniente dans une ambiance calme et détendue. Quelques chambres triples. Accueil commercial d'Irini.

Pension Achilléas : ☎ *22-98-05-20-50.* ● *achilleaspension.gr* ● *Du port, remonter la ruelle à gauche de l'*Alpha Bank *; prendre à droite à la fourche et encore à droite à l'hôtel* Amarillis, *puis continuer jusqu'à la place ombragée du resto* I Xéri Ilia *et prendre la rue à droite ; c'est un peu plus loin. Mars-oct. Double env 75 € en été, petit déj compris ; appart 110 € (sans petit déj).* Une dizaine de chambres sobres, de bonne taille, confortables (TV, AC, frigo) et bien tenues. De la terrasse tout en haut, vue sur le port. Là encore, agréable cour intérieure où paresser. Très bon accueil d'Achilléas (qu'on trouve le plus souvent sur le port, à préparer des *souvlakia* dans sa gargote, au bout du quai sur la route de Kaminia) et de Konstantinada, sa femme. Également un appartement pour 4 personnes, avec grande terrasse, grande salle de bains et cuisine.

Pension Anna : ☎ *22-98-05-30-66 ; en hiver :* ☎ *21-04-29-64-29.* ● *pension annahydra.gr* ● *Du port, remonter la 1re ruelle à droite de l'*Hellenic Postbank *jusqu'à une maison en pierre avec volets blancs ; prendre la ruelle sur la droite et la remonter jusqu'à la placette ombragée, continuer tt droit, c'est la 2e maison sur le côté gauche, sonnez chez* M'dame Kavaliérou. *15 mars-30 sept. Prévoir 40-45 € pour 2. CB refusées.* 5 grandes chambres à l'étage de la maison d'Anna, très jolies et bien tenues. Chacune possède sa salle de douche agréable et une terrasse ombragée avec vue est ouverte à tous les hôtes. Bon accueil, mais en grec seulement. En outre, Anna confectionne de très bons gâteaux qu'elle offre à l'arrivée et au départ. Pas de petit déj.

Chic

Hotel Mistral : ☎ *22-98-05-25-09.* ● *hotelmistral.gr* ● *Au calme, à 500 m en retrait du port par la rue qui part de l'*Alpha Bank *; à la fourche prendre à droite, puis à gauche à l'hôtel* Amarillis, *ensuite tt droit passer la placette avec le buste, puis à droite, à gauche devant* I Xeri Ilia *et, enfin, à nouveau à gauche et à droite ! Mars-oct. En été, compter 120 € pour 2, petit déj inclus ; 150 € pour les supérieures et 200 € pour la familiale.* Près de 20 chambres bien arrangées et très propres. Les chambres standard sont petites et parfois sans vue, mais certaines peuvent avoir 2 fenêtres. Également un studio familial sous les toits, mansardé (manquent juste quelques centimètres de hauteur par endroits...), design et tout de blanc vêtu. Petit déjeuner dans la cour verdoyante... aussi copieux que délicieux, et qui change un peu chaque jour pour ne pas lasser ceux qui prolongent le séjour. Accueil et service très pro. Vraiment une bonne escale.

Orloff : *9, odos Rafalia.* ☎ *22-98-05-25-64 ; hors saison :* ☎ *21-05-22-61-52.* ● *orloff.gr* ● *En haut d'odos Votsi ; prendre la rue à droite de la grosse horloge jusqu'à la pharmacie après le jardin public, c'est au début de la rue à droite. Mars-oct. Doubles 134-187 € selon saison et confort, petit déj compris.* Cette splendide demeure du XVIIIe s propose une dizaine de chambres meublées à l'ancienne, tout confort évidemment. Chacune a son caractère. On aime bien celle au rez-de-jardin qui possède un accès indépendant par sa petite terrasse. Patio intérieur et jardin clos tout à fait charmant, auquel on accède par l'adorable salle de petit déj. Adresse de charme, cela va sans dire.

Léto Hotel : ☎ *22-98-05-33-85 ; l'hiver :* ☎ *21-07-25-85-46.* ● *leto hydra.gr* ● *Du port, remonter la rue à droite de l'*Emboriki Bank *jusqu'à la maison en pierre avec volets blancs, prendre la ruelle à droite jusqu'à la placette ombragée, puis tourner à droite. Fin mars-fin oct. Selon saison et standing, doubles 126-195 €, petit déj compris. Sur présentation de ce guide, surclassement dans la catégorie supérieure ou remise de 7 %.* Boutique-hôtel caché dans une ruelle, le seul 4-étoiles de l'île. Un bel intérieur d'une élégante sobriété avec ses murs blancs et ses parquets lustrés.

HYDRA

Chambres très confortables, récemment rénovées, certaines avec balcon. L'une d'elles est équipée pour accueillir les personnes en fauteuil. Petit patio et beau salon cossu. Sauna, hydromassage. Cours de cuisine également. Accueil pro.

Où dormir dans les environs ?

Quittez le port en le longeant sur la gauche (en regardant la mer) et allez jusqu'au village de ***Kaminia*** (15 mn à pied), où vous trouverez pensions et chambres à louer. Calme et peu de touristes. Ça change. Du port d'Hydra, on peut aussi s'y rendre en bateau (5 mn). Si l'on continue le chemin, on arrive à ***Vlychos*** où, là encore, on peut trouver à louer.

Où manger ?

Bon marché

– ***Marché aux fruits :*** *du débarcadère, longer le port sur la droite, prendre la 2e ruelle à droite de l'*Hellenic Postbank. *Ts les mat.* Pêches, raisins et brugnons (entre autres, car il s'agit du marché général d'Hydra, et selon saison), mais aussi des légumes. Dans l'ancienne halle, on trouve surtout des plantes. Et une minuscule taverne très bon marché.

Iöl ***Café Hydra :*** *face à la poste. ☎ 22-98-30-08-38. Midi et soir. Plats 4-8 €.* Probablement le meilleur rapport qualité-prix d'Hydra. Une cuisine très simple comme à la maison, mais bonne et copieuse.

Iöl ***Boulangerie O Fournos :*** *sur le port, à côté du bar* The Pirate, *en haut des quelques marches à droite. Tyropitès, spanakopitès* (feuilleté aux épinards) et autres *bougatsès* (gâteaux à la crème) à des prix compétitifs.

Prix moyens

Mieux vaut s'éloigner du port, les prix sont moins élevés et c'est plus authentique. Éviter les menus tout compris où, tout compte fait, on paie cher pour pas grand-chose alors que l'on peut tout à fait se contenter d'un seul plat, souvent copieux.

Iöl ***Léonidas' Taverna :*** *à Kala Pigadia, sur les hauteurs. ☎ 22-98-05-30-97. Slt le soir. Repas env 12-15 €.* Bon, bien sûr, il y a des contraintes : il faut appeler la veille, au pire le matin, pour vous mettre d'accord, en anglais, sur ce que vous souhaitez manger, puis il faudra demander 10 fois le chemin avant d'y arriver... Mais après ! On trouve ici à la fois l'hospitalité et la cuisine grecques comme on les imagine. Sophia et Léonidas sont extraordinairement gentils : vous n'avez pas l'impression de manger au resto, mais plutôt en famille. Léonidas connaît 120 façons de cuisiner le poulet. Nombreux *mezze* et parts copieuses. Une adresse rare.

Iöl ***Taverne Gitoniko*** *(chez Christina)* ***:*** *presque en face de la pension* Achilleus. *☎ 22-98-05-36-15. Du port, remonter la ruelle à gauche de l'*Alpha Bank, *prendre à droite à la fourche, puis encore à droite à l'hôtel* Amarillis *et continuer jusqu'au resto* I Xéri Ilia *; prendre la rue à droite de la place, resto sur la gauche. Mars-nov, midi et soir. Repas 10-15 € ; plus cher si vous optez pour du poisson.* Bonne cuisine familiale et parts copieuses. Les tables sont surtout installées sur les terrasses, ombragées sur le toit, l'été ; l'hiver, dans la salle au rez-de-chaussée. Pas de mauvaise surprise : vous choisissez votre plat avant de vous installer ou sur la carte qui offre les classiques grecs à des prix vraiment démocratiques pour l'île. Christina propose aussi des desserts de sa composition, comme le halva aux raisins et pignons de pin. Une très bonne petite adresse et un accueil chaleureux de Christina, qui parle un peu le français.

Iöl ***I Xéri Ilia*** *(L'Olive sèche)* ***:*** *prendre la rue à gauche de l'*Alpha Bank *qui fait l'angle sur le port et c'est (presque) tt* *droit.* ☎ *22-98-05-28-86. Mars-oct, tlj ; le reste de l'année, slt le w-e. Repas env 15-20 €.* La cuisine de cet établissement mondialement connu (oui, c'est ce qu'il annonce modestement en anglais) n'a absolument rien de renversant, mais la place, isolée et très ombragée, est extrêmement agréable. Bien plus sympa que de manger sur le port. Choix assez large de plats classiques.

Plus chic

|●| ***Véranda :*** *odos Antoniou Lignou.* ☎ *22-98-05-22-59. Prendre la rue à droite de l'horloge, puis 1re à droite (escalier), suivre* « Hôtel Hydra », *puis c'est indiqué sur la droite. Mars-oct, le soir slt. Compter 20-30 €.* Après avoir monté les 32 marches du long et haut escalier, vous aurez l'agréable surprise de vous retrouver sur la belle terrasse de ce restaurant, avec sa superbe vue plongeante sur les toits de la ville et le port. Et de goûter à une bonne cuisine grecque légèrement revisitée, et italienne. Les plats sont copieux, on peut donc se contenter d'un seul plat pour les budgets serrés, tout en profitant du cadre.

Où sortir ? Où boire un verre ?

🍸 ***The Pirate :*** *sur les quais, après l'horloge.* Une orgie de cocktails explosifs (tequila, liqueur de café et soda). Nombreux cocktails de fruits également. De plus, c'est d'ici qu'on a le meilleur point de vue sur le reste du port. Plus tard dans la nuit, en continuant sur le quai après *The Pirate,* à environ 50 m, on peut aussi boire un verre au ***Papagalos Café Bar*** qui sert d'excellents cocktails.

Où manger ? Où boire un verre dans les environs ?

|●| 🍸 ***Kodylenia's Taverna :*** *à Kaminia.* ☎ *22-98-05-35-20. Pâques-oct, midi et soir. Compter 20-25 €.* Taverne au cadre plutôt romantique avec vue sur la mer et le port de Kaminia, adorable. Sympa pour boire un verre en fin d'après-midi ou en soirée, assis aux petites tables rondes qui bordent le chemin (lesdites tables étant en plein cagnard, on évitera les heures où le soleil darde ses rayons). Possibilité éventuellement d'enchaîner sur un repas puisque l'endroit est avant tout un bon resto. Mais il est préférable de passer réserver avant, car l'endroit est prisé.

🍸 ***Castello :*** *en allant de Kaminia à Vlychos.* Cette ancienne forteresse totalement restaurée abrite un restaurant chic, une plage aménagée et un *beach-bar* avec un superbe point de vue. Sympa pour boire un verre au coucher du soleil, dans un cadre magnifique. En revanche, le resto est un peu cher et la plage, elle, petite et surpeuplée !

À voir

Le musée d'Hydra : *sur la partie gauche du port, du côté de l'embarcadère des ferries.* ☎ *22-98-05-23-55. Tlj 9h-16h ; l'été, également 19h30-21h30. Entrée : 5 €.* Ce musée fait revivre le glorieux passé militaire d'Hydra au moment de la révolution d'indépendance. Peintures et maquettes de bateaux, cartes maritimes, armes et uniformes... Peu vivant.

Les plages

Les plages près d'Hydra sont le plus souvent des plages de galets ou des endroits peu pratiques pour les enfants en bas âge.

À droite, ***Mandraki Beach*** est loin mais agréable. Resto sur place. On peut nager à côté de ***Lagoudéra*** (rochers, mais eau bien claire).

Possibilité aussi d'aller à ***Kaminia*** à partir d'Hydra, en caïque ou à pied. Longer le port sur la gauche (donc à l'opposé de l'embarcadère). Une fois sorti d'Hydra, une première petite crique extra en contrebas, à peu près à la hauteur du bar le *Sunset,* mais mieux vaut continuer jusqu'à Kaminia (15 mn à pied). Petite crique juste avant d'arriver au port de Kaminia, assez calme, mais pas de plage. Plus loin, ***Vlychos*** offre une plage (et une ou deux tavernes) également desservie par caïque. Pour les plages plus éloignées, reste le bateau-taxi si l'on est en fonds.

Randonnées pédestres

➢ ***Le monastère du Profitis Elias*** (*Μονη Προφητη Ηλια*) **:** *théoriquement ouv du lever au coucher du soleil, mais fermé 12h-16h.* La route que nous indiquons n'est peut-être pas la plus courte, mais elle est la plus simple à suivre. Du port, remontez la rue à gauche de la grosse horloge jusqu'en haut du village ; suivez toujours cette large route cimentée : vous êtes sur la grande route empruntée par les ânes (sans vouloir vous manquer de respect !) et qui va grimper jusqu'au monastère ; une fois hors du village, la route se sépare : prenez à gauche et poursuivez l'ascension. Au retour, les Indiana Jones du pavé pourront prendre la route qui, à cette même bifurcation, part tout droit. Ils découvriront une route qui se faufile entre les arbres et débouche sur une église dominant la ville. De là, aventurez-vous dans ce labyrinthe de ruelles et d'escaliers qui vous ramènera au port. Partez très tôt le matin à cause de la chaleur et pensez à emporter suffisamment d'eau. Compter 1h30 de montée par un chemin bitumé ombragé, sur une bonne partie, en fin d'après-midi. Comme d'habitude, que les filles prévoient une robe, pas trop décolletée, et que les garçons mettent un pantalon et non un short... Ce monastère, situé dans une pinède, fut fondé au début du XIXe s ; la vue y est fort belle.

➢ ***Une excursion dans la partie occidentale*** de l'île vous amènera, en sortant d'Hydra par le faubourg de Kaminia, dans les parages du hameau d'*Épiskopi.* Attention, l'aller-retour prend au moins 4h, ce n'est pas un circuit en boucle, donc demi-tour obligé (chic alors !), il y a très peu d'ombre, souvent pas un poil de vent au centre de l'île (partie la plus longue et qui grimpe le plus)... Bref, partez tôt, avec eau, collation, chapeau et crème solaire. La première étape, après 15 mn, est le pittoresque et charmant port de *Kaminia* (pour y arriver, toujours longer la côte). Un autre quart d'heure de marche et vous atteindrez *Vlychos* et son étrange pont de pierre en dos d'âne, très étroit, sous lequel rien ne coule. De Vlychos, vous traverserez un hameau (à 10 mn) puis, 20 mn après, l'anse de *Palamidas,* où sont réparés les bateaux. À cet endroit, le chemin ne vous laisse pas le choix : comme lui, passez le pont et pénétrez dans les terres. Compter ensuite une bonne grosse demi-heure de montée vers l'intérieur de l'île pour atteindre enfin le hameau d'*Épiskopi.* Ce dernier ne présente en soi rien d'extraordinaire, mais la rando permet d'avoir un aperçu varié de l'île et de ses différents paysages. On vous déconseille, en revanche, de continuer jusque de l'autre côté de l'île : vue décevante, et le chemin de grosses pierres devient mortel pour les chevilles. De toute façon, les randos sur l'île, faute de bonne carte, sont difficiles et vite fatigantes en raison du manque d'ombre.

SPETSÈS (ΣΠΕΤΣΕΣ) (18050) 4 000 hab.

Celle que l'on surnomme l'île aux Jasmins embaume tout particulièrement le soir, quand les femmes arrosent leur jardin.

Le port a moins de charme que celui d'Hydra, mais il est moins oppressant et reste assez authentique. On y trouve de très belles maisons d'armateurs, rien à voir avec celles d'Hydra, et les rues étonnent par leurs galets noir et blanc formant des motifs marins (poissons, algues, ancres, etc.).
Deux incendies ont ravagé cette île en 2000 et 2001 mais ne l'ont heureusement pas trop défigurée : elle reste superbe mais assez chère. Elle recèle, de plus, de merveilleuses petites criques sans jamais grand monde et bon nombre d'endroits où se jeter à l'eau, y compris à proximité de la ville même.
Il n'y a pas d'eau sur Spetsès : elle est quotidiennement apportée par bateau. Résultat, les maisons s'agglutinent autour du port. Voilà pourquoi vous serez surpris, lors de votre balade autour de l'île, de constater que tout le reste est quasiment désert.
Grande fête le premier samedi qui suit le 8 septembre, pour commémorer le combat naval qui s'est déroulé devant Spetsès le 8 septembre 1822.

Arriver – Quitter

➢ ***Du/vers Le Pirée :*** compter entre 2h et 2h30 en bateau rapide *(Flying Dolphins)* selon nombre d'escales. En tout, 4 à 6 départs/j., selon les jours. Correspondance facile de/vers Hydra. Pas de ferry sur cette ligne. Renseignements :
– *Au Pirée :* ***Hellenic Seaways,*** *☎ 21-04-19-90-00 (bureau principal du port) ; ☎ 21-04-19-02-00 ou 21-04-12-18-30 (aux guichets du port).*
– *À Spetsès :* ***Hellenic Seaways,*** *au rdc de l'*Alpha Bank, *face aux taxi-boats. ☎ 22-98-07-31-41. 9h30-21h. CB refusées.*

➢ ***De/vers Kosta*** *(petit port à côté de Porto-Héli)* ***:*** *☎ 22-98-07-22-45.* La traversée la plus courte. Attention, il y a bien un petit ferry, mais on ne passe pas sa voiture (les véhicules ne sont autorisés sur l'île que pour les résidents et les livraisons). Parking payant et surveillé à Kosta. En été, 6 rotations/j. en sem, 6h45-17h, 3 le w-e, 10h-17h. Très bon marché. Également des bateaux pour piétons (env 2 €/pers) ; départs fréquents. En *taxi-boat,* compter 20 €, soit 10 fois plus cher !

Adresses utiles

ℹ ***Police touristique :*** *à droite sur la grande place du port. ☎ 22-98-07-37-44.*

✉ ***Poste :*** *odos Stavros Niarchou, une rue parallèle à la mer, à gauche du débarcadère quand on arrive. Lun-ven 7h30-14h.*

■ ***Banques :*** *sur le port, à gauche et à droite de l'église. Distributeurs automatiques de billets un peu partout.*

■ ***Presse internationale :*** *dans la rue perpendiculaire à la mer et qui longe l'*Alpha Bank *par la gauche.*

@ ***Internet :*** *au* ***Café 1 800,*** *un peu excentré, à droite en débarquant du ferry (entre l'imposant hôtel* Poséidonion *et la plage suivante).* Plusieurs postes dans ce bar-resto installé dans une grande salle de pierre voûtée. Wifi gratuit pour les clients.

■ ***Location de scooters :*** *loueurs un peu partout. Une adresse fiable : chez* ***Kostas Delaportas,*** *en plein centre, dans odos Botassi, située dans le prolongement de la rue perpendiculaire à la mer et qui longe l'*Alpha Bank *par la gauche ; c'est le dernier sur la gauche. ☎ 22-98-07-20-88. Compter 20-25 € les 24h. CB refusées.*

■ ***Location de vélos Bike Center :*** *dans la ruelle de la poste, sur le côté droit en allant vers la poste. ☎ 22-98-07-41-43 (magasin) ou 22-98-07-22-09 (domicile).* Matériel en bon état.

■ ***Taxi-boat :*** *départ du port. Tarifs des courses affichés sur un panneau.* La course revient très cher. Que vous soyez 2 ou que le bateau soit complet (8 personnes max), c'est le même prix.

Comment se déplacer dans l'île ?

– Pas de voitures sur l'île ou très peu, donc pas de location de voitures. Il est en revanche possible de louer des vélos *(8-10 €/j.)* ou des scooters *(20-25 €/j.)*, mais on prévient les mollets peu habitués à pédaler : l'île n'est pas plate du tout et les VTT loués sont lourds à hisser en haut des côtes, surtout en plein cagnard et avec le vent dans le nez ! À scooter, le tour de l'île se fait en 2h (28 km). Ne louez donc votre pétaradant deux-roues pour la journée que si vous souhaitez multiplier les « pauses criques » au cours de votre escapade. Et vérifiez l'état du véhicule. Il existe aussi des bus qui relient le port à Ligonéri et à la plage d'Anarghiri, de l'autre côté de l'île, les arrêts se trouvent après l'hôtel *Poséidonion* pour aller vers Ligonéri, et à l'autre bout en allant vers le vieux port pour aller vers le sud de l'île et jusqu'à Anarghiri.

Où dormir ?

Pas de pension vraiment bon marché. De plus, les pancartes « *Rooms to let* » sont bien rares. En fait, les 3 *tourist offices* situés sur le port ont le quasi-monopole des chambres chez l'habitant. Ne vous faites pas d'illusions, ce sont des agences de voyages déguisées, qui empêchent les Grecs d'apposer lesdites pancartes. Évidemment, ils prennent leur commission au passage. On en trouve quand même, en allant se promener en direction du musée, sur les hauteurs. Avant le voyage, consulter ● *spetsesdirect.com* ●

De prix moyens à plus chic

Villa Moriati : *dans le centre. ☎ 22-98-07-38-21. ● villamoriati.gr ● Du débarcadère, prendre la 1re rue commerçante parallèle à la mer et qui débouche sur une placette ; remonter la rue à gauche de la pharmacie ; la villa, une grande bâtisse aux volets vert pomme, se trouve dans la ruelle ombragée face à vous. Doubles 35-55 € selon période, triples 45-65 €. Pas de petit déj. CB refusées.* Des chambres impeccablement tenues par Mimika avec, dans chacune d'entre elles, un agréable mobilier de pin, une salle de bains très bien pour le pays, l'AC et un petit frigo. 4 chambres sur les 8 disposent d'un balcon. Celle du rez-de-chaussée, pour 4, possède son petit salon indépendant. Accueil adorable.

Villa Marina : *dans le centre, près de la mer. ☎ 22-98-07-26-46. 69-45-95-57-75. ● villamarinaspetses.com ● Env 200 m à gauche en longeant la mer en débarquant du ferry, dans une ruelle presque en face de l'entrée sur la plage de Spetsès. Mars-oct. Doubles 40-75 € selon saison.* 16 chambres très propres et agréables, même s'il reste peu de place pour bouger une fois les valises posées. Matelas tout neufs, frigo, AC et salle de douches dans toutes les chambres, et certaines d'entre elles ont vue sur la mer. Au dernier étage, une suite familiale avec 2 chambres et une belle terrasse (mais plus de bruit). Cuisine à disposition des hôtes (pas de petit déj) et agréable cour pour se prélasser. Accueil vraiment très gentil et professionnel.

Villa Orizontès : *en haut de la ville. ☎ 22-98-07-25-09. 69-74-46-98-93. ● villaorizontes.gr ● Du débarcadère, prendre la 1re rue commerçante parallèle à la mer et qui débouche sur une placette ; remonter la rue à gauche de la pharmacie et la ruelle ombragée face à vous (odos Ilia Thermisiotou) ; en haut de celle-ci, monter les marches et continuer l'ascension dans la rue en prolongement ; au bout de celle-ci (face à une sorte de jardin entouré d'un mur), prendre l'impasse à droite ; la villa est une grande maison blanche aux volets bleus. Doubles 40-60 € selon saison.* Chambres simples mais propres et bien équipées : salle de bains, AC, frigo et TV. Une partie des chambres dispose d'un petit balcon avec vue sur la mer. Le patron et son fils sont souvent sur le port à l'arrivée des ferries.

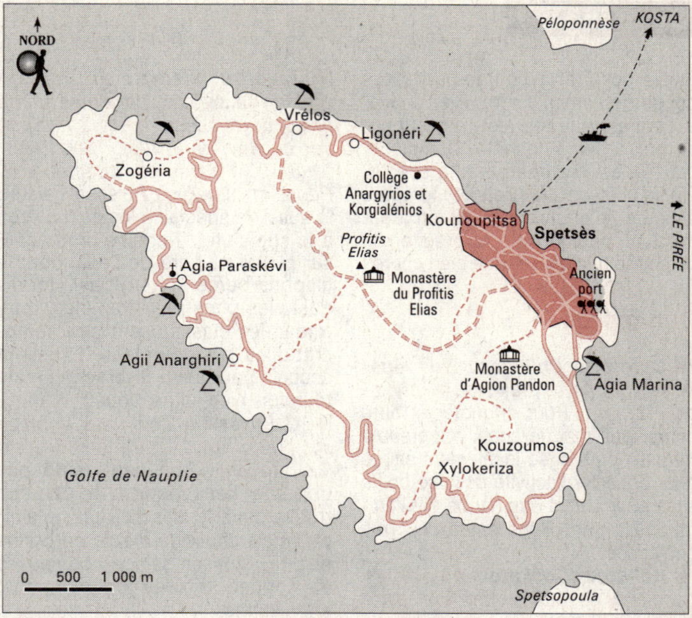

L'ÎLE DE SPETSÈS

Hotel Roumani : *sur le port, en face du débarcadère sur la droite. ☎ 22-98-07-22-44. • hotelroumani.gr • Doubles 60-75 € selon saison, petit déj inclus.* Gros bâtiment de 4 étages, jaune aux volets bleu pâle. Le hall de l'hôtel, récemment refait, évoquant le pont d'un bateau, est très agréable. Les chambres, simples et petites pour certaines, sont bien décorées, sans artifices inutiles, et équipées de tout le confort nécessaire (TV, AC, frigo...). Salles de douches, petites mais impeccables. Quelques familiales. L'atout, pour ceux qui souhaitent être au cœur de l'animation, peut devenir un inconvénient pour ceux qui préfèrent le calme absolu ! Très bon accueil.

Chic

Armata Boutique Hotel : *très central ; à droite en débarquant du bateau, passer devant la police touristique et c'est au bout de la petite rue sur la droite, fléché. ☎ 22-98-07-26-83. • armatahotel.gr • Pâques-oct. Doubles à partir de 90-100 € selon sem ou w-e, petit déj compris.* Bel hôtel à taille humaine, lové dans son petit coin et autour de sa belle piscine. Chambres petites mais élégamment décorées. Salles de bains elles aussi de taille réduite mais jolies (même le rideau de douche est coquet !). La plupart des chambres disposent d'un balcon (et aussi d'un frigo et de l'AC, évidemment). Ensemble bien conçu et bien entretenu.

Spetsès Hotel : *à env 1 km sur la droite en débarquant du bateau (navettes à disposition). ☎ 22-98-07-26-02. • spetses-hotel.gr • Pâques-fin sept. Doubles 88-205 € selon saison et vue (mer de face ou de côté !), petit déj compris.* Offre des chambres de grand confort et une plage privée. Pour ceux qui disposent d'un budget confortable et souhaitent se rapprocher de la plage.

Où manger ?

Sur le port, rares sont les adresses qui se détachent du lot. Rien à dire, si ce n'est que tout est moyen pour un prix à peine honnête. Dommage, car l'île est réputée pour sa spécialité, le *poisson à la spetsiote,* préparé avec de l'oignon et de l'ail (un atout fraîcheur pour jouer le joli cœur en fin de soirée !), mais vendue bien chère !

Bon marché

Cafétéria Phillinos : *très légèrement en retrait de la place principale du port.* Pour grignoter à toute heure, pas mal de choix et agréable terrasse ombragée idéalement située pour observer l'activité des *taxi-boats* sans pour autant être happé par l'agitation du port. Bons petits déj. Très bon accueil.

Kokatou (Cockatoo) : *à côté du bar* Socratès *; entrée par la placette à gauche du port, devant l'*Alpha Bank. Spécialité de *gyros* à manger sur la miniterrasse sur la placette ou dans la petite salle intérieure. Probablement une des adresses les moins chères de l'île. Joli point de vue de la terrasse.

Prix moyens

Resto Prima : *en allant vers Kounoupitsa, entre l'hôtel* Poséidonion *et le* Spetsès Hotel. *Le 1er sur la droite, installé sur la plage de galets. Compter 20 €. CB refusées.* Tables au bord de l'eau, cadre charmant, sur la petite plage de galets. Spécialités grecques, simples, mais d'un bon rapport qualité-prix. Service gentil.

Taverne Patralis : *à* ***Kounoupitsa,*** *à 1 km du port, en direction de Ligonéri (à droite du port donc, quand on regarde la ville de face). ☎ 22-98-07-21-34. Fermé nov-déc. Repas 20-25 €.* Resto de poisson réputé, dont la salle-terrasse est ouverte sur la mer, avec vue sur le Péloponnèse. Très large choix de plats de la mer avec, entre autres, le poisson à la spetsiote. Service performant.

Taverne Exedra : *sur l'ancien port, de l'autre côté de la baie quand on est devant* Orloff, *c'est la 1re d'une série de tavernes. ☎ 22-98-07-34-97. Mars-oct, midi et soir. Repas env 20-25 €.* Poisson frais et, là aussi, la spécialité locale (poisson à la spetsiote). Terrasse ombragée, sur pilotis au bord de l'eau, dont le clapotis berce votre repas. Hormis quelques plats pour touristes, on y trouve les classiques à prix démocratiques pour Spetsès. Excellent accueil, pour cette taverne qui reste toutefois bien authentique.

O Gyros tis Zois : *sur la place sous l'horloge. Compter 15-20 €. CB refusées.* Bon petit resto pas trop cher par rapport à ce que l'on trouve dans le village. Cuisine simple, mais choix de *mezze* de bonne qualité, grosses salades copieuses et bonnes fritures de poissons, entre autres.

NTA (Nero tis Agapis) Restaurant : *à* ***Kounoupitsa,*** *à 1 km du port, en direction de Ligonéri (à droite du port donc, quand on tourne le dos à la mer), juste avt* Taverne Patralis. *☎ 22-98-07-40-09. 📱 69-45-10-38-64. Mai-oct, tlj midi et soir ; nov-avr, slt le w-e (fermé en déc). Compter 30 € pour un repas complet.* Restaurant décoré dans les tons très actuels, avec sa grande salle-terrasse ouverte sur la mer. Cuisine grecque revisitée, excellente. Délicieux carpaccios de poissons, tarama extra, légumes grillés parfaits... entre autres. Très bon accueil.

Orloff : *1er resto en arrivant sur l'ancien port, dans un genre de fortin blanchi à la chaux, avec une terrasse surplombant la route. ☎ 22-98-07-52-55. Juin-sept, slt le soir ; avr-mai, le w-e midi et soir. Compter min 30 € le repas.* Menu en grande partie en grec. Spécialité de poisson grillé (goûter aussi le poulpe) et plats d'influence crétoise (la mère du proprio est d'origine crétoise). L'endroit est très agréable, mais c'est un peu l'usine, la qualité et l'accueil s'en ressentent !

Où manger des pâtisseries ou des yaourts ?

Pâtisserie Polithis : *sur le port. Jusqu'à 1h du mat.* La meilleure pâtisserie de l'île, qui propose, entre autres nombreuses spécialités, la pâte d'amande de l'île, délicieuse.

Ioyo : *sur la partie gauche du port, dos à la mer, en allant vers la plage de Spetsès et l'ancien port. Compter 2,90-9 € selon taille et ingrédients choisis.* Comme on mange une glace après le dîner, ici, ce sont des yaourts glacés que l'on choisit naturels ou parfumés, et auxquels on peut ajouter ce qui nous chante. Délicieux, mais le petit modèle suffit !

Où boire un verre ?

Dapia Porto Cafe : *sur le port, au bout du quai où arrivent les bateaux, c'est le 1er café.* Se donne un genre « chicos » avec sa boutique *Ralph Lauren,* mais l'expresso est au même prix que ses voisins. C'est un peu l'endroit chic où il faut être vu pour boire un verre sur le port ! Il est aussi idéalement placé pour attendre le bateau ou pour les bateaux-taxis.

Socratès Bar : *dans une ruelle parallèle au port.* Happy hours après *20h.* L'*Union Jack* y flotte et les sujets de Sa Majesté viennent y siroter des cocktails à prix très raisonnables en regardant du sport à la télé, et terminent tôt le matin, bien imbibés.

À voir. À faire

Le musée Bouboulina : *odos Kiriakou, en plein centre de Spetsès-ville, derrière le port, dans un manoir vieux de 3 siècles.* ☎ 22-98-07-24-16. • bouboulinamuseum-spetses.gr • *25 mars-fin oct. Visite guidée en anglais (de 30 mn env) ttes les 45 mn en juil-août, 9h45-20h15 – horaires des visites affichés à l'extérieur. Entrée : 6 € ; réduc.* Musée à la gloire de l'héroïne locale, Laskarina Bouboulina (1771-1825). Fille d'un capitaine qui prit part à la révolution d'Orloff, née en prison à Constantinople, deux fois veuve de marin, à la tête d'une belle petite fortune personnelle (due à son second mari), elle se lança dans la guerre contre les Turcs, au commandement de son navire, l'*Agamemnon.* Victime de la vendetta, elle ne connut pas la Grèce devenue indépendante. Quelques très beaux meubles florentins et un superbe plafond en boiseries sculptées dans le salon. De fin juillet à fin août, Festival de musique classique et contemporaine dans l'enceinte du musée, tous les soirs à 21h.

CHAPEAU !

Septembre 1822 : en pleine guerre d'indépendance, les Turcs menacent d'envahir l'île. Les hommes sont partis combattre sur des bateaux, loin de leur base. Une femme (inspirée par la Sainte Vierge, nous dit-on) a alors l'idée de rassembler tous les fez rouges qui coiffaient traditionnellement les hommes grecs à l'époque et de les disposer en haut des rochers, face aux bateaux ennemis. Les Turcs crurent que les défenseurs étaient revenus sur l'île et passèrent leur chemin...

On vous conseille de vous rendre à l'***ancien port*** *(palio limani),* situé à droite de Spetsès quand on regarde la mer. Compter 15-20 mn de marche minimum. Le quartier est encore actif et beaucoup plus populaire que le centre de Spetsès-ville. Pas mal de restos ou de bars sympas (ouverts le soir) mais pas donnés, un petit chantier de construction navale très artisanal, une baie pittoresque... Un joli coin plein d'âme qui donne très envie de s'y attarder. Du vieux port, un chemin mène vers le phare et un autre vers l'église de la *Panagia tis Armatas,* liée à un épisode de l'histoire de l'île.

➢ ***Balade :*** il suffit de marcher une demi-heure en allant sur la droite quand on arrive au port pour être tranquille. Dépasser les énormes bâtiments du collège Anargyrios-Korgialénios. On peut suivre alors la route côtière qui permet de faire le tour de l'île, avec de sublimes points de vue, et de se retrouver seul au milieu de beaux paysages souvent inhabités.

Spetsès-ville : plage familiale à gauche du débarcadère. En poursuivant un peu vers le vieux port, vous en découvrirez une autre, plus petite, mais moins fréquentée, donc plus calme.

Agia Marina *(Αγια Μαρινα)* **:** *en dehors de Spetsès-ville, après le vieux port.* Jolie plage un peu plus sauvage et nature que ses copines du centre-ville. Malheureusement, jonchée de transat et parasols avec musique de fond, ou à fond, selon les jours !

Zogéria *(Ζωγερια)* **:** *à 8 km au nord-ouest de Spetsès-ville. Accès par route, puis par une piste.* Taverne sur place fréquentée naguère par Mélina Mercouri et son Jules (Dassin). Sur le chemin, d'autres plages, desservies par le bus qui part devant l'hôtel *Poséidonion* (environ 15 bus/j. en été, 9h-minuit), dont celle juste après le collège, bondée en été. En revanche, un peu plus loin, ***Ligonéri*** est une adorable petite crique (indiquée sur la droite par un chemin carrossable qui descend sur environ 50 m), fréquentée uniquement par les gens du coin, idéale pour nager, à 3 km du port et au calme ! À éviter également plus loin, ***Vrélos,*** sauf pour les accros de musique techno à fond !

Agii Anarghiri *(Αγιοι Αναργυροι)* **:** *sur la côte ouest, à 13 km de Spetsès-ville.* Située de l'autre côté de l'île, sur une face beaucoup plus sauvage, cette belle plage de galets s'étend longuement. Les transats et parasols ont largement envahi le lieu. Essayez donc de vous réfugier dans les criques aux alentours ou sur les rochers. Desservie par 3 bus/j. en été (départs de la plage de Spetsès 10h45-13h, dernier retour vers 17h30 ; billet environ 3 €). Le bus pousse jusqu'à ***Agia Paraskévi.*** En *taxi-boat,* c'est hors de prix, mais il existe des bateaux collectifs qui partent du port à la mi-journée et reviennent au bercail 3h30 plus tard ; compter 10 € par personne. Plus avantageux de louer un scooter à deux !
– ***La grotte marine :*** *à droite de la plage.* Il faut prendre un petit escalier, puis se faufiler par un petit trou (cependant, une personne un peu charpentée ou claustrophobe risque d'avoir du mal à s'y glisser). Possibilité de revenir à la nage. Pendant la guerre contre les Turcs, femmes et enfants spetsiotes venaient se réfugier ici pour échapper aux pillages.

LA ROUTE ERMIONI-NAUPLIE

À 18 km au nord-ouest d'Ermioni, on joint le village de *Didyma.* À gauche au pied des falaises, on aperçoit un gigantesque effondrement circulaire, formé par soutirage de l'eau dans les couches géologiques, appelé « Big Cave ». Un autre, plus petit, se situe à droite du chemin menant à la falaise, bien caché dans la végétation, logiquement baptisé « Small Cave ». Un ermite y est allé installer deux chapelles byzantines creusées à même le roc. Accès facile par un escalier taillé dans la pierre. Le site est très joli (entrée libre). Pour s'y rendre, repérez le petit panneau indiquant une chapelle byzantine et les deux « caves ». Petite halte sympathique et ombragée, mais attention : de grandes plaques de roche se fissurent lentement sur les parois...
Plus au nord, on peut passer par le site d'Épidaure ou bien, à *Néochori,* une quinzaine de kilomètres avant, bifurquer à gauche pour descendre sur la mer

par une sinueuse route de montagne. Paysages vraiment sauvages. Jusqu'à *Tolo,* on peut se baigner, notamment à *Iria,* une plaine un peu isolée envahie de plantations d'artichauts, ayant peu à offrir d'autre que sa longue plage et son petit port. À *Kandia,* plage avec douche et cabines.

Où dormir ? Où manger en chemin ?

Iria Beach Camping : *plage d'**Iria** (210 60). ☎ 27-52-09-42-53. • iria beach.com • Tte l'année. Selon saison, 14-19 € pour 2 avec tente et voiture ; réduc de 5 % à partir de 5 j.* Vaste camping ombragé et très bien équipé : sanitaires avec douches bébé, lave-linge et sèche-linge, cuisine commune, snack-bar (en saison), épicerie, aire de jeux et belle piscine. Pour la plage, il suffit de traverser la route. Location de tentes et de caravanes à la semaine. Patron sympa.

Camping Lefka Beach : *à **Vivari** (210 60). ☎ 27-52-09-23-34. • camping-lefka.gr • Entre Kandia et Vivari. Avr-oct. Selon saison, 17,50-22 € pour 2 avec tente et voiture.* Camping en terrasses ombragées, en bord de mer, avec une petite crique privée. Le soir, la vue sur le golfe et sur le rocher de Vivari depuis la terrasse de la taverne est vraiment splendide. Sanitaires neufs. Machines à laver, frigos à disposition, épicerie. Patron sympa et cadre idyllique. Un très bon camping.

Chambres d'hôtes Nereids *(chez Tassia Bouzala)* ***:*** *à **Vivari** (210 60). ☎ 27-52-09-23-59. • nereids-vivari.gr • Dans la rue principale, à côté de l'hôtel* Marina. *Studios tt équipés 35-45 € pour 2 selon saison, apparts 55 € pour 4 (même tarif en été).* Grande bâtisse moderne avec une belle annexe sur l'arrière. Studios et appartements absolument irréprochables, avec petite déco colorée à défaut d'avoir vue sur mer. Bon accueil, mais seulement en grec.

Camping Triton II : *à **Plaka Drépanou** (210 60), entre Vivari et Tolo (fléché à gauche). ☎ 27-52-09-22-28. • tritonii.gr • Depuis le village, suivre les panneaux sur 2 km. Mai-sept. En saison, réserver. Selon saison, 20-22 € pour 2 avec tente et voiture ; 40 € en cabane sur pilotis ; chambre à l'hôtel 50 € pour 2-3 pers.* Dans le *souvlaki* de campings embrochés sur cette plage très fréquentée, *Triton II* propose de propres et grands emplacements bien ombragés. Bien équipé : cuisine commune, machines à laver, épicerie, bar-resto agréable, aire de jeux. Également des cabanes sur pilotis face à la mer et des chambres impeccables dans un joli petit hôtel récent à 300 m de la plage. Accueil francophone sympathique et très pro.

O Kostas : *à **Kandia.** ☎ 27-52-09-44-83. Quitter la nationale en direction de Kandia, c'est sur la gauche dans le village. De juin à mi-sept, midi et soir. Compter env 15 € pour un repas.* Dans un village amoché par la fringale immobilière, une bonne taverne pour caler la sienne (de fringale). Agréable terrasse en bord de plage et ambiance familiale. On choisit ses plats en cuisine. La maman a une spécialité : la tarte au fromage *(tiropitari).* Également l'un des meilleurs poissons grillés qu'on ait goûtés dans le Péloponnèse, rapporté par le patron Kostas. Accueil et service super gentils.

TOLO *(ΤΟΛΟ ; 210 56)*

Ce joli site entouré de reliefs et bien situé au fond de la baie d'Argolide avait tout pour plaire. Seulement les structures hôtelières s'y sont démultipliées pour en faire une station balnéaire très dense et surpeuplée en été. On finit par difficilement voir la mer, masquée par les immeubles. Il faut croire que ça plaît, puisqu'on a dénombré une bonne cinquantaine d'hôtels, sans compter une pléiade de chambres à louer, le tout pour... 1 400 habitants permanents ! Très fréquenté par les groupes, notamment britanniques et russes. C'est plus calme hors saison, tout de même. Pour les campeurs non motorisés, c'est ce qu'il y a de plus proche de Nauplie (1 bus/h environ, ts les 2h le w-e ; 7h-22h).

Où dormir ? Où manger ?

Camping Lido : à l'entrée de Tolo, à gauche en arrivant de Nauplie. ☎ 27-52-05-93-96. • lido.gr • Avr-oct. Compter 21-24 € pour 2. Loc de bungalows également. Réduc de 10 % juin-août, 15 % avr-mai et sept-oct sur présentation de ce guide. Emplacements en paliers bien ombragés par des oliviers et de bons équipements, notamment cuisine commune équipée, lave-linge, sanitaires nickel, snack et minimarket, ainsi que des jeux d'enfants. Son grand atout est son accès direct à la plage par la 2e entrée. En revanche, malgré sa position en retrait de la ville, on déplore les bruits de circulation. Bon accueil.

Katerina Hotel : *5, odos Kolokotroni. ☎ 27-52-05-91-49. • tolokaterina.gr • Presque au bout de la rue principale, monter la ruelle juste après l'Épidavria Hotel, c'est 50 m plus haut à gauche. Doubles env 25-30 € selon saison, petit déj inclus. Réduc de 10 % hors juil-août sur présentation de ce guide.* Chambres avec balcon, AC et frigo au cœur du village. Déco kitsch avec mobilier rétro, canevas accrochés au mur et ambiance joyeusement bordélique tenant beaucoup à l'humour et à l'humeur du patron, Dimitris, mais, dans le fond, bonne atmosphère et prix très adaptés au niveau de confort si l'on ne demande pas la lune.

Taverne Chez Gilles : *43, odos Bouboulinas (à l'entrée de la ville à droite). ☎ 27-52-05-80-08. Avr-oct. En été, midi et soir ; hors saison, slt le soir et à midi le w-e. Plats 11-16 €.* Agréable taverne avec terrasse ombragée face à la plage. Un bon resto tenu par un Français marié à une Grecque, tous deux fort accueillants. Plats franco-grecs, donc, allant des classiques *souvlakia* et poissons au steak au roquefort, canard à l'orange et à la fondue bourguignonne. Beaux plateaux de fruits de mer également.

Sur la plage, chapelet de ***tavernes*** touristiques de qualité variable, avec terrasse les pieds dans l'eau. Pour choisir : plouf-plouf...

À voir

À voir quand même, pour vous réconcilier avec la nature, entre Tolo et le camping *Kastraki,* un bel éperon rocheux surmonté du ***site mycénien d'Assini.*** Peu fréquenté, il offre une très belle vue sur le sud du golfe d'Argolide. Sous le site, *Taverna Kastraki,* avec sa terrasse ventée, bien agréable.

NAUPLIE (ΝΑΥΠΛΙΟ)

(211 00) 14 200 hab.

À 30 km du site archéologique d'Épidaure et à 56 km de Corinthe. Nauplie (« Nafplio » en grec) fut la première ville libérée de l'occupation turque en 1822, et la première capitale de l'État grec, en 1828, avant Athènes (qui n'était alors qu'un gros bourg de 5 000 habitants !). En 1834, Athènes retrouva son statut de capitale et Nauplie redevint une petite sous-préfecture tranquille...

Dans ce port niché au fond du golfe Argolique baigne indéniablement la plus jolie cité du Péloponnèse. La vieille ville (très touristique) a bien du charme avec son air italien et son harmonieuse unité de style et de ton. Il faut partir le soir à la découverte de ses ruelles chaudement colorées par le soleil couchant : ancienne mosquée, fontaines ornées d'arabesques, portails monumentaux, balcons ouvragés... Perchées sur leurs éperons respectifs, les deux citadelles semblent rivaliser pour garantir la paix à la ville basse. Enfin, le vieux fort vénitien trône sur son îlot à l'entrée du port, avec en toile de fond le superbe golfe et l'horizon dentelé par les reliefs de Mycènes. C'est l'une des cartes

postales les plus célèbres de Grèce : à vos appareils photo ! En un mot, pour les Grecs, Nauplie est la ville de l'amour... Un avis partagé par Gérard Philipe qui aimait s'y ressourcer, appréciant particulièrement une petite chapelle sous la citadelle, toujours accessible en faisant le tour par la promenade dallée.

Arriver – Quitter

En bus

Gare routière *(plan B1)* **:** *8, odos Singrou. ☎ 27-52-02-73-23 et 74-23. • ktel-argolidas.gr • On peut y laisser son sac à dos. Un guichet également 37, odos Bouboulinas.*

➢ ***De/vers Athènes, via Corinthe (Isthmos) :*** 1 bus/h 5h30-20h ; 6h30-20h30 le w-e. Trajet : 2h15.

➢ ***Vers Patras :*** prendre le bus d'Athènes et changer au canal de Corinthe (Isthmos). D'Isthmos, 1 bus/h vers Patras.

➢ ***De/vers Argos :*** bus ttes les 30 mn, 7h-19h30, plus 21h et 22h. Trajet : env 20 mn.

➢ ***De/vers Tolo et Drépano :*** bus ttes les heures (1h30 le w-e), 7h-22h. Trajet : env 15 mn.

➢ ***De/vers Archéa Épidavros :*** 1 bus direct slt à 12h, lun-ven.

➢ ***De/vers Ligourio :*** 6 bus/j. en sem 5h30-20h (3 le sam, 1 slt le dim), desservant le site antique d'Epidaure au passage. Bus spécial les soirs de spectacle (ven-sam), à 19h30.

➢ ***De/vers Mycènes :*** 3 bus/j. 10h-14h (2 le sam, aucun le dim). Les bus vont jusqu'au site en saison. Sinon, changer à Argos et descendre à Fichtia sur la ligne d'Athènes (bus tlj, ttes les heures), puis prendre un taxi.

➢ ***De/vers Galatas (et Poros) :*** 2 bus/j. 5h30-14h30, en sem slt.

➢ ***De/vers Ermioni – Porto-Héli :*** pas de bus direct, changement à Kranidi. Vers Kranidi, 4 bus/j. (3 le sam, 1 le dim).

➢ ***Vers Tripoli :*** 2 bus/j. 8h30-16h30 (18h30 le dim). De Tripoli, nombreuses correspondances pour tout le Péloponnèse.

Adresses et info utiles

✉ ***Poste*** *(plan B1)* **:** *à l'angle des rues Singrou et Sidiras Mérarchias. Lun-ven 7h30-20h30, sam 7h30-14h.*

■ ***National Bank of Greece*** *(plan A1,* ***4****)* **:** *16, pl. Syndagma. Lun-jeu 8h-14h30 (14h ven).* Distributeur automatique.

■ ***Alpha Bank*** *(plan B1,* ***6****)* **:** *au bout de l'av. Amalias, côté pl. Syndagma, distributeur. Un autre distributeur odos Vas. Konstantinou (plan B1), vers la pl. Syndagma.*

■ ***Agence consulaire de France*** *(plan B2)* **:** *Mme Catherine Tzannetoulakou, 39, odos Argous. ☎ 27-52-02-33-25.*

■ ***Journaux étrangers*** *(plan B1,* ***2****)* **:** *au magasin* ***Odyssey,*** *sur la pl. Syndagma, près de la* National Bank of Greece.

■ ***Location de voitures :*** ***Rent a car*** *(hors plan par B1,* ***7****), 8, odos Polyzoïdou. ☎ 27-52-02-14-07. Tlj 8h-21h.* Loue voitures, motos, scooters, vélos... Négociable à partir de 3 jours. ***Rent a car Bounos*** *(plan B2,* ***8****), 12, odos Singrou. ☎ 27-52-09-64-50. Tlj 8h30-14h, 17h-19h30.* Et ***Avis*** *(plan B1,* ***9****), 51, Bouboulinas. ☎ 27-52-02-41-60. Tlj 9h-13h, 18h-21h.*

■ ***Vélib' locaux*** *(plan B1,* ***1****)* **:** *à la mairie. ☎ 27-52-02-44-44.* Quelques vélos disponibles gratuitement pour la journée en laissant une pièce d'identité en caution pour obtenir la *cyclocard* (principe du *Vélib'*).

■ ***Marché :*** *odos 25-Martiou, sam matin.*

NAUPLIE

Où dormir ?

Pas de camping à Nauplie même (se reporter à Tolo ou à Drépano).

La plupart des adresses ci-après, situées en bordure de la vieille ville piétonne, présentent des difficultés pour se garer à proximité. Penser à réserver en été, Nauplie est l'une des villes les plus visitées de Grèce.

Bon marché

Chambres Dimitris Békas *(plan B2,* ***12****) : 26, odos Efthimiopoulou. ☎ 27-52-02-45-94. Au-dessus de l'église catholique. Doubles 25-35 € selon confort ; maison familiale avec 3 chambres 60 €. Pas de petit déj, mais cafetière à dispo. CB refusées.* Sur les hauteurs, au pied des remparts d'Akronauplie, avec très belle vue sur la ville. Pas le grand luxe, mais des chambres très simples, propres, avec ventilateur, à des prix vraiment raisonnables. Salle de bains commune pour les moins chères. Pour quelques euros de plus, une chambre avec salle de bains privée et un balcon bien agréable. Grande terrasse commune sur le toit. Accueil chaleureux et touchant.

Prix moyens

Hotel Marianna *(plan B2,* ***15****) : 9, odos Potamianou. ☎ 27-52-02-42-56. • hotelmarianna.gr • Depuis le resto* Kastro Karima, *grimper odos Papanikolaou, c'est tt en haut. En voiture, se garer (gratos) à côté de l'ancien hôtel* Xénia, *puis continuer à pied. Doubles 50-70 € selon confort et saison ; quadruple 90 € ; petit déj 5 €.* Notre adresse préférée à Nauplie pour l'excellent accueil des 3 frères qui tiennent cette belle petite affaire, autant que pour le charme et le confort des chambres. Au pied de la forteresse, celles de la maison principale, très contemporaines, ont une vue époustouflante sur la ville et la baie. En contrebas, nichée autour d'une cour intérieure, une poignée d'autres, romantiques en diable, avec lit sous une voûte en pierre, douche ultramoderne, AC, minibar et TV. Bon petit déj servi sur la terrasse, où l'on se régale les yeux avec le panorama et les papilles avec les confitures et gâteaux préparés par Marianna. Un gros coup de cœur, c'est dit !

Pension Omorfi Poli *(plan B1,* ***16****) : 5, odos Sofroni. ☎ 27-52-02-15-65. • omorfipoli-pension.com • Doubles 50-65 €, familiales 3-5 pers 75-110 € ; petit déj 6 €. Parking gratuit sur le port. Sur présentation de ce guide, 5 % de réduc.* Dans une jolie maison rose de style néoclassique, bien tenue. Chambres restaurées, claires, mignonnes, colorées et spacieuses, avec salle de bains, TV, AC et frigo. Les familiales offrent, en particulier, un bon rapport qualité-prix (propose également une maison à 3 km de Nauplie). Accueil enjoué et francophone d'Ute, la patronne. Sur place, on peut se restaurer toute la journée au ***Bistrot grec.***

Byron Hotel *(plan B2,* ***14****) : 2, odos Platonos. ☎ 27-52-02-23-51. • byronhotel.gr • Entre les 2 églises ; accès par un petit escalier à gauche au début de Kapodistriou. Résa indispensable. Doubles 45-60 € selon étage (et vue, donc), familiales 4 pers 80-90 € ; petit déj inclus.* 2 maisons : l'une, grande et rose aux volets bleus, offre des chambres classiques et assez chic, certaines avec balcon et une vue d'autant plus belle sur les toits de tuiles et la baie que l'on grimpe dans les étages ; l'autre, plus petite et jaune, en contrebas, cache 4 belles chambres douillettes, plus grandes, au mobilier élégant et aux poutres apparentes mais sans vue. Très romantique.

Pension Filyra *(plan B1,* ***19****) : 29, Aggelou Terzaki. ☎ 27-52-09-60-96. 69-34-98-84-34. • pensionfilyra.gr • Doubles 40-50 € selon saison (65 € le w-e en été), familiales 60-80 € pour 4. Pas de petit déj, mais tout à dispo pour se le faire dans la chambre. Parking gratuit à l'entrée de la vieille ville.* Cosy, féminine, attentionnée, souriante sont les épithètes qui conviennent à cette adresse paisiblement nichée dans le lacis des ruelles piétonnes. Les chambres, toutes différentes et spacieuses, sont personnalisées avec goût et modernité. Elles bénéficient d'un confort quasi exacerbé pour une « simple » pension. Les signes de bienvenue se multiplient (thé et gâteaux gentiment à dispo dans chaque chambre). Quant à l'accueil, il rivalise de sourires et de gentillesse. Bonne pioche !

NAUPLIE

Adresses utiles

1 Vélib' locaux (mairie)
2 Odyssey (journaux étrangers)
4 National Bank of Greece
6 Alpha Bank
7 Rent a car
8 Rent a car Bounos
9 Avis

Où dormir ?

11 Pension Rigas
12 Chambres Dimitris Békas
13 Léto Hotel
14 Byron Hotel
15 Hotel Marianna
16 Pension Omorfi Poli
17 Hotel Nafsimédon
19 Pension Filyra

Où manger ?

30 To Palio Archontiko
31 I Palia Taverna
32 Restaurant Kastro Karima
33 O Noulis
34 Alaloum

Où manger une bonne glace ? Où boire un verre ?

41 Antica Gelateria di Roma
42 Terrasses du front de mer
43 Dodoni
44 Allotino et Circulo
45 Es Aei
46 Gokaki

Léto Hotel (plan A1, **13**) : *28, odos Zygomala. ☎ 27-52-02-95-88. • leto-hotel.com • En haut des marches de Farmakopoulou. En voiture, contourner le port par Miaouli puis monter jusqu'au parking d'une petite place en cul-de-sac Tte l'année. Doubles avec sdb 50-60 € (sans ou avec AC et balcon), familiales 70-90 € ; petit déj 5 €.* Grande demeure modernisée surplombant la ville. Calme quasiment garanti. Chambres au mobilier cheap et sans vraie déco, mais propres, avec AC, TV et frigo. Les meilleures sont au 2e étage avec balcon. Accueil en grec.

Pension Rigas (plan B1, **11**) : *8,*

odos Kapodistriou. ☎ *27-52-02-36-11.* • *pension-rigas.gr* • *Même accès que pour le* Léto Hotel. *Compter 35-55 € selon confort et saison. CB refusées.* Dans une maison ancienne du XIXe s joliment restaurée, 7 chambres petites et un peu sombres, avec mur en pierre, mobilier ancien, AC et TV satellite. Certaines ont un balcon. Agréable jardinet attenant. Il reste souvent des chambres quand les autres sont complets. Bon accueil de Léna, la propriétaire d'origine australienne.

Plus chic

Hotel Nafsimédon *(hors plan par B1,* ***17****) : 9, Sidiras Mérarchias.* ☎ *27-52-02-50-60.* • *nafsimedon.gr* • *Doubles 85-110 € selon confort et taille, petit déj inclus.* Dans une maison de style néoclassique, un petit hôtel de charme doté de tout le confort. Mobilier ancien et élégant, vieux tableaux et tapis le long des couloirs. C'est chic et sans faute de goût. Les chambres à l'étage bénéficient d'ouvertures plus larges, celles du bas pouvant paraître oppressantes (fenêtres en vasistas). Accueil pro et agréable. On peut prendre le petit déj dans la cour, face au jardin public de la place Kapodistria (un brin bruyante). Le patron possède également sur le port l'***Hotel Ippoliti,*** très chic et... plus cher encore.

Où manger ?

De nombreux restos sur l'odos Staïkopoulou qui longe la place Syndagma, où l'on mange dans la rue en terrasse, mais attention, c'est très touristique et souvent cher pour des plats moyens.

De bon marché à prix moyens

Restaurant Kastro Karima *(plan B2,* ***32****) : 32, odos Papanikolaou.* ☎ *27-52-02-60-55. Tlj. Plats 6-12 €.* Carte homérique et cuisine sans esbroufe où l'espadon finit embroché en *souvlaki* et le poulpe se camoufle dans une sauce rouge. Fait aussi les petits déj. Très bon accueil de Stélios, le complice de Lambrini (aux fourneaux). Une belle adresse, et un bon rapport qualité-prix, dixit le joli poème en français d'un lecteur que le patron a accroché au mur de la salle (le poème, pas le lecteur !).

O Noulis *(plan B2,* ***33****) : 22, odos Moutzouridou.* ☎ *27-52-02-55-41. Tlj sf dim (midi slt oct-avr). Plats 9-13 € ; mezze 4-8 €.* Le lieu ne paie guère de mine. Le service semble se noyer, mais s'en sort finalement bien. Quant aux *mezze,* ils sont du meilleur aloi. Essayer l'impressionnant *saganaki* flambé. Et pour se repaître d'un plat complet, l'agneau aux artichauts ou le veau aux champignons sont délicieux. Pour ne rien gâcher, le vin se sert au pichet pour pas cher.

To Palio Archontiko *(plan B1,* ***30****) : 7, odos Siokou, angle Ipsilladou.* *69-81-86-89-14. Tlj. Plats 7-12,50 €.* Ancienne taverne toute simple, avec terrasse dans une ruelle calme, à l'écart du flot touristique. Bon choix de *mezze* classiques et de plats copieux (lapin, agneau...), mais notre attention se porte avant tout sur le plat du jour, savoureux et pas cher *(7,50 € !).* Accueil en français et musique en soirée.

I Palia Taverna *(plan A1,* ***31****) : 6, odos Staïkopoulou.* ☎ *27-52-02-20-59. Tlj. Plats 8-14 €.* Terrasse sur rue, salle colorée, serveurs affairés à racoler le chaland : cette taverne a des airs de déjà-vu. Mais, en seconde lecture, on y dégote du lapin, du coq au vin, du porc au citron, du veau aux oignons. Faute d'un raffinement extrême, la chère y est copieuse et le service plutôt sympa.

De prix moyens à plus chic

Alaloum *(plan A1,* ***34****) : 3, odos Ipsilladou, sur la pl. Filellinon.* ☎ *27-52-02-98-83. Tlj sf mar. Fermé en juin. Résa conseillée pour la* *terrasse. Plats 9-13 €.* Un vrai coup de cœur pour ce resto traditionnel de solide réputation qui propose une cuisine grecque savoureuse et copieusement servie, avec quelques plats méditerranéens rudement bien faits, notamment l'osso bucco. Salle agréable avec mezzanine et terrasse très prisée. Certainement la meilleure table de la ville, qui plus est à prix très abordables. On s'est régalé !

Où manger une bonne glace ? Où boire un verre ?

Antica Gelateria di Roma *(plan A1,* ***41****) : 3, odos Farmakopoulou. ☎ 27-52-02-35-20. Tlj 8h-3h. Fermé en sem en nov.* L'inénarrable Marcello, prolixe Italien, propose, avec sa sœur Claudia, d'excellentes glaces à base de lait et fruits frais, des tiramisùs et une gamme de produits italiens (vin, pâtes...). Bien aussi pour boire un expresso, un vrai.

Dodoni *(plan B1,* ***43****) : pl. Syndagma. Tlj 10h-minuit, voire plus tard le w-e.* Pour le plaisir de regarder le passage des uns et des autres sur la place centrale de Nauplie, en dégustant une bonne glace. Grand choix de parfums assez originaux. Belle terrasse.

Es Aei *(plan A1,* ***45****) : 8, odos Staikopoulou. ☎ 27-52-02-28-84. De 14h jusqu'à ce que personne n'ait plus soif.* On aime beaucoup ce petit bar avec ses tables en palette de récup' et ses chaises dépareillées. Le sympathique patron, Christos, propose une bonne gamme de vins au verre ou de cocktails, à accompagner de tapas pour l'apéro. Bonne musique, pas trop abrutissante, mélange de jazz, rock et de grec-afro. Moins tape-à-l'œil que ses concurrents autour de la place principale.

Gokaki *(plan A1,* ***46****) : 8, Ethnikis Antistasis. ☎ 27-52-02-60-32. Sur une placette, derrière la pl. Syndagma. Tlj 10h-3h.* Un bar sympa à la déco hétéroclite et aux murs recouverts d'azulejos. Agréable terrasse avec canapés, tables hautes ou basses en roues de charrette et mobilier de jardin. Pour un apéro chic entre touristes.

Nombreuses ***terrasses*** *(plan A1,* ***42****)* le long de la mer, face à l'îlot fortifié de Bourtzi, avec banquettes moelleuses, et même certaines avec brumisateurs. Idéal pour le petit déj ou pour un café frappé. Pas donné, certes. Clientèle sur le retour, le soir.

Sur la rue commerçante qui traverse la ville, odos Konstantinou *(plan B1,* ***44****)*, 2 bars branchés ouvrent jusque tard le soir et font terrasse pleine : ***Allotino*** *(au n° 19, tlj 8h-3h),* avec ses hauts plafonds, déco chic et clientèle à l'avenant et ***Circulo*** *(au n° 6, tlj 9h-3h),* avec ses matériaux modernes qui se la jouent anciens temps.

À voir. À faire

Akronauplie *(plan A2) : la vieille forteresse (IIIe s), à laquelle la ville s'adosse. Accès libre, à pied ou en voiture. Pour couper au plus court si vous montez à pied, suivre la direction de l'*Hotel Marianna *(voir plus haut « Où dormir ? »).* Ruines de fortifications des époques vénitienne et turque. Une promenade dallée permet de faire le tour du promontoire, sous la falaise couverte de figuiers de Barbarie. Balade tout de même très sympa, avec un merveilleux panorama sur la ville, la baie et l'îlot Bourtzi. Ça vaut le coup de suer un peu !

Le fort Palamède *(Palamidi ; hors plan par B1-2) : ☎ 27-52-02-80-36. Tlj en principe 8h-20h (15h hors saison). Entrée : 4 € ; gratuit pour les moins de 18 ans, les étudiants de l'UE et pour ts le dim nov-mars, la dernière sem de sept et certains j. fériés.* Palamède est, selon la mythologie, l'inventeur du jeu de dés et d'une forme archaïque des échecs. La citadelle, qui culmine à 216 m, fut construite en grande partie par les Vénitiens, de 1690 à 1714, sous la conduite de deux architectes militaires, dont un Français, La Salle. La citadelle domine de façon très impressionnante la baie de Nauplie. Vue superbe sur le golfe d'Argolide. Les courageux peuvent y accéder à pied, de la place Arvanitia, par un escalier de 857 marches, ou 999 ? Vérifiez, si le cœur vous en dit ! Les chiffres diffèrent : tout dépend d'où l'on part. Accès également par la route, en voiture ou taxi (3 km environ ; départ au sud de la place Kapodistria, par l'avenue 25 Martiou).

RETOURNER SA VESTE

Présenté comme la forteresse la mieux défendue du monde, réputé imprenable, le fort Palamède tombe pourtant dans les mains des Turcs dès 1715. L'explication est simple : son architecte, La Salle, était entre-temps passé à l'ennemi et lui avait tout bonnement livré les plans ! En 1822, rebelote, mais dans le sens contraire : ce sont les Grecs qui s'en emparent.

Le Musée archéologique *(plan A1) : pl. Syndagma. ☎ 27-52-02-75-02. Horaires variables : en principe, tlj sf lun 8h-15h. Entrée : 3 € ; réduc.* Situé dans un arsenal vénitien du XVIIIe s, on y voit, entre autres, des vases à motifs floraux ou ornés de poulpes, de jolies fioles en verre soufflé, une incroyable pince à épiler du XVe s av. J.-C. et la plus ancienne cuirasse découverte en Grèce (XVe s av. J.-C.), retrouvée dans une nécropole mycénienne, à Dendron, près d'Argos.

Le musée d'Art populaire *(plan B1) : odos Sofroni. ☎ 27-52-02-83-79. Tlj sf mar 9h-14h30. Entrée : 2 €.* Intéressant pour ses costumes, tissages et outils de travail.

La mosquée Vouleftiko *(plan A1) : à l'angle de la pl. Syndagma avec odos Staïkopoulou.* Donne sur une belle cour à arcades (ancien caravansérail). C'est là qu'a siégé, en 1828, le premier parlement grec (*vouli* en grec, d'où son nom).

L'église des Francs *(dite « église catholique » ; plan B2) : accès par un escalier donnant sur odos Papanikolaou. Visite en principe tlj 11h-13h ; GRATUIT. Sinon ouv pour les messes en saison (lun-mar et mer-ven à 9h, jeu à 18h, sam à 19h et dim à 10h).* Joli porche d'entrée à arches sur colonnes. Ancienne mosquée au bel appareillage de pierre, ponctué d'un minaret tronqué sur le côté. Dans l'intérieur immaculé aux élégantes proportions, on voit encore le mihrab (niche orientée vers La Mecque) et un mémorial consacré aux 280 philhellènes morts pour la Grèce entre 1821 et 1827. Petite crypte.

L'église Agiou Spiridonos *(plan B1) :* une église comme une autre, sauf que Capodistria, le premier chef d'État de la Grèce indépendante, y fut assassiné en octobre 1831. Un mur de l'église porte encore la cicatrice de la balle.

L'église orthodoxe Panagia *(plan A1) : odos Farmakopoulou, sur la place.* Attention, mettez vos lunettes de soleil avant d'entrer, c'est un festival de dorure, des icônes au retable et jusqu'au plafond ! Superbe.

Le musée du Komboloï *(plan B1) : 25, odos Staïkopoulou. ☎ 27-52-02-16-18. • komboloi.gr • Tlj 9h30-20h30 (18h mar). Fermé mar hors saison. Entrée : 2 €.* Vous pensiez que tous les *komboloï* étaient identiques. Eh bien non ! Il existe beaucoup de types de chapelets. La preuve dans ce magasin-musée qui vend également des *komboloï* modernes. Le plus vieux date du XVIIe s. Très bon accueil de Rallou, qui crée aussi des bijoux. Pour les passionnés seulement.

Baignades

– Pas de belles plages à Nauplie même. Mais c'est super de se baigner dans la baie, dominée par la citadelle qui se trouve derrière la ville. De la gare routière, prendre la route qui longe le chemin pour la citadelle, et qui monte vers le parking puis redescend jusqu'à la plage de galets d'*Arvanitia,* bien aménagée, voire bétonnée, très fréquentée et bruyante mais bien agréable après une suée sur les marches de Palamède. Café et resto sur place.

Karathona Beach : *depuis le terminus, 1 bus/h jusqu'à 19h30.* Belle plage à 6 km par la route au sud de Nauplie. Retour possible à pied par un large sentier qui longe la mer ; compter un peu plus de 4 km.

DANS LES ENVIRONS DE NAUPLIE

Le site archéologique de Tirynthe (Τιρυνθα) **:** *à 3 km au nord de Nauplie, au bord de la route d'Argos. ☎ 27-52-02-26-57. Le bus d'Argos y passe (ttes les 30 mn) ; demander l'arrêt au chauffeur (on descend à 300 m de l'entrée). Tlj 8h-20h (15h le w-e et hors saison). Entrée : 3 € ; réduc ; gratuit pour les moins de 18 ans, les étudiants de l'UE et pour ts le dim nov-mars, la dernière sem de sept et certains j. fériés.*
Ne vous attendez pas à un site très spectaculaire. Mais cet ouvrage impressionne avec ses murs que la légende attribue aux Cyclopes (d'où le terme architectural de « murs cyclopéens »). Certains blocs de pierre pèsent parfois plus de 10 t, ajustés collés-serrés les uns aux autres ! Pas étonnant que tout soit encore en place...
C'est en fait aux Mycéniens (environ 1600-1100 av. J.-C.) que l'on doit ces édifices militaires énormes. L'archéologue en herbe qui sommeille en vous remarquera d'ailleurs aisément la similitude frappante avec le site de Mycènes : murs cyclopéens sur un promontoire rocheux, rampe d'accès, porte monumentale, palais *(mégaron)* avec sa grande cour et sa salle du trône, tombes coniques monumentales (dites *tholos*) aux alentours, poternes, citernes souterraines et galeries construites avec voûtes à encorbellement d'où jaillissaient des sources (en cas de siège) ; ça tient du prodige ! Et ici, par rapport à Mycènes, il y a bien moins de monde...

ARGOS (ΑΡΓΟΣ) (212 00) 22 200 hab.

Située entre Nauplie et Mycènes, cette ville fut fondée par Danaos, le père des Danaïdes, condamnées à remplir un tonneau percé pour avoir poignardé leurs maris et cousins. C'était une très belle cité, la plus ancienne du monde grec, paraît-il... Ça a bien changé.

Arriver – Quitter

En bus

Gare routière KTEL : *odos Kapodistriou, au centre de la ville. ☎ 27-51-06-93-23.*
➢ ***De/vers Nauplie :*** bus ttes les 30 mn 7h-19h30, plus 21h et 22h. Env ttes les heures le dim.
➢ ***De/vers Mycènes :*** sur la ligne d'Isthmos et Athènes. Bus ttes les heures 5h15-20h15. Descendre à Fichtia et prendre un taxi pour le site (env 4 km).

À voir

Le Musée archéologique : *odos Vassilissas Olgas. ☎ 27-51-06-88-19. Dans la rue piétonne au départ de la place de l'église. Tlj sf lun 8h-15h. Entrée : 2 € ; réduc ; gratuit pour les moins de 18 ans et les étudiants de l'UE.* Après l'armure de Nauplie, admirez le plus beau casque « homérique » jamais retrouvé. Quelques vases à figures géométriques intéressants, une amphore de 1 m représentant Ulysse et Ajax luttant l'un contre l'autre, ainsi que des mosaïques romaines représentant les mois et les saisons.

À la sortie de la ville, direction Tripoli, des fouilles menées par l'École française d'archéologie ont révélé des ruines de ***thermes romains*** et, juste en face, un ***théâtre*** plus grand que celui d'Épidaure. On estime qu'il pouvait accueillir jusqu'à 20 000 spectateurs, ce qui en fait l'un des plus grands de la Grèce antique *(tlj 8h-15h, GRATUIT).*

Le kastro d'Argos *(Larissa) : accès fléché depuis la route de Corinthe. GRATUIT, tlj. En 2014, le site était fermé (fouilles et restaurations).* Ancien château fort franc dominant fièrement la ville et la plaine alentour (superbe panorama depuis là-haut). Au passage, ancien couvent ***Panagia tou Vrahou*** où fonctionnait une « école secrète » pendant l'occupation turque.

MYCÈNES (ΜΥΚΗΝΕΣ) (212 00) 350 hab.

Le village de Mycènes n'a rien à offrir en lui-même à part quelques hôtels et tavernes assez touristiques (autant dormir à Nauplie et faire ici une excursion d'une journée).

Le site, en revanche, illustre une sombre page de la civilisation grecque. Ces ruines, relevant de la civilisation dite « mycénienne » (voir « Hommes, culture, environnement » en début de guide), au même titre que les sites de Tirynthe et de Pylos, datent principalement du XVIIe au XIIe s av. J.-C. ; plus de sept siècles les séparent de l'Acropole d'Athènes et des autres grands sites de l'Antiquité classique que sont Delphes, Olympie ou Épidaure.

Mycènes évoque guerres et rapines, en un mot, le sang versé. Mais elle est aussi, pour la Grèce continentale, la ville de la première ouverture au commerce méditerranéen, de la première véritable civilisation organisée, avec l'apparition de l'écriture, la maîtrise de la métallurgie, etc. C'est là que commencent bien des tragédies grecques... Atrée y fait servir à table des morceaux de ses neveux, entraînant toute sa descendance dans une malédiction ! Oreste, influencé par sa sœur Électre, tue leur mère, estimant que le sacrifice de leur sœur, Iphigénie, tuée par leur père, Agamemnon, n'était pas une raison suffisante pour que sa femme Clytemnestre (leur mère) le fasse assassiner par Égisthe, son amant (à Clytemnestre, pas à Agamemnon !). Vous suivez ? On frémit à l'évocation de tous les crimes et scandales entrelacés qui agitèrent la famille des Atrides.

Mais réduire les Mycéniens à des monstres sanglants serait oublier qu'ils furent des peintres, des orfèvres hors pair, ainsi que de remarquables architectes et constructeurs, tant dans le domaine militaire ou palatial que funéraire. Et Mycènes possède parmi les plus beaux exemples de chacun de ces arts.

En haute saison, pas d'illusions, les cohortes de visiteurs gâchent un peu le plaisir. Alors, faites l'ouverture...

L'HISTOIRE ÉDIFIANTE DE HEINRICH SCHLIEMANN (1822-1890)

Incroyable épopée que celle de Heinrich Schliemann, né en Allemagne d'un père pasteur. Ses premières amours sont Minna, sa petite voisine, et un livre illustré sur la mythologie grecque. Successivement commis dans une épicerie, matelot, employé chez un riche négociant, à Amsterdam, à Saint-Pétersbourg... il profite de ses nuits pour apprendre sept langues et de ses jours pour bâtir une belle fortune. Il revient au pays mais évidemment, entre-temps, sa belle Minna a déjà convolé... Qu'à cela ne tienne, on le voit en Inde, en Chine, au Japon et bientôt à Paris, où il suit des cours à la Sorbonne. Il vend alors ses juteux commerces et se lance dans l'archéologie. À Athènes, il épouse une jeune Grecque, Sophia, de 30 ans sa cadette, et part vers Troie (*Hissarlik*, en Turquie) en 1871, sur les traces de *L'Iliade* : une trop belle histoire pour ne pas être vraie. Il suivra pas à pas les textes des anciens. Sept séries de fouilles étalées sur 20 ans lui permettront d'exhumer le site de Troie et le fameux « trésor de Priam ».

SOUS LES JUPES DE MADAME

Schliemann, pour récupérer des objets antiques, n'hésite pas à utiliser des méthodes peu orthodoxes. Il fait ainsi sortir du territoire les pièces exhumées, une par une, en les dissimulant sous les jupes de sa femme.

En 1874, il s'attaque à Mycènes et découvre 2 ans plus tard ce qu'il croit être les masques d'or d'Agamemnon et d'autres personnages de la tragédie des Atrides. Il se trompe, comme il s'était trompé sur les datations à Troie. La communauté scientifique de l'époque est d'ailleurs plus que réservée face à cet autodidacte volontiers mythomane, mais il passe très bien auprès du grand public. Mort à Naples, en 1890, son corps est inhumé dans un mausolée au cimetière d'Athènes.

Arriver – Quitter

En voiture

➢ À 13 km au nord d'Argos. Depuis Corinthe, prenez la route passant par Solomos et Chiliomodi plutôt que la nouvelle autoroute pour Tripoli. Depuis Argos, suivez la direction de Corinthe (c'est très mal indiqué) et tournez à droite à Fichtia (panneau très discret). Si vous vous perdez, arrangez-vous pour tomber sur le site d'***Iréo*** *(tlj 8h30-15h)*, qui ne demande en fait qu'un petit détour et qui n'est pratiquement pas visité. Il s'agit d'un grand sanctuaire consacré à Héra (Héraion d'Argos).

En bus

➢ ***De/vers Athènes, via Corinthe :*** 1 bus/h, 6h-20h30 (moins le dim). S'arrêtent à Fichtia, au carrefour des routes de Mycènes et Corinthe (tickets au café en face). De là, on peut attraper l'un des 3 bus reliant Nauplie à Mycènes.

➢ ***De/vers Nauplie, via Argos et Fichtia :*** 3 bus/j. poussent jusqu'au site archéologique lui-même en saison. Outre ces 3 liaisons, entre Fichtia et Argos, compter 1 bus ttes les heures env (moins le dim ap-m). De Fichtia, prendre un taxi.

Adresses utiles

✉ ***Poste :*** *sur le site, dans un camion. Tlj sf dim 9h-16h en saison.*

■ ***Distributeur automatique :*** *à l'**Alpha Bank**, au milieu du village.*

Où dormir ?

Campings

⛺ |●| ***Camping Atréus :*** *à l'entrée du village sur la gauche.* ☎ *27-51-07-62-21 et 27-51-07-67-35 (hors saison).* ● *atreus@otenet.gr* ● *Avr-fin oct. Compter 20-24 € pour 2 avec tente et voiture.* Toute la famille s'y met pour vous accueillir au mieux. Bloc sanitaire propre mais un poil usagé, machines à laver et belle piscine. Bonne cuisine (c'est la maman qui est aux fourneaux). Pandelis s'occupe du reste avec madame. Nos lecteurs sont bien accueillis, on ne va pas s'en plaindre. Éviter seulement les emplacements en bord de route. Une adresse chaleureuse, et donc souvent complète.

Camping Mycenae : *dans le centre du village, sur la rue principale, à droite. 69-30-33-99-71. Mai-sept. Selon saison, env 15,50-19 € pour 2 avec tente et voiture.* Petit et ombragé par des canisses plus ou moins en bon état. Sanitaires fatigués et bruits de la circulation. Tenu par un couple de personnes âgées. En dépannage seulement.

Bon marché

Hotel Klitemnistra : *dans la rue principale. ☎ 27-51-07-64-51. • gcg6944@yahoo.com.au • Tte l'année. Double 35 €, petit déj compris.* Un bon hôtel à tarifs très abordables, entièrement refait, avec des chambres simples mais impeccables et climatisées, de bon volume, au calme sur l'arrière. Petit déj et repas (pour résident seulement) à prendre dans le grand hall lumineux, à la déco moderne. Coin *lounge* avec canapés, TV grand écran et riche bibliothèque. Une salle attenante est réservée aux archéologues de passage, on pourra jeter un coup d'œil sur les photos d'études. Une belle affaire de famille, gérée avec dynamisme par George, le fils, qui a longtemps vécu en Australie.

Pandelis Rooms : *à l'entrée du village, à gauche. ☎ 27-51-07-63-60. Fax : 27-51-07-68-70. Tte l'année. Double 40 €, petit déj compris.* Bâtiment moderne au bord de la route, avec 7 chambres toute simples mais grandes et impeccables, équipées de salle de bains, frigo, AC, et balcon pour certaines. Celles donnant sur l'orangeraie à l'arrière sont plus calmes. Petit salon avec pas mal de bouquins intéressants et TV satellite. Accueil chaleureux de Pandelis, ancien ingénieur sur des tankers.

La Belle Hélène : *dans la rue principale. ☎ 27-51-07-62-25. • bellhel@otenet.gr • Tte l'année. Doubles avec AC mais sanitaires communs 25-40 €, petit déj compris. CB refusées.* Défiguré par un auvent bétonné, c'est l'hôtel où résidait Schliemann. Les peintures décaties doivent dater de son époque, mais la déco surannée conserve un certain charme au lieu. Photos jaunies, gravures, lettres de personnalités (Agatha Christie, Virginia Woolf, Sartre... et, dans un autre registre, Himmler et Goebbels !). Seulement 5 chambres à l'étage, assez monacales, avec douches vieillottes et w-c communs sur le palier. Accueil variable. Fait aussi resto pour les résidents (menu limité).

Prix moyens

Hotel Petite Planète : *à la sortie du village en direction du site. ☎ 27-51-07-62-40. • petite-planet.gr • Fermé nov-janv. Résa conseillée en été (nombreux groupes). Doubles 45-50 € selon saison, petit déj compris. Menus 15-20 € (vin compris).* Construction récente jouissant d'un panorama merveilleux sur la vallée. Pour une fois, on dira « chambres avec vue sur terre »... Elles sont confortables, avec terrasse, clim et belle salle de bains. Repas possibles pour les résidents (sur résa), concoctés par la maman et servis dans une grande salle climatisée ou en terrasse dominant aussi la vallée. Agréable piscine bordée d'oliviers et de lauriers roses. Accueil féminin très pro et en français. Un bon hôtel !

Où manger ?

Dans la rue principale et jusqu'au site, se succèdent des restos peu emballants, principalement destinés aux groupes.

Restaurant Electra : *rue principale, face à l'*Hotel Klitemnistra. *☎ 27-51-07-64-47. Mars-oct. Menus complets 6-8 €.* Grande salle ouverte qui s'est mise au goût du jour sous l'impulsion de la nouvelle génération. Cuisine grecque classique et peu onéreuse, mais sans surprise. Reçoit des groupes, comme partout. Bon accueil.

À voir

Le site : *à 2 km du village. ☎ 27-51-07-65-85. Tlj sf certains j. fériés, 8h-20h (15h oct-mars). Musée fermé lun jusqu'à 12h hors saison. Entrée : 8 € pour les 2 sites (à 300 m l'un de l'autre, garder le ticket) et le musée ; réduc ; gratuit pour les moins de 18 ans et les étudiants de l'UE.* Le bus de/vers Nauplie s'arrête au site (horaires plus haut dans « Arriver – Quitter »). Prévoir 2h de visite et un bon chapeau : en l'absence totale d'ombre, le soleil est traître.

Le trésor d'Atrée : *1er site à gauche de la route.* Très spectaculaire, c'est un chef-d'œuvre d'architecture. Il s'agit en fait d'un tombeau royal datant de l'apogée de la civilisation, vers 1300 av. J.-C. On y accède par une allée et une porte monumentale dont le linteau inférieur pèse environ... 120 t, ce qui explique le triangle vide au-dessus (à l'origine caché par une dalle d'une roche plus légère et sculptée) pour soulager le linteau. La salle intérieure, bâtie en forme de ruche de 14,50 m de diamètre sur 13,20 m de hauteur, stupéfie par ses proportions et l'audace de sa construction. Les pierres de la voûte sont admirablement assemblées en 33 rangées superposées, formant des cercles concentriques qui convergent jusqu'à la clef de voûte. Jolie résonance acoustique. Certainement la construction la plus intéressante du site, et peut-être de toute la Grèce préclassique. Sur la droite, une petite pièce sombre, dont l'entrée possède également le triangle de décharge, qui pouvait être une salle funéraire ou renfermer le trésor. Malheureusement, vous ne pourrez pas y pénétrer pour le chercher !

La porte des Lionnes : *située dans le 2e site. Robinet d'eau après le contrôle des billets.* Cette porte commandait l'entrée de la ville (on peut encore voir les traces du pivot et du système de fermeture de la porte, creusés dans le linteau). Elle est surmontée du même triangle de décharge que l'édifice précédent, celui-ci ayant conservé sa sculpture, l'une des plus connues au monde. On se demande d'ailleurs, vu toutes les guerres qui ont ravagé le site, comment ces lionnes ont réussi à s'arracher aux griffes du temps. En fait, elles n'avaient pas de valeur intrinsèque : mais leurs têtes, qui étaient en bronze, ont, elles, bien disparu ! Cette porte est ceinte de remparts dont les blocs de pierre sont absolument énormes. Certains guides ont l'habitude de les comparer aux murs incas. Rappelons que Mycènes fut construit durant le IIe millénaire av. J.-C., alors que l'Empire inca date du XVe s de notre ère...

Le cercle royal et ses tombes : *une vingtaine de mètres après la porte des Lionnes, sur la droite.* Les six fosses tombales sont entourées d'un double dallage vertical qui constituait une galerie couverte. Ces tombes royales sont antérieures à celles du trésor d'Atrée et datent du tout début de la civilisation mycénienne (XVIIe s av. J.-C.). Le trésor funéraire, découvert dans ces sépultures et que Schliemann s'était empressé d'attribuer, en partie, à Agamemnon, est remarquablement riche. Il est exposé au Musée archéologique d'Athènes (masques funéraires en or, épées ouvragées, poignards de bronze incrustés d'or et d'argent, etc.). Derrière le cercle se trouvaient les maisons d'un quartier d'habitation.

Le palais : *en haut de la colline en grimpant la rampe pavée, dite « voie royale ».* Construit entre 1500 et 1400 av. J.-C. Bien que très endommagé et peu spectaculaire, on peut distinguer d'abord la grande cour pavée. Suit une petite cour carrée, puis le vestibule du bâtiment principal, le *mégaron,* où était dressé le trône, face au foyer circulaire, au centre, toujours visible. Il était entouré de pièces de réception et d'ateliers. L'ensemble fut détruit en 1180 av. J.-C. par un tremblement de terre. De cette vaste plate-forme, très beau panorama sur la vallée escarpée et le premier mur d'enceinte en contrebas.

La citerne : *en continuant vers l'est, à l'extrémité de la citadelle.* Insérée dans le rempart, l'entrée d'un escalier souterrain qui menait à une citerne secrète alimentée par une source à 12 m de profondeur, et qui servait en cas de siège. La voûte en encorbellement est remarquable. Près de là, également percée dans la muraille, se trouve une poterne. Par l'œil du cyclope, c'est très sombre : prévoyez une lampe de poche !

Le tombeau de Clytemnestre : *en contrebas de la porte des Lionnes, dans la ville basse, sur la droite après le guichet.* À ne pas manquer. Fort bel appareillage de blocs de pierre datant de 1300 av. J.-C., en forme de ruche (ou *tholos* comme le trésor d'Atrée), forme réservée aux sépultures royales. À 50 m, le ***tombeau d'Égisthe,*** dont la coupole s'est effondrée. Appareillage de pierres sèches beaucoup plus rudimentaire. Entrée surmontée de trois énormes linteaux.

Le Musée archéologique : *situé en contrebas, à gauche après le guichet.* Organisé en trois salles, le musée propose une visite aussi instructive (pas moins de 2 500 pièces) qu'agréable, grâce à des échappées panoramiques sur la campagne alentour. L'exposition est le produit des fouilles menées à partir de la fin du XIXe s, et complète très bien la visite du site. Certaines pièces importantes sont des copies, les originaux demeurant au Musée archéologique d'Athènes.
- *1re salle :* la cité de Mycènes et les phases de sa construction. Des restes de fresques du *mégaron* semble-t-il, une maquette du palais, et des objets trouvés dans le temple attenant au *mégaron,* comme d'étonnantes statuettes-vases (XIIe-XIIIe s av. J.-C.) et de surprenants serpents en argile.
- *2e salle :* une mise en lumière du culte funéraire, grâce aux offrandes qui accompagnaient les défunts dans leur dernier voyage. On y trouve donc le *trésor d'Atrée.* Notez particulièrement la copie du masque en or d'Agamemnon (original au Musée national d'Athènes), les bijoux et épées et, plus loin, la belle série de bijoux fabriqués à base d'ambre.
- *3e salle :* un témoignage de la vie à Mycènes à travers le temps, depuis la période préhistorique jusqu'à sa période hellénique. S'y ajoutent des traces du *temple d'Arès,* construit au VIIe s av. J.-C., à 1,5 km de l'acropole.

DANS LES ENVIRONS DE MYCÈNES

Némée (Néméa) **:** *à 15 km au nord de Mycènes. ☎ 27-46-02-27-39. En remontant sur Corinthe par la vieille route, passer par-dessus l'autoroute ; Némée se trouve quelques km plus loin. Tlj 8h-15h. On paie 3 € pour le musée et pour le site. Si l'on visite le stade en plus, prendre le billet groupé à 4 €.* Site archéologique (au milieu des vignes) et musée superbes, peu fréquentés. On vient y voir le temple de Zeus et le stade. Les jeux organisés à Némée (Néméades), en alternance avec ceux de Delphes et d'Olympie, étaient renommés. Depuis 1996, on les fait revivre tous les 4 ans : 700 athlètes en tuniques blanches y ont participé, sous le regard attentif des *hellanodices,* les juges, en tuniques noires. C'est à Némée aussi que ce brave Héraclès (Hercule) a réalisé le premier de ses 12 travaux : tuer à mains nues un lion qui terrorisait la région et dont la peau était à l'épreuve des flèches.

LA ROUTE DE MYCÈNES À LÉONIDION

On retraverse Argos vite fait ; 10 km après, on aborde *Lerne.* Tiens, tiens, de vieilles réminiscences scolaires pointent la tête. Ah ! mais c'est bien sûr ! Lerne, l'hydre de Lerne ! Encore un des travaux de ce Stakhanov d'Hercule. L'hydre était un dragon à corps de serpent avec neuf têtes, qui habitait dans un marais et dont les têtes repoussaient chaque fois que quelqu'un les coupait.
Les *ruines de Lerne* (attention, accès très discret à la sortie, à gauche, du village de Myli ; ouvert tous les jours 8h30-15h, environ 2 € l'entrée) ont peu d'intérêt pour le grand public, car elles se réduisent aux fondations. Il s'agit, cependant, d'un site très important de la préhistoire grecque, qui éclaire les chercheurs sur des périodes méconnues, avec notamment un palais et des

fortifications du IIIe millénaire av. J.-C., et, au fond de la première tranchée, sans doute les fondations d'une des premières habitations du pays.

Laissons maintenant la route de Tripoli et prenons à gauche pour Léonidion. La route suit une côte rocheuse très découpée, à 100 m au-dessus du niveau de la mer. Grande beauté du paysage, en particulier entre Agios Andréas et Léonidion. Quelques criques mignonnes et isolées.

COMMENT NAÎT UN MYTHE

Les archéologues pensent que l'hydre de Lerne découle du long combat mené par les paysans pour assécher les marais et empêcher que les eaux ne détruisent leurs travaux d'endiguement. Les terres risquaient sans cesse d'être inondées, et cela expliquerait l'image des têtes qui repoussaient après avoir été coupées.

PARALIO ASTROS (*ΠΑΡΑΛΙΟ ΑΣΤΡΟΣ* ; 220 19)

Petite station balnéaire familiale, avec une agréable plage de sable. Port de pêche sympathique, terrasses de cafés alignées le long du quai et quelques hôtels et chambres à louer. Pas mal d'animation le soir. Sur le haut de la colline dominant le village, les ruines d'un château avec un beau panorama sur la baie.

Où dormir ? Où manger ? Où boire un verre ?

- ***Camping Astros :*** *sur la plage.* ☎ *27-55-51-15-00.* • *astroscamping.com* • *À gauche (quand on vient d'Argos) avt d'arriver dans le village. Mai-sept. Env 19 € pour 2 avec tente et voiture.* Familial et calme, sauf au cœur de l'été. De l'ombre en pagaille et la plage de sable à deux pas. Certes, les tentes risquent de se sentir un peu seules au milieu de toutes ces caravanes ! Machines à laver, épicerie, resto-bar et sanitaires corrects. Accueil tout simple.
- Nombreuses ***chambres chez l'habitant.*** À l'entrée, quelques petits ***hôtels*** (mais plus agréable de loger dans la ville haute ou sur le port).
- Plusieurs jolies ***terrasses de restos et cafés*** sur le port et dans la ruelle derrière, la plupart poussant la note de musique le soir (DJ, voire ambiance live).

PARALIA TIROU (*ΠΑΡΑΛΙΑ ΤΥΡΟΥ* ; 223 00)

Paralia Tirosapounakaïka de son vrai nom ! Port tranquille avec quelques hôtels et beaucoup de chambres à louer, le tout sans prétention et les pieds dans l'eau. Tourisme familial. Longue et étroite plage de galets, entourée de chaque côté par des collines. Soirées calmes, sauf pour ceux qui ne supportent pas le clapotis de l'eau.

Adresse et info utiles

- ***Distributeur automatique de billets :*** *près de l'église, avt d'arriver sur le front de mer.*
- **Fête :** *17 juil (Agia Marina).*

Où dormir ? Où manger ? Où boire un verre dans les parages ?

- ***Camping Zaritsi :*** *juste après* ***Zaristi,*** *à 3 km au nord de Paralia Tirou.* ☎ *27-57-04-14-29 et 27-57-04-10-74.* • *campingzaritsi.gr* • *À 700 m de la* *route principale (fléché). De mai à mi-oct. Compter 19,60-20,60 € pour 2 avec tente et voiture.* Tout confort, bar, minimarché (pain frais en été), sanitaires impeccables, machines à laver. Bonne taverne (ouverte juin-sept). Terrain de basket et de volley. Les pieds dans l'eau (belle plage de galets) dans un site superbe et préservé. Bien ombragé mais caillouteux (prévoyez les tapis de sol).

Hotel Apollon : *sur le quai, à l'entrée du port. ☎ 27-57-04-13-93. 69-73-68-44-20. Doubles 35-45 € selon saison, pas de petit déj.* Le petit hôtel balnéaire, familial et sans prétention, tel qu'on se l'imagine. Chambres agréables et très propres, avec salle de bains, TV et AC. Grands balcons avec vue sur la mer et les collines au loin. Le patron est un bon Méditerranéen jovial et dynamique. Pas mal de papys viennent taper le carton dans la journée. Sympa.

To Akrogiali : *à l'extrême gauche du quai quand on fait face à la mer. ☎ 27-57-04-18-60. Plats 6-9 €.* Vaste terrasse surélevée donnant directement sur la belle bleue. Les classiques plats de taverne à prix doux et préparés avec soin. Service très sympa.

Café O Elatos : *à gauche du front de mer.* Du petit déj à tard le soir, musique en prime, on y mange des pâtisseries orientales, crêpes et autres sucreries. C'est aussi l'arrêt de bus et le guichet pour les billets.

Sur le front de mer, côte à côte, le ***Café Kynouria,*** tenant de la tradition, et le ***Club Karnagio,*** amusant bar tenant du modernisme, tout en bois avec une déco de cale de bateau ouverte sur la mer.

Très belle ***plage de Ligéria,*** à 15 mn à pied, de l'autre côté de la colline aux trois moulins à vent.

SAMPATIKI (*ΣΑΜΠΑΤΙΚΗ ; 223 00*)

Petit port-plage tranquille (et « sampathique ») en contrebas de la falaise, quelques kilomètres au nord de Léonidion. Une taverne au niveau du croisement avec la route principale, un parking en descendant (la circulation est difficile dans les ruelles du bas), et une excellente adresse pour séjourner dans ce petit paradis de tranquillité.

Où dormir ? Où manger ?

Porto Sabatiki : *☎ 27-57-06-13-16. 69-37-14-40-50. • portosabatiki@gmail.com • En été, apparts 25-35 € pour 2-4 pers ; petit déj en sus. Tarifs dégressifs et réduc hors saison.* En plein milieu de la plage de galets, cette bâtisse orange propose des appartements impeccables pour 2 à 4 personnes. Bon confort (AC, cuisine) et balcon avec vue sur mer si l'on réside à l'étage. En bas, une bonne taverne à prix modérés, ombragée par un arbre à l'impressionnante ramure et face à la plage : le cadre est merveilleusement reposant, nettement situé hors des sentiers battus ! Et en prime, la famille est très prévenante avec ses hôtes.

LÉONIDION (ΛΕΩΝΙΔΙΟ)

(223 00) 3 760 hab.

De hautes montagnes abruptes, aux roches roses tombant en falaises et que domine le mont Parnonas, enserrent un bout de plaine baigné de soleil. La petite cité semble sommeiller ainsi depuis des siècles, en se protégeant de l'invasion touristique. La partie haute est la plus charmante avec ses ruelles étroites et biscornues, inaccessibles aux camping-cars et camions,

ses vieilles boutiques et ses cafés hors d'âge où les anciens semblent tuer le temps depuis longtemps déjà...
Apiculture et agriculture sont les deux mamelles de la plaine alentour, dont chaque pouce est cultivé. En outre, Léonidion reçoit de l'argent de ses ouailles émigrées à l'étranger qui voudraient préserver le caractère de leur cité. Autre particularité du coin, on y a longtemps parlé un dialecte qui nous ramène très très loin en arrière, à des origines doriennes...
Les fêtes de Pâques ont ici un éclat particulier : à ne pas manquer si vous passez par là à cette époque, notamment le lâcher de montgolfières illuminées.
Léonidion n'étant pas en bord de mer, son port se trouve à Plaka (voir plus loin).

Arriver – Quitter

Station de bus : *sur le quai du canal asséché, parallèle à la rue principale.* Demander les horaires au café de la station.
➢ ***De/vers Plaka :*** env 10 bus/j.
➢ ***De/vers Athènes (via Argos, Corinthe) :*** 4 bus/j. (3 le dim). Compter env 4h.
➢ ***De/vers Poulithra :*** les mêmes que pour Athènes. Compter 15 mn de trajet entre Poulithra et Léonidion ; 2 de ces bus continuent jusqu'à *Pighadi* et *Peleta,* sf le w-e.
➢ ***De/vers Monemvassia :*** à éviter en bus, autant sortir les rames, c'est la galère (multiples changements et dessertes irrégulières).

Adresses utiles

✉ ***Bureau de poste :*** *pl. du 25-Martiou.*
■ ***Distributeurs automatiques :*** *dans la rue principale, notamment face à la mairie.*

Où dormir ? Où manger ? Où boire un verre ?

Archontiko Hatzipanayioti : *dans la rue principale, face à la boulangerie, en direction de Kosmas. Ne pas confondre avec l'Archontiko Chioti, sur la place principale du village, plus chic et beaucoup plus cher ! ☎ 27-57-02-24-76. • hatzipanayiotis.gr • Doubles 60-90 € selon saison et confort, petit déj compris.* Une belle demeure historique du XIXe s, superbement restaurée dans le style architectural d'origine, tout en pierre. Organisées autour d'une calme cour, les chambres, aux murs à colombage, de confort moderne, sont toutes différentes et personnalisées. Les plus chères offrent un jacuzzi. De vrais petits cocons, romantiques à souhait ! Agréable terrasse pour le petit déj, l'apéro (bonne cave à vins) ou un repas simple (salades, charcuterie, gâteaux...). Accueil adorable.
Kafé Aigli : *devant la mairie, terrasse sous un auvent entourée d'orangers. Pas d'enseigne.* Le vrai café de village comme on les aime. Les employés vont et viennent autour de la terrasse, le pope montre le bout de son nez avant d'aller poser son auguste postérieur sur une chaise bistrot de la salle rétro du café où sont attablés les anciens autour des tables de jeu... Atmosphère, atmosphère... Petits déj, en-cas (sandwichs et salades) et boissons en tout genre. Le tout vraiment bon marché.

PLAKA (ΠΛΑΚΑ)

(223 00)

Tout petit port de charme, même si on l'a un peu bétonné ces dernières années, à 4 km au sud de Léonidion. À gauche du port, longue et belle plage de petits galets et de sable gris, très fréquentée en juillet et août.

Arriver – Quitter

Arrêt des bus sur le port.

➢ ***De/vers Léonidion :*** slt juil-sept ; une dizaine de bus/j. Correspondance pour Athènes (3-4 bus/j. ; voir plus haut). Le reste de l'année, prendre un taxi (5 mn ; env 5 €).

Où dormir ? Où manger ?

Camping Semeli : *à 200 m au nord du port.* ☎ *27-57-02-29-95.* • *camping-semeli.gr* • *Avr-nov. Compter, selon période, 13,50-18 € pour 2 avec tente et voiture.* Un tout nouveau camping idéalement situé en bord de mer, avec sanitaires neufs dans des maisonnettes colorées. Emplacements bien ombragés, à l'écart des caravanes, bien délimités par des haies. Pas moins de 6 cuisines équipées autour d'un espace repas, minimarket et agréable taverne face à la plage de galets (ouverte en saison). Jeune patron très sympa.

Hotel Dionysos : *sur le port.* ☎ *27-57-02-34-55. Doubles 35-40 € selon saison, pas de petit déj mais resto en face. CB refusées.* Petit hôtel modeste, bleu comme la mer, aux chambres confortables avec balcon, AC et TV. Celles surplombant la plage sont les meilleures. Frigo sur le palier. Bon accueil.

Taverna tou Psara *(La Taverne du Pêcheur)* ***:*** *tt au bout du port.* ☎ *27-57-02-28-15. Mai-sept. Plats env 7-8 € ; poisson env 25-40 €/kg.* Une minuscule taverne tenue par une famille de pêcheurs. On vous montre la pêche du jour et on pèse la bête devant vous. Également des plats moins chers à base de poulpe et de calamars. Terrasse sur le quai. Simple et accueil sans fioritures, pas de racolage et les prix sont honnêtes.

Taverna Michel-Margaret : *sur le port.* ☎ *27-57-02-23-79. Tlj midi et soir. Plat du jour 7 € ; poisson 12 €.* Belle taverne bleu roi tenue par la même famille depuis 1970, avec une grande terrasse face au port. Le service est assuré par la dynamique Margaret, qui parle un français impeccable. Elle est aux petits soins avec ses clients. Cuisine typique, bien fraîche. L'endroit idéal pour goûter des plats à base d'aubergine, car le mari de Margaret est agriculteur bio.

POULITHRA (ΠΟΥΛΙΘΡΑ) (223 00) 415 hab.

À 5 km au sud de Plaka, village qui s'étend en bord de mer et à flanc de montagne. Pas mal de nouvelles constructions, mais quelques belles maisons anciennes habitent le haut du village. Sinon, longue plage de sable et de galets agréable, avec vue sur l'île de Spetsès. Tourisme familial, essentiellement grec. Mois d'août particulièrement chargé. Un minimarché, mais ni banque ni pharmacie (les plus proches sont à Léonidion).

Où dormir ?

Nombreuses ***chambres chez l'habitant*** et ***studios*** en front de mer ou sur la colline. On peut vous conseiller les chambres de ***To Kyma*** *(☎ 27-57-05-12-50)* et de ***Diamerismata*** *(☎ 27-57-05-12-17, ou s'adresser au bar Poséidonio),* modernes et situées dans des immeubles de bord de mer. Prestations comparables : doubles (salle de bains, AC, TV) pour environ 30-40 €.

Alexandraki : *derrière le front de*

mer, à côté du croisement vers Peleta (pas de panneau). ☎ 27-57-05-14-84. • alexandraki.gr • Doubles 30-50 € selon saison. Tenu par un jeune couple charmant qui loue 3 chambres (dont une triple) très bien équipées, avec de larges terrasses donnant sur les collines, ou côté mer. Jolis meubles, kitchenette, AC, TV et radiateurs pour l'hiver. Il y a même une petite touche de déco, pour une fois. Le mari est pêcheur et plongeur : il peut vous rencarder sur la plongée en apnée dans le secteur. La maman, en face, loue également 3 chambres (dont 2 avec salle de bains commune), tout aussi impeccables. Accueil très chaleureux.

Hotel Acrogiali : *sur le front de mer. ☎ 27-57-02-91-06. • hotel-acrogiali.gr • Apparts ou doubles env 45-60 € selon saison. Pas de petit déj.* La famille Koliopoulos (seul le fils parle l'anglais) a fait construire cette belle bâtisse en pierre et en bois avec goût, dans le style de l'architecture traditionnelle locale. Appartements très propres, spacieux, bien équipés, avec de grandes terrasses et une jolie vue. Beau jardin doté d'un bar-paillote face à la mer.

Hotel Byzantinon : *sur les hauteurs (prendre tt de suite à droite en entrant dans Poulithra). ☎ 27-57-05-12-20. • byzantinonhotel.gr • Mars-oct. Doubles 60-90 € avec petit déj. Également des apparts pour 4 pers 80-115 €.* Un beau travail que ce bâtiment de style local, réalisé tout en pierre, avec des balcons de fer forgé et de beaux escaliers de marbre. Abouti jusque dans les moindres détails : cuisine suréquipée (on y prépare le petit déj soi-même, les produits sont fournis), élégant salon, literie haut de gamme et salles de bains comme dans les magazines de déco. Vue sur mer depuis la terrasse de la chambre. Propreté étincelante. Le patron a du savoir-faire, il a travaillé pour les hôtels *Marriott* et *Four Seasons.* Les prix sont raisonnables, eu égard aux prestations.

Où manger ? Où boire un verre ?

Mirton : *sur le front de mer. ☎ 27-57-05-13-39. Plats 6-12 €.* Large choix d'une cuisine grecque de qualité, servie dans une salle avec véranda ouvrant sur la mer. Le patron parle un peu le français.

Romanza, chez Kostas : *tlj janv-oct ; sieste 14h-17h.* Super en journée pour un café, et profiter de la terrasse sur la plage. Location d'appartements au-dessus du café.

Baignades

Si l'on veut s'aventurer plus au sud, à partir de Poulithra, pousser jusqu'à *Pighadi* en prenant la route au nord du village, puis, après une douzaine de kilomètres (dont 1 km de piste à la fin), on rejoint la côte avec la ***plage de Fokianos*** et ses galets blancs, considérée comme l'une des plus belles plages du Péloponnèse. Quelques tentes et voiliers, mais on a de la place ! Depuis Léonidion, compter quand même 33 km.

➢ Ceux qui aiment vraiment les petites routes tortueuses peuvent rejoindre ***Monemvassia*** par un itinéraire agréable et peu fréquenté. En direction de Pélétas, on grimpe d'abord la montagne en lacets, avec quelques superbes panoramas maritimes, suivi d'un décor de vert maquis. À Pélétas, soit on rejoint la route de Sparte via Mari, soit on pique à gauche vers Krémasti. On s'élève alors vers les paysages plus sauvages d'un plateau herbeux, parsemé de bouquets de genévriers et conifères. Au carrefour en T, prendre à gauche en laissant Krémasti à droite. À 2 km, virer à gauche à la fourche en direction de Lambokambos. Les paysages se font plus vastes avec des cyprès qui pointent la tête. On rejoint la côte à ***Liméni Géraka,*** au nord-est de Monemvassia, charmant petit port au fond d'un fjord (voir « Dans les environs de Monemvassia » plus loin).

LA ROUTE DE LÉONIDION À KOSMAS

Anticiper le plein d'essence, la prochaine station est à Géraki, à une cinquantaine de kilomètres.
La route suit une gorge et soudain, après 10 km passés à serpenter, le *monastère d'Élonis* apparaît magnifiquement dans les airs, comme enchâssé dans la falaise. On y accède 5 km plus loin, par une courte route à gauche. Il mérite vraiment une visite, notamment pour son bel escalier enduit à la chaux, son panorama et son icône de la Vierge attribuée à saint Luc. Un lieu agrippé à la roche, suspendu hors du temps, apaisant, sauf certains dimanches quand des cars entiers et des marchands du temple envahissent le site ! Tenue correcte exigée néanmoins. Discrétion requise à l'heure du service religieux.

KOSMAS (ΚΟΣΜΑΣ) (220 20) 360 hab.

À 30 km de Léonidion. Après une superbe route avec ses épingles et autres chutes de pierres, Kosmas est un petit village de montagne (avec neige en hiver), à 1 150 m d'altitude, dont les maisons sont encastrées dans la roche. Ici, sur les toits, la lauze domine, même si la tuile gagne progressivement du terrain. Au centre, une place ombragée par l'église et quelques platanes centenaires, vraiment très agréable par grande chaleur, où des producteurs vendent leur excellent miel (celui de thym est un must) et leur huile d'olive. Au chevet de l'église, une jolie fontaine de marbre ornée de gueules de lion. Quelques cafés et tavernes se côtoient, avec leurs tables dehors. Tout cela donne une belle unité qui nous ramène quelques décennies en arrière. Dans ce cadre rustique et enchanteur, l'ouzo prend un petit goût d'éternité.

Où dormir ? Où manger ? Où boire un verre ?

O Maléatis Apollon : *sur la place. ☎ 27-57-03-14-94. • en.maleatis.gr • Doubles 45-60 € sans petit déj. Plats env 5-8 €.* Une dizaine de chambres ou appartements avec terrasse, cuisine, radiateurs et TV. C'est monacal et propre. Quant à la terrasse du resto, c'est un étroit couloir de tables à la queue leu leu, coincées entre les terrasses des 2 cafés voisins qui ne lui font pas de cadeau... La salle est, elle, envahie de bondieuseries totalement kitsch ! Cuisine de montagne pas compliquée et un peu grasse (agneau, veau, boulettes, etc.). Goûter le *mélomakarona* pour le dessert. Accueil sympa, en grec seulement.

Sur la place, côté vallée, le resto ***O Navarchos*** sert une cuisine correcte *(5-9 € le plat).* Terrasse sous les platanes. Également quelques ***vieux cafés*** pour un grignotage sans éclat ou un ouzo peinard...

DANS LES ENVIRONS DE KOSMAS

Le mont Parnonas : de Kosmas, une route forestière permet d'aller flâner sur les pentes du mont Parnonas. Suivre la direction Platanaki et Polidrosso. Une route goudronnée de 18 km, puis une piste en mauvais état de 15 km (compter 1h15 pour le second tronçon) traversent d'immenses forêts de pins et de châtaigniers. Nombreuses fontaines en cours de route. Bucolique, mais avec de bons amortisseurs ! La route, si on la suit jusqu'au bout, rejoint ***Kastanitsa*** (accessible également depuis Agios Andréas), mais on peut la quitter au 26e kilomètre, sur la gauche, pour rejoindre, 5 km plus loin, le village de ***Polidrosso*** (ce qui signifie « très frais »), aussi appelé ***Tzitzina.*** Ce village de moyenne montagne n'est habité que l'été.

GÉRAKI (ΓΕΡΑΚΙ) (230 58)

À 18 km au sud de Kosmas, Géraki (prononcer « Yéraki ») est une petite bourgade tranquille et presque figée dans le temps, perchée sur un promontoire. Sur les routes alentour, chouettes panoramas sur des plaines d'oliviers et le mont Taygète au-dessus de Sparte.

À voir

L'église Évangélistria : *tlj 8h-15h.* Minuscule, datant du XIe s, avec des fresques (aussi belles qu'à Mystra) des XIIe et XIIIe s.

DANS LES ENVIRONS DE GÉRAKI

À 4 km au loin, une colline avec un ***château franc*** en ruine. La grille est généralement ouverte, mais vous pouvez vous en assurer auprès du pope de l'église, Ioannis Chryssostomos. Entrée libre. Le château était le fief d'un proche des Villehardouin, Guy de Nivelet. De Géraki, on communiquait par feux avec Monemvassia et Mystra. Très vite, la place forte fut conquise par les Byzantins. Plusieurs vestiges intéressants, notamment une kyrielle de petites églises byzantines à flanc de colline. Sur le chemin du château, ne pas manquer l'*église Agia Paraskévi* du XIIe s et, à l'intérieur de l'enceinte, *Agios Géorgios,* qui possède encore quelques belles fresques. C'est, en outre, la mieux conservée.

Un peu d'histoire

Eh non, vous n'êtes pas les premiers Hexagonaux à faire du tourisme dans le coin... En 1204, en route pour une croisade, les chevaliers francs se détournèrent de leur objectif, Jérusalem, pour aller se mêler des affaires intérieures byzantines. Ils prirent (et pillèrent) Constantinople, créèrent un « Empire latin », se partagèrent la Grèce. C'est ainsi que le Péloponnèse tomba dans l'escarcelle de la famille des Villehardouin, originaires de Champagne, promus princes de Morée (le nom qu'on donnait alors au Péloponnèse) sur quatre générations. Le plus connu fut le dernier, Guillaume II (1218-1278), né et mort à Kalamata. Après quoi les Byzantins reconquirent peu à peu le Péloponnèse.

LA ROUTE DE GÉRAKI À MONEMVASSIA

Possibilité de continuer (en rallongeant un peu, mais joli paysage et villages très authentiques) vers Agios Dimitrios, puis Niata et Apidia (stations-service), et de rejoindre la route de Monemvassia, entre Vlachiotis et Molai. De Niata, une route sinueuse continue vers la côte en direction de Kyparissi et Liméni Géraka.

MONEMVASSIA (ΜΟΝΕΜΒΑΣΙΑ) (230 70) 1 400 hab.

L'une des belles étapes du voyage. Le nom du village signifie « la seule entrée », et vous saisirez vite pourquoi on la surnomme aussi « le petit Gibraltar du Péloponnèse ». La cité a deux visages : une petite ville moderne pas

bien jolie au bord de la mer *(Géfira),* où se trouve l'essentiel des hôtels et des tavernes, et en face, un village médiéval *(kastro),* caché derrière un promontoire rocheux, enserré dans des remparts vénitiens plongeant dans la mer, et relié à la terre ferme par une digue. Une sorte de Mont-Saint-Michel grec... Quelle chance que le site ait pu rester absolument intact, sans bâtiments modernes ni publicités criardes ! Bien sûr, ce *kastro* est entièrement classé et les rénovations contrôlées par le ministère de la Culture. Les travaux ne cessent pratiquement jamais : il y a encore du boulot ! Pour ne rien gâcher, les ruelles de la vieille ville sont trop étroites pour laisser passer les voitures. Quelques échoppes de souvenirs, tout de même, mais concentrées dans la rue principale. Un endroit vraiment béni et protégé par les dieux grecs.

UN PEU D'HISTOIRE

Une histoire un peu agitée. Guillaume de Villehardouin, en 1249, dut assiéger pendant 3 ans cette place forte byzantine pour la conquérir. Monemvassia passera ensuite entre les mains du pape, des Vénitiens et des Turcs qui y resteront jusqu'en 1821. C'est aussi le lieu de naissance du grand poète Yannis Ritsos (1909-1990).

Arriver – Quitter

En bus

Demander les horaires à l'agence *Malvasia Travel* (voir plus bas), en face de l'arrêt de bus.

➢ ***De/vers Molai-Skala-Sparte-Tripoli-Isthmos et Athènes :*** 3-5 bus/j. 7h30-19h30. Correspondance pour Gythion et Aréopolis à Skala. Le bus de 5h15, tlj sf dim, est un express pour Athènes.

Adresses utiles

■ ***Malvasia Travel :*** *face à l'arrêt de bus. ☎ 27-32-06-17-52. Lun-sam 7h15-15h, 17h-20h (18h hors saison) ; dim aux départs et arrivées des bus.* Efficace pour des infos touristiques.

✉ ***Poste :*** *à côté de la banque, dans la rue principale menant au port. Lun-ven 7h30-14h30.*

■ ***National Bank of Greece :*** *dans la rue principale. Lun-ven 9h-13h30.* Distributeur automatique. 2 autres distributeurs automatiques de billets en ville.

Où dormir ?

Chouette, pas mal de choix et une concurrence qui maintient les prix à des niveaux raisonnables. Pas de camping tout proche ; quant aux camping-cars, guère appréciés dans le secteur, ils iront stationner près des plages.

Dans la ville moderne (Géfira)

Bon marché

Kritikos Rooms : *à l'entrée du bourg, à droite en venant de Sikéa-Molai. ☎ 27-32-06-14-39. 📱 69-78-88-10-57. • reservations@nikolaoskritikos.gr • Compter 30 € pour 2, 50 € pour 4 ; petit déj inclus.* La route passe devant, mais les chambres (avec cuisine commune pour se faire thé ou café) et appartements avec cuisine équipée sont propres et de bon confort (AC, réfrigérateur et TV satellite). Les 2 nouvelles avec terrasse, sur le toit, sont particulièrement plaisantes. Eléni, la jeune et dynamique propriétaire, est très accueillante. D'ailleurs, en général, elle offre le goûter à base de gâteaux maison. Quant à son papa, il produit son huile d'olive, son vin et ses oranges...

Rooms Anastasios Sofos : *à côté de la National Bank of Greece. ☎ 27-32-06-12-02. • sofosrooms.gr • Doubles 30-50 € selon saison ; pas de petit déj. CB refusées.* À l'étage d'un immeuble moderne tout blanc, 8 chambres avec AC, petite salle de bains au carrelage démodé, TV et frigo. Propre, mais simple et sans grand caractère. Préférer celles sur l'arrière, plus calmes. En dépannage à ce prix.

De prix moyens à chic

To Petrino : *presque au bout du quai, à droite du port en direction de Nomia. ☎ 27-32-06-11-36. • petrinoguesthouse.com • Doubles 40-60 € selon saison, 2 chambres familiales communicantes 60-80 € ; petit déj inclus.* Belle maison en pierre avec des balcons offrant une vue très agréable sur le port et le rocher. L'arrière donne sur les collines. Dans l'esprit petit hôtel familial de bon confort. Accueil super chaleureux et plein de bons conseils en anglais. Une très bonne adresse.

Villa Diamanti : *à l'entrée du bourg en venant de Sikéa-Molai, sur la gauche. ☎ 27-32-06-11-96 ou 27-32-06-15-34. • topalti.gr • Doubles 40-55 € selon saison, sans petit déj. CB refusées.* Grande maison en léger retrait de la route et agréablement proche de la mer côté jardin. Chambres confortables (AC, frigo et TV) à la déco un brin passée de mode mais avec balcon d'où l'on voit à la fois la mer et le rocher. Cuisine à disposition pour préparer son petit déj (café à volonté). Loue aussi des bungalows avec cuisine, rassemblés à 400 m à l'arrière du village autour d'une piscine dans un jardin très agréable *(**Topalti Village** ; env 50-80 € pour 2, 80-110 € pour 4).* Gentil accueil.

Hotel Fragias : *à 3 km au sud de Monemvassia, sur la route de Nomia, à gauche après la taverne Pipinellis. ☎ 27-32-06-30-11. • monemvasiaseafront.com • Doubles 35-75 € selon saison, confort et vue ; petit déj 5 €. Suivre les promos sur le site.* Tranquille petit hôtel blanc aux volets bleus avec grande piscine en bord de mer. Les chambres sont impeccables et fraîches, toutes avec TV, clim, balcon et vue sur mer pour les plus chères. Cuisine pour certaines et barbecue à dispo dans le jardin. Une adresse à l'écart de la ville, idéale pour se reposer.

Dans le village médiéval (kastro)

Pas d'hôtel bon marché, mais si vous êtes quelque peu en fonds, voici 2 adresses dans un cadre exceptionnel (en été, il faut absolument réserver). Stationnez votre véhicule (en mettant les feux de détresse) devant la porte du village, déposez vos bagages à l'hôtel, puis allez chercher une place (rare) sur la corniche.

De plus chic à bien plus chic

Malvasia Hotels : *réception env 100 m après l'entrée de la cité, sur la gauche. ☎ 27-32-06-11-60. • malvasiahotel-traditional.gr • Avr-oct. Doubles avec ou sans vue 50-95 €, petit déj inclus ; suites 90-125 €.* De vieilles bâtisses médiévales restaurées avec goût et localisées en maints endroits de la vieille cité. Si vous êtes dans la « maison mère », demandez la chambre n° 8 avec terrasse. Pour 4, demandez la n° 12 qui a 2 chambres, avec frigo, TV et un petit coin salon. L'entité plus chic du même tonneau s'appelle *New Malvasia (☎ 27-32-06-30-07 ; • malvasia-hotel.gr • ; doubles 75-150 €).*

Hotel Byzantino : *réception peu après l'entrée du rempart, sur la gauche. ☎ 27-32-06-13-51. • hotelbyzantino.com • Tte l'année. Doubles 50-130 € selon confort, vue et saison ; petit déj inclus.* Dans des maisons médiévales disséminées dans la vieille ville, une trentaine de chambres climatisées et rénovées avec goût. Attention, les moins chères ressemblent à des caves voûtées, claustrophobes s'abstenir. D'aucunes disposent d'une mezzanine (avec

2 grands lits), d'une cuisine, voire d'un jacuzzi, d'une cheminée ou de la TV. Certaines donnent sur les remparts, avec vue sur la mer et petite terrasse. Accueil très gentil d'Anna.

Où manger ? Où boire un verre ?

Comme dans la plupart des lieux touristiques, dur dur de dénicher une bonne table !

Dans la ville moderne (Géfira)

Prix moyens

🍽 ***Taverna Scorpios :*** *presque au bout du quai, à droite du port en direction de Nomia, juste avt l'hôtel* To Petrino. ☎ *27-32-06-20-90. Plats env 6-13,50 €, salades et mezze 4-6 €.* Pile dans l'axe du rocher pour la photo idéale, une petite taverne tenue par un couple gréco-canadien où l'on se rassasie des grands classiques de la cuisine grecque, gentiment préparés à base de produits frais. Bonnes grosses salades à prix modiques et calamars savoureux. En revanche, le service est un peu longuet.

Dans le village médiéval (kastro)

De prix moyens à plus chic

Attention, le dîner intra-muros n'est pas donné pour de maigres prouesses culinaires... Bien sûr, on paie le cadre !

🍽 🍷 ***Ta Matoula :*** *dans la ruelle principale, à gauche.* ☎ *27-32-06-16-60. Plats 9-14 € ; poisson 42-65 €/kg !* Fort belle terrasse sous les vignes, et jardin intérieur. On mange sous un superbe figuier. Cuisine pas spécialement savoureuse, mais le service aimable et la jolie vue sur les toits et la mer feront passer la pilule. Ne pas manquer, en contrebas (descendre la ruelle), la terrasse surplombant la mer. On peut aussi y boire un verre, car les terrasses du *kastro* donnant sur la mer ne sont pas si nombreuses.

🍽 🍷 ***Chrisovoulo :*** *dans la ruelle principale, à droite.* ☎ *27-32-06-20-22. Plats env 9-13 €.* Agréable bar à vins et resto tout nouveau à l'étage, au cadre élégant, avec une petite terrasse donnant sur les toits du village. Quelques plats grecs de bonne facture, mais surtout des plats italiens goûteux (*pennette,* tortellinis, spaghettis...). Ça change un peu ! Un brin plus cher que ses concurrents pour un repas complet, mais la qualité des produits et le cadre se paient. Service un brin guindé.

🍷 Dans la rue principale, 2 cafés tape-à-l'œil, le ***Rody,*** très contemporain et design, et ***Enetiko,*** qui possède une terrasse à l'arrière joliment tournée vers les toits et les flots. C'est vous qui voyez !

Vers les plages

Prix moyens

🍽 ***Taverne Pipinellis :*** *à Agia Paraskévi, à 2 km au sud de Monemvassia, sur la route de Nomia.* ☎ *27-32-06-10-44. Tlj midi et soir mars-oct, slt le w-e en hiver. Plats 8-14 €.* Jolie terrasse ombragée à deux pas de la mer et au calme, à l'écart de l'agitation touristique. Les succulents petits plats sont préparés par la mère du patron. Le fiston, Anastasios, décontracté et plein d'humour, vous accueille comme si vous étiez des amis. Une adresse qui mérite de reprendre la voiture !

🍽 ***Ta Mélitzanakia :*** *à Xiphias, 5 km au sud de Monemvassia.* ☎ *27-32-06-62-11. Quitter la route de Nomia en direction de Xiphia, c'est 1,5 km plus loin, à droite. Juin-sept slt. Plats 6-8 €.* Dilemme entre une salle moderne et banale ou une terrasse agréablement abritée, donnant sur un coin de campagne (qui ne casse pas trois pattes à une oie, certes). Re-dilemme épique concernant le choix : on vous soulève les couvercles des plats qui mijotent et hop, direct de la casserole à votre assiette. Et le résultat est au rendez-vous : il n'y a pas que les petites aubergines *(mélitzanakia)* qui sont bien préparées. Agneau fondant au four et veau à la tomate font également recette.

Où dormir ? Où manger dans les environs ?

To Liotrivi *(auberge rurale de l'hôtel* The Flower of Monemvassia*)* **:** *à* ***Véliès,*** *à 10 km par la route de Sparte puis à gauche sur 3,5 km (panneaux). S'adresser d'abord à l'hôtel* The Flower of Monemvassia, *à Géfira.* ☎ *27-32-05-30-60.* • *liotrivi.info* • *Ouv slt en saison et certains w-e : se renseigner avt ! Doubles 55-75 €. Repas 15-20 €.* Tiens, pour une fois, une formule originale qui privilégie le charme de la campagne. Perdus en pleine nature, quelques blocs en dur et en pierre abritent des chambres élégantes et très confortables (salle de bains, AC et TV). Calme garanti. Juste à côté, l'auberge est l'ancienne maison de villégiature du poète Yannis Ritsos, transformée en pressoir. Tous les mécanismes en ont été conservés. Beau travail, assurément. On dîne dans de jolies salles avec bois et pierre apparente, ou sur la terrasse. Cuisine rustico-chic de bon aloi. Bien pour une soirée en amoureux ou pour s'isoler un peu de la foule.

À voir

– Bus-navette entre la ville nouvelle (Géfira) et la ville médiévale *(kastro).* Départ juste avant la digue, toutes les 30 mn, 8h-minuit en été, 8h-14h hors saison. Compter 1 € pour environ 1 km de trajet, mais le parcours se fait très bien à pied. En voiture, possibilité de se garer le long de la digue, si vous trouvez une place.

La découverte du village est merveilleuse tôt le matin, avant l'arrivée des bus de touristes. On pénètre dans la ***ville fortifiée*** (*kastro,* le château ; ou *kato poli,* la ville basse) par l'unique entrée (*moni emvassia* en grec), en chicane et voûtée. La chicane empêchait les coups de bélier sur la deuxième porte (aucun recul possible). Dès cette porte passée, faites un aller-retour dans la venelle de gauche qui grimpe vers la maison du poète Yannis Ritsos et un joli panorama sur les toits et la baie. Retour à la grande ruelle qui débouche sur la place principale bordée par l'*église Christos Elkoménos* du XIIe s, avec son campanile isolé comme on en trouve en Vénétie. Portail de 1697 (deuxième occupation vénitienne) et belle icône de la crucifixion dans une chapelle voutée à gauche. Plus loin, l'*église Agios Nikolaos.* L'*ancienne mosquée,* sur la place principale, abrite depuis 1999 une toute petite collection archéologique sans prétention *(mar-sam 8h30-15h ; 2 €, réduc).* On descend ensuite par une ruelle tortueuse et parfois voûtée pour atteindre l'*église Panagia Chrysafitissa* et sa façade vénitienne.
Les courageux emprunteront le raidillon qui mène à la ***ville haute*** *(ano poli),* surmontée par l'*église byzantine Agia Sofia* (actuellement fermée) et les ruines du château. De là-haut, vue magnifique, et romantique promenade à faire parmi les ruines du château noyées dans la végétation.

Baignades

– En bas de la citadelle, à l'endroit appelé *Portello,* un escalier conduit des remparts vers la mer. Une plate-forme de béton sert de plage. Et on a même pensé à la douche. Un cadre unique pour se baigner !
– La plage de galets de Géfira est à éviter : franchement sale ! Préférer le petit promontoire en contrebas de la route qui mène à la vieille ville. Eau limpide.

Pori Beach : à env 3 km au nord, sur la route de Gythion. Belle plage de sable paisible, malgré de traîtres oursins (se baigner plutôt vers la taverne). Peu de touristes. Mieux que la plage de Monemvassia.

Plage de Xiphias : à 6 km au sud de Monemvassia, direction Néapoli. Du sable, de petites falaises ocre et, à proximité, tavernes et chambres à louer.

Fête

Chaque année, le 23 juillet, on célèbre la libération de la ville en 1821, après un terrible siège de 4 mois. Monemvassia fut la première place forte du Péloponnèse à s'émanciper des Turcs. Danses et repas champêtre devant l'église Panagia Chrysafitissa.

DANS LES ENVIRONS DE MONEMVASSIA

Liméni Géraka *(Λιμενι Γερακα)* : *à 23 km au nord-est de Monemvassia.* Petit port de pêche, avec son lot de tavernes, qui a gardé tout son charme, au bord d'un fjord aux eaux limpides que se partagent les locaux et quelques yachts de passage. Très tranquille. Au fait, c'est aussi une réserve ornithologique où l'on a de bonnes chances d'apercevoir des aigrettes.

Quelques *psarotavernès* le long du quai, comme ***Avra,*** avec sa terrasse surélevée, ou encore ***Remetzo.***

LA ROUTE DE MONEMVASSIA À NÉAPOLI VIA NOMIA

Cette route vaut le détour, car les points de vue sont superbes. Peu après Nomia, dans un virage, de l'eau fraîche coule du rocher : on peut presque se doucher. Attention, route étroite à partir de Kryovrissi.

NÉAPOLI (ΝΕΑΠΟΛΗ) (230 53) 3 100 hab.

On va plus à Néapoli pour s'embarquer pour Cythère ou Élafonissos que pour Néapoli même... Tout se passe le long d'une seule et même rue bordée d'une longue plage de sable gris, avec douches. Le soir, en été, tout le monde fait la « *volta* ».

Arriver – Quitter

En bus

Gare routière : *2ᵉ rue sur la gauche après l'embarcadère. ☎ 27-34-02-32-22.*

➢ ***De/vers Pounda (Vinglafia) :*** port d'embarquement pour Élafonissos. 4 bus/j., lun-ven ; 7h-16h en hte saison, 7h-14h en basse saison.

➢ ***De/vers Sparte :*** 3 bus/j., tlj, 8h-17h.

En bateau

➢ ***De/vers Cythère :*** renseignements à la capitainerie *(☎ 27-34-02-22-28).* Il faut réserver à l'agence *Vatika Bay (☎ 27-34-02-40-04).* Compétents, serviables, et parlent bien l'anglais.

LA PARTIE ORIENTALE DU PÉLOPONNÈSE

Adresses utiles

✉ **Poste :** *sur la dernière rue perpendiculaire au front de mer, avt le petit pont et l'Hotel Aïvali.*

■ **Banques :** *2 distributeurs automatiques sur le front de mer.*

Où dormir ?

Prix moyens

Hotel Aïvali : *face à la mer, avt le petit pont. ☎ 27-34-02-22-87, 25-61 ou 27-34-02-27-77. Compter 35-50 € selon saison, sans petit déj. CB refusées.* Chambres correctes avec AC, mais toutes avec balcon et vue sur la mer.

Chic

Hotel Limira Mare : *face à la mer, après l'Aïvali en venant du petit pont. ☎ 27-34-02-22-36. • limiramare.gr • Avr-oct. Selon saison, doubles 50-75 €, petit déj inclus.* Grand hôtel de catégorie B assez luxueux. Tout de béton vêtu, il est peu sexy au premier abord. Les chambres sont toutefois spacieuses et claires, avec AC, balcon et service de chambre efficace. Bon accueil.

Où manger ?

Psistiri : *sur la promenade, à 50 m du petit pont. ☎ 27-34-02-26-54. Tlj. Plats 5-8 €.* On y vient pour manger des *souvlakia* petits ou grands, des *gyros*, du poulet à la broche... Beaucoup de Grecs. Service diligent. Possibilité de vente à emporter.

Taverna-ouzeri Tzivaeri : *sur le front de mer, après le pont. ☎ 27-34-02-25-45. Enseigne en grec (TZIBAEPI), marron avec un dessin de poulpe. Tlj, midi et soir. Plats 6-9 € ; un peu plus cher avec du poisson.* Bon poisson grillé, excellents *kalamaria* frits et *tirokeftédès* fondants à souhait. Terrasse sur le quai. Service super sympa.

Beaucoup de ***cafés-ouzéria*** sur le front de mer. Le poulpe pend sur des portants presque toute la journée en attendant de passer sur le gril.

DANS LES ENVIRONS DE NÉAPOLI

Vinglafia Pounda (*Βιγγλαφια Πουντα*) **:** *à 13 km au nord-ouest de Néapoli.* Belle plage de sable blanc, immense et fréquentée, notamment par les camping-cars. Malheureusement pas toujours exempte de déchets. Eau très claire, peu de fond. Beaucoup de vent en septembre. C'est de là que part le bac pour Élafonissos.

Plitra (*Πλυτρα*) **:** *au nord-ouest de Néapoli.* À l'écart de la route de Sparte, petit village agricole traditionnel, situé au fond d'une jolie crique dotée d'une grande plage de sable fin. Agréable halte pour une baignade, un peu de monde cependant. On peut aussi s'arrêter à ***Archangélos,*** sur la côte, un peu avant Plitra. Petit port assoupi au fond d'une baie, comme ses habitants aux terrasses des quelques cafés-restos sur la place principale. Quelques belles petites plages entre Archangélos et Plitra, mais juste en contrebas de la route.

Agios Nikolaos (*Αγιος Νικολαος*) **:** village que l'on atteint par une bonne route et d'où l'on a, notamment au coucher du soleil, une belle vue sur Cythère. Pas de possibilité de logement. Dans le coin, on peut visiter une forêt pétrifiée de palmiers : étonnant phénomène de fossilisation de tronçons d'arbres.

Pour ceux qui cherchent à tout prix à faire les extrémités des « pis » du Péloponnèse, suivre la direction *Profitis Ilias,* un tout petit port sympa. La piste continue encore jusqu'à *Agia Marina.* Ensuite, c'est par un sentier qu'on atteint le *cap Maléas.*

Vélanidia (*Βελανιδια*) **:** chouette bourgade ; maisons blanches, toits de tuiles, le tout dans une grande unité. Pour y aller, 12 km d'une route très sinueuse. Accès à la mer (belle plage de sable pas toujours propre) par 2 km d'une route parfois abrupte. Là, taverne pas désagréable et bon marché. En contrebas du village, jolie crique de sable, tranquille et propre. Eau très claire.

ÉLAFONISSOS (ΕΛΑΦΟΝΗΣΟΣ) (230 53) 1 050 hab.

Une petite île facile d'accès depuis *Pounda,* le port de Vinglafia, à 13 km au nord-ouest de Néapoli (10 mn de traversée). Cette île de 20 km², distante de 300 m du continent, ne compte que 700 habitants permanents. Le comité du tourisme du département (Laconie) a décidé, il y a quelques années, de faire connaître Élafonissos en proclamant haut et fort qu'on y trouve la plus belle plage de la Méditerranée ! Rien que ça !

Arriver – Quitter

➢ ***De/vers Pounda-Vinglafia :*** 2 petits bacs font la navette *(☎ 27-34-06-11-77 et 27-34-06-10-44).* Juin-sept, 1 traversée ttes les heures tôt le mat et le soir et ttes les 30 mn en journée, env 7h30-1h ; moins l'hiver. Pour une voiture : 10,50 € ; piéton : 1 €.

Où dormir ?

Pas très facile si on n'a pas réservé, tout étant vite plein. Si tel est le cas, voir derrière la *Pension Pallas,* plusieurs *rooms to let* en bord de plage. Mais on peut aller sur Élafonissos pour la journée. Le camping sauvage est absolument interdit.

▲ ***Camping Simos :*** *à 4 km du port, vers la plage de Simos. ☎ 27-34-02-26-72. De mi-mai à fin oct. Env 20 € pour 2 avec tente et voiture.* Camping récent avec 2 blocs sanitaires tout neufs. Bar (on y sert le petit déj), cafétéria, minimarché (à partir de juin).

⌂ ***Chambres chez Maria Andressaki :*** *dans une maison blanche aux volets bleus, à l'arrière du village, sur la plage. ☎ 27-34-06-12-92. Juin-sept. Double env 40 € avec salle de douche sommaire ; studio 60 € (coin cuisine et frigo).* AC. Accueil souriant. Anglais très limité.

⌂ ***Pension Pallas :*** *chez Kristi Kollintza, en plein centre. ☎ 27-34-06-11-42 ; 📱 69-36-69-05-29. • pallaspension.gr • De mi-juin à mi-sept. Chambres 50-80 €, avec petit déj.* Dans une très belle maison en bois avec une déco en référence à la plage (coquillages). Confortable, moderne et très soigné. AC pour certaines chambres et balcon avec vue. Accueil sympa.

Où manger ?

|●| 4 *psarotavernès* (tavernes de poisson) sur le port. On a bien aimé la dernière du quai, le resto ***Giorgio N. Menthis*** *(env 12 €/pers).* Déco de tortues, ambiance familiale, bonnes *mélitzanès imam* et poisson bien frais. Le patron, très dynamique, parle le français. Élafonissos est une des dernières îles poissonneuses de Grèce. Profitez-en !

Baignades

Les plages, surtout celle de ***Simos,*** constituent en effet la seule bonne raison de se rendre sur cette île sans relief. D'Élafonissos, le seul village de l'île, assez animé le soir, prendre la piste qui part sur la gauche du village, tout droit quand on descend du bac. Au bout de 4 km, on arrive sur une presqu'île reliée au reste de l'île par une mince langue de sable très fin. De chaque côté, une longue plage aux eaux limpides (côté naturiste sur la droite en arrivant). Paradisiaque hors saison. Dommage que la musique du petit bar de plage soit un peu forte... Hâtez-vous d'en profiter, fin 2013 le gouvernement a mis en vente nombre de plages, dont celle-ci... ! L'autre plage, ***Panagia,*** à l'ouest de l'île, est moins belle mais a l'avantage d'être moins fréquentée.

CYTHÈRE (KYTHIRA ; ΚΥΘΗΡΑ)

4 000 hab.

Même si l'île de Cythère n'a rien à voir avec la représentation qu'en a donnée Watteau, elle n'en est pas pour autant aride. On croirait une des Cyclades égarée au sud du Péloponnèse, avec un peu plus de verdure. Cette île n'est

pas tellement connue des touristes européens et pourtant elle est bien jolie et d'une taille idéale (50 km du nord au sud) pour y passer quelques jours en variant les plaisirs. Cela ne signifie pas qu'elle soit désertée : au contraire, difficile d'y trouver une chambre l'été, comme sur toutes les îles, d'ailleurs.

FAMOUS CYTHÈRE

Dans l'Antiquité, Cythère était considérée comme le lieu de naissance d'Aphrodite, déesse de l'Amour née de l'écume. Bien plus tard fut forgée l'expression « s'embarquer pour Cythère », qui signifie tomber amoureux.

Beaucoup de natifs de Cythère ont émigré aux États-Unis et surtout en Australie, d'où son surnom d'« île des kangourous ». L'âge venant, ils reviennent au pays, soit en vacances, soit définitivement. L'île, d'une superficie de 278 km^2, est parsemée de très nombreux villages et hameaux qui peuvent donner l'impression qu'elle est très peuplée : pourtant, seuls 3 100 habitants y demeurent en permanence (mais en Australie, leurs compatriotes seraient 100 000 !).

Procurez-vous la carte détaillée de l'île – gratuite – auprès des hôteliers, restaurateurs ou commerçants : elle signale les belles plages et donne quelques idées de balades.

Arriver – Quitter

En bateau

Penser à réserver, dès l'arrivée sur l'île, une place retour pour son véhicule auprès de *Porphyra Travel* (☎ 27-36-03-18-88 ; ● kythira.info ●), ou à la capitainerie (☎ 27-36-03-13-90, à Diakofti).

➢ ***De/vers Néapoli :*** liaison Néapoli-Diakofti (ferry *Porfyroussa*). En saison, en principe 2-3 liaisons/j., le mat et l'ap-m ; 1 seule hors saison. Env 1h de trajet.

➢ ***Du/vers Le Pirée :*** liaison en ferry (compagnie LANE, ☎ 21-04-19-74-20), 1-2 fois/sem en saison. Env 7h de trajet. En principe, le ven soir. Le ferry continue sur Kastelli Kissamou (Crète).

➢ ***De/vers la Crète (Kastelli Kissamou et Réthymnon) :*** 1-2 liaisons/sem en saison (compagnie *LANE*).

➢ ***De/vers Gythion ou Kalamata :*** 1 liaison/sem (compagnie *LANE*).

En avion

✈ ***Aéroport :*** *dans le nord-est de l'île.* ☎ 27-36-03-32-97 et 27-36-03-32-92 (Olympic Air).

➢ ***De/vers Athènes :*** 1 liaison/j. (vol *Olympic Air*). Quelques liaisons également avec Corfou et les îles Ioniennes avec la compagnie *Sky Express* (● skyexpress.gr ●).

Comment se déplacer dans l'île ?

Ne pas trop compter sur le bus. Quelques trajets tout de même (voir horaires sur ● kythira.info ●). Quelques agences de location (voitures, scooters) à Chora, Potamos, Agia Pélagia ou Kapsali. Il est préférable de passer avec son véhicule ou alors de tenter le stop, toujours possible (les distances sont courtes).

CHORA *(ΧΩΡΑ ; 801 00)*

La capitale de l'île, endormie dans la journée, est plus active le soir. Blancheur cycladique, château vénitien surplombant la baie de Kapsali. Quelques boutiques pour touristes. Une poste et la *National Bank of Greece* sur la place. Un loueur de voitures et de scooters *(Panayotis)*.

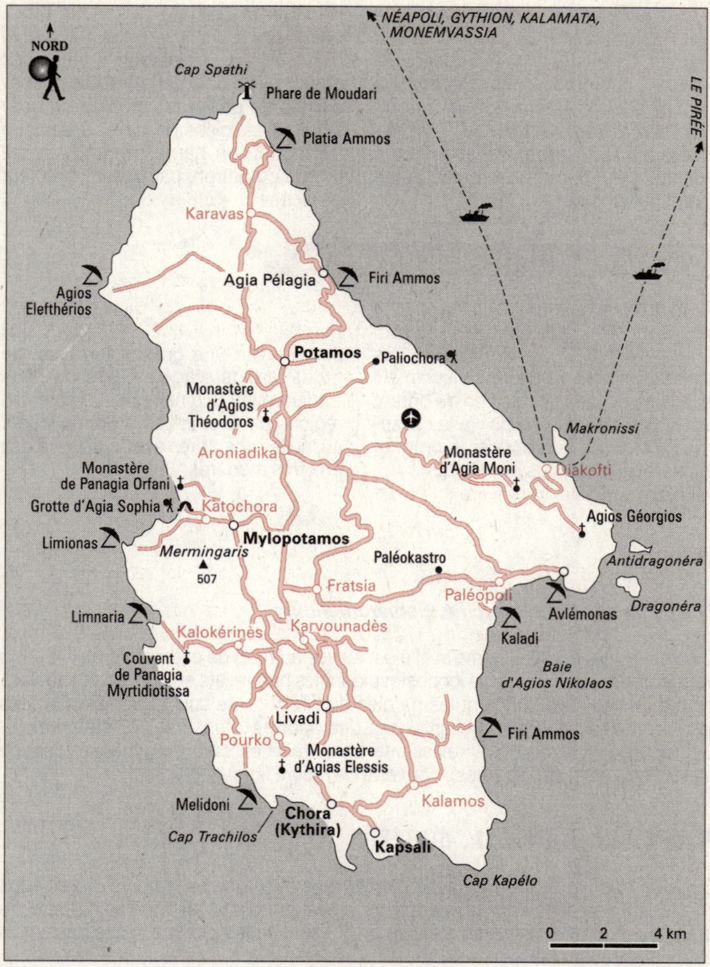

L'ÎLE DE CYTHÈRE

Où dormir ? Où manger ?

Hotel Margarita : *pas loin de la rue principale de Chora. ☎ 27-36-03-17-11. • hotel-margarita.com • Doubles 35-90 € selon saison ; petit déj (excellent) non compris.* Petit hôtel (12 chambres) de charme dans une demeure patricienne du XIXe s. Belles grandes chambres à l'ancienne, équipées de tout le confort moderne (TV, AC et minibar). L'établissement est tenu par des Français qui se feront un plaisir de vous conseiller pour la découverte de l'île.

Pension Nostos : *tt près du kastro vénitien. ☎ 27-36-03-10-56 ; hors saison, à Athènes : ☎ 21-03-41-39-60.*

● *nostos-kythera.gr* ● *Avr-sept. Selon saison, doubles standard 60-90 €, doubles supérieures 75-110 €, petit déj inclus.* 7 chambres dans une maison du XIXe s entièrement remise à neuf. Bon niveau de confort (AC, sèche-cheveux...). Très propre et joliment décoré, avec du mobilier particulièrement bien choisi.

I●I ***Taverna Zorbas :*** *dans la rue étroite qui descend de la place, au n° 34. Tlj sf lun, le soir slt.* Une bonne table, pas chère, avec une belle terrasse. Spécialités de grillades ; profitez-en pour tester la saucisse de pays. Beaucoup de monde en haute saison. Accueil sympa du patron, par ailleurs directeur du lycée !

Où manger dans les environs ?

I●I ***Pierros :*** *à **Livadi,** à 4 km au nord de Chora.* ☎ *27-36-03-10-14. Tlj midi et soir. Env 12-15 €/pers.* Rien de très enthousiasmant vu de l'extérieur, mais la cuisine est de qualité, bien qu'offrant assez peu de choix (plats « à la casserole »). Manolis Lourandos, le proprio, est particulièrement sympathique.

I●I ***Filio :*** *à **Kalamos,** à 4 km à l'est de Chora.* ☎ *27-36-03-15-49. Juin-sept, tlj midi et soir. Env 12-15 €/pers.* Joli cadre, avec une grande terrasse, de petits jardins étagés. Carte de plats traditionnels originaires de différentes régions de Grèce. Les proprios louent aussi des chambres avec cuisine, à des prix très modérés.

À voir

L'église du Christ crucifié (Estavroménou) : *dans la rue principale, vers le bas, côté droit. En principe, tlj en juil-août ; fermé au déj jusqu'en milieu d'ap-m.* Discrète petite église – même si elle est élevée au rang de cathédrale de l'île – qui vaut le coup d'œil. Très belle iconostase dont les bas-reliefs en bois et un entrelacs de motifs végétaux illustrent les paroles du Christ : « Je suis la vigne, vous êtes les sarments », et des représentations des apôtres ; l'ensemble a été restauré. À l'opposé, en mezzanine, ravissante balustrade en bois du gynécée (espace autrefois réservé aux femmes), couverte de motifs floraux.

KAPSALI (*ΚΑΨΑΛΙ ; 802 00*)

Dans un très beau site. Une anse bien fermée avec une belle plage et des eaux chaudes. Très calme dans la journée, mais beaucoup plus animé le soir. Une autre plage sur la droite quand on a l'anse face à soi : accès par une petite passerelle suspendue au rocher.

Adresse utile

■ ***Panayotis Rent a Car :*** ☎ *27-36-03-16-00.* ● *panayotis-rent-a-car.gr* ● Loue scooters et voitures. Engins en bon état, pas trop chers. Présent également à l'aéroport.

Où dormir ? Où manger ?

Nombreuses ***chambres à louer*** le long de la plage. Un petit ***camping municipal*** dans la pinède au-dessus de la plage, ouvre en saison – ou n'ouvre pas... selon les années *(infos au ☎ 27-36-03-15-80 ; compter dans les 16,50 € pour 2 avec tente).*

Appartements Afrodite : *à 30 mn de la mer.* ☎ *27-36-03-13-28.* ● *hotel-afrodite.gr* ● *Selon saison, 35-60 € pour*

2 pers et 45-80 € pour 4. Petits appartements très propres, avec cuisine et vue imprenable sur la baie de Kapsali.

Hydragogio : *à l'extrémité de l'anse, côté droit. ☎ 27-36-03-10-65. Mai-sept. Env 12-15 €/pers.* Tenu par un jeune couple. Sous une treille, dans une vieille maison de pêcheur. *Briam* (ratatouille parfumée à la menthe), moussaka végétarienne, *caponata*. Également du poisson.

@ **Crêperie Vanilia :** *☎ 27-36-03-18-81. Tlj mai-sept ; le reste de l'année, slt le w-e.* Un couple de Français installé sur l'île propose, outre d'excellentes crêpes (on vous recommande la chocolat-amandes), un choix de bières belges, histoire de changer des 3 bières systématiquement proposées en Grèce.

@ **Kalokairino :** *☎ 27-36-03-10-22. Avr-oct.* Un petit snack tenu par une Grecque et une Française. Bons petits déj et salades sortant de l'ordinaire grec.

MYLOPOTAMOS (*ΜΥΛΟΠΟΤΑΜΟΣ* ; 801 00)

Cité vénitienne en ruine, dont il reste quelques fortifications, deux petites églises (malheureusement fermées) et une porte avec le lion de saint Marc.

Où dormir ? Où manger ? Où boire un verre ?

Hotel Porfyrousa : *sur la place du village. ☎ 27-36-03-82-82. • porfyrousa.gr • Avr-oct. Selon saison, 80-140 €. Réduc à partir de 4 nuits.* Une adresse de charme dans un *archondiko* (maison de maître) : 2 studios avec mezzanine et une suite-appartement pour 4 personnes, avec cheminée, ameublement traditionnel, mais aussi le confort moderne (kitchenette, TV...). La propriétaire, Éléni Mayirou, agronome de son état, vous proposera de goûter ses productions biologiques (huile d'olive, vin). Son établissement a obtenu un label « *bio-eco agrotouristic hotel* ».

Café-taverne O Platanos : *sur la place aux grands platanes. Juin-sept, midi et soir. Env 12 €.* Le midi, plats préparés, le soir également des grillades ou des viandes à la broche. Bons desserts maison.

Où manger dans les environs ?

Michalis : *dans le village de **Mitata**, à quelques km à l'est de Mylopotamos. ☎ 27-36-03-36-26. Tlj.* Installé depuis 1932 sur la petite place du village (très peu de circulation), le resto est tenu par la famille Michalis, qui propose une cuisine familiale réussie (spécialité de chevreau au vin rouge) préparée avec leur propre huile d'olive. Ambiance familiale sympa et cuisine ouverte sur la salle. Mais bon, vous êtes venu pour vous installer en terrasse, le long du parapet, d'où l'on a une très belle vue sur la vallée au soleil couchant sur l'église du village éclairée et délicieusement décatie, et sur les anciens absorbés dans leur partie de *tavli*.

À voir

La grotte d'Agia Sophia : *à 30 mn de marche du village. En été, mar, jeu, sam et dim 11h-15h ; mer et ven 16h-20h. Hors saison, prendre rdv (☎ 27-36-03-33-97). Entrée : 5 € (un peu cher).* Une petite église dans la grotte avec quelques fresques et, bien entendu, des stalactites et des stalagmites.

POTAMOS (ΠΟΤΑΜΟΣ ; 801 00)

Le plus gros village de l'île (350 habitants !), à 7 km d'Agia Pélagia. Belle place avec des pins. Très animé le dimanche matin, jour du petit marché *(Pazari)*. La route qui y mène est très belle. La végétation y reprend ses droits, après un gros incendie en 2007.
– **Fête :** *le 15 août.*

Où dormir ? Où manger à Potamos et dans les environs ?

Panarétos : *sur la place principale. ☎ 27-36-03-42-90. Tte l'année ; hors saison, fermé dim soir. Repas env 15 €.* Excellente cuisine, riche en saveurs et en variété. Plats traditionnels, mais aussi des recherches plus personnelles du jeune chef.

Appartements Filoxénia : *à Agia Pélagia. ☎ 27-36-03-38-00. • filoxenia-apartments.gr • Quand on vient du sud, juste à gauche après l'église en arrivant au niveau de la plage d'Agia Pélagia. Compter 110 € pour 2 en hte saison.* Vraiment à deux coups de tongs de la plage. Si l'ensemble n'est pas plus attirant que ça vu de l'extérieur, les 26 petits appartements, tous avec kitchenette et petit balcon (vue sur mer pour certains), sont joliment aménagés avec confort de façon sobre et contemporaine, et une large part laissée au blanc, au beige et au gris. Très bonne literie, rideaux de lin, linge fin, TV écran plat, petit coffre, sèche-cheveux... Dans la salle des petits déjeuners baignée de lumière qui surplombe la chouette petite piscine, un canapé et une grande table sur laquelle sont posés quelques jeux de société.

À voir à Potamos et dans les environs

Une petite **cascade** dans le village même (indiquée). En été, c'est juste une baignoire, mais elle est totalement ombragée.

Paliochora (Παλιοχωρα) **:** *à 9 km de Potamos. Prendre la route vers Chora et la quitter, 4-5 km plus loin, pour une piste, sur la gauche, qui permet d'atteindre les ruines de l'ancienne capitale de l'île.* Détruite en 1537 par le pirate Barberousse, elle n'a plus jamais été habitée par la suite. Petites églises byzantines à visiter.

LA ROUTE DE MONEMVASSIA À SPARTE

La route principale (par Skala et Krokées) est assez banale. Itinéraire bis possible : à 40 km de Monemvassia, quitter la route principale au niveau d'Apidéa pour rejoindre Géraki plus au nord. De là se déroule une route dans le moutonnement d'une mer d'oliviers, avec le mont Taygète en toile de fond. On tutoie ensuite un joli petit canyon rouge.
Si l'on remonte de Néapoli, second itinéraire bis possible : quitter la route principale à Démonia (7 km après Élika) comme si l'on allait à Plitra, mais continuer vers le nord, jusqu'à Asopos et Éléa. Là, on longe la mer : nombreuses petites criques sous des falaises ocre. Coin assez peu connu, sans villages ni hôtels.

SPARTE (ΣΠΑΡΤΗ) (231 00) 19 850 hab.

Autant le dire, n'imaginez pas trouver des temples à chaque coin de rue ni vous asseoir dans les cafés sur des chapiteaux doriques servi par quelque vestale en spartiates. Sparte est une ville moderne qui s'organise autour de deux avenues principales dont l'intersection marque la place centrale de la mairie, très vivante le soir. Sans être désagréable, la cité a peu d'atours. Mais ce qui vous amène à Sparte, c'est avant tout Mystra...

UN PEU D'HISTOIRE

Sparte restera dans l'histoire comme l'anti-Athènes. La ville, fondée vers le IXe s av. J.-C., a connu ce qu'on appellerait aujourd'hui un régime de « démocratie militaire » au fonctionnement complexe : il y avait tout d'abord deux rois – l'un, en temps de guerre (c'est-à-dire presque tout le temps !), conduisant l'armée, l'autre restant à la maison –, cinq *éphores,* représentant le peuple, contrôlaient les rois qui n'avaient pas grand pouvoir ; enfin, pour couronner le tout, siégeait la *gérousie,* sorte de sénat de 28 membres, réservé aux plus de 60 ans.

MÊME PAS PEUR ! MÊME PAS MAL !

Dans l'Antiquité, on a rapporté l'histoire d'un enfant qui, ayant dissimulé un renard volé sous sa tunique, eut la malchance de tomber sur le propriétaire de l'animal : il préféra se laisser dévorer le ventre par l'animal et mourir plutôt que d'avouer le vol... L'histoire semble avoir eu pour but d'illustrer combien ces Spartiates étaient courageux et donc dangereux, pour la démocratie athénienne.

La société était divisée en trois classes : les vrais Spartiates – s'appelant entre eux les *Égaux* – dont le nombre n'aurait jamais dépassé 9 000 et qui ne se consacraient qu'au métier des armes, suivant une éducation militaire et un mode de vie extrêmement rigoureux. Dès le plus jeune âge, la discipline était rude. On les obligeait à voler pour manger, sans toutefois se faire prendre. Chaque soir, les jeunes Spartiates prenaient le repas en commun avec le même menu : un brouet de porc noirâtre assaisonné de sang, de sel et de vinaigre. Ils ne cultivaient pas la terre, mais possédaient des esclaves pour le faire : les *hilotes.* Ceux-ci ne jouissaient évidemment d'aucun droit, vivaient dans la terreur et servaient de temps en temps pour les « crypties », véritables chasses à l'homme organisées pour entraîner et aguerrir ces chers petits Spartiates en herbe, comme un rite d'initiation. Entre ces deux classes se situait une classe moyenne, les *périèques,* qui s'adonnaient au commerce et à l'artisanat. Citoyens libres, ils pouvaient parfois entrer dans l'armée, mais n'avaient pas accès au pouvoir.
Avec un tel régime, on ne sera pas étonné que Sparte ait dominé si

UNE COURSE DE FADA

En 490 av. J.-C., lors de la bataille de Marathon, les Athéniens mandatèrent leur meilleur messager, Phidippidès, pour... accomplir un exploit. Deux versions divergent, engendrant deux épreuves sportives phares : Phidippidès aurait parcouru une quarantaine de kilomètres jusqu'à Athènes, pour annoncer la victoire avant de mourir d'épuisement (version à l'origine du marathon en 1896) ; plus fort, il aurait parcouru 250 km en 36h pour aller quérir l'aide des Spartiates (version reprise depuis 1983 pour le Spartathlon). Conclusion : à la télé, c'est moins fatigant...

longtemps le Péloponnèse. En 404 av. J.-C., Athènes, vaincue après 27 ans de conflit, acceptait de conclure un armistice qui consacrait l'hégémonie de Sparte sur le monde grec ; mais c'est seulement en mars 1996, 24 siècles plus tard (!), que prit fin officiellement et symboliquement la guerre du Péloponnèse avec la signature d'un traité de paix par les maires d'Athènes et de Sparte ; l'« oubli » est donc réparé. Sa défaite devant Thèbes à Leuctres, en 371 av. J.-C., après que toute la Grèce se fut coalisée contre elle, précipita la chute de Sparte. Il faut dire que, très sûrs d'eux, les Spartiates ne construisirent jamais de remparts pour protéger leur ville. Ils ne surent pas s'adapter à un monde en changement : fermés aux échanges avec l'extérieur, refusant la monnaie en argent et en bronze (étaient en usage à Sparte des brochettes en fer nécessitant des chariots pour les transporter !), leur influence déclina rapidement. Aujourd'hui, Sparte et son département sont, politiquement parlant, parmi les plus conservateurs de Grèce...

Arriver – Quitter

En voiture

Bon à savoir : dans le centre-ville, dans le périmètre autour de la place centrale, le stationnement est payant *(tlj sf dim 8h-15h, 1 €/h)*. Le ticket est en vente dans les kiosques. Mais personne ne paie...

En bus

🚌 ***Gare routière :*** *23, odos Lykourgou.* ☎ *27-31-02-64-41. À 1 km de la place centrale (au bout de l'axe central, à l'opposé de la direction de Mystra).*

➢ ***De/vers Athènes, via Argos et Corinthe (Isthmos) :*** 9 bus/j., 6h-20h. Env 3h30 de trajet.

➢ ***De/vers Gythion :*** 6 bus/j., 9h-21h15.

➢ ***De/vers Monemvassia :*** 3 bus/j. (2 le dim), 11h45-20h30.

➢ ***De/vers Mystra :*** 8-10 bus/j. (3 slt le dim), 7h20-20h20. La plupart des bus pour le site font un arrêt au carrefour principal en plein centre-ville, au pied du *Maniatis Hotel* (kiosque d'infos et de vente sur place). Les bus vont jusqu'au resto *Xenia* (proche de l'entrée basse du site), certains (lun-mer) montent à l'entrée haute du château. Tous repartent vers Sparte 15 mn après leur arrivée à Mystra.

➢ ***De/vers Nauplie :*** 9 bus/j. (bus d'Athènes). Avec changement à Tripoli ou Corinthe.

➢ ***Vers Kalamata :*** 2 bus/j. (1 slt le dim), 9h-14h30. Changement en pleine montagne. Assez long.

➢ ***Vers Aréopolis :*** 2 bus/j., 9h-17h.

➢ ***Vers Géroliménas :*** 3 bus/j. (2 le dim), 10h30-17h30.

➢ ***Vers Néapoli :*** 5 bus/j. (3 le dim), 7h-19h30.

➢ ***Vers Pyrgos :*** 2 bus/j., 9h-11h25.

Adresses utiles

✉ ***Poste :*** *84, odos Archidamou ; la 4e rue à droite après le musée.*

■ ***Banques :*** *dans le centre-ville.* Distributeurs à foison.

■ ***Photo Shop V. Georgiadis :*** *136, odos Lykourgou. Tlj sf dim 8h-14h, 18h-21h.* Ce magasin de photo à l'ancienne vend des topoguides et cartes de randonnées à faire dans la région, notamment aux alentours du mont Taygète.

@ ***Lathaz Internet Café :*** *130, odos Lykourgou.* ☎ *27-31-08-30-16. Tlj 7h30-23h.* Nombreux ordis, ainsi que des billards et autres tables de jeu. Tous les cafés du centre proposent par ailleurs une connexion wifi gratuite à leurs clients.

Où dormir ?

On aimerait bien vous dire que l'hôtellerie spartiate est géniale et douillette, histoire d'illustrer le paradoxe grec... Manque de chance : très peu de choix et aucune adresse charmante à l'horizon. Quant aux chambres à louer, elles ne font pas partie du paysage.

De prix moyens à plus chic

Cecil Hotel : *125, odos Paléologou (à l'angle de Thermopylon). ☎ 27-31-02-49-80. • hotelcecilsparta@gmail.com • À 200 m du carrefour central, direction Tripoli. Double 45 €, petit déj compris.* Petit hôtel de centre-ville assez soigné. Les 12 chambres climatisées sont bien entretenues, quoique sans éclat particulier. Vue sur le mont Taygète pour celles à l'arrière. Bon accueil de Katérina et de Yiannis (qui parle le français). Une option correcte pour une étape spartiate.

Maniatis Hotel : *72-76, odos Paléologou (fait l'angle avec odos Lykourgou). ☎ 27-31-02-26-65. • maniatis hotel.gr • Double 70 € selon saison, avec petit déj ; réduc selon le taux de remplissage.* En plein centre, on entre par un lobby très moderne (style design) et chic. Les chambres sont plus banales, mais restent confortables. Au rez-de-chaussée, une cafétéria au décor tout aussi design que le hall. Pour les uns, c'est branché, pour les autres, c'est juste froid...

Où manger ?

Très bon marché

Pas beaucoup de « vrais » restos, mais des phalanges de fast-foods locaux ont colonisé le centre avec leurs *souvlakia, gyros* et pizzas. Par exemple :

Boulas : *90, odos Thermopylon. ☎ 27-31-08-92-51. À 200 m au nord du carrefour central (rue partant du Cecil Hotel). Tlj. Gyros, souvlakia, etc. 2-7 €.* Quelques tables sur le trottoir ou dans une jolie salle en pierre mais aux odeurs tenaces.

De prix moyens à plus chic

Diethnès : *105, odos Paléologou. ☎ 27-31-02-86-36. À 50 m du carrefour central, sur la gauche. Tlj. Plats 5-9 €.* Petit resto classique qui présente l'avantage d'avoir un agréable petit jardin d'oliviers et d'orangers sur l'arrière, pour un repas au calme. Moussaka, porc aux aubergines, bœuf en ragoût... servis avec le sourire.

En Xatiri : *27, Panagiotou Chrysikou. ☎ 27-31-02-66-77. À 1 km au sud du croisement central, par la route de Gythion, tourner à droite à la station Shell. Tlj. Mezze 4-7 €.* Petite table dans une ruelle à l'écart du brouhaha du centre. Parfait pour faire le plein de *mezze,* frais et plutôt originaux. Et puis, pour une fois, les légumes semblent plus à l'honneur que les viandes !

Dionysos Garden : *à env 1 km de la ville, route de Mystra. ☎ 27-31-02-50-50. Tlj sf dim et lun soir. Plats env 7-15 €.* Bonne cuisine. Grande terrasse abritée de parasols en canisses. Beaucoup de groupes, en revanche. Parfois, le soir, quelques musiciens viennent jouer des morceaux genre *O sole mio* en grec ! Ce n'est pas ici que le serveur prendra le temps de faire un brin de causette avec vous. Mais Nina, la patronne, est d'un bon accueil. Goûtez au poulet Dionysos (au four).

Le restaurant du ***Maniatis Hotel*** (voir plus haut « Où dormir ? ») sert une cuisine de qualité à prix légèrement élevés *(plats 8-16 €).* Cadre plutôt glacial, mais on y mange mieux que dans la plupart des tables du centre-ville, c'est l'essentiel !

Où boire un verre ?

Plein de cafés et boîtes branchés à la déco sophistiquée et à forts décibels sur la place de l'hôtel de ville et sur odos Paléologou (notamment ***Antique,*** au n° 51).

Café-club Ministry : *84, odos Paléologou ; à l'angle de Kléomvrotou.* Jolie salle reconstituant une sorte de théâtre à l'italienne. Mais c'est en

LE PÉLOPONNÈSE

terrasse que la partition se joue, sur fond de musique électro. Clientèle jeune et agréablement vivante. On regrette juste d'être le seul à ne pas avoir droit aux bises amicales des Diane et Apollon de passage.

Karma Café : *à proximité du Ministry, dans la ruelle Kléomvrotou.* Notre café branché préféré avec terrasse, musique dans le vent (pas trop forte) et carte de cocktails. Pour les amateurs de sports et clips sur écran géant, voir le bar d'à côté dans cette même *rue de la soif.*

À voir

Le Musée archéologique : *odos Évrotas, dans le parc à l'angle des rues Gémistou et Lykourgou, en plein centre. ☎ 27-31-02-85-75. Tlj sf lun 8h30-15h. Entrée : 2 € ; réduc.* Sis dans un jardin agréable, frais et reposant, il mérite une visite. Belles mosaïques provenant de villas romaines ou hellénistiques. Remarquez la scène où Persée décapite Méduse, un buste de guerrier spartiate (490 av. J.-C.), de petits bas-reliefs en terre cuite, des masques de théâtre en argile, une amusante collection de minifigurines en métal (chevaux, guerriers, musiciens, etc.). À gauche, dans une vitrine, petits bronzes de très grande qualité, bijoux. Dans la mezzanine : poteries de la période mycénienne (autour de 1500 av. J.-C.), grandes amphores royales, animaux votifs, stèles funéraires, qui proviennent, pour beaucoup, du site de Pellana.

Le musée de l'Huile et de l'Olive : *129, odos Othonos & Amalias ; très bien signalisé. ☎ 27-31-08-93-15. ● piop.gr ● De mars à mi-oct, tlj sf mar 10h-18h (17h en hiver) Entrée : 3 € ; réduc.* Aménagé dans l'ancien bâtiment de la compagnie d'électricité de Sparte. L'histoire de l'olive et de son huile à travers les âges, bien sûr, ses différentes utilisations, et l'évolution de son exploitation industrielle en Grèce. On y apprend, entre autres, que l'olive faisait déjà partie du régime alimentaire de l'homme préhistorique. Au rez-de-chaussée et dans la cour, belle exposition de presses allant de la période post-byzantine jusqu'au milieu du XXe s. Un musée intéressant qui plaira aux enfants pour ses nombreuses maquettes motorisées permettant de comprendre le cycle de fabrication de l'olive et de ses produits dérivés, notamment le savon.

DANS LES ENVIRONS DE SPARTE

Le mont Taygète *(Ταυγετος Ορος)* **:** point culminant du Péloponnèse (2 407 m), il a façonné la vie de la région depuis des siècles. Il est conseillé d'acheter la carte de *Road Editions* qui couvre tout le massif montagneux. Le pèlerinage annuel à son sommet pour la fête du prophète Ilias, le 20 juillet, montre son importance symbolique.

MYSTRA (ΜΥΣΤΡΑΣ) (231 00) 830 hab.

Oh ! la merveilleuse ville fantôme, située dans un cadre extra. Avouons que les Francs avaient du goût pour trouver les sites et, comme à Monemvassia, on reconnaît bien là le génie de Guillaume de Villehardouin (encore lui !). C'est lui, en effet, qui choisit de construire un nouveau château en 1249 pour contrôler la région.

S'il est une période bénie des dieux, c'est avril-mai, quand la nature en fleurs baigne l'immense plaine de Sparte de la palette des tons mauves des arbres de Judée épanouis. Un spectacle enchanteur. En été, l'herbe est bien brûlée et

la visite aux heures les plus chaudes de la journée est pénible. Alors privilégiez d'y aller tôt, pour profiter de la fraîcheur et parcourir les ruelles, entre les fantômes de maisons qui bruissent encore des lointains bruits de la vie médiévale.

UN PEU D'HISTOIRE

Après les avoir fait bâtir, Guillaume de Villehardouin, seigneur franc de l'Achaïe, dut céder Monemvassia et Mystra, en guise de rançon. Son vainqueur, Michel VIII Paléologue, empereur de Byzance, s'empressa d'enrichir la ville de magnifiques églises byzantines.
Elle garda son nom de Mystra (dérivé de « maîtresse » en patois français, ou bien du fromage grec *myzithra*) et devint une véritable capitale régionale. Ce « despotat » compta jusqu'à 20 000 âmes et fut un haut lieu des arts, des lettres et de la philosophie, avant de tomber dans les mains des Turcs en 1460, suivis des Vénitiens, puis re-Turcs, avant d'être incendié par les Russes, puis par les Albanais (vous suivez ?). Alors la cité déclina vite. Seules les églises toujours quasi intactes témoignent de cette période fastueuse, contrastant avec les vestiges des maisons seigneuriales pourtant construites au même moment. La ferveur et la foi des fidèles auront sauvé ces chefs-d'œuvre de la ruine.

Arriver – Quitter

En bus

Mystra est à 5 km de Sparte.
➢ ***De/vers Sparte :*** 8-10 bus/j., 7h20-20h20 (3 slt le dim, le 1er à 9h de Sparte). Les bus vont jusqu'au resto *Xenia* (500 m de l'entrée basse du site), certains (lun-mer) montent à l'entrée haute du château. Tous repartent vers Sparte 15 mn après leur arrivée à Mystra. Billets à bord.
➢ ***De/vers Kalamata :*** 2 bus/j. (1 slt le dim). La ligne reliant Sparte à Kalamata passe par Mystra. Changement en pleine montagne. Assez long.

Où dormir ? Où manger ?

Campings

⩓ |●| ***Camping Castle View :*** *à la sortie de Mystra, sur la route de Sparte.* ☎ *27-31-08-33-03.* • *castleview.gr* • *Avr-oct. Env 20 € pour 2 avec tente et voiture. Bungalow pour 2 pers 25 €, 3 pers 35 €.* Agréable et bien tenu. On campe sur de l'herbe (certes un peu cramée en été) et l'ombre est relativement limitée, mais la belle piscine compense tout cela. Propose aussi 3 bungalows en dur et un appartement (cher). Bonne taverne avec vue sur le château franc *(plats copieux 7-10,50 €).* Minimarché. Bus réguliers pour Sparte ou le site, arrêt devant le camping. L'accueil, en revanche, est un peu sec.

⩓ |●| ***Camping Paléologio Mystras :*** *à 2 km de Sparte sur la route de Mystra.* ☎ *27-31-02-27-24.* • *alexiaba@hotmail.com* • *Entrée par la station-service. Selon saison, 19-21 € pour 2 avec tente et voiture.* On plante sa tente sous de petits orangers dans l'un des 2 espaces herbeux, derrière une station-service-bar-snack un peu triste. Sanitaires corrects, machines à laver, coin cuisine et épicerie. Piscine à l'entrée du camping, entre quatre murs. Service de minibus privé (en saison) pour Sparte et Mystra. L'accueil chaleureux et en français est le meilleur atout de ce camping au tarif surévalué.

De prix moyens à plus chic

⌂ |●| ***Mystras Inn :*** *sur la place centrale du village.* ☎ *27-31-08-26-66.* • *mystrasinn.gr* • *Double 55 €, familiale 65 € ; petit déj inclus. Au resto,*

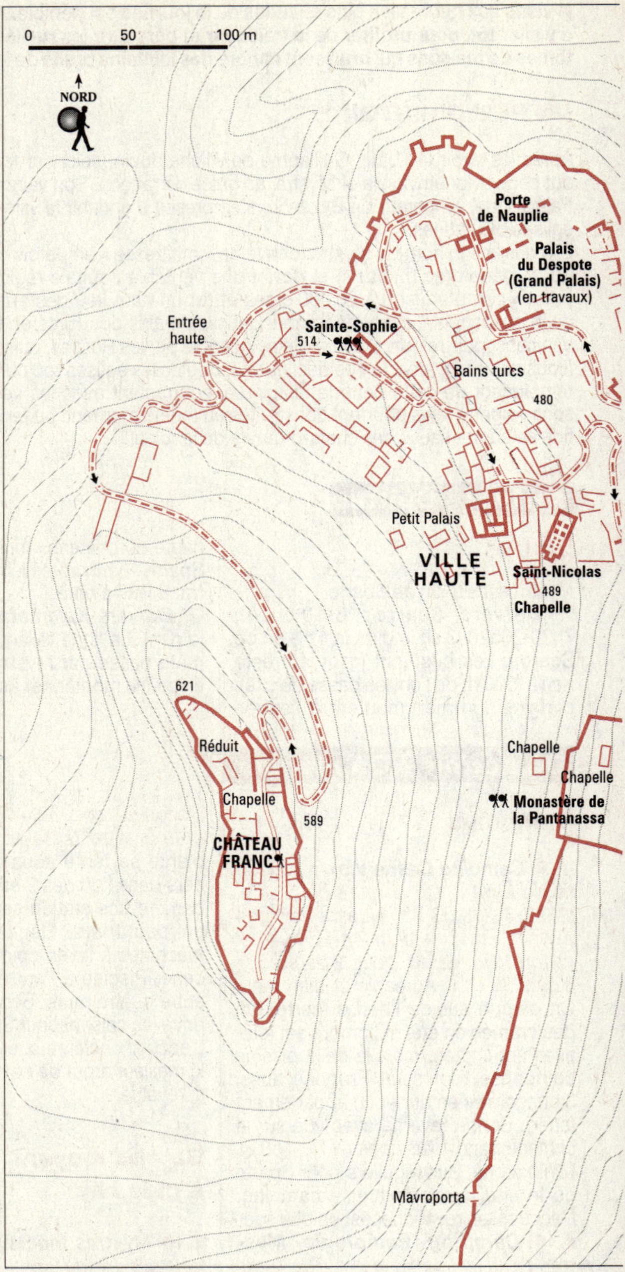
0
50
100 m
NORD
Porte
de Nauplie
Palais
du Despote
(Grand Palais)
(en travaux)
Entrée
haute
Sainte-Sophie
514
Bains turcs
480
Petit Palais
VILLE
HAUTE
Saint-Nicolas
489
Chapelle
621
Réduit
Chapelle
589
CHÂTEAU
FRANC
Chapelle
Chapelle
Monastère de
la Pantanassa
Mavroporta

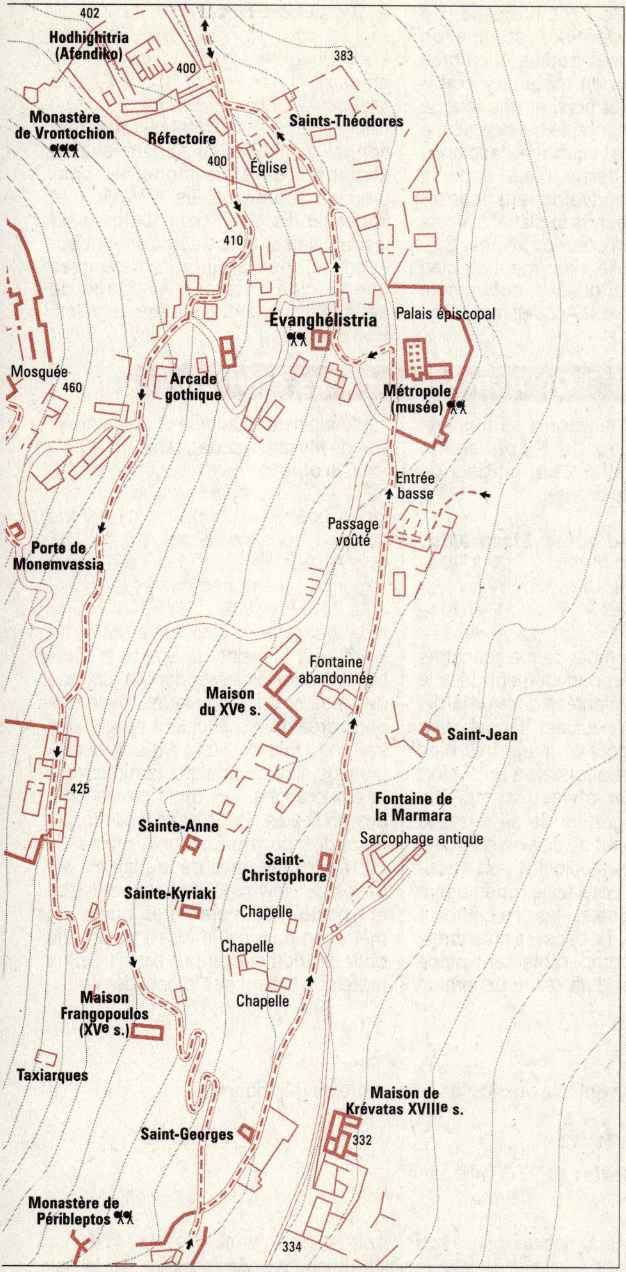

LE SITE DE MYSTRA

plats 8,50-10 €. L'auberge de campagne modernisée comme on les aime, avec ses petites chambres soignées bâties en matériaux traditionnels (pierre et bois) et une touche de déco contemporaine qui donne une jolie atmosphère : charme à l'ancienne et confort moderne main dans la main ! Resto convainquant (certainement le meilleur de la place) avec sa terrasse en plein cœur du village. Cuisine traditionnelle avec mention bien pour les viandes grillées, notamment un fameux porcelet. Accueil familial au petit soin.

Byzantion Hotel : *au centre du village. ☎ 27-31-08-33-09. • byzantionhotel.gr • Avr-oct. Réserver en mi-saison, car l'hôtel accueille des groupes. Double 50 €, familiale 70 € ; petit déj inclus.* Hôtel plutôt impersonnel de l'extérieur. En revanche, chambres de style moderne, spacieuses, confortables (TV, AC) et impeccables, avec pour toutes (sauf les familiales) un balcon donnant sur le site. Super jardin à l'arrière avec une piscine, le grand avantage de cet établissement. Location de vélos. Bon accueil.

Où dormir ? Où manger dans les environs ?

Les 2 adresses suivantes se trouvent dans le hameau de ***Pikoulianika,*** à 8 km de Mystra, 2 km au-delà de l'entrée haute du château.

Chambres d'hôtes Mazarakis : *au centre du hameau. ☎ 27-31-02-04-14. • xenonasmazaraki.gr • Doubles 85-95 € selon saison ; suites 95-150 € selon taille et saison.* Un ensemble de maisonnettes en pierre et bois, parfaitement dans le style du village, plantées dans un jardin en pente. L'intérieur est décoré avec beaucoup de goût et marie très bien les matériaux traditionnels à un confort moderne et un style décomplexé. Chacun étant gratifié de sa terrasse privée et d'un bout de cuisine (très bien équipée pour les studios). Il y en a pour tous les goûts côté taille, orientation, équipement intérieur... les prix grimpant à l'avenant. AC, TV dans les chambres. Le site est incomparablement placé pour embrasser d'un œil le panorama sur la plaine de Laconie et de l'autre le site de Mystra. Accueil gentil.

Chromata : *en arrivant dans le hameau, prendre la 1re ruelle à gauche (au niveau de la chapelle) ; ça grimpe sérieusement en lacets sur 200 m. ☎ 27-31-02-39-95. Tlj en été ; hors saison, slt le soir mer-sam et le midi le w-e. Résa conseillée. Plats 8-14 €. Vins locaux pas chers.* Une vue à couper le souffle sur la plaine de Sparte et Mystra. Une carte à classer dans la rubrique des restos gastronomiques, avec des plats créatifs qui évoluent au gré des saisons : foie de bœuf frit aux champignons, filet de poulet à la mozzarella et aux oranges. Les œufs proviennent des poules en liberté dans le jardin, les fromages du producteur à moins de 100 m, les légumes de la plaine... les bases du *slow food* en somme. Nicos et Apostolis se mettront en quatre (et même en huit, s'il le faut !) pour vous offrir un moment de pur plaisir. On ne regrette vraiment pas le petit détour !

Le site

Sans conteste un must de votre visite du Péloponnèse.

Infos pratiques

– **Renseignements :** *☎ 27-31-08-33-77.*
– **Horaires :** *avr-sept, tlj 8h-20h (15h hors saison). Compter 3-4h pour la visite complète.*
– **Tarifs :** *5 € ; réduc ; gratuit pour les moins de 18 ans et les étudiants de l'UE.*
– **Un tuyau :** il est épuisant de faire la visite du site en commençant par le bas et en montant jusqu'au château. Ceux qui sont véhiculés pourront monter jusqu'à l'entrée de la partie haute pour visiter l'église Sainte-Sophie et les ruines

du château, puis descendre en voiture à l'entrée principale (en présentant son ticket portant le tampon avec la date) pour visiter la partie basse. Sinon, certains bus (lun-mer) montent jusqu'à l'entrée haute, pratique pour faire la visite dans le sens de la descente et repartir de l'arrêt du café-resto *Xenia,* proche de l'entrée basse. Enfin, on pourra prendre un taxi de l'arrêt de bus du village de Mystra *(☎ 27-31-08-34-50).*

– Quelques ***fontaines*** sur le site, notamment à l'église Métropole et au monastère de la Pantanassa.

Visite

🏛🏛 ***La Métropole*** *(cathédrale Agios Dimitrios)* ***et son petit musée :*** construite au XIIIe s, elle abrite de superbes fresques. Dans la nef, une jolie dalle sculptée, avec l'aigle byzantin couronné à deux têtes, indique le lieu exact où, selon la légende, Constantin Paléologue fut sacré dernier empereur de Byzance en 1448 : Byzance et l'Empire byzantin tombèrent 5 ans plus tard. Dans le tout petit musée ultramoderne du 1er étage, quelques pierres sculptées, de très beaux manuscrits du XIVe s, des fresques, des poteries, bijoux, fragments de cheveux et vêtements. Panneaux explicatifs en anglais. Quant à la cathédrale, elle est recouverte d'inscriptions retraçant les registres de comptes de propriété...

🏛🏛 Juste au-dessus, l'***église de l'Évanghélistria*** *(Vierge-de-l'Annonciation).* Quelques vestiges de fresques également, datant vraisemblablement du XVe s, difficiles à distinguer. Citons pour exemple la peinture ornant la voûte qui représente le *Christ Pantocrator* entouré d'anges.

🏛🏛🏛 ***Le monastère de Vrontochion :*** dans son enceinte, ne manquez pas la superbe *église de l'Hodhighitria (Afendiko).* Architecture intérieure fort intéressante : au rez-de-chaussée, construction à trois nefs comme dans les églises gothiques ; la partie supérieure étant bâtie selon un plan cruciforme respectant les canons de la tradition byzantine. Jolies fresques murales, supposées être l'œuvre de peintres de Constantinople, qui rappellent les miracles du Christ. Elles datent de la deuxième décennie du XIVe s.

🏛🏛 ***Le monastère de Péribleptos :*** *fermé certains j. en hiver lorsque le site est en manque de gardiens.* Situé au pied de la montagne, aux confins du site, près du rempart. Emprunter le chemin qui part le plus à gauche à partir de l'entrée. On croise d'abord, à main droite, une jolie fontaine abandonnée. En arrière-plan, maison du XVe s avec encorbellement de pierre. Au premier plan s'élève l'élégante chapelle Saint-Georges. Le monastère, quant à lui, date du XIVe s. Cadre exceptionnel, accroché à une paroi rocheuse au milieu d'une dense végétation. Grosse tour crénelée dominant le rempart de ville. Lignes architecturales harmonieuses. Décor exquis des ouvertures et frises en brique. Église en forme de croix grecque classique (mais sans narthex). À l'intérieur, les plus belles fresques de Mystra. Couleurs superbement préservées, bien qu'ayant été appliquées entre 1348 et 1380 ! Elles font défiler la destinée de la Vierge et la passion du Christ que l'on découvre à toutes les périodes de sa vie. Entre autres fresques intéressantes : sur la voûte de la nef, la *Cène* et *L'Entrée à Jérusalem.* Dans le chœur, la Vierge dominée par le Christ en majesté avec les quatre évangélistes. À gauche du chœur, la *Dormition.* En face, admirable *Descente de croix* sur la voûte (anges particulièrement... angéliques).

🏛🏛 ***Le monastère de la Pantanassa :*** encore habité par d'aimables religieuses. Tenue correcte exigée. Fondé en 1428 par Ioannis Frangopoulos, « Premier ministre » du despotat. Selon des inscriptions à l'intérieur de l'église, son fondateur l'aurait érigée en l'honneur de la très Sainte Mère de Dieu *(Pantanassa),* qui lui aurait été de quelque protection. L'église et son clocher combinent des styles byzantin et gothique. À l'intérieur, beau portrait de *Manuel Chatzikis,* datant du

XVe s. Remarquez les ex-voto, ces petites plaques de métal sur lesquelles sont dessinés les objets de sa requête : fiancé(e), guérison d'une jambe...

Le palais du Despote : *fermé pour travaux jusqu'en 2015.* Après la visite de la Pantanassa, et une fois franchie la porte de Monemvassia, percée dans une double enceinte du XIIIe s, on aperçoit ce gigantesque palais qui fait l'objet d'une rénovation impressionnante. Difficile d'imaginer que ce superbe bâtiment n'était qu'une ruine avant sa reconstruction lancée grâce aux fonds internationaux de l'Unesco ! D'ailleurs, à ce jour, le palais est encore fermé pour travaux et son accès est bloqué. En musardant sur la gauche, vous parviendrez à la ***porte de Nauplie,*** flanquée de deux tours, bel échantillon d'architecture militaire. Malheureusement, encore en travaux pour une durée indéterminée.

L'église Sainte-Sophie *(Agia Sophia)* **:** édifiée au XIVe s, en forme de croix grecque simple. Bel appareillage de pierre et brique. Grand narthex avec coupole (les trois arcades de l'ancienne entrée sont désormais murées). Nef à deux colonnes de marbre et transept à coupole. Quelques vestiges significatifs de fresques. Christ en majesté dans l'abside du chœur. Dans la chapelle de droite, une *Nativité de la Vierge* très embourgeoisée (grand lit blanc brodé). Dans une tombe du portique nord ont été retrouvés des restes de vêtements et de la chevelure d'une princesse de Mystra, exposés au musée de la Métropole.

Le château franc : il vous fournira l'occasion d'une belle grimpette à partir de la ville haute (eau et chapeau conseillés), et un splendide panorama sur la plaine de Sparte. Uniquement pour les points de vue, car il ne reste rien à l'intérieur !

Fête

– ***Grande fête :*** *fin août.* Marché, musique, danses, *bouzouki* et orchestre populaire.

GYTHION (ΓΥΘΕΙΟ) (232 00) 4 300 hab.

Gythion est situé à 43 km au sud de Sparte, dont elle fut le port. Une récente route de contournement a réduit le trafic routier, laissant désormais plus de quiétude aux touristes en goguette. La ville révèle des maisons pittoresques, notamment dans la rue sur les hauteurs, parallèle au port où subsistent encore de rares vieilles bâtisses de pêcheurs aux balcons de bois vermoulus (enfin, de moins en moins, rénovations obligent). Toute la vie est concentrée sur le quai et sur la place centrale, très vivants et animés le soir. Les romantiques songeront que jadis, après l'avoir enlevée, Pâris a mené là Hélène, sur Kranaï, l'îlot à droite du port.

Arriver – Quitter

En bus

Station de bus KTEL : *billetterie et infos dans le snack juste à côté de l'Alpha Bank. ☎ 27-33-02-22-28. Tlj 5h30-20h30.*

➢ ***De/vers Sparte puis Athènes :*** 5 liaisons/j., 7h30-19h.

➢ ***De/vers Aréopolis :*** 4 bus/j. 10h15-18h30 ; le 1er poursuit vers ***Pyrgos*** (et les *grottes de Dirou*), les 3 suivants descendent jusqu'à ***Géroliménas***.

➢ ***De/vers Kalamata, via Sparte ou Aréopolis :*** 2 bus/j., moyennant un 2e changement à Itilo pour celui passant

par Aréopolis. Plus rapide par Sparte.
➢ ***Vers Skala et Monemvassia :*** possible via Sparte, mais le mieux, si vous le pouvez, est de prendre un taxi jusqu'à Skala.

En bateau

Le jour du passage du ferry changent chaque année. Se renseigner soit auprès des autorités du port *(☎ 27-33-02-22-62)*, soit à l'agence *Rozakis Travel*, sur le quai *(☎ 27-33-02-26-50 ou 22-07 ; • rozakigy@otenet.gr • ; 9h-13h30, 17h-20h ; dim selon horaires des bateaux).* Très serviable. Loue également des voitures.
➢ ***Vers Cythère puis Kissamos*** (en Crète) ***:*** 1 liaison/sem, tte l'année ; le mercredi à 15h30 (en 2014).

Adresses utiles

✉ ***Poste :*** *odos Ermou, la rue par laquelle on arrive de Sparte, 50 m avt le front de mer. Lun-ven 7h30-14h30.*
■ ***Banques :*** *distributeur à l'**Alpha Bank**, à côté de l'arrêt de bus à l'entrée du port. Une autre banque juste en face et la **National Bank of Greece** de l'autre côté de cette même place.*
■ ***Presse internationale :*** *dans la boutique de souvenirs, au pied de l'*Aktaion Hotel.
@ ***Internet Veritsa II :*** *dans une petite rue à gauche après la* National Bank of Greece *(tlj 10h-1h).*
■ ***Prêt de vélos municipaux :*** *rens au kiosque sur le quai.* Gratuit pour une durée de 5h (pièce d'identité demandée).

Où dormir ?

Pour les campings, se reporter plus loin à la plage de Mavrovouni.

Bon marché

Chambres chez l'habitant, chez Voula Karlafti : *sur le quai en allant vers Aréopolis, une grande bâtisse aux volets marron. ☎ 27-33-02-27-19 et 27-33-02-29-91. Double 30 €.* Modeste pension tenue par Voula. Accueil adorable. Les chambres sont correctes, malgré le mobilier désuet. Vu les prix, on ne va pas trop se plaindre ! Cuisine commune à la disposition des hôtes, avec frigo. Depuis les chambres du front de mer, très belle vue sur l'îlot Kranaï.
Chambres chez l'habitant, chez Mme Andréakou : *après la précédente, une maison rose face à l'accès à l'îlot. ☎ 27-33-40-08-19. Double 30 €.* Accueil souriant, mais difficile de se faire comprendre par la vieille dame qui s'en occupe. 3 chambres avec AC, TV, balcon et vue sur l'îlot Kranaï. Sanitaires exigus où l'on prend la douche quasiment un pied sur le w-c... Celle au bout du couloir est plus grande et mieux tenue. Cuisine à dispo au 2e étage.

Prix moyens

Saga Pension : *sur le quai, en direction d'Aréopolis. ☎ 27-33-02-32-20. • sagapension.gr • Tte l'année. Doubles avec sdb 35-50 € selon saison et vue. Petit déj 8 €. Plats env 8-22 €. Sur présentation de ce guide, apéro offert pour tt repas pris au resto.* Un petit hôtel familial tenu par une Finistérienne, Odile, installée en Grèce depuis une trentaine d'années. Elle saura vous tuyauter sur les jolis coins. Le prix de la gentillesse lui a été décerné par plus d'un lecteur ! Ses chambres sont joliment décorées, avec vue sur la mer (et double vitrage, la rue est bruyante). Tout confort (jugez) : balconnet, AC et ventilo de plafond, TV, frigo et sèche-cheveux. Petite réduc de 5 € pour celle sur l'arrière. Notre hôtel préféré à Gythion.
Gythion Hotel : *33, odos Vassiléos Pavlou ; en bord de mer. ☎ 27-33-02-34-52. • gythionhotel.gr • Fin mars-fin oct. Selon saison, doubles 50-60 €, petit déj inclus.* C'est l'ancien bâtiment du club des commerçants du XIXe s, où fut joué le premier poker de Grèce, dit-on. La réception a des airs

troglodytiques, un des murs laissant apparaître un rocher... 7 grandes chambres agréables avec vue sur le port et la mer, dont 4 avec balcon. Quelques familiales et 2 avec cuisine.

Aktaion Hotel : *39, odos Vassiléos Pavlou.* ☎ *27-33-02-35-00.* ● *aktaionhotel.gr* ● *Tte l'année. Doubles 40-60 € selon saison, petit déj inclus.* Grand bâtiment néoclassique avec un joli hall surplombé par des amphores antiques en vitrine. Une vingtaine de chambres confortables (AC et TV) mais banales et un brin vieillottes. En revanche, toutes ont un balcon avec vue sur le port et la mer. C'est correct, mais pas ébouriffant non plus, et le petit déj est d'une étonnante pauvreté pour un hôtel de ce standing (autant le prendre ailleurs !).

Où manger ?

Très bon marché

La Triplette (Η ΤΡΙΠΛΕΤΑ) **:** *dans la ruelle entre la* National Bank of Greece *et le café* Corner, *donnant sur la place de l'arrêt de bus.* ☎ *27-33-02-51-47. Tlj sf dim jusqu'à 15h. Plat unique 3 € !* Sympathique bistrot populaire décoré de vieilles photos et de maquettes de bateau où les autochtones, toutes classes confondues, viennent se remplir la panse d'une brochette de porc, accompagnée d'une pita frite à l'huile et de fromage local. Un lieu plein d'authenticité !

Pour un repas de *gyros* sur le pouce, terrasse agréable au ***Masouleri Kokkalès*** *(sur la place centrale ;* ☎ *27-33-02-48-24),* mais ceux du snack moderne sur le quai *Souvlaki Mou* (entre l'*Aktaion Hotel* et *Panthéon*) sont meilleurs.

Prix moyens

Resto de Saga Pension : *voir plus haut « Où dormir ? ».* ☎ *27-33-02-13-58. Tlj. Plats env 8-22 €, poisson 44-50 €/kg.* Indépendant de l'hôtel du même nom, le resto s'est construit une bonne réputation (méritée) : délicieux filets de sardines grillés, bonne soupe de poisson, mais aussi poulpe, poisson grillé, brochettes... À accompagner de légumes frais, cuits à la vapeur, et à déguster dans la jolie salle restaurée ou en terrasse sur le quai. Peut-être la meilleure table du coin. Service vraiment agréable.

Barba Sideris : *à l'extrémité du quai, vers la gauche quand on regarde la mer.* ☎ *27-33-02-24-76. Plats 6-12 €, poisson cher.* Un resto à vocation touristique qui a tout misé sur le cadre : à l'intérieur, un bric-à-brac d'objets agricoles, roues de chariot et vieux instruments de musique. De l'autre côté de la rue, en bord de mer, une vaste terrasse couverte et plutôt sympatoche. Malheureusement, la cuisine ne casse pas trois pattes à un canard.

Où boire un verre ?

Café-club Nissous : *au bout de la digue qui mène à l'îlot Kranaï, juste avt* To Nissaki. *Slt le soir et en juil-août.* Terrasse bleu et blanc surplombant la mer. Musique variée. Apprécié des jeunes locaux, malgré l'accueil peu chaleureux.

Quelques ***« cafés lounge »*** sur le quai, qui rivalisent de décors flatteurs. Animés l'été.

À voir. À faire

Le théâtre antique : *à l'angle de la poste, prendre tt droit jusqu'à la caserne et tourner à gauche devant le planton.* Juste devant une caserne militaire. Ça casse un peu le romantisme, d'autant que l'accès à ce petit théâtre est quelques fois refusé.

Le Musée archéologique et d'art byzantin : *sur la place centrale de l'arrêt de bus, avant le port.* Un tout nouveau musée dont l'ouverture était programmée lors de notre dernier passage pour 2015.

Le musée de Karaghiozis (théâtre d'ombres) : *à l'extrémité du quai, vers la gauche quand on regarde la mer, dans la rue face au stade (fléché). Visite sur rdv-vous slt, à prendre auprès de la femme de Giorgios Hassanakos qui tient la boutique de souvenirs sur le quai, au pied de l'*Aktaion Hotel. *☎ 27-33-02-20-64. GRATUIT.* Monsieur Hassanakos est un personnage étonnant ! Passionné de *karaghiozis*, ce fameux théâtre d'ombres dont les origines remontent à la Chine, arrivé en Grèce au XIXe s après avoir été popularisé entre autres en Inde, Égypte et Turquie (pour plus d'informations, voir la rubrique consacré au *Karaghiozis* dans le chapitre « Hommes, culture, environnement »), il a monté dans son atelier un petit musée retraçant toute l'histoire de ce spectacle populaire, aujourd'hui quasi oublié. À travers environ 200 documents photographiques, illustrations, personnages en papier, en peau de chameau, de vache ou en plastique peint, on saura tout sur ces drôles de marionnettes. Sa visite commentée (en anglais), agrémentée de ses anecdotes humoristiques et de quelques démonstrations visuelles et sonores valent le coup ! Au passage, on pourra apprécier ses propres créations et ses caricatures, notamment celles de George Bush et de Papandréou.

Balade sur l'îlot Kranaï : c'est ici que Pâris et Hélène passèrent leur première nuit illégitime ! Un petit îlot romantique, propice à une balade agréable. Au passage, on appréciera l'architecture de la tour Tzanétaki, datant de 1829, qui servait de cadre au Musée ethnologique (aujourd'hui fermé), et à la pointe, le phare de 23 m, construit par un ingénieur français en 1873.

■ ***Ocean Surf Center :*** *sur la plage de Mavrovrouni (voir plus loin), avt le camping Meltémi. ☎ 27-33-02-43-92. • oceancafe.gr • Mai-sept. Compter 30 € pour 1h de cours particulier, 12-20 € pour une loc de matériel.* Théo et Stavos donnent des cours de windsurf et de kitesurf, en anglais. Ambiance détendue au pub du club : après l'effort, le réconfort...

Fête

– ***Festival des Marathonissia :*** *15 juil-15 août.* Concerts, représentations théâtrales à Gythion et dans les communes des environs (Aréopolis, Itilo...).

DANS LES ENVIRONS DE GYTHION

Mavrovouni (Μαυροβουνι) **:** *ce village prolonge Gythion au sud ; 4 km de route (5 bus/j. ou taxi pour env 7 €).* Les falaises, plutôt jolies, sont surmontées d'hôtels et d'appartements à louer qui n'ont pas franchement embelli le paysage. Un peu plus loin vers le sud, une grande et belle plage. Assez ventée, elle fera le régal des amateurs de windsurf et de kitesurf. Le front de mer est bordé d'hôtels et de tavernes, mais l'endroit reste fort agréable. Les prix flambent en août ; le reste du temps, c'est raisonnable.

Camping Meltémi : *☎ 27-33-02-32-60. • campingmeltemi.gr • Le plus proche de la ville. Avr-oct. Selon saison, env 19-21 € pour 2 avec tente et voiture. Bungalows pour 4-5 pers 50-60 € selon saison.* Immense mais loin d'être étouffant. Ombragé par 3 000 oliviers, paraît-il. Piscine d'eau de mer (en été), avec des dauphins assez kitsch pour toboggans. Épicerie bien approvisionnée. Bar, self (moyen) et grand espace cuisine avec frigo. Terrains de basket, tennis et beach-volley. Accès direct à la plage. Sanitaires nombreux et propres. Laverie. Bon accueil en français.

Camping Gythion Bay : ☎ 27-33-02-25-22. • gythiocamping.gr • Tte l'année. Selon saison, env 19,50-21,50 € pour 2 avec tente et voiture. Remise de 10 % sur présentation de ce guide. Grand camping en partie ombragé par des oliviers et quelques arbres fruitiers. Accès direct à la plage. Bien équipé : machines à laver, épicerie, resto-bar (juin-septembre), frigos, ping-pong, volley... et une superbe piscine toute neuve bordée de palmiers. Au total 3 blocs sanitaires, neufs également. Excellent accueil francophone.

Camping Mani Beach : juste après Gythion Bay. ☎ 27-33-02-34-50 ou 51. • manibeach.gr • Tte l'année. En saison, env 17-21 € pour 2 avec tente et voiture. Réduc de 10-20 % sur présentation du dépliant de la chaîne Sunshine. Agréable, entretenu avec soin et bien ombragé par des canisses et de la vigne vierge. Épicerie, self, bar-resto (en saison), douche et transats sur la plage, aire de jeux et location de windsurf. Super accueil, là encore.

Studios et appartements Resbithas : sur la plage de Mavrovouni, par l'entrée 2, à gauche. ☎ 27-33-02-34-40 ou 27-33-02-30-54. • mavro vouni.gr • Tte l'année. Env 30-50 € le studio pour 2 pers ; 50-80 € l'appart pour 4 pers. CB refusées. Situé au milieu d'un joli jardin fleuri planté d'oliviers, citronniers et palmiers (avec pots en céramique, des meules et un ancien puits) qui donne directement sur la plage, de beaux appartements et studios tout confort, dont 6 face à la plage. Le dynamique patron est toujours en train de bricoler pour améliorer ses apparts. Barbecue en commun. Vraiment sympa et d'un rapport qualité-prix remarquable.

Alkion Apartments : entrée 2 de la plage, à droite. ☎ 27-33-02-31-12. 69-77-64-13-17. • alkion-apartments.gr • Résa conseillée en été. Selon saison, compter 35-50 € pour 2 et 30-60 € pour 4 ; 50-80 € pour 6 pers dans une maisonnette dans le jardin. Appartements très propres, récents et tout confort (AC, kitchenette, TV satellite), donnant directement sur la plage, avec transats à dispo. Jeux pour enfants et café-bar dans un grand jardin. Accueil très gentil.

Kalypso Studios : à 1 km de Gythion, une des 1res maisons à gauche en entrant dans le village de Mavrovouni. ☎ 27-33-02-44-49. • glyberis@freemail.gr • Tte l'année. Selon saison, 35-55 € pour 2 et 45-65 € pour 4. Tenu par la très sympathique Petra, une Allemande qui vit là depuis plus de 20 ans. Appartements et studios récents et impeccables, répartis sur 2 bâtiments, avec clim, cuisine parfaitement équipée, grands balcons et vue magnifique sur la mer. On a une préférence pour ceux en contrebas du jardin, très au calme. Accès à une petite crique pour la baignade. Un bon rapport qualité-prix.

Taverna I Kyra Matila (chez Andréas) : sur la place principale, dans le haut du village. ☎ 27-33-02-52-50. Le soir slt, plus dim midi. Plats 6-11 €. Sympathique taverne de village avec une grande terrasse agrémentée de palmiers, cognassiers et lauriers. Copieuses spécialités de grillades, notamment le porc et les côtelettes d'agneau, servies avec de bonnes patates.

Demestichas Sotirios : sur la plage (au fond, à droite quand on accède par l'entrée 2). ☎ 27-33-02-42-91. Tlj. Plats 6-10 €, poisson plus cher. On retient le lieu pour son emplacement à même la plage. Parfait pour caler un creux le midi, ou une petite collation du soir si l'on a élu domicile à Mavrovrouni. Ronde de *mezze*, poulpe frais, salades et autres classiques plats de taverne. Petit service sympa et sans chichis. Transats sur la plage pour la digestion.

Skoutari (Σκουταρι) **:** à 20 km de Gythion. Sur la route d'Aréopolis, fléché à gauche. Ici, on n'est pas loin du paradis. Plusieurs petites plages de sable encore sauvages (oui, vous avez bien lu !) et une tranquillité presque totale. Sur la plage principale, jetez un œil dans la mignonne chapelle byzantine (belles fresques et icônes).

Nombreuses ***chambres et apparts à louer*** dans la rue qui descend à la plage.

Skoutari Beach Resort : en

descendant vers la plage. ☎ 27-33-09-36-84 et 32-96. • skoutaribeach.gr • Juin-sept. Selon saison, env 40-50 € pour 2 et 65-75 € pour 4 ; petit déj 5 €. Appartements tout équipés (AC, TV, cuisine), spacieux et confortables. Jolies terrasses avec vue lointaine sur la mer et plage en contrebas après par un champ d'oliviers. Accueil attentionné et dévoué de Georgia.

Kavoulakos Studios : *en bord de mer, 200 m après le* Skoutari Beach Resort. *☎ 27-33-09-32-26. 📱 69-74-69-03-56. • kavoulakos-studios.gr • Mai-oct. Selon saison, 40-60 € pour 2-3 pers, sans petit déj.* Une demi-douzaine de petits appartements simples et fonctionnels, avec cuisine et terrasse qui donne sur la Grande Bleue. Le site est extra, au milieu d'un vaste jardin planté d'oliviers qui descend en pente douce jusqu'à la plage. Accueil très gentil.

Une petite ***épicerie*** (dans le centre du village), et 2 bonnes ***tavernes*** sur la plage, notamment l'*Akrogiali,* à droite, et sa jolie terrasse. On vous conseille de fréquenter le petit café-jardin de *Dimitri et Georgia,* au centre du village, avant la route de la plage à gauche.

Taverna Drosopigi : *dans le village de* ***Drosopigi,*** *à 4 km dans les terres. ☎ 27-33-09-32-83. Bon marché.* Une taverne toute en pierre et pleine d'authenticité, avec une vue extra sur la baie de sa terrasse. On y vient pour ses savoureuses viandes grillées, notamment d'excellentes côtelettes d'agneau.

➢ De Skoutari, on peut descendre directement sur le Magne, par une route magnifique à flanc de montagne qui surplombe la mer et rejoint Kotronas puis la côte est du Magne.

LE MAGNE (Η ΜΑΝΗ)

C'est l'une des plus belles régions du Péloponnèse. Notre coup de cœur dans cette partie de la Grèce. Des paysages désolés, sauvages et magnifiques (c'est le cas de le dire, dans le Magne...). En plus sec, un air de Connemara (en Irlande) : rocaille, grandes montagnes pelées battues par des vents violents, murets de pierre sèche et villages abandonnés (dont certains sont retapés, et pas seulement par des étrangers). La partie la plus jolie se situe entre Kokkala (côte est) et Géroliménas (côte ouest). L'été, l'eau manque souvent dans les villages, dont chaque maison, construite en forme de tour carrée massive, prend des airs de forteresse. Partout vous apercevrez ces tours (il y en aurait 800), qui servaient de refuge aux familles. Plus nombreuses encore sont les chapelles et les églises. Levez aussi les yeux vers les étranges girouettes à la silhouette de rapace...
Les habitants du Magne (Maniotes) descendent des Laconiens qui fuirent l'invasion slave. Ils se sont toujours caractérisés par leur esprit d'indépendance, que les maîtres de la Morée aient été francs, byzantins, turcs, slaves ou vénitiens et même grecs puisque, en 1834, le pouvoir athénien provoqua une révolte lorsqu'il décida d'empêcher la construction de nouvelles tours fortifiées. Il est vrai que 3 ans plus tôt, le premier gouverneur du jeune État grec avait été assassiné à Nauplie par deux Maniotes (vendetta...). Jusqu'à peu, la population était organisée en clans, sous la direction de chefs de village. Cette structure a quasiment disparu sous l'effet de l'émigration qui a contraint la jeunesse à quitter ces villages.

Transports

La région est difficile à visiter en bus ou en stop. L'idéal est de louer un scooter ou une voiture à Gythion ou à Aréopolis. Attention, en deux-roues, virages, cailloux et vent parfois violent sur la route handicapent dangereusement la balade... Et le premier hôpital (à Sparte) n'est pas tout près...

ARÉOPOLIS (ΑΡΕΟΠΟΛΙΣ) (230 62) 1 000 hab.

À 24 km au sud-ouest de Gythion. Porte d'entrée du Magne, l'ancienne *Tsimova* fut rebaptisée Aréopolis (ville d'Arès, dieu de la Guerre) pour claironner le caractère guerrier de ses habitants (!). Cette petite ville vaut le détour. Outre la place principale, franchement ratée, les vieux quartiers anciens comptent des maisons dont la belle architecture en pierre est mise en valeur par une restauration plutôt réussie. Notamment la place « historique » du 17-Mars-1821, où se trouve l'église des Taxiarques aux surprenants signes du zodiaque sculptés sur le mur extérieur de l'abside. Un chapelet d'autres chouettes églises s'égrène dans le village.

Arriver – Quitter

Station de bus : *à droite de la route principale, à la sortie nord du village. ☎ 27-33-05-12-29.*

➢ ***De/vers Géroliménas :*** 3 bus/j. Tlj, 12h-19h

➢ ***De/vers Gythion et Sparte :*** 4 bus/j., 8h-18h.

➢ ***De/vers Kalamata :*** 2 bus/j. en sem slt, 6h30-13h45, avec changement à Itilo (prévoir un peu d'attente).

Adresses utiles

✉ ***Poste :*** *en face de l'*Hotel Mani. *Lun-ven 7h30-14h.*

■ ***Distributeur automatique :*** *dans un kiosque de la* ***National Bank of Greece,*** *sur la place moderne.*

@ ***Snack-bar-café Agora*** *(ΑΓΟΡΑ sur l'enseigne)* **:** *au début de la ruelle pavée qui mène au centre historique. Tlj 8h-1h.* Si vous arrivez à vous faire une place entre les p'tits gars qui jouent en réseau sur la mezzanine...

Où dormir ?

Voir aussi, plus loin, les adresses de Liméni sur « La route d'Aréopolis à Kardamili ».

Hotel Kouris : *sur la place moderne. ☎ 27-33-05-13-40. • hotel_kouris@yahoo.gr • Doubles 50-60 €, triples 60-70 € ; petit déj inclus.* Construction banale et un peu triste avec balcons à l'avant et une terrasse ombragée au rez-de-chaussée. L'intérieur, refait, est plus accueillant avec ses chambres aux couleurs flashy et modernes. Celles donnant sur la place peuvent être bruyantes en saison. Proprio sympa.

Areos Polis Boutique Hotel : *sur la place moderne. ☎ 27-33-05-10-28. • areospolis.gr • Doubles 60-70 €, suites 100-120 € selon saison, petit déj inclus.* Si l'extérieur de ce bâtiment récent reste dans le ton du bâti traditionnel, l'intérieur décoiffe par sa modernité. Confort à tous les coins de couloirs et de chambres : AC, TV, douches à jets... Déco pleine de bon goût, et chaque chambre a sa propre miniterrasse. Quant aux suites... vous verrez... notamment celle située au sommet du bâtiment !

Rooms Tsimova : *dans le centre historique, derrière l'église des Taxiarques. ☎ 27-33-05-13-01. Doubles 30-50 € selon saison. Pas de petit déj.* Constellée d'objets liés à la guerre (dont un canon dans la rue et une impressionnante collection d'armes datant de la révolution en vitrines dans le salon), cette ancienne tour typique du Magne, vieille de 300 ans, est un lieu

KALAMATA
GYTHION
Langada
Mavrovouni
Monastère de Dékoulon
NORD
Hosiari
Itilo
Kéléfa
Karavostasi
Agéranos
Néo Itilo
Vachos
Néohori
Kamarès
Liméni
Drosopigi
Aréopolis
924
Skoutari
Baie de Skoutari
Chimara
Grottes de Dirou
Monastère Sotiros
Pyrgos Dirou
Flomochori
Kotronas
1 218
Triantafillia
Cap Mountes
1 112
Mesa Chora
Nifi
Agios Géorgios
1 068
Cap Tigani
Monastère Panagia Kournou
Mézapos
Cap Drosos
Stavri
Kokkala
Agios Kyprianos
Ano Boulario
866
Moundanistika
Lagia
Marathos
Gérolíménas
Alika
Vathia
Porto Kagio
Marmari
Île Karavi
0
2
4 km
Cap Ténaro
Circuit principal
Circuits secondaires

LE MAGNE

ébouriffant, façon boutique fantasque. La pendule au salon de cette vieille dame (et de sa gentille fille) semble avoir arrêté sa course tant la décoration surchargée est désuète. Cela donne bien du charme aux 3 petites chambres proposées, dont une avec sanitaires sur un balconnet, en haut de la tour.

Hotel Mani : *entrée nord, sur la droite en venant de Gythion. ☎ 27-33-05-11-90. • hotelmani.gr • Selon saison, doubles 50-60 €, familiales 80-90 €, petit déj compris.* Bâtiment moderne en pierre du Magne. Grandes chambres à la déco banale mais propres et correctement équipées : AC, TV, dont certaines avec un coffre ou un frigo. Accueil froid.

Ktima Karageorgou : *depuis la route principale, prendre sur 400 m l'étroite rue qui part à droite de la station de bus. ☎ 27-33-05-13-68. • mani.ktimakarageorgou.gr • Membre du réseau d'hébergements de charme* Guest Inn. *Tte l'année. Doubles standard 60-100 € selon saison ; également des familiales (10 €/pers supplémentaire) et des suites. Réduc de 10 % hors juil-août pour une résa en direct.* Hôtel de charme et de construction récente, tout en pierre du Magne et en bois. Chaque chambre est un bijou de romantisme, avec une ambiance à mi-chemin entre la Belle Époque (banquettes fleuries, dentelles, robinets en laiton) et l'ère moderne (écrans plats, AC, minibar...). Certaines chambres accueillent jusqu'à 4 ou 5 personnes, avec mezzanine, cheminée, et même un jacuzzi (15-30 € de supplément si utilisé). Si l'on a tant aimé cette adresse, c'est aussi grâce à l'hospitalité de toute la famille et au petit déj-buffet extra, avec pain et pâtisseries maison, orange pressée et beignets tout chauds. Piscine au milieu d'un jardin fleuri, dans un environnement très paisible.

Où manger ? Où boire un verre ?

To Katoi : *à côté de l'église des Taxiarques. ☎ 27-33-05-12-01. Tlj, à partir de 14h lun-jeu. Plats 7-10 €.* Jolie terrasse au cœur du village historique. On y sert les plats grecs classiques, auxquels il faut ajouter le bon chevreau au four ou le cochon de lait : ça change un peu ! Une spécialité maniote également : l'omelette au *siglino* (une viande de porc fumée). Très bon accueil.

Barba Pétros *à 100 m de la place principale. ☎ 27-33-05-12-05. Plats 7,50-14 €.* Accueil réservé mais gentil, salle classique avec petite terrasse attenante. On choisit son plat en cuisine parmi les 5-6 mijotés du jour, et c'est plutôt bon.

Psistaria O Alepis : *au début de la ruelle vers le centre historique. ☎ 27-33-05-12-76. Plats env 6,50-8 €.* Entre *souvlakia* et snack, une petite adresse populaire auprès des Maniotes, particulièrement pour ses viandes grillées. Copieux et pas cher, mais préférer se poser en terrasse dans la ruelle pavée plutôt qu'en salle aux odeurs tenaces. Service très aimable.

La Roca : *dans la ruelle qui descend vers le centre historique. Tlj jusque tard (aux beaux jours du moins).* Bar à choix multiples, avec ses jolies salles voûtées, ses terrasses sur cour ou sur rue... Imprégné de musique *lounge,* on sirote une belle sélection de frappés, bières, cocktails et autres boissons locales ou pas. Dans la même veine et finalement tout aussi sympa, on peut opter pour le bar ***Aula,*** juste en face, et sa belle courette à l'arrière.

À voir

Le Musée byzantin : *dans la tour Pikoulaki. ☎ 27-33-02-95-31. Depuis la place moderne, prendre la rue la plus à gauche sur 200 m, c'est juste après la 1re petite église. Tlj sf lun 8h30-15h. GRATUIT.* Ici sont conservés certaines des plus belles icônes de l'église des Taxiarques, ainsi que des fragments de fresques (dont une du XIIIe s), des croix sculptées et des bas-reliefs provenant des églises du Magne. Une petite collection, mais qui vaut le coup d'y consacrer quelques minutes.

DANS LES ENVIRONS D'ARÉOPOLIS

***Les grottes de Dirou** (Σπηλαια Διρου) : à 12 km au sud d'Aréopolis et à 5 km du village de Pyrgos Dirou. ☎ 27-33-05-22-22. Un bus part de Gythion à 10h15, dessert Aréopolis à 11h et arrive aux grottes vers 11h15 ; retour vers 12h45. Juin-sept, tlj 8h30-17h30 ; oct-mai, tlj 8h30-15h. Entrée (chère !) : env 12 € ; et tt de même 7 € pour les étudiants, les enfants 3-13 ans et les plus de 65 ans. Gardez bien votre ticket (souvent contrôlé à l'entrée et à la sortie). Durée : env 40 mn. C'est hyper touristique, et l'été il y a min 1h d'attente (à moins que vous n'arriviez très tôt).*
En fait de grottes, une seule se visite, celle de *Vlychada.* Les avis sont partagés sur cette visite, en grande partie en barque. D'ailleurs, vu le prix exorbitant, les spéléo amateurs en herbe auront peut-être l'impression de se faire mener en bateau... Reste l'agréable température et les éclairages bien réalisés de cette forêt de stalactites et de stalagmites, valorisant bien les couleurs. Les salles, aux noms imagés (appartements rose, blanc, rouge, caverne du dragon, cathédrale...), se succèdent sur 1 200 m et forment un véritable labyrinthe. Bref, c'est l'histoire de la grotte à moitié pleine ou à moitié vide...
– À l'entrée de la deuxième grotte, Alepotrypa (fermée), un petit musée, si les grottes sont votre passion *(tlj sf lun 8h30-15h ; 2 € l'entrée, il faut encore payer...).*

Tout à côté, une grande ***plage*** pour un bain bien mérité et un resto en self-service.

GÉROLIMÉNAS (ΓΕΡΟΛΙΜΕΝΑΣ) (230 71) 50 hab.

À 25 km au sud d'Aréopolis, ce petit port du bout du monde, fondé à la fin du XIXe s, a rapidement connu une grande activité, avant de sombrer dans les bras de Morphée. Il en ressort, chaque été, à l'arrivée des premiers touristes. On retrouve ici l'architecture caractéristique du Magne. Belles pierres agencées avec précision en formes carrées, massives mais harmonieuses. Géroliménas, dans son anse protégée par une sévère falaise, a du charme et invite, au-delà de sa petite église rustique, à une agréable balade romantique sur le sentier qui longe la côte découpée. Une petite plage de galets pas super propre dans le village même, et des rochers.

Où dormir ? Où manger ?

Les adresses du village sont extrêmement mercantiles et l'accueil possiblement déplorable. Vous voilà prévenu !

***Hôtel-restaurant Akrotainaritis :** sur le port. ☎ 27-33-05-42-05. • akrotainaritis.gr • Selon saison, doubles 40-60 €, familiales 80-100 € ; petit déj inclus.* Une adresse familiale aux ramifications multiples dans le village ! Une vingtaine de chambres réparties en 3 endroits différents : l'ancienne bâtisse du port avec des chambres aux pierres apparentes, couchage en mezzanine, balcon, AC et TV ; une dizaine de chambres dans une autre maison voisine ; et enfin 6 chambres à l'arrière du village, plus loin de la mer. Accueil franchement sec d'un frère et d'une sœur peu accommodants.

***Hôtel-restaurant Akroyiali :** sur le port. ☎ 27-33-05-42-04. • gerolimenas-hotels.com • Doubles env 30-50 € en chambre d'hôtes, 45-75 € à l'hôtel ; apparts 4 pers 60-100 € selon confort et saison. Petit déj 6 €. Plats 7-14 € ; poisson 35-45 €/kg.* Cette vieille affaire familiale (cousine de la précédente) s'est développée jusqu'à proposer aujourd'hui une cinquantaine de chambres et appartements répartis dans une nouvelle tour fortifiée (architecture maniote), dans une annexe plus moderne composée de bâtiments anciens rénovés, et au-dessus du resto pour les moins chères. Une jolie usine à sommeil. Quant à l'accueil, c'est variable.

Randonnée pédestre

➢ Monter, à l'est, à *Ano Boulario* par une route très étroite que l'on prend dans Géroliménas (ou en voiture de la route menant à Vathia). Succession de chapelles. On passe devant *Agios Spyridon,* monastère « noir ». Au sommet du village, *église Agios Stratigos,* l'une des plus étranges du Magne (et de Grèce), avec des linteaux de marbre sculpté et des fresques superbes. De là, monter par un sentier jusqu'à *Moundanistika,* le plus haut village du Magne, pour admirer l'alignement de maisons-tours sur une crête. On redescend par une piste cimentée jusqu'à *Marathos,* puis *Alika.* Il reste 3 km de route pour Géroliménas. Compter 5 à 7h, selon l'intérêt que vous portez à l'art byzantin. Attention, pas d'ombre, impossible à faire en été.

DANS LES ENVIRONS DE GÉROLIMÉNAS

Vathia (*Βαθεια*) **:** *à 10 km au sud de Géroliménas. Un bus partant d'Aréopolis en principe le mer à 13h45 va jusqu'à Vathia.* C'est l'un des plus beaux villages du Magne, qui s'étire sur un éperon dominant toute la côte ouest, superbe mais fragile. Ici, on se souvient encore des terribles incendies de juillet 2000 qui ont tout brûlé sur leur passage, de Porto Kagio à Géroliménas. Le village, riche en tours fortifiées, a été peu touché, et le paysage alentour, longtemps désolé, reprend du poil de la bête. Promenez-vous un peu à pied, tranquillement. Les pierres semblent encore vouloir parler de l'époque où Vathia était partagé entre quatre clans qui ne s'aimaient guère. On raconte même que les voisins se tiraient dessus d'une tour à l'autre ! Juste avant d'arriver au village, en contrebas de la route, à droite, on trouve une petite crique et sa plage de galets. Après Vathia, très beaux points de vue sur la côte jusqu'à l'un des plus beaux panoramas du Péloponnèse, celui de la pointe sud du Magne, sorte de presqu'île bordée à sa base par les anses opposées et symétriques de Porto Kagio et de Marmari. Certainement votre plus belle photo de voyage !

Porto Kagio (*Πορτο Καγιο ; en v.f., « le port aux Cailles »*) **:** minuscule port sur le golfe de Lakonia, ainsi nommé car ces oiseaux y font escale avant de migrer en Afrique. Si la mer de cette jolie baie fermée est remarquablement limpide, la mini-plage de galets n'est pas toujours nickel en saison. Un petit coin de paradis quand on a la chance de s'y trouver presque seul.

Point de départ de nombreux circuits pour les amateurs de marche vers les petits hameaux isolés que l'on aperçoit du port, notamment *Paliros.* Itinéraires possibles en voiture aussi, pour des impressions solitaires, par des pistes assez correctes. Une bonne route en direction de la pointe sud permet de se rapprocher du cap Ténaro. En portant ses yeux sur la ligne bleue du large, le routard qui a le vertige sentira son cœur se serrer à l'idée qu'il est devant le *gouffre d'Inoussès,* l'abysse le plus profond de la Méditerranée (4 850 m).

Taverne Akrotiri : *☎ 27-33-05-20-13. 📱 69-78-80-98-24. • porto-kagio.gr • Mars-oct. Doubles 45-55 € selon saison et 70-80 € pour 4 pers ou avec lit à baldaquin, petit déj inclus. Plats 5-10 € ; poisson env 45 €/kg.* Chambres propres et spacieuses avec AC, TV et frigo, joliment meublées, avec vue exceptionnelle sur la crique (penser à les réserver car elles sont au même prix que celles sans vue ou dans l'annexe sur l'arrière). Tenu par une Grecque née en Allemagne. Au resto, joli décor en bois. Parasols et chaises longues devant pour boire un bon café frappé. Accueil chaleureux.

🏠 🍽 ***Hotel-Taverne Psamathous :*** *juste à côté de l'Akrotiri. ☎ 27-33-05-20-33. 📱 69-81-53-04-84. • porto kagio@gmail.com • Avr-oct. Doubles 40-50 € selon saison, 80 € pour 4 pers ; petit déj inclus. Plats 6-14 €.* Une belle adresse de charme avec une dizaine de chambres romantiques, toutes en pierre, dans le style traditionnel du pays. Bon confort moderne et déco soignée avec le sens du détail, en duplex pour les familiales. L'hôtel est situé en retrait de l'auberge qui propose des plats corrects. Si c'est complet, la même famille gère un autre nouvel hôtel (le ***Porto Kale Hotel***), juste après ce dernier, confort, prix et style équivalent, mais les chambres ont un peu moins de caractère.

👁👁 ***Marmari*** *(Μαρμαρι)* **:** dans l'anse opposée de Porto Kagio, Marmari offre trois belles plages de sable, qui ont l'avantage d'être propres et ventées. Malheureusement, le site est squatté par un *resort* mal géré, une sorte de grosse résidence de vacances pour groupes.

LA CÔTE EST DU MAGNE

Parcours beaucoup moins couru, donc moins touristique que la côte ouest, mais plus beau encore. En remontant de Porto Kagio, la route pleine de tournants vers Lagia livre de ravissants points de vue sur les hameaux et villages maniotes presque désertés. Peu d'accès à la mer sur cette côte rocheuse et quasiment sans plages. Mais, en cherchant bien, en contrebas d'un village (notamment *Flomochori*), on peut apercevoir de petites criques le plus souvent désertes...

👁👁 ***Lagia*** *(Λαγια)* **:** un village tout à fait typique et bien conservé dans son jus. Unité architecturale agréable à l'œil. L'ensemble est assez ruiné, mais encore habité avec son café-resto sur la place.

👁 ***Kokkala*** *(Κοκκαλα)* **:** petit village de construction récente étiré le long de la mer. Dépare vraiment après le secteur de Vathia et de Lagia. Néanmoins, jolie crique tranquille avec une église les pieds dans l'eau.

🏠 🍽 Un hôtel en pierre accroché sur un piton rocheux dans le haut du village, avec de belles chambres traditionnelles à tous les étages, offrant une vue panoramique, ***The Castle*** *(☎ 27-33-02-16-20 ; juin-sept ; compter 40-60 € la double selon la saison, 50-80 € l'appartement pour 4),* quelques rares ***chambres chez l'habitant*** le long de la rue principale, ainsi que quelques ***tavernes*** (dont le ***Marathos,*** dans une calme petite crique, avant l'entrée du village quand on vient du sud).

👁 ***Flomochori*** *(Φλομοχωρι)* **:** village plein d'atours avec, probablement, les tours les plus hautes du Magne et des ruelles pavées datant d'un autre âge, arpentées par de vieilles femmes, bâton en main, toutes de noir vêtues, l'œil mi-souriant mi-méfiant. Les papys du coin vous regardent passer comme si vous débarquiez de Pluton. Dans le genre anachronique, d'ailleurs, un bar-discothèque, le ***Fire Club,*** détone dans ce décor... Belle plage de galets à 2 km en contrebas du village : suivre le panneau « Paralia Beach ». On peut s'y restaurer à la taverne ***Ta 7 Adelphia,*** qui propose également une poignée de chambres correctes *(☎ 27-33-02-18-00 ; mai-oct ; compter 35-45 € la double selon la saison)*.

👁 ***Kotronas*** *(Κοτρωνας)* **:** *petit port au bout de 3 km de route.* Pas un charme fou, mais retiré, paisible, bordé d'une plage de sable. Le restaurant *To Akroyiali* domine le port. Parts généreuses, prix modiques.

➢ Du port de Kotronas, monter par une petite route puis un superbe chemin à *Gonéa,* village mort dont deux chapelles ont été restaurées. Monter encore jusqu'à un col très marqué (un chêne unique, visible de Gythion, y trône). Descente aisée jusqu'à Skoutari (voir « Dans les environs de Gythion » plus haut). On coupe la presqu'île de *Kalivia* et, en suivant la mer, on atteint *Agéranos,* d'où l'on peut rejoindre la route Aréopolis-Gythion ou continuer de plage en plage. De Kotronas à Agéranos, compter 6 à 7h de marche. Si, à partir de Gonéa, on souhaite visiter le *monastère Sotiros* (très belles fresques), prévoir 1h de plus. Infaisable en pleine chaleur.

LA ROUTE D'ARÉOPOLIS À KARDAMYLI

On est encore dans le Magne historique (mais plus dans le Magne administratif), qui ne s'achève qu'après Kardamyli. Les demeures dans le style maniote se raréfient. 45 km à ne louper sous aucun prétexte ! C'est l'une des plus belles routes côtières du Péloponnèse.

Liméni *(Λιμενι ; 230 62)* **:** trois bons kilomètres d'Aréopolis, dans une baie aux eaux chaudes et claires, pas du tout bétonnée, avec quelques coins aménagés pour le bain (mais gare aux oursins) le long de la petite route après le port. Tout au bout, une église croquignolette joliment en ruines au-dessus des flots...

Liméni Village : *à 800 m avt Liméni ; indiqué depuis la route. ☎ 27-33-05-11-11 et 12. • limenivillage.gr • Tte l'année. Selon saison, doubles 80-130 € avec excellent petit déj-buffet. Repas env 15 €/pers (mai-sept slt).* Une très belle adresse pour ceux qui peuvent se l'offrir. Haut perché, l'hôtel est la réplique d'un village maniote de 16 petites tours comportant chacune 2 ou 3 jolis bungalows avec entrées indépendantes. L'ensemble domine toute la baie et Liméni, blotti dans sa crique. Chambres tout confort et charmantes avec sol en pierre et plafond en bois (les chambres standard sont petites). Terrasses communes bénéficiant de la vue exceptionnelle, tout comme la piscine et le resto. Magnifiques couchers de soleil. Une adresse de luxe bien romantique.

Telonio : *sur le port. ☎ 27-33-05-27-02. Plats 10-17 €.* Pour une fois qu'un resto se démarque des plats des tavernes... La carte déroule viandes et poissons, présentés de jolie manière. Des sardines en faisceau sur une mousse façon aïoli et sauce aux baies rouges jusqu'au dessert, tout se tient. Cadre idyllique, service bon et décontracté.

Takis : *sur le port. ☎ 27-33-05-13-27. Tte l'année (en hiver, slt le w-e). Poisson 50-60 €/kg.* Ce n'est pas une adresse pour ceux qui ont des oursins dans la poche. Spécialité du lieu, le banc de poisson frais. L'endroit est d'ailleurs réputé pour être l'une des meilleures *psarotavernès* du secteur. Accueil façon murène.

Néo Itilo *(Νεο Οιτυλο ; 230 62)* **:** 1 km après Liméni, grande plage de galets mêlés de sable, hameau fade et peu animé hors saison. Le village ancien, ***Itilo,*** perché sur les hauteurs, vaut le coup d'œil pour son architecture typique. C'est de là que partirent les émigrants Maniotes qui, à la fin du XVIIe s, fondèrent Cargèse en Corse. À proximité, le château turc de *Kéléfa*.

Pétrini Gonia Rooms and Tavern : *au centre du village ancien d'Itilo. ☎ 27-33-05-18-74. Doubles 30-45 € selon saison, sans petit déj. Plats env 6-9 €.* Une auberge sortie du passé, avec une cuisine faite de plats maison et une poignée de chambres simples mais faisant un bel effort côté confort (AC, salle de bains, TV, frigo). Certaines ont même une cheminée. Vue sur les montagnes. Pour communiquer, révisez vos déclinaisons de grec.

Porto Vitilo : *à Karavostasi, à la*

sortie nord de Néo Itilo. ☎ *27-33-05-92-10/20.* • *portovitilo.gr* • *Mars-oct. Selon saison, doubles 68-104 € sans ou avec vue sur mer (réduc fréquentes), petit déj-buffet inclus ; suites bien plus chères.* Adresse de charme et de luxe dans une grande construction (récente) de style maniote, en pierre grise de la région. Chambres avec murs en pierre, poutres apparentes, AC, TV et balcon à porche, certaines avec lit à baldaquin. Entrée et salons cosy et accueil sympathique. Belle piscine surplombant les flots. Fait resto en juillet-août.

Taverna O Mavros Piratis : *au centre de Néo Itilo, sur le bord de mer.* ☎ *27-33-05-93-63. Tte l'année. Plats env 9-15 € ; poisson 45 €/kg.* Du beau poisson frais à prix encore raisonnable. Terrasse tout en longueur entre la route et la mer. La soupe de poisson « avec morceaux » *(kakavia)* est extra.

Le monastère de Dékoulon : *prendre à droite 1 km avt Itilo, puis encore à droite (panneau bleu en grec).* C'est par une petite route étroite et escarpée (prudence !) que l'on accède à cette église aux fresques colorées incroyablement bien conservées. Si elle est là et si vous lui demandez gentiment, la propriétaire de la maison attenante vous en ouvrira volontiers la porte.

➢ Après, la route ne cesse de grimper, traversant de paisibles villages. Chacun d'eux possède nombre de chapelles très anciennes. Certaines sont ouvertes et abritent encore des fragments de fresques sublimes.

Langada (*Λαγκαδα*) **:** église superbe *(Sotiros)* avec des fresques du Xe s sur un pilier central.

À **Thalamès,** s'arrêter sur la place ombragée par un immense platane. La *taverne Platanos* propose de bonnes salades, honorables pizzas et grillades. Juste en face, *Morea (☎ 27-21-07-41-38 ; avr-oct, tlj 10h-16h)* propose une dégustation-vente d'huile d'olive extra-vierge, certaines au citron ou à l'orange (des particuliers en vendent le long de la route également). Possibilité de visiter l'usine, juste à côté. À la sortie nord du village, belle église *(Métamorphosis)* avec ses motifs extérieurs de brique et de pierre.

Nomitsis (*Νομιτσης*) **:** *à l'entrée du village, sur la droite.* Deux très vieilles chapelles (*Agios Anargyros* et l'*église Métamorphosis*) avec des fresques pas trop dégradées (parfois fermées à clé). Poussez la grille du jardinet, grimpez quelques marches et découvrez mille ans d'histoire.

Platsa (*Πλατσα*) **:** *peu après Nomitsis.* Là se succèdent plusieurs églises : *Agia Paraskévi* (XIIIe s), *Agios Dimitrios* (XIIIe s) et *Agios Ioannis* (XVe s).

Agios Nikolaos (*Αγιος Νικολαος*) **:** charmant port, très apprécié par les touristes anglais. Quelques bateaux de pêche minuscules, adaptés à la taille du port.

Restaurant & Rooms O Faros : *après l'église, au bord de l'eau.* ☎ *27-21-07-70-17.* • *faros-mani.gr* • *Pâques-oct. Double 35 €, sans petit déj. Plats env 6-11 €.* Construction moderne avec une grande terrasse. Chambres simplissimes, mais pas chères, très propres et climatisées, certaines avec douche commune dans le couloir. On y mange une cuisine de qualité (en particulier la moussaka !) à prix modérés. Petite terrasse en contrebas, sur les rochers, avec accès à la mer par une échelle. Accueil sympa de toute la famille.

Appartements Skafidakia : *à gauche dans la rue qui quitte le port, fléché.* ☎ *27-21-07-76-98.* • *skafidakia.gr* • *Selon saison, apparts 35-40 € pour 2, 55-80 € pour 4 (négociable). CB refusées.* Un édifice bâti avec de jolies pierres locales, des terrasses ombragées et de jolies fleurs. Une dizaine d'appartements le long de 2 coursives donnant sur le jardin, assez grands et tout confort, avec douche et w-c, cuisine équipée, TV. Accueil très gentil en anglais.

The Hidden Garden : *sur le port.* ☎ *27-21-07-72-32. Avr-oct. Slt le soir hors saison, et slt le midi en juil ! Plats env 7-12 €.* *Souvlakia* et poisson excellents. On peut manger dehors sous la treille. Accueil un peu froid au départ.

|●| 🍷 Nombreuses ***terrasses*** de bars-restos très agréables, en encorbellement sur le port, pour boire un coup ou grignoter un petit plat.

➢ D'Agios Nikolaos, on peut, en suivant la route côtière par le sud, descendre vers *Agios Dimitrios,* dominé par une tour vénitienne, avec un port encore plus petit. De là, continuer jusqu'à un autre petit port, *Trachila,* 5 km plus au sud. Pas beaucoup de touristes. La route entre Agios Dimitrios et Trachila, sous la falaise, longe la mer. Possibilités de baignade. Véhicules encombrants, s'abstenir.

Stoupa *(Στουπα)* **:** plage extrêmement fréquentée par des Anglais ; le week-end, une file ininterrompue de voitures et de bus est garée le long de la route qui y mène. Innombrables chambres à louer, pléthore d'hôtels et des tavernes à vocation touristique. Cela dit, le port est assez mignon, si l'on arrive à faire abstraction de la cohue.

Camping Kalogria : *dans Stoupa, au-dessus de la plage de Kalogria (2e route à gauche). ☎ 27-21-07-73-19. • campingkalogria.gr • Mai-oct. Env 16,50 € pour 2 avec petite tente et voiture. Réduc de 10 % hors juil-août sur présentation de ce guide.* Camping moyennement ombragé par des eucalyptus. Machines à laver, épicerie. Sanitaires corrects. Assez moyen dans l'ensemble, mais l'accueil est excellent.

KARDAMYLI (ΚΑΡΔΑΜΥΛΗ) (240 22) 420 hab.

Village en bord de mer, assez touristique mais pas du tout massacré. Voir surtout, dans l'ancienne enceinte médiévale du vieux Kardamyli, un peu à l'écart dans les terres (10 mn de marche), l'*église Agios Spyridon,* surmontée d'un curieux clocher agrémenté de reliefs.
Avis aux amoureux de l'errance : les cendres de l'écrivain-voyageur britannique Bruce Chatwin (1940-1989) ont été dispersées ici. Converti à l'orthodoxie, Chatwin voulait reposer dans ce village qu'il aimait pour y avoir vécu chez son ami l'écrivain Patrick Leigh Fermor (1915-2011), fin connaisseur du Magne (voir la rubrique « Livres de route » dans « Grèce continentale utile » en début de guide).

Adresse et infos utiles

✉ ***Poste :*** *lun-ven 7h30-14h.*
➢ Plusieurs bus/j. pour Athènes, Kalamata et Itilo.

■ ***Location de vélos et VTT :*** *dans rue principale, à la sortie du village.*

Où dormir ? Où manger ?

De bon marché à prix moyens

Chez Olympia Koumanakou : *1re ruelle à gauche en venant du sud. ☎ 27-21-07-36-23. Doubles env 30-40 €, pas de petit déj.* Dans une belle maison blanche entourée d'un jardin et qui donne sur une petite ruelle pavée, 5 petites chambres très propres, avec AC, TV et salle de bains, dont une avec vue sur mer. Une cuisine commune pour le petit déj et un charmant jardin ombragé. Excellent accueil de la très gentille Olympia.

🏠 🍽 ***Taverna Lela's :*** *au bout de la 2e ruelle à gauche en venant du sud.* ☎ *27-21-07-35-41.* • *lelastaverna.com* • *Resto ouv slt le soir en été, midi et soir hors saison. Doubles 45-50 €. Plats 7-11 €.* On vient y manger un excellent poisson grillé ou des plats savoureux, notamment un moelleux agneau à l'origan, sur les adorables terrasses ombragées par les lauriers-roses qui dominent la mer. Doux sourire de la gentille Lela, aujourd'hui très âgée, qui a laissé la gestion de sa maison à son fils. Ce dernier loue une poignée de chambres refaites à l'étage, avec balcon et vue sur mer. Son autre fils tient le *Notos Hotel,* à 1 km au nord du village *(studios et appartements confortables en bord de mer ; 80-120 € pour 2-4 pers).*

Beaucoup plus chic

🏠 🍽 ***Kalamitsi Hotel-bungalows :*** *à 2 km du village en direction d'Aréopolis.* ☎ *27-21-07-31-31.* • *kalamitsi-hotel.gr* • *Tte l'année. Doubles 90-110 €, bungalows 100-120 €. Petit déj 10 €.* 💻 📶 Des chambres impersonnelles et surévaluées dans le corps principal de bâtiment (Bruce Chatwin y occupa la chambre nº 1), mais un ensemble de jolis bungalows (pour 4-6 personnes), en pierre de Magne, disséminés dans une oliveraie au bord de la falaise, avec cuisine équipée. Ces derniers sont de très bon rapport qualité-prix, surtout pour une famille. Le coin est sympa, à proximité de jolies criques ourlées de cyprès et d'oliviers (plage de galets). Petit déj pas donné mais de qualité. Fait resto le soir. Bon accueil.

Randonnée pédestre dans les gorges du Viros et du Rindomo

➢ Monter en taxi ou en stop (mais difficile) à *Tséria,* au nord-est. Minuscule village qui reprend un peu vie depuis que quelques étrangers s'y sont installés et retapent de belles maisons. Descendre par un remarquable *kaldérimi* (chemin dallé) au fond des gorges, près d'une vasque d'eau. Remonter par une piste (fontaine) jusqu'à *Exohorio,* suivre la ruelle qui surplombe la gorge et, dès les dernières maisons, descendre à droite par un sentier en lacet jusqu'au *monastère Sotiros.* Il ne reste plus qu'à descendre la gorge aisément, en passant par le *monastère Likaki.* On atteint le vieux *Kardamyli* et l'*église Agios Spyridon.*
N.B. : la descente dans les gorges en amont de *Sotiros* est assez délicate, c'est pourquoi il est préférable de passer à *Exohorio* comme décrit plus haut. Pour les moins courageux ou en plein été, possibilité de faire une boucle en voiture, en montant jusqu'à *Tséria* et en prenant ensuite la direction de Kendros : traversée de minuscules villages hors du temps et arrivée à *Kendros,* avec son unique taverne tout en haut. Rejoindre ensuite *Kambos* et la grande route vers *Kalamata.*

➢ De Kendros, les bons randonneurs pourront se faire de belles balades du haut des ***gorges du Rindomo,*** en poussant jusqu'au village de *Pigadia.* À faire en moyenne saison, avec une carte détaillée de la région et du *mont Taygète.*

LA MESSÉNIE (ΜΕΣΣΗΝΙΑ)

Administrativement, le département de la Messénie commence plus au sud, du côté de Thalamès, mais historiquement, on a coutume de placer la frontière entre le Magne et la Messénie du côté de Kardamyli. Département essentiellement tourné vers l'agriculture (grâce à la grande douceur de son climat), la Messénie possède pas mal d'autres atouts, notamment du côté touristique. Cette région est connue pour ses carnavals, datant des premières années qui suivirent la fin de l'occupation turque.

KALAMATA (ΚΑΛΑΜΑΤΑ)

(241 00) 74 100 hab.

Grande ville étendue, coincée au fond d'un golfe et d'une cuvette, qui n'a pas beaucoup de qualités propres à soulever l'enthousiasme. Particulièrement décousue, elle fait le grand écart entre son front de mer et un centre historique intéressant mais loin et en retrait. Au final, Kalamata est une ville de passage au carrefour du Magne et des premiers sites de Messénie. Pendant la seconde quinzaine de juillet, la ville accueille un important Festival international de danse.

Arriver – Quitter

En bus

Gare routière : *à la sortie nord de la ville (route de Sparte), au niveau du château franc, peu après le marché. ☎ 27-21-02-85-81. Horaires et infos sur • ktelmessinias.gr •*

➢ ***De/vers Athènes :*** 11 bus/j., 4h45-21h45. Trajet : 3h15 (2h45 avec l'un des 3 bus express).

➢ ***De/vers Sparte :*** 2 bus/j., 9h15-14h30 (slt à 14h30 le w-e). Changement en pleine montagne à Artémisia. Connexion possible avec Mystra et Gythion.

➢ ***De/vers Kardamyli-Stoupa-Aréopolis :*** 4 bus/j., 4h45-18h, avec changement à Itilo. Slt 2 bus/j. le dim.

➢ ***De/vers Pylos, Méthoni et Finikounda :*** 7 bus/j., 5h-19h30 (5 le w-e). La moitié d'entre eux desservent Méthoni et Finikounda.

➢ ***De/vers Kyparissia :*** 4 bus/j. (2-3 le w-e), 8h10-20h30.

➢ ***De/vers Patras (via Zacharo-Pyrgos) :*** 2 bus/j., 8h30-16h.

➢ ***De/vers Koroni :*** 6 bus/j., 5h-19h. 4-5 bus/j. le w-e.

➢ ***De/vers Ithomi (Mavromati ; site d'Archéa Messini) :*** lun-ven slt, à 5h30 et 14h. Dans le sens Ithomi-Kalamata, 1 seul bus en début d'ap-m ; il faut donc prendre le bus de 5h30 pour faire l'A/R dans la journée.

Adresses utiles

Office de tourisme : *12, odos Agiou Ioannou. ☎ 27-21-09-04-13. Derrière l'église Agii Apostoli et à côté du Musée archéologique. Tlj sf dim 9h-14h, 18h-21h.* Plan détaillé de Kalamata et plein d'infos sur toute la Messénie. Vend également de nombreux guides touristiques. Personnel efficace et dynamique.

■ **Distributeurs :** *un peu partout en centre-ville et sur le front de mer.*

Poste : *un peu plus bas que la place centrale Aristoménous, sur odos Olgas. Lun-ven 7h30-14h30.*

■ **Location de voitures :** *agence de voyage* ***Maniatis Dimitris,*** *1, odos Iatropoulou (remonter la rue dos à l'ancienne gare ferroviaire, c'est la 2e à gauche). ☎ 27-21-02-24-92 et 27-21-02-53-00. • maniatis@kal.forthnet.gr • Voir également, près de la Marina et du port, l'agence* ***Hertz,*** *13, odos Lykourgou. ☎ 27-21-06-34-98. Tlj sf dim hors saison ; 8h30-14h, 17h-21h.*

■ **Agence consulaire de France :** *Aristide Mountzouris, 1, odos Georgouli, au 4e étage. ☎ et fax : 27-21-09-24-55. Mar, jeu et ven 10h-13h, ou sur rdv.*

Où dormir ?

Les hôtels du bord de mer sont loin de la station de bus. Prendre un taxi si vous êtes chargé.

Camping

⛺ ***Camping Fare :*** *à la sortie de la ville vers Aréopolis par le front de mer. ☎ 27-21-02-95-20. Très excentré. Du centre-ville, prendre le bus nº 11, indiquant « Kalamata-Paralia, hôtel Filoxenia », c'est au terminus (bus ts les 15 mn 7h-22h). Compter 16 € pour 2 avec voiture et tente.* Séparé de la mer par la route côtière très fréquentée. Terrain sec et peu ombragé, malgré quelques oliviers. Sanitaires corrects et pizzeria à l'entrée. Pas folichon avec ses vieilles caravanes à l'année. Juste en dépannage, donc.

De prix moyens à plus chic

Byzantio Hotel : *7, odos Stathmou. ☎ 27-21-08-68-24 et 25. • byzantiokalamata.gr • Dans la rue face à l'ancienne gare ferroviaire, à 50 m. Doubles env 40-50 € selon saison, petit déj inclus.* Situé dans un quartier vivant et pas trop loin de la gare routière, un hôtel à la façade triste et râpé qui cache un hall refait dans un style contemporain agréable. Les chambres sont correctes, avec salle de bains et clim. Plutôt une bonne surprise pour le prix ! Bars bruyants côté ruelle piétonne.

Comfy Hotel : *à l'angle des axes Kritis et Vyronos. ☎ 27-21-09-01-28. • comfyhotel.eu • À 100 m en retrait du front de mer. Double 70 € (100 € en août !), petit déj inclus.* Il se qualifie de *« boutique-hotel »*, et ce n'est pas du bidon. Bon accueil, très pro, serviable, et des chambres décorées de façon très moderne, personnalisées jusqu'au bout des angles. Confort de belle facture à force de clim, TV, balcon et, cerise sur le *kadaifi*, une très agréable piscine sur le toit.

Hotel Akti Taygetos : *à env 4 km du centre-ville, dans le quartier de Mikra Mantinia. ☎ 27-21-04-20-00. • aktitaygetos.gr • En venant d'Aréopolis, prendre la route en épingle à cheveux à l'entrée de la ville et partir dans le sens opposé ; du centre-ville, prendre le front de mer vers le sud, puis à droite à la fourche pour Aréopolis. Selon saison et confort, doubles 65-110 €, petit déj inclus.* Un grand *resort* confortable pour touristes internationaux et groupes de passage. Bien si l'on est véhiculé et que l'on veut échapper à cette ville peu enthousiasmante. Chambres et bungalows impeccables, superbe piscine avec bar et resto-buffet attenant. Petit déj copieux avec que des produits frais. Accès direct à la plage par un souterrain. Accueil dévoué et en français.

LA MESSÉNIE

Où manger ?

Kardamo : *21, pl. Stathmou. ☎ 27-21-09-80-91. Face à l'ancienne gare ferroviaire. Repas env 20 €.* Dans un cadre agréable mêlant boiserie et objets d'art contemporain, ou en terrasse, voici un resto qui fait grand bruit chez les gastronomes locaux ! Bonne cuisine grecque, empreint de modernité, à base de produits frais. Service jeune et efficace.

Psistaria Thraka : *176, odos Faron. À env 500 m du front de mer sur l'axe qui traverse la ville, à côté du magasin* Continental. *☎ 27-21-02-93-56. Lun-sam, le soir slt. Plats env 7-11 €.* Un petit resto de qualité, propre et pas bien cher. Décor soigné avec tables recouvertes de nappes blanches. De bonnes *kolokythokeftédès* (boulettes aux courgettes) et des viandes de choix (spécialités : le poulet grillé et le porc farci, de taille impressionnante). Patron impayable.

Kannas : *sur la marina, à droite du port de commerce. ☎ 27-21-09-15-96. Plats 7-18 €.* Un joli décor tout en bois avec une terrasse sur le quai pour dévorer une carte de plats d'inspiration italienne, pour ceux à qui la *pasta* manquerait trop au pays de la moussaka. Prix un iota plus élevés qu'ailleurs.

Où boire un verre ? Où manger une glace ?

Trois épicentres dans la ville pour un ouzo, une mousse ou un café frappé... Au nord de la ville, de nombreux bars plutôt populaires cerclent la place

23-Martiou. Au milieu d'Aristoménous, entre Vassiléos Georgiou et l'odos Kaisari, l'ambiance se fait plus chic. Au sud, enfin, sur le front de mer (odos Navarinou), faites votre marché selon vos envies de déco et fréquentation du soir. Et pour guincher autour d'un verre, on vous signale le ***Kastraki,*** sur les hauteurs de la ville *(à env 3 km du centre en venant d'Aréopolis ; prendre direction Verga ; ouv tte l'année).* Panorama à couper le souffle, on ne peut plus romantique.

Athanassiou : *odos Navarinou, sur le quai... et un peu partout ailleurs en ville (pl. Aristoménous, par exemple).* ☎ *27-21-09-74-31.* Pour une boule yaourt au miel ou de crème aux cheveux d'ange (façon *kadaifi*), une gaufre ou une part de gâteau. Chocolatier réputé, institution locale, terrasses confortables.

À voir

L'église Agii Apostoli : *agiou Ioannou, en limite du bazar, dans le prolongement de la pl. 23-Martiou.* Elle date de 1626, et une ancienne église byzantine lui sert de chœur. Elle est fameuse pour avoir été le point de départ de la révolution le 23 mars 1821, 2 jours avant la date retenue dans les livres d'histoire officiels.

Le Musée archéologique de Messénie : *odos Agiou Ioannou, derrière l'église Agii Apostoli, au nord de la pl. 23-Martiou.* ☎ *27-21-08-34-85. Lun 13h30-20h, mar-sam 8h-20h. Entrée 3 € ; réduc, gratuit moins de 18 ans.* Dans une muséographie moderne, sous une verrière lumineuse, riche collection d'objets archéologiques de l'Antiquité à la période byzantine, provenant de toute la région de Messénie, classés par sous-régions (Pylia, Kalamata, Trifylia...). Enrichie de panneaux explicatifs érudits en anglais, la visite s'avère tout à fait passionnante.

Le château de Villehardouin : construit en 1208 sur l'emplacement d'une ancienne acropole. Ne se visite pas. C'est là qu'est né le dernier prince de Morée franc. Un théâtre en plein air, juste à côté, y accueille chaque été, fin juillet, le Festival international de danse de Kalamata. Si vous n'avez pas beaucoup de temps, privilégiez Ithomi ou Koroni, ruines plus intéressantes.

Le marché : *près de la gare routière. Mer et sam mat.* Grosse affluence, belle ambiance et un peu de tout. Étape intéressante pour préparer un pique-nique ou acheter quelques produits locaux (compter aussi sur les boutiques du bazar, non loin). Olives noires (particulièrement grosses dans la région), figues séchées et *pasto* (viande de porc fumée) sont incontournables.

DANS LES ENVIRONS DE KALAMATA

Après Verga, où l'on peut manger chez *Rito,* resto apprécié des locaux avec vue sur le golfe de Messénie, plusieurs localités se succèdent, la plus importante étant ***Avia,*** petite station balnéaire très fréquentée l'été, avec de nombreuses tavernes les pieds dans l'eau. On peut pousser jusqu'à ***Kitriès*** (à 15 km du centre-ville de Kalamata ; 6 bus/j. en sem ; 2 slt le sam), puis rejoindre l'axe principal Kalamata-Aréopolis. Entre Avia et Kitriès, plages superbes de galets aux eaux cristallines et pas trop surpeuplées. Seule celle de *Santova* est très fréquentée à son extrémité nord : le *beach-bar Hobo,* très agréable au demeurant, plaît beaucoup à la jeunesse locale. Amusantes cavités à aller explorer au masque, juste derrière la pointe.

ITHOMI (ΙΘΩΜΗ)

À environ 30 km de Kalamata. Voilà un petit détour que vous ne regretterez pas. Ithomi, l'ancienne Messène *(Archéa Messini),* construite par Épaminondas après la défaite de Sparte à Leuctres. Elle faisait partie, avec Argos

et Mégalopolis, de la défense stratégique destinée à surveiller Sparte. Pausanias, historien-routard du IIe s av. J.-C., en a laissé une belle description. C'est l'une des plus belles vallées du Péloponnèse, riante et fertile, au pied d'une montagne sauvage, et probablement le mariage le plus réussi de ruines antiques avec la nature.

Arriver – Quitter

En voiture

Bien fléché (« Archeological site – Ancient Messini ») depuis Néa Messini, à une dizaine de km à l'ouest de Kalamata.

En bus

➢ ***De Kalamata vers Ithomi :*** lun-ven slt, à 5h30 et 14h. Dans le sens Ithomi-Kalamata, 1 seul bus en début d'ap-m. Pour faire l'A/R dans la journée, il faut donc prendre le bus de 5h30.

Où dormir ? Où manger ?

Pas mal de ***chambres à louer*** à Mavromati. À Ithomi, les ***Zeus Rooms*** sont très correctes (douches et toilettes communes, comme la cuisine).

Un resto, ***Ithomi,*** dans le village. On y mange bien et l'on profite d'une terrasse dominant le site et toute la vallée.

À voir

Le site : *• ancientmessene.gr • Après avoir traversé Mavromati, suivez la piste descendant à gauche et indiquée par « Archeological site ». Site ouv tlj 8h-20h (15h en hiver ; peut fermer plus tôt en hte saison selon les moyens alloués par le ministère). Tarif : 4 € (5 € pour le billet combiné site et musée) ; gratuit pour les étudiants de l'UE.* Le site internet explique fort bien le lieu, les vestiges qu'on y voit et leurs fonctions respectives. Les dimensions relativement réduites de ce « centre civique » permettent d'en apprécier l'harmonie générale. À voir aussi les restes d'un petit théâtre (peu de gradins demeurent), de l'agora. On parcourt les fondations de l'*asklépion* (avec les bases du temple central, dédié à... Asklépios, bien entendu). Attenant, l'hémicycle bien conservé de l'*ekklesastérion* où se déroulaient les joutes politiques d'alors. Plus loin, clou de la visite, le stade, dont nombre des gradins ont été dégagés, encadré d'alignements de colonnes, ouvert sur la plaine et un petit mausolée en très bon état (de l'époque romaine, Ier-IIIe s apr. J.-C.), dédié à une famille noble. Avant de vous sauver, jetez un œil au *propylon* du *gymnasium* situé juste à gauche en quittant le stade.

La porte d'Arcadie : *continuer sur la gauche sur env 2 km.*
Amateurs de poliorcétique (art d'assiéger les villes, merci brave *Routard*), vous allez vous régaler. La porte se compose de deux entrées séparées par une vaste cour ronde. Le soubassement de l'ouvrage est fait de blocs énormes ajustés au millimètre, sans mortier. Le rempart, parsemé de tours carrées, grimpe ensuite très haut dans la montagne. Il n'avait pas besoin d'être très élevé, à peine 4 m, car, grâce à l'escarpement, les machines de guerre ennemies ne pouvaient approcher. De l'autre côté de la porte, des chambres funéraires coulées sous le bitume ont été récemment excavées. Les poteries et autres objets trouvés dans ces tombes sont au musée.
Un autre point de vue intéressant sur ce chef-d'œuvre d'architecture militaire est offert un peu plus loin, à 1 km. De cet endroit, vous verrez les remparts, encore mieux conservés, comme une mini-muraille de Chine. C'est de là aussi que vous bénéficierez du meilleur coup d'œil sur la vallée.

Le Musée archéologique : *à la sortie du village. ☎ 27-24-05-12-01. Tlj sf lun 9h-16h. Entrée : 2 €.* Y sont rassemblés, dans trois pièces, les statues (il y en a de très expressives et l'on sait que l'ancienne Messène était appelée la « cité des statues » dans l'Antiquité) et objets funéraires trouvés sur le site en contrebas, ainsi que dans les tombes près de la porte d'Arcadie. Dans la première salle, la pièce la plus importante de l'*asklépion,* une sculpture colossale de la déesse Artémis, réalisée par Damophon. Autour d'elle se dressaient 11 colonnes accompagnées de statues des prêtresses et des jeunes filles ayant passé leur rite d'initiation à la puberté. Leurs parents dédiaient ainsi les figures figées de leur progéniture à la déesse.

LA ROUTE DE KALAMATA À KORONI

La route suit une côte faiblement découpée, plutôt douce, ourlée de nombreuses plages de sable fin, avec quelques beaux vallons chaussés de vignes, caparaçonnés de champs d'oliviers et hérissés de cyprès.

Camping Pétalidi Beach : *à 1,5 km avt **Pétalidi** en venant de Kalamata. ☎ 27-22-03-11-54. • campingpetalidi.gr • Avr-oct. Selon saison, 17-19 € pour 2 avec tente et voiture.* Calme et ombragé par une peupleraie. Mini-marché, bar, resto. Machines à laver. Tennis de table et terrain de basket. Petite plage de sable et de galets, et parasols à disposition. Bungalows. Accueil expéditif : le panneau « *Welcome* » de l'entrée reste une vague intention.

Dionysos : *sur le port de **Pétalidi**. ☎ 27-22-03-13-78. Fermé le midi.* Cadre rustique et terrasse (un peu triste) face au port. Cuisine simple et modeste, tout comme les prix d'ailleurs. Rien d'extraordinaire, mais suffisant pour casser une graine au passage.

KORONI (ΚΟΡΩΝΗ)

(240 05) 1 800 hab.

Gentil petit port de pêche qui a su garder l'authenticité de ruelles encore parsemées de filets où furètent les chats dans une joyeuse odeur de marée. La forteresse bien conservée qui domine la cité, à la fois vénitienne et turque, témoigne d'une histoire agitée, liée à son emplacement stratégique. Elle fut prise par l'inévitable Villehardouin, puis par les Vénitiens. Les habitants, appréciant peu leurs nouveaux occupants, livrèrent leur ville aux Turcs qui durent affronter les Espagnols qui se défendirent contre... Bon, l'ensemble possède pas mal de charme. Le quai du port qui aboutit à une adorable petite place flanquée d'arcades et de palmiers ; la rue en escaliers menant à l'entrée du château, bordée de maisons aux couleurs pimpantes ; et puis, dans l'enceinte du château, le ravissant et paisible monastère Saint-Jean-Baptiste, à ne pas rater. On peut se baigner au pied du château, mais aussi sur la grande plage de sable fin entourée d'une belle végétation de *Zaga Beach,* à la sortie de la ville en direction de Vassilitsi. Même les tortues marines *Caretta caretta* aiment le site : elles viennent pondre sur la plage de Mémi (l'ONG chargée de leur protection a son antenne sur le port).

Arriver – Quitter

Arrêt des bus derrière l'église.

➢ ***De/vers Kalamata :*** 6 bus/j. (4-5 le w-e). Arrêt possible au camping. Ticket dans le bus.

➢ ***Vers Finikounda et Méthoni :*** pas de liaison directe. Remonter à Harokopio, d'où l'on attrape le bus pour Finikounda puis Méthoni.

➢ ***Vers Athènes :*** 1 bus/j. (à 8h) via Kalamata. Trajet env 6h. Il est plus prudent d'acheter son billet la veille, chez le marchand de journaux à l'angle de la place et de la rue principale, pour avoir une place !

Adresses utiles

✉ ***Poste :*** *dans la rue parallèle au port.*
■ ***Police :*** *dans la rue parallèle au port.*
■ ***Banques :*** *un distributeur à côté de l'église et un autre sur le port.*
■ ***Presse étrangère :*** *sur le port, à côté du café* Byzantino.
@ ***Internet Café :*** *sur le port, près de la mairie.* Dans un café-terrasse nommé avec une certaine logique... *Internet Café* ! Wifi gratuit pour les clients.

Où dormir ? Où manger ?

Camping

⛺ |●| ***Camping Koroni :*** *à l'entrée du village en venant de Pétalidi. ☎ 27-25-02-21-19. • koronicamping.com • Le bus s'arrête devant. Tte l'année. Compter 24 € pour 2 avec tente et voiture. Réduc de 20 % hors juin-sept.* Emplacements herbeux et ombragés par quelques oliviers et autres eucalyptus. Piscine bien agréable, entourée de pelouse (accès possible pour les non-résidents contre 5 € par personne, enfants y compris). Bar, resto. Minimarché. Possibilité de cuisiner. Machines à laver. Accès à la plage (moyennement sympa, avec un *beach-bar*) par un petit chemin. Bon accueil en anglais.

De bon marché à prix moyens

🏠 ***Hotel Diana :*** *en arrivant sur le port. ☎ 27-25-02-23-12. • dianahotel-koroni.gr • Double 40 €, petit déj en sus.* Un petit hôtel sympathique avec 8 petites chambres très propres et équipées d'AC, TV et frigo. 5 d'entre elles ont un bout de vue sur le port. Accueil très gentil en anglais.

🏠 ***Chambres chez Dionisia Perivolaraki :*** *tt au bout de la rue parallèle au quai. ☎ 27-25-02-25-53. • dionisia koroni@yahoo.gr • Doubles 35-45 €. CB refusées.* Dans une belle et grande maison de pêcheur, blanc et bleu dedans comme dehors. Dionisia vous propose gentiment ses chambres simples, propres, avec tapette à mouche accrochée au mur... Les balcons, en saillie sur les flots, offrent une belle vue sur la citadelle. Voilà une très bonne option pour jeter l'ancre à Koroni.

|●| ***Taverna Bogris n° 2 (Démétrios Psiras) :*** *face à l'école, à gauche du port. Plats 6-10 €.* Terrasse ombragée derrière un porche en pierre et joliment décorée. Également une entrée par le petit bout de rue piétonne. Cuisine classique mais entièrement maison. Allez donc voir les plats en vitrine : *pastitsio,* moussaka, tomates farcies... Excellent rapport qualité-prix.

|●| Toute une armada de restos plutôt touristiques a colonisé le quai avec leurs cartes bateau, à prix moyens. Les pieds dans l'eau, les yeux dans la mer et, au loin, les monts Taygète.

Où dormir ? Où manger dans les environs ?

🏠 |●| ***Zagamilos Hotel :*** *à* ***Zaga Beach.*** *☎ 27-25-02-24-48. • zagami loshotel.gr • Avr-nov. Doubles 40-70 €, petit déj (basique) inclus. Plats env 6-7 €. CB refusées.* Tenu par un petit bonhomme très gentil. Une trentaine de chambres plutôt simples avec AC, TV et frigo. Réservez à l'avance pour obtenir une chambre côté mer, comme la n° 212 ou la 213, beaucoup plus sympas. Belle plage à 350 m de là. Le patron fait la cuisine avec amour et prend le temps de vous expliquer son savoir-faire. Il a même exercé à New

York pendant plus de 20 ans ! Goûtez à sa moussaka, son *pastitsio* ou ses boulettes de viande avec la délicieuse sauce au citron. Accueil chaleureux.

Où boire un verre ? Où déguster une pâtisserie ou une glace ?

Byzantino Pastry Shop : *sur le quai (également une entrée sur la rue parallèle). Tlj 8h-14h, et de 17h jusque tard...* Terrasse au bord de l'eau pour déguster de bons gâteaux, de bonnes glaces ou une orange pressée. Et pour les amateurs de caféine au bord de la crise de tachycardie, des cafés allongés juste comme il faut.

DANS LES ENVIRONS DE KORONI

Vassilitsi *(Βασιλιτσι)* **:** *au sud-ouest de Koroni.* But possible pour une balade à pied depuis la plage de Koroni : 16 km aller et retour. Ça grimpe un peu, mais le paysage est superbe. On marche au milieu des oliviers en longeant la côte pour arriver au village. S'arrêter pour siroter un verre sur la terrasse du café de la place. Pas trop de touristes, et des gens adorables qui vous gratifient d'un immense sourire. La légendaire hospitalité grecque existe bel et bien ! Les moins sportifs prendront leur voiture : de Vassilitsi, la route rejoint également Finikounda.

FINIKOUNDA (ΦΟΙΝΙΚΟΥΝΤΑ) (240 06) 680 hab.

La nouvelle route qui mène de Koroni à ce tout petit port, et continue ensuite jusqu'à Méthoni, coupe droit à travers des paysages vallonnés couverts de vignes. La région est riche et fertile. Le coin est apprécié des touristes pour ses belles et longues plages de sable, suffisamment ventées pour les véliplanchistes. Le village lui-même est mignon et accueille un tourisme tranquille, pas trop massif.

Arriver – Quitter

Arrêt des bus près de l'église, face à l'hôtel *Finikounda.*

➢ ***De/vers Pylos et Kalamata :*** 3 bus/j. lun-ven ; 1-2 le w-e.

➢ ***De/vers Kalamata, via Harokopio :*** 2 bus/j. lun-ven.

Adresses utiles

■ ***Distributeur de billets :*** *à l'**Ate Bank,** au bout de la rue principale.*

■ ***Accès Internet :*** *dans un minibâtiment en béton, entre la plage et la rue piétonne. S'adresser au bar-glacier* Almyro Glyko. *Un peu cher.*

Où dormir ?

Campings

Le stationnement des camping-cars étant strictement interdit (et on vous le fera savoir), voici un large éventail de campings.

Camping Loutsa : *fléché à gauche, 1 km avt Finikounda quand on* *vient de Koroni.* ☎ *27-23-07-11-69.* • *loutsacamping.gr* • *Mai-oct. Compter 21-23,50 € pour 2 avec voiture et petite tente.* Très bien situé, au bout d'un chemin, au bord d'une jolie plage de sable. Tout confort et pas mal d'ombre. Emplacements rectilignement ordonnés. Machines à laver. Resto-grill. Accueil avenant d'une famille sympathique.

Camping Thinès : *fléché à gauche 400 m après la sortie du village, en direction de Méthoni.* ☎ *27-23-07-12-00.* • *camping-peloponnese.com* • *Tte l'année. Compter 20-22 € pour 2 avec voiture et petite tente.* Un petit camping familial à taille humaine et sans doute celui où l'on a été le mieux accueillis. À un pas de la plage, des emplacements bien ombragés. Machines à laver, épicerie et snack-bar. Simple mais sympa.

Camping Finikès : *fléché à gauche 2 km après la sortie du village, sur la route de Méthoni.* ☎ *27-23-02-85-24.* • *finikescamping.gr* • *Tte l'année. Compter 18-19,50 € pour 2 avec voiture et petite tente.* Des emplacements ombragés par des tonnelles avec la plage devant. Très propre, tenu par une Allemande. Machines à laver, épicerie, café, resto et aire de jeux. Loue également quelques chambres dans des bungalows *(50-60 € pour 2)* avec AC, TV, frigo.

Camping Ammos : *à 500 m de la sortie du village, sur la route de Méthoni, fléché à gauche.* ☎ *27-23-07-12-62. Fax : 27-23-07-11-24. Mai-oct. Compter 16,50-19 € pour 2 avec voiture et petite tente.* Plaisant car ombragé par un pacifique aréopage de différentes espèces d'arbres et fort bien situé (dunes, espaces). Accueil plutôt quelconque, lui. Laverie, cuisine, épicerie, bar-resto. Bons sanitaires. Belle plage.

De prix moyens à plus chic

Korakakis Beach : *à gauche, à l'extrémité du front de mer.* ☎ *27-23-07-12-21 et 27-23-07-11-35.* • *korakaki@otenet.gr* • *Avr-oct. Doubles 40-60 €, petit déj compris. Également quelques bungalows à côté, au vert (50-70 € pour 2 adultes et 2 enfants). Réduc à partir de 1 sem de séjour hors saison.* Déco marine très marrante à la réception. Chambres sobres, petites, aux murs blanc et bleu, les pieds presque dans l'eau et avec AC, TV et frigo. Micro-salles de bains. Les chambres du dernier étage sont particulièrement plaisantes : lambrissées, avec balcon sur la mer. Accueil sympa.

Où manger ?

Taverne Oinoussès : *en bord de plage. Plats 6-8 €.* Ici, ni chichis ni flonflons, mais une cuisine simple et typiquement grecque : tomates et poivrons farcis, courgettes frites... Terrasse avec nappes à carreaux. Le jovial patron parle le français (et l'anglais, et l'allemand !).

Taverne Éléna : *au bout du quai, en surplomb de la plage.* ☎ *27-23-07-12-35. Tte l'année (slt le w-e hors saison). Plats env 8-12 € ; poissons 12-16 €.* Bâti en terrasses au bout du quai, ce resto embrasse du regard le petit port et la plage. Malgré les menus touristiques dans toutes les langues (avec un lexique grec) et le passage de quelques groupes, l'accueil reste agréable. La cuisine est de bonne qualité et l'addition pas trop lourde. On y vient pour son poisson (sardines farcies notamment) et ses entrées très variées. Musique live les mardi et samedi en été, le week-end hors saison.

Bonne ***pâtisserie*** accolée au supermarché du village (près de l'église). Indiqué depuis la route pour Méthoni. Excellents gâteaux. Accueil très gentil.

Baignades

Le coin regorge de plages de sable (au sud et au nord). Attention, celle située après le camping *Ammos,* direction Méthoni, n'est plus accessible aux camping-cars... Signalons également une école de voile dans le village.

MÉTHONI (ΜΕΘΩΝΗ)

(240 06) 1 200 hab.

Petite ville d'intérêt moyen, surtout caractérisée par sa belle forteresse vénitienne, prolongée par un superbe fortin turc qui verrouille le cap. Le bourg reste authentique avec ses anciens attablés à longueur de journée aux terrasses de cafés des deux rues principales, odos Grigoriou et odos Maizonos. Au fait, Maizonos, ça ne sonne qu'à moitié grec ? Bien vu, c'est en réalité le nom hellénisé du général Maison, qui mena un corps expéditionnaire français à la fin des années 1820 (voir plus loin « Pylos »). Méthoni est donc un lieu paisible, où la sieste est sacrée : maintes portes y sont closes à cette heure... Et puis, soudain, les énergies se réveillent pour le carnaval. Deux hommes invitent le village au grand défoulement en ravivant la légende du *mariage de Koutroulis.* En attendant ces grandes festivités, vous pourrez profiter d'une mer chaude dès début avril, au gré d'agréables plages (au sud, en direction de Finikounda, elles sont belles et tranquilles).

ACHARNEMENT

À la fin du XIVe s, un nobliau local, le chevalier Koutroulis, voulut épouser une femme divorcée. Cette démarche engendra 17 ans de procédure pour obtenir la bénédiction de l'Église. On ne vous explique pas la fiesta que fit l'heureux époux après une telle bataille ! L'épisode est resté dans le langage courant pour qualifier des festivités exceptionnelles : « Comme le mariage de Koutroulis ».

UN PEU D'HISTOIRE

Simple poste avancé de Sparte dans l'Antiquité, c'est au Moyen Âge que Méthoni acquit une célébrité, du fait de son importance stratégique. Les Byzantins l'occupèrent les premiers, vite chassés par les Vénitiens, qui firent raser la forteresse byzantine en 1125 et en reconstruisirent une autre au XIIIe s. Un peu modifiée par les Turcs, c'est celle qu'on peut voir aujourd'hui. Elle passa, vous vous en doutez, en de nombreuses mains avant d'échoir à nouveau à Morosini, le Vénitien.

Arriver – Quitter

Les bus partent de la fourche des 2 rues principales. Tickets à bord.

➢ ***De/vers Pylos, Finikounda et Kalamata :*** 5 bus/j. (3-4 le w-e).

Adresses utiles

✉ ***Poste :*** *odos Maizonos. Lun-ven 7h30-14h.*

■ ***Distributeurs de billets :*** ***ATE Bank*** *et* ***National Bank of Greece*** *sur odos Grigoriou.*

■ ***Police :*** *à côté de la National Bank of Greece.*

@ ***Dourios Café :*** *odos Miaouli, à côté de l'Hotel Castello (voir plus loin).* ☎ *27-23-02-87-29. Tlj, 20h/24 en été ! En hiver, ferme à 3h.* 2 ordinateurs seulement, mais on peut patienter au bar ou faire un billard en attendant (voir « Où boire un verre ? » plus loin).

Où dormir ?

De prix moyens à plus chic

Chez Dina (Christos et Dina Niokou) **:** ☎ *27-23-03-14-29. En arrivant de Koroni, prendre la 1re route pour Méthoni (direction camping) ; un petit panneau indique la maison sur la droite, 100 m avt le resto* O Kipos. *Doubles env 35-45 €.* Les modestes chambres donnent sur un très joli jardin et sont équipées d'une cuisine, de la clim et d'une petite salle de bains. Très calme, au fond d'une impasse, à environ 300 m de la mer. Cela dit, en août, le prix est un peu élevé pour ce que c'est. Accueil en allemand, car Dina a travaillé à Berlin quelques années.

Hotel Castello : *odos Miaouli, dans la rue menant à la plage.* ☎ *27-23-03-13-00 et 27-23-03-12-80.* ● *castello.gr* ● *Doubles 35-55 € selon saison. Pas de petit déj.* Chambres bien tenues mais sans vraie déco, avec AC, frigo et salle de bains. Certaines avec balcon et belle vue sur le château, d'autres sur le jardin. On est accueilli par une dame énergique et souriante.

Achilles Hotel : *odos Maizonos.* ☎ *27-23-03-18-19.* ● *achilles-hotel.com* ● *Doubles 50-70 €. CB refusées.* Agréable maison blanche récente, de style néoclassique. Une douzaine de grandes chambres égayées de couleurs pastel, avec AC, TV et salle de bains. Manque un peu de charme, mais une coursive extérieure, au premier étage, garantit à chaque chambre une grande terrasse. Petit déj correct.

Hotel Aris : *odos Sigrou.* ☎ *27-23-03-11-25. Fax : 27-23-03-13-36. Dans le centre, sur une petite place. Selon saison, doubles 35-60 €.* Chambres simples et propres, avec balcon, AC, TV, douche et w-c, sans vue mais à proximité de la plage. Sympa, discret, bien tenu. Accueil agréable en grec : de ce fait, réservation par fax préférable.

Où manger ?

Pizzeria O Kipos : *à 50 m du front de mer, à côté du canal et du petit pont.* ☎ *27-23-03-13-29. Ts les soirs en été ; slt le w-e le reste de l'année. Pizzas 6-8 €.* Yvette et Bobby, les propriétaires, sont accueillants et prêts à vous aider. Yvette parle le français : elle est québécoise de naissance. Ce qui explique le bon accueil ! Cuisine particulièrement soignée à déguster sous la tonnelle.

Taverna Klimataria : *face à l'*Hotel Castello. ☎ *27-23-03-15-44. Tlj midi et soir. Plats env 7-10 €.* On passe par une jolie maisonnette à toit de tuiles, où l'on choisit ses plats en cuisine, et on s'installe dans le ravissant jardin intérieur. Cuisine maison très réussie, vraiment fraîche avec de bonnes boulettes de viande, tarte aux épinards et feta, ainsi que des croquettes de poisson. Service attentionné et souriant.

Taverna Thalassa (Éléna) : *sur la place principale. Plats env 6-9 €.* Sert une cuisine grecque très honnête. La terrasse est un bon poste d'observation pour voir défiler les passants. Accueil prévenant.

Où boire un verre ?

Café Dionysos : *odos Grigoriou, à côté de la banque.* Un café antique et fréquenté quasi exclusivement par les anciens du village. Un vrai café, quoi, et pas cher. Terrasse pour observer l'animation (relative) de la rue et les vieux qui passent lentement, en troupeau, de la fraîche ombre matinale à la chaude ombre vespérale...

Dourios Café : *odos Miaouli, à côté de l'*Hotel Castello. ☎ *27-23-02-87-29. Tlj 20h/24 en été (!) ; en hiver, ferme à 3h.* Un café joli, animé, vraiment très sympa, et pas seulement pour consulter ses e-mails. Les patrons sont super accueillants, et puis, pour tuer le temps, on y trouve non seulement un billard américain, mais aussi, chose rarissime, un billard français. Ah, ça vous parle, hein ?

À voir

La forteresse : *à l'extrémité de la rue Bouboulinas. Tlj 8h-15h (normalement). GRATUIT.* Bâtie par les Vénitiens au XIIIe s, elle est séparée de la ville par un large fossé construit plus tard (au XVe s). Une des tours sur le côté est ornée d'un lion de saint Marc, encadré de deux blasons. Au bout du promontoire, un pont relie l'entrée côté mer à la *tour Bourtzi,* élevée par les Turcs. L'ensemble, relativement bien préservé, laisse une forte impression.

PYLOS (ΠΥΛΟΣ) (240 01) 2 500 hab.

Pylos sommeille au fond d'une des plus belles rades de Grèce, dans une région au relief très doux où se succèdent prairies et oliviers. La jolie place ajourée d'arcades prend des accents provençaux avec d'énormes platanes séculaires. C'est un Français, le général Maison, qui a dessiné les plans de la ville moderne en 1829.

En effet, en 1827, France, Grande-Bretagne et Russie soutenaient les insurgés grecs. Ils déployèrent une flotte au large de l'ancienne Navarin pour impressionner les navires turco-égyptiens d'Ibrahim Pacha. Or, c'est par erreur que le combat s'engagea, entraînant une sanglante défaite des Turcs qui perdirent 6 000 âmes lorsque les « alliés » ne déplorèrent que 174 morts. Une erreur qui joua un rôle décisif pour l'indépendance grecque. Plein de vestiges de cette bataille peuplent l'île de Sfaktiria qui ferme la baie. On y trouve des grottes splendides pour la plongée, à côté du port.

NAVARIN À LA SAUCE TURQUE

Selon une légende qui a la peau dure, le navarin d'agneau serait le plat confectionné pour fêter la victoire de l'armada franco-britannico-russe sur les Turcs, au large de Navarin. Facile association de mots avec le navet qui accompagnait la viande. Les Turcs, eux, ne firent pas un plat de cette déconfiture.

Arriver – Quitter

Station des bus : *sur la place aux Arcades. ☎ 27-23-02-22-30.*
➢ **De/vers Athènes :** 1 bus/j., à 8h30. Trajet : 5h30.
➢ **De/vers Kalamata :** 7 bus/j. lun-ven, 5h-19h30, dont 5 continuent vers Méthoni et 3 vers Finikounda ; 5-6 bus le w-e (3-4 pour Méthoni et 1-2 pour Finikounda).
➢ **Vers Kyparissia :** 2-4 bus/j., avec changement à Gargaliani.

Adresses et info utiles

Poste : *en venant du port, dans la rue à droite au fond de la place principale. Lun-ven 7h30-14h.*
■ **Banques :** *sur la place principale.* Distributeurs.
■ **Location de scooters :** *autour de la place principale.*
– **Fête Les Navarinia :** *1er-15 août.*

Où dormir ?

Apparemment, dormir à Pylos se mérite : les hôtels y sont chers en été.

Plus chic

Karalis Beach : *tt au bout du port, à gauche. Résas : ☎ 27-23-02-30-21. • karalisbeach.gr • Avr-oct. Doubles 75-95 € selon vue, petit déj compris.* Très belle situation, perchée sur les rochers entre mer et pinède. Chambres de bon confort (AC, TV), décorée avec un fond petit-bourgeois. La plupart ont un balcon avec vue sur la mer, d'autres donnent sur le Néo Kastro. Même patron qu'au *Karalis* du centre-ville (ouvert toute l'année). Pour le mois d'août, réservez bien à l'avance. Surévalué quand même.

Où manger ? Où déguster glaces ou pâtisseries ?

Psistaria Grigoris : *à l'angle du port, à droite. ☎ 27-23-02-26-21. Plats env 5-8 €.* La meilleure taverne du village. On va choisir les plats en cuisine, présentés par la cuisinière elle-même. Bon signe, d'ailleurs tout est maison, et ça baigne... au propre comme au figuré. On mange sur une terrasse devant, ou sur un angle de la grand-place.

Krinos : *sur la place centrale. ☎ 27-23-02-27-56.* Choix cornélien de parfums de glace, et surtout une pléiade de gâteaux, plus nombreux que les dieux du mont Olympe. Succulents, et tant pis pour la ligne d'Apollon !

À voir. À faire

Le Néo Kastro : *à la sortie de Pylos, direction Méthoni. ☎ 27-23-02-29-55. Tlj sf lun 8h-15h. Entrée : 3 € ; réduc ; gratuit pour les moins de 18 ans et les étudiants de l'UE.* Forteresse turque construite en 1573 et en restauration progressive. Au milieu, la belle église de *Métamorphosis,* pudiquement voilée pour cause de rénovation. À l'intérieur de la forteresse, intéressant musée de la collection René-Puaux, journaliste et collectionneur français qui a fait don de ses pièces consacrées à la révolution de 1821 et aux philhellènes. Principalement des gravures illustrant les épisodes de la bataille de Navarin.

Le Musée archéologique : *depuis la grand-place, remonter la rue vers Méthoni sur 50 m. Tlj sf lun 8h30-15h. Tarif : 2 € ; réduc ; gratuit pour les étudiants de l'UE.* De pierres taillées préhistoriques à des statues de bronze de l'époque romaine tardive en passant par des poteries et autres bijoux en or, les objets présentés ici ont tous été exhumés dans les environs de Pylos. Petit, mais pas inintéressant.

➢ **Tour de la baie en bateau :** *sur la jetée. ☎ 27-23-02-31-55. Résa conseillée 24h avt. Pour 2-4h de navigation, compter 12-14 €/pers en petit bateau et 17-20 € en bateau à fond de verre.* Sur l'île de Sfaktiria, des tombeaux de philhellènes morts au combat, dont celui de Paul-Marie Bonaparte, neveu de Napoléon Ier. Belle balade, mais chère.

– Ne pas rater, au nord de Pylos, les sites détaillés juste après (« La route de Pylos à Kyparissia »).

LA ROUTE DE PYLOS À KYPARISSIA

YALOVA (ΓΙΑΛΟΒΑ ; 240 01)

À 6 km au nord de Pylos, une bourgade sans intérêt, mais dont les environs recèlent quelques pépites.

Navarino Beach Camping : *à l'entrée du village ; attention, c'est assez mal indiqué. ☎ 27-23-02-29-73. • navarino-beach.gr • Pour s'y rendre, 6 bus/j. (3 le dim) sur la ligne Pylos-Kyparissia. Avr-oct. Compter 19-21,50 € pour 2 avec petite tente et voiture. Apparts pour 2-4 pers 45-70 €. 10 % de réduc à partir de 6 nuits.* Camping en 2 parties séparées par la route. Bien ombragé, mais on y est un peu les uns sur les autres en pleine saison. Plage plutôt agréable. Cuisines équipées, épicerie, resto. Un peu bruyant pour les emplacements situés le long de la route. Bon accueil.

Camping Érodios : *en bordure de plage, vers la fin du village en venant de Pylos. ☎ 27-23-02-32-69. • erodioss.gr • 15 avr-15 oct. Résa obligatoire. Compter 19-23 € pour 2 avec tente et voiture. Bungalows pour 2-4 pers 50-75 € selon saison. Réduc à partir de 3 nuits.* Un camping récent, ordonné comme un camp de légionnaires romains (pelouse rasée de près). Bien équipé et bien entretenu. Épicerie, resto, bar, cuisine commune, machines à laver, aire de jeux. Donne directement sur la très belle plage (se baigner plutôt en bout de lagune). Également des bungalows avec AC, cuisine, salle de bains et terrasse, d'un bon rapport qualité-prix. Réceptionniste accueillante.

Folklore Museum : *dans le village. ☎ 27-23-02-83-25. 69-37-13-16-09. Tlj 17h-21h (passer ou téléphoner, Costas vous fera visiter s'il est là).* Bric-à-brac impressionnant d'objets accumulés par Costas Balafoutis, un passionné de tout. Intarissable sur les outils de forgeron, apiculteur, cordonnier, savonnier... Il vous détaillera l'araire qui creusait son sillon au XVIIe s, les pick-up qui lisaient les microsillons au XXe s, les mobiliers anciens et vêtements d'antan. Et il vous dira aussi les sites à visiter dans les environs.

La cascade de Kalamari : *au nord-est de Yalova. Depuis la route de Kyparissia, prendre à droite en direction de Schinolaka ; 800 m plus loin, prendre la piste à droite en direction de Kalamari ; parcourir 1,8 km jusqu'au panneau de bois (discret) à gauche de la piste ; les derniers 300 m se font à pied.* Balade rafraîchissante sous les frondaisons d'une végétation de fond de combe, qui converge vers une petite rivière puis une jolie cascade haute d'une quinzaine de mètres.

La lagune de Yalova : *au nord-ouest de Yalova.* Le site a été proposé pour le programme Natura 2000. C'est un biotope où l'on a recensé 245 espèces d'oiseaux, de tortues marines et de caméléons africains (le seul endroit en Europe à accueillir cette population) ! Malheureusement, entre autres menaces liées à l'environnement, l'activité touristique estivale le met en danger et les oiseaux ne se montrent plus beaucoup. Pour rejoindre la plage de Voidokilia, au nord-ouest de la lagune, faire le tour par Pétrochori afin de préserver la tranquillité du site.

PÉTROCHORI (ΠΕΤΡΟΧΟΡΙ ; 244 00)

Villa Voidokilia : *bien fléché depuis Pétrochori et la plage de Voidokilia ☎ . 27-63-04-11-75. 69-76-16-95-84. • villavoidokilia.gr • Apparts 2-4 pers 50-75 € selon saison, sans petit déj.* Dans 5 maisonnettes clonées, posées sur un tapis herbeux, avec vue sur la mer à l'horizon, de petits appartements bien équipés (AC, TV, cuisine), nickel et d'un confort très honorable. La superbe plage de Voidokilia vous tend ses grains de sable blanc à 3 km seulement. Bon accueil.

O Giorgos : *suivre les nombreux panneaux du* Navarone Hotel, *le resto est 100 m en contrebas. ☎ 27-23-02-26-21. Tlj. Plats 6-9 €.* Petite taverne qui aligne sur sa carte de petits plats mijotés bien souvent vus dans d'autres restos. Oui, mais le *souvlaki* de poulpe et quelques autres spécificités ajoutent à la gentillesse réservée de l'accueil pour donner envie de faire ici une étape culinaire. Et la plage est juste en dessous.

La plage de Voidokilia (Βοιδοκιλια) : *à 10 km au nord de Yalova (bien fléchée depuis la route de Kyparissia). The beach !* Une anse quasi parfaite, ourlée d'une plage de sable blanc quasi circulaire presque refermée sur elle-même par deux promontoires rocheux. Les eaux peu profondes rassureront les jeunes parents inquiets pour leur progéniture. Quant aux autres, ils subiront le supplice de marcher 30 m dans une eau limpide à mi-cuisse avant de s'enfoncer vers le royaume de Nérée ! Au bout de la plage, monter par la dune aux ruines du château en passant la « grotte de Nestor ».

CHORA (ΧΩΡΑ ; 244 00)

À 15 km au nord de Pylos, c'est sur les collines alentour que l'avisé Nestor posa sa sandale et fit bâtir son fameux palais.

Le palais de Nestor : *en bord de route, 3 km avt d'arriver à Chora. ☎ 27-63-03-14-37. Tte l'année, tlj sf lun 8h-15h (parfois 9h-16h en été, téléphoner avt). Entrée : 3 € ; réduc ; gratuit pour les enfants et les étudiants de l'UE. Attention, le site est resté fermé en 2014 (la date exacte de réouverture n'était pas connue).* Si l'on en croit Homère, Nestor fut l'une des grandes figures de la civilisation mycénienne et participa à la guerre de Troie, où il se distingua par la sagesse de ses conseils. Il fit de Pylos l'une des plus florissantes cités de Grèce, contemporaine de Mycènes, qui reste aujourd'hui un site important par la conservation des détails du quotidien. Mais attention, de ce palais du XIIIe s av. J.-C. ne restent que des fondations dont la netteté permet d'avoir un aperçu exact de l'ordonnancement du site. Au-delà du propylée (entrée monumentale à colonne centrale unique), on pénètre dans la cour intérieure puis dans le bâtiment central, le *mégaron* : d'abord le porche avec ses deux colonnes (voir les bases), le vestibule et la salle principale où le roi avait son trône à droite (base circulaire encore visible) entouré de quatre bases de colonnes. Derrière se trouvent les entrepôts (jarres à huile et à grains insérées dans des banquettes). Enfin, la salle de bains de la reine et la baignoire en pierre sculptée et décorée (motifs en cercles concentriques) : c'est le vestige le mieux conservé du site ! Il ne vous reste plus qu'à imaginer la reine nue dans son bain... Vous la trouverez sur la droite (la baignoire, bien sûr) avant le porche du *mégaron.*
La civilisation mycénienne est alors à son apogée, mais la destruction du palais vers 1190 av. J.-C. marque le début de la mystérieuse fin de cette civilisation. Les découvertes effectuées lors des fouilles sont exposées au musée de Chora.

Le Musée archéologique de Chora : *à la sortie du village vers Kalamata. ☎ 27-63-03-13-58. Tlj sf lun 8h-15h. Entrée : 2 € ; réduc ; gratuit pour les étudiants de l'UE.* Un musée intéressant. On y découvre moult fines poteries de style marin (avec des poulpes et des dauphins) ou floral qui reflètent l'influence culturelle des Crétois (civilisation minoenne) sur l'ensemble du monde égéen au IIe millénaire av. J.-C. Autre domaine où excellaient particulièrement les Mycéniens, la métallurgie, pour la guerre (épées, boucliers), certes, mais aussi pour les bijoux. Remarquez les coupes en or et autres objets travaillés à la feuille d'or, et la précision millimétrique du granulé de certains bracelets. Clou du spectacle, les bribes de fresques du palais issues des murs de nombreuses pièces, de la salle de bains de la reine à celle du trône, dont le sol arborait un majestueux poulpe. Ce sont parmi les plus beaux spécimens conservés d'une période aussi lointaine qui donnent force détails sur les us vestimentaires, décorations, architecture, chevelures, instruments de musique, etc. Enfin, la maquette du palais de Nestor donne une idée précise de ce qu'étaient les ruines avant d'être des ruines... Bref, prenez votre temps : ce musée est une véritable introspection de plus de 3 200 ans chez nos amis les Mycéniens.

Au nord de Chora

➢ Route sinueuse en diable sur le plateau, avant de s'immerger dans un véritable océan d'oliviers en descendant vers la côte après Gargaliani. À la sortie de ***Filiatra,*** la tour Eiffel miniature n'est pas un mirage, mais l'œuvre d'un artiste local qui reçut les félicitations des présidents De Gaulle et Kennedy. Du même facteur Cheval régional, ne manquez pas à ***Agrili,*** après Filiatra, son « château » surnommé « château des contes de fées », les pieds dans l'eau. Étonnant.

⛺ ***Camping Proti :*** *à* ***Marathopoli.*** ☎ *27-63-06-12-11.* ● *camping-proti.gr* ● *En bas de la descente, après Gargaliani, suivre le panneau « Marathos » à gauche ; juste avt le village prendre à droite la route côtière de Kyparissia, c'est 2 km plus loin. De mi-mai à mi-oct. Env 16-19,50 € pour 2 avec tente et voiture selon saison.* Ombragé par des tamaris complétés de toiles, calme, à 50 m de l'eau (rochers, mais accès à la mer aménagé). Bien équipé, aire de jeux, minimarché, immense piscine, bar et resto. Terrains de tennis et de basket.

➢ ***Le tour de l'îlot Proti en bateau :*** *depuis le port de* ***Marathopoli.*** *Contacter Yannis :* 📱 *69-72-31-67-45. La virée coûte env 80 €, quel que soit le nombre de passagers ; intéressant donc à partir de 4-5 pers.* Les nombreuses cavernes de cet îlot en ont fait, au XIXe s, un repaire idéal pour les corsaires. Des arrêts baignade sont prévus dans des criques aux eaux cristallines. Sur l'îlot, quelques ruines de l'époque mycénienne.

KYPARISSIA (ΚΥΠΑΡΙΣΣΙΑ) (245 00) 5 800 hab.

La région est réputée pour son climat parmi les plus vivifiants du Péloponnèse. Une brise agréable y rend presque supportables les jours brûlants d'été. Idéal donc pour le farniente sur l'une des belles plages au nord de la ville. Ville elle-même sans attrait, où vous échouerez peut-être entre Pylos et Olympie. Certes, sur les hauteurs, un château franc (et franchement en ruine) témoigne d'un joli passé...

NOTRE QUART D'HEURE CULTUREL

La cité servit de port d'embarquement pour la guerre de Troie, puis Épaminondas en fit le port de Messène. Rebaptisée Arkadia au Moyen Âge, elle devint un fief de... devinez qui ?... Geoffroi de Villehardouin, bien sûr ! À la fin du XIVe s, les Génois s'en emparèrent, avant de la céder finalement aux Turcs. Comment les Grecs n'ont-ils pas plus de problèmes d'identité ?

Arriver – Quitter

En bus

🚌 ***Gare routière :*** *odos Nosokomiou, à 20 m de la pl. Kalanzacos, dans un vieux café (fermé pdt la sieste).* ☎ *27-61-02-22-60.*

➢ ***De/vers Patras :*** 2 bus/j. Trajet : 2h30-3h.

➢ ***De/vers Athènes, via Corinthe :*** 4 bus/j. Trajet : env 4h.

➢ ***De/vers Kalamata :*** 4 bus/j. en sem, 3 le sam, 2 le dim. Trajet : env 1h20.

➢ ***De/vers Pyrgos :*** 2 bus/j.

➢ ***De/vers Pylos :*** 3 bus/j. (1 seul le dim).

Adresses utiles

✉ **Poste :** *odos Vénizélou, sur la pl. Kalanzacos.*
■ **Banques :** *pl. Kalanzacos et odos Vénizélou.* Distributeurs.
■ **Presse étrangère :** *à 30 m de la pl. Kalanzacos.*

Où dormir ?

De prix moyens à plus chic

Apollo Resort Art Hotel : *bien fléché depuis la route à la sortie nord de Kyparissia.* ☎ *27-61-02-44-11.* ● *apollo-hotel.gr* ● *Fermé nov-fév. Double 55-85 € selon saison, petit déj-buffet compris ; familiale 110 €.* Hôtel familial très agréable, avec une grande piscine, dans un cadre paisible. Chambres confortables avec AC, TV et, pour la moitié d'entre elles, vue sur la mer. Les autres sont côté colline et piscine. Quelques familiales pour 4 personnes. Comme son nom l'indique, touche de déco pleine de goût : belles couleurs, toiles contemporaines, sculptures. Fait aussi resto (bonne cuisine). Plage de Tripès à 150 m. Excellent accueil en français de Georgette et de sa sœur, qui sont aux petits soins avec leurs clients, et sauront vous conseiller sur les excursions.

Kotsoris Apartments : *au bord de la mer, par la rue qui part à droite du port.* ☎ *27-61-02-44-34.* ● *kotsorisrooms.com* ● *Fin avr-fin oct. Compter 40-60 € le studio pour 2 pers (ajouter 10 €/pers suppl.) ; tarifs négociables. CB refusées.* Une dizaine de studios spacieux, tout confort dans des bungalows plantés sur une grande et belle pelouse. Cuisine équipée, clim, TV, balcon. Pour la jolie vue, préférer les 1ers studios en entrant. Accueil en grec.

Appartements Agios Sostis : *103, odos 25-Martiou.* ☎ *27-61-02-54-90.* ● *agios-sostis.gr* ● *À 200 m en contrebas de la place principale. Compter 30-50 € pour 2.* Une vingtaine de grandes chambres récentes et nickel dont un mur est occupé par une kitchenette. Bon, la vue sur rue n'est pas des plus sexy. Sinon, bon équipement et bon rapport qualité-prix. Accueil sympathique.

Où manger ? Où boire un verre ?

Taverna Remezzo : *sur le port.* ☎ *27-61-02-33-14. Plats 6-9 €.* Ce petit resto de poisson ne paie pas de mine, mais il sert sans doute la meilleure cuisine du port. Poulpe grillé extra, bon poisson, etc. Terrasse sur pilotis face aux bateaux, avec quelques tables joliment dressées qui donnent envie de prolonger le repas.

Paramythaki : *53, odos Vénizélou.* ☎ *27-61-02-48-23. À 50 m en contrebas de la pl. centrale. Plats 6-9 €.* Dans une courette toute simple bordée par la rue, une taverne familiale sans prétention, servant une honnête cuisine à prix vraiment raisonnables. Quelques viandes originales : chèvre, sanglier, porc au fenouil. Bon accueil.

Nynio : *52, odos 25-Martiou.* ☎ *27-61-02-23-77. À l'angle nord-est de la pl. centrale. Plats env 6-9 €.* Café-taverne décoré du top 50 des toiles impressionnistes, proposant une bonne moussaka et des aubergines farcies aux piments, préparées au vinaigre, que vous préférerez au poisson. La salade de poulpe ou le foie au vin ne sont pas mal non plus. Accueil peu aimable, ça gâche.

Pour faire une promenade digestive et prolonger la soirée, des bars-*lounge* chic sur le front de mer en dessous de l'hôtel *Kollakis*, comme le **Bossa Nostra** avec ses palmiers (mais il n'est pas tout seul).

Vromero Skouliki : *tt au bout d'odos 25-Martiou vers le port. Pâques-fin sept.* On le reconnaît à son vieux bateau échoué devant. Repaire de pirates ? De quoi y songer avec ses cordages et une plate-forme de bois en vigie sur le port. Le nom signifie « ver répugnant », pour célébrer un légendaire repaire de pirates grecs du XIXe s. Une grotte des environs recèlerait d'ailleurs un trésor pris aux Turcs... Un bar où y'a pas d'loup, branché, avec un beau panorama pour se nourrir les yeux, de l'électro ou autre musique dans le vent pour se remplir les oreilles, et de bons breuvages pour étancher sa soif de corsaire.

À voir. À faire

Le château franc : il domine la ville et les environs, offrant un panorama saisissant. Sur le chemin, jetez un œil à la vieille église (fondations du VIe s). Au sommet de la colline, vestiges d'une tour byzantine et d'un petit odéon. La grille pour y accéder est parfois fermée. Tant pis, vous n'aurez pas perdu grand-chose ! Un petit verre au snack-bar situé en contrebas saura vous consoler, la vue y est super.

Le marché : *sam mat (6h-10h).* Vivant et coloré, avec tous les petits paysans qui descendent des environs.

La source d'Agia Lougoudis : *à 200 m à gauche du port.* Découverte par Dionysos avant de se mettre définitivement au pinard... Elle est désormais affublée d'une tentative (ratée) d'aménagement néo-antique.

– Grande **brocante** dans la vieille ville, chaque année le 1er week-end d'août.

DANS LES ENVIRONS DE KYPARISSIA

Promenades super vers ***Mili*** (4 km) et ***Vrissès*** (6 km). C'est de là que vient l'eau pure qui alimente Kyparissia.

Péristéria (*Περιστερια*) **:** *à 1 km au nord de Kyparissia, tourner à droite (fléché), c'est 5 km plus loin, au-delà du village de Péristéria. Normalement, tlj 8h30-15h. GRATUIT.* Ce haut lieu de la civilisation mycénienne conserve trois *tholos* (tombes rondes) du XVIe s av. J.-C., dont une particulièrement bien préservée qui rappelle le trésor d'Atrée, à Mycènes. Les découvertes faites dans ces tombes sont exposées au Musée archéologique de Chora (voir plus haut). Paysage alentour superbe. Mais attention aux vipères ! Si un peu de marche vous tente, il existe à environ 30 mn à pied une petite grotte avec des stalactites (et stalagmites), ainsi qu'une petite source. Demandez le chemin au gardien du site.

Platania (*Πλατανια*) ***et la rivière Neda :*** *Platania trône à 28 km de Kyparissia. Compter 45 mn de route montagneuse en prenant la direction de Kalamata au niveau de Kalo Néro, puis l'embranchement sur la droite.* S'arrêter au *Neda Café,* duquel se déploie un point de vue grandiose. Traverser le village au milieu de regards surpris (camping-cars s'abstenir) jusqu'à la tour *Barba Alékos.* Scruter alentour afin d'apercevoir le *temple de Bassae* (Vassès), à environ 13 km au nord-est (voir plus loin « À voir dans les environs » d'Andritsaina). Puis demi-tour sur 50 m et emprunter au pas la piste qui rejoint la rivière environ 3 km plus bas. Continuer à pied, après le pont, sur le sentier vers « la chapelle de la Vierge Marie ». Un peu de patience avant d'entrevoir la petite bâtisse immaculée, délicatement logée au fond de la gorge. Douce cascade embrassée par deux arbres aux formes inspirantes. Pour les plus en jambes, également un sentier vers les ruines de *Figalia,* situées sur un plateau à 300 m au-dessus de la rivière.

La plage de Tripès : accès à cette crique, au sable propre, par le sentier après le camping *Kyparissia.* En continuant, on tombe sur la ***plage de Kartelas*** (sable), peu fréquentée.

À 5 km au nord, le village de ***Kalo Néro*** n'a d'intérêt que pour sa longue plage de sable (mis à part quelques rochers et galets) sur plusieurs kilomètres. Outre les lézards que nous sommes, elle retient également les tortues marines *Caretta*

caretta (espèce protégée) au cours de leur période de reproduction (tous les 2 ou 3 ans, de mai à août). Quelques restos et chambres à louer sur la plage, et la possibilité pour les camping-cars d'y poser leur carapace.

LA ROUTE KYPARISSIA-MÉGALOPOLIS-OLYMPIE

Itinéraire bis qui rallonge beaucoup (à faire sur deux journées de préférence), mais qui permet de jeter un coup d'œil sur les villages d'Arcadie qui présentent un autre visage de la Grèce. Et puis peut-être que la mer finissait par vous lasser... La plus belle portion de cet itinéraire (Mégalopolis-Langadia) peut aussi se faire en venant de Corinthe-Tripoli.

À quelques kilomètres au nord de Kyparissia, prendre la direction Kalamata-Mégalopolis sur 30 km, puis prendre l'autoroute A 7 sur 15 km en direction de Tripoli. À une dizaine de kilomètres après la sortie de l'autoroute, on atteint ***Mégalopolis,*** une ville polluée sans grand intérêt, bordée par deux énormes centrales électriques. Les fondus d'archéologie jetteront un coup d'œil au théâtre, à la sortie de la ville : il avait une capacité de 21 000 spectateurs (seulement 12 000 spectateurs à Épidaure). Mais il ne reste pas grand-chose de ce monument antique, visible qu'à travers une clôture grillagée, avec les tours de la centrale en arrière-plan...

KARYTÉNA (*ΚΑΡΥΤΑΙΝΑ ; 220 22)*

À 16 km au nord-ouest de Mégalopolis, un beau village perché aux maisons anciennes, surmonté par les ruines d'un château franc laissé à l'abandon (montée assez facile et panorama superbe !). Petite balade dans les ruelles dallées de la partie haute du village. Ne pas manquer l'*église Agios Nikolaos,* récemment restaurée, et la *Panagia* (XIe s), situées en contrebas du château. Le village est devenu la petite capitale pour les activités nature organisées dans la microrégion.

Où dormir ? Où manger ?

Chambres à louer Vrenthi (en grec : Βρένθη) : *à l'entrée du village haut. S'adresser à Vickie, au grand café troglodyte, à droite. ☎ 27-91-03-16-50. Doubles 30-40 €.* Une belle bâtisse en pierre avec une dizaine de petites chambres simples mais correctes, sur 3 étages. Toutes ont une vue grandiose sur la vallée. Ici, on ne sera pas embêté par le bruit !

Taverna To Kastro : *un peu en contrebas de la rue principale, dans la ruelle à gauche au niveau des 2 cafés. ☎ 27-91-03-11-13. Tlj sf lun. Plats 6-7 €.* Fraîchement reprise, cette sympathique taverne de village propose un bon choix de *mezze* et quelques bons plats locaux, notamment la très parfumée saucisse de pays *(spetsofai).* À déguster dans une salle fraîche ou dans la ruelle, qui offre de son balcon une belle vue dégagée.

ANDRITSÉNA (*ΑΝΔΡΙΤΣΑΙΝΑ ; 270 61)*

À 28 km à l'ouest de Karyténa. Possibilité de rejoindre ensuite la côte par la route de Kresténa, à 73 km de Karyténa, via Andritséna. On surplombe les *gorges de l'Alphios* au début de cet itinéraire. Village montagnard avec des ruelles escarpées. À voir notamment, la belle bibliothèque Nikopoulios renfermant des manuscrits rares, un musée folklorique et, sur la place centrale, l'arbre immense du tronc duquel jaillit mystérieusement une source.

Où dormir ? Où manger ?

Chambres Epicurean Apollon (chez Maria Balkanou) : *sur la place centrale. ☎ 26-26-02-28-40. Env 50 € pour 2 ; petit déj en plus.* Chambres agréables avec salle de bains. Accueil chaleureux.

Xénonas Katoikia ton Theon : *de la place centrale, prendre la direction Kresténa et monter une rue pavée sur la gauche. ☎ 26-26-02-23-14. • katoikiatontheon.gr • En hte saison, compter env 70 €.* Quelques chambres confortables avec cheminée dans une maison traditionnelle de 1803, joliment restaurée. On peut aussi y manger. Le propriétaire, francophone, est restaurateur... de livres anciens.

Quelques ***tavernes*** et ***restos*** à proximité de l'église.

À voir dans les environs

Le temple d'Apollon Épikourios : *à* **Bassae** *(Βασσες), à 14 km au sud d'Andritséna. ☎ 26-26-02-22-75. Tlj 8h30-15h (les horaires peuvent être étendus en hte saison jusqu'au coucher du soleil). Entrée : 3 € ; gratuit pour les étudiants de l'UE.* Dans le paysage délicieusement désertique de la romantique Arcadie, à 1 130 m d'altitude, se dresse fièrement le mieux conservé des temples grecs ! Pour s'y rendre, route très sinueuse. Malheureusement, il est sous une immense tente, visible toutefois et tout aussi impressionnant d'ailleurs (le vélum sera retiré lorsque la restauration sera complétée). Il aurait été édifié vers 420 av. J.-C. par Ictinos, le maître d'œuvre du Parthénon, qui bouleversa l'usage en mélangeant ordres dorique (colonnes extérieures), ionique (colonnes du *naos* : le sanctuaire) et corinthien (colonne unique entre le *naos* et l'*adyton,* salle annexe donnant sur la façade arrière). C'est ce mélange qui en fait un temple unique et, à ce titre, très étudié.

STEMNITSA *(ΣΤΕΜΝΙΤΣΑ ; 220 07)*

À 12 km de Karyténa. Changement de nom (et de département, on est maintenant en Arcadie) ainsi que de paysage : beaucoup de verdure, plus de fraîcheur (altitude : 1 080 m). Difficile d'imaginer que ce village a été pendant 15 jours, en 1821, la capitale d'un pays qui n'existait pas encore en tant qu'État. Village d'artisans, on y travaille encore les métaux. Tout est très propret et chicos (Stemnitsa est devenu un petit Metsovo, avec des hébergements assez chers). Ce qui n'empêche pas de savourer ce que propose Stemnitsa : musée (maison Hatzis), fontaines, clochers (18 églises !), maisons dans la verdure.

DIMITSANA *(ΔΗΜΗΤΣΑΝΑ ; 220 07)*

À 8 km de Stemnitsa, par une route à flanc de montagne qui surplombe les monastères accessibles à pied (voir ci-après : randonnée Dimitsana-Gortys). Charmant village construit sur deux collines qui se font face. Ruelles, vieilles boutiques, nombreuses églises. Dimitsana a joué un grand rôle dans la révolution de 1821 : on produisait dans ses nombreux moulins la poudre nécessaire pour s'attaquer aux garnisons turques.
Pour rejoindre Olympie, continuer la route jusqu'à Karkalou à 7 km au nord, puis prendre l'embranchement à gauche direction Langadia et Olympie. Jolie route qui serpente à flanc de montagne sur 70 km, le long d'une paisible et verdoyante vallée. On trouvera plusieurs stations-services en chemin.

Où dormir ? Où manger ?

Chambres d'hôtes Xenonas Enastron : *au cœur du village, accès par une ruelle dans le virage ou par un escalier face à la taverne* Tefthis *(fléché). ☎ 27-95-03-16-84. 69-42-63-01-55. • xenonasenastron.gr • Tte l'année. Double 65 €, suite familiale 80 € (plus cher en hiver) ; petit déj compris.* Cette grande bâtisse aux volets verts, surplombant le village, recèle une chambre par étage, sur 3 niveaux. Déco soignée, ciel de lit, belle douche à l'italienne et bon confort moderne dans un cadre authentique. La suite familiale en duplex est vraiment charmante. Tenue par une dame très douce qui ne parle que le grec, mais qui trouvera bien une voisine pour faire la traduction.

Hotel En Dimitsani : *en contrebas du village, à la sortie du bourg, après le cimetière. ☎ 27-95-03-17-48. • en-dimitsani.gr • Tte l'année. Doubles 60-65 € (plus cher en hiver) ; petit déj compris.* Dans un ensemble de maisonnettes de style traditionnel, tout en pierre, des chambres confortables, presque luxueuses, à la déco élégante bien qu'un peu chargée. Plafond boisé, marqueterie, cheminée, douches hydrojets et balcon pour toutes avec une superbe vue sur le village. Idéal pour un séjour cocooning à prix abordables. Accueil tout sourire. Une belle adresse de charme.

Dans le village, 3 ***tavernes*** de qualité équivalente.

Randonnée pédestre

➢ ***Dimitsana-Gortys :*** durée 7-8h. Peut-être la plus belle balade du Péloponnèse, dans les gorges du Lousios. Difficile à faire en une journée en été. De toute façon, se renseigner sur place sur la praticabilité du sentier. Attention en cas de fortes pluies : en mai 2007, un grave accident a causé la mort de huit randonneurs, pourtant encadrés.

De Dimitsana, descendre par la route au petit village de Paléochori. Ceux qui prennent leur temps pourront, par une piste, visiter le *monastère d'Émialon.* Sur la route, à 1,5 km en contrebas du village, un curieux et intéressant petit *musée de l'Hydraulique,* en plein air – moulin, ancienne tannerie, etc. *(☎ 27-95-03-16-30 ; tlj sf mar 10h-18h en hte saison, jusqu'à 17h en basse saison ; entrée 3 €).* Possibilité de raccourcir au départ en prenant le GR 32, mais alors sans passer par le musée. De Paléochori, une piste suit le cours torrentueux du Lousios. Elle devient sentier, parfois peu marqué, qui reste sur la rive gauche. Franchir la rivière en vue du monastère Filosofou surplombant la gorge (pas toujours praticable). Y monter, puis, par un sentier facile, passer à l'ancien monastère caché (Xe s) plaqué à la paroi et invisible de loin. On descend dans la gorge et on atteint un embranchement. Un petit aller-retour pour visiter, sous une voûte rocheuse, le *monastère* habité de *Ioannis Prodromou (fermé entre 13h et 17h).* Tenue correcte demandée (pantalons et jupes disponibles à l'entrée). Très bon accueil. Ne pas manquer les fresques. Le sentier, facile, suit la rivière et débouche sur le *site antique de Gortys,* passant devant l'*église* byzantine d'*Agios Andréas* (XIVe s). Du site, prendre le pont, puis quitter le GR (qui va sur Karyténa) en restant sur la piste principale : on rejoint Elliniko, à 9 km de Karyténa (retour en stop).

Il est également possible de voir ces merveilles en se fatiguant un peu moins. De Stemnitsa, direction Dimitsana et, dès la sortie du village, emprunter la route, moitié asphaltée, moitié piste, qui descend dans les gorges, vers les monastères. Du parking, le *monastère Prodromou* n'est qu'à 15 mn de marche. Ensuite, on peut continuer jusqu'au *monastère Filosofou* (en fait, ils sont deux) ; après le monastère abandonné, 15 mn de grimpette sont nécessaires pour atteindre celui encore habité. Deux heures de marche depuis le monastère Prodromou.

LA ROUTE DE KYPARISSIA À OLYMPIE (PAR PYRGOS)

Si l'on remonte de Kyparissia en suivant la côte, pas grand-chose à faire, que d'égrener les immenses plages de sable autour de *Zaharo,* le principal bourg du secteur... Des douches bien inspirées ponctuent chaque parking. Nombreux bus de (et pour) Pyrgos. Les alentours du lac de Kaiafas, au nord-ouest de Zaharo, site protégé Natura 2000, ont gardé leurs dunes, mais depuis les incendies meurtriers de 2007, ont troqué leurs forêts de pins d'Alep pour une végétation disparate qui reprend de la feuille doucement mais sûrement.

Où dormir ? Où manger ?

Camping Apollo Village : *à* ***Giannitsohori*** *; fléché au km 43 de la route nationale ; c'est 1 km plus loin. ☎ 26-25-06-12-00. • apollovillagecamping.gr • Mai-oct. Compter env 18,50 € pour 2 avec tente et voiture. Bungalows sans cuisine pour 4 pers 35 €/nuit (40 € avec AC).* Un camping bien ombragé d'essences multiples (mûrier platane, eucalyptus, pin, olivier : choisissez votre arbre), sur un site assez joli, fleuri et bien entretenu. Épicerie, resto. Belle plage de sable à 100 m, avec des bars-paillotes. En saison, peut s'avérer un peu bruyant. Quant au panneau « *The most beautiful camping in Greece* », il se la joue un peu, d'autant que l'accueil est très moyen.

Camping Tholo Beach : *à* ***Taxiarchès*** *; fléché au km 41 de la route nationale, juste au sud de Taxiarchès. ☎ 26-25-06-13-45. • campingtholo.gr • Avr (ou mai)-oct. Compter env 20 € pour 2 avec tente et voiture. Réduc de 10-20 % selon période sur présentation du dépliant de la chaîne Sunshine.* On aime bien ce camping niché en pleine nature, assez sauvage, bien ombragé et au calme. Les amateurs d'emplacements bien délimités apprécieront moins ! Bar-resto, épicerie. Machines à laver. Sanitaires un peu vétustes. Accès direct à la plage (de sable) à travers les oliviers (à environ 200 m). Patron jeune, sympa et cool.

Banana Place : *à 2 km de* ***Zaharo*** *; dans le village, tourner à gauche au feu (en venant du sud), aller tt droit, puis c'est indiqué. ☎ 26-25-03-44-00. • bananaplace.com • Avr-oct. Selon saison, 35-80 € pour 2. CB refusées.* Dans une jolie petite bananeraie avec piscine, non loin de la plage, une vingtaine de studios et appartements avec salle de bains, cuisine, AC et TV. Confort correct mais très simple. Piscine. Bon accueil de Christos. Sous ses airs nonchalants, il vous fera sans doute goûter à l'un des fruits qui poussent ici. L'endroit propose aussi une restauration familiale. Sinon, à 5 mn à pied, un autre resto sympa *(Ammos).*

La plage de Kakovatos : *à 3 km avt Zaharo.* Des dunes, pas toujours propres, des vagues pour surfer, une taverne les pieds dans l'eau, de la place pour les camping-cars et des chambres à louer dans le village. En bref, de quoi faire une petite halte.

OLYMPIE (ΟΛΥΜΠΙΑ) (270 65) 840 hab.

Au pied du mont Kronion, Olympie monopolisa près de 10 siècles durant la communion religieuse et politique de la Grèce antique. Le village moderne, artificiel avec ses rues tracées à la règle, existe uniquement grâce au tourisme. Hôtels, restos et boutiques de souvenirs y jouent les marchands du temple autour de la rue centrale. Inutile de dire qu'on vous voit venir ! Cela dit, le village, fleuri et ombragé par de nombreux arbres, n'est pas désagréable.

UN PEU D'HISTOIRE

> **JEUX OLYMPIQUES : LE REVIVAL**
>
> *Pierre de Coubertin institua deux règles : ni femmes, ni publicités ! Aucune de ces règles n'a perduré dans le temps. Heureusement pour l'une, malheureusement pour l'autre !*

Les Jeux olympiques de l'Antiquité étaient des jeux panhelléniques parmi d'autres (comprendre qu'ils rassemblaient des Grecs de toute la Méditerranée) ; tels les Jeux pythiques à Delphes, les Jeux isthmiques près de Corinthe, et les jeux de Némée, au nord-ouest de Mycènes, sans parler des jeux particuliers à telle ou telle cité, comme les Panathénées à Athènes. Mais ceux d'Olympie avaient une importance toute particulière aux yeux des Grecs, qui avaient fondé leur chronologie par rapport à la première édition, en 776 av. J.-C. Or, cette date reposait sur une élaboration chronologique aléatoire remontant à... la guerre de Troie, dont on se demande toujours si elle a eu lieu ! Autant dire que cette date, comme beaucoup d'autres à l'époque, n'a rien d'historique...

Les Jeux revêtaient un caractère sacré. Ils témoignaient d'un idéal d'harmonie entre le corps et l'esprit qui devait permettre de s'approcher des dieux. Pendant leur tenue, les guerres entre cités s'interrompaient et les rivalités étaient mises entre parenthèses, fédérant tous les Grecs du monde méditerranéen (par opposition aux autres peuples, les Barbares). Et tous les 4 ans, donc, une foule de participants, de commerçants, d'artistes... se retrouvait dans la cité du Péloponnèse, où la religion et le commerce prenaient presque autant de place que le sport...

Se déroulant sur 7 jours entre fin juin et début septembre, ils comportaient une dizaine d'épreuves pour adultes (mâles, cela va sans dire !) :

- quatre courses : le *stade* (avant de désigner l'endroit où les courses se déroulent, le stade était une distance de 192,27 m), le *diavlos* (un aller-retour, soit deux stades), le *dolichos* (six stades sans doute), et la course en tenue de combat qui terminait les Jeux ;
- une épreuve de lancer : le *disque* (avec un disque très très lourd, qu'il fallait transporter sur les épaules) ;
- trois épreuves de combat : sur une échelle de violence croissante, la *lutte,* le *pugilat* et le *pancrace,* ce dernier étant une sorte de mélange des deux précédents ; enfoncer ses doigts dans les yeux de l'adversaire était le seul geste interdit...
- une épreuve combinée, le *pentathle* (lutte, course, saut en longueur, disque et javelot) ;
- deux courses à cheval : la *course de chars (quadriges)* et la *course de chevaux montés.* La première, réservée aux aristocrates, était l'un des grands moments des Jeux. Le vainqueur était celui qui finançait l'attelage, et non le conducteur (une femme pouvait par conséquent être déclarée vainqueur !). Alcibiade, en 416, avait aligné pas moins de neuf attelages dans la course, raflant les première, deuxième et quatrième places.

On n'oubliait pas les jeunes, puisque trois épreuves étaient réservées aux 12-18 ans (course, lutte et pugilat) l'après-midi du deuxième jour des Jeux.

Le vainqueur d'une épreuve des Jeux olympiques recevait une couronne d'olivier ainsi qu'une palme, qu'il portait dans la main droite, mais surtout avait la gloire assurée, et aussi la pitance ! Ainsi, à Athènes, le Prytanée nourrissait-il à vie chaque « olympionique ». Cette tradition a une lointaine survivance dans la Grèce contemporaine qui accorde un poste, bien souvent dans l'armée, à ceux qui ont rapporté l'or...

Les athlètes étaient quasi professionnels, un comble quand on sait que Coubertin refusa, aux premiers Jeux de l'ère moderne, un coureur parce qu'il était professionnel... On a rapporté aussi des cas de tricherie.

Dix juges, les Hellanodices, devaient assurer l'ordre, à la fois parmi les compétiteurs et dans l'assistance. On imagine l'ambiance quand un combat se terminait par mort d'homme...
Les Jeux continuèrent même pendant la période romaine, assez loin de l'esprit initial (un exemple : Néron adorait participer aux J.O. À la course de chars, il tomba deux fois puis abandonna... mais fut déclaré vainqueur !). Les derniers eurent lieu en 393 apr. J.-C. Ils furent définitivement interdits, comme toutes les fêtes païennes, par l'empereur chrétien Théodose. En 426, Théodose II ordonna la destruction d'Olympie.
C'est le 23 juin 1894 que le baron Pierre de Coubertin fit adopter par des délégués venus du monde entier, dans le grand amphithéâtre de la Sorbonne, son projet de rétablissement des Jeux olympiques. Les premiers Jeux modernes eurent lieu en 1896 à Athènes (et non à Olympie, faute d'hébergement).

AMATEUR ? UN LEURRE

Effectivement, le vainqueur recevait une couronne d'olivier, une branche de palmier et beaucoup de gloire. Mais au retour, la cité qu'il représentait le comblait de cadeaux et d'argent. Parfois, moyennant finance, les meilleurs partaient défendre les couleurs d'une autre ville. Bon, l'homme n'a pas changé.

Arriver – Quitter

En voiture

➢ ***De/vers Athènes :*** par le centre du Péloponnèse, très jolie route peu fréquentée qui passe par Langadia, après l'autoroute Athènes-Corinthe-Tripoli. Sinon, 2 grandes boucles, la route côtière qui passe par Patras et Pyrgos, mais elle est dangereuse et en partie en travaux, mieux vaut passer par Tripoli et Kalamata (autoroute A7), puis par la route côtière au sud d'Olympie, via Kalo Néro et Zaharo. Le temps de parcours est approximativement le même pour ces 3 routes.

➢ ***Pour le temple de Bassae :*** ne pas aller jusqu'à Pyrgos, mais prendre la direction du sud-est jusqu'à Andritséna (57 km).

En bus

🚌 Renseignements sur ● *ktelileias.gr* ● Deux arrêts de bus *(plan B1 et B2)*, aux deux extrémités du village. On achète les tickets directement à bord.

➢ ***De/vers Pyrgos :*** une quinzaine de bus/j. en sem ; 7-10 bus/j. le w-e. Trajet : 45 mn.

➢ ***De/vers Tripoli :*** 2 bus/j., slt 1 le dim. Trajet : 3h30.

➢ ***De/vers Dimitsana :*** 2 bus/sem le matin, sinon le bus de Tripoli vous laisse à Karkalou (on finit les 8 derniers km à pied ou en taxi). Trajet : env 2h30.

Correspondances à Pyrgos

➢ ***De/vers Athènes :*** une dizaine de bus/j., dont 1 via Tripoli et 3 bus express (7h30-14h30 et 17h15 de Pyrgos). Env 4h-6h de trajet.

➢ ***De/vers Patras :*** 10 bus/j., 5h30-20h (8 le dim).

➢ ***De/vers Kalamata :*** 2 bus/j., 10h-17h15

➢ ***De/vers Andritséna :*** 2 bus/j., sf le dim.

➢ ***De/vers Tripoli :*** 2 bus/j.

➢ ***Vers Pylos :*** 3 bus/j., via Kyparissia.

Adresses utiles

✉ ***Poste*** *(plan B2) : dans le centre. Lun-ven 7h30-14h30.*

■ ***National Bank*** *(plan B2,* ***1****) : dans la rue principale.* D'autres banques avec distributeur dans cette même rue.

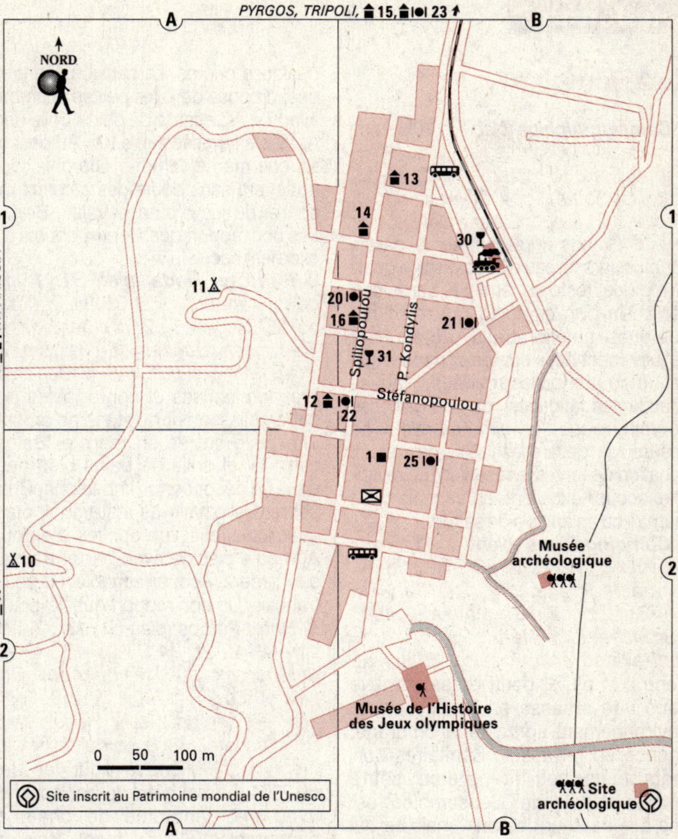

OLYMPIE (VILLE)

Adresse utile

1 National Bank

Où dormir ?

10 Camping Alphios
11 Camping Diana
12 Pension Posidon
13 Hotel Pelops
14 Hotel Herculès
15 Hotel Olympic Village
16 Hotel Neda
17 Hotel Europa
23 Taverna Bacchus

Où manger ?

20 Anesi
21 Poligefston
22 To Steki tou Vangéli
23 Taverna Bacchus
24 Taverna Thea
25 Mythos

Où boire un verre ?

30 Stathmos
31 Café Evy

Où dormir ?

Campings

Camping Alphios (plan A2, **10**) : *à env 1 km de la ville, sur les hauteurs, face à l'Hotel Europa. ☎ 26-24-02-29-52. • alphios@otenet.gr • D'avr à mi-oct. Compter 21 € pour 2 avec tente et voiture.* Grands emplacements en paliers sur plusieurs niveaux, avec piscine quasi olympique, resto en terrasse, bar et épicerie. Un bon camping qui mériterait quelques améliorations, notamment l'équipement de la cuisine commune (un seul frigo aux grilles rouillées, plaques chauffantes fatiguées), ou une carcasse de voiture que l'on aimerait mieux ne pas trouver devant les tables des repas. Location de tentes (à réserver). En revanche, accueil excellent, en français de la maman ou en anglais de sa fille.

Camping Diana (plan A1, **11**) : *dans le haut du village. ☎ 26-24-02-23-14. • campingdiana.gr • Tte l'année. Env 23 € pour 2 avec tente et voiture. CB refusées. Réduc de 10-20 % sept-avr ou en été selon affluence.* Central et plutôt petit, on se retrouve donc vite entassé en haute saison. Environnement agréable et ombragé, agencé en terrasses. Sanitaires corrects mais peu nombreux, petite piscine et épicerie. L'ensemble n'est pas à la hauteur des prix, mais ce qui prime ici, c'est l'accueil du patron, très bavard et dévoué à ses hôtes. Avec lui, tout est négociable et il pourra même vous chanter des chansons en français.

Prix moyens

Pension Posidon (plan A1, **12**) : *9, odos Stéfanopoulou. ☎ 26-24-02-25-67. 69-73-21-67-26. • pensionposidon.gr • Tte l'année. Double 55 €, quadruple 60 € ; petit déj inclus. Réduc de 10 % sur présentation de ce guide.* Bienvenue chez un porteur de flamme olympique. Le sympathique Yorgos, qui vous accueille tout feu tout flamme en français, a en effet porté 2 fois le flambeau : d'abord en 1972 à Munich, puis en 1976 à Montréal. La torche canadienne est d'ailleurs exposée dans le joli hall d'entrée aux côtés de quelques photos. La pension, bien retapée, propose de jolies petites chambres, avec TV, AC et salle de bains. Jolie déco. Agréable terrasse sur le toit. Au petit déj, sa charmante femme, Giorghia, vous apportera sans doute des gâteaux maison et du jus d'orange frais... Bref, un très bon rapport qualité-prix, doublé d'un excellent accueil.

Hotel Neda (plan B1, **16**) : *1, odos Karamanli. ☎ 26-24-02-25-63 ou 26-24-02-26-92. • hotelneda.gr • Tte l'année. Doubles 45-60 €, petit déj inclus. Menu unique 10 €.* Des chambres lumineuses et confortables pour cet établissement de standing arborant une belle entrée en marbre. Balcon, clim, TV et salle de bains bien nette, dans un décor certes impersonnel, mais sobre. Belle salle de resto au 4e étage, avec une jolie vue sur les alentours. Agréable piscine avec bar et transats, sur l'arrière. Accueil aimable, un peu en français. Un bon rapport qualité-prix !

Hotel Pelops (plan B1, **13**) : *2, odos Varéla. ☎ 26-24-02-25-43. • hotelpelops.gr • Tte l'année. Doubles 50-60 €, 70-100 € pour 3-4 pers ; petit déj compris. Réduc de 5 € sur présentation de ce guide (si paiement cash).* Rénové pour les Jeux de 2004, un bel hôtel au hall spacieux, avec une vingtaine de chambres confortables (AC, TV, frigo). Mais déjà quelques détails montrent les effets du temps (moquette des couloirs et parquet des chambres usés). Suzanne, la patronne, est très sympa et parle le français (tout comme son mari, d'ailleurs). En prime, accès gratuit à la piscine de l'*Hotel Europa* (même famille).

Hotel Herculès (plan B1, **14**) : *face à l'église. ☎ 26-24-02-26-96. • hotelhercules.gr • Tte l'année. Double 35 €, petit déj 5 €. En principe, petite réduc sur présentation de ce guide.* Un joli bâtiment blanc bordé de palmiers mais, à l'intérieur, les chambres sont assez simples et banales, avec du mobilier un brin démodé. Comme les prix sont assez bas et l'accueil en français plutôt bon, cet hôtel sera une bonne affaire si les précédents sont complets.

Plus chic

🏨 🍽 **Hotel Europa** *(hors plan par A2, **17**) : sur les hauteurs. ☎ 26-24-02-26-50. • hotelseuropa.gr • Avr-oct. Doubles 75-95 €, quadruples 95-110 € ; petit déj inclus (tarifs spéciaux tenant compte d'une réduc de 15 % sur présentation de ce guide, valables pour une résa en direct). Repas env 15-20 €.* 💻 📶 Très bel hôtel *Best Western* de 80 chambres situé en surplomb d'Olympie, avec les prestations et le confort attendus en ces lieux. Les chambres, impeccables, climatisées et avec balcon, se répartissent dans 2 bâtiments autour d'un jardin et d'une grande piscine. Restaurant *Taverna Garden* d'excellente qualité *(de mi-mai à fin sept)* où les bons plats du chef sont dégustés dans un cadre verdoyant agréable. Accueil très pro.

🏨 **Hotel Olympic Village** *(hors plan par B1, **15**) : à l'entrée du village en venant de Pyrgos ; prendre à gauche à l'angle de la station BP, puis à droite après la voie ferrée. ☎ 26-24-02-22-11 ou 12. • hotelolvillage.gr • De mars à mi-nov. Doubles env 60-70 €, suites 80-95 € selon saison ; petit déj compris. Réduc selon remplissage de l'hôtel, voir les promos sur le site.* 💻 📶 Les J.O. de 2004 ont dopé la déco de cet hôtel, qui tient la forme depuis. Vaste, moderne, parfaitement aménagé. 70 chambres spacieuses et tout confort (grandes salles de bains, balcons, AC, TV, frigo) accueillent de nombreux groupes, mais l'hébergement est de qualité pour le tarif demandé. Très jolie piscine, snack, 2 restos et une belle salle de petit déj (buffet très honorable). En revanche, il est surprenant de voir un accueil si peu professionnel pour un hôtel de cette catégorie !

Où manger ?

Tourisme et gastronomie n'ont jamais fait bon ménage. La plupart des restos dans la ville même offrent une cuisine insipide. Voici notre choix (limité et sans enthousiasme), donc n'hésitez pas à consulter plus bas la rubrique « Où manger dans les environs ? » si vous êtes motorisé...

🍽 **Mythos** *(plan B2, **25**) : odos Aimiliou Kountse. 📱 69-70-60-53-95. Tlj, midi et soir. Gyros env 2 €, plats 6-7 €.* Petite taverne familiale oubliée des touristes, car la seule sans déco aguicheuse. En compagnie des rares locaux, on pourra manger un *gyros* ou un *souvlaki,* bon et pas cher.

🍽 **Anesi** *(plan B1, **20**) : au coin de Avgérinou et Spiliopoulou. ☎ 26-24-02-26-44. Tlj, midi et soir, en été ; le soir slt hors saison. Plats 6-7 €.* Une *psistaria* toute simple où l'on sert d'excellents *souvlakia* et du *gyros* à petits prix. Jolie salle et accueil souriant.

🍽 **To Steki tou Vangéli** *(plan B1, **22**) : angle odos Stéfanopoulou et Spiliopoulou. ☎ 26-24-02-25-30. Le soir slt. Plats 6-8 €.* Petit resto qui va chercher sa simplicité dans son léger retrait de l'artère principale. Accueil polyglotte du gentil patron qui vous énumère une équipée de plats. Du bon, du concret, du roboratif... Allez, 4 tours de stade pour éliminer le surplus de lipides !

🍽 **Poligefston** *(plan B1, **21**) : presqu'en face la gare, au début de la rue des restos touristiques. ☎ 26-24-02-91-80. Plats 5-8 €.* Très touristique, bien sûr, mais la terrasse est agréable, les prix sont corrects et le service sans trop d'esbroufe. Sinon, du classique de chez classique.

Où boire un verre ?

🍷 **Stathmos** *(plan B1, **30**) : à la gare. ☎ 26-24-02-38-49.* Une sorte de café de la gare à l'écart du frétillant hypercentre. Au calme, entre touristes, on y sirote son ouzo ou son *frappé* à côté des quais désaffectés, en se rappelant le temps où les trains circulaient.

🍷 **Café Evy** *(plan B1, **31**) : 18, odos Spiliopoulou. 📱 69-76-02-04-15. Tlj.* Incroyable, il existe encore un petit café authentique à Olympie, où les vieux viennent taper le carton et jouer aux dominos ! Il est tenu par Evy, la sœur de Yorgos (de la *Pension Posidon*). Ses prix sont trois fois moins chers que ceux des autres cafés (soda, bière ou café ne sont qu'à 1 € !) Et pour 2 €, vous aurez un ouzo avec une assiette de *mezze,* servis avec le sourire ! Mais chut, ne le dites qu'à vos proches...

Où dormir ? Où manger dans les environs ?

Taverna Bacchus (hors plan par B1, ***23****) : à* ***Miraka*** *(ou Archaia Pisa). ☎ 26-24-02-22-98. • bacchus-tavern.gr • Sortir d'Olympie par le nord ; à 2 km env prendre la route de Tripoli ; à 5 km sortir à Archaia Pisa. Tte l'année. Selon saison, doubles standard 55-65 €, luxueuses avec jacuzzi 85-95 € ; petit déj inclus. Studio (4 pers) de l'autre côté de la rue pour 75-85 €. Resto ouv tlj d'avr à oct, slt le soir hors saison. Plats 6-13 €, menus 11-15 €. À la vôtre, puisqu'une bouteille de vin est offerte au resto et une réduc de 30 % sur les chambres pour la 3e nuit sur présentation de ce guide !* Bel établissement tout en pierre tenu par Kostas, dont la qualité et l'accueil restent constants depuis de nombreuses années. Il dispose de 8 belles chambres (doubles, triples et plus), toutes confortables et décorées dans un mélange de modernité et de tradition, et 3 nouvelles viennent de voir le jour, spacieuses et colorées, avec jacuzzi et balcon. Belle piscine à débordement et vue imprenable sur les jolies collines alentour. La taverne est très réputée dans la région. Il faut dire qu'on y sert une cuisine de grande qualité à des prix sages. Spécialité d'agneau à l'origan. Menu végétarien également. La famille cultive sa propre vigne près du monument où l'on a enterré le cœur de Coubertin (*retsina* rouge qui a un vrai goût de terroir).

Taverna Thea (hors plan par A1, ***24****) : à* ***Flokas,*** *à 2,5 km à l'ouest d'Olympie ; au bord de la route de Zaharo. ☎ 26-24-02-32-64. Ouv slt le soir. Plats 6-10 €.* Son nom signifie « la vue », car son balcon et sa terrasse dominent de belle façon le village. Également une salle avec cheminée pour les soirées d'hiver. Une bonne adresse pour s'échapper du peloton touristique d'Olympie. Pas mal d'habitués venus se remplir la panse d'une bonne cuisine maison, copieuse et pas chère. Tous les classiques et, entre autres spécialités, signalons le cochon grillé les vendredi et samedi en été. Fruits offerts en fin de repas. Bon accueil.

À voir

Le site archéologique *(plan B2) : à 300 m à l'est du village. ☎ 26-24-02-25-17. De mai à mi-nov, tlj 8h-20h ; hors saison, tlj 8h30-17h. Fermé 1er janv, 25 mars, 1 mai, sam de Pâques et 25-26 déc. Entrée : 6 € ; billet combiné (valable 2 jours) site + musée : 9 € ; réduc séniors, gratuit pour les moins de 18 ans, les étudiants de l'UE et pour ts le 6 mars, 18 avr, 18 mai, 5 juin et 28 oct (ouf !). Allez-y dès l'ouverture si possible.*

Le site d'Olympie a ceci d'exceptionnel qu'il ne s'agit pas d'une ville, mais bien d'un centre religieux, très régulé et hiérarchisé, rythmé par un rituel quotidien et quelques fêtes, dont la plus importante était les J.O. Au centre, l'énorme sanctuaire était uniquement réservé aux dieux ; les magistrats, fonctionnaires et autres prêtres logeaient en dehors. Ce sanctuaire rassemblait les offrandes de toutes les cités-États (même celles des colonies distantes), mais c'est en fait la cité d'Élis, appuyée par Sparte, qui en était la suzeraine.

Le site était enfoui sous des tonnes de terre lorsque, en mai 1829, commencèrent les premières fouilles. Les archéologues exhumèrent un nombre incroyable de statues mutilées, réduites en milliers de pièces. Grâce aux écrits de Pausanias, elles reprirent vie. Dans ses *Récits éléens,* il avait fait un inventaire scrupuleux des bâtiments et de tout ce qui les ornait ; c'est ainsi que l'on put reconstituer fidèlement les frontons du temple de Zeus et certaines statues (il y en avait des centaines, chaque cité voulant prouver qu'elle avait plus de religiosité que la voisine), dont l'*Hermès* de Praxitèle. Un Sénat olympique et les grands prêtres disposaient de toutes les richesses, à condition de les utiliser seulement pour embellir le sanctuaire. Au final, le site est très ruiné, mais les vestiges à la gloire des dieux restent lisibles par le commun des mortels.

– ***Le gymnase :*** premier vestige face à l'entrée. Encadré par deux portiques où s'entraînaient les coureurs, il en subsiste quelques alignements de colonnes.

– ***La palestre :*** touchant le gymnase et de forme carrée ; il ne reste pratiquement que la double colonnade du portique. Salle d'entraînement des athlètes pour la lutte ou la boxe, on les y enduisait d'huile et on les y massait. Traverser la palestre pour atteindre les bâtiments qui suivent.

À POIL

Le mot « gymnase » vient du grec gymnos *qui signifie « nu ». Dans l'Antiquité, les sportifs participaient aux épreuves totalement nus. Ils s'enduisaient le corps d'huile d'olive pour éviter les claquages musculaires.*

– ***L'atelier de Phidias :*** bâtiment en brique, aux murs parmi les mieux conservés du site. Ici, le célèbre sculpteur réalisa la statue de Zeus qui régnait sur les Jeux. Elle était considérée comme l'une des Sept Merveilles du monde. Haute de 12 à 15 m selon les estimations, recouverte d'or et d'ivoire (« chryséléphantine »), la statue était assise sur un trône, au centre du temple de Zeus. Elle fut emportée à Constantinople, puis détruite dans un incendie. Au Ve s, l'atelier fut transformé en église.

– ***Le Léonidaion :*** grand bâtiment carré qui servait d'hébergement aux athlètes. On distingue assez bien les chambres avec, au centre de l'édifice, un bassin circulaire, qui devint une piscine en plein air à l'époque romaine. Tournez à gauche et empruntez la voie romaine qui mène au temple de Zeus.

– ***Le Bouleutérion :*** à côté des thermes du Sud. Reconnaissable à ses deux bâtiments en longueur se terminant en abside. C'est là que siégeait le Sénat olympique et que les athlètes prêtaient serment devant les magistrats et l'autel de Zeus (au centre) avant d'engager les épreuves.

– ***Le temple de Zeus :*** le bâtiment le plus intéressant du site, de style dorique. La masse des colonnes éboulées par deux tremblements de terre est particulièrement imposante (13 dans la longueur et 6 dans la largeur). L'une des colonnes a été redressée à l'occasion des J.O. de 2004 et se tient fièrement debout à l'angle sud-ouest du temple. À l'intérieur se dressait la statue géante de Zeus, sculptée par Phidias. À l'entrée du temple, de beaux restes d'une grande mosaïque.

– ***Le stade :*** au nord-est du temple de Zeus, l'accès se faisait par un couloir jadis couvert. Il était long de 192,27 m et bordé de deux talus doucement inclinés permettant d'accueillir 45 000 spectateurs... uniquement des hommes. On avait sa pudeur, puisque les athlètes étaient nus. Les femmes et les esclaves pouvaient assister au spectacle en grimpant sur le mont Kranion juste à proximité. La seule femme autorisée à pénétrer dans l'enceinte du stade était la prêtresse de Déméter, déesse de la Fertilité. Elle prenait place sur l'autel de cette dernière, que l'on aperçoit toujours au nord des gradins : veinarde ! Pour la petite histoire, le stade fut fouillé par des archéologues nazis sur ordre de Hitler. Ces courses d'athlètes le mettaient

COURIR COMME UN DÉRATÉ

Pour les Olympiades, les Anciens pensaient que le point de côté, qui abaissait les performances des coureurs, était dû à la rate. Les athlètes prenaient des décoctions pour supprimer le fonctionnement de la rate. L'efficacité du traitement n'a jamais été démontrée... En revanche, l'expression est restée.

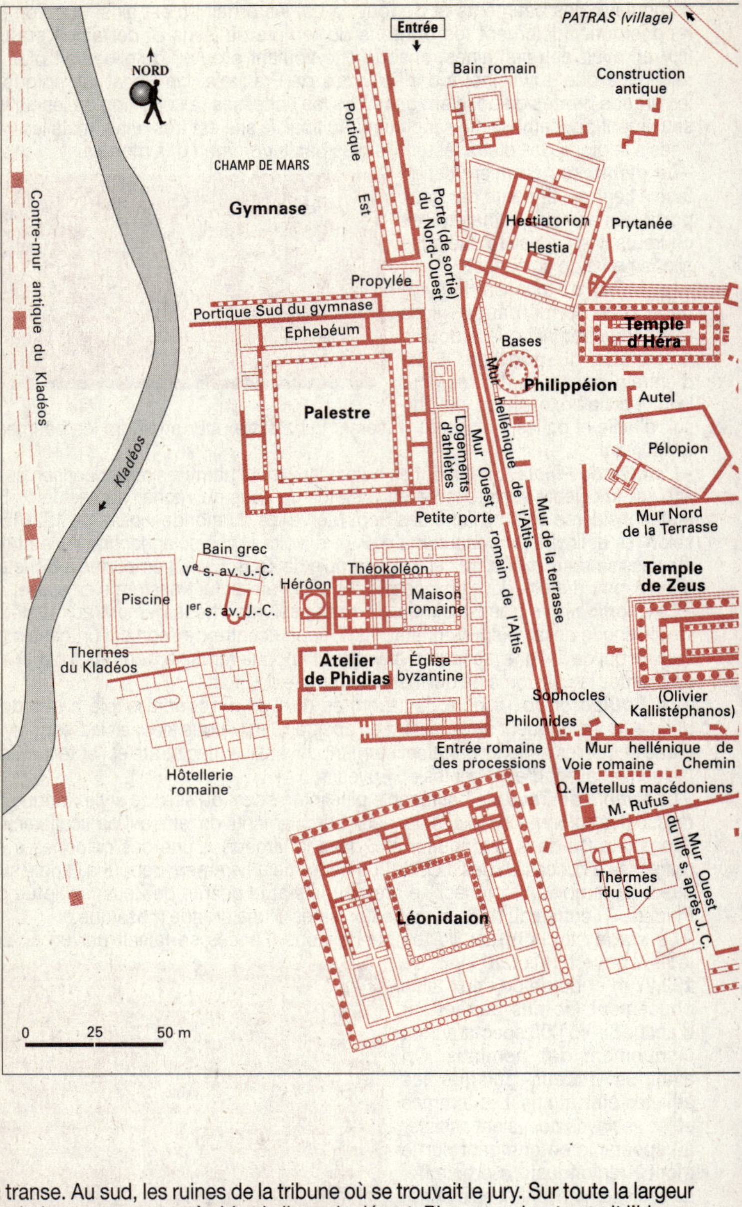

en transe. Au sud, les ruines de la tribune où se trouvait le jury. Sur toute la largeur du stade, on remarque très bien la ligne de départ. Plus au sud se trouvait l'hippodrome, emporté par les crues de l'Alphée.

– ***L'exèdre** (ou **nymphée**) **d'Hérode Atticus :*** de style romain, en demi-cercle, ce monument était une grande fontaine (l'eau coulait de gueules de lions) surmontée de statues. On distingue le grand bassin rectangulaire et une vasque.

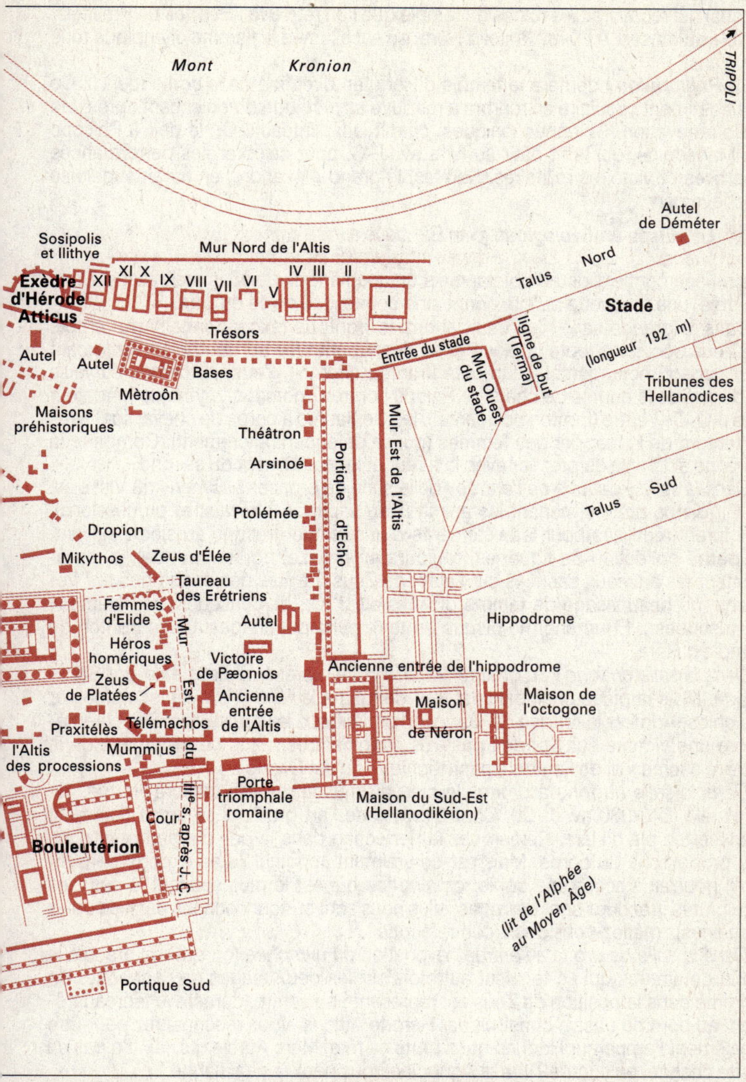

LE SITE D'OLYMPIE

– ***Le temple d'Héra :*** au nord du temple de Zeus et au pied d'une colline. En haut des quatre colonnes qui ont été relevées, les chapiteaux sont en forme de galette, un style dorique très archaïque dans l'art grec. Son origine ancienne (VIIe s av. J.-C.) en fait l'un des plus vieux temples doriques connus, à l'époque où les colonnes étaient encore en bois, et bien le plus vieux temple du sanctuaire d'Olympie. C'est sous la couche de briques rouges (dissoutes par les injures du temps) qui recouvrait les ruines du temple que l'on retrouva l'*Hermès* de Praxitèle, visible au musée. À 20 m, l'autel d'Héra, où est allumée la flamme olympique tous les 4 ans.

– ***Le Philippéion :*** derrière le temple d'Héra, en direction de la sortie (déjà !). Ce petit bâtiment circulaire en marbre a retrouvé sa rectitude d'adolescent après une belle rénovation. Colonnes ioniques, chapiteaux, linteaux. On le doit à Philippe de Macédoine, qui le fit bâtir au IVe s av. J.-C. pour célébrer ses performances sportives et victoires militaires. Son fils, le grand Alexandre, en aurait supervisé l'achèvement.

Le Musée archéologique *(plan B2)* **:** *face au site archéologique, de l'autre côté de la route. ☎ 26-24-02-27-42. Pour les infos pratiques, voir plus haut « Le site ».*
Ce musée contient peu d'objets, mais uniquement des pièces maîtresses. Dans l'entrée, une maquette du site donne une bonne idée de ce qu'il fut.

– *Dans la grande salle :* les deux énormes frontons (exceptionnels) du temple de Zeus occupent toute la place et se découpent bien sur fond clair, renforçant leur aspect monumental. D'un côté (fronton oriental), Zeus, au centre, surveille le départ de la course de chars de Pélops contre Œnomaos, mythique fondateur des J.O. De l'autre (fronton occidental), les Centaures à corps de cheval sont ivres et tentent de kidnapper des femmes (qui se défendent sacrément). Comparer la sérénité et l'ordre du premier avec la fureur et le mouvement du second.

– *Dans la salle à gauche de l'entrée :* belle série de bronzes assyriens du VIIIe s av. J.-C. (dieux, prêtres menant les animaux au sacrifice, chevaux et processions), qui furent réutilisés pour les vêtements d'une statue grecque au siècle suivant. Superbe collection de figurines, toujours en bronze, notamment celles représentant les animaux sacrifiés sur l'autel de Zeus. Et puis des chaudrons sur trépieds, un beau visage de femme du VIe s av. J.-C., des casques, des animaux fantastiques... Et un énorme disque en terre cuite qui chapeautait le fronton du temple d'Héra.

– *Dans la salle du fond :* un groupe en terre cuite représente *Zeus enlevant Ganymède.* Mais la pièce principale est tout de même la *Nikê (Victoire),* sculptée par Paionios. Admirer la finesse du drapé, on croirait que le vent souffle. Elle commémore une victoire sur Sparte : pas très diplomatique, dans ce sanctuaire de la « trêve sacrée » et de l'entente panhellénique qu'est Olympie !

– *Dans la salle du fond à droite :* le clou du musée reste le célèbre *Hermès* de Praxitèle (340-330 av. J.-C.). Chef-d'œuvre de l'art grec qui se tenait fièrement dans le temple d'Héra. Remarquez la perfection dans le poli du marbre et dans les proportions du corps. Mais est-ce vraiment l'original ? Les experts pensent qu'il pourrait s'agir d'une copie romaine (ce qui est le plus souvent le cas : les sculptures grecques sont très rares, elles nous sont surtout connues par les copies romaines) : méfiez-vous des... contrefaçons !

– *Dans la salle de droite à l'entrée :* évocation du *nymphée* (ou *exèdre*) grâce à la série de statues qui se tenaient autrefois sur les deux étages de l'aqueduc. Un homme dans la position de Zeus est représenté au centre, derrière le taureau trônant au bord du bassin construit par Hérode Atticus. Vous reconnaîtrez peut-être également l'empereur Hadrien qui a toute sa tête, Marc Aurèle qui, lui, n'a pas eu cette chance, ou encore Titus et Agrippine, tous deux le nez mangé.

Le musée de l'Histoire des Jeux olympiques *(plan B2)* **:** *avt le site archéologique, à droite sur la butte au-dessus du parking. ☎ 26-24-02-91-19. Lun 10h-17h, mar-ven 8h-15h. Fermé le w-e. Entrée : 2 €. Panneaux explicatifs traduits en français.* Ce bâtiment lumineux, construit à l'occasion des J.O. de 2004, retrace l'histoire des Jeux depuis leurs prémices en Mésopotamie et en Égypte, en 3000 av. J.-C., jusque dans leur organisation la plus aboutie au cours de l'Antiquité. Bel effort pédagogique pour comprendre l'organisation des épreuves, la place des femmes et des enfants, la fête des vainqueurs, et l'enthousiasme des spectateurs jusqu'à l'an 393 ap. J.-C., date de l'interdiction des Jeux par l'empereur romain Théodose. Les Jeux pythiques et ceux de Némée y ont aussi leur place. À noter, une jolie mosaïque romaine du IIIe s ap. J.-C. dépeignant les épreuves, des pièces de monnaie battues à l'effigie des Jeux, des boucliers à faire pâlir d'envie *Abraracourcix,* des statues de têtes d'enfants superbes d'expression et de rustiques haltères en pierre, pas altérés et déconseillés aux hépatiques ! À l'entrée, quatre maquettes montrent l'évolution du site du VIe s av. J.-C. au IIIe s. Pour les passionnés de fouilles archéologiques, demander l'accès au petit ***musée d'excavation,*** juste à côté. Quelques photos de fouilles de 1876 à 1972, des documents officiels et des listes d'inventaires.

UNE FLAMME PAS TRÈS FLAMBOYANTE !

On est habitué à voir la flamme olympique portée par des sportifs du monde entier qui se relaient en courant. Ce n'est pourtant pas une tradition antique, mais une invention remontant à... 1936 ! Un professeur allemand avait eu cette idée et il la suggéra ensuite à Goering, qui la fit approuver par Hitler aux Jeux de Berlin... À Olympie, dans l'Antiquité, la flamme était fixe pendant toute la durée des Jeux.

LA ROUTE DE PYRGOS À PATRAS

Attention, sur cette voie « rapide », les automobilistes grecs circulent sur les bandes d'arrêt d'urgence, histoire de laisser leurs collègues (trop) pressés les doubler... Inutile de préciser la dangerosité de ces véhicules se doublant ainsi en face à face...

Loutra Kyllinis *(Λουτρα Κυλληνης)* **:** à 40 km au nord-ouest de Pyrgos, ancienne station balnéaire et thermale, dont les hôtels et les établissements de cure sont à l'abandon. Drôle d'impression à l'arrivée, avec tous ces bâtiments à moitié détruits. Les Grecs continuent de profiter des bains de boue tandis que les camping-cars semblent à leur aise auprès de la belle plage et ses dunes au sable doré.

Où dormir ? Où manger dans les environs ?

Camping Aginara Beach : *à* ***Glyfa.*** *☎ 26-23-09-62-11 et 26-23-09-64-11. • camping-aginara.gr • Depuis la nationale, sortir à Gastouni, puis Vartholomio et Ligia ; bien indiqué. Tte l'année. Selon saison, 16-20 € pour 2 avec tente et voiture. Bungalows et apparts jusqu'à 6 pers env 35-70 €.* Très fleuri, quasi paysagé, ombragé et très bien tenu. Sanitaires impeccables. Aucun souci de compréhension : le camping est tenu par un couple francophone, madame parlant 4 langues ! Plage de sable privée et propre. Également des bungalows et des appartements avec salle de bains et ventilateur, avec ou sans cuisine. *Beach-bar,* beau resto et minimarché. Machines à laver. Jeux pour enfants. Jolie vue sur l'île de Zante. Bon accueil.

Dougas Village : *à l'entrée d'****Arkoudi*** *en venant de Loutra Kyllinis (à 1 km). ☎ 26-23-09-64-32. • hotel-dougas.com • De la route de Ligia, sortir à Glyfa, prendre à droite et continuer après le camping Aginara Beach jusqu'à Arkoudi ; c'est à droite, en retrait du village. Doubles env 45-50 € avec AC, petit déj compris. Camping env 15 € pour 2. Plats env 5-10 €.* Une grosse vingtaine de chambres dans des maisons éparpillées au sein d'un vaste jardin luxuriant (pins, bananiers, palmiers...). Un terrain à l'arrière est prévu pour les camping-cars et on peut même planter sa tente sur la pelouse. L'atmosphère conviviale est entretenue par d'accueillants patrons, Sabine et Takis. Chambres sobres mais propres et de bon confort : AC, TV, frigo et balcon ou terrasse. Cuisine à disposition. Taverne agréable et bon marché. La plage de sable est à 500 m vers le village.

⛺ 🍽 ***Camping Fournia Beach :*** *à 5 km de **Kastro** ; bien indiqué depuis le centre du village. ☎ 26-23-09-50-95. • fourniabeach.gr • Avr-oct. Selon saison, 15-18 € pour 2 avec tente et voiture. Bungalows 2-4 pers env 38-45 €.* Un petit camping de charme où l'intimité n'a pas été sacrifiée sur l'autel de la rentabilité. Emplacements bien délimités (certains manquant un peu d'ombre) et sanitaires impeccables. Très jolie vue sur la mer depuis la terrasse du bar-resto, bon et pas cher. Domine une petite crique de sable, propre et agréable, quasi privée. Également un supermarché et des bungalows simples mais équipés (minicuisine, AC, douche/w-c et terrasse). Patron aimable parlant un peu le français. Une bonne adresse.

★★ ***Le château de Chlémoutsi :*** *à **Kastro,** à 6 km au nord de Loutra Kyllinis. ☎ 26-23-09-50-33. Tlj sf lun 8h30-15h. Entrée : 3 € ; réduc ; gratuit pour les moins de 19 ans et les étudiants de l'UE. Attention à vos enfants sur les remparts, il n'y a aucune barrière de sécurité.* Le château fut construit par le deuxième des Villehardouin, vers 1220-1223. Considéré comme le plus beau des châteaux francs du Péloponnèse, le château de Clermont (son nom d'origine) est aussi l'un des plus grands ; proportions imposantes. Enceinte extérieure crénelée, donjon hexagonal, vastes salles voûtées, où deux trous béants viennent rappeler les assauts dont il fut la cible. Vue imprenable sur la mer Ionienne et la plaine d'Élide, le centre du territoire franc dans le Péloponnèse, dont ce fort assurait le contrôle. Après avoir foulé le sol de la chapelle, il vous reste à traverser la cour, pour pénétrer dans la résidence du prince. On y battait la monnaie au XIIIe s. Un petit musée présente d'intéressants vestiges de cette époque : éperons, poteries, restes de voûtes peintes, une clef de voûte d'une l'abbaye cistercienne et des fragments de tombes (« Ici gît Madame Agnès de... » ; c'étaient bien des Francs !).

★ Depuis Kastro, on peut gagner ***Kyllini*** (ne pas confondre avec Loutra Kyllinis). Petite station balnéaire sans grand intérêt, mais c'est le principal port d'embarquement pour Zante. Départs pour Céphalonie (Poros) également.

➢ ***Zante (Zakinthos) :*** renseignements et billets sur le port *(☎ 26-23-09-22-11).* Compagnie *Ionian Ferries (☎ 26-23-09-21-00 ; • ionianferries.gr •).* 3-4 bateaux/j. (voire 6 en août).

➢ ***Poros :*** compagnie *Kefalonian Lines (☎ 21-09-51-51-00 ; • kefalonianlines.com •).* Compter 3 bateaux/j.

⛱ Sur la route nationale, prendre la direction de ***Kalogria*** une trentaine de kilomètres avant Patras, à Lapas. À 13 km de la nationale, une grande ***plage*** dans un joli site dunaire avec deux grandes collines arides en arrière (le sable monte assez haut sur les collines : surprenant). Belle plage de sable qui rappelle celles de l'Atlantique. Stands de pastèques et de maïs grillé en saison.

Avant d'y arriver, la route serpente dans une pinède ponctuée de marécages (les moustiques s'en donnent à cœur joie dans toute la région) où paissent placidement vaches, chèvres et moutons « surveillés » par quelques oiseaux rares, dont d'élégantes aigrettes. Le site est placé sous la protection du programme Ramsar. Le bois de Strophylia s'étend sur 7-8 km vers le sud en bordure de mer. Magnifiques pins d'Alep. La plage est très fréquentée l'été. L'immense hôtel-club sur la plage fait un peu désordre, mais il reste quand même de la place. À droite à la sortie de la pinède, direction Araxos, vous embrasserez du regard la quiétude du marais qu'une petite église plantée en plein milieu vient souligner. Un peu plus loin, les ***ruines de l'ancienne Dyma*** *(tlj 8h-15h ; GRATUIT).* Superbe panorama quasi aérien sur les marais et la mer au loin, à l'ombre des murs cyclopéens de cette cité mycénienne perchée sur une colline.

🍽 ***Taverne Koukounaria :*** *à 50 m de l'embranchement entre la route de l'aéroport et celle de Métochi. Mai-oct. Plats env 6-9 €.* Calme, à l'écart de la plage. Cuisine familiale classique servie sous des arcades blanches. Le facétieux patron parle le français et vous accueillera chaleureusement. Ce resto offre un parking gratuit pour les camping-cars.

🏠 |●| ***Verde al Mare :*** *à gauche en arrivant à la plage. ☎ 26-93-03-11-11. • verdealmare.gr • De mi-avr à fin oct. Doubles 110-170 € selon saison. Compter 20-25 € le repas.* Si le bâtiment dépare la belle nature environnante, les chambres sont spacieuses, tout confort, élégamment décorées et avec vue sur la méga-piscine et la mer. Encore faut-il pouvoir se les permettre ! Resto italien chic, avec une salle et un bon service tirés à quatre épingles. Pâtes et pizzas y combleront les blasés de la cuisine grecque.

PATRAS (ΠΑΤΡΑΣ)

(262 00) 168 000 hab.

Patatras ? Bienvenue dans l'agitation citadine ! Si vous bouclez votre tour du Péloponnèse, ravi de ses quelques coins tranquilles, prenez une grande inspiration... Patras, aujourd'hui important port industriel, était déjà une cité à son apogée à l'époque romaine, le port de Corinthe ayant été détruit. Elle resta stratégique pendant l'occupation turque. Mais Patras sera bel et bien libérée du joug turc en 1821, et presque entièrement détruite.

L'ancienne ville de Patras entoure la colline, où trône le *kastro.* La ville moderne, quant à elle, se concentre près du port et de son activité trépidante. Mais depuis l'ouverture du nouveau port, au sud de la ville, le centre respire un peu... Si vous disposez de quelques heures, sachez qu'une balade à pied pour découvrir ses quelques monuments saura vous distraire. Et d'agréables places comme celle de Trion Simachon, avec ses terrasses de café, invitent à la détente.

NOTRE QUART D'HEURE CULTUREL

En 2006, Patras a été la 34e Capitale culturelle de l'Europe, sonnant les prémices d'un bouillonnement culturel toujours palpable. La renommée de son carnaval et de son festival international consacré au théâtre et à la musique a souligné depuis quelques années son intérêt dans ce domaine. Et le Musée archéologique qui a ouvert ses portes en 2009, riche de toutes les nouveautés technologiques appliquées à la muséographie, est venu renforcer encore un peu plus l'offre culturelle.

Arriver – Quitter

En voiture

➢ ***De/vers Athènes :*** via Corinthe par la E 65.

➢ ***De/vers Delphes :*** par le pont traversant le détroit de Corinthe entre Andirion et Rhion.

– Stationnement payant en centre-ville tlj sf dim 8h-14h, 17h-21h (sam 8h-14h slt).

En bus

🚌 ***Gare routière*** *(plan A1) : 2, odos Zaïmi ; une 2de sur Othonos & Amalias, près de la porte 6, sur le port. ☎ 26-10-62-38-88.*

➢ ***De/vers Athènes :*** bus ttes les 30 mn, tlj 5h30-22h, dont certains express.

➢ ***De/vers Delphes :*** 2 bus/j. directs à la gare routière située sur Othonos & Amalias. Sinon, du terminal principal, des bus nécessitant des changements.

➢ ***De/vers Pyrgos (et Olympie) :*** bus ttes les 2h, 5h30-20h30. Correspondance pour Olympie.

➢ ***De/vers Kalamata :*** 2 départs/j., 8h30-16h.

➢ ***De/vers Ioannina :*** 4 bus/j.
➢ ***De/vers Tripoli :*** 3-4 bus/j. (correspondance pour Sparte).

En ferry

Nouveau port *(hors plan par A2)* **:** *à 4 km au sud du centre-ville. Un bus (nº 18) assure la liaison depuis l'ancien port en centre-ville.* Départs pour l'Italie. Arriver à l'avance, car ce n'est pas toujours facile de trouver sa compagnie, son ferry, etc.
➢ ***Vers Ancône :*** 3-4 bateaux/j. avec les compagnies suivantes :
– *Superfast Ferries (plan A1,* ***8****)* **:** *Ferry Center, 12, odos Othonos & Amalias. ☎ 26-10-63-40-00. • superfast.com •* Patras-Ancône en 24h.
– *Anek Lines : United Ferries Agency, 26, odos Othonos & Amalias. ☎ 26-10-22-60-53. Également une agence au nouveau port : ☎ 26-10-43-91-37. • anek@ufa.gr • anek.gr •* Patras-Ancône en collaboration avec *Superfast Ferries.*
– *Blue Star Ferries : Ferry Center, G. Telonis, 12, odos Othonos & Amalias. ☎ 26-10-63-40-00. • gtelonis@otenet.gr •* La compagnie est associée à *Superfast Ferries.*
– *Minoan Lines : 50, Iroon Polytechniou. ☎ 26-10-42-60-00. • minoanpat@pat.forthnet.gr • minoan.gr •* Liaison Patras-Igouménitsa-Ancône en 24h.
➢ ***Vers Bari :*** avec *Superfast Ferries* (voir coordonnées plus haut). Patras-Bari, via Igouménitsa, en 15h30.
➢ ***Vers Venise :*** avec *Minoan Lines* et *Anek Lines* (voir coordonnées plus haut).

En avion

✈ ***Aéroport d'Araxos*** *(hors plan par A2)* **:** *situé à env 30 km de Patras, à l'ouest. ☎ 26-93-05-11-60 ou 26-93-02-35-98.* Des charters y atterrissent. Il n'y a ni change ni poste, mais un unique bar à souvenirs. Donc prévoir un peu de liquide pour quitter l'aéroport en taxi, car on se trouve en pleine campagne...

Adresses utiles

✉ ***Poste*** *(plan B1)* **:** *odos Mézonos et Zaïmi. Lun-ven 7h30-14h30.*
@ ***Internet :*** ***Cyberia*** *(plan A2,* ***2****), 5, odos Gérokostopoulou. ☎ 26-10-27-97-90. Tlj, 24h/24. Également* ***Netpark*** *(plan A2,* ***3****), 36, odos Gérokostopoulou. Tlj, 24h/24.*
✚ ***Centre de premiers secours*** *(plan A1,* ***4****)* **:** *8, odos Karolou ; les urgences sont à côté. ☎ 26-10-27-73-86 (8h-20h). Également un numéro faisant office d'assistance touristique (vols, etc.) : ☎ 26-10-27-78-33 (7h30-14h45).*
■ ***Agence consulaire de France*** *(plan A2)* **:** *5, odos Patréos, à côté de la Pension Nicos. ☎ 26-10-22-65-14. Consul honoraire : Mme Christina Deftéréou.*
■ ***National Bank of Greece*** *(plan A1,* ***6****)* **:** *pl. Trion Simachon. Lun-ven 8h-14h30 (14h ven).* Distributeur.
■ ***Presse internationale*** *(plan A2,* ***7****)* **:** ***News Stand,*** *77, odos Agiou Andréou. Également sur la pl. Trion Simachon.*
■ ***Location de voitures :*** ***Hertz,*** *40, Akti Dymaion, ☎ 26-10-22-09-90.* ***Avis,*** *16, odos 28-Octovriou, ☎ 26-10-27-55-47.* ***National Alamo,*** *5, Karolou, ☎ 26-10-99-59-50.* ***Sixt,*** *18-20, Norman, ☎ 26-10-27-56-77.* ***Europcar,*** *6, Agiou Andréou. ☎ 26-10-62-13-60.*
■ ***Agence Aquashipping*** *(plan A1,* ***9****)* **:** *2-4, odos Athinon. ☎ 26-10-45-56-22. • aquashipping.gr • Tlj 9h-20h (parfois 21h).* Vend les billets d'*Anek Lines, Superfast Ferries, Minoan Lines* et *Blue Star Ferries.* La solution pour éviter de courir la ville d'une compagnie à l'autre. Excellent accueil en anglais ou en français, grande efficacité.

Où dormir ?

Généralement, on ne dort à Patras que pour attendre un bus ou un bateau le matin (or, ils appareillent le soir pour la plupart). La ville est stressante, bruyante et compte peu d'hôtels qui ne soient pas déprimants ! Pour ceux qui

PATRAS

Adresses utiles	22 Rooms Spyros Vazouras
2 Cyberia	24 Hotel Atlanta
3 Netpark	25 Galaxy City Center Hotel
4 Centre de premiers secours	
6 National Bank of Greece	**Où manger ?**
7 Presse internationale	**Où boire un verre ?**
8 Superfast Ferries	
9 Agence Aquashipping	30 Si Doux
Où dormir ?	31 Apénandi apo to Odeio
21 Pension Nicos	32 Café Faros

ne peuvent vraiment pas faire autrement, voici quelques adresses. Voir également la rubrique « Où dormir dans les environs ? » plus loin.

De bon marché à prix moyens

Pension Nicos (plan A2, **21**) : *121, odos Agiou Andréou.* ☎ *26-10-62-37-57. Réception au 3e étage. Doubles 35-40 €, triples 45-50 €, sans ou avec sdb.* Nombreuses chambres de 2 ou 3 lits avec TV et AC, propres et logées dans un bâtiment cossu à la déco très kitsch (mater l'autel de la Vierge à l'entrée !). Bar et terrasse à l'étage de la réception (3e étage), d'où la sympathique patronne contrôle les allées et venues sur ses écrans de surveillance. Un bon rapport qualité-prix que cette pension à l'ancienne.

Rooms Spyros Vazouras *(Rooms for rent ; plan A1,* ***22****) : 2, odos Tofalou. ☎ 26-10-45-21-52. 📱 69-78-74-24-87. • patrasrooms.gr • Doubles 40-45 € avec AC, TV et sdb. Sur présentation de ce guide, 10 % de réduc.* Hôtel de 7 chambres confortables et propres, avec une pièce commune à l'étage dotée d'un frigo, mais pas de cuisine ni de petit déj. Grande terrasse face au port. Bon accueil.

Hotel Atlanta *(plan A1,* ***24****) : 10, odos Zaïmi. ☎ 26-10-27-86-27. • atlanta@pat.forthnet.gr • Double 45 €, sans petit déj.* Des chambres pas immenses mais correctement équipées dans la rue assez calme, à 100 m de la gare des bus. Décoration banale et parties communes usagées.

Plus chic

Galaxy City Center Hotel *(plan A2,* ***25****) : 9, Agiou Nikolaou. ☎ 26-10-27-59-81. • galaxyhotel.com.gr • Doubles 70-80 €, sans ou avec petit déj.* Le nom en jette, il faut dire que l'hôtel a été rénové de façon contemporaine et design au cœur du centre-ville. De jolies chambres à rayures dans les tons gris, orange, noir ou crème, avec salle de bains nickel, écran plat et balcon. Moquettes des couloirs aux armes de l'hôtel. Très central, en témoignent les nombreuses terrasses animées aux alentours. Heureusement, l'hôtel est bien insonorisé ! Personnel gentil et serviable.

Où dormir dans les environs ?

Camping

Rien dans Patras même, il faut s'excentrer un peu.

Camping Kato Alissos *(hors plan par A2) : ☎ 26-93-07-12-49 et 26-93-07-19-14. • camping-kato-alissos.gr • À 21 km au sud-ouest de Patras ; bien fléché depuis la route côtière, 3 km au nord de Kato Achaia. Avr-oct. Compter env 20-21 € pour 2 avec tente et voiture. Chambre tte simple 20 €, les sanitaires restant ceux du camping. Réduc de 10-20 % selon saison sur présentation du dépliant de la chaîne Sunshine.* Un peu loin de Patras, mais bien situé, à 50 m de la plage. Plutôt calme, familial et ombragé d'acacias, peupliers, oliviers. Sanitaires simples mais corrects. Taverne.

Plus chic

Hotel Poseidon *(hors plan par A2) : à* ***Kaminia,*** *à 15 mn au sud de Patras. ☎ 26-10-67-16-02. • poseidon-hotels.gr • Doubles 60-80 €, petit déj inclus.* Si vous ne souhaitez pas dormir en ville, voici une bonne option située en bord de mer. Grand hôtel de presque 50 chambres coquettes, avec salle de bains, AC, TV, minibar et terrasse, certaines avec vue sur la mer. Piscine avec ponton. Resto et bar. Pour une option encore plus luxueuse, le ***Poseidon Palace,*** à côté, propose des chambres carrément branchées *(☎ 26-10-24-13-13 ; doubles 80-100 € selon saison et vue, petit déj inclus).*

Où manger ? Où boire un verre ?

Nombreux ***restos en centre-ville,*** pas du genre touristique, dont une bonne table, ***Estragon*** *(2, odos Paparigopoulou, à l'angle de Riga Féraiou ; compter min 20 €),* déclinant une cuisine méditerranéenne de bon aloi. Mais le plan le plus sympa, c'est de suivre la route côtière vers le sud de la ville : pléthore de terrasses de ***restos au bord de l'eau,*** très animées en fin de semaine. Impossible de vous en recommander une plus qu'une autre, il y en a trop !

Apénanti apo to Odeio *(plan B2,* ***31****) : angle d'odos Germanou et Sotiriadou. ☎ 26-10-62-10-04. Plats*

6-9 €. Une perle bien placée à proximité des quelques monuments de Patras à visiter. On y mange dans une petite salle où dominent des touches turquoise, avec une décoration qui rappelle l'adresse de mère-grand : fioles de verre, ustensiles anciens suspendus, belle vaisselle. Le soir, photophores en renfort, c'est même romantique, malgré la rue très passante. Les plats, copieux à l'envi, défrisent un peu les cartes usuelles à la mode grecque : des saveurs épicées, plus de légumes que de viandes. La dent sucrée sera comblée par la maison sœur (à l'angle opposé de la rue) : ***Vizavi & Apenantias.***

Café Faros *(hors plan par A2,* ***32****) : au pied du phare. Tte l'année, tlj, 24h/24.* Très joli bar conçu en rond tout autour du phare. Les pieds dans l'eau, évidemment, à l'abri du tapage central. Très sympa pour siroter un verre et grignoter de copieux assortiments de *keftédès, saganaki,* salade d'aubergine (snacks)... Vue panoramique sur le golfe de Patras.

Si Doux *(plan A2,* ***30****) : 15, odos Patréos. ☎ 26-10-62-55-32. Tlj 8h-1h.* Un petit café jeune et cool dans un décor reposant tout en bois. Pas d'orgie en vue, mais du grignotage sympa : sandwichs, gâteaux, gaufres, milk-shakes, vin et bière. Et de la bonne musique ! C'est si doux...

Pour un verre dans l'après-midi, la place Georgiou A. *(plan A2)* est un choix judicieux. Quelques terrasses de café à l'entrée du théâtre municipal *Apollo,* dont **Le Puzzle** et son bar à la déco kitsch qui vous met le sourire aux lèvres. Nombreux bars branchés sur Agiou Nikolaou *(plan A2)* et aussi sur la marina (excentrée vers le nord). Un vrai défilé de mode ! Plus branché, tendance rebelle, hot en décibels le soir, le haut d'odos Gérokostopoulou, qui prend des airs montmartrois sur ses escaliers.

Club Harama *(hors plan par A2) : dans la zone industrielle à l'entrée de la ville, en venant de Pyrgos. ☎ 26-10-67-24-44.* Pour les amateurs de *bouzouki* et de soirées jusqu'à l'aube.

LE PÉLOPONNÈSE

Où manger dans les environs ?

Glafkos *(hors plan par B2) : à* ***Périvola.*** *☎ 26-10-64-06-00. À 15 mn en voiture du centre de Patras. De la rue Othonos & Amalias, remonter la rue Gounari jusqu'à la rue Kalavriton ; laisser l'hôpital sur la gauche, puis prendre la 3e rue après le stade, à gauche direction « Carrefour » (l'hypermarché bien de chez nous...) ; au rond-point de Carrefour, prendre en face et continuer sur 2 km (en passant sous la voie express). Tlj. Plats 7-9 €.* Appréciée des locaux, cette taverne est bicéphale : une salle en lambris, avec ventilateurs rétro et jolies tables, et une terrasse autour d'un bel arbre de l'autre côté de la route... Bonne moussaka et bon agneau au four, entre autres. Carte des vins peu fournie, mais l'*Achaia Clauss,* cru local, y a sa place. Une bonne adresse. Juste un conseil : amis des moustiques, pensez à la citronnelle en soirée.

À voir. À faire

Le kastro *(plan B2) : sur les hauteurs de la ville. ☎ 26-10-62-33-90. Tlj sf lun 8h-17h30 (8h30-14h dim). Entrée gratuite.* Vue sur le golfe de Patras et la mer Ionienne. Si vous êtes à pied, celle-ci se mérite : en haut de la rue piétonne Agiou Nikolaou, 207 marches vous attendent, si nous avons bien compté... Construit sur l'ancienne acropole autour de 551 av. J.-C., il est le principal témoin de l'histoire de la ville : Francs, Vénitiens, Byzantins et Turcs se le sont approprié tour à tour... À l'intérieur de ses fortifications, un joli jardin, dont il est préférable de profiter tôt le matin ou au coucher du soleil !

L'église de Pantokratoras *(plan B2) : à 150 m du château.* Intéressante pour son large dôme. Érigée en 900 ap. J.-C. à l'emplacement de l'ancien temple de

Zeus, elle connut diverses modifications (mosquée, hôpital) au cours de l'histoire. Elle fut reconstruite, après la libération du joug turc, sur le modèle de la basilique Sainte-Sophie à Constantinople, rien que ça !

L'odéon romain *(plan B2)* : *odos Germanou, au niveau de la pl. Agiou Georgiou. ☎ 26-10-22-08-29. Tlj sf lun 8h-15h. Entrée gratuite.* Construit en 52 ap. J.-C., ce monument fut consolidé en 1963 avec des briques, ce qui lui ôte beaucoup de son authenticité. Mais on distingue toujours les vieilles pierres à la base. Des sarcophages et quelques objets sont disposés tout autour... Décevant si l'on s'y rend un lendemain de concert bien agité. Mais preuve que l'odéon vit encore ! Pausanias aurait écrit, en 170 ap. J.-C., qu'il s'agissait, à l'exception de celui d'Athènes bien sûr, du plus bel odéon qu'il ait jamais vu : faisons-lui un peu confiance...

L'église Agios Andréas *(hors plan par A2)* : *à 600 m au sud de la pl. Trion Symachon, tt près de la mer.* Le haut lieu de pèlerinage orthodoxe en Grèce, et la plus grande église des Balkans. À l'intérieur, la croix de saint André et son crâne, conservé dans un coffre imposant. Un impressionnant lustre en bois arbore l'aigle à deux têtes, emblème des Paléologues (famille ayant régné sur l'Empire byzantin de 1261 à 1453). Également un dais recouvert d'argent, unique en Grèce. Sur la même place, l'ancienne église Saint-André, construite sur le temple de Déméter. À droite, quelques marches descendent à la source de Déméter, connue pour ses vertus curatives.

Les bains turcs *(plan B2)* : *29, odos Boukaouri. ☎ 26-10-27-42-67.* Datant de l'époque vénitienne, la vieille bâtisse a été transformée en hammam par les Turcs, et fonctionne toujours depuis. Il vous en coûtera environ 6 € l'entrée pour 1h de relaxation humide !

Manifestations

– **Carnaval** : *bureau au 50, Akti Dimaion. ☎ 26-10-39-09-15. • carnivalpatras.gr •* Ce carnaval fut instauré en 1860. Sa grande parade a lieu le dimanche précédent le mercredi des Cendres. Également un carnaval spécialement pour les enfants.
– **Festival international de Patras** : *bureau au 17A, odos Papadiamantopolou (plan B2). ☎ 26-10-62-02-36 ou 26-10-22-21-57. Juin-fin août.* Il rythme la vie de Patras depuis une vingtaine d'années. Représentations théâtrales, spectacles de danse et concerts investissent tout l'été l'odéon romain, le théâtre Apollo, l'ancien hôpital et le *kastro*. Tous les styles se côtoient.

DANS LES ENVIRONS DE PATRAS

Le Musée archéologique de Patras *(hors plan par B1)* : *route nationale Patras-Athènes, à 3 km du centre en suivant odos Korinthou vers le nord. ☎ 26-10-42-06-45. • patrasmuseum.gr • Tlj sf lun 8h30-15h, hiver comme été. Entrée : 4 €.*
Un musée récent de 8 000 m², qui bénéficie des techniques les plus modernes. Son organisation dépoussière l'habituelle présentation des musées archéologiques : trois galeries thématiques cohérentes, lumineuses et très aérées, qui contiennent peu de pièces, mais de grande qualité.
La première section, tout de suite à gauche, est consacrée à la vie privée aux temps anciens. Deux habitations romaines en partie reconstituées et surtout de très belles mosaïques découvertes dans des villas de Patras : superbe scène de pêche où un chérubin monté sur un dauphin harponne un poisson, Aphrodite pendant sa toilette, etc. La deuxième section est consacrée aux funérailles, de l'époque mycénienne à l'époque romaine. On y voit ces bijoux finement ciselés et ces verreries délicates qui accompagnaient les morts dans leur dernière demeure, au choix : tumulus, sarcophage, jarre *(pithos)*, *larnax*... dont les plus beaux spécimens sont

exposés sous vos yeux ébahis. De quoi devenir incollable en matière de rites funéraires antiques. Enfin, la troisième section aborde la vie publique dans la cité. Tout est expliqué en anglais sur les panneaux, en attendant les plaquettes en français.

Le château Achaia Clauss *(hors plan par B2)* **:** *à* **Petroto Patron.** ☎ *26-10-58-01-02. À 15 mn en voiture du centre de Patras. De la rue Othonos & Amalias, remonter la rue Gounari jusqu'à la rue Kalavriton ; laisser l'hôpital sur la droite, puis, 50 m après le stade, prendre à gauche direction « Carrefour » ; au rond-point de Carrefour, prendre à droite, passer la rivière puis l'autoroute ; l'entrée se situe 300 m plus loin à gauche. En bus, ligne n° 7 à emprunter dans la rue Gounari (ttes les 30 mn 7h15-20h15). Oct-mai, tlj 9h-17h ; juin-sept, 10h30-18h. Visite guidée des caves ttes les heures.* Appellation fondée en 1861 par Gustav Clauss, un Bavarois qui n'attribua d'autre nom à son cru principal que celui de sa douce fiancée aux yeux noirs, Mavrodaphné... Un appréciable vin doux de renommée internationale, le château produisant également le muscat de Patras. La visite de la cave évoque Dionysos avec des fûts de chêne singulièrement sculptés. Dans la salle du château dédiée aux visiteurs, quelques bouteilles en vitrine et dégustation libre pour rapporter une douceur à belle-maman. Belle vue depuis la terrasse.

RHION (PIO)

À quelques kilomètres à l'est de Patras. Il n'y a rien à Rhion (prononcer « Rio »), sauf que c'est le passage obligé pour traverser le détroit de Corinthe, via le pont achevé pour les J.O. de 2004. En attestent ses piliers en forme de flamme... Long de 2,252 km, il est prévu pour résister à un séisme atteignant une magnitude 7 sur l'échelle de Richter. De l'autre côté : Andirhion (Andirio), à quelques kilomètres de Naupacte.

Arriver – Quitter

Pour traverser le détroit de Corinthe, en direction de Delphes par exemple :

➢ Le pont relie ***Rhion*** à ***Andirhion.*** Compter env 13,20 € de péage pour une voiture (tarif 2014). On peut faire quelques économies (mais pas de temps) en choisissant le vieux ferry, qui fonctionne toujours (prendre la direction du pont et sortir juste avant). Compter env 6,50 € pour une voiture avec chauffeur.

DIAKOFTO (ΔΙΑΚΟΦΤΟ)

7 000 hab.

Diakofto est un village pépère, point de départ du chemin de fer à crémaillère pour le monastère de Méga Spiléon et Kalavryta. Sur la place de la gare, de charmants petits cafés servent ouzo et *pita* de part et d'autre des rails. Plage de galets.

Arriver – Quitter

➢ Depuis la route Patras-Athènes (mal indiquée) : en venant de Patras, une fois sorti de la périlleuse voie express, prenez à gauche au stop, puis encore à gauche, et suivez un bout de route côtière vers le sud.

➢ En transports, 2 bus/j. depuis Patras (pas très pratiques pour le petit train, car à 12h20 et 17h20...).

Où dormir ? Où manger ?

🏠 🍽 **Hotel Panorama :** *au bord du détroit de Corinthe. ☎ 26-91-04-16-14. • greecepanorama.gr • Depuis le centre-ville, suivre les panneaux « Beach », c'est fléché arrivé au bord des flots. Selon saison, doubles env 40-55 €, petit déj inclus. Plats au resto 6-9 €.* Voilà une option très honorable pour se poser avant ou après une virée à Kalavryta. L'établissement n'est pas luxueux mais fait quelques efforts côté déco. Une partie des chambres profitent des brises marines (leur balcon donnant sur le canal). Et puis, par les bras de Morphée, c'est calme à souhait pour un bon dodo. Quelques plats bien sentis au resto.

🏠 **Hotel Chris Paul :** *dans la ruelle face à la gare. ☎ 26-91-04-17-15 et 26-91-04-18-55. • chrispaul-hotel.gr • Mars-oct. En été, résa conseillée. Doubles 55-65 € selon saison ; petit déj 6 €.* Rien de folichon, mais c'est propre et il n'y a pas beaucoup de concurrence dans le coin. Chambres suffisamment confortables, quoique chères pour la prestation. Petit jardin. Piscine.

🍽 **Taverna O Kostas :** *dans la rue principale, à gauche en arrivant. ☎ 26-91-04-32-28. Plats env 5-9 €.* En salle l'hiver, dans une cour sous tonnelle en saison, tous les classiques servis en portions généreuses. Le patron, Kostas, est timide, mais il vous invitera néanmoins à choisir directement en cuisine ; ça vous donnera une bonne idée de la variété des plats. Essayer les *dolmadès,* toujours accompagnées de bon pain frais.

DE DIAKOFTO À KALAVRYTA

★★ **Le petit train à crémaillère** (*Odontotos* pour les Grecs) **:** *☎ 26-91-04-32-06, à la gare de Diakofto. 3 départs/j. en sem et 5 départs/j. le w-e. Env 19 € l'A/R. Compter 2h en tt.* Cette ligne entre Diakofto et Kalavryta vaut le voyage. Le train traverse de pittoresques paysages (malgré les traces des incendies) le long des superbes ***gorges du Vouraïkos,*** que la route ne permet pas de voir. La partie la plus intéressante relie Diakofto à Kato Zachlorou, un adorable village encaissé dans la montagne où il fait bon s'arrêter et manger au bord des voies (voir plus bas). Pour les billets, s'y prendre le plus tôt possible, car le train est très réputé. Trajet de 65 mn environ jusqu'à Kalavryta. Le train redescend presque immédiatement. Nombreux ponts étroits (49 !) et tunnels. En principe, on peut voir à l'extérieur de la gare la locomotive « historique » de 1896 qui, la première, a fait la grimpette jusqu'à Kalavryta. Pour le centenaire, en 1996, on l'a remise en service sur la ligne.

★ À mi-parcours (à environ 45 mn), ***Kato Zachlorou.*** Le petit train s'y arrête. En voiture, c'est à 3 km de la route de Diakofto, sur la droite après le monastère de Méga Spiléon (attention, virage en épingle et panneau peu visible). Hameau charmant construit autour de sa gentille petite gare, représentant un lieu de séjour particulièrement agréable. Sur place, hôtels et restos, et occasions de superbes randonnées. Dans cette région, c'est en hiver que les prix sont les plus élevés dans les hôtels, saison du ski et chauffage oblige !

★★ **Le monastère de Méga Spiléon :** *à 26 km de Diakofto par la route et avt la gare de Kato Zachlorou. Pas d'accès en voiture, se garer et grimper à pied par la route bitumée (en 10 mn). Sinon, on peut faire une petite rando en 1h env depuis le village de Kato Zachlorou, en tournant à droite entre le pont et l'hôtel Romantzo. Suivre le sentier muletier ; en principe, on ne peut pas s'égarer en suivant les crottes d'âne ! Belles vues en cours de route. Tlj 8h-19h (ferme pdt 1h le midi). Entrée : 2 €.*

Incendié par les nazis en 1943, puis reconstruit, le monastère a beaucoup perdu de son charme, mais pas de son intérêt. Pour le visiter, il vaut mieux laisser son sac à dos à la gare de Diakofto. L'église et le petit musée valent particulièrement le détour. Porte en cuivre datant de 1800. Vierge noire en cire très vénérée. Nombreux dons (bagues, colliers, montres). Magnifique porte en argent avec la Vierge remarquablement détaillée. Toute la Passion en bande dessinée. Admirable iconostase en bois sculpté. Tissus brodés d'or et chaire ornementée.
Dans le *musée,* riches collections : habits régionaux, manuscrits (titres de propriété enluminés). Costume de la guerre de 1821. *Assomption de la Vierge* du XVIIe s. Croix de Smyrne de 1600 entièrement en or (l'orfèvre y travailla 11 ans et en devint aveugle !). Dans la salle des reliquaires, noter la main d'Agios Charalambos, quasiment intacte. Deux rares reliquaires pour crânes.

Le monastère d'Agia Lavra : *un second monastère, à 5 km de **Kalavryta,** mais moins intéressant que Méga Spiléon.* Très visité par les Grecs. Lui aussi a brûlé et rebrûlé. C'est ici que, officiellement, la révolution de 1821 a été lancée, le 25 mars, date choisie pour célébrer la fête nationale. Pas de chance : c'est, paraît-il, une pure invention (et d'un Français, Pouqueville, par-dessus le marché), mais tous les petits Grecs continuent à apprendre cette version dans leurs livres d'histoire...

LA ROUTE DE PATRAS À CORINTHE

De jolis paysages où le détroit de Corinthe se la joue fjord, à l'ombre de sa rive nord aux monts accidentés. Dans la même rubrique, si la route à partir de Rhion permet de rejoindre assez rapidement Corinthe, c'est au prix de quelques frayeurs car, on le serinera jusqu'à plus soif, cette route est hyper *accidentogène* ! Mais une route parallèle (en cours de construction) devrait d'ici quelques années offrir une autoroute à 4-6 voies dans le prolongement de celle qui relie Athènes à Corinthe. On peut également emprunter la « vieille route nationale » qui longe la côte, mais la traversée de toutes les localités côtières relève des travaux d'Hercule ! Ne pas prévoir une grosse moyenne kilométrique.

Possibilité de faire une halte en bord de mer au ***camping Akrata Beach,*** à ***Porovitsa,*** près d'Akrata *(☎ 26-96-03-19-88 ; • akrata-beach-camping.gr • ; tte l'année ; env 16-19 € selon saison).* Peu d'espace, mais la plage est à deux pas. On y parle le français.

LES ÎLES IONIENNES

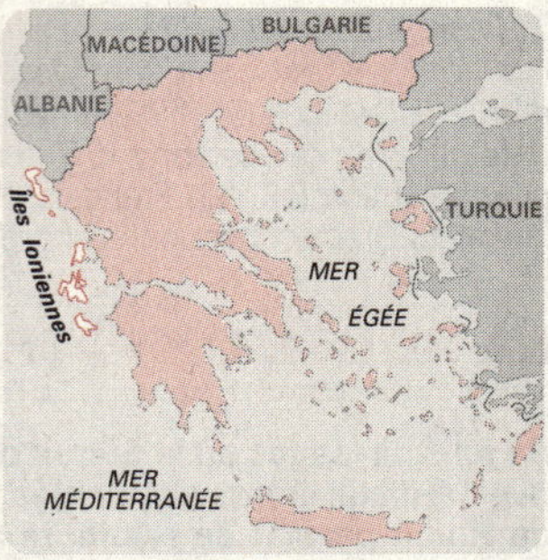

Selon la mythologie, les îles Ioniennes (Corfou, Paxos, Leucade, Céphalonie, Ithaque et Zante) doivent leur nom à Io, une des joyeuses victimes de Zeus, qui s'y réfugia pour échapper à la jalousie maladive mais légitime d'Héra (cette dernière l'ayant transformée en génisse). En fait, elles sont officiellement sept (en grec, on les nomme *Eptanissa,* les « sept îles »), car on y rattache, administrativement et donc artificiellement, Cythère, située au sud-est du Péloponnèse (voir la partie du guide dans laquelle est traitée Cythère).

Assez peu fréquentées par les touristes français, alors que, depuis pas mal d'années, les Anglo-Saxons les ont « annexées », touristiquement parlant, les îles Ioniennes forment un archipel homogène très différent des îles de la mer Égée. Elles offrent de magnifiques paysages montagneux et des côtes superbes. Quand on les parcourt du nord au sud, de Corfou à Zante donc, on reconnaît bien, sur la côte ouest, les mêmes falaises crayeuses à l'origine de tant de belles plages de sable, régulièrement classées parmi les premières au hit-parade des plages grecques. Elles bénéficient d'une végétation variée et luxuriante, favorisée par des pluies régulières d'octobre à mars : beaucoup de cyprès et, évidemment, des oliviers. Nous les présentons dans un sens nord-sud, en commençant par Corfou, qu'on atteint par mer en arrivant directement d'Italie par le ferry, ou, en venant du continent, par Igouménitsa, ou bien en avion. Il est assez difficile – mais pas impossible – de passer d'île en île en commençant par Leucade jusqu'à Zante (ou dans le sens inverse). Il faut alors bien organiser son voyage, ce qui est rarement aisé, les liaisons inter-îles saisonnières variant d'une année sur l'autre et n'étant pas forcément quotidiennes. Si l'on choisit de ne visiter qu'une île ou deux au départ du continent, tout est beaucoup plus facile. On y accède aisément en voiture, qu'il est d'ailleurs conseillé d'utiliser, car la plupart de ces îles sont assez étendues, sauf Paxos. Sinon, le réseau de bus est plutôt satisfaisant et les scooters à louer ne manquent pas, mais il faut aimer avaler de la route sur un deux-roues (sans parler des risques d'accident...). Leucade est un cas à part puisqu'on y accède par un pont. On atteint Zante au départ du Péloponnèse le plus souvent, des ports de Kyllini ou de Patras (il existe toutefois une liaison saisonnière avec Céphalonie).

UN PEU D'HISTOIRE

On évoque les îles Ioniennes dans la littérature dès le VIIIe s av. J.-C. dans *L'Odyssée* : Corfou correspondrait à l'île des Phéaciens, la dernière étape d'Ulysse avant son retour à Ithaque, où, fuyant les caresses de Calypso, il aurait trouvé refuge. L'archéologie y a confirmé une forte présence mycénienne à la fin de

l'âge du bronze, notamment à Céphalonie. Depuis, les îles ont en commun un passé agité, car leur position stratégique a suscité de nombreuses convoitises. Pourtant, les Turcs n'y ont pratiquement pas mis les pieds, et ce n'est pas faute d'avoir essayé. En revanche, la domination vénitienne s'est étendue du XIVe au XVIIIe s. Son influence reste encore très marquée dans l'architecture des villes et des monuments, malgré de sérieux dommages causés par les séismes successifs. Les Français mettent fin à la présence vénitienne en 1797 (traité de Campoformio). Puis prend forme la « république indépendante des Sept-Îles » (1800-1807), une entité originale formée sous la protection de la Russie et de l'Empire ottoman. Le tsar devient le protecteur officiel de la jeune république, tandis que le sultan en obtient la suzeraineté en échange d'un tribut à verser tous les 3 ans.
Cette quasi-indépendance entraîne une prise de conscience du sentiment national grec dans tout le reste du pays, encore soumis à la domination ottomane. Le grec est désormais reconnu comme langue administrative. La religion dominante change aussi : le catholicisme romain est détrôné par l'orthodoxie grecque. Capodistria, futur dirigeant de la Grèce indépendante, est chargé d'organiser les îles de Céphalonie, Sainte-Maure (aujourd'hui Leucade) et Ithaque.
Les îles retombent dans le giron français de 1807 à 1815 (traité de Tilsit). Paradoxe : ces îles, qui ont été les premières à conquérir une quasi-autonomie, ratent l'indépendance de 1830. Leur rattachement à la Grèce n'a finalement lieu qu'en 1864, après près de 50 ans de domination anglaise, pendant laquelle toute velléité d'indépendance est soigneusement étouffée. Sir Thomas Maitland sera appelé par les Grecs l'« Avorteur » pour avoir décrété la neutralité des îles lors de la guerre d'indépendance, fait emprisonner et exécuter des patriotes grecs. En 1864, les îles sont enfin rattachées à la Grèce. Cette rétrocession est plus ou moins un cadeau britannique pour le couronnement du nouveau roi de Grèce, Georges Ier.
Depuis, plus personne ne songerait à remettre en cause le patriotisme des Ioniens : c'est à Corfou que le poète Solomos, né à Zante, a écrit ce qui allait par la suite devenir l'hymne national. Ils sont d'ailleurs très attachés à leur terre, suivant l'exemple du plus obstiné d'entre eux, le légendaire Ulysse.

CORFOU (KERKYRA ; ΚΕΡΚΥΡΑ)

102 000 hab.

Corfou est l'île la plus septentrionale de la mer Ionienne. Avec 592 km² de superficie, c'est l'une des îles grecques les plus importantes. C'est un endroit superbe : montagneux, boisé, et qui a su garder beaucoup de charme malgré l'importance de l'activité touristique en été. Curieusement, seuls les Anglais, les Allemands et les Italiens, qui y viennent par dizaines de milliers chaque année, le savent.
Immortalisée dans *L'Odyssée,* la beauté de Corfou n'a cessé d'inspirer écrivains et artistes tels que Goethe, Alfred Sisley ou Lawrence Durrell. Quant à Sissi, elle y fit bâtir un palais.
Corfou est un mélange savoureux de Grèce et d'Italie, dont elle se rapproche par la luxuriance de la végétation et par une atmosphère forgée par quatre siècles de présence vénitienne. Chaque peuple envahisseur y a laissé son empreinte : pendant sept siècles, les Vénitiens ont construit partout des placettes et des galeries voûtées. Napoléon les chassa, mais n'eut pas le temps d'installer une véritable présence française (deux villages tout de même portent le nom de Kato et Ano Garouna, soit Basse et Haute Garonne !). Les Anglais construisirent quelques palais et installèrent un terrain de cricket sur la Spianada (Corfou compte plusieurs équipes de cricket). Les Corfiotes sont grands amateurs de processions, et vous aurez peut-être l'occasion d'assister à une de ces fêtes populaires religieuses où la musique locale est

plus marquée par les sonorités italiennes que par la tradition byzantine. La ferveur religieuse s'exprime particulièrement lors des processions de saint Spyridon, le patron de l'île.
Corfou mérite vraiment une halte sérieuse... à condition toutefois d'éviter les endroits comme Bénitsès, Moraitika ou Kavos, où se trouvent les principales concentrations touristiques. Dès qu'on s'éloigne des sentiers battus, on trouve des coins moins saturés et de belles plages. Mais attention : pour y accéder, il faut souvent emprunter un réseau routier médiocre, rendu encore plus dangereux par le trafic des deux-roues et des nombreux cars.

UN PEU DE MYTHOLOGIE ET D'HISTOIRE

Homère fait référence à Corfou dans *L'Odyssée,* sous le nom de Schérie, lorsque Ulysse s'y échoua, après avoir échappé à la nymphe Calypso. Son navire ayant été transformé en rocher par Poséidon, il fut recueilli épuisé sur le rivage par Nausicaa, la fille du roi des Phéaciens. Il faillit épouser la douce Nausicaa, mais son désir de retrouver Ithaque et sa chère Pénélope fut le plus fort.
Les archéologues ont décelé une présence humaine à l'ère paléolithique (70000-40000 av. J.-C.). Au VIIIe s av. J.-C., Corinthe en fait, sous le nom de Corcyre, une étape sur la route de la Sicile, puis la colonie, devenue puissance maritime indépendante, rivalise avec sa métropole, et son alliance avec Athènes en 431 est à l'origine de la guerre du Péloponnèse. En 299, le tyran de Syracuse s'en empare pour la céder aussitôt au roi d'Épire en même temps que la main de sa fille. Rome entre en scène en 229 av. J.-C. et la garde pendant cinq siècles jusqu'à son rattachement à l'empire d'Orient, en 336 ap. J.-C.
À partir du XIe s, elle devint le chien de garde de la république de Venise à l'entrée de l'Adriatique, avec un intermède où elle fut possession du royaume angevin de Naples, une double appartenance qui lui conférera pour longtemps un caractère plus occidental qu'oriental. À partir de cette époque, son destin se confondit avec celui des autres îles Ioniennes. Notons au passage les terribles sièges de sa citadelle par les Turcs, en 1537 et 1716, qui s'y cassèrent deux fois les dents.

SPÉCIAL RANDONNÉE

Un sentier de randonnée parcourt toute l'île, sur 222 km, du sud au nord (d'Arkoudila, au sud de Kavos, au cap Agia Ekaterini, à l'est de Roda). L'ensemble peut se faire (de préférence au printemps et à l'automne) sur une douzaine de jours. On peut, bien sûr, faire des randos à la journée en empruntant des tronçons de son choix. Balisage en jaune, pas toujours à la hauteur, alors une fois le tronçon choisi, renseignez-vous sur la qualité du balisage. Une petite contribution financière est demandée aux utilisateurs du parcours. Possibilité également de se faire assister par une agence spécialisée de Corfou-ville qui propose des hébergements et assure les transferts *(agence **Aperghi,** léoforos Dimokratias et 1, odos Polyla ; ☎ 26-61-04-87-13 ; • aperghitravel.gr •).* Pour plus d'informations, consulter • *thecorfutrail.com* • (topo complet de 25 pages disponible sur Internet pour 10 €).

Arriver – Quitter

En avion

✈ ***L'aéroport Ioannis Capodistria*** *(☎ 26-61-08-98-05)* accueille surtout des vols réguliers intérieurs et des vols *low-cost.*
➢ ***De/vers Athènes :*** 1-3 vol(s)/j. selon j. et saison, avec *Olympic Air (☎ 26-61-03-81-87).* Trajet : 50 mn. Liaison également assurée par *Aegean (☎ 26-61-02-71-00)* avec 2-5 vols/j. selon j. et saison.
➢ ***Thessalonique*** est également desservie au départ de Corfou par *Aegean.*

LES ÎLES IONIENNES

Des vols également pour Prévéza, Céphalonie, Zante et Cythère avec *Sky Express.*
– Le ***bus bleu*** n° 19 dessert très régulièrement le centre-ville, au départ de l'aéroport (petite pause pendant la sieste...).
– ***Taxis*** de l'aéroport pour le centre-ville (4 km de distance).

En bus

Les horaires, les fréquences et les prix sont donnés à titre indicatif. Bien vérifier sur place, modifications fréquentes.

➢ ***De/vers Athènes :*** 3 bus/j. Ils sont directs, car ils montent sur le ferry (on paie le ferry en plus). Trajet : env 11h. D'Athènes, départ de la gare des bus terminal A *(100, odos Kifissou ; ☎ 21-05-12-94-43)*. Dans le sens Corfou-Athènes, acheter son billet la veille. Le dernier bus partant pour la capitale arrive au petit matin. Compter env 45 €.

➢ ***Pour Delphes :*** prendre le 1er bus pour Athènes jusqu'à Andirio (avt le passage du pont). De là, bus pour Naupacte jusqu'à la gare routière ; puis on prend le bus pour Itéa, et, de là, on change pour Delphes. Le tout est théoriquement faisable dans la journée.

➢ ***Pour les Météores :*** avec le bus pour Thessalonique (arrêt à Kalambaka). 2 départs/j. Réserver.

En ferry

La plupart des compagnies maritimes ont leur bureau sur l'avenue qui fait face au ***nouveau port*** *(plan A1)*. Pour les infos relatives à toutes les liaisons, vous pouvez téléphoner à la *Port Police (☎ 26-61-36-52-00)*. Bon à savoir : dans l'enceinte du nouveau port, parking *(compter 6 €/24h et 9 €/48h)* et consigne à bagages *(8h-20h ; compter 2 €/j.)*.

➢ ***De/vers l'Italie :*** la plupart des ferries pour l'Italie s'arrêtent à Corfou. Possibilité, en achetant son billet, de préciser que l'on souhaite repartir de Corfou. Mais il faut réserver son billet à l'avance via une agence pour être sûr d'avoir une place (car le ferry part d'Igouménitsa avt de passer par Corfou, et il est souvent complet dès le départ).

– *Brindisi :* 2-3 départs/j. et 6-8h de traversée.

– *Bari :* 2-4 départs/j. et env 10h de traversée.

– *Venise :* de 2-4 départs/sem et 24h de traversée.

➢ ***De/vers Igouménitsa :*** départ env ttes les heures 6h30-23h30 l'été (23h hors été). Les billets se prennent 30 mn avt le départ (pas de résa possible et CB refusées). Compter 2h de traversée (1h15 avec les ferries rapides *Kerkyra Lines*). En plus de la liaison Corfou-Igouménitsa, un ferry relie également, env 6 fois/j., Igouménitsa depuis Lefkimi, au sud de l'île ; se renseigner à l'agence *Ilios Holidays* (voir « Adresses utiles » plus loin). Env 1h30 de traversée.

➢ ***De/vers Patras :*** avr-sept, 2 liaisons/sem au départ de Corfou.

➢ ***De/vers Paxos (Paxi) :*** 1 ferry plusieurs fois/sem, via Igouménitsa. Compter 5h de traversée. Également 2 à 3 *Flying Dolphins* – bateaux rapides – directs en été (passagers slt). Liaison en moins de 1h. Rens à la *capitainerie du port (☎ 26-61-03-26-55 ou 26-61-04-00-02)*.

➢ ***Pour Saranda (Albanie) :*** en été, possibilité de faire un saut en Albanie depuis la ville de Corfou, sur résa. Assez cher : env 75 € pour une excursion d'une journée (tout compris : trajet, visa, entrée sur le site antique, etc.). La carte d'identité suffit. Intérêt principal : le site antique de Butrint, à quelques km de Saranda. Se renseigner dans les agences de voyages.

Circuler dans l'île

Il y a ***deux gares routières*** dans la ville de Corfou, points de départ pour les environs de la capitale et le reste de l'île :

– les ***bus bleus*** desservent Corfou-ville et les environs dans un rayon d'une quinzaine de kilomètres ; ils partent de la place San Rocco (également appelée G. Théotoki), où se trouve leur guichet. Billets : on peut les acheter au guichet ou dans les distributeurs quand il y en a, sinon dans le bus (majoration).

– Les ***bus verts*** partent de la rue Avramiou, au pied de la nouvelle citadelle. Bon réseau intérieur de bus, le plus souvent bondés. Un grand panneau indique les horaires de toutes les liaisons sur l'île. Consigne à bagages.

Bus bleus, place G. Théotoki *(San Rocco ; plan B3,* ***2****) :* *☎ 26-61-03-15-95.* En principe, les horaires ne changent pas trop d'une année sur l'autre. Les chauffeurs ont toutefois tendance à partir en avance, méfiez-vous. Les horaires sont valables du lundi au samedi matin. Samedi après-midi et dimanche, les fréquences sont plus espacées.

L'ÎLE DE CORFOU

➢ ***De/vers Kanoni*** (bus nº 2) **:** 6h30-22h, bus ttes les 20 mn ; moins fréquents sam ap-m et dim (8h-22h).

➢ ***De/vers le port*** (bus nº 2b) **:** 7h15-21h15, 14 départs lun-ven, 8 le sam (8h-21h15) et aucun dim.

➢ ***De/vers Bénitsès*** (bus nº 6) **:** tlj 14 départs, env ttes les 45 mn (6h30-22h). 5 départs sam ap-m 14h30-22h et 8 le dim (6h45-22h). Trajet : 35 mn.

➢ ***De/vers Dassia via Kondokali et Gouvia*** (bus nº 7) **:** bus ttes les 20 ou 30 mn 6h30-22h30 ; dim ttes les 30 mn.

➢ ***De/vers Gastouri-Achilléion*** (bus nº 10) **:** 6 départs/j., 7h-20h ; 5 départs sam 8h-19h et 3 le dim 10h-14h. Trajet : 20 mn, retour immédiatement après.

➢ ***De/vers Pélékas*** (bus nº 11) **:** en sem 7 bus/j., 7h-20h30 ; 3 départs sam ap-m et 4 le dim (10h-20h). Trajet : 30 mn.

Bus verts, odos Avramiou *(plan A2,* ***3****)* **:** *sous la nouvelle forteresse.*

☎ *26-61-02-89-27.* • *ktelkerkyras.gr* • Leur demander les brochures très pratiques avec tous les horaires. Billets (achat dans le bus) 1,40-4 €.

➢ ***De/vers Paléokastritsa :*** 17 départs/j. en sem (été), moins le w-e ; hors saison, 2 à 5 départs/j. Trajet : 45 mn.

➢ ***De/vers Glyfada :*** en sem, 3 à 8 départs/j., 9h-16h ; départs moins nombreux le w-e. Trajet : 45 mn.

➢ ***De/vers Kassiopi :*** lun-ven, 4 à 8 départs/j., selon saison ; sam 3 départs. D'autres bus passent par Sidari. Un seul bus le dim mat. Trajet : 90 mn.

➢ ***De/vers Afionas-Arilas :*** lun-ven, 2 départs/j., à 5h et 14h.

➢ ***Pour Lefkimi et Kavos :*** en sem, 10 départs/j., 5h-20h ; 4 départs sam et 3 le dim.

LA VILLE DE CORFOU (*KERKYRA* ; *ΚΕΡΚΥΡΑ* ; *491 00*)

La capitale de l'île s'articule autour de la Spianada, la grande esplanade située entre la vieille citadelle et le centre historique, bordée par le fameux Liston, qui rappelle la présence française ; un ensemble architectural avec des arcades, dessiné au début du XIXe s. Les arcades abritent aujourd'hui des cafés souvent bondés devant lesquels le Tout-Corfou déambule le soir venu. La vieille ville est traversée par la rue Voulgaréos, prolongée par l'avenue G. Théotoki (attention : les Théotoki sont légion à Corfou, puisqu'on dénombre également les rues N. Théotoki, M. Théotoki et I. Théotoki !). Il ne faut pas manquer ce dédale de ruelles tortueuses, les cafés cachés sur des petites places oubliées, le linge aux fenêtres... Levez-vous tôt pour découvrir tous ces endroits pittoresques.

Adresses utiles

Police touristique (*plan B1-2,* ***1***) **:** *pl. de la Nouvelle Forteresse.* ☎ *26-61-02-91-68. Tlj 8h-14h (12h le w-e) ; après, permanence de la police générale.*

Poste (*plan C3*) **:** *odos Alexandras.* ☎ *26-61-02-55-44. Lun-ven 7h30-20h.*

■ **Consulat de France** (*plan C3,* ***5***) **:** *15, odos Mostoxydou. Consul honoraire : Mme Rosadénia Karamoutsou.* ☎ *26-61-02-63-12.*

■ **Consulat de Belgique :** ☎ *26-61-04-35-80.* 📱 *69-47-20-29-81.*

■ **Location de voitures :** tous les loueurs sont regroupés sur odos Xén. Stratigou, entre le vieux port et le nouveau port. Possibilité de marchander, mais attention, le prix annoncé n'inclut pas toujours l'assurance obligatoire. Location de scooters et de motos dans le même secteur. Bureaux de location des grandes compagnies (*Avis, Hertz, Europcar...*) aux arrivées de l'aéroport.

■ **Agence de voyages :** ***Ilios Holidays,*** *12, odos Ethnikis Antistasséos.* ☎ *26-61-03-84-45.* • *ilios holidays.gr* • *Sur le front de mer, face au nouveau port, à 1 km à l'ouest de l'Hotel Atlantis. Avr-oct, tlj 7h30-14h, 17h30-20h30 ; hors saison, lun-ven 9h-13h30.* L'agence peut vous dénicher hôtels, appartement, billets d'avion... Gérante serviable et francophone.

■ **Presse internationale :** *dans les kiosques odos Voulgaréos ; à la librairie du 15, odos Kapodistriou (à côté du café Liston) ; près du vieux port, odos Zavitsianou...* Pas de problème pour en trouver.

Hôpital Kontokali (*plan A3,* ***7***) **:** *1, odos Ioulias Andréadi.* ☎ *26-61-08-82-00.*

■ **Secours d'urgence :** ☎ *166.*

■ **Laverie automatique :** *odos Ioannou Théotoki. À côté de la pl. San Rocco.* Accueillant et efficace. D'autres le long du port.

Où dormir ?

À la sortie de la gare maritime, il se peut que des propriétaires de campings vous proposent de venir chez eux en minibus. Sinon, vous pouvez prendre le bus n° 7. Le camping le plus proche est au nord de Gouvia, à 12 km au nord de Corfou.

■ ***Association des propriétaires de villas et appartements*** *(plan C4) : odos I. Polila & N. Théotoki.* ☎ *26-61-02-61-33.* • *holidaysincorfu.gr* • On peut y obtenir les adresses des loueurs qui en sont membres.

De chic à plus chic

Hotel Atlantis *(plan A1, **14**) : 48, odos Xen. Stratigou.* ☎ *26-61-03-55-60.* • *atlantis-hotel-corfu.com* • *Face au nouveau port. Tte l'année. Selon saison, doubles env 60-95 € ; petit déj 8 €.* Chambres confortables et bien insonorisées, avec balcon, TV et AC (bruyante). Salles de bains impeccables, familiales pour certaines, et balcons donnant sur le port, mais déco démodée et sans charme. Personnel aimable.

Hotel Konstantinoupolis *(plan C1, **16**) : 11, odos Zavitsianou.* ☎ *26-61-04-87-16/18.* • *konstantinoupolis.com.gr* • *Doubles 48-68 € selon saison, petit déj non compris. Nombreuses offres sur Internet.* Dans un vieux bâtiment datant de 1878, rénové mais qui a gardé son cachet ancien et tout son charme (avec notamment un vieil ascenseur). Hôtel d'une trentaine de chambres diversement confortables, avec TV, AC et grandes salles de bains (baignoire sabot dans toutes) pour certaines. Chambres donnant sur le vieux port – quelques-unes avec balcon – un peu bruyantes en été. Compter 10 € d'écart – à catégorie égale – entre une chambre avec vue sur le port et une donnant sur l'arrière. Le petit salon suivi de la salle de petit déjeuner donnent vraiment l'impression d'être dans l'appartement d'une famille. Accueil pro et sympathique.

Hotel Arion *(hors plan par C4, **15**) : Scheria 6.* ☎ *26-61-03-79-50.* • *arioncorfu.gr* • *À 10 mn à pied du centre. Doubles 60-110 €.* L'extérieur ne paie pas de mine, mais l'intérieur et une partie des chambres viennent d'être rénovés au goût du jour : sobre, contemporain, dans des tons gris et blanc rafraîchissants. Au rez-de-chaussée, la réception se prolonge par un chouette salon qui se termine par un bar. Toutes les chambres ont le confort attendu et un petit balcon. Bon rapport qualité-prix si l'on peut avoir une chambre rénovée et donnant sur l'arrière (donc, réserver à l'avance), car la rue, bien qu'étroite, est assez passante. Et son emplacement a un avantage : vous pourrez facilement aller vous baigner à côté, en allant à *Mon Repos* (voir plus loin « Où se baigner ? »). Bon petit déj-buffet, mais plutôt cher *(10 €).*

Encore plus chic

Hotel Bella Venezia *(plan C3, **13**) : 4, odos Zambeli.* ☎ *26-61-04-65-00.* • *bellaveneziahotel.com* • *Avr-oct. Doubles standard 100-135 €, petit déj compris.* *(payant).* Situé dans un quartier calme, au-dessus de la vieille ville mais à l'intérieur du périmètre, dans un bâtiment néoclassique rénové (autrefois siège de la Banque de Grèce avant d'accueillir un lycée de jeunes filles...). L'hôtel est superbe avec sa terrasse fleurie et ombragée dans la cour intérieure et un hall d'entrée-bar assez sombre et chaleureux. On foule une épaisse moquette pour accéder aux chambres, à la déco sobre et contemporaine tendance italienne ; hauts plafonds, couleurs douces, TV, frigo et AC. Beaucoup de charme, très confortable. Qualité vraiment au-dessus des autres pour une différence de prix minime en saison. Accueil très pro. Jeu d'échecs géant dans le jardin.

Hotel Arcadion *(plan D2, **11**) : 2, odos Vlassopoulou.* ☎ *26-61-03-76-70.* • *arcadionhotel.com* • *Au-dessus du McDo (!), face à l'esplanade ; entrée sur la droite. Tte l'année. Doubles 70-180 € selon saison (suites encore plus chères), petit déj compris.* Un hôtel moderne installé dans un bel immeuble, dont les chambres en façade donnent sur les jardins de l'esplanade et la forteresse. Situé à l'endroit le plus animé le soir. Si vous préférez la tranquillité, demandez une chambre à l'arrière. Ascenseur. Chambres fraîches et confortables, avec salle de bains, TV, AC, frigo, et parfois un balcon.

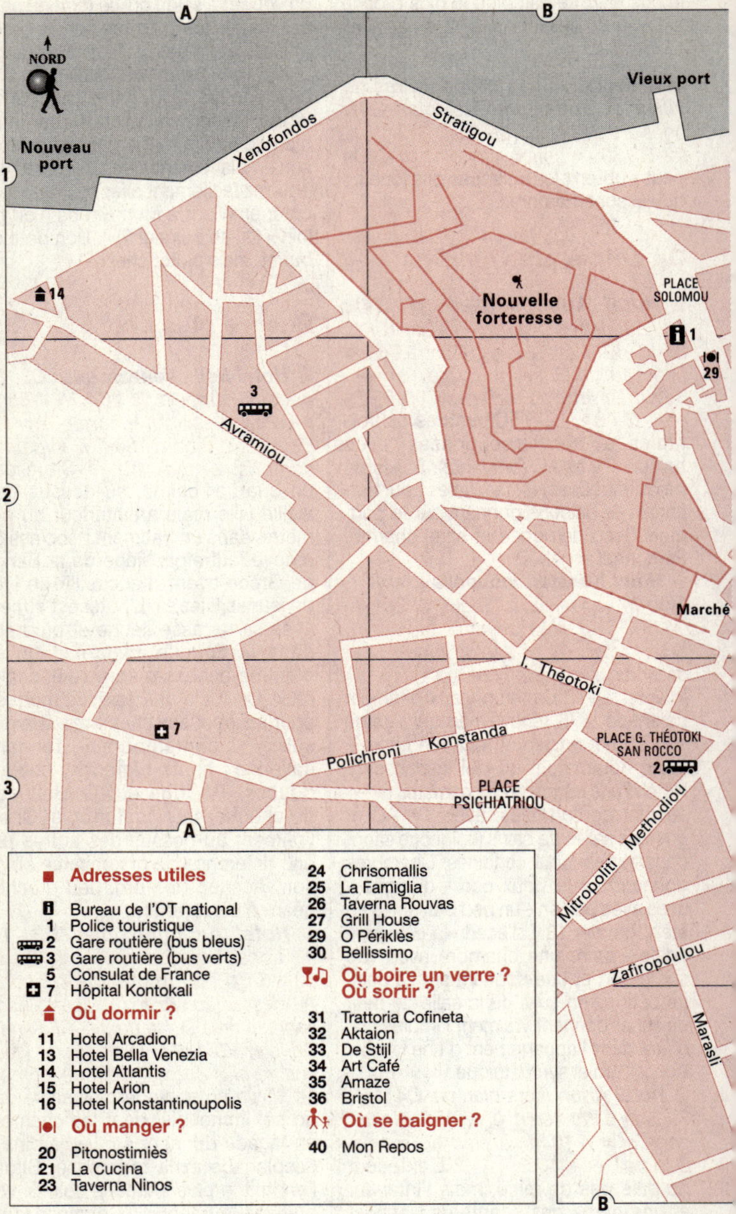

Adresses utiles

- Bureau de l'OT national
- 1 Police touristique
- 2 Gare routière (bus bleus)
- 3 Gare routière (bus verts)
- 5 Consulat de France
- 7 Hôpital Kontokali

Où dormir ?

- 11 Hotel Arcadion
- 13 Hotel Bella Venezia
- 14 Hotel Atlantis
- 15 Hotel Arion
- 16 Hotel Konstantinoupolis

Où manger ?

- 20 Pitonostimiès
- 21 La Cucina
- 23 Taverna Ninos
- 24 Chrisomallis
- 25 La Famiglia
- 26 Taverna Rouvas
- 27 Grill House
- 29 O Périklès
- 30 Bellissimo

Où boire un verre ? Où sortir ?

- 31 Trattoria Cofineta
- 32 Aktaion
- 33 De Stijl
- 34 Art Café
- 35 Amaze
- 36 Bristol

Où se baigner ?

- 40 Mon Repos

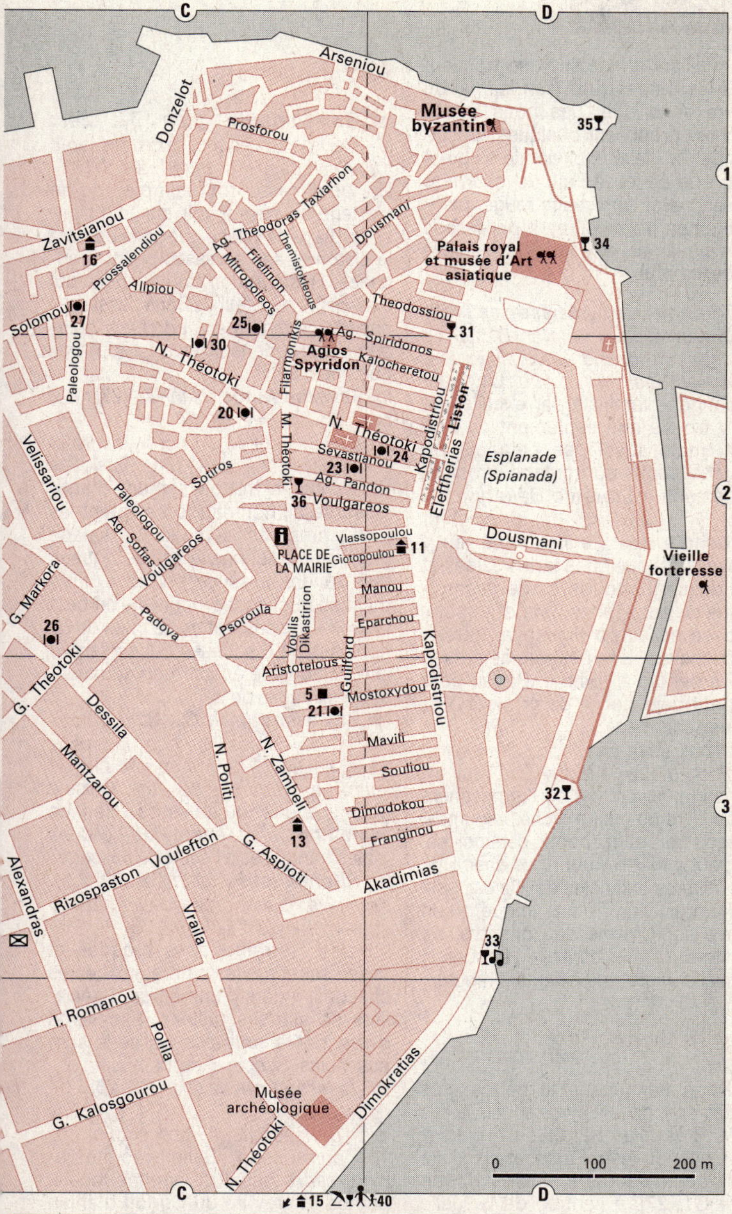

LA VILLE DE CORFOU

Où manger ?

Les meilleures adresses se trouvent dans les petites rues *(kandounia)* du centre historique. Les bons restos corfiotes proposent quelques spécialités de l'île : le *sofrito* (viande de bœuf avec une sauce à l'ail), le *bourdéto* (poisson avec une sauce rouge, particulièrement relevée), et la *patsissada* (gros macaronis et viande de veau à la sauce tomate).

■ ***Boulangeries-pâtisseries :*** *16, odos Xen. Stratigou (plan B1). Près du vieux port quand on se dirige vers le nouveau port. Tlj sf dim.* La petite boulangerie familiale par excellence. On y trouve non seulement du bon pain, mais aussi des beignets ou des chaussons au fromage *(tiropita)*. Également la ***Starenio Bakery*** *(plan C2 ; 59, odos Guilford ; tlj sf dim).* En dehors des viennoiseries, on y trouve aussi quelques tartes salées et des desserts : tourte dinde-champignons ou aubergines, feta et tomate, mousse au citron-*digestive,* gâteau au chocolat... Une poignée de petites tables dehors à l'ombre. Parfait pour un petit déjeuner (à partir de 8h30) ; accueil charmant.

– ***Marché*** *(plan B2) : odos Dessila, au pied de la nouvelle forteresse.* Venir tôt le matin pour profiter de l'atmosphère particulière du petit marché. Légumes, poisson frais et échoppes hétéroclites. On peut y manger pour pas cher. Une des cultures originales de l'île est celle du kumquat, un fruit asiatique qu'on trouve sous forme de conserve, de confiture, de fruits confits ou de liqueur. Le miel corfiote est également réputé.

Bon marché

|●| Pour manger sur le pouce, des petites échoppes à *gyros* et *souvlakia* : ***O Périklès*** *(plan B2,* ***29****),* odos Solomou, près du resto *Paradossiako.* Une autre petite échoppe, le ***Grill House*** *(plan C1,* ***27****),* à l'entrée de la ruelle Prossalendiou qui semble continuer odos Solomou. Pas d'enseigne, juste quelques tables sur les pavés. Ouvert jusqu'à minuit.

Prix moyens

|●| ***Chrisomallis*** *(plan D2,* ***24****) : N. Théotoki, presque à l'angle avec Kapodistriou. Tlj sf dim. Plats 8-10 €.* Un petit resto tout simple, qu'on s'attendrait plus à voir sur une tranquille place de village que juste derrière le *Liston* et ses adresses plutôt branchées. Restauration traditionnelle qui a sa petite réputation. Dans l'assiette : chou farci, ragoût aux pommes, *bourdéto,* soupe de lentilles... Le tout très gentiment servi.

|●| ***Taverna Ninos*** *(plan C2,* ***23****) : 46, odos Sevastianou. ☎ 26-61-04-61-75. À deux pas de N. Théotoki, à droite de l'église. Tlj. Plats 7-10 €.* Quelques tables sur le trottoir servent d'antichambre au comptoir où mijotent les plats, préparés le matin. La salade grecque traditionnelle est de rigueur, puis viandes en sauce, poissons grillés ou chou farci sont proposés – on peut les voir – accompagnés de frites ou de riz. Clientèle d'habitués qui s'interpellent d'une table à l'autre en commentant les images de la TV.

|●| ***Bellissimo*** *(plan C2,* ***30****) : à deux pas de N. Théotoki, sur la pl. Lemonia. ☎ 26-61-04-11-12. Tlj sf dim, midi et soir. Repas complet 15-20 €.* Cuisine plus grecque qu'italienne. Service sympathique et énergique, petites tables tranquilles à l'écart du passage.

|●| ***Pitonostimiès*** *(plan C2,* ***20****) : 38, Agiou Vassilias ; près de N. Théotoki également. ☎ 26-61-02-28-15. Plat env 8 €.* Terrasse sous arcades et tables sur la rue (à l'ombre aux heures chaudes) à côté d'une église. Spécialités de viandes grillées. Excellents *gyros,* petits *souvlakia* qui ne le sont pas moins. Simple et rapide.

|●| ***Taverna Rouvas*** *(plan C2,* ***26****) : 13, odos Dessila. ☎ 26-61-031-182. Pas loin du théâtre. Midi slt, tlj sf dim. Env 10 € pour un plat.* Salle avec mezzanine, cadre banal de cantine locale, photos et gravure du Corfou d'antan aux murs. Plutôt que d'éplucher une carte dont la moitié des plats ne sont pas disponibles, allez directement en cuisine pour soulever les couvercles

des casseroles et laissez-vous guider par vos yeux et narines. Goûteux et authentique.

De plus chic à encore plus chic

La Famiglia (plan C1, **25**) : *16, odos Maniarizi Arlioti. ☎ 26-61-03-02-70. Au cœur de la vieille ville, dans une ruelle perpendiculaire à la rue N. Théotoki, qui monte sur la droite en allant de l'esplanade vers la pl. Lemonia. Tlj sf dim, slt le soir 20h30-0h30. Peu de tables, mieux vaut réserver en saison. Env 25 €.* Trattoria qui occupe 2 petites salles chaleureuses, en contrebas de la rue. Déco cosy, des nappes à carreaux de différentes couleurs, et sur les murs la collection d'anciens menus de réceptions du patron. Le soir, des bougies sont disposées sur les tables. Les proprios, un charmant couple suédo-italo-corfiote, proposent une cuisine italienne soignée. Chouettes *antipasti della famiglia* à partager pour commencer et se faire une idée. En plats principaux, presque exclusivement des pâtes (*rigatoni* et *linguine*) accommodées très diversement.

La Cucina (plan C3, **21**) : *13, odos Mostoxydou & Guilford. ☎ 26-61-04-50-29. Tlj 18h-23h. Fermé en janv. Résa vivement conseillée, car les places sont limitées. Plats 22-30 € ; pizza env 10 €.* Cuisine italienne que l'on déguste dans une ruelle piétonne ou dans une salle climatisée à la déco sobrement blanche, design et assez chic. Pizza d'une rare finesse. Ou, pour changer un peu, 2 currys thaïs sont proposés, pourquoi pas ? Une adresse de qualité, ce qui explique la clientèle d'habitués... et des prix un peu surévalués. Les amateurs d'un cadre plus traditionnel opteront pour « l'autre *Cucina* », à deux pas de là : même cuisine et mêmes tarifs.

CORFOU

Où boire un verre ? Où sortir ?

À la sortie nord de la ville, une enfilade de bars et de boîtes de nuit résolument « modernes » et sans grand intérêt, sauf pour y rencontrer la jeunesse branchée de Corfou. Préférer les petits cafés de la vieille ville, plus typiques et plus chaleureux. Quelques adresses dans l'air du temps, tout de même :

Bristol (plan C2, **36**) : *Evgéniou Voulgareos, angle M. Théotoki. Tlj en saison : jusqu'à 2h mer-jeu et dim, 3h les autres j.* Un beau bar d'angle à la façade ocre, très central, et dans l'air du temps : chromes de la tireuse à bière, bar surmonté d'une véritable plantation d'ampoules, vieux carreaux au sol conservés, et un petit banc qui court le long des fenêtres, sous les arcades. Quelques tables dehors. Clientèle de trentenaires. Très sympa.

Trattoria Cofineta (plan D1-2, **31**) : *98, odos Kapodistriou.* Dans la rue la plus animée le soir, dans le périmètre des cafés. Situation idéale pour observer la jeunesse corfiote et internationale depuis la grande terrasse.

Amaze (plan D1, **35**) : *ouv ts les soirs jusque... tard (ou tôt...). DJ aux platines presque ts les soirs.* Bar-terrasse à la pointe nord-est des fortifications, accès par une rampe pavée. Vaste esplanade ventilée où sont disposés des canapés autour de tables basses. Une clientèle nombreuse s'y presse au coude à coude pour converser à l'envi et se laisser bercer par le doux zéphyr de la brise du soir. Petit accès à la mer (galets).

♫ **De Stijl** (plan D3, **33**) : *en contrebas de l'odos Dimokratias, sur le port, au-dessus du club nautique.* Délicieux endroit pour boire un verre, en admirant la baie de Garitsa. Boîte de nuit en sous-sol, clientèle locale assez jeune. Tarifs raisonnables.

Aktaion (plan D3, **32**) : *terrasse en face de la vieille citadelle. Tlj jusqu'à 2h en été.* L'intérêt de ce bar, c'est son espace extérieur, la verdure, et la vue qu'il offre sur la marina depuis les confortables fauteuils. Petites bougies sur les tables.

Art Café (*Kafé Technis ; plan D1, **34***) : *entrée par le jardin public, juste à droite du palais royal. Tlj sf lun 10h-17h*

(21h en hte saison). Déco rétro, lieu discret, très agréable, verdoyant et ombragé. Il surplombe l'ancienne (et toujours minuscule) plage de la famille royale (avec l'escalier en colimaçon qui y conduit).

À voir

Commencer par une promenade dans la ***vieille ville.*** Les bâtiments en sont, pour la plupart, de style néoclassique, et datent, en partie, de la période vénitienne et, en partie, d'époques plus tardives, notamment du XIXᵉ s. Malgré les bombardements de la dernière guerre, il reste quantité de rues pleines de charme où la « patte » de Venise s'est magnifiquement imprimée. Admirer notamment le quartier de l'esplanade *(Spianada),* dont les arbres ont été plantés pendant la présence française : ruelles très italiennes, en particulier dans le quartier qui domine la rue Arséniou, entre l'esplanade et le vieux port, demeures avec des éléments architecturaux français ou anglais, notamment le *Liston,* grand bâtiment à arcades qui domine l'esplanade, construit pendant la seconde occupation française par Matthieu de Lesseps, le père de Ferdinand, qui s'inspira, dit-on, de la rue de Rivoli. L'animation permanente de la promenade qui longe le *Liston* concentre l'essentiel de la vie sociale de la ville. On y voit aussi des églises byzantines et vénitiennes, des *kandounia* (ruelles pavées sans trottoirs), des balcons en fer forgé, etc. Vous remarquerez que les boutiques de fourrures sont nombreuses... par 35 °C, ça peut surprendre, non ? C'est que la clientèle russe est nombreuse. Le soir, ne pas manquer la *passeggiata* : tout le monde se promène sous les arcades de la Spianada.

– Il existe un ***billet groupé*** à 8 € (réduc pour les étudiants de l'UE) qui donne accès aux principaux monuments et musées de la vieille ville : la vieille forteresse, le musée d'Art asiatique (dans le palais royal) et le Musée byzantin, qui vous sont détaillés ci-après (les prix indiqués sont ceux pour chaque monument, indépendamment du billet groupé). Le Musée archéologique en fait aussi partie, mais il est fermé jusqu'à l'été 2015, en principe.

Le palais royal *(plan D1) : au nord de l'esplanade.* ☎ *26-61-03-04-43.* • *matk.gr* • *Tlj sf lun 8h30-15h (19h juil-sept). Entrée : 3 € ; réduc.*
Magnifiquement situé en surplomb de la mer. Il est aussi appelé, *palais Saint-Michel-et-Saint-Georges,* du nom de l'ordre créé par les Anglais pour récompenser les services rendus à la couronne de Sa Gracieuse Majesté en Méditerranée. Construit entre 1818 et 1824, ce fut la résidence des gouverneurs britanniques avant de devenir le siège du Parlement ionien et le palais d'été de la famille royale grecque de 1864 à 1913. À l'étage, salons d'apparat et salle du trône.
Abrite la galerie d'art municipale et, surtout, le ***musée d'Art asiatique.*** Ce dernier vaut vraiment une visite : c'est une collection unique en son genre en Grèce puisqu'elle contient environ 10 500 pièces (bronzes, ivoires, jades, vases chinois, peintures sur soie, porcelaines, émaux cloisonnés, etc. – la collection n'est jamais présentée intégralement), rapportées d'Extrême-Orient par un diplomate grec. D'Inde aussi, des bronzes, des bas-reliefs de divinités et quelques figures érotiques, des sculptures jaïnes, des pièces d'art gréco-bouddhique, des bouddhas du Siam et du Cambodge et même des *thangkas* sur soie du Népal et du Tibet.

Le Musée byzantin ou musée Antivouniotissa *(du nom de l'église du XVᵉ s qui l'abrite ; plan D1) : accessible par des escaliers qui partent du milieu de l'odos Arséniou (front de mer, à gauche du palais royal quand on le regarde).* ☎ *26-61-03-83-13.* • *antivouniotissamuseum.gr* • *Tlj sf lun 8h-15h. Entrée : 2 €.* L'église a cette particularité très corfiote de posséder un exonarthex, c'est-à-dire un narthex (ou couloir d'entrée) sur trois de ses côtés. Propose une jolie collection d'objets de culte orthodoxe, et surtout de grandes icônes et peintures byzantines. Dommage que certaines restaurations ne soient pas très réussies...

La vieille forteresse *(paléo frourio ; plan D2)* **:** *avr-oct tlj 8h-20h (8h30-15h le w-e et en hiver). Entrée : 4 € ; réduc.* Les trois forts de la ville, conçus par des ingénieurs vénitiens renommés, ont servi pendant quatre siècles à défendre les intérêts vitaux du commerce maritime de la république de Venise contre l'Empire ottoman. Au fil du temps, ces fortifications ont été réparées et partiellement reconstruites à plusieurs reprises, les travaux les plus récents datant du XIXᵉ s, sous la domination britannique. Avec ses fossés profonds, les fortifications de Corfou formaient un exemple bien pensé d'ingénierie militaire et ont prouvé leur valeur à l'épreuve du feu. Témoin, la statue du comte de Schulenburg, un officier au service de la Sérénissime, qui défendit efficacement l'île contre les Turcs en 1716. C'est aujourd'hui en partie une école militaire et une annexe de l'université. L'architecture est impressionnante et la vue superbe, mais à part le petit bâtiment après l'entrée qui abrite des bas-reliefs et des mosaïques byzantines, il n'y a quasiment rien à voir sauf ce qu'il reste des casernements vénitiens et anglais. Au sommet, une terrasse est veillée par une tour carrée dotée d'une horloge. Belle vue de la ville depuis le château de terre et son phare. Du 15 mai au 30 septembre, nombreuses manifestations en plein air (musique, théâtre...).

La nouvelle forteresse *(plan B1)* **:** *entrée en haut des marches de la rue Solomou, du côté du vieux port. Tlj 9h-21h. Entrée : 2 €.* Malgré son nom, elle est presque aussi ancienne que la précédente, puisqu'elle a été édifiée de 1572 à 1645 : elle garde également l'empreinte vénitienne (voir l'énorme lion symbole de la Sérénissime au-dessus de l'entrée principale). À l'intérieur, *musée de la Céramique (ferme à 15h).* Seul intérêt de la visite : la vue qu'on a depuis le sommet du bastion.

La place de la mairie *(platia Dimarchiou ; plan C2)* **:** l'hôtel de ville, construit en style Renaissance entre 1663 et 1693 pour servir de « loge des nobles » (vénitiens, bien entendu) et encore parfois appelé *San Giacomo,* est devenu dès 1720 un théâtre lyrique avant que la municipalité ne l'acquière. Sur cette même place, la cathédrale catholique, ***Agios Iakovos*** *(Saint-Jacques)* et le palais de l'archevêché.

L'église Agios Spyridon *(plan C1-2)* **:** *odos Spiridonos. Tlj 6h-20h30.* Ce n'est que l'une des 39 églises de la vieille ville, mais c'est la plus significative, puisqu'elle est dédiée à saint Spyridon, patron de la cité. Cela explique pourquoi la moitié des mâles de Corfou se prénomment Spyridon. L'église date de 1589. Belles peintures au plafond. À voir, dans la sacristie à droite, le sarcophage en argent contenant les reliques du saint. Quatre fois dans l'année (le dimanche des Rameaux, le Samedi saint, le 11 août et le 1ᵉʳ dimanche de novembre), on les promène en ville lors d'une grande procession. On attribue à ce saint le fait d'avoir préservé les Corfiotes de la peste, de la famine et des Turcs...

Où se baigner ?

Café-restaurant Mon Repos *(hors plan par C4,* ***40****)* **:** *au bord de l'eau, juste à l'entrée de la péninsule de Kanoni (c'est le porche rouge). ☎ 26-61-04-25-16. À 10 mn à pied du centre historique. Mai-oct, tlj 9h-22h. Entrée : 1,50 € adulte ; 0,70 € enfant.* Grosse villa néoclassique édifiée en 1831 pour le gouvernement britannique de l'époque, c'est aujourd'hui une structure très complète aménagée par la municipalité. Petite plage, avec long ponton en bois, parasols, douches, et pas mal de jeux pour les enfants. Sable sur la plage mais galets dans l'eau, alors prévoyez les chaussures ad hoc. Idéal pour les familles.

À voir dans les environs

L'église Saints-Jason-et-Socipatras : *au sud de la baie de Garitsa, à l'angle de Iassonos Socipatrou et Féakon.* Ouverte selon le bon vouloir du pope. Entourée d'un adorable jardin, cette église byzantine, une merveille de simplicité, date du XIIᵉ s.

Kanoni : *à 4 km au sud (bus n° 2).* Le poster le plus célèbre de Corfou, avec son couvent à campanile tout blanc – *monastère des Vlachernes (8h30-23h avr-sept, sinon 9h-18h)* –, édifié sur un îlot et relié par une jetée à la terre (hyper touristique). Aujourd'hui les avions qui arrivent à l'aéroport lui font vibrer le clocher quasiment toutes les 10 mn. Derrière, un autre îlot, *Pondikonissi* (« la petite souris »), qui a inspiré le peintre suisse symboliste Arnold Böcklin pour son célèbre tableau *L'Île des morts* (1880). Certains prétendent que ce rocher est celui où Ulysse a été rejeté par la tempête lors de son arrivée sur l'île, ou, mieux, le bateau d'Ulysse transformé en rocher par Poséidon, comme le raconte Homère.

L'Achilléion : *à env 10 km au sud de Corfou, sur la commune de* ***Gastouri,*** *route de Bénitsès. ☎ 26-61-05-62-10. • achillion-corfu.gr • Bus n° 10, ttes les 2-3h env, de la pl. G. Théotoki (San Rocco). Avr-oct tlj 8h-20h (16h en hiver). Trop cher, sf peut-être pour les fans de Sissi : 7 € ; 5 € pour les moins de 18 ans et les étudiants de l'UE. Audioguide (dispo à partir de 10h) : 3 €. Venir tôt car nombreux groupes.* Ancienne résidence d'été de l'impératrice Sissi de 1890 à 1898 (année de son assassinat). C'est une grande villa à l'italienne, qu'elle fit construire pour ensoleiller sa neurasthénie (de nature romantique et que les films sur sa vie ont voulu occulter). Ce palais fut tour à tour hôpital de guerre puis casino. Le grand escalier est une copie de celui de l'opéra Garnier. De grandes salles tristes avec quelques vieux meubles bien sagement accolés aux murs, une expo de photos et un curieux procès-verbal sur la mort de Sissi. Les amateurs de Sissi y apprendront tout sur son assassinat, à Genève, par un anarchiste. Bref, pas très vivant tout ça ; dommage, parce qu'il y aurait quelque chose à faire. Après sa mort, le palais fut vendu à Guillaume II d'Allemagne, qui y vint régulièrement jusqu'en 1914 (la statue en bronze de 11,50 m qui domine le site, c'est lui !). Les Français et les Serbes l'utilisèrent comme hôpital militaire en 1914-1918, et les Allemands en firent leur QG en 1940-1945. Devenu casino jusqu'en 1992, il sert à présent de cadre à des rencontres au sommet. Les cinéphiles se rappelleront qu'on y a tourné une scène du James Bond *Rien que pour vos yeux.*
L'intérêt principal de la visite réside en fait dans le jardin luxuriant, peuplé de statues imposantes, notamment celle, hyper pompier, d'Achille, que Sissi admirait et permet de contempler le splendide panorama sur Corfou. Une colline voisine abrite un cimetière français datant de la guerre de 1914-1918.

LE NORD-EST DE L'ÎLE DE CORFOU

C'est la partie de l'île la plus montagneuse et la plus verte. Pour l'apprécier, il faut dépasser Ipsos. La route principale zigzague au-dessus de la mer entre oliviers, figuiers et champs de vigne. Si certaines plages sont bondées et que tavernes et restos pullulent, l'essentiel des terres est resté intact et offre un spectacle magnifique. Bref, à visiter en priorité.

DASSIA (ΔΑΣΙΑ ; 491 00)

Ville en bord de mer, dans une assez jolie baie. Les Vénitiens y réparaient autrefois leurs vaisseaux dans le coin. Très animé le soir en raison de l'affluence. À éviter si l'on cherche une ambiance tranquille.
➢ Bus bleu n° 7, ttes les 20-30 mn, de la place San Rocco (ou G. Théotoki, à Corfou-ville).

Où dormir ? Où manger ?

Karda Beach Camping : *à 1 km du complexe hôtelier Chandris, au nord de Dassia. ☎ 26-61-09-35-95. • kardacamp.gr • De mi-avr à début* *oct. Compter 22,90-24,20 € pour 2 avec tente et voiture. Bungalow env 90 € pour 4 en hte saison. Réduc de 10-20 % selon saison sur présentation de ce guide ou du dépliant de la chaîne* Sunshine. Ombragés par la présence d'oliviers, emplacements impeccables au milieu des massifs de fleurs. Allées pas très larges, donc vis-à-vis proches. Sanitaires récents et propres. Rien ne manque : belle piscine (et petit bain). Bar-resto et supermarché. Location de bungalows, de voitures et de scooters. La plage est à 100 m, de nombreuses activités nautiques y sont proposées. Environnement un peu bruyant, mais situation idyllique pour un des meilleurs campings des îles. Accueil chaleureux.

Camping Dionysus : *à l'entrée de Dassia, à droite. ☎ 26-61-09-14-17. • dionysuscamping.gr • Le bus n° 7 s'arrête devant ttes les 30 mn dans la journée. D'avr à mi-oct. Compter 21,50 € pour 2 avec tente et voiture en hte saison. Bungalow env 12 €/pers en hte saison. CB refusées. Membre de la chaîne* Harmonie *: 10-20 % de réduc selon saison, également accordés sur présentation de ce guide.* Peu éloigné de la plage, un camping agréable, aux emplacements ombragés, mais parfois bruyant. Une cinquantaine de bungalows également, style paillotes, très simples (sans sanitaires et sans fenêtre) mais avec ventilation naturelle. Belle piscine, bar, resto, supermarché et machines à laver. Accueil sympathique.

Mandynia Apartments : *Kato Koraklana, Dassia. ☎ 26-61-09-37-77. • corfumandynia.gr • Tte l'année. Selon saison, doubles 20-40 €, apparts 30-60 €.* Un charmant couple franco-grec, très liant, loue, dans sa maison en retrait du village, 2 appartements et une chambre double. Déco pas toute récente, mais l'ensemble est très bien tenu. Idéal pour les familles et les amateurs de nature : le vaste et verdoyant jardin est recouvert par les arbres fruitiers (pommiers, cerisiers, jujubier, figuier, kiwis...) et les propriétaires cultivent, en bio, agrumes et oliviers (vous pourrez goûter leur huile et en acheter). Dans le jardin toujours, un barbecue, un abri avec une cuisine et de quoi s'attabler dehors.

Kostas : *entre Dassia et Ipsos. ☎ 26-61-09-72-25. En venant de Corfou, dépasser la station essence* Eko *(côté droit) de 100 m ; le resto sera à gauche. Tlj, le soir slt. Compter 12-15 €.* Malheureusement le long de la route : sur la terrasse on a le bruit des voitures, mais grâce à la fermeture végétale, on ne les voit pas. De bons ingrédients qui donnent de bons plats, dont certains sont cuits au four à bois. Accueil très aimable.

CORFOU

À voir dans les environs

Le Pantokrator *(917 m)* **:** du haut de la montagne, panorama digne des dieux avec vue sur Corfou, le continent et l'Albanie toute proche. Pour monter, deux itinéraires goudronnés possibles. Le premier passe par *Pirgi* : en venant de la ville de Corfou, prendre à gauche après le village, en direction de Spartilas (joli bourg coloré) et, après 17 km de lacets, on atteint le sommet. Autre possibilité, depuis le Nord de l'île : route à l'entrée est d'*Acharavi* (suivre le panneau indiquant « Pantokrator »). Au rayon botanique, les amateurs seront ravis d'apprendre que quelques variétés d'orchidées poussent sur les pentes du mont.

NISSAKI (ΝΗΣΑΚΙ ; 491 00)

Après la baie d'Ipsos, on passe Barbati avant d'arriver à Nissaki. Hameau situé légèrement en retrait de la route principale, au bout d'un petit chemin qui serpente sous les arbres jusqu'au bord de la mer. Les quelques maisons se serrent frileusement au-dessus d'une crique minuscule, où se cache une petite plage recroquevillée entre les rochers. Rien d'extraordinaire, mais c'est l'occasion d'une halte agréable pour manger un morceau ou boire un verre.

Où manger ?

Taverna Anthi : *dans le village, en venant du sud, sur la droite après l'église. ☎ 26-63-09-10-69. Tlj, midi et soir. Pizzas à partir de 7-8 €, mais le reste est un peu plus cher (repas complet env 15 €).* Agréable terrasse aérée avec large vue, où l'on goûte une cuisine simple mais très correcte. Fait aussi des petits déj et propose des glaces. Accueil aimable.

AGNI BAY (ΑΓΝΙ ; 491 00)

Un peu avant Kalami, dans le premier virage après l'hôtel *Nissaki Beach,* prendre la direction Agni Beach vers une jolie crique de galets. Pas de grosses constructions, la baie est restée intacte. Route étroite avec visibilité réduite pour y descendre. Peu de possibilités pour se garer en bas : on a le choix entre un parking payant ou les parkings privés des différents restos, gratuits à condition de consommer.
Deux des quatre tavernes, *Agni* et *Nikolas,* sont centenaires et elles se livrent une concurrence effrénée, sous les yeux des deux autres. Dans tous les cas, mieux vaut réserver en saison.
Possibilité de louer canoës et embarcations à pédales. Également des bateaux-taxis. Renseignez-vous auprès des deux tavernes ci-après ou sur • *nikolastavern.com* • *agni.gr* • Toutes les deux proposent, en plus des bateaux, des chambres ou des appartements à louer. Belle plage et balades à faire dans la région (infos et cartes disponibles).

CORFOU

Taverna Agni : *☎ 26-63-09-11-42. Plats 14-24 €.* Propose davantage de choix, notamment au niveau de la carte des vins et des *mezze* de fruits de mer, mais plutôt chère.

Taverna Nikolas : *☎ 26-63-09-12-43. Plats 9-17 €.* Ambiance plus décontractée et (un peu) moins dans le passage que la précédente. Bons desserts.

KALAMI (ΚΑΛΑΜΙ ; 491 00)

Le paysage devient plus accidenté. La route se fraie un chemin entre la montagne abrupte et la mer en contrebas. La crique est mignonne ; malheureusement, de récentes constructions sont venues défigurer la baie. Parking payant ou bien emplacements réservés aux clients des tavernes du village.
L'écrivain Lawrence Durrell passa 6 ans à Corfou, en particulier à Kalami. Il écrivit à Henry Miller après avoir lu *Tropique du Cancer* et l'invita en Grèce. Ils resteront amis jusqu'à la mort de Miller. En 1941, Durrell fut forcé de fuir la Grèce en raison de la guerre. Il s'installa alors en Égypte.
➢ Pour venir en bus, prendre celui de Kassiopi (bus verts : 4 à 8/j. en semaine, moins le week-end).

Adresses utiles

Deux petites agences, installées dans le village, proposent leurs services pour la location d'appartements, de scooters, de bateaux, de vélos, des excursions, plongée...

■ **Kalami Tourist Service :** *☎ 26-63-09-10-62. • kalamibay.com • Sur la gauche au bout d'un petit passage (suivre le panneau).*

■ **Sunshine Club :** *☎ 26-63-09-11-70. • sunshineclub.gr •*

Où dormir ? Où manger ?

Nombreuses pancartes indiquant des ***chambres à louer.***

The White House : *☎ 26-63-09-12-51. Mai-oct, midi et soir. Plats 10-16 €.* Tout au bout de la plage et du village de Kalami, une taverne traditionnelle, située sur l'emplacement de la « maison blanche » de pêcheurs pour laquelle l'écrivain Lawrence Durrell eut un coup de cœur (il y habita d'ailleurs). Photos de l'écrivain à l'intérieur. La terrasse fleurie est très agréable, en surplomb de la mer.

KOULOURA (*ΚΟΥΛΟΥΡΑ ; 490 81*)

À 2 km au nord, un petit port de pêche croquignolet dans une minuscule crique. On peut s'y mettre à l'eau. Beaucoup moins développé et donc bien plus paisible que Kalami. On peut s'y rendre par la route principale ou depuis Agni par un sentier longeant la côte et passant par Kalami (il reste ensuite 2 km de route).

Où manger ?

IOI ***Taverne Kouloura :*** *où l'on s'installe sous la treille tlj, midi et soir. Plats 10-15 €. CB refusées.* Ici, le poisson est frais et l'on mange vraiment bien. La moussaka et la *lemon pie* sont délicieuses. De plus, le cadre et l'accueil sont charmants.

AGIOS STÉPHANOS (*ΑΓΙΟΣ ΣΤΕΦΑΝΟΣ ; 490 81*)

À 7 km au nord de Kalami. À l'écart de la route principale, donc encore moins fréquenté que les deux villages précédents. Encore une crique irrésistible, et un mouillage apprécié par les équipages de voiliers. Petite plage sans galets (pas de sable pour autant, mais un genre de gravier).

D'ici, sachez qu'un sentier, accessible à tous, vous mène en 2h à Avlaki (vers le nord), et traverse un riche écosystème appelé *Erimitis,* que d'aucuns aimeraient bien voir protégé. Le sentier longe la mer (baignade possible), des lacs, et vous permettra peut-être de découvrir de nombreux oiseaux et plantes. Plus d'infos sur • *issuu.com/erimitis/docs* • ou à Agios Stéphanos.

Où dormir ? Où manger ?

Makis Appartements : *au-dessus de la taverne Kochili. ☎ 26-63-08-15-22. • corfusites.com/makis • Selon saison, compter 40-95 € pour des doubles ou des apparts de différentes tailles, avec ou sans kitchenette.* Les propriétaires, très sympathiques, louent 3 appartements. On a une préférence pour le petit appartement pour 2 personnes aménagé dans l'ancien abri des ânes, un peu à l'écart et sans voisins. La vue est superbe.

IOI ***Eucalyptus :*** *la 1re taverne à gauche tt de suite en arrivant. ☎ 26-63-08-20-07. Tlj midi et soir. Compter 9-17 € pour un plat de viande, un peu plus pour le poisson.* Notre taverne préférée dans le village. Bonne cuisine, et cadre agréable dans une jolie maison en pierre claire, ancien pressoir à huile.

À voir

Au bout du village, prendre la petite route en terre qui monte. À 2 km, une ***crique*** avec une taverne. Les touristes y débarquent en bateau toutes les heures. L'Albanie est à quelques encablures.

RODA (*ΡΟΔΑ ; 490 81*)

On vous rebattra peut-être les oreilles de cette plage pourtant peu spectaculaire et étonnamment fréquentée pour un site si banal. Roda est à 38 km de la ville de Corfou par la route du centre de l'île. Les touristes en provenance des ex-pays de l'Est semblent l'apprécier.

➢ ***Pour Roda :*** 5/7 bus/j., 5h30-20h. Les bus retournent sur la ville de Corfou dès leur arrivée, 1h30 plus tard. Le dimanche, un seul bus pour Roda, le matin.

Où dormir ? Où manger à Roda et dans les environs ?

Camping Roda Beach : *du carrefour principal, tourner à gauche en venant de Kassiopi, puis aussitôt à droite (on y accède par la petite route qui part vers Kavalouri). ☎ 26-63-06-31-20. • rodacamping.gr • De mi-avr à fin oct. Env 16-19 € pour 2 avec tente et voiture.* Ne pas s'imaginer un camping les pieds dans l'eau : malgré son nom, il est situé en dehors du village et à 700 m de la plage. Cela dit, c'est un endroit tranquille, aux emplacements propres et ombragés, mais sans végétation entre eux pour séparer un peu. Un espace distinct pour les groupes/jeunes, et un pour les familles. Une multitude d'arbres fruitiers. Piscine. Minimarché, resto, machines à laver. Accueil adorable des dynamiques propriétaires.

The Three Brothers : *plage d'**Astrakeri,** à 2,5 km de Roda. ☎ 26-63-03-16-50. Dernier resto avt la plage. Tlj avr-oct. Compter 15 €.* Une maman et ses 3 fils – dont 2 habitent à l'étranger et rentrent pour l'été – tiennent les rênes du restaurant. Le père est pêcheur. Au programme : poulpe grillé-ail et romarin, ou tomate-oignons nouveaux, beignets courgette-feta, orange au sirop-baklava, et un tiramisù qui n'est pas en reste. Tout ça est franchement bien bon. La vue sur la mer est superbe de la terrasse ombragée, et le soir, c'est le grand calme. Accueil vraiment charmant.

CORFOU

À faire

Aller plutôt vers l'est, sur la ***plage d'Acharavi.*** C'est une très large plage de sable, mais il y a toujours beaucoup de vent et les constructions poussent comme des champignons... On a aussi la sensation que la mer, ici, est plus froide qu'ailleurs.

LE NORD-OUEST DE L'ÎLE DE CORFOU

En fait, une partie de l'intérêt de cette région réside dans les terres de l'intérieur. Des genêts, des cyprès et des oliviers recouvrent de hautes collines. Là se nichent des villages grecs simples, authentiques, vivant au rythme des cueillettes et des saisons. Les soirées sont douces et permettent de profiter d'un mode de vie oublié. *Karoussadès, Kavalouri, Livadi, Magouladès,* autant d'étapes sereines. Au sud d'Agios Stéphanos, on commence à trouver ce qui fait l'attrait de la côte ouest de Corfou : des falaises sous lesquelles s'étendent de belles plages de sable.

SIDARI (ΣΙΔΑΡΙ ; 490 81)

À 8 km à l'ouest de Roda. Belle plage de sable fin, entrecoupée d'avancées rocheuses formant des bras de mer qui lui ont valu le nom de « canal d'Amour » (en français, s'il vous plaît !). La tradition promet à celui (celle) qui le franchit à la nage de trouver l'élu(e) de ses rêves. Le village est extrêmement touristique : une des concentrations d'hôtels et de villas louées à l'année les plus impressionnantes de l'île.

PEROULADÈS (ΠΕΡΟΥΛΑΔΕΣ)

Au bout d'un village à moitié à l'abandon, la petite plage de Perouladès, située à moins d'un quart d'heure de Sidari, déroule son mince ruban de sable ocre au pied de hautes falaises blanches. Toute la gamme des bleus et des verts s'étale à vos pieds. Vue sur les îles Diapontiques parmi lesquelles *Othoni*, que la mythologie dit avoir été habitée par la nymphe Calypso, qui retint Ulysse pendant huit longues années.

Où manger ? Où boire un verre ?

Restaurant Panorama : *☎ 26-63-09-50-35. Env 18 € pour un repas.* Perché au sommet des falaises, il propose, dans un cadre un peu branché, une cuisine correcte à prix raisonnables face au merveilleux coucher de soleil. Spécialité de feta en papillote avec tomates, oignons et épices. Un endroit impeccable pour prendre un verre.

ARILAS (ΑΡΙΛΛΑΣ ; 490 81)

À 39 km de Corfou-ville. Deux plages près du village, dont celle d'*Agios Stéphanos* au nord, de l'autre côté du cap. Plages de sable dans une jolie baie dominée par les falaises. Si vous décidez de rejoindre Paléokastritsa, vous aurez l'occasion de vous perdre délicieusement à travers des paysages et des villages charmants.

➢ Bus depuis Corfou à 5h et 14h ; 3 horaires de retour possibles. Dessert également Afionas.

Où dormir ? Où manger ?

Nombreuses locations. Endroit prisé des Anglais et des Allemands.

Psistaria O Brouklis : *avt d'arriver sur la plage d'Arilas quand on vient des terres. ☎ 26-63-05-14-18. • brouklis.com • Midi et soir. Pas bien cher : env 12-15 € pour un repas.* En prime, accueil très sympathique du patron, Dimitri, qui parle bien le français. Il se pique de proposer une cuisine traditionnelle de qualité, même pour les touristes. Carte classique, ainsi que des plats végétariens. Loue également des chambres et de petits appartements, un tantinet bruyants.

À voir dans les environs

Le village d'***Afionas*** (3-4 km au sud) offre des ruelles paisibles et un beau panorama. On peut y aller par une piste ou par la route, plus à l'intérieur des terres. Belle balade à faire jusqu'au bout du promontoire dont Afionas commande l'accès. Pas mal de chambres à louer, mais souvent et réservées à l'avance par des agences de voyages britanniques.

Appartements et restaurant Dionysos : *en haut d'Afionas, au bout de la petite route qui traverse le village. ☎ 26-63-05-13-11. • dionysoscorfu.com • Mai-oct. Doubles 35-45 €, petit déj en sus. Apparts pour 4 pers (avec kitchenette) 60-85 €. Resto* (Porto Timoni) *ouv midi et soir : cuisine classique avec spécialités italiennes et grecques (compter 13 €).* Les charmants propriétaires louent 5 chambres au-dessus du resto, isolé en haut du village. Très simples mais vue vraiment splendide sur la grande baie d'Agios Géorgios. Également des appartements récents, pas chers et bien entretenus. Un petit sentier permet de rejoindre une plage inaccessible autrement…

Oliven und Meer : *sur la petite place du village, en face de l'église. ☎ 26-63-05-20-81. • olivenundmeer.de • En saison, tlj (fermé 14h-15h).* Plein de petites idées de cadeaux à (s')offrir. En bois d'olivier : couverts à salade, coupelles, etc. Également de la céramique, des petits objets de déco, savons, huile d'olive…

L'OUEST DE L'ÎLE DE CORFOU

PALÉOKASTRITSA (ΠΑΛΑΙΟΚΑΣΤΡΙΤΣΑ ; 490 83)

De Corfou-ville, Paléokastritsa est à 25 km. C'est ici qu'Alkinoos, le roi des Phéaciens dans *L'Odyssée* d'Homère, aurait eu son palais. Et c'est devenu un des musts de l'île, avec beaucoup de monde en saison, ce qui casse un peu le charme de l'endroit. Boutiques et restos ont poussé comme des champignons. Plusieurs plages : de petits bateaux peuvent, pour pas trop cher, vous conduire à celle de votre choix. Les fonds sous-marins réputés attirent de nombreux plongeurs (il y a d'ailleurs un centre de plongée à Paléokastrista). La vue que l'on a en arrivant depuis le nord-ouest de l'île, du haut de Lakonès, est magnifique, en particulier au coucher du soleil.

Paléokastritsa n'a pas grand-chose d'un village traditionnel : l'agglomération s'étend sur trois bons kilomètres de virages, le long de six petits golfes. En haute saison, parkings (payants) situés au bout du village. N'essayez même pas de vous garer ailleurs, cela peut vous coûter cher.

➢ Pour s'y rendre : hors saison, 5 bus/j. en sem depuis Corfou, 4 le sam et 2 le dim. En été, une bonne quinzaine de bus/j., en sem et 6 le dim. Retour 45 mn plus tard.

Où dormir ?

⛺ 🍴 ***Camping Paléokastritsa :*** *à l'entrée du village. ☎ 26-63-04-12-04. • campingpaleokastritsa.com • De mi-mai à mi-oct. En été, env 17 € pour 2 avec tente et voiture.* Une centaine d'emplacements. Ombragé par des oliviers mais un peu loin de la mer. Très bon accueil, et entretien correct. Piscine accessible gratuitement pour les clients du camping à 100 m. Supermarché juste en face, avec la presse internationale. Surpeuplé en juillet et août.

🏠 ***Zefiros Hotel :*** *juste devant la plage. ☎ 26-63-04-12-44. • zefiroshotelcorfu.gr • Doubles 70-85 € selon saison, petit déj inclus.* Un hôtel familial au bord de l'eau, récemment rénové par la 3ᵉ génération aux commandes. Le bâtiment principal a beaucoup d'allure – il est d'ailleurs classé – et les 11 chambres-studios (2-5 pers), avec kitchenette pour certaines, ne déçoivent pas : de la brique, d'élégantes couleurs claires... pour un résultat contemporain et chaleureux, avec tout le confort (sèche-cheveux, frigo, bouilloire...). Chacune a sa petite terrasse (pas forcément côté mer). Petite restauration possible à toute heure. Bon accueil.

Où manger ? Où boire un verre ?

Nombreuses tavernes et bars le long de la route et sur les hauteurs en prenant la route de Lakonès, mais on recommande particulièrement les adresses suivantes :

🍴 ***Restaurant Castellino :*** *à 5 km de Paléokastritsa, 500 m après la sortie nord du village de Lakonès, difficile à louper. ☎ 26-63-04-94-02. Tlj, midi et soir, avr-oct. Résa conseillée. Env 20 € le repas.* On y vient surtout pour sa vue imprenable sur les petites baies de Paléokastritsa. 3 étages desservis par un ascenseur – sauf le 1ᵉʳ – aux cadres assez différents, où l'on sert la même cuisine (en tout, 300 couverts !) : bons fruits de mer, langouste, mais aussi, plus simplement, omelettes, burgers... Accueil et service pro.

🍴 ***Taverna Elisabeth :*** *à* ***Doukadès,*** *à 5 km avt Paléokastritsa. ☎ 26-63-04-17-28. Tte l'année. Plats 7-12 €.* Le resto est dans son jus, et la cuisine familiale fleure bon l'authenticité, dans un village encore peu touché par le tourisme. Dimitra, gentille comme tout, est en cuisine, parfois aidée de sa mère et de sa fille. Salades, *mezze,* calamars accommodés selon l'humeur du jour, poisson au four, vin maison, et la spécialité, le *kounéli stifado* (lapin). Si vous vous attablez dehors, quand le bus qui dessert le village passe, il faut se lever et pousser les tables pour lui laisser de la place ! En saison, mieux vaut réserver, c'est tout petit.

🍷 ***Bar La Grotta :*** *sur la gauche de la route, à hauteur de l'hôtel* Paléokastritsa, *quand on descend vers l'extrémité de Paléokastritsa (stationnement assez difficile).* ☎ *26-63-04-10-06.* Descendre les escaliers le long de la falaise (plus de 140 marches !) jusqu'au bar aménagé au bord de l'eau, dans les renfoncements de la roche. On y boit un verre, on peut aussi s'y baigner, plonger, louer un bateau, bref, passer un très bon moment. Le soir, la crique est illuminée, c'est superbe. On peut même venir profiter du cadre et se baigner sans avoir à consommer !

À voir

Le monastère de la Panagia Théotokos : *tt au bout de Paléokastritsa, en hauteur sur une petite presqu'île. Avr-oct, 9h-13h, 15h-20h. Shorts proscrits, jupes longues fournies.* Fondé au XIIIe s, il présente une belle architecture (joli plafond dans l'église) et un point de vue différent sur la crique. Arriver tôt pour profiter de ce cadre magnifique, avant les cars. Icônes byzantines dans l'église, et une salle-musée abritant des objets de culte (orfèvrerie, vêtements, icônes...). La boutique vend de l'huile d'olive artisanale et des icônes peintes par les moines.

Angélokastro : *après Lakonès, prendre, à Makradès, la direction Krini. Accès libre.* Le château d'Angélokastro (Saint-Ange), qui se dresse au sommet de la colline, a été construit au XIIIe s par un despote d'Épire, Ange Comnène, pour se garder des incursions des pirates. Encore une vue étonnante. Depuis le parking en bas, compter 10 mn de montée à pied.

CORFOU

GLYFADA (*ΓΛΥΦΑΔΑ ; 491 00*)

Plage enserrée entre de hauts rochers bordés de dunes et d'olivettes. Un endroit aux eaux limpides et peu profondes, très fréquenté.
Un peu plus loin, la belle ***plage de Myrtiotissa.*** Comme il faut un peu marcher (à moins d'avoir un 4x4, on laisse sa voiture sur un parking, puis 15 à 20 mn de descente dans la poussière), il y a moins de monde, ce qui ne veut pas dire qu'il n'y a personne. Et les baigneurs sont aussi nettement moins habillés que sur les autres plages...

PÉLÉKAS (*ΠΕΛΕΚΑΣ ; 491 00*)

Charmant village haut perché, entouré de forêts d'oliviers et qui a gardé une certaine âme, même si l'on y a pas mal construit depuis peu. Quand on vient en voiture, ne pas quitter la route principale et ne pas prendre le panneau *Pelekas Beach,* quelques kilomètres avant le village, car la plage et le village ne sont pas du tout voisins l'un de l'autre ! Le bus no 11 relie presque toutes les heures le village à Corfou, à 13 km seulement. On passe dans des sous-bois avec de magnifiques jeux de lumière au soleil. Ce village offre un des plus beaux couchers de soleil de l'île. Du haut du village, on a une vue magnifique sur les deux côtés (on appelle cet endroit « le Trône de l'empereur », car c'est là que venait méditer l'empereur d'Allemagne Guillaume II).

Où dormir ?

Bon marché

Chambres chez Antonis : *au-dessus de la taverne du même nom. ☎ 26-61-09-42-89. Mai-nov. Doubles 20-25 €.* Propose 5 chambres relativement spartiates, mais propres et très correctes pour le prix. Vue agréable sur l'église pour certaines d'entre elles. Douches et w-c en commun, mais assez bien tenus. Idéal pour les routards peu exigeants. Accueil sympa. Si c'est complet, on vous proposera peut-être une chambre chez la sœur du patron, à la ***Villa Malibu*** *(☎ 26-61-09-40-93 ; • malibuglyfada.com •)*, au-dessus de la plage de Glyfada.

Plus chic

Levant Hotel : *☎ 26-61-09-42-30. • levantcorfu.com • Sorte de nid d'aigle perché au sommet d'une colline : traverser Pélékas et continuer jusqu'au terme de la route qui part à droite de l'église (celle en face de la Taverna Antonis). Avr-oct. Doubles 75-90 € selon saison, avec petit déj.* Grand bâtiment moderne de style légèrement néoclassique peint en jaune, proposant une vingtaine de chambres élégantes avec parquet, qui comprennent la TV, l'AC et un minibar. Depuis les balcons, vue époustouflante d'un côté ou de l'autre de l'île. Petit déj agréable que l'on prend sur la terrasse, face au panorama. Portraits de Sissi et casque à pointe de Guillaume II. Belle piscine dans un environnement verdoyant. Également un restaurant, très agréable. Le gérant, fort sympathique, parle couramment le français.

CORFOU

Où manger ?

Taverna Antonis : *sur l'agréable place centrale de Pélékas, en face de l'église (voir « Où dormir ? »). Compter 12-14 € pour un repas.* Carte classique, cuisine qui l'est tout autant. Bon accueil.

À voir

La plage en contrebas du village est magnifique avec son minuscule port naturel, ses quelques tavernes et chambres à louer.

SINARADÈS (ΣΙΝΑΡΑΔΕΣ ; 490 84)

Petit village au sud de Pélékas, qui a su garder beaucoup de charme et de simplicité. Deux ou trois cafés sur la place principale et un petit kiosque caractéristique. Ruelles blanc et ocre, petits escaliers, vigne en treille et quelques chats dans les rues. Petit musée d'Art populaire dans une jolie maisonnette *(tlj sf dim 9h-12h)* avec un intérieur rural du XIXᵉ s. De là, on peut continuer sa route jusqu'à la ***falaise d'Aérostato*** (indiquée à la sortie du village), d'où l'on a une vue splendide sur les hautes collines, au nord d'Agios Gordis, dont les coteaux fertiles semblent se dérouler doucement vers la mer, pour finir en quelques belles plages un peu difficiles d'accès et donc pas trop fréquentées.

AGIOS GORDIS (ΑΓΙΟΣ ΓΟΡΔΗΣ ; 490 84)

Belle plage de sable au sud de Sinaradès. Le panorama en arrivant sur Agios Gordis est magnifique : bleu de la mer, ocre des falaises qui y plongent, et cette pyramide au loin qui sort de l'eau... Dommage que le front de mer soit tant construit, ce qui défigure presque le site.

Où dormir ?

The Pink Palace : *au-dessus de la plage d'Agios Gordis.* ☎ *26-61-05-31-03/04.* *69-45-23-07-27 (Magda).* • *thepinkpalace.com* • *Tte l'année. Réception 8h-20h. Compter env 22-28 €/pers en ½ pens selon confort (AC ou non, sdb ou non) et nombre de pers (2-4) ; moins cher encore en dortoir : 19-21 €/pers.* Difficile de louper sa façade fraise écrasée. Dans l'esprit, c'est une sorte d'auberge de jeunesse (une partie de l'établissement est d'ailleurs affiliée à *Hostelling International* sous le nom de *Corfu Travellers Inn* ; • *corfu-backpackers.hostel.com* •), lieu de rendez-vous de jeunes venus des quatre coins du globe, avec une bonne proportion d'Anglo-Saxons. Ceux qui voyagent seuls trouveront toujours une chambre à partager, et pour cause, puisqu'il y a... 600 lits ! Plutôt sympa, ambiance débridée garantie. Les chambres disposent toutes d'un balcon offrant une jolie vue sur la baie. Dîner-buffet. Nombreuses activités sportives sur place avec un tas d'activités nautiques, rando-quad, cybercafé, bar, soirées... Un bus assure la liaison, de mi-mai à mi-septembre, entre Athènes et le *Pink Palace.* Transfert gratuit à l'arrivée et au départ (port, aéroport).

CORFOU

PENDATI (*ΠΕΝΔΑΤΙ* ; 490 84)

Pour les amateurs de solitude, c'est un très joli petit village. Accroché à la montagne et enfoui sous les oliviers, au bout d'une route étroite et sinueuse. Jolies maisons colorées. Attention, la descente vers le port et la plage Fiéroula est redoutable pour les voitures. Deux ou trois petites tavernes et quelques chambres dans le village.

En allant vers le nord, une route dans les oliviers descend vers une ***crique*** absolument déserte.

Vers le sud, une autre route dans les oliviers mène à la ***plage de Paramonas.*** De Pendatika, cette balade de 4 km peut très bien s'effectuer à pied. Paramonas est surtout fréquentée par les Grecs et des Allemands.

The Sunset : *face à la plage de sable gris de Paramonas.* ☎ *26-61-07-51-49. Mai-oct. Plats env 10-12 €.* Situation exceptionnelle en bord de mer, le long d'une plage pas mal du tout. Terrasse agréable, pratiquement les pieds dans l'eau, où l'on sert une cuisine correcte. Mais attention, même si la plage n'est pas sensationnelle, l'adresse est bien connue des touristes allemands.

Paramonas Hotel : *grand bâtiment derrière le Sunset.* ☎ *26-61-07-65-96.* • *paramonas-hotel.com* • *Résa conseillée. Doubles 50-60 €, sans petit déj.* Établissement moderne, avec de grandes chambres calmes et confortables (AC, TV, vue et balcon).

RETOUR VERS LA VILLE DE CORFOU

Nous conseillons de continuer vers *Agios Mathéos,* puis de poursuivre jusqu'au carrefour des trois routes qui desservent le nord et le sud de l'île, 1 km avant Vranganiotika. La route de la côte n'est pas très intéressante. Il vaut mieux emprunter celle de l'intérieur, qui passe par *Strongyli* et *Kornata.* Elle musarde dans une belle et large vallée entourée de hautes collines couvertes d'oliviers. Les villages sont ravissants. Puis la route s'élève pour livrer un beau panorama de toute la vallée avant d'en offrir un autre, plus spectaculaire encore, sur Corfou, depuis le petit village d'*Agii Déka,* accroché sur son massif.

LE SUD DE L'ÎLE DE CORFOU

La côte, désespérément touristique entre Bénitsès et Moraitika (on a néanmoins une bonne adresse à vous recommander dans chacun de ces deux villages), se termine par une succession de ports de pêche si l'on suit la petite route côtière (Messongi, Boukari ou Pétriti), qui perdent malheureusement leur caractère intime dès qu'arrive la haute saison. Sauf Boukari, avec quelques restos abordables.
Kavos, à la pointe de l'île, est à déconseiller pour cause de culture anglo-saxonne dominante. Préférer les petites routes de la côte ouest, qui conduisent à quelques belles plages de sable et traversent de paisibles villages où l'on a l'impression fugitive de croiser enfin l'âme grecque.

Klimataria : *à* ***Bénitsès,*** *sur la place principale du vieux village, juste en face du petit port. ☎ 26-61-07-12-01. Ts les soirs, d'avr à mi-sept. Mieux vaut réserver. Compter 20-25 € le repas.* Un discret mais fameux resto de poisson. Une affaire de famille avec, aux commandes, père, fils et belle-fille irlandaise. Carte courte et très fraîche : c'est qu'ici, on ne badine pas avec la qualité. On vous conseille de réviser quelques noms de poissons en anglais : dans un bon resto, ce serait dommage de vous tromper dans votre commande ! Spécialité de poisson sauce « *bianco* » (ail et citron). Prix du poisson au kilo (différents poissons possibles). Une poignée de tables dehors.

CORFOU

AGIOS GÉORGIOS *(ΑΓΙΟΣ ΓΕΩΡΓΙΟΣ ; 490 80)*

Une des belles plages de l'île, derrière laquelle on peut voir de curieuses dunes, presque solidifiées, qui offrent de l'ombre en pleine chaleur. On peut aller très loin en marchant le long de la plage vers le nord, en direction du lac de Korission (également accessible de la route principale en tournant vers la mer à hauteur de Linia, direction *plage d'Issos*). Agios Géorgios, autrefois simple petit port de pêcheurs, est devenu une station balnéaire, au développement assez anarchique et sans grand charme. Location de planches à voile. Distributeur de billets au supermarché *Anna's Market.*
➢ Pour s'y rendre (jusqu'au bord de mer donc) de Corfou, 1 bus/j. (sf dim) à 16h30. Retour sur Corfou 1h15 plus tard. Sinon, il passe environ 1 bus/h sur la route principale, mais c'est à 45 m à pied.

CHLOMOS *(ΧΛΟΜΟΣ ; 490 80)*

Prendre à gauche à Linia quand on vient de Corfou par la route principale. On passe par une magnifique forêt d'oliviers multicentenaires. Petit village tranquille, accroché à son éperon et dont le panorama domine les versants est et ouest du Sud de l'île jusqu'à la mer. Quelques belles maisons anciennes.

➢ De retour sur la route du sud en direction de Périvoli, après Linia, on traverse Argiradès. À une poignée de kilomètres, on tombe sur le petit port de **Boukari.** Chouette plage et, devant, les pieds dans l'eau, une taverne réputée, *Spiros Karidis (☎ 26-62-05-12-05 ; mars-nov, midi et soir)* qui sert surtout du poisson frais (très bon et au poids), que l'on choisit soi-même en cuisine. Quelques homards attendent, résignés, leur triste sort dans un vivier à gauche. Accueil sympa.

Ampelaki Studios (chez Iseris Kostas) : *au bord de l'eau, à côté du resto* Spiros Karidis. *☎ 26-62-05-17-86. • iseris.costas@hotmail.com • Mai-oct. Compter 30-45 € pour 2 selon saison. CB refusées.* Kostas et Soula sont d'adorables hôtes retraités. Lui parle un tout petit peu l'allemand et l'italien et Soula seulement le grec... mais ils sont tellement chaleureux et volubiles, qu'on finit par se comprendre ! Ils proposent, à l'étage de leur maison toute saumon, 4 appartements blancs au mobilier de bois clair, très bien tenus, avec balcon (2 n'ont pas de vue sur la mer mais un plus grand balcon). Potager entretenu au cordeau, dans lequel vous pouvez même aller cueillir une poignée de tomates ou de haricots. Et de l'autre côté de la haie, la mer ! Une adresse pour ceux qui veulent faire une vraie rencontre. Pour toute info ou réservation, envoyer un e-mail à leur fils, anglophone.

PÉRIVOLI (*ΠΕΡΙΒΟΛΙ ; 490 80*)

Paisible village sur la route de Lefkimi. On a installé un système de sens unique à l'aide d'un feu sur la route principale. Ne le loupez pas ! Ici aussi, goûtez au rythme grec dans les *kafénia* sympathiques. À proximité, deux belles plages :

Agia Varvara (*Αγια Βαρβαρα*) **:** assez longue pour arriver à oublier la foule en marchant un peu. Beaucoup de chambres à louer et quelques tavernes.

Vitaladès (*Βιταλαδες*) **:** encore plus au sud. Petit village qui mène à une immense étendue de sable à flanc de falaise, la ***plage Gardénos,*** sans doute la plus belle du Sud de l'île et encore pas trop fréquentée (on n'est quand même pas tout seul), longue, et pour une fois, large ; également des douches. Une poignée de petits restos, un peu en retrait des chaises longues et parasols ; bien agréable en somme ! Une bonne adresse à proximité du village, sur la route de la plage :

Villa Aliki Gardénos : *à 1 km de la mer, dans l'arrière-pays, entre les vignes et les oliviers, sur la route de Vitaladès. ☎ 26-62-02-45-24. 69-85-88-81-30 (Katerina). • kvareli@hotmail.com • Mai-oct. Résa très conseillée pour juil-août. Studios 30-35 € ; appart 4-5 pers, spacieux, avec cuisine équipée, env 50-60 €. Petit déj possible (5 €). CB refusées.* Grande maison rose avec des volets verts et un joli jardin. 2 studios et un appartement simples, propres et lumineux (tout blanc !), avec cuisine et salle de bains, AC et TV. Accueil très chaleureux des propriétaires, qui font tout pour surmonter le barrage de la langue. Au besoin, la fille aînée sert d'interprète quand elle revient l'été, et est au bout du mail pour les questions et réservations. Bonne adresse, surtout pour les familles : les enfants peuvent profiter du jardin. Barbecue. À 100 m de là se trouve un hôtel qui met sa piscine à disposition.

À Gardénos (2 accès possibles par route), plusieurs ***tavernes*** sans prétention et de qualité sensiblement égale, où l'on mange à toute heure de la journée. Poisson frais.

Puis la route traverse un bourg tout en longueur, poussiéreux, ***Lefkimi.*** On y franchit une petite rivière pittoresque qui permet aux barques de remonter de la mer. Du port de Lefkimi, ferry pour Igouménitsa et bateau pour Paxos (voir plus bas « Arriver – Quitter »), dont un direct pour Paxos 3 fois/sem en saison.

KAVOS (*ΚΑΒΟΣ*)

À la pointe de l'île, une plage plutôt pas mal, mais méchamment touristique : à éviter. En revanche, dès qu'on dépasse cette concentration ahurissante de cafés-piscines, tout redevient tranquille. Moins de 3 km plus à l'ouest, le village de Spartéra (quelques chambres à louer et des tavernes). De Dragotina, le hameau suivant, route pour la plage de *Kanoula* et celle d'*Agios Gordis,* étendues de sable assez tranquilles. Retour possible en suivant un peu la côte en direction du nord : on rejoint la route principale via Kritika.

PAXOS (PAXI ; ΠΑΞΟΣ ou ΠΑΞΟΙ) (490 82) 2 300 hab.

La plus petite des îles Ioniennes au sud de Corfou est fort jolie. La légende dit que Poséidon créa l'île d'un coup de trident – resté l'emblème de l'île – pour abriter ses amours avec Amphitrite. C'est une île montagneuse, recouverte d'oliviers, avec trois villages au bord de l'eau et quelques criques qui abritent principalement des plages de galets. Paxos, d'une superficie de 19 km² et habitée par quelque 2 300 personnes, voit le nombre de ses habitants au moins tripler pendant l'été. Malgré ça, l'île demeure un endroit calme que les bourgeoisies anglaise et italienne affectionnent tout particulièrement. Ce qui explique les prix un peu plus élevés qu'à Corfou et la présence de touristes globalement plus aisés. Tout est minuscule sur cette île de poche : les routes sont très étroites (camping-cars, s'abstenir) et les distances réduites. Par ailleurs, Paxos produit une excellente huile d'olive. Il faut dire que l'île est recouverte d'oliviers (entre 250 000 et 500 000 selon les estimations) depuis que les Vénitiens, il y a six siècles, en ont planté en masse.
Au sud-est se trouve l'île satellite d'Antipaxos, ce qui explique que les Grecs parlent de Paxi (au pluriel) plutôt que de Paxos (singulier).

Arriver – Quitter

Capitainerie du port de Gaïos : *presque le dernier bâtiment (couleur saumon) en longeant le port vers la gauche. ☎ 26-62-03-22-59 (standard). Rens également à* Bouas Tours, *☎ 26-62-03-24-01, ou* Zefi Travel, *☎ 26-62-03-21-14.* Les bateaux débarquent au nouveau port, à 1 km de Gaïos.

➢ ***De/vers Igouménitsa et Corfou :*** avr-sept, liaison en ferry plusieurs fois/sem. Traversées également avec le *Flying Dolphin Ilida II* *(☎ 26-61-04-98-00 à Corfou ou ☎ 26-62-03-24-01 à Gaïos)* ou avec *Despina* *(Kamelia Lines ; ☎ 26-61-04-0372 à Corfou et ☎ 26-62-03-21-31 à Gaios)* pour passagers slt de mi-mars à fin oct : 1 à 3 liaisons/j. de mi-mai à fin sept ; liaisons plus espacées hors saison.

➢ ***De/vers Parga :*** bateaux pour passagers slt. De Parga, départs 9h-10h ; retours 15h30-17h.

Se déplacer dans l'île

La voiture est inutile. On peut soit louer un scooter, soit enfiler une bonne paire de chaussures avant de s'engager sur les sentiers odorants qui quadrillent Paxos. Allez-y à l'inspiration ! Vu la petitesse de l'île (19 km²), on retrouve toujours son chemin. Et en cas de grosse fatigue, il est toujours possible d'attraper un bus.

➢ Les 3 bourgs sont bien desservis (pas de bus le dim). Depuis Gaïos, 3 bus/j. 10h30-17h30. Depuis Lakka : 4 bus/j. 9h-18h15. Longos (écrit *Loggos* en grec) est desservi sur le trajet Gaïos-Lakka. Infos auprès de *Bouas Tours* *(☎ 26-62-03-24-01).*

Adresses et infos utiles

Informations touristiques : *au bureau de la mairie (située légèrement en retrait du supermarché). ☎ 26-62-03-22-07. Lun-ven 8h-14h.* Le sympathique personnel donne volontiers des informations générales sur l'île et propose quelques jolies brochures.

✉ ***Poste :*** *à Gaïos, au fond du village, au départ de la route intérieure pour Lakka. Lun-ven 8h30-13h30.*

L'ÎLE DE PAXOS

■ **Banques :** *à Gaïos, sous les arcades (avec distributeur automatique, le seul de l'île !) et sur le port.*

✚ **Centre médical :** *à Bogdanatika. ☎ 26-62-03-14-66 ou 26-62-03-11-79. On peut aussi contacter le Dr Costas Karabourniotis (☎ 26-62-03-25-55 ou 📱 69-77-83-77-00), ou le Dr Michaelis (📱 69-77-22-22-72).*

■ **Stations-service :** *en haut de Gaïos, direction Makratika, et une autre au centre de l'île, à 3,5 km de Gaïos en direction de Lakka, par la route intérieure.*

– **Piscine :** *celle du* **Paxos Club** *(à Gaïos, voir plus bas) est accessible gratuitement, à condition de prendre un verre.*

– **Paxos Music Festival :** *à Longos, Gaïos et Lakka. • paxosfestival.org.uk • Fin août-début sept (répertoire classique).*

Où dormir ?

Dans les trois principaux villages de l'île, quelques chambres chez l'habitant, mais peu nombreuses. La plupart des chambres et appartements sont centralisés dans plusieurs agences qui éditent de luxueuses brochures. Par ailleurs, les hôtels ne sont pas légion et le plus souvent loués entièrement par des agences de voyages. C'est pourquoi, en juillet et août, il est indispensable de réserver bien à l'avance. On peut consulter le site *• paxos-greece.com •* Camping interdit sur l'île.

À Gaïos

■ **Bouas Tours :** *sur le port. ☎ 26-62-03-24-01. • bouastours.gr • Loc de studios et d'apparts mai-oct. Pour 2 pers, à partir de 35 € la nuit hors saison, env 75 € en août ; pour 4 pers, env 70-130 €.*

Adamantia : *à 1,5 km de Gaïos sur la route de Lakka, par l'intérieur, sur la droite. ☎ 26-62-03-11-21. • adamantiahotel.gr • Mai-oct. Chambres et studios, ou apparts 2-5 pers. Compter 40-160 € la chambre pour 2 selon saison, petit déj inclus.* De vieilles maisons ont été rénovées, tandis que d'autres petits bâtiments ont été édifiés avec de belles vieilles pierres ; le tout donne un bien joli petit ensemble, comme un mini-hameau, bien fleuri. Petit déj servi sur votre terrasse privée. Accueil charmant du proprio, qui s'est démené pour voir aboutir cet important chantier. Dommage que les tarifs pratiqués soient trop élevés (du simple au double entre la mi-saison et juillet-août).

Paxos Club : *dans les terres, en retrait du village. ☎ 26-62-03-24-50. • paxosclub.gr • De mi-mai à début oct. Prévoir 128-160 € pour 2 dans les chambres standard selon saison, petit déj compris.* Ce n'est pas franchement une adresse bon marché, mais les prestations sont largement à la hauteur des prix. Le *Paxos Club* propose une trentaine de studios ou d'appartements spacieux et confortables, équipés de tout le confort. Belle salle à manger en pierre apparente, avec une agréable terrasse au bord de la piscine et chaises et transats en bois. La piscine est d'ailleurs accessible aux non-résidents moyennant un verre ou un repas. Jacuzzi. Navette gratuite entre l'hôtel et Gaïos. Bon accueil.

À Longos

Studios Arthur House & Apts. : *un peu en retrait du port. ☎ 26-62-03-13-30. • paxos-arthur.blogspot.gr • Compter 40-70 € selon saison ; également un appart (au rdc) pour 4.* 2 studios propres et bien équipés. Terrain clos. Barbecue disponible. Location de scooters et de bateaux.

À Lakka

Les rares hôtels sont chers. L'*Ilios,* qui n'était guère extraordinaire, vient de connaître d'importants travaux, alors renseignez-vous pour savoir ce que ça donne.

Studios de l'hôtel Ilios : *sur le port ; rens à l'hôtel* Ilios. *☎ 26-62-03-18-08 (demander Andrea, anglophone) ou 69-78-10-54-86 (Andrea). Studios 45-65 € selon saison.* 2 studios idéalement situés sur le petit port, au dernier étage du bâtiment. Être plus près de l'eau, ce serait tomber dedans ! Cuisine très bien équipée (grille-pain, vraie gazinière...). Et, rien que pour les 2 logements, une terrasse avec vue sur la mer des 2 côtés du bâtiment.

■ **Routsis Holidays :** *☎ 26-62-03-18-07. • routsis-holidays.com • Représentant en Suisse : APN Voyages, 3, rue Saint-Victor, 1227 Carouge. ☎ 00-4122-301-01-50. • apn@bluewin.ch •* Location de villas, d'appartements, de yachts et de voitures, presque exclusivement situés à Lakka.

Où manger ? Où boire un verre ?

À Gaïos

Taverna del Pirata : *sur le port. ☎ 26-62-03-22-89. À partir de 15 € le repas.* Minuscule taverne qui propose une bonne cuisine italienne préparée par des Italiens. Les hors-d'œuvre sont particulièrement réussis, notamment la salade du Pirate. Quelques tables en terrasse, disposées en enfilade dans

PAXOS

une ruelle qui débouche sur le port.

Mambo : *sur le port. ☎ 26-62-03-26-70. Compter 8-13 € pour un plat viande/poisson. Également des pizzas et des spaghettis.* Stratégiquement placé au bord de l'eau. La carte propose un large choix de plats, bons et bien présentés. Joli cadre, bien arrangé et accueil très aimable.

À Longos

Aste Doue : *sur le port. ☎ 26-62-03-18-88. Tlj en saison.* Une poignée de tables dans un décor clair, contemporain et chaleureux à l'intérieur, et, bien sûr, autant de tables dehors. La carte est courte, les produits bien frais et les assiettes bien présentées : calamars farcis avec couscous, crevettes et sauge, cuisses de poulet marinées à la coriandre... et pour conclure, *apfelstrudel* ou cheese-cake ? Vraiment bon et patron charmant.

Roxi Bar : *l'avt-dernière taverne située à droite, tt au bout du port.* On a le choix entre 3 terrasses qui offrent chacune un point de vue différent sur Loggos : la 1re est aménagée sur la jetée, la 2e occupe un grand balcon à l'étage, et la dernière, isolée derrière la maison, donne face à la mer. Idéal pour paresser, à l'ombre des bambous, en sirotant un café frappé accompagné d'un petit dessert (pas de salé).

À Lakka

Taverna Pounentès : *Lakka Square. ☎ 26-62-03-01-61.* Au centre du village, sur une petite place, grande terrasse abritée de la chaleur. Carte gréco-italienne. Bon poulet, tout comme le sont les croustillantes pizzas qui sortent juste du four... et les quelques currys de la carte. Côté vins, une poignée de vins bio à découvrir. Service charmant et atmosphère agréable.

À voir. À faire

On vous conseille de louer une barque à moteur pour ***faire le tour de l'île.*** Une dizaine de loueurs. C'est l'occasion de découvrir de belles criques à l'ouest, accessibles uniquement par la mer, ainsi que les nombreuses grottes qu'il serait dommage de rater : il y en a au total une quarantaine sur la côte ouest. Les plus belles sont celles d'*Ypapanti* (golfe d'Érémitis), dans l'une desquelles un sous-marin grec se cacha en 1940 pour attaquer les bateaux italiens, et d'*Achantakas,* près du cap Pounda. Autre solution : des caïques, de Lakka ou de Gaïos, peuvent vous y conduire (différents tarifs selon qu'on visite 5 ou 10 grottes). Également une poignée de jolies petites plages bien sûr, sur la côte est.

– Sachez qu'il est aussi possible de ***plonger*** sur l'île ; le club *Scubaearth* se trouve à Gaïos *(📱 69-72-11-19-95 ; • dakxar@hotmail.com •).*

Gaïos *(Γαιος)* **:** bourg principal de l'île. Petite église toute blanche. Nombreuses tavernes. Parking payant. Criques vers le sud. En face du bourg, îlot d'Agios Nikolaos, avec les ruines d'un château vénitien. *Musée populaire (Folk Museum)* installé dans l'ancienne école, sur le port *(en été, tlj 11h-13h, 19h30-22h30 ; entrée env 3 €).* Il présente la vie sur l'île autrefois. Au sud, la route côtière mène à l'îlot privé de *Mongonissi,* à 4 km : un petit pont rattache l'îlot à Paxos.

➢ De Gaïos, des bateaux se rendent pour la journée à ***Antipaxos*** *(Αντιπαξος),* une petite île inhabitée qui a le mérite de compter les plus belles plages des environs et de produire du vin. Deux belles plages, *Vrika* et *Voutoumi* : sable fin et mer propre. Deux tavernes sur chacune des deux plages.

Longos *(Λογγος)* **:** *à 8 km de Gaïos.* Le plus petit des trois villages, et le plus agréable, recroquevillé autour d'un port croquignolet bordé de tavernes.

LEUCADE (LEFKADA ; ΛΕΥΚΑΔΑ)

23 700 hab.

Quatrième île Ionienne en superficie (325 km²), Leucade doit son nom actuel à ses falaises de craie blanche (elle s'est aussi appelée « Santa Maura » à l'époque vénitienne). Ses plages de sable idylliques et ses villages de montagne, restés authentiques, enchantent. Mais est-ce vraiment une île ? Dès l'Antiquité, les Corinthiens percèrent l'isthme (en 650 av. J.-C.) pour en faire un canal. Malgré cela, certains ont voulu voir en Leucade l'île d'Ulysse décrite par Homère (plutôt qu'Ithaque), en particulier l'Allemand Dörpfeld, qui fouilla le coin de Nydri avec acharnement, sans trouver de preuve. Pendant longtemps, l'île a été reliée au continent par un curieux bac mobile. Aujourd'hui, le pont, un peu plus moderne, est lui aussi mobile pour laisser passer les bateaux dans le chenal défendu par ce qui reste de l'impressionnant fort de Santa Maura.

L'île a connu une occupation turque durable de 1467 jusqu'à 1684, lorsque les Vénitiens la reprirent. Soumise à de fréquents séismes, elle a vu sa population se raréfier après la maladie de la vigne, en 1900, et le dernier soubresaut de la terre, en 1948, qui engendra une émigration importante.

Aujourd'hui, avec l'essor du tourisme, elle est très fréquentée, en particulier le week-end, lorsque débarquent les habitants de Ioannina, Prévéza et Arta. Plusieurs campings bordent ses côtes ; en saison, ils sont vite bondés et assez chers. Les kitesurfeurs sont nombreux à les fréquenter. Il est difficile de se loger ailleurs que sur la côte est, où se développe en majorité l'activité touristique, tandis que l'ouest et les villages fortifiés du centre montagneux de l'île (sommet à 1 158 m) réservent d'authentiques surprises. Les plages de la côte est, peu intéressantes, sont toutefois abritées du vent, contrairement à celles de la côte ouest (parfois dangereuses pour la baignade quand le vent souffle).

Ses rares terres fertiles produisent un bon petit vin, le santa mavra. Quelques spécialités dans les pâtisseries de la capitale également, comme le *mandolato,* une sorte de nougat. Pour plus d'informations à ce sujet (mais aussi sur bien d'autres), consulter ● *lefkadaslowguide.gr* ●

Arriver – Quitter

En voiture

➢ ***De/vers le continent :*** aucun problème, Leucade est à 21 km de Prévéza (accès rapide grâce à un tunnel) et à 72 km d'Arta. On y accède par un (tout petit) pont.

En bus

🚌 ***Bus KTEL :*** *au bout du bd qui longe la marina, en direction du sud.* ☎ *26-45-02-23-64.*

➢ ***De/vers Prévéza :*** 6 bus/j. (slt 3 le dim). Pour Arta, passer par Prévéza et changer de bus.

➢ ***Pour l'aéroport d'Aktion :*** depuis Lefkada, 4 bus/j.

➢ ***De/vers Athènes :*** 4 bus/j., 7h-20h30. Trajet : 5h10. À Athènes, départ de la gare routière A *(100, odos Kifissou ;* ☎ *21-05-15-01-08).*

➢ ***De/vers Igoumenitsa :*** 1 bus/j.

➢ ***De/vers Patras :*** 1 bus/j.

En ferry

Attention : prendre toutes les fréquences de bateau que nous donnons pour des indications et non pour des vérités immuables. Ils sont sujets à de nombreuses variations annuelles et saisonnières. Consulter les sites des compagnies : ● *westferry.gr* ● *ionian ferries.gr* ● *ionionpelagos.com* ●

➢ ***De/vers Céphalonie :*** juil-sept,

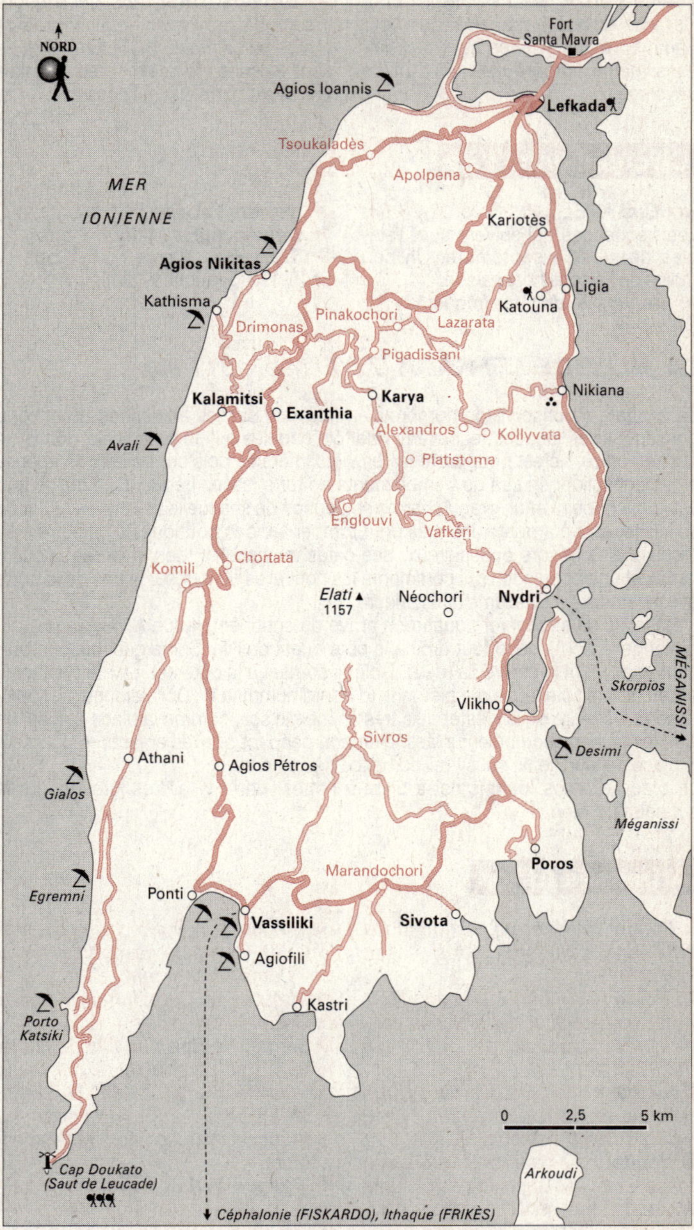

L'ÎLE DE LEUCADE

2 à 4 départs/j. depuis Vassiliki pour Fiskardo et vice versa, ainsi que pour Sami. En mai-juin et en sept-oct, liaisons moins nombreuses. Env 1h de traversée

➢ ***De/vers Ithaque :*** en saison, 1 départ/j. de Vassiliki pour Pissaétos et vice versa (trajet 1h30). En juin et en sept, liaisons moins nombreuses (mais Frikès est parfois aussi desservi).

Circuler dans l'île

Bus KTEL : *☎ 26-45-02-23-64.* Les fréquences qui suivent sont valables de juillet à septembre. Un peu moins de liaisons hors saison.

➢ ***De/vers Nydri :*** bus fréquents.

➢ ***De/vers Vassiliki :*** 4-5 bus/j.

➢ ***De/vers Agios Nikitas :*** 7 bus/j.

➢ ***De/vers Karya :*** 5-6 bus/j., 5h45-17h15 (aucun le dim).

LA VILLE DE LEFKADA *(7 000 hab. ; 311 00)*

La capitale a conservé de nombreuses maisons basses anciennes. Beaucoup possèdent des façades recouvertes de tôle ondulée à l'étage, qui leur donne un petit air créole : c'est pour protéger les vieux murs en bois contre les intempéries et les consolider en cas de tremblements de terre (assez fréquents). Mais le tout est joliment peint et un grand charme se dégage de ses ruelles étroites. Il suffit de se laisser aller à arpenter les rues pour tomber sur des boutiques d'un autre âge, recelant des trésors poussiéreux, des cafés minuscules, des tavernes accueillantes et une population qui commente les nouvelles du jour sur le pas de la porte avec le poste de TV allumé à l'intérieur.

Il est facile de se repérer : quand on arrive du continent, la rue A. Sikélianou, qui prolonge le pont, mène tout droit à la côte ouest de l'île. Sur la gauche, contournant également le centre, la rue D. Golémi conduit à la côte est. La rue principale est au centre : c'est une rue piétonne (d'abord nommée W. Dörpfeld, puis I. Mela), déserte à l'heure de la sieste, puis très animée le soir, comme la place Lefkas. Le soir, les jeunes déambulent inlassablement, pendant que les enfants remplissent la place de leurs jeux, sous l'œil complice des parents.

La plage d'Agios Ioannis est à 5 km à l'ouest de la ville. Les kitesurfeurs la connaissent bien.

Adresses utiles

Police touristique : *là où odos D. Golémi devient odos Iroon Polytechniou.*

✉ ***Poste :*** *183, odos Stratigou Mela (assez haut dans la rue piétonne centrale, à l'opposé du port). Lun-ven 7h30-14h.*

■ ***Banques :*** *nombreuses dans la rue piétonne centrale. Lun-ven 9h-13h30 (14h ven). Avec distributeurs.*

Hôpital : *au bout de la ruelle qui commence juste après la poste, sur la droite quand on vient de la place principale. ☎ 26-45-02-53-71.*

■ ***Presse internationale :*** *au bout de la rue piétonne principale, avt la poste.*

@ ***Internet :*** *entre autres, un cybercafé dans odos Iroon Polytechniou qui prolonge D. Golémi, à gauche au niveau de l'embranchement avec odos Koutroubi ; et* ***Cafezinho,*** *14, odos D. Golémi, tlj 8h-minuit.*

■ ***Santas Rentals :*** *en bas de l'hôtel* Ionion Star, *vers la route qui mène au continent. ☎ 26-45-02-52-50. 📱 69-36-56-25-25. • ilovesantas.gr •* Location de scooters (également à Nydri).

■ ***Agence Avis :*** *entre les hôtels* Nirikos *et* Ionion Star. *☎ 26-45-02-66-32. • avislefk@otenet.gr •* Tarifs compétitifs et matériel correct. Également une agence à Nydri *(☎ 26-45-09-11-36).*

Où dormir à Lefkada et dans les environs ?

Campings

⛺ ***Kariotès Beach Camping :*** *à 5 km au sud de Lefkada, sur la droite en entrant dans* ***Kariotès.*** *☎ 26-45-07-11-03 ; hors saison : ☎ 26-45-02-54-56. • campingkariotes.com • Mai-début oct. Env 21,50 € pour 2 avec tente et voiture. Loc de tente pour 8 €. Réduc de 10-20 % sur présentation du dépliant de la chaîne Sunshine, dont le camping fait partie.* Petite taverne à l'entrée. Une trentaine d'emplacements seulement. Camping disposé en terrasses, ombragé par des oliviers, situé à 300 m de la plage mais assez banal et un peu trop près de la route. Piscine, supermarché. Accueil cordial. Vin et huile de la ferme.

⛺ ***Episcopos Beach Camping :*** *en arrivant à* ***Nikiana,*** *à mi-chemin entre Lefkada (8 km) et Nydri, sur la droite en venant de Lefkada. ☎ 26-45-07-13-88. • campinglefkada.gr • Mai-oct. Compter 23 € pour 2 avec tente et voiture.* Petit camping plutôt intime, du moins en dehors de juillet-août, et bien ombragé, qui offre l'avantage de louer des bungalows en dur, assez coquets et bien équipés pour 2-6 personnes *(30-70 €).* Piscine, mais la mer est à 100 m de l'autre côté de la route. Gentil accueil.

De prix moyens à plus chic

🏠 ***Pirofani Boutique Hotel :*** *odos Dörpfeld (la rue principale), sur la droite en venant du port. ☎ 26-45-02-58-44. • pirofanipansion@yahoo.gr • Doubles 35-100 € selon saison.* Un établissement qui a sacrifié à la mode et s'est transformé en boutique-hôtel. Chambres tout confort. Celles qui donnent sur l'arrière sont plus calmes. Accueil agréable.

🏠 ***Santa Mavra Hotel :*** *2, odos Sp. Vladi, à côté de la Pension Pirofani. ☎ 26-45-02-13-08 ou 09. • santamaurahotel.gr • Tte l'année. Doubles 40-80 € selon saison.* Belle architecture extérieure aux volets blancs. Nombreuses chambres assez spacieuses, bien tenues, avec TV, AC et frigo. Effort dans la décoration, couleurs douces. La plupart des chambres sont pourvues d'un balcon très agréable donnant sur la rue piétonne ou le jardin où est servi le petit déj. Le meilleur rapport qualité-prix de la ville. Accueil charmant.

🏠 ***Nirikos Hotel :*** *en face de la route qui vient du continent. ☎ 26-45-02-41-32/33. • nirikos.gr • Tte l'année. Doubles 60-110 € selon saison, petit déj (au café du rdc) compris.* Déco classique pour des chambres rénovées et bien équipées (AC, TV, téléphone, petit balcon). Très bien situé, face à la mer. Par ailleurs, si vous avez le sommeil léger, préférez les chambres aux étages les plus élevés, la place étant occupée par de nombreux bars assez bruyants. Accueil méfiant.

🏠 ***Hotel Porto Ligia :*** *à* ***Ligia,*** *à 6 km de la ville, sur la route à gauche en direction de Nydri. ☎ 26-45-07-20-00. • portoligia.gr • De fin avr à mi-oct. Doubles 60-115 € selon vue et saison, petit déj inclus.* Petit complexe hôtelier moderne, sur un promontoire au bord d'une petite plage de galets prolongée d'une belle pelouse. Chambres (certaines pour 3-4 personnes) bien équipées, tout confort, la plupart face à la mer. Petite piscine et bar. Un véhicule est recommandé pour rejoindre les localités voisines.

Où manger ?

Lefkada regorge de petites tavernes, que l'on découvre au hasard des ruelles. Pour un repas rapide, les nombreux *gyros* de la rue piétonne restent ouverts très tard le soir.

🍴 ***Taverne Evtychia*** *(enseigne en grec : ΕΥΤΥΧΙΑ)* ***:*** *3, odos M. Tsarlaba. ☎ 26-45-02-48-11. Quand on suit la rue piétonne depuis le port, tourner à gauche avt la place centrale à la*

LEUCADE

hauteur d'une petite fontaine. Tlj, midi et soir. Compter 14 € pour un repas. On mange dehors, dans une étroite ruelle, ou bien dans la cuisine où l'on choisit directement de bons petits plats, élaborés avec des produits frais. Populaire et bon marché. Sa voisine, ***Kato Vrissi*** *(☎ 26-45-02-18-11),* qui dispose d'une petite terrasse en bord de rue, propose le même genre de cuisine familiale.

|●| ***Light House Tavern :*** *14, odos Philarmonikis. ☎ 26-45-02-51-17. De la place centrale, continuer la rue piétonne et prendre une ruelle à droite (suivre le panneau) ; la taverne se trouve à la hauteur du clocher qui pointe de l'autre côté de la rue. Slt le soir, à partir de 17h. Env 12 € le repas.* Une petite taverne calme, au cadre très agréable : les tables sont disposées dans une petite cour fleurie, à l'abri d'une épaisse treille. Devenue assez touristique, mais reste recommandable. Bon poisson frais et délicieuses grillades. Accueil jovial de Sotiris, le patron plein de faconde.

|●| ***Ev Zin*** *(en grec : ΕΥ ΖΗΝ) : 8, odos Philarmonikis ; près du précédent. 📱 69-74-64-11-60. Slt le soir. Env 15-20 € le repas.* Ce bar-resto, sans nul doute le plus inspiré de Lefkada-ville, possède une carte originale et variée : cuisine du monde (*tacos* ou *fajitas,* poulet tandoori ou thaï), mais aussi plats grecs et vin maison. Ne pas hésiter à demander à voir la pêche du jour. Belle salle tout en bois, à la déco également originale, sur laquelle la cuisine est ouverte. Accueil tout à fait gentil. Musiciens certains soirs.

Où boire un verre ?

🍸 Nombreux ***cafés*** le long de la rue piétonne, notamment tout au début de celle-ci, près de la mer, au pied de l'hôtel *Nirikos* ou sur la place centrale.

LEUCADE

À voir

✱ ***Le musée du Phonographe*** (Orphéus) : *dans la rue Kalkani, parallèle à la rue piétonne. Tlj 10h30-14h, 19h30-22h30 (et même plus tard en été). GRATUIT.* Un musée original, dans une pièce minuscule où s'entasse un curieux bric-à-brac. On y voit une collection de phonos rétro, d'antiques postes de radio, une collection de billets de banque et de vieilles cartes et gravures représentant Lefkada. CD de musique traditionnelle. Sortie parfois un peu difficile si l'on n'achète rien...

À voir dans les environs

✱ En allant vers Nydri, prendre la direction de ***Katouna,*** à hauteur de Lygia. Le long de la route, quelques vestiges de l'ancienne capitale antique, Nirikos, émergent des champs et des oliveraies, dont les restes d'un mur d'enceinte cyclopéen. Vue imprenable sur les marais salants et la baie de Drépanos. Un joli village paisible, à visiter tranquillement à pied.

|●| ***Kollokas :*** *dans le centre de Katouna. Slt le soir. Compter 12 € le repas.* Un resto familial et pas mal fréquenté le week-end, installé dans une charmante petite maison. Les plats proposés changent tous les jours, selon l'inspiration de la cuisinière.

NYDRI (ΝΥΔΡΙ ; 311 00)

Principal centre touristique de l'île (quantitativement parlant), à 17 km au sud de Lefkada. La rue principale, qui est aussi la route principale, n'est plus qu'une succession de magasins de souvenirs et agences de location de voitures ou de scooters. Cela présente certains avantages : le grec doit être à peu près la seule langue

dont vous n'aurez nul besoin pour vous faire comprendre... Le long du quai, de nombreuses tavernes fleuries, pas franchement typiques mais très animées le soir.
Au large, plusieurs îlots couverts de cyprès, notamment *Skorpios* : c'est dans la petite chapelle qu'Aristote Onassis épousa Jackie en 1968. Il avait acheté l'île en 1962. En 2013, Athina, sa petite-fille (et héritière), l'a revendue à la fille d'un milliardaire russe. La fin d'une époque...

BON EN HISTOIRE, MAUVAIS EN GÉOGRAPHIE

Convaincu d'avoir correctement interprété L'Odyssée, l'archéologue allemand Wilhem Dörpfeld situait (à tort) l'homérique patrie d'Ulysse dans les environs de Nydri. Il n'y a retrouvé que la trace d'une cité dotée d'un aqueduc et quelques tombes mycéniennes. On lui a tout de même érigé une statue sur le quai dans le port.

À côté, l'îlot *Skorpidi* appartient à l'armateur Livanos, et l'îlot *Madouri,* le plus proche de Nydri, a vu naître un grand poète grec, Aristotélis Valaoritis.

Arriver – Quitter

➢ ***De/vers Lefkada :*** bus fréquents, 7h30-21h env.
➢ ***De/vers Vassiliki :*** 4-5 bus/j.

➢ Liaisons en juil-août, en principe une fois/j. avec Frikès (Ithaque). Infos à *Borsalino Travel* (voir ci-dessous).

Adresses utiles

✉ ***Poste :*** *en plein centre. Lun-ven 7h30-14h30.*
■ ***Capitainerie du port :*** *☎ 26-45-09-25-09.*
■ ***Agence Borsalino Travel :*** *dans la rue principale, à hauteur du port. ☎ 26-45-09-25-28. • borsalin@otenet.gr •*
■ ***Santas Rental :*** *sur la rue principale, au nord de la ville. ☎ 26-45-09-26-68.* Location de vélos et scooters.

■ ***Bateau Odyssia :*** *sur le port. 📱 69-32-31-09-75. • odysseia-lefkada.eu • Croisière 9h30-17h30 (réserver). Compter env 40 €/pers (½ tarif 6-12 ans).* En voilà une idée originale... se balader à bord de la réplique d'un ancien galion. Pas besoin de ramer ni d'errer sur les flots comme Ulysse, il faut juste se laisser porter d'île en île, entre visites (grottes ou ateliers d'artisans), plongée (avec tuba) et barbecue.

LEUCADE

Où dormir ?

Nombreuses, très nombreuses chambres chez l'habitant, sans parler des studios et des appartements. Mais continuez sur Vlikho, au sud de la baie, pour des locations plus calmes au bord de l'eau.

Campings

Les deux campings ci-dessous sont situés sur la même baie.

⛺ ***Camping Desimi Beach :*** *après Vlikho, direction Géni, sur la presqu'île en face de Nydri, à 5,5 km de la ville. ☎ 26-45-09-53-74. • campingdesimi.com • Avr-oct. Selon saison, 18-25 € pour 2 avec tente et voiture. CB refusées.* 📶 Emplacements bien ombragés mais peu spacieux et trop serrés en haute saison. Les tentes disposent d'un espace à part. Propre et les pieds dans l'eau. Resto et petit supermarché. Rampe et carburant pour bateaux.
⛺ ***Camping Santa Mavra :*** *500 m après le précédent. ☎ 26-45-09-50-07. • campingsantamaura.com • Avr-oct. Env 22 € pour 2 avec tente et voiture en hte saison.* En bordure d'une plage de galets, au milieu d'oliviers, d'orangers et de citronniers,

beaux emplacements en terrasses, tranquillité assurée, avec équipement basique mais bien entretenu. Minimarché et accès pour bateaux.

Où manger ?

Ionion : *au bout du port à droite. ☎ 26-45-09-30-94. Midi et soir. Repas 12-15 €.* Un peu plus calme que les tavernes du port, qui sont de véritables pièges à touristes. Grande terrasse à l'ombre. La patronne, très affable, propose une bonne cuisine locale, à prix serrés, accompagnée de jolis vins en essayant de pratiquer le français. Bon rapport qualité-prix.

Ta Kalamia : *au centre, sur la rue principale à droite en allant vers le sud. ☎ 26-45-09-29-83. Avr-oct, midi et soir. Plat de viande env 15 € ; plat de poisson env 24 €.* Une adresse à la réelle ambition gastronomique. Isabelle, une Française versée en œnologie, et son mari, Vangelis, se sont donné pour but de hisser leur cuisine gréco-méditerranéenne du marché au niveau d'exigence des meilleures tables. On vous laisse le soin d'en découvrir toutes les facettes sans vous en révéler les multiples raffinements ; d'ailleurs il n'y a pas de menu, seulement des propositions du jour. Déco très agréable, pas ostentatoire pour un sou. Grande et agréable terrasse à l'arrière. Vins de Bandol et glaces dans les règles de l'art. Isabelle, qui a plus d'un talent, fabrique aussi de jolis bijoux qu'elle expose au fond de la salle.

À voir dans les environs

LEUCADE

Pour avoir la plus belle vue de l'île, quitter les sentiers battus. De Nydri, prendre la route de **Néochori.** Le village se trouve à 4,5 km. Balade qui vaut la peine, surtout en fin d'après-midi. On trouve en chemin *Archontiko,* un bar-resto avec une grande terrasse pour profiter du spectacle.

Pour ceux qui en ont assez de bronzer idiots, il existe une balade à faire vers les **cascades.** À 3 km de Nydri par la route (direction Rakhi, qu'il faut dépasser), puis 10 mn à pied. Succession de plusieurs cascades que l'on découvre en remontant le cours de la rivière. Très fréquenté en saison... et il ne reste quasiment plus d'eau au plus fort de l'été.

À 3 km au sud de Nydri, dans la baie de **Vlikho,** aux eaux abritées, se love un petit port de pêche. La moussaka de la *taverne Dimitri* y est réputée.

Faites un tour sur l'**île de Méganissi,** à l'atmosphère très différente. Jusqu'à sept ferries par jour en été (25 mn de traversée). Visiter le village de *Spartokhori* qui ressemble, paraît-il, au Mykonos d'antan, et *Vathi,* le deuxième port, avec ses terrasses sur la mer. Comme partout, on trouve des chambres à louer. Un petit camping tranquille, également.

POROS *(ΠΟΡΟΣ ; 311 00)*

Authentique village sur les hauteurs, à 27 km de Lefkada, dans un secteur de l'île bien préservé. Sur la place principale, l'église, la taverne traditionnelle et l'épicerie. Une tour de guet du IVe s monte la garde sur le sommet. La route évite le centre pour descendre (en lacets très serrés) sur le port et la plage de galets blancs de Mikros Gialos.

Où camper ? Où manger ?

Poros Beach Camping : *à 3 km en contrebas du village, au-dessus d'une grande baie. ☎ 26-45-09-54-52 ; hors saison : ☎ 26-45-02-50-17. • porosbeach.com.gr • Mai-fin sept. En hte saison, 28 € pour 2 avec tente et voiture.*

Loc de bungalows et studios (40-100 €/j. selon taille et saison). Fort bien situé et correctement ombragé (oliviers, palmiers) mais bruyant. Très propre. Petite piscine, supermarché, resto, laverie. Taverne en surplomb de la plage. Belle plage de galets à proximité (accès direct).

Tavernes : *sur la plage de Mikros Gialos.*

SIVOTA (ΣΥΒΟΤΑ ; 310 82)

Un village croquignolet en bord de mer, à 33 km de Lefkada. Dans une baie encaissée, quelques maisons et des bateaux colorés. Devenu très fréquenté depuis que la compagnie anglaise *Sailing Holidays* y a installé ses quartiers d'été : le petit port est envahi de voiliers de location qui y font escale puis s'en vont. Les restos, évidemment, ont poussé comme des champignons. Calme en dehors de juillet et août. Les pêcheurs cultivent ici également l'olivier et la vigne.

➢ ***De/vers Lefkada :*** 2 bus/j.

Où dormir ? Où manger ?

Quelques ***chambres à louer.***

De nombreuses ***tavernes*** sur l'eau, proposant de bons menus aux tarifs à peu près identiques. On peut essayer par exemple ***Ormos*** *(repas à partir de 12-15 €).* Poisson grillé plutôt bon marché, de même que la langouste. Autre taverne recommandable qui propose une bonne et honnête cuisine traditionnelle : ***No Problem,*** couverte de végétation sur 2 niveaux.

VASSILIKI (ΒΑΣΙΛΙΚΗ ; 310 82)

Le dernier port de la côte sud, à 38 km de Lefkada, situé dans une baie ventée, paradis des véliplanchistes grâce à un spot actif l'après-midi surtout. Très touristique en été. C'est le principal port d'embarquement pour Céphalonie et Ithaque. Grande fête le 15 août.

Arriver – Quitter

En bus

➢ ***De/vers Lefkada :*** le bus se prend à l'intersection entre la rue principale et la route principale, un peu en dehors du village. 4-5 bus/j. en hte saison.

En ferry

➢ ***De/vers Céphalonie et Ithaque :*** 3-4 A/R quotidiens pour Fiskardo (Céphalonie) en juil-août et, à la même période, 1 départ/j. pour Pissaétos (Ithaque). Liaison également avec Sami. Liaisons moins nombreuses en juin et en sept (mais quelques départs pour Sami à Céphalonie et pour Frikès à Ithaque).

ATTENTION, horaires vraiment irréguliers d'une année sur l'autre : se renseigner à l'agence *Samba Tours,* dans la rue principale qui part du port *(tlj 8h-23h en saison ; ☎ 26-45-03-15-55 ; • sambatours.gr •).* Ils ont aussi un petit guichet à l'entrée du port, ouvert aux alentours de l'arrivée et du départ des ferries. Sinon, voir le site *• westferry.gr •*

Adresses et info utiles

✉ ***Poste :*** *dans la rue principale qui part du port. Lun-ven 7h30-14h.*

■ ***Distributeur de billets :*** *à l'**Emporiki Bank,** devant l'école, sur le quai.*

■ ***Supermarchés*** bien fournis, comme *Nikos.* Une excellente ***boulangerie*** aussi, avec un grand choix de gâteaux, dans une ruelle légèrement en retrait du port.

Où dormir ?

En ville, véritable industrie de la chambre à louer. Préférer celles, plus calmes, qui sont au bout du port en direction des petites criques, au sud-est.

Où manger ? Où boire un verre ?

I●I ***Restaurant Vagélaras :*** *un des derniers restos du port, près du départ des ferries.* ☎ *26-45-03-12-24. Plats 7-12 €.* Existe depuis 1908, salle avec photos des membres de la famille qui se sont succédé dans les lieux. Ambiance très sympa le midi, beaucoup d'habitués. Tables sur le quai. Plats de viande et de poisson. Calamars et poulpes sont excellents, mais un peu chers. Propose aussi la location de chambres dans une maison *(Studios Katerina)* non loin du resto *(doubles 25-50 €, avec ou sans AC ; du côté d'Agiofili, apparts pour 4 pers 40-70 €).*

🍷 ***O Livanakis :*** *sur le port, à la hauteur du coude. Ouv tte la journée et jusque tard le soir.* Terrasse aux couleurs flashy, fréquentée par des habitués débonnaires. Excellent café grec et bon petit déj.

À faire

La plage de Ponti, à l'autre bout de la baie, paradis des amateurs de planche à voile et de plus en plus construite. Si vous voulez vous baigner, préférez la plage qui se trouve de l'autre côté du port (très jolie), à 5 mn du port, sous l'hôtel *Apollo.*

La plage d'Agiofili : *accessible en 10 mn en caïque de Vassiliki (sinon, pour les courageux, 30 mn à pied sur un chemin caillouteux, et ça monte !).* Superbe plage de galets léchée par une eau turquoise et enserrée de falaises. Moins de monde qu'à Porto Katsiki. Prévoir le casse-croûte, car il n'y a ni resto ni buvette.

LEUCADE

LA POINTE SUD-OUEST DE L'ÎLE DE LEUCADE

Au sud-ouest de l'île se trouve un endroit paradisiaque, un paysage de carte postale avec une succession de criques sur une côte rocheuse et escarpée.
Pour y accéder de Vassiliki, on passe d'abord par *Agios Pétros,* on remonte encore 6 km au nord pour trouver la route d'*Athani* (18 km entre Vassiliki et Athani). Puis on doit faire 9 km supplémentaires (et ce sont des kilomètres « longs » !) pour *Porto Katsiki.* Nombreux vendeurs de miel sur le bord de la route (le secteur est renommé pour son miel de thym) ; des tavernes (l'*Oasis,* entre autres) qui surplombent la falaise vous proposent de le consommer avec un délicieux yaourt (avec ou sans fruits). La vue plongeante sur la plage en contrebas est vraiment époustouflante. Possibilité de s'y rendre en bateau également depuis les autres coins de l'île.

🏠 I●I ***Café-restaurant Panorama :*** *dans le centre d'**Athani,** au bord de la route principale, sur la gauche en venant de Vassiliki.* ☎ *26-45-03-34-76.* • *panorama-athani.com* • *Doubles et apparts 25-60 €. Env 12 € le repas.* Dans une grande bâtisse moderne, des chambres et des studios simples et propres, avec une petite salle de bains et une kitchenette. Dans le même bâtiment, une petite épicerie et un bar-resto qui sert une cuisine familiale et copieuse. Belle vue depuis la grande terrasse, ombragée et aérée. Et en plus, Thomas Robotis, l'accueillant patron, parle le français (un peu) et l'anglais. Il pourra vous donner de bons conseils sur la région.

Porto Katsiki *(Πορτο Κατσικι)* **:** *à 5 km en bas de la route principale.* Élue en 2003 la plus belle plage de Grèce et devenue un lieu très fréquenté dans la journée, avec bars et tavernes installés sur place. On y accède par un escalier qui descend sur une magnifique plage de petits galets, découpée dans les falaises crayeuses.
Moins fréquentées, *Gialos* et *Egremni,* deux superbes plages : l'accès à Egremni est plus difficile, car la route goudronnée s'arrête avant et il faut ensuite descendre plus de 100 marches.
Conseil : sur la côte ouest, la mer est très souvent agitée et on perd rapidement pied. Nageurs faiblards, abstenez-vous, et prenez garde aux enfants.

LE SAUT DE LEUCADE *(ΑΚΡΩΤΗΡΙ ΛΟΥΚΑΤΟ)*

Pour y aller, compter 14 km depuis Athani. À l'embranchement sous les pins, 4 km après Athani, laisser la route pour Porto Katsiki et prendre celle sur la gauche, praticable jusqu'au pied du phare. Pour profiter du coucher du soleil au pied des falaises : 1-2 fois/sem, des bateaux d'excursion partent de Vassiliki.
Voilà en fait la vraie pointe sud de Leucade. Les paysages sont superbes. La meilleure vue se situe sur la droite dans le virage en épingle à cheveux qui précède l'arrivée au phare. Il suffit d'escalader la petite butte qui masque le panorama des falaises. Aujourd'hui, le phare a remplacé le temple d'Apollon, et les visiteurs se contentent de frissonner de plaisir devant le paysage. On aura une petite pensée pour la poétesse Sapho qui, paraît-il, se donna la mort en se jetant de la falaise, à la suite d'un chagrin d'amour.

SAUT FATAL

C'est une falaise de 72 m de haut d'où, dans l'Antiquité, on pratiquait le katapontismo, ou « saut de la mer », sorte de rite religieux. Les prêtres du temple d'Apollon qui dominait la falaise s'élançaient dans le vide, dit-on, en ralentissant leur chute par des plumes et parfois des oiseaux attachés (!). Mais ce saut avait surtout la réputation de guérir du mal d'amour. Effectivement, la mort en garantissait l'efficacité.

KALAMITSI *(ΚΑΛΑΜΙΤΣΙ ; 310 80)*

Avec sa place centrale, Kalamitsi est un petit village tranquille à 400 m d'altitude sur les pentes du mont, et qui semble encore vivre au rythme ancestral du temps où sa situation la mettait à l'abri des pirates qui longeaient les côtes. Rue principale très étroite. C'est un lieu de séjour très agréable et un bon point de départ pour rayonner dans l'île, même si la proximité des plus belles plages (Avali et Kathisma), hyper fréquentées en saison, attire un peu de monde. Pour y arriver, une route toute neuve et plus rapide a été construite entre le village et le Sud de l'île. Se garer au bout du village, près de l'école.
➢ **De/vers Lefkada :** 2 bus/j. en été.

Où dormir ? Où manger ?

Pension Fantastico : *au bout du village ; suivre les panneaux depuis le centre.* ☎ *26-45-09-93-90.* • *fantastico.gr* • *Mai-oct. Doubles 45-65 € selon saison. Loc sur plusieurs j. préférée. CB refusées.* Dans une grande maison jaune un peu à l'écart du village, à côté d'une pinède. Le couple sympathique qui vit au rez-de-chaussée propose des studios spacieux et bien équipés (AC, TV, kitchenette), pour 2 à 4 personnes. La vue sur la baie depuis les balcons, la nouvelle piscine ou la terrasse, ombragée par une treille, est vraiment... fantastique.

Panoramic View : *un peu en dehors du village, à la sortie en direction d'Agios Nikitas. ☎ 26-45-09-93-69. • panoramicstudios.gr • De mai à mi-sept. Résa nécessaire en août. Doubles 40-70 €. Repas env 12-15 €.* Quitte à faire dans l'originalité, il aurait tout aussi bien pu s'appeler *Sunset.* Vue magnifique de la terrasse, cela va sans dire. Loue 9 chambres très grandes, refaites à neuf en 2011, avec salle de bains, TV et AC. Toutes possèdent un coin cuisine et un balcon d'où le panorama sur la côte est extraordinaire. Fait aussi resto.

Hermès (Ermis) : *à la sortie sud du village. 69-42-84-00-79. • studiosermis.gr • Doubles 25-50 € selon saison.* Dans une maison jaune et rose, 7 chambres avec grande salle de bains, eau chaude à volonté, réfrigérateur, AC, TV et plaques chauffantes pour le petit déj. Terrasse commune. Un havre de paix, très fleuri et bien situé. Bon rapport qualité-prix pour une adresse à l'ancienne, comme on en trouve de moins en moins.

Dina (orthographié **Ntina**) **:** *à la sortie nord du village, sur la droite. 69-82-92-39-46. Compter 35-50 €. • ntina-guest-house-webnode.gr •* Appartements modestes à flanc de montagne qui disposent néanmoins de l'AC et de la TV. Superbe vue sur Agios Nikitas. Se renseigner à la petite épicerie du bourg, quelques dizaines de mètres plus haut dans le village, s'il n'y a personne pour vous recevoir.

***To Ionio* :** la seule taverne au centre du village, qui sert une honnête cuisine à prix doux, mais un peu grasse.

EXANTHIA *(ΕΞΑΝΘΕΙΑ ; 310 80)*

Route magnifique au départ de Kalamitsi, en lacet à travers la montagne, dans les genêts et les oliviers. Un village étonnant, bâti en amphithéâtre face à la baie.

Quelques *kafénéia* sympathiques. Et une excellente taverne, avec terrasse : ***I Rachi*** (en grec : H PAXH).

LEUCADE

AGIOS NIKITAS *(ΑΓΙΟΣ ΝΙΚΗΤΑΣ ; 310 80)*

À 12 km au sud-ouest de Lefkada, un charmant village entièrement piéton, aux murs peints dans les tons pastel. On se gare tout en haut du bourg, sur le grand parking situé dans le virage.

Coincées entre deux montagnes, ses vieilles maisons ont conservé tout leur charme. Des tavernes adorables, de nombreuses petites pensions, une plage à 2 km au nord et une autre, *Mylos,* au sud, derrière le cap Agios Nikitas, mais surpeuplées en été. On y accède en prenant un chemin qui part de la rue principale du village, derrière le restaurant *Poséidon.* Le soir venu, emprunter le sentier très pentu qui démarre de la minuscule plage en bas du village, tout au bout à gauche. Le magnifique coucher de soleil et la vue plongeante sur les falaises de Leucade vous feront oublier vos poumons endoloris ! Mais on peut aussi profiter du même spectacle (en faisant moins d'efforts), en empruntant – sur la gauche de la rue qui mène à la plage – le chemin fléché qui conduit à *Mylos Beach.* Quant à la plage de Kathisma, au sud, elle est à 2,5 km (accès par la route).

➢ ***De/vers Lefkada* :** 7 bus/j. en été.

Où dormir ?

Hotel Ostria : *en haut, à la sortie nord du village, surplombant le port. ☎ 26-45-09-73-00. • hotelostria.com • De mai à mi-oct. Doubles 45-85 €, sans le petit déj. CB refusées.* Une charmante pension, gérée par une

Française, restaurée avec beaucoup de goût. Petites chambres avec AC, TV, frigo et balcon. Très jolie vue depuis les chambres et la terrasse du sympathique bar au rez-de-chaussée où trône un vieux coffre-fort marseillais. Bon accueil.

Odyssey Hotel : *en plein centre d'Agios Nikitas. ☎ 26-45-09-73-51 et 52. • odysseyhotel.gr • Mai-oct. Selon saison, doubles 64-103 € ; réduc en réservant par Internet un peu à l'avance.* Un hôtel récent, disposant d'une quarantaine de chambres, pas très grandes mais très propres, avec AC, balcon, frigo et téléphone, mais pas de TV. Au-dessus de l'hôtel, de superbes appartements pour 4 personnes. Piscine sur le toit avec bar.

Où manger ?

Portoni : *juste avt d'arriver à la plage, en bas d'Agios Nikitas. ☎ 26-45-09-71-20. Mai-oct, midi et soir. Compter 10-18 €.* Terrasse-jardin avec vue. Taverne classique proposant aussi bien des plats « à la casserole » que des plats plus élaborés. Accueil affable de Thanassis.

Psarotaverna Sappho : *presque en face du précédent. ☎ 26-45-09-74-97. Mai-oct, midi et soir. À partir de 15 €.* Jolie et joyeuse déco pour ce resto agréablement situé face à la mer, mais terrasse vite bondée en saison. Nourriture très correcte (beaucoup de poisson frais, mais aussi des plats « à la casserole »). Accueil sympa. Sandwicherie au rez-de-chaussée.

KARYA (ΚΑΡΥΑ)

À égale distance des deux côtes, Karya est accessible, entre autres, d'Agios Nikitas (15 km) ou de Nikiana (18,5 km) à l'est, les deux (mauvaises) routes offrant des paysages magnifiques au milieu de plateaux désertiques. Impossible de ne pas être touché par le charme de ce village de montagne aux ruelles étroites et à la place ombragée de platanes. Il est réputé pour ses tissages et ses broderies (petit musée ouvert en été). Vues splendides en descendant de Karya vers Nydri : panorama sur les petites îles (dont Skorpios) et le continent. C'est encore plus magique en fin d'après-midi.

CÉPHALONIE (KEFALLONIA ; ΚΕΦΑΛΛΟΝΙΑ)

35 800 hab.

Située à l'ouest de Patras, Céphalonie est la plus grande des îles Ioniennes – avec une superficie de 781 km² et 254 km de côtes – et parmi les plus intéressantes sur les plans historique et culturel. C'est aussi la plus montagneuse des îles Ioniennes : elle culmine à 1 626 m au mont Énos, domaine d'une race de chèvres à poils longs.

Elle doit son nom à Céphalos, son premier roi, selon la mythologie. Elle fut un grand centre de la civilisation mycénienne : ornements, outils provenant en majorité des nombreuses tombes mycéniennes de l'île, plantes et animaux peuvent être vus au Musée archéologique d'Argostoli. Céphalonie a été occupée par les Normands, les Pisans, les Turcs, les Vénitiens longtemps, et par intermittence par les Français entre 1797 et 1809, puis par les Anglais de 1815 à 1864.

Pendant la Seconde Guerre mondiale, après la capitulation de l'Italie en 1943, les Allemands désarmèrent et massacrèrent près de 5 000 soldats italiens, leurs anciens alliés. En 1953, un terrible tremblement de terre (7,5 sur l'échelle de Richter) décima la grande majorité des villages et des villes, à l'exception de Fiskardo et d'Assos.

Grâce à des phénomènes géologiques exceptionnels, Céphalonie offre aux visiteurs des paysages saisissants : montagnes, falaises impressionnantes, fleuves souterrains, grottes, criques et longues plages de galets ou de sable doré ou rouge, aux eaux turquoise et vertes.
Céphalonie se distingue également par sa gastronomie : plats réputés, comme les nombreuses *pittès* (dont la *kréatopita,* chausson à la viande), le lapin à l'ail (l'ail est beaucoup utilisé dans la cuisine locale), et vins qui ne le sont pas moins (le *robola* et le *tsaoussis*).

Arriver – Quitter

En avion

✈ ***L'aéroport*** *(☎ 26-71-04-15-10)* est à 9 km au sud d'Argostoli. Pas de transports publics entre l'aéroport et Argostoli, slt des taxis *(☎ 26-71-02-27-00)* ; compter facilement 15-20 €. Certains hôtels proposent la navette aller ou retour. Tous les grands loueurs ont leur bureau à l'aéroport (*Europcar, Hertz, National-Alamo,* et *Avis* dans l'hôtel en face).
➢ ***De/vers Athènes :*** 2 liaisons directes/j. pour Argostoli en saison, avec *Olympic Air (1, odos R. Vergoti, à Argostoli ; ☎ 21-03-55-05-00).* Trajet : 1h. Résa impérative, vu la capacité de l'avion.
➢ ***De/vers les autres îles Ioniennes (Corfou, Lefkada, Zante et Cythère) :*** avec *Sky Express.* Là aussi, résa impérative.

CÉPHALONIE

En bateau

Encore une fois, les horaires et les fréquences qui suivent sont sujets à variations d'une année sur l'autre et sont d'ailleurs modifiés 3 fois par an, donc, à tous les coups, une vérification s'impose auprès des nombreuses agences des compagnies maritimes dont les bureaux se trouvent sur le port. Attention, aucune liaison par ferry avec Argostoli, pourtant la capitale. Pour rejoindre le continent ou d'autres îles, il faudra partir de Sami, Poros, Pisso Aétos ou Fiskardo.
➢ ***De/vers Kyllini (Péloponnèse) :*** à 68 km au sud de Patras. Avec *Ionian Ferries (☎ 26-74-07-22-50)* et *Kefalonian Lines (☎ 21-09-51-51-00),* 4-8 liaisons/j. selon la saison entre Kyllini et Poros (1h de trajet).
➢ ***De/vers Leucade (Vassiliki) :*** 3-4 liaisons/j. en juil-août avec Fiskardo, au nord de l'île (compagnie *West Ferry*) ; moins en mai-juin et sept-oct. Par Sami, à l'est de l'île, 1 liaison/j. juil-août (et quelques liaisons hebdomadaires en mai-juin et oct) avec la compagnie *Ionion Pélagos.*
➢ ***De/vers Ithaque :*** 2-3 liaisons/j. Pisso Aétos-Sami avec *Ionion Pelagos,* et 1 liaisons/j. Pisso Aetos-Sami ou Poros avec *Kefalonian Lines* (en été).
➢ ***De/vers Astakos (Épire) :*** 1-2 liaisons/j. Astakos-Sami via Pisso Aétos (3h de traversée), avec *Ionion Pelagos.*
➢ ***De/vers Zante (Agios Nikolaos) :*** 2 liaisons/j. avec *Ionion Pelagos,* en été slt (juin à mi-sept), au départ de Pessada, petit port au sud de Céphalonie *(☎ 26-71-09-12-80).* Trajet : 2h. Pour relier Zante hors saison, passer par Kyllini (Péloponnèse) au départ de Poros, puis 2e ferry Kyllini-Zante.

En bus

➢ ***De/vers Athènes :*** départ de la gare routière, à proximité du port, côté sud *(à Athènes, gare routière, terminal A, 100, odos Kifissou ; ☎ 21-05-15-07-85).* 2 à 3 bus/j. entre Athènes et Argostoli (via Patras et Sami). Également 1 bus/j. via Kyllini et Poros. Trajet : 6-7h.

Circuler dans l'île

🚌 ***Gare routière :*** *à Argostoli, sur léoforos A. Tritsi, à 200 m du pont De Bosset. ☎ 26-71-02-22-76/81.* Prendre le dépliant avec tous les horaires. Consigne à bagages. **Attention, les bus ne circulent pas le dimanche**

LES ÎLES DE CÉPHALONIE ET D'ITHAQUE

et le service est réduit le samedi. De plus, les horaires sont modifiés d'un mois sur l'autre.

- ➢ ***De/vers Sami :*** 3-4 bus/j.
- ➢ ***De/vers Poros :*** 2-4 bus/j.
- ➢ ***De/vers Fiskardo :*** 1-2 bus/j.
- ➢ ***De/vers Katélios et Skala :*** 2-3 bus/j.
- ➢ ***De/vers Agia Éfimia :*** 1-2 bus/j.
- ➢ ***De/vers Lassi et Platis Gialos :*** 6 bus/j.

ARGOSTOLI (*ΑΡΓΟΣΤΟΛΙ* ; 9 000 hab. ; 281 00)

La capitale de l'île est nichée au fond d'une baie entourée de montagnes comme un fjord norvégien. La ville a été fondée au XVIIIe s, et est devenue capitale après l'abandon d'Agios Géorgios, la forteresse vénitienne au-dessus de Pératata. Les maisons ont été en grande majorité reconstruites après le séisme de 1953.
Seuls subsistent le joli pont de pierre de 650 m – le pont De Bosset –, construit sous l'occupation anglaise par un Suisse (circulation interdite sauf piétonne),

ainsi qu'un obélisque placé sur une plate-forme au milieu de l'eau et quelques demeures familiales, comme la demeure Cosmétatos, rue Rizospaston, qui mène à la place principale. Argostoli est une ville animée et agréable.

Adresses utiles

Office de tourisme : *sur le port, à côté du bâtiment de la douane, un peu en face de l'hôtel* Star. *☎ 26-71-02-22-48. Lun-ven 9h-15h. Fermé w-e et j. fériés !* Carte très bien faite de l'île et de la ville. Quelques brochures et itinéraires de randonnée à disposition.

Police : *52, odos Métaxa. ☎ 26-71-02-28-15. Sur le port, en face de l'office de tourisme.*

Agence consulaire de France : *à Ratzakli. Mme Emmanuelle Sinagra, ☎ 26-71-08-31-45.*

Poste : *odos Lithostroto (la rue piétonne centrale). Lun-ven 7h30-14h.*

Distributeurs de billets : *sur le port, près de l'hôtel* Olga, *et odos Vyronos, parallèle au port.*

Hôpital : *odos Souidas, à l'entrée sud de la ville. ☎ 26-71-02-24-34.*

@ Web Café : *dans le coin inférieur droit de la place centrale (pl. Valianou), à côté de* Crepa Land. *Tlj 8h-1h. Postes fonctionnant avec des pièces. Compter 1 € les 30 mn.* Une salle où les jeunes viennent jouer en ligne.

Location de voitures et de mobylettes : ***Escape Rent a Car,*** *14, odos R. Vergoti, entre la place centrale et le Musée archéologique. ☎ 26-71-02-23-33.* ***Reliable,*** *3, odos R. Vergoti, juste avt le théâtre en venant du port. ☎ 26-71-02-36-13.* ***Sunbird,*** *139, Léoforos Ant. Tritsi, près des autorités du port sur le remblai. ☎ 26-71-02-37-23. • sunbird.gr •*

Archipélagos *(association pour la sauvegarde des côtes)* **:** *69, av. G. Vergoti. ☎ et fax : 26-71-02-45-65.* Cette association, en collaboration avec le WWF, s'intéresse, entre autres, aux phoques méditerranéens *Monachus monachus.* On trouve des membres de l'association à Fiskardo, Lourdas, ainsi qu'à Frikès (Ithaque). Son responsable parle le français.

Où dormir ?

Pas d'hébergement vraiment bon marché. Chambres à louer à Lassi, station balnéaire très fréquentée et sans charme, à 1 km à peine d'Argostoli.

Camping

Argostoli Beach Camping : *à Fanari, vers le phare Agii Théodori, à env 2 km au nord du centre d'Argostoli par le bord de mer. ☎ 26-71-02-34-87. • camping-argostoli.gr • Mai-fin sept. Selon saison, 17,50-20 € pour 2 avec tente et voiture.* Seul camping dans cette partie de l'île. Situé en face de la plage, il est assez grand, plat et ombragé et plutôt bien tenu. Il possède un resto, une petite épicerie, une laverie et quelques jeux pour enfants. Les sanitaires du fond ont été refaits à neuf, les autres attendent leur tour. Bon accueil francophone du père de la gérante, qui possède également l'autre camping de l'île, à Sami.

De prix moyens à chic

Olga Hotel : *82, odos Paralia Métaxa. ☎ 26-71-02-49-81. • olgahotel.gr • Sur le port. Mai-sept. Selon saison, doubles env 43-60 €, petit déj-buffet inclus.* Une quarantaine de chambres simples, propres, claires, avec TV et AC mais sans charme particulier. Seules quelques-unes ont un balcon donnant sur le port : penser à les réserver, elles sont au même prix. Resto et bar modernes. Accueil très pro.

Hotel Mirabel : *dans le coin gauche de la place principale (pl. Valianou) en venant du port, un peu en retrait. ☎ 26-71-02-53-81. • mirabelhotel.com • Tte l'année. Doubles 50-65 €, petit déj compris.* Chambres fraîches et confortables, avec balcon. Celles au 4e étage, sous les combles, au plafond lambrissé, disposent d'une grande terrasse avec vue. Mobilier récent, TV, AC et sèche-cheveux. Une adresse assez cossue pour un prix raisonnable, dans le quartier le plus animé de la ville. Patron gréco-québécois qui se débrouille en français.

Argostoli Hotel : *21, odos Vyronos. ☎ 26-71-02-83-58 et 26-71-02-82-72. En haut de la rue escarpée, perpendiculaire au port. Juin-sept. Doubles 40-55 € selon saison ; petit déj 5 €.* Un peu à l'écart du centre. Un hôtel sans charme en forme de bloc à la façade violette, mais des chambres simples, avec mobilier en pin classique, TV, frigo, AC et balcon avec jolie vue sur la baie. Accueil sans chaleur.

Où manger ?

Sur le port

Mégas : *57, odos A. Tritsi. ☎ 26-71-02-26-04. En face du marché. Moins de 10 € pour un repas.* Pour manger sur le pouce, debout au comptoir ou assis en terrasse, des *gyros,* de petits *souvlakia* ou du poulet, accompagnés d'une salade.

Tzivras : *1, odos Vas. Vandorou. ☎ 26-71-02-42-59. Dans une rue perpendiculaire au port, face à la station* Shell. *Slt 8h-17h. Plats 6-9 €.* Taverne qui est restée populaire depuis 1933, style cantine, où chacun va choisir son plat en cuisine. Pas de terrasse, on mange dans la grande salle ouverte sur la ruelle. Bon accueil.

Kalafatis : *sur le quai, avt la station* Shell *et les marchés. ☎ 26-71-02-26-27. Tlj 11h-1h. Env 15 €.* Grande terrasse couverte, mobilier et plancher bleus, tables nappées de vichy bleu et blanc. Entreprise familiale depuis des décennies. Cuisine couvrant toute la gamme de la cuisine ionienne, mais qu'on n'a pas trouvée très raffinée. Cela dit, les portions sont copieuses, les prix compétitifs et l'ambiance animée.

Sur la grand-place

La Gondola : *sur un coin de la place centrale. ☎ 26-71-02-36-58. Tlj 11h-minuit. Plats 10-14 €.* Un resto italien, comme son nom le laisse deviner. Déco à l'élégance classique et terrasse stratégique pour voir défiler la foule de la *passeggiata* vespérale. Carte italo-grecque : des pâtes et des pizzas, et toute la litanie des plats péninsulaires, viandes et poissons joliment tournés. Tiramisù maison, bonnes glaces et vins du patron tout à fait honnête. Service diligent.

Où boire un verre ? Où danser ?

Sur la place centrale, nombreux cafés-restos à la déco design soignée, avec grande terrasse d'où l'on peut observer l'animation qui envahit la place, transformée en zone piétonne le soir. Voir notamment le ***Motzo,*** avec ses canapés en rotin, pour siroter un des nombreux cocktails apportés par de mignonnes serveuses. Ou ses voisins, le ***Sapin noir,*** le ***Platanos*** et le ***White,*** qui ne désemplissent pas non plus... Cruel dilemme ! Et pour un verre chic, on file au ***Baroque,*** dans la rue perpendiculaire, appréciable pour ses loupiotes tamisées et ses miroirs aux murs.

Café d'Antico : *odos Lithostroto, à l'ouest de la place principale.* Un beau café en angle qui égrène ses petites tables le long de la rue piétonne et sur une placette où trône une église. Une alternative aux bars de la place centrale.

Sugar : *rue Vergoti, perpendiculaire à la place centrale.* Les touristes viennent se mêler à la jeunesse locale pour se trémousser sur les derniers rythmes en vogue dans un beau jardin avec son petit bassin, ses voilages et sa déco bien pensée. Sinon, presque tous les bars ont leur *dancefloor.*

À voir

Le Musée historique et culturel, et la bibliothèque Corgialenios : *12, odos Ilia Zervou. ☎ 26-71-02-88-35. • corgialenios.gr • Du port, remonter la rue R. Vergoti ; derrière le théâtre. Musée tlj sf dim 8h30-14h. Entrée : 4 € ; gratuit moins de 12 ans. Bibliothèque lun-ven 8h30-20h30 (14h sam) ; entrée libre.*
– *Le musée :* très intéressant pour comprendre la splendeur passée des îles Ioniennes, avant le tremblement de terre. Photos impressionnantes. Vitrines aux thèmes très divers : la vie des bergers, lord Byron, les instruments de musique, l'agriculture, les artisans, les objets du culte, la résistance aux nazis et tout le folklore de Céphalonie au travers du mobilier, des vêtements, etc.
– *La bibliothèque :* elle contient plus de 60 000 volumes, éditions rares, anciennes et récentes, ainsi qu'une superbe collection d'icônes post-byzantines et manuscrits datant de 1535 à 1900. Demandez au préposé de vous ouvrir les portes pour admirer une iconostase reconstituée après la catastrophe de 1953.

Le Musée archéologique : *sur R. Vergoti ; à côté de la préfecture. ☎ 26-71-02-83-00. Tlj sf lun 8h30-15h. Entrée : 3 € ; réduc. Fermé en 2014 pour rénovation.* Abrite d'intéressantes collections issues des fouilles de Métaxata et de Mazarakata : bijoux, vases et pièces de monnaie, armes de bronze, de toutes les époques – surtout mycénienne – jusqu'à la période romaine. Quelques belles armes de bronze sont également exposées. Petite mosaïque romaine avec dauphins.

La Fondation Focas-Cosmetatos : *1, odos Vallianos (rue qui donne sur la place principale). • focas-cosmetatos.gr • Mai-oct. Mar-sam 9h30-13h. Entrée : 3 €.* Dans un bel hôtel particulier, reconstitution d'un salon du XIXe s, galerie de portraits de notables par le peintre français Louis Dupré. Également une histoire de la monnaie des origines à nos jours (pour souligner l'attachement de la Grèce à l'euro ?). Mais le plus intéressant se passe dans la cour à l'arrière, avec une expo de photos impressionnantes du tremblement de terre de 1953 et un documentaire d'archives et de témoignages.

La rue Rizospaston : depuis la place centrale, parcourir cette avenue de prestige, plantée de palmiers et bordée de magnifiques maisons d'armateurs.

Katavothrès : *à 2 km au nord du centre d'Argostoli par le bord de mer. Accès libre.* Ce sont des gouffres naturels qui, par un phénomène géologique étonnant, conduisent l'eau de la mer de l'autre côté de l'île, à 30 km de là, au lac Mélissani, près de Sami. Mais il n'y a pas grand-chose à voir, à part un moulin à eau que le courant actionnait.

La plage d'Argostoli : *après Katavothrès, face au camping, accès par le chemin piéton longeant la côte.* Petite plage de sable, sans grand charme mais c'est la plus proche de la ville. Petite taverne sympa *(Ta Didymakia)* juste en face.

Continuez votre promenade jusqu'au ***phare Agii Théodori,*** une rotonde à colonnes de style néoclassique, construit en 1829 par le gouverneur anglais Napier et refait après les différents séismes. Plutôt discret pour un phare...
De la route qui revient à Argostoli par les hauteurs, vous pourrez admirer un des plus jolis couchers de soleil de l'île.

LASSI (ΛΑΣΣΗ)

La *boucle de Livathos,* région croulant sous une végétation luxuriante, vous amène jusqu'à Lassi, station balnéaire d'Argostoli, très développée et sans grand intérêt, à part celui de regrouper la majorité des hôtels et restos. Tout à côté, petite chapelle aménagée dans la grotte où Agios Gérassimos, saint patron de l'île, pratiqua l'ascèse pendant 6 ans avant de se retirer dans la vallée d'Omala. Pour y accéder en venant de Lassi, prendre la route qui monte sur la gauche (panneau « cave »).

Un peu plus loin, vous trouverez les jolies plages (hyper fréquentées) de *Makrys Gialos* et *Platis Gialos,* au sable d'or, et à leur extrémité, la petite presqu'île rocheuse de *Tourkopodaro.* Attention : se rendre en voiture à Platis Gialos en haute saison estivale est une entreprise fortement hasardeuse.

AU SUD-OUEST ET AU SUD D'ARGOSTOLI

Svoronata *(Σβορωνατα)* **:** à environ 9 km d'Argostoli, village entouré d'orangeraies et dominé par l'imposant campanile de l'*église Agios Nikolaos.* Également quelques vieilles demeures épargnées par le séisme de 1953.

Domata *(Ντοματα)* **:** sur les hauteurs, *église de la Panagia* (XIXe s). Superbe iconostase de la même époque. On y monte par une petite route qui part sur la gauche quand on vient de Svoronata. À l'entrée du village se trouvent aussi de vieux oliviers (millénaires) aux troncs noueux énormes. À proximité, belle *plage d'Agios Hélis,* avec son sable foncé, mais les constructions se multiplient...

Kourkoumélata *(Κουρκουμελατα)* **:** souriant petit village totalement reconstruit par l'armateur Vergotis. Lieu de villégiature agréable. À noter, la proportion non négligeable de voitures immatriculées à... New York ! Nombreux, en effet, sont les Grecs de l'île ayant fait fortune aux États-Unis à revenir, pour leurs vieux jours, couler une douce retraite au village.

Hotel Kourkoumélata : *en contrebas du village ; bien indiqué à partir de la rue principale. ☎ 26-71-04-18-84. • hotelkourkoumelata.gr • Mai-oct. Selon saison, doubles env 45-60 € avec petit déj.* Chambres simples mais propres et confortables (TV, AC, frigo et petit balcon). Lieu de séjour paisible, un peu isolé, mais plages à proximité (à condition d'avoir un véhicule) et piscine avec jacuzzi à côté de la terrasse. On prend le petit déj sous la tonnelle. Agréable salon TV, avec billard, coin Internet... Vraiment pas cher ! Tenu par la sémillante Soumia, franco-marocaine chaleureuse.

Preview : *plage d'**Avithos,** à 2 km de Kourkoumélata. ☎ 26-71-04-21-35. Mai-oct, tlj midi et soir. Env 15 € le repas.* Au-dessus de la jolie plage d'Avithos, une agréable taverne qui propose une cuisine locale authentique. Délicieuse tourte à la viande avec aubergines et tomates. Grande terrasse bien aérée et ombragée. Vins du monde entier bien choisis par le chef, un œnologue averti. Accueil chaleureux. Une très bonne adresse.

Métaxata *(Μεταξατα)* **:** vue splendide sur la vallée et les plages. Lord Byron y résida 3 mois avant son départ pour Missolonghi. Sur la place du village, devant la maison où il écrivit son *Don Juan,* une statue du grand écrivain.

Lakithra *(Λακηθρα)* **:** large panorama depuis le belvédère de la place de l'église. Maisons entourées de jolis jardins fleuris. Tombes mycéniennes (1250-1150 av. J.-C.) à la sortie du village, en allant vers Métaxata, sur la gauche : prendre un petit chemin caillouteux et au bout de 100 m, tourner à droite. Site archéologique peu entretenu, envahi par les chardons et les mauvaises herbes.

La forteresse d'Agios Géorgios : *à 8 km env d'Argostoli, suivre le panneau « Kastro » et monter par la route sur la gauche, sur 1 km. Juil-sept, tlj sf lun 8h30-19h (15h dim). GRATUIT.* Située à 320 m au-dessus de la mer. Capitale de Céphalonie jusqu'en 1757, elle fut remodelée en 1504 par les Vénitiens qui venaient de la prendre aux Turcs. Elle couvre aujourd'hui une surface de 16 000 m² et ses murs ont une circonférence de 600 m. Le château fort, de forme polygonale avec trois bastions, constituait une véritable ville (jusqu'à 15 000 habitants) avec maisons, bâtiments publics, commerces, prisons et même hôpital. Très endommagée par les séismes, il n'en subsiste aujourd'hui que des ruines imposantes et l'*église Évangélistria.* Restauration récente. Vue impressionnante sur tous les alentours.

Le monastère d'Agios Andréas *(indiqué comme « Musée ecclésiastique Moni Milapidias ») : un peu au sud de Pératata, 9 km après Argostoli, par une route sur la droite, au niveau de l'hôtel* Ionis. *Tlj sf dim 8h30-14h ; en hte saison, également 17h-20h. Entrée : env 2 €.* Le monastère remonte à l'époque byzantine. On y a retrouvé des tombes des VIe et VIIe s. Endommagé par différents séismes, il fut reconstruit en 1953 et transformé en musée. Petite église du XVIIe s aménagée en musée. Riche collection d'icônes du XIIIe au XIXe s, de fresques provenant d'autres églises, et de nombreux objets ecclésiastiques.

Spartia *(Σπαρτια)* **:** petit port de pêche et plage de sable abrités des vents par d'immenses falaises gris clair. Le village est à 2,5 km dans les terres.

Pessada *(Πεσαδα)* **:** petit port de pêche avec quelques demeures d'armateurs. Quai d'embarquement pour Zante (Agios Nikolaos), en saison seulement. Quelques chambres à louer et une taverne pour patienter en attendant le ferry. Attention, pas de liaison en bus avec le reste de l'île, ni de taxi à l'arrivée *(ou sur résa :* Taxi Service, *69-44-91-45-37 ; si vous arrivez de Zante, prévoir une livraison de votre voiture de location sur place, gratuite avec la compagnie* Express, *☎ 26-71-02-73-13).* À 100 m, la ***nécropole mycénienne de Mazarakata,*** aux centaines de tombes serrées les unes contre les autres, semble être retournée à l'abandon éternel.

Karavados *(Καραβαδος)* **:** entouré d'oliveraies et de vignobles. La *plage d'Agios Thomas* est constituée de plusieurs petites criques reliées par un chemin. Tranquille et familiale, et sans parasols à louer ! Source naturelle entourée de platanes juste avant la plage. Quelques chambres à louer et d'agréables tavernes.

LA CÔTE SUD DE L'ÎLE

CÉPHALONIE

Quelques-unes des plus belles plages de l'île se situent dans cette région, où l'on se loge facilement chez l'habitant. D'Argostoli, prendre la route principale en direction de Poros. Paysages de vallées verdoyantes, vergers et vignobles.

Trapézaki *(Τραπεζακι)* **:** quitter la route principale à Moussata, pour atteindre les deux plages de sable, entourées d'une dense forêt de pins et d'oliviers et malheureusement envahies de parasols. Jolies petites criques tranquilles en marchant vers le sud. Jardins fleuris en bordure. Quelques chambres à louer.

Lourdas *(Λουρδας)* **:** à l'abri des vents et irrigué constamment par des sources en provenance du mont Énos, Lourdas bénéficie d'un microclimat, ce qui explique sa végétation luxuriante : oliviers, figuiers, abricotiers, orangers, bananiers, jardins potagers et magnolias qui descendent jusqu'à la plage. Église byzantine *Agia Paraskévi.* La grande plage de sable et galets de Lourdas, en forme de U, est plutôt séduisante et intime. Bien pour un séjour avec enfants, la plage est surveillée. Nombreuses chambres à louer et tavernes.

Christina Studios : *face à la plage, au bout du chemin en allant vers le sud. ☎ 26-71-03-11-30. 69-45-17-48-49. • christinastudio.gr • Mai-oct. Venir le mat ou téléphoner, Christina n'habite pas sur place. Studios 38-65 € pour 2. Parking privé.* Au bout de l'allée cimentée qui longe la plage, une quinzaine de studios impeccables et tout confort, juxtaposés style loggia de bord de mer, avec balcon privatif. Petit coin pour se poser à l'ombre dans le jardin et pour se baigner, il n'y a qu'à traverser le chemin. La plage est calme dans ce coin de la baie.

Taverna Klimatis : *en bordure de plage, à gauche en arrivant, à côté d'un petit supermarché. ☎ 26-71-03-11-51. Mai-oct, tlj midi et soir. Plats 8-17 €.* Grande terrasse ombragée par une treille, et des bananiers sur les côtés. Carte assez variée, avec des plats que l'on ne trouve pas partout : poivrons au fromage *(pipériès me tyri), souvlaki* à la sauce au yaourt, *pancetta.* Accueil enjoué.

Simotata *(Σιμωτατα)* **:** entre ce village et Platiès, sur la droite, on voit les ruines du monastère Moni Sission (XIIIe s), qui aurait été fondé par saint François d'Assise. La route passe d'abord par le monastère moderne du même nom, puis par les ruines. En continuant la piste défoncée, belle plage peu fréquentée.
Après avoir traversé *Platiès,* on arrive à un embranchement : à gauche, direction Poros, à droite, direction la pointe sud-est de l'île et Skala.

KATÉLIOS *(ΚΑΤΕΛΕΙΟΣ ; 280 82)*

Petite station balnéaire familiale, croulant sous les lauriers. Notre coin préféré dans cette partie de l'île. Les tavernes en bord de mer sont accueillantes. Nombreux appartements et chambres à louer, mais vite remplis en saison. La plage de sable est large, bordée d'arbres et de terrasses de restos. Petit port de pêche récent au bout de la rue longeant la plage, après un parking.

Arriver – Quitter

➢ ***De/vers Argostoli :*** 2-3 bus/j., sf dim.

➢ ***De/vers Skala et Poros :*** 1-2 bus/j., en sem slt.

Où dormir ? Où manger ?

Odyssia Appartments : *tt au bout de la rue longeant la plage. ☎ 26-71-08-16-15 ; hors saison : ☎ 21-07-51-88-11. • odyssia-apartments.gr • Mai-oct. Selon saison, doubles 40-60 € (70-100 € pour 6 pers).* Des appartements pour 2, 3, 4 ou 6 personnes, très spacieux et refaits à neuf, à côté de la mer mais un brin à l'écart des restos. Grande cuisine bien équipée, TV, AC et balcon privé. Agréable jardin fleuri. Gentille propriétaire. Un bon plan pour les familles.

Stefanos Home : *avt d'arriver à Katélios, en venant du nord, grande maison sur la gauche dans le dernier virage de la descente. ☎ 26-71-08-16-66. • stefanoparadise@gmail.com • Selon saison, studios 4 pers 35-65 €. Petit déj sur demande (5 €). CB refusées.* Dans une maison neuve située à environ 1 km de la plage, les propriétaires vivent au 1er étage et louent des appartements bien équipés au rez-de-chaussée, avec kitchenette. Agréable jardin de bananiers avec barbecue. Accueil chaleureux.

Maria's Restaurant : *avt-dernier resto du bord de mer. ☎ 26-74-08-17-65. Tlj, midi et soir. Plats 8-12 €.* Agréable terrasse style Louisiane avec quelques tables les pieds dans le sable. Vaste choix des grands classiques pour tous budgets et quelques spécialités comme un fameux poisson cuit au four avec une sauce citronnée servi dans une grande cocotte, et de bons calamars épicés. Seul bémol, une attente un peu longue. Accueil vraiment agréable.

Captain Jerry's : *au centre de la rue du bord de mer. ☎ 26-71-08-13-72. Tlj, midi et soir. Compter 15-20 € le repas.* Le resto un brin chic de Katélios, idéal pour déguster un bon poisson frais. Grand choix dans une vitrine réfrigérée. Prix au poids, mais plusieurs formules économiques convaincantes. Service impeccable.

Ratzakli *(Ρατζακλι)* **:** deux jolies plages de sable roux dans la baie de Katélios, *Kaminia* et *Potamakia.* Lieu de ponte des tortues de mer *Caretta caretta,* hélas envahi par les vacanciers et leur forêt de parasols. Possibilité de contacter le *Katelios Group for the Research and Protection of Marine and Terrestrial Life,* aidé par le WWF *(☎ 26-71-08-11-61 ; • kateliosgroup.org •).*

CÉPHALONIE

LA CÔTE SUD-EST DE L'ÎLE

Skala *(Σκαλα)* **:** station balnéaire très animée à 40 km d'Argostoli, construite après les tremblements de terre au bord d'une large plage de sable et de petits galets. Très prisée des Anglais. Les tour-opérateurs louent à l'année la plus grande partie des hôtels et logements. On regrette d'autant plus le manque de charme du village que la magnifique plage, en partie bordée de pins maritimes, pourrait suffire à l'apprécier. Nombreux restos, bars, discothèques comme il se doit...

➢ ***De/vers Argostoli :*** 2-3 bus/j., sf dim.

➢ ***De/vers Poros :*** 1-2 bus/j., en sem slt.

Hotel-taverna Paspalis : *en bout de plage, sur la route pour Poros. ☎ 26-71-08-31-40. • paspalishotel.com • Mai-oct. Doubles avec AC, frigo et balcon 40-70 € dans de petits pavillons de 1 ou 2 étages. Env 14 € le repas.* Résidence de vacances classique mais impeccable pour un séjour de farniente. Piscine et terrasse agréable située face à la mer, c'est son mérite principal avec le rapport qualité-prix avantageux. Bon accueil.

– On a retrouvé à Skala les ruines d'une ***villa romaine*** avec de très jolies mosaïques *(visite libre en saison 10h-14h).*

➢ Sur la route côtière conduisant à Poros, à environ 7 km de Skala, une superbe crique à l'embouchure d'un petit canyon.

Markopoulos *(Μακοπουλος)* **:** *sur la route de Poros, à partir de l'embranchement après Platiès.* Village célèbre pour son « miracle » du 15 août. À cette date, la Vierge est célébrée toute la nuit.

LA BÉNEDICTION DES REPTILES

À l'Assomption, des centaines de petits serpents non venimeux viennent envahir l'église pour se faire bénir par le pope. Des spécialistes considèrent que c'est le bruit des cloches qui attire les bestioles. Comme les reptiles sont de moins en moins nombreux, on prétend aussi que certains habitants cachent des bocaux remplis de serpents derrière l'autel...

La route continue en passant par les petits villages de montagne *Krémidi* et *Pastra.* On arrive ensuite à *Agia Irini,* village agricole, vert et fleuri toute l'année grâce à ses sources, puis à ***Tzanata,*** où l'on a retrouvé en 1992 une immense tombe mycénienne (XIIIe s av. J.-C.), en forme de dôme, à l'instar de celle qui abrita le trésor d'Atrée (à Mycènes), sauf qu'ici tout s'est effondré *(le site se trouve à 1 km à l'est du centre de Tzanata : on y accède en prenant sur 400 m un petit chemin de terre qui part de la route de Poros ; tlj sf lun 8h30-13h30).*

À l'ombre d'un énorme platane se trouve une petite taverne, ***Vrissi,*** où vous pourrez déguster d'excellentes grillades cuites au feu de bois *(compter 10-12 €).*

POROS (ΠΟΡΟΣ ; 280 86)

À 45 km au sud-est d'Argostoli. Port d'arrivée du ferry de Kyllini et important port de pêche, situé à 1,5 km du centre-ville et de la plage, séparé par un belvédère. Ce petit village adossé à la montagne mérite qu'on y séjourne, car il offre une variété de paysages montagnards et maritimes qui en font tout son charme. La côte aux plages de galets est très découpée et la couleur de ses eaux cristallines passe par toute la gamme de l'émeraude au turquoise. Station balnéaire prisée d'abord par les Anglais qui ont été rejoints par les Néerlandais et les Italiens. On trouve beaucoup d'hôtels et de locations dont les prix sont restés d'un rapport intéressant.

Les tarifs sont un peu moins élevés que dans d'autres endroits de Céphalonie. De nombreux concerts, de musique classique entre autres, des expositions de peinture et de sculpture y sont organisés pendant tout l'été.

Arriver – Quitter

➢ ***De/vers Argostoli :*** 2-4 bus/j.
➢ ***De/vers Katélios :*** 1-2 bus/j., en sem slt.

Adresses utiles

✉ ***Poste :*** *à l'entrée du village, avt le pont. Lun-ven 7h30-14h.*
■ ***Banque :*** *à côté de la station-service.*
■ ***Capitainerie du port :*** *☎ 26-74-07-24-60.* Liaisons de/vers Kyllini dans le Péloponnèse.
■ ***Poros Travel :*** *à l'entrée du port d'embarquement des ferries. ☎ 26-74-07-22-84. Tlj 8h-21h.* Vente de billets de ferry pour Kyllini. Propose également des excursions à la journée pour Ithaque et Zante.

Où dormir ?

Oceanis Hotel : *à 2 km du centre, tt en haut de la colline qui domine le port des ferries ; c'est indiqué depuis le port. ☎ 26-74-07-25-81 et 82. • hoteloceanis.gr • Mai-oct. Doubles 35-70 € selon saison, (très bon) petit déj compris.* Un bel hôtel récent et très calme, qui bénéficie d'une situation incomparable. Il dispose de chambres propres et agréables, avec AC, frigo, TV et balcon. Grande piscine. Terrasse avec vue panoramique exceptionnelle sur la baie. Très bon accueil : les propriétaires parlent le français et se feront un plaisir de vous indiquer les endroits intéressants à visiter et les bonnes tables du coin. Ils louent également des studios et des appartements, situés à 800 m de l'hôtel, avec 2 chambres et cuisine *(compter 40-60 € pour 4 pers).*

Dionysos Studios : *sur le port des ferries. ☎ 26-74-07-23-59. • papagrigo@otenet.gr • Mai-sept. Selon saison, 30-45 € pour 2 pers, 50-60 € pour 4, petit déj compris.* Au-dessus du resto du même nom, une dizaine de studios et 2 appartements, impeccables, avec TV écran plat, AC et un bon lit tout neuf. Tous avec cuisine ou kitchenette et un balcon donnant sur le calme port. Pratique et vraiment pas cher. En prime, excellent accueil.

Georges Studios : *de l'autre côté du pont, en haut du village, à 5 mn de la plage, par une route qui monte sur la gauche après le pont. ☎ 26-74-07-25-08. • georstudio@otenet.gr • Juin-août. Chambres ou studios (juste une kitchenette en plus) 40-50 € selon saison ; également un appart pour 3 pers. CB refusées.* Chambres simples, certaines vieillissantes, mais avec grands balcons, AC et vue. Bon accueil de Georges, qui parle le français. Mais pas pratique pour se garer et assez excentré pour ceux qui arrivent à pied du ferry. Pour dépanner, donc.

Où manger ? Où boire un verre ?

Psarotaverna** (restaurant de poisson)* ***Dionysos : *très bien situé, surplombant le port des ferries. ☎ 26-74-07-23-59. Plats 6,50-12 €.* Bon poisson servi en terrasse sous des paillotes. Pas mal d'habitués s'y retrouvent. Bien aussi pour un petit plat classique en attendant le bateau. Personnel sérieux et aimable.

Taverna Iliovasiléma (Sunset) : *à côté de l'Oceanis Hotel, à 1 bon km du centre, au-dessus du port des ferries (accès par*

CÉPHALONIE

une petite route). ☎ *26-74-07-25-26. Tlj midi et soir en saison. Prix très corrects : plats 5-12 €.* Belles terrasses d'où l'on a une vue splendide. Carte classique et plats céphaloniens, comme la *kréatopitta* et le poulet ou le lapin au citron. Concert fréquent le soir quand Boyaa, une des serveuses, prend sa guitare (et quelle ambiance !). Accueil charmant.

Pizzeria Bello : *sur le front de mer, presque à côté du* Café-bar Mythos. ☎ *26-74-07-26-10. Pizzas 7-9 €.* Petite terrasse. Excellentes pizzas cuites au feu de bois, *breakfast* et glaces. Accueil sympathique.

Café Remetzo : *dans un recoin du port.* ☎ *26-74-07-26-91.* Bar original par son aménagement dans les rochers, illuminés le soir, au-dessus de l'eau. Contourner par la droite la devanture banale. Déco en bois, on se croirait sur le ponton d'un bateau ! Personnel jeune et sympa, nombreux cocktails, prix raisonnables.

@ **Café-bar Mythos :** *sur le front de mer.* ☎ *26-74-07-21-15. Tte la journée, jusqu'à 1h.* Très agréable. Équipé de quelques ordinateurs. Prix modérés.

À voir

Le monastère Atros : *depuis Poros, sur la route de Sami, prendre un chemin de terre qui monte sur la droite (c'est indiqué).* L'un des plus anciens monastères de l'île : il date du XIIIe s. À 535 m au-dessus de la mer, sur les montagnes de Poros, c'est un site admirable. La vue y est impressionnante et le coucher de soleil inoubliable. À ne pas rater, même si le chemin est mauvais (4,5 km de piste caillouteuse, très difficile même en moto ; un 4x4 n'est pas du luxe).

LE CENTRE ET LA CÔTE EST DE L'ÎLE

C'est l'un des plus beaux trajets à faire dans l'île. Quitter Argostoli et prendre la direction de Sami.

À Razata, prendre le chemin carrossable à droite, bordé d'oliviers millénaires, qui vous amènera au ***site de Crani,*** où l'on peut voir des restes de fortifications cyclopéennes, formées d'énormes blocs de pierre, datant du VIIe s av. J.-C.

La vallée d'Omala *(villages de Frangata, Valsamata, Mihata et Épanohori)* **:** connue pour ses vignobles qui produisent le vin réputé de Robola.

– ***Fête du Robola :*** *19-20 août à* ***Frangata.***

Le monastère Agios Gérassimos : *au centre de la vallée d'Omala, entre Valsamata et Mihata.* ☎ *26-71-08-62-05. En principe, en saison, 8h-13h, 15h-21h ; hors saison, 15h-19h. GRATUIT. Tenue correcte exigée, couvrant les épaules et les jambes.* Établi au XVIe s et complètement reconstruit après le séisme de 1953. Une superbe tour-campanile, dans le style de l'architecture ionienne, en forme l'entrée où s'élève un platane géant qui aurait été planté par saint Gérassimos. Ses restes sont conservés dans un reliquaire en argent. Dans la petite église du monastère se trouve un trou de 4 ou 5 m de profondeur, qui mène à une chambre souterraine reliée à une autre plus petite au niveau où le saint vécut en ermite. Pèlerinages le 16 août et le 20 octobre. Belles fresques dans l'église moderne voisine.

➢ ***De/vers Argostoli :*** 2 bus/j. en sem, à 10h et 14h. Retour à 10h30 et 14h30. Plus 1 bus Argostoli-monastère à 10h le sam en été ; retour à 14h30.

Le mont Énos *(parc national)* **:** en repartant du monastère, prendre la route principale jusqu'à Agios Éleftérios. La route va désormais jusqu'au sommet du mont Énos, le point culminant de cette chaîne montagneuse qu'est *Mégas Soros* (1 628 m). La forêt qui recouvre la montagne est constituée de sapins de Céphalonie, une espèce d'un vert assez sombre et dont les branches s'élèvent vers le ciel. Possibilité de monter jusqu'aux antennes de télécommunication, d'où la vue sur les îles voisines et la côte est somptueuse.

SAMI (*ΣΑΜΗ* ; 280 80)

À 24 km au nord-est d'Argostoli. Cette petite ville, entièrement reconstruite après le séisme de 1953, entourée de collines, est une étape agréable et enrichissante. Sur l'une de ces collines se trouve le site de la ville antique la plus importante de l'île. On peut y voir de grands tronçons de ses anciennes fortifications aux flancs de l'acropole et les ruines d'un édifice romain. Belle vue sur la ville et la baie. Dans les environs de Sami, on observe quantité de phénomènes géologiques. Nombreuses balades dans la région pour les amateurs de randonnée.

Arriver – Quitter

Arrêt de bus : *entre les 2 embarcadères des ferries, devant l'agence Artelaris Travel.* Attention, aucun bus le dim.

➢ ***De/vers Argostoli :*** 3-4 bus/j.
➢ ***De/vers Agia Éfimia et Fiskardo :*** 1-2 bus/j.

Adresses utiles

✉ ***Poste :*** *juste à côté de l'église. Lun-ven 7h30-14h.*
■ ***Banque :*** ***Alpha Bank,*** *12, odos Miaouli. Sous les arcades.* Également un distributeur à côté des agences *Artelaris Travel* et *Marketou Travel.*
■ ***Artelaris Travel :*** *sur le port.* ☎ *26-74-02-33-70. Tlj 6h30-23h30.* Vente de billets pour les ferries *Ionion Pélagos* pour Ithaque (Pisso Aétos) et Leucade (Vassiliki). Vente également de billets de bus.
■ ***Blue Sea Travel :*** *sur le port.* ☎ *26-74-02-30-07.* ● *samistar.com* ● *Tlj 8h-21h.* Vente de billets pour les compagnies *Sami Star* (bateaux d'excursion) et *Ionian Ferries* à destination d'Ithaque (Pisso Aétos).
■ ***Location de voitures :*** ***Gérolimatos,*** *sur le port.* ☎ *26-74-02-34-05.* ● *kefalonia-rent-a-car.com* ● *Compter env 40-50 €/j.*

Où dormir ?

Pas trop de grands hôtels. Tant mieux ! En revanche, plusieurs pensions abordables avec jardin sur la route de Karavomilos, au nord de la ville.

Camping

⛺ ***Karavomilos Beach Camping :*** *à 500 m au nord de Sami, en longeant la plage, et à 2 km par la route (bien indiqué depuis le centre de Sami).* ☎ *26-74-02-24-80.* ● *camping-karavomilos.gr* ● *Mai-sept. Selon saison, 22-25,50 € pour 2 avec tente et voiture (on peut aussi la laisser à l'extérieur).* Grand camping disposant de près de 250 emplacements. Bien ombragé avec eucalyptus, oliviers ou lauriers. Fort bien situé en bord de mer. Plage de galets. Sanitaires très propres, eau chaude tout le temps et personnel aimable (la patronne parle bien le français). Épicerie, bar-resto à côté et laverie. Belle piscine gratuite. Terrain bien plat. Un très bon camping !

Prix moyens

Hotel Mélissani : *23, odos Dihalion.* ☎ *26-74-02-24-64 ; hors saison :* ☎ *21-04-17-58-30.* ● *melissanihotel.gr* ● *Prendre la direction d'Antisamos, puis vers le haut à droite. Mai-oct. Doubles avec sdb 45-60 € selon saison. Petit déj. non compris. CB refusés.* À flanc de colline, avec joli panorama sur la mer. Très calme, quartier sympathique. Une quinzaine de chambres pas très grandes mais propres, avec AC, TV et frigo. Grands balcons. Chambres sur le toit avec une superbe terrasse-jardin. 2 studios

CÉPHALONIE

également. Accueil agréable.

Studios Filalithis : *au bout de la rue qui longe le port vers le nord. ☎ 26-74-02-24-94. • studiosfilalithis.gr • Studios 25-50 € selon saison ; apparts 4 pers 50-80 €.* Situés autour d'un patio, à l'arrière d'une petite taverne, une poignée d'hébergements récents, nickel, mansardés au dernier étage, avec cuisine, AC, TV... Balcons et grande terrasse face à la mer. Accueil gentil comme tout, la fille des patrons parle un français parfait.

Chic

Hotel Sami Beach : *à* ***Karavomilos,*** *2,5 km au nord-ouest de Sami. ☎ 26-74-02-28-02. • samibeachhotel.gr • Mai-fin oct. Doubles 80-110 € selon saison, petit déj-buffet inclus. Parking fermé (gratuit).* Ravissant hôtel familial de 45 chambres (AC, TV satellite, sèche-cheveux), au bord de la baie de Sami, quasiment les pieds dans l'eau. Pour le même prix, demander une chambre avec vue sur mer, tant qu'à faire. Grande piscine en L, jacuzzi, tennis, jeux pour enfants, bar et snack. Clientèle d'habitués. Accueil vraiment chaleureux de Marianna et de son mari. Possibilité de rejoindre le port à pied en passant par la plage (1 km environ).

Hotel Athina Beach : *à* ***Karavomilos,*** *à 2,5 km de Sami, avt le précédent. ☎ 26-74-02-27-79. • athinahotel.gr • Mai-oct. Selon saison, doubles 50-90 € avec petit déj ; apparts 4 pers 60-120 €.* Bel établissement, récemment construit, avec bar et lobby un peu tape-à-l'œil. Autour d'un vaste patio, grandes chambres et appartements à la déco contemporaine avec balcon fleuri et vue sur la mer pour certaines chambres. Bien équipé (AC, TV, radio, frigo) et impeccable.

Où manger ?

Beaucoup de pizzerias (notamment, ***Tereza, Riviera,*** et la plus chic ***Contessina***) et de cafés dans la rue qui longe la mer. *Gyros* et petits *souvlakia* sur la place près du débarcadère central des ferries. Quelques tavernes, mais très touristiques.

Taka Taka Mam : *entre les 2 débarcadères des ferries. Plats 6-9 €.* Une terrasse lovée sur le port au milieu des autres, on y trouve de tout : des steaks juteux, des salades grecques fraîches et des *gyros* bien garnis pas chers. C'est bon, simple et copieux.

Akrogiali : *au bout de la rue qui longe le port vers le nord. ☎ 26-74-02-24-94. Plats à partir de 6 €.* Poisson moins cher au kilo que dans la plupart des autres restos. Accueil chaleureux. Hébergements pas chers également (voir « Où dormir ? » plus haut).

Taverna Karavomilos : *à 2 km au nord de Sami, face à la mer et à côté d'une mare à canards, où débouche l'eau de mer qui s'est engouffrée dans le sol à Argostoli, à 30 km de là. ☎ 26-74-02-22-16. Plats 6,50-11 €.* Taverne bien agréable, quasiment les pieds dans l'eau sous les arbres. Bonne cuisine de poisson frais (ou congelé, et alors indiqué par une étoile). Tourte à la viande *(kréatopitta)* et bon lapin maison. Essayez la crème de feta piquante sur un bout de pain, c'est délicieux ! Le patron aime la pêche et pose régulièrement avec ses prises. Groupes musicaux certains soirs.

À voir dans les environs

Karavomilos (*Καραβομυλος*) *: à 2 km au nord-ouest de Sami.* Petit lac d'eau salée qui vient des grottes de Mélissani, pour se jeter dans la baie de Sami. Un joli moulin à eau, des canards et la tour-campanile de l'église Agios Ioannis au loin complètent le tableau. Nombreuses chambres à louer, quelques hôtels et tavernes.

À 4 km au nord-est de Sami, ne manquez pas la ***baie d'Antisamos*** *(Αντισαμος).* Facile d'accès, c'est un enchantement que de voir cette immense plage de galets,

CÉPHALONIE

entourée de collines sauvages et verdoyantes, avec ses eaux vert émeraude d'une transparence cristalline. C'est un des lieux de tournage du film *Capitaine Corelli.* Malheureusement, site bruyant à cause d'un bar de plage « bling-bling » qui balance ses décibels, mais on l'oublie en s'éloignant un peu. Pour une vue panoramique, au retour de la plage et avant de redescendre sur Sami, prenez la petite route à gauche, elle vous mènera au joli petit *monastère d'Agrilia,* entouré d'oliviers sauvages.

Le lac Mélissani *(Μελισσανη)* **:** *à 3 km au nord de Sami, en allant vers Agia Éfimia. ☎ 26-74-02-29-97. Mai-oct, tlj 9h-17h. Entrée : 7 € ; réduc ; gratuit moins de 6 ans. Le billet d'entrée donne droit à un tour en bateau sur le lac (env 15 mn).* Même si c'est cher, c'est l'un des sites les plus impressionnants de l'île. Mais en cas d'affluence, on passe plus de temps dans la file d'attente que sur la barque... Il s'agit d'un petit lac souterrain dont la voûte s'est effondrée. Résultat, les rayons du soleil s'infiltrent par les trous du plafond et créent, en se reflétant dans les eaux, des effets féeriques. À voir surtout en fin de matinée : le lac prend alors une superbe couleur turquoise. De 15 m de profondeur, il est alimenté par un fleuve souterrain qui traverse l'île d'ouest en est. Il prend sa source dans les environs d'Argostoli, à Katavothrès.

La grotte de Drogarati *(Δρογκαρατη)* **:** *à 3,5 km au sud de Sami. ☎ 26-74-02-33-02. Tlj 9h-17h. Entrée : 5 € ; réduc.* Vieille de plus de 2 millions d'années, elle présente un riche décor de stalagmites et de stalactites, bien mis en valeur dans une gigantesque salle, grâce à des projecteurs judicieusement placés. L'acoustique y est tellement bonne qu'on y organise même régulièrement des concerts. On dit que la Callas y a chanté ! En face de l'entrée, piscine gratuite au café-bar *Stalaktitès.*

AGIA ÉFIMIA *(ΑΓΙΑ ΕΥΦΗΜΙΑ ; 280 81)*

Charmant petit port animé, entouré de jardins, cyprès, lauriers, à 9 km de Sami et 34 km d'Argostoli. Sa baie accueille de nombreux yachts en été. Sur les collines se trouvent les restes de quelques maisons anciennes détruites par le tremblement de terre de 1953. Nombreuses criques intimes et plages de galets aux alentours, dont celle d'*Agia Paraskévi.*

Où dormir ? Où manger ?

Maki's Apartments : *à l'entrée du village en venant de Sami, à gauche. ☎ 26-74-06-12-33. • makisvillage.com • Doubles 40-60 € ; pour 4 pers 60-80 €.* Belles chambres récentes avec cuisine, réparties dans plusieurs maisonnettes en paliers. De confort moderne, elles offrent une vue dégagée sur la mer. Malgré l'insonorisation, éviter tout de même celles au rez-de-chaussée sur rue. Mais ce qui prime ici, c'est la grande piscine avec sa terrasse et son bar ombragé dominant la baie pour de bons moments de farniente.

Paradise Beach – Dendrinos Restaurant : *à 500 m au nord du port, par une petite route longeant la côte, c'est celui dont la terrasse est à droite. ☎ 26-74-06-14-55 (chambres) ou 26-74-06-13-92 (resto). Pâques-oct. Chambres 35-55 €. Plats 6-10 €.* On mange sous la tonnelle, sur une terrasse surplombant l'eau. Très fréquenté le soir. Le soufflé au chocolat aurait contribué à asseoir sa réputation... Menu écrit en français (d'ailleurs, le sympathique patron le parle). Dans la petite maison de l'oncle, juste à côté, des chambres bien tenues sont à louer. Certaines donnent sur la baie. Adorables petites criques de galets blancs en contrebas.

Spiros : *l'avt-dernière taverne du quai. ☎ 26-74-61-37-39. Plats 7-15 €.* Large terrasse couverte, musique grecque en fond sonore. Une adresse qui se veut la gardienne de l'orthodoxie culinaire céphalonienne. Très fréquenté par les familles. On y mange très bien !

À voir dans les environs

Le monastère de Thématon (*Θεματων*) **:** prendre la route de Myrtos, puis suivre direction Makriotika où, de la place du village, vous aurez une vue superbe sur la vallée de Pylaros. Continuez par une route de montagne sur 4 ou 5 km, jusqu'à un site enchanteur : une merveilleuse forêt de chênes verts, et tout à côté, le monastère, édifié en 1100, dévasté par les séismes et reconstruit en 1970. Vue imprenable sur Ithaque. On peut poursuivre la piste carrossable jusqu'aux éoliennes, d'où la vue est magnifique. Retour par le même chemin.

Plongée sous-marine

■ ***Aquatic Scuba Diving Center :*** *1, odos Marinou Antipa, légèrement en retrait du port, au début de la route d'Argostoli. ☎ 26-74-06-20-06. • aquatic.gr • Avr-oct. Compter 50 € la plongée, équipement compris.* École de plongée PADI : tous niveaux acceptés. 3 sorties par jour. Les accompagnants qui ne plongent pas sont les bienvenus à bord. Prix raisonnables et bon accueil.

LE NORD ET LE NORD-EST DE L'ÎLE

C'est la région la plus épargnée par les séismes. Les villages ont donc gardé leur cachet d'antan. La route qui va d'Argostoli à Assos est la plus spectaculaire de l'île. Accrochée à la montagne, elle surplombe des à-pics impressionnants.

Pour aller à ***Myrtos,*** à 34 km d'Argostoli, qui est probablement la plage la plus photographiée de l'île, continuer la route principale jusqu'à *Divarata* et descendre sur 2 km jusqu'à la *baie de Myrtos* aux eaux couleur lagon, absolument superbe. Peu de sable, c'est une plage de galets. Petite grotte sur la gauche, où l'on peut chercher un peu d'ombre quand le soleil tape, sinon location de parasols sur place. Surveiller les enfants : très rapidement, on n'a plus pied. Buvette devant le parking, mais pas de taverne, il faudra remonter à Divarata, où une poignée de petits restos vous tendent les bras.

ASSOS (ΑΣΟΣ ; 280 85)

À 41 km d'Argostoli. Bâti en amphithéâtre, Assos, entouré de pins, cyprès et cultures en terrasses, est l'un des plus beaux villages de Céphalonie. Niché dans une minuscule baie et protégé par une presqu'île rocheuse, voilà un site idyllique. Le petit port, ses quelques maisons de pêcheurs et sa minuscule plage de galets ont beaucoup d'allure. En face, sur la presqu'île, une *forteresse,* construite par les Vénitiens au XVIe s, servait de prison et protégeait les habitants des invasions des pirates. Entrée libre. Environ à 50 mn aller-retour à pied, mais de là-haut, vue superbe.

Où dormir ?

Attention, plusieurs chambres chez l'habitant, mais il est très difficile d'y loger en été. Village assez cher en général. Sur l'adorable place du village (appelée « place des Parisiens », pour remercier ces derniers de l'aide apportée après le séisme de 1953), plusieurs tavernes.

Pension Gerania : *en haut du village ; bien indiquée depuis la route principale (sur la droite en descendant* *vers le port). ☎ 26-74-05-15-26 l'été ; sinon ☎ 21-04-11-19-58 (à Athènes). • pensiongerania.gr • De mi-mai à fin sept. Doubles 58-85 €, petit déj (un peu riquiqui) compris. Réduc de 10 % sur présentation de ce guide.* Une maison neuve charmante et tranquille, campée au milieu d'un petit jardin fleuri, abrite une petite dizaine de chambres bien tenues et confortables, avec AC et frigo, et balcons qui donnent sur la baie, la presqu'île et sa forteresse. Bonne adresse, quasiment toujours complète en août, mais la chaleureuse Ritsa vous trouvera bien une chambre chez ses voisins.

Platanos Grill : *sur la place centrale. ☎ 26-74-05-13-81. Mai-oct, midi et soir. Plats 7-14 €.* Vaut surtout pour sa situation sur la jolie place centrale, avec sa terrasse ombragée. Carte classique, à base des produits de la ferme familiale, lapin, chèvre, coq, agneau (attention à bien demander les prix à l'avance – les couverts sont à plus de 1 € !).

Restaurant Assos : *en retrait de la place. 69-44-67-18-04. Slt de juil à mi-oct, midi et soir. Env 20-25 €.* Grande terrasse bien ombragée sous la treille. Mobilier couleur lavande. Carte assez variée pour une cuisine familiale. Portions copieuses et serveuses sympathiques.

FISKARDO (*ΦΙΣΚΑΡΔΟ ; 280 84*)

À l'extrémité nord de l'île, à 50 km d'Argostoli. Imaginez un petit port de carte postale. Vraiment un endroit de rêve. Allez, on exagère un peu... Le port est envahi de bateaux de plaisance en été ! L'un des rares villages qui n'aient pas souffert du séisme de 1953, mais il souffre aujourd'hui des promoteurs, qui rénovent à tour de bras. Ses maisons de pêcheurs, sur le quai, ont encore gardé tout leur charme. Cependant, les agences de voyages ont compris qu'il s'agissait d'une destination de choix pour leurs clients. Aussi, attendez-vous à jouer des coudes en journée. Pour l'apprécier, passez-y la soirée. Après 16h, le village redevient agréable.
De l'autre côté de la baie, les ruines d'une *église* construite au XIe s par le Normand Robert Guiscard, un chef de guerre au service du pape qui conquit la Sicile, l'Apulie et combattit les Byzantins (rien que ça !). C'est d'ailleurs lui qui a donné son nom, quelque peu déformé, au village.
Les petites grottes le long des côtes de Fiskardo servent d'abri à des phoques méditerranéens, *Monachus monachus* (ou *phoque moine*), menacés de disparition. Belle promenade jusqu'à *Tseledata,* avec la presqu'île de *Foki* et celle de *Daskalia* : charmantes petites criques, entourées de cyprès, de pins et d'oliviers, qui descendent jusqu'aux plages de galets.

CÉPHALONIE

Arriver – Quitter

➢ En saison, des liaisons quotidiennes avec **Leucade** (Vassiliki). Vente de billets sur le quai ; résa recommandée en été à l'agence *Nautilus,* au bout du port *(☎ 26-74-04-14-40 ; • nautilusfiscardo@gmail.com •).*

➢ **De/vers Argostoli :** 1-2 bus/j. sf dim.

Adresses utiles

✉ **Poste :** *odos Marabou, au pied des escaliers menant à l'église. Lun-ven 7h30-14h.*

■ **Distributeurs :** *plusieurs sur le quai.*

■ **Capitainerie :** *☎ 26-74-04-14-00.*

■ @ **Pama Travel :** *sur le port à droite, au-dessus d'une boulangerie. ☎ 26-74-04-10-33. • pamatravel.com • Tlj 9h-14h, 17h30-21h.* Location de véhicules, hébergements, billets de bateau, excursions, plongée et... possibilité de se connecter à Internet (mais assez cher).

■ **Location de voitures :** ***Litsos,*** *au carrefour à la sortie du village, au-dessus du port. ☎ 26-74-04-14-01.*

69-39-02-91-76. *Compter env 55 €/j. en été (tarif dégressif).* Un peu plus cher que *Pama Travel,* mais parc plus important. Loue des scooters également.

■ **Presse internationale :** ***Pantopoleio,*** *sur le port.*

Où dormir ?

Il est très difficile de se loger à Fiskardo. Le village est complètement trusté depuis quelques années par des agences anglaises, qui ne laissent que des miettes aux voyageurs indépendants. N'hésitez pas à vous renseigner auprès des commerçants, par exemple à la boulangerie, chez *Sotiria Tselendi (☎ 26-74-04-12-04 ; • fiskardo-ellis.gr •),* située en retrait du port, dans une petite rue (suivre les panneaux). Mais attention, Fiskardo est très chic et cela se paie.

Villa Romantza : *à l'entrée sud du village, face au parking, au-dessus du port. 69-72-28-31-67. • villa-romantza.gr • Juin-sept. Doubles 35-50 € ; studios pour 2-4 pers 45-65 € selon saison.* Ce bâtiment tout jaune et tout neuf recèle des chambres simples mais confortables et bien tenues au rapport qualité-prix exceptionnel pour le coin. C'est à deux pas du port et les proprios, dévoués, sont charmants. Un vrai bon plan.

Kiki Apartments : *à la sortie sud du village, en direction de Tseledata, sur une baie tranquille. ☎ 26-74-04-12-08 ou 26-71-02-27-54. • kiki-apartments.gr • Mai-oct. Résa impérative longtemps à l'avance. Studios 60-100 € selon saison ; apparts 65-115 € (tarifs base 2 pers).* Situés à deux pas du port, les studios sont confortables et très bien équipés. Jardin avec piscine, quelques jeux pour enfants et terrasse ombragée les pieds dans l'eau (mini-plage en contrebas). Les propriétaires, Kiki et George, francophones, sont très accueillants.

Où manger ? Où boire un verre ?

Pas de grande surprise dans les tavernes du port, qui se suivent et se ressemblent, mais cadre très agréable au bord de l'eau, face aux bateaux. Un peu plus cher qu'ailleurs...

Lagoudera : *au centre du port, en retrait sur une placette. ☎ 26-74-04-12-75. Plats 8-13 €.* On ne voit pas la mer, mais le bleu domine dans cette petite taverne aux murs roses. Les chaises sont bleues et les tables... bleues sont drapées de nappes à carreaux... bleus. On mange sur une agréable terrasse surélevée, agrémentée d'arbustes et de fleurs, et cerclée d'une petite barrière (bleue !). Cuisine sans surprise mais très correcte, surtout des grillades. Bon accueil. L'adresse a une extension sur les quais (*Lagoudera II,* cuisine semblable mais un brin plus onéreuse).

Restaurant Vasso's : *☎ 26-74-04-12-76. Avr-oct, midi et soir. Plats 9-22 €, voire plus pour certains poissons.* Bien situé, au bord de l'eau. Clientèle à l'aise dans son portefeuille. Poisson frais et cuisine traditionnelle revisitée avec une bonne carte des vins. Accueil sympathique.

Café Tsélenti : *sur une 2e place, en retrait du port, proche de la poste. ☎ 26-74-04-13-44. Plats 8-15 € ; poisson plus cher encore.* Dans un beau bâtiment datant de 1893 (ne pas manquer, dans la salle, une très belle carte de la Grèce peinte en 1945 à même le mur). Un café assez élégant, avec terrasse sur la place. On peut se contenter d'y manger des toasts, des sandwichs, des salades. Les plats sont assez chers. On y sert des petits déj également. Patrons francophones et sympathiques.

Théodora's : *installé dans le coude du port.* Un bar qui a le mérite de posséder une terrasse ombragée à l'étage d'une maison bleue et ocre, d'où l'on a une vue plongeante sur le port. Beau choix de cocktails.

Où dormir ? Où manger dans les environs ?

Il Veliero : *à* ***Tzamarélata,*** *à env 8 km de Fiskardo. ☎ 26-74-04-11-77 (juin-sept). 69-38-98-10-70. En hiver : ☎ 00-39-339-575-72-07 (en Italie). • ilvelierocefalonia.com • En venant de Fiskardo sur la route d'Assos, au village de Magganos, emprunter une route à droite au panneau « Alatiès Beach », puis passer la route de la plage et prendre à droite, ce sera encore sur la droite. Mai-oct. Résa impérative en août. Studios 2 pers 40-65 € selon saison ; 2 nuits min demandées. CB refusées.* Au milieu d'un grand jardin planté d'oliviers, plusieurs maisons ont été divisées en studios confortables ou en grands appartements bien équipés, avec terrasse et vue sur la mer, à moins de 3 km en contrebas. Barbecue pour les hôtes dans un espace bien ombragé. Édith, française, et son mari, italien, vivent là une partie de l'année et accueillent leurs hôtes avec beaucoup de convivialité.

Taverna Odysséas : *à* ***Iérousalim Beach,*** *au sud d'Alatiès Beach. Accès par le village de Magganos sur la route reliant Assos à Fiskardo. Mai-sept, tlj midi et soir. Env 15 € pour un repas.* Petite taverne face à une jolie plage de galets. Rien d'exceptionnel, mais on y mange plutôt bien pour pas cher, dans un joli jardin bien ombragé par une tonnelle de vigne vierge ou sous un figuier. Patron plein d'humour.

Taverne Alatiès : *à* ***Alatiès Beach,*** *3 km en bas de la route principale (plage bien indiquée). Mai-sept, tlj midi et soir. Env 15 € pour un repas.* Cuisine traditionnelle en portions copieuses et poisson frais surtout. La terrasse surplombe la petite plage nichée dans une crique rocheuse, isolée au milieu des pins et des cigales. Idéal pour profiter du coucher de soleil. Cadre agréable mais gérance instable, dommage.

À voir. À faire

➢ En continuant vers le sud après Fiskardo, petites criques de galets très tranquilles et facilement accessibles à pied.

Emplysi Beach : *à 1 km au nord de Fiskardo, sur la route de Magganos et d'Assos.* Jolie petite plage de galets avec quelques ombrages sous les pins ou en bordure de la roche en strates. La plage la plus proche de Fiskardo.

Fiskardo-Divers : *en retrait du port, à côté du restaurant* Vasso's. *69-70-20-61-72. • fiskardo-divers.com • Accueil de début mai à mi-oct, 9h30-14h, 17h-20h.* À l'origine, c'était une ONG animée par un groupe de jeunes volontaires qui avait pour but de proposer une approche de la mer centrée sur l'environnement, tout en assurant une activité plongée. Ils ont créé un modeste musée qui permet de découvrir l'écosystème et les sites archéologiques de l'île. Mais, surtout, ils continuent d'organiser avec leur bateau, *Neptune III,* des sorties de plongée (centre agréé PADI) pour tous niveaux, du baptême au plongeur expérimenté. Deux Français, Cédric et Yannick, installés à Fiskardo depuis quelques années, en assurent l'encadrement, avec leur petite équipe. L'environnement sous-marin de Céphalonie est particulièrement riche.

À L'OUEST D'ARGOSTOLI

Sur la ***péninsule Paliki*** se trouve Lixouri, deuxième ville de l'île. C'est la région la plus fertile, avec des collines couvertes d'oliviers, de vergers et de vignes. On peut y venir pour ses plages : ***Lépéda*** à 4 km au sud de Lixouri, plage au sable rougeâtre, comme ***Mégas Lakos*** (au sud de Lixouri, tourner à gauche au village de Soulari, et continuer sur 3,5 km). À proximité, autre plage, celle de ***Xi,*** aux eaux peu profondes, de plus en plus fréquentée et construite... Et, au nord, ***Pétani,*** un des sites les plus attachants de la péninsule : plage de galets (parfois sale) et dégradés de bleus avec un encadrement de falaises blanches. Attention, la mer peut être très agitée. Deux tavernes pour y admirer le coucher de soleil, inoubliable.

LIXOURI (ΛΗΞΟΥΡΙ ; 282 00)

C'est, historiquement parlant, la rivale d'Argostoli. Fondée en 1534, détruite par le séisme de 1953. Ses 6 000 habitants ne se sont toujours pas remis du choix d'Argostoli comme capitale de l'île en 1757 : depuis, des querelles homériques éclatent entre les deux villes. Sans cachet particulier, la cité est malgré tout très agréable et animée.

➢ Deux ferries font la liaison entre Lixouri et Argostoli avec un départ toutes les 30 mn 7h-20h, puis à 21h et à 22h. D'Argostoli à Lixouri, 7h30-22h30. Le dimanche, un seul ferry/h. Prévoir 25 mn de traversée. Sinon compter environ 45 mn par la route pour franchir les 34 km qui contournent le golfe. Le départ d'Argostoli se fait au nord du port. *Capitainerie :* ☎ *26-71-09-41-00.*

Où dormir ? Où manger ? Où boire un verre ?

🏠 |●| ***Rooms, studios & taverna Apolafsi :*** *à **Lépéda,** à 2 km au sud de Lixouri, par la route du bord de plage (sur la droite).* ☎ *26-71-09-16-91.* • *apolafsi.gr* • *Doubles 45-60 € selon saison ; apparts 4 pers 55-65 € ; et des villas à louer à la sem. Au resto, compter 15 € le repas.* 💻 📶 Plusieurs grands bâtiments à l'écart de la route, très bien situés face à la mer. Les chambres possèdent kitchenette, AC, TV et balcon. Dans la résidence, resto avec terrasse parfaite pour le farniente, flanquée d'une piscine un peu à l'écart. Accueil sympathique.

|●| ***Maxim :*** *sur le front de mer* ☎ *26-71-09-12-29. Plats 7-15 €.* Une douzaine de tavernes se partagent la longueur du quai des ferries. *Maxim* a l'avantage d'être en tête de liste et d'offrir, sur une agréable terrasse fleurie, une large carte où tout est alléchant. On s'est régalé d'une belle assiette de sardines grillées, avec une copieuse salade grecque, mais d'autres propositions méritent qu'on épluche tout le menu. Service souriant.

ITHAQUE (ΙΘΑΚΗ)

3 230 hab.

Avec un chenal d'à peine 3 km qui la sépare de sa grande sœur Céphalonie, cette petite île de 96 km² seulement entretient la légende, puisque c'est là, selon le récit d'Homère, qu'aurait régné Ulysse et que Pénélope, une bien honnête femme, aurait fidèlement, malgré le grand nombre de ses prétendants, attendu son mari pendant 20 ans en faisant de la broderie, accompagnée de son fils Télémaque. Mais les amateurs de *L'Odyssée* risquent toutefois d'être déçus, car il ne reste guère de vestiges qui pourraient attester de la réalité du récit homérique. Toutefois, comme la plupart des boutiques, cafés, restos ont un nom en rapport avec *L'Odyssée,* on baigne quand même dans une ambiance « ulysséenne », amplifiée par l'aspect sauvage de cette terre qui se partage entre deux sommets reliés par un isthme. Côté histoire plus récente, l'île a connu les mêmes périodes d'occupation que les autres îles Ioniennes. Sous le protectorat anglais, sa population a atteint plus de 14 000 habitants au milieu du XIXᵉ s, avec une flotte commerciale importante. Le rattachement à la Grèce entraîna une émigration vers le continent, puis

vers l'Amérique et l'Australie. Le séisme de 1953 acheva les maisons qui n'étaient pas devenues des ruines.
À première vue, il y a peu à voir à Ithaque, si ce n'est un ou deux jolis villages dans le nord (Frikès et Kioni) et quelques criques oubliées. Pas de belles plages de sable, ce qui freine le développement touristique même si, ces dernières années, l'île est devenue assez « tendance ». Ithaque reste ainsi une île plutôt tranquille : il n'y a pas grand monde en dehors du mois d'août. Les traditions y sont encore bien préservées et les fêtes locales attirent toujours beaucoup de monde.
Une seule route fait le tour de l'île, et les logements sont assez rares (et pas de camping). C'est un endroit rêvé pour ceux qui souhaitent se reposer à l'écart de la foule, une île assez sauvage et charmante, où règne la douceur de vivre. Nous, c'est une de celles qu'on préfère, mais ne le répétez pas...

Arriver – Quitter

En bateau

Le port « principal » est le simple quai d'embarquement de Pisso Aétos, sans aucune infrastructure, à l'ouest de l'île, à env 7 km de Vathi et à 18 km de Frikès. Le port de Frikès n'assure des liaisons en ferry avec Leucade (Vassiliki) qu'en juin et septembre ! En juil-août, il ne reçoit que des ferries de croisière à la journée en provenance de Leucade pour un simple arrêt déjeuner. Ces informations, horaires et fréquences, relevés en 2014, peuvent être modifiés d'une année sur l'autre : renseignez-vous.
➢ ***De/vers Céphalonie (Sami) :*** 4/5 liaisons/j. avec Pisso Aétos. Env 30-40 mn de traversée.
➢ ***De/vers Leucade (Vassiliki ou Nydri) :*** hormis juil-août, 1 liaison/j. mer-ven au départ de Frikès avec *Captain Aristidis* (compagnie *West Ferry*). Pendant l'été 2014, quelques liaisons ont été opérées avec Nydri avec le ferry *Meganissi* (infos à l'agence *Polyctor Tours*).
➢ ***De/vers Astakos (Épire) :*** 1-2 liaisons/j. au départ de Pisso Aétos (compagnie *Ionion Pelagos*), 1 slt dans l'autre sens. En principe, départ le mat vers Astakos, retour le midi ; autre départ certains j. vers 15h ou 20h.
➢ ***De/vers Kyllini (Péloponnèse) :*** en hte saison, un ferry quotidien relie Kylllini-Poros (Céphalonie)-Pisso Aétos et Sami (Céphalonie). Compagnie *Kefalonian Lines* (● *kefalonianlines.com* ●).
– Pas de bus à l'arrivée des ferries. Si vous n'êtes pas véhiculé, la seule solution est le taxi (compter 12 € pour Vathi et 30 € pour Frikès ; liste de numéros de téléphone au guichet des compagnies sur le quai ; en voici 3 : 📱 *69-74-64-82-53, 69-76-69-77-58* et *69-71-75-34-32*. Sinon, se faire livrer un véhicule de location de Vathi (voir plus bas).

LE SUD DE L'ÎLE D'ITHAQUE

VATHI (ΒΑΘΥ ; 283 00)

La capitale de l'île est installée dans un fort joli site. Les maisons cernent une baie profonde, entourée de collines sur tout son pourtour, à tel point qu'on dirait un amphithéâtre autour d'un lac avec une petite chapelle sur l'îlot central de Lazareto. La ville a été presque entièrement reconstruite après le dernier tremblement de terre, avec beaucoup de soin et de couleurs. Elle a gardé tout son charme et elle constitue une halte plus qu'agréable.

Adresses utiles

✉ ***Poste :*** *sur la place devant le port. Lun-ven 8h-14h.*
■ ***Capitainerie :*** ☎ *26-74-03-29-09.*
■ ***Police :*** ☎ *26-74-03-22-05.*

■ ***National Bank of Greece :*** *dans la rue derrière le bord de mer. Lun-ven 8h-14h30 (14h ven).* Distributeur de billets. D'autres distributeurs sur la place centrale.

■ ***Location de voitures :*** ***AGS,*** *à l'entrée du port. ☎ 26-74-03-27-02. • agsithaki@gmail.com • Compter 35-40 €/j. pour une petite voiture.* Livraison possible au port de Pisso Aétos.

■ ***Agence Delas Tours :*** *sur la place centrale du port. ☎ 26-74-03-21-04. • delas@otenet.gr • Tlj 8h-14h, 17h-21h30.* Vente de billets de la compagnie *Ionion Pélagos.*

■ ***Agence Polyctor Tours :*** *sur la place centrale du port. ☎ 26-74-03-31-20. • ithakiholidays.com • Tlj 9h-14h, 18h-21h.* Vente de billets de la compagnie *Ionios Corporation.*

@ ***Internet :*** ***Kafe Stéki,*** *sur la place centrale, à proximité de l'agence* Polyctor Tours. *Tlj 8h-23h30.*

■ ***Station-service :*** *à l'entrée nord-ouest de la ville.*

Où dormir ?

Hotel Mentor : *sur le port. ☎ 26-74-03-24-33 et 26-74-03-30-33. • hotelmentor.gr • Tte l'année. Doubles 60-85 € selon saison, petit déj (copieux) compris.* Du nom d'un fidèle d'Ulysse, le plus grand hôtel de l'île (une trentaine de chambres). Demander l'une des chambres en façade avec la jolie vue sur la baie. Les autres sont d'un bon rapport qualité-prix, plutôt spacieuses et bien équipées (AC, TV et balcon). Possibilité de prendre le petit déj-buffet sur la terrasse. Très bon accueil.

Hotel Calypso : *au sommet d'une colline dominant Vathi, à 2 km au sud en direction de Pérachori. ☎ 21-18-00-12-33. 📱 69-77-17-56-93. • ithacacalypso.gr • Avr-sept. Selon saison, compter 50-60 € pour une chambre double, 60-90 € en studio. Également des apparts pour 2-4 pers. Petit déj 7 €.* Dominant la baie de Vathi, un hôtel de construction moderne jouissant d'une vue ex-tra-or-di-naire ! Des chambres simples avec kitchenette à prix très intéressant, de grands studios lumineux bien équipés avec baie vitrée et des appartements immenses, dont un avec une impressionnante cheminée ! Tous, sauf une chambre, possèdent une terrasse avec cette vue unique. Une adresse d'exception à l'accueil vraiment gentil.

Odyssey Apartments : *perché sur les hauteurs de Vathi, à 1,5 km au nord-est du centre. ☎ 26-74-03-34-00. 📱 69-44-20-31-69. • odysseyapartments.gr • Avr-oct. Selon saison, compter 55-100 € pour 2 en studio, ou 90-160 € en appart pour 4-6 pers.* Une belle maison récente, campée au milieu d'un dégradé de terrasses, abrite quelques studios décorés avec goût. Des appartements sont répartis sur plusieurs bâtiments dans le jardin. En plus d'être spacieux et très confortables, ils possèdent tous un balcon ou une terrasse orientés face à la baie. Un havre de paix, plutôt onéreux, mais de bon confort avec une jolie piscine. Important de téléphoner à l'avance ou, mieux, d'envoyer un e-mail, car la réception est souvent déserte.

Hotel Omirikon : *à la sortie de Vathi, côté nord-est de la baie, à 1 km après le port. ☎ 26-74-03-35-96. • omirikonhotel.com • Avr-oct. Compter env 60-120 € pour 2, suites 100-140 €, petit déj compris.* 10 studios ou suites, pouvant accueillir jusqu'à 4 personnes, avec coin cuisine, donnant sur la baie. Très bon niveau de confort (bonne literie, AC, TV écran plat). Toute petite piscine-jacuzzi. Un hôtel élégant mais assez cher.

Où manger ?

Les restos du port ont l'avantage d'offrir une jolie vue mais sont assez chers (compter environ 30 € le repas). Parmi les plus sympas pour manger un bon poisson, essayer ***Kantouni*** ou ***Kohili,*** l'accueil y est très bon.

Chez Manu : *sur le port. ☎ 26-74-03-25-36. Tlj en saison, midi et soir. Env 15 € le repas.* Emmanuel, un Français originaire du Vietnam, est venu poser ses valises sur le port d'Ithaque (il s'y est même marié). Il propose une cuisine qui change résolument des tavernes et restos grecs, avec notamment des plats asiatiques qui réjouissent les papilles. Une bonne adresse, et pas seulement pour se reposer de la trilogie *souvlaki-moussaka-pastitsio*.

Nikos : *sur une placette, au carrefour de 2 ruelles à l'arrière du port. ☎ 26-74-03-30-39. Tlj, midi et soir. Env 10-15 € le repas.* Agréable terrasse pour déguster une cuisine traditionnelle copieuse à prix bien moins élevés que sur le port. Calamars, moussaka, *souvlakia* et plein de plats appétissants à choisir en cuisine. Demander sans cette sorte de *sauce à nems* qui gâche le goût de ces bons produits. Service impeccable et plein d'humour.

Tsiribis Dimitris : *à 1,5 km au nord-est de Vathi, de l'autre côté de la baie, direction Loutsa, à côté du petit port de plaisance. ☎ 26-74-03-23-11. Tlj, midi et soir. Plats 8-15 €.* Isolé et agréable. Tables sous les eucalyptus ou quasiment sur l'eau ! Tous les grands classiques à prix raisonnables, bonne viande et poisson au barbecue le soir. Propose également de copieux petits déj (sauf le dimanche).

Où boire un verre ?

Solatso et **La Crêperie :** *à 500 m au nord-est de Vathi, de l'autre côté de la baie.* Un brin à l'écart du port, le quai de Vathi où se retrouvent les d'jeuns le soir pour boire des cocktails et guincher sur les derniers morceaux à la mode. Lequel choisir ? Cruel dilemme ! Il y en a 3 en fait. Les plus jeunes s'arrêteront au premier des 3, celui qui n'a pas de nom, mais où l'on peut faire un barouf d'enfer !

À voir. À faire

➢ Ne pas hésiter à louer une barque à moteur pour découvrir la jolie côte au nord de l'île et la petite île déserte d'Atokos. C'est l'occasion d'aller se baigner dans les petites criques, uniquement accessibles par la mer. Sinon, minicroisière avec barbecue avec *L'Albatros* *(amarré face à la place centrale ; 📱 69-76-90-16-43 ; départ tlj à 9h, retour à 17h ; env 45 €/pers, 20 €/enfant, snorkelling inclus).* Également nombreuses embarcations à louer à Frikès.

Le Musée archéologique : *derrière l'*Hotel Mentor. *☎ 26-74-03-22-00. Tlj sf lun 9h-15h45 (7h30-15h hors saison). GRATUIT.* Rien d'exceptionnel, mais bien pour se plonger dans l'ambiance mystique de l'île. Restes du sanctuaire d'Aétos (env 1100-700 av. J.-C.) qui intéresseront les initiés, puisqu'ils datent de la période très obscure – dont il ne subsiste que de rares témoins – qui a suivi la civilisation mycénienne jusqu'à la période géométrique (belles poteries dont les décors ont donné le nom à cette période).

Également un ***Musée nautique et du Folklore*** : *☎ 26-74-03-33-98. Lun-sam 9h30-13h30, et 17h-21h en août. Entrée : 1 €.* La vie d'antan sur l'île est retracée à travers photos et costumes d'époque.

Prendre la direction de ***Pérachori.*** Il s'agit de la vieille ville de Vathi, où les habitants se réfugiaient en cas d'invasion. Un peu au-dessus, les ruines d'une vieille église du XVIe s, au clocher bigarré, ***Paliochora,*** à 10 mn de marche. Autrefois le village le plus peuplé de l'île. On peut y voir, dans une église décapitée, des fresques byzantines encore surprenantes bien qu'un peu fanées, et admirer la baie et le port de Vathi.

Nombreuses petites ***plages*** à proximité : la plus proche est dans l'anse avant d'arriver à Vathi, mais les plus intéressantes sont *Mnimata* et *Skinos* à 2 et 3 km en s'éloignant par le nord-est, *Gidaki* (où l'on peut aller en caïque depuis le port de Vathi), *Filiatro* et *Sarakiniko* à 3 km à l'est (route étroite y menant depuis le centre de Vathi ; possible d'y aller à pied).

À voir dans les environs

La grotte des Nymphes *(Marmarospilia)* **:** *de Vathi, reprendre la route goudronnée qui va vers le nord sur 3 km, puis continuer encore sur 2 km une petite route qui se prend sur la gauche.* Là, sur le conseil d'Athéna, Ulysse aurait caché le trésor donné par le roi des Phéaciens, Alkinoos. Même les profs de grec ancien risquent d'être déçus. Rarement ouvert...

Pour les mordus d'Homère, la ***fontaine d'Aréthuse*** avec une falaise de 40 m identifiée à la *roche du Corbeau,* à 5 km au sud de Vathi (la route goudronnée mène jusqu'au départ du sentier ; compter 30 mn ensuite), et la ***grotte d'Eumée*** (1,5 km plus au sud, par une piste puis un sentier ; pas très bien indiquée – on peut aussi partir à pied par un chemin derrière l'*Hotel Mentor*), où se seraient situées les *porcheries d'Eumée.*

LE RESTE DE L'ÎLE D'ITHAQUE

Pisso Aétos *(Πισω Αετος)* **:** petit port d'où partent les ferries. À part le débarcadère, et une toute petite plage, il n'y a rien à voir ! Sur la route du port, à droite au début de la descente quand on vient de Vathi, les ruines d'une cité antique, *Alalkoménès,* qu'on appelle sur place le *château d'Ulysse.* On peut y voir des fondations de tours à vocation défensive (loin d'être spectaculaires). L'endroit est plutôt bien choisi puisque, de là, on contrôle l'accès aux parties nord et sud de l'île, et que l'on a une vue sur les deux mers à l'est et à l'ouest, ainsi que sur Céphalonie. C'est Henrich Schliemann (le découvreur de Troie) qui est venu pratiquer les premières fouilles dans le secteur, en 1873. Il pensait alors avoir trouvé le fameux palais du héros homérique.

➢ Prendre l'unique route qui part vers le nord. Dans l'anse du golfe de Molos, jolie plage de *Bros Aétos,* mais malheureusement en bord de route. Continuez votre chemin et attaquez la montée. La vue est impressionnante. En effet, à cet endroit, l'île n'est plus qu'un bras de 500 m de large entre deux mers. Panorama superbe, à la fois sur Céphalonie, toute proche, et la baie de Vathi.

Agios Ioannis *(Αγιος Ιωαννης)* **:** à environ 10 km de Vathi, avant le village de Lefki, emprunter sur 2,5 km la petite route qui descend sur la gauche, dans un virage. Elle conduit à l'une des plus belles plages de l'île, avec ses galets blancs, son eau cristalline et ses rivages presque sauvages.

STAVROS (ΣΤΑΥΡΟΣ ; 283 01)

À 9 km plus au nord, le village de Stavros n'a rien d'exceptionnel mais est assez emblématique avec sa place centrale (avec le buste d'Ulysse et une maquette du « Palais » du héros), son imposante église à coupoles rouges, son arbre centenaire, son buste d'Ulysse et ses grands-pères qui prennent le frais à l'ombre. Nombreuses tavernes. De là, on peut accéder en 15 mn à pied vers le nord au sommet de la colline de Pilikata où ont été retrouvés des vestiges de l'époque mycénienne (XIIIe s av. J.-C.). D'en haut, on peut voir trois mers, comme le décrivait Homère : peut-être est-ce là que le palais d'Ulysse était érigé ?...
C'est en tout cas sur ce site que les découvertes archéologiques faites dans le Nord de l'île sont exposées, dans le petit ***Musée archéologique de Pélikata***

(à 800 m de l'église ; suivre le fléchage depuis le centre ; tlj sf lun 9h-15h45 ; 7h30-15h hors saison ; GRATUIT). Voir en particulier le fragment de poterie sur lequel est inscrit le nom d'Ulysse *(Odysséus),* la seule trace sur l'île faisant référence au héros grec. Se faire expliquer les quelques objets exposés en vitrine par la petite dame charmante qui s'occupe de ce modeste musée depuis 40 ans ! Un morceau de poterie, les restes d'un tripode en bronze ou une assiette avec des motifs peints recto verso deviennent de véritables trésors.

– ATTENTION, c'est sur la place principale de Stavros que vous trouverez le seul ***distributeur*** de cette partie nord de l'île.

– ***Grande fête :*** *5 et 6 août.*

Où manger ?

🍽 ***Polyphémus :*** *en haut du village (tourner à droite avt l'église, en venant de Vathi). ☎ 26-74-03-17-94. Mai-début oct. Plats 9-17 € ; compter env 30 € pour un repas complet.* Ne pas vous fier à leur carte de visite qui proclame qu'ils sont les pires ! Au contraire, c'est certainement l'un des meilleurs restos de l'île. Ambiance chaleureuse dans un agréable jardin de citronniers et d'oliviers pour déguster une cuisine typique concoctée par Lazaros (poulpe séché, agneau « surprise », saucisse du pays), goûteuse et en plus assez inventive. Faites-vous bien expliquer par Monika, une Suissesse polyglotte, la composition des plats, car la surprise peut être source de déception. Un bémol cependant, les portions sont peu copieuses et l'addition monte vite en multipliant les entrées, si délicieuses soient-elles. Ne pas manquer d'aller faire un tour au salon-bar de la camarade-chef, pour s'amuser de sa conception révolutionnaire du monde ! *Hasta la victoria siempre...*

🍽 Vous pouvez également essayer le *revani,* gâteau de semoule au miel. Les meilleurs se trouvent au ***Bar Lotos,*** avant l'église.

À voir dans les environs

★ **Poli** *(Πολη)* **:** *à Stavros, prendre la route face à l'église.* La route en lacet mène à un tout petit port et à une plage de galets bien tranquille avec quelques barques de pêcheurs. Petit snack sans intérêt, petites embarcations à louer, ainsi que quelques parasols et transats (peu d'ombre ici). Au bout de la crique, une grotte-sanctuaire (la grotte de *Loïzos*), où ont été retrouvées après le tremblement de terre de 1953 des poteries de l'époque mycénienne (exposées au musée de Stavros).

★★ **Anogi** *(Ανωγη)* **:** *à Stavros, prendre la route de montagne (fléché à droite avt l'église) pour Anogi, qui est 6 km plus haut.* Dans ce très ancien village, on peut visiter l'***église de la Dormition-de-la-Vierge,*** du XIIe s, avec son campanile de style vénitien et ses magnifiques fresques byzantines de plus de 600 ans : si elle est fermée, demander la clé au café d'à côté (si le patron est d'humeur à vous la donner, ça dépend de sa partie de cartes !). Poursuivre sur la route qui ramène vers Vathi, elle offre une vue panoramique impressionnante sur la baie de Molos et mène au monastère dédié à la Vierge Marie de Kathara, protectrice de l'île : autre beau point de vue.

FRIKÈS *(ΦΡΙΚΕΣ ; 283 01)*

À 20 km de Vathi, petit port tranquille coincé entre deux falaises surmontées d'anciens moulins à vent. Seulement quelques maisons, face à la mer, qui donnent à l'ensemble un aspect charmant et théâtral. Les terrasses de café s'égrènent le long des galets face à la baie. Pas de plage à Frikès même, mais plusieurs petites criques superbes aux eaux turquoise et cristallines dans les proches environs.

➢ Pas facile d'accès si vous n'êtes pas véhiculé (le seul bus de l'île en provenance de Kioni s'y arrête vers 7h30 pour aller à Vathi, avec un retour vers 11h, mais en semaine seulement !) et les taxis sont plutôt chers (environ 30 €).

Adresses utiles

■ ***Kiki Mini Market :*** *☎ 26-74-03-17-62. Tlj 7h-23h.* Petite supérette où l'on trouvera tout ce qu'il faut pour se confectionner un pique-nique. Angéliki ou son fils Dimitrios sont de bon conseil pour séjourner dans le coin (hébergements, restos, petites criques pour se baigner, balades à faire, coordonnées d'un taxi...). Proposent des douches aux baigneurs. Possibilité également de leur donner son linge à laver.

■ ***Station-service :*** *à l'entrée du village.* C'est la seule au nord de l'île, mais l'essence est très chère (autour de 2 €/l !).

Où dormir ? Où manger ?

Parce qu'un peu moins chaud que Vathi, en été, c'est le lieu de résidence qu'affectionnent ceux qui séjournent à Ithaque.

🏠 ***Aristotelis Apartments :*** *à 100 m du port, sur la route de Stavros. ☎ 26-74-03-10-79. • aristotelisithaca.gr • Mai-oct. Prévoir 45-55 € pour 2 en studio et 60-80 € en appart pour 4.* 💻 📶 Dans une maison tout en hauteur, à flanc de montagne, Aristotélis a aménagé avec goût une poignée d'appartements (avec mezzanine) et de studios confortables. Tous sont pourvus du confort moderne (AC, TV, cuisine équipée, fer à repasser, toasteur, etc.) et bénéficient d'une jolie vue sur la baie. Minipiscine avec solarium et terrasse avec barbecue à la disposition des résidents. Très bon accueil, mais bien se faire confirmer sa réservation.

🏠 |●| ***Hotel Nostos :*** *à 200 m du port, sur la route de Stavros. ☎ 26-74-03-16-44 ; hors saison : ☎ 26-74-03-14-76. • hotelnostos-ithaki.gr • De mi-avr à fin oct. Résa conseillée en hte saison. Doubles 85-115 € selon saison, petit déj inclus. Quadruples 125-160 €.* 📶 Joli bâtiment rose à volets bleus. Chambres simples mais assez spacieuses, modernes et agréables, avec salle de bains, AC et frigo. Certains balcons regardent la mer. Accueil familial sympathique et resto très correct. Grande piscine accessible aux non-résidents *(5 € avec un verre),* bien pour boire un cocktail le soir sur un transat. Un bon hôtel, mais tout de même un peu cher.

|●| ***Restaurant Rementzo :*** *sur le port. ☎ 26-74-03-17-19. Plats 5-14 € ; compter env 15-20 € pour un bon repas.* Un resto de qualité supérieure à la moyenne, notamment pour ses belles salades de roquette et d'épinards, saupoudrées de parmesan et accompagnées de tomates séchées, de courgettes et d'aubergines grillées, et sa délicieuse tourte maison. Surtout ne pas manquer le savoureux ragoût de chèvre aux abricots, à s'en relever la nuit ! Une excellente adresse à l'accueil impeccable, où se retrouvent les Grecs en famille le week-end. Merci Poppy et Nektarios, on s'est régalé !

|●| ***Taverna Odysséus :*** *sur le port. ☎ 26-74-03-17-33. Plats 5,50-15 € ; poisson env 30-40 €/kg.* On y vient surtout pour manger un délicieux poisson à la fraîcheur garantie. Les petits budgets trouveront également de bons petits plats à prix très abordables. Accueil sympathique également.

ITHAQUE

À voir dans les environs

⛱ ***La plage de Marmaka :*** *à gauche du port de Frikès, prendre la piste longeant la colline sur 2 km. On peut également la rejoindre par la baie d'Afalès en faisant* *une belle balade : passer derrière l'hôtel* Nostos, *prendre à droite à la fourche, puis la piste vertigineuse qui monte à flanc de colline sur 6 km pour redescendre ensuite.* Jolie petite plage sur ce côté est de la péninsule, protégée du soleil par des eucalyptus, mais assez ventée certains jours. Petit snack sur place. Un peu plus loin, autre petite plage avec un marais en partie asséché.

La plage d'Afalès : *passer derrière l'*Hotel Nostos *puis à gauche à la fourche, traverser 2 petits villages et descendre à la plage d'Afalès (fléché à droite).* Encore une petite plage de galets, avec quelques coins ombragés en bordure des rochers. Particulièrement sympa pour sa tranquillité et ses vagues.

Les plages de Kourmoulia et de Schinari : *sur la route de Kioni. À env 1 km de Frikès, 2 belles criques avec un peu d'ombre en contrebas de la route.* Une vraie carte postale, mais ces petites plages de *Kourmoulia* se remplissent vite ! Préférer grimper jusqu'au village de Rachi à environ 4 km pour redescendre dans cette même baie par un petit chemin à gauche jusqu'à une petite chapelle. La belle plage de *Schinari,* peu fréquentée, est notre préférée dans le coin. On pourra même rejoindre à la nage une autre petite plage sur la gauche.

KIONI (ΚΙΟΝΙ ; 283 01)

À 6 km au sud-est de Frikès. Ce charmant petit port de plaisance du bout du monde est notre endroit préféré sur l'île. On y accède par une belle route sinueuse qui descend à flanc d'une colline verdoyante d'oliviers et de cyprès. Quelques maisons s'étagent autour de cette baie croquignolette. Loin du flot touristique, le port est bordé d'accueillantes tavernes. Un cadre idyllique, à l'ambiance nonchalante, où l'on aura plaisir à séjourner pour laisser filer le temps en compagnie des locaux qui refont le monde autour d'un verre d'ouzo. Garer sa voiture au parking à l'entrée du village, Kioni se découvre à pied !

➢ Au départ du parking, un bus fait chaque matin en semaine un aller-retour pour Vathi. Départ vers 7h, retour vers 11h30.

Où dormir ? Où manger ? Où boire un verre ?

Captain's Apartments : *perché sur les hauteurs de Kioni, prendre à droite à l'entrée du village face au parking. ☎ 26-74-03-14-81. • captains-apartments.gr • Mai-oct. Selon saison, compter 40-60 € pour 2, 50-80 € pour 4. Parking privé.* Une grande maison ocre aux volets marron, les proprios habitent en face. Grands studios bien équipés, la plupart avec 2 terrasses pour une double orientation (est-ouest). Quelques éléments de déco un brin kitsch, mais propreté irréprochable (nettoyage fait tous les jours) et bons équipements (TV écran plat, AC, sèche-cheveux, cuisine avec électroménager complet). Pour les familles, appartements spacieux impeccables. Accès au port par une ruelle pittoresque en escaliers. Accueil vraiment chaleureux d'une famille adorable.

Avra : *la 1re taverne sur la droite en entrant dans le port. ☎ 26-74-03-14-53. Mai-oct. Env 12-15 € le repas.* Malgré sa grande terrasse sans âme, cette taverne est notre préférée à Kioni, particulièrement pour son savoureux porcelet cuit à la broche, proposé tous les soirs à partir de 20h (attention, ne pas trop tarder, il n'y en aura pas pour tout le monde !). Personnel accueillant et dévoué.

Café Spavento : *dans la ruelle à l'entrée du port.* Point stratégique incontournable, un petit troquet de village avec quelques tables dans la ruelle. Petit déj le matin, pause au frais en journée avec les petits vieux, le *Spavento* se transforme le soir en bar à cocktails où se retrouvent les jeunes qui n'ont pas envie d'aller se coucher. Pour un verre romantique, le patron a ouvert une seconde terrasse sur le quai à droite du port.

ZANTE (ZAKINTHOS ; ΖΑΚΥΝΘΟΣ) 39 000 hab.

La plus méridionale des îles Ioniennes, surnommée la « fleur du Levant », elle était la plus riche des îles Ioniennes au XVIIIe s. Cette richesse avait un prix, les Vénitiens exploitant très durement la population locale, à tel point qu'en 1797, lorsque les Français en devinrent maîtres, un club de Jacobins se créa. Dans un grand élan d'enthousiasme révolutionnaire, on brûla sur une place de la capitale le *Livre d'or* où figuraient les titres de noblesse des Vénitiens.
Aujourd'hui, Zante présente toutefois deux inconvénients : de nombreuses agences de voyages, surtout britanniques, y louent hôtels ou immeubles en appartements à l'année, ce qui ne facilite pas la recherche d'hébergement (plus de 200 000 visiteurs arrivent sur l'île directement par avion chaque année) ; d'autre part, les routes ne longent guère les côtes, si bien qu'il n'est pas évident d'accéder aux jolies plages. Zante est plutôt à conseiller hors saison (mais pas trop tôt ni trop tard, car peu de choses restent ouvertes).
Le Nord et le centre de l'île se trouvent à l'écart des principaux axes de circulation, mais les paysages montagneux de l'intérieur sont superbes. Ce qui engendre un troisième inconvénient : la concentration touristique dans les endroits les plus facilement accessibles comme la baie de Laganas au sud, qui accueille la moitié de l'infrastructure touristique de l'île.

Arriver – Quitter

En avion

Infos à l'aéroport : ☎ 26-95-02-83-22. • zakynthos-airport.com •
➢ ***De/vers Athènes et Céphalonie :*** 6 vol/sem (*Olympic Air* et *Sky Express*).

En bateau

Indications d'horaires et de fréquence à considérer avec les réserves d'usage…
➢ ***De/vers Kyllini :*** dans le Péloponnèse, à 68 km au sud de Patras. En juil-août, 4-6 ferries/j. assurent la liaison vers Zakinthos, la capitale de l'île (hors saison, 3-4 traversées/j.). Trajet : 1h. Résa indispensable début août. Si vous loupez le dernier bateau, quelques pensions et hôtels à Kyllini. Rens auprès de *Ionian Ferries* (*à Kyllini, ☎ 26-23-09-21-00 ; agence à Zakinthos 72, quai Lombardou, à côté de la station-service, ☎ 26-95-04-95-00 et 26-95-02-20-83 ; ou sur • ionianferries.gr •*). Également avec la compagnie *Kefalonian Lines* qui assure jusqu'à 3 A/R quotidiens en été.
➢ ***De/vers Pessada :*** port minuscule, au sud de Céphalonie. De mi-juin à mi-sept, en principe, 2 liaisons/j. pour Agios Nikolaos (le mat et le soir), petit port situé sous le village de Korithi, au nord de Zante (le taxi est cher… 45 € !). De mi-mai à juin et sept-oct, la liaison n'est pas assurée tlj ; se renseigner à Zakinthos (*agence Chionis Tour, 8, quai Lombardou. ☎ 26-95-02-39-84 et 26-95-04-25-56 ; • ionionpelagos.com •*).

En bus

➢ ***De/vers Athènes :*** 3 bus/j. À Athènes, départ de la gare routière A (*100, odos Kifissou ; ☎ 21-05-12-94-32*). Trajet : 6h. Le bus embarque sur le ferry.

Circuler dans l'île

En bus

🚌 ***Bus KTEL :*** *10, odos Filita. ☎ 26-95-02-22-55. • ktel-zakynthos.gr •* Toutes ces destinations sont au départ de Zakinthos-ville. Nous donnons les horaires d'été, prévoir un peu moins de liaisons en mi-saison.

ZANTE

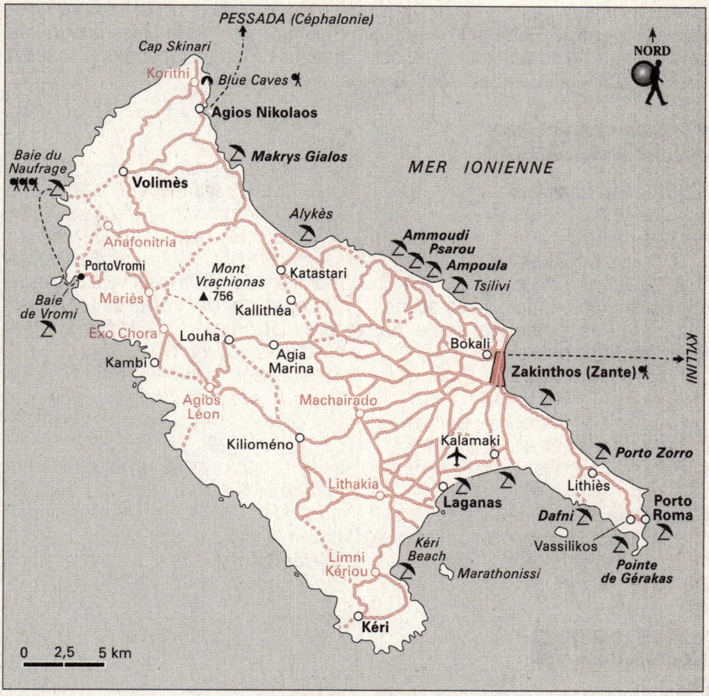

L'ÎLE DE ZANTE

➢ ***De/vers Vassilikos*** (commune sur laquelle on trouve les plages d'Agios Nikolaos et de Porto Roma)***:*** 4 bus/j. en sem, 2 le sam, aucun le dim. Retour de Porto Roma (terminus) env 30 mn plus tard.

➢ ***De/vers Alykès*** (dessert les plages au nord de Zakinthos)***:*** 4-5 bus tlj, sf dim.

➢ ***De/vers Limni Kériou*** *(proche de Kéri Beach)****:*** 3 bus/j., en sem slt. Retour 30 mn plus tard.

➢ ***De/vers Laganas :*** env 15 bus/j. lun-sam, 4 slt le dim. Retour 15 mn plus tard.

ZAKINTHOS *(291 00)*

Sur place, comme dans les plus petites îles, il arrive qu'on l'appelle Chora. Zakinthos-ville est peuplée d'un peu plus de 10 000 habitants. De nombreux bâtiments vénitiens furent détruits par le tremblement de terre de 1953 qui fit 100 victimes. La reconstruction n'a toutefois pas été sauvage, et on a rebâti les arcades de la rue principale, qui rappellent l'architecture vénitienne. La ville a d'ailleurs conservé le charme des villes italiennes, désordonnée et chahuteuse, très animée de jour comme de nuit. Les normes antisismiques adoptées ont permis d'éviter une nouvelle catastrophe en novembre 1997 (6,7 degrés sur l'échelle de Richter). La ville s'étale tout en longueur. La promenade en bord de mer est appelée *Strada Marina.* Devant le quai Lombardou, qui est situé entre la *place Solomou* au nord (Dionysos

Solomos, l'auteur de l'hymne national grec est né à Zakinthos) et la *place Agiou Dionysiou,* au sud. En retrait de la place Solomou, une autre place importante, toute pavée : *Agiou Markou,* avec ses cafés. Les rues marchandes (Foskolou, Alexandrou Roma et Tertseti) sont parallèles à Lombardou.

Adresses utiles

Office de tourisme : *Molos Agios Dionysos. ☎ 26-95-02-54-28. • zanteweb.gr • zanteisland.com • Au rdc de la capitainerie, à la sortie du débarcadère, à gauche. Lun-ven 8h30-16h30.* Peu de documentation, mais accueil dévoué d'une personne seule qui donne des infos précises.

Police touristique : *sur le quai Lombardou. ☎ 26-95-02-44-83. Lun-sam 8h-14h.* Personnel peu motivé...

Capitainerie : *☎ 26-95-02-81-17.*

Poste : *33, odos Tertseti. Lun-ven 7h30-14h.*

Banques : *3 banques à la suite sur odos Vénizélou (perpendiculaire à Lombardou, à hauteur de la pl. Sòlomou), ttes avec distributeur automatique. Distributeurs également sur le quai Lombardou et sur la pl. Agiou Markou. Pour les opérations de change, lun-ven 8h-14h30 (14h ven).* Peu de distributeurs dans l'île (sauf vers Laganas).

Location de voitures et scooters : ***Europcar,*** *1, Strofadon, face au débarcadère. ☎ 26-95-04-15-41. Selon saison, compter 35-50 €/j. Chez* ***Sakis Rentals,*** *4, Dessila, à deux pas de léoforos Démokratias. ☎ 26-95-02-39-28. Tlj 9h-14h, 18h-21h. Selon saison, compter 35-45 €/j. pour une voiture, 15-20 €/j. pour un scooter. Sinon, nombreuses petites agences à proximité de la pl. Solomou.*

Hôpital : *à Gaitani, à 2 km à l'ouest de Zakinthos. ☎ 26-95-36-05-00.*

Où dormir ?

À Zakinthos même, pas grand-chose de bon marché et l'intérêt d'y séjourner est relatif. Pour une chambre chez l'habitant, une association propose une liste d'hébergeurs à Zakinthos et sur l'ensemble de l'île. Infos : *☎ 26-95-04-94-98 et • omosdom@otenet.gr •*

Bon marché

Chambres chez Zouridis : *30, Louka Karrer, à 50 m de l'Hotel Alba. ☎ 26-95-04-46-91. 📱 69-74-66-70-13. Sur une petite place avec une minuscule église, derrière odos Kapodistriou ; « Rooms to let » inscrit au-dessus de la porte. Tte l'année. Résa conseillée en août. Doubles 25-30 € selon saison.* Cet établissement sans prétention propose une quinzaine de chambres fonctionnelles avec kitchenette, TV, AC et petite salle de bains, certaines possèdent même un balcon. C'est un peu en désordre, les matelas sont durs et 2 nuits minimum sont demandées, mais le proprio est sympa et à ce prix, on ne se plaindra pas.

Prix moyens

Hotel Alba : *odos L. Ziva et Kapodistriou. ☎ 26-95-02-66-41. • albahotel.gr • Près de la pl. Agiou Markou. Tte l'année. Selon saison, doubles 45-60 €, petit déj inclus.* Beau bâtiment moderne disposant d'une quinzaine de chambres petites mais claires, avec AC, balcon et salle de bains. Petite terrasse agréable à l'entrée. Patron très affable. Un bon hôtel.

Hotel Yria : *4, Kapodistriou. ☎ 26-95-04-46-82. • yriahotels.gr • À deux pas de l'Hotel Alba, vers le front de mer. Tte l'année. Doubles 50-60 € selon saison, avec petit déj (un peu riquiqui). Réduc de 10 % sur présentation de ce guide.* Un hôtel récent et confortable à la façade fleurie, à la déco soignée et à l'accueil avenant. Les chambres, plutôt petites, calmes et propres, sont bien équipées (AC, TV écran plat, sèche-cheveux...). Les mêmes propriétaires possèdent de beaux appartements *(Célia)* à Vassilikos, au sud-est de l'île (ouverts du 15 mai au 30 septembre).

Où manger ?

Sous les arcades de la rue commerçante, des marchands de petites viennoiseries proposent quelques tables pour un déjeuner sur le pouce. L'occasion de goûter aux spécialités locales, salées ou sucrées, pour des prix très doux. Essayer aussi les *grill-houses* (en grec, *psistariès*) odos 21-Maiou, dans le prolongement nord de la rue Alexandrou Roma. Le soir, l'animation se concentre autour des places Solomou et Agiou Markou, à peine plus au nord, ainsi que sur la promenade le long du port.

Taverne Dimitris : *sur la pl. Agios Dionysos, face au port, au sud du centre-ville. ☎ 26-95-04-26-78. Avr-oct. Plats 8-14 €.* Certes, l'alignement de restos racolant les touristes ne fait pas très envie, mais à côté de l'église, la place ombragée d'eucalyptus et de palmiers est bien agréable. En plus, le patron et son fils Spiros sont très sympathiques et discutent volontiers avec les clients, leur offrant parfois le dessert si le courant passe bien. Et comme les spécialités grecques tiennent la route, on ne va pas se priver ! La moussaka est d'une exemplaire légèreté et le *tzatziki* onctueux. Viandes et poissons grillés au charbon de bois uniquement.

Restaurant Molos : *26, quai Lombardou, sur le port. ☎ 26-95-02-39-39. Env 10-12 € le repas.* Parmi les nombreux restos de la promenade, un des cadres les plus agréables avec ses plantes vertes et ses brasseurs d'air. Cuisine locale simple et bon marché. Font aussi le petit déj et plats à emporter.

Taverne Malanos : *38, Agiou Athanassiou. ☎ 26-95-04-59-36. Du port, prendre vers le sud, passer le pont et suivre la route côtière, puis prendre à droite vers Kalamaki, la taverne est dans la 1re rue à droite (fléché). Tlj, midi et soir, tte l'année. Plats 8-12 €.* À l'écart des restos touristiques du port, une taverne traditionnelle de solide réputation où de nombreux Grecs se retrouvent sous une véranda sans charme pour déguster de solides assiettes (côtelettes d'agneau, *pancetta* de porc, savoureux rougets grillés...) à prix défiant toute concurrence. Tous les soirs en été, un trio de papys guitaristes joue des airs populaires *(arekia)* que tout le monde reprend en chœur.

Komis : *sur le quai à droite de l'arrivée des ferries. ☎ 26-95-02-69-15. Avr-oct, tlj midi et soir. Plats 18-25 € ; poisson 60 €/kg. Compter env 30 € le repas.* Déco style cabanon de bric et de broc avec un tas d'objets pendus au plafond et un vieux poêle de fonte. Poisson au poids selon arrivage, le marché est pile derrière ; aller faire son choix dans le frigo. Également moules, sardines, poulpes et anchois, ainsi que des plats « terriens ». Le tout cuisiné dans les règles de l'art. Accompagnement de pommes de terre ou de légumes frais. Terrasse au bord de l'eau également, au milieu des géraniums, et une barque avec une seule table pour un couple de tourtereaux. Cher, mais justifié par la qualité. Excellent accueil.

Où sortir ? Où boire un verre ?

Base : *pl. Markou.* Café avec grande terrasse sous parasols, fréquenté par la jeunesse locale à laquelle se mêlent les touristes qui prennent plaisir à décortiquer des pistaches en sirotant leur cocktail, ou à déguster une glace, malgré les décibels de la techno qui pulsent de l'intérieur.

À voir. À faire

Bokali : c'est la colline qui surplombe la ville. À 2 km par la route, mais, de jour, possibilité de couper par le petit bois au nord de la ville. Pas de véritable chemin, mais un raccourci qui permet d'atteindre la forteresse en une quinzaine de minutes : le *kastro* *(tlj sf lun 8h-14h ; entrée 3 €, réduc)*, l'une des dernières constructions vénitiennes de la ville, fortement endommagé par les séismes successifs. Plus intéressant, le panorama qu'il offre sur une grande partie de l'île. Prenez le temps de boire un verre sur la terrasse, près de l'église ou un peu plus haut sous les pins, pour apprécier la vue plongeante sur la ville et le port. Le soir, les quelques tavernes illuminent la colline.

Le Musée byzantin : *pl. Solomou. Tlj sf lun 8h-14h30. Entrée : 3 € ; réduc ; gratuit pour les étudiants de l'UE.* Fermé en 2014 pour travaux. Intéressera les amateurs d'icônes, récupérées pour la plupart après la catastrophe de 1953 (nombreuses photos réellement impressionnantes). Pas mal d'icônes crétoises arrivées avec les réfugiés crétois chassés par les Turcs au XVIIe s. Les icônes vénitiennes, elles, se distinguent de celles de la tradition byzantine par l'influence catholique qui les rend moins figées. Iconostase rescapée et restaurée après 1953 et maquette de la ville avant cette date où l'on distingue la différence entre le quartier du port habité par les modestes pêcheurs et celui plus au nord avec ses opulentes maisons de marchands.

Romas Mansion : *19, Louka Karrer. ☎ 26-95-02-33-81. • romas.gr • De mi-avr à mi-oct, tlj sf sam soir et dim 10h-14h, 19h-21h. Entrée : 5 €.* Visite de la maison d'un marchand anglais datant de 1660, devenue résidence des gouverneurs britanniques durant le protectorat anglais et vendue à la famille Romas en 1880. Elle fut le siège d'un parti politique, fut détruite en 1953 et reconstruite à l'identique. Son dernier occupant a été Dionysos Romas, historien et académicien. C'est un des derniers exemples d'architecture de l'avant-séisme. Bibliothèque de plus de 10 000 ouvrages, portraits de famille, gravures, reflets de la vie aristocratique de Zante.

L'église Agios Dionysios : *tlj 7h30-23h en été (fermé 13h-17h le reste de l'année).* Construite en 1925, avec un beau campanile à la mode vénitienne, elle contient les reliques du saint patron de l'île conservées dans une châsse d'argent particulièrement vénérée. Superbes vitraux et plafond voûté entièrement recouvert de magnifiques fresques façon B.D. Ne pas manquer celle du *Jugement dernier* à l'entrée, à gauche, une merveille ! Tenue pas trop dénudée exigée... À l'arrière, un intéressant ***musée du Diocèse*** *(entrée : 2 €)* renferme une donation des monastères de Strofadès et d'Agios Dionysos comprenant une collection d'icônes des XVIe-XVIIe s, des rouleaux de prières (certains en grec ancien), divers objets liturgiques et des chasubles sacerdotales.

➢ ***Excursions en bateau :*** *compter 20-25 €/pers. Rens sur le front de mer, dans les agences de voyages.* Sont proposées à la journée : le tour complet de l'île, la visite de la baie du Naufrage et des balades sur le vieux gréement *Voutirakos*.

LE SUD DE L'ÎLE DE ZANTE

On y trouve les plus belles plages. Résultat : beaucoup de monde le week-end et en été.

PORTO ZORRO (ΠΟΡΤΟ ΖΟΡΟ ; 291 00)

À 9 km à peine au sud de Zakinthos, *Banana Beach,* une des premières plages de sable, très belle donc assez fréquentée. Pas d'ombre, mais les bars de plage proposent un parasol et deux transats pour environ 6 € la journée. Nombreuses activités proposées : jet-ski, énormes toboggans gonflables, embarcations à pédales (avec toboggan également !)...

Où dormir ? Où manger dans le coin ?

🏠 |●| ***Lithiès Houses and Organic Farm :*** *hameau de* ***Lithiès,*** *Vassilikos (291 00).* ☎ *26-95-03-52-90.* ● *lithieshouses.gr* ● *Membre du réseau d'hébergements de charme* Guest Inn ● *guestinn.com* ● *Sur la route pour Porto Roma, après l'embranchement pour Agios Nikolaos Beach, repérer la taverne en pierre, à droite dans un virage. Avr-oct. Resto tlj (soir slt hormis de mi-juil à fin août). Villas 2-4 pers 50-80 €, villas 4-5 pers 80-130 € selon saison. Compter env 15 € au resto.* Cette ferme d'agritourisme propose au cœur de son oliveraie 5 maisons en pierre du pays ou aux couleurs flashy, d'allure rustique mais de bon confort. Chambre en mezzanine pour les familiales, grande cuisine bien équipée et vaste salon. Bonne taverne pour goûter aux produits de la ferme. Une adresse authentique, au calme.

|●| ***O Adelphos tou Kosta*** *(Le Frère de Kostas)* **:** *dans un tournant sur le côté gauche de la route pour Porto Roma, juste avt l'entrée de Banana Beach.* ☎ *26-95-03-53-47. Juin-sept, ainsi qu'à Pâques, slt le soir ven-dim. Plats 8-9 €.* Resto dans un grand jardin à la riche végétation, proposant une cuisine originale (*keftédès* aux courgettes, gâteau aux aubergines, lièvre) à des prix corrects. Ambiance musicale.

À voir. À faire

À 4 km à l'est, ***Agios Nikolaos Beach,*** où se retrouve la jeunesse branchée de Zakinthos. Si la musique des quelques tavernes ne vous fait pas fuir, vous y trouverez un centre de plongée, ainsi que des locations de matériel nautique.

■ ***Saint-Nicholas Beach Diving Center :*** ☎ *26-95-03-53-24.* 📱 *69-80-21-42-75. Mai-oct. Compter 45-55 € la plongée ; dégressif dès la 2ᵉ.* Cours de plongée certifiés PADI pour tous niveaux, même débutants. Les enfants sont acceptés à partir de 12 ans. Instructeurs anglais très pros. Également location de jet-skis.

PORTO ROMA (*ΠΟΡΤΟ ΡΩΜΑ ; 291 00*)

Crique de sable et de petits galets, étroite et bien protégée. Quelques constructions en bord de mer, mais ça reste encore acceptable et calme.

Où dormir ? Où manger ?

🏠 Avant d'arriver à la plage, de nombreuses ***chambres à louer*** dans de jolies maisons colorées, tranquilles et fleuries. Un lieu de séjour agréable, un peu en retrait du flot touristique.

🏠 ***Villa Kapnisi :*** *maison blanche sur la gauche en descendant vers la plage.* ☎ *26-95-03-53-31.* ● *zanteweb.gr/zakynthos.zante/en/villa-kapnisi* ● *Mai-oct. Studios 2-3 pers 28-52 € selon saison ; grands apparts pour 4 pers 47-80 €.* Entourée d'un jardin planté d'oliviers, cette grande bâtisse est divisée en appartements à l'étage et en studios au rez-de-chaussée. Simples, mais très propres, avec TV, AC et kitchenette (bien équipée), chacun possède sa terrasse avec une belle vue sur la mer en contrebas. Un bon rapport qualité-prix.

🏠 ***Villa Clélia :*** *grande maison jaune sur la droite avt d'arriver à la plage, en face du petit supermarché.* ☎ *26-95-03-50-69.* ● *zanteweb.gr/zakynthos.zante/en/villa-clelia* ● *Juil-août slt. Studios pour 2 pers 30-35 € ; apparts pour 3-4 pers 40-45 €.* Une vingtaine de studios et d'appartements propres et simples là encore, avec balcon ombragé donnant sur les oliviers, petite salle de bains, AC, TV et coin cuisine. Tranquillité assurée. Accueil agréable, mais en grec seulement.

Petit resto ***Porto Roma*** surplombant la plage depuis l'agréable terrasse. Voir également dans la descente le resto ***Mikri Platia,*** dans une maison rose avec une belle terrasse fraîche et un petit kiosque *(midi et soir ; prévoir env 12 € pour un repas complet).* Magnifique vue. Bonne cuisine familiale.

Taverna Galini : *en venant de Porto Roma, dans le chemin en face au croisement pour Gérakas. ☎ 26-95-03-52-31. Mai-oct, tlj midi et soir. Plat autour de 10 €, poisson env 50 €/kg.* Dans un calme jardin, de belles terrasses ombragées par des paillotes surplombant la baie pour se rassasier de petits plats simples ou de poisson frais. Jeux pour enfants pour faire patienter les têtes blondes. Bel accueil familial.

LA PLAGE DE GÉRAKAS (*ΓΕΡΑΚΑΣ*)

À la pointe sud-est de l'île. Malgré l'installation de parasols et autres *sunbeds* sur sa moitié droite, c'est certainement la plus belle plage de l'île, prisée, sur une partie, par les naturistes. La crête rocheuse en tuf prend une jolie teinte rousse au couchant. D'ailleurs, les tortues marines aussi ne s'y sont pas trompées, car elles y viennent pour la ponte : 26 % des naissances de *Caretta caretta* en Méditerranée sont enregistrées à Zante. Voilà pourquoi il est interdit d'y dormir et d'y faire du feu. Tout bruit ou toute lumière fait fuir les mamans tortues. Effrayées, elles meurent alors d'épuisement en mer. Un peu de respect, s'il vous plaît !

Les tortues viennent inlassablement depuis des millénaires pondre sur les plages où elles sont nées, entre 20 et 30 ans après leur naissance. Dans le secteur, elles fréquentent six plages différentes. Manque de chance pour elles, la période de ponte va de la fin mai à la fin septembre, en pleine surchauffe touristique. La *STPS* ***(Sea Turtle Protection Society of Greece,*** *☎ 26-95-02-94-89, à Zakinthos)* se bat depuis plus de 20 ans pour la protection des sites de reproduction des tortues, toujours menacés par l'exploitation touristique (un exemple flagrant : même les parasols autorisés sur la plage sont un danger pour les œufs de tortue). L'ONG a d'ailleurs ouvert un centre d'information et de sensibilisation au problème ***(Gerakas Eco Village*** *; • gerakasecovillage.com •, tlj en saison 10h-18h)* sur la route qui mène à la plage de Gérakas. On peut, pour soutenir l'association, « adopter » une tortue ! Des bébés sauvés sont visibles dans des aquariums.

Un ***parc marin national*** a été créé en 2000. *• nmp-zak.org •* C'était plutôt mal parti (actes de vandalisme contre le bâtiment du WWF...). La Commission européenne a montré les dents et le gouvernement grec, mis à l'amende, a promis qu'il allait faire respecter la loi... Mais en 2004, le parc a fermé, faute de crédits ! Il a repris son activité en 2005 et, depuis, les choses progressent, pour de bon semble-t-il... Malheureusement, ces derniers temps, on a noté une augmentation du nombre de tortues mortes, en raison des nombreuses violations de la réglementation. Car la crise est passée par là, entraînant une réduction drastique du financement du parc...

DAFNI (*ΔΑΦΝΗ*)

Après Porto Zorro, sur la route en direction de Porto Roma, prendre la route qui monte sur la droite, juste après le *Sea View Village.* C'est indiqué par un panneau « Dafni Beach ». Puis suivre le chemin, parfois défoncé, sur 3 km environ. Plusieurs tavernes se sont (malheureusement) installées dans cette grande baie calme. Interdiction d'y camper à cause des tortues. Des petits tréteaux sur la plage de sable brun protègent les sites de ponte, mais cela ne suffit pas : selon le WWF, le site est hors contrôle, faute de personnel pour faire respecter les règles.

LAGANAS (*ΛΑΓΑΝΑΣ ; 291 00*)

Ce fut longtemps l'une des plus belles plages de Zante, longue de 7 km et entourée des deux pointes de Skopos. Actuellement, nul doute qu'elle effraiera plus d'un routard. On se perd dans un labyrinthe de restos, d'hôtels, de bars et de salles de jeux. Les jeunes Anglo-Saxons et Scandinaves s'y rendent en masse avec, en tête, le slogan *Sea, sex and sun.* On peut y ajouter sans se tromper : *drunk,* à voir l'affligeant spectacle nocturne de ces post-ados des deux sexes titubant dans le caniveau après avoir ingurgité des litres de bière et d'alcool. Leurs aînés ne sont pas en reste, qui passent leurs journées et leurs soirées dans des salles de machines à sous.

KÉRI (*ΚΕΡΙ ; 290 92*)

Village perché sur la montagne, à l'extrême sud de Zante, donnant sur l'ouest. C'est un lieu qui s'anime en soirée lorsque le village est traversé par les touristes venant admirer le coucher de soleil au phare, à moins de 2 km du village (faisable à pied).
Au cap Kéri, un resto, le *Kéri Light House,* très moyen et cher, mais bien situé pour prendre un verre. Magnifique vue sur les falaises crayeuses et les récifs depuis la terrasse et petite volière avec des paons. Une autre attraction attire depuis 2006 les visiteurs : l'immense drapeau bleu et blanc de 670 m^2 et qui se déploie au bout d'un mât de 50 m. Il a été homologué comme le drapeau grec le plus grand du monde par le *Guinness Book* des records.
Une vingtaine de phoques méditerranéens *(Monachus monachus)* sont recensés dans le secteur sud-ouest de l'île.

Où dormir ? Où manger dans le coin ?

Pansion Limni : *à Kéri Beach, en bord de mer, à l'extrémité nord de la petite station balnéaire.* ☎ *26-95-04-87-16.* • *pansionlimni.com* • *Tte l'année. Doubles 30-50 € selon saison ; appart 4 pers dans une maison un peu en retrait de la plage (*Porto Tsi Ostrias, *gérée par la même famille) 45-65 €. Riche petit déj 6 €. Table d'hôtes 18 €/pers (vin inclus).* Dans une grande bâtisse surplombant la plage de galets, juste avant la taverne *Poséidon,* la famille (certains membres parlent le français) accueille avec convivialité les visiteurs, proposant une dizaine de chambres rénovées avec cuisine, bien tenues et fonctionnelles (AC, TV). Depuis la terrasse commune, vue sur la mer, sur l'îlot rocheux de Marathonissi ou sur l'ancienne lagune, aujourd'hui asséchée et envahie par les roseaux. La famille fabrique sa propre huile d'olive ainsi que son vin (et en offre à ses clients). Sur résa, table d'hôtes copieuse avec de bons produits fermiers (poulet, tomates...).

Sunset : *à l'entrée du village perché de Kéri, sur la droite.* ☎ *26-95-04-32-70. Juin-sept, tlj midi et soir. Plats 7-10 €.* Comme son nom l'indique, la taverne idéale pour profiter, de sa terrasse panoramique, d'un beau coucher de soleil sur ce coin sauvage et magnifique de l'île. Mais l'on viendra aussi pour l'assiette généreuse et goûteuse. Pas de poisson, mais de bons *souvlakia* et un *kontosouvli* à tomber : une grosse broche de porc fondant qui a cuit lentement pendant 5h ! Accueil tout aussi délicieux.

LE NORD DE L'ÎLE DE ZANTE

Passé la station balnéaire de Tsilivi et ses plages de sable surpeuplées, la côte devient plus escarpée. La route offre une vue magnifique sur la mer et sur des criques minuscules, souvent uniquement accessibles en bateau.

LA PLAGE D'AMPOULA (ΑΜΠΟΥΛΑ ; 291 00)

Camping Zante : *à 6 km au nord de la capitale, sur la commune de Tragaki (10 bus/j. en été). ☎ 26-95-06-17-10. • zantecamping.gr • 1er mai-début oct. Compter 16 € pour 2 avec tente et voiture.* Sur une colline couverte d'oliviers et de pins, descendant vers la mer, grand camping familial, très agréable et à l'accueil sympa. Belle piscine avec vue dégagée sur la baie, minimarché, resto et laverie. Bien entretenu et sanitaires impeccables. Bar fort sympathique le soir, près de la mer. Location de deux-roues. Notre camping préféré à Zante !

LA PLAGE DE PSAROU (ΨΑΡΟΥ ; 291 00)

Camping Paradise : *à 11 km de Zakinthos, sur la commune de Messo Gérakari (2 bus/j.). ☎ 26-95-06-18-88. • zanteweb.gr/zakynthos.zante/en/camping-paradise • Juin-sept. Compter 16-19 € pour 2 avec tente et voiture.* Ombragé sous les oliviers, dans un endroit calme à 200 m de la mer, tout petit camping avec installations simples et récentes. Sanitaires corrects, laverie, minimarket et resto, mais en haute saison seulement. Sinon, 2 ou 3 tavernes à proximité. Plage de sable à 150 m, tranquille, en contrebas. Location de voitures et scooters.

LA PLAGE D'AMMOUDI (ΑΜΜΟΥΔΙ ; 291 00)

Dans une baie paisible avant la station balnéaire sans grand intérêt d'Alykès.

Où dormir ? Où manger ?

Studios et appartements Clear Horizon : *sur la plage d'Ammoudi. ☎ 26-95-06-29-90. • clear-horizon.com • Mai-oct. Studios 2 pers 30-45 € ; apparts 4 pers 45-60 € selon saison ; tarifs dégressifs en cas de long séjour. Petit déj en sus. Compter 12-15 € pour un repas.* Grand bâtiment aux murs bleu ciel, avec des appartements spacieux, tous avec AC, kitchenette et balcon. Piscine. On peut manger sur place au resto, sur l'une des 3 petites terrasses situées juste au-dessus d'une jolie petite plage. Excellent accueil d'Andréas et de Martina.

Taverne Ammoudi : *depuis la route principale qui traverse le village, en venant de Zakinthos, tourner à droite, la taverne est au bord de l'eau. ☎ 26-95-06-25-36. Mai-fin oct, tlj midi et soir. Plats 6,50-9,50 €.* Une adresse simple et agréable, avec ses 2 grandes terrasses, l'une couverte pour manger, et l'autre pour prendre un bain de soleil en bordure de plage. Cuisine grecque consistante et pâtisseries locales.

Où dormir ? Où manger à proximité ?

Archontiko : *à* ***Katastari*** *(290 90), à 1 km d'Alykès. ☎ 26-95-08-30-35 ; hors saison : ☎ 21-08-83-45-29 (à Athènes). • archontiko-maisonettes.com • Mai-fin oct. Une adresse exceptionnelle sur Zante, donc mieux vaut réserver. Selon saison, 40-85 € pour 2 et 56-109 € pour 4. Réduc de 15 % sur le séjour sur présentation de ce guide.* Une vieille demeure (ancien domaine agricole où l'on pressait l'huile d'olive) rénovée avec beaucoup de goût, tenue par un couple âgé et leur fils. Les appartements, sur 2 niveaux, peuvent accueillir de 2 à 5 personnes. Pièces vastes, ameublement de qualité. Également quelques bungalows et maisonnettes plus isolés, à la déco soignée. Jolie vue depuis les terrasses sur la baie d'Alykès. Piscine et bar. Épicerie juste en face. Il est préférable d'être motorisé.

Villas Therianos : *à* ***Kallithéa*** *(290 90), à 5 km d'Alykès ; passer Katastari, puis prendre à droite après la 2e station-service (fléché). ☎ 26-95-08-33-73. • therianos.gr • Tte l'année. Selon saison et taille, 50-114 € la villa pour 4 pers ; réduc de 30 % pour 2 pers. Table d'hôtes 15 €/pers, vin compris.* Au cœur des vignes, cette ferme d'agritourisme propose 5 villas de bon confort, avec chambre pour enfants en mezzanine, ciel de lit romantique pour les parents, belle cuisine tout équipée, AC et beaucoup d'espace. Terrasse ombragée privative avec barbecue et jeux pour enfants dans le grand jardin. Bon accueil de Dimitris, le proprio, qui fait également table d'hôtes à base de produits de la ferme (lapins, fruits, huile, miel, vin...). Organise aussi des balades et donne des cours de cuisine (en sus). Convivial et très calme.

LA PLAGE DE MAKRYS GIALOS (ΜΑΚΡΥΣ ΓΙΑΛΟΣ)

Mignonne petite plage de galets en contrebas de la route. Taverne et buvette sur place en surplomb du parking. Départs d'excursions pour les *Blue Caves*, mais préférer partir d'Agios Nikolaos à 5 km plus au nord (moins cher).

LE PORT D'AGIOS NIKOLAOS (ΑΓΙΟΣ ΝΙΚΟΛΑΟΣ)

Port de départ en été du ferry pour Pessada (Céphalonie), ainsi que des nombreux petits bateaux qui proposent de vous emmener aux *Blue Caves (Galazia Spilia).*
ATTENTION : les routards non motorisés arrivant par le ferry ne trouveront aucun bus pour quitter le port. Quelques taxis, mais chers *(compter env 45 € pour rejoindre Zakynthos ! 📱 69-77-27-19-11).* Pour le même prix, faites-vous livrer un véhicule de location.
Sur le port, plusieurs tavernes et des hébergements à proximité en remontant la route vers Askos. Une station-service également. Pour de bons conseils, voir la charmante patronne francophone de la taverne *Mermaids*, au bout du débarcadère.

Où dormir ?

The Blue House : *à 200 m du port, sur la route d'Askos. ☎ 26-95-02-69-94. • bluehousestudios.gr • Mai-oct. Selon saison, 30-50 € pour 2, env 80 € pour 4.* Telle une vigie dominant le port, cette maison bleue en forme de vaisseau recèle des chambres très spacieuses, à la déco bien pensée, offrant une vue exceptionnelle. Chacune possède une grande terrasse privative, une cuisine, la clim, TV écran plat et salle de bains nickel. L'une des familiales au 3e étage est accessible par un escalier en colimaçon. D'autres donnent sur le jardin en rez-de-chaussée. Une adresse idéale pour rayonner dans cette partie de l'île, certainement la plus belle. Accueil chaleureux et plein d'humour.

ZANTE

À faire

Blue Caves : *plusieurs compagnies proposent la même excursion, au même prix, mai-oct. Compter env 8 €/pers pour 40 mn pour les grottes slt ; 15 €/pers pour 2h30 avec une bonne pause baignade à la baie du Naufrage plus au nord. Départs ttes les 30 mn, 9h-17h.* Ce sont des grottes où l'eau de mer est étonnamment bleue grâce à la réfraction de la lumière. Tout objet que l'on y plonge prend également une superbe teinte bleu azur. Ceux qui connaissent celles de Capri seront déçus, mais la balade vaut quand même le coup si vous avez un masque. N'oubliez pas votre maillot, la barque s'arrête le temps pour vous de piquer une tête au milieu des grottes. Préférer le matin pour faire l'excursion, la lumière y est meilleure et il y a moins de monde.

VOLIMÈS (ΒΟΛΙΜΕΣ)

Si vous êtes motorisé, continuez vers le nord après Agios Nikolaos. La route se perd dans la montagne pour arriver à Volimès. Ici, les maisons ont été miraculeusement conservées, et c'est un plaisir de marcher dans les ruelles. Moins paisibles, la rue principale et pratiquement toutes les rues sont envahies de broderies et de tapis, la spécialité du coin : on ne voit pratiquement plus rien d'autre ! Mais en s'éloignant du centre, on fait de belles découvertes, comme cette petite église bleu lavande presque à la sortie ouest du village.

La baie du Naufrage *(Navagio ou Shipwreck)* **:** une des photos les plus célèbres de Grèce ! Départ de l'excursion en bateau pour la baie du Naufrage à *Porto Vromi,* que l'on atteint de Mariès. Il y a également la route qui part d'Anafonitria et aboutit à un embarcadère sans intérêt mais parfois utilisé. La balade dure plus de 1h30 et comprend des visites de grottes aux eaux turquoise, une baignade dans l'une d'elles et une petite heure sur la plage du Naufrage, mais on peut y rester plus longtemps et rentrer par le bateau suivant. *☎ 26-95-02-26-62. 69-73-24-73-90. Mai-oct, départs ttes les 30 mn, 9h30-18h. Compter env 15 €/pers ; réduc ; gratuit moins de 6 ans. Attention, le bateau ne part que s'il est complet. Dans le cas contraire, on vous demandera 35 €/pers ! Départ possible également du port d'Agios Nikolaos, mais le temps de trajet est plus long. Petite gargote sur le quai à Porto Vromi et taverne sur la route dans la descente.*

DES SÈCHES QUI ONT FAILLI MOUILLER

En 1983, lors d'une tempête, un bateau qui s'adonnait à la contrebande de cigarettes s'est échoué sur cette magnifique plage de sable blanc. N'étant pas en règle, l'équipage a disparu avant l'arrivée de la police. Depuis cette date, le Panagiotis *rouille et est devenu une très belle épave, pour la plus grande joie des touristes.*

Si vous voulez juste jeter un coup d'œil à l'épave depuis la falaise, sachez qu'on n'a une vue plongeante que d'un seul endroit : en venant de Volimès, tourner à droite avant un petit monastère, au niveau du panneau « Wreckview ». Une minuscule passerelle métallique a été aménagée en promontoire, suspendu au-dessus du vide, mais la vue est encore plus belle en prenant le sentier pierreux à gauche et en crapahutant moins de 10 mn dans le maquis à flanc de colline dans les bonnes senteurs de garrigue. Attention, arrivé au bout du sentier, l'épave n'est toujours pas visible. L'approche finale est à déconseiller à ceux qui sont mal chaussés ou qui souffriraient du vertige : on dévale une ravine très pentue et caillouteuse pour arriver finalement à l'aplomb de la plage où gît l'épave. Attention, ici, toute chute se terminerait en atterrissage mortel 100 m plus bas ! Prudence donc...

RETOUR VERS ZAKINTHOS

Pour regagner le Sud ou l'Est de l'île, prendre la route qui passe par Mariès, Exo Chora (à la sortie du village, sur la droite, part une petite route pour ***Kambi,*** perché en haut d'une falaise et offrant une magnifique vue au soleil couchant qui attire de nombreux touristes), Agios Léon et Kilioméno, puis descendre vers la plaine par Machairado. Magnifique panorama au soleil couchant. Autre possibilité plus rapide : prendre la petite route qui part du centre de Mariès et s'élance à travers la montagne pour gagner l'autre rive (direction de Koroni). Elle tortille paresseusement dans un paysage verdoyant de cyprès, pins, vignes et oliviers.

Où manger dans les environs ?

O Paliomylos : *à **Louha**, au sommet de la colline. 69-79-79-26-07. Mai-oct, tlj midi et soir. Plats 7-11 €.* À proximité du point culminant de l'île, perdue dans les montagnes, une taverne pas facile à trouver, mais ceux qui feront l'effort de pousser jusque-là seront largement récompensés. C'est certainement le meilleur resto de Zante, pourtant simple taverne de construction moderne avec terrasse et salle panoramique. Parmi les plats : *stifado*, moussaka, lapin à la tomate et surtout, un *arni sto pilino* fantastique (de l'agneau fondant cuit au four, avec du fromage et des champignons frais : un délice). Accueil familial et chaleureux à l'image de l'assiette.

Cross Tavern : *à **Kambi**.* Sur la côte ouest, que l'on rejoint depuis Exo Chora, tout en haut sous la croix érigée en hommage aux victimes du nazisme. On y vient, bien sûr, au coucher du soleil, pour voir l'astre disparaître derrière la ligne d'horizon. Petites tables disséminées en terrasses sous les pins miniatures. Carte banale mais bon marché. On a aimé les courgettes frites et les *souvlakia*.

Où acheter de bons produits locaux ?

Coopérative Melissiotisès : *à **Kilioméno** ; maison rouge à l'entrée du village, en venant de Lithakia au sud. ☎ 26-95-04-28-72.* Tenue par des femmes, une boutique de produits de l'agriculture locale : huile, vin, miel, fromage, savon, chandelles, liqueur, confitures et de l'artisanat, broderies, bijoux, etc. Accueil adorable.

À voir dans les environs

Helmi's Natural History Museum : *à **Agia Marina**. ☎ 26-95-06-50-40. • museumhelmis.gr • Tlj 9h-18h (14h nov-avr). Entrée : 6 € ; réduc.* Cet intéressant musée d'Histoire naturelle présente sur 3 niveaux les riches faune et flore de l'île. Belle collection d'oiseaux et de poissons naturalisés (certains du monde entier), coquillages et crustacés, coraux, minéraux... Cafétéria sur place.

L'ÉPIRE, LA THESSALIE ET LE CENTRE

L'ÉPIRE CÔTIÈRE

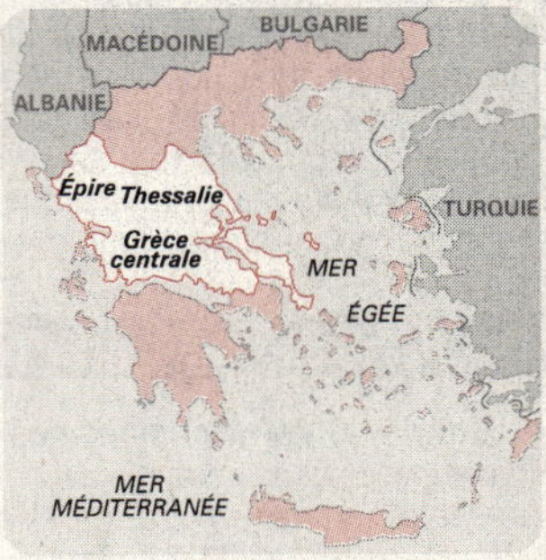

L'Épire (Ηπειρος en grec, prononcé « Ipiros » et signifiant le « continent ») est la région au nord-ouest du pays, au sud de l'Albanie. Beaucoup de ceux qui arrivent en Grèce par ferry depuis l'Italie y posent le pied, à Igouménitsa. Pourtant, dès qu'on s'éloigne de la côte, il n'y a plus foule de touristes, sans doute parce que tout le monde file rapidement vers les Météores (en Thessalie). L'Épire est une région montagneuse rude, austère (il n'y reste que 400 000 habitants environ, l'émigration ayant été importante, notamment dans les années 1950). Ravitaillement pas toujours évident, mais il y aura toujours, en saison, une taverne ouverte quelque part. Région privilégiée également pour les amateurs de trekking, pour les fans de gorges, de canyons ou de sports en eaux vives. Enfin l'Épire, c'est la terre de Pyrrhus et d'Ali Pacha, qui ont tous les deux symbolisé, de l'Antiquité aux périodes récentes, le fort caractère de ce peuple.

➢ D'Épire, on accède assez facilement à trois des îles Ioniennes : Corfou, Paxos et Leucade. Pour rejoindre l'Est de la Grèce, on peut compter sur l'Égnatia Odos, grand axe autoroutier de 670 km reliant Igouménitsa à la Turquie. La partie la plus montagneuse (Igouménitsa-Metsovo-Grévéna) est terminée (consulter • *egnatia.eu* •). En 2014, six péages étaient opérationnels sur l'ensemble de l'autoroute, dont deux en Épire. Si l'on préfère fureter à gauche à droite, bien entendu, préférer la vieille nationale.

IGOUMÉNITSA (ΗΓΟΥΜΕΝΙΤΣΑ) (461 00) 9 150 hab

Capitale du département de la Thesprotie. Joli site, mais on ne s'y attarde pas : avec le trafic des ferries en provenance d'Italie, la ville n'est qu'un lieu de passage. Soit vous filez vers l'est, en direction de Metsovo ou des Météores, soit vous vous éloignez vers le sud-est en suivant la côte en direction de Parga et d'Arta. Là, les paysages sont fantastiques, et il n'y a pas grand monde (sauf à Parga même, bien entendu). Il est possible également de prendre le bateau pour se rendre à Corfou, juste en face.

L'ÉPIRE

À Igouménitsa, difficile de se perdre : l'odos Ethnikis Antistassis borde la mer sur toute la longueur, sauf au sud, en direction du port moderne, où elle devient l'odos Agion Apostolon. La rue marchande qui lui est presque parallèle à l'intérieur se nomme odos Kyprou. Ces axes regroupent la plupart des hôtels et des restos.

Arriver – Quitter

En ferry de/vers l'Italie

En arrivant, en principe pas de problème, on n'a pas de raison de s'attarder au port, sauf si le retour n'est pas assuré (dans ce cas, mieux vaut s'en occuper, voir plus loin).

Un grand terminal pour les passagers a été construit à l'extrémité sud du port : là sont concentrés les guichets des compagnies maritimes. Entre la ville et le terminal, plein d'agences : on conseille l'agence ***Panda Travel*** *(167, odos Agion Apostolon ; ☎ 26-65-02-86-15).* Pour l'achat, on peut tout aussi bien se limiter aux agences officielles et centrales *(head offices)* ; les principales d'entre elles sont données ci-dessous (elles ont, en général, un guichet au nouveau terminal portuaire et un bureau en ville). Ne jamais prendre de billet *open* au mois d'août quand on a une voiture : on est sûr d'attendre jusqu'à début septembre. Il faut absolument avoir une date de retour.

■ ***Superfast Ferries*** *et* ***Blue Star Ferries :*** *Pitoulis, au nouveau port. ☎ 26-65-02-81-50.* Liaisons avec Bari, Ancône, Brindisi et Venise.

■ ***Minoan Lines :*** *au nouveau port. ☎ 26-65-02-44-04.* Liaisons avec Ancône et Venise.

■ ***Anek Lines*** *et* ***Superfast Ferries :*** *Euroline Shipping, au nouveau port. ☎ 26-65-02-90-63.* Liaisons avec Ancône et Venise.

En bateau de/vers Corfou

Les billets s'achètent auprès des petits guichets à l'intérieur du port, distinct du nouveau terminal, et moins éloigné du centre.

➢ Env 1 départ ttes les heures (dans les 2 sens) en saison, 4h-22h env ; au moins une dizaine/j. hors saison. Compter 1h45 de traversée. Également un ferry un peu plus rapide que les bacs (1h15 de traversée) et au même prix : compagnie *Kerkyra Lines (☎ 26-65-02-62-80).*

En bus

🚌 ***Gare des bus :*** *proche du nouveau port, en retrait de l'odos Agion Apostolon (on ne la voit pas en longeant la mer, repérer la pancarte « KTEL »). ☎ 26-65-02-23-09.*

➢ ***De/vers Athènes :*** 4 bus/j.

➢ ***De/vers Ioannina :*** 7-9 bus/j.

➢ ***De/vers Sivota et Perdika :*** 3 bus/j. en sem, 2 le sam.

➢ ***De/vers Parga :*** 3 à 4 bus/j., lun-ven slt.

➢ ***De/vers Prévéza :*** 3 bus/j., sf dim.

➢ ***De/vers Lefkada :*** 1 bus mar, ven, sam et dim.

➢ ***Pour les Météores :*** prendre le bus de Ioannina et changer de bus dans cette ville. Les bus de ***Thessalonique*** (2 bus/j.) passent par Gréména, plus au nord.

Adresses utiles

✉ ***Poste :*** *odos Tzavélainas, derrière le square. Au bout de l'odos Ethnikis Antistassis, en direction du nord. Lun-ven 7h30-14h.*

■ ***Banques :*** *la plupart sont sur l'odos Ethnikis Antistassis. Lun-ven 8h30-14h30 (14h ven).* Distributeurs automatiques.

■ ***Centre de soins*** *(Kendro Hygias en grec, équivalent d'un dispensaire)* ***:*** *au début de la vieille route de Ioannina. ☎ 26-65-02-44-20ou 21.* En cas de gros pépin, il est conseillé d'aller à l'hôpital de Filiatès *(☎ 26-64-02-22-03).* Il se situe à 18 km au nord d'Igouménitsa.

Où dormir ?

On ne dort à Igouménitsa que si l'on a un ferry à prendre aux aurores. Les hôtels, pléthoriques, n'ont pas grand charme, c'est le moins qu'on puisse dire.

Campings

⛺ ***Camping Kalami Beach :*** *à 8 km d'Igouménitsa, direction Parga. ☎ 26-65-07-12-11/13. • campingkalamibeach.gr • D'avr à mi-oct. En été, env 20 € pour 2 avec tente et voiture. Camping Sunshine : 10-20 % de réduc sur présentation du dépliant de la chaîne.* Situé au bord d'une belle plage de petits galets, juste en contrebas de la route. Propre et fleuri, belles terrasses ombragées. Épicerie, resto. Peut être bruyant. Bon accueil.

⛺ ***Camping Elena Beach :*** *Plataria, à*

10 km d'Igouménitsa, direction Parga. ☎ 26-65-07-10-31. • campingelena.gr • Avr-fin oct. En été, env 22,50 € pour 2 avec tente et voiture. Un petit camping familial très tranquille, les pieds dans l'eau. Les emplacements, ombragés par les eucalyptus, sont disposés pour la plupart le long d'une plage de cailloux, mais agréable et quasi privée. Sanitaires impeccables, coin cuisine et jeux pour enfants. Également un resto convivial ouvert toute la journée, avec une agréable terrasse fleurie. Quelques chambres à louer, très simples, à tarif modique. Très bon accueil de Géorgios.

Prix moyens

Hotel Acropolis : *58A, odos Ethnikis Antistassis. ☎ 26-65-02-23-42 ou 26-65-02-83-46. • hotel-acropolis.gr • Sur le front de mer, à l'opposé du nouveau port. Tte l'année. Doubles env 40-55 €.* Hôtel ancien (un des premiers à Igouménitsa), mais en partie rénové récemment (les chambres refaites ont, outre une literie neuve, un petit frigo et une TV à écran plat). En attendant leur tour, les chambres du 3e étage, moins chères, ont les sanitaires en commun.

Hotel Aktaion : *17, odos Agion Apostolon. ☎ 26-65-02-60-35 ou 26-65-02-27-07. • hotelakteon.gr • Sur le front de mer, à l'arrivée du bac pour Corfou. Tte l'année. Doubles env 50-60 €. CB acceptées... en insistant.* Hôtel confortable aux chambres propres, dans les teintes pastel, avec salle de bains, AC, frigo et TV. Pas un grand cachet, mais très correct pour le prix – et, en principe, on n'est là que pour attendre un bateau.

Où manger ?

Beaucoup de restos sont regroupés sur odos Ethnikis Antistassis, en s'éloignant du port en direction du nord. On y trouve aussi une enfilade de bars branchés.

Emily Akti : *dans une petite impasse en biais, à côté de l'Aktaion. ☎ 26-65-02-37-63. Env 10 € le repas.* Taverne pas trop attrape-touriste. Bonne cuisine locale où l'on va choisir son plat. Poisson frais.

DANS LES ENVIRONS D'IGOUMÉNITSA

La plage de Drépanos : *à 4 km au nord de la ville, suffisamment loin des eaux du port.* 7 km de sable en direction de l'Albanie, de moins en moins bien entretenus plus on s'éloigne. Mais la municipalité a fait des efforts réels pour mettre en valeur le coin (quelques douches près de la plage).

Sagiada : *à 12 km env au nord-ouest de Filiatès.* C'est presque la frontière avec l'Albanie, autant dire qu'on ne s'y bouscule pas trop. Tourisme grec essentiellement. Les camping-cars y sont tranquilles. Petits restos sympas.

SIVOTA (ΣΥΒΟΤΑ) (461 00) 875 hab.

D'Igouménitsa à Parga, la côte est superbe. Au lieu de filer directement sur Parga, pourquoi ne pas faire un petit détour par Sivota, en quittant la route principale au carrefour de Plataria ? Sans grande unité, dispersé sur plusieurs collines, ce village, qui s'est énormément développé en quelques années, a pour principal atout ses 15 plages et ses petites îles, certaines très faciles d'accès. Beaucoup de plaisanciers le fréquentent. Possibilité d'aller à Paxos (excursions à la journée).

Où dormir ? Où manger ?

Pas de problème pour trouver des ***chambres.*** Vous pouvez vous faciliter le travail en passant par l'agence *Sivota Travel (dans la rue principale, en arrivant sur le port ; ☎ 26-65-09-32-64 et 26-65-09-34-39 ; • sivotatravel.gr • ; tlj 9h-13h, 17h-22h en saison, slt l'ap-m hors saison).* Un conseil : repérez d'abord les plages, soit de visu, soit en vous procurant la brochure éditée par *Sivota Travel,* et demandez à être logé à proximité de celle qui vous a tapé dans l'œil.

Georgios Family : *sur le port de plaisance. ☎ 26-65-09-32-66. Repas env 13-15 €.* Un resto classique proposant une carte variée. Cuisine familiale traditionnelle. Grande terrasse sans originalité. Service efficace.

À voir. À faire

Les plages : de *Bellavraka* (accès depuis la place ronde à proximité du port : monter la côte assez raide qui mène à un quartier de villas sur les hauteurs et continuer tout droit pendant environ 1 km), possibilité de traverser à pied le tout petit bras de mer qui sépare l'îlot Mourteméno de la terre. Malheureusement, la proximité du *Robinson Club* a rendu le coin assez bruyant. Plusieurs autres plages (accessibles si l'on a eu la bonne idée de louer une barque à la demi-journée), sur les petites îles d'Agios Nikolaos et de Mavro Oros. À la sortie sud de Sivota, plage de *Zavia,* très abritée au fond d'un golfe, avec un grand parking et un café-restaurant. Plus de place sur *Mega Ammos,* un peu plus au sud. D'autres petites criques se succèdent tout au long de la route en direction de Perdika.

ARILLAS (ΑΡΙΛΛΑΣ) (460 30) 70 hab.

Une petite route plus ou moins côtière relie Sivota à Parga en passant par Arillas (à 10 km au sud de Sivota). Vous trouverez dans cette zone plusieurs belles plages, notamment celle de sable gris au bas du village d'Arillas, avec son agréable taverne. Une autre plage, *Karavostassi.*

Où dormir ? Où manger ?

Chambres à louer tout en haut d'Arillas, aux prix très variables. Également sur la route de Sivota. Pour manger, mieux vaut monter à Perdika, à quelques kilomètres, où le choix d'adresses sera plus grand autour de la place joliment aménagée.

PARGA (ΠΑΡΓΑ) (480 60) 3 900 hab.

À 50 km au sud d'Igouménitsa, sur une côte dont vous apprécierez la beauté lors du trajet d'accès par la route. Parga est un ancien village de pêcheurs, blotti sur le flanc d'une colline couronnée par les ruines d'une forteresse construite du XIVe s et renforcée pendant l'occupation vénitienne. Les habitants de Parga ont montré dans l'histoire qu'ils avaient du caractère : en 1819,

les Anglais, maîtres de Parga comme des îles Ioniennes, vendirent la ville à Ali Pacha, le maître de Ioannina, qui avait des velléités d'indépendance face à l'Empire ottoman. En signe de refus – Ali Pacha était albanais et non grec –, la plupart des habitants s'exilèrent à Corfou, et leurs descendants ne remirent les pieds à Parga qu'après 1913, quand l'Épire fut rattachée à la Grèce.
Parga possède tout le charme qui évoque les îles, mais l'endroit est devenu extrêmement touristique... ce qui se ressent fortement sur les prix. La ville moderne est bâtie un peu en hauteur, mais le bas (quartier du port, plage...) est remarquable. Tout d'abord, les voitures n'entrent pas. On peut donc se balader dans les petites ruelles tranquillement (enfin, hors saison...).

Arriver – Quitter

Gare routière (plan C1) : *au bord de la grande route qui contourne le village. ☎ 26-84-03-12-18.*
➢ ***De/vers Athènes :*** 3 bus/j. À Athènes, depuis le terminal A, 100, odos Kifissou. Trajet : 7h.
➢ ***De/vers Prévéza :*** de Prévéza, 4 bus/j. en sem, 3 le w-e. Vers Prévéza, 5 bus/j. en sem, 4 le w-e.
➢ ***De/vers Igouménitsa :*** 3 bus/j. en sem ; 1 seul le sam.

Adresses utiles

Police touristique *(plan B1,* ***1****) : rue Al. Baga. ☎ 26-84-03-12-22. Au 1er étage, à côté de la poste. Ouv tte la journée, mais vous aurez plus de chance de trouver quelqu'un parlant l'anglais le mat.*
✉ ***Poste*** *(plan B1) : rue Al. Baga. Lun-ven 7h30-14h.*
■ ***Presse Internationale*** *(plan C2,* ***5****) : sur le quai.* On y trouve également des cartes (routières, ou pour la randonnée).
■ ***Centre de soins*** *(Kendro Hygias en grec ; plan B1,* ***3****) : odos Spyros Livada. ☎ 26-84-03-12-33. Tlj, 24h/24 (sonner la nuit).*
■ ***International Travel Service*** *(plan C1,* ***6****) : 4, odos Spyros Livada. ☎ 26-84-03-18-33. Également un bureau sur le port, en allant vers la plage de Krioneri. • parganet.gr • Avr-oct.* Les propriétaires de l'*Hotel Acropol* (et de quelques autres à Parga), francophones (ils ont vécu en Suisse) proposent tous les services d'une agence de voyages : locations de chambres, studios ou appartements, excursions, infos touristiques...

Où dormir ?

Prix moyens

Chambres chez Kostas et Martha Christou *(plan A2,* ***10****) : 6, odos Patatoukou. ☎ 26-84-03-19-42. Tt en haut, près de l'entrée de la citadelle, dans un quartier où les chambres pullulent. Résa impérative en été. Doubles 30-50 € selon saison.* Propose une dizaine de chambres fonctionnelles, très bien tenues, disposant d'une cuisine commune, ainsi qu'un petit appartement pour une famille. Les salles de bains, privées ou communes, sont impeccables. Depuis les balcons, certaines chambres jouissent d'une vue imprenable sur Parga. La patronne, très sympathique, ne parle que l'allemand (en dehors du grec), mais au café en bas (où on la trouve souvent), on parle l'anglais. Elle peut vous préparer un petit déj dans le petit jardin aux orangers et aux citronniers.

De prix moyens à chic

Hotel Paradise *(plan B1,* ***12****) : 16, odos Spyros Livada.*

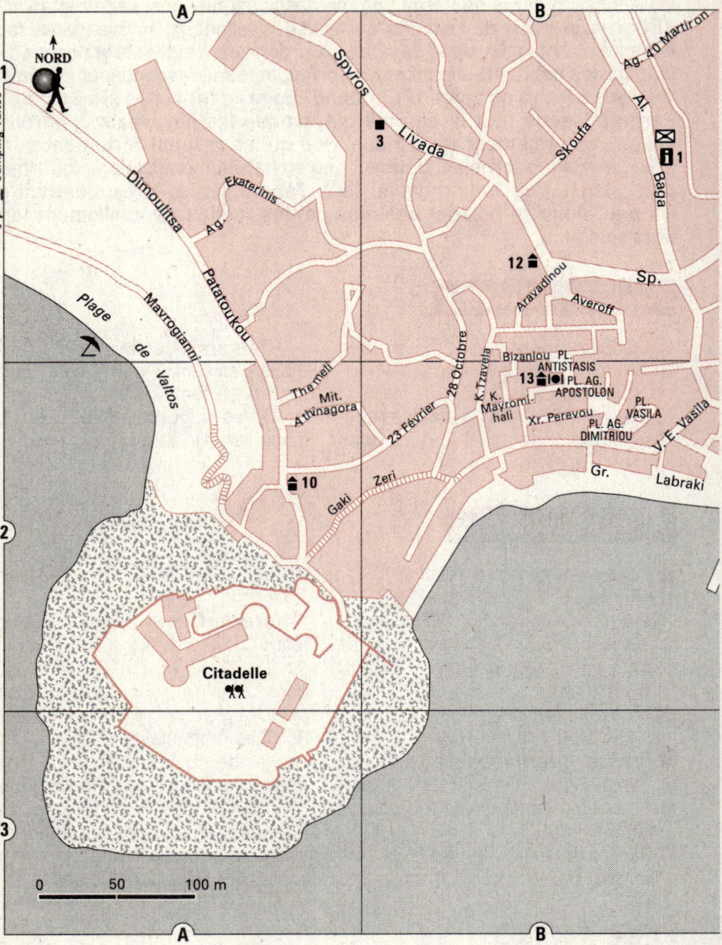

☎ *26-84-03-12-29.* • *paradise-palatino.com* • *Près de l'école. Tte l'année. Selon saison, doubles 50-90 €, quadruples 70-120 €, petit déj inclus.* Hôtel de taille moyenne, qui propose de belles chambres agréablement colorées, avec balcon (AC, frigo). Chambres pour 4 un peu moins douillettes mais toujours d'un bon rapport qualité-prix. Bar, jardin et piscine. Une partie du personnel parle le français. Bon accueil. Même direction à l'hôtel ***Palatino,*** sur les hauteurs et plus cher *(70, odos Patatoukou ; mars-oct ; doubles 50-110 €).*

Hotel Acropol *(plan B2,* ***13****)* **:** *4, odos Agion Apostolon.* ☎ *26-84-03-18-33.* • *acropolhotel.com.gr* • *Dans le dédale des ruelles du village (indiqué de l'école). Tte l'année. Doubles env 60-100 € selon saison, petit déj compris.* Dans une bâtisse de charme

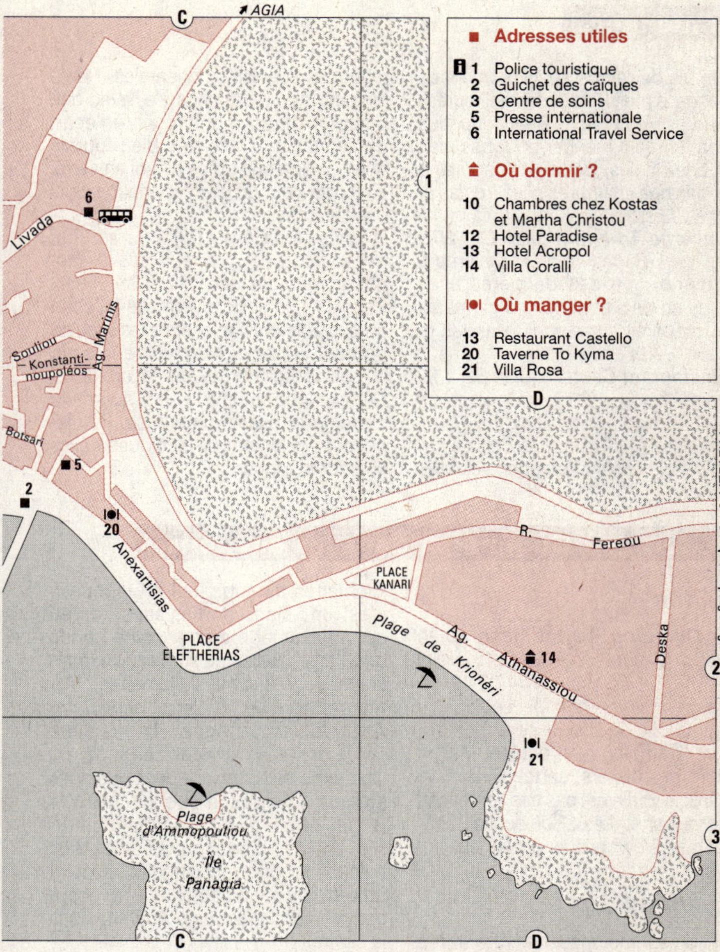

PARGA

de 1884, rénovée avec beaucoup de goût, des chambres très confortables, de taille moyenne, avec balcon. Resto agréable (*Castello* ; voir « Où manger ? »).

Villa Coralli (plan D2, **14**) : *7, odos Agiou Athanassiou. ☎ 26-84-03-10-69. • villacoralli.com • Face à la plage de Krionéri. Tte l'année ou presque. Doubles 50-60 € selon vue en basse saison et jusqu'à 120 € en plein mois d'août, petit déj inclus, pris sur une superbe terrasse. CB refusées.* Chambres avec vue sur la plage ou sur les oliviers. Les chambres, sobres, disposent d'un grand balcon, d'un beau mobilier en bois, d'un frigo et du chauffage. Belles salles de bains et ensemble rutilant. Également, des studios et un appartement. Accueil aimable.

Où manger ?

IOI Un tas de ***restos*** sur la promenade qui longe la mer. Personnel malheureusement assez racoleur. Beaucoup plus sympa, on peut manger pour pas bien cher *chez Sakis,* odos Athinagora, à deux pas des *chambres chez Kostas et Martha Christou.*

IOI ***Taverne To Kyma*** *(plan C2,* ***20****) :* *sur le quai. Repas 10-15 €.* Taverne à l'ancienne, une des dernières avec chaises en bois et nappes à carreaux. Plats préparés classiques, viandes et poisson. Parts généreuses.

IOI ***Restaurant Castello*** *(plan B2,* ***13****) :* *6, odos Agion Apostolon ; resto de l'Hotel Acropol (voir « Où dormir ? »). Repas 15-25 €.* Très bonne cuisine italienne, mais aussi internationale, avec quelques spécialités orientales. Resto élégant, au personnel stylé, avec une agréable terrasse ombragée à l'écart de l'agitation. Cave très bien fournie que l'on aperçoit grâce au sol en verre. Tout cela pour un prix supérieur à celui des tavernes.

IOI ***Villa Rosa*** *(plan D3,* ***21****) :* *au bout de la plage de Krionéri, face à l'îlot de la Panagia. ☎ 26-84-03-19-52. Repas 12-15 €.* Belle terrasse à l'écart du passage qui s'étire sous les rochers bordant la plage. Magnifique vue sur la colline surmontée de la citadelle. Carte longue comme le bras, nourriture correcte et assez généreuse. Ils disposent également de quelques belles chambres à louer.

Où dormir ? Où manger dans les environs ?

À Valtos

⛺ IOI ***Camping Valtos*** *(hors plan par A1) : de l'autre côté de la citadelle, à 100 m de la plage. ☎ 26-84-03-12-87. • campingvaltos.com • Mai-sept. Selon saison, env 22-24 € pour 2 avec tente et voiture.* Camping bien équipé. Malgré l'ombre des oliviers, certains vieux de 300 ans, le tout n'est pas très verdoyant. Épicerie, bar et resto. Bon accueil. Tentes et bungalows à louer également.

À Lychnos

🏠 Si l'on est motorisé, des ***chambres à louer*** à Agia Kyriaki, à quelques kilomètres au sud. Tout en longueur, c'est un village-dortoir sans intérêt, qui a l'avantage d'être moins bondé que Parga. Belle vue sur le golfe (mais la mer est à quelques kilomètres). Pas mal de choix. Demander à la ***villa Saint Antonio*** (authentique), la première sur la droite en arrivant de Parga, où Catherine et Antonio louent quelques studios équipés d'une kitchenette *(☎ 26-84-03-10-96 ; compter 30-60 € selon saison).* Certains sont dotés d'un balcon qui offre un magnifique point de vue. S'il n'y a personne à la réception, demander au resto *Andréas* dans le centre.

À voir

👁👁 Pour jouir d'une vue de toute beauté sur ce site, grimper à la ***citadelle*** *(plan A2)* qui fut occupée par Ali Pacha. Petite expo photo. Entrée gratuite. Et un café sympa pour se récompenser d'avoir fait la grimpette (petite restauration).

DANS LES ENVIRONS DE PARGA

On trouve au milieu du port de Parga un petit guichet *(plan C2,* ***2****)* qui vend des billets pour se rendre en caïque sur les plages des environs à des prix raisonnables. Très agréable et pratique si vous n'êtes pas motorisé.

Valtos *(Βαλτος)* **:** à 2 km en voiture, de l'autre côté de la citadelle (on peut y aller en caïque du port pour une somme modique, à pied par la ville en montant tout près de la citadelle avant de redescendre par des marches ou par la route). Jolie plage, très fréquentée. On peut également rejoindre en caïque la belle plage de ***Lychnos,*** elle aussi très courue, à 3 km au sud.

Sarakiniko *(Σαρακηνικο)* **:** à 6,5 km au nord-ouest de Parga, sur la route en direction de Perdika. Après Anthousa, passer les bifurcations pour Agia, puis tourner à gauche vers la plage de Sarakiniko (indiquée). L'étroite route aboutit, environ 5 km plus loin (à la fourche, après 3 km, prendre sur la gauche), à cette plage merveilleuse. En saison, on peut également y aller en caïque à partir du port de Parga. Sur place, surplombant la plage, une taverne sympathique *(Agali)* et un café-resto.

Au sud de Parga, direction Prévéza, plusieurs belles plages dans le district de Fanari : ***Ammoudia*** (à l'embouchure de l'Achéron), ***Kérentsa, Amoni*** et ***Alonaki.***

Nékromantion : *à **Messopotamo,** à une vingtaine de km au sud de Parga, un peu à l'écart de la route de Prévéza, sur une butte, 500 m au-dessus du village. Tlj 8h30-20h (15h hors saison). Entrée : 2 €.*
C'est le sanctuaire de l'Oracle des morts, qui fit l'objet de nombreux pèlerinages dès l'époque archaïque (les premières traces d'activités sur le site remonteraient au VIIe s av. J.-C.). On venait au sanctuaire interroger les âmes des défunts, comme le fait Ulysse dans *L'Odyssée,* au cours d'un long rituel de plusieurs jours, incluant jeûne, solitude, prières et offrandes généreuses, le tout dans le noir complet. On pense que l'on amenait les fidèles, ainsi psychologiquement préparés, dans un sanctuaire également plongé dans l'obscurité et où, par un système de roues crantées (visibles dans le musée de Ioannina) et de contrepoids situés dans la crypte, on faisait apparaître des formes évoquant des âmes.
Il faut un gros effort d'imagination pour se représenter cela à partir des quelques ruines de bâtiments datant du IVe ou du IIIe s av. J.-C., sur un site agréable mais très vite vu. Le sanctuaire fut définitivement détruit en 167 av. J.-C. par les Romains. L'*Achéron,* qui passe à côté, était la rivière sur laquelle Hermès conduisait les morts (qui s'acquittaient du droit de passage en pensant à apporter avec eux une piécette, ce qui explique que l'on trouve parfois des pièces de monnaie dans les tombes anciennes en direction de l'entrée du royaume d'Hadès).
Si l'on veut se baigner dans le fleuve des Morts, c'est possible. Pour cela, il faut parcourir environ 21 km en passant par Kanalaki. De Messopotamo, suivre la direction de Kanalaki, puis s'enfoncer dans les terres jusqu'à Gliki. Là, un sentier fléché permet de remonter le long de l'Achéron. Prévoir la tenue ad hoc : on commence par se mouiller les pieds, puis on franchit à la nage trois passages de 25-30 m chacun. Vivifiant ! Quelques bars-restos au début du sentier pour reprendre des forces au retour. À ne pas faire si l'orage menace.

PRÉVÉZA (ΠΡΕΒΕΖΑ)

(481 00) 19 000 hab.

Port d'une certaine importance, qui commande l'entrée du golfe d'Arta et permet de rejoindre l'île de Leucade. Il conserve le petit charme des cités vivantes un peu oubliées. La ville fut fondée par le roi d'Épire, Pyrrhus. C'est au large de Prévéza que se tint la fameuse bataille navale d'Actium, en 31 av. J.-C. Une autre bataille navale, en 1538, vit la flotte turque, sous la conduite de Barberousse, défaire son homologue chrétienne. Ali Pacha s'en empara en 1799, causant beaucoup de destructions. Comme le reste de l'Épire, la ville est restée turque jusqu'en 1912. On y dénombrait alors six consulats européens.

Du bastion du fort vénitien, vous couvrez toute la vue sur le golfe. La ville n'a pas été défigurée par une façade d'immeubles modernes sur le quai, et présente une animation intéressante dans le quartier et les ruelles alentour, qui comptent pléthore de restaurants populaires. Nombreuses vieilles maisons dans les ruelles piétonnes derrière le port. Il n'est pas difficile de se repérer : l'activité se concentre entre le quai piéton (léoforos E. Vénizélou) et la rue centrale (léoforos Irinis) qui lui est parallèle.

➢ Un tunnel qui a remplacé le bac permet d'accéder à la route pour Leucade bien plus rapidement pour environ 3 €.

Arriver – Quitter

En bus

Station de bus : *léoforos Ioannina (à l'entrée de la ville en arrivant d'Arta), à 2 km du centre (des bus municipaux permettent de s'y rendre). ☎ 26-82-02-22-13. • ktelprevezas.gr •* Bus un peu moins nombreux le w-e.

➢ ***De/vers Igouménitsa :*** 1 bus lun, ven et dim.

➢ ***De/vers Parga :*** 4-5 bus/j.

➢ ***De/vers Ioannina :*** 6-8 bus/j.

➢ ***De/vers Arta :*** 5 bus/j. lun-ven ; 1 le dim.

➢ ***De/vers Lefkada :*** 6 bus/j. lun-sam (2 le dim).

➢ ***De/vers Athènes :*** 5 bus/j.

Adresses utiles

Bureau municipal de tourisme : *odos Balkou (perpendiculaire au front de mer). ☎ 26-82-02-10-78. Lun-ven 7h-14h30, 18h-20h ; sam 7h-14h30 (horaires hte saison).*

Poste : *odos Spiliadou, sur le front de mer en s'éloignant vers le nord.*

National Bank of Greece : *à côté de la poste.* Avec distributeur.

Hôpital : *odos Sélevkias. ☎ 26-82-04-62-00 ou 26-82-02-28-71. Pour s'y rendre, passer le port et le château, par Spiliadou.*

@ ***Internet :*** *plusieurs cafés Internet, dont un situé dans une rue perpendiculaire au front de mer – piéton –, juste en face de l'office de tourisme.*

Où dormir ?

Prix moyens

Hotel Avra : *19, odos Vénizélou, sur le port. ☎ 26-82-02-12-30. • hotelavra.net • Tte l'année. Doubles env 35-45 €, petit déj 4 €.* Hôtel sans charme particulier, mais correct, disposant d'une trentaine de chambres sur 3 niveaux, la plupart donnant sur la mer, dans la partie la plus calme du front de mer (ce qui ne signifie pas que le soir, ce soit le calme absolu). Patron très sympa.

Plus chic

Hotel Dioni : *4, odos Kalou. ☎ 26-82-02-73-81. • boutiquehoteldioni.gr • En plein centre, entre l'axe central et la mer. Compter 80-100 € pour une chambre double.* Boutique-hôtel récemment rénové, aux couleurs pimpantes, contrastant avec un centre-ville plutôt ancien. Excellent niveau de confort dans les chambres, agréablement décorées. Restaurant.

Où dormir dans les environs ?

Camping Kalamitsi : *entre la route d'Igouménitsa et la mer, à 4 km au nord. ☎ 26-82-02-21-92 et 26-82-02-32-68. • campingkalamitsi.eu •*

Mai-sept. Compter 20-23 € la nuit pour 2 avec tente et voiture. Terrain très vert, enfoui sous les bougainvillées, et emplacements propres tirés au cordeau. Très belle piscine. Calme. Dommage, la plage (à 100 m) n'est vraiment pas terrible. Épicerie, resto. Location de bungalows avec kitchenette *(55-65 €).* Accueil très aimable.

⛺ ***Camping Monolithi :*** *à **Kanali,** à env 8 km au nord de Prévéza. ☎ 26-82-05-11-32. • campingmonolithi.gr • Mai-sept. Env 20,50 € en hte saison pour 2 avec voiture et tente.* Un camping de taille moyenne, bien ombragé (pins, eucalyptus, oliviers). Bungalows bon marché (et sommaires) à louer ainsi que des tentes. Minimarché et resto. De l'autre côté de la route, la plage, très tendance ces derniers temps, avec *beach-bar*).

⛺ 🏠 ***Camping Acrogiali :*** *à **Riza,** sur la route d'Igouménitsa, à 27 km au nord. ☎ 26-82-05-63-82. • camping-acrogiali.com • Prendre la direction de la plage* (paralia) *de Riza quand on vient du sud et parcourir 2 km sur la petite route côtière. Si l'on vient du nord, quitter la route principale pour Ligia ; le camping est indiqué. Tarifs raisonnables : en hte saison, env 19 € pour 2 avec tente et voiture ; 35-70 € selon type d'hébergement (de la chambre au studio).* 💻 📶 Camping agréable, au bord de la plage. Épicerie, resto (bonne cuisine), machines à laver et table à repasser, cuisine à disposition, aire de jeux. Sanitaires récents bien entretenus. Location de bungalows et de studios tout équipés, certains récemment construits. Soirées musicales très sympas le week-end. Excursions proposées au départ de Ligia. La patronne est française.

Où manger ?

🍴 Les ***restos*** sur le port sont dans l'ensemble sympas et n'arnaquent pas. Agréable animation le soir. La taverne ***O Kaïxis*** (odos Parthénagogiou, qui part du port) a bonne réputation.

🍴 ***Taverne Ambrosios :*** *9, odos Grigoriou E' (qui part du port).* Grosses barriques à l'intérieur. Bonnes sardines grillées et calamars. Le patron est un bon vivant, très aimable. Prix raisonnables. Une des plus anciennes tavernes de Prévéza.

🍴 ***Psatha :*** *4, odos Dardanélion (rue piétonne). Tlj sf dim soir hors saison. Compter 10-12 €.* Classique *mayirio* de quartier où l'on sert essentiellement des plats cuisinés qu'on vous invite à aller choisir en cuisine. Patron affable, tout à son affaire. Service rapide.

DANS LES ENVIRONS DE PRÉVÉZA

👍👍 ***Le musée de Nicopolis :*** *route de Ioannina, à 5 km du centre. ☎ 26-82-08-98-92. • nicopolismuseum.gr • ♿ Tlj sf lun 8h30-15h. Entrée : 3 € ; réduc.*
Le musée abrite une intéressante collection de statues, bas-reliefs et chapiteaux provenant de la « ville nouvelle » de Nicopolis (voir ci-après), qui se répartissent entre deux grands espaces : tout d'abord, la naissance et le développement de Nicopolis (suivant une présentation chronologique, de la bataille navale et de la création de la ville jusqu'à la période byzantine), ensuite la vie dans la cité, avec des aperçus intéressants sur des métiers, des rituels funéraires ou des éléments du cadre de vie (les mosaïques, par exemple). L'histoire de la découverte du site au XXe s est présentée en fin de parcours. Présentation agréable (quelques vidéos). Vu la grandeur du site de Nicopolis, on peut en sortir avec le sentiment que c'est un survol un peu léger, mais pour les non-spécialistes, c'est bien suffisant.

👍 ***Nicopolis*** (Νικοπολις) ***:*** *à env. 3 km au nord du musée, également sur la route de Ioannina.*
Le site est quasiment à l'abandon (il existe des projets pour le réhabiliter, mais il y a peu de chances que ce soit une priorité nationale...). En passant en voiture, on

se fait juste une idée de sa grandeur, en longeant d'impressionnants pans de la muraille byzantine (alternance de couches de pierre et de brique). On peut quand même accéder à certaines parties, vers les ruines des basiliques chrétiennes, ou contempler, là encore de la route, le monument d'Auguste, mais cela ne remplacera pas une visite au musée (voir plus haut).
Un peu d'histoire tout de même : la « ville de la Victoire » fut édifiée par Octave, en l'honneur de son triomphe en 31 av. J.-C., lors de la bataille navale d'Actium, qui fut le dernier épisode de la guerre civile, mais aussi l'acte final de la république romaine. Octave, fils adoptif de Jules César, poursuivait ses rivaux Marc Antoine et Cléopâtre : ces derniers, pour se libérer d'un blocus, engagèrent une bataille navale, qu'Octave remporta, grâce aux vaisseaux légers de son général Agrippa. Cléopâtre et Marc Antoine réussirent à s'enfuir (séparément) avant de se donner la mort, et Octave se vit décerner le titre d'Auguste et la dignité impériale. L'Empire romain venait officiellement de naître. La ville romaine, très étendue (900 ha), a été en partie recouverte par la ville byzantine. Les vestiges qui foisonnent sur plusieurs kilomètres sont à l'abandon. Il reste tout de même des basiliques chrétiennes.

Kassopé (Κασσωπη) : *de la route côtière allant de Prévéza à Parga, tourner à droite vers Arta, puis, à 2 km, à gauche, puis encore à droite. Tlj sf lun 8h30-15h. Entrée : 2 € ; réduc.* Cité détruite par les Romains (les habitants durent s'en aller à Nicopolis). Mais il reste des vestiges suffisamment bien préservés pour reconnaître ici une agora, là un *bouleutêrion* (sorte de petit parlement en hémicycle), maisons et portiques. Remarquez le plan très fonctionnel en damier avec ses rues se croisant toutes à angle droit. Elle compta entre 5 000 et 10 000 habitants. La situation est magnifique, dominant la forêt, le golfe d'Arta et la presqu'île de Prévéza. Un peu plus loin, en haut de la colline de Zalongo, monument commémorant le sacrifice des femmes de Souli, en 1803, qui se précipitèrent dans le vide, plutôt que de tomber vivantes dans les mains des soldats d'Ali Pacha. On dit qu'elles sautèrent en dansant et en chantant...

DE PRÉVÉZA À MISSOLONGHI

Suivre une belle route côtière qui dessert de jolies petites plages aux eaux cristallines et passe à *Mitikas,* face à la petite île de Kalamos (île peuplée de marins retraités d'Onassis ; un caïque en fin de matinée, retour le lendemain à 7h). Village très animé le soir, avec une foule de petits restos où l'on vient manger des anchois frits et des calamars grillés. Deux campings proches du village et de petits hôtels pas bien chers. Si vous faites une pause dans le secteur, faites une sortie en caïque, pour pas grand-chose : les côtes et les petites îles entre Leucade et le continent sont magnifiques.

ARTA (ΑΡΤΑ) (471 00) 21 900 hab.

Petite ville où l'art byzantin tient une grande place. Dès l'Antiquité, la ville, fondée par les Corinthiens et enrichie par Pyrrhus, était révérée comme l'une des plus belles de Grèce. Au Moyen Âge, elle a été la capitale du despotat d'Épire, qui s'étendait de Naupacte à Dürres (actuelle Albanie).
La ville ne dégage pas un charme irrésistible, et pourtant... on aime y flâner le matin quand les habitants font leurs courses (notamment au marché couvert, entre odos Vassilios Pyrrou et la rue piétonne Priovolou), ou le soir quand la ville grouille du monde qui investit les nombreux cafés de son centre piéton

autour de la rue principale, odos Skoufa. De plus, ses églises byzantines valent à elles seules le détour. En fouinant, on dégote également un théâtre romain et les restes d'un temple.
Circulation pas très facile : les principaux axes étant à sens unique, il faut suivre le mouvement. On arrive dans le centre par l'odos Vassiléos Konstantinou, puis, pour rester dans le centre, on prend à gauche l'odos Amvrakias et on poursuit, de nouveau à gauche, par l'odos Vassiléos Pyrrou, qui ramène au début de l'odos Vassiléos Konstantinou : comme ça, si on a loupé quelque chose, on repart en boucle !

Arriver – Quitter

Gare routière : *sur le bd périphérique. ☎ 26-81-02-73-48. • ktelartas.gr •*
➢ ***De/vers Athènes :*** 6 bus/j.
➢ ***De/vers Ioannina :*** 8 bus/j. en sem, 6 le w-e.
➢ ***De/vers Prévéza :*** 4 bus/j. lun-ven, 1 le dim.
➢ ***De/vers Patras :*** 1-2 bus/j.

Adresses utiles

Office de tourisme : *pl. Kristalli, sur le bd périphérique, au nord de la ville, à côté de la gare des bus. ☎ 26-81-07-85-51. • eotartas@otenet.gr • Lun-ven 7h30-15h.*
✉ ***Poste :*** *odos Amvrakias, en plein centre. Lun-ven 7h30-14h.*
Banques : ***Eurobank,*** *36, odos Skoufa ; et une autre, pl. Ethnikis Antistasséos.* Avec distributeur de billets.
Hôpital : *tt en haut du promontoire qui surplombe la ville. ☎ 26-81-02-22-22.*

Où dormir ? Où manger ?

Hotel Cronos : *pl. Kilkis, à l'angle de l'odos Vassiléos Pyrrou et de l'odos Skoufa. ☎ 26-81-02-22-11. • hotelcronos.gr • Double env 75 €.* À deux pas des églises et de la métropole, un hôtel fonctionnel aux chambres relativement élégantes et bien tenues, avec balcon et TV.
Psistaria Papadakos : *31, odos Skoufa (la rue piétonne principale). Tlj 10h-minuit. Repas env 11 €.* Sorte de fast-food à la grecque où l'on choisit ses plats de visu et où l'on mange correctement dans une petite salle souvent bondée.
Il Vicolo : *odos Grimpovou, petite rue qui part d'odos Skoufa, au niveau de la pl. Kilkis. Repas 12-15 €.* Pour une petite pause italienne lors de votre périple grec. Attablé dans la salle rustique, chaleureuse et joliment apprêtée, ou dans la délicieuse cour intérieure sous les citronniers, vous dégusterez une cuisine généreuse (une seule pizza suffira à 2 appétits moyens), de bonne tenue, un peu plus raffinée que la moyenne.

Où dormir dans les environs ?

Byzantino Hotel : *à la sortie de* ***Filothéi,*** *à 10 km, sur la route de Prévéza. ☎ 26-81-05-22-05. • byzadino.gr • Tte l'année. Doubles 80-95 €, petit déj compris (tarif officiel plus élevé).* Certes, c'est un peu au milieu de nulle part, dans un style hôtel pour hommes d'affaires ou pour séminaires, et les chambres, spacieuses et très confortables, sont relativement classiques dans la déco, mais les parties communes, vastes, lumineuses, sont vraiment belles. Piscine et tennis.

À voir

Trois ou quatre ***églises*** du XIIIe s renferment des fresques superbes, et leur architecture est exceptionnelle. Voir l'***Agia Théodora*** (remonter odos Vassiléos Pyrrou et prendre la petite rue Théodoras), croquignolette avec son dôme unique au-dessus du narthex (rare) et ses jolies fresques restaurées. Également l'***Agios Vassilios*** (au bout de Vassiléos Pyrrou, près du marché couvert), décorée de faïence. Enfin, ne manquez surtout pas l'ancienne métropole datant de 1289 : la ***Panagia Parigoritissa*** *(la Vierge consolatrice ; ☎ 26-81-02-86-92; tlj sf lun 8h30-15h ; GRATUIT).* Son architecture, sur plan en croix grecque, est unique puisque les pendentifs du dôme reposent sur huit piliers assez fins (au lieu de quatre massifs) réutilisant des colonnes antiques, même à l'horizontale, et laissant ainsi l'espace central entièrement vide. Caractéristique également, la technique d'encadrement des pierres des murs extérieurs par des morceaux de briques. La mosaïque du *Christ pantocrator* sous la coupole se détache remarquablement par la vivacité de ses couleurs (d'autant plus aujourd'hui que le reste du décor est en grande partie effacé), comme pour imprégner le fidèle de la magnificence du Seigneur. Elle fut sans doute exécutée par des artistes venus de Constantinople. Également une fresque de la Cène (XVIIIe s) dans l'abside et une Vierge à l'Enfant (XVIe s) sur l'iconostase. Du complexe monastique d'origine, outre l'église, il subsiste 16 cellules et le réfectoire.

Le pont à quatre arches : *à 1 km du centre, direction Ioannina, sur la droite.* Construit en 1612, il est célèbre en Grèce et dans tous les Balkans pour sa légende : l'architecte, pour assurer la solidité du pont qui s'effondrait sans cesse, aurait emmuré sa propre femme dans les fondations... Des cafés et restos sont installés au pied du pont. À voir : l'énorme platane, où Ali Pacha (celui de Ioannina) pendait les Grecs insoumis, ainsi qu'un petit musée installé dans une maison ancienne rouge, au pied du pont *(ouverture irrégulière ; ☎ 26-81-02-21-92; entrée 1 €).* Quelques vieilles photos du pont y sont exposées, notamment celles prises lors d'une impressionnante crue en 1938. À l'étage, petite reconstitution d'un intérieur d'Arta.

Le Musée archéologique d'Arta : *à l'entrée de la ville quand on arrive de Prévéza ou de Ioannina, peu après le pont, indiqué à droite (il faut quitter l'axe menant au centre-ville). ☎ 26-81-07-17-00. • artasmuseum.gr • Tlj 8h-16h. Entrée : 3 € ; réduc.* Musée récent, agréable, consacré à Ambracia, la ville antique fondée par les Corinthiens qui fut abandonnée à l'époque romaine, les habitants s'installant à Nicopolis : au Moyen Âge, Arta fut (re)fondée sur ses ruines. Trois axes principaux sont déclinés : la vie publique dans la cité antique, les cimetières et, surtout, l'espace domestique, abordé dans le détail par thème, ce qui permet de se faire une petite idée de la vie quotidienne des Grecs et des Grecques de l'Antiquité.

Le kastro : *au bout de Vassiléos Pyrrou.* Date du XIIIe s, un des mieux conservés de Grèce. Contient un théâtre municipal de plein air où des représentations sont données l'été.

DANS LES ENVIRONS D'ARTA

Le monastère de Vlacherna (Μονη Βλαχερνων) **:** *d'Arta, prendre la direction de Ioannina. Peu après le pont, tourner à droite en direction de Graménitsa ; 3 km plus loin, sur la droite, suivre la direction de Vlacherna (indication en grec). Le village est 3 km plus loin et le monastère au cœur du village, à côté de la place centrale et son café.* La bien jolie église, entourée de murs, plantée parmi les citronniers et les oliviers, abrite de beaux restes de fresques (malheureusement très noircies) dans le narthex. Admirez donc ses encadrements de portes (très très basses) finement sculptés et son sol...

Le golfe Ambracique (Αμβρακικος Κολπος) : *à 25 km au sud d'Arta, la route suit une mince langue de terre et mène à Koronissia, en face de Prévéza.* Le golfe, protégé par la convention internationale Ramsar, est la zone humide la plus grande de Grèce. Une petite colonie d'une espèce assez rare de pélicans, *Pelecanus crispus*, niche dans le coin. Pour les passionnés d'ornithologie, le *Rodia Wetlands Centre* peut constituer un objectif de visite intéressant : il est situé à Strongili *(quitter la route Arta-Prévéza à Louros, c'est indiqué ; ☎ 26-83-04-12-19. • rodiawetlands.gr •).*

La région des monts Tzoumerka (Τζουμερκα) : *à **Vourgaréli** (aussi appelé **Drossopigi**), à 60 km au nord-est d'Arta et à 800 m d'altitude.* Fraîcheur garantie par les fontaines et les sources qui alimentent les environs. Les amateurs de ponts à arche remontant sur Ioannina passeront par Frasta, à une trentaine de kilomètres de Voulgaréli, pour admirer juste à côté le pont de Plaka, à une seule arche, haut de 20 m, large de 40 m. De Plaka, les petites routes de montagne ramenant à Ioannina traversent de superbes paysages.

L'ÉPIRE INTÉRIEURE

IOANNINA (ΙΩΑΝΝΙΝΑ) (450 00) 65 500 hab.

Grande ville commerçante, Ioannina – que les Grecs appellent le plus souvent « Yánnena » – a beaucoup perdu de son charme, mais son centre, avec ses minarets, sa citadelle et ses quartiers anciens où les échoppes rappellent les souks, garde encore une petite atmosphère d'Orient. La ville se développe rapidement, en raison de l'implantation d'une université, d'où peut-être cette ambiance jeune et festive en soirée. Ioannina est bordée par le lac Pamvotis avec sa petite île (Nissi).

UN PEU D'HISTOIRE

Ioannina garde encore le souvenir d'Ali Pacha. En 1788, Ali fut nommé pacha de Trikala et s'empara dans la foulée de Ioannina. Très rapidement, il en fit la capitale d'une région puissante et prospère, l'Épire. Lord Byron y fut fastueusement accueilli. La ville connut alors un grand rayonnement intellectuel, et Ali Pacha ne ménagea pas ses efforts pour acquérir son indépendance vis-à-vis des Turcs, qui occupaient alors la Grèce. Vers 1809, ses troupes contrôlaient la plus grande partie de la Grèce centrale. Les Ottomans ne pouvaient tolérer cela et, en 1822, ils assiégèrent Ioannina et éliminèrent le rebelle. Les Grecs ont des sentiments partagés à l'égard de ce tyran, un Albanais marié à une Grecque chrétienne, Kyra Frossyni : il s'appuya sur les Grecs pour lutter contre l'Empire ottoman, mais presque aussitôt il les trahit et se rendit coupable de nombreuses cruautés à l'égard de la population locale.

TÊTE DE TURC

Pour capturer Ali Pacha, les Ottomans usèrent d'un subterfuge, lui faisant croire que le sultan lui pardonnait. Réfugié sur l'île du lac, Ali Pacha laissa donc des émissaires turcs venir à lui pour lui apporter le pardon du sultan et il fut tué. Sa tête fut exposée 3 jours à Ioannina, puis finit à Istanbul, dans une niche aménagée à cet effet, comme la tête de tous ceux qui osaient défier le pouvoir du grand sultan. Non mais.

Arriver – Quitter

En avion

✈ ***Aéroport :*** *à 4 km de la ville. ☎ 26-51-02-62-18.*

➢ ***De/vers Athènes :*** 2 à 3 vols/j. avec *Olympic Air.*

En bus

🚌 ***Gare routière*** *(hors plan par A1) : 45, av. G. Papandréou. ☎ 26-51-02-50-14 et 26-51-02-62-86.* Ioannina est plutôt bien desservie en liaisons routières de ville à ville. En revanche, pour les villages d'Épire, peu de bus, et le plus souvent à des horaires impossibles (voir plus loin le chapitre « Les Zagoria occidental et central »).

➢ ***De/vers Trikala*** *(et, de là,* ***Kalambaka,*** *dans les Météores)* **:** 2 bus/j.

➢ ***De/vers Metsovo :*** 3-4 bus/j. en sem, 2 le sam et 1 le dim.

➢ ***De/vers Thessalonique :*** 5-6 bus/j.

➢ ***De/vers Athènes :*** 6-7 bus/j.

➢ ***De/vers Igouménitsa*** *(et, de là,* ***Corfou****)* **:** départ presque ttes les 2h, 6h-20h.

➢ ***De/vers Konitsa :*** 7 bus/j. (un peu moins le w-e).

➢ ***De/vers Prévéza et Arta :*** 8 bus/j. en sem, 6 le w-e.

➢ ***De/vers Patras :*** 2 bus/j.

Adresses utiles

ℹ ***Office de tourisme*** *(hors plan par A3) : 39, odos Dodonis. ☎ 26-51-04-11-42. Excentré, après l'hôtel Xenia. Lun-ven 7h30-14h30.* Quelques brochures touristiques, notamment sur la région des Zagoria. Un kiosque d'infos touristiques se trouve en bord de lac, au niveau des départs de bateau pour l'île.

ℹ ***Police touristique*** *(plan A2,* ***3****) : 11, odos 28-Oktovriou. ☎ 26-51-06-59-22. Tlj 8h-21h.* Quelques brochures à disposition.

✉ ***Poste*** *(plan A2) : pl. Markou Botsari. Lun-ven 7h30-20h.*

■ ***Banques :*** *distributeurs automatiques sur odos Vénizélou et odos Avéroff, entre autres.*

✚ ***Hôpitaux :*** ***hôpital Hatzicosta*** *(direction Igouménitsa), ☎ 26-51-09-91-11.* ***Hôpital universitaire*** *(direction Arta), ☎ 26-51-09-91-11.*

@ ***The Web*** *(plan A2,* ***6****) : 21, odos Pirsinéla. Tlj, 24h/24.* Nombreux ordinateurs et connexion correcte.

■ ***Club alpin de Ioannina EOS :*** *15, odos Smyrnis. ☎ 26-51-02-21-38. Lun-sam 19h-21h.*

■ ***Vice-consul honoraire de France :*** *Mme Hélène Alexakis-Pangratiou, 13, odos Dossiou. ☎ 26-51-06-09-46.*

Où dormir ?

Camping

⛺ ***Camping Limnopoula*** *(hors plan par A1,* ***11****) : 10, odos Kanari. ☎ 26-51-02-52-65. • noi@otenet.gr • En sortant de la ville, sur la route de Pérama, dans le centre nautique. Au bord du lac, à 20 mn du centre à pied. Bus n° 8 du centre de Ioannina. D'avr à mi-oct. Compter 25 € pour 2 avec tente et voiture.* Plutôt petit, très ombragé et vert (on campe sur l'herbe). Le cadre est vraiment agréable, et les sanitaires neufs. Accueil un peu routinier.

De prix moyens à plus chic

🏠 ***Hotel Filyra*** *(plan B1,* ***12****) : 18, odos Andronikou Paléologou. ☎ 26-51-08-35-60. 📱 69-32-60-12-40 • hotelfilyra.gr • Tte l'année. Compter dans les 55 € pour 2.* 💻 📶 En fait, pas vraiment un hôtel, plutôt une poignée de chambres-studios (avec coin cuisine pour se préparer son petit déj), avec de l'espace et au calme, dans le *kastro.* Accueil agréable. Également, à proximité, dans le même quartier, quelques

IOANNINA

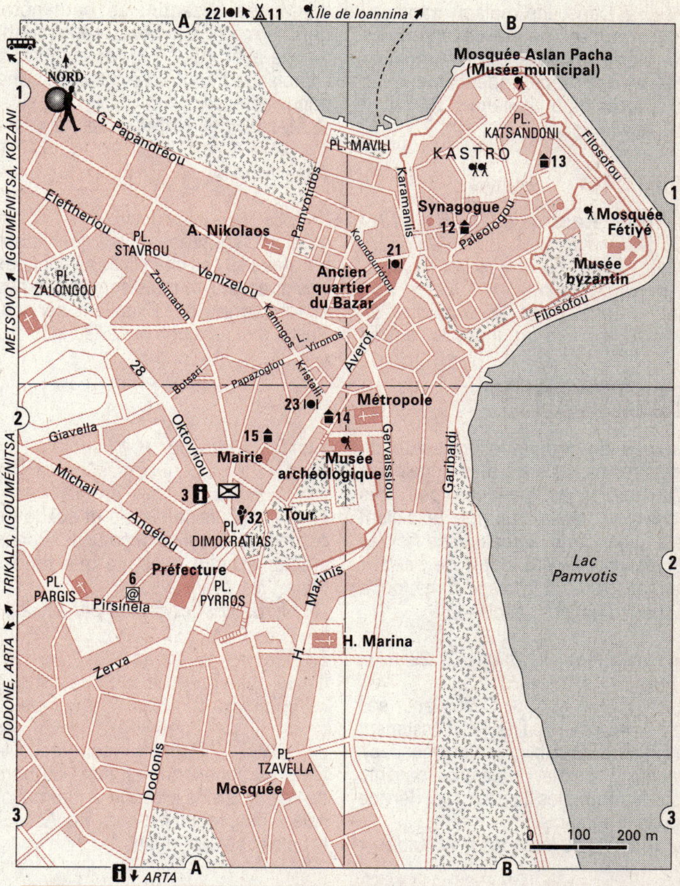

IOANNINA

■ **Adresses utiles**	14 Metropolis Hotel
Office de tourisme	15 Hotel Kentrikon
3 Police touristique	**Où manger ?**
@ 6 The Web	21 To Manteio
Où dormir ?	22 Myrovolos
11 Camping Limnopoula	23 Fyssa Roupha
12 Hotel Filyra	**Où manger une glace ?**
13 Hotel Kastro	32 Pâtisserie Diethnès

autres chambres *(Dafni)*, dans odos Ioustinianou, à deux pas de la synagogue, ainsi que des studios *(Platanos)* au 11, odos A. Paléologou.

Hotel Kentrikon (plan A2, **15**) **:** 5A, odos Kollétis. ☎ 26-51-07-17-71. • hotel-kentrikon.gr • Tte l'année. Doubles env 50-60 €. Parking *privé.* Dans une maison traditionnelle rénovée, de belles chambres aux pierres apparentes, au mobilier cosy et à la literie impeccable, avec salle de bains à l'italienne. TV, AC et double vitrage.

Plus chic

Hotel Kastro (*plan B1,* **13**) : *57, odos Andronikou Paléologou. ☎ 26-51-02-28-66. • hotelkastro.gr • Doubles 60-70 €, petit déj inclus.* Dans la citadelle, en face de la place qui marque l'entrée du Musée byzantin, un petit hôtel de charme (7 chambres seulement), rénové avec goût très récemment, à l'ambiance tranquille et familiale. Une bonne adresse.

Metropolis Hotel (*plan A2,* **14**) : *33, odos Avéroff. ☎ 26-51-02-58-56. • metropolishotel.gr • Tte l'année. Selon saison, doubles 95-105 €, petit déj-buffet (copieux) inclus.* Un hôtel ancien, rénové avec goût, plein d'histoire(s). Les chambres ne sont pas très spacieuses, mais sont modernes et fonctionnelles. Excellent service. Restaurant (très bon par ailleurs).

Où manger ?

Là, pas de problème : quantité de petits restos dans les rues principales et au bord du lac. Quelques spécialités locales : le *kadaifi aux noix* (excellent gâteau en forme de rouleau de fils très sucré), une variété locale de *baklava (yannotikos)* et le *fromage fumé,* qui a l'aspect d'un gros saucisson.

Fyssa Roupha (*plan A2,* **23**) : *55, odos Avéroff. ☎ 26-51-02-62-62. Tlj en continu. Env 12-14 €.* Connu pour ses prix serrés et sa qualité, l'établissement réunit tous les publics. À l'ancienne, on va choisir son plat préparé qui patiente dans les marmites (large choix). Service rapide et agréable.

To Manteio (*prononcer « Mandio » ; plan B1,* **21**) : *odos K. Karamanlis, en face d'Ethnikis Antistasséos et des remparts. ☎ 26-51-02-54-52. Repas env 12 €.* Cuisine simple et solide de *psistaria* (gril) qui ne déçoit pas. Bonne ambiance, plus grecque que touristique. Très vivant le soir.

Myrovolos (*hors plan par A1,* **22**) : *28, odos Papagou. ☎ 26-51-07-86-95. En bordure du lac, après la citadelle : il faut s'éloigner de la plateia Mavili du côté opposé à celui des remparts, et c'est le tt dernier resto. Repas env 13-15 €.* Petite terrasse sous la tente ou sous 2 arbres, juste au bord de l'eau. Cuisine grecque et internationale variée, tout à fait honnête. Accueil simple et sympathique.

Où boire un verre ? Où manger une glace ?

Nombreux **cafés** animés, chic et branchés avec de grandes terrasses sur la plateia Mavili, au bord du lac, où se retrouve la jeunesse du coin, en tout cas celle qui a suffisamment d'argent, car c'est cher.

Pâtisserie Diethnès (*plan A2,* **32**) : *20, plateia Dimokratias. Tlj 7h-2h.* Des glaces fines et goûteuses auxquelles vous pouvez ajouter des sirops, des amandes...

IOANNINA

À voir

Le kastro (*plan B1*) : au bord du lac, il occupe une sorte de promontoire. Il a conservé ses remparts dont certaines parties remontent au XIe s. C'est, en fait, tout un quartier de la ville, densément habité. Plusieurs rues pavées ont un certain cachet, comme l'odos Ioustinianou, bordée par les remparts, large de 2 m. C'est dans cette ruelle que se trouve la synagogue (Ioannina fut un des grands centres du judaïsme grec jusqu'à la Seconde Guerre mondiale).

Jolie ***mosquée Aslan Pacha*** *(Aslan Dzami ; plan B1)* et son minaret effilé. La mosquée, construite en 1618, et le cadre sont charmants. À l'intérieur, petit musée d'art populaire *(appelé « Musée municipal » ; tlj 9h-16h ; entrée 3 € ; réduc)* assez modeste. Quelques costumes traditionnels, petite section sur la communauté juive de Ioannina.

Au sud de la citadelle, dans la partie appelée *Its-Kalé* (la forteresse intérieure), une autre mosquée : la ***mosquée Fétiyé*** *(plan B1),* avec, à côté, le tombeau d'Ali Pacha, et surtout l'ancien sérail de ce dernier, transformé en ***Musée byzantin,*** très joli avec ses arcades blanches, qui passe en revue toute cette période et possède en particulier une belle collection d'icônes. Pièces en provenance de toute l'Épire *(☎ 26-51-02-59-89; forteresse 8h-22h, musée tlj sf lun 8h-17h ; entrée du musée : 3 € ; réduc).*

Le Musée archéologique *(plan A-B2)* **:** *pl. du 25-Mars. ☎ 26-51-00-10-50. Tlj sf lun 9h-16h (15h hors saison). Entrée : 3 €.* Après une période de fermeture, le musée a fait peau neuve : il joue bien son rôle régional en présentant le résultat des fouilles effectuées dans tous les sites importants de l'Épire. Parcours chronologique, en commençant par la préhistoire, poteries de Doliana (Néolithique), armes et objets en bronze de la période mycénienne, puis trésor de Votonossi (45 récipients en bronze). La visite se termine par une belle section consacrée aux découvertes faites sur le site de Dodone, avec, notamment, des tablettes rectangulaires en plomb où étaient inscrites les questions (très variées !) que les pèlerins venaient poser à l'oracle de Zeus ou de belles stèles.

L'île sur le lac *(Nissi ; hors plan par B1)* **:** *navette ttes les 30 mn env 8h-23h. Traversée : 10 mn. Aller : 2 €. Nissi* (« L'Île » en grec) est un endroit charmant, et surtout plus calme que Ioannina, où les maisons en pierre blanchie aux toits de lauze sont parfaitement entretenues. Vivre sur l'île reste un privilège. Une dizaine de familles détiennent le quasi-monopole des tavernes, boutiques et bateaux-navettes. En aucun cas il n'est question de vendre sa maison. À défaut d'héritier, la maison familiale est systématiquement donnée à la paroisse. L'île est un site protégé en raison de son caractère pittoresque et de ses cinq monastères récemment restaurés. C'est dans le monastère d'*Agios Pandéléimonas* qu'Ali Pacha fut tué en janvier 1822. Petit musée. Nombreuses tavernes, connues par les amateurs de cuisses de grenouilles et de truites, les spécialités locales.

DANS LES ENVIRONS DE IOANNINA

La grotte de Pérama *(Σπηλαιο Περαματος)* **:** *☎ 26-51-08-15-21. • spilaio-perama.gr • Pérama est un village situé à 3 km de Ioannina, sur la route de Metsovo. On peut s'y rendre avec le bus nº 16 qui part ttes les 20 mn devant le parc de la grande horloge dans le centre de Ioannina. Visites guidées (« accompagnées » plutôt) de 45 mn tte l'année, ttes les 15 mn 9h-19h l'été, 9h-17h hors saison. Entrée : 7 € ; réduc.* La grotte étend sur 1,1 km son dédale de galeries et de grandes salles (garder des forces pour les 163 marches qu'il faut monter pour ressortir au grand jour). Une grotte féerique, impressionnante par la variété et l'immensité de ses salles. Température constante : 17 °C. Et hygrométrie de 80 à 100 % selon saison. Chambres à louer à tous les coins de rue.

Le site antique de Dodone *(Δωδωνη)* **:** *à l'écart du village moderne de Dodone. ☎ 26-51-08-22-87. Accès très difficile en bus (2 fois/sem... en principe lun et ven). Le plus simple est de prendre le taxi (min 20 €), et se débrouiller pour rentrer en stop ou trouver un taxi vide qui repart ! Juil-août, tlj 8h-19h30 ; avr-juin et sept-oct, 8h-17h ; nov-mars, 8h30-15h. Ces horaires sont très théoriques : cela peut aussi être 8h30-15h tte l'année, faute de crédits ! Entrée : 2 € ; gratuit pour les étudiants de l'UE.*

Au cœur des montagnes, à 22 km au sud-ouest de Ioannina, près du petit village de Dodone, entouré de collines et de montagnes, se trouve le plus ancien sanctuaire consacré à Zeus (350 av. J.-C.). Ce lieu paisible est l'un des sites antiques les plus importants de l'Épire.
Dès la préhistoire, on venait y adorer la déesse-mère, associée par la suite à Zeus sous le nom de « Dionè ». L'oracle était délivré sous un chêne sacré, « habité » par Zeus et Dionè, par une dizaine de prêtres, qui ne se lavaient jamais les pieds et dormaient au contact du sol : on interprétait le bruissement des feuilles du chêne, le roucoulement des pigeons ou le son que produisaient des chaudrons que l'on frappait les uns sur les autres.
Son ***théâtre*** exceptionnel est l'un des plus grands théâtres antiques de Grèce (plus vaste que celui d'Épidaure) : datant du début du IIIe s av. J.-C., il permettait à 14 000, voire 17 000 spectateurs d'assister aux représentations. À l'image des véritables théâtres grecs, la *cavea* (les gradins) s'appuie sur la pente naturelle de la colline (contrairement aux théâtres romains qui tiennent debout tout seuls). À l'époque romaine, pour pouvoir y organiser les jeux du cirque, on a enlevé quatre rangées de sièges et élevé un mur de protection en bas des gradins. Également appuyés contre la colline et la tour gauche du théâtre (quand on le regarde) se trouvent les gradins d'un stade de 200 m de long, datant de la même époque. C'est là que se déroulaient les Jeux des Naia. À droite se trouvent les vestiges d'un *bouleutêrion* en hémicycle et ceux d'un *prytanée* (sorte d'hôtel de ville).
Le site contenait également six temples, regroupés au fond du site (au-delà du théâtre), dont on voit les ruines, ainsi qu'un bâtiment accueillant l'assemblée des députés (Dodone a été la capitale de la Ligue épirote).

Le Musée folklorique de Mélingi : *de Dodone, continuer la route env 4 km après le théâtre (suivre les flèches) jusqu'au petit village de Mélingi. ☎ 26-51-08-23-19. Tlj 9h-18h. Téléphoner pour connaître les conditions de visite.* Créé en 1994 par Théo Sakkas (mort en 2011), qui a voulu rassembler toute la culture de son village : costumes traditionnels, outils de travail et divers objets des habitants du village que l'on découvre dans les trois pièces de l'ancienne école transformée en musée. En cas de fermeture, adressez-vous à Mme Aphrodite, au café-taverne de Mélingi *(☎ 26-51-08-20-63),* où l'on peut aussi manger.

LES ZAGORIA OCCIDENTAL ET CENTRAL

À 38 km au nord de Ioannina s'étend le pays des Zagoria (« au-delà des montagnes »), regroupant 46 villages répartis entre le Zagori occidental (les gorges de Vikos, Aristi, Papigo, Vikos, Monodendri...), le Zagori central (les gorges de Vikos toujours, Élati, Dilofo, Kipi, Koukouli, Tsépélovo...) et le Zagori oriental, très différent (Pétra, Itéa, Tristéno, Grévéniti, Vovoussa...). En grec, on nomme souvent l'ensemble Zagorochoria, soit « les villages des Zagoria ». On vous parle de Monodendri, qui est le symbole de ces villages. Mais, surtout si vous êtes motorisé, visitez les villages alentour, qui n'ont rien à envier à Monodendri et ont souvent conservé toute leur âme : *Ano Pédina* (en particulier l'église et le monastère), *Koukouli,* ou encore *Dilofo* (délicieuse place centrale avec vue sur l'église perchée sur les hauteurs).

UN PEU D'HISTOIRE

Lors de la domination turque au XVe s, les villages des Zagoria signèrent avec le sultan un traité leur accordant l'exonération des taxes et interdisant à l'armée turque de mettre le pied sur leurs terres. En contrepartie, ils s'engageaient à rester

fidèles au sultan et à fournir à l'armée ottomane un nombre défini de garçons d'écurie. Ces privilèges et un commerce florissant assurèrent la richesse de cette zone. Les hommes, laissant femmes et enfants au village, établirent des affaires prospères dans les villes de l'Empire ottoman (à Constantinople, en Roumanie, en Serbie...). L'argent gagné était envoyé au village pour la construction d'infrastructures, d'écoles, de maisons cossues...
Au XIXe s, les Zagoria déclinèrent, les privilèges étant abolis. Les nazis, pendant la Seconde Guerre mondiale, brûlèrent beaucoup de villages du Zagori oriental et central (d'où s'organisaient des maquis) et, au moment de la guerre civile (1946-1949), la région se vida de ses habitants, partant pour les villes ou émigrant à l'étranger.
Un cadre naturel magnifique, des villages adorables, voilà ce qui vous attend aujourd'hui dans cette région. La prise de conscience du patrimoine exceptionnel que constituaient ces villages leur a redonné vie : des jeunes y sont revenus, y vivant à l'année, et les maisons sont restaurées dans les règles de l'art. Sachez cependant que la principale source de revenus de ces villages est désormais le tourisme... avec ses bienfaits (des bourgs magnifiques sont préservés) et ses inconvénients (l'ambiance de village-musée...).

Arriver – Quitter

En bus

Trois lignes de bus relient Ioannina aux Zagoria occidental et central. Tous partent de la gare routière (voir la rubrique « Arriver – Quitter » à Ioannina). Ces bus font l'A/R : arrivés à leur terminus dans le Zagoria, ils repartent aussitôt pour Ioannina. Renseignez-vous à la gare de Ioannina pour les horaires, ces derniers étant sujets à changements, notamment selon la saison. En 2014, ils circulaient comme suit :

➢ ***Ioannina-Papigo (via Vikos et Aristi) :*** mar à 5h30 et 14h30. Trajet : 1h30.
➢ ***Ioannina-Monodendri, via Vitsa :*** lun et ven à 5h30 et 11h30. Trajet : 1h.
➢ ***Ioannina-Tsépélovo :*** ven à 5h30 et 13h30.

En taxi

Prévoir environ 35-40 € la course depuis Ioannina.

Adresses utiles

Information Center for Northern Pindus : *près d'**Asprangéli.** ☎ 26-53-02-22-41. Dans une haute maison ; en venant de Ioannina, juste après les 2 stations-service, peu avt l'embranchement pour Asprangéli. Tte l'année, tlj (normalement) 8h45-14h45 (15h30 le w-e).* Plein d'infos sur ce magnifique pays et ce que vous pourrez y découvrir (les jolis villages, les ponts, des paysages sublimes...) et y faire (rando, etc.).

Information Center : ***Mikro Papigo,** à l'entrée du village. ☎ 26-53-04-10-71. • wwf-ppg@otenet.gr • Tlj sf jeu 11h-18h (10h30-17h30 en hiver).* Un bureau d'information du WWF qui peut dispenser tout renseignement sur les activités nature dans la région. Expo sur le milieu naturel à l'étage.

■ ***Robinson Expeditions :*** *à **Kipi,** à l'entrée du village, sur la droite. ☎ 26-53-07-18-50. 📱 69-44-31-34-85. • robinson-trip.com • Lun-sam 9h-17h (téléphoner avt, le bureau n'est pas toujours ouv).* Il y en a pour tous les goûts : randonnées à pied ou à VTT, canyoning, escalade, parapente...

MONODENDRI (*ΜΟΝΟΔΕΝΔΡΙ ; 440 07*)

Très joli petit village de montagne, bien propre et lisse sur lui, aux maisons en pierre restaurées selon le style traditionnel. Le soir, la charmante place s'anime.

Alignés sur un banc, les « papous » regardent. Ils vivent doucement, à leur rythme, sans dire grand-chose. Il est bon de savoir qu'il n'y a pas grand-chose pour se ravitailler à Monodendri même (juste un minimarché un peu dissimulé...).
La route principale venant de Ioannina et qui continue vers Oxia passe par la partie haute du village (notamment la pension *Monodendri*) mais ne permet pas d'accéder en voiture au centre ancien même, beaucoup plus bas. Pour cela, il faut prendre la petite route en contrebas sur la droite à l'embranchement qui se trouve 1 km avant (panneau discret). Dans cette partie du village, d'où part le chemin pour le monastère d'Agia Paraskévi, se trouve également le *Rizarios Photography Exhibition Center* (connu pour ses expos temporaires).
– **Fête au village :** *le 26 juil.*

Où dormir ? Où manger ?

Hotel Vikos : *dans le centre, au-dessus de la place principale. ☎ 26-53-07-13-70. • vikoshotel.com • Tte l'année. Doubles à partir de 35-40 €.* Construction récente, qui a su respecter le style du pays, et calfeutrée derrière ses grands murs. 7 chambres impeccables et agréables. Le même propriétaire possède l'hôtel *Archondissa,* juste à côté, qui dispose de 5 chambres.

Monodendri Hotel : *sur la route principale qui vient de Ioannina et qui continue vers Oxia, dans le virage. ☎ 26-53-07-13-00. • monodendrihotel.com • Tte l'année. Résa conseillée. Double env 45 €, petit déj inclus (ce qui correspond à un tarif réduit sur présentation de ce guide). Repas env 12 €.* Dans la maison dont la partie ancienne date du début du XVIIe s, quelques chambres à l'ancienne (les plus grandes). Presque un musée. Du cossu et du costaud, un peu sombre mais douillet. Au resto, plats copieux qui changent un peu de l'ordinaire, même s'il arrive que la qualité ne soit pas au rendez-vous. Accueil agréable.

Chez Kikitza Makrigianni : *au cœur du village, sur la place principale. ☎ 26-53-07-13-40. Tte l'année, midi et soir. Repas env 12-14 €.* Goûtez à la fameuse spécialité : la *tyropita* (ou *kasiopita*), une sorte de tarte soufflée à la feta, servie au plat (pour 2 ou 3 personnes). Un peu cher mais excellent. De la viande également, comme le *kondosouvli* (à la broche).

Où dormir ? Où manger dans les environs ?

Prix moyens

Hotel Sélini : *à* ***Vitsa****, à 3 km avt Monodendri. ☎ 26-53-07-13-50. • hotel-selini.com • En arrivant au village, prendre un chemin sur la droite, c'est indiqué (en grec). Tte l'année. Doubles 45-65 € selon saison, voire 75 € au moment des fêtes ; quelques chambres pour 4 pers également.* Grandes chambres claires, avec plafond lambrissé et mobilier chaud. Très calme. 8 chambres seulement, dont 3 avec cheminée. Possibilité de manger sur place (bonne cuisine préparée par Elpida), sur la belle terrasse offrant une vue magnifique.

Archontiko tou Dilofou : *à* ***Dilofo****, derrière la place centrale (on se gare à l'extérieur du village). ☎ 26-53-02-24-55. • dilofo.com • Compter 50 € pour 2 et 65 € pour 4 en été, petit déj compris. Plus cher en hiver.* Dans une discrète maison ancienne, rénovée avec soin, regorgeant d'objets anciens, une petite dizaine de chambres aux pierres apparentes, vastes et colorées, certaines avec cheminée. Quelques chambres dans un autre bâtiment (de jolies décorations murales y ont été conservées). Bon petit déjeuner.

Sta Riza : *à* ***Élati****. ☎ 26-53-07-15-50. Juste avt la place au grand platane. Fermé mar-mer hors saison. Compter env 12-15 €.* Dans une maison en pierre, une belle salle prolongée par une terrasse avec vue. Tout est fait maison : cuisine simple et des plus classique, mais sincère, mettant en valeur les produits du terroir.

Plus chic

Hotel Machalas – Restaurant Stou Mihali : *à Kipi.* ☎ *26-53-07-19-76.* • *machalas.gr* • *À l'entrée du village, sur la droite. Tte l'année. Pour 2 pers, env 85 €, petit déj inclus (plus cher au moment des fêtes). Repas env 12-15 €.* Plusieurs petites maisons réparties autour d'un bout de pelouse et des terrasses aux jolies tables de jardin (des tables de machines à coudre reconverties). Dans chaque maison, 2 studios avec entrée indépendante : celui au rez-de-chaussée pour 2 personnes, celui à l'étage pour 4 ou 5 (2 grands lits). Spacieux, lumineux, parqueté, plafond traditionnel, lits douillets en fer forgé, cheminée, une kitchenette avec plaques électriques et frigo, une belle salle de bains. C'est chaud, confortable... on y resterait volontiers la semaine ! De l'autre côté de la route, le resto *Stou Michali* (ouverture un peu aléatoire hors saison) à l'intérieur rustique. Bonne cuisine qui tient au corps, fraîche et goûteuse, où le palais distingue avec plaisir des saveurs un peu relevées.

Hotel Ameliko : *à* ***Ano Pédina.*** ☎ *26-53-07-10-51.* • *ameliko.gr* • *Doubles 40-70 € en été, petit déj inclus.* Une petite quinzaine de chambres dans 2 maisons magnifiquement restaurées. Intérieur de charme rustique et traditionnel, chambres parquetées avec murs de pierre et cheminée pour la plupart. Fait aussi resto.

Dias : *à l'entrée du village de* ***Mikro Papigo,*** *peu après le bureau du WWF.* ☎ *26-53-04-12-57.* • *dias papigo.gr* • *Tte l'année. Doubles env 55-80 € selon saison. Repas env 12-15 €.* Adresse bien connue des randonneurs : les chambres, simples et sans chichis, sont agréables. Récemment refaites, elles gardent néanmoins un cachet ancien. Bonne taverne avec des plats roboratifs, on pense aux marcheurs !

À voir

Le monastère d'Agia Paraskévi : *de la place centrale de Monodendri, bien indiqué (à env 15 mn à pied). GRATUIT.* Un large sentier dallé conduit au charmant monastère fortifié d'Agia Paraskévi. Accroché à la falaise, tout en longueur, il surplombe le ravin de plus de 350 m. L'édifice est inhabité, et pourtant tout est impeccable, comme si les moines l'avaient quitté la veille. Liturgie chaque 26 juillet à l'occasion de la fête de la sainte. Depuis le monastère, un étroit sentier épouse les flancs escarpés de la falaise. Le suivre sur quelques centaines de mètres, il offre de superbes points de vue sur le paysage, notamment une grande grotte dans la paroi rocheuse à pic. Faire particulièrement attention aux enfants (à éviter avec des petits, même) et... sujets au vertige, bon courage !

DANS LES ENVIRONS DE MONODENDRI

Une route mène au lieu-dit ***Oxia,*** à 7 km, où le panorama sur le canyon est très impressionnant.

Le canyon de Vikos *(parc national de Vikos-Aoos)* **:** il s'étend sur 10 km entre Monodendri et Vikos. Les parois à pic de ces gorges d'une hauteur maximale de 1 200 m ne manqueront pas de vous impressionner et sont le terrain de très belles randonnées. De toute façon, si quelques points de vue (d'Oxia ou de Vikos, par exemple) en donnent un avant-goût, la seule façon d'y pénétrer et de l'explorer, c'est à la force de vos jambes.
Pour randonner dans le canyon, ***un bon équipement est indispensable*** (chaussures de randonnée, ravitaillement), et même si le sentier est désormais indiqué, il faut absolument avoir une bonne carte (*Terrain Maps,* 1/50 000). Elle est en vente

dans la plupart des hébergements ou au magasin de souvenirs *Bidoura,* juste au-dessus de la pension *Monodendri,* à Monodendri. Peu d'indications sur le parcours même. Il est conseillé de se renseigner sur place, par exemple auprès de Dimitri, propriétaire de l'*Hotel Vikos.* Le départ se fait près de l'église au centre de Monodendri, à la fin du sentier dallé. Durée totale de Monodendri à Aristi (ou Papigo) : 7h.
Les paysages varient beaucoup selon les zones. Ainsi, la route reliant Aristi, Vikos et Papigo traverse de grandioses paysages de gorges, avec des routes en lacet bien serré qui montent et descendent dans une nature boisée, verte et généreuse. Si vous prenez la direction de Dilofo-Koukouli-Tsépélovo, le paysage aux dénivelées plus douces, aux routes plus larges, devient plus austère, moins généreux, plus sec... mais sa beauté et son charme vous rattrapent quand même à chaque virage.

Vikos : tout petit village cul-de-sac à 4 km de la route principale. Il compte quelques tavernes, un ou deux hébergements, et offre quelques très beaux points de vue sur les gorges.

Mégalo Papigo : entre Aristi et Papigo, la route qui descend au bord de l'eau (avant de remonter dans de sérieux zigzags !) est vraiment très belle. La bourgade, assez grande, sent l'opulence : ses importantes demeures, magnifiquement restaurées (et devenues pour la plupart des hébergements), jouissent d'un cadre privilégié... mais qui a perdu de son authenticité. Pour retrouver celle-ci, faites donc la promenade jusqu'à ***Mikro Papigo*** (« Petit Papigo »), adorable hameau accroché à la colline, parmi les arbres.

Le pont à trois arches de Kipi : avant l'entrée dans le village de Kipi, admirez le pont *(ghéfira),* un des plus beaux de la région (et un des plus longs : 56 m de long).

TSÉPÉLOVO *(ΤΣΕΠΕΛΟΒΟ ; 440 10)*

Après Kapésovo, on atteint Tsépélovo, à 29 km de Monodendri. Ce village ne ressemble pas à un village-musée comme Monodendri et il est plus vivant. C'est, en effet, le plus actif des villages de la région : 500 habitants seulement, mais une école, un collège et un petit lycée ! Sur la place du village, sous le grand clocher de l'église Agios Nikolaos, cafés et tavernes. Plusieurs *xénonès* (demeures traditionnelles rénovées) et deux hôtels, plus chers. Nombreuses randonnées possibles à partir de Tsépélovo, notamment une balade qui mène à deux vieux ponts à l'entrée de magnifiques petites gorges.
– **Grande fête :** *le 15 août.*

Adresse utile

✉ **Poste :** *dans une ancienne école ; de la place principale, prendre la petite rue qui monte sur la droite. Lun-ven 7h30-14h.*

Où dormir ? Où manger ?

I Mikri Arktos : *dans le centre, sous le grand platane.* ☎ *26-53-08-11-28.* ● *tsepelovo-mikriarktos.gr* ● *En été, doubles 45-60 €. Repas 10-12 €.* Pittès au fromage, aux épinards ou aux *chorta,* très différentes des *pittès* habituelles et délicieuses. Bons plats de viande également (agneau, saucisses du pays).

Thoukididis : *à Kapessovo (entre Koukouli et Tsepelovo) :* 📱 *69-79-98-37-98.* ● *thoukididis.gr* ● *Ouv tte l'année (mais en dehors de la belle saison, toujours téléphoner à l'avance). En été, compter env 65-75 € pour* *une double avec un copieux petit déj. Repas 15-20 €.* Cette solide maison de pierre de 1875, typique, a été restaurée avec goût, dans le respect du style originel. Elle dispose de 6 belles chambres tout confort. Adresse on ne peut plus familiale : deux sœurs, Elli (francophone, qui s'occupe du café-resto), Joanna (pour l'hébergement) et leurs parents (le père a fait le gros du travail de restauration et sa femme s'active un peu partout). On y mange très bien, la cuisine est faite, autant que possible, avec des produits locaux (et bio). Accueil chaleureux. Conseils pour les randos, participation possible à diverses activités villageoises, en fonction de la période.

À faire

Trekking en Épire

➢ Nombreuses randonnées à partir de Tsépélovo même. Les plus courageux pourront aller jusqu'au *lac de Drakolimni,* sur les contreforts du mont Tymfi (2 497 m) ; ceux qui ne veulent faire que 2 ou 3h de marche trouveront de jolis ponts à arche à proximité du village.

➢ L'Épire – et en particulier les Zagorochoria – est propice à la rando. Un sentier de randonnée dit « national (03) » part de Ioannina en direction de Kipi, Vitsa, Monodendri et poursuit vers Mikro Papigo, le refuge d'Astrakas, Drakolimni, pour arriver, via le mont Smolikas, à Agia Paraskévi, au nord de Konitsa. Ce sentier peut également servir de base à un trek d'une semaine partant de Monodendri pour arriver à Vovoussa, à l'est. Également de nombreuses randonnées à la journée, de 5 à 10h de marche, permettant de découvrir toute la région. Attention : possibilités vraiment limitées de ravitaillement dans les villages.

Renseignements

■ ***Club alpin (EOS) :*** *15, odos Smyrnis, à* ***Ioannina.*** *☎ et fax : 26-51-02-21-38. • orivatikos.gr • Gère le refuge Mitsikeli (à 1 290 m) avec 28 lits.*

⌂ ***Refuge :*** *à* ***Astrakas,*** *à 3h de marche de Mikro Papigo. Mai-oct ; résa conseillée en été : 📱 69-73-22-31-00. • astrakarefuge.com •* 50 places, à 1 930 m d'altitude, propriété de l'*Hellenic Federation of Mountaineering and Climbing.*

➢ Un autre sentier de grande randonnée (E 6) traverse l'Épire d'ouest en est, reliant Igouménitsa à Metsovo, avant de poursuivre plus à l'est.

METSOVO (ΜΕΤΣΟΒΟ) (442 00) 2 500 hab.

Joli village perché à 1 116 m d'altitude sur la route Météores-Ioannina, dans un décor qui n'est pas sans rappeler l'Auvergne ou l'Autriche. La route nationale, qui grimpe, est superbe. On traverse de charmants petits villages de bergers dans un décor montagneux et boisé, et l'hiver, il y a même une piste de ski. Le point culminant de la route est le col de Katara, quelques kilomètres au-dessus de Metsovo. On regrette vraiment que l'Égnatia Odos, l'autoroute qui passe désormais par là, ait posé sa griffe sur les paysages et en ait quelque peu égratigné la beauté, ou du moins l'aspect sauvage. Et puis aussi les constructions qui poussent ici et là... sans parler de l'ambiance touristique qui imprègne de plus en plus l'endroit, lui retirant une partie de son charme...

Metsovo est renommé pour sa longue tradition dans l'art de la sculpture sur bois et du tissage, ainsi que pour ses fromages et son vin corsé. Le coin est riche : des familles d'*évergètes* (autrement dit de bienfaiteurs), les Avéroff et les Tossitsa, ont arrosé la région. En conséquence, presque tous les édifices publics, du musée au jardin, portent leurs noms.

Arriver – Quitter

En bus

Les billets s'achètent dans le bus. Pour les horaires, s'adresser au petit kiosque face au parking des voitures (avec les statues des ours) jouxtant la grande place.

➢ ***De/vers Kalambaka :*** 2 bus/j. (1 seul dim). Attention, pour aller à Kalambaka, il faut descendre en taxi au carrefour avec Égnatia Odos, en contrebas du village, car le bus ne monte plus dans le village. Demander à la station des taxis (sur la place) les horaires approximatifs.

➢ ***De/vers Ioannina :*** 3 bus/j. en sem, 2 le sam et 1 le dim. Les bus partent de la place du village.

Adresses utiles

✉ ***Poste :*** *4, odos Tossitsa. Dans la rue principale, sur la gauche en descendant vers la place principale. Lun-ven 7h30-14h.*

■ ***Banques :*** *autour de la place principale, avec distributeur.*

@ ***Café Internet Super Star :*** *après la place, sur la rue qui repart en direction de Ioannina, sur la gauche.* Plusieurs ordinateurs et connexion assez rapide.

Où dormir ?

Pas de camping.

De bon marché à prix moyens

Hotel Filoxenia : *tt près de la place principale, dans la rue passant derrière la grande butte du jardin public. ☎ 26-56-04-10-21. Fax : 26-56-04-20-09. Doubles env 30-40 € (et 55 € en hiver pour la double avec cheminée) ; petit déj en sus.* Mobilier assez vétuste, mais TV, sèche-cheveux, et c'est propre !

Hotel Astéri Metsovou : *58, odos Tossitsa. ☎ 26-56-04-22-22. • asterimetsovo.com • Sur la droite dans la grande descente, en face de l'hôtel Bitouni. Double à partir de 40 €. Parking.* Hôtel imposant, récent, mais construit dans le style traditionnel de la région. Propose des chambres agréables, bien tenues, avec mobilier en bois typique, et pour certaines, balcon et vue. Bon accueil.

Plus chic

Hotel Egnatia : *19, odos Tossitsa. ☎ 26-56-04-12-63 ou 26-56-04-19-00. • hotelegnatia.gr • Dans la rue principale. Double env 80 € (davantage à Pâques et Noël), petit déj inclus.* Grande façade fleurie avec balcons en bois, et belles chambres plus ou moins spacieuses, joliment meublées et très confortables (TV écran plat), élégantes, chaudes et avenantes. Salles de bains avec douche ou baignoire jacuzzi.

Hotel Kassaros : *3, odos Tsoumaga. ☎ 26-56-04-18-00. • hotelkassaros.gr • Après la place centrale, à gauche sur la rue qui ressort de Metsovo, direction Ioannina. Double 60 €, bon petit déj compris (plus cher en hiver et à Pâques).* Un hôtel cossu aux chambres douillettes, joliment décorées, certaines avec une vue splendide. Hydromassage dans les salles de bains. Espaces communs agréables et bon petit déjeuner. Sauna.

Où manger ?

Metsovo est réputé pour son fameux fromage fumé *(metsovoné)*. Deux boutiques sur la place principale.

■ ***Boulangerie :*** *à l'angle de la rue principale, exactement là où commence la rue pavée lorsqu'on descend dans le village.* Grosses boules de pain frais et quelques délicieuses pâtisseries ou viennoiseries salées, servies chaudes le matin.

|●| ***Restaurant Galaxy (Galaxias) :*** *au-dessus de la place, en haut des escaliers. ☎ 26-56-04-12-02. Tte l'année. Repas 12-15 €.* Tables dressées en terrasse ou dans un grand jardin agréable. Le soir, s'il fait frais, une grande salle avec cheminée. Cuisine traditionnelle de qualité avec toutes les viandes au choix, à commencer par le *kokoretsi*.

À voir

Le dimanche matin, à la sortie de la messe, la place centrale fourmille de monde. Les anciens, les familles... tout le village se retrouve, et tout ce beau monde endimanché finit autour d'un verre dans les cafés. À mesure que midi approche, les cars de touristes arrivent peu à peu, envahissent le parking, les cafés changent de clientèle... Il faut attendre le début de soirée pour retrouver l'atmosphère bonhomme du village, quand seuls les anciens se retrouvent sur les bancs de la place...

👍👍 ***La maison du baron Tossitsa :*** *prendre les petits escaliers en face de la station* Shell *dans la rue principale. Tlj sf jeu 9h-13h30, 16h-18h (9h-13h30, 15h-17h l'hiver). Visite guidée slt (en anglais), ttes les 30 mn. Entrée : 3 €.* Magnifique demeure patricienne aujourd'hui restaurée et transformée en musée d'Art populaire. Chaque pièce à vivre est restée telle qu'elle l'était autrefois, nous permettant ainsi de voir à quoi ressemblait la vie dans une maison bourgeoise. L'intérieur est étonnamment spacieux et lumineux, et de très beaux objets y sont exposés : la montre du baron est anecdotique, mais on verra une belle collection d'icônes. Le dernier étage est consacré à Évangélos Avéroff, homme politique grec qui reprit les rênes de la Fondation Tossitsa. Dommage que la visite guidée soit menée trop rapidement.

👍 ***Avéroff Gallery :*** *près de la place centrale, dans la rue qui passe derrière la butte du jardin public. ☎ 26-56-04-12-10. Tlj sf mar 10h-16h (18h30 de mi-juil à mi-sept). Entrée : 3 €.* Galerie d'art moderne offrant un aperçu pas inintéressant de la peinture grecque aux XIXe et XXe s. Exposition également de quelques œuvres d'artistes contemporains. Le musée, réparti sur trois niveaux, est bien plus grand que l'extérieur ne le laisse soupçonner.

👍 ***Le monastère d'Agios Nikolaos :*** *de Metsovo, c'est mal indiqué. À pied (15-30 mn) : par le bas du village en partant de la place centrale, en contrebas du jardin (sentier dallé plutôt raide). En voiture : de la place centrale, suivre la direction de Ioannina, puis à gauche à la sortie du village, juste avt de rejoindre la nationale, la direction d'Anilio ; il reste alors env 3 km en lacet ; guetter le petit panneau marron sur la gauche (le monastère est visible de la route en levant le nez). Tlj, sf entre 13h30 et 16h. GRATUIT. Messe à 9h le dim.* Construit vraisemblablement aux alentours de 1300, il a été restauré en 1960 pour la dernière fois par la Fondation Tossitsa. La petite chapelle est un bijou, entièrement recouverte de fresques dont les couleurs sont très bien conservées... soi-disant grâce aux feux de bois qu'allumaient les bergers pour se réchauffer et qui avaient complètement noirci murs et plafond jusqu'en 1950. Le cadre est superbe.

Fêtes

– ***Le 20 juillet (Profitis Ilias) et le 26 juillet (Agia Paraskévi) :*** fêtes religieuses. Danses sur la grand-place en habits traditionnels.

LA THESSALIE

LES MÉTÉORES (ΤΑ ΜΕΤΕΩΡΑ)

Cette curiosité géologique de toute beauté, qui domine la plaine thessalienne, est second complexe monastique de la Grèce après le mont Athos. On y dénombre encore six monastères en activité, datant des XIVe et XVe s. Une véritable poule aux œufs d'or pour l'église orthodoxe qui en assure la gestion, avec entrées payantes et vente de produits dérivés. Le tout en liquide évidemment, et sans facture...
Ces conglomérats, constitués de sédiments consolidés, sont très appréciés des amateurs de grimpe. Au printemps, avant les fortes chaleurs, des férus de varappe, majoritairement allemands, débarquent avec cordes et mousquetons pour escalader les parois qui se dressent au-dessus du village de Kastraki.

UN PEU D'HISTOIRE

Non, les Météores ne tombent pas du ciel ! Même si, selon la légende, une main magnanime les aurait fait tomber sur terre pour permettre à des ascètes de se retirer pour prier. Les géologues voient plutôt dans les Météores les restes d'une masse rocheuse qui commandait, il y a 60 millions d'années, l'embouchure d'un grand fleuve qui se jetait dans la mer de Thessalie. Lorsque celle-ci trouva un débouché dans la mer Égée consécutivement à la rupture des monts Olympe et Ossa, ce massif de conglomérats, sous l'action combinée de l'érosion et des secousses telluriques (pendant plusieurs millions d'années), finit par se disloquer. Ne restait plus au temps et à l'eau qu'à peaufiner leur travail de sape, dégageant les parties plus dures de leur gangue de calcaire, pour finalement donner naissance à cet étrange paysage, qui culmine à 600 m d'altitude.
Les Météores (*météora*, « suspendu dans le ciel ») commencèrent à être habités au XIe s. Les moines vivaient dans des cavités naturelles au flanc des parois rocheuses, dont il reste aujourd'hui quelques vestiges. Ce n'est qu'au XIVe s qu'ils construisirent les monastères perchés en haut des rochers, afin d'échapper aux Turcs ou aux Albanais... et de se rapprocher de Dieu. À leur apogée, au XVIe s, période où ils furent tous rénovés ou même entièrement reconstruits pour certains, on comptait 24 monastères. Aujourd'hui, il n'en reste que six en activité.

Arriver – Quitter

En bus

Gare routière : *à Kalambaka, en contrebas de la place des taxis, odos Oikonomou.* ☎ *24-32-02-24-32. Agence ouv lun-ven 6h-21h, w-e 6h-19h.* Les bus pour Kastraki partent de l'arrêt situé devant la cascade, place de la mairie. Les bus pour les Météores ainsi que ceux pour les autres destinations partent de la gare routière.

➢ ***De/vers Trikala :*** bus ttes les 30 mn en matinée, puis ttes les heures jusqu'à 23h.

➢ ***De/vers Athènes :*** à Athènes, de la gare routière terminal B, *(260, odos Liossion ;* ☎ *21-08-31-14-34),* 2 bus directs/j. et 5 liaisons/j. (ttes les 2h-2h30) avec changement à Trikala (en principe, correspondance dans la demi-heure qui suit). Également 1 bus de nuit à 1h du mat de Trikala (sf sam). Trajet : env 5h.

➢ ***De/vers Volos :*** 4 bus/j., avec

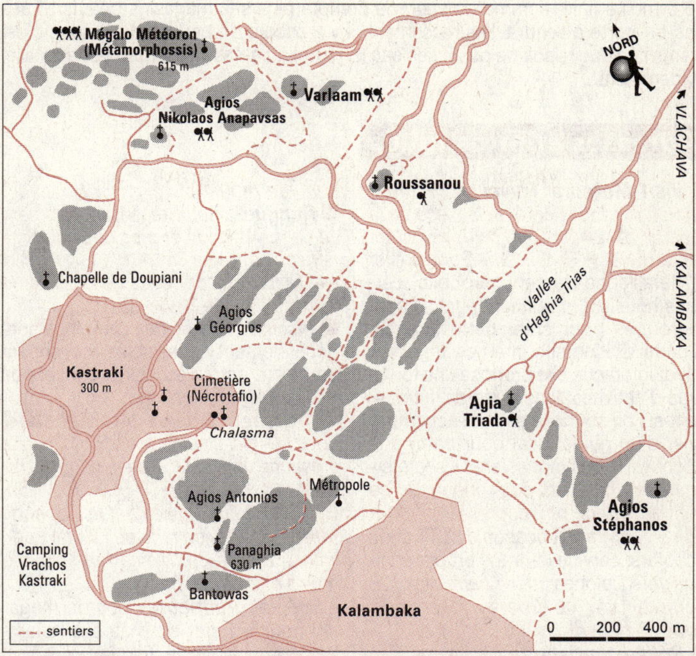

LES MÉTÉORES

changement à Trikala.

➢ ***De/vers Thessalonique :*** 5 bus/j., avec changement à Trikala.

➢ ***De/vers Ioannina :*** 2 bus directs/j. Trajet : 2h. C'est à Ioannina qu'on change de bus de/vers Igouménitsa.

➢ ***De/vers Arta-Prévéza :*** 1 bus/j., tlj sf sam, à 16h de Trikala.

➢ ***De/vers Delphes :*** se rendre à Trikala (par le bus de 10h), changer pour Lamia, puis pour Amphissa, et enfin changer pour Delphes (liaisons assez fréquentes entre Amphissa et Delphes). Possible dans la journée, mais le mieux est de passer par l'agence *Visit Meteora Travel* (voir plus loin « Adresses et infos utiles »).

En train

Gare ferroviaire : *à Kalambaka, odos Pindou ; sur la route de Ioannina et au bout de la rue Kondili qui descend de la pl. Féraiou.* ☎ *24-32-02-24-51.*

➢ ***De/vers Athènes :*** 4 trains/j., dont 1 direct le matin depuis Athènes, retour le soir de Kalambaka. Pour les 3 autres, il faut changer à Paléofarsalos. Attention, 2 trains/j. slt dans le sens Kalambaka-Athènes.

➢ ***De/vers Thessalonique :*** 1 train direct/j., à 8h20, 2 autres avec changement à Larissa, et 1 via Paléofarsalos.

KALAMBAKA (ΚΑΛΑΜΠΑΚΑ ; 422 00)

Vous trouverez aussi l'orthographe ***Kalampaka,*** qui est devenue officielle. Ville importante (environ 13 000 habitants) qui a connu ses heures de gloire. Aujourd'hui sérieusement frappée par la crise économique, cette ville à moitié commencée ou à moitié finie, comme on veut, ne compte plus ses magasins béants et ses pas-de-porte à vendre. Heureusement, il y a encore un peu de vie le soir ; c'est même l'unique raison de poser son sac ici plutôt qu'à Kastraki. À part la vieille ville, évidemment...

Adresses et infos utiles

Visit Meteora Travel : *2, Patriarchou Dimitriou (à côté de la place de la mairie). ☎ 24-32-02-38-20. • visitmeteora.travel • Tlj 9h-21h.* Pour pallier la défaillance du service public, certains hôteliers et restaurateurs se sont regroupés pour créer cette agence. À partir de son site internet, très bien fait et interactif, elle propose une foultitude d'activités dans la région. Intéressant si l'on souhaite se faire accompagner d'un guide local pour partir à la découverte des monastères « secrets » *(compter 35 €/pers pour une rando de 3h, min 2 pers, prix dégressif en fonction du nombre).* Location de VTT et de scooters, service de transfert par minibus vers Delphes *(min 4 pers, max 12 ; compter env 40 €/pers ; réserver la veille du départ).*

Police touristique : *à l'angle des rues Pindou et Ioanninon, à côté de l'hôpital. ☎ 24-32-07-85-16.*

Hôpital : *☎ 24-32-02-22-22 (service des urgences).*

Poste : *odos Trikalon, entre la place de la mairie et la pl. Riga Féraiou. Lun-ven 7h30-14h.*

Banques : *nombreuses, notamment sur la rue Trikalon et près de la pl. Riga Féraiou. Lun-ven 8h-14h.*

Taxis : *en contrebas de la place de la mairie. ☎ 24-32-02-23-10.*

Piscines : celles des campings sont généralement accessibles moyennant un droit d'entrée assez raisonnable ou une consommation.

@ Internet : ***Bocars Internet Café,*** *odos Déligiani, au bas de la pl. Dimoula, à gauche (la 1re place en venant de Trikala). ☎ 24-32-07-79-99. Tlj 9h-5h. Compter 2 €/h. Également le* ***Rapsody Internet Café,*** *en face de l'*Hotel Edelweiss. *Tlj 10h-3h. Même tarif. Un peu moins équipé.*

– ***Spécial grimpeurs :*** pas de magasin pour acheter du matos à Kalambaka, il faut aller à Trikala. Pour tout renseignement, contacter Kostas Liolios *(📱 697-256-75-82 ; • ksts_liolios@yahoo.com •).* Guide diplômé, il a ouvert pas mal de voies et balisé la plupart des sentiers conduisant aux Météores.

Où dormir ?

Camping

Camping Philoxénia : *à 3 km à droite avt l'entrée de la ville en venant de Trikala. ☎ 24-32-02-44-66. • philoxeniacamp.gr • Fermé janv-fév. En été, prévoir 15 € pour 2 avec tente et voiture. Chambres 2-3 pers avec sdb env 35 €. CB refusées.* Installations spacieuses et propres dans un beau cadre fleuri et assez ombragé. Les chambres, dans un petit bâtiment au centre du camping, sont d'un excellent rapport qualité-prix. 2 piscines d'eau salée : l'une avec toboggans, et l'autre, plus petite, pour les enfants. Bel accueil (en français) de Stella. Bar-resto, minimarché, cuisine commune. Un bon rapport qualité-prix. Bus pour Kalambaka toutes les 30 mn ; 1 seul bus/j. pour les Météores.

Prix moyens

Comme à Kastraki, ne pas hésiter à marchander : entre le prix officiel affiché au dos de la porte de votre chambre et ce que vous paierez réellement, il peut y avoir une différence notable. Voici les adresses les plus abordables, mais il y a aussi beaucoup de chambres chez l'habitant. Les prix ne varient en général pas beaucoup selon la saison, mais ils font un bond durant les fêtes (Pâques, Noël).

Chambres Alsos House : *5, odos Kanari. ☎ 24-32-02-40-97. • alsoshouse.gr • Au pied de l'imposant rocher Alsos, au niveau du départ du sentier qui grimpe aux Météores, dans le vieux village. Tte l'année. Doubles 45-50 €, petit déj compris ; apparts 4-6 pers 90-100 €.* Une huitaine de belles chambres et 2 appartements de 2 chambres chacun, agréables et impeccables, avec TV, AC et salle de bains. Cuisine commune équipée avec frigo, lave-linge et sèche-linge à disposition. Propriétaire très accueillant, parlant le français et jouant bien du *bouzouki* ! Il peut organiser des treks dans la région, qu'il connaît parfaitement, et vous refiler plein de bons tuyaux. Si c'est complet, il vous logera chez sa sœur Elena, juste à côté, pour un confort équivalent.

Koka Roka : *31, odos Kanari. ☎ 24-32-02-45-54. • kokaroka.com • Au pied de l'imposant rocher Alsos, au niveau du départ du sentier qui grimpe aux Météores, dans le vieux village, un peu au-dessus des chambres* Alsos House. *Tte l'année. Double avec ou sans sdb 35 €, selon confort ; triple 50 €. Petit déj à partir de 2 €. Repas env 10 €. CB refusées.* Athanassios vit ici avec sa mère. Les routards, ils connaissent, depuis le temps qu'ils les hébergent ! Leur recette : une poignée de chambres bien proprettes et un accueil gentil. Si 3 d'entre elles seulement possèdent une salle de bains privative et la clim, les autres sont tout de même très agréables. Côté papilles, la table offre une cuisine locale à base de grillades et de légumes du potager. Une adresse bien au calme.

Guesthouse Arsénis : *à 3,5 km du centre-ville, sur la route qui mène aux Météores par l'est, à prendre à l'entrée de Kalambaka, côté Trikala. ☎ 24-32-02-35-00. • arsenis-meteora.gr • Tte l'année. Double env 40 € ; familiale 64 €, petit déj inclus ; plus cher à Pâques et à Noël. Réduc de 10 % sur présentation de ce guide.* Isolée au milieu d'un millier d'oliviers et de 500 figuiers, cette maison à la déco rustique propose une vingtaine de chambres impeccables, avec salle de bains, AC et terrasse avec vue panoramique. Resto de produits locaux sur place. Un très bel emplacement, malheureusement un peu gâché par l'insistance dont fait preuve le proprio pour qu'on élise domicile chez lui.

Où manger ?

Pour manger vite, on trouve de bons *souvlakia* et *gyros* au 98, odos Trikalon *(près de la pl. Dimoula, presque en face de la station-service ; ☎ 24-32-02-46-86).* Repérez l'enseigne, il n'y a pas de nom mais elle est suffisamment explicite.

To Paramythi : *14, odos Patriarchou Dimitriou (après la place de la mairie, quand on prend la route des Météores, sur la droite). 69-46-52-45-49. Tlj 12h-minuit. Repas 8-12 €.* Mignonne petite taverne largement ouverte sur la rue dès les premières chaleurs. C'est ici qu'Elena œuvre en cuisine tandis que Maki fait le service. On y déguste une assiette bien faite à base de produits du terroir. Aux beaux jours, sur les coups de 21h, des potes se rassemblent pour gratter des instruments à cordes. L'ouzo coule alors à flots !

Taverna Dionysos : *112, odos Trikalon (vers la pl. Dimoula). ☎ 24-32-02-25-49. Tte l'année, tlj (sf dim hors saison) à partir de 18h. Repas env 12-14 €.* Grande salle avec cheminée allumée en hiver. Bonne taverne aux plats simples mais bien servis (brochettes de mouton ou de bœuf et poulet cuisiné). Vin local à prix doux et accueil agréable.

Panellinion : *place de la mairie. ☎ 24-32-02-47-35. Repas 15-18 €.* Large choix de plats traditionnels : aubergines farcies, moussaka, agneau avec ses petites patates citronnées, viandes sur le gril... Allez pointer du doigt la vitrine, puis filez vous asseoir dans la salle climatisée s'il fait trop chaud ou sur la grande terrasse qui surplombe la rue. Les assiettes sont généreuses et l'accueil, assez commercial il est vrai, n'en demeure pas moins gentil.

Où boire un verre ?

Sur la 3e place en allant vers Trikala, place Dimoula, transformée en zone piétonne, vous trouverez une tripotée de ***cafés*** avec terrasse, tous plus branchés les uns que les autres. L'ambiance varie vaguement d'un endroit à l'autre en fonction des soirées. D'autres cafés, plus typiques, s'égrènent le long de la rue principale (odos Trikalon) et des 2 autres places. Quelques adresses aussi dans l'odos Vlahava, la rue qui monte vers la vieille ville depuis la place de la mairie.

À voir

L'église byzantine de la Dormition-de-la-Vierge *(Kimissis Théotokou, en grec)* **:** *dans le vieux village ; bien indiquée depuis la place de la mairie. Tlj 8h-13h, 15h-20h. Entrée : 2 €. Demandez à la petite dame qu'elle vous allume toutes les lumières.* L'église date des Xe et XIe s. Elle fut construite sur les restes d'une basilique paléochrétienne à qui elle doit d'ailleurs son plan actuel à trois nefs. Sa restauration, effectuée en 1573, a sans doute altéré son aspect car les fresques originelles ont été remplacées par de nouvelles peintures. Quoi qu'il en soit, l'endroit est magique. L'icône de la Dormition de la Vierge, jadis conservée ici, se trouve désormais au monastère de Varlaam. Il en reste une représentation au-dessus de la porte de la nef centrale, mais c'est très mal éclairé. À ne pas manquer non plus, la chaire en marbre (ambon), située au milieu de la nef, unique en Grèce.

KASTRAKI (ΚΑΣΤΡΑΚΙ ; 422 00)

À 2 km de Kalambaka, Kastraki est un petit village d'à peine 1 600 habitants où le tourisme n'a pas encore laissé de traces indélébiles. C'est ici que vous logerez à bon compte. Hors saison, c'est plutôt mort et rien de spécial à y faire le soir, à part siroter un ouzo en regardant pousser les figuiers. Depuis Kalambaka, on y accède facilement à pied, en taxi ou en bus (environ un par heure).

– ***Fête du Vin :*** *le dernier w-e d'août.* Le vin coule à flots, dégustation gratuite.

Où dormir ?

Campings

Camping Vrachos : *à l'entrée de Kastraki. ☎ 24-32-02-22-93. • campingkastraki.gr • Tte l'année. Env 17 € pour 2 avec tente et voiture. Loc de quelques caravanes pour quelques euros de plus. CB refusées. Réduc de 10 % sur présentation de ce guide.* Un camping particulièrement bien équipé et situé au calme car loin de la route. Bon accueil de Sofia, la fille francophone de la maison. Beaux sanitaires, un terrain spacieux (ce qui n'empêche pas qu'on s'y tasse un peu en saison) à l'ombre généreuse ; certaines parties sont réservées aux familles et d'autres aux groupes. Belle piscine (4 € pour les visiteurs) avec vue sur les Météores. Minimarché, resto, abris pour cuisiner et manger (gaz et frigo gratuits à la disposition des clients), barbecue, machines à laver. Le bus pour les monastères s'arrête devant le camping 2 fois par jour. Notre meilleur plan pour camper aux Météores.

Camping Météora Garden : *situé sur la route de Ioannina, à env 2 km de Kalambaka ; à Kastraki, quand on vient de Kalambaka, prendre à gauche au 1er carrefour et continuer 500 m. ☎ 24-32-02-21-20. • camping-meteora-garden.gr • Mars-oct. Compter 18 € pour 2 avec tente et voiture.* Camping plutôt bien tenu et ombragé, mais un peu près de la route. Piscine, resto, machines à laver. Accueil très sympa et en français de Stella.

De bon marché à prix moyens

Patavalis Guest House : *en direction des Météores, 100 m après le restaurant* Philoxénia, *sur la droite.* ☎ *24-32-02-40-00.* • *patavalis.gr* • *Tte l'année. Double 35 €, petit déj compris.* Certes, la maison, au bord de la route, ne paie pas de mine, mais les 7 chambres tout confort (clim, frigo, salle de bains privée), aux couleurs acidulées, avec frise pour donner du style et meubles en pin, sont très agréables. Terrasse avec vue sur les Météores et un bon petit déj servi par une famille fort sympathique.

Hotel Tsikeli : *en contrebas de la route des Météores, sur la gauche peu avt les chambres* Patavalis. ☎ *24-32-02-24-38.* • *tsikelihotel.gr* • *Tte l'année. Doubles 43-50 €, petit déj compris ; quadruples 65-70 €. Réduc de 8 % sur présentation de ce guide.* Plantée devant un petit gazon qu'on dirait presque artificiel, cette maison familiale propose une quinzaine de chambres tout confort. Meublées sans fard mais très bien tenues, elles possèdent toutes un balcon sur la campagne environnante. Le petit déj est servi au rez-de-chaussée. Accueil aux petits oignons.

Chambres à louer, chez Batalogianni : *près de l'église, en face de la taverne* Gardenia. ☎ *24-32-02-32-53.* • *batalogianni.com* • *Tte l'année. Doubles 35-45 €, quadruple 65 € ; petit déj en sus.* Emplacement appréciable, au cœur du village, où la circulation est limitée. Pour la déco, tout est resté dans son jus depuis les années 1970 : murs crépis, rideau nylon, peinture glycéro... N'empêche que c'est très propre et que la plupart des chambres donnent sur la campagne ou possèdent un grand balcon avec vue sur les Météores. Les nos 3 et 4 ont une cheminée.

Guesthouse Plakias : *dans le centre, près de l'église.* ☎ *24-32-02-25-04.* • *meteora-plakias.gr* • *Double env 50 €, quadruple 85 € petit déj compris. Réduc de 10 % sur présentation de ce guide.* Dans une agréable maison indépendante située juste derrière la *Taverne Gardenia* (même gérant). Seulement 4 chambres, d'où une certaine intimité, et beaucoup d'espace. Climatisées, meublées sans grande originalité mais confortables, elles disposent toutes de leur propre salle d'eau. Une vue imprenable depuis les balcons, et des tarifs préférentiels pour dîner à la *Taverne Gardenia* incitent à poser son sac ici.

Guesthouse Papastathis : *à la sortie de Kastraki, sur la route des Météores (100 m après le camping* The Cave Boufidis*).* ☎ *24-32-07-77-82. De mi-mars à fin oct. Double env 50 €, triple env 60 €, copieux petit déj compris.* Cette maison isolée, disposant d'une vue à 360° sur les Météores, propose une dizaine de chambres. Réparties sur 2 niveaux (préférer celles du haut), elles ont toutes un balconnet équipé d'une table et de chaises ; idéal pour prendre le frais après avoir croisé des popes toute la journée. Le double vitrage, la clim et le petit frigo mis à disposition dans chaque chambre vous garantissent un séjour confortable. En plus de ça, accueil sympa du couple de proprios.

Hotel Sydney : *odos Kastrakiou.* ☎ *24-32-02-30-79.* 📱 *69-74-53-50-51.* • *kastrakisydneyhotel.com* • *En bordure de route, sur la gauche, à l'entrée de Kastraki. Fermé fév-mars. Double 40 €, triple 50 €, quadruple 60 €, copieux petit déj compris. CB refusées.* Chris et Litsa, qui gèrent cet établissement avec quelquefois l'aide d'Angélos, le papa, proposent une dizaine de chambres climatisées pour 2 à 4 personnes. On regrette seulement que celles qui disposent d'une vue donnent aussi sur la route. Une adresse sérieuse qui a fait ses preuves.

Doupiani House : *à la sortie de Kastraki en direction des Météores, prendre la petite route sur la gauche (c'est fléché).* ☎ *24-32-07-75-55.* • *doupianihouse.com* • *Fermé janv-fév. Doubles 50-60 € et triples 60-70 € selon vue et saison.* Un grand chalet de montagne, très bien situé : environné de vignes et de fruitiers, à l'écart de la route. Jolie petite terrasse pour voir le couchant lécher les Météores. Une bonne vingtaine de chambres, doubles ou triples, réparties sur 3 niveaux, toutes aménagées dans un style pseudo oriental avec meubles en bois sombre et effets de tentures. À cela, ajouter la clim, la télé, le réveil au chant des oiseaux et un bon petit déj avec des confitures du verger.

Où manger ?

🍴 ***Taverne Gardenia :*** *près de l'église, derrière la* Guesthouse Plakias. *☎ 24-32-02-25-04. Repas env 10-15 €.* Cuisine familiale : viande cuite au feu de bois (excellentes côtelettes d'agneau) arrosée d'un bon vin local. Le patron, très accueillant, offre parfois un digestif ou une douceur. Possibilité de manger en salle ou en terrasse. Musique live certains soirs aux beaux jours.

🍴 ***Taverne Kosmiki :*** *près de l'église, en contrebas de la route, sous les chambres* Batalogianni. *☎ 24-32-02-32-53. Compter 10-12 €.* Bonne table, qui sert les *dolmadès* comme il se doit (dans leur bain d'œuf et de citron) et propose l'essentiel des plats traditionnels. Choisissez la terrasse qui donne sur la verdure, elle est plus sympa que celle qui borde la route.

🍴 ***Taverna Lithos :*** *dans une petite rue qui monte vers l'église. ☎ 24-32-02-50-05. Repas env 10 €. CB refusées (sf pour ceux qui logent chez eux).* Petite carte, mais d'excellents *souvlakia* à déguster en profitant de la jolie vue sur les Météores depuis la terrasse. Taverne familiale, gérée par une femme russe. Bière relativement bon marché.

🍴 ***Restaurant Météora Babitsa :*** *sur la route des Météores, vers l'hôtel* Kastraki. *☎ 24-32-02-22-85. Repas env 10-15 €.* Reprise par le fils, cette taverne familiale propose les incontournables *yemistès* (tomates, poivrons, etc.), mais aussi des grillades. Quant au vin à la pompe, il aurait de quoi forcer le péquin à nouer son mouchoir aux quatre coins sur sa tête s'il n'y avait pas les acacias...

LES MONASTÈRES

Comment aller aux monastères ?

➢ ***En bus :*** de Kalambaka, de mi-mai à fin sept, 2 bus/j. partent de la gare routière, à 9h et 13h. Ticket à acheter de préférence à la gare routière avant de monter dans le bus (les chauffeurs peuvent normalement en vendre, mais ça les retarde, paraît-il...). Ils s'arrêtent aux monastères jusqu'à Agios Stéphanos.

➢ ***En scooter :*** location chez *Visit Meteora Travel.*

➢ ***À pied :*** de Kastraki, on peut accéder en une bonne heure au Grand Météore et à Vaarlam (asphalte puis sentier ombragé ; voir plus loin « Balades à pied »). Les moins courageux iront en bus le plus haut possible. Ensuite, la route qui longe les cinq monastères les plus importants fait env 10 km. On trouve de l'eau dans la plupart des monastères. Puis redescendre à Kalambaka par le petit chemin qui débute au pied du monastère Agia Triada. La promenade est vraiment agréable. Une boucle à pied est également possible depuis le centre de Kalambaka en partant de la vieille ville où se trouve l'église byzantine. Se renseigner au besoin auprès du patron de la pension *Alsos.*

➢ ***En taxi :*** *📱 69-46-47-10-36. • meteora-taxi.gr •* De Kastraki, départ de la place de l'église. Pour le Grand Météore, compter env 12 €. Rentable si l'on est plusieurs.

Visite des monastères

1, 2, 3, vos mollets sont prêts ? Car avec toutes les marches qu'ils vont devoir monter et descendre, ils vont être sollicités, les petits ! Attention, tenue correcte de rigueur : pour les hommes, ni short ni maillot de corps ; pour les femmes, pas de décolleté ni de bras nus, pas de short ni de pantalon non plus. Pour les filles, on prête des paréos dans tous les monastères afin que ces dames cachent leurs genoux.

Que vient-on voir dans un monastère ? Pour les chrétiens orthodoxes, ce sont, bien sûr, des lieux saints (même si, aujourd'hui, les monastères ouverts au public ne connaissent pas une vie spirituelle bien intense...). Les non-orthodoxes seront peut-être plus sensibles aux ambiances et au caractère spectaculaire du site. Pour ne pas passer à côté de la visite, le minimum à savoir tient en quelques lignes. D'abord, dans la tradition orientale, le christianisme est plutôt du genre contemplatif, presque replié sur lui-même oserait-on dire, en tout cas abîmé dans une prière constante. Cette conception du rapport au divin a engendré un modèle architectural fondamentalement différent. Alors que dans les églises d'Occident tout est dynamique (alignements de colonnes, élancement des flèches des clochers, incarnant un christianisme actif et missionnaire), dans la tradition orientale en revanche, l'église est plutôt « ramassée » sous sa coupole, favorisant ainsi l'accès au divin en un seul endroit.

Dans un monastère, l'église principale *(katholikon)* est consacrée à un saint et donne parfois son nom au monastère tout entier. Le *katholikon* se compose de plusieurs parties. Le *narthex* précède la nef ; à son tour, la *nef* est séparée du sanctuaire par l'*iconostase,* souvent en bois sculpté. Le prêtre officie à l'abri des regards, derrière l'iconostase, dans la partie de l'église qui, symboliquement, représente le ciel séparé de la terre, tandis que devant le chœur se trouve l'*ambon,* une tribune fixe où sont lus les textes sacrés. Dans certaines églises, il y a deux ambons, l'un étant consacré à la lecture des épîtres, l'autre à celle des évangiles. En plus de l'église principale, le monastère peut avoir une ou plusieurs chapelles. Le reste du monastère, sauf dans certains où un musée *(skévophylakion)* a été aménagé, sert aux moines ou aux nonnes qui y vivent (cuisines, réfectoires, cellules).

En ce qui concerne les fresques, elles se lisent toujours de haut en bas (tout vient toujours du ciel, à ce qu'il paraît). Dieu, tout-puissant, est toujours placé le plus haut, au sommet de la coupole, tandis qu'on représente généralement les quatre évangélistes au niveau de sa charnière avec la voûte. Sur les piliers sont historiés tous ceux qui en ont bavé des ronds de chapeau : les guerriers, les martyrs. Une disposition éminemment symbolique : les piliers soutiennent l'église. Les murs, eux, sont consacrés à l'histoire sainte, et puisqu'il faut quand même tirer une leçon de tout ça, les murs du narthex (situé au niveau de la sortie – la dernière chose vue par les fidèles) sont toujours ornés de fresques du *Jugement dernier.*

Enfin, vous vous demanderez peut-être pourquoi on n'y voit jamais rien dans ces églises. Parce que les ouvertures sont censées représenter les yeux par lesquels l'église regarde le monde extérieur... À méditer tout ça...

Mais revenons à des considérations plus techniques. Une belle route goudronnée permet d'accéder facilement aux monastères. Il faut compter 21 km aller-retour au départ de Kalambaka pour visiter les trois plus importants, c'est-à-dire Agios Stéphanos, Varlaam et le Grand Météore.

– ***Horaires de visite :*** les monastères ont quelquefois des horaires d'hiver et des horaires d'été, qui sont dans ce cas-là novembre-mars et avril-octobre. Ils sont généralement ouverts le matin et l'après-midi, avec parfois une interruption à l'heure de la sieste. La plupart ferment un jour dans la semaine (pas le même), parfois même deux hors saison. Mais ces horaires peuvent changer d'une année sur l'autre.

– ***Entrée payante pour chaque monastère :*** minimum 3 € et aucune réduc.

– Pour photographier les moines, prudence et discrétion, car certains n'apprécient pas du tout. En général, impossible de prendre l'intérieur des bâtiments, mais c'est toléré dans les cours et jardins.

– *Un tuyau :* les monastères du Grand Météore et de Varlaam attirent beaucoup de monde, il vaut donc mieux les voir en premier, tôt le matin, car ensuite il y a foule.

Le monastère d'Agios Nikolaos Anapavsas : *le 1er sur votre gauche en quittant le village de Kastraki. ☎ 24-32-02-23-75. Tlj sf ven 9h-15h30 (14h en hiver).* L'un des plus petits, l'un des plus « mignons ». Du parking, montée en 10 mn (ça grimpe un peu). Ce monastère possède une petite église dont la nef est pratiquement carrée. Elle a été historiée par Théophane le Crétois en 1527. Attardez-vous sur les fresques du *Jugement dernier,* au-dessus de la porte séparant le narthex du chœur. Perfection du détail, richesse des couleurs, malheureusement de plus en plus pâles. Noter le démon avec sa langue géante, ramassant tous les méchants, les vilains, les pas beaux qui viennent de passer en jugement. La scène où Adam nomme les animaux du Paradis n'est pas mal non plus. Un de nos monastères préférés, c'est dit.

Quittant Kastraki, avant de monter aux Météores, vous aurez remarqué, sur le gros rocher à droite, une espèce d'anfractuosité horizontale où semble sécher du linge. Non, la mère Denis n'est pas passée par là, c'est tout simplement la ***chapelle Saint-Georges.*** La légende veut qu'une femme turque se soit convertie au christianisme après avoir prié saint Georges de sauver son mari. C'est ce qu'il advint. Depuis, chaque vendredi après Pâques, toutes les femmes du village offrent un foulard, et les jeunes gens les plus vigoureux grimpent à l'aide de cordes pour les accrocher à la chapelle en hommage et en remerciement à saint Georges. On pense ainsi s'assurer une bonne santé pour l'année à venir.

Le monastère du Grand Météore *(Mégalo Météoron)* **ou monastère de la Transfiguration** *(Métamorphossis)* **:** *☎ 24-32-02-22-78. Tlj sf mar (et mer en hiver) 9h-17h (16h en hiver).* Le plus ancien des monastères en activité, et le plus grand. C'est le plus intéressant par les richesses qu'il offre. Un moine du mont Athos nommé Athanassios choisit, vers le milieu du XIVe s, le rocher le plus large pour y fonder un embryon de monastère, avec une chapelle et quelques cellules. Il ouvrait ainsi la voie à d'autres initiatives du même genre. Prendre le temps d'observer les détails de l'architecture. L'église de la Transfiguration présente des fresques remarquables de l'école crétoise du XVIe s, notamment *Le Supplice des saints* dans le narthex. Dans le musée du folklore, des armes, des costumes civils et militaires. La salle des manuscrits et des nouveaux martyrs est plus intéressante, avec ses parchemins liturgiques du XVIe s, ses vieux manuscrits (XIe et XIIe s) et quelques ouvrages datés de 1488 et de 1503 ayant bénéficié de l'invention de l'imprimerie (1454). Dans le musée ecclésiastique, on peut admirer des icônes (XIVe-XVIIe s), des manuscrits rares, des vêtements sacerdotaux très anciens, des objets cultuels, dont des croix en bois sculpté. La fabrication de l'une d'elles demanda 14 années de travail. Dans l'ancien réfectoire, des portraits de héros de la guerre et de la peinture du XIXe s, mais rien de transcendant, c'est le moment de le dire. Avant de ressortir, aller jeter un coup d'œil à l'ossuaire (petite porte discrète, à côté de la citerne), la petite salle où les moines ont aligné les crânes de leurs anciens collègues.

Le monastère de Varlaam : *tout à côté du Grand Météore. ☎ 24-32-02-22-77. Tlj sf ven (et jeu en hiver) 9h-16h.* Varlaam est le nom du moine qui, voyant s'édifier le Grand Météore sur le rocher d'en face, eut l'idée de faire de même... Il culmine à 373 m au-dessus de la plaine. Beau de loin, ce qu'il donne à voir à l'intérieur est assez vite parcouru. La nef de son *katholikon* recèle néanmoins quelques belles fresques certainement exécutées par Frangos Catelanos, un artiste de la période post-byzantine très influencé par la peinture de l'époque (milieu du XVIe s). Remarquer celles du *Jugement dernier.* On dirait du Jérôme Bosch. Le musée présente de remarquables icônes portables. Voir aussi l'immense barrique en bois du XVIe s, d'une contenance de 13 000 litres.

Sur le chemin d'Agios Stéphanos, vous remarquerez au-dessus de la route le ***monastère de Roussanou*** *(☎ 24-32-02-25-19 ; tlj sf mer 9h-18h, jusqu'à*

14h en hiver). On y accède également par la route qui le surplombe. Pittoresque, véritable prolongement vertical d'un rocher très étroit. Ermitage depuis 1388, il fut transformé en couvent en 1545. Monastère de moniales au jardin fleuri et que l'on sent habité. L'église est toute mimi, on y découvre quelques peintures encore dans leur jus.

🍴 En continuant sur la même route, vous rencontrerez le ***monastère d'Agia Triada*** *(Sainte-Trinité ; ☎ 24-32-02-22-20 ; tlj sf jeu 9h-17h en été, tlj sf mer-jeu 10h-16h en hiver).* Construit entre 1458 et 1476 par le moine Dométios, on y montait jusqu'en 1925 par une échelle de corde ! On y accède aujourd'hui par un escalier circulaire d'environ 140 marches (en jean, ça chauffe les guiboles !). Très retapé, à l'exception d'une aile à charpente et plancher en bois. Dans l'église, fresques du XVIIIe s. Au bout du rocher, vue aérienne sur Kalambaka.

JAMES BOND CHEZ LES POPES

En 1980, on apprit avec joie que Rien que pour vos yeux *allait être tourné en partie à Agia Triada. Quel honneur ! Quelle promotion pour les Météores ! Sauf pour les popes, qui détestèrent toute cette agitation et ce vacarme. Pour perturber le tournage, ils étendirent des draps sales aux fenêtres. Le charme de Carole Bouquet en belle espionne n'eut aucun effet sur eux...*

🍴🍴 ***Le monastère d'Agios Stéphanos :*** *☎ 24-32-02-22-79. Tlj sf lun 9h-13h30, 15h30-17h30 ; en hiver, 9h-13h, 15h-17h.* Encore habité par des religieuses, il dégagerait presque une atmosphère monacale ! En tout cas, ce n'est pas l'ambiance du Grand Météore aux heures de pointe ! Il date du XIVe s. Un ascète nommé Jérémie s'y serait retiré en 1192 et cet ermitage servit de base au monastère, officiellement créé en 1545. Les fresques du *katholikon* ont été récemment restaurées dans un goût douteux, voire carrément kitsch (quel clinquant ces auréoles !), c'est dommage, mais il y a toujours de belles vieilles boiseries travaillées (iconostase, ambon...). La chapelle d'Agios Stéphanos est un peu plus authentique (fresques du début du XVIe s). Objets précieux sacrés exposés dans le musée (ancien réfectoire restauré) avec une belle petite collection d'icônes, d'encensoirs, de parchemins, de livres, et une superbe nappe d'autel brodée d'or de la moitié du XIXe s.

Balades à pied

➢ Agréable et facile (mais chaussez-vous bien !) pour redescendre sur Kastraki depuis le monastère du Grand Météore. Juste avant d'entrer dans le tunnel creusé dans la roche qui permet d'accéder au monastère, vous apercevrez, sur la gauche, un chemin. Compter 20 mn de marche (sans fatigue et sans possibilité de se perdre : la seule bifurcation mène à Vaarlam) pour atteindre la route goudronnée de Kastraki, un peu au-dessus du monastère d'Agios Nikolaos Anapavsas. Ce petit chemin qui descend dans la vallée était autrefois le seul moyen d'accès au monastère. Il zigzague entre ces rochers colossaux aux parois vertigineuses. Guetter, à mi-chemin sur la gauche, la grotte de Drakospilia, halte rafraîchissante.

➢ Petite balade très facile pour aller visiter l'ancien village de Kastraki et le vieux cimetière (2 km environ). Partir de la route principale, 200 m avant le camping *Vrachos* en venant de Kalambaka, prendre à droite une petite route qui monte ; elle mène au vieux village, désormais largement restauré. En soirée, on y croise les locaux en train de faire leur promenade vespérale. En grimpant encore un peu, on découvre la vieille église et son cimetière. Pour le retour, redescendre sur le nouveau village ou faire demi-tour.

VOLOS (ΒΟΛΟΣ)

(383 33) 86 050 hab.

Capitale de la Magnésie et troisième port de Grèce, Volos est surtout un tremplin avant l'exploration du Pélion ou des Sporades. À part la visite du Musée archéologique suivie d'un cornet de glace sur le front de mer, pas grand-chose à y faire.

Petit point de mythologie : c'est d'ici que Jason et les Argonautes appareillèrent à bord de l'*Argo*, le bateau qu'ils avaient construit pour partir à la recherche de la Toison d'or. Un défi lancé par son oncle Pélias qui venait de lui chiper son trône. Heureusement, Jason parvint à triompher de toutes les épreuves, et ayant rapporté la fameuse Toison, il put enfin le récupérer. Le mythe a fait couler beaucoup d'encre et suscite encore bien des vocations... En 2009, un groupe d'étudiants a reconstruit l'*Argo* pour effectuer la traversée jusqu'à l'antique Colchide, l'actuelle Géorgie.

JE TEM, MOI NON PLUS !

Crise oblige, la ville de Volos est sortie à sa manière de la Zone euro en 2009, en créant une nouvelle monnaie, le TEM (Topiki Enalactiki Monada). *Il s'agit d'une monnaie virtuelle, 1 TEM valant 1 €. Pour lancer cette économie, les habitants ont reçu 300 TEM. Aujourd'hui, plus de 1 000 fournisseurs de services proposent des activités, produits ou services payables en TEM, y compris sur le marché de Volos, où certains prix s'affichent en TEM. Une limite toutefois : les propriétaires restant fidèles à l'euro, pas question de payer son loyer en TEM !*

Arriver – Quitter

En bus

Gare routière : *odos Zakhou (sur l'av. Lambrakis), sur la droite à l'entrée de la ville, en arrivant d'Athènes ou de Larissa. ☎ 24-21-03-32-54. • ktelvolou.gr •*

➢ ***De/vers Trikala :*** 4 bus/j. Trajet : 2h. Changement de bus pour Kalamabaka.

➢ ***De/vers Athènes :*** env 10 bus/j.

➢ ***De/vers Thessalonique :*** 8 bus/j.

➢ ***De/vers Ioannina :*** 2/3 bus/j. Changement de bus pour Igouménitsa.

➢ ***De/vers le Pélion :*** bus assez nombreux. Tous les villages sont desservis, mais pas toujours à des horaires bien pratiques. Pas très facile d'aller de village en village par le bus, ces derniers faisant, pour la plupart, un trajet Volos-village A/R, mais on peut essayer de jongler avec les bus (horaires affichés à chaque arrêt). Les horaires d'été (juil-10 sept) sont indiqués ici ; fréquences moindres hors saison.

➢ ***De/vers Portaria et Makrinitsa :*** 6/7 bus/j.

➢ ***De/vers Zagora et Horefto :*** 3/4 bus/j. dont 1 de très bonne heure.

➢ ***De/vers Agios Ioannis :*** 3 bus/j.

➢ ***De/vers Kala Néra :*** plus de 20 bus/j.

➢ ***De/vers Afissos :*** 9-10 bus/j.

➢ ***De/vers Miliès et Vyzista :*** 4-5 bus/j.

➢ ***De/vers Pinakatès :*** 2 bus/j., 1 de bonne heure le mat, 1 en début d'ap-m, sf le dim.

➢ ***De/vers Tsangarada :*** 2 bus/j., plutôt le mat.

➢ ***De/vers Argalasti :*** 6 bus/j., dont 2 continuent vers Katigiorgis (sf dim).

➢ ***De/vers Milina :*** 5 bus/j. (3 le dim).

➢ ***De/vers Trikeri :*** lun-sam 2 bus/j., dim 1 bus.

En train

Gare ferroviaire : *à 500 m à gauche en sortant du port. ☎ 24-21-02-40-56.*

• *trainose.gr* •
➢ ***De/vers Athènes et Thessalonique (via Larissa) :*** env 7 départs/j.
➢ ***De/vers Kalambaka (Météores) :*** 4 départs/j.

En bateau

➢ ***Pour les Sporades :*** de nombreuses agences sur le front de mer (odos Argonafton), regroupées face à l'entrée du terminal maritime. On a le choix entre le bon vieux ferry classique, ou les catamarans rapides mais 2 fois plus chers (réduc de 10 % si l'on prend un billet A/R). Temps de traversée la plus rapide : Skiathos 1h30, Glossa (Skopélos) 1h50, Skopélos 2h30, Alonissos 2h50. Ceux qui souhaitent passer leur voiture devront prendre un ferry. Pour Skiathos, en catamaran rapide, env 2 départs/j. en hte saison. À peu près autant pour Skopélos et Alonissos. En ferry, 1 à 2 départs/j. pour Skiathos et pour Skopélos, 4 départs/sem slt pour Alonissos.

■ ***Agences sur le front de mer :*** ***Sporades Travel,*** *32, odos Argonafton.* ☎ *24-21-02-34-15.* • *falcontours@mail.gr* • *Et* ***Triantis Travel,*** *35, odos Argonafton.* ☎ *24-21-02-09-10.* • *triantis@vol.forthnet.gr* • Billets pour les *Flying Dolphins* et les ferries de chez *Hellenic Seaways.* On peut aussi acheter son billet en ligne sur • *hsw.gr* • Également l'agence ***Vis Travel,*** 3, odos Antonopoulou pour le *Proteus,* le bateau de la compagnie *Anes* : ☎ *24-2103-10-59.*

En avion

✈ ***Aéroport de Volos :*** *à* ***Néa Anchialos,*** *à 25 km au sud-ouest de Volos.* ☎ *24-28-07-68-86.* • *volosairport.gr* • Horaires des bus calés sur l'arrivée des vols ou charters *low-cost* des compagnies *Ryanair* (Charleroi), *Hop !* (Genève) ou *Transavia* (Paris).

LA THESSALIE

Adresses utiles

ℹ ***Volos Info :*** *odos Sékéri et Lambraki.* ☎ *24-21-03-09-30.* • *volosinfo.gr* • *En arrivant à Volos, on passe devant : c'est sur la gauche, à l'opposé de la gare des bus. Lun-ven 8h-20h, w-e 9h-14h.* Bel office de tourisme, très riche en documentation sur Volos et le Pélion. On y donne avec le sourire un très bon plan de la ville.

✉ ***Poste :*** *209, odos Dimitriados, à l'angle avec odos Agiou Nikolaou.* ☎ *24-21-03-63-00. Lun-ven 7h30-17h.*

■ ***Banques :*** *sur les grands axes parallèles au port (Iasonos et Dimitriados).* Distributeurs.

■ ***Presse internationale :*** ***News Stand,*** *84A, odos Iasonos. Ou au 247, odos Dimitriados.*

@ ***Accès Internet :*** ***The Web,*** *137, odos Iasonos.* ☎ *24-21-03-02-60.* Très bien équipé, connexion rapide et fonctionne 24h/24... mais pas de café !

✚ ***Hôpital :*** *odos Polyméri, la route du golfe Pagassétique (devant le Musée archéologique).* ☎ *24-21-09-42-00.*

■ ***Agence de voyages Les Hirondelles :*** *19, odos Koumoundourou.* ☎ *24-21-03-21-71. Un bureau également à Agios Ioannis (Pélion, versant égéen) :* ☎ *24-26-03-11-81.* • *holidays-in-pelion.gr* • *Lun-ven 10h-18h.* Propose des locations (chambres, appartements, maisons) et de multiples activités sportives dans le Pélion (randonnées à pied ou à cheval, kayak de mer, VTT, plongée...).

■ ***Location de voitures et scooters :*** ***European,*** *24-26, odos Argonafton (sur le front de mer).* ☎ *24-21-03-14-30.* ***Hertz,*** *Agora Limenos/Pyrasou (en face de la pl. Riga Fereou).* ☎ *24-21-02-25-44.* ***Avis,*** *41, odos Argonafton (front de mer).* ☎ *24-21-02-28-80.* • *avisvolos@otenet.gr* •

Où dormir ?

Dormir à Volos uniquement si l'on a un bateau à prendre très tôt le lendemain matin ou si l'on rentre tard des Sporades, car les hôtels sont très bruyants pour la plupart.

De bon marché à prix moyens

Hotel Roussas : *1, odos Iatrou Tzanou. ☎ 24-21-02-17-32. Fax : 24-21-02-29-87. Continuer l'av. Iasonos (parallèle au port), qui devient Polyméri ; tourner à droite juste avt l'hôpital (à pied, longer la promenade de bord de mer, c'est 150 m avant le Musée archéologique). Doubles env 35-40 € (tarif accordé sur présentation de ce guide). Pas de petit déj.* Petit hôtel familial d'une quinzaine de chambres climatisées. La déco date des années 1980. Son atout, c'est son emplacement. On se gare dans la rue.

Hotel Jason : *odos Argonafton (angle Pavlou Mela). ☎ 24-21-02-60-75. • jason-hotel.gr • Sur le front de mer, juste en face de l'entrée du terminal maritime. Double env 60 €, petit déj inclus.* Cet hôtel d'à peine 40 chambres (doubles ou triples) a été entièrement relooké. Ascenseur, clim réversible, double vitrage, écran plat, frigo... Accueil serviable. Certainement le meilleur plan pour loger à Volos.

Chic

Hotel Aegli : *24-26, odos Argonafton. ☎ 24-21-02-44-71. • aegli.gr • Sur le port. Tte l'année. Doubles 80-130 €, selon période, avec petit déj. Promos sur Internet.* Hôtel qui se veut classe avec sa façade typique des années 1930. Il s'agit en fait de la réunion de 2 hôtels. Chambres tout confort. Elles sont aménagées avec l'intention de créer une ambiance feutrée, mais c'est malheureusement mille fois vu et revu. Préférer celles situées au dernier étage, pour la vue sur le port. Accueil moyen et prix un peu exagérés.

Où manger ?

Si l'on oublie le *Papadis* (le premier de la longue série de restos qui bordent le front de mer), très prisé des Grecs, le quai Argonafton offre une nourriture standardisée qui ne déchaîne pas l'enthousiasme.

Volos étant une ville étudiante, on ne manque pas d'endroits pour manger sur le pouce. On peut aller chez ***Vrechi Keftedès*** (littéralement : « il pleut des boulettes de viande »), un petit resto ouvert 24h/24 dans l'*Agora Limenos* (prendre à droite en sortant de la gare ferroviaire, c'est à 150 m). Sinon, on trouve toutes sortes de pizzas, *gyros* et *souvlakia* aux abords du cinéma *Achillion*, de part et d'autre de l'odos Iasonos. Autre endroit sympa : ***To Anotéron,*** au 55, odos Gr. Lambraki, pas très loin de la gare routière ; la *bougatsa*, coupée en morceaux et saupoudrée de cannelle, est un régal.

Tsipouradiko Kyklos : *85, odos Mikrasiaton. ☎ 24-21-02-08-72. À 5 mn à pied du front de mer ; remonter l'odos Ermou (piétonne) jusqu'à croiser l'odos Xénofontos. Tlj 11h-2h (fermé dim en été). Repas 12-18 €. CB refusées.* Quelques tables dans la rue piétonne, sous le grand parasol, ou dans la salle au décor rustique. C'est là qu'officie la famille Papadopoulos. Les locaux viennent y jeter un sort aux mignonnettes d'ouzo, alors, pour éponger, on leur sert volontiers un tentacule de poulpe aux salicornes du Pélion, des champignons grillés, une belle salade ou des fruits de mer. Musique live presque tous les soirs vers 21h. Bonne ambiance.

À voir

Le Musée archéologique : *22, odos Plastira (entrée sur le côté, rue Athanassaki, derrière l'hôpital). ☎ 24-21-02-52-85. À 2 km du port, sur la route du golfe Pagassétique (quand on quitte Volos à droite juste après l'hôpital). À pied, on y* *arrive en longeant le front de mer. Juin-sept, mar-dim 8h-17h ; le reste de l'année, mar-dim 8h-15h. Entrée : 3 € ; réduc.* C'est l'un des plus anciens musées de Grèce. Il a été bâti et offert à l'État en 1909 par un riche commerçant dont l'intention première était de rassembler des stèles peintes datant des IIIe et IIe s av. J.-C. retrouvées sur le site de Demetrias. Elles occupent aujourd'hui une bonne partie des salles. Ce musée est très bien agencé, avec très peu de vitrines, les objets étant disposés de sorte que les visiteurs les « sentent » et puisent les toucher le cas échéant. Il ne suit pas un ordre chronologique mais fonctionne plutôt par thèmes, avec notamment une très belle salle consacrée au Néolithique, prétexte à décliner les thèmes de la vie quotidienne. Très belle collection de figurines en marbre (5300-4500 av. J.-C.). Chose étrange, un bijou en or de facture très moderne est daté du Ve millénaire av. J.-C., curieux n'est-ce pas ? Plus loin, de beaux bijoux. Dans la salle suivante, une échelle murale permet de se rendre compte de l'évolution de la céramique à travers les âges. En face, de très émouvantes figurines féminines en terre cuite, dont l'une d'elles, en position assise, jambes croisées, est franchement futuriste et surprenante quand on sait qu'elle est datée de 5800-5300 av. J.-C. ! Sinon, le reste des salles est divisé entre les villes antiques : Iolkos (l'actuelle Volos), Pherae et Demetrias. Renseignements en français dans le hall (ordi à disposition).

LE PÉLION

*☛☛ **Le Musée ethnographique** (Laographiko Kendro ; plus connu sous le nom de **Kitsou Makri**) : 38, odos Kitsou Makris. ☎ 24-21-03-71-19. Également dans le quartier de l'hôpital, mais de l'autre côté de Polyméri : depuis cette route, en direction du centre, surveiller un petit panneau sur la droite, s'engager dans odos Ioannou, puis 3e à droite, et enfin 1re à gauche. Lun-ven 8h-14h ; dim 10h30-13h30 sur rdv. Fermé sam. GRATUIT. Visite guidée (documentation en français).* Musée privé, fondé par Kitsos Makris (1917-1988), un ethnologue local qui a rassemblé dans sa belle maison 25 œuvres de Théophilos (voir ci-dessous), parmi lesquelles des pièces importantes, mais aussi de Christopoulos, des Pagonis (père et fils), des icônes byzantines... Également des objets de collection liés à la culture du Pélion.

*☛ **Le musée Théophilos** : Anakassia, un faubourg de Volos, à 4,5 km du centre-ville, direction Makrinitsa. ☎ 24-21-04-91-51 ou 24-21-04-73-40. Quitter la route sur la gauche dans un virage, à la hauteur d'une place où l'on voit une statue du peintre naïf Théophilos qui a vécu 30 ans dans le Pélion ; pancarte jaune (en grec) ; suivre ensuite (à pied) l'odos Élefthérias et monter à droite l'odos Théofilou. Tlj sf lun 8h-15h. GRATUIT.* C'est en fait une maison dont les murs sont recouverts de peintures naïves, représentant des scènes de la révolution grecque. N'a pas un grand intérêt, sauf si l'on est fan de peinture naïve (Théophilos en est un maître) et d'histoire grecque.

LE PÉLION (ΠΗΛΙΟ)

Péninsule montagneuse à l'allure d'un doigt recourbé, au sud-est de Volos. Il y fait aussi beau et chaud qu'ailleurs dans le pays, mais on y trouve une végétation abondante, presque unique en Grèce. Une particularité vantée depuis l'Antiquité par tous les historiens et philosophes. Héraclite l'appelait « le pays plein de médicaments », eu égard aux plantes médicinales qui y poussent, Pindare « le pays où retentit les vents », Homère « le pays aux feuilles qui bougent ». Autant d'appellations définissant un monde étrange de forêts et de vallées profondes, d'à-pics plongeant dans la mer, évidemment propices aux légendes. On pensait que la région était habitée par les centaures, créatures mi-homme mi-cheval. Au Moyen Âge, des monastères poussèrent comme des champignons. Puis vinrent s'y adosser des villages, aujourd'hui reliés entre eux par une trame de petites routes qui tournicotent dans tous les sens (en voiture, la moyenne ne dépasse guère les 40 km/h). Au XVe s, pendant la domination turque, le sultan accorda même à cette région une certaine indépendance. Naquirent alors de petites

communautés autonomes, qui s'enrichiront dans le domaine de la transformation de la soie et de la laine, de petites industries qui permettront au Pélion de se développer et de demeurer un foyer préservé de la culture hellénique, grâce à des écoles, notamment à Miliès et à Zagora, où le grec était enseigné.
Une riche région, donc, qui mérite bien une bonne semaine de vacances, entre les petites criques aux eaux turquoise, les sentiers de rando et les villages de pierre où l'on vient se délecter d'un *spetsofaï,* la spécialité du coin, à l'ombre d'un grand platane.

➢ De nombreuses ***balades*** à faire le long des sentiers empierrés *(kalderimia).* Dans le sud de la péninsule, une association, *Friends of the kalderimi* (● *pelion walks.org* ● ou ● *walking-pelion.blogspot.fr* ●), s'emploie à remettre en état ces sentiers. Les éditions Anavassi proposent deux cartes (« Pélion central » et « Pélion du Sud »), les éditions Terrain en proposent même trois.

➢ Une autre manière de visiter le Pélion consiste à prendre le ***petit train à vapeur*** entre Ano Léchonia (à 13 km au sud-est de Volos) et Miliès. Infos à la gare de Volos ou, avant les départs, à celle d'Ano Léchonia *(Organisation nationale des chemins de fer, OSE : ☎ 24-21-03-97-23).* Durée : environ 1h30. En juillet-août, départ quotidien d'Ano Léchonia à 10h, retour de Miliès à 15h ; de mi-avril à fin juin et en septembre-octobre, le week-end seulement. Attention, horaires susceptibles de changer chaque année. Compter environ 18 € l'aller-retour. L'ingénieur qui a fait construire la ligne (une des plus étroites d'Europe) était le père du peintre surréaliste Giorgio de Chirico (qui a passé son enfance à Volos). La ligne a fonctionné du début du XXe s à 1971, avant de rouvrir en 1996. Après environ 15 km de montée et un arrêt à Ano Gatzéa, où l'on visite un intéressant musée de l'Olive et de l'Huile (gratuit), on arrive à la gare de Miliès, tout en bas du village (voir plus loin « Miliès »).

MAKRINITSA (ΜΑΚΡΙΝΙΤΣΑ) (370 11) 700 hab.

À 16,5 km de Volos, tout au bout de la petite route qui part du centre de Portaria. Il est également possible d'y monter de Volos par une nouvelle route plus « directe », passant par Koukouravas et évitant Portaria. Accroché à 600 m d'altitude, ce petit village aux toits de lauzes livre un beau panorama sur Volos. Au centre, l'église *Agios Ioannis Prodromou,* précédée d'une superbe fontaine. Elle donne sur le *pazari* (le bazar), la place dallée du village, haut lieu de la vie sociale, coiffée par un gigantesque platane. À éviter le dimanche (on croirait que tout Volos y monte). Grimpez, si vous vous en sentez la force, à l'ancien monastère *(Agios Gérassimos),* l'endroit le plus haut de Makrinitsa : l'effort en vaut la peine. Coucher de soleil fantastique et vue de nuit sur les lumières de Volos. Il existe également une promenade très pittoresque à la découverte des petites églises du coin, qui se distinguent par leurs fresques et leurs portes sculptées. Départ sur la place, indications sur le gros peuplier face à l'*Hotel Achilleus.*
On peut descendre à pied de Makrinitsa à Volos, presque en ligne droite en empruntant des sentiers empierrés.

Où dormir ?

Prix moyens

■ ***Hotel Achilleus :*** *à droite, juste avt la place.* ☎ *24-28-09-99-69. Double env 50 €, petit déj compris. CB refusées.* Dans un beau bâtiment, chambres sans fard mais relativement agréables, bien que sombres. Les balcons donnent sur la place. Pas de clim.

■ ***Arkhontiko Repana :*** *dans la rue*

LE PÉLION

piétonne, l'une des 1res maisons traditionnelles sur la droite. ☎ 24-28-09-90-67. • archontikorepana.gr • Tte l'année. Résa impérative. Mai-début oct, double 55 €, petit déj inclus ; env 75 € pour une double supérieure. CB refusées. Belle maison de caractère dotée d'un mobilier ancien de valeur. Chambres agréablement décorées et très confortables. Joli jardin en terrasses. Également une maison indépendante qui a beaucoup moins de cachet. Accueil sympathique et francophone.

Où manger ?

A & B (Alfa kai Vita) : *depuis la place, continuer 30 m après les tavernes. ☎ 24-28-09-93-55. Tlj sf lun, midi et soir. Compter env 12-14 €. CB refusées.* Atmosphère bucolique et tranquille sur cette petite terrasse fleurie, un peu à l'écart de la place. Opter pour un des plats du jour inscrits sur l'ardoise. Bon *spetsofaï* (saucisse de pays épicée aux poivrons) La maison cuisine des plats simples et soignés, préparés à partir de produits de la ferme familiale. Service discret.

À voir

Le musée d'Art populaire et d'Histoire du Pélion : *installé dans une vieille demeure rénovée (arkhondiko Topali), sous la place centrale. ☎ 24-28-09-95-05. Slt sam-dim 11h30-14h30. Entrée : 2 € ; réduc.* On peut y voir des broderies, des vêtements traditionnels, des meubles et des outils anciens...

ZAGORA (ΖΑΓΟΡΑ)

(370 01) 2 250 hab.

À 47 km au nord-est de Volos. On passe par Hania, station de ski l'hiver, à Agriolefkès, à quelque 1 300 m d'altitude. Les Voliotes racontent malicieusement qu'en avril, parfois, ils peuvent skier le matin et se baigner dans le golfe l'après-midi. De Hania à Zagora, la route serpente sur une vingtaine de kilomètres. Ne pas espérer faire une bonne moyenne, on n'est pas là pour ça. La végétation de montagne (hêtres, châtaigniers, cerisiers, fougères) va progressivement intégrer des essences plus méditerranéennes (lentisques, myrtes, arbousiers). On pénètre dans le verger du Pélion. En mai et juin, le spectacle des fruitiers en fleur est magnifique.

Zagora, grand village étendu sur trois quartiers distincts, offre de beaux exemples d'architecture montagnarde, avec ses grandes demeures qui respirent l'aisance ; notamment à la sortie du village, vers Horefto, sur la gauche, une pittoresque vieille église et son presbytère. Au XVIIIe s, Zagora était le principal centre d'activité du Pélion (on y travaillait notamment la soie et la laine). Son école était réputée et a formé plusieurs résistants célèbres à l'occupation turque, comme Rigas Féraios et Anthimos Gazis. Un modeste musée est consacré à la mémoire de Rigas Féraios (au début de la route descendant vers Horefto, dans ce qui subsiste d'un ancien monastère). C'est aussi de Zagora que de nombreux marchands sont partis, dans les années 1840, pour commercer en Égypte, où ils se sont enrichis, incitant un grand nombre d'habitants du Pélion à suivre leur exemple.

➢ Dans les environs, les amateurs de rando iront jusqu'à Pouri (7 km), petit village perdu dans les châtaigniers, d'où un sentier permet de redescendre vers la grande plage de Horefto, petite station balnéaire exposée aux vents. De Zagora à Horefto, environ 3 bus par jour (dernier bus pour remonter d'Horefto à 19h15). Si l'on est motorisé, la plage d'Agii Saranda, au sud d'Horefto, est un bon choix (des vagues, mais plus de monde).

Où dormir ? Où manger ?

Chambres chez Marika Vlachou : *dans le quartier d'Agia Kiriaki (le second en venant de Hania), en dessous de l'église ; se garer au parking.*

☎ 24-26-02-21-53. • marika.gr • Tte l'année. Double env 40 €, super petit déj maison inclus (remise en cas de séjour prolongé). 7 chambres impeccables au mobilier récent, grandes salles de bains. Superbe vue : certains balcons dominent l'épaisse végétation qui dégringole côté égéen. Une adresse comme on les aime, tenue par l'adorable Marika, qui vous accueille avec café et *glyka*.

Archontiko Stamou : *quartier d'Agia Kyriaki, à 150 m de la grande place. ☎ 24-26-02-38-80. • stamou-hotel.com • Compter env 65 € la double en hte saison, petit déj compris (tarifs négociables).* La maison de maître, joliment restaurée, donne une idée de ce qu'était une maison bourgeoise au début du XXe s avec sa demi-douzaine de chambres sur 2 niveaux : beaucoup de cachet a été conservé. Également une chambre dans la maison en pierre (l'ancien bâtiment des domestiques !), qui n'est pas mal non plus. Resto italien sur place. Excellent accueil de toute la famille Stamou, et en particulier de Giorgios, qui sait prendre soin de ses clients dans plusieurs langues, dont le français.

Thraka : *sur la place de l'église d'Agia Kiriaki. ☎ 24-26-02-23-22. En été, tlj de 7h30 jusqu'au bout de la nuit ; fermé lun hors saison. Compter env 15 €, vin compris.* Enfilade de tables sous le grand tilleul. C'est ici que les anciens ménagent leurs vieux os à la saison où le cagnard assomme les ânes. Pas de tracas, la cuisine du terroir est bien faite et servie généreusement.

HOREFTO (ΧΟΡΕΥΤΟ) (370 01) 130 hab.

C'est l'antique port de Zagora. On notera dans l'église dédiée à Agios Nikolaos une belle iconostase. Sinon, pas grand-chose à y faire à part buller au soleil. Belle plage de sable fin, plutôt ventée en été mais très agréable hors saison. Une fois sur place, on est un peu loin de tout.

Où dormir ? Où manger ?

Hotel Cléopatra : *à la sortie du hameau, face à la mer, en direction du port. ☎ 24-26-02-26-06. • hotelcleopatra.gr • Avr-nov. Doubles 40-50 €, triples 50-60 € selon saison, petit déj inclus.* Une petite vingtaine de chambres bien proprettes pour 2 à 4 personnes. Double vitrage, clim, télé, frigo, balcon avec vue. Petit déj sous la treille centenaire, face à la grande bleue. Accueil gentil.

Pétros : *sur la plage. ☎ 24-26-02-29-95. D'avr à mi-oct ; tlj en été, le w-e slt avt et après la hte saison. Compter env 10-15 € pour une salade ou un plat local, facilement le double pour du poisson.* Le ballet des baigneurs pour horizon, ce resto de plage sert aussi bien des plats du terroir que du poisson grillé (assez cher cependant). Pour les végétariens, la maison propose une moussaka où la feta remplace la viande hachée.

AGIOS IOANNIS (ΑΓΙΟΣ ΙΩΑΝΝΙΣ) (370 12) 200 hab.

À 55 km de Volos, sur la côte est, c'est la plage d'*Agios Dimitrios.* De Zagora, la route, toujours aussi « virageuse », passe par *Makrirahi,* village où se concentrent les pépiniéristes (ah ! le gardénia de Makrirahi !), puis *Anilio,* où il est possible de se ravitailler en produits locaux à la coopérative des femmes (boutique sur la route principale). Agios Ioannis (Aï Giannis pour les intimes)

est très peuplé l'été. Belles plages voisines à Papa Nero, avec douches, et à Plaka, plus sauvage et vraiment magnifique (tout près, juste après le port, au nord). Nombreuses tavernes, hôtels et chambres à louer. Attention, l'été le front de mer est à sens unique.

➢ Liaison pour Volos : 2 bus/j. en sem, un seul le dim.

Où dormir ? Où manger ?

Camping

⛺ ***Camping Papa Nero :*** *en bordure de la plage, après avoir traversé la petite rivière, en allant vers Papa Nero.* ☎ *24-26-03-13-19.* • *campingpapanero.com* • *Mai-sept. Selon saison, compter 16-21 € pour 2 avec tente et voiture. Loc de tentes 3 places 8-10 €/j.* Sous les eucalyptus, bien ombragé. Camping bien équipé : bar, supérette, resto, cuisine commune, accès direct à la plage. Évidemment, on est un peu entassés au plus fort de la saison...

Prix moyens

🏠 ***Hotel Evripidès :*** *sur le front de mer, à côté de l'agence* Les Hirondelles. ☎ *24-26-03-13-38.* • *hotelevripides.gr* • *Juin-fin sept. Doubles env 30-70 € selon saison.* Une dizaine de chambres simples et surannées, mais très correctes, avec AC, TV et frigo. Salles de bains rénovées. Bon accueil en v.o.

🏠 ***Hotel Anesis :*** *sur le front de mer, au-dessus de l'agence* Les Hirondelles. ☎ *24-26-03-12-23.* • *hotelanesis.gr* • *Avr-oct. Doubles 40-90 € selon période.* Même si les tarifs sont trop élevés en août, cet établissement reste d'un rapport qualité-prix intéressant le reste de l'année. Les chambres tout confort (clim, frigo, moustiquaire) sont très propres et décorées avec sobriété. Très bon accueil.

🏠 ***Katerina Hostel :*** *à l'extrémité de la plage de Papa Nero, direction Damouchari.* ☎ *24-26-03-16-24.* 📱 *69-72-48-48-09 (Katerina).* • *papanero.com* • *Mai-oct. Doubles 35-65 € selon confort et saison. CB refusées.* Une vraie ambiance de vacances se dégage de ce petit hôtel qui se revendique comme *hostel* par son côté convivial. Une dizaine de chambres simples mais bien conçues (salle de bains, AC, cuisinette, balcon) et 2 appartements pour 4 personnes. Espaces communs un tantinet bohême, avec hamac pendu, sieste au chant des cigales et petits coins pour bouquiner. Idéal pour refaire le monde autour d'un ouzo. La plage est en dessous (à 2-3 mn par des escaliers). Katerina propose également une maison à louer *(Filitsa House)* à 1,5 km (4-5 personnes max).

🍽 ***O Christos :*** *sur le front de mer, c'est le dernier resto en allant vers le port (avt l'hôtel* Manthos Blue*).* ☎ *24-26-03-12-27. Repas env 12 €.* Du pain béni ce petit resto ! Sous les brasseurs d'air, face à la mer, on y déguste le poisson du jour. Aller le choisir dans le frigo. La nappe est propre et le service est gentil.

🍽 ***I Oréa Ammoudia :*** *sur la plage de Papa Nero, la dernière taverne.* ☎ *24-26-03-12-19. Mi-avr à mi-oct. Repas env 12 €.* Café-restaurant avec quelques chichis, mais tous les grands classiques grecs, qu'on mange sur une grande terrasse ombragée. Bon accueil.

Chic

🏠 ***Theodorides Estate :*** *dans la descente vers les derniers virages avant Agios Ioannis, repérer sur la gauche, dans un virage à droite, le panneau* Theodorides Estate, *puis suivre le chemin de terre jusqu'au bout (portail en principe fermé).* ☎ *24-26-03-18-72.* 📱 *69-74-98-16-07. En hiver : 00-44-208-360-04-19.* • *pelioncountryvillas.com* • *Mai-sept doubles 115-125 €, quadruples 165-185 €. Pas de petit déj. Parking privé.* En surplomb du village, un petit ensemble de maisons sur 2 niveaux, dans le style du Pélion, noyées dans une végétation luxuriante. De l'espace : salon avec coin cuisine pour le petit déjeuner, minibalcon ;

les chambres sont au niveau inférieur. Belle piscine qui semble en surplomb de la mer. Accueil attentionné des propriétaires qui vivent en Grande-Bretagne en hiver.

MOURESSI ET KISSOS (ΜΟΥΡΕΣΙ)

(370 12) 500 et 200 hab.

En poursuivant vers le sud, la route passe tout près de deux villages : côté montagne, *Kissos,* dont l'église *Agia Marina* renferme une iconostase en bois doré typiquement baroque et des icônes censées évoquer des études de mœurs (petit musée ecclésiastique), et côté mer, *Mouressi,* perché au-dessus de Damouchari, lui aussi sérieusement mangé par le vert. Son nom viendrait du mûrier, l'arbre de prédilection des vers à soie. Le gros du village est en contrebas de la route principale (hameau de Azapatès ; sur la place principale, ne pas manquer l'église de la Dormition-de-la-Vierge, *Kimissis tis Théotokou*). Très calme.

Où dormir ? Où manger ?

Archontiko Iatridi : *sur gauche de la route, 1,5 km après l'embranchement pour Papa Nero, à partir de la route principale. ☎ 24-26-04-94-77. • arxontikoiatridi.gr • Avr-oct. Doubles 70-80 € selon saison, avec petit déj.* Dans un *archondiko* méritant bel et bien son qualificatif d'historique (il date de 1741), de belles chambres (doubles et triples), complétées par 2 appartements dans une maison moderne. Magnifique jardin très fleuri. Plein de petits coins pour se détendre. Petit déj gargantuesque, avec les produits du jardin. Excellent accueil du couple de proprios.

Ta Pente F : *à Kissos. ☎ 24-26-03-12-66. Tte l'année (l'hiver, slt le w-e). Dans le village, sur la droite après le parking. Compter 10-12 €/pers.* Depuis 1935, cette adresse propose une cuisine traditionnelle, sans éclats mais solide et roborative (parts généreuses) : différentes sortes de pittès (dont la kolokythopitta réputée, aux courgettes), des plats préparés et des grillades. Le pain sort du four à bois. Les prix sont doux, que demander de plus ?

DANS LES ENVIRONS DE MOURESSI

DAMOUCHARI (ΝΤΑΜΟΥΧΑΡΗ)

Entre Agios Ioannis et Milopotamos, Damouchari est le port historique de Mouressi et de Tsangarada. Il a connu ses heures de gloire à l'époque où il fallait exporter la soie et la laine. Il coule aujourd'hui des jours tranquilles. On dit que l'hôtel *Germaniko,* qui périclite tranquillement à l'entrée du village, a accueilli Romy Schneider dans les années 1970. Une petite route de 3 km y mène depuis Agios Ioannis (on y parvient également de Tsangarada ou de Papa Nero par un sentier). Se garer sur le parking, puis emprunter le cul-de-sac pour gagner le village. Seul port naturel du versant égéen du Pélion. Plage de gros galets qui bénéficie d'un ensoleillement tardif. Vers le sud, jolie crique et possibilité de se promener le long des falaises. Location de kayaks de mer à l'hôtel *Germanos (☎ 24-23-04-98-72).*

Damouchari Hotel : *dans le hameau. ☎ 24-26-04-98-40. • damouchari.gr • Pâques-fin oct. Résa vivement conseillée. En hte* *saison, double env 70 €, avec petit déj, studio 80 € (sans petit déj) et 120-150 € l'appartement 3-5 pers.* Avec ses chambres ou appartements répartis entre 4 maisons anciennes, il passe presque inaperçu dans le village. Très confortable et stylé. Piscine. Evi parle le français, et Apostolis, l'homme au chapeau, un peu artiste, a personnalisé toutes les chambres (prenez le temps de choisir, si possible). Il tient avec la même décontraction une taverne sur le port *(To Karagatsi).*

Barba Stergios : *☎ 24-26-04-92-07.* Joli cadre, au-dessus de la mer, et tous les plats grecs pour une dizaine d'euros par personne.

LE PÉLION

TSANGARADA ET MILOPOTAMOS (ΤΣΑΓΚΑ-ΡΑΔΑ – ΜΥΛΟΠΟΤΑΜΟΣ) (370 12) 540 hab.

À 60 km environ de Volos par Hania (mais 47 km seulement par Miliès). Village très étendu noyé dans la végétation. Ses quatre hameaux, constitués de maisons de pierre dissimulées derrière les hortensias et les gardénias, témoignent de l'élégance dont il fit preuve par le passé. En 1881, il comptait 5 000 habitants ! Là aussi, de belles églises dans le style de la région. La plupart ont été financées par de riches commerçants de retour au pays. *Agia Paraskévi,* le quartier le plus habité, est considéré comme le centre du village. Il arbore fièrement un platane de 14 m de circonférence. À partir d'ici, nombreuses opportunités de balades par les petits chemins qui taillent à travers le maquis ou la forêt pour relier les différents villages… 6 km plus bas, *Milopotamos* est certainement la carte postale la plus expédiée du Pélion. Rien d'étonnant car c'est l'une des plages les plus belles et les plus propres du coin. Le seul problème, c'est que tout le monde le sait !

Où dormir ?

Hotel Villa ton Rodon : *au carrefour principal de Tsangarada, descendre un petit peu, c'est sur la gauche au 1er virage (indication sur le panneau de bois) ; prendre le petit chemin de pierre à pied, c'est à 100 m. ☎ 24-26-04-93-40. • villatonrodon.gr • Double avec sdb 50 €, petit déj compris.* Dans un environnement verdoyant, une dizaine de chambres très simples mais très agréables, avec balcon et vue sur la mer. Terrasse sous treille. Couple de proprios accueillant. Une de nos meilleures adresses pour se mettre au vert dans le Pélion.

Pension Aggelika : *à env 2 km de la plage de Milopotamos quand on remonte vers Tsangarada. ☎ 24-26-04-98-88. • aggelikahotel.com • Tte l'année. Doubles 60-65 € selon saison, petit déj compris. CB refusées.* Une demi-douzaine de chambres pour 2 à 4 personnes, tout confort, avec salle de bains, TV, frigo, AC et… coin cheminée pour l'hiver. Magnifique vue sur la mer depuis les grandes terrasses. Bon accueil. Les proprios ont aussi une taverne à Milopotamos, du même nom.

Villa Exohi : *quartier d'Agii Taxiarchès. ☎ 24-26-04-94-97. Membre du réseau d'hébergements de charme* Guest Inn : *résa possible sur • guestinn.com • Prendre la rampe en béton qui monte en face de l'hôtel* Kendavros. *Selon saison, doubles 65-85 €, petit déj compris ; suites 2-3 pers 75-85 €. CB refusées.* 6 belles chambres avec cheminée et salle de bains (jacuzzi), dans une maison perchée d'où la vue est splendide. Excellent petit déj traditionnel préparé par Georgia.

Villa Georgie : *à Tsangarada (district d'Agia Paraskévi). ☎ 24-26-04-90-74. • villageorgie.com • Du carrefour principal, faire 2,4 km, puis prendre à droite la petite route sur 600 m ; c'est fléché.*

Pour 2 pers, env 50 € en hte saison (prix incluant une réduc substantielle sur présentation de ce guide). Pas de petit déj. Dans une maison traditionnelle du XIXe s, entourée d'un jardin riche en arbres fruitiers. 5 appartements de capacité différente. La déco, avec ses murs blancs, ses lits avec simili baldaquins et ses meubles en bois sombre est plaisante mais reste classique. Splendide terrasse avec vue sur la mer.

Où manger ?

Aléka : *dans le centre (au-dessus du carrefour de la poste). ☎ 24-26-04-93-80. Tte l'année, tlj midi et soir. Compter 15-20 €.* Tout le Pélion, ou presque, connaît la cuisine de Mme Aléka, qui, depuis quelques années, a passé le flambeau à sa fille Léna et à son mari Théodoros. Cuisine de terroir avec des ouvertures vers des saveurs plus contemporaines. C'est un peu plus chic que la moyenne, mais les prix, au regard de la qualité, restent raisonnables. Bons desserts. Loue également une dizaine de chambres *(selon standing et saison, compter 60-75 € pour 2, petit déj – léger – compris).*

To Agnanti : *à env 2 km du carrefour principal, sur la route de Miliès (quartier d'Agii Taxiarchès) ; au niveau du supermarché, descendre les escaliers situés en face, de l'autre côté de la route, c'est la maison jaune en contrebas à droite. ☎ 24-26-04-92-10. Tte l'année, tlj sf dim soir et lun hors saison. Repas env 12-18 € sans les vins.* Sur cette jolie place animée (mais fraîche, attention), taverne méditerranéenne où l'on peut opter pour le *spetsofaï* aussi bien que pour les fleurs de courgettes farcies. Service sympa. On y parle le français.

LE PÉLION

À faire

Les plages : à Tsangarada, tout le monde n'a qu'un mot à la bouche, ***Milopotamos.*** On vient de tout le Pélion pour bronzer sur cette plage. Elle n'est pas très grande, et l'entassement est assuré en juillet-août. Plus secrète, mais incomparablement plus belle, la ***crique de Fakistra,*** un peu plus au nord, qui demande, une fois arrivé au parking, 5-10 mn de marche (descente très raide au début) dans une végétation abondante. Plage de carte postale, livrant de magnifiques couleurs. On peut aussi l'atteindre depuis Milopotamos, par un sentier côtier (1h30 de marche). Plus au sud, la belle ***plage de Limnionas*** : on y accède également par la route (elle se prend aux environs de Xourichti) qui se termine en piste (moyenne). Taverne, douches. De Limnionas, possibilité de rejoindre à pied, en 20 mn, la ***plage de Lambinou*** (café et douche). Cette dernière est aussi accessible par la route en passant par le village de Lambinou.

➢ En continuant la route après Tsangarada, si l'on prend sur la droite vers Miliès, on quitte le versant égéen du Pélion pour le versant du ***golfe Pagassétique.***

MILIÈS (ΜΗΛΙΕΣ) (370 10) 640 hab.

À 28 km de Volos. Miliès tire son nom du *milia,* nom grec du pommier qui est cultivé en grand nombre ici. Desservi par bus au départ de Volos, mais également par le petit train au départ d'Ano Léchonia (voir plus haut le texte de présentation du Pélion), ce petit bourg de montagne fut, au début du XIXe s, un important centre culturel. Anthimos Gazis et Grigorios Konstandas y fondèrent, en 1814, « la cure de l'âme », une école qui rayonnait dans toute la Grèce et dont la bibliothèque rassemblait 10 000 ouvrages. La

plupart brûlèrent lorsque les Turcs réprimèrent le soulèvement de 1821, mais un nombre substantiel de livres fut sauvé. La bibliothèque existe toujours, au-dessus de l'église, riche de 1 658 ouvrages imprimés entre 1497 et 1899 (ouverte du lundi au samedi 8h-14h). En 1943, les Allemands brûlèrent le village et exécutèrent 26 hommes (monument commémoratif près de la gare).

Où manger ?

Symposio : *sur la place du village (repérer le grand platane). ☎ 24-23-08-61-20. Tte l'année, tlj de 8h jusqu'au dernier client. Repas 10-15 €.* Cuisine traditionnelle, pâtes et grillades. Dans la petite salle près du poêle en hiver, à l'ombre du grand platane aux beaux jours. Les aventuriers tenteront le chou farci, c'est la spécialité de la maison.

To Salkimi : *en arrivant, à droite juste avt la place. ☎ 24-23-08-60-10. Tte l'année. Repas 10-15 €.* Une adresse pour amateurs de (bonne) viande. On recommande la *hasapa* (préparation à base de veau) et la *gardouba* (sorte de *kokoretsi* au four), mais tous les plats, dont de nombreux inspirés par la cuisine d'Asie Mineure, sont très bons. Service efficace et accueil très prévenant.

LE PÉLION

À voir. À faire

Sur une petite place, à côté d'une tour d'horloge, vieille ***église des Taxiarques*** (les archanges guerriers Michel et Gabriel) dans le plus pur style montagnard. À l'intérieur, magnifique iconostase et un ambon (l'équivalent d'une chaire pour les orthodoxes) en bois sculpté. Fresques joliment restaurées couvrant tout un long mur, comme un livre d'images. C'est d'ici que l'étendard de la révolte contre les Turcs fut brandi en 1821, proclamant le soulèvement de la Thessalie. Tout autour de la place en contrebas, des ruelles pavées de cailloux polis, coupées de rigoles antiques, invitent au charme d'un des villages de l'été grec.

Le musée d'Arts et Traditions populaires (Topiko Moussio) **:** *au rdc de la mairie, 100 m après la place de l'église en montant, sur la droite. De mi-juin à mi-sept, tlj 10h-14h30, 18h30-21h (fermé dim ap-m) ; hors saison, mer-ven 10h-14h, w-e 11h-15h. GRATUIT.* Petit mais très intéressant, documenté et clair : panneaux sur la vie traditionnelle dans le Pélion, sur l'histoire du petit train, de la bibliothèque. On vous y vendra un plan du village avec toutes les maisons et fontaines intéressantes, et surtout celui des artisans « authentiques », qui vous recevront gentiment (ne pas y aller quand même à l'heure de la sieste). Vous pourrez rencontrer un fabricant de bâts pour les mulets, un peintre d'icônes, un maréchal-ferrant...

➢ ***Randonnée pédestre :*** un sentier part de derrière l'église pour Tsangarada, puis Damouchari. D'abord ça monte bien, puis ça descend. Compter 4h pour Tsangarada. Partir avec une bonne carte (éditions Terrain) et se renseigner au village sur l'état du sentier.

VYZITSA ET PINAKATÈS (ΒΥΖΙΤΣΑ – ΠΙΝΑΚΑΤΕΣ)

(370 10) 300 et 210 hab.

De Miliès, prenez le temps de pousser plus haut, à 3 km, vers le village de *Vyzitsa,* pour admirer d'autres maisons seigneuriales à trois étages, caractéristiques du Pélion. Beaucoup d'entre elles ont été restaurées. Rien de spécial

à y faire le jour, allez-y tôt le matin, quand le village s'éveille, ou en fin de journée, quand le vent rafraîchit la place du village et qu'on peut enfin respirer. Beaucoup plus simple et typique, le village de *Pinakatès* (4 km à l'ouest) est également accessible par Ano Léchonia et Agios Georgios. Magnifique petite place caractéristique des villages du Pélion, avec une belle fontaine néoclassique construite par des *évergètes* (des bienfaiteurs, originaires du village, enrichis à l'étranger, et qui ont joué le rôle de mécènes dans leur village).

Où dormir ? Où manger à Pinakatès ?

Xénonas Allatinou : *de la place, descendre les marches, c'est tt de suite à gauche. ☎ 24-23-08-68-95 ou 24-23-02-29-37. • alatinos.gr • Selon saison, double env 50-65 €, petit déj inclus. Réduc de 10 % sur présentation de ce guide.* Dans une vieille demeure joliment rénovée, 6 chambres au style plutôt monacal mais agréables, avec salle de bains. Excellent petit déj en terrasse. Calme garanti. Géré par la municipalité de Milès.

Mansion Sakali : *un peu à l'écart du centre du village, dans le virage, sur la route de Vytzitsa. ☎ 24-23-08-65-60. 69-32-42-91-50. • sakalihotel.gr • Tte l'année. Doubles 80-170 € selon confort et saison, petit déj inclus.* Mention bien pour cet hôtel de charme dont la piscine semble flotter entre ciel et mer. Ici, on joue la carte du bien-être avec massages, hammam et tout le tralala. 8 chambres et suites, toutes différentes, à la déco mille fois vue dans tous les magazines mais qui n'en demeurent pas moins agréables à l'œil et sont très confortables. Préférer quand même la *Lusithea* ou la *Leda,* car certaines sont un peu sombres. Bel accueil et excellent petit déj.

O Piléas : *sur la place en contrebas de la rue principale. ☎ 24-23-08-68-73. Repas env 12-15 €.* En plus des plats grecs traditionnels, le *spetsofaï,* plat épicé typique du Pélion. Cadre superbe, calme assuré.

KALA NERA (ΚΑΛΑ ΝΕΡΑ) (370 10) 600 hab.

Petit village en bord de mer surtout fréquenté par les gens de Volos en week-end. Pas un charme démesuré, mais une longue plage bordée d'eucalyptus. Clientèle majoritairement grecque, mais la mode du *chill-out* version Ibiza, avec stage de ceci, stage de cela, tendance zen ascendant bien-être, commence à attirer les étrangers. En juillet-août, c'est plein.

– Au début du front de mer, une agence de voyages, *Four Ways Travel (☎ 24-23-02-24-23 ; • kalanera@fourways.gr •),* propose location de scooter et VTT.

Où dormir ? Où manger ?

Victoria Hotel : *1er hôtel en bord de mer en arrivant de Volos. ☎ 24-23-02-22-19. Fax : 24-23-02-26-15. Avr-oct. Doubles 35-50 € selon saison. Pas de petit déj. Parking fermé.* Ce petit hôtel de famille propose des chambres correctes avec frigo, TV, AC, grand balcon et une vue imprenable sur la mer qui se situe à 20 m à tout casser. Malgré un accueil un peu pressant du fiston qui a repris l'affaire familiale, l'adresse se tient bien.

Agelis Hotel : *1re route à gauche après le Victoria. ☎ 24-23-02-22-46. • agelishotel.com • Tte l'année. Doubles 50-60 € selon saison, petit déj compris.* Faux parquet, clim, frigo, télé cubique, des effets de couleurs et de voilage, une petite terrasse pour prendre le frais en soirée...

Vraiment, les 17 chambres que compte cet hôtel géré par le sympathique Giorgios méritent à bien des égards qu'on vienne y passer la nuit.

Hotel Rodia : *juste avt d'arriver sur le front de mer, prendre à droite au niveau de l'hôtel* Dimoula, *et continuer un peu. ☎ 24-23-02-20-70. • hotel rodia.gr • Tte l'année. Selon saison, compter 40-60 € (très bon petit déj en sus). CB refusées.* Situé dans un cadre reposant, à la lisière d'une oliveraie. Ici, une petite vingtaine de chambres simples mais confortables (clim, frigo). À partir du 1er étage, on a même vue sur la mer. Pour le reste, une salle commune rafraîchie par la brise marine, une guitare qui traîne, et une foultitude de doc sur les randos à faire dans le coin. Bel accueil de Dimitris.

Taverna Rodia : *à 20 m de l'*Hotel Rodia. *☎ 24-23-02-21-09. Tte l'année. Compter env 15 €. CB refusées.* Lapin aux oignons, poulpe aux aubergines (aux beaux jours seulement), et à peu près tout ce que l'on peut inviter à finir sa carrière sur le gril. La terrasse est plaisante, la salle ordinaire. C'est bon.

Taverna Paris : *parmi les premières du front de mer. ☎ 24-23-02-27-45. De mi-avr à début oct. Compter 10-15 €.* Paris aux fourneaux, Christos en salle, on ne change pas une équipe qui gagne. Ici on sert des plats régionaux 100 % « homemade » à des prix corrects.

Où camper dans les environs ?

Deux campings mitoyens (et un loueur de vélos) à ***Kato Gatzéa,*** à 1,5 km de Kala Nera et à 16 km de Volos, qui se partagent la même (étroite) plage de sable.

Camping Sikia : *☎ 24-23-02-22-79. • camping-sikia.gr • Fin mars-fin oct. Compter 15-20 € pour 2 avec tente et voiture. Réduc de 10-20 % sur présentation de ce guide.* Très bien équipé. Emplacements très sympas avec vue sur la mer. Comme pour son voisin, très fréquenté l'été. Propose aussi des chambres doubles avec cuisine commune *(40-45 €)*. Également de superbes appartements pour 2 à 4 personnes *(60-85 €)* dans des bungalows tout neufs avec AC. Taverne près de la plage. Français parlé et accueil courtois.

Camping Hellas : *au bord de la mer. ☎ 24-23-02-22-67. • campinghellas.gr • Tte l'année. Compter 12-15 € pour 2 avec tente et voiture (tarif incluant la réduc sur présentation de ce guide). Loc de tentes 10 €/j.* Sympa et très propre. Bien équipé, avec machines à laver. Très ombragé. Taverne près de la plage.

À faire

■ **Montis Ordo :** *sur la route principale, à Kato Gatzéa, un peu après les campings en allant vers Volos, repérer le vélo pendu à l'arbre (en face de la boulangerie). ☎ 24-23-02-32-26. • montisordo.gr • Tte l'année. Horaires variables ; en gros lun, mer et w-e 9h30-14h, mar, jeu et ven 17h30-20h30.* Alexandros loue des VTT et encadre les groupes ou les individuels qui désirent partir s'époumoner dans la campagne environnante.

AFISSOS (ΑΦΥΣΣΟΣ) (370 10) 270 hab.

À 25,5 km au sud-est de Volos. Bâti en amphithéâtre, Afissos est peut-être l'un des plus jolis villages du golfe Pagassétique. C'est là, d'ailleurs, que les Argonautes auraient fait leur première escale sur la route de la Toison d'or.

Depuis, le village s'est pas mal développé, mais les constructions récentes ont su rester dans le style. Beaucoup de monde l'été, des Grecs surtout, mais aussi pas mal d'Allemands qui ont eu la riche idée de s'acheter une baraque. C'est plein à craquer le week-end, quand tout Volos déboule ! (et alors, stationnement hyper problématique...)

Où dormir ?

Chambres chez Vasso Galanou : *à gauche en entrant dans le village, en retrait de la route principale. ☎ 24-23-03-34-38. 69-34-66-11-83. • vassoafissos.gr • De mi-avr à fin oct. Compter 35-50 € pour 2 selon confort et saison (tarif incluant la réduction sur présentation de ce guide) ; appartement 70-90 €. CB refusées. Parking.* Femme charmante et attentionnée, Vasso propose une vingtaine de chambres ou appartements bien équipés. Situés à même pas 80 m de la plage, dans une rue tranquille, ils offrent tout le confort souhaité. Également 2 belles maisons avec piscine à louer dans les environs (à Afétès et à Néochori).

Chambres O Kipos tou Edem (*Le Jardin d'Éden*) **:** *chez Gioula Dianélou, à l'intérieur du village. ☎ 24-23-03-32-90. De la place principale, prendre à gauche de l'hôtel* Alexandros, *puis à gauche, c'est à 80 m (repérer le laurier-rose). Double avec sdb env 45 € ; appart pour 2-4 pers 55 €. CB refusées.* Sonnez, Gioula vous ouvrira sa maison de famille. Il y a 3 chambres avec TV et AC (et une cuisine commune) et 2 appartements avec balcon à la déco ancienne mais typique. Environnement très agréable : jardin sous treille, amoureusement entretenu, et grande véranda.

Où manger ?

Taverna O Glaros : *peu avt la place, face à la mer. 69-81-46-37-89. Avr-oct. Env 12-14 €.* Stavroula, la maman, sort de sa cuisine *souvlakia* et bonnes grillades, mais aussi du poisson. Le tout servi par le reste de la famille et facturé à prix raisonnables. Bon accueil.

Psarotaverna O Faros : *dans le raidillon juste avt la grande plage. Autour de 12 € le repas touristique comportant 3 plats.* Bien situé pour voir le coucher de soleil de la terrasse surplombant la mer. Cuisine classique et belle carte des vins.

À faire

Trois ***plages*** à Afissos : deux avant d'arriver, en contrebas de la route (la seconde, au niveau du dernier virage avant le village, est la plus sympa) ; une plus grande (et bondée) après le village, avec douches.

On peut prendre une route plus ou moins bétonnée très étroite, mais praticable en voiture, qui rejoint en 10 mn vers le sud un hameau, ***Léfokastro***. Un petit front de mer très agréable, avec quelques chambres chez l'habitant et des gargotes familiales où l'on vous accueille avec le sourire. À éviter en camping-car. La plage la plus sympa du coin est située après Léfokastro, accessible par un seul chemin : à la hauteur d'un groupe de maisons, à côté d'une fontaine. De Léfokastro, une route étroite ramène sur la route d'Argalasti.

LE SUD DU PÉLION

Paysages plus arrondis. L'olivier reprend le pouvoir. Après Afissos, la route principale monte et quitte la côte. En continuant vers le sud, on arrive à Argalasti.

ARGALASTI (ΑΡΓΑΛΑΣΤΗ) (370 06) 1 320 hab.

Grosse bourgade (où faire son ravitaillement) sur un plateau fertile (à 40 km de Volos). Située à l'écart de la route principale, derrière la tour de l'horloge, la place du village présente un bel alignement de commerces à l'ancienne, avec des enseignes pittoresques. Une base intéressante pour rayonner dans le coin.

Infos utiles

– Poste, banque, grand marché le sam, et un centre de soins compétent *(en arrivant de Volos, sur la droite, peu avt le village ; ☎ 24-23-05-46-11 à 15).*

➢ 6 bus/j. en sem pour Volos, moitié moins le dim. Les tickets pour le bus se vendent au café *Enallax (tlj 5h-minuit).*

Où dormir ? Où manger ?

Archontiko Mountzouridi : *de la place, prendre la 1re rue à droite en descendant, c'est à env 100 m sur la droite. ☎ 24-23-05-45-49. • mountzouridis.gr • Tte l'année. Doubles 50-70 € selon confort et saison, petit déj compris. CB refusées.* Une douzaine de chambres tout confort (clim centralisée, télé, frigo) réparties dans 2 vieilles maisons éloignées l'une de l'autre. La principale, une antique demeure, avec cheminée et parquet grinçant, dégage une belle atmosphère. Dans l'annexe, on aime bien l'appart en mezzanine. Une piscine (en été seulement), l'organisation de parties de pêche en bateau ou de randos à cheval complètent l'offre de cette adresse de charme. Bel accueil.

Hotel Agamemnon : *derrière l'église. ☎ 21-09-60-71-00. • agamemnon.gr • Membre du réseau d'hébergements de charme Guest Inn (• guestinn.com •). Tte l'année. Selon saison, doubles env 40-50 €, studios 2-3 pers env 60-70 € ; petit déj compris.* Dans un bâtiment typique du style architectural du Pélion, une douzaine de belles chambres à l'ameublement traditionnel (AC, TV). Piscine (en été seulement). Les studios sont dans un bâtiment de même style à 200 m.

Taverna To Pithari : *sur l'agréable place principale. Env 10-12 € le repas.* Choix classique de taverne, avec de bonnes viandes et des parts généreuses.

Où dormir dans les environs ?

Hotel Elitis : *au-dessus de la plage de **Potistika,** en arrivant d'Argalasti. ☎ 24-23-05-44-82. 📱 69-31-15-66-48. Tte l'année. Doubles 30-35 € ; petit déj 5 €.* Au-dessus d'une taverne familiale (on optera pour le 1er étage), une quinzaine de chambres impeccables, disposant d'un balcon à partager avec son voisin. Un endroit typique pour faire escale à deux pas de la plage, très appréciable hors saison.

Kyras Paradise : *plage de **Potistika.** ☎ 24-23-05-53-03. 📱 69-72-22-58-98. • kyrasparadise.com • Sur le versant égéen, à env 8 km d'Argalasti. Sur la route de la plage de Mourtitsa, prendre à droite le chemin sur 100 m (indiqué). Mai-oct. Bungalows env 45-70 € selon saison et capacité (prix incluant la réduc sur présentation de ce guide). CB refusées.* En pleine campagne, des bungalows tout béton de différents types (1 ou 2 chambres) pouvant accueillir de 4 à 6 personnes. Ce n'est pas le grand confort, mais c'est tranquille. Accueil décontracté.

À faire

D'Argalasti part la route qui mène aux plages du versant égéen. On passe à ***Xinovrissi,*** pour gagner ***Potistika*** que l'on atteint au bout d'une dizaine de kilomètres. Sur place, un bar de plage branché et un resto chic (ouvert mai-septembre). Un peu plus loin, ***Mélani.*** Les deux plages sont reliées par un petit sentier. Les adeptes du slip invisible opteront pour le début de Mélani, en arrivant de Potistika. Une autre route, avant Xinovrissi, mène à ***Paltsi.*** Hébergements et restos sur place. Le coin, resté sauvage, est assez souvent venté ; belles vagues.

MILINA (ΜΗΛΙΝΑ)

(370 13) 755 hab.

À 50 km de Volos, peu après *Horto* (crique qui mérite le détour, malgré le gros hôtel qui s'y est greffé), Milina est une petite station balnéaire tranquille mais qui ne présente pas grand intérêt. C'est pourtant d'ici que Philoctète, un des plus fameux Argonautes, appareilla pour la guerre de Troie avec plus de 350 rameurs et archers. À Milina, beaucoup de maisons ont été rachetées par des agences immobilières, tant et si bien qu'il est difficile de s'y loger. Préférer Horto ou Platania, beaucoup plus cool pour passer ses vacances.

Où manger ? Où déguster une pâtisserie ?

Taverna O Sakis : *sur le front de mer, juste après l'église. ☎ 24-23-06-60-78. Tlj. Repas env 12-20 €.* Taverne très fréquentée avec une agréable petite terrasse qui surplombe la mer. Grand choix de plats de poisson mais relativement chers.

Emis kai Essis : *sur le front de mer, à 30 m de l'agence* Milina Holidays. Bonnes pâtisseries.

Où dormir ? Où manger dans les environs ?

Lagou Raxi Country Hotel : *à **Lafkos,** 6 km au-dessus de Milina. ☎ 24-23-06-51-44. • lagouraxi.com • À l'entrée dans Lafkos (quand on vient de Volos), prendre le chemin sur la droite (indiqué). Tte l'année. Doubles 55-85 € selon confort et saison (quelques suites également). Repas env 15-20 €.* Sue et Christian, un couple franco-britannique, ont beaucoup investi de leur temps et de leur énergie pour faire construire ce bel hôtel flambant neuf qui domine le golfe Pagassétique et permet d'assister à de splendides couchers de soleil. Une vingtaine de chambres classiques, spacieuses et confortables, sont réparties dans 3 bâtiments, autour d'un jardin et d'une belle piscine. Bibliothèque, activités (randonnées notamment en mi-saison). Restaurant de qualité, proposant une carte variée et originale. Excellent accueil.

Meliès Apartments : *à **Horto** ; petit chemin à droite à l'entrée du village quand on vient d'Argalasti, puis descendre sur la droite jusqu'en bordure de la mer. ☎ 24-23-06-56-98. 69-73-82-72-27 (Efstathios). • meliespelion.com • Suivant saison, apparts 2 pers 60-80 €, apparts 4-5 pers 80-100 €.* Dans leur grande maison surplombant la mer, Elena et Nikolas proposent 8 appartements tout équipés pour 2 à 5 personnes. Les plus récents ont été entièrement relookés avec lauze vernissée au sol, murs gris souris et quelques effets de déco très plaisant, y compris dans les salles de bains. On aime bien celui situé en angle au dernier étage. Le matin, en ouvrant les volets, c'est comme si le soleil et la mer entraient dans la chambre. Pour se baigner, à peine 20 m à faire. Sinon, quelques kayaks de mer et planches à voile à dispo. Un endroit sympa pour passer ses vacances.

Casablanca Café : *à* ***Horto*** *; petit chemin à droite à l'entrée du village quand on vient d'Argalasti (se garer sur le parking de la résidence et descendre le petit chemin). ☎ 24-23-06-52-50. Env 6-7 € le plat. CB refusées.* Entre la route et la mer, surplombant le golfe Pagassétique, une maison bleu pastel tenue par une Française, France-Marie Fritsch, installée depuis plus de 40 ans dans la région. Plus qu'un café classique, c'est un lieu de rencontres et d'échanges où règne la bonne humeur. On peut d'ailleurs y déguster de délicieux desserts faits maison et des crêpes salées ou sucrées. Petite boutique d'artisanat. France-Marie peut vous renseigner sur les possibilités d'hébergement à Horto.

LE PÉLION

LE SUD-EST DU PÉLION

D'Argalasti, on peut atteindre le versant égéen sud. Route jusqu'à Promyri, où il faut choisir : une route conduit à *Katigiorgis*, l'autre à *Platania* (et, en faisant un détour, à *Kastri*). Platania, village de pêcheurs, à 60 km de Volos, aligne quelques belles plages, notamment celle de *Mikro* (à 15 mn de marche, sentier partant de l'oliveraie derrière la plage principale ; trois tavernes). Katigiorgis est beaucoup plus petit, même si l'on a beaucoup construit ces derniers temps. Pour y aller, faire preuve de patience, c'est loin...

➢ Pour Katigiorgis, 2 bus/j. au départ de Volos en sem, 1 seul le w-e.

➢ De Platania, possibilité d'excursions pour **Skiathos** avec l'*Africana*. De juin à mi-sept, départ tlj à 9h30, retour à 17h30 *(☎ 24-23-07-12-73 ou 69-73-49-68-18).*

Où dormir ? Où manger ?

Camping Louisa : *à l'entrée de* ***Platania,*** *sur la gauche. ☎ 24-23-07-15-72. • camplouisa.gr • 20 mai-20 sept. Env 16,50-21 € pour 2 avec tente et voiture selon saison ; réduc de 10 % à partir de 3 nuitées.* Petit camping sans prétention mais bien ombragé et disposant d'un four à pain. Sanitaires assez rustiques. Accueil très sympa de Vangelis.

Camping Kastri : *sur la plage de* ***Kastri*** *(en cas d'absence, adressez-vous à la taverne). ☎ 24-23-07-12-09. • campingkastribeach.com • Mai-sept. Compter 18-20 € pour 2 avec tente et voiture.* Petit camping tranquille, les pieds dans l'eau. Équipements corrects, taverne juste à côté. Dommage que les camping-cars squattent le front de mer et empêchent la vue.

Hôtel des Roses : *dans* ***Platania,*** *à 100 m de la mer. ☎ 24-23-07-12-68. • peliondesroses.gr • Tte l'année. Pour 2, selon saison, env 37-48 € avec petit déj, 53-63 € en ½ pens.* Une petite quinzaine de studios avec kitchenette, AC, ventilo, TV, à des prix très honnêtes. Propreté irréprochable. Le jardin où se prend le petit déjeuner est très agréable. Nombreuses activités proposées, à dominante écotouristique. Ambiance familiale et excellent accueil de toute la famille, qui s'est lancée dans la fabrication de savons.

Taverne Flisvos : *à* ***Katigiorgis.*** *☎ 24-23-07-10-71. Avr-oct, tlj midi et soir. Repas 10-15 €.* Tenue par 2 frères, cette excellente taverne offre essentiellement du poisson frais à des prix raisonnables. Ne pas hésiter à faire un tour aux cuisines pour jeter un coup d'œil au menu du jour. Goûter leur excellente soupe de poisson. Costas et Nicos sont adorables, ils se mettent en quatre pour vous satisfaire... et après tant de route, ça fait du bien !

TRIKÉRI (ΤΡΙΚΕΡΙ) (370 09) 1 350 hab.

À l'extrémité de la presqu'île, à 81 km de Volos, Trikéri est accessible par une route de 30 km en partant de Milina. Liaison en bus, de Volos, deux fois par jour. En voiture, prévoir de partir avec de l'essence (une station quand même, mais pas forcément toujours bien ravitaillée).
Ce village perché ne manque pas d'originalité. D'abord, il ne ressemble pas vraiment aux autres villages du Pélion de par son isolement et ses maisons d'un bleu très cycladique. Ensuite, les Trikériotes mâles étant tous plus ou moins marins, c'étaient les femmes qui avaient le pouvoir, qui héritaient de la terre et des maisons, comme dans beaucoup d'îles grecques. Jolie place avec sa petite chapelle et le grand cyprès à côté. Monter jusqu'à l'église qui donne sur le versant égéen (Skiathos et Eubée à l'horizon).
Pas grand-chose en ce qui concerne la restauration et le logement (quelques chambres). En fait, il faut descendre au port *Agia Kyriaki* (petit chantier naval intéressant), pour trouver à manger. Trois *psarotavernès* à la suite ; on aime bien la dernière, les pieds dans l'eau, *To Mouragio* (☎ 24-23-09-12-94). Petite balade à faire dans le village, qui consiste en fait en deux ports. Pour la plage, aller plutôt à *Mylos,* 1 km plus à l'ouest (idéal pour le coucher de soleil). Des chambres à louer également. On peut se rendre à Agia Kyriaki par une route qui se prend avant le hameau de Kottès, mais ce serait dommage de rater Trikéri.

DANS LES ENVIRONS DE TRIKÉRI

Sur la route entre Milina et Trikéri, petites criques superbes pour ceux qui n'auraient pas le courage de monter jusqu'à Trikéri, notamment à ***Zasténi.*** Joli village de pêcheurs à ***Kottès,*** avant d'entamer la montée pour Trikéri (tavernes). Si l'on est lassé des plages de l'intérieur du golfe, possibilité de traverser par une piste qui prend avant le hameau de Koukouléïka et amène à ***Chondri Ammos,*** une plage de gros galets avec de magnifiques rochers de marbre blanc.

À proximité, ***Nissi Trikéri*** (ou ***Palio Trikéri***), une île proche de la pointe du doigt recourbé que forme le Sud du Pélion. À 1 km avant Trikéri, une route part sur la droite et mène, en 6 km, à ***Alogoporos*** d'où partent des bateaux-taxis. Sur l'île, qui fut un lieu de déportation pour les femmes de gauche dans les années suivant la guerre civile, un monastère (grande fête les 9 et 10 septembre) où il est possible de louer une cellule de moine.
Un hôtel, *Palio Trikéri* (☎ 24-23-05-52-10), et des chambres à louer. Bonne taverne sur le port *(Psarotaverna Diavlos).* Dépaysant.

LES SPORADES

Les Sporades, littéralement « les dispersées », sont un groupe de trois îles habitées : Skiathos, Skopélos et Alonissos, cette dernière comptant plusieurs îles-satellites inhabitées. On y embarque à partir d'Agios Konstandinos ou de Volos. On leur rattache généralement Skyros, géographiquement distincte et accessible principalement du port de Kimi en Eubée (Skyros est traitée à part dans ce guide). Ces trois îles ont chacune leur tempérament, mais elles possèdent toutes un air de famille : plages nombreuses, belles pinèdes. Elles constituent un complément « naturel » à la visite du Pélion.

Arriver – Quitter

En bus puis bateau

➢ ***De/vers Athènes, via Agios Konstandinos :*** possible en bus. À Athènes, prendre un des autobus directs, partant du 97, odos Akadimias (près de la place Omonia), devant l'agence *Alkyon (☎ 21-03-84-32-20 ou 21 ; • alkyontravel.gr •).* Il vous conduit en 2h30 au port d'Agios Konstandinos, à 175 km. Correspondance assurée avec les bateaux qui desservent les Sporades dans le sens Skiathos, Skopélos et Alonissos (pour Skyros, on ne part que de Kimi, en Eubée). Durant l'été, il est prudent de retenir sa place de bus au moins la veille. Possibilité de prendre également un bus *KTEL* : env 1 départ/j. du terminal B des bus *(260, odos Liossion ; ☎ 21-08-31-71-63).* Une fois à Agios Konstandinos, départs pour Skiathos, Glossa (second port de Skopélos) ou Skopélos-Chora et Alonissos, avec la compagnie *Hellenic Seaways* (ferries et catamarans). Possibilité de réserver en ligne sur *• hellenicseaways.gr •* Au retour, les bateaux desservent les mêmes ports. Correspondance en bus à Agios Konstandinos pour Athènes. Les tarifs sont plus élevés au départ d'Agios Konstandinos qu'au départ de Volos. Les Athéniens allant dans les Sporades choisissant tous ce port plutôt que Volos, il est conseillé de réserver en été. Rens et résas à Agios Konstandinos auprès de l'agence *Alkyon (☎ 22-35-03-19-20)* ou de l'agence *Bilalis (☎ 22-35-03-16-14).*

En bateau

➢ ***De/vers Volos :*** en juil-août, jusqu'à 2 ferries/j. d'*Hellenic Seaways* desservant Skiathos, Glossa (Skopélos) ou Skopélos (1 seul ferry/j. pour Alonissos). En mi-saison, 1 ferry/j. et 4-5/sem pour Alonissos. Au retour, les bateaux desservent les mêmes ports. Davantage de *Flying Cats* et *Flying Dolphins* (catamarans rapides, en principe 2-3 fois/j.). Rens auprès des agences situées sur le front de mer de Volos : agence *Sporades Travel (☎ 24-21-03-58-46),* ou *Triantis Travel (☎ 24-21-02-09-10).*

– La compagnie *Anes* dessert également Skiathos, Skopélos et Alonissos au départ de Volos et, certains jours en saison, au départ de Mandoudi en Eubée. *• anes.gr •* À Volos, rens à l'agence *Vis Travel (3, odos Antonopoulou, ☎ 24-21-03-10-59).*

Enfin, en haute saison, possibilité de se rendre à Skopélos et Alonissos depuis Skyros, via le port de Kimi (Eubée). Voir plus loin le chapitre sur Skyros, rubrique « Arriver – Quitter ».

SKIATHOS (ΣΚΙΑΘΟΣ) (370 02) 6 100 hab.

Skiathos est une île superbe avec ses 70 plages ou criques et ses collines boisées. On dit qu'elle possède la plus belle plage de Grèce (à Koukounariès), alors évidemment, on vient voir...

La mise en place de vols *low-cost* sur Volos et la desserte de l'île en direct (Skiathos possède son propre aéroport) a dopé le tourisme de masse. Sans être vraiment Mykonos ou Ibiza, Skiathos est une île où, en été, on afflue de toute l'Europe pour se gorger de soleil et de musique, pour voir et être vu, alors bien sûr les prix s'emballent. Cependant, l'île cache quelques bijoux : des belles petites églises, des monastères et quelques itinéraires de randonnée loin des hordes. Ceux qui recherchent la tranquillité n'y passeront pas leurs vacances, et au bout de 2 jours prendront le premier bateau pour Skopélos, dont l'esprit est nettement moins mercantile.

LES SPORADES ET L'EUBÉE

SKIATHOS *(LA CAPITALE)*

Petite ville hyper touristique aux ruelles pas forcément désagréables, que ce soit du côté ouest de la ville (du vieux port au quartier d'Agia Triada) ou aux abords de l'église Agios Nikolaos. Orientation aisée : la longue rue principale (odos Papadiamanti) et le front de mer, coupé en deux par l'îlot Bourtzi, mènent à peu près partout.

Arriver – Quitter

En ferry et en catamarans rapides

➢ ***De/vers Volos ou de/vers Agios Konstandinos :*** trajet en 3-4h en ferry et en 1h30-2h en catamaran.

En avion

✈ ***Aéroport :*** *à 3 km du centre-ville.* ☎ *24-27-02-20-49.*

➢ ***De/vers Athènes :*** 1 vol/j. en principe *(Olympic Airlines)*. Trajet : 40 mn. En hte saison, également 3 vols/sem de/vers ***Thessalonique*** et ***Skyros*** *(Sky Express).*

Adresses utiles

Office de tourisme : *petit kiosque tt de suite à gauche en sortant du débarcadère.* On a connu des informateurs plus loquaces, mais ça peut dépanner. Si personne, les infos sont placardées dans la petite baraque d'à côté.

Poste : *en haut d'odos Papadiamanti, face au collège.*

Banques : *sur le port et le long d'odos Papadiamanti.*

Santé : *dispensaire au bout de la route périphérique (en direction de Koukounariès), sur la gauche ; pour les piétons, prendre la rue à gauche avt la poste, odos Moraitou, puis suivre les indications. ☎ 24-27-02-22-22. Également un cabinet médical privé fonctionnant 24h/24, avec gynéco, radio, cardio et chirurgien, odos Evangelistria (perpendiculaire à Papadiamanti) ☎ 24-27-02-21-11. • medskiathos.com •*

Police touristique : *sur la route périphérique (env 200 m après l'embranchement pour Kastro en allant vers Koukounariès). ☎ 24-27-02-31-72.*

Station de taxis : *à droite du débarcadère quand on est dos à la mer. ☎ 24-27-02-44-61. Tarifs affichés.*

Arrêt de bus : *au début de la route pour Koukounariès, à l'extrémité droite du front de mer, devant le terrain de basket.* Le bus dessert toutes les plages jusqu'à Koukounariès. Elles sont annoncées par des numéros d'arrêt. Départs ttes les 20 mn env 7h-minuit. Pour les retours, à partir de 17h, le bus est bondé !

Presse internationale : *à côté de l'agence* Rent a Car/Budget, *sur le port, peu avt les taxis.*

Agence Hellenic Seaways (Skiathos OE) : *au début d'odos Papadiamanti. ☎ 24-27-02-22-09. Tlj 7h-20h (plus tard en été)*

Laundry Snow White : *dans la rue montant à droite depuis le port, au-dessus de l'Alpha Bank. Tlj 9h-21h.*

Aegean Rent a Car : *sur le port. ☎ 24-27-02-24-30. • aegeanscars.gr • Avr-oct, tlj 8h30-22h (plus tard en été). Accorde jusqu'à 30 % de réduc hors saison (15 % slt l'été) sur les tarifs affichés sur présentation de ce guide.* Location de scooters et de voitures.

Où dormir ?

Comme toujours sur les îles, ne pas oublier que la plupart des hôtels ouvrent en avril, voire mai, pour fermer en octobre, voire fin septembre.

De prix moyens à plus chic

Chambres chez l'habitant : s'adresser à l'*Association des propriétaires de chambres à louer* au bureau situé à droite à la sortie du débarcadère *(☎ 24-27-02-29-90 ; fax : 24-27-02-38-52).* Ils mettent à disposition un livret-guide bien fait, contenant des informations précises sur les locations de leurs adhérents (une trentaine), et fournissent un plan détaillé de l'île et de la ville.

Hotel Australia : *en venant du port, dans Papadiamanti, prendre à droite après le minimarché* Ariston, *puis la 1re à gauche. ☎ 24-27-02-24-88. • hotelaustralia@gmail.com • Mars-déc. Doubles 30-60 € selon saison. Pas de petit déj.* Ruelle très calme et bien placée. Une vingtaine de chambres doubles et triples réparties sur 3 étages. Toutes bien équipées et très propres, avec AC, salle de bains (grande), certaines avec frigo. 3 d'entre elles possèdent une cuisinette. Bonne ambiance et bon accueil de Kostas.

Studios Zoï : *odos Mavrogliagli (prendre la rue Papadiamanti jusqu'à la fin de la zone pavée, puis à droite ; c'est env 150 m après le resto l'Asprolithos). ☎ 24-27-02-26-23. 69-77-08-47-55. • skiathosrooms.org • Tte l'année. Doubles avec cuisinette 35-80 € selon saison. CB refusées.* Une petite quinzaine de belles chambres réparties dans 2 petits immeubles qui se resserrent sur un agréable patio. Voilà la configuration du petit chez-soi de Zoï, qui vous accueille avec le sourire. Bien sûr, côté confort, il y a tout ce dont on a besoin : la clim, la télé, le ménage fait

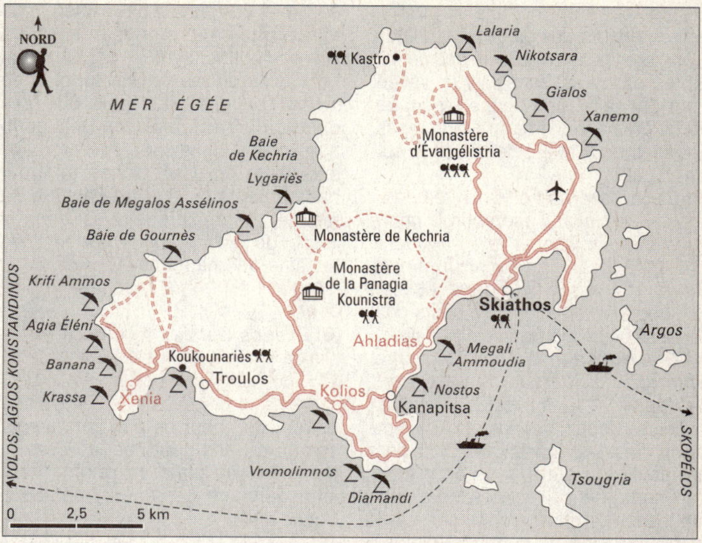

L'ÎLE DE SKIATHOS

chaque jour. Comme Zoï ne parle que le grec, elle appellera sa fille Léa.

Hotel Morfo : *23, odos Ananiou (prendre la rue Papadiamanti, puis la rue à droite en face de la* National Bank*). ☎ 24-27-02-17-37. • morfohotelskiathos.gr • Selon saison, doubles 30-50 €, quadruples 60-70 €, petit déj inclus.* Situé dans une ruelle calme en plein centre-ville. Une quinzaine de chambres avec balcon, plutôt basiques mais bien entretenues, disposant de tout le confort : clim, frigo. Accueil francophone.

Pension Nikolas (chez Matoula Karademitrou) **:** *depuis odos Papadiamantis, à la* National Bank*, prendre à gauche en biais et continuer, c'est derrière l'hôtel* Pothos*. ☎ 24-27-02-30-62. 📱 69-34-39-50-91. • nikolaspension.gr • De mi-mai à fin-sept. Doubles 38-75 € selon saison (négociable en cas de séjour). Pas de petit déj.* Une douzaine de chambres assez basiques mais très correctes, avec AC et TV. Meubles en pin, salles de bains plus grandes que la moyenne. Dans un quartier calme et à prix encore raisonnables. Accueil francophone.

Orsa Hotel : *du vieux port, continuer après les tavernes, monter les escaliers et 2ᵉ rue sur la gauche. ☎ 24-27-02-23-00. • skiathoshotelvillaorsa.gr • De mai à mi-oct. Doubles 55-135 €, petit déj inclus.* Un hôtel fort bien placé, à deux pas de l'animation mais sans en subir les inconvénients. Une bonne quinzaine de chambres simples mais de bon confort (clim, télé écran plat, frigo, etc.). L'endroit vaut surtout pour la vue imprenable qu'il offre sur la mer. Petit déj copieux servant du sucré et du salé. Une adresse à retenir.

Où manger ?

Bon marché

Psarotaverna-ouzeri Varthalamis : *odos Nikotsara. ☎ 24-27-02-34-31. Juste avt l'ancien port, remonter la rue qui part à gauche du resto* El Greco*, puis à droite après* Koziakas*. Tte l'année. Compter env 12-15 €.* Tenue par un patron qui ne ménage pas sa peine, une adresse un peu en dehors des pièges à touristes. Alors, prenez place sur une des petites tables bancales dans la rue pavée. Pour patienter, une bonne tapenade. Petite douceur offerte en fin de repas. Entre les deux, c'est de la bonne cuisine locale.

Cuba Taverna : *du port, remonter odos Papadiamanti et prendre à droite odos Panora jusqu'à la pl. Pigadia. ☎ 24-27-02-38-37. Tlj 18h-minuit. Compter env 15 €.* Bonne cuisine grecque et internationale à petits prix. Terrasse un peu kitsch mais au calme.

Grill House Avra (Chez George) et **Stamatis :** *au-dessus du vieux port, dans la rampe.* Ces 2 restos-là se tirent la bourre depuis des lustres. Évidemment, c'est très touristique. On y vient en famille ou entre amis pour jouer de l'harmonica avec des côtelettes d'agneau. Le gril ronronne chez *Avra* tandis que *Stamatis* parfume les tables d'une gentille petite musique d'ascenseur. On est généralement invité à prendre place rapidement.

Prix moyens

Taverne Amfiliki : *quartier d'Agia Triada, en face de l'hôpital. ☎ 24-27-02-28-39. Mai-oct, midi et soir. Résa très fortement conseillée (demander une table avec vue). Compter 15-20 € le repas. CB refusées.* Tenue par un ancien officier de marine qui désormais cultive son potager et tire son vin quand il n'est pas derrière les fourneaux. D'extérieur, aucun signe de richesse, mais dès que vous passerez l'étroit seuil de cette maison en équilibre au-dessus de la mer, vous aurez une vue plongeante. Alors laissez-vous embarquer par Christos, l'occasion d'essayer une tripotée de *mezze,* ou des plats plus élaborés qui visiblement plaisent beaucoup aux Anglais. Belle carte des vins. Une excellente adresse menée tambour battant par la dynamique Ramona, sa femme, qui s'exprime aussi dans la langue de Molière. Loue également une huitaine de chambres *(45-70 € selon l'emplacement et la saison ; • amfiliki.gr •).*

Ellados Gefsis : *là où odos Papadiamantis s'élargit, juste avt le collège. ☎ 24-27-02-32-55. Pâques-oct, tlj midi et soir. Env 20 € le repas.* Un restaurant qui, pour ne pas faire mentir son nom (« les goûts de la Grèce »), présente ses plats en photos couleur. Serveurs gentiment racoleurs. Bonne table.

Plus chic

Restaurant Asprolithos : *prendre l'odos Papadiamanti, puis la rue à droite juste avt le collège. ☎ 24-27-02-31-10. Mai-oct, midi et soir. Compter min 22 €.* Excellent resto au service impeccable. Grand choix de plats, à des prix certes un peu élevés, tels que le lapin aux pruneaux, le chou farci, l'agneau sauce citronnée. La quantité et la qualité sont là. La maison offre tellement de petits plus (ouzo, salade de fruits...) qu'il n'est pas nécessaire de s'aventurer dans un menu compliqué : un plat (copieux) suffit. Un personnel qui a de la bouteille assure un service rapide.

Où dormir ? Où manger dans les environs ?

Villa Melia : *sur la route de Koukounariès, env 500 m après l'embranchement pour Agia Fanourios, après la* Villa Alexis, *prendre à droite la rue qui grimpe. ☎ 24-27-02-28-04. 📱 69-39-91-04-35. • villamelia.gr • Selon saison, chambres doubles 35-45 €, grands studios 70-80 €. Parking.* Une grande maison surplombant la mer. C'est ici qu'Akis et sa mère Aréti ont aménagé une petite quinzaine de chambres. Meubles en bois laqué blanc, quelques marines aux murs, c'est plutôt pas mal. Clim ou brise de mer, elles sont bien fraîches et disposent toutes d'un balconnet ou d'une terrasse. Une piscine haricot et un petit bar prolongé par un solarium permettent de se détendre. Bon accueil.

Ariston : *sur la route de Koukounariès, sur la gauche, au niveau de l'embranchement pour Kastro. ☎ 24-27-02-17-65. Tte l'année, tlj*

6h-22h. Cette boulangerie est l'étape idéale pour acheter de quoi préparer son pique-nique. On y trouve aussi bien du sucré que du salé, et aussi des boissons. Beaucoup de pâtisseries locales.

Taverne Agnantio : *sur la route du monastère Évangélistria, à 300 m après l'embranchement pour Kastro, en haut de la 1re côte. ☎ 24-27-02-20-16. Mai-oct, slt le soir. Env 20 € le repas.* Plats traditionnels et délicieux plats du jour élaborés selon les arrivages et l'humeur de la cuisinière. Terrasse avec vue splendide sur la mer. Accueil sympa.

Où boire un verre ?

Pour un café matinal, rien ne vaut le vieux port. Pour boire un verre en soirée, on a le choix entre les pubs du centre, plutôt cool dans l'ensemble, version jazz, folk ou rock et même parfois métal, type ***Totem Bar, Kentravos,*** ou plus intimiste, comme le ***Potoki,*** qui sert un live le samedi à 23h. Celles et ceux qui biberonnent de l'électro ou de la *trance* iront s'avachir dans les mousses des bars-*lounge* « mykonosso-ibizesques » qui s'étalent par-delà le port de plaisance (à 300 m environ) en allant vers l'aéroport. Ici, épinglons le ***Club Kahlua,*** le ***Pure,*** qui plagie le *Pacha* d'Ibiza avec son slogan « Greek-me, I'm famous » (mort de rire quand on connaît le slogan original !), ou encore le ***Kou-Kou Bar*** (plus soft, lui). Tout ça, c'est DJ jusqu'à pas d'heure, corps bronzés, tatouages exhibés et les cheveux qui poussent à l'envers le lendemain sur la plage. Que celles et ceux qui possèdent des porte-monnaie en peau de hérisson s'abstiennent ou retournent au vieux port siroter un ouzo avec les gens du coin.

À voir

La maison de l'écrivain grec Alexandre Papadiamantis : *sur une place à droite au commencement de la rue principale. En principe, tlj sf lun 10h-13h30, 18h-20h30. Entrée : 1,50 €.* Mouais... Typique et dénudée, la maison de cet auteur qui marquera son siècle (avez-vous lu *Les Petites filles et la Mort ?)* est plus un hommage qu'un musée.

L'îlot Bourtzi, relié à l'île entre les deux ports, avec son théâtre de verdure et son café municipal. Spectacles à l'occasion.

L'OUEST DE L'ÎLE

On y trouve la majorité des plages. Par la route ou par la piste, trouver un coin tranquille en été relève de l'exploit. Un bus va jusqu'à Koukounariès. En cours de route, nombreux arrêts. Il suffit alors d'emprunter un chemin ou de couper à travers le maquis vers la plage de son choix. Départ toutes les 20 mn à partir de 7h de l'arrêt des bus situé à 200 m à droite du débarcadère quand on tourne le dos à la mer (devant le terrain de basket). Quelques *taxi-boats* partent également du vieux port en saison. Sinon, reste le scooter ou le taxi. Pensez à emporter votre pique-nique.

Tout au bout de la péninsule très construite de *Kanapitsa,* à 6 km de Skiathos, on découvre avec un quasi-étonnement, au bas de la piste (par un sentier très pentu), la très jolie plage de ***Diamandi*** *(Διαμανδι)* encore sauvage et peu fréquentée. À pied, 30 mn de marche depuis l'arrêt de bus le plus proche (nº 13).

Face au couchant, sur la frange occidentale de la péninsule Kanapitsa, ***Vromolimnos*** *(Βρομόλιμνος)* est une plage certes fréquentée et un tantinet branchée mais loin d'être désagréable. Un bar-*lounge* y a élu domicile en 2013. On peut venir y manger une salade.

Aggelos Rent Rooms : *au bord de la petite route qui descend à la plage. ☎ 24-27-04-93-73. 69-79-11-64-83 (Vachkos). • aggelosstudio.gr • Mai-oct. Doubles ou triples avec cuisinette 40-70 € selon saison. Petit déj 8 €. En été, la clim est facturée 6 €/j.* Immeuble un peu perché dans lequel une petite vingtaine de chambres tout confort ont été aménagées avec balcon face à la mer. 2 d'entre elles seulement lui tournent le dos, on les évitera. Côté détente, une piscine et un bar extérieur. Un endroit pour ceux qui privilégient la plage.

Troulos (Τρουλλος) **:** plage populaire desservie par le bus de Koukounariès.

Villa Angela (chez Giorgos et Angela Parisis) **:** *accès par une petite route sur la gauche juste avt la route principale allant à la plage. ☎ 24-27-04-95-23. • skiathosangelastudios.com • Juin-sept. Selon saison, doubles 40-60 € ; apparts 4-5 pers 70-130 €. Pas de petit déj.* Dans une belle propriété au jardin soigneusement entretenu, 8 chambres avec cuisinette et 3 appartements. Très bien situé, en haut d'une colline et légèrement en retrait de la route. AC, TV mais simple vitrage. Belle vue, et la plage est à moins de 5 mn à pied.

Koukounariès (Κουκουναριες) **:** site protégé, dans un cadre splendide, et bordé d'une forêt de pins. Baie parfaite, c'est peut-être la plus belle plage de Grèce (enfin, on a le droit de ne pas être d'accord...), mais aussi la plus encombrée. Pas mal de retraités, descendus du *Skiathos Palace*, viennent y tenir serviette en compagnie d'une jeunesse plus ou moins dorée. École de ski nautique, camping, et club de plongée tout au bout.

Les plages de Banana (Μπανανα) **:** *à l'extrémité ouest de Skiathos, à 12 km du port. Descendre au terminus, Koukounariès, puis marcher env 10 mn. Facile à trouver. Balade agréable parmi les oliviers et les figuiers.* Deux petites plages très mignonnes. Pour les naturistes et la communauté gay, rendez-vous à *Small Banana*, derrière les rochers. Bondé. Deux tavernes les pieds dans l'eau, et possibilité de faire de la planche à voile, du ski nautique, du parachute... Assez cher.

Agia Éléni (Αγια Ελενη) **:** *route sur la droite avt la plage de Koukounariès quand on vient de Skiathos-ville. Accès facile (on peut également s'y rendre depuis Banana par une piste).* Petite plage de sable fin dans une jolie crique. Taverne tenue par Elias depuis 40 ans ! On y sert, de mai à octobre, du bon poisson frais à prix raisonnable.

Krifi Ammos (Κρυφη Αμμος) **:** *la suivante en continuant la piste vers l'est.* Moins belle qu'Agia Éléni mais plus sauvage. Demande quelques efforts (15 mn de marche).

Les plages de Mandraki et Gournès-Elias (Μανδρακι – Γουρνες-Ελιας) **:** *on peut y aller à pied par un très beau sentier au milieu des pins, à mi-chemin entre le* Skiathos Palace *et l'hôtel* Xénia, *ou en voiture.* Deux grandes plages de sable très préservées, toujours moins peuplées que les autres (même si l'on y vient aussi depuis Agia Éléni). Gournès, envahie par les dunes, est la plus sympa, bien qu'un peu sale sur la droite, du fait des courants (même constat malheureusement pour la petite crique suivante, *Agistros*, superbe vue d'en haut). Une petite taverne sur chaque plage.

La plage d'Assélinos (Ασελινος) **:** *bifurcation sur la gauche avt d'arriver au monastère de Kounistra. Accès par route goudronnée.* Pas renversante et beaucoup de monde. Pas très loin la petite sœur, *Mikros Assélinos*, un peu plus mignonne (accès par la piste qui continue après le monastère).

Villa Angela : *sur la route de la plage d'Assélinos, à gauche. ☎ 24-27-04-96-20. 69-42-01-01-50 (Pasquale). • villaangela.gr • Mai-oct. Doubles avec cuisinette 35-75 € selon saison, petit déj compris. Possibilité de ½ pens (repas env 15 €).* Une maison attenante à une exploitation

LES SPORADES

maraîchère en pleine cambrousse. On est ici chez la famille Padula, originaire des Pouilles, en Italie. Le café est bon et la cuisine fleure bon la Méditerranée. Côté séjour, une fois abandonnés la piscine et ses transats, on regagne sa chambre climatisée, ou on vient tenir le crachoir à Giovanni, le papa, qui a travaillé 37 ans en Allemagne, histoire de refaire le monde, la Grèce, la crise...

Le monastère de la Panagia Kounistra (Μονη Παναγιας Κουνιστρας) **:** *indiqué sur la droite avt Troulos lorsqu'on vient de Skiathos-ville. Pas de bus. Tte l'année, en saison 8h-21h. GRATUIT (une obole est bienvenue).* Belle route goudronnée qui part vers le nord. Paysage vallonné et très boisé. Au bout de 4 km, on tombe sur le petit monastère, qu'une famille habite et entretient. Charmante chapelle (aux fresques noircies par les ans) ; demandez (avec les mains) à la petite dame qu'elle vous montre la fresque de saint Christophe avec une tête de chien. Derrière l'église, le caveau des reliques dégage une étrange atmosphère. Sinon, le cadre est splendide, et d'un calme !

La plage de Lygariès (Λυγαριες) **:** *continuer après le monastère de Kounistra sur 6 km env ; la piste est bonne.* Route en surplomb de criques magnifiques, au milieu des pins, dans un paysage vallonné. Tourner à gauche vers *Lygariès Beach.* On débouche après un tunnel de verdure et d'oliviers sur une plage tranquille avec son tronc de pin mort qui pointe vers le ciel. Snack-bar en retrait.

Kechria (Κεχρια) **:** *en continuant la piste vers l'est, on arrive à la toute petite plage de Kechria (parking en hauteur).* Sauvage mais exposée aux vents, donc pas toujours très propre. Pelouse, douche, et une petite taverne, *Small Paradise,* joliment arrangée.

➢ **Balade en bateau :** des *taxi-boats* partent vers les îles ou les plages tous les jours du vieux port dès qu'il commence à faire beau et jusqu'à la fin de la saison touristique. Sinon, on peut louer un bateau sans permis pour la journée. Au port de Skiathos, se rendre au loueur *Aivaliotis* (☎ 24-27-02-12-46) situé à côté de l'*Alpha Bank.*

LES SPORADES

L'EST DE L'ÎLE

Beaucoup moins de routes goudronnées, paysage plus accidenté. Mais attention, ça ne veut pas dire que vous ne rencontrerez aucun véhicule...

Le monastère d'Évangélistria (Μονη Ευαγγελιστριας) **:** *desservi par le bus 6 fois/j. lun-ven (1 seul bus le w-e). 7h-21h.* Allez-y sur les coups de 9h, au moment de l'office, vous baignerez alors dans une ambiance un peu irréelle car le monastère, aujourd'hui doté de haut-parleurs, est entièrement parcouru par la mélopée du moine en charge de psalmodier. C'est d'ailleurs le seul monastère de l'île encore habité par des moines. Construit en 1806, il a longtemps servi de refuge aux Grecs qui fuyaient la présence turque. Lieu hautement symbolique : c'est ici qu'on a confectionné et hissé (en 1807) le premier drapeau grec à croix blanche sur fond bleu. L'église, au centre du monastère, est de style byzantin. Très beaux dômes en brique rose et toit d'ardoises. La plus grande aile abrite un petit *Musée ethnographique* *(mai-oct, tlj 10h-18h30, jusqu'à 20h en juil-août ; entrée : 2 €).* Sur trois larges étages, différentes thématiques très bien mises en valeur : nécessairement, une flopée d'icônes et reliques sacrées, des objets traditionnels populaires, une section documentaire foisonnante sur les guerres balkaniques (cartes postales, pages de journaux, affiches de propagande), et une improbable et non moins riche collection d'instruments de musique... du monde entier (prêt d'une habitante de l'île, grande voyageuse) ! Juste au-dessus du monastère, petit snack avec de quoi se sustenter.

Kastro (Καστρο) **:** ancien village fortifié sur un promontoire, construit au XIVe s dans le but de protéger les habitants de l'île des razzias des pirates barbares. Le site en lui-même est superbe. Les quelques églises qui s'y accrochent pour ne pas tomber dans la mer méritent à coup sûr une petite visite. D'abord, il faut s'en approcher au plus près. En scooter, ça secoue un peu les avant-bras. On continue à pied par un petit sentier qui taille la garrigue en direction du promontoire proprement dit. Sur place, on devine une ancienne mosquée. La première église en arrivant est celle de la Nativité ; on remarquera les assiettes enkystées à l'arrière. Sur le petit parvis, une petite source d'eau potable. Ça paraît magique ! Un peu plus haut, l'église de Saint-Nicolas recèle de belles icônes, et plus loin Santa Marina. Autant dire qu'il règne sur ce rocher une ambiance particulière, entre ciel et mer...

Taverne Platanos : *sur la route, un peu avt la bifurcation pour Kastro. 69-32-41-35-39. De Pâques à mi-oct, midi et soir. Compter 15 €.* Belle terrasse d'où le panorama embrasse tout Skiathos. Bons plats grecs, barbecue le soir. Accueil charmant, la cuisinière est aux petits soins avec ses clients. Bien aussi pour une bière pression ou un thé en cours de journée.

Lalaria *(Λαλαρια)* **:** plage pavée de galets avec un rocher percé (on se croirait à Étretat), elle n'est accessible qu'en bateau. Nombreux départs de caïques le matin de Skiathos (horaires irréguliers). Il n'y a pas de tavernes.

SKOPÉLOS (ΣΚΟΠΕΛΟΣ) (370 03) 4 960 hab.

Cette île de 101 km² possède au moins autant d'églises et de chapelles que l'année compte de jours. Il semble qu'elle ait été occupée par les Crétois, à l'apogée de la culture minoenne (1600 av. J.-C.). Skopélos est la plus fertile des Sporades : vignes, oliviers, amandiers, fruitiers et cultures maraîchères. Montagneuse, elle est aussi couverte de pinèdes et produit un miel réputé dans toute la Grèce. Ses plages sont mignonnettes, surtout sur la côte ouest, mais celles de sable étant rares, il faudra se contenter de petits galets. Le nord est plus sauvage, ce qui fait de Skopélos une île touristique, certes, mais beaucoup moins branchée que Skiathos, d'ailleurs la moyenne d'âge s'en ressent. On vient ici pour profiter de la nature, faire de la rando, visiter des monastères ou buller sur la plage...

TROMPERIE SUR LA MARCHANDISE !

Depuis le tournage puis la sortie de Mamma Mia ! *en 2008, une comédie musicale basée sur les chansons du groupe Abba, où Meryl Streep tient le haut de l'affiche, Skopélos connaît un regain d'activité touristique. Ce que l'on ne dit pas, en revanche, c'est que l'une des premières scènes du film, censée évoquer l'arrivée sur l'île, a été tournée à Damouchari, dans le Pélion !*

Arriver – Quitter

En bateau

Voir plus haut « Les Sporades. Arriver – Quitter ».

➢ Certains bateaux desservent ***Loutraki,*** le port de Glossa (nord-ouest de l'île), et ***Skopélos-Chora,*** la capitale de l'île, au sud-est ; d'autres ne font qu'un arrêt. Compter 35 mn de ferry de Skiathos à Glossa et une bonne heure de Glossa à Skopélos-Chora. 2 fois plus court en *catamaran rapide.* En voiture, mieux vaut descendre à Loutraki, c'est moins cher. Sinon, un bus calé sur les

L'ÎLE DE SKOPÉLOS

arrivées assure la navette entre Loutraki et Skopélos-Chora. De fin juin à début sept, une liaison avec Skyros 3 fois/sem (voir plus loin le chapitre « Skyros. Arriver – Quitter »).

CHORA (ΧΩΡΑ) ou SKOPÉLOS

Un fouillis de maisons aux toits de brique rouge dégringolant d'une colline, voilà Skopélos ! On dit qu'au XVIe s, alors que la piraterie sévissait dans toute la région, Barberousse aurait exterminé presque tous ses habitants et que ça serait la raison qui aurait poussé les survivants à bâtir autant d'églises. Car c'est bien simple, à Skopélos, il y en a de cachées partout ! La plus photogénique, *panagia Ston Pirgho,* surplombe le port, au-dessus de la jetée. On y accède par un escalier. Une fois tout en haut, continuer jusqu'au *kastro* et redescendre ensuite sur le port à travers le labyrinthe de ruelles étroites. C'est un réel plaisir de s'y perdre, de passer et repasser devant les vieilles femmes faisant la causette, tout en respirant l'odeur du jasmin.
Pour les gourmands, des spécialités comme les *rozédès* (gâteaux aux amandes et aux noix), les *hamalia* (également aux amandes, avec en plus des prunes ou de l'orange) et les yaourts aux prunes.
– ***Festival musical :*** *fin août, pdt 1 sem.*

LES SPORADES

Adresses utiles

■ ***Association des propriétaires de chambres à louer :*** *en face du débarcadère. ☎ et fax : 24-24-02-45-67. En saison 9h30-14h30.* Brochures avec les coordonnées des adhérents.

✉ ***Poste :*** *pl. Tria Platania. Lun-ven 7h30-13h30.*

■ ***Banques ou distributeurs automatiques de billets :*** *sur le port, côté station de bus ou côté jetée.*

■ ***Police :*** *dans le centre, derrière la* National Bank, *dans une rue intérieure parallèle à la mer. ☎ 24-24-02-22-35.*

■ ***Capitainerie du port :*** *☎ 24-24-02-21-80.*

■ ***Agences de bateaux :*** ***Hellenic Seaways,*** *face au débarcadère. ☎ 24-24-02-30-60.* ***Lemonis Agency,*** *en allant vers le bout du port, sous l'église. ☎ 24-24-02-23-63.* En cas de vent fort, penser à contacter l'agence au moins 40 mn avant le départ pour se faire confirmer le port d'embarquement (par mauvaise mer, les bateaux partent de Loutraki, plus abrité).

■ ***Madro Travel :*** *au bout du port, côté jetée. ☎ 24-24-02-21-45. • madrotravel.com •* Agence compétente. Bon intermédiaire pour louer un véhicule.

■ ***Thalpos Holidays :*** *au commencement des marches qui conduisent à l'église qui surplombe le port. ☎ 24-24-02-29-47. • holidayislands.com •* Une agence sérieuse qui propose des locations de villas et des randos commentées.

🚕 ***Station de taxis :*** *à côté de la station de bus. ☎ 24-24-02-25-66. Courses chères (env 30 € pour Glossa).*

■ ***Presse internationale – librairie :*** *derrière le débarcadère, à gauche de la place triangulaire Tria Platania.*

■ ***Dispensaire (Kendro Hygias) :*** *sur la route périphérique, à droite. ☎ 24-24-02-22-22 et 24-24-02-25-92.*

@ ***Café Internet Blue Sea :*** *tt au bout de la jetée. 8h30-1h ou 2h.*

LES SPORADES

Où dormir ?

De bon marché à prix moyens

🏠 ***Chambres chez Angela Katsiampouka :*** *remonter la rue qui part à droite de la* Pension Kir Sotos, *passer l'église, faire 40 m puis à gauche, la maison est 20 m après sur la droite. ☎ 24-24-02-33-58. 📱 69-45-24-27-12. Doubles 25-30 € suivant saison. Pas de petit déj. CB refusées.* 📶 Vicky, la fille, et Angela, sa mère, proposent 4 chambres (3 à l'étage et une en bas). Toutes très propres, avec salle de bains commune. Intérieur en bois blanc, parquet véritable, clim, TV, frigo et bonne literie. 2 d'entre elles possèdent même un coin cuisine ainsi qu'une (petite) vue. Une adresse très centrale et bon marché.

🏠 ***Alexandros*** (chez Agni Al. Kafantari) *: sur la route périphérique (face au seul terrain non construit, à 50 m avant l'hôtel Elli). ☎ 24-24-02-26-74. • alexandroskafant@gmail.com • Doubles avec sdb 25-45 € suivant confort et saison.* 📶 Belle maison fleurie proposant 4 chambres bien tenues, dont 3 possèdent un coin cuisine. Préférer celles sur l'arrière, plus fraîches, et aussi plus loin de la route. Maria, la fille d'Agni, parle un peu le français.

De prix moyens à plus chic

🏠 ***Pension Kir Sotos :*** *sur le port, maison en pierre et en bois avt l'angle de la jetée, au-dessus du bar* En Plo. *☎ 24-24-02-25-49. • skopelos.net/sotos • Tte l'année (mais sur résa slt nov-fév). Chambres 2-4 pers 25-45 €, café ou thé compris (à prendre dans la cuisine commune). CB refusées.* 💻 📶 Vraie ambiance routard. On a craqué sur l'intérieur boisé, type chalet montagnard. Une douzaine de chambres toutes différentes avec une déco basique mais très propres. Cuisine commune bien équipée, frigo. 2 terrasses, l'une au calme et l'autre donnant sur le port. Hautement recommandable.

Thea Home Hotel : *route périphérique, assez haut au-dessus de Chora, sur la droite. ☎ 24-24-02-28-59. • theahomehotel.com • De mi-mai à fin sept. Selon saison et emplacement, doubles 45-70 €, excellent petit déj inclus.* Très bien situé, belle vue sur le port de Chora depuis la grande terrasse. Une vingtaine de chambres très agréables, meublées chez le géant suédois mais auxquelles Giorgos, le proprio, peintre à ses heures, a apporté sa petite touche personnelle. Clim, frigo, coin cuisine pour les plus récentes, beaux espaces communs. Piscine. Une belle adresse.

Meltemi Studios : *tt au bout de la route périphérique, prendre à droite, un peu avt le parking du kastro. ☎ 24-24-02-34-40. • skopelosweb.gr/meltemi • Juin-sept. Selon période, compter 45-60 € pour 2.* Dans un immeuble en béton surplombant la mer, 5 studios aménagés au-dessus d'un atelier de menuiserie métallique. Accueil un peu bourru.

Plus chic

Hotel Elli : *sur le bd périphérique. ☎ 24-24-02-29-43. • elliskopelos.com • À pied, en coupant par l'intérieur, compter 10 mn. Juin-sept. Selon saison, doubles 35-65 €, triples 40-70 € ; petit déj compris.* Un hôtel style hacienda avec force boiseries et colombages, devant lequel s'élance un magnifique araucaria. À l'intérieur, deux douzaines de chambres tout confort avec quelques effets de déco pour rehausser les murs blancs. Literie ferme, petit déj-buffet bien fourni. Une adresse un peu près de la route mais d'un bon rapport qualité-prix.

Hotel Agnanti : *bâtisse en pierre dans le style du Pélion, tt près de la plage, sur la route qui mène aux monastères de l'Est. ☎ 24-24-02-27-22. Hors saison : ☎ 24-21-04-06-43. • skopelos.net/agnanti • Juin-sept. Chambres tt confort env 40-65 €, petit déj compris. CB refusées.* Hôtel familial resté dans son jus depuis la dictature des colonels. Préférer les chambres situées à l'étage. Il règne sur un environnement calme, même si l'énorme hôtel *Aeolos* derrière l'écrase un peu. Jolie vue sur la baie. Accueil vaporeux, un peu triste.

Encore plus chic

Dionyssos Hotel : *au centre du village ; de la pl. Tria Platania, prendre la rue de la poste, puis à droite. ☎ 24-24-02-32-10. • dionyssoshotel.com • Mai-oct. Selon confort et saison, doubles 50-110 €, petit déj compris. Parking. (réception et piscine slt).* Un hôtel de grand standing (chambres spacieuses, avec AC et TV satellite) et néanmoins sympa, peut-être parce d'un style assez simple, presque rustique. Grande piscine. Bon petit déj. Accueil moyen.

Où manger ?

De bon marché à prix moyens

Pour manger sur le pouce, on peut toujours essayer l'excellente boulangerie-pâtisserie, ***Kyra Léni,*** à gauche de la place Tria Platania (laquelle est autant incontournable que franchement déconseillée pour manger), avec un grand choix de tartes et gâteaux, sucrés et salés. Pour des grillades ou des plats simples, les plus honnêtes *psistariès* sont à trouver du côté de la plage, peu après le bateau à sec du bar *Karavi* : ***Akrotiri*** et son voisin ***Ilias*** ont quelques tables sur la digue, et des broches qui tournent bien. Environ 10-12 € le repas. *Souvlakia* à emporter chez le second.

Restaurant I Anatoli : *tt en haut, dans les ruines du kastro. ☎ 24-24-02-28-51. Env 15 € le repas.* C'est l'Everest de Skopélos, mais franchement, une fois arrivé, vous ne le regretterez pas ! Une clientèle d'habitués dispute aux chats du quartier une bonne nourriture du cru (poisson, brochettes, poulet aux épices). Ambiance décontractée des situations d'altitude. Musique grecque en live tous les soirs sur les coups de 22h30. Pour ceux qui veulent chanter, le menu dispose même des paroles des chansons...

Restaurant Klimataria : *sur le port, après la mairie. ☎ 24-24-02-22-73. Env 12-14 € le repas.* Cuisine un peu plus imaginative que son voisin *O Molos* : feuilles de vigne à la béchamel, poulpe au vin rouge. Un bon signe, les locaux y viennent, contrairement à son voisin. Bon accueil.

Taverne Ta Kymata : *à l'extrémité du port, côté jetée. ☎ 24-24-02-23-81. Tlj midi et soir. Fermé nov-janv. Repas 15-18 €.* Taverne un peu à l'écart mais néanmoins très fréquentée. Efficace, le service est aux petits soins pour vous satisfaire. Goûtez le fameux *exochiko,* sorte de feuilleté au porc avec de la feta et des légumes, un régal !

Taverne O Molos : *sur le port, après la mairie. ☎ 24-24-02-25-51. Avr-oct. Env 12-15 € le repas.* Une clientèle de Nordiques apprécie particulièrement l'excellente moussaka servie dans sa cassolette, mais également ses calamars frais et poisson pour pas très cher. Spécialités de coq au vin et de lapin *stifado.* Joueur de *bouzouki* certains soirs.

LES SPORADES

Plus chic

To Périvoli : *de la pl. Tria Platania, continuer quelques mètres la rue qui s'éloigne en droite ligne de la mer. ☎ 24-24-02-37-58. Juin-sept, slt le soir à partir de 19h30. Prévoir min 25 € sans les vins. CB refusées.* Adresse discrète, cachée derrière des murs blancs : belle terrasse dans un jardin fleuri, sous la treille, avec des tables suffisamment espacées pour se sentir à l'aise. L'été, on mange en bordure du potager. La cuisine grecque dans ses classiques, revisités avec une touche de contemporain comme ces lasagnes végétariennes aux aubergines. Adresse gentiment chic où le vin n'est pas donné.

Restaurant Tis Annas : *en hauteur ; depuis le port, prendre la rue qui monte au niveau de la pâtisserie Ambrosia, c'est ensuite fléché. ☎ 24-24-02-47-34. Mai-sept, slt le soir à partir de 19h. Résa conseillée. Compter 25 € le repas sans les vins.* Sans être « internationale », cuisine moderne qui ose plus de mariages de saveurs que les tavernes classiques (paella égéenne aux fèves, agneau servi avec des artichauts et une sauce citron, *keftédakia* au chou...). Bon vin bio. Jolie cour sous un grand palmier. Clientèle essentiellement non grecque, qui s'y presse le mercredi pour écouter du *bouzouki*...

Où boire un verre ?

Ne pas manquer le ***Dimotiko Kafénio,*** le bistrot municipal. On le repère aisément sur le port car il sert de lieu d'expo photo. Une clientèle grecque masculine et âgée y boit l'*elliniko* à grand renfort de palabres. Les prix y sont beaucoup moins élevés qu'ailleurs !

Thalassa : *en montant vers le kastro à partir de l'extrémité du port, côté jetée ; c'est 4 chapelles après le début de l'ascension. Ouv du petit déj au soir.* Le café est minuscule mais la vue est grandiose. Fanny, qui gère ce bout de terrasse, est peintre et apprécie les Français, à tel point qu'Aphrodite, sa fille, s'exprime aujourd'hui parfaitement dans la langue de Molière.

I Anatoli : *tt en haut, dans les ruines du kastro. ☎ 24-24-02-28-51. Slt le soir.* C'est un *ouzadiko,* on n'y boit pas de café mais principalement de l'ouzo accompagné de *mezze.* Très joli cadre. Ambiance musicale tous les soirs en saison (du bon *rébétiko,* joué et chanté par Yorgos Xyntaris).

Jazz-bar Platanos : *sur le port, en direction de la jetée. ☎ 24-24-02-36-61. Tte l'année.* Un peu plus branché que les précédents. Terrasse ombragée par un gigantesque platane où l'on peut écouter jazz et blues en se dessinant des moustaches avec la mousse d'une bonne bière. Fait aussi les petits déj.

Vrahos : *surplombe le port (accès par les escaliers à côté de la mairie).* Adossé à une chapelle, très tranquille car à l'écart du passage. Grande terrasse avec vue XXL sur le port et la baie. Cocktails assez chers.

Michalis : *du port, remonter la rue qui part à droite de la pâtisserie* Ambrosia *sur env 80 m, puis à droite, c'est tt droit. Mars-oct, tlj 8h-15h30, 17h30-1h.* Un salon de thé d'époque géré avec amour par Angela. On boit du thé en dégustant de bonnes pâtisseries maison. Tant que vous y êtes, descendez voir la petite église Saint-Michel, construite avec des éléments d'époques différentes.

À voir

Le musée d'Art et Traditions populaires (The Old Skopelitan Mansion) **:** *dans le centre du village, prendre la rue qui monte à droite de la pâtisserie* Ambrosia, *c'est à 20 m sur la droite. ☎ 24-24-02-34-94. En principe, juin-sept, tlj sf dim 10h-14h, 19h-22h ; le reste de l'année, lun-ven 10h-14h, sam 11h-14h. Entrée : 3 €.* Historique et coutumes de l'île. Au 1er étage, costumes traditionnels et icônes ; au 2e, outils, poteries et maquettes de bateaux.

Visite de l'île

Station de bus : *à gauche du débarcadère, à env 50 m. Pas de bâtiments, les horaires sont affichés sur un panneau.*

➢ Une route unique, longue de 30 km, relie Chora à Loutraki (environ 1h de trajet). Toutes les plages le long de la côte sont desservies. Attention au retour, le bus se fait souvent attendre ! En été, une petite dizaine de bus quotidiens pour Staphylos/Agnondas (dernier retour à 19h15), autant pour Panormos et Milia (dernier retour à 19h), et une bonne demi-douzaine pour Élios, Loutraki et Glossa (dernier retour à 17h30, calé sur l'arrivée du bateau). Attention de ne pas rater le dernier bus, les tarifs des taxis augmentent subitement à partir d'une certaine heure ! Des agences organisent aussi des transports en bus vers les principales plages.

➢ Location possible de ***scooters*** ; c'est la formule la plus sympa pour découvrir l'île, mais mieux vaut bien maîtriser la conduite des deux-roues avant de se lancer dans l'aventure, et surtout mettre son casque ! Nombreuses agences de location à Chora, dans le secteur de l'hôtel *Éléni*. L'agence *Magic Cars (☎ 24-24-02-32-50 ; • skopelos.cc/magiccars •)* loue des machines en bon état et assure un service sérieux. Scooter autour de 14-20 € la journée suivant la saison.

La plage de Glistéri (Γλυστερι) **:** *à 6 km au nord de Skopélos-ville. Accès par une route étroite qui conduit à la plage, ou en taxi-boat depuis le port de Skopélos.* Crique presque fermée mais exposée au vent du nord. Douche. Étonnante ***taverne*** avec un petit musée *(📱 69-44-35-47-05 ; mai-sept, midi et soir ; repas 12-15 €).* Ce resto fut jusque dans les années 1960 un chantier de construction navale. Pas peu fière la Maria d'avoir reçu De Niro (remarquez son air un peu fatigué sur la photo) et Travolta à l'occasion du tournage de *Mamma Mia !* Elle a même hérité d'une partie du décor. Côté papilles, c'est maman qui œuvre en cuisine. Essayez l'assiette du pêcheur *(piato tou psara)* et le *rofos stifado* (mérou) ou, plus étrange, la chèvre cuite à l'eau de mer. Papa était collectionneur. Dans son musée, objets, ustensiles, vêtements, etc., ayant appartenu aux ancêtres de la famille (*To Palaio Karnagio* : le vieux chantier naval), et une série de cloches parfaitement accordées, alors faites de la musique !

Du bout de la rue périphérique, s'engager sur la petite route qui mène jusqu'à ***Agios Konstantinos*** et ***Glyfonéri.*** Plage moyenne, mais c'est la plus proche de Skopélos-ville si l'on ne veut pas baigner dans le jus de bateau.

Staphylos (Σταφυλος) **:** *à 5 km au sud du bourg de Skopélos, dans la partie sud-est de l'île.* Plage de quasi-sable assez fréquentée, mais le site est superbe : magnifique crique dominée par les pins et les rochers. Plutôt que de descendre au milieu des transats, on peut aller se baigner par les rochers sur la droite. Au bout de la plage, accès rapide à celle de *Vélanio,* plus ventée mais tout aussi belle et plus sauvage (clientèle naturiste).

Mando Beachfront : *un peu avt le parking de la plage de Staphylos, sur la droite. ☎ 24-24-02-39-17. 69-36-13-13-16 (Jason). ● mando-skopelos.gr ● Avr-oct. Réserver bien à l'avance. Doubles standard 45-100 €, superior 60-125 €. 10 % de réduc sur présentation de ce guide.* Une bonne quinzaine de belles chambres (pour 2, 3 ou 4 personnes) dans 2 grandes villas dominant la baie de Staphylos et entourées d'un grand jardin. Très propre. Vue magnifique. Barbecue et petite cuisine extérieure très pratique pour les hôtes. Accès privé à la mer.

Panorama Studios : *dans un virage à droite, prendre la 1re route bétonnée à gauche avt d'arriver au grand parking du resto* Staphylos. *69-70-20-39-20 (Tassia). Juin-sept. Studios 30-40 €. CB refusées. Parking.* De beaux petits studios bien frais disposant d'une vraie cuisine. Certains avec poutres apparentes, tous disposant d'une vue superbe. L'été, on prend son petit déj sous le grand catalpa.

➢ En continuant par la route principale après Staphylos, ne pas manquer la première piste sur la gauche : panorama de carte postale au-dessus d'une crique aux eaux turquoise.

Agnondas (Αγνωντας) **:** charmant petit port de pêche, à 8 km au sud de Chora, dans une jolie crique. Sert parfois de port de substitution quand ça souffle trop fort sur l'est de l'île. Petite plage de galets gris. Trois tavernes très agréables dont :

O Pavlos : *☎ 24-24-02-24-09. Pâques-oct, midi et soir.* Une bonne taverne de poisson pratiquement les pieds dans l'eau. La langouste est au tarif syndical *(60 €/kg),* mais l'on trouve également des plats traditionnels (excellente moussaka). Emplacement privilégié, mais un peu bondé. Location de studios.

Limnonari (Λιμνοναρι) **:** dans un cul-de-sac, jolie plage de sable beaucoup plus grande qu'Agnondas et bien plus calme. Superbe cadre.

Limnonari Rooms : *☎ 24-24-02-30-46. ● skopelos.net/limnonarirooms ● Tte l'année. Env 25-55 € selon saison. Pas de petit déj. CB refusées.* Au fond d'un petit talweg planté d'agrumes, bien au calme. Un petit bâtiment avec une dizaine de chambres classiques mais joliment peintes. Cuisine commune nickel et petites tables dans l'abondant jardin fruitier. Kostas Lemonis parle le français et fait aussi resto.

Taverna O Thomas : *derrière la plage. ☎ 24-24-02-24-75. Juin-oct, midi et soir.* Taverne de poisson proposant, comme de juste, poulpes, calamars, moules *saganaki* et poisson à prix raisonnable *(30-40 €/kg).* Les mangeurs de viande ne sont pas oubliés pour autant (grillades). Terrasse bien ombragée.

Panormos (Πανορμος) **:** *à l'ouest de Chora.* Une des plages les plus développées touristiquement. Baie très cinémascope. Si vous prenez le petit sentier tout à droite de la plage quand on regarde la mer, vous découvrirez de nombreuses minuscules criques plus agréables, très jolies et moins fréquentées. Continuez encore un peu par la route pour découvrir les petites *criques d'Adrines,* face à l'îlot Dassia.

Katerina Rooms : *en venant du sud, prendre la route qui part à droite au début de la baie (c'est fléché). ☎ 24-24-02-23-43. 69-46-72-61-64 (Katerina). ● skopelosweb.gr/rooms/katerina ● Juin-sept. Selon période, doubles 25-40 €, studio 30-60 €, appart 50-70 €. Pas de petit déj. Parking.* Dans un beau jardin planté d'essences méditerranéennes, une maison isolée qui fleure bon le farniente au chant des cigales. 4 doubles, un vrai studio et un appart de 2 chambres, ce sont les armes de Katerina pour accueillir ses hôtes. Tout est parfaitement tenu. Clim, frigo, déco à la fois fraîche et colorée et parquet bois. Barbecue, petits coins pour bouquiner. Ici, pas de télé précise Katerina en vous accueillant avec le sourire. La plage est à 10 mn à pied. Un coup de cœur.

Hotel Afrodite : *à droite dans le village, en retrait du passage.* ☎ *24-24-02-31-50.* • *afroditehotel.gr* • *De mi-mai à début oct. Doubles 30-70 € selon saison, avec petit déj. Parking.* Grand hôtel avec un long couloir desservant une quarantaine de chambres tout confort mais un peu tristes. Belle piscine.

Linarakia : ☎ *24-24-02-28-68. Mai-oct, midi et soir. Repas env 12-15 €. CB refusées.* Taverne sur les galets tout au bout de la plage de Panormos. Spécialité de spaghettis aux langoustines. Cadre splendide, mais assez touristique. Transats à louer pour bronzer.

Milia (*Μηλια*) : *à 3 km de Panormos.* Étale son sable, ses galets et ses transats dans un décor de poster. Située 1 km plus au nord, la plage de ***Kastani*** accueille désormais un bar de plage version Ibiza avec musique abreuvant la plage, pelouse et sofas pour se vautrer.

Un peu avant Glossa, s'arrêter au village de **Palio Klima** (*Παλιο Κλημα*), à 24 km de Chora, qui a frôlé l'abandon après le séisme de 1965. Beaucoup de maisons rachetées par des étrangers. Fête populaire le 1er juillet. Entre ce village et le nouveau village de Klima, plage de galets assez discrète de ***Kalyvès-Arménopétra*** (1 km de piste pour y accéder).

Studios Nemesis : *env 300 m avt Néo Klima, sur la droite en venant de Glossa.* ☎ *24-24-03-39-32.* • *skopelosweb.gr/rooms/nemesis* • *Pâques-sept. Studios 45-70 € pour 2.* Isolée au beau milieu d'une oliveraie face à la mer, cette belle maison possède une demi-douzaine de studios. Clim, TV, frigo, vraie cuisinette, chapelle à disposition pour ceux qui veulent prier, accès direct à la mer pour les autres, rien ne manque. Accueil discret d'un ancien de la marine marchande.

Au sud d'Élios (aussi appelé *Néo Klima*), superbe plage de ***Chovolo*** (*Χοβολο*), une des « cartes postales » de l'île. Accessible seulement à pied, en longeant la blanche falaise qui est pour beaucoup dans le charme du lieu. Sable et eaux limpides, et pas trop de monde.

Agios Ioannis (*Αγιος Ιωαννης*) : *embranchement sur la droite au niveau de la station Shell avt d'arriver à Glossa (c'est fléché) ; route très sinueuse.* C'est une petite chapelle perchée en haut d'un rocher posé dans la mer, celle qui figure sur de nombreuses cartes postales de Skopélos. On raconte que l'icône du saint de l'église de Loutraki n'arrêtait pas de s'enfuir, alors comme on l'a retrouvée là, juste au-dessus de la mer, on a construit une petite chapelle exprès pour elle. À côté, petite plage dissimulée derrière des rochers.

Par la route suivante, toujours sur la droite avant Glossa, on accède aux superbes criques du nord de l'île, à commencer par celle de ***Périvoli.*** Petits galets, eau très claire, et rapidement de l'ombre... parfaite pour la sieste, avant que le monde (relatif) n'arrive. Petit snack au-dessus. La route se prolonge en piste (correcte) vers la plage de ***Chontroghiorghos,*** qui est du même style, et remonte vers Glossa.

Glossa (*Γλωσσα*) : *à 30 km de Skopélos.* Superbe village de style ottoman avec de nombreuses maisons qui ont gardé leurs balcons en bois. Il se visite à pied au hasard de ses ruelles étroites et à force de mollets. Ici, la rue principale égrène des petites boutiques de souvenirs bien proprettes et colorées, avec une production qui surfe sur la limite ténue entre l'art et le loisir créatif. Grande fête populaire le 15 août. Le port de Loutraki, où s'arrêtent la plupart des ferries et des catamarans rapides, est 4 km plus bas (tavernes agréables sur le port). Parmi elles, épinglons la *Taverna Flisvos,* à 50 m de l'église sur la partie gauche du port en débarquant ; bon poisson et rosé maison très surprenant.

Pension Platana *(chez Eleni Spyrou)* : *à gauche un peu avt l'entrée du village de Glossa.* ☎ *24-24-03-31-88.* *69-73-64-67-02 (Eleni). Tte l'année. Doubles avec cuisinette 25-45 €. CB refusées.* 7 studios assez bon marché avec AC, ventilo et balcon donnant sur un grand jardin. Calme. Un bon plan.

Kyra Léni : *juste à l'entrée du village de Glossa, sur la droite.* ☎ *24-24-03-36-88. Tlj 5h-22h (jusqu'à 16h slt hors saison).* Même boutique qu'à Chora, mais plus de choix encore (crèmes, *glykès* et bon pain).

Restaurant Agnandi : *dans la rue principale de Glossa.* ☎ *24-24-03-30-76. De mi-mai à mi-oct, tlj midi et soir. Résa conseillée en été. Env 25-30 € le repas.* Un resto chicos tenu par la même famille depuis 1953. Le patron, Nikos Stamatakis, 4e du nom, est adorable. Grand choix de vins (un peu chers), nourriture maison originale et excellente (beaucoup de produits de la mer, plats préparés également). Belle terrasse à l'étage (le soir seulement).

LES MONASTÈRES

De Chora (Skopélos) vous pouvez partir à la découverte des monastères de l'île, soit en scooter, soit à pied (en prenant soin d'emporter avec vous un paréo pour cacher vos épaules et vos genoux le cas échéant). Après rénovation, la plupart de ceux situés à l'est de Chora ont rouvert leurs portes ces dernières années. C'est le cas notamment d'***Évangélismou*** ou ***Évangélistria*** ; c'est celui qu'on voit de Skopélos, avec les murs comme des remparts *(en principe 9h-13h, 15h-17h).* ***Sotirou,*** un peu plus haut en reprenant la piste principale *(8h-13h, 17h30-20h),* recèle une belle iconostase. Plus haut encore, le monastère fortifié d'***Agia Varvara*** (en gros, mêmes heures de visite que ci-dessus) cache, dans la pénombre de son église, une superbe iconostase faite à Constantinople et datant de 1500. Vient ensuite ***Timiou Prodomou*** *(visites 8h-13h, 17h-20h ; tenue correcte exigée mais paréo à dispo)* ; là aussi, iconostase du même acabit qu'à Agia Varvara (1612). Deux nonnes très âgées y vivent encore. Si vous êtes gentil, celle qui tient la caisse vous donnera un loukoum, mais si vous avez l'estomac fragile, surtout ne les faites pas chanter ensemble, vous risqueriez un ulcère (cas courant de l'ulcère au duo des nonnes !). Il y a encore des monastères au-delà de Prodomou, sur l'autre versant. À 3 km environ, prendre à gauche un sentier très visible ; au terme de 10 mn de descente, un embranchement : à droite, le sentier mène en 20 mn au ***monastère*** abandonné ***des Taxiarques*** (fontaine) ; à gauche, on atteint en 15 mn l'***église Agia Anna.***

ALONISSOS (ΑΛΟΝΝΗΣΟΣ) (370 05) 2 750 hab.

Montagneuse et boisée, avec seulement quelques champs d'oliviers et d'amandiers, peu urbanisée – pour ne pas dire carrément déserte dans sa partie nord –, cette île a tout d'un paradis pour marcheurs. Elle satisfera aussi les fondus de pêche sous-marine, puisque désormais, des centres PADI ont vu le jour. Premier parc naturel de Grèce depuis 1992, et plus grand parc marin d'Europe avec 2 260 km², Alonissos joue à fond la carte de l'écotourisme. Ici vit une colonie de *Monachus monachus* ; pour une fois ce ne sont pas des moines, mais des phoques ! Du coup, on a construit un petit centre pour les surveiller, eux et leurs amis les oiseaux : goélands d'Audouin, faucons d'Éléonore, aigles de Bonelli...

Côté fréquentation, Alonissos, située en bout de ligne maritime, bénéficie d'une relative tranquillité par rapport à ses voisines. Cependant, si les sujets de Sa Majesté la reine d'Angleterre y ont leurs habitudes en avant-saison, en été, en revanche, on ne compte plus les Français et les Italiens ! Alonissos vit donc du tourisme aux beaux jours ; le reste de l'année, les fonds marins sont encore suffisamment poissonneux pour faire travailler près de 80 pêcheurs.

Arriver – Quitter

➢ Presque tous les bateaux au départ de ***Volos*** et d'***Agios Konstandinos*** desservent Alonissos (voir plus haut « Les îles Sporades. Arriver – Quitter »).

Circuler dans l'île

Bus : *sur le port de Patitiri, près du débarcadère des bateaux rapides.*
➢ 2 lignes : *Patitiri-Chora* (le vieux village), avec une dizaine de bus/j. 9h-23h (dernier retour à 23h15) ; et *Patitiri-Sténi Vala,* 3 fois/j. (1 le mat, 1 en début d'ap-m et 1 en fin d'ap-m).

PATITIRI *(ΠΑΤΗΤΗΡΙ)*

Lové au fond d'une baie aux eaux cristallines, Patitiri est le port principal de l'île, mais également sa capitale depuis qu'un tremblement de terre a détruit l'ancien village en 1965. Construit à la va-vite, il n'offre que très peu d'intérêt. Il est facile de s'y repérer : deux rues partent du port, l'odos Pélasgon à gauche quand on tourne le dos à la mer, et l'Ikion Dolopon, la rue commerçante de la ville. Si vous avez le sommeil léger, évitez de résider en bas, car l'été, l'animation dure tard dans la nuit. Préférer les hébergements qui surplombent le port. Vous pouvez également loger à *Roussoum* (quartier à 10 mn à pied, vers l'est) ou à *Votsi* (un peu plus loin), deux petites criques fermées et beaucoup plus peinardes. Notre préférence va à Votsi, avec son bout de plage sous les falaises. Pour prendre le frais, le soir, on peut grimper jusqu'au vieux village *(Palia Alonissos)* également appelé *Chora.* Il est situé à 4 km de Patitiri, vers l'ouest (à pied, remonter l'odos Pélasgon, et prendre le sentier à gauche, après le restaurant *Astakos* ; c'est éclairé la nuit). Un service de bus permet également de s'y rendre pour aller dîner.

Adresses et infos utiles

Informations touristiques : • *alonissos.gr* • Renseignements disponibles dans chacune des 4 agences situées sur le port :
– **Albedo Travel :** ☎ *24-24-06-58-04.* • *albedotravel.com* •
– ***Ikos Travel :*** ☎ *24-24-06-53-20.* • *ikostravel.com.gr* •
– ***Alonnisos Travel :*** ☎ *24-24-06-60-00.* • *alonnisostravel.gr* •
– **Alkyon (Vlaikos) :** *la dernière, située le plus à droite sur le port quand on est dos à la mer (c'est l'agent de Hellenic Seaways).* ☎ *24-24-06-52-20 et 24-24-06-54-50.* • *alkyon-travel.gr* • *Attention, CB refusées.*

Ces agences louent également des chambres et organisent des excursions à la journée en bateau sur les îles du parc marin. Certaines, comme *Albedo Travel,* sont désormais agréées PADI et organisent des stages d'initiation ou de perfectionnement à la plongée sous-marine.

■ **Urgences :** *dentiste,* 📱 *69-74-47-27-87 ; cardiologue,* 📱 *69-32-62-89-52.*

✉ ***Poste :*** *dans la rue principale (à droite quand on est dos à la mer). Lun-ven 8h-11h30.*

■ ***National Bank of Greece :*** *même rue que la poste mais bien avt sur la gauche. Lun-ven 8h-14h30 (14h ven).*

Distributeur automatique de billets.

■ **Police :** *en haut de la rue principale, après les minimarchés. ☎ 24-24-06-52-05. Tlj 9h-14h, 18h-21h.*

■ **Location de scooters :** possibilité de louer un scooter dans les agences mentionnées plus haut. Chez **Albedo Travel,** matériel neuf et super accueil. Tarif dégressif pour plusieurs jours de location. Bonnes machines aussi chez l'**M** *(☎ 24-24-06-50-10),* en face d'*Ilias Rooms,* un peu plus haut dans la rue Pélasgon.

■ **Location de voitures :** faites jouer la concurrence, car c'est cher.

🚗 **Taxis :** *une poignée, basés au port.* **Taxi Spiros,** *☎ 24-24-06-54-25 ;* **George Athanassiou,** *☎ 24-24-06-54-49.*

@ **Play Internet Café :** *rue principale, entre la banque et la poste, sur la droite. Tlj 9h30-23h.* Bonne connexion et suffisamment de postes, mais cher.

■ **Presse internationale :** *dans odos Pélasgon, sur la gauche.*

Où dormir ?

■ **Rooms to let :** *en face du débarcadère, derrière le petit square. ☎ 24-24-06-61-88. • alonissos-rooms.gr • Tlj 10h-14h, 18h-22h30.* Bureau de l'association regroupant une centaine de propriétaires de chambres à louer. Accueil serviable et professionnel.

À Patitiri

De prix moyens à plus chic

🏠 **Studios Voula Agallou :** *suivre les panneaux indiquant la taverne* Faros *sur la route de Marpounda, c'est la maison que l'on voit en face de la jetée, de l'autre côté de la baie ; compter 20 mn de marche depuis le port. ☎ 24-24-06-61-10. 📱 69-72-58-31-94. Avr-oct. Selon saison, studios 40-60 € pour 2 pers et 50-80 € pour 4-5.* 📶 Dans sa grande maison surplombant la mer, Voula loue 3 studios pour 2 personnes et 1 studio pour 4-5 personnes. Ceux-ci sont vastes, neufs, possèdent tous une cuisine très bien équipée et la clim. Comme la maison faisait jadis office de taverne, elle possède une immense terrasse avec vue plongeante sur le port. Ambiance familiale. Accès à la mer. Une de nos meilleures adresses.

🏠 **Ninna Pansion :** *domine le port, sur la gauche quand on regarde la mer ; prendre le 1er escalier à droite de la rue principale. ☎ 24-24-06-61-27. • ninna.gr • Mai-oct. Doubles 30-60 €, studios 40-70 €, apparts (2 chambres) 70-90 €. Pas de petit déj.* 📶 *Sur présentation de ce guide, remise de 10 % en mai, juin et sept.* En balcon sur la darse, une petite pension de charme comme une bonbonnière de style anglais. 5 chambres, 9 studios et 3 apparts avec lits en fer forgé, coussins, voilage et ce qu'il faut de chichis pour faire british. Le confort est au rendez-vous et l'ensemble est parfaitement soigné. Accueil en v.o. de Nina.

De plus chic à encore plus chic

🏠 **Liadromia :** *accès par la même promenade que pour l'hôtel* Kavos, *c'est un peu avt. ☎ 24-24-06-55-21. • liadromia.gr • Tte l'année. Doubles 40-80 €. Petit déj 7,50 €.* 📶 Un hôtel de charme d'une vingtaine de chambres tout confort (belle literie, clim, frigo, coffre fort, TV, etc.) dont une douzaine seulement possèdent une vue depuis un agréable petit balconnet (préférer quand même les plus hautes perchées). Déco délicieusement Belle Époque et un poil décalée. À l'étage, grande salle pour prendre son petit déj ou venir bouquiner en soirée. Maria la baroudeuse, qui gère sa maison avec autant d'amour que de sérieux, est une mine d'infos pour ses hôtes. Une bonne adresse.

🏠 **Paradise Hotel :** *prendre la promenade qui surplombe le port et monter les escaliers avt l'hôtel* Liadromia *; c'est à droite. ☎ 24-24-06-51-60 et 24-24-06-52-13. • paradise-hotel.gr • Mai-oct. Résa indispensable en été. Doubles 50-90 €, petit déj compris.* 📶 *(parties commu-*

L'ÎLE D'ALONISSOS

nes slt). Une trentaine de jolies chambres avec clim. Piscine, bar, resto. Les terrasses du bar, qui mènent à une petite plage de rochers aménagée, offrent une bien belle vue sur la mer (côté Roussoum/Yialos) et des îlots. Excellent accueil, personnel serviable et attentionné.

À Roussoum et Votsi

(Ρουσουμ – Βοτσι)

Deux petites plages de galets aux eaux claires au large desquelles mouillent des voiliers en été. Assez fréquentées, puisqu'il est possible d'y loger. À respectivement 10 et 20 mn seulement du port en coupant à travers les collines. À Votsi, les pensions se trouvent juste au-dessus du port de pêche. Attention, les chambres sont de qualité inégale mais à des prix relativement similaires. Bien choisir avant de réserver. Roussoum est un peu plus large et un peu moins fréquentée.

Prix moyens

Mahi studios : *à Roussoum, dans la dernière maison sur la gauche quand on arrive de Patitiri par la route principale (arche d'entrée bleu ciel). ☎ 24-24-06-51-06. 69-72-44-38-97. • alonisssos-studios.gr • Mai-oct. Double env 50 € en été.* Une demi-douzaine de studios tout équipés, dont la moitié possèdent des chambres séparées. L'ensemble est très propre et rénové, avec AC, frigo et la télé. Certains ont vue sur la mer, qui est à 20 m environ. D'autres pensions dans la même rue.

Pension Votsi *(chez Maria Drossaki) : à Votsi, dans le dernier virage avt le port, à droite par les escaliers. ☎ 24-24-06-55-10. • pension-votsi.gr • Selon saison, doubles env 30-60 €, studios 3 pers 35-75 €.* Cette adresse très prisée des lecteurs est plutôt un hôtel, en fait, avec de belles chambres tout confort dont la plupart donnent sur une petite terrasse avec vue sur la plage. Préférer celles de l'étage. Également quelques studios à louer. Excellent accueil de Maria, qui gère aussi *Peristera View,* des appartements dans de petites maisons, à l'extérieur d'Alonissos, à Vamvakiès (mer à 50 m).

Almira Rooms *(chez Maria Kalogiannis) : à Votsi, dans différents bâtiments ; s'adresser au resto* I Mouria, *sur le port. ☎ 24-24-06-52-73. • almirarooms.com • Compter 35-45 € la double avec petite cuisine, 25-35 € sans. CB refusées.* Propose des studios et des chambres plus simples. Assez spacieux et propre.

Où manger ?

À Patitiri

Pour manger sur le pouce, on aime bien les crêperies **To Psichoulo** et **La Briciola** situées en bas de la rue principale. Elles proposent pizzas, *tyropitès* à emporter et de copieuses crêpes à composer soi-même. Un peu plus haut, **To Steki tou Nikolas** propose de petits *souvlakia (slt le soir ; ☎ 24-24-06-52-38),* à emporter ou à manger sur place. La boutique **(Ikoz),** qui vend les produits de la coopérative des femmes, se trouve un peu au-dessus de l'école, au départ de la route pour Votsi *(☎ 24-24-06-62-70 ; tlj 8h-14h, 17h-22h).*

Sur le port, nombreuses tavernes assez chères et sans grand intérêt. L'accueil est indifférent et la cuisine sans caractère. Peut toutefois convenir pour une salade à l'heure du déjeuner, à condition de choisir son emplacement. Pour dîner, le vieux village est plus aéré et donc plus frais en été.

To Akrogiali : *sur le port, à gauche quand on est dos à la mer. ☎ 24-24-06-52-36. Env 12-15 € le repas.* Honnête petite taverne qui vaut surtout pour sa situation. Tout de même de bonnes brochettes aux fruits de mer ou de poisson, et un excellent *kokkoras krassato* (coq au vin). Bondé le soir. Bon accueil.

Hôtel-restaurant Néréidès : *prendre la route de Marpounda (1re à gauche quand on s'engage dans odos Pélasgon) et tourner à droite au bout de 400 m, selon l'indication ; on peut aussi y grimper par des escaliers). ☎ 24-24-06-56-43. Mai-oct. Compter 15 €. CB refusées.* La montée vaut le coup, car on mange très bien dans ce restaurant d'hôtel. Commande en cuisine parmi les plats préparés qui varient d'un jour à l'autre : guetter par exemple les fleurs de courgettes farcies, les aubergines *papoutzakia,* ou encore le veau *sti stamna.* Carte des vins inexistante, cadre quelconque et accueil pas très sympa.

À Roussoum

Votsalo : *sur le port de Roussoum, 2e resto à partir du bord de la route, face à la mer. ☎ 24-24-06-51-06. Env 12-15 € le repas. CB refusées.* Si vous demandez du poulpe au plus fort de la saison, Nikos aura l'honnêteté de vous répondre « c'est du congelé », et il précisera « mais c'est du bon ». Ici, pas de lézard, c'est du poisson. La maman est en cuisine et le reste de la famille au service. Bon vin blanc au pichet.

Où boire un verre ?

De nombreux bars sur le port, plus chers qu'au vieux village et beaucoup moins bien. Le cadre de la **Spilia tou Kyklopa** est néanmoins agréable (à côté du jardin d'enfants). En fin de journée, montez jusqu'au **Sunset** (sur la route de

Chora, prendre à droite vers la chapelle Agios Onoufrios), à l'heure du coucher de soleil, *of course.* Des bus qui partent du port s'y rendent à heure régulière le soir.

À voir. À faire

Le centre d'information du MOm : *sur le port de Patitiri, au-dessus du café Avra. Tlj en été 10h-22h. GRATUIT.* Le MOm est la société en charge de la protection des phoques méditerranéens, dont une colonie d'une cinquantaine d'individus vit en permanence au nord-est de l'île, ce qui en fait le groupe le plus important de Méditerranée. Vidéo et panneaux explicatifs bien faits. Le bureau du parc naturel, lui, se trouve dans la rue principale, avant la poste *(lun-ven 9h-14h, 18h-21h ; w-e 18h-21h – jusqu'à 16h slt en hiver ; • alonissos-park.gr •).*

Le musée Mavrikis : *passer par les restos au-dessus de la plage et monter les escaliers. ☎ 24-24-06-62-50. • alonissosmuseum.com • Mai-sept, tlj 11h-18h (20h juin-août). Entrée : 4 € ; réduc.* Annoncé comme un « musée de la piraterie », un lieu créé de toutes pièces par un couple, Kostas et Angéla Mavrikis. Au rez-de-chaussée, salle consacrée aux différentes guerres. Plus intéressante, au sol-sol, la présentation de « vieux métiers ». C'est au 1er étage qu'on parle piraterie. Petit café où l'on vous offre une boisson, comprise dans le prix du billet.

PALIA ALONISSOS (CHORA)

Perché, le vieux village, autrefois capitale de l'île, a été détruit en 1965 par un tremblement de terre. Du coup, depuis qu'il a été reconstruit, c'est une sorte de musée en plein air, avec ses petits restos, ses bars et ses petites boutiques branchouilles où l'on vend de la bimbeloterie chinoise mêlée à une production locale plus ou moins artistique. Rien d'exceptionnel. De nombreux étrangers, en majorité britanniques, y ont acheté des maisons. Cela dit, la visite vaut le coup d'œil. Allez-y en soirée pour écluser un gorgeon au coucher du soleil et restez-y dîner. Il y fait plus frais et plus sec qu'à Patitiri. Pour y aller, bus ou taxi. Parking à l'entrée et le long de la rue qui mène au cimetière. Possible aussi à pied par un agréable sentier. Bien entendu, plus facile au retour (pour les noctambules, le sentier est éclairé la nuit).

Où dormir ?

Pansion Chiliadromia & Studios : *juste en face de l'église. ☎ 24-24-06-58-14. • chiliadromia.gr • Pâques-sept. Selon saison, doubles 35-50 €, studios 45-70 €. Petit déj en plus. CB refusées.* En plein centre du village, cette belle maison aux boiseries colorées cache 3 chambres doubles à la déco soignée : meubles en bois cérusé, lit en fer forgé... Et 7 studios disposant d'une vraie cuisinette avec coin repas et balconnet. Tout ça disposant de tout le confort souhaité (clim, frigo, TV, coffre-fort) et fort bien entretenu. Agréable petite terrasse sous une treille pour écrire ses cartes postales. Accueil gentil d'Eleni ou de sa fille Christina. Une de nos meilleures adresses dans l'île.

Konstantina's Studios : *en contrebas du village, monter la rue principale, puis à gauche juste avt l'église, puis encore à gauche en descendant. ☎ 24-24-06-61-65. • konstantinasstudios.gr • Avr-sept. Studios 45-90 € pour 2 selon saison, bon petit déj compris. CB refusées.* Dans une vaste demeure que la vigne aime escalader, des studios pour 2 personnes, vastes, avec balcon et kitchenette très bien équipée. Déco chaleureuse et propreté irréprochable. Très joli jardin. Également un appartement et une maison à louer. Une affaire qui tourne. Accueil commercial.

Fantasia House : *juste avt l'église, sur la gauche. ☎ 24-24-06-51-86. 📱 69-37-71-63-23. Mai-sept. Résa* *recommandée en hte saison. Doubles 30-50 €.* Non, cette petite pension n'est pas la résidence secondaire de Mickey, mais « Pluto » une pension à la grecque. Chambres assez petites, simples et mignonnes, dont certaines possèdent la clim ; salles de bains un peu sommaires.

Où manger ?

Pas mal de petits restos servant une cuisine locale mais rien d'exceptionnel. Faire le tour des ardoises et choisir le meilleur emplacement.

|●| ***Astrofengia :*** *à l'entrée du village, sur la gauche (suivre la pancarte placée avt l'arrêt de bus).* ☎ *24-24-06-51-82. Juin-sept, tlj à partir de 19h. Compter env 25 € (un peu plus si produits de la mer).* Dans ce resto, le plus ancien du village, à l'écart de l'activité touristique, on peut déguster sous la treille une cuisine grecque traditionnelle (peu de choix, néanmoins) ou levantine, plus quelques plats plus « exotiques » comme le *chili con carne* ou le poulet au curry. Service soigné. Vue à couper le souffle depuis la terrasse.

Où boire un verre ?

Les endroits pour boire un verre ne manquent pas. Se laisser guider par son instinct. Certains bars programment de la musique live 2 à 3 fois par semaine en saison, souvent avec de vieux rockers british scotchés sur l'île depuis des lustres qui viennent se faire un peu d'argent de poche à l'occasion. Ça vaut le coup d'y monter en bus.

🍷 ***Kafiréas :*** *en haut du village ; c'est indiqué en grec.* ☎ *24-24-06-51-08.* On peut y venir pour prendre un apéro ou un petit déj. Très belle vue sur l'île.

Visite de l'île, les plages

On peut atteindre la plupart des plages en *taxi-boat.* Départ toutes les 30 mn de Patitiri. Sinon, bus de Sténi Vala (qui ne s'écarte pas de la route principale) ou location de son propre véhicule (voiture ou scooter). On peut aussi louer un bateau pour la journée, une bonne formule pour accéder à toutes les plages de l'ouest, plus éloignées de Patitiri.

Vers le nord-est

Milia Yalos *(Μηλια Γιαλος)* **:** superbe crique et plage de galets gris. Une petite taverne.

Chrissi Milia *(Χρυση Μηλια)* **:** plage de sable (un peu), la seule de l'île, et de galets. Joli site, et on a pied très loin. Idéal pour les enfants. Une petite taverne surplombe la plage.

Kokkinokastro *(Κοκκινοκαστρο)* **:** paysage de carte postale avec l'île de Vrachos en face et les falaises rouge ocre qui surplombent la plage. Quand l'asphalte s'arrête, encore 900 m de piste. Pas mal fréquentée par les jeunes (musique).

Leftos Gialos *(Λεφτος Γιαλος)* **:** 2,6 km de piste à partir de la fin de l'asphalte. Jolie crique de galets, avec une belle vue. Deux tavernes sur place, au milieu des pins. Plus belle que *Tzortzi Gialos,* la plage juste avant.

Sténi Vala *(Στενη Βαλα)* **:** petit port de pêche dans un joli cadre (une crique très resserrée), assez animé puisqu'il a été choisi comme escale pour les voiliers de location *Sunsail.* Un hôtel classe s'y est même implanté récemment, mais sans vue sur la mer. Quelques *psarotavernès* sympas et cafés. La plage, une grande baie derrière le village, n'a rien d'extraordinaire. La crique précédente côté sud, *Agios Pétros,* est nettement plus sympa (sable). Le MOm (voir plus haut « Patitiri. À voir. À faire ») a son antenne devant le camping, mais seulement quand des groupes de voileux arrivent au port. Vente de topos sur les sentiers de rando du coin au supermarché *Ikaros.*

Camping Ikaros : *☎ 24-24-06-57-72 (en cas d'absence, s'adresser à l'Ikaros Bar ou au supermarché du même nom). Env 20 € pour 2.* Pour routards pas très exigeants.

Taverne I Sténi Vala *(pancarte « Tassia's Cooking ») : au bord de l'eau, 1re taverne. ☎ 24-24-06-55-90. Pâques-oct. Compter 15-20 € le repas.* Dans un grand hangar ouvert à tous les vents donnant sur le port. Nourriture très classique, plats traditionnels, et poisson à prix raisonnable (spaghettis aux langoustines, rascasse sauce citronnée). Énormes *pitès,* fourrées à différents légumes et fromages. Accueil très sympa de Nikos, le chef. Mme Tassia, sa belle-mère, loue également des chambres.

Kalamakia *(Καλαμακια)* **:** joli hameau de pêcheurs. Quatre tavernes. On aime bien *Margarita (☎ 24-24-06-57-38)* qui, pour une fois, ne fait pas des pizzas mais de bonnes fritures de poisson. Aussi quelques chambres au-dessus du resto (avec clim) ou au fond du jardin (aérées).

Agios Dimitrios *(Αγιος Δημητριος)* **:** très longue plage de petits galets qui s'avance en pointe dans la mer à la manière d'un atoll. Malheureusement, la comparaison s'arrête là. Car sur les coups de 10h-11h, les touristes amenés en bateau depuis Patitiri se répandent sur toute la longueur de la plage. À éviter, du moins à ce moment-là. Hors saison, ça reste quand même un bon plan.

Vers le sud

Mégalos Mourtias *(Μεγαλος Μουρτιας)* **:** petite plage de galets bordée par une oliveraie au pied du vieux village d'Alonissos (2,5 km de route). On peut aussi accéder à cette plage depuis Patitiri en marchant vers Marpounda (plage sans intérêt squattée par un village-club) puis en bifurquant à droite dans les pins (1 km de piste puis de sentier). Fonds poissonneux. Plusieurs tavernes le long de l'eau, et pas mal de monde. La taverne *Mégalos Mourtias* est bien et pratique des tarifs honnêtes *(☎ 24-24-06-57-37; ● mourtias.gr ● ; compter 30-65 € la nuit, à négocier si l'on reste plus longtemps ; résa conseillée ; wifi).* Le couple qui tient cette taverne, Yiannis et Ria, propose 4 studios doubles dans une petite maison à part. Très simples mais propres et pas trop cher. Les transats face à la mer créent une vraie ambiance de vacances.

Mikros Mourtias *(Μικρος Μουρτιας)* **:** un peu plus au nord, plus petite et beaucoup plus tranquille. Accès en scooter par une piste sérieusement ravinée (prudence) ou à pied depuis le vieux village (1,5 km ; facile à l'aller, un peu moins au retour). C'est la plage naturiste de l'île.

Vers l'ouest

Peu de plages sur la côte ouest. La plus belle et la plus accessible est ***Mégali Ammos,*** une plage de galets. De la route principale, il faut suivre une piste, sur 4,5 km, qui part sur la gauche (indications au niveau d'un dépôt de matériaux de construction).

Randonnées

➢ Une quinzaine de sentiers ont été aménagés pour randonner sur l'île, de la promenade de santé de 30-45 mn à la petite rando de 2h30-3h (aller). La carte des éditions *Anavassi* indique clairement ces sentiers (sinon, en divers points de l'île, des panneaux aux couleurs malheureusement un peu passées permettent de les visualiser, ou du moins de les deviner). Vérifier sur place, car certains ne sont pas bien entretenus. Quatre d'entre eux, les plus courts, partent de Chora. Beaucoup partent des terres et aboutissent à une plage.

Le parc national marin

Créé en 1992, le parc national marin couvre une superficie de 2 260 km^2 et englobe une petite trentaine d'îles et îlots. • *alonissos-park.gr* • On y protège non seulement le phoque *Monachus monachus,* particulièrement menacé, mais aussi le faucon d'Éléonore et le goéland d'Audouin. Plusieurs zones ont été établies, dans lesquelles une réglementation est en vigueur (interdiction d'entrer dans le parc avec un bateau non autorisé). L'îlot de Pipéri constitue une sorte de sanctuaire et ne peut être approché. Toutes les agences proposent des sorties organisées à la journée, repas inclus *(environ 40-45 €/pers),* qui permettent de visiter certains points des îles de Kyra Panagia, Gioura ou Skantzoura.

LE CENTRE DE LA GRÈCE

LAMIA (ΛΑΜΙΑ)

52 000 hab.

Capitale de la Phthiotide, ville sans grand intérêt, même si l'œil du connaisseur y reconnaîtra pas mal de bâtiments néoclassiques dans le centre-ville, plutôt agréable, dominé par un château franc. On peut avoir à y transiter si l'on voyage en bus, notamment si l'on souhaite se rendre des Météores à Delphes (ou l'inverse). Sinon...

Arriver – Quitter

En bus

Gare routière : *odos Taygetou, au sud de la ville, pas loin de la nationale. ☎ 22-31-05-13-45 ou 46. • ktelfthiotidos.gr •*

➢ ***De/vers Athènes, Patras ou Thessalonique :*** liaison avec Athènes ttes les heures, 4-6 bus/j. avec Thessalonique. 3 liaisons/j. avec Patras.

➢ ***De/vers Volos :*** 1 à 2 bus/j.

➢ ***De/vers Trikala*** *(correspondance pour les Météores)* **:** 6 bus/j.

➢ ***Pour Amphissa*** *(correspondance pour Delphes)* **:** 2 bus/j. lun-sam, 1/j. dim.

En train

Les trains (ligne Athènes-Thessalonique) s'arrêtent presque tous à la ***gare de Lianokladi*** *(à 16 km à l'ouest de Lamia ; ☎ 22-31-06-10-61).* Bureau de l'OSE à Lamia, où les billets s'achètent *(☎ 22-31-02-32-01).*

Où dormir ? Où manger ?

Éléna Hotel : *8, odos Thermopylon. ☎ 22-31-02-50-25. • hotelelena-lamia.gr • Dans le centre. Tte l'année. Double env 70 €, petit déj compris.* Hôtel de moyenne gamme, d'une cinquantaine de chambres très correctes et bien situé.

Beaucoup de petits ***restos*** populaires platia Laou, en plein centre, et dans les rues piétonnes qui en sont proches.

Où dormir ? Où manger dans les environs ?

Camping

⛺ 🍴 ***Camping Venezuela :*** *à* ***Agios Sérafim,*** *à 26 km au sud de Lamia. ☎ 22-35-04-16-91 et 21-06-04-10-72 (hors saison). • venezuela.gr • Un peu après Kaména Vourla en arrivant d'Athènes ; quitter la 4-voies (sortie Molos) et suivre les panneaux. Mai-sept. Selon saison, env 16,50-19,50 € pour 2 avec tente et voiture. CB refusées. Camping Sunshine : réduc 10-20 % sur présentation du dépliant de la chaîne.* Bien équipé, douches chaudes, robinet individuel par emplacement, ombragé. Location de tentes. Resto très bon marché et minimarché. Près de la plage, qui est malheureusement tristoune. Accueillent chaleureusement les Français.

À voir

Rien, à part la mer pas loin (golfe Maliaque) et, côté montagne, les ***Thermopyles,*** à quelques kilomètres au sud-est de Lamia (accès bien indiqué depuis l'autoroute), où, en 480 av. J.-C., lors de la deuxième guerre médique, 300 Spartiates aidés de 700 Thespiens se sont fait massacrer par des milliers de Perses, conduits par Xerxès. Le sacrifice permit au reste de l'armée grecque d'être épargné et contribua à l'échec perse à Salamine et à Platées (480 et 479 av. J.-C.) ; et donc à la victoire finale des Grecs sur les Perses. Pour les vivants, fontaine d'eau potable près de la statue de Léonidas. À quelques centaines de mètres plus au nord, source d'eaux chaudes soufrées qui ont donné leur nom aux Thermopyles (littéralement, les portes chaudes). Pas très loin, à côté du pont d'Alamana, un petit monument pour honorer la mémoire d'Athanase Diakos, héros de la révolution de 1821 qui finit tragiquement embroché par les Turcs.

VERS EUBÉE

Pour ceux qui connaissent déjà la route nationale Lamia-Athènes, ou pour les traînards qui ne sont (vraiment) pas pressés, il existe un itinéraire bis, tranquille et sinueux, consistant à passer par le Nord d'Eubée. Il faut gagner le petit port de *Glyfa* (qui s'atteint en quittant la nationale, une trentaine de kilomètres avant d'arriver à Lamia quand on vient du nord), où un bac assure le passage pour Agiokambos en Eubée. Pas trop cher et pas bien long non plus. En haute saison, huit passages dans la journée, toutes les 2h, 6h-20h. Un peu moins de liaisons hors saison. Renseignements au *☎ 22-38-06-12-88.*

PIGHADI (ΠΗΓΑΔΙ ; 370 07)

Dans les environs de Glyfa, un peu plus au nord, un petit port sympa. Pas d'hôtel, peu de commerces, sauf les tavernes (prévoir son ravitaillement à Ptéléos, au-dessus). Plages tranquilles en continuant la route qui sort du village. Chambres à louer assez nombreuses en direction des plages, par exemple :

🏠 ***Chez Giorgos Loridas :*** *la 1re maison dans la 1re anse quand on quitte Pighadi vers le nord en suivant la mer. ☎ 24-22-04-13-90. Env 40-45 € en saison.* Grandes chambres toute simples, avec coin cuisine. Bon accueil. Taverne juste à côté.

🏠 ***Chez Giorgos Dimitriou :*** *1 km plus loin, au-dessus de la plage de Panagia ; s'adresser au resto, très bien arrangé, sur la plage. ☎ 24-22-04-11-90. L'été, env 65 € pour 4.* Appartements avec cuisine et très grande terrasse. Beaucoup de monde le week-end.

EUBÉE (EVIA ; EYBOIA) 210 800 hab.

Grande île montagneuse et verte, Eubée est la deuxième île de Grèce pour sa superficie, après la Crète. Elle longe la côte est de la Béotie sur près de 175 km et est rattachée au continent par un pont, à la hauteur de *Halkida (Chalkis)*, la capitale, qui franchit le canal de l'Euripe. La légende raconte qu'Aristote s'y serait noyé de désespoir de n'avoir pas trouvé la cause toujours obscure des fréquents changements de direction des courants du canal. Ce n'est qu'une légende... L'île est essentiellement agricole, riche en blé et en bétail. Elle fut annexée par Athènes en 506 av. J.-C., occupée par les Macédoniens, avant de finir sous la coupe des Vénitiens au Moyen Âge (d'où les restes de châteaux vénitiens dans l'île). On l'appela longtemps *Negroponte* (Pont-Noir). L'île est relativement peu fréquentée par les touristes étrangers, en dehors des nombreux hôtels-clubs qui les rassemblent vers Érétria. Jolis paysages de montagne du nord au sud, côte est assez accidentée, côte ouest plus douce, mais les plages sont généralement assez quelconques.

Arriver – Quitter

En bus et en bateau

🚌 ***Bus KTEL :*** ☎ *22-21-02-04-00 (à Halkida) et 21-08-31-71-63 (à Athènes).* Départs ttes les 30 mn de/vers Halkida (gare routière sur le bd périphérique, à l'arrivée du pont moderne). Tous les villages de l'île sont desservis par bus.

⛴ ***Ferries :*** les traversées durent entre 30 mn et 1h et économisent de la route.

➢ ***Liaisons Marmari-Rafina :*** ☎ *22-24-03-23-40 (à Marmari) et 22-94-02-67-01 (à Rafina).* 5-8 fois/j. en été, un peu moins hors saison.

➢ ***Liaisons Érétria-Oropos :*** ☎ *22-95-03-25-11 (à Oropos) ou 22-29-06-70-04 (à Érétria).* Liaisons très fréquentes en été.

➢ ***Liaisons Agios Kambos-Glyfa :*** ☎ *22-38-06-12-55.* À partir de 7h du mat, un bac ttes les 2h pour 30 mn de traversée.

➢ ***Liaisons Loutra Édipsou-Arkitsa :*** ☎ *22-26-02-38-00 (à Édipsou) ou 22-33-09-12-90 et 15-10 (à Arkitsa).*

➢ Enfin, pour ***Skyros,*** obligation de passer par ***Kimi*** (voir plus bas).

En voiture, par la route

Ponts dans Halkida même (sur ce fameux détroit de l'Euripe) et à quelques kilomètres au sud de la capitale de l'île.

LE SUD DE L'ÎLE D'EUBÉE

ÉRÉTRIA (EPETPIA ; 340 08 ; 4 200 hab.)

À 20 km au sud de Halkida. Station antique alanguie sous ses grands eucalyptus. Comme le coin regorge d'hôtels-clubs, on voit plus facilement les agences de location de voitures que les banques ou la poste (et pourtant, les banques sont bien présentes : au moins quatre distributeurs automatiques de billets). La plage de petits galets n'est pas très attrayante. Une seule chose à voir : la ville antique.

Adresse utile

✉ ***Poste :*** *odos Evdilou Krataménous ; perpendiculaire à la mer. Lun-ven 7h30-14h.*

Où dormir ?

Beaucoup de chambres chez l'habitant dans le centre et quelques hôtels assez quelconques.

⛺ ***Camping Milos :*** *à 1 km d'Érétria en direction de Halkida ; vous ne pouvez pas le rater. ☎ 22-29-06-04-20 ou 21. • camping-in-evia.gr • Avr-fin sept. Env 20,50 € pour 2 avec tente et voiture. CB refusées. Camping membre de la chaîne* Harmonie *: réduc sur présentation du dépliant de la chaîne.* Camping récent, très propre et relativement bien aménagé. Sanitaires spacieux et bien tenus. Très calme. Petite plage et parasols. Piscine et minimarket. Bon rapport qualité-prix.

Pension Diamanto : *Archéou Théatrou et 2, odos Varvaki. ☎ 22-29-06-22-14. • diamantorooms.gr • À deux pas de la plage. Double env 40 €.* Chambres avec douche et toilettes privées, AC, TV, frigo et balcon. Beau carrelage. Pension bien tenue. Bon accueil.

Hotel Sun Rise : *pas loin de la plage, dans la rue Despinis Agélikara (fléché du port des ferries). ☎ 22-29-06-00-04. • hotelsunrise.gr • Tte l'année. Selon saison, 40-60 € pour un studio ; ajouter 10 € pour un mini-appartement.* En fait, ce sont des studios et mini-appartements avec cuisine intégrée. De l'extérieur, ce n'est pas très joli, mais la déco est fraîche et agréable. Mobilier récent, AC et TV. Rapport qualité-prix correct, surtout pour 3 ou 4 personnes.

Où manger ?

Taverna Dionysos : *face à l'embarcadère. ☎ 22-29-06-17-28. Tlj, midi et soir. Compter 12-18 € pour un repas.* Une carte assez importante, dont de l'excellent poisson. Patron très sympa, qui parle le français. Une bonne adresse, avec les classiques tables en marbre et les chaises en bois...

Roméo : *Archéou Théatrou et 1, Despinis Angélikara. ☎ 22-29-06-40-64. En bord de mer, sur la rive opposée au bac. Prix moyens.* Carte classique de taverne, bon rapport qualité-prix. Bon accueil du patron francophone.

À voir

Le musée : *tt près de la route principale. ☎ 22-29-06-22-06. Mar-dim 8h30-15h. Entrée : 2 €.* On y voit le résultat des découvertes menées pendant 13 ans par une équipe d'archéologues suisses. Deux salles avec de belles pièces, dont un joli centaure. Demander la clé de la maison aux mosaïques (IVe s av. J.-C.), on vous la confie contre une pièce d'identité. Ensuite, aller sur le site (à 500 m) où les quatre mosaïques à galets naturels sont protégées. Commentaires en français.

Le site antique, de l'autre côté de la route, renferme un théâtre bien mal conservé, adossé à la colline. À 200 m de là, les restes du temple de Dionysos. Au-delà du musée, dans le bourg moderne, vestiges du temple d'Apollon.

KIMI (ΚΥΜΗ ; 340 03 ; 2 400 hab.)

La bifurcation pour Kimi est à Lépoura, à 54 km au sud de Chalkis. Ensuite, il reste encore 36 km à parcourir vers le nord-est. Kimi est situé au sein d'une région agricole, très verte, où certaines maisons ont conservé leurs puits et leurs fours extérieurs. On atteint le village par une route en lacet, au milieu d'une végétation luxuriante. Le port de Kimi est le point de départ des bateaux pour Skyros ; plusieurs hôtels (au cas où vous louperiez le ferry). Joli musée (tissus en soie et lin).

Le village de Kimi (distributeurs sur la place) est construit à 250 m d'altitude ; le port (Paralia) est à 4 km en contrebas. Grande plage à Platanias, à 3 km de Kimi.
Bateaux : ☎ *22-22-02-20-20.* • *sne.gr* • Départs pour Skyros ; voir plus loin « Skyros. Arriver – Quitter ».

MARMARI (ΜΑΡΜΑΡΙ)

À une quinzaine de kilomètres au nord de Karistos, dans une baie naturelle bien abritée. C'est là qu'arrive le bac de Rafina. La promenade est bordée de vieilles maisons ensevelies sous la végétation de leurs jardins secrets. Plage au sud, par un chemin de terre : site magnifique et très tranquille. Attention, fort *meltémi* en été.

KARISTOS (ΚΑΡΥΣΤΟΣ ; 340 01 ; 5 100 hab.)

Un des plus jolis coins de l'île, à 130 km de Halkida. Au pied du mont Ochi (1 398 m), à l'extrémité sud de l'île. Les Vénitiens ont fait construire en bord de mer la *forteresse Bourtzi* et, sur les hauteurs, le *castello Rosso* que vous pourrez visiter. Cadre agréable. Très belle plage sous le vent, équipée de douches.

Où dormir ?

Hotel Karystion : *3, odos Kriézotou.* ☎ *22-24-02-23-91.* • *karystion.gr* • *Un peu plus loin que le fort médiéval. Mai-oct. Doubles env 39-65 €, petit déj compris.* Hôtel en bord de mer, calme et agréable. Tout confort. Jolies chambres claires, climatisées, avec balcon (vue sur la mer). Petites fontaines d'eau fraîche à chaque étage. Petit déj copieux servi dans le jardin. Très bon accueil des patrons, Aris et Harris. Bon rapport qualité-prix.

Karistos Mare Hotel : *7, odos Anatoliki Périmétriki.* ☎ *22-24-02-49-91 et 22-24-02-50-05.* • *karystosmare.gr* • *À 50 m de la plage Ammos Psili et 600 m du centre-ville (plus loin que Karystion). Tte l'année. Selon saison, env 30-40 € pour 2 et 50-70 € pour 4.* Petit hôtel de 18 appartements, complètement équipés : salle de bains, cuisine, AC, TV et balcon. Pas de petit déjeuner.

Où manger ?

Taverne Anemoni : *à côté de l'Hotel Karystion.* ☎ *22-24-02-45-01. Env 12 € pour un repas.* Jolie terrasse surplombant la mer. Bons plats grecs cuisinés. On vous conseille le poisson en sauce, délicieux, et les aubergines farcies. Convivial, bon accueil.

Restaurant O Marinos : *face au port de pêche.* ☎ *22-24-02-41-26. Tlj midi et soir. Repas env 11-15 €.* Spécialités locales. Plats en sauce. Moussaka, aubergines et bon poisson. Ne pas hésiter à aller voir dans la cuisine. Accueil agréable.

À voir. À faire dans les environs

Pour trouver une belle plage déserte (à peu près 45 mn de trajet), prendre la route en direction de Métochi, passer Platanistos jusqu'à ***Potami.*** Juste après le village, vous apercevrez sur votre droite une plage, accessible par piste (environ 3 km).

LE NORD DE L'ÎLE D'EUBÉE

Les paysages traversés sont superbes. Routes extrêmement vigoureuses. Très belle forêt, beaucoup de vert, contrairement à la partie sud de l'île qui est très aride. Plages un peu décevantes, en revanche.

LIMNI (*ΛΙΜΝΗ* ; 340 05 ; 1 650 hab.)

À 87 km au nord-ouest de Halkida. Un petit port qui a gardé son aspect ancien, sans doute parce qu'il n'y a pas vraiment de belles plages dans le coin. Il faut dire qu'il y a tellement de Grecs à prendre les eaux à Loutra Édipsou, un peu plus au nord, qu'il y a forcément un peu moins de monde ailleurs ! Fréquentation à grande majorité grecque. Très agréable le soir : plein de tavernes le long du port. Petit musée local et quelques maisons anciennes qui ont gardé leur cachet.

Où dormir dans les environs ?

⛺ **Camping Agia Anna :** *sur la plage d'***Agia Anna,** *à 3 km du village du même nom, sur la côte est.* ☎ *22-97-09-72-50. Résas possibles à Athènes :* ☎ *21-03-60-22-02.* • *clubagiaanna.gr* • *Mai-sept. En hte saison, env 26-28 € pour 2 avec tente et voiture.* 📶 *Membre de la chaîne* Harmonie *: réduc sur présentation du dépliant de la chaîne.* Grand camping bien équipé, genre hôtellerie de plein air, agréable et vivant, proposant de nombreuses activités sportives qui en font une sorte de club de vacances. Resto. Bungalows, chambres et studios à louer (ainsi que des yourtes et des « *cabanas* »), à des prix très raisonnables.

ROVIÈS (*ΡΟΒΙΕΣ* ; 340 05)

Beaux paysages entre Limini et Roviès.
Après Roviès, la route quitte la côte. Ne pas être trop pressé, car la moyenne ne sera guère élevée : route très sinueuse mais belle comme tout.

LOUTRA ÉDIPSOU (*ΛΟΥΤΡΑ ΑΙΔΗΨΟΥ* ; 343 00 ; 5 000 hab.)

Petite ville au nord (à 117 km de Halkida), réputée pour sa source d'eau chaude aux vertus thérapeutiques, que l'on peut voir se jeter dans la mer en suivant la route pour Grégolimano *(Club Med)*, 2 km après Gialtra. Toute l'activité tourne autour du thermalisme, hôtels à n'en plus finir. Tourisme grec en majorité.

SKYROS (ΣΚΥΡΟΣ) (340 07) 2 600 hab.

On atteint cette île principalement à partir de Kimi (Eubée). Elle est réputée pour le maintien de ses traditions et pour son artisanat, notamment le mobilier à panneaux sculptés de motifs d'inspiration byzantine, ses broderies et sa céramique, ainsi que pour ses petits chevaux (1,10 m au garrot : il en reste environ 150 sur l'île). On voit aussi des cuivres de toutes sortes, exposés aux murs des cuisines des maisons. Également de la faïence. Vous noterez aussi les petites chaises, dont on fait commerce maintenant. On raconte que leur format réduit est lié à la petite taille des maisons, astuce architecturale pour ne pas être vu des pirates qui arrivaient par l'est. Les habitants de Skyros n'étaient pas des saints non plus puisque, raconte Michel Déon, ils pillaient les bateaux qui s'échouaient sur leurs côtes... Dommage qu'une partie de l'île soit occupée, au nord, par une base de l'armée (si l'on arrive en avion, on atterrit d'ailleurs sur l'aéroport militaire). Le grand moment festif de l'année est le carnaval *(Apokriès)* qui se déroule en février. Un des plus beaux de toute la Grèce (personnages avec des masques, des costumes en peau de chèvre, portant de grosses clochettes). En ferry, on débarque au port de Linaria. Skyros (ou Chora), la capitale

de l'île, est à 10 km au nord-est. Vous trouverez des bus en direction de Chora et des taxis. Le réseau routier s'est étendu et, à part quelques pistes, elles-mêmes plutôt en bon état, on roule très correctement sur l'île.

Arriver – Quitter

En bateau et en bus

➢ ***De/vers Kimi*** *(versant nord-est d'Eubée)* **:** 1-2 ferries/j. ; 1h40 de trajet. Résa conseillée, surtout en été. Les bateaux partent, en hte saison, le mat et l'ap-m ou le soir. Le bureau de vente, coincé entre 2 restos, n'est ouvert que 1h à peine avt le départ ; il est préférable d'aller directement sur la jetée du port. Renseignements à la capitainerie *(☎ 22-22-02-26-06)* ou auprès d'Élèna Moirou *(☎ 22-22-02-20-20).* Sinon, billets à acheter sur le port de Linaria (bureau ouv aux heures d'arrivée ou de départ du bateau slt) ou, plus prudemment, à *Skyros Travel,* l'agence à Skyros (Chora), dans l'odos Agora *(voir plus loin « Adresses utiles » ; ☎ 22-22-09-17-90. ● sne.gr ●).* Pour passer une voiture, résa nécessaire.
– Pour rejoindre Kimi-village en bus depuis Athènes, prendre le bus au terminal B *(260, odos Liossion ; ☎ 21-08-31-71-63).* 7 départs/j. De Kimi-village, taxi pour le port. Au terminal B, on peut aussi prendre un bus pour Kimi-paralia, qui conduit directement au port (un seul départ/j., en début d'ap-m). Compter 3h30 à 4h30 de trajet.

➢ ***De/vers Alonissos-Skopélos :*** la *SNE* a rouvert la ligne Skyros-Kimi-Alonissos-Skopélos-Alonissos-Kimi (2-3 fois/sem, mar, jeu ou sam, fin juin-début sept), permettant de poursuivre, au départ de Skyros, le voyage dans les autres Sporades (un peu plus compliqué dans l'autre sens, puisqu'il faut obligatoirement dormir à Kimi).

En avion

➢ ***De/vers Athènes :*** *aéroport, ☎ 22-22-09-16-25.* En principe, en avion, 3 vols/sem avec *Aegean Airlines (● aegeanair.com ●)* ; durée 45 mn. En été, quelques vols d'*Olympic Airlines* également de/vers Thessalonique.

Circuler dans l'île

🚌 ***Station des bus*** *(plan village de Skyros, A2)* **:** *en bas de la rue principale de Skyros (Chora).* Selon saison, 2-5 bus/j. de Linaria à Molos, via Skyros (Chora) et retour. En été, le bus pour Linaria fait le détour, certains jours, par Kalamitsa ou Pefkos.

🚗 ***Stations de taxis :*** *sur la place de Skyros (Chora). ☎ 22-22-09-16-66.* 8 taxis sur l'île.

LINARIA (ΛΙΝΑΡΙΑ)

Le port de Skyros, niché au fond d'une baie bien abritée.

Infos utiles

– ***Excursions en bateau pour le Sud de l'île*** *(Sarakino)* ***et les grottes*** *(Spiliès)* **:** s'adresser sur le port à la taverne *Psariotis (📱 69-77-69-61-03). Départ à 11h, retour 17h. Compter 30 €/pers (repas compris), réduc.*

Où dormir ? Où manger ?

🏠 🍽 Quelques ***bars,*** 2 ***hôtels,*** des ***chambres à louer*** et quelques ***tavernes.***

🍽 ***Taverne Psariotis :*** *sur le port. ☎ 22-22-09-32-50. Tlj, midi et soir.* Spécialiste des spaghettis à la

L'ÎLE DE SKYROS

langouste *(astalomakaronada)* et de la soupe de poisson (goûtez l'exquise *special fisherman*). Grand choix de poisson à prix abordables. Terrasse agréable à l'étage. Patron jeune et sympa.

|●| *Taverna Ivilai* *(enseigne en grec)* ***ou Philippaios :*** *sur le port, près de l'embarcadère. ☎ 22-22-09-14-76. Repas env 12 €.* Rien de transcendant, mais cuisine honnête. Le poisson est bon.

AHÉROUNÈS (ΑΧΕΡΟΥΝΕΣ)

La première baie après Linaria, à 10 mn à pied. Très jolie plage abritée, avec une belle vue. Il y a deux tavernes : éviter la seconde qui s'étend vers la plage.

⌂ *Skyros Villas :* *un peu en retrait de la côte. ☎ 22-22-09-16-00 (agence Skyros Travel à Chora) ou 22-22-09-11-23. 📱 69-44-88-45-88. • skyrosvillas.com • Tte l'année. Selon saison, env 28-50 € pour 2 et 55-90 € pour 4-5.* Un petit ensemble, tout récent, de studios et d'appartements, répartis en 2 bâtiments propres. AC, TV et coin cuisine dans chaque location. Terrasse avec vue sur mer ou sur jardin. Bon niveau de confort et beaucoup d'espace autour des bâtiments.

PEFKOS (ΠΕΥΚΟΣ)

Accès par une courte route goudronnée. À 200 m de la plage, on poursuit la descente à pied parmi les pins. Très joli site. Belle plage de sable et port minuscule.

Taverna Stamatia : *vers l'extrémité du petit port.* *69-72-55-82-32. En saison slt, midi et soir. Compter 12-15 € le repas.* Terrasse assez chic, dans les tons gris ou ivoire, très agréable car bien ombragée. Familial : Mme Stamatia, la fille de Barba Mitsos qui ouvrit l'établissement dans les années 1960, est aux fourneaux. Bonnes viandes, poisson frais, homard, ainsi que de bons plats « à la casserole » meilleur marché, réputés sur l'île.

AGIOS FOKAS (ΑΓΙΟΣ ΦΟΚΑΣ)

Sur la route d'Agios Fokas, prendre la piste qui conduit à *Agios Pandéleimonas,* une superbe chapelle qui offre une vue splendide sur Pefkos. Compter 20 bonnes minutes à moto ou en voiture avant d'accéder à la crique d'Agios Fokas (6,5 km de route). C'est une plage tranquille au milieu des chèvres, avec des fonds à admirer avec masque et tuba. Pour se nourrir après la baignade, une *taverne* (**Taverna tis Kyrias Kalis** ; *69-37-09-08-48)* est ouverte presque toute l'année et propose une production locale de tomates et pastèques, ainsi que du bon poisson. Superbe terrasse ombragée donnant sur la plage. La route continue en direction d'Atsitsa. Pour rejoindre cette plage, compter aussi 20 bonnes minutes (également 6,5 km).

ATSITSA (ΑΤΣΙΤΣΑ)

LE CENTRE DE LA GRÈCE

On atteint Atsitsa par la route du nord (mais les marcheurs n'hésiteront pas à faire à pied Pefko – Agios Fokas – Atsitsa). Paysage superbe, très sauvage et plus aride que dans les autres Sporades. Un incendie a malheureusement laissé des traces... Atsitsa est au bout de la route goudronnée. Jolie crique, et quelques bateaux de pêche. Atsitsa est également le paradis où a choisi de s'implanter une communauté appelée *Skyros Center* (original !) qui propose de multiples activités (sports, relaxation, enseignement...), tendance holistique. Avant Atsitsa, trois belles plages de sable dans la partie nord de l'île.

Taverne O Andonis : *au bord de l'eau (fait également hôtel).* Spécialités de poisson, spaghettis aux langoustes.

AGIOS PETROS (ΑΓΙΟΣ ΠΕΤΡΟΣ)

Tout en remontant la côte ouest, direction Chora, il est possible de prolonger l'escapade en prenant la piste pour Agios Petros. Grande taverne avant la plage. La piste arrive à une plage bordée de pins d'Alep, où de nombreuses tentes – et leurs occupants – s'installent pour l'été. Naturisme possible. Une autre plage minuscule, plus au nord (Markezi ou Limanaki)

LA CÔTE NORD-EST

Une fois l'aéroport passé, la route rentre droit sur Chora (Skyros). Détour possible par un site archéologique :

Palamari : *au nord de l'île (accès par une piste sur la droite peu avant l'aéroport). Tlj sf dim 7h-14h30. GRATUIT.* Fouillé (et encore très incomplètement) depuis les années 1980, ce site a révélé une petite cité fortifiée remontant à l'âge du bronze (2800-1700 av. J.-C). Les objets découverts sont exposés au musée de Skyros, mais une salle récemment aménagée expliquetu très bien la découverte du site et sa signification. Y venir tôt (pas d'ombre). Signalons encore un bon restaurant dans les parages :

Taverna To Perasma : *sur la route d'Atsitsa, près de l'aéroport.* ☎ *22-22-09-29-11. Tlj midi et soir. Nourriture traditionnelle ; compter*

12-15 €. Sa situation en bord de route n'est pas géniale, mais le repas y est copieux et savoureux (viande essentiellement de la ferme familiale).

MAGAZIA et MOLOS (ΜΑΓΑΖΙΑ – ΜΩΛΟΣ)

Deux longues plages de sable au nord du village de Skyros. Assez touristiques, avec de nombreux *beach-bars* qui restent assez discrets, mais jamais bondées.

Où dormir ?

Ariadni *(plan village de Skyros B1,* ***13****) : Magazia. ☎ 22-22-09-11-13. • ariadnestudios.gr • Pâques-sept. Selon saison, doubles 40-75 € petit déj compris.* 7 studios et 4 appartements, à la déco sobre, tous avec petite cuisine et climatisation, très bien situés, car proches de la plage et en même temps au calme. La plupart donnent sur un jardin très agréable, bien entretenu, qui apporte fraîcheur et sérénité.

Pension Karina : *à Kambos Molos, 300 m après l'hôtel* Mélikari *(en venant de Skyros, continuer tt droit). ☎ 22-22-09-21-03. Mai-oct. Compter 40 €/pers, petit déj compris ; ½ tarif enfants 4-12 ans. CB refusées.* La pension dispose de 3 maisonnettes mitoyennes, avec 2 chambres chacune, et d'un salon commun où il fait bon se reposer en écoutant de la musique. Ameublement typique du style local. Très beau jardin d'arbres fruitiers. Excellent accueil de Karine Wiechert, Suissesse de son état, tombée amoureuse de Skyros au point de s'y installer. Ambiance très conviviale. Excellent petit déj. Plage à moins de 10 mn à pied.

Hotel Ammos *(plan village de Skyros B1,* ***15****) : Magazia. ☎ 22-22-09-12-34. • ammoshotelskyros • Avr-sept. Env 80-140 € pour les chambres standard et 103-170 € pour celles avec vue sur mer. Surveiller les promotions sur le site.* Bel hôtel au design contemporain, et dont les chambres sont dotées de tout confort. Les moins chères donnent sur le jardin. Piscine à l'eau de mer (bon, la mer n'est qu'à deux pas, ce serait dommage de ne pas en profiter aussi). Riche petit déjeuner.

Où manger ?

Taverna Stéfanos *(plan village de Skyros B1,* ***24****) : Magazia, à côté de l'Hydroussa Hotel. ☎ 22-22-09-12-72. À partir de 12 €/pers. Résa conseillée en saison.* Une des plus anciennes tavernes de l'île, une des plus régulières aussi. Spécialités à prix moyens (moussaka, courgettes et aubergines farcies...). Le poisson est évidemment plus cher, comme partout.

I Istoriès tou Barba *(hors plan village de Skyros par B1,* ***25****) : plage de Molos. ☎ 22-22-09-14-53. À partir de 12 €/pers.* Établissement qui se repère aux chaises et tables bleues. *Mezze* et plats classiques, avec une pointe d'originalité. Ambiance authentique.

Manolia *(hors plan village de Skyros par B1,* ***26****) : route de l'aéroport. ☎ 22-22-09-30-10. Ouv le soir ainsi que dim midi (13h-17h) ; hors saison, le w-e.* Prix serrés, grande gentillesse du patron, Giorgios, cuisine traditionnelle familiale (madame est aux fourneaux). Jolie pelouse avec jeux pour enfants.

À voir

L'exposition de Giorgos Lambrou : *Magazia. ☎ 22-22-09-13-34. En théorie, tlj 11h-13h et 19h-21h.* Sculptures et peintures impressionnantes d'un artiste sourd-muet, inspiré par l'amour de son île. Sa sœur, Mme Aliki, accompagne la visite.

LE CENTRE DE LA GRÈCE

SKYROS *(CHORA ; ΧΩΡΑ)*

La capitale de l'île est un gros bourg bâti en amphithéâtre au pied d'une acropole *(kastro)*. Une rue court sur l'arête de deux collines où s'agrippent les cubes blancs des petites maisons. Les ruelles étroites et fleuries dévalent. Le haut du village, plus traditionnel, vit au rythme des ânes et des flâneurs. La rue centrale piétonne (odos Agoras) est particulièrement animée. C'est ici que Thésée aurait trouvé la mort, jeté du haut du *kastro* par Lycomède, le roi de l'île, et là aussi qu'Achille aurait été caché et déguisé en fille par son père, pour échapper à la guerre de Troie.

Adresses utiles

✉ ***Poste*** *(plan A2)* **:** *en descendant la rue principale, 1re à droite juste après la* National Bank of Greece. *Lun-ven 7h-14h.*

■ ***National Bank of Greece*** *(plan A2,* **1***)* **:** *à 50 m à gauche en montant la rue principale après la place du village. Lun-ven 8h-14h.* Distributeur.

■ ***Police*** *(plan A2)* **:** *à côté du grand parking.* ☎ *22-22-09-12-74.*

■ ***Dispensaire*** *(hors plan par A2)* **:** *en face de la station-service.* ☎ *22-22-09-22-22.* Les médecins parlent l'anglais et l'italien.

■ ***Skyros Travel*** *(plan A2,* **5***)* **:** *en plein centre du village.* ☎ *22-22-09-16-00.* 📱 *69-44-88-45-88.* • *skyrostravel.com* • La principale agence de voyages de Chora. Couplée avec *Pegasus Travel* qui loue des voitures *(• skyrosrentacar.com •).*

■ ***Martina Rent a Car*** *(plan A2,* **6***)* **:** *à côté de la police.* ☎ *22-22-09-20-22.* • *martina@otenet.gr* • Loue voitures, scooters et vélos.

P ***Parkings* :** impossible de circuler dans Chora. Plusieurs parkings : le parking du gymnase, avant la place du village ; le parking qui se situe sous la grande paroi rocheuse (accès rapide à pied à l'odos Agoras) ; le parking des musées, pour les visiter ou pour monter au *kastro*.

Où dormir ?

Prix moyens

🏠 ***Pension Nikolaos*** *(hors plan par A2,* **14***)* **:** *2e rue à gauche après l'*Hotel Néféli *quand on vient de Linaria.* ☎ *22-22-09-17-78.* • *nicolaspension.gr* • *Doubles 55-85 €.* Au calme, en dehors de Skyros. Chambres plutôt chic et confortables. Cour intérieure agréable et fleurie. Également des chambres avec mezzanine pour 4 personnes.

🏠 ***Hotel Éléna*** *(plan A2,* **11***)* **:** *dans une ruelle à droite quand on remonte la rue principale.* ☎ *22-22-09-17-38. Tte l'année. Selon saison, doubles 40-60 €.* Chambres propres. Certaines avec salle de bains commune. Frigo à disposition. Assez bruyant (on est très près du centre du village). En dépannage.

Très chic

🏠 ***Hotel Néféli*** *(hors plan par A2,* **12***)* **:** *à l'entrée de Skyros quand on va vers le parking du gymnase.* ☎ *22-22-09-19-64.* • *skyros-nefeli.gr* • *Tte l'année. Double à partir de 100 €.* 📶 Fait partie du complexe de studios *Dimitrios* : c'est l'établissement de standing de l'île. Possible de louer des appartements pour 4 personnes, bien plus chers. Une grande piscine. Déco agréable.

Où manger ?

Pour manger sur le pouce : *souvlakia* et *gyros* chez ***Mantzourana*** *(plan A2)* ou chez ***Popi*** *(plan A2)*, tous les deux à côté de la place principale où, dans

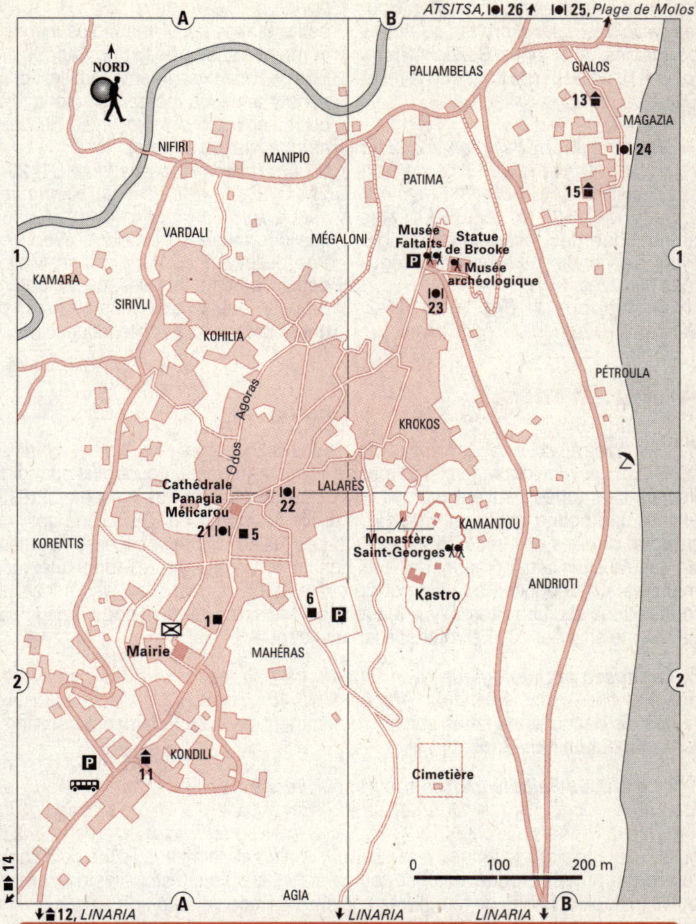

LE VILLAGE SKYROS

■ Adresses utiles

1 National Bank of Greece
5 Skyros Travel
6 Martina Rent a Car

Où dormir ?

11 Hotel Éléna
12 Hotel Néféli
13 Ariadni
14 Pension Nikolaos
15 Hotel Ammos

Où manger ?

21 Taverne Mariétis
22 O Pappous ki Ego
23 Anatolikos Anémos
24 Taverna Stéfanos
25 I Istoriès tou Barba
26 Manolia

les deux cas, on peut s'installer. Pour les *tyropittès, spanakopittès* ou autres *bougatsès*, aller chez **Barba Mitsos** *(plan A1)*, un peu plus haut que le resto *O Pappous ki Ego*.

|●| ***Taverne Mariétis*** *(plan A2, **21**) : dans la rue principale, en face de Skyros Travel. ☎ 22-22-09-13-11. Compter env 12-15 € le repas.* La plus authentique des tavernes du village. Plats de viande, poisson grillé, légumes préparés.

|●| ***O Pappous ki Ego*** *(plan A1-2, **22**) : midi et soir en saison. Dans la rue principale. Compter 12-15 €.* Toute petite terrasse. Cuisine moins inspirée et moins variée que l'autre *Pappous ki Ego* de Kalamitsa (même famille) : on a surtout aimé les *mezze* comme la *fava* ou le *saganaki politiko*, avec du *pastourma* (viande séchée).

|●| ***Anatolikos Anemos*** *(plan B1, **23**) : ☎ 22-22-09-36-22. Résa recommandée le soir. Env 15 € le repas.* À deux pas des musées de Chora, avec une très belle vue sur Magazia et Molos depuis la petite terrasse, ce restaurant propose une cuisine plus recherchée que la moyenne. Excellents desserts.

À voir. À faire

⚲⚲ Grimpez au sommet du ***kastro,*** d'où la vue est superbe *(ouv jusqu'au coucher du soleil)*. Les plus courageux partiront de l'odos Agoras (parcours plus ou moins fléché). Les autres peuvent monter en voiture au parking des musées ; il reste encore une bonne petite grimpette. On arrive au *monastère Saint-Georges,* un des plus anciens de Grèce, fondé en 962. Les maisons et les chapelles rivalisent de beauté dans la décoration. Une fois franchi le passage voûté, après quelques marches, on débouche au sommet du château. Deux chapelles, des ruines de fortifications et d'une citerne. Vue magnifique. Malheureusement endommagé par un séisme en juillet 2001 et interdit à la visite depuis.

⚲ ***Le Musée archéologique*** *(plan B1) : du parking, descendre les marches en direction de la mer, c'est tt près. Tlj sf lun 8h30-15h. Entrée : 2 €.* Y sont exposées toutes les découvertes faites sur l'île, notamment celle de Palamari. Assez intéressant pour un musée local.

⚲⚲ ***Le Musée Faltaits*** *(musée d'Art populaire ; plan B1) : en haut du village, au fond de la place R.-Brook. ☎ 22-22-09-12-32. • faltaits.gr • En hte saison, tlj 10h-14h, 18h-21h ; hors saison, tlj 10h-14h. Entrée : 2 € ; gratuit pour les enfants. Visite guidée en anglais (5 €) un peu trop rapide.* À visiter absolument. Riche collection, réunie par un ethnologue local, de toutes sortes d'objets (ustensiles de cuisine, outils agricoles, habits de fête, livres anciens...). Reconstitution de pièces à vivre typiques des maisons de Skyros, et la peinture de Manos Faltaits (aujourd'hui décédé), pleine de couleurs, inspirée par la mythologie.

➢ Une belle ***balade*** : après la plage de Bina, un chemin mène au bout du cap. Il y a deux chapelles troglodytiques taillées dans le rocher, un moulin, une longue plage (Girismata) et une petite île avec sa chapelle que les bons nageurs peuvent atteindre à la nage. Les roches tendres ont servi de carrière dans l'Antiquité. Les pierres taillées sur place, du tuf, ont laissé des traces en forme d'escaliers.

➢ En caïque, vous pourrez effectuer de jolies ***balades en mer*** : falaises de *Diatrypti,* grotte de *Pentakali,* grottes bleues de *Limnionari.*

KALAMITSA (*ΚΑΛΑΜΙΤΣΑ*)

La route pour y arriver est magnifique, elle traverse la partie la plus étroite de l'île. Les champs cultivés arrivent jusqu'à la plage, agréable et sous le vent. Quelques tavernes éparpillées. Superbe point de vue.

Où dormir ? Où manger à Kalamitsa et dans les environs ?

Alemar : *Aspous. ☎ 22-22-02-90-21. • alemar.gr • Membre du réseau d'hébergements de charme de* Guest Inn • *guestinn.com • À Aspous, prendre la route de Kalamitsa, puis tourner à gauche en direction de la plage d'Aspous. De mi-avr à mi-oct. Doubles 45-65 €, triples 50-70 €. Pas de petit déj.* Posés face à une belle pelouse, 5 studios récents, avec cuisine équipée, pour 2 ou 3 personnes, avec une petite touche de déco traditionnelle (cheminée avec ses céramiques). Terrasse devant pour profiter. La plage est à 300 m. Excellent accueil de Polixéni et Thémis.

Restaurant Mouriès : *env 2 km avt Kalamitsa. ☎ 22-22-09-35-55 ou 22-22-09-36-00. Slt le w-e.* Les légumes viennent directement du potager, et l'on vous proposera de succulents plats de viande du pays. Une bonne adresse à l'excellent rapport qualité-prix.

O Pappous Ki Ego : *avt Kalamitsa. Repas env 15-20 €.* Jolie taverne dans un jardin verdoyant. Cuisine beaucoup plus originale que la moyenne (spécialités de Skyros). Goûter, par exemple, aux courgettes au yaourt et au poulet du grand-père *(kotopoulo tou pappou)*. Ambiance musicale et accueil très sympa. Musique live le week-end en été.

➢ Après Kalamitsa, à 2 km, ***plage de galets de Kolimbada*** (se garer sur la route et descendre la piste). Sur la droite de la plage, une minuscule plage de sable et de curieux rochers troués ramenant sur d'autres criques après 15 mn de marche. Continuer la route jusqu'à 1 km avant Tris Boukès (ne pas chercher la plage, zone militaire !). Sur la gauche (mais non indiquée), parmi les oliviers, la tombe du poète anglais Rupert Brooke, mort en 1915 sur un bateau-hôpital français et enterré à sa demande sur l'île.

LIVADIA (ΛΙΒΑΔΕΙΑ)

(321 00) 19 500 hab.

Ville agricole adossée à sa colline, rien de spécial à y faire mais c'est la gare la plus proche de Delphes (49 km). Quelques rues commerçantes pas désagréables dans le centre, dont une rue piétonne, odos Boufidou, qui commence place Katsoni.

Arriver – Quitter

En train

➢ ***De/vers Athènes :*** env 9 trains/j. Env 1h30 de trajet. Même chose de Larissa, si l'on vient du nord. Ensuite, taxi pour se rendre à la gare des bus, en ville. Rens : • *trainose.gr* •

En bus

➢ ***De/vers Athènes :*** à Athènes, départ de la gare routière B, odos Liossion *(☎ 21-08-31-71-73)*. Env 1 bus/h, 6h-21h30. Trajet : env 2h.

➢ ***De/vers Delphes :*** dans le centre, arrêt du bus en face de la *Millenium Bank,* odos Major Yanni Perganta *(☎ 22-61-02-82-72)*. Env 4 bus/j., 9h15-19h45.

Où dormir ? Où manger ?

Hotel Levadia : *4, av. Papaspyrou, dans le centre. ☎ 22-61-02-36-11 ou 15. • levadiahotel.gr • Doubles 40-65 € selon période, taille de*

la chambre, petit déj compris ou non. Hôtel classique, aux chambres joliment rénovées et assez grandes, possédant tout le confort : clim, TV, etc.
Nombreux ***snacks*** et petits ***restos*** tout au long de la rue piétonne.

OSSIOS LOUKAS (ΟΣΙΟΣ ΛΟΥΚΑΣ)

À 36 km au sud-est de Delphes, blotti sur le flanc occidental de l'Hélicon, Ossios Loukas fait partie – avec Dafni en Attique et Nea Moni sur l'île de Chios – des trois monastères grecs des XIe-XIIe s inscrits au Patrimoine mondial de l'humanité par l'Unesco. Cet élégant monastère-forteresse témoigne de la richesse et de la complexité de l'architecture byzantine alors à l'apogée de son expansion au Xe s. La crypte située sous le *katholikon* abrite, depuis 1986, les reliques de son saint fondateur (saint Luc le Stiriote) emportées à Venise au XVe s et que le Vatican détenait depuis plus de cinq siècles, ayant cru que c'étaient les reliques de saint Luc l'Évangéliste, le compagnon de saint Paul... Aujourd'hui, ce très bel endroit dominant la plaine n'accueille plus qu'une poignée de moines. Prévoir une tenue décente pour les hommes (pas de short), ainsi qu'une jupe jusqu'aux mollets (pantalon toléré) et les épaules couvertes pour les femmes.

Arriver – Quitter

➢ ***De/vers Delphes :*** sans son propre véhicule, c'est vraiment la galère ; le bus vous dépose sur la route principale, à 3 km de Distomo. De Livadia, il existe un bus pour Distomo mais il reste encore 9 km à faire à pied ! La meilleure solution consiste à négocier un taxi à plusieurs *(☎ 22-67-22-23-22).* Compter env 35-40 € A/R depuis Delphes (y compris une visite d'une heure sur place (le chauffeur attend avant de repartir).

➢ ***De/vers Athènes :*** depuis le terminal B, 260, odos Liossion *(☎ 21-08-31-71-73).* Le mieux est de se rendre d'abord à Delphes.

À voir

Le monastère d'Ossios Loukas : *☎ 22-67-02-22-28. En saison, tlj 9h-17h, voire 18h ; hors saison (nov-mars), 8h-15h. Entrée : 3 € ; réduc.*
En 945, Luc le Stiriote, né dans les environs de Delphes, décida de s'établir en ce lieu. Il y fonda une petite église dédiée à Agia Varvara. À sa mort, une communauté monastique s'installa à sa place afin de construire une seconde église dédiée, elle, aux pèlerins. Puis le monastère s'est étoffé pour former une vaste enceinte polygonale, dont l'axe principal est orienté est-ouest selon la tradition byzantine. Les parties qui se visitent aujourd'hui comprennent, outre les bâtiments où les moines produisent de l'huile, une petite boutique, un café et deux églises. La plus petite (la Panagia) est dédiée à la *Théotokos* (la mère de Dieu, la Vierge Marie, la Madone, quoi !). Elle date de la moitié du Xe s. Si l'on fait abstraction des sols en mosaïque de marbre, son intérieur est plutôt sobre. Son parement extérieur, en revanche, est de toute beauté. Il est constitué selon la technique du cloisonné, savant appareillage où chaque pierre est entourée d'une brique, imitant parfois des caractères coufiques (écriture arabe anguleuse) mais sans intention d'écrire quoi que ce soit. Le *katholikon,* lui, est l'église la plus grande. Construit dans les premières années du XIe s, il est richement décoré de mosaïques d'origine. Une volumineuse coupole de 9 m de diamètre, reposant sur un tambour et percée

LE CENTRE DE LA GRÈCE

d'une quinzaine de baies, est ornée de fresques du XVIᵉ s (elles ont remplacé les mosaïques d'origine). Dans la crypte sont conservées les reliques du saint. Vu l'isolement du lieu, les groupes qui viennent en car quittent le monastère assez tôt en début d'après-midi ; une fois qu'ils sont partis, vous serez plus tranquille pour la visite.

ARACHOVA (ΑΡΑΧΟΒΑ)

(320 04) 2 700 hab.

Située à une dizaine de kilomètres de Delphes, Arachova est dominée par le mont Parnasse. Avec sa petite vingtaine de pistes, c'est l'une des stations de ski les plus fréquentées du pays. Une raison suffisante pour qu'elle regorge de petits restos, de tavernes et d'hôtels. Pas grand-chose à y faire, mais côté hébergement, Arachova offre une alternative intéressante quand Delphes est saturée, d'autant qu'on y mange bien. Le reste du temps, la ville somnole...

Le 23 avril, c'est la Saint-Georges ; débute alors une fiesta qui dure 3 jours, mêlant joutes sportives et défilés en costumes traditionnels, sans oublier les banquets, évidemment...

QUAND LE ROI-SOLEIL ÉCLIPSE APOLLON !

À Paris, au début du XVIIᵉ s, un grand terrain vague situé au sud du Quartier latin était dominé par une collinette de gravats. Considéré comme la résidence d'Apollon par les étudiants en lettres qui venaient y déclamer des vers et y conter fleurette, il n'en fallut pas davantage pour qu'ils le surnomment le « mont Parnasse ». C'est Louis XIV, en voulant agrandir Paris, qui le rasa. Le nom du feu monticule est resté depuis.

Arriver – Quitter

➢ ***De/vers Livadia et Delphes :*** tlj, env 5 bus/j. avec *KTEL* (☎ *22-67-03-14-01 ;* • *ktel-fokidas.gr* •).

Adresse utile

🅸 ***Office de tourisme municipal :*** *dans l'ancienne école, sur la rue principale, à hauteur de la tour de l'horloge.* ☎ *22-67-03-16-30.* • *arachova.gr* •

Où dormir ?

De bon marché à prix moyens

■ ***Guesthouse Piso Alonia :*** *chez M. Kalmandis, dans la même rue que l'Apollon Inn, sur la gauche, en face du collège.* ☎ *22-67-03-13-11 ou 90. Compter 30 € pour 2. CB refusées.* Chambres indépendantes et proprettes, à 2 ou 3 lits (éviter la nº 4, très petite), dont certaines avec vue, et un appartement plus ancien (dont on peut louer une chambre à un prix inférieur, mais négocier dur !). Accueil en français.

■ ***Apollon Inn :*** *à la sortie du bourg, direction Delphes, prendre la dernière rue à droite.* ☎ *22-67-03-10-57.* • *apollon-inn-arachova.gr* • *Double avec sdb env 35 € (60 € en saison d'hiver), petit déj compris.* 📶 Petit hôtel sans prétention disposant d'une quinzaine de chambres plutôt basiques mais correctes. Calme.

De prix moyens à plus chic

Xénonas Maria : *en montant dans une ruelle du centre sur la droite, direction Delphes. ☎ 22-67-03-18-03. • mariarooms.gr • Tte l'année. Doubles ou familiales 50-170 € selon capacité et saison, avec petit déj. CB refusées.* Maison traditionnelle de 7 chambres qui sentent bon l'encaustique orientale. Les 2 familiales, pour 4 personnes, sont arrangées avec beaucoup de goût dans un style gréco-ottoman : cheminée, mezzanine, boiseries. Une excellente adresse et un accueil gentil.

Villa Filoxenia : *au bout de la rue de l'*Apollon Inn, *après avoir laissé le collège à main droite, c'est indiqué. ☎ 22-67-03-10-46. • villafiloxenia.gr • Pour 2, compter 45-65 € selon confort et saison, petit déj compris ; apparts 5 pers (50 m²) 85-110 €.* Dans une grosse villa, à mi-chemin entre chambres d'hôtes et hôtel sur 3 niveaux, des studios et des appartements de bon confort avec chauffage, frigo-bar, TV (jacuzzi pour les plus luxueux). Le tout baignant dans un style local, version bourgeois. Bon accueil de toute la famille Katsis.

Où manger ?

La plupart des restos cuisent au feu de bois et proposent le *kokoretsi* (abats à la broche).

Steki Ta Platania Kaplanis : *pl. Tropaiou. ☎ 22-67-03-18-91. En haut du village. En voiture, prendre la route du mont Parnasse, puis à droite pour revenir sur les hauteurs du village. À pied, prendre la rue de l'*Apollon Inn, *puis la 1re à droite, puis à gauche et monter tt en haut. Tlj en saison ; fermé lun juin-sept. Env 12-15 € pour un plat traditionnel.* Si vous êtes monté jusqu'ici pour le panorama, prenez donc place sous le grand platane pour déguster la fameuse *formaella* (fromage chaud) ou les *kolokithakia,* beignets aux fleurs de courgettes farcis au fromage. Service chaleureux et efficace.

Taverne Parnassos : *sur la place de la poste, à la sortie d'Arachova, direction Delphes. ☎ 22-67-03-25-69. Tlj midi et soir. Fermé de mi-mai à mi-juin. Compter 10-15 €.* Resto coquet, terrasse sur la place et vue sur la vallée de la salle. Cuisine familiale avec la mère au fourneau, secondée par le père au gril et le fils en salle.

Taverne Karathanassis : *dans la rue principale. ☎ 22-67-03-14-56. Tlj jusqu'à minuit. Plats env 7-9 €. CB refusées.* Créée en 1930, elle a vu la circulation s'intensifier au fil des ans : on profite donc un peu trop de sa situation en bord de route ! Préférer la salle à l'étage. Néanmoins, la maison propose des plats typiques du coin, comme l'agneau à la sauce citronnée ou les sempiternelles *domatès yemistès* (tomates farcies). Le service est efficace, et le repas d'un bon rapport qualité-prix. Terrasse au 1er.

Taverne T'Alonia : *au niveau de la fourche qui sépare la route pour Delphes de celle pour le mont Parnasse. ☎ 22-67-03-19-99. Tlj jusqu'à minuit. Repas env 10-14 €. CB refusées.* Intérieur campagnard relooké style *Laura Ashley.* Ça plaît. Mais le plus, c'est la terrasse sous les pins. Dans l'assiette, ni plus ni moins que les classiques du coin. Bon accueil et service souriant.

DANS LES ENVIRONS D'ARACHOVA

L'antre corycien : *signalé sous le nom de* **Korikio Andro.** *En voiture, à la sortie d'Arachova, prendre la route du mont Parnasse ; à la fin du plateau (8 km depuis Arachova), tourner à gauche (panneau « Chatour » peu visible) ; au 1er embranchement, prendre à droite, puis au 2nd (1 km plus loin), à gauche ; après 2,5 km de piste* *forestière (à pied ou en 4x4, ça monte), on arrive à la grotte.* Ceux qui savent que marcher dans la grotte porte bonheur (surtout du pied gauche) pousseront jusqu'à cet antre qui, selon la mythologie, communique directement avec le monde d'Hadès (le maître des Enfers). Sur place, rien de spécial aujourd'hui. Un comble, car cet endroit habité depuis plus de 40 000 ans est certainement l'une des grottes qui a fait couler le plus d'encre au monde. Officiellement localisée au XIXe s grâce à une inscription dans la roche, cette succession de grandes chambres, décrite par les historiens et géographes de l'Antiquité, était le siège des nymphes Corycides. On en a extrait un nombre incalculable d'objets en relation avec le culte de Pan, et notamment des bagues. Se munir d'une torche ou y aller le matin (ouverture de la grotte orientée au sud-est).

DELPHES (ΔΕΛΦΟΙ)

(330 54) 2 000 hab.

« **Épousez un archéologue : plus vous vieillirez, plus il vous aimera.** »

Agatha Christie.

◗ Pour le plan de Delphes, se reporter au cahier couleur.

À 170 km au nord-ouest d'Athènes, Delphes fut longtemps considéré comme le centre du monde. La mythologie raconte qu'un jour Zeus fit décoller deux aigles d'une extrémité à l'autre de la terre, et qu'ils se sont rencontrés ici. Ainsi naquit l'omphalos, littéralement « le nombril du monde ». Ainsi, Delphes eut un rayonnement considérable pendant toute l'Antiquité. Il faut dire qu'Apollon, fils de Zeus, ne s'était pas trompé : l'endroit est sublime, le panorama moutonne en oliveraies qui glissent lentement vers la mer. Delphes tire son nom du grec ancien *delphinos,* car c'est ici qu'Apollon aurait pris l'apparence d'un dauphin pour attirer une bande de marins crétois afin de les convaincre de devenir ses prêtres. Une drôle de manière de faire naître les vocations !

Autrefois, le village de Delphes couvrait entièrement l'antique cité, rendant les fouilles impossibles. C'est l'École française d'archéologie d'Athènes qui, à la fin du XIXe s, parvint à convaincre le gouvernement grec de déménager le village. La France finança donc sa reconstruction en lieu et place qu'il occupe aujourd'hui. Depuis, Delphes est devenu le site archéologique grec le plus visité après l'Acropole. Cependant, il faut bien admettre que Delphes vaut surtout pour la qualité de son musée. Car si le site naturel est exceptionnel, les ruines pourront sembler à certains un peu un retrait, comparées à certains sites grecs de Sicile ou de Turquie.

Quant au village moderne, à part la vue sur la vallée, on y passe vite... Mieux vaut descendre vers la mer ou se rapprocher du mont Parnasse pour trouver un lieu de villégiature.

Arriver – Quitter

En bus

🚌 ***Station de bus** (plan couleur B2) : en arrivant au village, par la route d'Athènes (arrêt devant l'*Hotel Vouzas*).* *Les tickets s'achètent au café* In Delphi, *juste en face (☎ 22-65-08-22-30). Ouv tte l'année, tlj 8h30-23h (on peut y laisser ses bagages). Rens pour les bus : ☎ 22-65-08-23-17. • ktel-fokidas.gr •*

➢ ***De/vers Athènes, via Livadia :*** 5 bus/j. Compter 3h de trajet (pour ceux qui veulent faire l'A/R dans la journée, départ d'Athènes à 7h30, retour de Delphes à 15h ou 18h45).
➢ ***De/vers Amphissa ou Itéa :*** 6 départs/j. (5 le dim).
➢ ***De/vers Itéa et Galaxidi et Naupacte :*** 4 départs/j. (2 slt le dim).
➢ ***De/vers Patras :*** 2 bus/j. (1 seul dim, en fin d'ap-m). Trajet : 3-4h.
➢ ***Pour Lamia :*** 1 bus/j., à 10h15 (15h15 ven et dim). Si l'on va aux ***Météores,*** de Lamia, prendre le bus pour Trikala, d'où des navettes régulières desservent Kalambaka. On peut aussi passer par Larissa (bus pour Thessalonique) et changer pour Trikala, d'où l'on gagne Kalambaka. Compter env 4h de trajet.

En voiture

➢ ***D'Athènes :*** autoroute direction Lamia-Thessalonique puis soit sortie Livadia, soit, plus loin, sortie Kastro-Orchoménon-Delfi (bien indiquée au km 110). Les amateurs d'itinéraires buissonniers pourront, à condition d'être munis d'une bonne carte, traverser la Béotie via Élefsina (sur la route de Corinthe), Érythrès, puis une route semi-côtière les mènera jusqu'à Itéa. Jolis paysages en cours de route autour du mont Hélicon.
➢ ***De Patras :*** sortir à Rhion (à quelques km au nord-est de Patras) puis rejoindre la Grèce centrale par le pont à péage joignant ***Rhion*** à ***Antirhion.***

En train

➢ ***De/vers Athènes :*** pas pratique du tout. La gare la plus proche est à Livadia (voir plus haut), sur la ligne Athènes-Thessalonique. Il faut ensuite récupérer un bus Athènes-Delphes dans le centre de Livadia (la gare est à 2 km du centre de Livadia).

DELPHES

Adresses utiles

ℹ ***Police touristique*** *(plan couleur B1) : 3, odos Aggelou (en face de l'église). ☎ 22-65-08-22-20 à 22. Ouv 24h/24.*
✉ ***Poste*** *(plan couleur B2) : 26, odos Pavlou & Fridérikis. Lun-ven 7h30-14h.*
■ ***Banques :*** *sur odos Pavlou & Fridérikis (lun-ven 8h-14h30).* Plusieurs distributeurs automatiques de billets. Nos lecteurs suisses et canadiens pourront faire du **change** à l'*Hotel Sibylla,* 9, odos Pavlou & Fridérikis.
■ ***Presse internationale*** *(plan couleur B2,* ***4****) : au kiosque sur odos Pavlou & Fridérikis.*
@ ***Internet*** *(plan couleur B2,* ***23****) : à l'Hotel Parnassos, 32, odos Pavlou & Fridérikis. ☎ 22-65-08-23-21. 7h30-23h. Min 30 mn de connexion ; cher.*

Où dormir ?

À Delphes, deux rues principales : odos Pavlou & Fridérikis et odos Apollonos, où se succèdent hôtels, restos et boutiques. Nos adresses sont classées par ordre croissant de prix, mais Delphes étant exclusivement fabriquée pour le tourisme, la concurrence est rude et les prix assez fluctuants. Il est conseillé de marchander.

Campings

Ils sont tous situés à l'extérieur de Delphes. En saison, un bus permet de rejoindre la ville six à sept fois par jour.

⛺ ***Camping Apollon*** *(hors plan couleur par A1) : à 1,5 km à l'ouest de Delphes, direction Itéa. ☎ 22-65-08-27-62. • apolloncamping.gr • Tte l'année. Compter 19-21 € pour 2 avec tente et voiture selon saison. Réduc de 20 % sur présentation de ce guide (sf bungalows et caravanes).* Le plus proche. Pratique pour les routards sans véhicule : arrêt de bus juste devant. Emplacements ombragés sur terre battue (le sol a été rendu plus meuble) disposant d'une vue superbe sur la vallée. Également quelques caravanes et de vieux mobile homes en bois (50 € pour 2, 70 € pour 4 ainsi que des sortes de tentes pré-installées). Grande piscine, aire de jeux, minimarché, resto-bar (concerts de jazz en hiver), laverie, frigo et plaques chauffantes. Location de tentes et sanitaires impeccables.

Camping Delphi *(hors plan couleur par A1) : à 4 km de Delphes, direction Itéa puis Chrisso (c'est fléché).* ☎ *22-65-08-22-09. • delphicamping.com • 1er avr-15 oct. Résa conseillée. Compter 22,90 € pour 2 avec tente et voiture.* Beau petit camping avec des emplacements gravillonnés mais bien ombragés, sur plusieurs niveaux. Petit supermarché (presse française), bar et terrasse, ainsi qu'une taverne donnant sur la « mer d'oliviers ». Arrêt de bus devant l'entrée. Jolie piscine. Laverie. Accueil fort sympathique et francophone. Hautement recommandable.

Camping Chrissa *(hors plan couleur par A1) : à 7 km de Delphes, direction Itéa ; en contrebas du village de Chrissa.* ☎ *22-65-08-20-50. • chrissacamping.gr • delphi-rooms-bungalows.gr • Compter, selon saison, 16-18 € pour 2 avec tente et voiture. Propose également des chambres et quelques cases rondes (ou bungalows) : selon saison, 40-50 € pour une double, 50-90 € dans une case, petit déj compris (tarifs incluant une réduc de 20 % sur présentation de ce guide).* Vaste camping installé sur une série de terrasses en escaliers, avec de grands emplacements face à la vallée. Piscine avec petit et grand bains, entourée de gazon. Calme, fleuri et très propre. Plus aéré que les 2 autres, mais un peu plus éloigné de Delphes. Location de tentes. Sanitaires bien entretenus. Lave-linge. Bar et resto, minimarché. Bon rapport qualité-prix.

Bon marché

Comme dans tous les lieux très touristiques en Grèce, les tarifs fluctuent selon le remplissage de l'hôtel ou l'humeur du jour...

Hotel Sibylla *(plan couleur B2, **10**) : 9, odos Pavlou & Fridérikis.* ☎ *22-65-08-23-35. • sibylla-hotel.gr • Résa conseillée. Pour 2, compter 28-34 € (tarifs incluant la réduc accordée sur présentation de ce guide) ; substitut au petit déj vendu 2 €.* Petite structure de 8 chambres confortables, sans grand effort de déco mais très propres, avec des lits doubles pour la plupart et des brasseurs d'air pour découper vos rêves de nymphes. La moitié d'entre elles ont un petit balcon sur la vallée. Serviable, le patron déplie volontiers une carte pour vous expliquer les randos à faire dans le coin. Une adresse d'un bon rapport qualité-prix.

Arion Hotel *(plan couleur A1, **11**) : 29, odos Syngrou.* ☎ *22-65-08-20-97. • ariondelphihotel.com • Double 40 €, quadruple 65 €, petit déj compris (tarifs incluant la réduc accordée sur présentation de ce guide).* L'ascenseur dessert une bonne vingtaine de chambres coquettes, dont la moitié embrassent la vallée. La clim (en bon état) et le double vitrage vous promettent une nuit salvatrice. Côté déco, rien à dire : couvre-lit lie-de-vin, meubles mélaminés et parquet flottant... Côté aisance, avec 2 à 4 lits par chambre, on est un peu serrés, cependant la maison n'oublie pas les amoureux pour autant, car 5 chambres possèdent un grand lit.

Hotel Orpheas *(plan couleur A1, **19**) : 35, odos Syngrou.* ☎ *22-65-08-20-77. • zdroserou@hol.gr • Double 35 €, petit déj compris (tarif incluant la réduc accordée sur présentation de ce guide).* Hôtel familial très bien pour un séjour au calme. Il ne brille pas par son originalité, mais il est propre et les 25 chambres qu'il recèle possèdent pratiquement toutes une vue. Optez pour celles aménagées sous les combles, elles ont plus de cachet.

Sun View Pension *(plan couleur A1, **12**) : 84, odos Apollonos.* ☎ *22-65-08-23-49. • dkal@otenet.gr • Tte l'année. Double env 40 €, triple 50 €, avec petit déj (tarifs incluant la réduc accordée sur présentation de ce guide).* Un peu excentrée, cette pension dispose de 7 chambres tout confort (clim, TV, salle de bains privée), mais 4 seulement possèdent une vue. Pas vraiment de déco (meubles basiques

DELPHES

en pin, lithos *cheap* aux murs), pas vraiment d'ambiance non plus. En cas d'absence, adressez-vous au magasin d'à côté.

De prix moyens à plus chic

Hotel Iniohos *(plan couleur B2,* ***14****) : 19, odos Pavlou & Fridérikis. ☎ 22-65-08-31-01. • delphi-hotel-iniohos.gr • Doubles env 45-50 €, petit déj compris. Appart 3 chambres 70 €.* Une vingtaine de chambres propres et confortables (TV, AC), réparties sur 5 niveaux, mais seulement 7 d'entre elles possèdent un balcon face à la vallée. Côté déco, c'est moquette rouge et tons pastel. On apprécie les ouvrants oscillo-battants pour faire rentrer le bon air mais les salles de bains sont un peu petites. Cela dit, ça reste un bon plan, d'autant que Yannis, le patron, vous accueille en français. Bon resto au rez-de-chaussée (voir plus loin « Où manger ? »).

Hotel Hermès *(plan couleur B2,* ***17****) : 27, odos Pavlou & Fridérikis. ☎ 22-65-08-23-18. • hermeshotel.com.gr • Env 45 € pour 2, avec petit déj.* Sur la grosse trentaine de chambres climatisées que propose cet hôtel néanmoins fort sonore (merci le béton armé), presque toutes ont un balcon donnant sur la vallée. Avec leur déco on ne peut plus classique, elles sont agréables et bien tenues. Côté rue, on apprécie le double vitrage. Le petit déj ne vous laissera pas un souvenir impérissable, mais l'accueil est gentil, c'est toujours ça de pris !

Hotel Varonos *(plan couleur B2,* ***16****) : 25, odos Pavlou & Fridérikis. ☎ 22-65-08-23-45. • hotel-delphi.gr • Doubles 45-70 € selon type de chambre, petit déj compris.* Hôtel familial d'une petite vingtaine de chambres, dont la moitié avec vue. Déco chargée de kitscheries en tout genre et couvre-lits aux couleurs *flashy*. Dans l'ensemble, c'est propre, même si quelques odeurs émanent des salles de bains des plus vieilles chambres. En demander une récente, aménagée avec mansarde. Elles possèdent la clim, la TV et un frigo-bar. Également 2 appartements 4-6 personnes. Sinon, petit déj-buffet copieux (vrai chocolat, pâtisserie maison). Accueil chaleureux du patron gentiment hâbleur, qui parle le français.

Hotel Parnassos *(plan couleur B2,* ***23****) : 32, odos Pavlou & Fridérikis. ☎ 22-65-08-23-21. • parnassos.org • Tte l'année. Double 49 €, familiale 79 €, petit déj inclus.* Hôtel de taille moyenne, avec une trentaine de chambres offrant un très bon niveau de confort (AC, TV, petit coffre). Familiales mansardées à prix intéressant, notamment une grande suite avec cheminée et jacuzzi, idéale quand on a crapahuté toute la journée sur les traces de la pythie. Au rez-de-chaussée, une cafétéria où l'on propose, entre autres, des crêpes.

Fedriades *(plan couleur A2,* ***24****) : 46, odos Pavlou & Fridérikis. ☎ 22-65-08-23-70. • fedriades.com • Double 50 €, familiale 90 €, petit déj inclus.* Déco ethnico-chicos, musique *chill-out* tirant sur le Clayderman, le dernier fleuron de la famille Kourélis en jette ! Il propose 2 douzaines de chambres relativement petites mais très cosy, avec tout le confort souhaité : clim, TV, frigo, produits d'accueil, service de couvertures... Certaines familiales communiquent entre elles. Pour la vue, préférer quand même celles du 2e étage. Infos à la réception et accueil commercial mais néanmoins sympathique.

Hotel Acropole *(plan couleur B2,* ***20****) : 13, odos Filellinon. ☎ 22-65-08-26-75. • delphi.com.gr • Tte l'année. Double env 65 €, petit déj-buffet inclus. Remise de 10% sur présentation de ce guide.* Hôtel typique des années 1980, avec béton enduit de crépi blanc, meubles en bois vernissé et quelques notes de couleurs pour agrémenter le tout. Sur la quarantaine de chambres, presque toutes disposent d'une vue. Côté confort, ascenseur, clim, baldaquins et bouilloire mise à dispo dans les chambres du haut. Certaines communiquent, et c'est un plus quand on voyage en famille. Petit déj copieux (bon yaourt). Accueil sympa. Beaucoup de fleurs et plantes grasses. Calme assuré car situé dans une rue en retrait.

Où dormir dans les environs ?

🏠 ***Xenonas Chrisso :*** *à* ***Chrisso,*** *à 7 km de Delphes (prendre la route d'Itéa, la quitter à la bifurcation pour Chrisso). ☎ 22-65-08-32-20. 📱 69-72-20-31-60. Membre du réseau d'hébergements de charme* Guest Inn *: possibilité de résa en ligne sur • guestinn.com • Tte l'année. Double 50 € ; studio pour 3 pers 65 € ; appart 4-5 pers 110 €. Petit déj 6 €.* Dans une grande maison rénovée, une dizaine de chambres spacieuses et climatisées, 2 studios avec une belle vue sur la vallée et un appart (non climatisé). Bon accueil de l'énergique Zaphira. Pour manger, les mêmes proprios ont un café-resto sur la place principale de Chrisso, 200 m plus bas. C'est là qu'il faut demander votre chemin si vous avez du mal à trouver la maison !

Où manger ?

Les tavernes offrent pour la plupart une vue magnifique sur la vallée. Pour manger sur le pouce, on trouve de petits *souvlakia* dans la rue qui descend vers l'arrêt des cars, au niveau de la taverne *Dion.*

Bon marché

🍽 ***Taverna Dion*** *(plan couleur B2,* ***31****) : 30, odos Apollonos. ☎ 22-65-08-27-90. Tte l'année, tlj 12h-16h, 18h30-23h. Compter env 7-9 € pour un repas. CB refusées.* Une taverne accueillante, menée tambour battant par Yorgos. De la cuisine ouverte à tous les vents sortent des plats du cru : *souvlakia,* salades, *dolmadès...,* qui parfois traversent la rue. L'occasion de s'attabler à la petite terrasse qui mange un peu la pente.

Prix moyens

🍽 ***Restaurant Iniohos*** *(plan couleur B2,* ***14****) : 19, odos Pavlou & Frisdérikis. ☎ 22-65-08-31-03. Repas env 20 €.* L'un des nombreux restos faisant face à la vallée, mais celui-là plus qu'un autre vaut le détour, car il travaille une cuisine élaborée sur la base d'antiques recettes avec des produits 100 % bio. D'abord on y déguste d'excellents vins, l'occasion d'accompagner un plat de poisson (la spécialité de la maison) avec une *malagouzia* (le malvoisie des côtes du Parnasse), un blanc fruité en diable. S'ils sont à la carte, commander un lapin aux oignons ou un coq au vin, et accompagner tout ça d'un *Nemea Grande Cuvée,* un vin rouge du Péloponnèse. Bref, un vrai resto pour épicuriens, mené comme sur des roulettes, et en français si nécessaire, par un amoureux de la petite reine.

🍽 ***Taverna Épikouros*** *(plan couleur A2,* ***33****) : 33, odos Pavlou & Fridérikis. ☎ 22-65-08-32-50. Mars-oct. Repas 15-20 €, facilement 30 € si spécialités. Réduc de 10 % consentie aux clients des hôtels* Parnassos *et* Fedriades. Taverne à la déco moderne et stylée qui accueille surtout des groupes. Grande terrasse vitrée donnant sur la vallée. On vous recommande, entre autres, la salade Épikouros, l'agneau au citron *(arnaki lemonato),* en fricassée ou à l'origan, ou encore le sanglier *(agriogourouno).* Attention, exiger une carte avec les prix clairement indiqués (la carte en français ne les mentionne pas).

🍽 ***Taverna Vakchos*** *(plan couleur A1,* ***34****) : 31, odos Apollonos. ☎ 22-65-08-31-86. Midi et soir. Compter 12-18 € le repas.* Souvent plein à l'heure du dîner, mais c'est normal, car de la salle en balcon sur la vallée, on a une vue fantastique au coucher du soleil. Pas mal de choix à la carte avec les classiques du coin, mais vous pouvez aussi opter pour le plat du jour. Vins de la région pas mauvais. La cuisine est très correcte mais ne vous laissera pas un souvenir impérissable.

Où boire un verre ?

Café Agora *(plan couleur B2, **41**) : 43, odos Pavlou & Fridérikis. ☎ 22-65-08-31-16. Tlj 10h-2h.* En journée, pour siroter ou picorer, un bain de soleil en prime, sous les auvents, avec une vue imprenable. En soirée, il est bon de se lover dans un fauteuil et de laisser la musique faire le reste. Boissons abordables, snacks un peu chers.

À voir

Le sanctuaire d'Apollon *(hors plan couleur par B2) : sur la route d'Arachova, à env 800 m du centre. En principe, mai-oct, tlj 8h-20h (8h-15h le reste de l'année). Entrée : 9 € pour le billet combiné site + musée ; 6 € pour le site seul ; réduc. Arriver dès l'ouverture, avt les cars, ou en fin d'ap-m, après leur départ aux beaux jours. Prendre le plan détaillé du sanctuaire, très bien fait. Fontaine d'eau réfrigérée à l'entrée.*
Une visite à ne pas manquer, non pas pour la beauté de ses vieilles pierres (il en reste très peu en définitive, et le site est enlaidi dans sa partie basse par un escalier en béton désactivé), mais par l'intense émotion que le site dégage par lui-même. Malheureusement, aux heures de pointe, la magie s'estompe un peu...
– ***La Voie sacrée :*** large de 4 m environ, elle a conservé son tracé initial. Elle part de la grande place dallée où démarraient les processions lors des grandes fêtes du sanctuaire. On s'y perd un peu au début, car on a du mal à la « lire ». Son parcours était jalonné de monuments votifs et, surtout, de « trésors », des ouvrages d'art édifiés par les différentes cités-États pour y accueillir les offrandes de leurs concitoyens. Conscientes de ces trésors qui marquaient le signe de leur puissance, elles rivalisaient d'audace en matière d'architecture, sans parler des richesses qu'elles y consacraient. Plutarque s'indigna, d'ailleurs, de cette débauche de luxe permise seulement par les guerres et les pillages.
– ***Le trésor des Athéniens :*** édifié dans les années 490 av. J.-C., c'est l'un des rares monuments que les archéologues ont pu reconstituer. Les sculptures qui l'embellissaient sont au musée.
– Avant d'aborder la montée vers le sanctuaire d'Apollon proprement dit, jeter un œil sur le *mur de soutènement de la terrasse.* Il fut construit pour contenir l'énorme poussée du temple. Ces pierres de forme polygonale, pesant parfois plusieurs quintaux, sont une merveille de précision dans leur assemblage. En regardant bien, on remarque des inscriptions gravées ; ce sont pour la plupart des actes concernant des affranchissements d'esclaves.
– ***Le temple d'Apollon :*** le plus important du sanctuaire. C'est en fait la version « point 3 » du temple initial, car les versions antérieures furent détruites par différents tremblements de terre. Il date de IVe s av. J.-C. C'est là que se manifestait l'oracle par l'intermédiaire de la *pythie.*
Les pythies, que les grands des cités-États venaient consulter pour se concilier les faveurs d'Apollon avant de partir en guerre ou d'envisager un long voyage, étaient choisies parmi les jeunes paysannes vierges de Delphes. Il y en eut jusqu'à trois en même temps (deux tour à tour et une remplaçante). Puis, lorsqu'en 217 av. J.-C. l'une d'elles s'enfuit avec un consultant, on finit par choisir des femmes de 50 ans, en prenant bien soin de les habiller en jeunes filles !
La pythie officiait dans une salle sous le temple. Après s'être purifiée en buvant l'eau de la source sacrée et en mâchant des feuilles de laurier (l'arbre d'Apollon), elle attendait tranquillement derrière son voile, assise sur son trépied. Entraient alors deux prêtres et un assistant qui l'aspergeaient d'eau froide. Si la pythie ne tressaillait pas, la consultation était annulée. Celui qui était venu consulter en était quitte pour s'inscrire pour le prochain tour. Dans le cas contraire, l'intéressé (ou les intéressés, car on pouvait consulter à plusieurs pour limiter les frais)

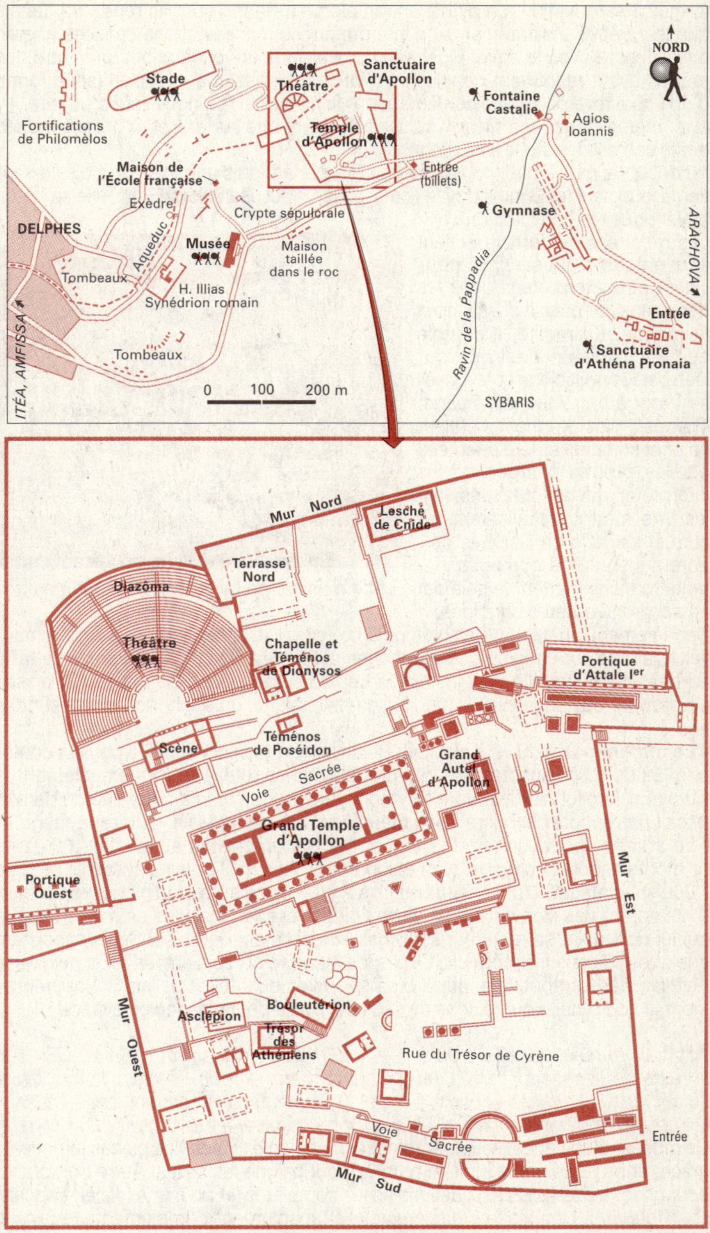

LE SITE DE DELPHES

formulait sa question. La pythie entrait alors en transe pour lui répondre, tandis que les prêtres étaient chargés d'interpréter ces manifestations censées être en prise directe avec le divin. Quelques convulsions et vociférations plus tard, les prêtres ayant rendu leur conclusion, l'intéressé passait à la caisse (sous forme d'une taxe reversée à une confédération de cités). Vu la longue liste d'attente, il y avait même des coupe-files : il suffisait de payer une surtaxe pour griller tous ses petits camarades sur la liste d'attente !
Au début, la pythie était consultée une fois par an, puis une fois par mois (le septième jour) sauf les 3 mois d'hiver, car Apollon s'éclipsait alors. Enfin, elle se faisait payer pour ses consultations !
Les réponses de l'oracle étaient souvent ambiguës, elles pouvaient être interprétées dans les deux sens, ce qui satisfaisait tout le monde. En réalité, il semble que les pythies étaient manipulées par les politiciens et favorisèrent tour à tour Athènes, Sparte, Thèbes... Ces prophéties étaient en effet soigneusement orientées par les prêtres chargés de les interpréter, qui tantôt favorisaient les uns, tantôt pénalisaient les autres. L'oracle de Delphes perdurera jusqu'à ce que les sénateurs romains mettent le holà dans cette manière de faire de la politique pas très en accord avec leurs principes.

COMPREND QUI VEUT, COMPREND QUI PEUT !

Crésus, le riche roi de Sardes, en Asie Mineure, était venu consulter l'oracle. S'étant entendu prédire par la pythie qu'en menant une guerre contre les Perses il détruirait un grand royaume, il ne comprit pas l'ambiguïté du présage et interpréta imprudemment l'oracle à son avantage. En fait, la prédiction annonçait la destruction de son propre royaume !

Dernièrement, un géophysicien d'une université du Connecticut a apporté un nouvel éclairage sur l'origine des prophéties pythiques. Selon ce chercheur, la faille au-dessus de laquelle était installé le trépied sur lequel officiait la pythie laissait s'échapper de l'éthylène, un gaz aux effets hilarants ou euphoriques. C'est drôle non ?
– ***Le théâtre :*** date du IVe s av. J.-C. Relativement bien conservé. Il pouvait contenir plus de 5 000 spectateurs. S'y déroulaient les fêtes delphiques célébrant la victoire d'Apollon sur le serpent Python, gardien de l'oracle alors que ce dernier n'était pas encore consacré à son tueur (Apollon) mais à Gaïa, la déesse-mère.
– ***Le stade :*** encore un effort pour y arriver par un chemin à gauche du théâtre, ça monte encore ! Large de 26 m et long de 177,55 m, il pouvait accueillir près de 7 000 spectateurs. Il fut construit au IIIe s av. J.-C., mais les gradins visibles aujourd'hui datent des Romains. Il est assez bien préservé, mais les arcs de triomphe qui lui donnaient sa grandeur sont malheureusement écroulés. Seuls subsistent quelques piliers sur le côté droit. Tous les 4 ans se déroulaient les Jeux pythiques *(Pythia)*, des compétitions aussi bien sportives qu'intellectuelles. Malheureusement, aujourd'hui, pour raisons de sécurité, on ne peut plus fouler le stade.

Le musée : ☎ *22-65-08-23-12. ♿ En principe, mai-oct, tlj 8h-20h (8h-15h le reste de l'année). Fermé 1er et 2 janv, 25 mars, dim de Pâques, 1er mai, 25 et 26 déc, et les jours d'élections ! Entrée : 9 € pour le billet combiné site + musée ; 6 € pour le musée seul ; réduc. On peut photographier (flash interdit).*
Ce musée, d'une richesse extraordinaire, met bien en valeur les pièces exposées, grâce, entre autres, à la lumière naturelle qui baigne les salles. Autre bon point : pour chaque objet, des explications assez complètes (et pour une fois en français) sont fournies. Une visite indispensable et absolument complémentaire à celle du site.
La vedette de ce musée, c'est l'*Aurige* (conducteur de char), statue de bronze datant de 474 av. J.-C. Avec son joli petit minois et ses épaules de déménageur, il est une des rares sculptures en bronze de la période classique à être parvenues

jusqu'à nous. Découvert en 1896, il doit sa grande forme au fait qu'il fut conservé sous les décombres laissés par le tremblement de terre de 373 av. J.-C. Un peu de patience, il est situé dans la dernière salle.
Ne pas manquer, en début de visite, les petites figurines mycéniennes et les trépieds de chaudrons en bronze. Remarquables frises du *trésor des Siphniens,* avec les reliefs qui l'ornaient et le *sphinx* ailé de la colonne des Naxiens, gardien de l'Oracle, dont la hauteur totale était de 12,50 m. Reliefs et frises magnifiques également dans les deux salles du *trésor des Athéniens,* dont la métope de la face nord (Héraclès domptant le cerf au pied d'airain et le lion de Némée). Impressionnants frontons du temple d'Apollon.
D'autres statues de première importance méritent une attention particulière : les deux magnifiques *kouroï* en marbre de Paros (VIe s av. J.-C.), Cléobis et Biton, les jumeaux d'Argos (mais il se pourrait qu'ils représentent, en fait, les Dioscures, symboles des jeunes hommes en âge de porter les armes). Ne pas manquer non plus la salle des offrandes précieuses, avec des objets d'une extrême finesse (fabuleux trésor mis à jour en 1939 par les archéologues français). Ces offrandes en ivoire, argent ou or proviennent des riches cités ioniennes (Milet, Éphèse, Samos). Non loin de là, un taureau grandeur nature rappelle que la technique du martelage est antérieure à celle de la fonte (VIe s av. J.-C.), mais qu'elle donne un rendu époustouflant. Enfin, dans la salle qui précède celle de l'Aurige, le groupe des *Thyiades* (des danseuses) et un bel *Antinoüs,* le favori de l'empereur Hadrien, adoré comme un demi-dieu après sa mort accidentelle (par noyade). Et si la pierre sacrée de Delphes que vous voyez, l'*Omphalos* (le nombril), n'est qu'une copie, elle n'en impose pas moins... On pense que l'original trônait tout en haut de la colonne des danseuses.

DELPHES

Le sanctuaire d'Athéna Pronaia : *en contrebas du sanctuaire d'Apollon, sur la route d'Arachova, à droite (ne ratez pas la salle qui lui est consacrée dans le musée). Accès libre.* L'ensemble est très ruiné, notamment l'ancien et le nouveau temple d'Athéna, et les deux trésors, dont celui de Massilia (l'actuelle Marseille). Seule la *tholos,* dont il subsiste, sur trois colonnes doriques, l'entablement et les métopes à relief, donne une idée des proportions harmonieuses et de l'exécution soignée des détails de l'édifice, dont la fonction exacte reste mystérieuse. Il fut construit en 380 av. J.-C.

Le gymnase : *juste avant la* tholos, *on le remarque très bien de la route. Accès libre également (mais en cours de travaux de réhabilitation en 2014 et fermé pour cette raison).* C'est là que s'entraînaient les athlètes. Des colonnes soutenaient un toit en bois (contre le soleil) sur toute sa longueur. On distingue encore bien la palestre, affectée aux lutteurs, et la piscine ronde. Petit *café* avec terrasse (cher) et splendide panorama pour se remettre des longues heures d'entraînement, à la sortie du gymnase.

La fontaine Castalie : *sur la route d'Arachova, juste à l'endroit où la route fait un coude. Une grille en interdit l'accès (du fait de chutes de pierres) ; contentez-vous des panneaux d'explication.* Selon la légende, Apollon tomba amoureux (encore !) d'une nymphe prénommée Castalie. Pour lui échapper, elle sauta dans la fontaine qui porte aujourd'hui son nom. Ses eaux servaient aux purifications (uniquement des hommes). Il suffisait de se tremper les mains et les cheveux. Les criminels, eux, devaient effectuer l'immersion complète.

Randonnées pédestres

➢ Une balade superbe dans cette mer des oliviers qui s'étend dans la vallée de Delphes. Du bas du village (odos Filellinon), un sentier descend en moins d'une heure à Chrisso (indications « Ancien Path »). Puis on atteint la route qui descend à Itéa ou qui remonte à Delphes (stop ou bus). Préférable d'aller jusqu'à *Kirra,* un quartier d'Itéa, qui était le port de Delphes dans l'Antiquité. Compter 500 m de dénivelée, et environ 3h de marche sans grande dénivelée. De Kirra, retour en bus vers Delphes (à faire le matin de préférence, il y a plus de possibilités pour le retour).

➢ Sinon, pour les grands marcheurs, Delphes se trouve sur le sentier E4 qui va de Tarifa (sud de l'Andalousie) à la Crète ! Un panneau, au bas de l'avenue Apollonos, donne quelques indications sur le parcours Delphes-Eptalofos (18,2 km ; 7h de marche). D'ailleurs, on peut se faire emmener en taxi, au départ de Delphes, à l'antre corycien, au-dessus d'Arachova (voir plus haut « Dans les environs d'Arachova »). Compter 25 € environ. Le taxi vous laisse à 1 km du site, puis descente jusqu'à Delphes (environ 800 m de dénivelée, 2h30 de marche), en suivant le sentier E4.

DANS LES ENVIRONS DE DELPHES

Itéa : à 15 km au sud de Delphes, petite ville, aujourd'hui sans grand charme, qui fut dans l'Antiquité le port d'arrivée des pèlerins qui se rendaient à Delphes. Plage de galets ou de petits graviers, avec douches. Petit front de mer pas désagréable, avec quelques troquets, mais pas de quoi y passer ses congés. La plage la plus abritée se trouve tout au bout, face aux mines de bauxite. Pour y aller, continuer le front de mer et laisser l'église à main gauche. Pour rejoindre Itéa, prendre le bus (voir plus haut « Arriver – Quitter »).

GALAXIDI (ΓΑΛΑΞΙΔΙ) (330 52) 1 400 hab.

Petit port lové au fond d'une anse à 15 km à l'ouest d'Itéa, Galaxidi a toujours entretenu un rapport étroit avec la mer. Vivant tantôt de la piraterie, tantôt la subissant, c'est grâce à son port en eau profonde qu'elle put se doter d'une flotte aussi importante. La ville s'est enrichie à tel point qu'en 1892, alors à l'apogée de sa croissance, elle comptait 550 navires et plus de 6 000 âmes. C'était l'un des principaux chantiers de construction navale du pays, on y venait commander son clipper, mais également recruter des capitaines et des marins qualifiés. La marine à vapeur a sonné le glas de cette industrie florissante.
De ce glorieux passé d'échanges et de commerce, la ville a gardé les ballasts qui pavent aujourd'hui ses ruelles parsemées d'herbes folles, et ses maisons d'armateurs superbement restaurées.
Lieu de villégiature des Athéniens le week-end, Galaxidi n'est pas spécialement bon marché. Cela dit, c'est une idée de séjour à creuser pour ceux qui veulent découvrir Delphes sans pour autant renoncer au rituel d'un bain de mer en fin de journée.
Trois points de repère : le port de plaisance où sont alignés tous les restos et les bars, le port des pêcheurs (ou vieux port) et la place aux quatre palmiers, où se concentre l'activité locale.

Arriver – Quitter

Station de bus : *sur la place des Héros (Manoussakia) du centre, avec ses 4 palmiers. ☎ 22-65-04-20-87. Achat des billets au café proche de la place (tlj 5h-0h30).*

➢ ***De/vers Itéa :*** 4 bus/j. (3 le w-e).
➢ ***De/vers Naupacte :*** 4 bus/j. (3 le dim).
➢ ***De/vers Athènes :*** 4-5 bus/j. Env 4h de trajet.

PLANS ET CARTES EN COULEURS

DISTANCES PAR LA ROUTE

LA GRÈCE ROUTIÈRE ET MARITIME

LA GRÈCE ROUTIÈRE ET MARITIME

RÉSEAUX AÉRIEN ET FERROVIAIRE DE LA GRÈCE

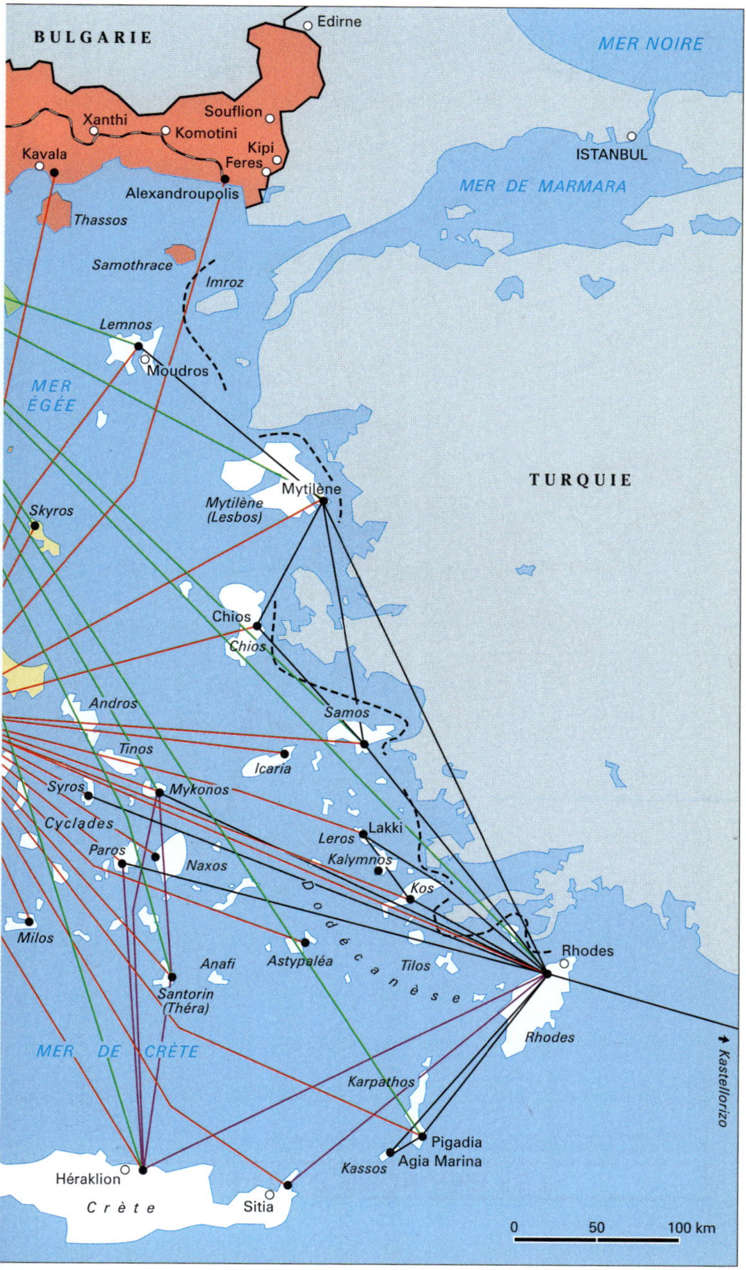

RÉSEAUX AÉRIEN ET FERROVIAIRE DE LA GRÈCE

LES ENVIRONS D'ATHÈNES

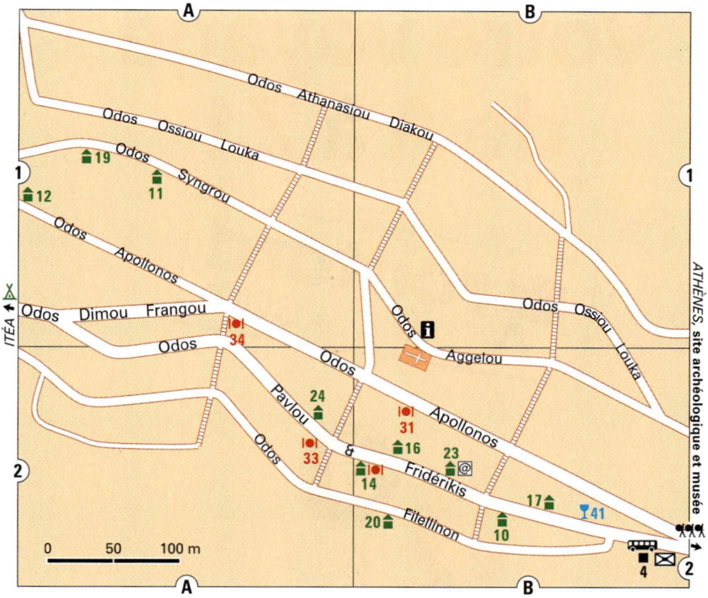

DELPHES (VILLE)

■ **Adresses utiles**

- Police touristique
- 4 Presse internationale
- @ 23 Hotel Parnassos

Où dormir ?

- 10 Hotel Sibylla
- 11 Arion Hotel
- 12 Sun View Pension
- 14 Hotel Iniohos
- 16 Hotel Varonos
- 17 Hotel Hermès
- 19 Hotel Orpheas
- 20 Hotel Acropole
- 23 Hotel Parnassos
- 24 Fedriades

Où manger ?

- 14 Restaurant Iniohos
- 31 Taverna Dion
- 33 Taverna Épikouros
- 34 Taverna Vakchos

Où boire un verre ?

- 41 Café Agora

Adresses utiles

✉ **Poste :** *dans la rue centrale en allant vers le port. Lun-ven 7h30-14h.*

■ **Distributeur automatique :** *au niveau de la poste.*

Où dormir ?

De bon marché à prix moyens

Chambres à louer sur la route qui domine le port des pêcheurs, à Hirolakas.

De prix moyens à plus chic

Ganimede Hotel : *20, odos Gourgouri.* ☎ *22-65-04-13-28.* • *ganimede.gr* • *En retrait des 2 ports. Tte l'année. Double env 75 €, petit déj compris.* 💻 *(sur demande).* 📶 *Sur présentation de ce guide, 10 % de remise pour des résas faites par e-mail.* Dans une ancienne maison de capitaine, une poignée de chambres coquettes dont quelques familiales disposant d'une cuisinette. Ne pas se fier à l'entrée, quelconque, à l'intérieur vous découvrirez un élégant patio coiffé d'une tonnelle et baigné de musique jazzy. Excellent petit déj (récemment récompensé comme le meilleur de la région), servi avec pas moins de 30 sortes de confitures ! Une très bonne adresse, animée par sa propriétaire francophone, Chryssoula Papalexi, qui gère le *Miramare,* un autre hôtel du côté du port de plaisance, bien, mais possédant moins de charme. Le soir en été (18h-22h30), cocktail et snack-bar sur place.

Pension Oiantheia *(prononcer « Ianthia ») :* *quartier Hirolakas, dans la ruelle derrière l'hôtel* Argo. ☎ *22-65-04-24-33 et 34.* 📱 *69-32-97-89-90.* • *villaoianthia.gr* • *Selon saison, doubles 50-90 € avec petit déj.* 💻 📶 Architecture pas folichonne, mais la dizaine de chambres, confortables et récentes, est bien aménagée. La patronne est artiste-peintre et s'est fait plaisir en exécutant des fresques aux évocations mythologiques, ainsi que dans les salles de bains, importées d'Italie : rien que ça ! La moitié des chambres a vue sur le vieux port. Quartier calme.

Où manger ? Où boire un verre ?

Nombreuses tavernes le long du port de plaisance.

Prix moyens

Albatross : *odos K. Satha.* ☎ *22-65-04-22-33.* 📱 *69-46-46-58-94. Entre 2 églises, au-dessus du port, en direction du Musée nautique. Tte l'année, tlj, midi et soir. Compter 10-15 € le repas. CB refusées.* Bonne cuisine (rôti de porc, coq au vin...) à prix serrés et ambiance familiale. Moins touristique que les restos du port. Petite salle style cantine, avec des peintures sur le thème de la mer, et des tables à touche-touche le long du trottoir. On y est très bien accueilli : le patron, ex-marin, œuvre en salle, tandis qu'Elena, sa femme, s'active aux fourneaux !

Art Café Liotrivi (Ouzomedopolion) : *au bout du port des pêcheurs (quartier Hirolakas), installé dans une magnifique maison en pierre au bord de l'eau.* ☎ *22-65-04-17-81. 10h-minuit (ven-dim slt nov-mars). Compter env 15 €. CB refusées.* Pêcheur, peintre, bricoleur et cuistot... Si l'on oublie sa sœur qui opère en salle, Giorgos Minas fait tout du sol au plafond ! D'après lui, c'est ici qu'on mange les meilleures feuilles de vigne farcies à cent lieues à la ronde ! Sinon, la plupart du temps, c'est *mezze* et ouzo. On en a même vu qui achetaient ses tableaux...

Plus chic

To Barko tis Maritsas : *sur le port de plaisance. ☎ 22-65-04-10-59. Tte l'année, midi et soir (sf lun-mar nov-fév). Compter min 30-35 € le repas.* Fréquenté essentiellement par des Grecs. Intérieur vaste, style rétro et coloré. Pour un dîner, préférez la terrasse avec vue sur le port et les étraves des voiliers, l'ambiance est plus romantique... Dans l'assiette, une cuisine méditerranéenne, avec spécialité de risottos et pâtes aux fruits de mer. Attention, pour un poisson, ça grimpe vite. Côté vins, carte réduite et pas spécialement donnée.

À voir

Le Musée nautique : *odos Moussiou et odos Nirachou (bien indiqué). ☎ 22-65-04-17-95. Nov-mars, tlj sf lun 8h30-15h30 ; horaires élargis en été. Entrée : 5 € ; réduc.* Dans un bâtiment de la fin du XIXe s récemment rénové, quelques vestiges de l'époque antique, mais surtout de nombreux témoignages sur la grande époque de Galaxidi, avant l'arrivée des bateaux à vapeur. Gravures, lithos, aquarelles, journaux de bords, anciens instruments de navigation, belles figures de proue, qui étaient les « âmes » des bateaux.

NAUPACTE (NAFPAKTOS ; ΝΑΥΠΑΚΤΟΣ)

(303 00) 13 400 hab.

À 84 km à l'ouest d'Itéa. Ville assez vivante, avec un petit port croquignolet, protégé par des remparts. La grimpette vers la forteresse est de rigueur, entre les pins et les cyprès. Avant d'y arriver, halte sympathique au café du *kastro*. D'en haut, joli panorama sur le golfe de Corinthe.

Au large eut lieu, en 1571, l'une des plus grandes batailles navales de l'histoire, la fameuse bataille de Lépante (nom donné à Naupacte par les Vénitiens). Un fait décisif dans l'histoire de la Méditerranée, qui vit la Sainte Ligue (une alliance de plusieurs États catholiques réunis par Pie V) envoyer une soixantaine de galères et plus 30 000 Turcs par le fond, stoppant d'un coup l'avancée des Ottomans en Méditerranée occidentale. C'est là que Cervantès (le père de *Don Quichotte*) perdit sa main gauche.

Plage de galets, à droite du port. En nageant, magnifique vue d'ensemble sur les remparts et l'enceinte médiévale.

Arriver – Quitter

Gare routière : *54, odos Asklipiou. ☎ 26-34-02-72-41.*

- **De/vers Delphes :** via Itéa, 5 bus/j.
- **De/vers Athènes :** 2 bus/j. Compter 3h30 de trajet.
- **Pour le Péloponnèse :** rejoindre ***Andirio,*** à 10 km de Naupacte, afin de traverser le détroit de Corinthe via le pont jusqu'à ***Rhion.*** Il vous en coûtera autour de 13 €. Possibilité également de repartir vers ***Agios Nikolaos*** et de prendre le ferry pour ***Eghio*** (7 traversées/j. en été 6h30-22h, un peu moins hors saison).

Adresses utiles

Poste : *31, odos Tzavela.*

National Bank of Greece : *au bout d'odos Tzavela, et avt la place centrale du village. Distributeur automatique de billets.*

Où dormir ?

Bon marché

Hotel Diethnès : *3, odos Athanas Nova ; près de la place du port. ☎ 26-34-02-73-42. • diethnesnaf paktos.gr • Env 40 € en hte saison (tarif sur présentation de ce guide). Pas de petit déj. CB refusées.* Un hôtel simple, mais les chambres, avec AC (et double vitrage), frigo et TV, sont joliment décorées et ont chacune leur personnalité. Le meilleur accueil (en français) vous sera réservé.

Prix moyens

Ilion Hotel : *Daliani. ☎ 26-34-02-12-22. • nafpaktoshotel.gr • Sur les hauteurs, au début du chemin piéton qui mène au château (accès possible en voiture à des places de stationnement). Doubles 50-70 €, petit déj compris.* 2 bâtiments en pierre, dominant la ville, abritent une dizaine de chambres coquettes, avec balcon donnant sur la mer au loin. Tranquille, à l'écart de la circulation. Bon petit déjeuner.

Hotel Akti : *face à la plage de Gribovo. ☎ 26-34-02-84-64 et 65. • akti.gr • Avt d'arriver dans le centre depuis Galaxidi, prendre à gauche après le petit pont la rue Fotomora, puis à droite sur 100 m le long de la plage. Tte l'année. Réserver en saison. Doubles 60-70 €, petit déj compris. Réduc de 10 % sur présentation de ce guide.* Bâtiment moderne d'une cinquantaine de chambres avec balcon donnant sur la mer. Chambres très agréables, avec meubles de style neufs et salles de bains récentes très propres ; AC et TV. 4 suites très design, avec terrasse, bien plus chères. Bon accueil. Un des fils du patron parle le français.

Où manger ?

Chez Papoulis : *tt près du port, dans une rue piétonne. ☎ 26-34-02-15-78. Tte l'année, tlj midi et soir. Repas env 12-14 €.* Endroit très agréable. Plats sans prétention mais bons (grand choix de *mezze*, petite friture). On mange en salle hors saison.

Où manger dans les environs ?

Lappas 1959 : *excellente psarotaverna à* ***Makynia,*** *au bord de la mer, env 12 km avt Naupacte en venant par l'ouest. Si vous venez du pont Rio-Andirio, prenez sur votre gauche pour y aller.*

Restaurant Iliopoulos : *à* ***Monastiraki,*** *à 10 km de Naupacte vers Delphes. ☎ 26-34-05-21-11. Devant la plage en contrebas de l'église ; prendre l'escalier qui descend vers la mer et tourner à gauche.* Cuisine traditionnelle, bons *mezze,* poisson frais à choisir en cuisine. Bon petit vin. Grande terrasse en bord de mer. Propre et moins cher que sur le port. Accueil sympa.

Où boire un verre ?

Bar Aroma : *à gauche de la place en regardant le port.* Le seul qui ait des tables sur le port. Un lieu enchanteur pour siroter un café frappé !

LA ROUTE NAUPACTE-MISSOLONGHI-MITIKAS-AMFILOCHIA

Itinéraire bis qui rallonge un peu le trajet mais qui permet de traverser les marais salants de *Missolonghi* (ville martyre pour les Grecs, qui subirent un

siège dramatique pendant la guerre d'Indépendance contre les Turcs, et où lord Byron, engagé aux côtés des soldats grecs, mourut en 1824), puis de longer une jolie route côtière jusqu'à *Astakos* (petites criques sympas pour la baignade) et de remonter jusqu'au village de *Mitikas,* face à l'îlot de *Kalamos.* Quelques hôtels tout simples et bon marché, ainsi que des tavernes sur le port de Mitikas.

LE NORD

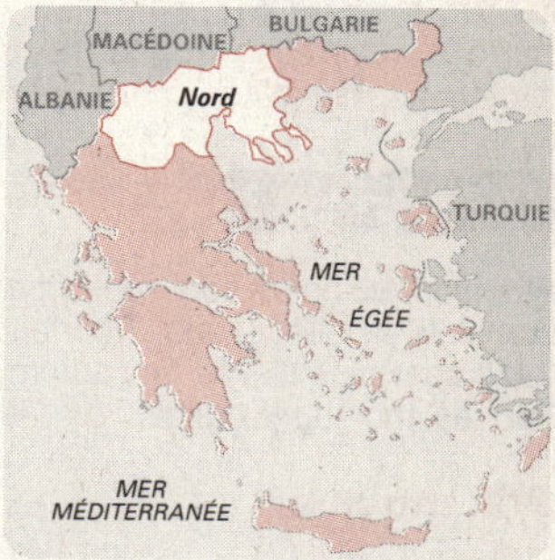

Depuis les conflits en ex-Yougoslavie et au Kosovo, la Grèce du Nord a connu une certaine désaffection de la part des touristes d'Europe du Nord ou de l'Ouest. En revanche, le tourisme balkanique (Macédoine, Bulgarie, Roumanie) s'est fortement développé. C'est une Grèce sensiblement différente de la Grèce méridionale, qui se mérite. Les sites archéologiques y sont moins nombreux, même si Vergina et ses tombeaux des rois de Macédoine attirent nombre de visiteurs. La connaissance de l'allemand, en plus de celle de l'anglais, peut être utile dans cette partie de la Grèce, en raison des nombreux émigrés grecs qui ont travaillé en Allemagne.

LITOHORO ET LE MONT OLYMPE (ΛΙΤΟΧΩΡΟ – ΟΛΥΜΠΟΣ ΟΡΟΣ)

10 000 hab.

Un petit détour sur la route Athènes-Thessalonique vous mènera dans la région du majestueux mont Olympe, où Zeus jouit désormais d'une paisible retraite. À une vingtaine de kilomètres, au sud de Katérini, le gros bourg de Litohoro est le point de départ pour une ascension superbe (mais difficile) jusqu'au sommet de l'Olympe.

Arriver – Quitter

En bus

Station KTEL : *face à la place de l'office de tourisme. ☎ 23-52-08-12-71.*

➢ **De/vers Thessalonique :** 1 bus/h env, certains avec changement, mais plusieurs directs, au départ du centre de Litohoro.

➢ **De/vers Athènes :** 3 liaisons/j. Certaines s'effectuent avec un changement à Katérini, d'où vous devrez prendre un bus jusqu'au centre de Litohoro. D'autres bus s'arrêtent au carrefour sur la nationale (à 5 km). Finir en stop ou en taxi *(☎ 23-52-08-23-33).*

➢ **De/vers Katérini :** liaison avec le centre de Litohoro ttes les heures env.

En train

Gare ferroviaire : *située pas très loin de la mer, dans le quartier des campings, mais à 8 km du village.*

☎ 23-52-02-25-22. *Mieux vaut passer par Katérini (ligne Thessalonique-Athènes ; ☎ 23-51-02-37-09).*

➢ ***De/vers Thessalonique ou Athènes :*** 8 liaisons/j. De là, des bus *KTEL* pour Litohoro.

Adresses utiles

Office de tourisme : *odos Agiou Nikolaou (rue principale). ☎ 23-52-08-31-00. Peu après le grand parc en arrivant dans la ville. Juin-sept, tlj 9h-14h30, 16h-21h30.*

■ **Club alpin (EOS) :** *petite maison de pierre en contrebas du grand parking derrière l'église (où se garent les bus). ☎ 23-52-08-24-44. • eos.litohorou@gmail.com • Lun-ven 9h-13h.* Ne pas hésiter à bien s'informer avant une ascension dans le massif, le personnel y est très compétent et sympathique.

■ ***Dispensaire*** *(Kendro Hygias) :* *☎ 23-52-35-00-00.* En cas de bobo sur les cimes...

Où dormir ?

Attention, les hôtels sont souvent archi-complets en juillet et août. Pourtant, les tarifs sont plus élevés de l'automne à Pâques, montagne oblige.

Prix moyens

Hotel Aphrodite : *Kendriki Platia. ☎ 23-52-08-14-15. • arhontiko-aphrodite.gr • Au bout de la rue principale, sur la place de l'église, continuer tt droit (pas en voiture, la rue est à sens unique !) ; c'est à quelques pas, sur la gauche. Tte l'année. Doubles 55-60 €, triples 65-75 €, petit déj compris.* Bel intérieur chaud, à la déco plutôt stylée et très soignée. Toutes les chambres ont l'AC et une grande salle de bains avec douche. Certaines disposent même d'un balcon avec vue sur la place centrale. Petit déj-buffet servi dans une salle agréable et entrée de l'hôtel très cosy. Accueil charmant.

Villa Panthéon : *odos Agiou Dimitriou. ☎ 23-52-08-39-31. • villapantheon.gr • En haut du village, dans une zone de constructions neuves, au calme (accès fléché). Tte l'année. Résa indispensable. Double 50 €, quadruple 70 €, petit déj compris.* Toutes les chambres ont un beau balcon surplombant la verdure, l'AC, une kitchenette et une salle de bains. D'allure un peu pompeuse de l'extérieur, cette adresse se révèle très belle avec son intérieur élégant et soigné. Le prix varie selon la taille de la chambre... et les plus grandes (des suites) sont vraiment très spacieuses, puisqu'on peut y loger à 4 et disposer d'un petit salon. Très bon rapport qualité-prix et accueil adorable.

Hotel Mirto : *5, odos Agiou Nikolaou. ☎ 23-52-08-13-98. • hotelmirto.gr • En allant vers le centre, à droite sur la rue principale. Tte l'année. Double env 60 €.* Chambres avec AC, TV et balcon. Hôtel bien tenu, mais la taille des chambres y est très variable (bien exiguë pour certaines), tout comme l'accueil.

Où manger ?

Prix moyens

|●| ***To Pazari :*** *odos 28-Oktovriou. ☎ 23-52-08-25-40. Dans le quartier commerçant ; au rond-point de l'église, prendre la rue à gauche et la remonter. Tte l'année. Repas env 12 €.* Petite salle et tables dehors en saison. Spécialités de poisson et de fruits de mer. Portions généreuses.

|●| ***Taverna Néromylos :*** *odos Farangi Enippéa. ☎ 23-52-08-41-41. En contrebas de la ville, au bord de la rivière Enippéas (où l'eau ne coule qu'en hiver) ; du grand parking derrière l'église, suivre la direction du club alpin, c'est peu après, sur l'autre rive. Repas env 12-15 €.* Installé dans un ancien moulin à eau restauré, tout en pierre

LE NORD

apparente. Essayer la soupe *trahanas* (lait, yaourt et blé) et l'agneau au four. Bonnes tartes salées maison. Très jolie terrasse bien fleurie. L'endroit vaut vraiment le détour, rien que pour le cadre.

Plus chic

Gastrodromio En Olymbo : *odos Agiou Nikolaou, en arrivant dans le village. ☎ 23-52-02-13-00. Tte l'année, tlj midi et soir. Repas 15-25 €.* Plats nombreux, originaux et savoureux, basés sur la tradition mais intelligemment revisités. Impressionnante carte des vins. Service soigné. Une adresse de charme et de qualité (un peu chère, mais votre estomac vous en sera reconnaissant), dont le chef, Andréas Gavris, très connu en Grèce, a reçu plusieurs prix prestigieux.

Où dormir ? Où manger dans les environs ?

Entre Litohoro et Katérini

Bord de mer très touristique sans grand intérêt. Une douzaine de campings.

Camping Niréas : *à* **Kalivia Variko,** *au nord de Litohoro. ☎ 23-52-06-12-90. • campingnireas.gr • De mi-avr à sept. Env 17 € pour 2 avec tente et voiture. Loc de bungalows.* Une centaine d'emplacements. Simple, plaisant, sous les arbres, très vert. La plage est juste derrière et accessible du camping. Resto-bar, épicerie. Sanitaires corrects, sans plus.

Camping Olympos Beach : *à* **Plaka.** *☎ 23-52-02-21-12. • olympos-beach.gr • Avr-sept. Compter 21,50-26 € pour 2 avec tente et voiture. Camping* Sunshine *: réduc 10-20 % sur présentation du dépliant de la chaîne.* Cher mais propre. Eau chaude, machines à laver, change, poste, beaucoup d'ombre, bar, resto abordable, et accès direct à la plage. Également des bungalows basiques pour 4 personnes. Bruyant, en raison de la voie ferrée et d'une discothèque toute proche.

De l'autre côté de l'Olympe

Xénonas Dimatis : *à* **Agios Dimitrios,** *à 33 km au sud-ouest de Katérini. ☎ 23-51-08-42-02. • dimatis.gr • Membre du réseau d'hébergement* Guest Inn, *résa possible sur • guestinn.com • Tte l'année. Doubles 55-65 €, suites 65-80 €. Repas 15-20 €.* Dans un village tranquille, bonne petite auberge avec des chambres spacieuses (certaines avec cheminée, une avec sauna). Au restaurant, cuisine copieuse avec les produits régionaux à l'honneur, dont le sanglier de la ferme familiale. Excellent accueil des deux frères Dimatis et de Panagiota, qui parle parfaitement le français.

L'ascension

ATTENTION aux brusques changements de temps dans le massif. Se renseigner localement sur les prévisions météo et se procurer les cartes nécessaires (comme celle au 1/50 000 des éditions *Anavassi*). Faire l'ascension avec un guide n'est pas une mauvaise idée. **Il va de soi que les indications que nous donnons ne sont pas suffisantes pour se lancer à l'assaut du sommet.** Consulter le site du parc national du mont Olympe : *• olympusfd.gr •* Infos sur l'ensemble des refuges notamment. À consulter également, le très complet *• olympus-climbing.gr •*
L'ascension du plus haut sommet de l'Olympe, le ***Mytikas,*** est loin d'être très facile. Elle demande deux petites journées et peut se révéler dangereuse dans sa dernière partie pour ceux qui ne seraient pas suffisamment familiarisés avec la montagne.

Deux itinéraires principaux

➢ On peut partir à pied de Litohoro pour gagner, via les gorges de l'Enippéas, magnifiques, le *refuge A* (nommé *Spilios Agapitos,* mais sur place on l'appelle plutôt *Zolotas*) à 2 100 m, d'une capacité de 110 lits *(de mi-mai à fin oct ;*

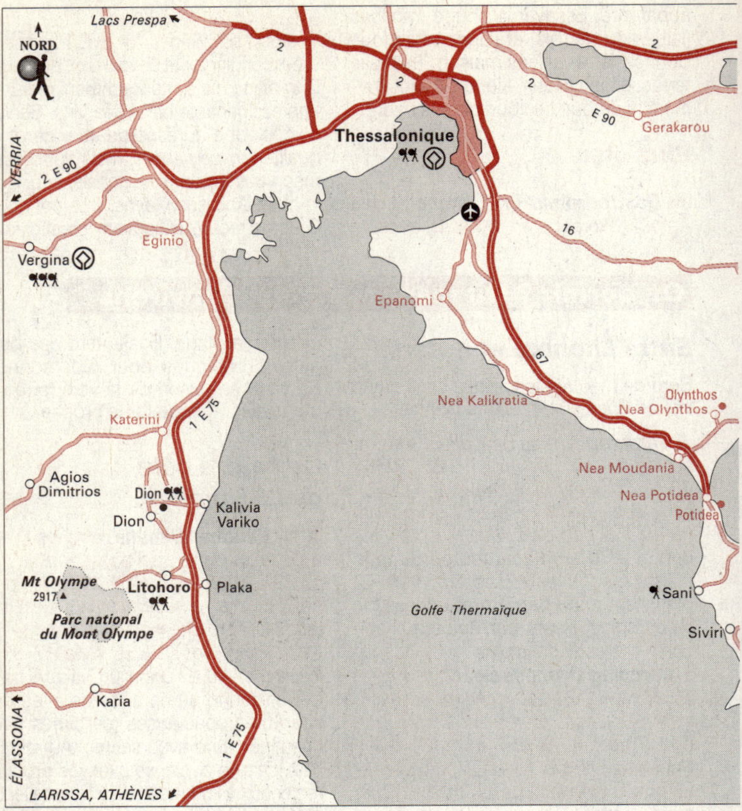

☎ *23-52-08-18-00 ; • mountolympus.gr • ; réserver depuis Litohoro ; loc sur place du matériel pour le couchage).* Compter 8h de marche. On peut aussi se faire conduire en voiture à Prionia, à 1 100 m d'altitude, ce qui fait gagner 4h30. De Prionia au refuge, compter 3 à 4h. Traversée d'une belle forêt de hêtres puis de conifères. Le lendemain, on est tout en haut en 3h.
Le Mytikas est le sommet le plus haut (2 917 m) ; l'accès conseillé se fait par Skala (2 866 m). Éviter en revanche l'accès par Louki : plus rapide, il consiste tout de même en un « sentier » pratiquement à la verticale sur 300 m de dénivelée. Difficile. L'ascension vers Skala, assez raide, commence 1h après avoir quitté le refuge et dure 1h15. De là, on redescend un peu vers le col pour accéder au Skolio (deuxième sommet du massif, avec ses 2 911 m). Très belle vue sur le Mytikas, qui domine les *Kazania* (les Chaudrons), un gouffre profond de 450 m. Ce qu'on appelle le trône de Zeus est le sommet de Stéphani, reconnaissable à sa forme de fauteuil. Puis 45 mn sont encore nécessaires pour le Mytikas (les derniers 400 m sont dangereux). Un peu d'escalade (passages de degrés I et II). Ensuite, on redescend. Au total, 6 à 7h de marche et d'escalade.

➢ La seconde manière d'entamer l'ascension consiste à se faire déposer en voiture (soit en stop, pas très facile, soit en taxi, mais alors c'est très cher) à

LE MONT OLYMPE ET LA CHALCIDIQUE

15 km de Litohoro par la piste, plutôt bonne (jusqu'à *Diastravossi,* la route est la même, la piste prend sur la droite). De là, 5h de marche pour atteindre le petit *refuge EOS Kakalos* *(une vingtaine de lits ; de mi-mai à fin oct et de déc à mi-avr ; 📱 69-37-36-16-89)* à 2 650 m (Christos Kakalos a été le premier Grec à gravir le mont Olympe en 1913 ; il accompagnait deux Suisses, Fred Boissonas et Daniel Baud-Bovy). D'après les connaisseurs, la partie Diastavrossi-refuge est une des plus belles randonnées à faire dans le massif. Le lendemain, « plus » que 1h-1h30 pour arriver au sommet, dont 30 mn d'escalade par Louki (pas besoin d'équipement, mais le danger vient des risques de chutes de pierres ; déconseillé si l'on n'a jamais pratiqué l'escalade). Vous pourrez dormir au refuge de l'*EOS Giosos Apostolidis* qui peut accueillir une centaine de personnes *(de mi-juin à début oct ; ☎ 23-10-22-47-10 ; couchage fourni sur place).*

Randonnée pédestre

➢ Petite balade pour ceux qui ne se sentent pas capables d'aller voir les dieux. Monter en voiture par la route du mont Olympe sur 17 km, puis tourner à gauche pour emprunter la piste (environ 2 km) qui descend jusqu'au *monastère d'Agios*

Dionysos (l'ancien monastère, le nouveau est à 3 km de Litohoro), détruit par les Allemands et peu à peu reconstruit (850 m d'altitude). Du monastère (ouvert avril-octobre), on s'engage facilement dans les gorges. En descendant, pendant une petite demi-heure, le sentier ombragé qui les surplombe, on arrive à une grotte qui abrite un ermitage. Fraîcheur garantie. Retour par le monastère. Sinon, ça descend tout droit sur Litohoro (3 à 4h de marche selon l'allure), par un sentier en partie balisé qui suit le torrent de l'Enippéas. Balade très agréable.

DANS LES ENVIRONS DU MONT OLYMPE

Dion (*Διον*) : *☎ 23-51-05-34-84 (site) et 23-51-05-32-06 (musée). • ancientdion.org • Pour s'y rendre, quitter la nationale (ou l'autoroute) entre Litohoro et Katérini, c'est quelques km plus loin dans les terres (indiqué). Attention, le site est à la limite de la ville et le musée, à 400 m, au cœur de celle-ci. En saison (en principe avr-oct), 8h-19h ; l'hiver, 8h30-15h ; musée 8h-15h (fermé lun été comme hiver). Entrée : 4 € (site) et 3 € (musée) ; billet combiné : 6 € ; réduc.* Site archéologique important, ainsi nommé en l'honneur de Zeus. Il était aux Macédoniens ce qu'Olympie était aux Grecs avant de devenir une ville romaine. Le site, impressionnant par sa superficie, est bien aménagé et peut même constituer un très agréable lieu de promenade. On y voit ce que pouvait être une ville antique, avec ses nombreux lieux de culte. Par exemple, le temple d'Isis (dont le culte avait remplacé celui d'Artémis), en partie « noyé », et la basilique avec son baptistère octogonal. Voir aussi les bains, très étendus (mosaïques), et la villa de Dyonisos. Le beau musée complète bien la visite du site, avec deux pièces majeures : une magnifique mosaïque avec la tête de Méduse, provenant de la villa de Dyonisos, et quelques éléments d'un instrument de musique, l'*hydraulis*, ancêtre de l'orgue.

À L'OUEST DE THESSALONIQUE (LA MACÉDOINE OCCIDENTALE)

La partie occidentale de la Macédoine grecque, région agricole, alternant plaines cultivées (arbres fruitiers, vignobles, tabac...) et massifs montagneux, de plus en plus imposants à mesure que l'on s'approche de l'Albanie et de la FYROM (acronyme qui représente la Macédoine ex-yougoslave), est relativement peu visitée. Elle permet de connaître une autre Grèce, moins séduisante au premier abord, mais où les habitants, désireux de faire connaître leur culture, sont très chaleureux.

C'est Philippe II de Macédoine qui a donné à la Macédoine le statut de puissance régionale avant que son fils, Alexandre le Grand, ne s'élance depuis cette province à la conquête du monde connu. Vergina, le premier site digne d'intérêt au sud-ouest de Thessalonique, permet de se faire une idée assez précise du niveau atteint par ce royaume (si l'on vient du sud, il est facile de faire un crochet par Vergina avant de repartir sur Thessalonique).

VERGINA (*ΒΕΡΓΙΝΑ*)

À 56 km de Thessalonique, en direction de Verria. ☎ 23-31-09-23-47. De mi-avr à fin oct, lun (sf musée) 12h-20h, mar-dim 8h-20h ; de nov à mi-avr, lun 12h-17h, mar-dim 8h-17h. Comme ailleurs, horaires théoriques et susceptibles d'être modifiés chaque année. Entrée : 8 € (sites et musée) ; réduc.

Un des derniers sites découverts en Grèce (les véritables fouilles n'ont commencé que dans le dernier quart du XXe s, sous la direction de Manolis Andronikos, grand archéologue grec), où l'on a mis au jour, entre autres, quatre tombes

monumentales du IVe s av. J.-C. La première capitale du royaume de Macédoine, Aigès, se trouvait là, avant d'être transférée à Pella.
Dans la Grèce antique, les Macédoniens étaient considérés comme des semi-Barbares par les Athéniens. Le célèbre orateur Démosthène avait mis en garde contre le danger pour la démocratie représenté par Philippe de Macédoine. L'une des tombes retrouvées est justement celle de Philippe, père d'Alexandre.
On visite les ruines, assez dispersées, de la ville antique et, surtout, le magnifique musée souterrain installé dans le tumulus reconstitué (110 m de diamètre, 12 m de haut) qui abritait les quatre tombes retrouvées. Parmi elles, celle de Philippe, assassiné sur place, et celle supposée d'Alexandre IV, fils d'Alexandre le Grand, assassiné lui aussi, à l'âge de 13 ans. On peut y admirer le somptueux trésor qui fait la réputation de Vergina et l'entrée des tombes... une vue à couper le souffle ! Tout comme celle de la riche collection de masques et de bijoux en or d'une beauté unique (couronnes de feuilles de chêne ou de myrte), ainsi que les armes du roi ou des coffrets ornés de l'emblème de la Macédoine, le soleil à 16 rayons. Magnifiques reproductions de fresques (enlèvement de Perséphone par Hadès). La richesse de ce musée (très pédagogique avec toutes ses notices en anglais) justifie le droit d'entrée, plutôt élevé.
Le soir, une fois les cars repartis, le village redevient agréable. Pensions et petits hôtels, de bon marché à prix moyens.

➢ En poursuivant vers le nord puis vers l'ouest, on passe par les villes de *Verria*, d'*Édessa* (étonnantes cascades), avant d'arriver dans le département de Florina où, si l'on n'a pas trop de temps, deux principaux sites s'imposent : le village de Nymphéo et les lacs Prespa. Entre les deux, des adresses accueillantes où recharger ses accus.

NYMPHÉO (ΝΥΜΦΑΙΟ)

Sur la route Amyndéo-Kastoria, à Aétos, une route sinueuse mène à ce village de peuplement valaque, comme Metsovo, souvent noyé dans le brouillard en dehors de la belle saison (on est à 1 350 m d'altitude). Quasi à l'abandon dans les années 1960, il revit grâce au tourisme : aujourd'hui, il y a presque davantage de lits dans de petites unités hôtelières *(xénonès)* que d'habitants permanents ! Nymphéo a un peu l'allure d'un village-musée avec ses belles maisons en pierre et ses rues régulièrement pavées.

Où dormir ? Où manger dans les environs ?

To Agonari : *à l'entrée de* ***Sklithro,*** *à 18 km à l'ouest d'Amyndéo. ☎ 23-86-03-10-80 ou 23-86-03-12-06. Membre du réseau d'hébergements de charme* Guest Inn, *résa possible sur • guestinn.com • Tte l'année. Resto fermé lun. Doubles 60-70 € selon saison. Au resto, prévoir env 15 €.* Magnifique maison en pierre, très chaleureuse, disposant de chambres agréables, joliment décorées, avec balcon, certaines (les plus chères) avec cheminée. En été, petit déjeuner (très riche) servi dans le jardin. Le restaurant *O Thomas,* juste de l'autre côté de la route, est très réputé pour la qualité de sa cuisine (et de sa cave qui décline tout ce qui se fait de bien en Grèce côté vins). La cuisine est résolument continentale, à l'image de la première spécialité maison, le *schnitzel* ! Excellent accueil de toute la famille Paspalis.

Kondossoros : *à* ***Xino Néro*** *(env 8 km à l'ouest d'Amyndéo), dans la rue principale, sur la droite en arrivant d'Amyndéo. ☎ 23-86-08-12-56. Membre du réseau d'hébergements de charme* Guest Inn, *résa possible sur le site • guestinn.com • Tte l'année ; resto fermé le midi sf w-e, ainsi que mar soir. Double 65 €, petit déj inclus. Repas env 15-20 €.* Nikos Kondossoros est un passionné de cuisine et de vins (et pas seulement ceux de sa région) qui sait faire partager ce qui l'anime. Il a d'ailleurs reçu un « prix de la cuisine grecque ». Sa cuisine, à base des produits de la région (les légumes sont du jardin autant que possible), allie recherche et bon sens. Également 6 vastes chambres, dans le même bâtiment, au mobilier moderne et très bien conçues. Petit déjeuner très copieux (pain cuit sur place dans un *fournos* traditionnel).

À voir. À faire

Le centre environnemental Arcturos : *un peu à l'écart du village de Nymphéo (compter 800 m de marche depuis le parking). ☎ 23-86-03-11-55. Entrée : 6 € (ticket valable 10 j., donnant droit à la visite du centre d'information à Nymphéo et à celle du refuge des loups, à Agrapidia, à quelques km). Tlj 10h-17h ; visite guidée ttes les heures.* L'association *Arcturos* s'est d'abord battue contre l'exploitation des ours (il n'y a pas si longtemps encore, les montreurs d'ours parcouraient les villages de Macédoine et d'Épire) et a su faire progresser la cause de ces animaux, qui sont 200 à 300 dans les montagnes du nord de la Grèce. Elle a recueilli 10 ours et ourses (dont certains anciennement montrés comme des animaux de foire), tous et toutes stérilisés (n'ayant pas été élevés par leurs parents, ces animaux ne pourraient à leur tour élever leurs oursons). On vous explique donc d'abord les buts et l'action de l'association. Pas très facile ensuite de voir les ours dans leurs vastes enclos (car ils n'ont pas gardé de bons souvenirs de leurs contacts avec les humains), mais on y arrive quand même...

➢ En reprenant la route vers l'ouest, soit via Florina (le plus au nord), soit via Kastoria, on arrive au bout d'une bonne cinquantaine de kilomètres aux confins de la Grèce, de l'Albanie et de la Macédoine ex-yougoslave, les trois pays étant réunis par deux lacs.

LES LACS PRESPA (ΠΡΕΣΠΕΣ)

Il s'agit de deux lacs, un petit et un grand, à une altitude de 853 m, entourés de hautes montagnes et séparés par une bande de terre fertile où l'on cultive les gros haricots blancs (réputés dans toute la Grèce). Écosystème unique, bien connu des ornithologues qui ont contribué à faire connaître la région (devenue parc national en 1974). Elle n'en a pas pour autant évité le dépeuplement, et il ne reste aujourd'hui qu'environ 1 500 habitants dans les 12 villages que compte la microrégion. La grande attraction des lacs, bien sûr, ce sont les oiseaux migrateurs. Tout particulièrement, deux espèces de pélicans viennent s'y reproduire (pour les spécialistes : le pélican dalmate, ou pélican frisé, et le grand pélican blanc), avec la particularité d'aller manger, quand il fait trop froid, au lac de Kastoria, où les eaux sont moins froides et les poissons plus faciles à capturer. De nombreuses autres espèces cohabitent avec eux (comme le cormoran nain et l'ibis lustré).

Adresses utiles (voire indispensables !)

■ ***Cultural Triangle of Prespa :*** *centre d'information sur la place d'**Agios Germanos,** la tte petite « capitale » de la région de Prespa. ☎ 23-85-05-13-32. • ctp.gr • Lun-sam 9h-14h, 16h-19h ; dim 10h-15h.* Une petite équipe de volontaires venus de différents horizons, encadrés par la dynamique Gabriela Scheiner, se bat pour faire connaître la microrégion. Gabriela, installée depuis plusieurs années à Agios Germanos, est très impliquée dans la vie associative et connaît à peu près tout sur sa région d'adoption.
– Autre source d'information, le ***SPP*** *(Society for the Protection of Prespa) : ☎ 23-85-05-12-11. • spp.gr • Un peu avt la place d'**Agios Germanos.***

Où dormir ? Où manger ?

Si l'on souhaite dormir sur place, aucune difficulté : petites pensions pas bien chères à Agios Germanos et Psaradès. Pas nécessaire de réserver, sauf en août. Les coordonnées des hébergements sont toutes sur le site • ctp.gr • Restaurants et tavernes se bousculent dans les mêmes localités.

À voir. À faire

Mikri Prespa *(le Petit Lac)* **:** à quelques encablures du rivage, l'îlot d'*Agios Achillios,* accessible par une passerelle moderne. Quelques églises byzantines et les ruines d'une magnifique grande basilique du Xe s. Hôtel-resto sur place, avec de curieuses œuvres d'art.

Psaradès : le seul village grec donnant sur *Mégali Prespa (le Grand Lac).* Architecture typique. Dans les tavernes, poisson frais pêché du lac et l'inévitable *fasolada* (soupe de haricots). Arrangez-vous avec les pêcheurs pour qu'ils vous emmènent visiter les ermitages à l'ouest de Psaradès, accessibles en bateau seulement.

➢ ***Randonnées :*** petites boucles à faire, correctement balisées. Le sentier E6 traverse la région.
– Pour les plus aventureux, l'originalité géographique de Prespa autorise le ***tourisme transfrontalier*** qui permet de faire une incursion dans les régions frontalières « sœurs » d'Albanie ou de Macédoine. C'est beaucoup plus facile que ça en a l'air (renseignements au CTP).
– Enfin, pour les ***observations d'oiseaux,*** le printemps (surtout) et l'été sont les périodes préférables.

THESSALONIQUE (THESSALONIKI ; ΘΕΣΣΑΛΟΝΙΚΗ)

408 000 hab.

La situation géographique de Thessalonique (pendant la guerre froide, elle se trouvait presque à la frontière du bloc de l'Est) l'a longtemps empêchée de développer sa vie politique, sociale et culturelle. Mais depuis 1989-1990, la ville est redevenue la capitale dynamique du Nord de la Grèce et la porte des Balkans. Deuxième ville et deuxième port de la Grèce, comptant près d'un million d'habitants avec la communauté urbaine, Thessalonique est une cité industrielle et commerçante, mais aussi une ville d'art, connue pour la beauté de ses églises byzantines. Son centre-ville, reconstruit après l'incendie de 1917, ne séduit pas au premier coup d'œil. Son activité et son trafic intense, son architecture très bétonnée, auraient même tendance à effrayer... Mais en parcourant la ville, on découvre avec ravissement, au milieu d'immeubles modernes disgracieux, de superbes églises byzantines disséminées ici et là, de très beaux musées, un grand marché qui nous transporte dans un univers plus oriental. Sur les hauteurs, des quartiers à l'ambiance de village où ruelles et volées de marches nous hissent vers la ville haute. Enfin, pour ouvrir l'horizon, rien de tel qu'une petite promenade au bord du golfe.
Les longues avenues chic, bordées de leurs innombrables boutiques et de cafés, tranchent singulièrement avec les petits quartiers populaires sur les hauteurs, où subsistent échoppes traditionnelles et étals dans la rue. La ville est en train de se doter d'un métro, qui épargnera quelques allers-retours sur

ses (très) longues avenues et rendra le trafic routier plus fluide. En attendant, il faut subir les travaux... qui s'éternisent et font accomplir des progrès notables dans la connaissance de la ville ancienne (on a ainsi récemment découvert une basilique antérieure à celle que l'on croyait être la plus ancienne).

UN PEU D'HISTOIRE

Éviter de dire « Salonique », cela évoque *Sélanik,* le nom que les Turcs donnaient à la ville depuis 1430. Sait-on qu'elle n'est grecque que depuis 1912 ? Pourtant, avant, la ville – bien qu'appartenant à l'Empire ottoman – n'était pas vraiment turque. C'était la plus importante métropole juive de la Méditerranée, depuis que, en 1492, 20 000 séfarades chassés d'Espagne étaient venus y chercher refuge, à la demande du sultan. Les conditions de vie des juifs au sein de l'Empire ottoman étaient alors bien meilleures qu'en n'importe quel pays européen. Très présente dans le commerce et l'artisanat (tisserands et teinturiers étaient réputés), la communauté juive était tout autant active dans le domaine des études religieuses. En 1900, elle représentait près de la moitié des 170 000 habitants de la ville.
Aujourd'hui, il reste assez peu de traces de l'histoire juive de Thessalonique : le grand incendie de 1917 (dans la ville basse, seul le quartier de Ladadika, entre le port et la place Aristotélous, n'a pas été ravagé par les flammes), l'émigration dans les années 1920, de nombreux séfarades, surtout vers la France, alors accueillante, l'installation de Grecs chassés d'Asie Mineure, en 1922, et surtout, beaucoup plus tragiquement, la déportation à Auschwitz des 50 000 juifs qui y résidaient encore en 1943, ont détruit la « nouvelle Séfarad ». Seuls ceux qui avaient un passeport espagnol ou italien, en vertu des origines de leurs ancêtres, ont pu être sauvés par les autorités consulaires de « leur » ancien pays. Les autres (l'écrasante majorité : 96 %) partirent en convoi, docilement, persuadés qu'on les envoyait s'installer à Cracovie, en Pologne... Même le cimetière, couvrant plus de 300 000 m^2 et riche de quelque 300 000 tombes (certaines dataient de 1493) a été détruit en 1942 et recouvert depuis par le campus universitaire. La communauté séfarade ne compte plus qu'un petit millier de personnes. À noter que le site du consulat de France (voir « Adresses utiles » plus loin) donne une liste des principaux lieux évoquant la Thessalonique juive.
L'influence française à Thessalonique au début du XXe s n'était pas négligeable. Aujourd'hui, le consulat général de France perpétue cette présence française. Signalons enfin, odos Langadas, la nécropole Zeitenlick (1919) où reposent 8 089 soldats français et 208 soldats inconnus, morts sur le front d'Orient et dans les Balkans lors de la Première Guerre mondiale.

Arriver – Quitter

En bus

Gare KTEL de Macédoine *(KTEL Makedonias ; hors plan par A1)* **:** *244, odos Giannitson.* ☎ *23-10-59-54-00.* • *ktelmacedonia.gr* • *À 5 km du centre (bien après la gare ferroviaire en allant vers l'ouest). De l'odos Égnatia, bus n° 78.* La principale gare routière. Parmi les destination :

➢ ***Ioannina :*** ☎ *23-10-59-54-42.* Env 5 bus/j.
➢ ***Igouménitsa :*** ☎ *23-10-59-54-16.* 1 bus/j.
➢ ***Trikala-Kalambaka (Météores) :*** ☎ *23-10-59-54-05.* Env 6 bus/j. Changement à Trikala.
➢ ***Volos :*** ☎ *23-10-59-54-24.* Env 8 bus/j.
➢ ***Prévéza-Parga :*** ☎ *23-10-59-54-07.* 1 bus/j.

Gare routière des bus pour la Chalcidique *(hors plan par D3)* **:** *à 9 km du centre, route de Néa Moudania.* ☎ *23-10-31-65-55.* • *ktel-chalkidikis.gr* • *De la gare routière principale ou de la gare ferroviaire, bus n° 45 ; de l'odos Égnatia, bus n° 31 (puis n° 36), direction Voulgari.*

➢ Nombreux départs vers ***Néa Moudania, Polygyros ;*** moins nombreux vers ***Néa Marmaras*** et ***Sarti.***

➢ Pour les pèlerins du ***mont Athos,*** liaison avec ***Ouranoupolis*** : départ tôt le mat, à 5h30 (sf dim) et 6h15, pour arriver au moment où le bateau pour le mont Athos part ; d'autres départs dans la journée, mais il faut alors dormir à Ouranoupolis.

Gare KTEL de Thessalonique *(plan A1) : départs du 69, odos Monastiriou (en face de la gare ferroviaire). ☎ 23-10-50-01-11. • ktel-thes.gr •* Assure essentiellement les liaisons avec ***Athènes*** (arrivée au terminus, odos Mavromatéon et Ioulaniaou, Pédon Aréos). Une douzaine de bus/j. Ces bus passent également par le *KTEL* de Macédoine avant de quitter la ville.

En train

Gare ferroviaire *(plan A1) : odos Monastiriou, sur l'une des sorties ouest de la ville. ☎ 23-10-51-75-17 ou 1110 (nº national).*

– Possibilité d'acheter son billet en centre-ville, au ***guichet de l'OSE*** *(plan B2, **1**) : 18, pl. Aristotélous. Lun-ven 8h-15h.*

➢ ***De/vers Athènes :*** env 7-8 trains/j., dont 2 *InterCity Express* et 4 *InterCity.* Trajet : 4h-6h30.

➢ ***De/vers Kalambaka :*** avec un train de la ligne Athènes-Thessalonique et changement à Paléofarsalos.

En avion

✈ ***Aéroport*** *(hors plan par D3) : à **Mikra,** à 16 km de Thessalonique-centre. ☎ 23-10-98-50-00. • thessalonikiairport.com • En voiture, du centre-ville, il suffit de remonter la longue rue Égnatia vers l'est. Bus nº 78 à partir des gares ferroviaire et routière.* Liaisons intérieures assurées par *Olympic Air (☎ 21-03-55-05-00)* et *Aegean Airlines (☎ 23-10-47-64-70).* Également avec *Astra Lines (☎ 23-10-48-93-90)* pour certaines îles. Liaisons avec Paris (*Easyjet, Ryan Air* et *Aegean Airlines*).

En bateau

➢ En ferry (compagnie *Nel Lines*), il est possible de rejoindre les ***îles du Nord-Est de l'Égée*** (dont Lesbos et Samos). Rens à la capitainerie *(☎ 23-10-53-15-04)* ou à l'agence *Aegean Thalassic (plan A2 ; av. Koundourioti et odos I. Dragoumi ; ☎ 23-10-55-03-11).*

Adresses utiles

ℹ ***Office de tourisme*** *(plan C3) : 136, odos Tsimiski. ☎ 23-10-22-11-00. • the-info_office@gnto.gr • Lun-ven 8h-14h45, sam 8h30-14h. Ou à l'aéroport : ☎ 23-10-47-11-70. Lun-ven 8h-20h, sam 8h-14h30.*

✉ ***Poste principale*** *(plan B2) : 26, odos Aristotélous. ☎ 23-10-26-89-54. Lun-ven 7h30-20h, sam 7h30-14h, dim 9h-13h30.*

■ ***Change :*** nombreuses banques avec distributeurs.

■ ***Consulat de France*** *(hors plan par D3, **3**) : 27, odos Evzonon. ☎ 23-10-24-40-30. En cas d'urgence : 📱 69-36-88-98-58. • consulfrance-salonique.org • Lun-ven 9h-13h.*

■ ***Capital Rent a Car*** *(hors plan par C3, **5**) : 48, léoforos Vassilissas Olgas. ☎ 23-10-85-38-56. • natrent@hol.gr • Remonter la rue Andronikou, puis la rue Vassiléos Georgiou. Lun-sam 8h-21h. Réduc de 5-10 % sur présentation de ce guide.* Tarifs très intéressants.

✚ ***Hôpitaux*** *(hors plan par D3) : **Ippokratio,** 50, odos Papanastassiou. ☎ 23-10-83-79-21. Également l'hôpital **G. Papanikolaou.** ☎ 23-10-35-76-03. Pour les urgences : ☎ 166.*

@ ***Net Code*** *(plan C2, **6**) : 71, odos Égnatia. Tlj, 24h/24.* Connexion rapide.

■ ***Tours organisés :*** ***Greece on the go*** *(plan B2), 3, odos Kalapothaki. ☎ 23-10-22-23-73. • greeceonthego.com • À deux pas de la place Éleftherias.* Une équipe de jeunes guides propose d'originaux tours en camionnette, dans toute la Grèce. Transport et logement pris en charge, et assurance de voir du pays. Basée à Thessalonique, mais départs possibles d'Athènes.

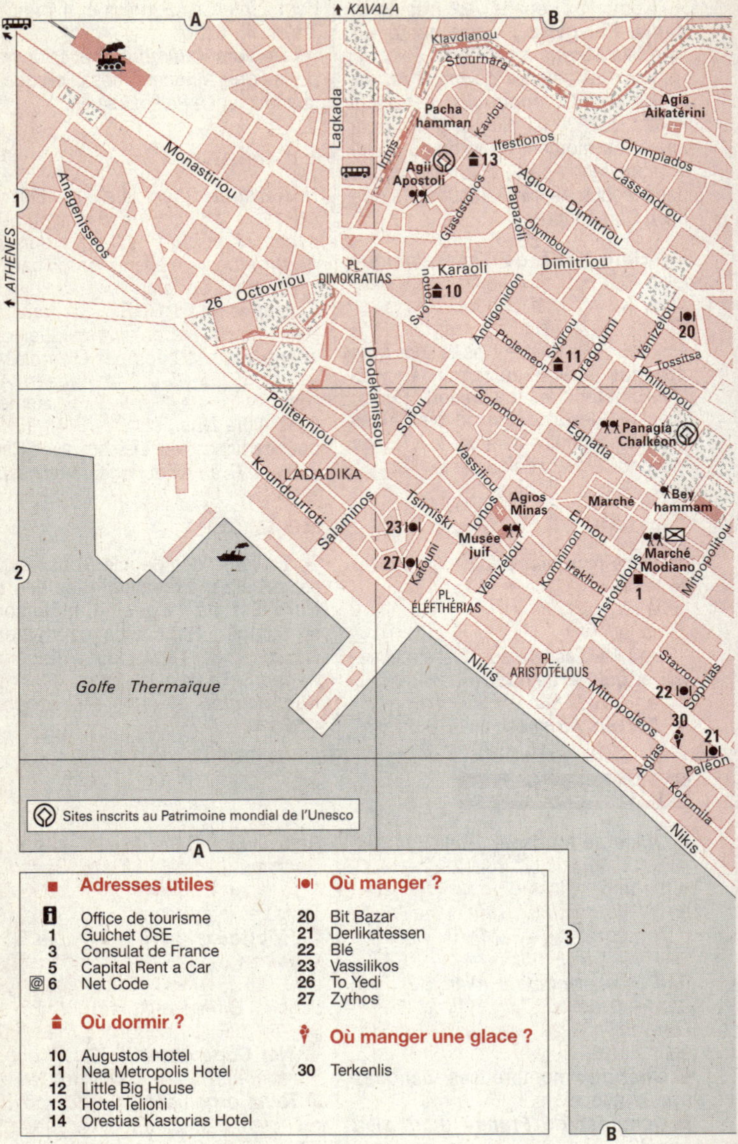

Adresses utiles

- Office de tourisme
- 1 Guichet OSE
- 3 Consulat de France
- 5 Capital Rent a Car
- @ 6 Net Code

Où dormir ?

- 10 Augustos Hotel
- 11 Nea Metropolis Hotel
- 12 Little Big House
- 13 Hotel Telioni
- 14 Orestias Kastorias Hotel

Où manger ?

- 20 Bit Bazar
- 21 Derlikatessen
- 22 Blé
- 23 Vassilikos
- 26 To Yedi
- 27 Zythos

Où manger une glace ?

- 30 Terkenlis

A

B

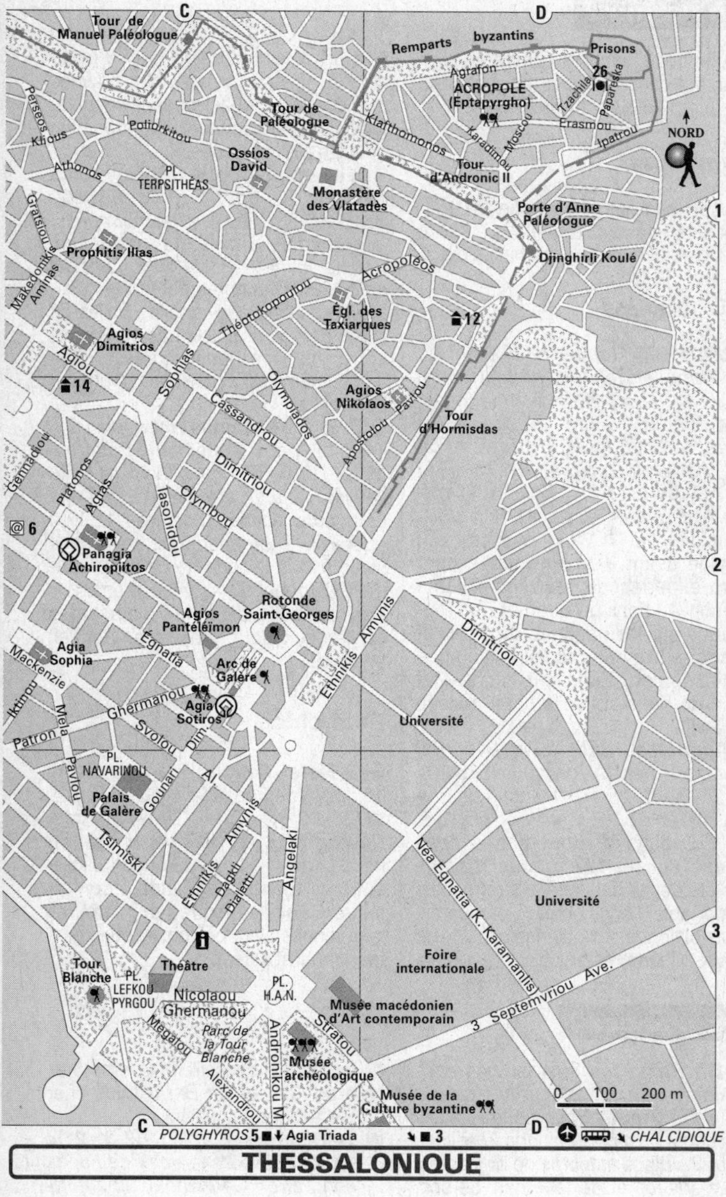

THESSALONIQUE

Où dormir ?

Le prix des chambres grimpe en septembre, à cause de l'*International Trade Fair,* et les hôtels sont vite complets.

Campings

Les campings les plus proches se trouvent vers Épanomi, à quelque... 35 km au sud en direction de la Chalcidique.

Prix moyens

Little Big House (plan D1, **12**) : *24, odos Andokidos (Ville Haute). ☎ 23-13-01-43-23. • littlebighouse.gr • Bus n° 23 (de la gare ferroviaire) et n° 78 (puis n° 23) du KTEL de Macédoine. Compter 15-17 €/pers en dortoir 6 lits, 17-19 € en dortoir 4 lits et 45-48 € pour une double. Petit déj 2 €.* Vicky et Harry ont voyagé avant d'ouvrir, inspirés par leurs expériences, leur accueillante maison-AJ dans un quartier non touristique sur les hauteurs. Dortoirs et chambres privées, cuisine équipée à disposition. Excellent accueil, et plein de bons conseils pour la visite de la ville.

Augustos Hotel (plan B1, **10**) : *4, odos Éléni Svoronou (546 30). ☎ 23-10-52-25-50. • augustos.gr • Double env 50 €. Petit déj env 5 €.* Séduits d'abord par la belle façade années 1920, nous n'avons pas été déçus par l'intérieur rétro mais confortable. Longs couloirs parquetés, hauts plafonds et ambiance pension de famille. Chambres fraîches et propres, à la déco variant selon le prix (et le confort) : simples et agréables pour les plus basiques, spacieuses, élégantes, avec une petite touche contemporaine pour les plus onéreuses.

Nea Metropolis Hotel (plan B1, **11**) : *22, odos Sygrou (546 30). ☎ 23-10-53-03-63. • neametropolis.gr • Central, à deux pas d'Égnatia. Double env 40 € ; triple 60 € ; petit déj en sus.* Chambres agréables, simples, au calme et avec clim. Salles de bains petites et assez basiques mais correctes. Une bonne adresse, bien tenue, même si l'accueil peut manquer de chaleur.

Orestias Kastorias Hotel (plan C2, **14**) : *14, odos Agnostou Stratiotou. ☎ 23-10-27-65-17. • okhotel.gr • Tte l'année. Doubles env 50-60 €.* Dans un quartier animé du centre-ville. Une quarantaine de chambres classiques (avec AC), à l'image de ce beau bâtiment du début du XXe rénové en 2011. Pas de petit déjeuner mais cafés et gâteaux sont proposés. Accueil très gentil.

Plus chic

Hotel Telioni (plan B1, **13**) : *16, odos Agiou Dimitriou (546 30). ☎ 23-10-52-78-25. • telioni.gr • Doubles 60-90 € ; petit déj en sus.* Un hôtel plutôt chic, dont la déco oscille entre l'élégant et le standard confortable. Ambiance feutrée et chambres bien tenues avec balcon. Accueil professionnel et agréable.

THESSALONIQUE

Où manger ?

Bit Bazar *(ou quartier des antiquaires ; plan B1,* **20**) : *à hauteur du 72, odos Vénizélou (une entrée aussi sur odos Olympou et odos Tossitsa).* Une jolie place entourée de brocantes, d'antiquaires et de tavernes. Le soir, les magasins étant fermés, les restos aménagent leur terrasse sur le trottoir. Endroit vraiment sympathique où la jeunesse de Thessalonique aime se retrouver pour déguster toutes sortes de *mezze.* On conseille la *taverne Stefano* ou l'*ouzéri Bit Bazar* (plus cher mais d'excellente qualité).

Derlikatessen (plan B2-3, **21**) : *7, odos Kouskoura (en bas de l'odos Paléon Patron Germanou). ☎ 23-10-22-63-67. Tlj, jusque tard.* Un monde fou à toute heure sur les quelques tables de cette échoppe bien connue des étudiants de la ville : comme eux, faites fourrer vos *pitès* (appelées ici

« *sandwichs* ») de *haloumi* (fromage chypriote), de champignons et de différentes sauces maison. Un peu plus cher qu'ailleurs, mais savoureux.

Blé *(plan B2,* ***22****) : à l'angle d'Agias Sofias et de Stavrou. ☎ 23-10-23-12-00. Tlj, 24h/24h.* Prototype de boulangerie/fast-food un peu huppée, dans les murs d'un imposant bâtiment néoclassique. Il y en a pour tous les goûts, salés ou sucrés : choix interminable de *pitès* et de pâtisseries en provenance d'un peu toute la Grèce, pains, plats à emporter, glaces en pagaille et chocolats... belges. Différentes annexes en ville, un peu moins fournies.

Vassilikos *(plan B2,* ***23****) : 3, odos Egiptou. ☎ 23-14-00-94-74. Tlj midi et soir (cuisine à partir de 13h). Plat env 5 €.* Dans le quartier de Ladadika, devenu par endroits très tape-à-l'œil, un *mezedopoleio* très agréable. Les tables sont dispersées dans la rue piétonne, pavée et riche de quelques belles bâtisses. Pour accompagner votre verre, on vous apporte systématiquement un petit *mezze...* Service impeccable. Possibilité également d'y manger plus classiquement (plats plus élaborés).

To Yedi *(plan D1,* ***26****) : 13, odos Papareska. ☎ 23-10-24-64-95. Tlj midi et soir. Repas 15-20 €.* Dans la ville haute, une jolie taverne où les arbres ont trouvé leur place sur l'étroite terrasse en bord de route. Carte variée, une cuisine goûteuse et un service attentionné. Ajouter à cela l'impression d'être dans un village, en pleine campagne (si ce n'était les mobylettes vrombissantes...) et non dans la turbulente Thessalonique, et vous comprendrez pourquoi l'endroit attire autant de monde.

Zythos *(plan B2,* ***27****) : 5, odos Katouni. ☎ 23-10-54-02-84. Tlj 11h-1h. Repas 15-20 €.* Genre de grande brasserie un peu chic, offrant une carte variée (plats d'Asie Mineure, spécialités de la maison) mais de préparation parfois inégale. Terrasse dans une rue piétonne pavée et branchée, grande salle très haute de plafond avec un cycliste au mur et un piano (au sol, celui-ci !). Service efficace.

Où manger une glace ? Où boire un verre ?

Terkenlis *(plan B2,* ***30****) : 8, odos Agias Sophias et 67, odos Mitropoléos. ☎ 23-10-26-05-70.* De très bonnes glaces maison que l'on paie au poids. Également un bon choix de gâteaux, très variés, des sandwichs ou d'autres petits en-cas salés. D'autres adresses, au 33, odos Agias Sophias et 77, odos Ermou.

Vous aurez l'embarras du choix pour trouver un café. Le long de la *paralia* (bord de mer), près de la place Aristotélous *(plan B2)*, des ***cafés*** chic et chers, avec vue sur le golfe Thermaïque. Les terrasses des cafés sont bondées le week-end. Chaque établissement a un style de musique et une déco différents. Notre préférence va aux nombreux cafés (toujours assez chic et branchés, mais l'ambiance y est plus paisible) des rues Katouni *(plan B2)* et Iktinou *(plan C2)*.

À voir

Les églises byzantines : une dizaine, dont quelques-unes majeures (pas de droit d'entrée pour la visite). À noter que pendant près de cinq siècles, la plupart de ces églises chrétiennes ont servi de mosquées. Entre autres :

– *Celle des Saints-Apôtres (Agii Apostoli ; plan B1) : au bout de l'odos Olympou.* Date du XIVe s et possède de belles fresques et des mosaïques extérieures.

– *L'Achiropiitos (plan C2) : 56, odos Agias Sophias. ☎ 23-10-27-28-20. Tlj 8h-12h, 17h-19h.*

– *La Panagia Chalkéon (plan B2) : sur Égnatia.* Paléochrétienne, donc l'une des plus anciennes (Ve s). Magnifiques fresques.

– *La petite Agia Sotiros (plan C2).* Avouons un faible pour sa situation incongrue (qu'elle partage d'ailleurs avec nombre de ses consœurs !), en contrebas de la rue, coincée entre les immeubles modernes.

Les ruines romaines *(plan C2)* **:** l'arc de Galère, sur l'odos Égnatia, et la Rotonde, tous deux du début du IVe s de notre ère), formaient avec le palais de Galère, plus au sud, un grand complexe célébrant la victoire d'un empereur romain sur les Perses.

Les monuments turcs : plus très nombreux, mais dans le centre, il reste tout de même quelques témoignages de 500 ans de présence turque. Deux mosquées : la première, *Hamza Bey,* sur Égnatia et Vénizélou, masquée par les magasins, et la seconde, *Issak Pacha,* près de la rue Kassandrou. Plusieurs hammams sont encore conservés, dont le beau *Bey hammam (plan B2),* sur Égnatia, que l'on peut visiter lors d'expositions, et le *Pacha hammam,* près de l'église des Saints-Apôtres *(plan B1).* Enfin, le *marché Bézésténi (plan B2),* à l'angle de Vénizélou et Solomou, un bâtiment octogonal datant du début du XVe s.

Le musée de la Présence juive à Thessalonique *(plan B2)* **:** *13, odos Agiou Mina. ☎ 23-10-25-04-06. • jmth.gr • Mar, mer, jeu, ven et dim 11h-14h ; plus mer et jeu 17h-20h. Fermé lun et sam. Entrée : 3 €.* Dans un des rares bâtiments classiques à n'avoir pas brûlé lors de l'incendie de 1917. C'était le siège d'un journal de la communauté juive, publié en français. On peut y voir l'exposition de photographies « Thessalonique, métropole séfarade », retraçant plus de 20 siècles de présence juive (visible également en Israël au *musée de l'Holocauste et de la Résistance* de Beit Lohamei Haghéta'ot), ainsi qu'une exposition consacrée à l'Holocauste.
– À voir également, dans la partie « moderne » de la ville, à l'intersection des rues Karamanlis (Néa Égnatia), Papanastassiou et Kléanthous *(hors plan par D3),* le récent mémorial des victimes de l'Holocauste.

Le marché Modiano *(plan B2)* **:** *tlj sf dim, entre odos Ermou et odos Égnatia.* Très animé (surtout le samedi), il vaut le détour pour son côté oriental. Poisson, viande, épices...

La tour Blanche *(plan C3)* **:** *☎ 23-10-26-78-32. En été, tlj 8h-20h ; en hiver tlj sf lun 8h30-15h. Entrée : 3 € ; gratuit pour les étudiants de l'UE.* Vestige des fortifications vénitiennes du XVe s, elle abrite le musée de la Ville de Thessalonique et présente une expo sur la cité et ses habitants. Cette tour, de sinistre mémoire après la répression sanglante d'une révolte de janissaires contre le Sultan, avait dû être « blanchie » à la chaux pour faire oublier le sang qui y avait été versé...

Le Musée archéologique *(plan C3)* **:** *6, odos Manolis Andronikou. ☎ 23-10-83-05-38. • amth.gr • Avr-oct, tlj 8h-20h ; nov-mars, lun 10h-17h, mar-dim 8h-15h. Entrée : 6 € ; gratuit pour les moins de 19 ans et les étudiants de l'UE ; réduc. Billet combiné avec le musée de la Culture byzantine : 8 €.* Présentant ce que les nombreuses fouilles archéologiques en Macédoine ont mis au jour, ce beau musée est vraiment bien fait et très pédagogique (du moins si on parle l'anglais !), notamment toute la partie consacrée à l'or et aux rites funéraires. Les bijoux et beaucoup des différents objets exposés sont d'une finesse exquise. Également une partie consacrée à la ville de Thessalonique et son histoire.

Le musée de la Culture byzantine *(plan D3)* **:** *2, léoforos Stratou. ☎ 23-13-30-64-00. • mbp.gr • Avr-oct, tlj 8h-20h ; nov-mars, lun 10h-17h, mar-dim 8h-15h. Entrée : 4 € ; gratuit pour les moins de 19 ans et les étudiants de l'UE ; réduc. Billet combiné avec le Musée archéologique : 8 €.* Le musée est constitué de 11 salles d'exposition thématiques consacrées à la culture byzantine du IVe au XIXe s et aux objets de l'art byzantin. Vous pouvez y voir des sculptures, des poteries, des bijoux, des icônes, des murs et des parterres de mosaïques. Encore un musée intéressant, pédagogique et mettant très bien en valeur les pièces exposées.

La ville haute *(plan C-D1)* **:** rien de tel qu'une escapade dans la ville haute. Oublier les deux-roues qui le traversent : cet ancien quartier turc aux rues étroites et aux vieilles maisons offre une certaine quiétude et une ambiance de village qui tranche avec celle de la ville basse. Voir en particulier le quartier de l'*Eptapyrgho* (les Sept Tours) qui domine tout Thessalonique. Pour y accéder, profiter des nombreux escaliers (un peu raides pour certains) qui y montent : de jolis bouts de vie s'offrent au détour de ceux-ci, ils sont plus directs que les routes et, surtout, voitures et scooters n'y ont pas accès !

LA CHALCIDIQUE (ΧΑΛΚΙΔΙΚΗ)

À l'est de Thessalonique, cette partie de la Grèce est constituée d'un bel arrière-pays vallonné, peu connu, assez sauvage, complété de trois péninsules : Kassandra, Sithonia et le célèbre mont Athos.

KASSANDRA (ΚΑΣΣΑΝΔΡΑ)

Péninsule la plus à l'ouest, elle est surtout fréquentée par la population aisée de Thessalonique qui l'envahit le week-end, ou lors des vacances. Ses côtes ne sont pas des plus charmantes, notamment la façade orientale entre *Kallithéa* et *Pefkochori,* dévorée par les villes-villages touristiques. Son centre, en revanche, sauvage, montagneux, boisé et peu accessible, est beaucoup plus séduisant. On en découvre de très beaux points de vue sur la jolie route entre *Paliouri,* au sud, et *Agia Paraskévi.* En redescendant sur *Loutra,* les assoiffés s'arrêteront au *Bussola Navy Bar,* un café coquet au bord d'un joli petit bout de plage. Pour une plage plus grande (en tout cas plus longue) et un bain dans une foule chic et aisée, direction *Siviri,* station balnéaire jalonnée de cafés-bars branchés et de résidences touristiques cossues.

Où dormir ? Où manger ? Où boire un verre ?

⛺ ***Camping Blue Dream :*** *à* ***Sani*** *(630 77), près de la plage. ☎ 27-34-03-12-49. • campingbluedream.gr • Mai-sept. Résa conseillée. Compter 23-27 € pour 2 avec tente et voiture.* Bel espace, bien équipé, sous les arbres, à touche-touche avec la plage. Emplacements délimités mais de bonne taille. Chambres à louer, minimarket, taverne. Le seul petit hic (outre le prix !) : la proximité du bar de la plage qui ne lésine pas sur les décibels...

🍴 ***Taverna Goranaios :*** *à* ***Afytos.*** *Dans la rue principale, en allant vers la mer, prendre la 2e rue à gauche après l'église ; longer la place, remonter la rue jusqu'à la pharmacie ; resto peu après, sur la droite. Env 12-15 €/pers.* Petite taverne familiale à la carte restreinte, mais aux prix contenus et, surtout, des plats frais et bons (notamment les goûteux *souvlakia*). Il règne, dans la salle aux murs de pierre ou sur l'agréable petite terrasse fleurie surélevée donnant sur la rue, une ambiance simple et paisible.

🍷 Les endroits ne manquent pas pour boire un verre ou même sortir, notamment à ***Kallithéa, Afytos*** ou ***Siviri.***

LA CHALCIDIQUE

À voir

★★ ***Afytos*** *(Αφυτος)* **:** seul village de la presqu'île réellement doté de charme, il est aussi le seul à ressembler à un vrai village et non à une juxtaposition hasardeuse de villas, hôtels et bâtisses. On flâne avec plaisir dans ses jolies rues pavées, fleuries, bordées de demeures cossues soignées. Le clou reste sa façade orientale surplombant majestueusement les plages et la mer, au-dessous. Bien sûr, cette belle promenade est assiégée par les restos et les cafés. Votre coup de fourchette trouvera de nombreuses adresses où s'exercer, la plupart jouissant d'un cadre agréable.

Sani *(Σανη)* **:** au nord-ouest de la péninsule, un port de plaisance entouré d'un complexe touristique avec restos et cafés. L'ensemble procure un sentiment étrange et assez amusant : comme s'il s'agissait d'un village reconstitué, posé là. Juste à côté, une grande et belle plage, et un bar très... vivant (bruyant même !) ainsi qu'un camping (voir « Où dormir ? Où manger ? Où boire un verre ? » plus haut).

SITHONIA (ΣΙΘΩΝΙΑ)

C'est la péninsule du milieu, entre Kassandra et le mont Athos. Restée encore assez sauvage, avec de nombreuses collines boisées de pins, de petites criques de sable, parfois bien cachées, elle est différente de sa voisine Kassandra : assez touristique elle aussi mais pas trop défigurée, elle est davantage fréquentée par une clientèle étrangère, séduite par ses bien jolies plages. Les campings sont nombreux.

Arriver – Quitter

En bus

Sithonia est relié par bus à Thessalonique.

➢ ***De/vers Agios Nikolaos*** *(au nord-est de la péninsule)* **:** 3-4 bus/j.

➢ ***De/vers Sarti*** **:** 4-5 bus/j.

➢ En été, ***Métamorphossi, Nikiti, Vourvoura, Kalamitsi, Porto Koufos*** et ***Toroni*** sont eux aussi accessibles par bus plusieurs fois/j.

Info pratique

■ ***Distributeurs de billets*** **:** *à Néa Marmaras et à Sarti.*

Où dormir ?

Campings

Camping Lacara **:** *à* ***Koutloumoussi,*** *8 km au sud-est de Vourvourou (630 88).* ☎ *23-75-09-14-44.* • *lacaracamping.gr* • *Mai-sept. Compter 18-25 € pour 2 avec tente et voiture.* Un beau camping ombragé et sympathique, avec pas mal d'espace pour les camping-cars. Des bungalows en bois à louer également.

Camping Porto **:** *à* ***Kalamitsi*** *(630 72), au cœur du village.* ☎ *23-75-04-13-46.* • *kalamitsi.com* • *Env 20 € pour 2 avec tente et voiture. Studios pour 2 pers 30-70 € ; à peine plus cher pour 3-4.* Petit camping à l'espace restreint (et vite plein en été), mais aux sanitaires propres et assez nombreux. Faisant partie du camping, face à la mer, un bar agréable où se prélasser. Dans ce camping toujours, un club de plongée et un cybercafé. Loue également des studios.

Prix moyens

Lainis Studios – Restaurant Korakas **:** *à l'entrée de* ***Toroni*** *(630 72) en venant du nord. Dans les arbres et en bordure de plage, bien sûr.* ☎ *23-75-05-12-09.* • *lainisstudios.*

gr • Studios env 50-60 € pour 2 en été. Resto sur une jolie terrasse sous les arbres. Les studios (avec AC, balcon, kitchenette et salle de bains), situés au calme dans une bâtisse blanche à l'arrière, sont entourés d'un grand jardin bien tenu. Sobriété et propreté sont au rendez-vous. Accueil chaleureux.

Haus Theodora : *à* ***Sarti*** *(630 72), face à la mer. ☎ 23-75-09-43-41. • sarti-theodora.gr • Avr-oct. Doubles 30-75 €, triples 35-75 €.* Hôtel familial très central. Des chambres, colorées, assez spacieuses, avec AC, kitchenette et un balcon face à la mer. Accueil chaleureux.

Où manger ?

Voir également, plus haut, les adresses de Toroni, qui font aussi taverne.

Taverna Boukadoura : *à* ***Élia.*** *69-44-54-72-39. Sur la route principale en allant vers le sud, petite route discrète sur la droite vers Elia Beach ; continuer env 2 km ; jolie maison face au complexe* Eléa Village. *Mai-sept, tlj ; oct-avr, ven-dim. Repas 13-20 €.* Une adresse de charme, juste au bord de l'eau, que l'on contemple de la magnifique terrasse ou de la non moins belle salle vitrée à l'étage. Carte variée et originale, une cuisine pleine de saveurs, des aliments frais, naturels... Une addition un poil plus élevée que la moyenne, mais vous ne le regretterez pas.

Aphroditi : *à* ***Toroni,*** *au bord de la route principale qui longe la mer, au carrefour au centre du village. Repas env 10-15 €.* Taverne proposant d'excellents plats cuisinés à des prix très corrects.

O Pefkos : *à* ***Porto Koufo,*** *1re taverne à droite en arrivant sur le port. ☎ 23-75-05-12-06. Repas env 10-15 € (un peu plus si vous vous lâchez sur certains poissons).* Spécialités de poisson. Accueil sympathique.

Ta Vrakakia *(« Les Rochers », en grec)* ***:*** *à* ***Sarti,*** *le dernier resto à gauche en regardant la mer. ☎ 23-75-09-41-05. Repas 12-15 €.* Directement sur une magnifique plage de sable cernée de gros rochers blancs et ronds. Une cuisine délicieuse et raffinée. L'établissement est réputé, mais l'addition reste très raisonnable.

À voir. À faire

➢ ***Pour une petite échappée au sud de Porto Carras :*** si le complexe touristique de Porto Carras a de quoi rebuter, il y a en revanche un petit bout de route (bien étroite) qui nous a séduits. De la route principale, passer la bifurcation de Porto Carras et prendre à droite en direction du camping de Stavros. La route sinue dans un décor sauvage débouchant ici et là sur de belles criques (pas toujours faciles d'accès), des plages où l'eau transparente ne donne qu'une envie : s'y plonger !

Toroni *(Τορωνη)* **:** *au sud-ouest de la péninsule, à une bonne cinquantaine de km de Nikiti.* Le village de Toroni s'étire le long d'une plage de 3 km. Hôtels, pensions, tavernes d'un côté de la route, la plage de l'autre. Ambiance familiale.

Porto Koufo *(Πορτο Κουφο)* **:** *à 2 km au sud de Toroni.* Un port naturel bordé de tavernes, abri idéal pour les marins et les routards amateurs de poisson. Nombreuses chambres à louer. Attention, on peut aisément passer à côté du port lui-même si on ne bifurque pas à droite en arrivant à Porto Koufo.

Kalamitsi *(Καλαμιτσι)* **:** *tt au bout de la péninsule.* Dans un décor sauvage, une ministation balnéaire comptant quand même quatre campings et un bon nombre de studios et chambres à louer. Jolie plage protégée où se prélasser.

Sarti *(Σαρτη)* **:** sur la façade est de la presqu'île, cette petite ville d'un petit millier d'habitants multiplie sa population en été. Sa plage est bordée de cafés. Ne manquez pas d'aller vous promener et de boire l'ouzo dans l'un des nombreux cafés du centre piéton, très fleuri et verdoyant.

Vourvourou (*Βουρβουρου*) **:** *à 25 km au nord de Sarti.* Vourvourou est un petit archipel qui s'étend à 500 m de la côte à peine. *Nissos Diapora* est la plus grande de la dizaine d'îles et d'îlots quasi inhabités qui le compose. On peut louer une barque à moteur et passer sa journée à découvrir les criques, à parcourir les bras de mer qui passent du bleu profond au vert émeraude.

➢ ***Croisière à la journée le long des côtes du mont Athos*** *(pas d'interdiction pour les femmes !)* **:** *départ à Ormos Panagia. Départs Pâques-oct.* Quelques compagnies proposent leurs services, sur des embarcations de taille différente (certains mastodontes – 250 personnes – ne donnant pas vraiment envie de tenter l'aventure).

■ ***Friedrich Travel :*** *près du quai.* ☎ *23-75-03-14-80.* ● *friedrich-travel.com* ● La « grosse compagnie » qui possède plusieurs bateaux. Hors saison, appeler avant pour connaître les jours ou heures de départ.

LE MONT ATHOS (AGION OROS ; ΑΓΙΟΝ ΟΡΟΣ)

Cette longue presqu'île (c'est le troisième « pis » de la Chalcidique, que les Grecs appellent *Agion Oros,* la montagne Sainte) peut concourir sans problème pour le titre de la plus belle région de Grèce : la nature, rien que la nature, pas de promoteurs immobiliers... Au total, pas grand-chose de changé depuis 963, date de l'établissement des premiers moines. Pas de route depuis l'extérieur, on y accède en bateau, comme si on partait sur une île. Tout cela pour dire que même si l'on n'est pas un spécialiste de la religion orthodoxe ou de l'art byzantin, on prendra un vif plaisir à randonner le long des sentiers de la presqu'île.

Monsieur devra laisser femme et enfants au port d'embarquement, Ouranopolis, puisque, selon l'article n° 186 de la charte du mont Athos, « l'entrée de femelles est interdite » ! Au XIe s, l'empereur Alexis Comnène a, en effet, interdit la transhumance aux bergers, dont les femmes avaient une regrettable tendance à se glisser dans les lits des moines... et elles sont toujours indésirables aujourd'hui ! Maigre consolation, chèvres, ânesses, juments et vaches le sont aussi. Seules les poules sont tolérées, les œufs entrant dans la composition de la peinture pour les icônes.

L'HABIT FAIT LE MOINE

En 1929, Maryse Choisy, une journaliste française, décide d'enquêter sur le mont Athos, interdit aux femmes. Elle rapporte de ce séjour un livre, Un mois chez les hommes. *Sur place, pour passer la plus inaperçue possible, elle ne se contente pas de s'affubler de la classique fausse moustache : elle se fait poser une prothèse pénienne... Et ça marche ! Elle raconte ainsi avoir dû prendre ses jambes à son cou pour échapper aux assauts d'un religieux qui la prenait pour un moinillon...*

Comment y aller ?

Les autorités ecclésiastiques limitent strictement l'accès au mont Athos (les non-orthodoxes ne peuvent pas entrer à plus de 10 par jour sur le territoire contre 100 orthodoxes autorisés quotidiennement). L'offre étant toujours identique, les facilités d'accès dépendent de la demande, d'où la nécessité

de s'y prendre très longtemps à l'avance (6 mois maximum) si vous souhaitez vous y rendre au printemps, en raison de la Pâque orthodoxe. En revanche, en hiver, les délais sont réduits. En principe, on a droit à 4 journées (donc 3 nuits sur place).
C'est le *bureau des pèlerins,* situé au 109, odos Égnatia, 546 22 Thessalonique *(☎ 23-10-25-25-78 ou 75 ; fax : 23-10-22-24-24 ; • pilgrimsbureau@c-lab.gr • ; lun-ven 9h-16h, sam 10h-12h)* qui délivre les laissez-passer. Il faut y envoyer une photocopie de votre passeport ou carte d'identité (par courrier ou par fax) en précisant la date souhaitée de votre séjour. Coût du laissez-passer : environ 35 € (réduc pour les orthodoxes et les étudiants). Infos sur *• ouranopoli.com/athos/mount-athos-information.html •*

Si tout se passe bien (c'est-à-dire si le quota assez strict du nombre de non-orthodoxes présents sur la presqu'île n'est pas atteint), il faut alors filer sur Ouranopolis (littéralement « la ville du ciel ») pour récupérer l'inestimable *diamonitirion* qui donne l'accès au monastère, au *Pilgrim's Office,* sur le quai vers l'ouest, le matin du départ. Le bateau partant vers 9h45, il faut arriver la veille à Ouranopolis, sauf si l'on part aux aurores de Thessalonique (en bus, 3h de route). Bus à 5h30 et à 6h15, départ de la gare des bus de Chalcidique à Piléa *(☎ 23-10-31-65-55 ; voir « Arriver – Quitter » dans le chapitre « Thessalonique » plus haut).* Il existe aussi des *speedboats* si l'on est pressé, mais on se demande bien pourquoi il faudrait l'être en ces lieux... *(infos sur le site mentionné plus haut).*

La visite

Une fois qu'on est dans la bergerie, à part quelques interdictions (du genre : on ne fume pas dans la rue principale de Karyès, on ne se ramène pas en short dans un monastère, on ne filme pas, on n'utilise pas de trépied pour photographier), c'est la liberté : on va où l'on veut, à son rythme, en s'arrangeant pour se pointer dans un monastère aux heures des repas (et de toute façon avant 20h ou 21h, à la belle saison, car les portes des monastères sont hermétiquement closes dès le coucher du soleil, au cas où le diable voudrait en profiter pour entrer...).
Impossible de rester 2 nuits de suite dans le même monastère, il faut prévoir son itinéraire. Les sentiers ne sont pas toujours bien balisés, et en hiver, parfois impraticables. Pensez à vous assurer par téléphone (liste des numéros à Karyès) que les monastères que vous souhaitez visiter peuvent vous accueillir.
Il est bien entendu préférable de se munir d'une bonne carte des sentiers qui relient les 20 monastères, avec une indication des durées de trajet, en heures de marche, entre eux. Il est également possible de prendre des caïques qui relient les monastères qui sont sur la côte, mais ce sera payant.
L'unique autobus ne fait que la liaison entre le port de Dafni, où vous dépose le bateau d'Ouranopolis, et la « capitale », Karyès. Ces dernières années, les routes se sont multipliées sur la presqu'île (quelques taxis/minibus conduits par des moines), mais pour le visiteur, la marche reste le moyen de déplacement le plus agréable par beau temps.
En cas de problème, quelques numéros utiles sur place :
– *Administration du mont Athos (à Karyès) : ☎ 23-77-02-32-30.*
– *Police (à Dafni) : ☎ 23-77-02-32-22.*
Pendant votre séjour, il faut oublier tout ce que la civilisation vous a appris : le mont Athos est hors du temps. Avec un peu de chance, vous trouverez bien un moine français (il y en a une douzaine sur les 1 700 moines).
Quant aux monastères, s'il y en a bien qui sont plus riches que d'autres, aucun ne laisse indifférent. Ceux du sud-ouest sont les plus spectaculaires car ils se dressent au-dessus de la mer (notamment *Simonos Pétra* et *Dionysiou*). À l'est, le monastère d'*Iviron* et, plus loin, le *Megisti Lavra,* le plus ancien et le plus riche. Plus au nord, *Stavronikita* et *Pantokrator* présentent une belle architecture. Plus haut encore, *Vatopédi* mérite une attention toute particulière (mais il a été endommagé

par un incendie et reconstruit : une boutique de souvenirs de 200 m^2 a été ajoutée aux bâtiments monastiques. Le prince Charles y a une chambre et un bureau réservés !). Le plus grand est le monastère russe d'*Agios Pantéléimon,* au nord du port de Dafni, qui ne ressemble à aucun des autres monastères. C'est une petite ville, construite pour 2 500 moines.

Beaucoup de monastères ont été ou sont en réfection (l'Union européenne finance les travaux pour des millions d'euros), et l'on voit au mont Athos presque plus d'ouvriers des ex-pays de l'Est que de moines ! Certains considèrent d'ailleurs qu'il s'agit davantage de reconstruction que de restauration (beaucoup de béton, et même des ascenseurs parfois !).

Une fois dans un monastère, il faut vous plier au style de vie. On dîne assez tôt (vers 18h-18h30, voire bien plus tôt en hiver) et, la plupart des monastères étant cénobitiques (c'est-à-dire suivant strictement des règles de vie commune), si vous vous y trouvez pendant le carême, vous ne mangerez peut-être pas assez pour randonner dans la journée (donc prévoyez un minimum de ravitaillement). Vous pouvez aussi envisager de vous lever la nuit pour assister à un office religieux.

les ROUTARDS sur la FRANCE 2015-2016

(dates de parution sur • *routard.com* •)

Découpage de la FRANCE par le ROUTARD

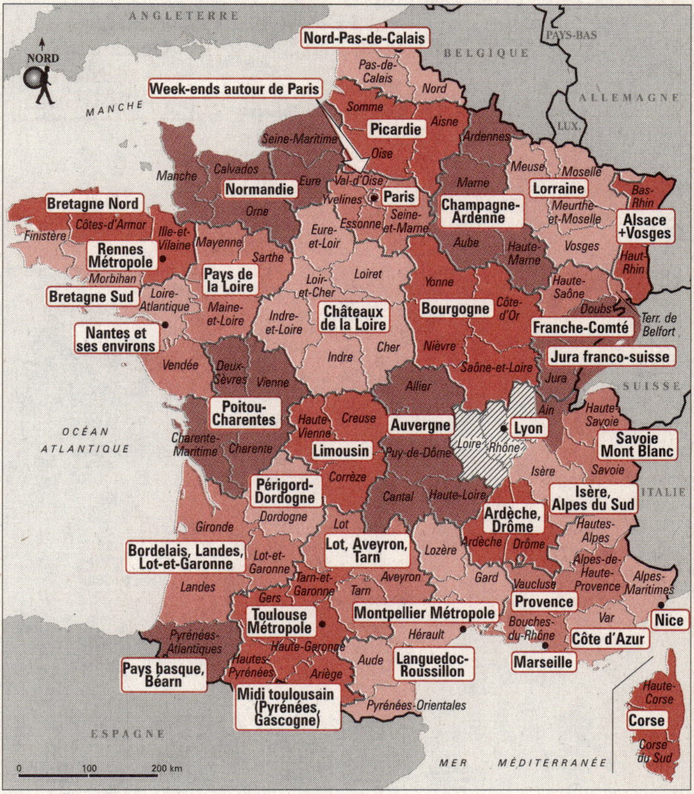

Autres guides nationaux

- La Loire à Vélo (février 2015)
- Les grands chefs du Routard
- Nos meilleurs campings en France
- Nos meilleures chambres d'hôtes en France
- Nos meilleurs hôtels et restos en France
- Nos meilleurs sites pour observer les oiseaux en France
- Tourisme responsable

Autres guides sur Paris

- Paris
- Paris à vélo
- Paris balades
- Restos et bistrots de Paris
- Le Routard des amoureux à Paris
- Week-ends autour de Paris

les ROUTARDS sur l'ÉTRANGER 2015-2016

(dates de parution sur • **routard.com** •)

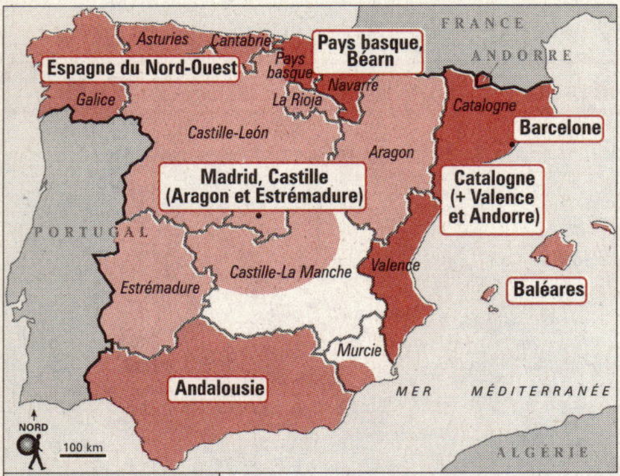

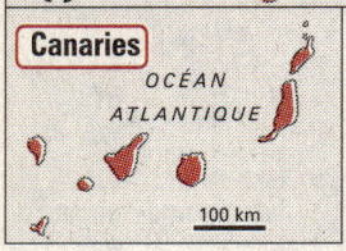

Découpage de l'ESPAGNE par le ROUTARD

Découpage de l'ITALIE par le ROUTARD

Autres pays européens

- Allemagne
- Angleterre, Pays de Galles
- Autriche
- Belgique
- Budapest, Hongrie
- Crète
- Croatie
- Danemark, Suède
- Écosse
- Finlande
- Grèce continentale
- Îles grecques et Athènes
- Irlande
- Islande
- Madère (mai 2015)
- Malte
- Norvège
- Pologne
- Portugal
- République tchèque, Slovaquie
- Roumanie, Bulgarie
- Suisse

Villes européennes

- Amsterdam et ses environs
- Berlin
- Bruxelles
- Copenhague
- Dublin
- Lisbonne
- Londres
- Moscou
- Prague
- Saint-Pétersbourg
- Stockholm
- Vienne

les ROUTARDS sur l'ÉTRANGER 2015-2016

(dates de parution sur • *routard.com* •)

Découpage des ÉTATS-UNIS par le ROUTARD

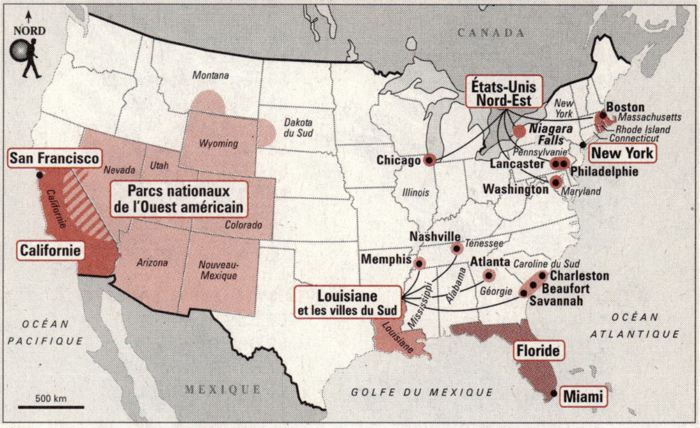

Autres pays d'Amérique

- Argentine
- Brésil
- Canada Ouest
- Chili et île de Pâques
- Équateur et les îles Galápagos
- Guatemala, Yucatán et Chiapas
- Mexique
- Montréal
- Pérou, Bolivie
- Québec, Ontario et Provinces maritimes

Asie

- Bali, Lombok
- Bangkok
- Birmanie (Myanmar)
- Cambodge, Laos
- Chine
- Hong-Kong, Macao, Canton
- Inde du Nord
- Inde du Sud
- Israël et Palestine
- Istanbul
- Jordanie
- Malaisie, Singapour
- Népal
- Shanghai
- Sri Lanka (Ceylan)
- Thaïlande
- Tokyo, Kyoto et environs
- Turquie
- Vietnam

Afrique

- Afrique de l'Ouest
- Afrique du Sud
- Égypte
- Kenya, Tanzanie et Zanzibar
- Maroc
- Marrakech
- Sénégal
- Tunisie

Îles Caraïbes et océan Indien

- Cuba
- Guadeloupe, Saint-Martin, Saint-Barth
- Île Maurice, Rodrigues
- Madagascar
- Martinique
- République dominicaine (Saint-Domingue)
- Réunion

Guides de conversation

- Allemand
- Anglais
- Arabe du Maghreb
- Arabe du Proche-Orient
- Chinois
- Croate
- Espagnol
- Grec
- Italien
- Japonais
- Portugais
- Russe
- G'palémo (conversation par l'image)

Le Routard Express

- Amsterdam (nouveauté)
- Barcelone
- Berlin
- Bruxelles (nouveauté)
- Florence (mars 2015)
- Istanbul (mars 2015)
- Lisbonne (nouveauté)
- Londres
- Madrid
- Marrakech (mars 2015)
- New York
- Prague
- Rome
- Venise

Nos 1200 coups de cœur

- France (nouveauté)
- Monde

Adresses utiles

1 Office [redacted]

Où dormir ?

11 Pension [redacted]

Où manger ?

30 Restaurante F[redacted]

44 Restaura[redacted]

Où boire un verre ?

61 Carua[redacted] Bar

62 Bar d[redacted]

Où sortir?

83 Pingo[redacted]

À voir

90 Palacio do [redacted]

Espace offert par l'annonceur – Avec le soutien de l'agence EURO RSCG C&O
RÉPARER LES VIES
HANDICAP
INTERNATIONAL

LOOK!
Le guide du routard
Disponible sur iPhone
Randonnée à dos de ...
Riding a...
Pour vous faire comprendre partout dans le monde !
Achetez l'application sur l'App Store 2,99 €

routard assurance COURTE DURÉE

routard assurance

Voyages de moins de 8 semaines

RÉSUMÉ DES GARANTIES*	MONTANT MAXIMUM DES GARANTIES
FRAIS MÉDICAUX (pharmacie, médecin, hôpital)	100 000 € U.E. / 300 000 € Monde entier
Agression (déposer une plainte à la police dans les 24 h)	Inclus dans les frais médicaux
Rééducation / kinésithérapie / chiropractie	Prescrite par un médecin suite à un accident
Frais dentaires d'urgence	75 €
Frais de prothèse dentaire	500 € par dent en cas d'accident caractérisé
Frais d'optique	400 € en cas d'accident caractérisé
RAPATRIEMENT MÉDICAL	Frais illimités
Rapatriement médical et transport du corps	Frais illimités
Visite d'un parent si l'assuré est hospitalisé plus de 5 jours	2 000 €
CAPITAL DÉCÈS	15 000 €
CAPITAL INVALIDITÉ À LA SUITE D'UN ACCIDENT**	
Permanente totale	75 000 €
Permanente partielle (application directe du %)	De 1 % à 99 %
RETOUR ANTICIPÉ	
En cas de décès accidentel ou risque de décès d'un parent proche (conjoint, enfant, père, mère, frère, sœur)	Billet de retour
PRÉJUDICE MORAL ESTHÉTIQUE (inclus dans le capital invalidité)	15 000 €
ASSURANCE RESPONSABILITÉ CIVILE VIE PRIVÉE	
Dommages corporels garantis à 100 % y compris honoraires d'avocats et assistance juridique accidents	750 000 €
Dommages matériels garantis à 100 % y compris honoraires d'avocats et assistance juridique accidents	450 000 €
Dommages aux biens confiés	1 500 €
FRAIS DE RECHERCHE ET DE SAUVETAGE	2 000 €
AVANCE D'ARGENT (en cas de vol de vos moyens de paiement)	1 000 €
CAUTION PÉNALE	7 500 €
ASSURANCE BAGAGES	2 000 € (limite par article de 300 €)***

* Nous vous invitons à prendre connaissance préalablement de l'ensemble des Conditions générales sur www.avi-international.com ou par téléphone au 01 44 63 51 00 (coût d'un appel local).

** 15 000 euros pour les plus de 60 ans.

*** Les objets de valeur, bijoux, appareils électroniques, photo, ciné, radio, mp3, tablette, ordinateur, instruments de musique, jeux et matériel de sport, embarcations sont assurés ensemble jusqu'à 300 €.

PRINCIPALES EXCLUSIONS* (communes à tous les contrats d'assurance voyage)

- Les conséquences d'événements catastrophiques et d'actes de guerre,
- Les conséquences de faits volontaires d'une personne assurée,
- Les conséquences d'événements antérieurs à l'assurance,
- Les dommages matériels causés par une activité professionnelle,
- Les dommages causés ou subis par les véhicules que vous utilisez,
- Les accidents de travail manuel et de stages en entreprise (sauf avec les Options Sports et Loisirs, Sports et Loisirs Plus),
- L'usage d'un véhicule à moteur à deux roues et les sports dangereux : surf, rafting, escalade, plongée sous-marine (sauf avec les Options Sports et Loisirs, Sports et Loisirs Plus).

Souscrivez en ligne sur www.avi-international.com ou appelez le 01 44 63 51 00*

AVI Travel insurance and much more

INDEX GÉNÉRAL

◗ Attention ! Les îles grecques et la Crète font l'objet de guides à part.

A

B

C

D

E

F

G

H-I

J-K

L

M

N

O

P

R

S

T

V

X-Y-Z

INDEX GÉNÉRAL

OÙ TROUVER LES CARTES ET LES PLANS ?

Les **Routards** *parlent aux* **Routards**

Faites-nous part de vos expériences, de vos découvertes, de vos tuyaux. Indiquez-nous les renseignements périmés. Aidez-nous à remettre l'ouvrage à jour. Faites profiter les autres de vos adresses nouvelles, combines géniales... On adresse un exemplaire gratuit de la prochaine édition à ceux qui nous envoient les lettres les meilleures, pour la qualité et la pertinence des informations. Quelques conseils cependant :

– Envoyez-nous votre courrier le plus tôt possible afin que l'on puisse insérer vos tuyaux sur la prochaine édition.
– N'oubliez pas de préciser l'ouvrage que vous désirez recevoir.
– Vérifiez que vos remarques concernent l'édition en cours et notez les pages du guide concernées par vos observations.
– Quand vous indiquez des hôtels ou des restaurants, pensez à signaler leur adresse précise et, pour les grandes villes, les moyens de transport pour y aller. Si vous le pouvez, joignez la carte de visite de l'hôtel ou du resto décrit.
– N'écrivez si possible que d'un côté de la lettre (et non recto verso).
– Bien sûr, on s'arrache moins les yeux sur les lettres dactylographiées ou correctement écrites !

En tout état de cause, merci pour vos nombreuses lettres.

Les Routards parlent aux Routards :
122, rue du Moulin-des-Prés, 75013 Paris

e-mail : • ***guide@routard.com*** •
Internet : • ***routard.com*** •

Routard Assurance *2015*

Née du partenariat entre *AVI International* et le *Routard, Routard Assurance* est une assurance voyage complète qui offre toutes les prestations d'assistance indispensables à l'étranger : dépenses médicales, rapatriement médical, caution et défense pénale, responsabilité civile vie privée et bagages. Présent dans le monde entier, le plateau d'assistance d'*AVI International* donne accès à un vaste réseau de médecins et d'hôpitaux. Pas besoin d'avancer les frais d'hospitalisation ou de rapatriement. Numéro d'appel gratuit, disponible 24h/24. *AVI International* dispose par ailleurs d'une filiale aux États-Unis qui permet d'intervenir plus rapidement auprès des hôpitaux locaux. *AVI International* est un courtier reconnu qui gère lui-même ses dossiers et garantit une réponse rapide et simple. C'est aussi la filiale d'un groupe (SPB) présent à l'international. Pour toutes vos questions : ☎ 01-44-63-51-00 ou par mail • *routard@avi-international.com* • Conditions et souscription sur • *avi-international.com* •

Édité par Hachette Livre (43, quai de Grenelle, 75905 Paris Cedex 15, France)
Photocomposé par Jouve (45770 Saran, France)
Imprimé par Jouve 2 (Quai n° 2, 733, rue Saint-Léonard, BP 3, 53101 Mayenne Cedex, France)
Achevé d'imprimer le 19 janvier 2015
Collection n° 13 - Édition n° 01
31/6667/6
I.S.B.N. 978-2-01-002748-2
Dépôt légal : janvier 2015

PAPIER À BASE DE FIBRES CERTIFIÉES

hachette s'engage pour l'environnement en réduisant l'empreinte carbone de ses livres. Celle de cet exemplaire est de :
600 g éq. CO_2
Rendez-vous sur www.hachette-durable.fr